화약의 이론과 실제

화약의 이론과 실제

2018년 4월 23일 초판 1쇄 인쇄
2018년 4월 30일 초판 1쇄 발행

지은이 이영호
펴낸이 김영호
펴낸곳 아이워크북
등 록 제313-2004-000186
주 소 (우 03962) 서울시 마포구 월드컵로 163-3
전 화 (02)335-2630
전 송 (02)335-2640
이메일 yh4321@gmail.com

ISBN 978-89-91581-34-0 93900

화약 기술에 대한
체계적인 이론적, 실제적 지침서

화약의 이론과 실제

이영호 지음

i workbook
아이워크북

머 리 말

화약공학의 분야에서는 화학, 열역학, 유체역학, 공기역학, 기계공학, 전기공학 및 전자공학 등의 다양한 기술들이 함께 다루어진다. 우리나라에 보급되어 있는 대부분의 화약 관련 서적들은 화약류 제조기사 및 화약류 관리기사 자격증을 취득하기 위한 기초적인 내용들만 취급하고 있고, 화약을 체계적으로 연구하고 개발하기 위한 지침서 역할을 할 수 있는 도서는 거의 없는 실정이다.

이 도서의 목적은 이러한 부족한 화약 기술을 심도 있게 다루어 화약을 연구하는 기술자들이 좀 더 이론적으로 그리고 실제적으로 접근할 수 있도록 만들어졌다. 화약을 설계하고 개발하는데 있어서 봉착하는 많은 문제를 풀기 위해서 저자의 약 30년간 산업용 화약의 생산, 품질 및 개발 활동 중에 쌓아 왔던 기술을 바탕으로 제작되었다.

제1편에서는 민수용 화약류의 역사와 화약류의 기초이론에 대해서 정리하였다. 특히 화약류 기술자라면 꼭 알아야 하는 점화와 기폭의 원리에 대해서 비교적 알기 쉽게 기술하였다.

제2편에서는 대부분 질화반응 등에 의해서 합성되는 유기합성 화약류와 기타 반응에 의해서 합성되는 무기화약류에 대해서 설명하였다. 또한 군용으로 사용되었거나 사용 중인 여러 가지 군용 혼합폭약에 대해서 간단히 살펴보았다.

제3편에서는 산업용 화약류의 대부분을 차지하는 혼합 화약류에 대해서 정리하였다. 다이너마이트로부터 시작해서 에멀젼폭약에 이르는 산업용 폭약 역사상의 모든 제품을 소개하였다.

제4편에서는 추진제를 점화시키거나 뇌관을 폭발시키기 위한 여러 가지의 작은 에너지를 발생시키는 점화 시스템에 대해서 설명하였다.

제5편에서는 2차 폭약을 기폭시키기 위한 폭굉파를 발생하는 뇌관, 도폭선 등의 기폭 시스템에 대해서 알아보았다. 우리나라의 기폭 시스템 외에도 세계적 선도업체인 오리카, 다이노 등의 제품도 함께 알아보았다.

제6편에서는 화약류를 설계하는 방법에 대해서 알아보았다. 산업용 화약류는 대부분 여러 가지의 성분이 혼합되어 만들어지는데, 이러한 화약류를 요구조건에 맞게 효율적으로 설계하는 방법을 설명하였다. 이를 위해서 에너지, 폭속 등을 계산하는 방법도 소개하였다.

제7편에서는 화약류의 폭발 내부 거동을 살펴보았다. 충격파의 거동에 대해서 살펴보고, 이어서 화약류가 폭발했을 때 발생하는 폭굉파에 대해서 살펴보았다. 또한 화약류의 폭발 성능에 영향을 주는 여러 가지 인자들에 대해서 살펴보았다.

제8편에서는 폭발 외부 거동으로써 화약류가 폭발했을 때 주변에 어떠한 영향을 주는지 살펴보았다. 또한 이러한 폭발력으로 어떠한 곳에 응용되는지도 살펴보았다.

마지막으로 제9편에서는 화약류의 여러 가지 시험 방법에 대해서 정리하였다. 안전성의 척도인 여러 가지 감도시험, 안정성의 척도인 여러 가지 안정성 시험 및 정적 및 동적 위력의 척도인 여러 가지 위력 시험에 대해서 정리하였고 또한 화약류 위험물 분류 절차에 따른 시험 방법들도 상세히 설명하였다.

산업용 화약의 목적은 대부분 발파용으로 사용하는 것이다. 전통적으로 발파를 통해서 채광, 채탄, 채석을 하기도 하고 터널링 및 터파기 공사 등의 건설 분야에 사용되기도 한다. 요즈음에는 사용 분야도 많이 개발되어 폭발압접, 폭발절단, 폭발성형, 지질탐사 등 여러 분야에서도 사용되고 있고 계속 연구되고 있다. 이러한 분야에 1867년부터 사용되기 시작한 다이너마이트는 약 100년간을 독보적으로 시장을 장악하고 있었다. 그러나 1955년 ANFO의 개발을 시작으로 다이너마이트의 문제점이었던 NG의 사용 문제를 해결하기 위한 제품들이 개발되기 시작하여 슬러리폭약, 에멀젼폭약 등의 제품들이 탄생하게 되었다. 현재는 에멀젼폭약과 ANFO가 주류를 이루고 있으며 일부 슬러리폭약들이 사용되고 있다. 특히 에멀젼폭약은 설계에 따라서 여러 가지 성능의 조성들을 만들 수 있다. 따라서 요즈음의 화약 설계 기술이라고 하면, 이러한 에멀젼폭약의 성능을 요구하는 대로 설계하는 능력이라고 할 수 있다. 이 책은 이러한 추세에 발맞추어 화약기술자들이 지침서로 사용할 수 있도록 만들어졌다. 제대로 된 화약개발의 지침서가 없는 우리나라의 실정에 따라 만들어진 저자의 이 책이 많은 화약기술자들에게 도움이 되어 우리나라 산업화약류 발전에 기여하기를 바란다.

2017년 12월 31일

지은이 이영호

차 례

일러두기

■ 본 서의 참고용 도서는 각 장의 끝에 있으며, 출처는 일일이 표기하지 않고 "1.2.2 도화선 (Safety Fuse)[9, 11, 12]"처럼 위첨자로 표기하였습니다. 위첨자 번호는 참고문헌 일련번호에 해당합니다.

제1편

개요

이 장에서는 흑색화약으로부터 에멀젼폭약에 이르기까지 암석발파에 사용되었던 산업용 화약류의 역사에 대해서 알아보고 또한 화약류에 관한 기초적인 이론에 대해서 알아보기로 한다. 또한 화약류가 어떻게 점화되는지 그리고 어떻게 폭굉되는지 그 원리에 대해서 상세하게 알아보기로 한다. 이 장을 공부하게 되면 산업용 화약류를 기본적으로 이해할 수 있게 된다.

제1장

산업용 화약류의 역사

화약은 나침반, 종이, 인쇄술과 더불어 중국의 4대 발명품 중의 하나로 꼽힐 정도로 인류 역사에 미친 영향이 대단히 큰 물질이다. 화약의 발명으로 인류는 그동안 갖지 못했던 강력한 파워를 가질 수 있게 되었으며 불행하게도 이 파워가 초기에 전쟁용 무기로 사용되면서 수많은 사상자와 국토의 황폐화를 낳게 하였다.

이렇게 전쟁용으로만 사용되던 화약이 16세기부터 광산개발 등의 산업용에 사용되기 시작하는데 특히 18세기 중반에서 19세기 초반 영국에서 시작된 산업혁명이 성공적으로 이루어질 수 있었던 것은 화약류의 힘이 컸다고 할 수 있다. 산업혁명은 와트의 증기기관으로 시작된 기술의 혁신으로 물자를 대량으로 생산하여 인류를 보다 풍족한 사회로 갈 수 있도록 해 주었으며 또한 왕족과 귀족 지배 체제를 무너뜨리고 점차 자유주의적인 경제 체제로 갈 수 있게 해 주었다. 산업혁명을 성공적으로 지속시키기 위해서는 수많은 철광석과 석탄, 석유 등의 지하자원이 필요하였는데 이를 충족시켜준 것이 바로 화약류의 기술이었으며 이 화약류 기술이 없었다면 산업혁명은 결코 성공할 수 없었을 것이다.

본 장에서는 목적상 산업용 화약류에 대해서만 다루기로 하며 암석을 발파하는데 역할을 하는 화약과 폭약 그리고 이들을 점화시키거나 기폭시키는 점화 및 기폭시스템으로 나누어서 발전 역사를 상세히 검토해 보기로 한다.

1.1 화약/폭약의 역사

인류 최초로 개발된 화약류는 화약이다. 화약이라 함은 연소 속도가 최대 초당 400미터 이하로 폭연하는 물질로 흑색화약이 대표적인 화약이다. 따라서 파괴 보다는 추진적인 효과가 우세하다. 화약이 개발된 지 약 15세기 후에 연소 속도가 약 5,000m/sec에서 7,000m/sec에 이르는 다이너마이트 폭약이 뇌관이라고 하는 기폭장치와 함께 실용화되는데, 이로 인하여 인류는 보다 더 강력한 파워를 갖게 되며 땅 속의 더 많은 지하자원을 채굴할 수 있게 되었다. 중국의 화약으로부터 현대의 에멀젼폭약에 이르기까지 그 발전 역사를 상세히 살펴보기로 한다.

1.1.1 중국의 화약[1, 2, 3, 4]

화약류는 가연물과 산소가 같이 들어있는 물질로 산소가 없어도 연소하며 특히 아주 빠른 속도로 연소, 즉 폭연 또는 폭굉하는 물질을 말한다. 고대 화약에 사용되었던 산소공급제는 초석(KNO_3)으로 이것이 유황, 숯 등의 가연물과 섞여 최초의 화약으로 발명되었다.

은나라 주나라 시대에 이르러 한 사람의 황제가 중원을 통치하는 체제에 이르게 되는데 이 절대 권력자들은 그들의 권력이 영원히 지속되기를 빌었다. 이에 영합하기 위해 도교의 영향 아래에 있던 도사들이 야철 기술을 혼합함으로써 연단술이 탄생하게 된다. 미곡과 육식에서 영생을 얻을 수 없었던 권력자들과 신선들은 먹을 수 없는 금속과 비금속에 눈을 돌렸고, 민간 신앙 등이 뒤섞이면서 납과 수은 등의 금속과 불을 더해 불로불사의 영약인 단(丹)을 얻어내는 연단술의 기본적인 철학이 형성된다. 방술가들은 단사나 금과 함께 초석과 황을 매우 귀중한 것으로 생각하였는데 연단술의 한 과정에서 초석의 혼합물이 맹렬히 불타는 것을 확인하면서 훗날 화약이라 부르게 되는 강력한 불의 존재를 발견하게 된다.

화약이라고 할 수 있는 물질이 처음 소개된 문헌으로는 동진시대의 갈홍(283～343)의 포박자(抱朴子)라는 연단서와 서진의 정사원(鄭思遠·264-322년)의 진원묘도요약(眞元妙道要略)이라는 연단서이다. 포박자에서는 단약을 제조하기 위해 유황과 초석을 사용했던 사실이 언급되고 있으며 진원묘도요약에서는 복화초석법(伏火硝石法)이 소개돼 있다. 즉 "황과 웅황(雄黃=황과 비소가 함유된 광석)을 초석이 들어 있는 용기 중에서 밀폐해 가열했더니 불꽃이 발생하여 손에 화상을 입었다"라는 내용이 있다. 또 "초석, 황, 웅황 및 꿀의 혼합물에 화기를 가까이 하면 격렬하게 연소하기 때문에 화상이나 화재를 일으킬 위험이 있다"는 기록도 있다.

다시 말해 초석의 산소 공급 작용에 의해 황과 같은 가연제가 밀폐 용기에서도 연소하는 현상을 관찰한 것이다.

도교의 경전을 집대성한 도장(道藏)에는 연단술과 함께 화약에 관한 여러 가지 내용이 언급되어 있는데 오랫동안 화약이라 부르던 것은 오늘날 우리가 말하는 화약(Explosives)이 아니고 일종의 약(Medicine)으로 인식되어 있었다. 약은 약이되 불을 만드는 약이었기 때문에 화약(火藥)이라고 했던 것이다.

이와 같이 오랫동안 화약의 원형이 약용으로 사용되다가 드디어 약용이 아닌 폭발하는 화약으로 각광을 받게 된 것은 무기에 사용되기 시작한 이후였다. 즉 초석, 유황, 목탄의 혼합물이 폭발성과 함께 추진력을 가지고 있다는 사실을 발견한 것은 의학자들이었지만 이 기술이 군사기술자들한테 옮겨지면서 화약기술은 널리 전파되었고 획기적으로 발달하게 된 것이다. 1040~1044년 북송의 증공량과 정도 등에 의해서 무경총요(武經總要)라는 총 40권으로 된 병서인 군사기술서가 저술되었다. 내용 중에는 화약법, 즉 화약의 조성에 관한 기록도 포함되어 있다. 이때부터 화약제조술이 본격적으로 발달되고 수많은 화약무기들이 개발되기 시작하였다. 화약을 이용한 병기로는 방사책, 화전, 화구, 화질려, 수포, 화포, 벽력포, 화창, 철화포, 진천뢰, 비화창 등이 있다. 이러한 화약무기를 이용해서 8세기에서 13세기에 이르는 동안 중국에서는 당, 송, 금 및 몽고가 치열하게 전투를 벌였다.

이러한 화약 기술과 무기는 몽고가 서방원정을 하면서 유럽으로 전해지기 시작하는데 몽고가 아랍지역에서 최초로 화약병기를 사용한 것은 1219년 서방 원정 당시 1차 목표가 되었던 중앙아시아 지방의 호라즘 공격 때였다. 그 후 1221년 넷사를 공격할 때는 화전, 화포 등 본격적으로 화약병기를 사용하였으며 1258년 몽고군이 바그다드를 침공할 때 철병이라는 진천뢰를 사용하면서 아랍권은 본격적인 화약병기와 접촉하게 되며 중국의 화약기술과 화약병기가 전해지게 되었다.

1.1.2 유럽의 로저베이컨(Roger Bacon)의 흑색화약[4]

아주 가끔 로저 베이컨은 흑색화약의 발명가로 인정받는다. 베이컨은 중세 프란체스코 교회 소속의 수도승이었지만 자연과학 분야에서도 뛰어난 재능을 보였던 과학자였다. 그는 전설로만 내려오던 희랍의 불을 재현하는 과정에서 초석, 황, 목탄의 세 가지 성분을 적절히 배합함으로써 희랍의 불보다 연소성능이 뛰어난 물질을 만들어 내는데 색깔이 검정색이라 하여 흑색화약이라는 이름을 붙였다. 그 당시 프란체스코 교회 소속의 수도승이던 베이컨은 자기가 만든 흑색화약의 제조법을 발표할 수가 없었다. 당시는 교리와 상충되는 과학적 지식을 발표하는 것을 엄격히 금지하던 시절이었기 때문에 이 같은 교회의 방침을 어길 경우 종교재판에 회부될 수도 있었을 뿐만 아니라 베이컨은 자기가 만든 흑색화약이 파괴와 살상 등 옳지 못한 곳에 사용될지도 모른다는 점도 매우 걱정이 되었기 때문이었다. 고심 끝에 베이컨은 훗날 정의로운 목적으로만 화약을 사용할 훌륭한 과학자가 나타나 이를 해독할 수 있도록 자기가 만든 흑색화약의 제조법을 수수께끼로 기록하고 결국 로저 베이컨의 흑색화약 제조기술은 감춰지게 되었다.

그로부터 100여년이 지난 14세기 초 신비의 인물로 알려진 독일의 슈바르쯔(Berthold Schwarz)가 베이컨의 수수께끼를 판독함으로써 비로소 유럽의 흑색화약의 역사가 다시 시작되었다. 이후 서양에서는 각종 전쟁을 치루면서 화약병기가 급격히 발달하였고 결국에는 수백 년이나 화약을 먼저 만들었던 동양을 제치고 군사적으로 월등한 우위를 점하게 된다.

그러나 흑색화약이 로저 베이컨에 의해서 사상 최초로 발명되었다는 주장에는 너무나 전설적인 요소가 많다. 더욱이 중국에서는 그가 흑색화약을 처음 제조했던 시기보다 수백 년 앞서 이미 전쟁용으로 흑색화약을 사용한 사실이 입증되고 있다. 그리고 중국에서 발명한 화약이 아랍 등을 경유해 유럽에 전파되었을 것이라고 보는 견해가 지배적이다. 실제로 베이컨이 화약을 발명했다는 시기 이전에 아랍 등지에서는 화약병기를 실제로 사용한 기록도 거의 확실하게 전해지고 있다. 또 베이컨의 화약 발명 시기와 거의 같은 시대인 몽고군의 서방 원정시에서도 화약병기를 유럽에서 본격적으로 사용했다는 기록이 있다. 따라서 베이컨은 화약 기술에 관해 상당한 예비 지식을 갖고 자신만의 독특한 실험을 통해 흑색화약을 재개발했다고 보는 것이 타당할 것이다.

1.1.3 광산용으로 사용되기 시작한 흑색화약[5, 6, 7]

1313년 유럽의 수도승인 슈바르쯔에 의해서 발견된 흑색화약은 군사적인 목적으로 사용되기 시작했으며, 17세기에 이르러서야 광산용으로 사용되기 시작하였다.

1627년 티롤(Tyrol)의 광산업자 카스파 와인들(Kaspar Weindl)이 처음으로 쉠니쯔(Schemnitz, 오늘날의 슬로바키아)에서 갱도를 발파하는데 흑색화약을 사용하였다. 암반에 드릴링하여 50～100cm의 깊이로 구멍을 뚫은 다음 충분한 양의 흑색화약을 채우고 단단하게 다졌다. 구멍을 막는데 나무 또는 점토가 사용되었고 퓨즈로 점화되었다. 17세기 중에 이 새로운 기술은 전 세계로 퍼져나갔다. 흑색화약이 매우 비싸고 수동으로 구멍을 뚫는 작업이 매우 힘든 작업이었기 때문에 발파는 주로 전통적 기술인 치즐링(Chiselling, 정으로 돌을 쪼는 작업)과 함께 사용되었으며 특히 매우 강한 돌일 경우에만 흑색화약을 사용하였다.

1.1.4 니트로글리세린과 뇌홍뇌관[8]

니트로글리세린은 흑색화약보다 훨씬 강한 최초의 실용폭약이었다. 1847년 이탈리아의 화학자 소브레로(Ascanio Sobrero)에 의해서 처음 합성되었다. 니트로글리세린에 관심을 갖고 연구하던 알프레드 노벨(Alfred Nobel)에 의해서 발파에 사용되기 시작하면서 세계적인 각광을 받게 되었다. 1865년 도화선으로는 기폭되지 않는 니트로글리세린을 안정적으로 기폭시키기 위한 뇌홍뇌관이 노벨에 의해서 개발된 것이다. 니트로글리세린을 병 또는 장군통에 담아서 발파공에 넣고 도화선을 연결한 뇌홍뇌관으로 기폭시키는 방법을 개발하여 본격적으로 니트로글리세린을 세계적으로 판매하기 시작하였다. 그러나 스톡홀름(Stockholm) 근교의 헬렌보그(Heleneborg) 공장에서 폭발사고가 일어나 동생 에밀(Emil Oskar Nobel)과 기술자 허쯔만(Carl Erik Hertzmann)이 사망하는 사건이 일어나고 병 또는 장군에 담아서 세계로 판매되었던 니트로글리세린이 정제가 충분히 안되어 산이 잔류하면서 금속용기가 부식하여 외부로 유출되고 동절기에 얼어 취급할 때 한층 더 위험해지고 취급자가 화약류의 보안에 무지하여 난폭하게 취급하는 등의 원인에 의해 각지에서 사고가 빈번하게 발생하였다. 너무 많은 희생자가 발생하자 프랑스, 벨기에, 영국, 독일 등을 시작으로 니트로글리세린은 전세계적으로 제조와 취급이 금지되는 사태를 맞이하게 되었다.

1.1.5 다이너마이트의 발명[16]

1.1.5.1 규조토다이너마이트

니트로글리세린의 제조와 사용이 금지되자 노벨은 이에 굴하지 않고 니트로글리세린을 보다 안전한 상태로 만들기 위해 여러 가지 연구에 노력을 기울인다. 위험한 액체 상태를 안전한 고체 상태로 만들기 위해 1866년 노벨은 니트로글리세린을 규조토에 흡수시키는 방법을 고안해 내게 된다. 니트로글리세린 용기인 장군통과 외측의 나무통 사이에 넣은 점토상의 물질이 간혹 니트로글리세린을 흡수하는 것에 힌트를 얻었다고 한다. 규조토 1에 대하여 니트로글리세린 3의 비율로 흡수한 이 새로운 폭약은 동량의 흑색화약과 비교하면 약 5배의 폭발력을 나타내었고 니트로글리세린과 비교하면 75% 정도였다. 노벨은 1867년 규조토다이너마이트를 영국과 독일에서 특허를 취득하게 된다. 이 새로운 폭약은 액상의 니트로글리세린과 비교하면 수송이나 발파 작업에 있어서 보다 안전하였기 때문에 제조량, 소비량이 급속도로 성장할 수 있게 되었다.

1.1.5.2 스트레이트다이너마이트

규조토는 불활성물질이기 때문에, 니트로글리세린의 폭발을 조장하는 것은 아니며, 더구나 규조토는 지구상에서 나오는 곳이 한정되어 있었다. 따라서 노벨은 폭발반응에 관한 활성흡수제에 대하여 연구하기 시작하였다. 이 결과로 노벨은 질산칼륨, 질산나트륨과 같은 산화제, 또는 목분, 전분, 로진과 같은 가연물을 흡수제로서 사용하는 다이너마이트를 발명하게 되었으며, 1869년 영국에서 특허를 취득하고 이것을 스트레이트다이너마이트라고 명명하였다. 이 폭약은 물론 니트로글리세린만큼은 아니지만 감도가 예민하여 위험하고 게다가 기온의 상승 등에 따라 니트로글리세린이 침출되는 경우가 있어 잘 사용되지 않았다. 제2차 세계대전후 미국에서 실용화되었다.

1.1.5.3 암모니아다이너마이트

1870년 노벨은 스웨덴 사람인 노르빈(Norrbin)과 올센(Ohlssen)이 발명한 질산암모늄 80%와 목탄 20%를 혼합한 폭약 특허를 매입한다. 이 폭약은 뇌관으로는 힘이 약하여 기폭되지 않았기 때문에 노벨은 이것에 니트로글리세린을 가하여 질산암모늄을 활성흡수제로 사용하였다. 대표적 조성의 한 예로서 질산암모늄 80%, 니트로글리세린 10～14%, 목탄 6～10%를 들 수 있으며 이것을 암모니아다이너마이트라고 하였다. 제2차세계대전후, 미국에서 실용화되었다.

1.1.5.4 블라스팅젤라틴

1873년 노벨은 프랑스 파리에 연구실을 짓고 이주한 후에 1875년에 아주 중요한 연구를 하게 된다. 규조토, 스트레이트, 암모니아다이너마이트 등의 혼합다이너마이트류는 고온에서 장기 저장 시 니트로글리세린이 침출되어 부주의로 인한 폭발사고가 일어나는 경우가 있었는데 이 문제를 해결하기 위한 연구였다. 어느 날 노벨은 실험실에서 손가락을 다쳐 콜로디온(니트로셀룰로오스 4g을 에테르와 알코올의 혼합액에 녹여 100*ml*로 한 것으로 방부효과 및 보호효과가 있어 붕대재료에 사용된다. 피부에 바르면 에테르와 알코올이 증발하여 강력한 박막이 남고 다친 부위를 기계적으로 보호한다)을 발랐는데 그날 밤 상처의 통증으로 잠이 오지 않아 여러 가지 일들을 생각하던 중, 손가락에 부착한 콜로디온처럼 질소량이 낮은 면약을 니트로글리세린에 사용하면 뭔가 편리하게 되지 않을까 하는 아이디어를 생각하게 되었다. 다음날 아침 실험실로 급히 출동하여 니트로글리세린에 콜로디온을 혼합하였더니 반고체상태의 겔 상태가 만들어지는 것을 확인할 수 있었다. 이렇게 하여 겔 상의 폭약인 블라스팅젤라틴이 발명되게 되었으며 이것이 바로 지금도 전세계적으로 사용되고 있는 니트로겔계 다이너마이트의 기본형이다. 블라스팅젤라틴은 니트로글리세린과 면약으로부터 만들어지고 이제까지의 다이너마이트의 결점인 니트로글리세린의 침출의 문제는 거의 없어지게 되었다. 취급 안전성에 있어서도 니트로글리세린이나 혼합다이너마이트보다 우수하였다. 위력은 면약도 폭약이기 때문에 상당히 컸다. 게다가 내수성도 우수하였다. 이처럼 우수한 성질을 갖고 있었기 때문에 블라스팅젤라틴을 기제로 한 다이너마이트는 100년 이상 발파용 폭약의 왕좌를 점할 수 있게 되었다.

1.1.5.5 교질다이너마이트

1878년 노벨은 좀 더 실용화를 목적으로 질산암모늄, 질산나트륨, 목분 등 니트로글리세린에는 용해되지 않으나 폭발에 관여하는 활성물질을 혼합하여 니트로겔(블라스팅젤라틴)의 양을 감소시킨 교질다이너마이트를 발명한다. 니트로겔이 30% 이상 함유되어야 교질다이너마이트가 되었으나, 나중에 일본과 한국에서는 블라스팅젤라틴이 20%까지 내려가는 기술을 개발하여 상용화하기도 한다. 보통 일본과 한국에서는 니트로겔(블라스팅젤라틴)이 20% 이상 함유된 것을 교질다이너마이트 6~20%인 것을 분상다이너마이트, 6% 이하를 초안(질산암모늄)폭약이라고 부른다.

1.1.5.6 난동, 부동 다이너마이트

블라스팅젤라틴과 교질다이너마이트의 발명에 따라 니트로글리세린의 결점은 대부분 해결하였으나 동절기에 동결하여 취급이 위험한 문제만은 아직도 남아있었다. 1878년 노벨은 메틸나이트레이트 등을 동결방지제로 사용해 보았으나 휘발성이 너무 강하여 불가능하였다. 그 후에도 동결 다이너마이트에 의한 폭발 사고의 발생에 자극이 되어, 노벨 이외에도 많은 연구자들이 이 문제를 해결하기 위해 여러 가지의 물질로 시험하였으나 좋은 것이 보이지 않다가 1912～1914년경이 되어서 니트로글리콜(Nitroglycol)이 동결방지제로서 우수한 성능을 갖는다는 것이 독일에서 발견되었다. 니트로글리세린의 응고점이 13.5℃이고, 니트로글리콜의 응고점이 -22.7℃인데 니트로글리세린과 니트로글리콜의 비율을 6:4로 혼합하면 응고점이 -50℃가 되어 부동 다이너마이트를 만들 수 있었다. 니트로글리콜만을 사용해도 응고점이 -22.7℃인 난동다이너마이트를 만들 수 있기 때문에 그 후 제조 편리성 측면에서 일부 회사에서는 니트로글리콜만을 채용하기도 하였다.

1.1.6 과염소산계 폭약의 발명

1896년 스웨덴의 칼슨(Calson)이 과염소산염과 페로실리콘을 기제로 한 과염소산계 폭약을 개발하였다. 다이너마이트의 그늘에 가려 빛을 보지 못하다가 20세기 초 일본을 비롯한 일부 국가에서 과염소산암모늄계 폭약인 카리트폭약이 개발되어 사용되다가 과염소산염의 환경문제로 지금 생산하고 있는 회사는 없다.

1.1.7 질산암모늄유제폭약(ANFO)의 발명[22]

1955년 미국의 애크리(Akre)는 비료용으로 사용되고 있는 질산암모늄의 폭발사고로부터 질산암모늄이 폭발성을 갖고 있다는 것에 착안하여 질산암모늄유제폭약을 발명하게 된다.

첫 번째 폭발사고는 1921년 독일의 오파우(Oppau) 공장에서의 사고였다. 황질산암모늄을 야적해 놓고 장기간 방치하였더니 단단하게 굳어 사용하기 어려워지자 공장 관계자들은 이것을 부수기 위해서 다이너마이트를 이용했다고 한다. 질산암모늄이 폭발성 물질이라는 것을 몰랐던 그 당시에는 이런 선택이 가능했을 수도 있었다. 그러나 다이너마이트를 이용해서 굳은 질산암모늄을 부수려 했던 선택은 엄청난 재해로 나타났다. 다이너마이트가 폭발하면서 황질산암모늄도 함께 폭발한 것이다. 약 4500톤이 폭발하여 669명이 사망하고 1952명이 부상당한 대형 폭발사고로 기록되고 있다.

두 번째 폭발사고는 1947년 미국의 텍사스 연안에서 일어났다. 질산암모늄 2600톤을 실은 화물선 그랜드캠프(Grandcamp)호의 화물칸에서 화재가 일어나자 선장은 화재 진압을 위해 화물칸을 폐쇄시키고 스팀으로 가압시키는 조치를 취하였다. 그러나 1시간 후에 배는 폭발하였고 수백 명이 사망하였으며 250m 떨어져 정박해 있던 1050톤의 유황과 960톤의 질산암모늄을 싣고 있었던 하이플라이어(High Flyer)호에까지 화재가 전파되었다. 또한 그랜드캠프호의 폭발은 강력한 지진동을 일으켰으며 이로 인해 40마일 떨어진 건물의 창들을 파괴시켰고 460m 거리에서 날던 작은 비행기에 충격을 주기도 하였다. 하이플라이어호는 16시간 연소한 후에 다음날 폭발하였다. 총 581명이 사망하였고 약 3,000명이 부상당한 대형 폭발 사고였다.

초기에는 질산암모늄, 탄가루, 목탄 및 기름 등을 혼합하여 포대에 넣어 애크리마이트(Akremite)라고 하는 제품을 제조하였으나 나중에는 질산암모늄 94～94.5%에 경유 5.5～6%를 섞어 만드는 것으로 정착되었다.

1.1.8 슬러리폭약(또는 워터젤)의 발명[22]

질산암모늄유제폭약(ANFO)은 값이 싸고 쉽게 만들 수 있는 장점이 있었으나 위력이 약하고 내수성이 없으며 후가스가 나쁘고, 정전기가 많이 발생하고 사압이 발생하고 6호 뇌관에 기폭이 되지 않는 등의 단점이 많았다.

1957년 미국의 쿡(Melvin A. Cook)과 캐나다의 파남(H. E. Farnam)은 기발한 아이디어를 내어 슬러리폭약을 만들게 된다. 우리나라 속담에 이열치열이라는 말이 있듯이, 그들은 물에 취약한 질산암모늄을 물에 녹여서 내수성이 있는 폭약을 만들게 된다. 즉 AN, TNT 및 물의 슬러리를 기본으로 하며, SN(Sodium nitrate), 알루미늄 분말 또는 흐름억제제로 밀가루, 곡물가루, 호화전분 및 셀룰로오스를 추가한 죽상의 내수성 폭약을 개발한 것이다. 실로 대단한 발명이지 않을 수 없었다. 산업용 화약계의 혁명이 아닐 수 없었다. 슬러리폭약을 개발한 쿡은 1958년 IRECO chemicals를 설립하였으며 벌크폭약을 전문적으로 생산 판매하였다. 1979년에는

IRECO의 3명의 기술자들이 나와서 MSI(2001, UEE[현재의 MAXAM]에 매각)를 창립하여 Gassed Emulsion explosives의 기술을 확립하게 된다. 일본유지의 에멀전 기술도 IRECO로부터 도입이 되어 오늘날에 이른다. IRECO는 1984년 Dyno Nobel에 매각된다.

1.1.9 에멀젼폭약의 발명[22]

슬러리폭약이 혁명적인 산업용폭약이긴 했지만 이 역시 여러 가지 단점을 내포하고 있었다. 즉 수중유적형(Oil in Water)의 함수폭약이었기 때문에 외부로 노출된 물 층이 영하의 온도만 되면 기폭되지 않는 큰 단점이 있었던 것이다.

이것을 개선하기 위해서 여러 회사의 많은 화약기술자들이 연구를 하였고 이 연구의 결과로 가장 먼저 특허로 등록된 것이 1969년 미국 Atlas사(Atlas Chemical industries)의 블럼(Harold F. Bluhm)의 에멀전폭약이었다(미국특허 3447978[1969.6.3.]). 유화제를 이용해서 질산암모늄의 산화제용액과 왁스와 광유의 연료용액을 혼합한 유중수적형(Water in Oil)의 함수폭약이었기 때문에 외부로 노출된 기름 층이 단열의 역할을 하여 -20℃에서도 얼지 않았다. 처음에는 부스타 기폭성의 둔감한 폭약이었으나 나중에 화학적 예감제와 물리적 예감제(유리미소중공구체 등)가 개발되면서 뇌관기폭성 폭약으로 발전하였고, 대량 생산할 수 있는 자동화 제조시설이 개발되면서 산업용폭약의 주류로 자리 잡기 시작하였다. 에멀젼폭약은 산업용폭약 중에서는 현재까지 가장 안전하고, 값이 싸고 위력이 뛰어난 폭약이라고 할 수 있다. 에멀전폭약을 개발한 Atlas사는 1972년 ICI에 매각이 되며 ICI는 1998년에 Orica라는 새로운 독립회사로 거듭나게 된다.

1.2 점화 및 기폭시스템의 역사

1.2.1 동물 또는 식물줄기로 만든 도화선(Fuse)[7]

1831년 영국의 빅포드(William Bickford)가 도화선(Safety fuse)을 발명하기 전까지 광산업자들은 발파공에 장전된 흑색화약을 점화시키기 위해서 흑색화약을 선으로 깔거나 거위의 깃, 밀짚, 갈대, 식물줄기 등의 내부에 흑색화약을 채워 불을 붙여 장전된 흑색화약을 폭발시켰다. 이 작업은 예측할 수 없는 위험한 작업이었다. 이것은 너무 빨리 탈 수도 있고 또는 너무 늦게 탈수도 있어 광산업자의 생명을 위태롭게 하였고 실제로도 많은 사고를 발생시켜 수많은 사상자를 냈다. 그럼에도 불구하고 1627년 최초로 광산에 사용하기 시작하면서부터 1831년 빅포드의 도화선이 발명되기 까지 약 200년간을 사용하여 왔다.

1.2.2 도화선(Safety Fuse)[9, 11, 12]

1831년 영국 상인 빅포드는 캠번(Camborne) 근처의 콘월광산지역(Cornish mining district)으로 이사하였는데 광산에서 동물 또는 식물줄기로 만든 퓨즈로 흑색화약 발파를 하다가 많은 사고가 발생하는 것을 보고 인간적인 휴머니즘이 발동하여 (Tuckingmill)에서 안전하게 작업할 수 방법을 찾는 연구에 착수하게 된다. 연구의 결과로 그는 채광할 때 흑색화약을 점화시키기 위한 실용적이고 신뢰성이 있는 수단인 도화선을 발명하게 된다. 수많은 실패 후에 빅포드는 로프를 만드는 그의 친구를 방문하던 중에 영감을 얻게 된다. 친구가 로프를 만들기 위해 선을 꼬는 것을 관찰하면서 빅포드는 동일한 방법을 퓨즈 개발에 적용할 수 있는 아이디어를 얻게 된 것이다. 양아들인 스미스(George Smith)와 광산업자인 데이비(Thomas Davey)의 도움으로 도화선의 개발을 완성하기에 이른다.

빅포드가 발명한 도화선 기계는 작은 튜브 형태로 흑색화약 외부에 2층의 황마사를 감아 엮었는데 이들은 서로 반대 반향으로 돌려 감아졌으며 그리고 방수를 위해서 타르로 바니시 처리되었다. 불을 붙였을 때 선을 따라서 천천히 불이 이동되었으며 연소 속도는 1 피트에 약 30초가 되는 퓨즈를 개발하는 결과를 얻게 되었다. 빅포드는 퓨즈의 길이에 따라서 정해진 시간으로 연소되는 퓨즈를 개발하게 된 것이었다.

빅포드는 1831년 6월에 “Safety Fuze for igniting Gunpowder used in Blasting Rocks, Etc”라는 제목으로 영국특허(특허번호 6159)를 취득하였다. 처음에는 The Patent Safety Rod라고 불렀으나 나중에 Safety Fuse로 변경되었다. 이 도화선은 직경이 9.5～12.7mm이었으며 이로 인하여 광산 및 건설현장에서 일어나는 수많은 인명사고에 대하여 약 90% 정도 감소시킬 수 있었다.

1.2.3 전기식 점화장치[13]

1745년에 영국의 Royal Socity의 왓슨(Waston) 박사가 흑색화약이 라이덴 병(Leyden Jar)으로부터의 스파크 발생에 의해서 점화될 수 있다는 것을 입증하였고 5년 후에 필라델피아의 British American Colony에서 벤자민 프랭클린(Benjamin Franklin)이 이와 동일한 원리에 기초를 두고 전기 흑색화약 점화장치를 만들었다.

1822년 로버트 헤어(Robert Hare) 박사는 최초로 흑색화약용 열선 점화장치를 개발하였으며 여기에서 점화약은 염소산칼륨/금속비소/유황의 혼합물을 사용하였다.

1900년대에 이르러서는 독일에서 단순하고 대량 생산할 수 있는 옥식의 전기점화장치가 개발된다. 침적된 점화옥의 헤더는 판지로 만들어졌으며 양측에는 금속 포일로 씌워졌다. 브릿지가 양쪽에 걸치도록 한 다음, 양쪽 포일에 용접되었다. 브릿지가 설치된 퓨즈헤드는 점화약 슬러리 또는 페이스트에 침적이 되고 건조되었으며 그리고 본약 페이스트에 침적되고 다시 건조되었다. 어떤 점화옥들은 옥을 강하게 하고 광을 내기 위해 니트로셀룰로오스 락카로 세 번째 코팅을 하였다. 그리고 콤(Combs)은 분리 절단되어 낱개의 퓨드헤드 또는 점화옥으로 만들어졌다. 그리고 여기에 각선이 용접되어 전기점화옥이 완성되었다. 전기점화옥은 오늘날 소형로켓모타, 뇌관 점화장치, 불꽃놀이 점화장치 등과 같이 광범위한 응용분야에서 사용되고 있다.

1.2.4 공업뇌관(Blasting Cap)[15, 16]

1860년대에 노벨 가족은 도화선으로는 기폭되지 않는 니트로글리세린을 기폭시키기 위한 여러 가지 방법을 연구하기 시작했다. 아버지 임마누엘은 흑색화약에 니트로글리세린을 흡수시켜 기폭시키는 방법을 연구하였고 알프레드는 니트로글리세린을 직접 기폭시키는 방법을 연구하였다. 알프레드는 니트로글리세린을 작은 금속용기에 넣거나 혹은 암석의 발파공에 직접 넣어 그것을 흑색화약을 가득 채운 목제의 캡으로 기폭하여 기폭장치를 성공적으로 개발한다. 그 폭파계열은 도화선 → 흑색화약 → 니트로글리세린이었으며 1863년 이 신 기폭법을 스웨덴에서 특허를 얻어낸다. 그리고 그는 보다 작고 간단한 장치를 만들기 위해 더욱더 연구를 진행하여 1865년 뇌홍을 채운 금속관으로 된 뇌관을 발명하게 된다. 이것이 현재의 공업뇌관의 원조이다. 이 뇌홍뇌관의 발명에 따라 니트로글리세린을 쉽게 기폭하는 방법이 확립되었고 니트로글리세린과 같은 고폭약을 이용할 수 있는 길이 열리게 되었다. 처음에는 100% 뇌홍 기폭약을 사용하였으나 1932년 ICI(현 Orica)에 의해서 첨장약과 기폭약을 갖는 구조로 개발이 되어 오늘날에 이르게 된다.

1.2.5 전기뇌관(Electric Detonator)[13, 17]

1865년 알프레드 노벨이 발명한 뇌홍뇌관은 처음부터 도화선과 연결되어 비전기뇌관으로 사용되었다. 1868년 미국의 발명가 줄리어스 스미스(H. Julius Smith)가 스파크 또는 고전압으로 작동되는 뇌관을 발명한다. 이 시스템은 뇌홍 기폭약 안에 스파크갭을 갖는 두 개의 선이 들어가 있어 고전압을 주면 두 선 사이에서 스파크가 일어나 뇌홍뇌관을 기폭시키는 구조였다. 그리고 1875년 스미스와 페리 펠 가드너(Perry Pell Gardiner)는 현재와 거의 대동소이한 열선 뇌관을 독자적으로 개발한다. 이 뇌관은 두 선 사이에 브릿지와이어를 설치함으로써 저전압으로 작동될 수 있었으며 이것으로 대규모 전기발파의 시대를 열게 되었다. 1917년경 뇌홍은 $KClO_3$가 추가된 뇌홍폭분으로 개선이 되며 이때 즈음 기폭약이 아지화연으로 대체되기 시작하였다. 1920년에는 Atlas Powder사의 그랜트(Harry L. Grant)와 해도우(George Haddow)가 독립적으로 대량 생산할 수 있는 점화옥을 만들어 공업뇌관에 결합한 전기뇌관을 개발한다. 1932년에는 ICI사의 쿠퍼(James M. Cooper)가 전기뇌관의 시한장치를 넣은 지연전기뇌관(단발전기뇌관)을 개발하여 발파 효율을 증대시킨다.

1.2.6 비전기뇌관[8, 13, 15, 17, 18]

20세기 중반 거의 같은 시기에 전기를 사용하지 않는 세 가지의 비전기 발파법이 개발된다. 도폭선 발파, 쇼크튜브식 비전기뇌관발파, 가스튜브식 비전기뇌관 발파의 세 가지 발파법이 출현하지만 편리성, 안전성, 효율성 측면에서 가장 우수한 쇼크튜브식이 시장을 석권하게 된다.

1.2.6.1 가스튜브식 비전기뇌관

1973년 허큘리스사(Hercules Inc.)의 헐리(Hurley)는 플라스틱 튜브를 뇌관에 연결하고 사용 시에는 연결된 튜브를 통해서 산소와 연소성가스의 혼합가스를 채운 후에 점화시켜 발파하는 방법을 개발한다. 그러나 이 방법은 취급이 불편하고 혼합가스 취급 시 위험성이 있어 시장에 출시되자마자 얼마 안 되어 사라지게 된다.

1.2.6.2 쇼크튜브식 비전기뇌관

1968년 스웨덴 니트로노벨사의 페르손(Per-Anders Persson)은 외경 5.0mm 내경 3.0mm의 플라스틱 튜브 내에 폭약을 약 0.5g/m 도포한 쇼크튜브를 개발하여 전기점화장치를 대체한 쇼크튜브식 비전기뇌관을 개발한다. 이 쇼크튜브는 약 1,500m/sec의 폭속을 가졌으나 약량이 매우 적어 화약만 연소할 뿐 플라스틱 튜브는 아무런 손상이 없을 정도로 아주 안전하고 편리하였다. 쇼크튜브는 더욱 더 개선이 되어 현재는 외경 3.0mm, 내경 1.2mm, 약량 20mg/m로 소형화되었으며 이 쇼크튜브식 비전기뇌관은 전 세계의 시장을 대부분 점유하고 있다. 2중 및 3중의 쇼크튜브도 상용화되어 있고 인장강도도 초기에는 10kgf 전후였으나 현재는 약 60kgf까지 발전되어 있다.

1.2.7 도폭선[19]

1908년 프랑스에서 납관에 TNT를 충전한 “코드(Cordeau)”라고 하는 납도폭선이 개발되면서 시작되었다. 1936년에는 실과 종이 및 왁스로 PETN 폭약을 싸서 만든 유연한 노끈 모양의 도폭선이 엔자인빅포드사(Ensign-Bickford Company)에 의해서 개발되는데 프리마코드(Primacord®)라는 이름이 붙여졌다. 이 제품은 처음에 미터 당 약 10g의 PETN이 충전되어 있어 사용시 소음이 너무 컸다. 1968년 이것을 개선한 제품이 개발, 특허 등록되는데 미터 당 0.2그램까지 약량을 낮춘 저약량도폭선이었다. 현재 상용화된 가장 낮은 약량의 도폭선은 1.5g/m의 제품이며 10.8g/m의 제품까지 약량에 따라 다양한 제품이 산업용 발파에 사용되고 있다. 도폭선은 자체로 발파에 사용되기도 하지만 대부분 비전기뇌관과 함께 사용되고 있다.

1.2.8 전자뇌관[20, 21]

기존의 뇌관들은 시한장치로 금속산화물과 금속분말로 이루어진 파이로테크닉 물질을 사용하기 때문에 정밀도를 증가시키는데 한계가 있었다. 소음과 진동을 줄이고 발파 효율을 증대시키기 위한 정밀 시한발파가 점차 요구되면서 아주 정밀한 시한장치를 갖는 뇌관시스템이 필요하게 되었다. 이러한 정밀시한장치를 구현하기 위해 개발된 것이 1977년 스웨덴과 미국에서 개발된 전자뇌관이었다. 즉 시계와 소형컴퓨터를 장착한 전자회로를 뇌관에 넣어 정밀도를 극대화시킨 것이다. 초기에는 가격이 전기뇌관의 10배 이상으로 너무 비싸 특별한 장소에만 사용되었으나 최근 소음, 진동의 개선효과와 발파효율의 증대 및 안전성이 요구되면서 그 수요가 점차 증가하고 있다.

참고문헌

1. 위키백과, (2013.4.14), 연단술, https://ko.wikipedia.org/wiki/연단술, (2016.5.15 방문)
2. WIKIPEDIA, (2016.5.20), Gunpowder, https://en.wikipedia.org/wiki/Gunpowder, (2016.5.15 방문)
3. 민병만 (2009), 한국의 화약역사, 아이워크북, 서울
4. 이름없는 풀뿌리, (2015.8.7.), 홍익인간이란?, http://m.blog.daum.net/_blog/_m/articleView.do?blogid=08pWU&articleno=15960026, (2016.5.15 방문)
5. Mining Museum +Shelter Hut Schneeberg(Italy), history of mining on Schneeberg, http://www.en.schneeberg.org/history/historyofminingonschneeberg/theblastingtechniqueblackpowder.html, (2016.5.21 방문)
6. The Free Dictionary, (1979), Blasting Operation, http://encyclopedia2.thefreedictionary.com/Blasting+Operations, (2016.5.15 방문)
7. CONNECTICUT HISTORY.ORG, (2012), http://connecticuthistory.org/the-steady-evolution-of-a-connecticut-family-business/, (20165.15 방문)
8. DYNO Nobel 자료, (2014), The Evolution of the detonator, http://oldcooperriverbridge.org/docs/dyno_nobel_shock_tube.pdf, (2016.5.15 방문)
9. Ensign-Bickford Industries, Inc.(EBI), (2014), Avon's Explosive Heritage, http://www.avonhistoricalsociety.org/Avon%20Public%20Library%20Presentation%20CEW%20Final%203_pptx%20%5BRead-Only%5D.pdf, (2016.5.15 방문)
10. Per-Anders Perrson, (1993), Rock Blasting and Explosives Engineering, initiation system, https://books.google.co.kr/books?isbn=084938978X, (2016.5.21 방문)
11. WIKIPEDIA, (2016.5.2), Safety fuse, https://en.wikipedia.org/wiki/Safety_fuse, (2016.5.21 방문)
12. WIKIPEDIA, (2016.3.31), Fuse(explosives), https://en.wikipedia.org/wiki/Fuse_(explosives), (2016.5.21 방문)
13. Paul W. Cooper, EXPLOSIVE ENGINEERING, VCH Publishers, New York
14. THE MAGIC OF CORNWALL, William Bickford 1774-1834, http://www.themagicofcornwall.com/pages/history/bickford.htm, (2016.5.21 방문)
15. WIKIPEDIA, (2015.12.5), https://en.wikipedia.org/wiki/Detonator, (2016.5.21 방문)
16. 中原 正二(2003), "アルフレッド ノーベル 工業雷管,ダイナマイトの発明とダイナマイト帝国の建設" 화약과 보안(2003), 26~30페이지
17. [미국특허] Robert Bartley Hopler, Jr.(1976), "Explosive energy-initiatable blasting caps containing a porous ignition and detonation system and method", US Patent 4,073,235(1978.2.14)
18. [미국특허] Per-Anders (1971), "FUSE", US Patent 3,590,739(1971.7.6)

19. Ensign-Bickford Aerospace & Defense, Home page, http://www.eba-d.com/about-us/history-of-the-company/, (2016.5.21 방문)
20. [미국특허] Hedberg; John B. G. (Goteborg, SE), Westerlund; Nils A. L. (Boliden, SE), "Electric detonator cap", US Patent 4,145,970(1979.3.27)
21. [미국특허] Fowler; Steven E. (Ridgecrest, CA), "Electronic detonator", US Patent 4,136,617(1979.1.30)
22. Wang Xuguang(1994), Emulsion explosives, Metallurgical industry press, Beijing.

제2장

화약류 개론

2.1 화약류의 정의

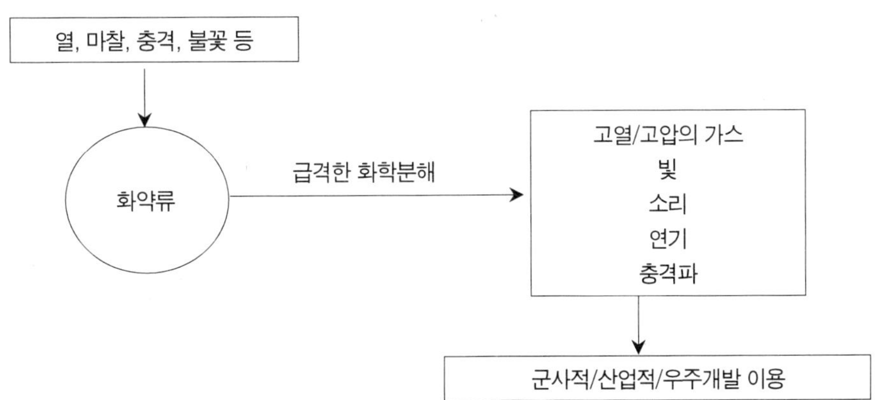

[그림 2.1] 화약류의 현상학적인 해석의 도식

화약류의 정의는 여러 가지 있으나 현상학적으로 말하자면 다음과 같이 정의할 수 있다. 화약류란 열, 마찰, 충격, 불꽃 등의 비교적 작은 에너지에 의해서 급격한 화학분해를 일으켜 고열 고압의 가스, 빛, 소리, 연기 및 충격파를 발생하는 물질로 화약류의 폭발로부터 발생되는 동력(파워)을 군사적, 산업적 및 우주개발에 이용할 수 있는 물질을 말한다. 이를 그림으로 도식화한 것이 [그림 2.1]이다. 고열 고압의 가스를 이용하는 분야는 추진제 및 자동차 에어백용 인플레이타 가스발생제 등이 있으며 빛, 소리, 연기 등을 이용하는 분야는 구조용 신호기나 불꽃놀이 등이 있다. 파괴 작용을 일으키는 충격파를 이용하는 분야는 고열 고압의 가스작용과 함께 암석 파괴에 사용되는 광산이나 터널 등의 건설 분야가 있다.

상기 화약류 정의의 앞부분은 화약류가 본질적으로 불안정한 것임을 말하여 주고 있다. [그림 2.2]의 활성화에너지(Ea)로 설명할 수 있다. 활성화에너지란 화학반응이 진행되기 위해 필요한 최소한의 에너지를 말하며 아레니우스식 $k=Ae^{-Ea/(RT)}$으로부터 실험적으로 구할 수 있다. 이 에너지가 작을수록 쉽게 반응이 일어날 수 있다는 것을 의미한다. 즉 화약류는 다른 물질에 비해서 이 활성화에너지가 대체적으로 작다는 것이다. 이러한 불안정성은 150gf의 마찰에서 폭발하는 기폭약으로부터 뇌관으로 기폭시켜도 폭발이 일어나지 않는 질산암모늄유제폭약(ANFO = Ammonium Nitrate Fuel Oil)에 이르기까지 다양하다. 기폭약류는 그 특징을 살려서 다른 화약류를 기폭시키는 장치들을 만드는데 사용하며 산업용뇌관이나 프라이머(Primers)가 그 예가 된다. 뇌관의 폭발에 의해서 폭굉하는 산업용폭약은 1950년대에 ANFO, 슬러리폭약 그리고 1960년대에 에멀젼폭약이 개발되기 전까지 다이너마이트류들이 주류를 이루었었다. 그러나 시장의 요청에 따라 보다 값이 싸고 보다 둔감한 산업용폭약에 관한 많은 연구가 이루어졌으며 그 결과 현재에는 ANFO와 함께 물이 함유된 워터젤 폭약과 에멀젼 폭

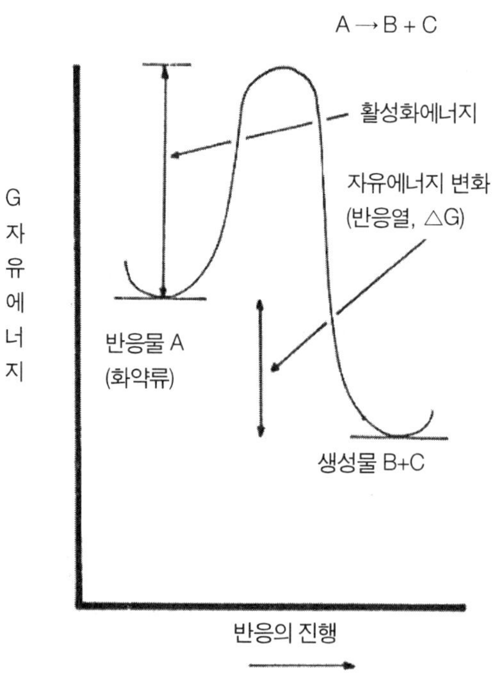

[그림 2.2] 반응의 진행에 따른 자유에너지의 변화

약이 시장의 주류를 이루고 있다. 이에 따라 둔감한 폭약들을 확실하게 기폭시키기 위해서 뇌관도 다이너마이트 시대의 6호 뇌관에서 8호 뇌관으로 전환이 되었고 ANFO 및 벌크함수폭약의 경우는 부스타가 필요할 정도가 되었다.

그리고 화약류 정의의 뒷부분은 폭발생성물을 나타내며 화약류가 본질적으로 이용할 수 있는 동력(파워) 등 여러 가지가 있을 수 있음을 말해주고 있다. 폭발에는 폭연(Deflagration)과 폭굉(Detonation)이 있다. 폭연은 연소 속도가 약 300~400m/sec로 연소하는 것이며 열, 빛 그리고 소리를 수반한다. 이에 비해서 폭굉은 연소 속도가 약 2,000m/sec 이상 연소하는 것을 말하며 열, 빛, 소리 외에 충격파를 하나 더 수반한다. 연소 속도가 빠르면 빠를수록 단위 시간당 발생하는 에너지 즉 파워가 증가하게 된다. 폭연을 일으키는 화약류를 화약이라고 하며 흑색화약, 무연화약 및 콤포지트추진제가 그 대표적인 예가 되며 이외에도 가스발생제, 불꽃놀이 등에 사용되는 화약류도 대부분 화약이다. 폭굉을 일으키는 화약류를 폭약이라고 하고 암석발파용으로 사용되는 다이너마이트, 함수폭약 등이 그 대표적인 예가 된다. 폭발 내외부의 거동 이론에 대해서는 향후 자세하게 검토할 것이다.

2.2 화약류의 성분

화약류는 자체 내에 가연물과 산소가 함께 들어있는 물질로, 공기 중의 산소 없이도 연소할 수 있는 자기연소하는 물질이다. 한 물질 내에 가연물과 산소가 공존하는 물질은 자연에는 없는 물질로 우리 인간이 만들어낸 위대한 발명품이다. 이러한 화약류를 만드는 방법에는 두 가지가 있다.

〈표 2.1〉 대표적인 산소공급제

이름	분자식	분자량	O.B	ΔH_f(kcal/mole)
질산칼륨	KNO_3	101.1032	+0.40	-118.21
질산나트륨	$NaNO_3$	84.9947	+0.47	-111.62
질산바륨	$Ba(NO_3)_2$	261.337	+0.31	-236.14
질산암모늄	NH_4NO_3	80.052	+0.60	-87.4
염소산칼륨	$KClO_3$	122.5495	+0.39	-95.053
과염소산칼륨	$KClO_4$	138.55	+0.46	-103.44
과염소산암모늄	NH_4ClO_4	117.49	+0.28	-70.578

〈표 2.2〉 대표적인 연료

이름	분자식	분자량	O.B	ΔHc(kcal/g)
목탄	C	12.01	-2.630	7.8
파라핀	$CH_{2.1}$	14.13	-3.460	10.994
경유	CH_2	14.03	-3.430	10.516
중유	$CH_{2.2}$	14.23	-3.500	10.277
전분	$C_6H_{10}O_5$	162.10	-1.185	4.15
목분	$C_8H_{10}O_5$	188.68	-1.370	3.60
나프탈렌	$C_{10}H_8$	128.17	-3.000	9.6152
유황	S	32.10	-1.000	2.2
알루미늄	Al	26.98	-0.890	7.422
규소철(Si=90%)	Fe-Si	30.86	-1.070	7.9023

첫 번째 방법이 산소를 갖고 있는 물질과 가연물을 섞어서 만드는 방법이다. 4세기경 중국에서 처음 발명된 흑색화약은 산소를 갖고 있는 물질로 KNO_3, 타는 물질로 목탄과 유황을 혼합해서 만들어졌다. <표 2.1>과 <표 2.2>는 혼합화약류를 제조 시 사용되는 산소공급제와 연료들의 특성치를 예시하는 표이다. 혼합화약류는 일반적으로 불꽃에 의해 연소가 되며 비교적 연소 속도가 느린 화약류이며 흑색화약 외에 점화약, 파이로테크닉 조성물 등이 있다. 파이로테크닉 조성물 중에 가스를 발생하지 않는 지연제류는 대부분 화약류로 구분되지 않는다.

두 번째 방법은 CH화합물로 이루어진 가연물에 산소를 갖고 있는 물질을 화학 반응시켜 산소를 강제로 주입시킨 합성하여 만드는 방법이다. 예를 들어 다이너마이트의 예감제인 니트로글리세린은 1847년 이탈리아의 소브레로에 의해서 발명되었으며 다음과 같이 글리세린에 질산과 황산을 반응시켜 만들어진다.

$$\begin{matrix} CH_2OH \\ | \\ CHOH \\ | \\ CH_2OH \end{matrix} + HNO_3 \xrightarrow{H_2SO_4} \begin{matrix} CH_2ONO_2 \\ | \\ CHONO_2 \\ | \\ CH_2ONO_2 \end{matrix}$$

합성화약류 중 2차 폭약은 불꽃에 의해 연소가 되지만, 뇌관과 같은 충격파에 의해서는 기폭이 된다. 일단 뇌관에 의해서 기폭이 되면 연소 속도는 초당 수천 미터 이상으로 매우 빨라 상당한 파워를 발생시켜 파괴적 능력을 갖게 된다. 니트로글리세린, RDX, TNT 및 PETN 등이 여기에 속한다.

합성화약류 중 1차 폭약을 기폭약이라고도 하며 불꽃에 의해 폭굉이 된다. 이러한 특성에 의해 1차 폭약인 기폭약들은 충격파를 발생시키는 뇌관의 필수적인 원료로 사용되고 있다. 다음은 산업용뇌관에 가장 많이 쓰이는 DDNP와 아지화연의 합성반응식이다.

DDNP 합성반응식:

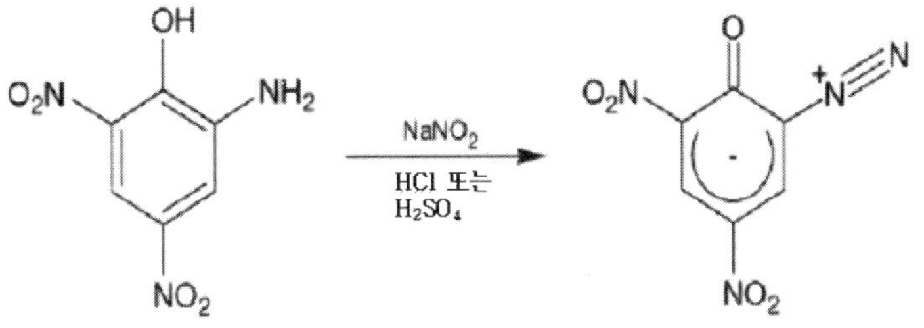

OH, O_2N, NH_2, NO_2 —($NaNO_2$ / HCl 또는 H_2SO_4)→ O, O_2N, $\overset{+}{N}{\equiv}N$, NO_2

아지화연 합성반응식: $Pb(NO_3)_2 + 2NaN_3 \rightarrow Pb(N_3)_2 + 2NaNO_3$

아지화연의 분자식을 보면 알 수 있듯이 여기에는 산소가 들어있지 않다. 즉 화약류의 반응은 모두가 산화반응이라고는 할 수 없다. 기폭약 등에서는 전혀 산소를 함유하지 않은 것도 있다. 이들은 에너지 레벨이 높은 상태에 있는 분자들로 외부에너지에 의해서 분해되어 많은 열을 내면서 분해반응하는 것이다. 그러나 일반적으로 2차화약류에 있어서는 유기화합물의 산화반응이 주반응으로 되어 있다. <표 2.3>에는 이러한 합성화약류에 일반적으로 포함되어 있는 여러 가지 치환기들이 나와 있다.

〈표 2.3〉 합성화약류에 포함되어 있는 치환기들

구분	이름	치환기	구분	이름	치환기
산소원	Nitrate	$-ONO_2$	연료	Methyl	$-CH_3$
	Nitro	$-NO_2$		Ethyl	$-CH_2CH_3$
	Nitroso	-NO		Buthyl	$-CH_2CH_2CH_3$
	Alcohol(Hydroxyl)	-OH		other Hydrocarbons	-CxHy
	Acid(Carboxyl)	-COOH		Imino	-NH
	Aldehyde(Carbonyl)	-CHO		Amino	$-NH_2$
	Ketone(Carbonyl)	-CO		Ammonium	$-NH_4$
	Chloro	-Cl	산소원 &연료	Fulminic	-ONC
	Fluoro	-F		Nitramine	$-NHNO_2$
	Difluoramine	$-NF_2$	기타 에너지	Azides	$-N_3$
				Diazo	$-N_2-$

2.3 화약류가 갖추어야 할 조건

화약류는 인류가 발명한 물질 중에서 가장 강력한 파워를 갖는 물질로 지하자원의 채굴, 토목, 건설 등에서 유용하게 쓰인다. 강한 폭발력을 갖는다고 해서 아무 것이나 다 쓸 수 있는 것은 아니며, 화약류는 어떤 일정 조건을 갖추어야만 유용하게 쓸 수 있다.

첫째로 화약류는 지나치게 예민하지 말아야 한다. 우리가 통제할 수 없을 정도로 너무 예민하다면 사고가 빈번하여 실용화가 불가할 것이다. 현재 실용화되어있는 가장 예민한 화약류는 기폭약류로 뇌홍, 아지화연, DDNP 등이 있으며 이들의 마찰감도는 최소 150gf, 낙추감도는 최소 3cm(5㎏의 추) 정도이다. 이 정도의 감도를 갖고 있어도 가끔 마찰, 충격 충격으로 인한 폭발사고가 발생한다. 만약 이 보다 더 예민한 화약류라면 실용화할 수 없다. 이것의 예가 아지화동이다. 아지화동은 적당한 수분 존재하에서 아지화연과 구리가 만날 때 만들어지는 생성물이다. 극도로 예민해서 건드리기만 해도 폭발하는 그런 물질이다. 이 물질은 제조 공정 중에 뜻하지 않게 만들어질 가능성이 있으므로 상당한 주의를 요한다. 이지화연을 기폭약으로 사용하는 뇌관에서는 반드시 알루미늄 금속관이나 관체를 사용하여야 하며 구리 관체는 금물이다. 구리 관체를 사용해야할 탄광용뇌관에서는 기폭약을 반드시 DDNP를 사용하여야 한다. 아지화연, DDNP, 알루미늄 관체, 구리 관체를 모두 취급하는 공장에서는 자칫 잘못하면 아지화연과 구리가 만나 사고를 일으킬 수 있는 아지화동을 만들 수 있으므로 근원적으로 알루미늄 관체와 구리 관체를 사용하는 곳에서는 반드시 DDNP만을 사용하는 것이 바람직하다.

$$Pb(N_3)_2 + Cu \rightarrow Cu(N_3)_2 + Pb$$

둘째로 화약류는 사용 후 잔류약이 없어야 한다. 발파 현장은 여러 가지 악조건이 발생할 수 있다. 자연적으로는 암반의 상태가 좋지 않아 크랙, 균열 및 지하공동이 있는 경우도 있고 또한 지하수맥이 흐르는 곳도 있다. 인위적으로는 천공기사가 천공을 잘못하여 공의 바닥 부분들이 서로 근접하는 경우도 있고 또한 발파 설계에 맞지 않는 폭약을 선정하는 경우가 있다. 이런 경우에는 모두 전단 발파공의 충격파에 의해서 후단 발파공의 뇌관 또는 폭약이 사압을 받아 잔류할 수가 있다. 이러한 잔류약들은 후 작업 시 천공 등에 의해서 폭발하여 사고를 일으킬 수 있다. 그러므로 발파 시에는 이러한 전반적인 상황들을 잘 고려해서 적절한 발파 패턴의 설계와 악조건에 따른 적절한 화약류의 선택으로 잔류약이 절대로 발생하지 않도록 해야 한다.

셋째로 화약류는 적절한 용도로 사용되어야 한다. 대부분의 화약류는 연소→폭연 →폭굉의 순서로 진행이 된다. 즉 모든 화약류는 외부에너지에 의해서 연소가 시작되며 연소가 진행됨에 따라 주변 압력, 온도가 증가하게 되면 연소 속도는 더욱더 빠르게 되어 폭연에 이른다. 그리고 압력과 온도는 더욱더 증가하게 되는데, 어느 지점에 도달하게 되면 화약류는 폭굉하게 된다. 이 지점을 우리는 DDT(Deflagration to Detonation Transition) 조건이라고 부른다. 기폭약류는 DDT 조건이 아주 낮아 거의 상온, 상압 하에서 폭굉에 도달하며 추진제류와 2,3차폭약류들은 DDT 조건이 수백 바 이상으로 매우 높다. 기폭약류는 뇌관에 사용하여 바로 폭굉하여야 하므로 DDT 조건이 매우 낮아야 한다. 즉 상온 상압 하에서 작은 에너지에 의해서 순간적으로 DDT에 도달되어야 한다. 2차 폭약인 PETN을 기폭약으로 사용하는 NPED(Non-primary explosives detonator)의 경우 DDT 압력이 비교적 낮기 때문에 적정한 환경 조건만 만들어 주면 짧은 시간 내에 DDT에 도달할 수 있다. 그러나 아무리 빨라도 NPED의 경우를 보면, 60ms 정도이다. 즉 NPED는 DDT를 발생시키는 압력을 조성시키는 시간이 최소 60ms는 걸린다는 의미이다. 만약 이러한 조건을 0ms에 조성할 수 있다면 안전하고 효율성이 있는 뇌관을 만들 수 있을 것이다. 추진제의 경우는 가능한 DDT가 일어나는 압력을 높여야 한다. 포 내에서 폭굉이 일어날 경우, 총열이 파괴되어 총의 기능상실 및 발사자의 부상이 있을 수 있으므로 추진제가 연소, 폭연하는 조건에서는 폭굉이 일어나지 말아야 한다. 즉 DDT 조건이 높으면 높을수록 안전한 추진제가 될 수 있다. 자동차용으로 사용되는 인플레이터용 가스발생제도 마찬가지로 DDT가 일어나는 압력을 높여야 한다. 내외부 조건에 의해서 가스발생제가 급격히 연소하여 압력과 온도가 급상승할 때에도 DDT가 일어나지 않도록 설계하면 안전하고 훌륭한 가스발생제가 될 것이다. 2차 폭약류는 DDT 압력이 1차 폭약류 보다는 훨씬 높으며 3차폭약류는 더 높다. DDT 압력이 높을수록 폭굉시키기 어려우므로 더 안전성이 높다는 것을 의미한다. 2차화약류는 뇌관과 같은 충격파에 의해서 순간적으로 DDT에 도달시킬 수 있으며 3차폭약류는 부스터에 의해서 순간적으로 DDT에 도달시킬 수 있다. 이러한 화약류의 여러 가지 특성을 고려하여 각 특성에 맞는 용도로 화약이 쓰여야 한다. 만약 기폭약을 추진제나 폭파용 장약으로 사용한다면 어떻게 될까? 상식적으로 우리는 이것은 불가능하며 만약 사용한다면 사고는 불 보듯 뻔하다는 것을 알 수 있을 것이다.

넷째로 화약류는 공기(산소)없이도 연소되어야 한다. 화약류는 폐쇄된 공간에서 전개되거나 대기 중의 공기(산소)를 이용할 시간적인 여유가 없기 때문에 자체 내에 산소를 반드시 갖고 있어야 한다. 그래서 자기 연소하는 물질이라고도 하며 공기가 없는 우주 공간에서 사용될 수 있어 우주개발에 중요하게 사용된다. 만약 공기 중의 산소를 사용하는 조건이라면 공기 중의 산소를 가져와야 하는 시간적인 문제 때문에 폭발이라고 하는 목적을 절대로 달성할 수 없을 것이다.

2.4 화약류의 분류

앞서 설명하였지만, 화약류는 여러 가지 종류가 있다. 이러한 종류를 구분하는 기준에는 법적인 기준, 위력적인 측면, 조성적인 측면, 기폭난이도 측면 등이 있다. 이러한 기준에 따라서 지구상에 존재하는 모든 화약류들을 분류해 보기로 한다.

2.4.1 법적인 분류

화약류는 상당히 위험한 물질이다. 따라서 오용이 되면 위험과 재해를 일으켜 공공의 안전을 크게 저해할 가능성이 있다. 따라서 화약류는 화약류로 인한 위험과 재해를 미리 방지함으로써 공공의 안전을 유지하는데 이바지할 목적으로 화약류단속법을 만들어 규제하고 있다. 이 법 제2조 ③항에서는 화약류를 화약, 폭약 및 화공품으로 분류하고 있으며 각각은 다음과 같이 정의되고 있다.

1. 화약
   가. 흑색화약 또는 질산염을 주성분으로 하는 화약
   나. 무연화약 또는 질산에스테르를 주성분으로 하는 화약
   다. 그 밖에 "가"목 및 "나"목의 화약과 비슷한 추진적 폭발에 사용될 수 있는 것으로서 대통령령이 정하는 것

2. 폭약
   가. 뇌홍, 아지화연, 로단연류, 테트라센 등의 기폭제
   나. 초안(질산암모늄)폭약, 염소산칼리폭약, 카리트 그 밖의 질산염, 염소산염 또는 과염소산염을 주성분으로 하는 폭약
   다. 니트로글리세린, 니트로글리콜 그 밖의 폭약으로 사용되는 질산에스테르

라. 다이나마이트 그 밖의 질산에스테르를 주성분으로 하는 폭약

마. 폭발에 쓰이는 트리니트로벤젠, 트리니트로토루엔, 피크린산, 트리니트로클로 로벤젠, 테트릴, 트리니트로아니졸, 핵사니트로디페닐아민, 트리메틸렌트리니트라민, 펜트리트 및 니트로기 3 이상이 들어 있는 그 밖의 니트로화합물과 이들을 주성분으로 하는 폭약

바. 액체산소폭약 그 밖의 액체폭약

사. 그 밖의 "가"목 내지 "바"목의 폭약과 비슷한 파괴적 폭발에 사용될 수 있는 것으로서 대통령령이 정하는 것

3. 화공품(화약 및 폭약을 써서 만든 공작물)

가. 공업용뇌관, 전기뇌관, 총용뇌관 및 신호뇌관

나. 실탄(실탄과 산탄을 포함한다. 이하 같다) 및 공포탄(空包彈)

다. 신관 및 화관

라. 도폭선, 미진동파쇄기, 도화선 및 전기도화선

마. 신호염관, 신호화전 및 신호용화공품

바. 시동약(始動藥)

사. 꽃불 그 밖의 화약이나 폭약을 사용한 화공품

아. 장난감용 꽃불등으로서 안전행정부령이 정하는 것

자. 자동차 긴급신호용 불꽃신호기

차. 자동차에어백용 가스발생기

화약류단속법 시행령 제6조 별표2의 화약류의 환산기준은 다음과 같다.

〈표 2.4〉 화약류의 환산 기준(화약류단속법 시행령 제6조)

화약 및 화공품의 종류	폭약 1톤으로 환산하는 수량
화약	2톤
실탄 또는 공포탄	200만개
신관 또는 화관	5만개
총용뇌관	250만개
공업용뇌관 또는 전기뇌관	100만개
신호뇌관	25만개
도폭선	50킬로미터
미진동파쇄기	5만개
그 밖의 화공품	당해 화공품의 원료가 되는 화약 2톤 또는 폭약 1톤

화약은 추진적 폭발의 용도로 사용되는 것으로 음속 이하의 연소 속도를 갖는다. 즉 파괴성이 있는 충격파를 배제하고 고온 고압의 가스만을 발생시키도록 조작하여 포안에 장착된 탄환들을 파괴시키지 않고 멀리 추진시킬 수 있는 용도로 쓰인다. 또한 에어백 인플레이타의 가스발생제와 같이 가스를 짧은 시간에 방출하는 용도로도 쓰인다. 불꽃놀이나 신호기의 파이로테크닉 조성물들도 모두 화약의 범주에 속한다고 보면 무리가 없을 것이다. 가끔 발사 중 총열 또는 포가 파열되어 사고가 발생했다든지 자동차 에어백용 인플레이터가 폭발했다는 소식들을 들을 수 있는데, 이것의 대부분의 원인은 추진제나 가스발생제들이 DDT 압력 이상의 환경에 놓이게 될 때 일어난다. 로켓추진제나 가스발생제가 크랙, 분쇄 등에 의해서 연소표면적이 넓어져 순차적으로 연소해야할 것들이 동시에 연소하여 압력이 급격히 상승하고 이에 따른 DDT 압력을 초과할 때 폭굉되어 폭발사고가 발생하는 것이다.

폭약은 폭굉하여 충격파를 발생시키고 대상 물체를 파괴시키는 용도로 사용한다. 1차 폭약인 기폭약류는 보통 소량의 에너지로 쉽게 폭굉 상태에 이르게 되는데 이것을 이용한 것이 뇌관이라고 할 수 있다. 2차 폭약 또는 3차 폭약류는 뇌관이나 부스타에 의해서 폭굉하는 등 상당히 강한 충격파에너지를 필요로 하며, 불꽃 등의 소량의 에너지로는 불이 붙는 정도이다. 그러나 다량의 2,3차 폭약도 처음에는 연소를 시작하지만 열이 축적되어 어떤 DDT 조건에 이르게 되면 폭발하게 된다. ANFO나 벌크에멀젼폭약에 화재가 났을 때 몇시간 후 폭발했다는 사실들은 이러한 이론을 뒷받침한다. 1차 폭약에는 뇌홍, DDNP, 아지화연 등이 있으며 2차 폭약에는 니트로글리세린, 다이너마이트, 슬러리폭약, 에멀젼폭약 그리고 3차 폭약에는 ANFO와 물이 15% 이상인 벌크에멀젼폭약이 있다.

화공품은 벌크화약 또는 벌크폭약을 이용하여 폭발반응을 일으키거나 전달 그 외에 원하는 목적에 적합하도록 가공한 것이다. 공업뇌관, 전기뇌관, 도화선, 도폭선, 미진동파쇄기 등이 여기에 속한다. 벌크폭약을 종이, 플라스틱튜브 등에 카트리징한 것은 폭약에 속하나 금속관체에 화약이나 폭약을 충전한 뇌관이나 흑색화약을 마사, 면사, 종이, 피치 등으로 피복한 도화선 등은 화공품에 속한다.

2.4.2 조성에 따른 분류

조성에 따른 분류로는 화약류가 단일 물질로 이루어졌느냐 여러 물질로 혼합해서 이루어졌느냐의 기준에 따라 분류한다. [그림 2.3]은 조성에 따라서 화약을 분류한 표이다.

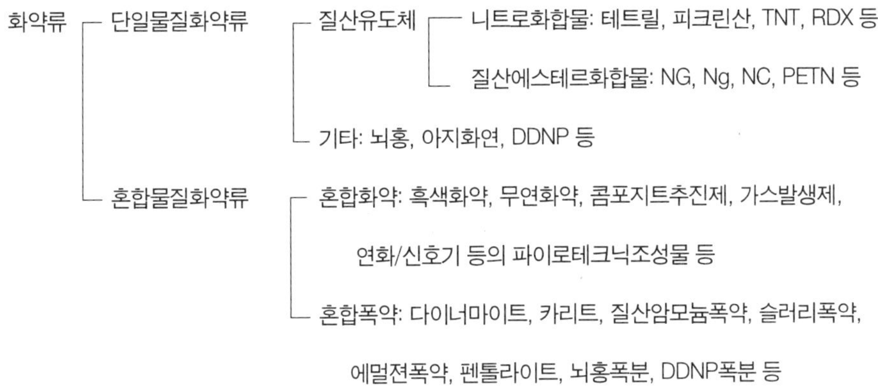

[그림 2.3] 조성에 따른 화약류의 분류

단일물질화약류인 합성화약류들은 NG(Nitroglycerine), Ng(Nitroglycol)을 제외하고는 대부분 산소평형치(Oxygen balance)가 마이너스이다. 즉 완전연소하기 위한 산소가 부족하다는 것이다. <표 2.5>는 여러 가지 합성화약류들의 산소평형치를 나타낸다. 산소평형치가 마이너스가 되면 화약류의 단위 중량당 에너지가 최대가 될 수 없으며, 또한 반응 시 생기는 후가스의 종류도 유해한 성분들이 많아지게 된다. 그래서 가능하면 합성화약류들은 산화제와 혼합해서 산소평형치가 제로에 근접하는 혼합화약류의 형태로 사용하는 것이 바람직하다고 할 수 있다. 산업용 화약류에서는 산소평형치를 제로에 가깝도록 설계하는 것이 무엇보다도 필요하며 그 이유는 첫 번째가 에너지를 최대화하기 위함이고 두 번째가 산업용 화약류의 사용 장소가 대부분 지하에 많기 때문에 가능한 유해가스의 발생을 최소화시켜 작업자의 유해환경을 최소화시키기 위함이다. 그리고 세 번째가 산소평형치가 지나치게 마이너스일 경우에는 폭약이 폭발 시 수소 등의 가연성 가스의 다량 방출하여 2차폭발이 일어나는데 이것을 방지하기 위함이다.

그리고 산업용 화약류에 있어서는 그 사용량이 우리나라의 경우 연간 7~8만 톤으로 상당량을 취급하기 때문에 가능한 값이 싸고 보다 둔감한 폭약을 만들 필요가 있다. 그래야 보다 채광, 채탄 및 토목건설에 경쟁력을 가질 수 있으며 취급시의 사고를 줄일 수 있다. 다이너마이트의 경우를 예를 들어보자. 1865년 알프레드 노벨이 니트로글리세린을 기폭시키는 장치로 뇌홍뇌관을 개발하면서 니트로글리세린을 처음 발파에 사용했을 때, 많은 사고가 발생하여 사용금지 명령이 내려지기까지 했다. 그 이후에 니트로글리세린은 규조토다이너마이트 → 블라스팅젤라틴(니트로겔) → 젤라틴다이너마이트 → 부동/난동젤라틴다이너마이트로 계속 발전이 되어왔다. 사고를 줄이는 안전성 증대 측면을 보게 되면 액체상태에서 보다 안전한 반고체상태(젤라틴)로 개선이 되어왔고 또한 추운 겨울에도 동결되지 않은 부동/난동의 형태로 개선이 되어왔다. 가격 측면에서 보면 처음에는 니트로글리세린이나, 블라스팅젤라틴(NG:NC = 92:8)의 합성화약류를 100% 사용했으나, 나중에는 비싼 블라스팅젤라틴을 20~40% 정도만 사용하고 나머지는 값이 싼 연료나 산화제들을 추가하여 젤라틴다이이너마이트를 만드는 것으로 개선이 되어왔다. 물론 현재에는 다이너마이트의 남아있는 이러한 문제점들을 완전히 개선하기 위해 합성화약류를 전혀 사용하지 않은 ANFO, 슬러리폭약 및 에멀젼폭약이 개발되어 전세계적으로 거의 대체되고 있으며 다이너마이트는 점차 사라지고 있는 실정이다.

뇌관의 필수 물질로 사용되는 기폭약들도 에너지를 최대화시키기 위해서 $KClO_3$라는 산화제를 첨가해서 사용하였는데 뇌홍은 뇌홍: $KClO_3$=80:20로, DDNP는 DDNP:$KClO_3$=50:50의 비율이었으며 각각 뇌홍폭분, DDNP폭분이라고 하였다.

〈표 2.5〉 여러 가지 화합화약류의 산소평형치

화합화약류	분자식	분자량	산소부족량		산소평형치
			원자수	중량	(g/g)
Picric acid	$C_6H_3N_3O_7$	229.10	-6.5	-104	-0.454
TNT	$C_7H_5N_3O_6$	227.13	-10.5	-168	-0.740
Tetryl	$C_7H_5N_5O_8$	287.15	-8.5	-136	-0.474
RDX(Hexogen)	$C_3H_6N_6O_6$	222.12	-3	-48	-0.216
HMX(Octogen)	$C_4H_8N_8O_8$	296.16	-4	-64	-0.216
DNN	$C_{10}H_6N_2O_4$	218.17	-19	-304	-1.394
Nitrocellulose	$C_6H_9NO_7$	207.08	-9.5	-152	-0.734
	$C_6H_8N_2O_9$	252.05	-7	-112	-0.444
	$C_6H_7N_3O_{11}$	297.03	-4.5	-72	-0.242
Nitroglycerin	$C_3H_5N_3O_9$	227.09	+0.5	+8	+0.035
Nitroglycol	$C_2H_4N_2O_6$	152.1	0	0	0
PETN(Penthrite)	$C_5H_8N_4O_{12}$	316.14	-2	-32	-0.101
Mercury fulminate	$C_2N_2O_2Hg$	284.62	-2	-32	-0.112
DDNP	$C_6H_2N_4O_5$	210.10	-8	-128	-0.609

2.4.3 기폭 난이도에 따른 폭약의 분류

추진제, 가스발생제, 점화약 및 파이로테크닉조성물의 화약류들은 일반적으로 화염에 의해서 점화된다. 그리고 이러한 화염의 점화에 의해서 소기의 목적을 달성한다. 화약류에 점화를 시키는 장치로는 도화선, 전기점화장치(옥식 점화장치, 컵식 점화장치), 시그널튜브, 프라이머 등이 있다.

그러나 폭약류는 그 목적이 폭굉을 일으키는데 있으므로(그래야만 소기의 목적을 달성할 수 있으므로) 폭약류를 폭굉시키지 않으면 안 된다. 폭약류를 폭굉시키기 위해서는 폭약류에 따라 도너(Doner)가 필요로 하는 수준의 에너지가 있다. 보통은 도너(Doner)의 에너지에 따라 1차 폭약, 2차 폭약, 3차 폭약으로 나누어진다. 화약류를 점화시키는 그러한 장치에 의해서 폭굉이 생성되는 폭약을 1차 폭약이라고 한다. 그리고 화약류를 점화시키는 그러한 장치에 의해서는 연소되지 않거나 또는 연소되고 뇌관에 의해서는 폭굉이 되는 폭약을 2차 폭약이라고 한다. 이러한 뇌관에도 폭굉되지 않고 부스타와 같은 강력한 도너(Doner)에 의해서만 폭굉에 이르는 폭약을 3차 폭약이라고 한다. 1차 폭약에는 뇌홍, DDNP, 아지화연 등이 있으며 이 물질들은 뇌관을 만드는데 사용된다. 2차 폭약에는 TNT, RDX, PETN, 다이너마이트, 함수폭약 등이 있으며, 대부분 파괴용으로 사용된다. 3차 폭약에는 산업용폭약에만 있으며 대량으로 안전하게 사용하기 위한 용도로 ANFO, 벌크함수폭약이 있다.

2.5 화약류의 반응 메카니즘

2.5.1 산화반응

대부분의 화약류는 C, H, N, O로 이루어져 있으며 드물게 Pb, Hg 등 금속 성분이 포함되어 있다. 산소가 충분할 때 모든 연료는 가장 높은 산화상태 즉 가장 낮은 내부에너지 상태로 전환이 되는데, C의 가장 높은 산화상태는 CO_2, H는 H_2O, N은 N_2가 되고 금속류들은 이온화 경향에 따라 금속상태 또는 산화물로 된다. N는 어떤 산화물(NO, NO_2, N_2O_3)보다도 가장 안정된 상태가 N_2이긴 하지만 항상 미량의 NO_x가 형성되기도 한다. 산화반응 시에는 열을 발생시키는데 [그림 2.2]에서 보듯이 생성물의 내부에너지가 반응물의 내부에너지보다 낮기 때문이며 그 차이가 방출되어 열을 발생시키는 것이다. 이것을 반응열이라고 하며 반응열에는 연소열과 폭발열이 있다. 연소열은 연료가 공기 중의 산소를 받아서 연소하여 대부분 산화된 상태로 되었을 때의 반응열이고 폭발열은 화약류가 공기 중의 산소 없이 화약류가 갖고 있는 자체 내의 산소만을 가지고 분해하여 산화된 상태로 되었을 때의 반응열이다. 따라서 화약류는 산소평형이 중요하며 제로로 만드는 것이 중요하며 만약 산소평형이 마이너스나 플러스가 되었을 때에는 CO, NO_x 등 유해가스들을 방출시키며 폭발에너지도 제로일 때보다 감소된다. 특히 산소평형치 제로를 정점으로 마이너스 쪽으로는 에너지가 서서히 감소하나 플러스 쪽으로는 급격히 감소한다. 그래서 일반적으로 화약류를 설계할 때는 약간 마이너스로 치우치게 설계하는 것이 바람직하다.

2.5.2 폭발반응의 생성계열

대부분의 화약류는 CHNO로 이루어지며 일반적인 분자식을 $C_xH_yN_wO_z$라고 할 수 있는데 이것이 폭발 분해하여 생성물을 형성하는 과정은 [그림 2.4]와 같다. 즉 화약이 연소하거나 폭약이 폭발하는 고온 고압의 영역에서는 반응물이 완전히 분해되어 각각의 원자성분으로 쪼개지고 그 후에 이 원자들이 [그림 2.4]와 같이 가장 안정한 상태의 순서대로 최종 생성물이 형성된다. 이러한 일련의 법칙을 CHNO폭약 및 추진제에 대한 간단한 폭발반응의 생성계열이라고 한다. 만약 화약이 금속첨가제를 갖고 있다면 [그림 2.4]의 산화단계가 완전히 이루어진 다음에 이온화 경향에 따라 금속이나 금속산화물로 될 것이다.

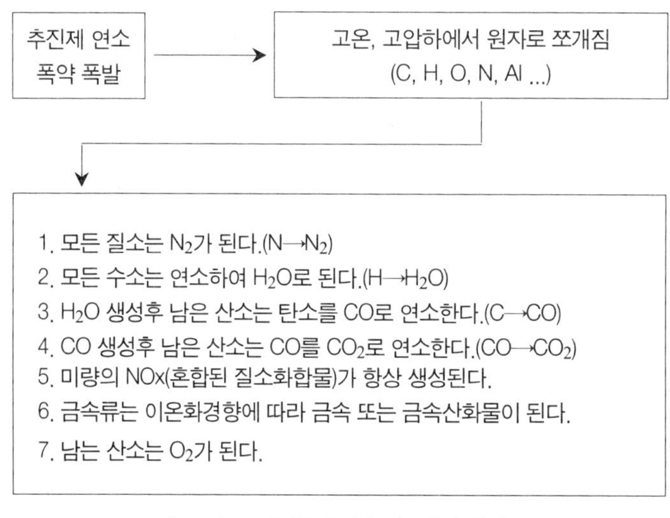

[그림 2.4] 폭발반응의 생성계열

니트로글리세린($C_3H_5N_3O_9$)의 폭발후의 생성물은 어떻게 되는지 폭발반응의 생성계열의 법칙에 따라서 구해보기로 한다.

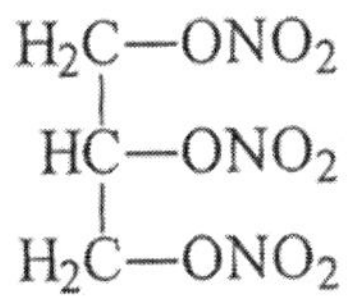

$$
\begin{array}{l}
H_2C-ONO_2 \\
\quad\ | \\
\ HC-ONO_2 \\
\quad\ | \\
H_2C-ONO_2
\end{array}
$$

[그림 2.5] 니트로글리세린의 구조식

1. ($C_3H_5N_3O_9$)은 3개의 C 원자, 5개의 H 원자, 3개의 N 원자, 9개의 O 원자로 쪼개진다.
2. $3N \rightarrow 1.5N_2$가 된다.
3. $5H + 2.5O \rightarrow 2.5H_2O$(6.5개의 O가 남음)
4. $3C + 6O \rightarrow 3CO_2$(0.5개의 O가 남음)
5. $0.5O \rightarrow ¼O_2$

〈표 2.6〉 화합화약류의 폭발분해반응식

화합화약류	분자식	폭발분해 반응식
Picric acid	$C_6H_3N_3O_7$	$1.5N_2 + 1.5H_2O + 5.5CO + 0.5C$
TNT	$C_7H_5N_3O_6$	$1.5N_2 + 2.5H_2O + 3.5CO + 3.5C$
Tetryl	$C_7H_5N_5O_8$	$2.5N_2 + 2.5H_2O + 0.5CO_2 + 6.5CO$
RDX(Hexogen)	$C_3H_6N_6O_6$	$3N_2 + 3H_2O + 3CO$
HMX(Octogen)	$C_4H_8N_8O_8$	$4N_2 + 4H_2O + 4CO$
DNN	$C_{10}H_6N_2O_4$	$N_2 + 3H_2O + CO + 9C$
Nitrocellulose	$C_6H_9NO_7$ $C_6H_8N_2O_9$ $C_6H_7N_3O_{11}$	$0.5N_2 + 4.5H_2O + 2.5CO + 3.5C$ $N_2 + 4H_2O + 5CO + C$ $1.5N_2 + 3.5H_2O + 1.5CO_2 + 4.5CO$
Nitroglycerin	$C_3H_5N_3O_9$	$1.5N_2 + 2.5H_2O + 3CO_2 + 0.25O_2$
Nitroglycol	$C_2H_4N_2O_6$	$N_2 + 2H_2O + 2CO_2$
PETN(Penthrite)	$C_5H_8N_4O_{12}$	$2N_2 + 4H_2O + 3CO_2 + 2CO$
Mercury fulminate	$C_2N_2O_2Hg$	$N_2 + 2CO + Hg$
DDNP	$C_6H_2N_4O_5$	$2N_2 + H_2O + 4CO + 2C$

전체의 반응은 $C_3H_5N_3O_9 \rightarrow 1.5N_2 + 2.5H_2O + 3CO_2 + ¼O_2$가 된다. 이와 같은 방식으로 <표 2.4>의 화합화약류들의 폭발분해반응을 정리하면 <표 2.6>와 같다.

2.5.3 산소평형(Oxygen balance)

산소평형이란 CHNO 및 금속으로 이루어진 화약류가 완전한 산화물로 산화된다고 가정했을 때의 산소과부족량을 말한다. 화약류의 1g당 또는 100g당 산소의 과부족량으로 표시한다. C가 완전연소하자면 2개의 O_2가 필요하고 H가 완전연소하자면 $0.5O_2$가 필요하며 기타 금속류는 금속류의 특성에 따라서 이온화경향에 따른 안정한 상태로 가기위한 필요한 산소의 개수가 있다. CHNO 화약류에 대한 일반적인 분자식은 $C_xH_yN_wO_z$에 있어서 산소평형치는 다음과 같이 계산된다.

1. C_x를 완전연소하는데 필요한 O는 2x가 필요하다.
2. H_y를 완전연소하는데 필요한 O는 0.5y가 필요하다.
3. 그러므로 산소의 과부족량은 z-2x-0.5y이다. 이 값이 음이면 완전연소하는데 산소가 부족하고 이 값이 양이면 산소가 남는다.
4. 화약류의 중량에 대한 산소과부족량을 OB(Oxygen balance)로 표시하며 이것을 %로 표시하면 다음 식과 같이 된다.

$$OB(\%) = \frac{(z-2x-0.5y)x16}{\text{화약류의 분자량}} \quad x\ 100(\%)$$

이런 식으로 계산한 화약류의 산소평형치가 <표 2.5>에 나와 있다.

화약류가 가장 에너지가 높은 상태로 폭발을 하고 CO 또는 NO_x와 같은 유해가스를 최소화시키기 위해서는 OB를 제로에 근접하도록 설계하는 것이 중요하며 ANFO, 슬러리폭약 및 에멀젼폭약의 조성을 설계할 때 꼭 지켜야 할 사항이다. OB가 마이너스일 경우에는 CO의 유해가스가 발생하며 반대로 OB가 플러스일 경우에는 N_2와 반응에 의해서 NO_x가스가 생성된다. 산업용폭약의 지하터널 등의 조건을 생각한다면 이러한 유해가스를 최소화시키기 위해서는 OB를 제로로 설계하는 것이 바람직하다. 군용폭약에 사용되는 TNT는 OB가 -0.74로 매우 부족하다. 그럼에도 불구하고 군용에서는 거의 그대로 사용하는데 용도로 보았을 때 후가스와 최대에너지 보다는 저장안정성에 목적을 우선하기 때문일 것이다.

2.6 점화와 기폭 이론

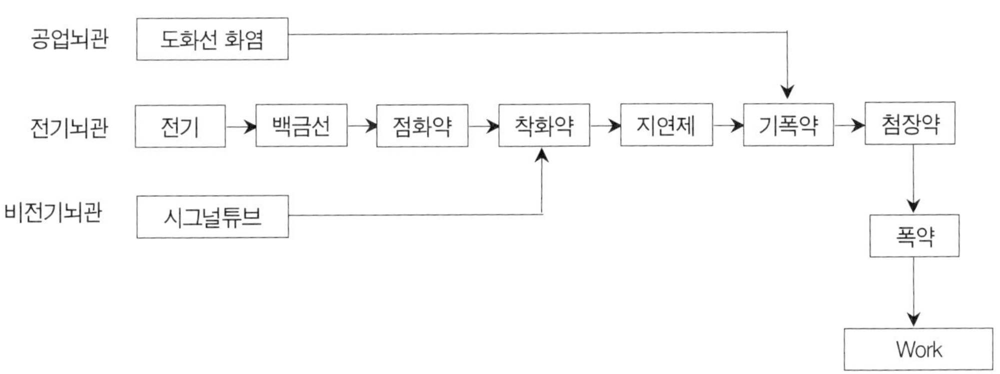

[그림 2.6] 산업용 화약류의 폭발계열

산업용폭약은 뇌관에 의해서 기폭이 되며 그 폭파계열은 [그림 2.6]과 같다. 전기뇌관의 경우 전기를 가하면 점화장치의 전교(Bridge wire)인 백금선이 가열되고 백금선의 열에 의해서 점화약이 점화되면서 불꽃을 방출한다. 이 방출된 불꽃에 의해서 뇌관의 지연제가 점화되고 (점화가 어려운 LP의 경우는 착화약 사용) 일정시간 지연제가 연소된 후 기폭약을 점폭시키고, 기폭약의 폭발에너지에 의해서 첨장약이 기폭된다. 이러한 뇌관의 폭발에너지에 의해서 폭약이 기폭되고 폭약이 폭발되면서 충격에너지와 가스에너지를 방출하면서 어떤 대상물에 대해서 일을 하게 된다.

이와 같은 과정에서 연소, 폭연, 폭굉 등의 현상이 일어나는데 이러한 현상들이 일어나는 이론에 대해서 검토하여 폭발현상에 대한 이해도를 높여보기로 한다.

화약류는 기본적으로 가연물과 산소를 함께 함유하고 있기 때문에 고온의 열(화염 등)을 가하게 되면 공기 중의 산소가 없이도 잘 탄다. 지구상에서 가장 먼저 만들어진 화약류는 흑색화약으로서 가연물인 황(S)과 목탄(C) 그리고 산화제인 질산칼륨(KNO_3)으로 구성된다. 중국에서는 이 흑색화약을 종이, 나침반, 활자 인쇄술 등과 더불어 4대 발명품의 하나로 여기고 있다. 이 흑색화약을 원하는 장소에서 그리고 원하는 시간에 안전하게 점화시키기 위해서는 시간을 제어하는 기술이 필요했다. 초기에는 밀짚, 갈대, 식물줄기, 대나무 등 속이 빈 튜브 또는 파이프 형태의 관에다가 속도가 느린 흑색화약을 채워서 시간을 제어하면서 흑색화약을 점화시켰다. 이러한 원시적인 점화시스템은 1831년 영국의 빅포드에 의해서 현대적인 도화선이 발명되면서 보다 편리하고 안전하게 개선된다.

불꽃놀이나 군사용 무기로 사용되던 흑색화약이 최초로 발파에 사용된 것은 1574년경이었으며 1627년경에 이르러서는 처음으로 티롤(Tyrol)의 광산업자 카스파 와인들(Kaspar Weindl)이 처음으로 쉠니쯔(Schemnitz, 오늘날의 슬로바키아)에서 갱도를 발파하는데 흑색화약을 사용하였다. 이러한 흑색화약을 이용한 채광작업이 1800년대 중반까지 지속되었으나 흑색화약은 폭연 물질로 열과 가스의 힘만으로 채광을 하기 때문에 그다지 효과가 크지 않았다.

그러던 중 1847년 이탈리아의 소브레로에 의해서 액체 상태의 폭약인 니트로글리세린이 발명되었는데 위력이 대단해서 1방울을 가열하기만 해도 유리 비이커가 산산조각나면서 비산될 정도였다. 그러나 그 당시에 니트로글리세린이 가열이나 충격에 의해서 터지는 물질이라는 것을 알았으나. 이것을 원하는 장소에서 그리고 원하는 시간에 폭발시키는 방법을 터득하지 못했다. 1865년에 스웨덴의 알프레드 노벨(Alfred Nobel)은 이것을 마음대로 원하는 장소, 원하는 시간에 터트릴 수 있는 기폭장치를 각고의 노력 끝에 개발하게 되는데 이것이 바로 뇌관이었다. 초기에는 기폭약으로 뇌홍을 사용했기 때문에 뇌홍뇌관이라고 하기도 했고 처음 산업용으로 사용되었기 때문에 공업뇌관이라고도 했다. 뇌홍뇌관은 도화선의 불꽃과 같은 화염에 의해서 바로 점폭되어 충격파 에너지를 발생시키는 장치로 이 충격파 에너지로 니트로글리세린을 마음대로 원하는 장소에서 원하는 시간에 기폭시킬 수 있게 되었다. 이 때 부터 충격파를 갖는 폭발에너지를 마음대로 제어하면서 사용할 수 있는 새로운 시대의 길이 열리기 시작한다. 니트로글리세린과 뇌홍뇌관을 사용한 광산에서는 하나같이 기적이 연출되는 상황들이 전개된 것이다. 또 하나의 인류 최대의 발명이었으며 이 발명으로 인해 인류는 과거 수천년 동안 이룩하지 못했던 문명의 발전을 단 1세기 만에 이룩하게 된다.

마찰, 충격, 화염 및 전기 등의 에너지로 화약류를 연소시키면 점화라고 하고 폭연 또는 폭굉시키면 점폭이라고 한다. 그리고 뇌관 등의 폭발에 의해서 발생된 충격파로 화약류를 폭굉시키면 기폭이라고 정의한다. 폭연은 열, 빛 및 소리를 동반하는 음속 이하의 연소 속도로 타들어가는 현상을 말하며 기폭약(1차 폭약) 외의 대부분의 화약류는 화염 등의 열에너지에 의해서 연소 또는 폭연이 된다. 폭굉은 열, 빛, 소리와 더불어 충격파를 동반하며 음속 이상의 연소 속도로 타 들어가는 현상을 말한다. 기폭약(1차 폭약)은 화염 등의 열에너지에 의해서 폭굉이 되지만 그 외의 화약류들은 열에너지와 충격파에너지에 의한 복합작용에 의해서 폭굉이 될 수 있다. 각 화약류마다 폭굉을 일으키게 할 수 있는 충격파에너지의 크기들이 다른데 흑색화약 등의 혼합화약류들은 화염 등에 의해서는 연소 또는 폭연이 잘 되나 폭굉이 잘 되지 않는다. 즉 폭굉을 일으키기 위해 필요한 임계 충격파에너지가 매우 높다고 할 수 있다. 다이너마이트인 경우에는 6호 뇌관 정도의 충격파에너지로 잘 기폭이 되나 슬러리나 에멀젼폭약 같은 함수폭약들은 8호 뇌관 정도의 충격파에너지를 주어야 만이 기폭이 잘 된다. 그리고 초유폭약(ANFO)이나 물이 15% 이상 들어간 함수폭약의 경우에는 펜톨라이트와 같은 부스타에서 나오는 보다 큰 충격파에너지를 주어야 만이 기폭이 잘 될 수 있다.

2.6.1 점화 이론[1]

화약류는 분해됨에 따라 열을 발생시키고 이 열은 분해속도를 가속화시켜 열 점화조건에 도달되어 연소가 시작되고 연소가 지속되면 온도와 압력이 증가되면서 폭연에 이르게 된다. 그리고 온도와 압력이 더욱더 증가되면 폭굉에 이르게 되는데 우리는 이것을 DDT (Deflagration-to-Detonation Transition)라고 부른다. 이러한 화약류의 분해는 화약류를 단순히 고온에 노출시키거나(화염), 기계적으로 폭약 내에서 열을 발생시키게 함으로써(마찰, 충격) 시작될 수 있다.

2.6.1.1 열분해에 의한 점화

화약류가 서서히 분해되면 반응생성물은 반드시 완전한 산화상태로 되지 않는다. 분자화약류 내의 니트로(-NO_2), 나이트레이트(-NO_3), 나이트라민(-$NHNO_2$), 산 등의 기들은 느리게 분해될 수 있다. 이는 빛, 적외선, 자외선 및 분자에 에너지를 공급할 수 있는 어떤 다른 메카니즘의 영향뿐만 아니라 저온의 반응속도론 때문이다. 분해시 NO, NO_2, H_2O, N_2, 산, 알데하이드, 케톤 등과 같은 생성물이 만들어진다. 분자화약류 내의 큰 라디칼들이 남겨지며, 이들은 그들의 주변 물질들과 반응한다. 이와 같이 화약류가 0°K 이상의 온도에 있는 한 분해는 일어나지만 저온에서의 분해속도는 상당히 느리다. 온도가 증가함에 따라 분해속도는 증가하게 되며 보통의 사용 범위 온도에서 대부분의 화약류는 0차 반응속도로 분해한다. 이것은 분해속도는 반응생성물의 조성과 관련이 없으며 속도는 오로지 온도에만 관련이 있다는 것을 의미한다.

화약류를 어떤 일정한 온도에 두고 시간에 따라서 무게의 감손율을 측정함으로써 반응속도를 실험적으로 구할 수 있다. 이 실험을 해보면 최초 무게에 대한 무게 감소율은 일정한 온도에서 일정하다는 것을 알 수 있다. 이것을 식으로 표현하면 다음과 같다.

$$K = d(A'/A)/dt \qquad (2.1)$$

여기에서 K는 반응속도, A'은 어떤 주어진 시간에서의 잔류무게, A는 초기 무게 그리고 t는 시간을 나타낸다. 온도를 변경시켜가면서 K값을 얻을 수 있다. 여러 온도에서 얻어진 이 K값의 데이터들을 ln$K$값과 온도의 역수 $1/T$로 그래프 상에 그려보면 이 데이터의 점들이 [그림 2.7]과 같은 직선을 형성한다.

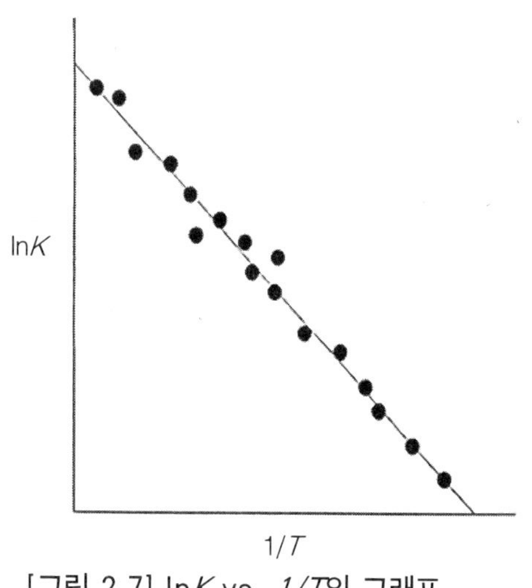

[그림 2.7] ln$K$ vs. $1/T$의 그래프

이러한 그래프 상에서 직선 방정식은 다음과 같다.

$$lnK = lnZ - a/T \qquad (2.2)$$

여기서 $ln\, Z$는 y축의 절편이고 a는 직선의 기울기이다. 이 식을 지수식으로 나타내면 다음과 같이 된다.

$$K = Ze^{-a/T} \qquad (2.3)$$

여기서 만약 a 대신에 다음과 같은 값을 넣으면, 기울기 a는 모든 화학반응에 대해서 공통점을 갖게 된다.

$$a = E_a/R \tag{2.4}$$

여기에서 E_a는 반응 활성화에너지이며 R은 기체상수이다. 그러므로 식(2.3)에 식(2.4)의 a 값을 대입하면 다음 식이 얻어진다.

$$K = Ze^{-Ea/RT} \tag{2.5}$$

이 식은 아레니우스(Arrhenius)식으로 잘 알려져 있다. 이와 같은 방법을 통해서 어떤 특정한 화학반응에 대해서 활성화에너지를 구할 수 있다. Z는 그 특정한 화학반응의 고유상수이다.

분해반응이 진행될 때 열에너지를 생성하며 주어진 양의 화약류에 대해서 속도가 빠를수록 열의 방출속도는 더 빠르다. 반응의 열화학적 특성을 반응속도와 조합해 보면 생성에너지 또는 생성열의 속도는 다음과 같이 나타낼 수 있다.

$$Q = \rho \Delta H Z e^{-Ea/RT} \tag{2.6}$$

여기서 Q는 단위 부피당 방출하는 열의 속도이고 ρ는 밀도 그리고 ΔH는 반응열이다. 이러한 방법으로 생성된 열은 주변의 화약 물질로 전달된다. 열전달속도는 온도뿐 만이 아니라 열전도성, 열용량 및 밀도의 함수이다. 열생성속도를 반응물질의 온도상승속도와 그의 주변과 연관시키는 고전적인 3차원 열전달식의 하나가 다음의 Frank-Kamenetskii(FK)식이다.

$$-\lambda \nabla^2 T + \rho C(dT/dt) = \rho \Delta H Z e^{-Ea/RT} \tag{2.7}$$

여기서 λ는 열전도도[cal/(cm·sec·deg)]이고 C[cal/(g·deg)]는 열용량이다. 본질적으로 이 식은 만약 열이 전달되어 나가는 것 보다 반응에 의해서 방출된 것이 더 많으면 반응물질의 온도는 증가하지 않으면 안 된다는 것을 말해준다. 이상과 같이 온도를 증가시키면 반응속도가 증가되고 따라서 열생성 속도가 증가된다. 그러므로 열전달속도가 열의 생성속도와 보조를 유지할 수 없다면 반응속도가 빠르면 빠를수록 온도는 계속해서 증가할 것이라는 것을 쉽게 생각할 수 있다. 좀 더 높은 온도에서 반응 메카니즘은 ΔH와 가스생성물의 양을 증가시키면서 생성물의 산화상태가 좀 더 높아지는 쪽으로 변화한다. 그리고 또한 압력이 증가됨에 따라 대류에 의한 열전달이 증가되기 시작하며 그 결과 폭발로 이어지게 된다.

또한 열전달속도는 그것이 전도되고 있는 물질의 두께의 함수이다. 즉 물질이 두꺼우면 두꺼울수록 또는 열전달 경로가 길면 길수록 열전달 속도는 더 느려진다. 따라서 큰 샘플의 화약류는 작은 것 보다 내부의 열을 좀 더 느리게 내 보낸다. 화약류의 크기나 모양이 정해졌을 때 이 화약류의 최소 점화온도가 존재하며 만약 이 온도를 초과한다면 폭발로 이어질 것이다. 이 온도를 우리는 임계온도(T_c)라고 부른다.

2.6.1.2 임계온도

시간이 무한대로 접근하는 점근적 또는 정상 상태, 즉 시간에 따른 온도의 변화가 없는 조건에서 FK식을 임계온도에 대해서 풀면 다음의 식이 얻어진다.

$$\frac{E}{T_c} = Rln\left(\frac{r^2\rho\Delta HZE_a}{T_c^2\lambda\delta R}\right) \tag{2.8}$$

여기서 r은 원, 실린더의 반경 또는 판의 1/2두께로 단위는 cm, ρ는 밀도로 단위는 g/㎤, ΔH는 분해반응열로 단위는 cal/mole, Z는 특성계수로 단위는 s^{-1}, E_a는 활성화에너지로 단위는 cal/mole, T_c는 임계온도로 단위는 K, R은 기체상수로 1.9872cal/(mole·K), λ는 열전도도로 단위는 cal/(cm·sec·K), δ는 형태인자(shape factor)로 무한의 판에 대해서는 0.88, 무한길이의 실린더에 대해서는 2.00, 원에 대해서는 3.32이다.

FK식에 대한 이 해는 주어진 화약류의 크기와 모양에 대해서 열의 발생 속도가 전달되어 나가는 속도와 아주 똑같은 조건을 나타낸다. T_c 이상으로 온도가 증가되면 단 시간 내에 폭발이 일어날 것이다.

식(2.8)의 타당성은 작은 스케일의 실험 결과로부터 증명이 될 수 있다. 특성을 알고 있는 판상의 화약류로부터 방출되는 모든 가스를 밀폐시키는 방법으로서 두 개의 가열된 엔빌 사이에 화약류을 설치하여 시험한다. 이 엔빌은 전기적으로 가열되고 일정한 온도로 유지된다. 폭발에 걸리는 시간이 측정된다. 시험은 여러 온도 범위에 걸쳐 반복되고 결과는 엔빌 온도의 역수와 폭발 시간의 로그 그래프로 그려진다. 시간이 무한대로 접근함에 따라 도달되는 온도가 식(2.8)에 대응하는 온도이며 임계온도(T_c)라고 한다.

<표 2.7>에는 여러 가지 화약류에 대해서 식(2.8)로부터 계산된 임계온도 값과 함께 상기의 방법으로 측정된 임계온도 값이 나와 있다.

〈표 2.7〉 임계 폭발온도

화약류	샘플 두께 d(mm)	T_c(℃)		매개변수(상수)					
		실험치	계산치	a (cm)	ρ (g/㎤)	Q (cal/g)	Z (s-1)	E (kcal/mol)	λ (cal/cm s K)
BTF	0.66	248~251	275	0.033	1.81	600	4.11x1012	37.2	0.0005
Comp-B	0.80	216	215	0.040	1.58	758	4.62x1016	43.1	0.00047
DATB	0.70	320~323	323	0.035	1.74	300	1.17x1015	46.3	0.0006
HMX	0.80	258	253	0.033	1.81	500	5x1019	52.7	0.0007
HNS	0.74	320~321	316	0.037	1.65	500	1.53x109	30.3	0.0005
NQ	0.78	200~204	204	0.039	1.63	500	2.84x107	20.9	0.0005
PETN	0.80	197	196	0.034	1.74	300	6.3x1019	47.0	0.0006
RDX	0.80	214	217	0.035	1.72	500	2.02x1018	47.1	0.00025
TATB	0.70	353	334	0.033	1.84	600	3.18x1019	59.9	0.0010
TNT	0.80	286	281	0.038	1.57	300	2.51x1011	34.4	0.0005

이 식을 큰 화약류에 대해서 적용해 보자. 특정의 저장온도가 주어지면, 그 저장온도에서 안전하게 수행될 수 있는 화약의 최대크기를 구할 수 있다. 식(2.8)을 이용해서, 주어진 화약류의 반경에 대해서 임계온도를 구하면 [그림2.8]의 그래프를 얻을 수 있다.

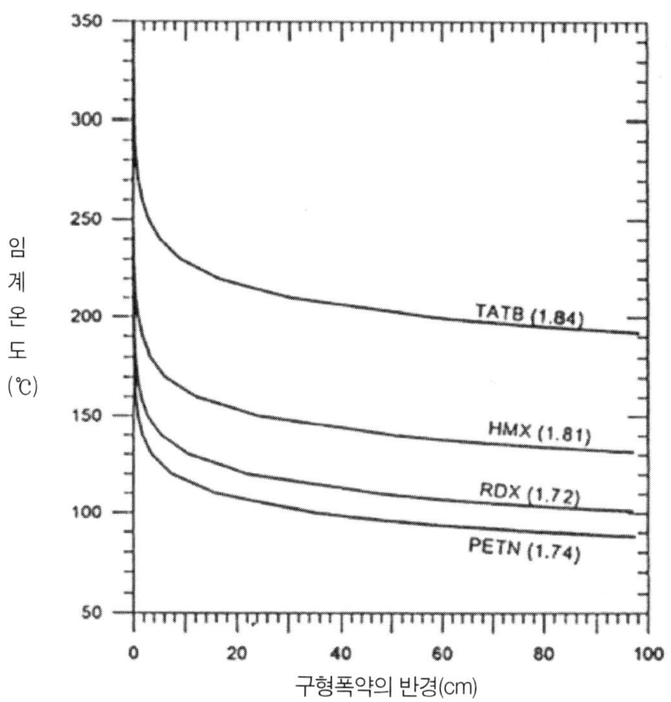

[그림 2.8] 여러 가지 화약류의 반경에 따른 임계온도

이들 방정식으로 다루어진 분해반응은 화약류 각각의 특성의 함수이다. 입자크기와 표면적, 불순물의 존재 그리고 그밖에 가끔은 제어할 수 없는 요인들 이 모두가 분해반응 메카니즘에 영향을 미치며 따라서 분해속도와 열화학적 특성에도 영향을 미치게 된다. E_a, ΔH 및 Z의 값은 문헌에서 쉽게 얻을 수 없으며 그래서 가끔은 해당 화약류 각각에 대해서 실험적으로 정해져야 한다.

비록 열전도도 λ의 값이 알려져 있다 하더라도 이들은 각각의 해당 조건에 대한 것이 아닐 수도 있다. 열전도도는 [그림 2.9]에서 보는 바와 같이 밀도에 따라 변한다. 이들 데이터에 대한 기울기 $d\lambda/d\rho$는 0.00235(cal/cm·s·K)/(g/㎤)이다. 이것은 아마도 대부분의 분말 화약류에 대한 예측치가 될 수 있으며 다른 화약류의 밀도에 대한 λ값을 추정하는데 사용될 수 있다.

[그림 2.10]은 HMX/VITON의 두 가지의 다른 조성과 함께 AP의 열전도도의 온도의존성을 나타낸 것이다. 이들 그래프의 기울기는 아마도 대부분의 화약류를 대표할 것이다. <표 2.8>은 여러 화약류에 대한 열전도도 데이터를 나타낸 것이다.

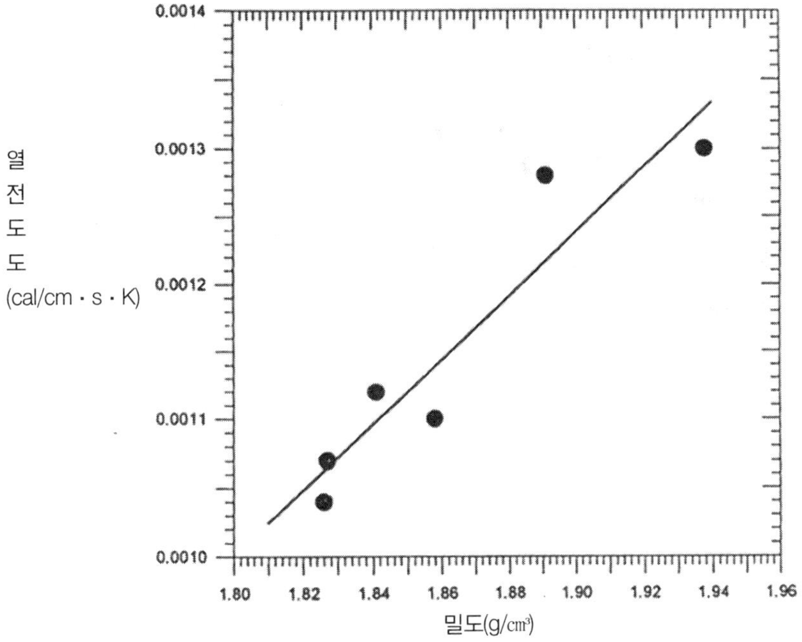

[그림 2.9] TATB의 밀도에 따른 열전도도(λ)

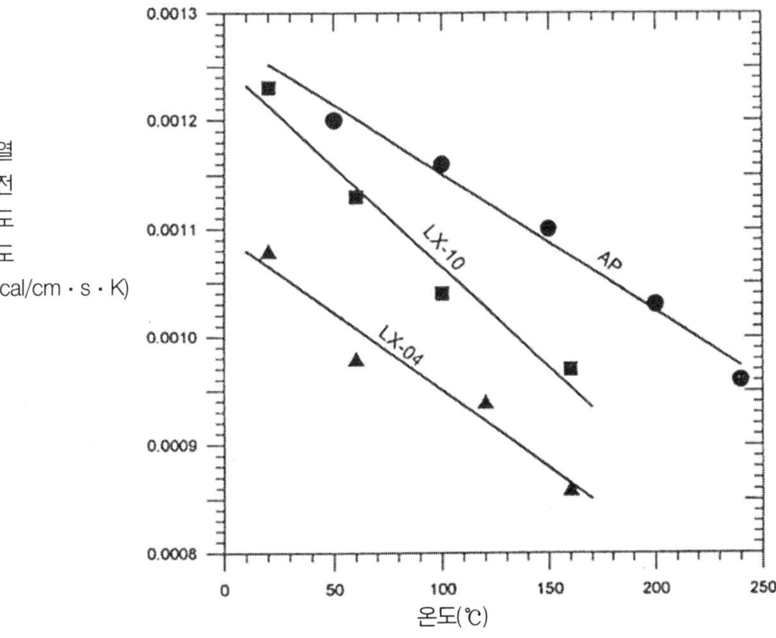

[그림 2.10] 여러가지 화약류의 온도에 따른 열전도도(λ)

〈표 2.8〉 화약류 및 바인더류의 열전도도(λ)

물질	밀도 ρ(g/㎤)	열전도도, λx10⁴(cal/cm s K)	온도 (℃)
AN(Ammonium nitrate)	-	2.9~3.9	-
AP(Ammonium perchlorate, 입자크기=43-61mm)	-	12.0	50
	-	11.6	100
	-	10.3	200
	-	9.6	240
Baratol	-	11.84	18~75
Comp-B	1.70	5.4	25
Comp-B-3	-	6.27	18~75
	1.73	5.23	46
Comp.C-4	-	6.22	-
Cyclotol	1.760	5.41	46
DATB	1.834	6.00	-
Estane5702(열가소성의 폴리우레탄)	-	3.48	-
Estane5703(열가소성의 폴리우레탄)	1.18	3.53	41.4
H-6	-	11.01	35
HBX-1	-	9.7	35
HBX-3	-	17.0	35
HMX	-	12.2	24
	-	13.3	-
	1.91	9.83	-
	-	10.13	-
HNS-I	1.646	2.04	20
HNS-II	1.646	1.91	20
Kel-F800	1.90	1.26	41.4
Lead azide	4.1	4.2	-
	3.6	6.61	72~130
	0.88	1.55	-
LX-04	1.87	10.7	20
LX-07	1.87	12.0	20
LX-09	1.84	12.3	20
LX-10	1.86	12.3	20
LX-14-0	1.83	10.42	20
LX-17-0	1.88	19.1	20
	1.89	12.1	40
Minol-2	1.74	16.5	
NC(12.7%N)	-	5.5	-
	1.5	2.15	-
NQ	1.651	10.14	41.3
	1.689	9.85	41.3
PBX9010	1.875	5.14	48.8
PBX9011	-	10.3	21.1

	1.772	9.08	43.4
PBX9404	- 1.845	10.3 9.2	21.1 46.2
PBX9501	1.847	10.84	55
PBX9502	1.893	13.2	38
Picric acid	1.60	2.4	-
Polystyrene	- - -	2.51 2.78 3.06	0 50 100
RDX	1.806 1.66 1.81	2.53 1.75 2.53	- 20 -
Sylgard 182(cured)		3.5	-
TATB	1.938 1.891 1.841 1.858 1.827 1.826	13 12.8 11.2 11.0 10.7 10.4	- 38 - - - -
Tetryl	1.53 1.53 1.7 0.767	2.48 6.83 2.3 2.0	- - - -
TNT	1.654 1.63 1.56 0.846 1.65	6.22 7.1 4.8 3.5 3.1-6.2	18-45 90-100 - - -
Viton A	1.815	5.4	-
XTX-8003	1.54	3.42	-
XTX-8004	1.540	3.42	40

2.6.1.3 저속 충격에 의한 가열 점화

화약류가 충격을 받을 때 점화되는 어떤 조건이 있다. 저속 충격은 많은 예기치 않은 폭발을 일으켜 왔으며 일반적으로 우리는 화약류의 감도를 시험하기 위해서 저속충격기를 사용한다. 충격 또는 기계적인 점화 현상은 사실상 실제로는 열에 의한 것이다. 이것은 보든(Bowden)

과 요프(Yoffe)에 의해서 처음 제안되었으며 여러 기계적인 메커니즘의 어느 것도 아주 작은 국소 지역에서 열을 발생시킬 수 있으며 따라서 국소 지역의 온도를 화약류의 점화 온도까지 올릴 수 있다고 가정하였다. 이들의 아주 작은 국소적으로 가열된 지역을 "핫스포트"(Hot spots)라고 하였으며 그것의 메카니즘을 다음과 같이 제안하였다.

1. 화약류에 포함된 공기 또는 증기 버블의 단열압축
2. 결정 간의 마찰
3. 충돌 표면의 마찰
4. 예리하게 뾰족한 충돌 표면의 소성 변형
5. 충격받는 물질이 충돌 표면의 모서리를 지날 때 생기는 점성가열

홀레보(Kholevo)와 안드리에프(Andreev)는 그들의 추가 연구를 통해서 상기의 메카니즘으로는 충분히 높은 온도를 발생시키지 않을 것이라고 하였으며 다른 이론을 제안하였다. 그들은 버블과 입자의 틈에서의 미소분사(Microjetting) 및/또는 고체 입자들의 비탄성 압축이 문제의 핵심이라는 이론을 제안하였다. 그 후에 좀 더 믿을 수 있는 메카니즘이 아파나시예프(Afanas'ev)와 보보레프(Bobolev)에 의해서 제안되었는데 이것이 오늘날 수용되는 선도적인 이론이 되었다. 그들은 충격 하에서 화약류의 비탄성 흐름이 필요한 온도를 생성할 것이라고 제안하였다. 화약류(고체)가 입자성 물질이므로 국소의 이방성(異方性) 거동이 국소화된 고전단 응력을 만들어 낼 수 있으며 그 지역에 있는 고체들은 갑자기 주변의 고체입자들에 비해서 갑자기 소성흐름으로 바뀔 수 있다. 이들 국소 전단 띠(Shear bands) 내에서의 소성 흐름은 전체 층의 준정적응력을 점성효과에 의해서 열로 전환시킨다. 또한 이 과학자들은 이들 국소 지역이 고응력 또는 고압력 상태에 있기 때문에 이들 지역에서의 온도가 화약류의 정상 융점으로 한정되지 않으며, 그로 인해 융점이 상승된다고 언급하였다.

$$T_m = T_m^o + aP \tag{2.9}$$

여기서 T_m은 융점, T_m^o는 1기압에서의 정상 융점, a는 융점압력계수(대부분의 CHNO화약류에서는 약 0.02℃/atm) 그리고 P는 압력이다.

또한 임계온도 T'_c를 앞장에서 다루었던 임계온도와 비슷한 방식으로 정의한다. 그러나 T'_c

는 무한시간에 대해 계산된 것이 아니고 10^{-5} 이하의 짧은 시간(이것은 충격시험기 실험의 관찰로 부터 유도된 발화시간이다)에 대해 계산된 것이다. 점화를 일으키는 국소 임계스트레스는 아파나시예프와 보보레프에 의해서 다음과 같이 나타낸다.

$$P_{cr} = (T'_c - T_m)/a \tag{2.10}$$

여기에서 P_{cr}는 임계스트레스이다. 그러므로 국소 압력이 높으면 높을수록 국소 융점이 높아지며 발화시키는 임계스트레스는 더 낮아진다. 그리고 그 과학자들은 저속충격 때문에 소성흐름을 겪는 두꺼운 장약과 얇은 장약 모두에 대하여 기계적 조건과 압력 또는 응력분포에 대한 분석을 진행하였다. 그 과학자들이 이 분석에 사용한 비교 데이터베이스는 충격기 시험으로부터 온 것이다. 그들은 대부분의 화약류에 대해서 임계온도 T'_c가 400℃와 600℃ 사이에 있다는 것을 알아냈고 그리고 핫스포트(Hot spot)의 임계직경이 10^{-5}과 10^{-3}cm 사이에 있다는 것을 알아내었다.

2.6.2 기폭 이론[1]

앞장에서 화약류의 연소가 어떻게 일어나는지를 살펴보았다. 만약 화약류 내에서 분해반응이 충격파속도에서 완성되면 우리는 그것을 폭굉이라고 부른다. 폭굉의 화학반응의 시작은 저속충격에서 살펴본 것과 유사하다. 충격파면(Shock front)은 미반응 폭약을 압축하여 국소 전단 파괴와 비탄성 흐름을 일으킨다. 이 프로세스는 완전반응으로 성장하는 핫스포트(Hot spots)를 생성시킨다. 폭굉의 경우에서의 차이점은 충격파 뒤의 반응이 상당히 높은 속도로 완성된다는 것이다.

2.6.2.1 임계 에너지 흐름

화약류에 구형파(Square-wave) 펄스 충격파로 충격을 가한다고 생각해 보자. 이 충격 펄스는 크기가 P인 충격파 압력 그리고 충격을 가하는 시간을 나타내는 충격의 폭인 t 를 갖는다고 하자. 충격파면 뒤의 입자속도는 u이다. 충격에 의해서 압축되고 있는 화약류 상에서 단위면적당 행해지는 일률은 다음과 같이 나타낼 수 있다.

$$\frac{\text{일률}}{\text{단위면적}} = Pu \tag{2.11}$$

일이 t 시간에 걸쳐서 행해지므로, 화약류에 축적되는 단위면적당 에너지의 양은 다음과 같다.

$$E = Put \tag{2.12}$$

여기서 E는 단위 면적당 에너지이다.

단위면적당 에너지를 에너지 흐름(Energy fluence)이라고 한다. 29장의 랭킨-위고니오 점프 조건, 특히 충격에 대한 질량 및 모멘텀의 식을 생각해 보면 다음의 식을 유도해 낼 수 있다.

$$P = \rho_o u U \tag{2.13}$$

여기에서 ρ_0는 충격을 받기 전의 물질의 밀도, u는 입자속도, U는 충격파 속도이다. 이것을 다음과 같이 다시 쓸 수 있다.

$$u = P/\rho_0 U$$

그리고 이 u를 식(2.12)에 대입하면 다음 식을 얻을 수 있다.

$$E = P^2 t/\rho_o U \tag{2.14}$$

판상의 비행체의 충격에 의해서 발생된 구형파의 충격 펄스를 화약류에 가하는 수많은 실험들이 행해졌다. 펄스지속시간은 판상 비행체의 두께를 변경시킴으로써 여러 가지로 만들었고, 충격 압력은 판상 비행체의 충격속도를 변경시킴으로써 여러 가지로 만들었다. 각 화약류는 즉각적인 폭굉이 얻어지는 특정범위의 에너지 흐름을 갖는 것으로 알려졌는데 그 이상에서는 폭굉이 항상 얻어지지만 그 아래에서는 얻어지지 않았다. 이 범위의 평균을 임계 에너지 흐름(Critical energy fluence) E_c라고 한다. <표 2.9>에는 여러 가지 화약류에 대한 충격 기폭에 대한 임계 에너지 흐름 데이터가 나와 있다.

<표 2.9> 충격 기폭에 필요한 임계에너지

화약류	밀도 ρ(g/㎤)	E_c(cal/㎠)	화약류	밀도 ρ(g/㎤)	E_c(cal/㎠)
Comp. B	1.73	44	PETN	~1.0	~2
Comp. B-3	1.727	33		1.0	2.7
DATB	1.676	39		~1.6	~4
HNS-1	1.555	<34	RDX	1.55	16
Lead Azide	4.93	0.03a	TATB	1.93	226
LX-04	1.865	26		1.762	72~88
LX-09	1.84	23	Tetryl	1.655	10
NM	1.13	404.7b	TNT, cast	1.6	100
PBX-9404	1.84	15	TNT, pressed	1.620	32
	1.842	15		1.645	34

식 2.14의 $\rho_0 U$는 가끔 물질의 충격 임피던스(Shock impedance)라고 부른다. 이것은 압력의 증가에 따라 아주 서서히 증가하지만 충격 기폭 범위에서는 거의 일정하게 볼 수 있다. 이 때문에 화약 기술자들은 이 값을 임계에너지흐름과 결합하여 대용 특성으로 $P^2 t_{crit}$ 항을 기폭의 임계값으로 사용한다.

<예제2.1> 5mm 두께의 판상의 폴리에틸렌 비행체가 2.5km/sec의 속도로 PBX9404-03에 충돌할 때 7.73GPa의 압력과 1.6㎲ 지속시간의 구형 충격펄스를 형성하였으며 충격시의 입자속도 u=0.898km/s 이었다. PBX9404-03는 기폭될 수 있는가?

(풀이) PBX9404-03에서의 충격 입자 속도 u=0.898km/s 이었다. 제29장의 <표29.2>로부터 PBX9404-03의 U-u 위고니오를 찾아보면 ρ_0=1.84g/㎤에서 U=2.45+2.48u 이다. 그러므로 미반응 PBX9404-03에서의 충격파 속도 U=(2.45)+(2.48)(0.898)=4.68km/s 이며 그리고 에너지흐름은 다음과 같다.

$$E = P^2 t/\rho_0 U$$

$$E = (7.73)^2(1.6)/(1.84\text{x}4.68)$$

$$E = 11.1\ (\text{GPa})^2(\mu\text{s})/(\text{g/cm}^3 \cdot \text{km/s}) = 267\ \text{cal/cm}^2$$

<표 2.9>으로부터 PBX9404에 대한 E_c는 15cal/㎠ 이므로 PBX9404-03는 기폭될 것이다.

2.6.2.2 압력에 따른 정상 폭굉 도달거리

임계에너지흐름은 충격에 의한 폭굉 형성에 필요한 조건이지만 충격을 받았을 때 화약류는 바로 충분한 정상 상태의 폭굉을 얻지 못한다. 정상 상태의 폭굉이 얻어지기 전까지 충격은 화약류 속으로 어떤 일정 거리를 진행해야만 한다. 이 정상 폭굉 도달거리는 일정하지 않으며 입력되는 피크 충격 압력에 따라 변한다. 압력이 높으면 높을수록 정상폭굉도달거리는 짧아진다. 충격 압력에 따른 정상폭굉도달거리의 데이터를 로그-로그 형태로 그래프를 그렸을 때 데이터는 거의 직선으로 떨어진다. 그러므로 각각의 시험 화약류에 대해서 충격 압력의 방정식을 정상폭굉도달거리의 함수로서 설정할 수 있다. <표 2.10>에는 많은 화약류에 대한 이러한 식들이 나와 있다. 이 표에서 정상폭굉도달거리 데이터는 긴 충격펄스 지속시간에 대해서 얻어진 것이다. 즉 정상폭굉도달거리의 전체 길이에 걸쳐 피크 충격 압력이 일정하다고 보고 얻어진 데이터이다.

만약 아주 얇은 판상의 비행체가 화약류에 충돌하면 짧거나 또는 얇은 압력 펄스가 생성될 것이다. 만약 펄스가 상당히 얇으면 압력은 정상폭굉도달거리 전체에 걸쳐 일정하게 유지되지 않을 것이다.

〈표 2.10〉 여러 가지 화약류의 충격압력과 정상폭굉도달거리의 관계식

화약류	밀도(g/㎤)	방정식	압력범위
Baratol	2.611	logP = 1.2352-0.3383 logx	6.8〈P〈12
Comp-B	1.72	logP = 1.5587-0.7614 logx	3.7〈P〈12.6
HMX	1.891	logP = 1.18-0.59 logx	4.4〈P〈9.6
LX-04-01	1.862	logP = 1.228-0.656 logx	6.8〈P〈16.7
LX-17	1.90	logP = 1.4925-0.5657 logx	6〈P〈23.5
NQ, large grain	1.66-1.72	logP = 1.44-0.15 logx	13.4〈P〈26.3
commercial	1.688	logP = 1.51-0.26 logx	21.2〈P〈29.1
PBX-9011-06	1.790	logP = 1.1835-0.6570 logx	4.8〈P〈16
PBX-9404	1.840	logP = 1.1192-0.6696 logx	2〈P〈25
	1.721	logP = 0.9597-0.7148 logx	1.2〈P〈6.3
PBX-9407	1.60	logP = 0.57-0.49 logx	1.4〈P〈4.7
PBX-9501-01	1.833	logP = 1.0999-0.5878 logx	2.5〈P〈6.9
	1.844	logP = 1.1029-0.5064 logx	2.5〈P〈7.2
PBX-9502	1.896	logP = 1.39-0.31 logx	10.1〈P〈15
PETN	1.75	logP = 0.57-0.41 logx	1.7〈P〈2.6
	1.72	logP = 0.6526-0.5959 logx	2.0〈P〈4.2
	1.60	logP = 0.3872-0.5038 logx	1.2〈P〈2.0

	1.0	logP = -0.3855-0.2916 logx	0.2<P<0.5
TATB superfine micronized	1.876 1.81 1.81	logP = 1.4170-0.4030 logx logP = 1.31-0.43 logx logP = 1.41-0.38 logx	11<P<16 10<P<28 14.3<P<27.8
Tetryl	1.70 1.30	logP = 0.79-0.42 logx logP = 0.87-1.11 logx	2.2<P<8.5 0.37<P<6.9
TNT, cast pressed	1.635 1.63	logP = 1.40-0.32 logx logP = 1.0792-0.3919 logx	9.2<P<17.1 4<P<12
XTX-8003	1.53	logP = 0.7957-0.463 logx	3.0<P<5.0

※ x는 정상폭굉 도달 거리(mm)이고, P는 초기 충격압력(GPa)이다.

<예제 2.2> 앞의 예제에서 두꺼운 판상의 PBX9404가 폴레에틸린 비행체에 의해서 충격을 받았다. 충격은 7.73 GPa, 1.6μs의 지속시간의 입력 압력 펄스를 생성하였다. 정상 상태의 폭굉이 이루어지기 전까지 이 입력 충격파는 화약류 속으로 얼마나 진행되는가?

(풀이) <표2.10>로부터 ρ_0=1.84g/㎤의 PBX9404에 대한 정상폭굉 도달 거리는

$\log P = 1.1192 - 0.6696 \log x$ 또는

$\log P = \log(13.158) - 0.6696 \log x$

그러므로

$P = 13.158\ x^{-0.6696}$

$x = (P/13.158)^{-1/0.6696}$

$x = (7.73/13.158)^{-1/0.6696}$

$x = 2.2$ mm

2.6.2.3 후(厚)펄스와 박(薄)펄스의 기준

충돌로 생성된 펄스 지속시간 또는 충격파의 폭은 비행체의 두께와 재질 뿐 만이 아니라 목표물인 각 화약류에 따라 다르다. 펄스의 폭은 비행체의 충돌 충격파가 비행체의 뒷부분에 도달하고 뒤이어서 희박파가 비행체와 화약류의 계면으로 되돌아오는데 걸리는 시간에 의해서 결정된다. 비행체 물질에서의 충격파 속도 U_f는 위고니오의 속도 관계식을 사용

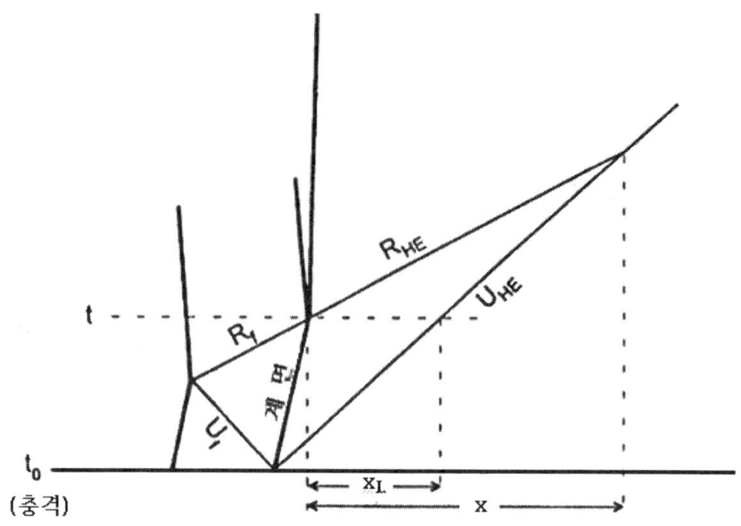

[그림 2.11] 충돌후, 비행체와 화약류의 충격파와 희박파에 대한 x-t 다이아그램

하여 입자속도로부터 계산될 수 있다.

$$U = C_o + su \tag{2.15}$$

C_0 는 비행체의 음속이고, s는 속도 위고니오 계수이다.

희박파 속도 R은 다음과 같이 계산될 수 있다.

$$R = C_o + 2su \tag{2.16}$$

그러므로 비행체의 충돌에 의해서 형성된 장방형의 충격파의 펄스 지속시간은 다음과 같다.

$$t = \frac{x_f}{U_f} + \frac{x_f}{R_f} = x_f\left(\frac{1}{U_f} + \frac{1}{R_f}\right) \tag{2.17}$$

t는 펄스의 폭(시간)이고 x_f는 비행체 두께, U_f는 비행체 내의 충격파속도, R_f는 비행체 내의 희박파속도이다. 미반응 화약류에서의 충격파 및 희박파 속도는 미반응 화약류에 대한 위고니오 속도식으로부터 같은 방법으로 계산된다.

비행체 희박파가 비행체-화약류 계면에 도착하는 시간에 화약류 내의 충격파는 거리 x_L을 진행한다. 이와 동시에 계면은 이완되고 희박파는 화약류의 충격화된 영역 속으로 진행하기 시작한다. 거리 x에서 희박파는 충격파면을 따라잡고 그리고 충격 피크 압력을 감쇠시키기 시작한다. 이 레이스는 [그림 2.11]의 x-t 다이아그램에 나타나 있다.

[그림 2.11]로부터 화약류 내의 희박파가 거리 x를 진행하는데 걸린 동일한 시간에 충격파는 거리 $(x$-$x_L)$을 진행한다.

시간은 거리를 속도로 나눈 값이므로 다음과 같은 식이 얻어진다.

$$\frac{x}{R_{HE}} = \frac{x - x_L}{U_{HE}} \tag{2.18}$$

또한 다음 식을 얻을 수 있다.

$$x_L = U_{HE}t \tag{2.19}$$

이 두식을 조합하면 다음의 식을 얻는다.

$$x = \frac{U_{HE}R_{HE}t}{(R_{HE} - U_{HE})} \tag{2.20}$$

이것은 충격파가 일정한 피크 압력을 유지할 때 까지의 거리이다. x를 넘어서면 앞서 언급했듯이 희박파는 계속적으로 피크 압력을 감쇠시킨다. 이것은 [그림 2.12]에서 볼 수 있다. 만약 이 거리 x가 정상폭굉도달거리보다 작으면 그때 이것을 "박(薄)펄스" 상태라고 한다. 피크 압력이 이상적인 정상폭굉도달거리 전체에 걸쳐 유지되지 않으므로 x는 실제 정상폭굉도달거리보다 짧을 것이다. 만약 펄스가 매우 얇으면 x는 정상폭굉도달거리 보다도 훨씬 짧으므로 화약류는 기폭되지 않을 것이다.

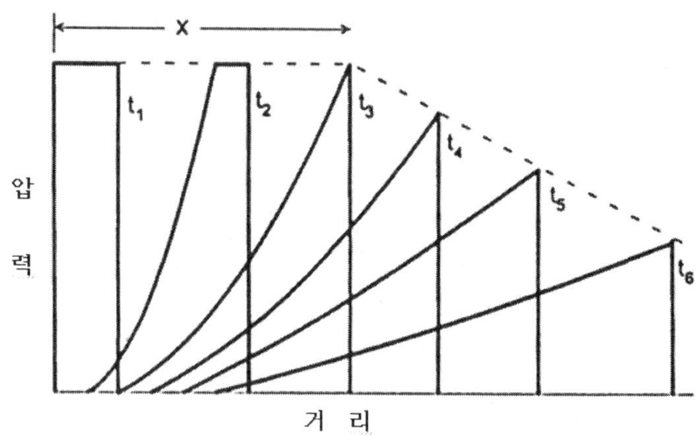

[그림 2.12] 거리 및 시간에 따른 장방형의 충격 펄스의 감쇠

<예제 2.3> 앞의 두 예제에서와 같이 PBX9404에 폴리에틸렌 비행체가 충돌하는 동일한 조건이라고 할 때 기폭될 수 있는 비행체의 최소 두께는 어떻게 되며 기폭이 지속될 것이라고 보는가?

(풀이) 식 2.17로부터

$$t = \frac{x_f}{U_f} + \frac{x_f}{R_f} = x_f\left(\frac{x_f}{U_f} + \frac{x_f}{R_f}\right)$$

그리고 식 2.20으로부터

$$x_{RUN} = \frac{U_{HE}R_{HE}t}{R_{HE} - U_{HE}}$$

상기 두식으로부터 t를 소거하여 정리하면

$$x_f = \frac{x_{RUN}(R_{HE} - U_{HE})}{R_{HE}U_{HE}\left(\frac{1}{U_f} - \frac{1}{R_f}\right)}$$

앞의 예제 및 제29장의 <표29.1>로부터

$u = 0.898$ km/s

$x_{RUN} = 2.2$ mm

$U_f = 2.901 + 1.481u = 4.231$ km/s

$R_f = 2.901 + 2x1.481u = 5.561$ km/s

$U_{HE} = 2.45 + 2.48u = 4.677$ km/s

$R_{HE} = 2.45 + 2x2.48u = 6.904$ km/s

상기의 값들을 x_f 식에 넣어 계산하면 $x_f = 2.68$ mm 가 된다.

임계에너지흐름뿐만이 아니라 펄스 지속시간과 크기는 충격 기폭에 필요한 조건이라는 것을 알았으나 이것으로는 아직 충분하지가 않다. 하나의 추가 파라미터가 감안되어야 하며 그것이 충돌 직경이다.

2.6.2.4 충돌 직경의 영향

화약류 내에서 축 방향으로 충격 펄스의 뒤를 따라가는 희박파는 피크 충격 압력을 감쇠시키며 그로 인해서 충격압력지속거리가 정상폭굉도달거리보다 더 짧아지거나 또는 심지어 불폭을 일으키게 할 수도 있다. 충돌 충격파의 측면 또는 모서리 쪽으로 방사형으로 진행하는 희박파도 동일한 영향을 미친다.

판상의 화약류에 충돌하는 원형의 비행체를 그려보자. 충돌 시에 생성된 충격파는 화약류 내에서 축방향으로 전진한다. 충격의 모서리는 대기압에 접해 있으며 그래서 희박파는 모서리에서 형성되며 측면으로부터 충격 압력을 경감시키면서 방사형으로 안쪽으로 진행한다. 이 영향이 [그림 2.13]에 나타나 있다.

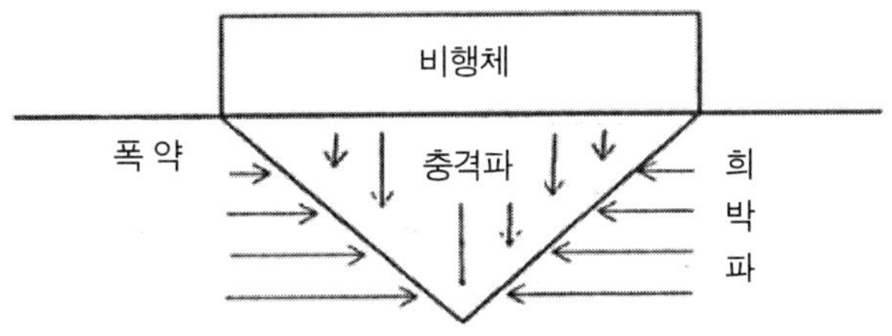

[그림 2.13] 충돌 충격의 측면 감쇠

이와 같은 방식으로 충격은 모서리로부터 감소되어 콘 모양의 영역을 형성하며 이 영역은 초기 충격 압력이 지속될 수 있는 장소로 정의한다. 콘의 베이스 각도는 대략적으로 직각 방향의 희박파 속도와 축 방향 충격파 속도의 비율에 의해서 결정된다. 희박파 속도는 충격파 속도보다도 크다는 것을 이미 알고 있다. 그러므로 이 베이스 각도는 45° 이하이지 않으면 안 된다. 만약 이 콘의 정점 거리가 정상폭굉도달거리보다도 짧으면 화약류는 불폭될 것이다.

이 영향은 물라드(Moulard)와 웨노그라드(Wenograd)에 의해서 얻어진 데이터에서 아주 드라마틱하게 보여진다. 이 두가지의 실험 보고서에서 실린더 비행체로 아주 긴 충격 펄스가 사용되었다. 그러므로 데이터는 압력에 대해서만 나와 있으며 에너지 흐름에 대해서는 없다. 각 데이터 점은 비행체의 여러 가지 직경에 대해서 폭굉과 불폭이 50%가 되는 압력을 나타낸다. 사용 화약류는 Composition-B였고, 비행체는 스틸이었다. 이 결과가 [그림 2.14]의 그래프이다.

또한 [그림 2.14]에는 (정상폭굉도달거리) 대 (충격 압력)에 대한 것도 나타나있다. 주어진 어떤 압력에서 폭굉이 얻어질 수 있는 최소 직경이 대략적으로 그 압력에서 이상적인 정상폭굉도달거리와 거의 같다는 것에 주목하라. 좋은 디자인이라함은 폭굉이 항상 일정한 압력의 콘 내에서 얻어진다는 것을 확인하는 것이다. 그러므로 비행체 직경은 항상 정상폭굉도달거리보다 2배이거나 그 이상이어야 한다.

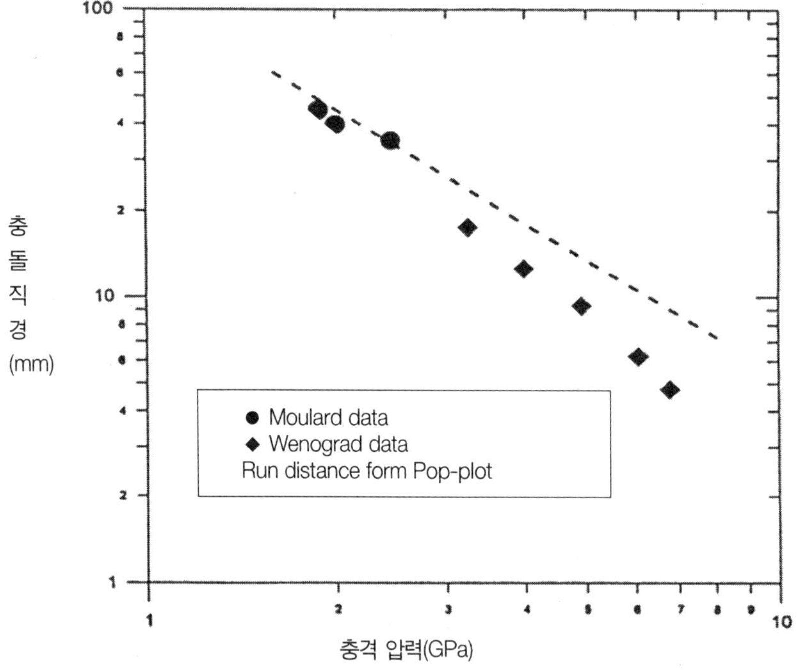

[그림 2.14] Comp-B의 폭굉을 일으키는 충격압력에 따른 충돌체 직경의 관계 그래프

<예제2.4> 한 번 더, 주어진 충돌 조건에서 PBX9404에 충돌하는 폴리에틸렌 비행체에 있어서 확실하게 기폭시키는 비행체의 최소 직경은 얼마인가?

(풀이) 예제 2.2로부터 이 충돌 압력에 대한 정상폭굉 도달거리가 2.2mm 이었다. 잘된 디자인이 되려면 필요한 정상 폭굉 도달거리가 일정한 압력의 콘 높이보다 같거나 작아야 한다는 것이다. 콘이 베이스에서 거의 45°이므로 직경은 높이의 약 2배이다. 그래서 비행체의 직경은 최소 2x2.2=4.4mm 가 되어야 한다.

2.6.3 DDT(Deflagration-to-detonation Transition)

우리는 폭연이 열적으로 어떻게 시작이 되는지 알았고 그리고 또한 폭굉의 시작을 위해서는 충격(Shock)이 필요하다는 것을 알았다. 어떤 환경 및 조건 아래에서는 연소 또는 폭연 반응이 완전한 정상 상태의 폭굉으로 성장할 수 있다.

만약 화약류가 점화되면 그것은 연소 및 폭연하기 시작한다. 그리고 만약 반응 생성 가스가 방출될 수 없도록 밀폐된다면, 그때 폭연하고 있는 지역의 가스 압력은 급격히 상승한다. 연소 반응 속도는 압력과 온도의 함수이므로 반응속도는 압력이 증가함에 따라 증가한다. 그 높은 압력은 뜨거운 가스를 주변 물질로 밀어내며 그리고 전체의 과정이 가속화된다. 폭연하고 있는 지역에서 생성된 압력파는 이제 압력파의 경로에 있는 화약류를 충격화시키고 가압할 수 있다. 이것은 더욱 더 큰 밀폐효과를 주며 그로 인해서 더 높은 압력이 급격히 형성된다. 이 압력파는 충격화되고 주어진 충분한 시간과 거리는 폭굉을 일으키는 충격 조건을 형성한다. 이 과정을 DDT(Deflagration-to-Detonation)라고 한다. 이 과정은 벌크 화약류 자체가 필요한 밀폐 조건을 제공할 수 있는 다량의 화약류가 있는 곳에서 우연적으로 일어날 수 있다. DDT는 기폭약이 사용될 수 없는 어떤 뇌관의 설계에 의도적으로 이용된다.

이상적인 밀폐 조건 하에서 어떤 2차 폭약에 대한 DDT거리는 PETN과 CP[2-(5-Cyanotetrazolato) pentaamminecobalt (III) perchlorate]에 대해서는 수 밀리미터로 아주 짧다. TNT와 같은 다른 폭약의 DDT 거리는 대략 수십 센티미터이다.

DDT를 얻는데 필요한 조건은 밀폐도, 입자크기, 입자표면적, 패킹밀도, 화약류 직경과 길이, 열전달 및 각 화약류의 열화학적 특성에 의해 결정된다.

참고문헌

1. Paul W. Cooper(1996), "Explosives Engineering," VCH Publishers, Inc., New York.

제2편

합성화약류

합성화약류는 대부분 유기물의 니트로화반응 및 질산에스테르화반응에 의해서 합성된다. 이러한 화약류들이 어떻게 합성되고 사용되는지 알아보고 또는 기폭약 등에서와 같이 무기물로부터 얻어지는 화약류에 대해서도 알아본다.

탄화수소로 이루어진 수많은 유기물들은 질산과 반응하여 거의 무한대의 화약류로 만들어질 수 있으며 대부분 산소공급원으로서 $-NO_2$와 $-NO_3$의 치환기를 갖는다. 이외에도 다른 치환기들이 존재하는데 어떤 것은 산소공급원으로 어떤 것은 연료공급원으로 기여한다. 아자이드(Azides)와 같이 연료로도 산화제로도 기여하지 않지만 고에너지의 결합상태가 파괴되는 폭굉과정으로부터 에너지가 발생하는 것도 있다. 제2장의 <표 2.3>의 치환기들은 분자화약에서 발견될 수 있는 치환기들이다. 탄화수소에 결합될 수 있는 수많은 치환기들에 의해서 수많은 화약류들이 만들어질 수 있다. 그러나 그 중에서 상용화된 것은 그다지 많지 않다. 상용화의 주요 요인으로는 제조 비용(원료와 공정), 원료 및 제품의 열안정성, 화학적 호환성, 독성, 물리적 형태, 취급감도 및 폭발성능특성 등이 있다. 일반적으로 합성화약은 유기물의 구조와 형태에 따라 [그림 3.1]과 같이 나누어진다.

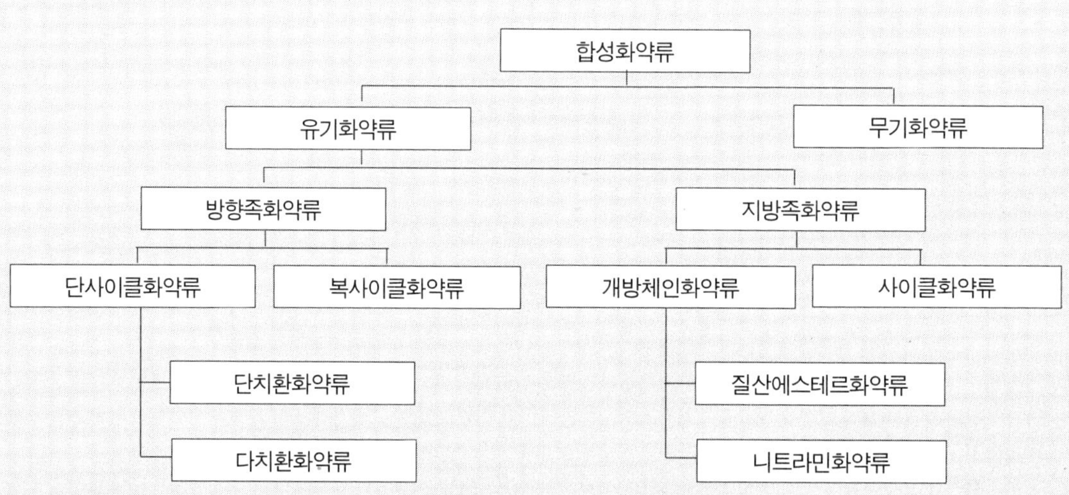

[그림 3.1] 유기물 구조기에 따른 분자화약류의 분류[1]

제3장

방향족화약류

벤젠고리가 있는 분자를 방향족이라고 하며 방향족 분자화약류의 가장 간단한 형태는 트리니트로벤젠(Trinitrobenzene=TNB)이며 이 계통의 다른 모든 화약류의 구조상 기본이 되는 화약류이다. TNB는 안정도, 저독성, 저감도, 비교적 고성능의 폭속과 압력 등 화약류에 필요한 모든 장점을 갖고 있으나 합성하기가 매우 어렵고 비용이 많이 들기 때문에 거의 사용하지 않는다. 벤젠과 혼산(질산+황산)의 반응에 의해서는 보통 -NO_2기가 2개까지만 가능하다. MNB(Mononitrobenzene)는 약 60℃의 혼산에 의해서 쉽게 합성이 되나[그림 3.2] 여기에 –NO_2기를 1개 더 붙인 DNB(Dinitrobenzene)를 합성이려면 좀 더 강한 산이 필요하다. 95℃의 농질산과 발연황산을 혼합한 강혼산을 사용하는데 MNB에 붙어있는 –NO_2기는 상당한 전자반발력을 나타내기 때문에 이것을 이기고 DNB를 만드려면 보다 강한 혼산이 필요한 것이다. 그리고 -NO_2가 1개 더 붙은 TNB를 제조하는 것은 이 방법으로는 불가능하다. 그래서 간접적인 루트를 통해서 만든다. TNT의 메틸기를 카르복실기로 산화시키고 뜨거운 수용액 내에서 탈카르복실화하여 만든다[그림 3.3]. 이러한 복잡한 과정을 거치기 때문에 TNB는 비쌀 수밖에 없다.

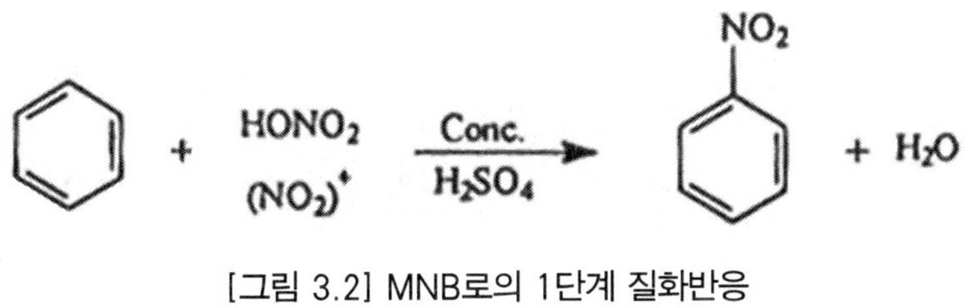

$$C_6H_6 + HONO_2\ (NO_2)^+ \xrightarrow[H_2SO_4]{Conc.} C_6H_5NO_2 + H_2O$$

[그림 3.2] MNB로의 1단계 질화반응

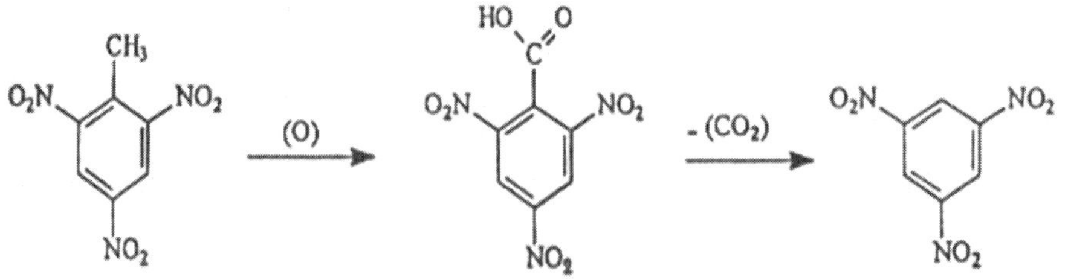

[그림 3.3] TNB의 제조 단계

방향족화약류의 물리적 특성은 <표 3.1>과 같다.

〈표 3.1〉 방향족화약류의 물리적 특성

화약류 명칭	색깔	결정밀도 (g/㎤)	융점 (℃)	폭속 (km/s)
Trinitrobenzene(TNB)	연한 녹황색	1.76	123	7.30 (ρ=1.71에서)
Trinitrotoluene(TNT)	연한 황색	1.654	80.8	6.90 (ρ=1.60에서)
Trinitrobenzoic acid(TNBA)	황색	-	-	-
Trinitroaniline(TNA)	오렌지-적색	1.762	188	7.30 (ρ=1.72에서)
Tetryl	황색	1.73	129.5	7.57 (ρ=1.71에서)
Ethyl tetryl	녹-황색	1.63	-	-
Picric acid	황색	1.767	122.5	7.35 (ρ=1.7에서)
Ammonium picrate	황색	1.72	280	7.15 (ρ=1.6에서)
Methyl picrate	담황색	1.61	68	6.80 (ρ=1.57에서)
Ethyl picrate	연한 황색	-	78	6.50 (ρ=1.55에서)
Picryl chloride	연한 황색	1.797	83	7.20 (ρ=1.74에서)
Trinitroxylene(TNX)	연한 황색	-	182	6.60 (ρ=1.51에서)
Trinitrocresol	황색	1.68	107	6.85 (ρ=1.62에서)
Styphnic acid	황색~적갈색	1.83	176	-
Lead styphnate	오렌지-황색~갈색	3.0	dec.	5.20 (ρ=2.9에서)
Triaminotrinitrobenzene(TATB)	밝은 황색	1.93	350	7.35 (ρ=1.80에서)
Hexanitroazobenzene(HNAB)	오렌지-적색	-	221	-
Hexanitrostilbene(HNS)	황색	1.74	318	-
Tetranitrodibenzotetrazapentalene	오렌지-적색	1.85	378	7.25 (ρ=1.64에서)
Tetranitrocarbazole(TNC)	황색	-	296	-

3.1 단사이클 방향족화약류

3.1.1 TNB 및 TNB의 단치환화약류

벤젠에서 1개의 치환기가 치환된 방향족화합물에서 이 치환기들은 전자를 주는 역할을 한다. 톨루엔의 경우는 벤젠의 -H 대신에 $-CH_3$기가 치환된 경우이다. 이러한 치환기들은 $-NO_2$기의 전자반발력에 반대 역할을 하여 $-NO_2$기의 치환을 좀 더 용이하게 한다. 그래서 TNB에서는 불가능했던 트리니트로화가 훨씬 쉽게 이루어질 수 있다.

1) TNB(Trinitrobenzene)[2, 3]

TNB는 물에 녹지 않고 뜨거운 알코올에 약간 녹으며 아세톤, 에테르 및 벤젠에는 잘 녹는다. TNB는 TNBA(Trinitrobenzoic acid)의 탈카르복실화 반응에 의해서 만들어진다. 또한 알코올 속에서 트리니트로클로로벤젠을 구리와의 환원반응에 의해서 만들어질 수 있다. 또한 디니트로벤젠의 질화반응에 의해서 TNB가 만들어지지만 이 반응은 아주 가혹한 조건에서 수행되어야 한다.(고농도의 SO_3의 혼산, 높은 질화온도) 수율도 낮다.

〈표 3.2〉 TNB의 물리화학적 특성

CAS 번호	99-35-4	폭발열(kcal/kg) H_2O(l /g)	947/926
분자 구조	O_2N, NO_2, NO_2 (1,3,5-trinitrobenzene)	비에너지(kcal/kg)	250.96
		밀도(g/㎤)	1.76
		융점(℃)	123.2
		융해열(kcal/kg)	16
분자식	$C_6H_3N_3O_6$	lead block test(㎤/10g)	325
분자량(g/mole)	213.1	밀폐폭속(m/sec)	7,300(ρ=1.71에서)
ΔH_f(kcal/mole)	-10.40	deflagration point(℃)	-
산소평형치(%)	-56.3	충격감도(N m)	7.4
질소 함량(%)	19.72	마찰감도(N)	353 불폭
폭발가스량(l /kg)	805	철슬리브테스트 임계직경(mm)	-
외관	엷은 녹황색의 결정		

※ 철슬리브테스트 임계직경이란 Koenen test로부터의 결과이며, 이 시험은 ID 24mm, 길이 75mm, 벽두께 0.5mm의 철슬리브에 화약을 채우고 노즐이 달린 마개로 닫은 다음, 가열해서 폭발이 일어나는 노즐경을 의미한다.

상기의 모든 합성 조건은 상당히 어렵고 비경제적이다. 이러한 이유로 TNB는 실용화가 어렵다. 그럼에도 불구하고 TNB는 강하고 폭발속도는 TNT보다도 우수하며 매우 안정된 폭약이다.

2) TNT(Trinitrotoluene)[2, 4]

〈표 3.3〉 TNT의 물리화학적 특성

CAS 번호	118-96-7	폭발열(kcal/kg) H_2O(l/g)	900/871(계산치) 1090/ - (실험치)
분자 구조	CH_3, O_2N, NO_2, NO_2	비에너지(kcal/kg)	217.02
		밀도(g/㎤) (결정상태)	1.654
		(용융상태)	1.47
		융점(℃)	80.8
		융해열(kcal/kg)	23.1
분자식	$C_7H_5N_3O_6$	lead block test(㎤/10g)	300
분자량(g/mole)	227.13	밀폐폭속(m/sec)	6,900(ρ=1.6에서)
ΔH_f(kcal/mole)	-16.04	deflagration point(℃)	300
산소평형치(%)	-73.9	충격감도(N m)	15
질소 함량(%)	18.50	마찰감도(N)	353 불폭
폭발가스량(l/kg)	825	철슬리브테스트 임계직경(mm)	5
외관	담황색의 고체, 플레이크 또는 알갱이 형태		

TNT는 물에 거의 녹지 않으며, 알코올에 약간 높으며 그리고 벤젠, 톨루엔과 아세톤에 녹는다. [그림 3.4]와 같이 톨루엔과 혼산(질산+황산)의 다단계 질화반응에 의해서 제조된다. 질화 3단계는 유리 SO_3를 갖는 고농도의 혼산을 필요로 한다. 배치식과 연속식의 질화방법이 있다. 군용 TNT는 2,4,6 TNT 이외의 다른 이성체가 없어야 한다. 이성체는 알코올이나 벤젠과 같은 유기용제 또는 62% 질산에서 재결정함으로써 제거될 수 있다. 비대칭의 이성체들은 Na_2SO_3용액으로 세척함으로서 제거될 수 있다. 그러나 이 방법은 다량의 레드워터를 발생시킨다.

TNT의 순도는 응고점으로 결정된다. 군용으로 사용되는 것은 최소 80.2℃이며 순수한 2,4,6-TNT는 80.8℃이다. 이것은 질산 재결정화 과정에 기인하며 현재에는 80.6℃와 80.7℃가 이용되고 있다. TNT는 아직도 모든 무기에서 폭파약으로 가장 중요한 폭약이다. 매우 안정한 물질이고 중성이며 그리고 금속류를 부식시키지 않는다. 주조 뿐 만이 아니라 프레스에 의해서 충전될 수 있으며 둔감하고 안정제가 필요없다. 단독 또는 다른 물질과 혼합해서 사용하며 아마톨(Amatol, 질산암모늄과 혼합), 트리토날(Tritonal, 질산암모늄, Al분말과 혼합), 콤포지

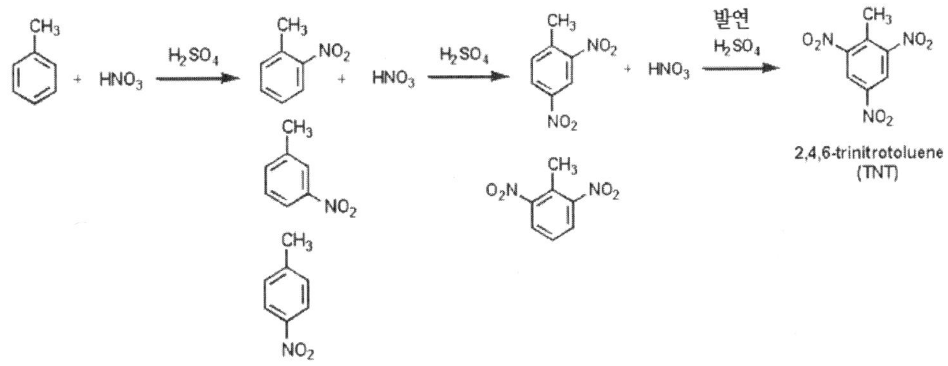

[그림 3.4] TNT의 제조 3단계 반응식

셔 B(Composition B, RDX와 혼합), 토펙스(Torpex, RDX, Al과 혼합), HBX(RDX, NC, 염화칼슘, TNT, Al, 왁스와 혼합), Trialenes(RDX, Al과 혼합) 등으로 이용될 수 있다. 또한 TNT는 산업용 화약에서 중요한 폭약이다. TNT의 주조품은 뇌관에 둔감하며 안전하게 기폭시키기 위해서는 부스타가 필요하다. 프레스로 압착한 TNT는 뇌관에 기폭된다.

3) 트리니트로벤조익에시드(Trinitrobenzoic acid, TNBA)[2]

〈표 3.4〉 TNBA의 물리화학적 특성

CAS 번호	129-66-8	폭발열(kcal/kg) H_2O(l /g)	719/700
분자 구조	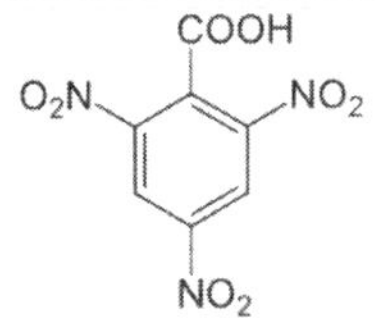 COOH, O_2N, NO_2, NO_2	비에너지(kcal/kg)	208.17
		밀도(g/㎤)	1.87
		융점(℃)	232
		융해열(kcal/kg)	-
분자식	$C_7H_3N_3O_8$	lead block test(㎤/10g)	283
분자량(g/mole)	257.1	밀폐폭속(m/sec)	-
ΔH_f(kcal/mole)	-96.31	deflagration point(℃)	-
산소평형치(%)	-46.7	충격감도(N m)	10
질소 함량(%)	16.35	마찰감도(N)	353 불폭
폭발가스량(l /kg)	809	철슬리브테스트 임계직경(mm)	2
외관	황색, 침상		

TNBA는 물에 약간 녹으며 알콜과 에테르에 녹는다. [그림 3.5]와 같이 TNT를 질산 또는 질산에 $KClO_3$를 녹인 $KClO_3$용액 또는 크롬산 혼합물로 산화시켜 만든다.

묽은 Na_2CO_3에 용해시키고 황산으로 재침전시킴으로써 정제된다. 만약 TNBA가 오래동안 수증기에 노출되면 CO_2가 발생하고 TNB가 만들어진다.

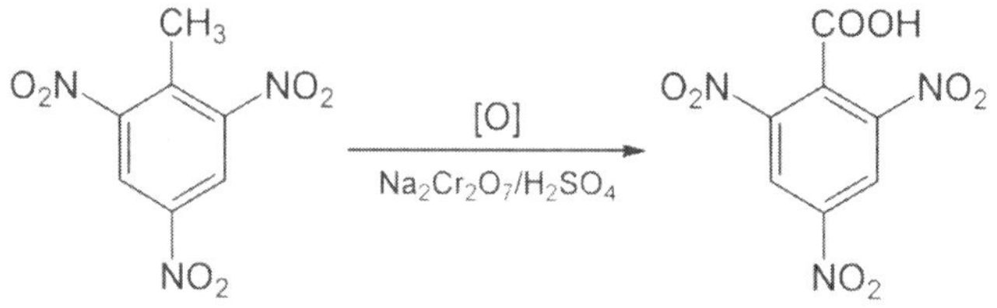

[그림 3.5] TNBA의 제조 반응식

4) 테트릴(Tetryl)[2, 6]

〈표 3.5〉 Tetryl의 물리화학적 특성

CAS 번호	479-45-8	폭발열(kcal/kg) H_2O(l /g)	1021/996(계산치) 1140/ – (실험치)
분자 구조	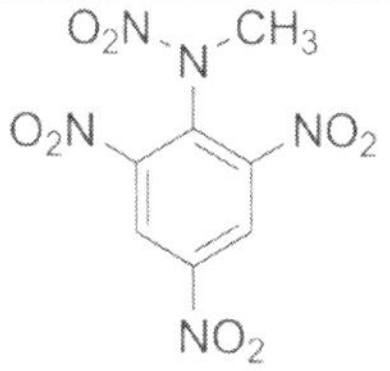	비에너지(kcal/kg)	288.72
		밀도(g/㎤)	1.73
		융점(℃)	129.5
		융해열(kcal/kg)	19.1
분자식	$C_7H_5N_5O_8$	lead block test(㎤/10g)	410
분자량(g/mole)	287.1	밀폐폭속(m/sec)	7,570(ρ=1.71에서)
ΔH_f(kcal/mole)	+4.795	deflagration point(℃)	185
산소평형치(%)	-47.4	충격감도(N m)	3
질소 함량(%)	24.39	마찰감도(N)	353 불폭
폭발가스량(l /kg)	861	철슬리브테스트 임계직경(mm)	6
외관	엷은 황색 결정		

테트릴은 독성이 있다. 물에는 녹지 않으며 알코올, 에테르 및 벤젠에는 약간 녹는다. 아세톤에는 보다 쉽게 녹는다. [그림 3.6]과 같이 Dimethylaniline을 혼산(황산+질산)으로 다단계 질화시켜 만들거나 [그림 3.7]과 같이 2,4 dinitrochlorobenzene을 methyl amine으로 알킬화시킨 다음 그 생성물을 혼산으로 질화시켜 만든다. 테트릴은 파괴력이 강하며 매우 강력한 폭약이다. 많은 군용화약 계열에서 중간 장약으로 사용되며 또한 뇌관과 EBW(Exploding Bridge Wire) 뇌관의 첨장약으로 사용되는 아주 일반적인 부스타 화약이다. 융점이 비교적 높아 주조보다는 프레스 작업으로 이용된다.

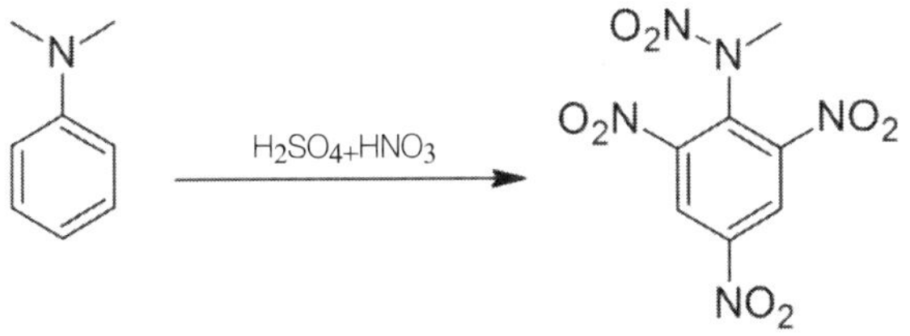

[그림 3.6] Tetryl의 제조 반응식(1)

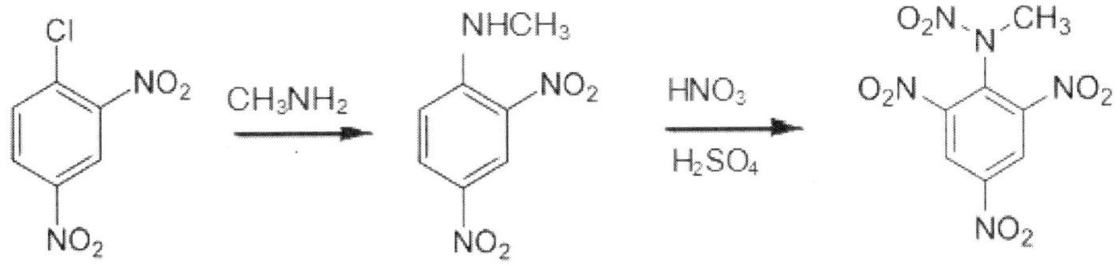

[그림 3.7] Tetryl의 제조 반응식(2)

5) 트리니트로아닐린(Trinitroaniline, TNA)[2, 5]

〈표 3.6〉 TNA의 물리화학적 특성

CAS 번호	489-98-5	폭발열(kcal/kg) H_2O(l /g)	858/834
분자 구조	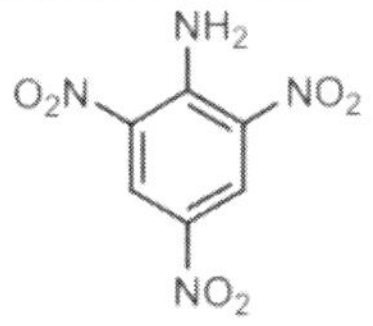	비에너지(kcal/kg)	-
		밀도(g/㎤)	1.762
		융점(℃)	188
		융해열(kcal/kg)	-
분자식	$C_6H_4N_4O_6$	lead block test(㎤/10g)	310
분자량(g/mole)	228.1	밀폐폭속(m/sec)	7,300(ρ=1.72에서)
ΔH_f(kcal/mole)	-20.07	deflagration point(℃)	346
산소평형치(%)	-56.1	충격감도(N m)	15
질소 함량(%)	24.56	마찰감도(N)	353 불폭
폭발가스량(l /kg)	838	철슬리브테스트 임계직경(mm)	3.5
외관	황적색의 결정		

TNA는 [그림 3.8]과 같이 트리니트로크로로벤젠(Trinitrochlorobenzene)을 암모니아와 반응시키거나 4-nitroaniline의 질화반응에 의해서 만들어진다.

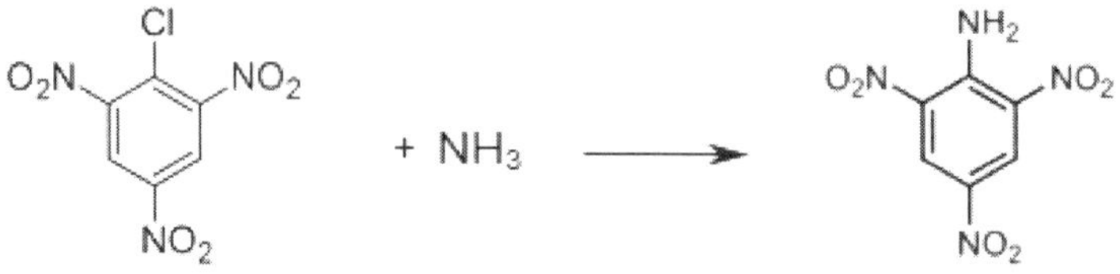

$$\text{1-Cl-2,4,6-}(NO_2)_3C_6H_2 + NH_3 \longrightarrow \text{1-}NH_2\text{-2,4,6-}(NO_2)_3C_6H_2$$

[그림 3.8] TNA의 제조 반응식(1)

$$\text{4-}NO_2C_6H_4NH_2 \xrightarrow[H_2SO_4]{HNO_3} \text{1-}NH_2\text{-2,4,6-}(NO_2)_3C_6H_2$$

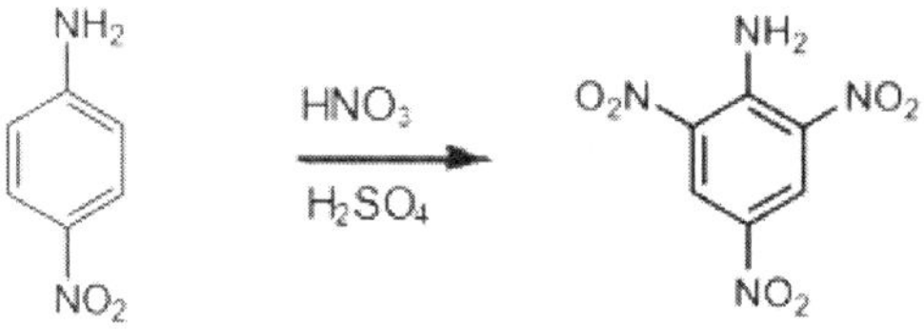

[그림 3.9] TNA의 제조 반응식(2)

6) 2,3,4,6-테트라니트로아닐린(Tetranitroaniline)[2]

〈표 3.7〉 테트라니트로아닐린의 물리화학적 특성

CAS 번호	53014-37-2	폭발열(kcal/kg) H_2O(l /g)	1046/1023
분자 구조	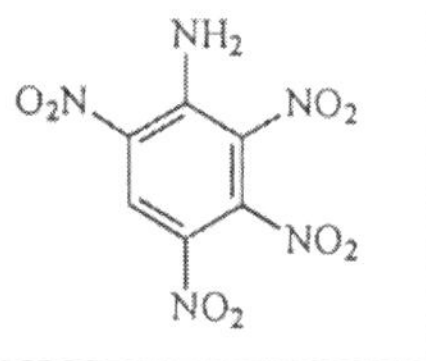 ($C_6H(NH_2)(NO_2)_4$, 2,3,4,6-tetranitroaniline 구조식)	비에너지(kcal/kg)	287.76
		밀도(g/㎤)	1.867
		융점(℃)	216(분해)
		융해열(kcal/kg)	-
분자식	$C_6H_3N_5O_8$	lead block test(㎤/10g)	-
분자량(g/mole)	273.1	밀폐폭속(m/sec)	-
ΔH_f(kcal/mole)	-11.69	deflagration point(℃)	220~230
산소평형치(%)	-32.2	충격감도(N m)	6
질소 함량(%)	25.65	마찰감도(N)	-
폭발가스량(l /kg)	813	철슬리브테스트 임계직경(mm)	-
외관	엷은 황색의 결정		

테트라니트로아닐린은 피크라미드(Picramid)라고 부른다. 물, 뜨거운 빙초산 및 뜨거운 아세톤에 녹으며 알코올, 벤젠, 리그로인(Ligroin) 및 클로로포름에 약간 녹는다. [그림 3.10]과 같이 3-nitroaniline 또는 아닐린을 황산과 질산의 혼산으로 여러 단계 거치면서 직접 질화시켜 만들어지거나 소규모의 회분식으로 트리니트로클로로벤젠을 암모니아와 반응시켜 만들어진다.

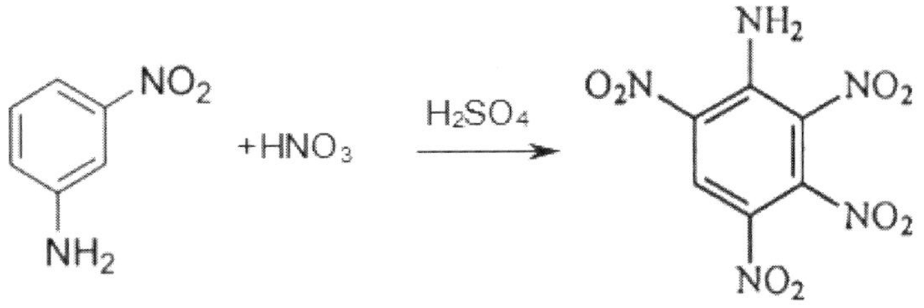

[그림 3.10] 테트라니트로아닐린의 제조 반응식

7) 피크린산(Picric Acid, PA)[2, 7]

피크린산은 독성이 있는 물질로 뜨거운 물에 녹으며 알코올, 에테르, 벤젠 및 아세톤에 쉽게 녹는다. 피크린산의 폭발력은 TNT보다 약간 우세하다. 피크린산은 [그림 3.11]과 같이 페놀을 황산에 녹이고 이어서 생성된 페놀디설폰산(Phenoldisulfonic acid)에 질산의 질화에 의해서 만들어지며 또는 디니트로페놀(디니트로클로로벤젠으로부터 제조)의 추가의 질화반응에 의해서 만들어진다. 합성된 피크린산은 물로 세척하여 정제된다. 피크린산은 제1차세계대전 당시 폭탄과 수류탄의 충전물로서 단독 또는 타 폭약과 혼합된 상태로 많이 사용되었다. 이것의 주 단점은 독성 외에도 수분 하에서 금속과 반응하여 충격, 마찰에 극도로 예민한 금속염을 생성시킨다는 것이다. 어떤 것은 선반 위에 놓자마자 스스로 폭굉하는 경우도 있다. 이것은 보통 화약류와는 관계가 없는 산업분야에서도 종종 일어났다. 예를 들어 피크린산은 어떤 금속의 세척 용액을 만들기 위해 염화철 수용액과 때때로 혼합이 된다. 그들은 중간체가 용액으로 남아 있는 한 안전하다. 그러나 물이 증발되고 피크린산철염이 결정화되는데 이러한 건조된 세척액은 저장 중에 폭굉될 수 있는 것으로 알려져 있다. 피크린산은 수류탄과 지뢰의 충전화약으로 사용된다. 주조하기에는 융점이 너무 높아 바람직하지 않지만 니트로나트탈렌, 디니트로벤젠 또는 트리니트로크레졸의 첨가에 의해 융점이 낮아질 수 있다.

〈표 3.8〉 PA의 물리화학적 특성

CAS 번호	88-89-1	폭발열(kcal/kg) H_2O(l /g)	822/801
분자 구조	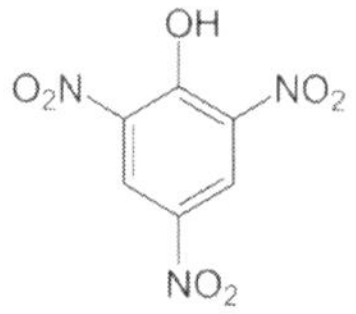	비에너지(kcal/kg)	237.81
		밀도(g/㎤)	1.767
		융점(℃)	122.5
		융해열(kcal/kg)	18.2
분자식	$C_6H_3N_3O_7$	lead block test(㎤/10g)	315
분자량(g/mole)	229.1	밀폐폭속(m/sec)	7,350(ρ=1.7에서)
ΔH_f(kcal/mole)	-59.41	deflagration point(℃)	300
산소평형치(%)	-45.4	충격감도(N m)	7.4
질소 함량(%)	18.34	마찰감도(N)	353 불폭
폭발가스량(l /kg)	826	철슬리브테스트 임계직경(mm)	4
외관	황색 결정(착색제)		

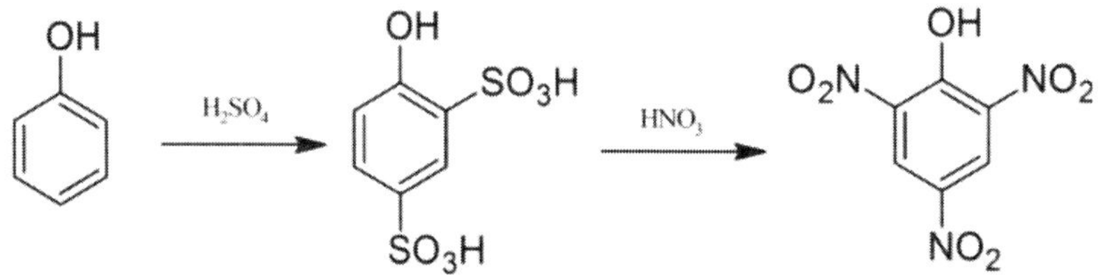

[그림 3.11] PA의 제조 반응식

8) 암모늄피크레이트(Ammonium picrate, Dunnite)[2, 8]

〈표 3.9〉 암모늄피크레이트의 물리화학적 특성

CAS 번호	131-74-8	폭발열(kcal/kg) H_2O(l /g)	686/653
분자 구조	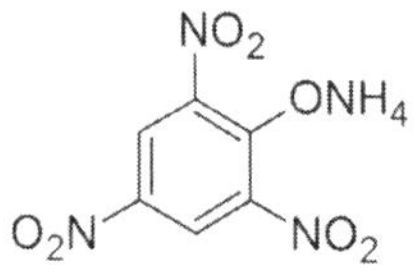	비에너지(kcal/kg)	-
		밀도(g/㎤)	1.72
		융점(℃)	280
		융해열(kcal/kg)	-
분자식	$C_6H_6N_4O_7$	lead block test(㎤/10g)	280
분자량(g/mole)	246.1	밀폐폭속(m/sec)	7,150(ρ=1.6에서)
ΔH_f(kcal/mole)	-92.39	deflagration point(℃)	320
산소평형치(%)	-52.0	충격감도(N m)	19 불폭
질소 함량(%)	22.77	마찰감도(N)	-
폭발가스량(l /kg)	909	철슬리브테스트 임계직경(mm)	-
외관	황색의 결정		

암모늄피크레이트는 물, 알코올 및 아세톤에 녹으며 에테르에는 거의 녹지 않는다. [그림 3.12]와 같이 피크린산 용액을 암모니아로 포화시킴으로서 만들어진다. 처음에는 수증기의 존재 하에서 안정한 황색 형태의 일부가 있는 적색의 형태가 형성되며 더 오래 저장하거나 물로부터 재결정에 의해서 안정환 황색이 된다. 이 폭약도 제1차 세계대전 중에 폭탄의 충전물로 사용되었다.

NH_4OH

[그림 3.12] AP의 제조 반응식

9) 메틸피크레이트(Methyl picrate)[2]

〈표 3.10〉 메틸피크레이트의 물리화학적 특성

CAS 번호	606-35-9	폭발열(kcal/kg) H_2O(l /g)	903/874
분자 구조		비에너지(kcal/kg)	232.31
		밀도(g/㎤) (결정)	1.61
		(용융)	1.408
		융점(℃)	68
		융해열(kcal/kg)	19.3
분자식	$C_7H_5N_3O_7$	lead block test(㎤/10g)	295
분자량(g/mole)	243.13	밀폐폭속(m/sec)	6,800(ρ=1.57에서)
ΔH_f(kcal/mole)	-36.61	deflagration point(℃)	285
산소평형치(%)	-62.5	충격감도(N m)	20
질소 함량(%)	17.29	마찰감도(N)	353 불폭
폭발가스량(l /kg)	844	철슬리브테스트 임계직경(mm)	12
외관	담황색의 결정		

트리니트로아니졸(Trinitroanisole)이라고도 하며 독성이 있는 폭약이다. 물에 녹지 않으며 뜨거운 알코올과 에테르에 녹는다. [그림 3.12]와 같이 디니트로아니졸(Dinitroanisol)의 직접 질화반응에 의해서 만들어지며 디니트로아니졸은 알칼리 분위기에서 디니트로클로로벤젠과 메탄올의 반응에 의해서 만들어진다. 메탄올로부터의 재결정에 의해서 순수하고 담황색의 제품이 얻어진다.

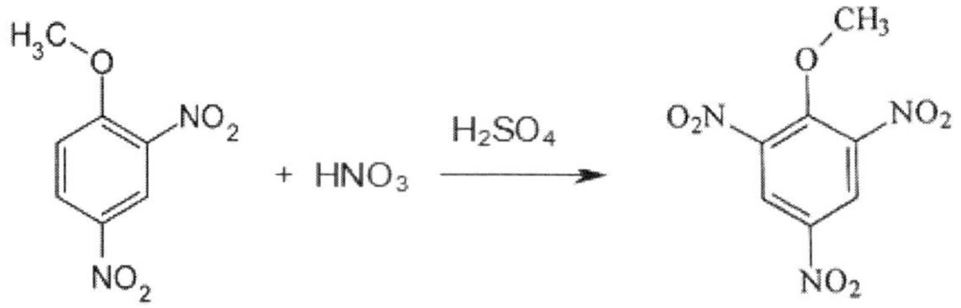

[그림 3.12] 메틸피크레이트의 제조 반응식

이 화약은 충격과 마찰에 매우 둔감하며 심지어 TNT보다도 둔감하다. 성능은 TNT와 피크린산의 중간이다. 이것은 제1차 세계대전 중에 폭탄의 충전제로 제한적으로 사용되었다. 피부 습진을 일으키며 생리학적으로 안전하지 않다. 이 때문에 낮은 융점에도 불구하고 제한적으로 사용되었다.

10) 에틸피크레이트(Ethyl picrate)[2]

〈표 3.11〉 에틸피크레이트의 물리화학적 특성

CAS 번호		폭발열(kcal/kg) H_2O(*l* /g)	840/805
분자 구조	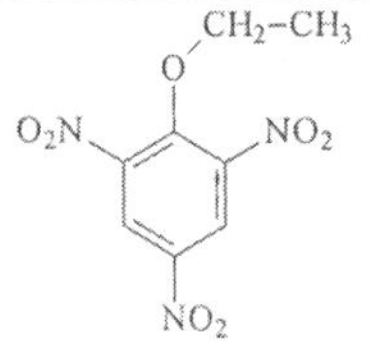	비에너지(kcal/kg)	202.44
		밀도(g/㎤)	-
		융점(℃)	78
		융해열(kcal/kg)	-
분자식	$C_8H_7N_3O_7$	lead block test(㎤/10g)	-
분자량(g/mole)	257.2	밀폐폭속(m/sec)	6,500(ρ=1.55에서)
ΔH_f(kcal/mole)	-48.02	deflagration point(℃)	-
산소평형치(%)	-77.8	충격감도(N m)	-
질소 함량(%)	16.34	마찰감도(N)	-
폭발가스량(*l* /kg)	859	철슬리브테스트 임계직경(mm)	-
외관	담황색, 침상		

에틸피크레이트도 매우 독성이 있으며 접촉 시 피부에 자극을 일으킨다. 이것은 메탄올 대신에 에탄올을 사용하는 것 외에는 메틸피크레이트와 같은 방법으로 만들어진다.

11) 트리니트로클로로벤젠(Trinitrochlorobenzene)[2, 7]

〈표 3.12〉 트리니트로클로로벤젠의 물리화학적 특성

CAS 번호	88-88-0	폭발열(kcal/kg) H_2O(l /g)	-/-
분자 구조	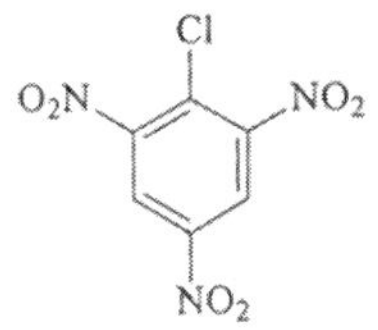 Cl, O_2N, NO_2, NO_2	비에너지(kcal/kg)	-
		밀도(g/㎤)	1.797
		융점(℃)	83
		융해열(kcal/kg)	17.5
분자식	$C_6H_2N_3O_6C_l$	lead block test(㎤/10g)	315
분자량(g/mole)	247.6	밀폐폭속(m/sec)	7,200(ρ=1.74에서)
ΔH_f(kcal/mole)	+6.41	deflagration point(℃)	395~400
산소평형치(%)	-45.3	충격감도(N m)	16
질소 함량(%)	16.98	마찰감도(N)	353 불폭
폭발가스량(l /kg)	-	철슬리브테스트 임계직경(mm)	-
외관	담황색의 침상		

피크릴클로라이드(Picryl chloride)라고도 한다. 알코올과 벤젠에 약간 녹으며 에테르에는 좀더 잘 녹는다. 물에는 녹지 않는다. 이것은 고전적인 방법으로 질산과 황산의 혼산에 의한 직접적인 질화반응에 의해서 만들어진다. 마지막 질화 단계는 매우 어렵다. 그것은 최대의 산 농도를 필요로 하며 상대적으로 낮은 수율을 갖는다. 그러므로 이 화약은 비교적 비싼 편이다. TNT만큼 둔감하고 폭굉 속도와 압력에 있어서 약간 높은 성능을 갖는다. 밀도와 열안정성은 아주 우수하다. 디니트로 형태는 여러 가지 다른 화약의 합성 시 시작 원료로 사용되기 때문에 보다 중요하다.

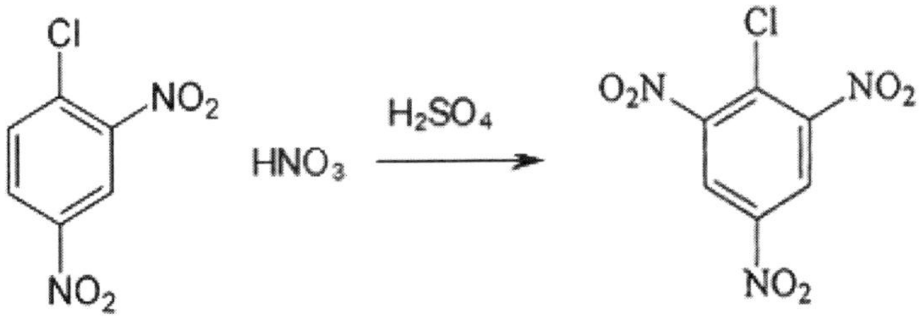

Cl, NO_2, NO_2 + HNO_3 —(H_2SO_4)→ Cl, O_2N, NO_2, NO_2

[그림 3.13] 트리니트로클로로벤젠의 제조 반응식

3.1.2 TNB의 다치환화약류

1) 트리니트로자이렌(2,4,6-Trinitroxylene, TNX)[2]

〈표 3.13〉 트리니트로자이렌의 물리화학적 특성

CAS 번호	632-92-8	폭발열(kcal/kg) H_2O(l /g)	845/810
분자 구조	CH_3, O_2N, NO_2, CH_3, NO_2	비에너지(kcal/kg)	195.75
		밀도(g/㎤)	-
		융점(℃)	182
		융해열(kcal/kg)	-
분자식	$C_8H_7N_3O_6$	lead block test(㎤/10g)	-
분자량(g/mole)	241.2	밀폐폭속(m/sec)	-
ΔH_f(kcal/mole)	-24.53	deflagration point(℃)	-
산소평형치(%)	-89.57	충격감도(N m)	-
질소 함량(%)	17.42	마찰감도(N)	-
폭발가스량(l /kg)	843	철슬리브테스트 임계직경(mm)	-
외관	담황색, 침상		

TNX는 메틸기가 1개 더 있는 것을 제외하고는 TNT와 유사하다. 이것은 상당히 낮은 산소평형치를 갖는다. TNX 이성체의 분리가 쉽지 않으며 트리니트로 형태로의 질화가 매우 어렵다. 비교적 비싼 편이며 제한적으로 사용된다.

2) 트리니트로크레졸(2,4,6-Trinitrocresol)[2]

트리니트로크레졸은 m-cresoldisulfonic acid의 질화반응에 의해서 만들어지며 알코올, 에테르 및 아세톤에 쉽게 녹으며 물에는 약간 녹는다. 제1차 세계대전 중에 트리니트로크레졸과 피크린산을 60:40으로 혼합하면, 85℃ 이하에서 용융되며 폭탄과 수류탄 장약으로 사용하였다.

〈표 3.14〉 트리니트로클레졸의 물리화학적 특성

CAS 번호	602-99-3	폭발열(kcal/kg)H_2O (l /g)	805/776
분자 구조		비에너지(kcal/kg)	205.78
		밀도(g/㎤)	1.68
		융점(℃)	107
		융해열(kcal/kg)	25.5
분자식	$C_7H_5N_3O_7$	lead block test(㎤/10g)	285
분자량(g/mole)	243.1	밀폐폭속(m/sec)	6,850(ρ=1.62에서)
ΔH_f(kcal/mole)	-60.29	deflagration point(℃)	210
산소평형치(%)	-62.5	충격감도(N m)	12
질소 함량(%)	17.95	마찰감도(N)	353 불폭
폭발가스량(l /kg)	844	철슬리브테스트 임계직경(mm)	-
외관	황색, 침상		

3) 트리니트로레조르시놀(Trinitroresorcinol)[2, 10]

〈표 3.15〉 트리니트로레조르시놀의 물리화학적 특성

CAS 번호	82-71-3	폭발열(kcal/kg) H_2O(l /g)	706/679
분자 구조		비에너지(kcal/kg)	208.89
		밀도(g/㎤)	1.83
		융점(℃)	176
		융해열(kcal/kg)	-
분자식	$C_6H_3N_3O_6$	lead block test(㎤/10g)	284
분자량(g/mole)	245.1	밀폐폭속(m/sec)	-
ΔH_f(kcal/mole)	-125.0	deflagration point(℃)	223
산소평형치(%)	-35.9	충격감도(N m)	7.4
질소 함량(%)	17.15	마찰감도(N)	353 불폭
폭발가스량(l /kg)	814	철슬리브테스트 임계직경(mm)	14
외관	황갈색~적갈색의 결정		

스티프닌산(Styphnic acid)이라고도 한다. 레조르시놀(Resorcinol)을 농황산에 용해시킨 후 농질산으로 질화반응시켜 제조한다. 비교적 위력이 약한 폭약이다. 이것의 주요 용도는 스티프닌산마그네슘, 스티프닌산바륨 및 스티프니산납과 같은 금속 스티프닌산염을 만드는 원료이다. 스트프닌산납(Lead styphnate)은 기폭약으로 사용된다.

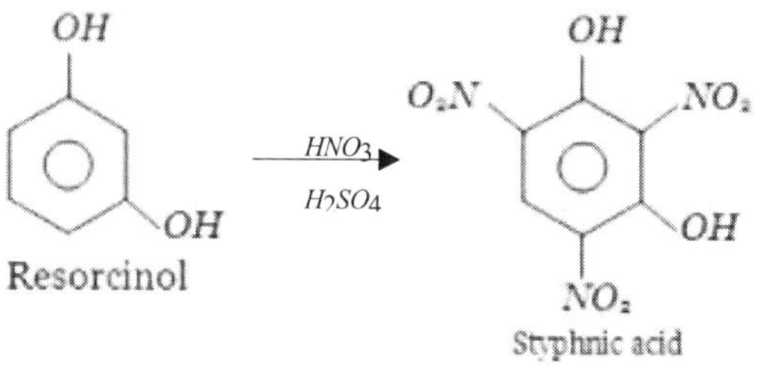

OH, OH, Resorcinol, HNO_3, H_2SO_4, OH, O_2N, NO_2, OH, NO_2, Styphnic acid

[그림 3.14] 트리니트로레조르시놀의 제조 반응식

4) 스티프닌산납(Lead styphnate=LS, Lead trinitroresorcinate)[2, 11]

〈표 3.16〉 스티프닌산납의 물리화학적 특성

CAS 번호	15245-44-0	폭발열(kcal/kg) H_2O(l/g)	347/-
분자 구조	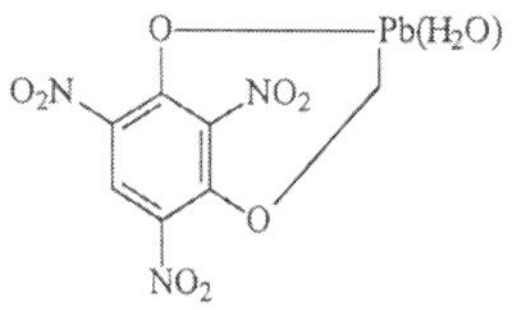 O, Pb(H_2O), O_2N, NO_2, O, NO_2	비에너지(kcal/kg)	-
		밀도(g/cm³)	3.0
		융점(℃)	-
		융해열(kcal/kg)	-
분자식	$C_6H_3N_3O_9Pb$	lead block test(cm³/10g)	130
분자량(g/mole)	468.3	밀폐폭속(m/sec)	5,200(ρ=2.9에서)
ΔH_f(kcal/mole)	-200.01	deflagration point(℃)	275~280
산소평형치(%)	-18.8	충격감도(N m)	2.5~5
질소 함량(%)	8.97	마찰감도(N)	-
폭발가스량(l/kg)	-	철슬리브테스트 임계직경(mm)	-
외관	오렌지-황색 ~ 어두운 갈색의 결정		

스티프닌산납은 물에 거의 녹지 않으며(0.04%) 아세톤과 에탄올에는 약간 녹는다. 에테르, 클로로포름, 벤젠 및 톨루엔에는 녹지 않는다. 스티프닌산마그네슘(Magnesium trinitro resor cinate)용액으로부터 질산납 용액으로 침전시킴으로서 만들어지며 가열 및 냉각 반응조에서 교반하면서 어떤 농도 관계를 유지하고 주어진 온도와 pH 범위에서 작업한다. 스티프닌산납의 침전에 필요한 스티프닌산마그네슘 용액은 트리니트로레조르시놀의 현탁액에 산화마그네슘 분말로 교반하면서 반응시킴으로서 용해조에서 갈색에서 적색 용액이 얻어진다. 스티프닌산납은 아지화연과 혼합하여 뇌관의 기폭약으로 대부분 사용된다. 점화 감도가 매우 좋고 흡습성이 낮아 이러한 용도로 아주 적합하다. 또한 비부식성의 퍼큇션캡의 "Sinoxide" 장약의 주성분으로 사용된다. 이 Sinoxide 장약들은 또한 통상의 첨가제와 저함량의 테트라센

(Tetrazene)을 포함한다. 첨가제가 없을 경우 스티프닌산납은 쉽게 정전기가 축적되어 쉽게 폭발할 수 있다.

5) 트리아미노트리니트로벤젠(Triaminotrinitrobenzene, TATB)[2, 12]

〈표 3.17〉 TATB의 물리화학적 특성

CAS 번호	3058-38-6	폭발열(kcal/kg) H_2O(l /g)	732/-
분자 구조	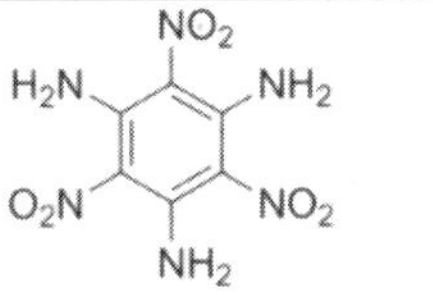 (NO_2, H_2N, NH_2, O_2N, NO_2, NH_2 구조식)	비에너지(kcal/kg)	-
		밀도(g/㎤)	1.93
		융점(℃)	350(분해)
		융해열(kcal/kg)	-
분자식	$C_6H_6N_6O_6$	lead block test(㎤/10g)	175
분자량(g/mole)	258.1	밀폐폭속(m/sec)	7,350(ρ=1.80에서)
ΔH_f(kcal/mole)	-33.40	deflagration point(℃)	384
산소평형치(%)	-55.8	충격감도(N m)	50
질소 함량(%)	32.6	마찰감도(N)	353 불폭
폭발가스량(l /kg)	-	철슬리브테스트 임계직경(mm)	-
외관	밝은 황색 결정		

TATB는 트리클로로벤젠의 질화반응에 의해서 만들어진 트리니트로트리클로로벤제의 3개의 염소원자에 아민기를 치환시킴으로써 만들어진다. 300℃까지의 가열에서도 견디며 마찰과 충격에 매우 둔감하여 임계직경이 크다. Lead block test 값이 다른 폭약의 성능 데이터와 비교할 때 아주 낮다. 둔감하기 때문에 고폭약으로서 핵무기 개발에 널리 사용되는 것으로 알려져 있다. 고도의 둔감성은 취급 및 사고 상황에서 안전성을 촉진시키는데 사용되며 취급 및 안전성은 그러한 특정의 용도로 사용하는데 매우 결정적이다. 구리와 같은 일부 전이금속과는 직접 접촉을 피해야 한다.

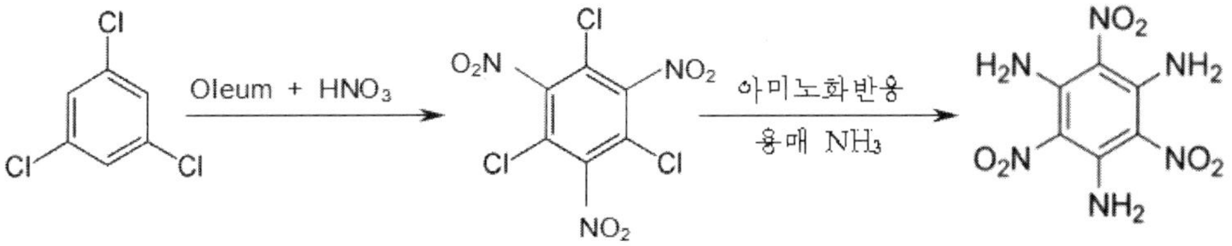

[그림 3.15] TATB의 제조 반응식

6) DDNP(Diazodinitrophenol)[2, 13]

〈표 3.18〉 DDNP의 물리화학적 특성

CAS 번호	4682-03-5	폭발열(kcal/kg) H_2O(l /g)	-/-
분자 구조	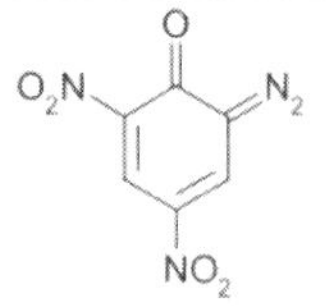	비에너지(kcal/kg)	
		밀도(g/㎤)	1.63
		융점(℃)	-
		융해열(kcal/kg)	-
분자식	$C_6H_2N_4O_5$	lead block test(㎤/10g)	326
분자량(g/mole)	210.10	밀폐폭속(m/sec)	6,600(ρ=1.50에서)
ΔH_f(kcal/mole)	+46.39	deflagration point(℃)	180
산소평형치(%)	-60.9	충격감도(N m)	1.5
질소 함량(%)	26.67	마찰감도(N)	-
폭발가스량(l /kg)	-	철슬리브테스트 임계직경(mm)	-
외관	적색-황색의 무정형 분말		

DDNP는 물에 약간 녹으며 메탄올과 에탄올에는 녹는다. 아세톤, 니트로글리세린, 니트로벤젠, 아닐린, 피리딘 및 아세트산에는 쉽게 녹는다. 햇빛을 받으면 급속히 어두운 색으로 바뀌며 납이 없는 기폭약으로 관심의 대상이 되는 물질이다. 염산 용액 내에서 효율적으로 냉각시키면서 피크라민산과 아질산나트륨과의 디아조반응에 의해서 만들어진다. 어두운 갈색의 반응생성물은 뜨거운 아세톤에 용해한 후에 빙수로 재침전시킴으로써 정제된다. 뇌홍보다 파워가 크며 아지화연보다는 약간 적다. 차가운 수산화나트륨 용액은 DDNP를 분해하는데 사용한다. DDNP는 물에 침적시켜 둔감화시키는데 보통의 온도에서는 물과 반응하지 않는다. DDNP의 마찰에 대한 감도는 뇌홍보다는 상당히 둔감하며 아지화연과 거의 비슷하다.

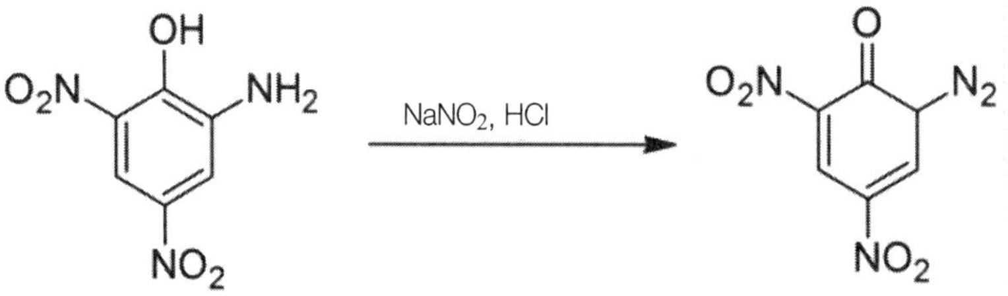

[그림 3.16] DDNP의 제조 반응식(1)

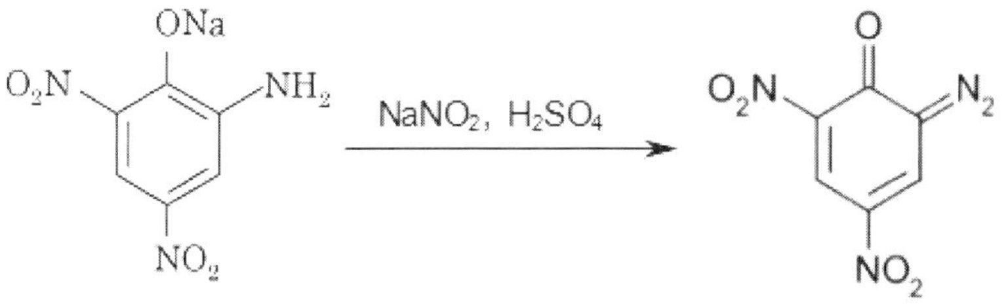

[그림 3.17] DDNP의 제조 반응식(2)

3.2 복사이클 방향족화약류

1) 헥사니트로아조벤젠(Hexanitroazobenzene)[2]

디니트로클로로벤젠(Dinitrochlorobenzene)과 하이드라진(Hydrazine)으로부터 만들어질 수 있다. 중간체인 테트라니트로하이드라조벤젠(Tetranitrohydrazobenzene)를 혼산으로 처리하여 산화반응과 질화반응을 동시에 수행함으로써 헥사니트로아조벤젠이 만들어진다. 헥사니트로디페닐아민(Hexanitrodiphenylamine)보다 강력한 폭약이다.

〈표 3.19〉 헥사니트로아조벤젠의 물리화학적 특성

CAS 번호	19159-68-3	폭발열(kcal/kg) H_2O(l /g)	-/-
분자 구조	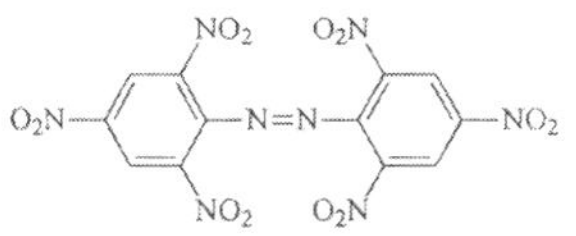	비에너지(kcal/kg)	-
		밀도(g/㎤)	-
		융점(℃)	221
		융해열(kcal/kg)	-
분자식	$C_{12}H_4N_8O_{12}$	lead block test(㎤/10g)	-
분자량(g/mole)	452.2	밀폐폭속(m/sec), ρ=1.80	-
ΔH_f(kcal/mole)	+69.2	deflagration point(℃)	-
산소평형치(%)	-49.7	충격감도(N m)	-
질소 함량(%)	24.78	마찰감도(N)	-
폭발가스량(l /kg)	-	철슬리브테스트 임계직경(mm)	-
외관	오렌지-레드 결정		

2) 헥사니트로스틸벤(Hexanitrostilbene, HNS)[2, 14]

〈표 3.20〉 HNS의 물리화학적 특성

CAS 번호	20062-22-0	폭발열(kcal/kg) H_2O(l /g)	977/958
분자 구조	O_2N–(벤젠고리, NO_2, NO_2)–CH=CH–(벤젠고리, O_2N, O_2N)–NO_2	비에너지(kcal/kg)	-
		밀도(g/㎤)	1.74
		융점(℃)	318
		융해열(kcal/kg)	-
분자식	$C_{14}H_6N_6O_{12}$	lead block test(㎤/10g)	301
분자량(g/mole)	450.1	밀폐폭속(m/sec)	7,000(ρ=1.7 에서)
ΔH_f(kcal/mole)	+18.68	deflagration point(℃)	-
산소평형치(%)	-67.6	충격감도(N m)	5
질소 함량(%)	18.67	마찰감도(N)	〉240
폭발가스량(l /kg)	766	철슬리브테스트 임계직경(mm)	-
외관	황색 결정		

HNS는 JD-X라고 불리는 유기화합물로 내열성의 고폭약으로서 사용된다. Butyrolactone, DMF(Dimethylformamide), DMSO(Dimethyl sulfoxide) 및 N-methylpyrrolidone에 0.1～5g/100 *ml* 정도로 약간 녹는다. TNT를 Sodium hypochlorite(NaOCl) 용액으로 산화시킴으로써 제조된다. TNT보다 열에 대한 높은 둔감성을 자랑하며 TNT와 같이 충격에 둔감하다. TNT를 주조할 때 0.5% 첨가되어 TNT 내에서 불규칙한 마이크로 결정체를 형성하며 이것은 크랙을 방지한다. HNS는 마일드도폭선(MDF)과 여러 가지 뇌관을 포함하는 많은 고온 조성에서 사용된다. HNS MDF는 여러 가지의 군 전투기에서 비상 캐노피 전개시스템에 사용된다. 또한 둔감성과 높은 폭발 특성 때문에 HNS는 우주공간 탐사 업무에 사용된다.

3) TACOT(Tetranitrodibenzotetrazapentalene)[2]

황산용액 내에서 디벤조테트라자펜타레인(Dibenzotetrazapentalene)의 직접 질화반응에 의해서 만들어진다. TACOT는 물과 대부분의 유기용제에 녹지 않는다. 아세톤 용해도가 0.01% 밖에 안 된다. 95% 질산에 용해되며 니트로벤젠과 디메틸포름아마이드에는 약간 녹는다. 철과 비철금속과는 반응하지 않는다. 고온에 유난히 높은 안정성을 갖고 있기 때문에 아주 흥미롭다. 예를 들어 275℃에서 4주가 지난 후에도 사용할 수 있다. 듀퐁사가 만든 폭약이다.

〈표 3.21〉 TACOT의 물리화학적 특성

CAS 번호	98495-48-8	폭발열(kcal/kg) H_2O(l /g)	980/-
분자 구조		비에너지(kcal/kg)	-
		밀도(g/㎤)	1.85
		융점(℃)	378
		융해열(kcal/kg)	-
분자식	$C_{12}H_4N_8O_8$	lead block test(㎤/10g)	-
분자량(g/mole)	388.1	밀폐폭속(m/sec)	7,250(ρ=1.64)
ΔH_f(kcal/mole)	-	deflagration point(℃)	-
산소평형치(%)	-74.2	충격감도(N m)	69
질소 함량(%)	28.87	마찰감도(N)	-
폭발가스량(l /kg)	-	철슬리브테스트 임계직경(mm)	-
외관	오렌지-레드 결정체		

4) 테트라니트로카바졸(Tetranitrocarbazole, TNC)[2]

〈표 3.22〉 TNC의 물리화학적 특성

CAS 번호	4545-33-3	폭발열(kcal/kg) H_2O(l /g)	821/-
분자 구조		비에너지(kcal/kg)	-
		밀도(g/㎤)	-
		융점(℃)	296
		융해열(kcal/kg)	-
분자식	$C_{12}H_5N_5O_8$	lead block test(㎤/10g)	-
분자량(g/mole)	347.2	밀폐폭속(m/sec)	-
ΔH_f(kcal/mole)	+4.51	deflagration point(℃)	-
산소평형치(%)	-85.2	충격감도(N m)	-
질소 함량(%)	20.17	마찰감도(N)	-
폭발가스량(l /kg)	-	철슬리브테스트 임계직경(mm)	-
외관	황색 결정		

TNC는 물, 에테르, 알코올 및 사염화탄소에 녹지 않으며 벤젠에 잘 녹는다. 흡습성이 없다. 카바졸(Carbazole)의 질화반응에 의해서 만들어진다. 물에 충분히 용해될 때까지 황산처리로 시작되며 그 후에 선행 분리 없이 혼산을 가함으로써 술폰산유도체가 바로 니트로화합물로 전환된다.

참고문헌

1. Paul W. Cooper(1996), "Explosives Engineering", VCH Publishers, Inc., New York
2. R. Meyer(2007), Explosives(6th), Wiley-VCH & Co. KGaA, Weinheim
3. Wikipedia, (2015.11.2.) 1,3,5-Trinitrobenzene,
   https://en.wikipedia.org/wiki/1,3,5-Trinitrobenzene, (2016.6.10 방문)
4. Wikipedia, (2016.6.6.), Trinitrotoluene,
   https://en.wikipedia.org/wiki/Trinitrotoluene (2016.6.10 방문)
5. Wikipedia, (2015.11.16.), 2,4,6-Trinitroaniline,
   https://en.wikipedia.org/wiki/2,4,6-Trinitroaniline, (2016.6.10 방문)
6. Wikipedia, (2015.11.15), Tetryl, https://en.wikipedia.org/wiki/Tetryl, (2016.6.10 방문)
7. Wikipedia, (2016.3.28), Picric acid, https://en.wikipedia.org/wiki/Picric_acid, (2016.6.10 방문)
8. Wikipedia, (2016.12.9), Dunnite, https://en.wikipedia.org/wiki/Dunnite, (2016.6.10 방문)
9. Wikipedia, (2015.11.2), Picryl chloride,
   https://en.wikipedia.org/wiki/Picryl_chloride, (2016.6.10 방문)
10.Wikipedia, (2015.6.22), Styphnic acid,
   https://en.wikipedia.org/wiki/Styphnic_acid, (2016.6.10 방문)
11.Wikipedia, (2016.6.1), Lead styphnate,
   https://en.wikipedia.org/wiki/Lead_styphnate, (2016.6.10 방문)
12.Wikipedia, (2016.1.13), TATB, https://en.wikipedia.org/wiki/TATB, (2016.6.10 방문)
13.Wikipedia, (2016.6.6.), Diazodinitrophenol,
   https://en.wikipedia.org/wiki/Diazodinitrophenol, (2016.6.10 방문)
14.Wikipedia, (2015.7.7.), Hexanitrostilbene,
   https://en.wikipedia.org/wiki/Hexanitrostilbene, (2016.6.10. 방문)

제4장

지방족화약류

지방족유기화합물은 알칸, 알켄 및 알킨류의 화합물을 포함한다. 지방족화약류는 개방체인지방족화약류와 사이클 지방족화약류가 있다. 대부분의 지방족화약류에 있어서 주 산소 공급원은 질산에스테르기(-ONO_2)와 니트라민기(-NH-NO_2)이다. 질산에스테르는 보통 다음식과 같이 유기알코올을 혼산으로 직접 질화시켜 만든다.

$$R\text{-}OH + HONO_2 \rightarrow R\text{-}ONO_2 + H_2O$$

지방족화약류의 물리적 특성은 <표 4.1>과 같다.

〈표 4.1〉 지방족화약류의 물리적 특성

화약류 명칭	형태	TMD(g/㎤)	융점(℃)	폭속(km/sec)
Methyl nitrate	액체	1.217	-	6.30 (ρ=1.217에서)
Nitroglycol	액체	1.48	-20	7.30 (ρ=1.48에서)
Nitroglycerine	액체	1.591	2.2	7.60 (ρ=1.59에서)
Erythritoltetranitrate	고체	1.6	61.5	-
Mannitol hexanitrate	고체	1.604	112	8.26 (ρ=1.73에서)
PETN	고체	1.76	141.3	8.40 (ρ=1.7에서)
PETRIN	고체	1.54	-	-
EDNA	고체	1.71	176.2	7.57 (ρ=1.65에서)
Nitroguanidine	고체	1.71	232	8.20 (ρ=1.7에서)
Nitrourea	고체	-	159	-
RDX	고체	1.82	204	8.75 (ρ=1.76에서)
HMX	고체	1.96	275	9.10 (ρ=1.9에서)
Sorguyl	고체	2.01	-	9.15 (ρ=1.95에서)

※ TMD = Theoretical maximum density

4.1 개방체인 지방족화약류

4.1.1 질산에스테르 화약류

최초로 합성된 화약류이며 가장 간단한 개방체인의 지방족화약류는 파라핀, 알칸 또는 다가알코올로부터 유도된다.

1) 질산메틸(Methyl nitrate)[1, 2]

질산메틸의 폭발력은 니트로글리세린과 거의 맞먹지만 휘발성이 강한 액체여서 거의 사용되지 않는다. 증기는 가연성이며 폭발성이고 두통을 일으킨다. 질화된 알칸다가알콜이 모두 독성이 있는 것처럼 독성이 있다. 피부를 통해 흡수될 수 있으며 심장박동을 증가시키며 심한 두통과 메스꺼움을 일으킨다. 질산메틸은 니트로셀룰로오스에 용해되어 겔 상태가 되며 이 겔은 빠르게 증발된다. 저온에서 메틸알코올에 질화시키는 혼합물을 주입하거나 메탄올을 중간 농도의 질산으로 증류함으로써 만들어진다.

$$CH_3OH \xrightarrow{H_2SO_4+HNO_3} CH_3ONO_2$$

[그림 4.1] 질산메틸의 제조반응식

〈표 4.2〉 질산메틸의 물리화학적 특성

CAS 번호	598-58-3	폭발열(kcal/kg) H_2O(l /g)	1613/1446
분자 구조	CH_3-O-NO_2	비에너지(kcal/kg)	289.20
		밀도(g/㎤)	1.217
		비점(℃)	65
		융해열(kcal/kg)	-
분자식	CH_3NO_3	lead block test(㎤/10g)	610
분자량(g/mole)	77.0	밀폐폭속(m/sec)	6,300(ρ=1.217에서)
ΔH_f(kcal/mole)	-37.24	deflagration point(℃)	-
산소평형치(%)	-10.4	충격감도(N m)	0.2
질소 함량(%)	18.19	마찰감도(N)	353 불폭
폭발가스량(l /kg)	873	철슬리브테스트 임계직경(mm)	18
외관	무색의 휘발성 액체		

2) 니트로글리콜(Nitroglycol, Ng, Ethylene glycol dinitrate, EDGN)[1, 3]

〈표 4.3〉 Ng의 물리화학적 특성

CAS 번호	628-96-6	폭발열(kcal/kg) H_2O(l /g)	1,742/1,612
분자 구조	CH_2-O-NO_2 CH_2-O-NO_2	비에너지(kcal/kg)	284.42
		밀도(g/cm³)	1.48
		융점(℃)	-20
		융해열(kcal/kg)	-
분자식	[illegible]	lead block test(cm³/10g)	620
분자량(g/mole)	152.1	밀폐폭속(m/sec)	7,300(ρ=1.48에서)
ΔH_f(kcal/mole)	-58.04	deflagration point(℃)	217
산소평형치(%)	0	충격감도(N m)	0.2
질소 함량(%)	18.42	마찰감도(N)	353 불폭
폭발가스량(l /kg)	737	철슬리브테스트 임계직경(mm)	24
외관	무색의 오일상의 액체		

니트로글리콜은 흡습성이 없으며 물에 약간 녹고 일반적인 유기용제에 잘 녹는다. 니트로글리콜의 특성과 성능특성은 거의 니트로글리세린과 맞먹는다. 휘발성이 150배 강하며 물에 대한 용해도가 거의 4배이다. 니트로글리세린보다 점도가 낮으며 니트로셀룰로오스와 더 쉽게 겔화된다. 니트로글리세린처럼 동일 반응조 내에서 배치식 또는 연속식으로 글리콜의 질화반응에 의해 만들어진다. 니트로글리세린과 동일한 방식으로 분리되고 세척된다. 점도가 낮기 때문에 니트로글리세린보다 작업이 용이하다. 니트로글리콜은 니트로글리세린의 어는점을 놀랄 정도로 낮추기 때문에 니트로글리세린과 혼합하여 부동 또는 난동다이너마이트 제조에 사용된다. 기름상의 액체로 상당히 높은 증기압을 가지며 충격에 매우 예민하다. 휘발성이 강하기 때문에 추진제 조성에 사용할 수 없다. 모든 질산에스테르화약류와 마찬가지로 니트로글리콜은 피 순환에 영향을 강하게 미치므로 작업장의 최대 허용농도는 1.5mg/m³로 정해져 있다.

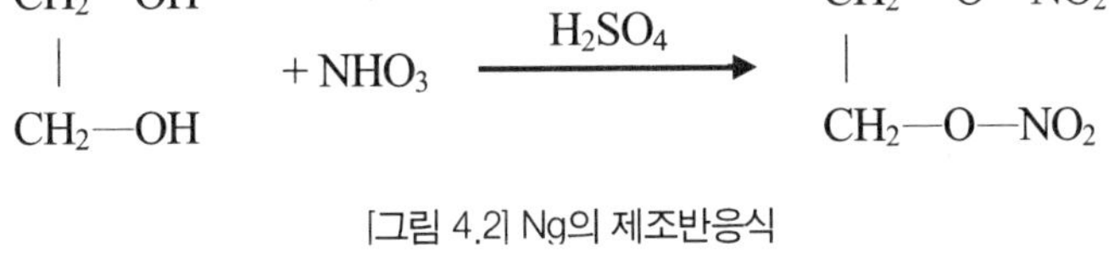

$$\begin{matrix} CH_2-OH \\ | \\ CH_2-OH \end{matrix} + NHO_3 \xrightarrow{H_2SO_4} \begin{matrix} CH_2-O-NO_2 \\ | \\ CH_2-O-NO_2 \end{matrix}$$

[그림 4.2] Ng의 제조반응식

3) 니트로글리세린(Nitroglycerine, NG)[1, 4]

〈표 4.4〉 NG의 물리화학적 특성

CAS 번호	55-63-0	폭발열(kcal/kg) H_2O(l /g)	1594/1485
분자 구조	CH_2-ONO_2 | $CH-ONO_2$ | CH_2-ONO_2	비에너지(kcal/kg)	249.76
		밀도(g/㎤)	1.591
		융점(℃)	13.2
		융해열(kcal/kg)	-
분자식	$C_3H_5N_3O_9$	lead block test(㎤/10g)	520
분자량(g/mole)	227.1	밀폐폭속(m/sec)	7,600(ρ=1.59에서)
ΔH_f(kcal/mole)	-88.61	deflagration point(℃)	-
산소평형치(%)	+3.5	충격감도(N m)	0.2
질소 함량(%)	18.50	마찰감도(N)	353 불폭
폭발가스량(l /kg)	716	철슬리브테스트 임계직경(mm)	24
외관	무색의 액체		

니트로글리세린은 물에 거의 녹지 않으나 대부분의 유기용제에는 녹는다. 이황화탄소에는 약간 녹는다. 많은 방향족 니트로화합물을 잘 용해하며 면약과 겔을 형성한다. 상당히 낮은 증기압을 갖지만 아직도 밀폐된 장업장에서 많은 증기를 발생하여 두통을 일으키는 원인이 되고 있다. 완전히 산을 제거하면 매우 안정하지만 충격에는 극도로 예민하다. 니트로글리세린과 그와 비슷한 질산에스테르류의 운반은 비화약 용제에 용해 상태로만 허용되거나 또는 니트로글리세린 5% 이하를 함유하는 미세한 분말의 비활성물질과 혼합한 상태로만 운반이 허용된다. 위험성을 피하기 위해서 공장 내에서 운반 시는 물과 함께 분사에 의해서 이루어진다. 순수한 니트로글리세린과 그 유사 제품을 공장 밖으로 운반하는 것은 안전상 매우 곤란하다. 이것을 위해서 미국에서는 특별한 용기가 개발되었는데 그 안에는 충격감도를 증가시킬 수 있는 에어버블이 없도록 하기 위해서 물로 덮어서 NG를 버블로부터 단절시킨다. 생산된 니트로글리세린은 다이너마이트 폭약, 더블베이스추진제 등으로 즉시 제품화된다. 니트로글리세린은 고농도의 거의 무수물이고 거의 화학적으로 순수한 글리세린을 고농도의 질산과 황산의 혼산에 반응시켜 만드는데 이때 지속적으로 냉각과 교반을 실시한다. 반응이 완료된 후에 니트로글리세린과 산의 혼합물은 분리기로 공급되어 니트로글리세린을 비중 차에 의해서 분리한다. 이어서 물과 알칼리소다용액을 이용해서 세척하여 잔류된 산을 완전 제거한다.

$$
\begin{array}{lclcl}
CH_2OH & & & & CH_2ONO_2 \\
| & & & & | \\
CHOH & + & HNO_3 & \xrightarrow{H_2SO_4} & CHONO_2 \\
| & & & & | \\
CH_2OH & & & & CH_2ONO_2 \quad + \quad H_2O
\end{array}
$$

[그림 4.3] NG의 제조반응식

니트로글리세린은 취급이 상당히 위험하여 어느 제조 단계에서도 니트로글리세린의 양이 항상 최소화되는 것이 요구되었으므로 연속적으로 생산하는 방법이 항상 가장 높은 관심의 대상이 되어왔다. 따라서 여러 가지의 완성된 방법들이 개발되었고 각 방법들은 안전에 대한 각기 다른 접근법으로 특성화되어있다.(Schmidt, Meissner, Biazzi, KONTINITRO) 가장 최근의 공정이 인젝터에서의 글리세린과 혼산을 반응시키는 방법이다(Nitroglycerine AB). 니트로글리세린은 글리세롤트리나이트레이트(Glycerol trinitrate)라고도 하며 기름상의 이 액체는 최초의 현대적이고 대규모적인 산업용폭약으로 광산, 채석 및 건설에서의 주 발파물질로 흑색화약을 대체하였다. 니트로글리세린은 스스로 충격에 의해 기폭될 만큼 상당히 예민하다. 감도는 액체 내에 존재하는 작은 증기 버블이 존재하기 때문이다. 이 버블이 충격을 받으면 압축, 가열이 되며 주변의 액체를 기폭시킬 정도로 충분히 높은 온도로 상승된다. 알프레드노벨은 니트로글리세린이 스폰지 같은 물질에 흡수될 때 작은 버블이 형성되지 않는다는 것을 발견하고 폭약을 좀더 둔감하게 만드는데 이용하였다. 노벨이 처음으로 사용한 흡수물질은 규조토라고 불리는 물질이었다. 오늘날 이 물질은 여과체로 많이 사용되고 있다. 아주 미세한 톱밥인 우드밀이 현대의 다이너마이트 흡수제로 일반적으로 사용되고 있다. 니트로글리세린은 니트로글리콜과 함께 가장 중요하고 가장 자주 사용되는 폭약 성분으로 젤라틴다이너마이트의 성분으로 대부분 사용된다. 니트로셀룰로오스와 안정제와의 조합에서 SB(Single base), DB(Double base) 및 TB(Triple base) 추진제의 주요 성분이기도 하다. 산을 완전히 제거해야 한다. 그렇지 않으면 자연분해를 일으켜 심각한 사고를 발생시킬 수 있다.

4) 에리쓰리톨테트라나이트레이트(Erythritol tetranitrate)[1, 5]

에리쓰리톨테트라나이트레이트는 차거운 물에는 녹지 않으며 알코올 및 에테르에는 녹는다. 냉각시키면서 에리쓰리톨을 농질산에 용해시키고 농황산에 의해서 침전시켜 만든다.

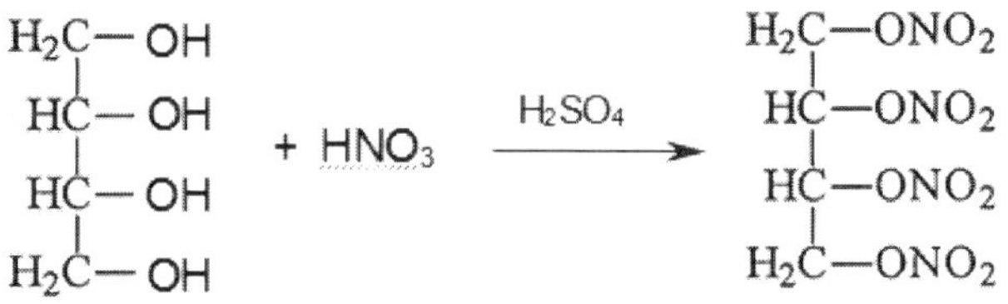

$$H_2C-OH \quad HC-OH \quad HC-OH \quad H_2C-OH + HNO_3 \xrightarrow{H_2SO_4} H_2C-ONO_2 \quad HC-ONO_2 \quad HC-ONO_2 \quad H_2C-ONO_2$$

[그림 4.4] 에리쓰리톨테트라나이트레이트의 제조반응식

〈표 4.5〉 에리쓰리톨테트라나이트레이트의 물리화학적 특성

CAS 번호	7297-25-8	폭발열(kcal/kg) H_2O(l /g)	1519/1421
분자 구조	H_2C-ONO_2 / $HC-ONO_2$ / $HC-ONO_2$ / H_2C-ONO_2	비에너지(kcal/kg)	260.76
		밀도(g/㎤)	1.6
		융점(℃)	61.5
		융해열(kcal/kg)	-
분자식	$C_4H_6N_4O_{12}$	lead block test(㎤/10g)	-
분자량(g/mole)	302.1	밀폐폭속(m/sec)	8,000~8,100
ΔH_f(kcal/mole)	-	deflagration point(℃)	154~160
산소평형치(%)	+5.3	충격감도(N m)	2
질소 함량(%)	18.55	마찰감도(N)	-
폭발가스량(l /kg)	704	철슬리브테스트 임계직경(mm)	-
외관	무색의 결정		

알코올로부터 무색의 판상으로 재결정된다. 에리쓰리톨테트라나이트레이트는 심장약으로 효과적이다.(밀크 설탕과 함께 낮은 퍼센트로 사용) 니트로글리콜 및 다른 액상의 폭약에 비해 충격감도가 비교적 둔감한 편이나 순수한 물질은 충격과 마찰에 극도로 예민하다. 산업용 화약으로는 거의 사용되지 않는다.

5) 마니톨헥사나이트레이트(Mannitol Hexanitrate, Nitromannitol)[1, 6]

니트로마니톨은 물에 녹지 않으며 아세톤, 에테르 및 뜨거운 알코올에 녹는다. 안정화되기가 쉽지 않다. 충격에 아주 예민하며 에리쓰리톨테트라나이트레이트의 2배 정도 예민하다. 근래에는 비전기뇌관의 기폭약인 아지화연 대신에 사용된다. 마니톨을 차가운 농질산에 녹이고 그것을 차가운 농황산으로 침전시켜 만든다. 합성된 니트로마니톨은 묽은 중탄산염(Bicarbonate)용액과 물로 세척되며 뜨거운 알코올을 이용하여 재결정화한다. 미국에서 니트로마니톨은 산업용뇌관에 사용된다.

〈표 4.6〉 마니톨헥사나이트레이트의 물리화학적 특성

CAS 번호	15825-70-4	폭발열(kcal/kg) H_2O(l /g)	-/1399
분자 구조	H_2C-ONO_2 $HC-ONO_2$ $HC-ONO_2$ $HC-ONO_2$ $HC-ONO_2$ H_2C-ONO_2	비에너지(kcal/kg)	257.65
		밀도(g/㎤)	1.604
		융점(℃)	112
		융해열(kcal/kg)	-
분자식	$C_6H_8N_6O_{18}$	lead block test(㎤/10g)	510
분자량(g/mole)	452.2	밀폐폭속(m/sec)	8,260(ρ=1.73에서)
ΔH_f(kcal/mole)	-161.53	deflagration point(℃)	185
산소평형치(%)	+7.1%	충격감도(N m)	0.8
질소 함량(%)	18.59	마찰감도(N)	-
폭발가스량(l /kg)	694	철슬리브테스트 임계직경(mm)	-
외관	무색의 침상		

6) PETN(Pentaerythritol tetranitrate)[1, 7]

〈표 4.7〉 PETN의 물리화학적 특성

CAS 번호	78-11-5	폭발열(kcal/kg) H_2O(ℓ /g)	1507/1398(계산치) 1510/ - (실험치)
분자 구조	H_2C-ONO_2 $O_2NO-CH_2-C-CH_2-ONO_2$ H_2C-ONO_2	비에너지(kcal/kg)	288.0
		밀도(g/㎤)	1.76
		융점(℃)	141.3
		융해열(kcal/kg)	36.4
분자식	$C_5H_8N_4O_{12}$	lead block test(㎤/10g)	523
분자량(g/mole)	316.1	밀폐폭속(m/sec)	8,400(ρ=1.7에서)
ΔH_f(kcal/mole)	-128.78	deflagration point(℃)	202
산소평형치(%)	-10.1	충격감도(N m)	3
질소 함량(%)	17.72	마찰감도(N)	60
폭발가스량(l /kg)	780	철슬리브테스트 임계직경(mm)	6
외관	무색의 결정		

PETN은 매우 안정한 물질로 물에는 녹지 않으며 알코올, 에테르 및 벤젠에 약간 녹고 아세톤과 메틸아세테이트에 녹는다. 교반 및 냉각시키면서 펜타에리쓰리톨을 농질산에 주입하면 만들어진다. 만들어진 벌크 PETN은 산으로부터 결정화된다. PETN을 많이 침전시키기 위해서 약 70% HNO_3로 희석시킨다. 세척된 합성PETN은 아세톤으로부터 침전에 의해서 정제된다.

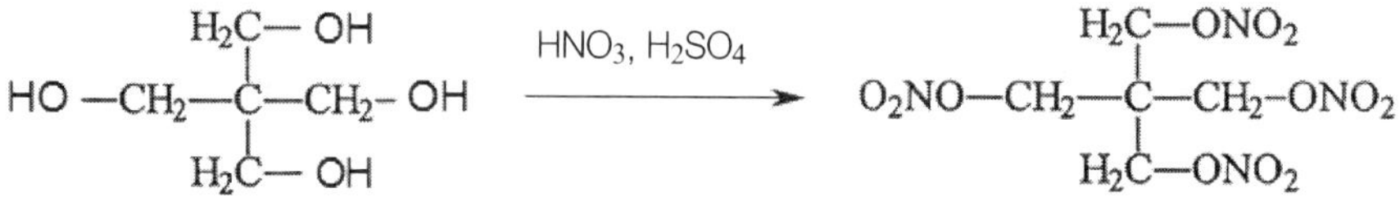

$$HO-CH_2-C(CH_2OH)_2-CH_2-OH \xrightarrow{HNO_3,\ H_2SO_4} O_2NO-CH_2-C(CH_2ONO_2)_2-CH_2-ONO_2$$

[그림 4.5] PETN의 제조반응식

PETN은 가장 강력하고 가장 파괴력이 높은 폭약이며 그것의 안정도는 만족할 만하고 감도도 보통이다. PETN은 MDF(Mild detonatinf fuse), 프리마코드(Primacord), 뇌관첨장약, EBW (Exploding bridgewire) 초기 압착화약, Datasheet(Dupont의 PETN, NC 및 바인더로 이루어진 폭약)와 같은 폭약 제품에 광범위하게 사용되며 TNT와 혼합하여 펜톨라이트와 같은 주조 폭약에 사용된다.

7) Pentaerythritol Trinitrate(PETRIN)[1]

펜타에리쓰리톨과 질산의 반응을 아주 주의 깊게 조절하여 부분적으로 질화반응시키면 PETN 대신에 PETRIN이 만들어진다. PETRIN은 특별히 필요한 폭약은 아니나, 외곽의 마지막 탄소에 남아있는 수산기 때문에 특별히 사용될 수 있는 특징을 갖는다. PETRIN의 유리 수산기(-OH)는 아크릴산과 같은 산과 반응하여 중합체인 PETRIN acrylate가 만들어지며 PETRIN acrylate는 플라스틱 물질로 콤포지트 로켓 추진제에서 에너지를 함유한 바인더로서 사용된다.

〈표 4.8〉 PETRIN의 물리화학적 특성

CAS 번호	-	폭발열(kcal/kg) H_2O(l /g)	1,250/1,142
분자 구조	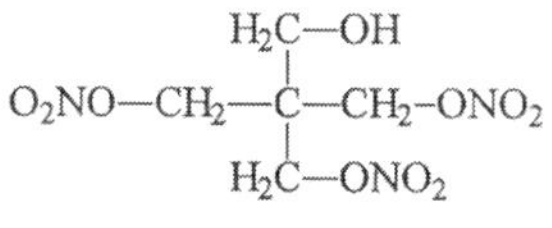 $O_2NO-CH_2-C(CH_2OH)(CH_2ONO_2)-CH_2-ONO_2$	비에너지(kcal/kg)	293.26
		밀도(g/㎤)	1.54
		융점(℃)	-
		융해열(kcal/kg)	-
분자식	$C_5H_9N_3O_{10}$	lead block test(㎤/10g)	-
분자량(g/mole)	271.1	밀폐폭속(m/sec),	-
ΔH_f(kcal/mole)	-133.98	deflagration point(℃)	-
산소평형치(%)	-26.5	충격감도(N m)	-
질소 함량(%)	15.5	마찰감도(N)	-
폭발가스량(l /kg)	902	철슬리브 임계직경(mm)	-
외관	-		

8) Nitrocellulose(NC)[1]

〈표 4.9〉 NC의 물리화학적 특성

CAS 번호	9004-70-0	폭발열(kcal/kg) H_2O(*l* /g)	1031/954
분자 구조	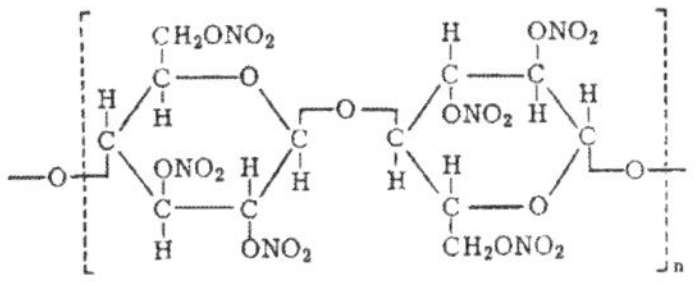	비에너지(kcal/kg)	-
		밀도(g/㎤)	1.67
		융점(℃)	160~170
		융해열(kcal/kg)	-
분자식	$C_6H_{7.31}N_{2.69}O_{10.38}$	lead block test(㎤/10g)	370
분자량(g/mole)	283.14	밀폐폭속(m/sec)	7,300(ρ=1.2)
ΔH_f(kcal/mole)	-163.48	deflagration point(℃)	-
산소평형치(%)	-28.7%	충격감도(N m)	3
질소 함량(%)	13.3%	마찰감도(N)	353 불폭
폭발가스량(*l* /kg)	871	철슬리브테스트 임계직경(mm)	20
외관	노란색을 띠는 백색의 섬유상 물질		

※ 상기 분자구조에 따른 분자식은 $C_6H_7N_3O_{11}$이며, 이것의 질소함량은 14.14% 이다. 이것은 실제로 질화반응에 의해서 얻을 수 없는 것이며 실제로 얻을 수 있는 최대의 질소함량(N)은 약 13.4%이다. 질소함량에 따른 분자량, 질소분자수 및 분자식은 다음과 같이 계산된다.

$$\text{분자량} = 162+73N/(14-0.45N)$$

$$\text{질소분자수}(n) = 1.62/(14-N)$$

$$\text{분자식} = C_6H_{(10-n)}N_nO_{(5+2n)}$$

NC는 셀룰로오스의 질산에스테르화합물인 질산셀룰로오스(Cellulose nitrates)를 칭하는 이름이다. 깨끗한 솜 또는 펄프로부터 만들어진 고품질의 셀룰로오스에 혼산(황산+질산)을 반응시킴으로써 만들어진다. 혼산의 농도와 조성에 의해서 에스테르화 반응의 정도가 결정되며 반응의 정도는 질소함량으로써 측정될 수 있다. 합성 후 먼저 원심분리 작업에 의해 산을 제거하고 그 후에 사전 및 최종 보일링 작업에 의해서 안정화된다. 폐산은 농질산과 무수황산의 추가에 의해서 조정되고 추가적인 질화작업에 리사이클된다. 셀룰로오스의 원래 형태와 외관은 질화 중에 변하지 않는다. 가압 하에서 NC의 충분한 보일링으로 원하는 수준의 제품이 최종적으로 만들어진다. 질화된 섬유질은 홀랜더(Hollanders) 또는 세단기(Refiners) 내에서 일정한 길이로 절단된다. 질소함량이 10.3~12.3%의 라커 그레이드의 NC 외에 표준 NC는 원하는 질소함량을 갖도록 제조 및 블랜딩 된다. 다이너마이트용 니트로겔에 사용되는 NC는 질소함량이 12.2~12.3%로 이 그레이드는 젤라틴화하는 특성이 좋다. 모든 NC는 아세톤에 녹는다. 용액의 점도는 상당히 가변적이다. NC는 단단히 밀폐된 드럼 또는 내부에 플라스틱 백이 있는 판지 드럼에 포장되며 적어도 25%의 보습제(물, 알코올, 이소프로판올, 부탄올 등)를 함유한다. 원형의 NC 입자는 격렬한 교반 하에 용액으로부터 침전되며 가급적 주조 또는 더블베이스 추진제의 제조에 사용된다.

4.1.2 니트라민 화약류

1) 에틸렌디니트라민(Ethylenedinitramine, EDNA)[1]

〈표 4.10〉 EDNA의 물리화학적 특성

CAS 번호	505-71-5	폭발열(kcal/kg) H_2O(l /g)	1,123/1,023
분자 구조	$H_2C-NH-NO_2$ / $H_2C-NH-NO_2$	비에너지(kcal/kg)	-
		밀도(g/㎤)	1.71
		융점(℃)	176.2
		융해열(kcal/kg)	-
분자식	$C_2H_6N_4O_4$	lead block test(㎤/10g)	410
분자량(g/mole)	150.1	밀폐폭속(m/sec)	7,570(ρ=1.65에서)
ΔH_f(kcal/mole)	-24.81	deflagration point(℃)	180
산소평형치(%)	-32.0	충격감도(N m)	8
질소 함량(%)	37.33	마찰감도(N)	-
폭발가스량(l /kg)	1017	철슬리브테스트 임계직경(mm)	-
외관	무색의 결정		

2염기산으로 거동하며 중성염을 형성한다. 에테르에 녹지 않으며 물과 알코올에는 약간 녹고 디옥산과 니트로벤젠에 녹는다. 흡습성이 없다. 파괴력(맹도)이 상당히 크며 화학적인 안정성이 높고 기계적인 감도가 비교적 낮다. 에틸렌디니트라민은 에틸렌우레아를 혼산으로 질화반응하여 디니트로에틸렌-우레아(Dinitroethylene-urea)를 만든다. 디니트로에틸렌-우레아는 이산화탄소를 방출시키고 EDNA를 형성한다. 에틸렌우레아는 에틸렌디아민과 에틸카보네이트를 고압에서 반응시켜 만든다. EDNA와 TNT의 용융혼합물은 미국에서 Ednatol이라고 부른다.

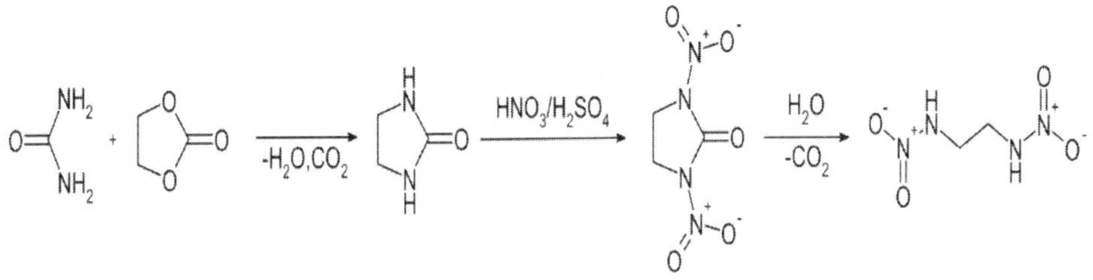

[그림 4.6] EDNA의 제조반응식

2) 니트로구아니딘(Dinitroguanidine, NQ)[1, 8]

〈표 4.11〉 니트로구아니딘의 물리화학적 특성

CAS 번호	556-88-7	폭발열(kcal/kg) H_2O(l /g)	734/653
분자 구조	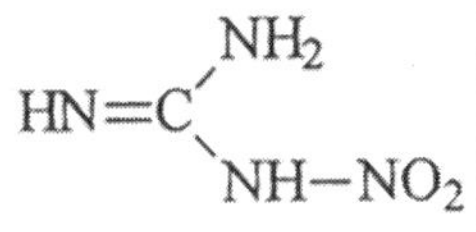 HN=C(NH₂)(NH−NO₂)	비에너지(kcal/kg)	222.75
		밀도(g/㎤)	1.71
		융점(℃)	232
		융해열(kcal/kg)	-
분자식	$CH_4N_4O_2$	lead block test(㎤/10g)	305
분자량(g/mole)	104.1	밀폐폭속(m/sec)	8,200(ρ=max에서)
ΔH_f(kcal/mole)	-22.21	deflagration point(℃)	-
산소평형치(%)	-30.7	충격감도(N m)	49 불폭
질소 함량(%)	53.83	마찰감도(N)	353 불폭
폭발가스량(l /kg)	1042	철슬리브테스트 임계직경(mm)	1mm 불폭
외관	백색의 섬유상의 결정		

니트로구아니딘은 뜨거운 물에 녹으며 차가운 물에는 거의 녹지 않는다. 알코올에는 약간 녹고 에테르에는 녹지 않으며 알칼리에는 잘 녹는다. 충격 또는 충돌에 그렇게 민감하지 않다. 화학적인 안정성이 뛰어나다. 디시아노디아마이드(Dicyanodiamide)와 질산암모늄으로부터 만들어지는 질산구아니딘(Guanidine nitrate)은 농황산으로 처리될 때 탈수되어 니트로구아니딘이 형성된다.

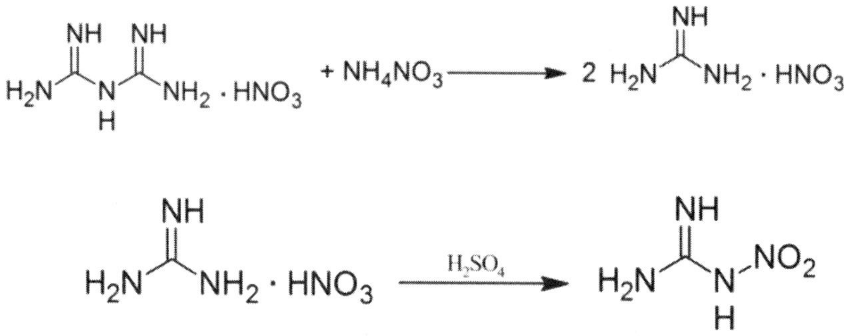

$$H_2N-C(=NH)-NH-C(=NH)-NH_2 \cdot HNO_3 + NH_4NO_3 \longrightarrow 2\ H_2N-C(=NH)-NH_2 \cdot HNO_3$$

$$H_2N-C(=NH)-NH_2 \cdot HNO_3 \xrightarrow{H_2SO_4} H_2N-C(=NH)-NH-NO_2$$

[그림 4.7] 니트로구아니딘의 제조반응식

니트로구아니딘은 NC, NG 또는 Ng와 혼합될 수 있다. 겔에 용해되지 않고 미세하게 분산되어 내장된다. 이와 같은 칼로리가 낮은 화약들은 기존의 칼로리가 높은 화약들보다 부식성이 낮다. 니트로구아니딘은 총구에서 불꽃의 발생을 해소할 수 있으나 연기가 좀 많이 발생한다. 니트로구아니딘은 또한 둔감한 고폭약으로서 관심을 끌고 있는데 이것의 에너지는 낮지만 밀도와 폭굉 속도는 높다. 섬유상 또는 깃털과 같은 결정형태를 갖고 있어 분자 사이에 큰 빈 공간을 만들 수 있다. 이러한 특성은 니트로구아니딘을 낮은 압착 밀도에서 잘 맞는 기계적 특성을 유지할 수 있게 해 준다(플레이크화시키거나 서로 분리시키지 않는다). 저밀도를 유지하는 능력은 니트로구아니딘을 조정이 가능한 저폭속과 압력을 필요로 하는 실험에서 유용한 실험폭약을 만들게 해준다.

3) 니트로우레아(Nitrourea)[1, 9]

〈표 4.12〉 니트로우레아의 물리화학적 특성

CAS 번호	-	폭발열(kcal/kg) H_2O(l /g)	895/-
분자 구조	$O=C(NH_2)-NH-NO_2$	비에너지(kcal/kg)	217.97
		밀도(g/㎤)	-
		융점(℃)	159(분해)
		융해열(kcal/kg)	-
분자식	$CH_3N_3O_3$	lead block test(㎤/10g)	-
분자량(g/mole)	105.1	밀폐폭속(m/sec)	-
ΔH_f(kcal/mole)	-67.53	deflagration point(℃)	80에서 분해시작
산소평형치(%)	-7.6	충격감도(N m)	-
질소 함량(%)	39.98	마찰감도(N)	-
폭발가스량(l /kg)	853	철슬리브시험 임계직경(mm)	-
외관	무색의 결정		

니트로우레아는 벤젠, 에테르 및 크로로포름에 녹는다. 물에 의해서는 분해된다. 질산우레아(Ureanitrate)를 황산으로 탈수반응시킴으로서 합성된다. 니트로구아니딘처럼 깃털 형태의 결정을 갖지 않으므로 유용하게 사용되지 않는다.

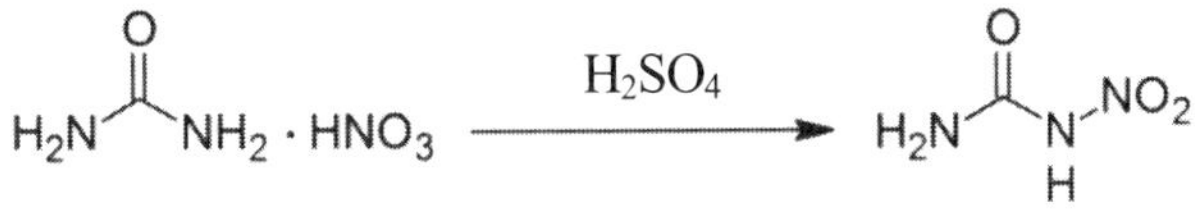

$$H_2N-C(=O)-NH_2 \cdot HNO_3 \xrightarrow{H_2SO_4} H_2N-C(=O)-NH-NO_2$$

[그림 4.8] 니트로우레아의 제조반응식

4.2 사이클 지방족화약류

1) RDX(Trimethylenetrinitramine, Cyclonite, Hexogen)[1, 10]

RDX는 아세톤에 녹고, 물에 녹지 않는다. 에테르와 에탄올에 약간 녹는다. 사이클로헥사논, 니트로벤젠 및 글리콜은 고온에서의 용제들이다. RDX는 현재 아마도 가장 중요한 고맹도의 폭약일 것이다. 그것의 높은 파괴력은 높은 밀도와 높은 속도에 기인한다. 비슷한 강도를 갖는 PETN에 비해서 비교적 둔감하며 매우 안정한 폭약이다. 성능 특성은 동 종류인 옥토겐(HMX) 보다는 약간 떨어진다. 헥소겐은 미국에서 RDX라는 이름으로 사용되며 고폭약 중에서 가장 널리 사용되는 폭약 중의 하나이다. 뇌관의 첨장약으로 단독 사용될 뿐만 아니라 프리마코드, MDF, 성형폭약 등에도 사용된다.

고전적인 제조 방법(Henning, 1898)은 헥사메틸렌 테트라민($C_6H_{12}N_4$)를 농질산으로 질화시켜 만든다. 농축된 반응생성물을 빙수에 부으면 헥소겐이 석출되어 나온다. 구조식을 보면 3개의 메틸기가 산화반응에 의해서 파괴되어 갈라져야한다. 이러한 문제와 수반되는 위험성이 해결되자마자, 산업적인 규모의 생산이 가능하게 되었으며 제2차세계대전 중에는 헥소겐이 여러 가지의 서로 독립적인 화학적 방법으로 대량으로 제조되었다.

〈표 4.13〉 RDX의 물리화학적 특성

CAS 번호	121-82-4	폭발열(kcal/kg) H_2O(l /g)	1,350/1,266(이론치) 1,511/ – (실험치)
분자 구조	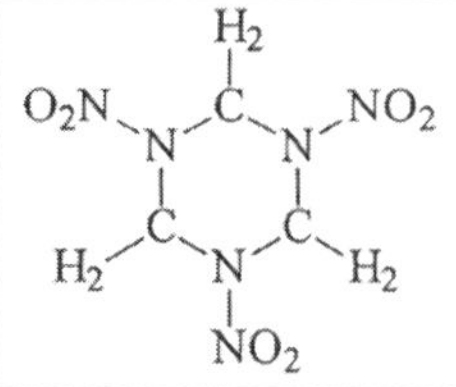	비에너지(kcal/kg)	328.64
		밀도(g/㎤)	1.82
		융점(℃)	204
		융해열(kcal/kg)	38.48
분자식	$C_3H_6N_6O_6$	lead block test(㎤/10g)	480
분자량(g/mole)	222.1	밀폐폭속(m/sec)	8,750(ρ=1.76에서)
ΔH_f(kcal/mole)	+16.0	deflagration point(℃)	-
산소평형치(%)	-21.6	충격감도(N m)	7.5
질소 함량(%)	37.84	마찰감도(N)	120
폭발가스량(l /kg)	903	철슬리브테스트 임계직경(mm)	8
외관	무색 결정체		

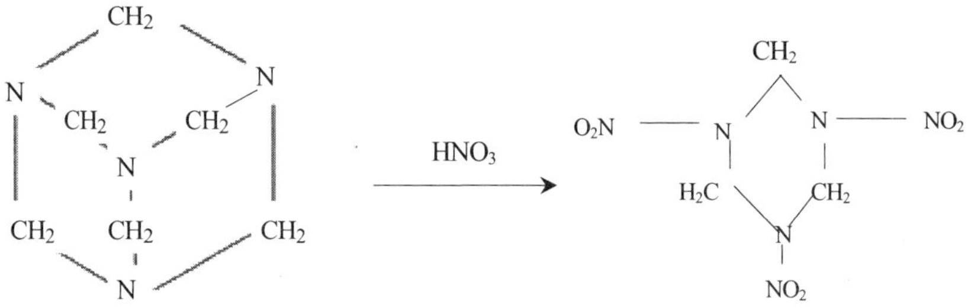

HNO_3

hexamethylenetetramine
urotropine

RDX

①S-H 프로세스(발명자: Schnurr): 농질산을 이용해서 헥사메틸렌테트라민을 연속적으로 질화하는 방법으로, 형성된 헥소겐의 파괴됨이 없이 질소 가스가 방출하는 분해반응에 의해서 수행된다. 그리고 반응혼합물은 여과되어 폐산으로부터 제품이 분리되며 가압 하에서 비등시켜 제품을 안정화시키고 필요하면 재결정화한다.

②K 프로세스(발명자: Knöffler): 헥사메틸렌테트라민과 질산의 질화반응 혼합물에 질산암모늄을 첨가하고 이어서 따뜻하게 유지함으로써 만들어지는 수율이 증가된 방법이다. 부산물인 포름알데히드는 첨가된 질산암모늄과 함께 헥사메틸렌테트라민을 더 형성하며 질산에 의해서 RDX로 전환된다.

③ KA 프로세스[발명자: Knöffler와 Apel, Bachmann(미국)]: 헥사메틸렌테트라민디나이

트레이트를 무수아세트산 중의 질산암모늄 및 소량의 질산과 반응시킨다. RDX가 E 프로세스와 유사한 방법으로 형성된다. 그리고 형성된 폐 아세트산은 농축되며 소위 Ketene process라는 것에 따라서, 리사이클되고 재생된 무수아세트산은 재사용된다.

④ E 프로세스(발명자: Eble): 파라포름알데하이드와 질산암모늄이 반응하여 포타슘메틸렌아미도설포네이트(CH_2=N-SO_3K)를 만들고 이것은 질산-농산의 혼산에 의해서 질화반응되어 Cyclonite가 만들어진다.

둔감화되어 압착된 RDX는 파괴력이 아주 높은 물질인 부스타와 속이 빈 장약(Hollow charges)을 만드는데 사용된다. 둔감화되지 않은 헥소겐은 TNT와 함께 혼합되어 뜨거운 액체 상태로 포탄 등에 부어 충전하는 용도와 파괴력이 있는 장약(Composition B)로 사용된다. RDX와 알루미늄 분말의 혼합물은 어뢰 장약(Hexotonal, Torpex, Trialen)으로 사용된다. RDX는 또한 무연화약의 제조시 첨가제로 사용된다. 기계적 강도 또는 고무-탄성의 인성이 요구되는 장약을 제조하는데에는 RDX가 폴리우레탄, 폴리부타디엔 또는 폴리설파이드와 같은 경화성의 플라스틱 물질과 혼합되어 몰드(거푸집, 틀)에 부어서 사용된다.(플라스틱 폭약)

2) HMX(Octogen, Cyclotetramethylene tetranitramine)[1, 11]

〈표 4.14〉 HMX의 물리화학적 특성

CAS 번호	2691-41-0	폭발열(kcal/kg) H_2O(l /g)	1338/1255(이론치) 1480/ – (실험치)
분자 구조	(구조식: NO_2, H_2C, N, CH_2, O_2N–N, N–NO_2, H_2C, N, CH_2, NO_2)	비에너지(kcal/kg)	326.72
		밀도(g/㎤) (β형)	1.96
		융점(℃)	275
		융해열(kcal/kg)	-
		lead block test(㎤/10g)	480
분자식	$C_4H_8N_8O_8$	밀폐폭속(m/sec)	9,100(ρ=1.9(β형)에서)
분자량(g/mole)	296.2	deflagration point(℃)	287
ΔH_f(kcal/mole)	+17.92	충격감도(N m)	7.4
산소평형치(%)	-21.6	마찰감도(N)	120
질소 함량(%)	37.83	철슬리브테스트 임계직경(mm)	8
폭발가스량(l /kg)	902		
외관	무색의 결정체		

옥토겐은 네 가지(α, β, γ, δ)의 형태로 존재하며 그중에서 β-HMX만이 특히 밀도가 높고 폭발속도가 높다. 물에는 거의 녹지 않는다. 기타 용제에 대한 용해도는 헥소겐과 비슷하다.

〈표 4.15〉 HMX의 네 가지 형태의 특징

항목	α형	β형	γ형	δ형
밀도(g/㎤)	1.87	1.96	1.82	1.78
전이온도(℃)	$\alpha \to \delta$ 193~201 $\alpha \to \beta$ 116	$\beta \to \delta$ 167~183 $\beta \to \gamma$ 154	$\gamma \to \delta$ 167~182	-
전이엔탈피 (kcal/kg)	$\alpha \to \delta$ 5.98 $\alpha \to \beta$ 1.92	$\beta \to \delta$ 7.90 $\beta \to \gamma$ 5.64	$\gamma \to \delta$ 2.26	-

Bachmann 프로세스로 헥소겐을 만들 때 부산물로 만들어진다.(헥사메틸렌테트라민, 질산암모늄, 질산 및 무수아세트산으로부터 만들어지는 공법) 1,5-methylene-3,7-dinitro-1,3,5,7-tetraza-cyclooctane이 무수아세트산, 질산암모늄 및 질산으로 처리될 때, 단독으로 얻을 수 있다. 성형장약과 같은 높은 파워를 갖는 장약에서 옥토겐은 헥소겐보다 융점이 높으며 폭발속도도 높다. HMX는 비교적 높은 온도에서 응용될 수 있으며 보다 고위력을 필요로 하는 곳에서 사용된다. RDX와 같이 마찰, 충격에 상당히 둔감하며 저장성이 우수하다. 가열한 후에 발생하는 δ형은 충격, 마찰 및 정전기 펄스에 보다 민감하므로 주의를 요한다.

3) Tetranitroglycolurile, Sorguyl[1]

〈표 4.16〉 Tetranitroglycolurile의 물리화학적 특성

CAS 번호	55510-03-7	폭발열(kcal/kg) H_2O(l /g)	-/-
분자 구조	NO_2, NO_2, $O=C$, $C=O$, O_2N, NO_2 (N, C)	비에너지(kcal/kg)	-
		밀도(g/㎤)	2.01
		융점(℃)	-
		융해열(kcal/kg)	-
분자식	$C_4H_2N_8O_{10}$	lead block test(㎤/10g)	-
분자량(g/mole)	322.1	밀폐폭속(m/sec)	9,150(ρ=1.95에서)
ΔH_f(kcal/mole)	-	deflagration point(℃)	237
산소평형치(%)	+5.0	충격감도(N m)	1.5~2
질소 함량(%)	34.79	마찰감도(N)	-
폭발가스량(l /kg)	-	철슬리브시험 임계직경(mm)	-
외관	무색의 결정		

테트라니트로글리콜우릴은 밀도가 높고 또한 폭발속도가 높기 때문에 매우 흥미있는 폭약이다. 흡습성이 없으나 가수분해반응에 의해서 쉽게 분해된다. 탄화수소와 염소화 탄화수

소에 녹지 않지만 많은 용제에 녹는다. 테트라니트로글리콜우릴은 높은 가수분해 작용을 보이므로 대기 노출 시 스스로 분해되는 에너지물질로 관심을 받고 있다. HMX와 비교할 때 마주보는 탄소(위와 아래) 사이가 연결되어 있고 측면 탄소가 케톤 결합이 되어있는 것을 제외하고는 HMX와 비슷하다. HMX보다 밀도가 높고 폭발속도가 상당히 높으며 폭굉 압력이 또한 높다. 반면에 마찰과 충격에는 보다 예민하며(PETN의 약 2배) TNT와 접촉하면 분해되므로 TNT와 혼합해서 사용할 수 없다.

참고문헌

1. R. Meyer(2007), Explosives(6th), Wiley-VCH & Co. KGaA, Weinheim
2.Wikipedia, (2016.6.3), Methyl nitrate,
https://en.wikipedia.org/wiki/Methyl_nitrate, (2016.6.10 방문)
3.Wikipedia, (2016.5.30), Ethylene glycol dinitrate,
https://en.wikipedia.org/wiki/Ethylene_glycol_dinitrate, (2016.6.10 방문)
4.Wikipedia, (2016.5.27.), Nitroglycerin,
https://en.wikipedia.org/wiki/Nitroglycerin, (2016.6.10 방문)
5.Wikipedia, (2016.5.27), Erythritol tetranitrate,
https://en.wikipedia.org/wiki/Erythritol_tetranitrate, (2016.6.10 방문)
6.Wikipedia, (2016.5.27), Mannitol hexanitrate,
https://en.wikipedia.org/wiki/Mannitol_hexanitrate, (2016.6.10 방문)
7.Wikipedia, (2016.6.4), Pentaerythritol tetranitrate,
https://en.wikipedia.org/wiki/Pentaerythritol_tetranitrate, (2016.6.10 방문)
8.Wikipedia, (2016.6.4.), Nitroguanidine,
https://en.wikipedia.org/wiki/Nitroguanidine, (2016.6.10 방문)
9.Wikipedia, (2015.6.24.), Nitrourea,
https://en.wikipedia.org/wiki/Nitrourea, (2016.6.10 방문)
10.Wikipedia, (2016.6.7.), RDX,
https://en.wikipedia.org/wiki/RDX, (2016.6.10 방문)
11.Wikipedia, (2016.3.8.), HMX,
https://en.wikipedia.org/wiki/HMX, (2016.6.10 방문)

제5장

무기화약류

무기화합물은 탄소 뼈대를 갖고 있지 않으며 일반적으로 이온성의 산 또는 염기 또는 염의 형태로 되어있다. 어떤 무기화합물은 이온 결합 뿐만이 아니라 공유결합을 갖는다. 무기화약류들은 보통 1차 폭약류이다. 즉 충격 및 마찰에 매우 민감하여 쉽게 점화되며 스파크, 화염 및 열원과 고온으로 인해 생기는 핫스포트로부터 폭굉으로 성장한다. 이들의 물리적 특성은 <표 5.1>에 나와 있다.

〈표 5.1〉 무기화약류의 물리적 특성

이름	TMD(g/㎤)	융점(℃)	밀폐폭굉 속도(km/sec)
뇌홍	4.43	분해	4.25 (ρ=3.00에서)
아지화연	4.8	분해	4.63 (ρ=3.00에서)
아지화은	5.1	251	4.0 (ρ=4.00에서)(계산치)
질산암모늄	1.72	169.6	5.27 (ρ=1.3에서)

1) 뇌홍(Mercury fulminate)[1,2]

뇌홍은 독성물질로 물에 거의 용해되지 않는다. 건조되었을 때 충격 및 마찰에 상당히 민감하며 스파크와 불꽃에 의해서 쉽게 기폭된다. 오일, 지방 또는 파라핀을 첨가하여 둔감화시킬 수 있으며 또한 상당히 높은 압력에서 프레스-몰딩에 의해서 둔감화시킬 수 있다. 뇌홍은 수은을 질산에 용해시킨 후 95%의 에탄올을 붓는다. 잠시 후에 결렬한 가스가 발생하기 시작하며 결정이 형성된다. 반응이 완료되면 결정체는 진동으로 여과하고 중성이 될 때까지 세척한다. 뇌홍은 작고 갈색에서 회색의 피라미드-모양의 결정체로 얻어진다. 색깔은 콜로이드상의 수은의 존재 때문에 생긴다. 만약 작은 양의 구리와 염산이 반응혼합물에 가해지면 흰색의 생성물이 만들어진다. 뇌홍은 물속에 저장된다. 사용 전에 40℃에서 짧게 건조한다. 우수한 기폭약이고, 파괴력이 높고 쉽게 기폭될 수 있기 때문에 뇌홍은 아지화연이 나오기 전에 기폭약으로서 대부분 사용되었다. 뇌관과 퍼쿳션캡 제조 시에 압착형태로 사용된다. 관체 등의 케이스는 구리로 만들어진다.

〈표 5.2〉 뇌홍의 물리화학적 특성

CAS 번호	628-86-4	폭발열(kcal/kg)	415
분자 구조	Hg(ONC)(ONC)	비에너지(kcal/kg)	
		밀도(g/㎤)	4.42
		융점(℃)	-
		융해열(kcal/kg)	-
분자식	$C_2N_2O_2Hg$	lead block test(㎤/10g)	111~150
분자량(g/mole)	284.6	밀폐폭속(m/sec)	4,200(ρ=3.00에서)
ΔH_f(kcal/mole)	+64.04	deflagration point(℃)	165
산소평형치(%)	-11.2	충격감도(N m)	1~2
질소 함량(%)	9.84	마찰감도(N)	-
폭발가스량(l /kg)	-	철슬리브테스트 임계직경(mm)	-
외관	무색의 결정		

$$3Hg + 8HNO_3 \longrightarrow 3Hg(NO_3)_2 + 2NO + 4H_2O$$

$$Hg(NO_3)_2 \xrightarrow{HNO_3, EtOH} Hg(CNO)_2$$

2) 아지화연(Lead azide)[1, 3]

아지화연은 물에 녹지 않으며 열과 수분에 저항성이 있고 흡습성이 거의 없다. 아지화나트륨 용액과 질산납 또는 초산납을 서로 반응시켜서 만든다.

$$NaNH_2 + N_2O \rightarrow NaN_3 + H_2O$$

$$2NaN_3 + Pb(CH_3COO)_2 \rightarrow Pb(N_3)_2 + 2CH_3COONa$$

[그림 5.2] 아지화연의 제조반응식

〈표 5.3〉 아지화연의 물리화학적 특성

CAS 번호	13424-46-9	폭발열(kcal/kg)	391
분자 구조	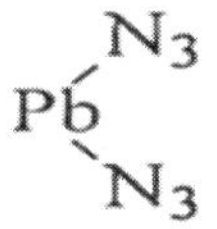 N_3–Pb–N_3	비에너지(kcal/kg)	-
		밀도(g/㎤)	4.8
		융점(℃)	-
		융해열(kcal/kg)	-
분자식	$Pb(N_3)_2$	lead block test(㎤/10g)	110
분자량(g/mole)	291.3	밀폐폭속(m/sec)	4,500(ρ=3.8에서) 5,300(ρ=4.6에서)
ΔH_f(kcal/mole)	+114.02	deflagration point(℃)	320~360
산소평형치(%)	-5.5	충격감도(N m) pure dextrined	2.5~4 3~6.5
질소 함량(%)	28.85	마찰감도(N)	0.1~1
폭발가스량(l /kg)	231	철슬리브테스트 임계직경(mm)	-
외관	무색의 결정: 덱스트린화하면 미세 결정이 됨		

제조 중 큰 결정이 만들어지는 것을 피해야 한다. 왜냐하면 바늘형태의 결정이 파괴되면 폭발할 수 있기 때문이다. 따라서 공업용 제품은 대부분 92~96%의 $Pb(N_3)_2$를 함유하며 덱스트린, 폴리비닐알코올 또는 입자 성장을 방해하는 기타 물질의 존재 하에서 침전된다. 아지화연은 뇌관의 기폭약으로 사용된다. 기폭약으로 사용될 때 뇌홍보다도 적은 양으로 좋은 효과를 내며, 기폭시키는 속도가 빠르며 뇌홍과는 달리 비교적 낮은 압력에서도 사압이 없다. 착화성을 개선하기 위해서 쉽게 착화되는 첨가제인 트리니트로레조르신납(Lead trinitroresorcinate)와 같은 물질이 첨가된다. 아지화연은 대기 중의 CO_2에 의해서 분해되어 질화수소산(Hydrazoic acid)을 발생시킨다. 탄광용으로 사용되는 뇌관은 구리 관체를 사용해야하는데 수분 존재 하에서 구리와 반응하여 예민한 아지화동을 만들므로 탄광용에는 사용할 수 없다. 아지화연을 이용하는 뇌관은 모두 알루미늄 관체를 사용해야 한다.

3) 아지화은(Silver azide)[1, 4]

〈표 5.4〉 아지화은의 물리화학적 특성

CAS 번호	13863-88-2	폭발열(kcal/kg)	-
분자 구조	Ag-N_3	비에너지(kcal/kg)	-
		밀도(g/㎤)	5.1
		응고점(℃)	251
		융해열(kcal/kg)	-
분자식	AgN_3	lead block test(㎤/10g)	115
분자량(g/mole)	149.9	밀폐폭속(m/sec)	-
ΔH_f(kcal/mole)	-	deflagration point(℃)	273
산소평형치(%)	-	충격감도(N m)	-
질소 함량(%)	28.03	마찰감도(N)	-
폭발가스량(l /kg)	224	철슬리브테스트 임계직경(mm)	-
외관	무색의 결정		

아지화은은 빛에 예민하며 물에 녹지 않는다. 암모니아에 용해되며 암모니아에 녹인 후에 재결정될 수 있다. 아지화나트륨과 은염의 용액으로부터 만들어지며 치즈 상태의 무정형의 침전물이 만들어진다. 아지화연 보다도 우수한 아주 만족할 만한 기폭 효과를 갖고 있음에도 불구하고 이것의 실용화는 제한된다. 왜냐하면 마찰에 아주 민감하기 때문이며 이것의 특수한 섬유구조는 도징(dosing)을 곤란하게 하기 때문이다.

$$AgNO_3\ (aq) + NaN_3\ (aq) \rightarrow AgN_3\ (s) + NaNO_3\ (aq)$$

[그림 5.3] 아지화은의 제조반응식

4) 질산암모늄(Ammonium nitrate)[1, 5]

질산암모늄은 흡습성이 있고 물에 쉽게 녹는다.(포화용액은 약 65%의 질산암모늄을 함유) 상전이가 125.2℃, 84.2℃, 32.3℃ 및 -16.9℃에서 일어난다. 케이크화되는 경향이 크다. 운반 시 이러한 문제점을 피하기 위해서 프릴형태로 만든다. 질산암모늄은 고밀도의 프릴과 다공성의 프릴로서 시장에서 판매된다. ANFO를 제외하고는 분쇄 후에 사용된다. ANFO는 다공성의 프릴을 필요로 한다. 질산암모늄은 산업용폭약에서 가장 중요한 원료이다. 또한 로켓추진제에서 완전히 가스를 발생시키는 산소공급제로 사용된다. 상안정화된 질산암모늄(PSAN=Phase stabilized ammonium nitrate)과 스프레이 결정화된 질산암모늄(SCAN=Spary crystallized ammonium nitrate)는 ICT에 의해서 제공되는 특수한 품질의 제품이다. 질산암모늄에 관해서는 가스발생제 편에 아주 상세하게 나와 있다.

〈표 5.5〉 질산암모늄의 물리화학적 특성

CAS 번호	6484-52-2	폭발열(kcal/kg) H_2O(l /g)	593/345
분자 구조	$NH_4^+NO_3^-$	비에너지(kcal/kg)	-
		밀도(g/㎤)	1.725
		융점(℃)	169.6
		융해열(kcal/kg)	-
분자식	NH_4NO_3	lead block test(㎤/10g)	180
분자량(g/mole)	80.9	밀폐폭속(m/sec),	-
ΔH_f(kcal/mole)	-87.32	deflagration point(℃)	융점에서 분해 시작해서 210℃에서 완성
산소평형치(%)	+19.99	충격감도(N m)	50 불폭
질소 함량(%)	34.98	마찰감도(N)	353 불폭
폭발가스량(l /kg)	980	철슬리브시험 임계직경(mm)	1
외관	무색 결정		

참고문헌

1. R. Meyer(2007), Explosives(6th), Wiley-VCH & Co. KGaA, Weinheim
2. Wikipedia, (2016.3.8), Mercury(II) fulminate,
   https://en.wikipedia.org/wiki/Mercury(II)_fulminate, (2016.6.10 방문)
3. Wikipedia, (2015.2.8), Lead(II) azide,
   https://en.wikipedia.org/wiki/Lead(II)_azide, (2016.6.10 방문)
4. Wikipedia, (2016.6.5), Silver azide,
   https://en.wikipedia.org/wiki/Silver_azide, (2016.6.10 방문)
5. Wikipedia, (2016.5.31), Ammonium nitrate,
   https://en.wikipedia.org/wiki/Ammonium_nitrate, (2016.6.10 방문)

제6장

군용 및 기타 화약류

이 장에서는 군용 및 기타 화약류로 사용된 여러 가지 화약류에 대해서 소개한다. 미국 등에서는 각 특성에 맞는 성능을 가진 군용화약을 개발 사용하기 위해서 합성폭약 단독으로 사용하기 보다는 여러 가지 성분들을 혼합해서 사용하려고 많은 노력을 하였다. 그 결과로 많은 제품의 군용화약류들이 탄생되었으며 많은 시험들이 이러한 화약류들에 의해서 이루어졌다. 이 책의 화약류의 내·외부 거동 편에서는 많은 시험데이터들이 나오는데 대부분 이러한 화약류들로 이루어졌다. 이러한 화약류들에 대해서 알파벳 순서로 간단하게 소개한다.

1) ADNT(Aminodinitrotoluene)

분자식이 $C_7H_7N_3O_4$이고 분자량이 197.15g/mol인 용해성이 좋은 물질로 다음과 같은 분자구조식을 갖는다.

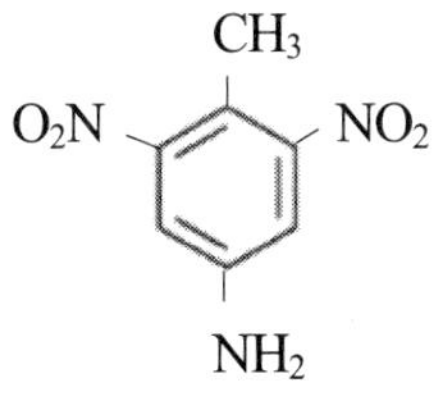

CH_3

O_2N NO_2

NH_2

2) ALEX[6]

RDX, TNT, Al 및 Wax로 구성된 군용폭약으로 다음의 두 가지 조성이 있다.

〈표 6.1〉 ALEX의 조성

성분	조성(중량%)	
	Alex-20	Alex-30
RDX	44	37
TNT	32	28
Al	20	31
Wax	4	4

3) Amatex[6]

Amatex는 AN, TNT, RDX로 구성된 폭약으로 다음의 세 가지 조성이 있다.

〈표 6.2〉 Amatex의 조성

성분	조성(중량%)		
	Amatex-20	Amatex-30	Amatex-40
AN	40	30	20
TNT	40	40	40
RDX	20	30	40

4) Amatol[7]

Amatol 은 TNT 와 질산암모늄의 혼합물로 만들어진 폭약이다. Amatol이라는 이름은 암모늄과 톨루엔(TNT의 원료)이라는 단어에서 유래한다. 유사한 혼합물(디니트로나프탈렌 1부 및 질산암모늄 7부)은 프랑스의 슈나이더라이트(Schneiderite)로 알려져 있다. Amatol은 제1차 세계대전과 제2차 세계대전 당시 항공기 폭탄, 포탄, 폭뢰 및 기뢰와 같은 군용 무기의 폭발물로 광범위하게 사용되었다. Composition B , Torpex , Tritonal 같은 폭발물로 대체되었다.

5) Baratol[6]

Baratol 은 TNT 와 질산바륨이 혼합된 화약류로 약 1%의 파라핀 왁스를 둔감제로 사용하며 TNT/Ba$(NO_3)_2$/Wax=25～33%/66～74%/1%의 조성으로 만들어진다. 질산바륨은 밀도가 높기 때문에 Baratol의 밀도는 적어도 2.5 g/㎤이다. 바라톨은 4,900m/sec의 폭발속도에 불과하지만 일부 초기 원자탄의 폭발성렌즈(Explosive lenses)에 저폭발성 폭약으로서 사용되었고 고폭발성의 물질로는 Compsition B가 함께 사용되었다. 1945년 소련 및 1972년 인도에서 시험한 원자폭탄은 모두 Baratol과 Composition B를 사용했다. Baratol은 영국의 수류탄인 밀스 수류탄(Mills bomb)에도 사용되었다.

6) BDNPA[Bis(2,2-dinitropropyl)acetal][6]

BDNPF(BIS 2,2-Dinitropropyl formal)와의 1:1 혼합물은 PBX(Plastic bonded explosives)의 고분자 가소제로 성분으로 사용된다. 분자식은 $C_8H_{14}N_4O_{10}$으로 구조는 아래 그림과 같다. 분자량은 326.22g/mol, 산소평형치는 -63.76%, 생성열은 153.4kcal/mol, 밀도는 1.36g/㎤, 융점은 33～35℃, 비점은 1150℃이다.

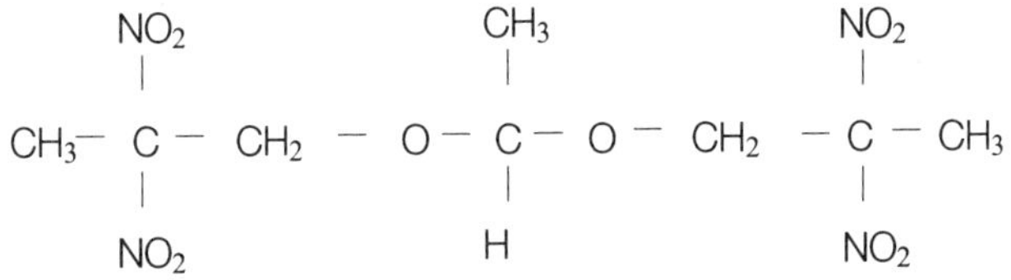

```
       NO2              CH3              NO2
        |                |                |
CH3－  C －  CH2  －  O － C － O －  CH2  － C － CH3
        |                |                |
       NO2               H               NO2
```

7) BDNPA/F[6]

Bis(2,2-dinitropropyl)acetal/formal의 1:1혼합물로 액체이며 분자식은 $C_{7.5}H_{13}N_4O_{10}$, 분자량은 319.21g/mol, 산소평형치는 -57.64%, 생성열은 148.19kcal/mol, 밀도 1.39g/㎤, 융점 -15℃, 비점 150℃이다. F는 고체이고 A보다 에너지가 적으며 A/F혼합물은 낮은 공융점을 형성한다.

8) BDNPF[6]

분자식이 $C_7H_{12}N_4O_{10}$, 분자량이 312.193g/mol, 산소평형치가 -51.25%, 생성열이 142.7 kcal/mol, 밀도가 1.41g/㎤, 융점이 31℃, 비점이 149℃이다.

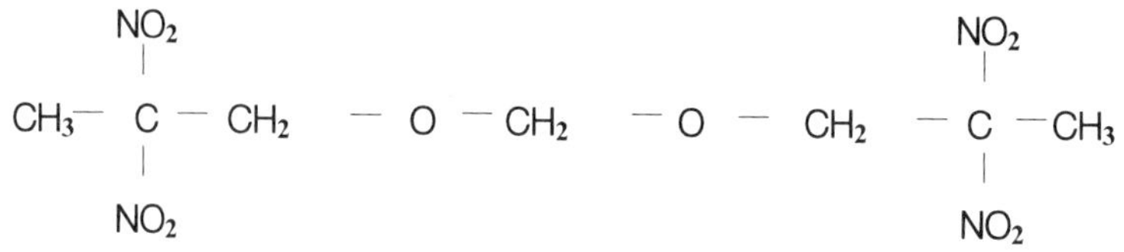

$$CH_3-\underset{NO_2}{\overset{NO_2}{C}}-CH_2-O-CH_2-O-CH_2-\underset{NO_2}{\overset{NO_2}{C}}-CH_3$$

9) BH-1: Plastic-bonded RDX

10) BTF: Benzotrifuroxane, $C_6N_6O_6$, $C_6(NO)_3N_3O_3$

융점은 195℃이고 265℃에서 분해한다. 물에 녹지 않고 95% 에탄올에는 녹는다. BTF는 US explosives labs에서 개발된 안정한 폭약이다. 헥산 링의 기본 구조를 갖고 있다.

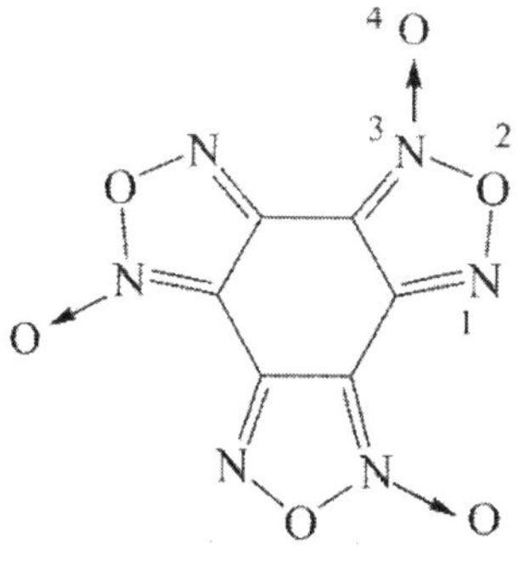

11) Composition A-3[7]

RDX와 Wax로 이루어진 폭약으로 RDX/Wax=91/9의 조성으로 이루어진다.

12) Composition B[7]

Composition B는 RDX 와 TNT 의 주조 혼합 폭약으로 RDX/TNT/Wax=59.5%/39.5%/1%의

조성으로 이루어진다. 대포 발사체, 로켓, 지뢰, 수류탄 및 기타 다양한 군수품의 주 폭발물로 사용된다. 또한 미국에 의해서 최초로 원자탄의 폭발성 렌즈에 사용되었다. 밀도는 1.65g/㎤이고 폭속은 약 8,050m/sec이다.

13) Composition B-3[6]

RDX/TNT=60%/40%의 조성을 가지며, Composition B에서 둔감제 왁스가 없는 폭약이다.

14) Composition H-6[8]

RDX=44.0%, TNT=29.5%, 분상 A1=21.0% 파라핀왁스(둔감제)=5.0%, 염화칼슘=0.5%의 조성으로 이루어져 있다. H-6은 일반적으로 Torpex를 대체하고, 충격에 덜 민감하며 그리고 보다 안정적인 저장 특성을 갖는 수많은 수중 군수품, 특히 수중 탄약(예: 기뢰, 폭뢰 및 어뢰)에 사용된다. 순수한 TNT보다 약 1.35 배 더 강력하다. 밀도는 1.72g/㎤, 폭속은 약 7,370m/sec이다.

15) Composition C-4[7]

C-4 또는 Composition C-4는 Composition C로 알려진 일반적인 플라스틱 폭약의 하나로 RDX/2-ethylhexyl sebacate/PIB/MO=91/5.3/2.1/1.6의 조성을 갖는다. 영국 버전으로는 PE-4(Plastic Explosive)로 알려져 있다. C-4는 폭약, 플라스틱 바인더, 가소제 및 폭발물 식별용 첨가제로 구성된다. C-4는 점토와 유사한 질감을 가지고 있으며 원하는 모양으로 성형할 수 있다. C-4는 안정적이며 폭발은 뇌관으로부터의 극도의 열과 충격파의 결합에 의해서만 기폭될 수 있다.

16) Cyclotol[6]

Cyclotol 은 RDX 와 TNT 의 주조 혼합물로 구성된 폭약으로 조성은 RDX/TNT가 60/40~80/20이며 가장 일반적인 것은 70/30이며 군에서는 주로 탄두에 최적화된 77/23을 사용한다.

17) Detasheet™[4]

듀퐁에서 만드는 화약으로 PETN, NC 및 바인더로 구성된 플라스틱 폭약과 약간 유사한 유연하고 고무상의 폭약이다. 고무상의 직물과 함께 얇고 유연한 시트 상으로 제조되며, 고무상의 폭약으로 잘 알려져 있으며 일반적으로 적색/오렌지(상업용) 또는 녹색(군용)의 색깔을 갖는다. 뇌관 또는 프리마코드로 기폭될 뿐만이 아니라 소형화기, 열, 물, 압력 또는 촉발신관에 의해서 기폭된다. Detasheet는 비교적 다른 폭약에 비해 비싸다. Detasheet C는 최종적으로 가장 일반적으로 사용된 버전의 생산 제품으로 63%의 PETN, 8%의 NC 및 29%의 유기 가소제인 ATBC(Acetyl tributyl citrate)로 만들어진다.

듀퐁은 1990년대에 제조를 중단하고 이제는 Ensign Bickford Aerospace Defense Company에 의해서 소유가 되었으며 Primasheet라고 불리는 아주 유사한 폭약 시트로 판매하고 있다. Deta Flex라고 불리는 군용의 Detasheet는 6.25mm 두께로 군용색으로 만들어진다. Deta Flex는 PETN이 70%로 매우 높은 함량을 갖는다. Deta Flex의 다른 버전으로 LX-02-1이라는 제품이 미국의 에너지부의 연구 목적으로 제조되며 청색이며, 여러 가지 두께로 제조된다. LX-02-1은 73.5%의 PETN, 17.6%의 Butyl rubber, 6.9%의 ATBC, 및 2.0%의 Cab-s-oil을 함유한다.

18) DATB[Diaminotrinitrobenzene, $C_6H(NH_2)_2(NO_2)_3$][6]

밀도는 1.877g/㎤, 융점은 286℃, 비점은 638.7℃, flash point는 340℃이다. 폭발속도는 7.5km/sec이고 이론폭굉 압력은 260kbar이다.

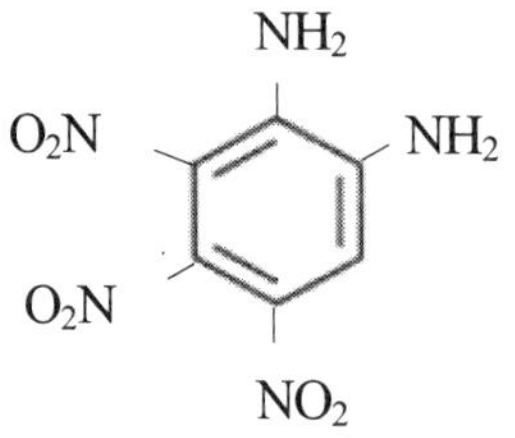

NH2
O2N NH2
O2N
NO2

19) DOA(Dioctyl adipate)

가소제로 사용되며 아디픽산과 두개의 n-octanol의 다이에스터(Diester)이다. 분자식은

$C_{22}H_{42}O_4$이며 분자량은 370.47g.mol, 밀도는 0.98g/㎤, 융점은 -7.48℃, 비점은 404.84℃이다. 노스스름한 색깔을 띠는 무색의 액체이다.

20) DOS(Dioctyl sebacate)

Sebacic acid와 2-ethylhexanol의 다이에스터(Diester)이다. 기름상의 액체 물질로 가소제로 사용되며 특히 Composition C4에 가장 일반적으로 사용된다. $(CH_2)_8(COOC_8H_{17})_2$의 분자식을 가지며 밀도는 물의 0.9, 융점은 -48℃, 비점은 256℃이다.

21) EDDN(Ethylenediamine Dinitrate)[1]

EDDN은 약간의 흡습성을 가진 물질로 물에 쉽게 녹는다. 에틸렌디아민(Ethylenediamine)을 질산으로 포화시킴으로써 만들어진다. 동량의 AN과 혼합되었을 때 융점 100℃의 공융 혼합물을 형성한다. 물리화학적 특성은 <표 6.3>과 같다.

〈표 6.3〉 EDDN의 물리화학적 특성

CAS 번호	20829-66-7	폭발열(kcal/kg) H_2O(l /g)	912/739
분자 구조	$CH_2-NH_2\cdot HNO_3$ | $CH_2-NH_2\cdot HNO_3$	비에너지(kcal/kg)	-
		밀도(g/㎤)	1.577
		융점(℃)	188
		융해열(kcal/kg)	-
분자식	$C_2H_{10}N_4O_6$	lead block test(㎤/10g)	350
분자량(g/mole)	186.1	밀폐폭속(m/sec)	6,800(ρ=1.53에서)
ΔH_f(kcal/mole)	-150.26	deflagration point(℃)	370~400
산소평형치(%)	-25.8%	충격감도(N m)	10
질소 함량(%)	30.11	마찰감도(N)	353N에서 불폭
폭발가스량(l /kg)	1071	철슬리브 임계직경(mm)	2
외관	무색 결정		

22) Ednatol[1]

미국에서 사용한 주조형폭약. 에틸렌디니트라민/TNT=55/45의 혼합물로 주조된 혼합물의 밀도는 1.62g/㎤이고 이 밀도에서의 밀폐폭속은 7,300m/sec이다.

23) EDNP(Ethyl 4,4-dinitropentanoate)[1]

$C_7H_{12}N_2O_6$의 분자식을 갖는 물질로 분자량이 220.18g/mol, 밀도가 1.271g/㎤, 비점이 316.9℃, 인화점이 141.2℃이다. 미국에서는 폭발물질로 관리되고 있다.

$$
\begin{array}{c}
\qquad\qquad\qquad\qquad\qquad\qquad\qquad\qquad\qquad\qquad\quad NO_2 \\
\qquad\qquad\qquad\qquad\qquad\qquad\qquad\qquad\qquad\qquad\quad | \\
CH_3 - CH_2 - O - CO - CH_2 - CH_2 - C - CH_3 \\
\qquad\qquad\qquad\qquad\qquad\qquad\qquad\qquad\qquad\qquad\quad | \\
\qquad\qquad\qquad\qquad\qquad\qquad\qquad\qquad\qquad\qquad\quad NO_2
\end{array}
$$

24) ETN(Erythritol Tetranitrate)[1]

〈표 6.4〉 ETN의 물리화학적 특성

CAS 번호	7297-25-8	폭발열(kcal/kg) H_2O(l /g)	1519/1421
분자 구조	CH_2-O-NO_2 CH-O-NO_2 CH-O-NO_2 CH_2-O-NO_2	비에너지(kcal/kg)	260.76
		밀도(g/㎤)	1.6
		융점(℃)	61.5
		융해열(kcal/kg)	-
분자식	$C_4H_6N_4O_{12}$	lead block test(㎤/10g)	-
분자량(g/mole)	302.1	밀폐폭속(m/sec)	-
ΔH_f(kcal/mole)	-	deflagration point(℃)	154~160
산소평형치(%)	+5.3	충격감도(N m)	2
질소 함량(%)	18.55	마찰감도(N)	-
폭발가스량(l /kg)	704	철슬리브테스트 임계직경(mm)	-
외관	무색 결정		

ETN은 차가운 물에는 녹지 않지만 알코올과 에테르에는 녹는다. 효과적으로 냉각하면서 에리스리톨을 농질산에 용해시키고 농황산에 의해서 침전되어 만들어진다. 알코올로부터 무색의 판상으로 결정화된다. ETN은 효과적인 심장약으로 사용된다(유당에 소량 넣어 사용). 순수한 물질은 충격과 마찰에 극도로 예민하다. 물리화학적 특성은 <표 6.4>와 같다.

25) Explosive D[9]

Dunnite, 암모늄피크레이트로 알려져 있는 폭약으로 1906년 미육군소령 Beverly W. Dunn에 의해서 개발되었다. 합성폭약의 암모늄피크레이트편 참조.

26) FEFO(Bisfluorodinitroethyl formal)

FEFO는 밀도가 1.60g/㎤이고 TNT와 비슷한 에너지 출력을 가진 액체폭약으로 보다 파워가 큰 액체폭약 중의 하나로 가소제 및 바인더로 사용되며 분자식이 $C_5H_6N_4O_{10}F_2$이다. 파워 있는 바인더용으로 훌륭한 성능과 충격에 대한 좋은 저항성을 갖는다. 다른 새로운 파워있는 바인더와는 틀리게 FEFO는 좋은 열안정성을 갖는다. FEFO의 단점은 독성이 매우 높다는 것이며 이 때문에 취급 중에 주의가 필요하다. FEFO는 또한 약간 휘발성이 있으며 독성과 관련하여 위험성이 있어 사용 전에 어떤 조성은 테프론 포장으로 밀폐되어 있어야 한다. 융점이 14℃로 상온에서 기름상의 액체로 존재한다.

27) H-6(Composition H-6)[8]

Composition H-6는 주조형의 군용 혼합폭약으로 다음과 같은 조성으로 이루어진다.

RDX/TNT/Al분말/파라핀왁스(둔감제)/염화칼슘=44.0/29.5/21.0/5.0/0.5%.

H-6는 일반적으로 Torpex를 대체하고 충격에 덜 민감하며 보다 안정적인 저장 특성을 갖는 수중탄약(예: 기뢰, 폭뢰 및 어뢰)과 같은 수많은 군사용도에 사용된다. 순수 TNT보다 약 1.35배 강력하다.

28) HBX: High Blast Explosive[10]

미사일 탄두, 지뢰, 폭뢰, 기뢰 및 어뢰의 장약으로 사용되는 폭발물이다. 다음과 같은 세가지 종류의 폭약이 있다. 제2차 세계대전 중에 개발되었으며 Torpex를 둔감화시키기 위해 개발되었다.

〈표 6.5〉 HBX의 종류

성분	HBX-1	HBX-3	H-6
RDX, NC, 염화칼슘 및 칼슘실리케이트	40.4±3%	31.3±3%	45.1±3%
TNT	37.8±3%	29.0±3%	29.2±3%
알루미늄	17.1±3%	34.8±3%	21.0±3%
왁스와 Lecithin	4.7±1%	4.9±1%	4.7±1%

29) Hexotonal[7]

이 이름은 폭발 장약으로 사용되는 여러 가지의 Torpex 타입의 혼합물에 적용된다. 알려진 조성으로는 다음과 같은 것들이 있다.

〈표 6.6〉 Hexotonal의 종류

성분	No.1	No.2	No.3
RDX(%)	40	40	30
TNT(%)	44	40	50
Al(%)	15	15	20
정제파라핀왁스(%)	1	5	0
혼합물에 첨가된 왁스(%)	-	-	1
혼합물에 첨가된 카본블랙(%)	-	-	1.5

30) HNB(Hexanitrobenzene)[11]

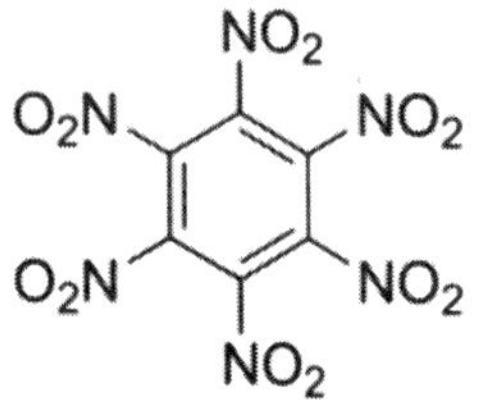

HNB는 $C_6N_6O_{12}$(분자량 348.10)의 분자식을 갖는 고밀도의 폭발물질로 Pentanitroaniline의 아민기를 황산 중 과산화수소로 산화시킴으로써 얻어진다. 빛에 좀 민감하므로 안전하게 사용할 수 없다는 바람직하지 않은 특성을 갖고 있다. 현재 폭발물로 사용되지 않지만 다른 폭발물인 TATB를 생산하는데 전구체로 사용된다. 황색 또는 갈색의 분상 결정물로 밀도가 1.985g/

㎤, 융점이 256～264℃, 폭굉 속도가 9,340m/sec이다.

31) Kel-F800[12]

$$\left[-\overset{F}{\underset{F}{C}}-\overset{F}{\underset{Cl}{C}}- \right]_n$$

TATB 폭약의 바인더로 사용되는 Polychlorotrifluoroethylene(PCTFE 또는 PTFCE)이라고 하는 Fluorocarbon polymer로 3M사의 상품명이다. 1996년에 생산을 중단하였고 현재는 Daikin의 Neoflon PCTFE 또는 Allied Signal의 Aclon과 같은 상품명으로 제조되고 있다. 그러나 Kel-F는 아직도 가장 많이 사용되는 상표명으로 남아있다.

32) LX-01[1]

NM/TNM/1-Nitro propan=51.7/33.2/15.1($C_{1.52}H_{3.73}N_{1.69}O_{3.39}$)의 조성으로 이루어진 액체폭약으로 이론 폭속은 밀도 1.24g/㎤에서 6.84km/sec이다.

33) LX-02-01

Deta Flex의 버전으로 미국 에너지부의 연구 목적으로 제조되었으며 청색으로 착색되고 여러 가지 두께로 제조된다. LX-02-01의 조성은 PETN/Butyl rubber/ATBC(Acetyl tributyl citrate)/Cab-o-sil = 73.5/17.6/6.9/2.0이다. 이론 폭속은 밀도 1.44g/㎤에서 7.37km/sec 이다.

34) LX-08

PETN계의 폭약으로 이론 폭속은 밀도 1.42g/㎤에서 6.56km/sec 이다.

35) LX-13(XTX 8003)[6]

LX-13은 PETN과 Sylgard182로 구성된 압출성의 폭약으로 XTX 8003이라고도 하며 조성은 PETN/Sylgard182 또는 Silicone rubber=80/20으로 이론 폭속은 밀도 1.55g/㎤에서 7.22km/sec 이다.

36) Minol[13]

제2차 세계대전 초반에 영국의 해군이 개발한 군용폭약으로 부족한 상태의 TNT와 RDX를 보급하기 위해 개발되었다. Minol의 알루미늄 성분은 폭발성 펄스를 현저하게 연장시켜 수중 해군 무기에 적합하다. 폭발성 펄스가 긴 폭약은 수중에서 폭발성이 강한 폭약보다도 파괴력이 더 높다. Minol은 포(예: 포병 포탄)에서 발사 된 무기에는 사용할 수 없다. 왜냐하면 250 gs을 초과하는 가속 시에 폭굉의 위험이 있기 때문이다. 다음의 네 가지 조성이 있다. 1950년대 이래, Minol는 우수한 폭발성과 안정적인 저장 특성을 가진 현대의 PBX에 의해서 대체되었다. 지금은 사용하지 않는다.

〈표 6.7〉 Minol의 조성

성 분	함량(중량%)			
	Minol-1	Minol-2	Minol-3	Minol-4
TNT	48	40	42	40
NH_4NO_3	42	40	38	36
KNO_3	-	-	-	4
Al powder	10	20	20	20

37) NM(Nitromethane)[2]

물용해도가 10g/100ml이고 디에틸에테르, 아세톤, 에탄올과 혼합이 가능하다. 폭약으로서 보다는 용제로서 산업적으로 관심을 받는 물질이다. 400℃ 이상의 증기 상에서 메탄을 질산으로 질화시켜 만든다. 니트로메탄은 오일 및 가스정에서의 발파에 사용되었다. PLX(Picatinny Liquid Explosive)는 5% 에틸렌디아민과 니트로메탄의 혼합물로 지뢰밭을 청소하는 데 사용된다. 로켓의 단기추진제 및 액체연료로서 관심의 대상이 되는 물질이다.

〈표 6.8〉 NM의 물리화학 특성

CAS 번호		폭발열(kcal/kg) H_2O(l /g)	1152/1028
분자 구조		비열(kcal/kg)	297.56
		밀도(g/㎤)	1.1385
		응고점(℃)	-29
		비점(℃)	101.2
분자식	CH_3NO_2	lead block test(㎤/10g)	400
분자량(g/mole)	61.0	밀폐폭속(m/sec)	6,290(ρ=1.138에서)
ΔH_f(kcal/mole)	-27.01	deflagration point(℃)	-
산소평형치(%)	-39.3	충격감도(N m)	-
질소 함량(%)	22.96	마찰감도(N)	-
폭발가스량(l /kg)	1059	철슬리브 임계직경(mm)	-
외관	무색의 액체		

38) Octol: HMX/TNT=70/30 또는 75/25[1]

HMX는 TNT보다 2,000m/sec 이상 폭굉 속도가 빠르고 이 혼합폭약의 주성분이므로 Octol의 맹도를 짐작할 수 있다. 응용분야는 성형폭약과 유도미사일 및 자탄에 사용되는 탄두와 같은 군용에 일반적으로 사용한다. Octol은 Composition B와 Cyclotol과 같은 RDX 기반의 폭약보다도 약간 비싸다. Octol의 장점은 필요한 장약의 크기와 무게를 상당히 줄일 수 있다는 것이다. 이것은 유도미사일과 같은 첨단 무기가 관련된 중요 고려사항이다. 가볍기는 하지만 효과적인 탄두는 중량대비 우수한 파워를 의미한다. 그 결과 비행 거리가 길고 비행 시간이 긴 고속미사일이 된다. 결과적으로 목표물은 공격 대상을 인식하고 회피할 기회가 줄어들게 된다. 조성의 성능은 다음과 같다.

〈표 6.9〉 Octol의 조성과 성능

항 목	단위	70/30	75/25
밀폐 폭속	m/sec	8377	8643
밀도	g/㎤	1.80	1.81
폭발가스량	l /kg	827	825
폭발열(H_2O liquid)	kcal/kg	1112	1147

39) Pentolite[1]

용융시켜 주조하여 만들 수 있는 TNT와 PETN의 혼합폭약으로 성형장약 및 ANFO와 같은 3차 폭약의 부스터로 사용된다. 50/50 조성물은 밀도가 1.65g/㎤로 폭속이 7,400m/sec이다.

40) Polymer-bonded explosive[5]

PBX 또는 플라스틱 폭발물이라고도 불리며 소량의(일반적으로 5~10중량%) 합성 고분자 물질을 사용한다. 일반적으로 주조물로 쉽게 녹지 않거나 성형하기 어려운 폭발성 물질에 사용된다. 1952년 로스 알라모스 국립 연구소(Los Alamos National Laboratory)에서 처음 개발되었으며 디옥틸 프탈레이트 가소제와 함께 폴리스티렌에 내장된 RDX였다. 1960년대와 1970년대에 Gun shells 과 Apollo Lunar Surface Experiments Package(ALSEP) 지진 실험을 위해 테프론을 바인더로 하는 HMX조성물이 개발되었지만 후자의 실험은 일반적으로 HNS를 사용하는 것으로 인용되어왔다.

RDX 또는 옥토겐과 같은 고맹도의 결정성 폭발물이 폴리설파이드, 폴리부타디엔, 아크릴산, 폴리우레탄 등과 같은 경화성 또는 여러 가지 첨가성의 플라스틱 내에 내장될 수 있다. 혼합물은 원하는 형태로 경화된다. 알루미늄 분말과 같은 다른 성분도 혼합될 수 있다. 만들어진 제품의 크기는 원하는 대로 만들어질 수 있으며 고무와 같은 탄성을 포함하는 특정의 기계적 특성을 부여할 수 있다. 또한 포일의 형태로 만들어질 수 있다. 플라스틱은 또한 RDX와 바셀린 또는 젤라틴화된 액체 질소 화합물의 혼합물을 의미한다. 또한 플라스틱과 니트라민(예: RDX)를 혼합함으로써 로켓과 총의 추진 장약이 또한 개발되었다. 낮은 열 및 충격 감도가 필요한 경우 플라스틱 폭약과 플라스틱 추진제가 좋을 것이다. <표 6.10>와 같은 제품들이 있다.

〈표 6.10〉 Polymer-bonded explosive의 종류

이름	폭약	바인더	용도
EDC-29	β-HMX 95%	HTPB 5%	UK composition
EDC-37	HMX/NC 91%	polyurethane rubber 9%	
LX-04-1	HMX 85%	Viton-A 15%	고폭속: 핵폭탄
LX-07-2	HMX 90%	Viton-A 10%	고폭속: 핵폭탄
LX-09-0	HMX 93%	BDNPA 4.6% FEFO 2.4%	고폭속: 핵폭탄 가소제와 바인더가 노화 및 분리되는 것으로 판명됨, 심각한 안전문제를 야기

LX-09-1	HMX 93.3%	BDNPA 4.4% FEFO 2.3%	
LX-10-0	HMX 95%	Viton-A 5%	고폭속: 핵폭탄
LX-10-1	HMX 94.5%	Viton-A 5.5%	
LX-11-0	HMX 80%	Viton-A 20%	고폭속: 핵폭탄
LX-14-0	HMX 95.5%	Estane & 5702-Fl 4.5%	
LX-15	HNS 95%	Kel-F 800 5%	
LX-16	PETN 96%	FPC461 4%	FPC461은 vinyl chloride: chlorotri fluoroethylene 공중합체로 감마선에 대한 반응이 연구됨
LX-17-0	TATB 92.5%	Kel-F 800 7.5%	고폭속, 둔감함: 핵폭탄
PBX9007	RDX 90%	Polystyrene 9.1% DOP 0.5% rosin 0.4%	
PBX9010	RDX 90%	Kel-F 3700 10%	고폭속: 핵폭탄
PBX9011	HMX 90%	Estane & 5703-FI10%	고폭속: 핵폭탄
PBX9205	RDX 92%	Polystyrene 6% DOP 2%	1947년 Los Alamos에서 개발, 후에 PBX라고 명명
PBX9404	HMX 94%	NC 3% CEF 3%	고폭속: 핵폭탄 심각한 안전문제가 NC바인더의 노화와 분해에 의해 발생
PBX9407	RDX 94%	FPC461 6%	
PBX9501	HMX 95%	Estane 2.5% BDNPA-F 2.5%	고폭속: 핵폭탄 고폭약 조성으로 가장 널리 연구된 조성의 하나
PBS9501	-	Estane 2.5% BDNPA-F 2.5% 사분된 백설탕 95%	PBX 9501의 기계적특성을 갖는 비활성 모조품
PBX9502 (x-0290)	TATB 95%	Kel-F 800 5%	고폭속, 둔감, 최근 미국 핵폭탄에 사용덜 안전한 폭약을 대체하기 위한 기존 탄두의 개조
X-0219	TATB 90%	Kel-F 800 10%	
X-0204	HMX 83%	Teflon 17%	
PBX9503	TATB 80% HMX 15%	Kel-F 800 5%	
PBX 9604	RDX 96%	Kel-F 800 4%	
PBXN-106	RDX	polyurethane rubber	해군용 포탄
PBXN-3	RDX 85%	Nylon	AIM-9X Sidewinder Missile
PBXN-5	HMX 95%	fluoroelastomer 5%	해군용 포탄
PNXN-9	HMX 92%	HYTEMP 4454 2% Diisooctyl daipate(DOA) 6%	
X-0242	HMX 92%	Polymer 8%	
XTX8003	PETN 80%	Sylgard182 20%	고폭속, 압출성이 있음: 핵폭탄
XTX8004	RDX 80%	Sylgard182 20%	

※ BDNPA-F: PBX(Plastic bonded explosives)의 폴리머 가소제로, BIS 2,2-Dinitropropyl acetate(BDNPA)와 BIS

2,2-Dinitropropyl formal(BDNPF) 의 50%:50% 공융혼합물

※ FEFO: Bis(1-fluoro-2,2-dinitroethyl) formal, $C_5H_6N_4O_{10}F_2$, 비중 1.60g/㎤의 액체폭약

※ CEF: chloroethyl phosphate , PBX의 가소제로 사용

※ Kel-F: PCTFE (PolyChloroTriFluoroEthylene) 폴리머의 , chlorotrifluoroethylene과 vinylidine fluoride의 3:1 조성물, 3M의 상품명으로 현재 생산 중단 - 다른 것으로는 Neoflon과 Aclon이 있으며, LX-17과 PBX-9502와 같은 PBX와 둔감한 고폭약에 사용

41) SINOXID Primer Composition[1]

SINOXID는 DYNAMIT NOBEL AG의 전통적인 프라이머 조성물에 대한 상표이다. 조성은 Rathsburg와 Herz에 의해서 개발되었고 1928년 Tetracenetricinate primer 조성으로 특허 등록되었다. SINOXID라는 용어는 사인(Sine)과 산화물(Oxide)로 구성되며 녹슬지 않음을 의미한다. 이 조성물은 뇌홍 또는 $KClO_3$ 혼합물에 대해서 쉽게 부식되지 않는다는 사실을 강조한다. SINOXID 조성물은 Lead tricinate, Tetracene, 질산바륨, 이산화납, 삼유화안티몬, 및 칼슘 실리사이드의 성분으로 구성된다. 이 성분들은 현재 탄약 기술에 적용되고 있는 모든 요구사항을 충족한다. SINOXID 조성물은 화학적 안정성과 저장 수명이 매우 우수하므로 침식 및 부식이 없고 추진제를 정밀하게 점화시킨다.

42) TFENA(2,2,2-Trifluoro-ethylnitramine)

분자식이 $C_2H_3N_2O_2F_3$인 폭약으로 밀도가 1.523g/㎤, 폭굉 속도가 6,650m/sec이며 생성열이 -166kcal/mol이다.

43) TFNA(1,1,1-Trifluoro-3,5,5-trinitro-3-azahexane)

분자식이 $C_5H_7N_4O_6F_3$인 폭약으로 밀도가 1.692g/㎤, 폭굉 속도가 7,400m/sec인 폭약이다.

44) TNM(Tetranitromethane)[1]

TNM은 물에 녹지 않지만 알코올과 에테르에는 용해된다. 휘발성화합물은 폐를 강하게 공격한다. 산소가 풍부한 유도체로 그 자체는 폭발하지는 않지만 톨루엔과 같은 탄화수소와의

혼합물은 맹도가 상당히 높은 혼합물을 형성한다. TNM은 고온에서 농축산으로 방향족탄화수소를 질화하는 과정 중에 링을 개방시키면서 부산물로 형성된다. 또한 촉매로서 질산수은의 존재 하에 아세틸렌을 질산과 반응시킴으로써 제조될 수 있다. 보다 최근의 방법에 따르면 TNM은 냉각된 100%의 질산에 케톤을 느리게 가함으로써 만들어진다. 반응혼합물을 얼음물에 부어 넣으면 TNM이 분리되어 나온다. TNM과 유기연료의 혼합물은 충격과 마찰에 매우 민감하며 폭발이나 빠른 폭연에 의해 자발적으로 반응할 수 있다.

〈표 6.11〉 NM의 물리화학 특성

CAS 번호	509-14-8	폭발열(kcal/kg)	526
분자 구조	O_2N NO_2 C O_2N NO_2	비에너지(kcal/kg)	161.81
		밀도(g/㎤)	1.6377
		융점(℃)	13.75
		비점(℃)	126
분자식	CN_4O_8	lead block test(㎤/10g)	-
분자량(g/mole)	196.0	밀폐폭속(m/sec)	6,360(ρ=1.637에서)
ΔH_f(kcal/mole)	+9.19	deflagration point(℃)	-
산소평형치(%)	+49.0	충격감도(N m)	-
질소 함량(%)	28.59	마찰감도(N)	-
폭발가스량(l /kg)	685	철슬리브테스트 임계직경(mm)	-
외관	톡쏘는 냄새가 나는 무색의 액체		

45) Torpex[1]

RDX=42%, TNT=40%, 분말 Al=18%, Wax=1%의 조성으로 이루어진 2차 폭약으로 TNT보다 50% 강력하다. 2차 세계대전에서 1942년 후반부터 사용되었다. 어뢰에 사용하기 위해 원래 개발된 것으로 Torpedo explosive의 약어이다. Torpex는 수중 탄약에 특히 유용하다는 사실이 입증되었다. 알루미늄이 폭발적인 펄스를 오래 지속시켜 파괴력을 증가시키기 때문이다.

밀도가 1.81g/㎤으로 이 밀도에서 폭발속도는 7,600n/sec이다. Torpex는 어뢰 및 Upkeep, Tallboy 및 Grand Slam 폭탄과 같은 중요한 용도에만 사용되었다. 이것은 아프로디테 작전 무인기에도 사용되었다. Torpex는 오랫동안 H6 및 PBX에 의해서 대체되어 왔다. 그래서 이제는 사용되지 않으며 오래된 군수품에서나 볼 수 있다.

46) Trialenes[1]

TNT, RDX 및 Al 분말의 혼합물로 80/10/10, 70/15/15, 60/20/20, 50/10/40의 조성이 있다. 2차 세계대전 중에 폭탄 및 어뢰 탄두로 사용되었다.

47) 트리토날(Tritonal)[3]

20～40%의 알루미늄과 80～20%의 TNT로 이루어진 주조성의 혼합폭약이다. 공중투하폭탄과 같은 여러 종류의 무기에 사용된다. 알루미늄은 총열량을 개선시키고 그에 따라 폭발파가 양의 시간을 더 오랫동안 지속시킬 수 있는 TNT의 충격을 향상시킨다. 트리토날은 TNT 단독보다 약 18% 더 강력하다.

참고문헌

1. R. Meyer(2007), Explosives(6th), Wiley-VCH & Co. KGaA, Weinheim
2. Wikipedia, (2017.9.10.), Nitromethane,
   https://en.wikipedia.org/wiki/Nitromethane, (2017.9.12 방문)
3. Wikipedia, (2017.4.16), Tritonal, https://en.wikipedia.org/wiki/Tritonal, (2017.9.13 방문)
4. Wikipedia, (2017.8.30), Detasheet, https://en.wikipedia.org/wiki/Detasheet, (2017.9.13 방문)
5. Wikipedia, (2017.9.10), Polymer-bonded explosive,
   https://en.wikipedia.org/wiki/Polymer-bonded_explosive, (2017.9.13 방문)
6. Terry R. Gibbs, Alphonse Popolato(1980), LASL Explosive Property Data, University of California Press.
7. Headquarters, Department of the Army(1989), Washington DC, Military Explosives.
8. Wikipedia, (2017.8.30), Composition H-6,
   https://en.wikipedia.org/wiki/Composition_H6, (2017.9.13 방문)
9. Wikipedia, (2017.9.10), Dunnite, https://en.wikipedia.org/wiki/Dunnite, (2017.9.13 방문)
10. Wikipedia, (2017.9.10), High Blast explosive,
    https://en.wikipedia.org/wiki/High_Blast_Explosive, (2017.9.13 방문)
11. Wikipedia, (2017.9.10.), Hexanitrobenzene,
    https://en.wikipedia.org/wiki/Hexanitrobenzene, (2017.9.13 방문)
12. Wikipedia, (2017.9.10), Polychlorotrifluoroethylene (PCTFE or PTFCE),
    https://en.wikipedia.org/wiki/Polychlorotrifluoroethylene, (2017.9.13 방문)
13. Wikipedia, (2017.9.10.), Minol,
    https://en.wikipedia.org/wiki/Minol_(explosive), (2017.9.13 방문)

제3편

혼합화약류

합성화약류가 단일물질로 되어있는 것에 비해 혼합화약류는 두 가지 이상의 화약류 또는 비화약류가 혼합되어 만들어진다. 인류가 최초로 발명한 화약류는 흑색화약으로 질산칼륨, 목탄 및 유황의 세 가지 물질로 혼합하여 만들어진다. 흑색화약의 원료 세 가지는 각각으로 보면 화약류가 아니지만 세 가지를 혼합했을 때 비로소 화약류의 성질을 갖게 된다. 비화약류로 조성된 화약류들은 일반적으로 불꽃에 의해 점화가 되며 뇌관과 같은 충격파에 의해서 기폭되는 합성화약류에 비해서는 위력이 약하다. 고정되어 있는 합성화약류와는 달리 조성에 따라서 여러 가지 성능의 제품을 제조할 수 있으므로 유연성이 있다고 하겠다. 흑색화약 외에도 불꽃놀이에 사용되는 각종 색화제/폭음제/연막제, 신호기에 사용되는 조명 및 연막제, 자동차용에어백에 사용되는 인플레이타용 가스발생제 그리고 뇌관에 사용되는 점화약, 착화약 등도 여기에 속한다. 합성화약류와 합성화약류 또는 합성화약류와 비화약류를 혼합하여 조성되는 혼합화약류들도 있다. 합성화약류끼리의 혼합 목적은 대부분 융점이 높은 합성화약류를 융점이 낮은 TNT 등과 섞어서 부어서 주조시키기 위한 목적으로 주로 군용으로 사용된다. 합성화약류와 비화약류의 혼합 목적은 대부분 산업용 화약류이며 첫째가 산소평형을 맞추어 후가스를 개선하고 위력을 최대화하기 위함이고 두 번째가 생산단가를 낮추기 위함이다. 산소평형을 맞추는 것은 산업용폭약에서 매우 중요한데 산소평형을 맞추지 않으면 CO, NOx 등의 독성가스들이 많이 발생하여 특히 탄광 등의 언더그라운드 작업장에서는 작업자에게 위험요소가 된다. 또한 이러한 CO, NOx의 발생은 에너지 손실로 연결되기 때문에 이들을 최소화하기 위한 제로의 산소평형치로 설계하는 것이 무엇보다도 중요하다. 교질다이너마이트가 대표적으로 생산 단가를 낮추기 위한 조성이며 이는 산업용 화약류에서는 필수적인 사항이다. 원래는 NG와 NC를 약 92~93: 7~8%로 혼합한 블라스팅젤라틴(니트로겔)을 처음 발파에 사용하였으나 후에 여기에 값이 싼 원료인 질산암모늄, 질산나트륨, 요소, 밀가루, 전분, 소금 등의 싼 원료들을 최대 80%까지 넣어 만든 저가의 젤라틴다이너마이트로 개발되어 사용되었다. 물론 이러한 원료들을 넣어 만들 때 산소평형치를 맞추는 것은 필수적이다. 또한 산업용 화약류는 수년간 사용가능성이 낮은 군용화약류와는 달리 거의 1년 내에 사용되는 것이 일반적이므로 군용화약류와 같이 안정제와 같은 첨가제를 넣을 필요가 없다.

그리고 만들어진 제품은 광산에서 거의 100% 사용되므로, 절대로 불폭이 되어서는 안되는 완전한 품질을 필요로 한다. 일반적으로 혼합화약류는 [그림 7.1]과 같이 나눌 수 있다.

[그림 7.1] 혼합화약류의 분류

제7장

흑색화약

혼합화약은 불꽃 및 각종 프라이머에 의해서 점화되어 연소 속도 약 400m/sec 이하로 폭연되는 물질들을 말한다. 산화제와 연료 등의 비화약물질로 구성된 화약과 화약류 물질로 구성된 화약들이 있으며 대부분 추진제, 불꽃놀이, 신호장치, 가스발생제 등으로 사용된다.

흑색화약은 약 4세기경에 중국에서 발명된 이래로 불꽃놀이, 무기, 발파 등에 사용되어 온 가장 오래된 화약류이다. 파이로테크닉 기술자들에 의해서 제조된 현재의 표준 건파우더(Gunpowder, 추진제) 조성은 18세기 이전에 채택되었으며 그 비율은 KNO_3/목탄/유황=75/15/10이었다. 이 비율은 수세기에 걸쳐 변경되었으며 목적에 따라서 약간씩 변경되었다. 예를 들어 17세기부터 시작한 암석 발파에 사용하는 조성은 KNO_3/목탄/유황=70/14/16이었으며 건파우더라기보다는 블라스팅 파우더(Blasting powder)로 불렸다. 또한 19세기에 빅포드에 의해서 개발된 도화선에 사용되는 흑색화약은 목적상 보다 느린 조성이 필요하였으며 KNO_3/목탄/유황=60/15/25가 표준이 되었다. 그러나 조성보다는 도화선의 1미터당 연소시간이 더 중요했으므로, 이 조성도 연소시간이 미달되거나 초과될 경우에는 약간의 조성 변경을 통해서 작업이 이루어졌다. 건파우더(추진제)로서의 흑색화약은 현재에는 거의 사용되지 않는다고 보면 된다. 흑색화약은 연기와 잔사가 많기 때문에 총열에 스케일이 많이 끼어 자주 청소해야 하는 문제점이 있기 때문이며 이의 대체용으로 현재에는 많은 종류의 무연화약이 개발되어 있기 때문이다.[4] 그러나 흑색화약은 상온에서의 연소 특성이 매우 좋기 때문에 현재에도 점화제, 초기 발사약으로 사용되고 있다. 발파용으로서의 흑색화약도 19세기 알프레드 노벨의 다이너마이트가 출현하면서부터 현격히 감소하기 시작하였으며 그나마 최근까지지도 비석, 건물외장용 대리석 등 채암용에 사용하던 것도 도폭선이나 정밀폭약 등에 의해서 대체되어 이제는 생산되고 있지 않다. 종합적으로 말하면 추진제, 발파약 및 도화선 심약에 사용하던 흑색화약이 무연화약류의 개발, 다이너마이트와 같은 고위력의 발파약의 출현 및 전기뇌관, 비전기뇌관 및 전자뇌관의 등장으로 거의 사라지게 되었다. 그러나 역사상으로 가장 중요한 화약이고 천년 이상의 역사를 가지고 있는 불꽃놀이에서는 아직도 계속 사용되고 있으므로 화약 및 파이로테크닉 기술자들에게는 계속 다루어야 할 화약으로 여겨지고 있다. 조성에 따른 흑색화약의 종류와 위력은 <표 7.1>과 같다. <표 7.1>의 RQ는 상대 연소 속도를 비교한 것으로 Class-1 입상화약을 기준으로 비교한 것이다. RQ는 CBT(Closed Bomb Test)에서 Absolute Quickness(△P/△t)를 구한 다음에 입상BP Class-1을 100으로 했을 경우의 상대 비교치로서 반응속도의 정도를 나타낸 것이다.

〈표 7.1〉 조성에 따른 흑색화약의 종류와 위력

항 목		도화선 흑색화약	구상 흑색화약	입상 흑색화약
조성 (%)	KNO_3	60	70	74
	Charcoal	15	14	15.6
	S	25	16	10.4
RQ(Relative Quickness) reference=입상흑색화약		30~40%	50~60%	100%

이론에너지는 Stettbacher의 흑색화약 연소반응식을 근거로 계산할 수 있으며 그 연소반응식은 다음과 같다.

$$2KNO_3 + 3C + S = K_2S + 3CO_2 + N_2$$

이때 산소평형치가 제로가 되는 조성이 KNO_3/C/S=74.8/13.3/11.9이며 이때의 이론에너지는 620kcal/kg이다. 기타 흑색화약의 연소반응식에 대한 이론들로는 다음과 같은 것들이 있다.

○ Sukharevskii & Pershakov의 이론

$$74KNO_3 + 16C_6H_2O(Charcoal) + 32S \rightarrow 56CO_2 + 3CH_4 + 2H_2S + 4H_2 + 35N_2 + 19K_2CO_3 + 7K_2SO_4 + 2K_2S + 8K_2S_2O_3 + 2KCNS + (NH_4)_2CO_3 + 14CO + C + 3S$$

○ Bofors Manual

$$20KNO_3 + 32C + 8S \rightarrow 5K_2CO_3 + K_2SO_4 + K_2S_2O_3 + 3K_2S + 2S + 11CO_2 + 16CO + 10N_2$$

7.1 흑색화약의 원료

1) 질산칼륨

〈표 7.2〉 질산칼륨의 물리화학적 특성

CAS 번호	7757-79-1	분자량(g/mole)	101.1032
분자 구조	$O=N^{+}(O^{-})O^{-}K^{+}$	ΔH_f(kcal/mole)	-118.21
		밀도(g/㎤)	2.109
		융점(℃)	334
		비점(℃)	400(분해)
분자식	KNO_3	인화점	-
외관	백색 고체, 무취		

질산칼륨은 칼륨이온 K^+와 질산이온 NO_3^-의 이온염이다. 광물 Niter로서 존재하며 자연적으로 존재하는 고체상의 질소공급원이다. 질산칼륨은 총체적으로는 초석(Saltpeter)로 간주되는 여러 질소함유화합물 중의 하나이다. 질산칼륨의 주 용도는 비료, 음식첨가제, 로켓추진제 및 연화이며 건파우더 원료 중의 하나이다. 질산칼륨은 상온에서 사방정계 결정구조를 가지며 129℃에서 삼방정계 시스템으로 변환된다. 560℃ 이상의 온도로 가열하면 아질산칼륨(Potassium nitrite)으로 분해되면서 산소를 방출한다.

$$2KNO_3(560℃\ 가열) \rightarrow 2KNO_2 + O_2$$

질산칼륨은 물에 적당히 용해되며 온도에 따라 증가한다. 수용액은 거의 중성을 띠며 14℃의 10% 용액은 pH=6.2를 나타낸다. 흡습성은 그다지 심하지 않아 80%의 상대습도에서 50일동안 두어도 약 0.03%만 흡수한다. 알코올에는 용해되지 않으며 독성이 없다. 환원제와 혼합되면 폭발적으로 반응할 수 있으나 그 자체는 폭발성이 없다. 질소와 칼륨원으로서 비료에 주로 사용되며 이것은 식물의 두 가지 중요한 영양소이다. 효율적인 산화제이며 칼륨이 존재하기 때문에 연소 시 라일락 칼라의 불꽃을 방출한다. 흑색화약의 주요성분으로 흑색화약 로켓모타에 사용되며 설탕과 같은 연료와 혼합되어 로켓캔디(Rocket candy)를 만드는데 사용된다. 또한 사카로오스(Sucrose)와 혼합되어 불꽃놀이용 연기폭탄에 사용된다. 또한 담배에 첨가되어 담배가 계속적으로 연소 유지가 되도록 해준다.

2) 목탄(Charcoal)

목탄의 실험식은 C_8H_4O이며 파이로테크닉에서 광범위하게 사용되며 산화제와 혼합 시에 미세하게 분쇄되어 산화제와 긴밀히 접촉되는 것이 필요하기 때문에 목질이 유연하고 엉성한(바람이 든) 목재를 탄화시킨 것이 좋다. 또한 쉽게 점화되고 회분이 적은 것이 좋다. 오동나무, 버드나무, 개암나무와 같이 셀룰로오스가 풍부하고 가벼운 것이 적당하다고 권장되어 왔으나 최근에는 소나무 등도 사용되고 있다. 이외에도 흑색화약용으로 사용될 수 있는 나무로는 오리나무, 전나무, 오크나무, 너도밤나무, 서양물푸레나무, 발사나무 등이 있다.

많은 형태의 목탄이 존재하며 각기 고유의 특성이 있다. 수분, 재, 카본, 수소, 산소 및 다양한 휘발성을 함유하는 복잡한 유기물이다. 이러한 요소들의 모두는 불꽃놀이에 필수적으로 사용된다. 버드나무 또는 포도덩굴나무는 흑색화약에 상당히 좋으나 반면에 소나무와 같은 단단한 나무의 목탄은 일반적으로 스파크 효과를 내는데 사용된다. 동일한 나무의 종류라면 탄화온도가 낮을수록 목탄의 착화성이 좋아지며 그 대신에 흡습성이 커진다. 흑색화약의 종류에 따라 탄재질의 종류나 탄화의 정도를 선정할 필요가 있다.

입자의 크기와 목탄의 제조공정은 또한 특수 목적용의 목탄의 품질에 중요한 역할을 한다. 아주 미세한 목탄은 공기 중에 부유되며 그래서 때때로 "Airfloat"라고 한다. 미세한 목탄 분진은 호흡에 의해 쉽게 흡입될 수 있기 때문에 작업할 때 분진마스크를 사용해야 한다. 바로 구어진 목탄은 분말상태가 아니더라도 자연 발화될 수 있으며 화약조성에 사용하기 전에 적어도 하루 이상 방치해야 한다.

소나무 목탄은 스파크를 오랫동안 지속시키는데 좋으며 사시나무 또는 버드나무 목탄은 속도가 빠른 흑색화약을 만든다. 중국에서는 가장 빠른 흑색화약에 케나프(Kenaf, 삼) 목탄을 사용한다고 한다. 시링길 리그닌(Syringyl lignin)을 갖는 나무로부터 만든 목탄은 빠른 연소 속도를 갖는 것으로 설명될 수 있다. 또한 유황이 없는 흑색화약은 유황이 있는 흑색화약보다 빠르게 연소한다고 한다.

탄화로는 크게 나누어 건류식과 흙가마식의 2종류가 있으며 어느 방식을 사용하여도 좋다. 탄화과정에서 지방족화합물은 증류되어 날아가거나 방향족으로 쉽게 전환된다. 250℃에서 가열하면 기공이 만들어지지 않아 상당한 양의 손실이 발생한다. 300℃에서 소나무와 포플러는 기공을 만들며 8시간 탄화 후에 최대의 방향족 탄소 함량에 도달하며 그 이후에 함량이 감소하기 시작한다. 350℃ 이상에서는 기공이 만들어질 것이며 가열한지 1시간 후에 방향족

탄소가 급격히 감소할 것이다. 기공의 존재는 방향족 탄소의 손실과 동시에 일어나며 이것은 지방족의 방향족으로의 전환이 멈추고 방향족 탄소가 제거되고 있을 때까지는 기공이 만들어지지 않는다는 것을 나타낸다. 가열이 길어지면 기공을 합치거나 감소시키는 축합고리구조가 만들어진다는 말이 있다. 나무는 약 2/3가 셀룰로오스 그리고 1/3이 리그닌으로 이루어져 있다. 리그닌에는 Parahydroxyphenyl, Guaiacyl 및 Syringyl의 세 가지 타입의 페닐프로파노이드(Phenyl- propanoid) 성분이 존재한다. 리그닌의 50퍼센트의 중합체 결합이 Beta-O-4이거나 페닐프로파노이드의 결합이다. 이러한 결합의 분열은 리그린의 충분한 해중합의 결과로 일어난다. 250℃에서 리그닌은 거의 분해되지 않으나, 300℃ 이상에서는 많은 변화가 보인다. 따라서 결론적으로 목탄을 만드는 탄화시간, 온도 등에 대한 정보는 다음과 같으며 이 정보를 바탕으로 목탄을 만들면 좋은 흑색화약용 목탄을 만들 수 있을 것이다.

- 탄화온도와 시간은 모두 구어진 목탄의 특성에 상당한 영향을 미친다.
- 원료 목재는 구어진 목탄의 특성에 영향을 준다.
- 원료 목재는 빠르게 균일한 가열을 위해서 작은 크기로 되어야 한다.
- 250℃의 탄화온도는 너무 낮다.
- 300℃에서의 탄화시간은 짧아야 하며 8시간 이상을 넘어서는 안 된다.
- 350℃에서의 탄화시간은 1시간을 초과해서는 안 된다.
- 350℃ 이상에서의 탄화시간의 조절은 어렵다.
- 탄화로는 온도를 조절할 수 있어야 한다.
- 탄화로는 균일하게 가열되어야 한다.

3) 유황(Sulfur)

황 또는 유황(硫黃), 석류황(石硫黃)은 화학 원소의 하나이다. 원자 번호가 16으로 맛과 냄새가 없는 비금속 원소이다. 자연 상태에서는 순수한 황, 또는 황화물이나 황산염의 형태로 존재한다. 생명에 필수적인 원소로 두 종류의 아미노산에 황이 포함되어 있다. 비료의 주성분이며, 그밖에 화약, 성냥, 살충제, 살균제 등에도 쓰인다.

〈표 7.3〉 유황의 물리화학적 특성

CAS 번호	7704-34-9	분자량(g/mole)	32.065
분자 구조 (결정 구조)	사방정계 $a \neq b \neq c$	ΔH_f(kcal/mole)	0
		밀도(g/㎤)	(α)2.07 (β)1.96 (γ)1.92 (액체)1.819
		융점(℃)	115.21
		비점(℃)	444.6
		융해열(kcal/mol)	0.413
분자식	S	증발열(kcal/mol)	10.755
외관	레몬 황색의 마이크로결정체		

황은 기원전부터 알려진 원소지만 원소임이 밝혀진 것은 고작 200여 년밖에 되지 않았다. 화산지대에서 황색의 결정으로 많이 존재하는 물질이다. 황화합물로서 온천에도 들어있어서 독특하고 강한 냄새를 발산하는 원소로도 알려져 있다. 또 마늘이나 양파에도 황화합물이 들어있어서 자극성이 강한 특유의 냄새를 발생시킨다. 머리카락이나 손톱을 태울 때 나는 냄새는 황이 포함된 아미노산(시스테인 등)에서 나는 것이다.

황은 원소들 중에서 동소체가 가장 많으며 알파황, 베타황, 고무황, 존슨황, 아자황 등이 있다. 이들 동소체 중에서 안정된 것은 알파 황 뿐이기 때문에 상온에 놔두면 다른 동소체는 알파황으로 변해 버린다.

황이 발견된 당시의 고대 그리스에서는 소독에 황을 이용하고 있었다. 현대에도 피부병의 치료약 등 의약품의 원료로 이용된다. 또 불타는 물질로도 알려져 화약의 재료로도 쓰인다. 유황은 연료의 역할을 함과 동시에 혼합물 연소에 필요한 온도를 낮추어 주며 그것에 의해서 연소 속도를 증가시킨다.

7.2 흑색화약의 종류별 특성 및 제조 방법[1, 2, 3]

7.2.1 도화선용 분상흑색화약

도화선용 분상흑색화약은 도화선의 연소시간을 100～140sec/m를 기준으로 만들어야 한다. 목탄의 나무종류, 탄화정도, 입자크기, 기공정도에 의한 연소시간의 변화가 크므로 ±5～

10%의 조성 변화로 보정될 수 있다. 제조직후 도화선을 만들어 시험했을 때, 초시가 기준 보다 짧으면 유황을 첨가하여 더 보정을 하며 길면 질산칼륨을 첨가하여 보정한다.

7.2.1.1 제조방법

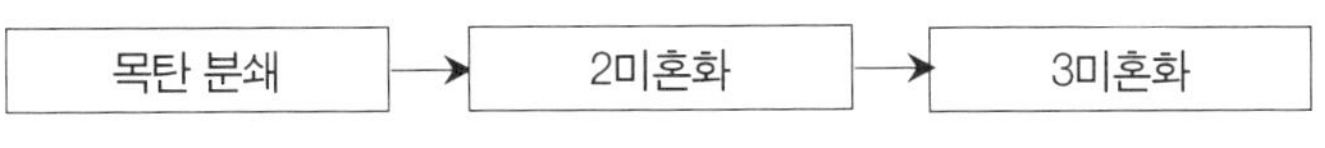

[그림 7.2] 도화선용 분상흑색화약의 제조공정

(1) 목탄 분쇄

숯을 굽게 되면 덩어리 형태가 되며 혼화작업을 효율화시키려면 이것을 분말 형태로 만들기 위한 분쇄작업이 필요하다. 고전적으로는 철제 볼밀(Ball Mill)을 사용한다. 드럼형의 볼밀 내에는 골고루 분산이 잘 되기 위해서 배플이 설치되어 있으며 평균 직경 10~50mm의 쇠볼 또는 신주볼들이 약 50부피% 채워져 있다. 약 1시간 반에서 2시간에 걸쳐 분쇄가 이루어진다.

이해를 돕기 위해서 볼밀과 그의 작동도를 [그림 7.3]에 나타내었다. 이때 주의할 점은 분쇄되는 목탄은 반드시 구운지 일주일 이상 방치시켜 안정화된 것을 사용해야 한다. 그렇지 않으면 분쇄 중에 목탄에 불이 붙어 벌겋게 되는 경우를 당할 수가 있다. 문헌에는 하루 이상이라고 했지만, 안전하게는 7일 이상을 안정화시키는 것이 좋다.

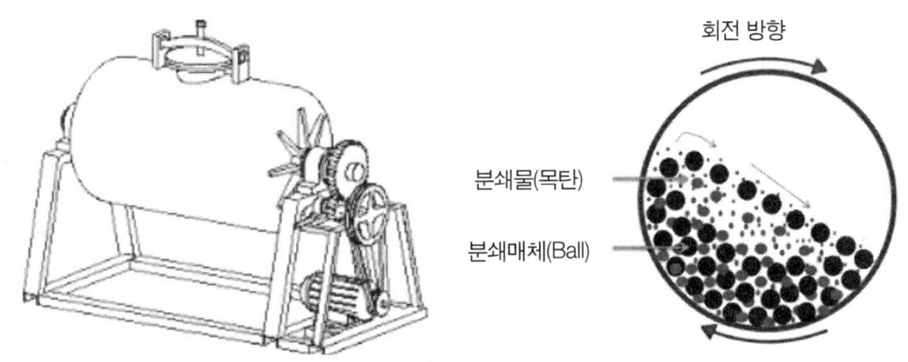

[그림 7.3] 볼밀과 그의 작동도

(2) 2미 혼화

목탄 분쇄가 끝나면 볼밀의 내용물을 꺼내지 말고 그대로 조성비에 맞추어 유황을 계량하여 투입한 후 약 2시간 이상을 돌려 목탄과 유황의 2성분을 골고루 잘 혼합한다. 혼합한 후에는 시브를 이용해서 쇠볼과 2미 혼화물을 분리한다. 2미 혼화까지는 아직 화약이 아니므로 마찰과 충격이 있는 신주볼이나 쇠볼을 사용해도 문제가 없다.

(3) 3미 혼화

3미 혼화는 2미 혼화물에 분상의 질산칼륨을 넣어 혼화하는 과정으로 여기서 부터는 화약이 만들어지므로 상당한 주의가 요구되며 작업도 흙둑(토제)이 있는 공실에서 원격으로 이루어진다. 3미혼화기는 목제 볼밀로 내면에는 가죽으로 코팅을 해 놓아 마찰이나 충격이 최소화되도록 하였고 혼화에 사용되는 볼도 고무볼과 나무볼을 사용한다. 약 2시간 이상 돌려 3성분을 골고루 잘 혼합한 다음에 시브를 이용해서 고무볼/나무볼과 3미 혼화물을 분리한다.

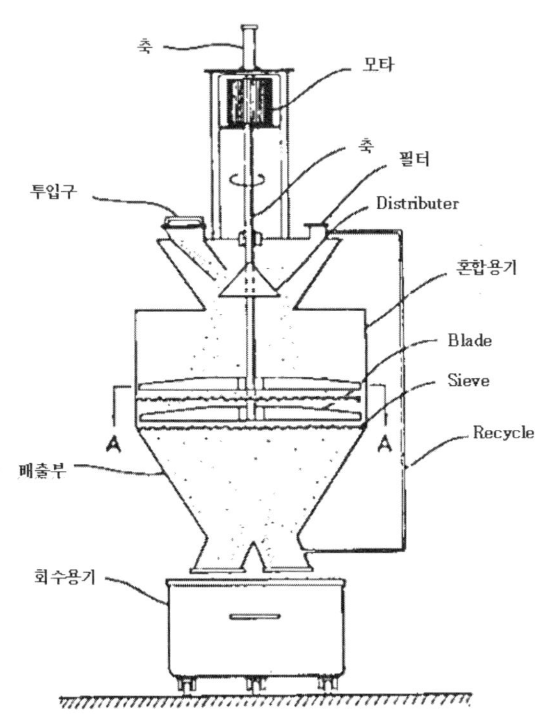

[그림 7.4] 대한민국 특허20008584의 분체혼화기

그러나 이러한 고전적인 3미 혼화 작업 방법은 고무볼/나무볼의 마찰/충격의 큰 운동량 때문에 항상 폭발의 위험성이 존재하였고 또한 혼합후 배출시 발생되는 흑색화약 분진으로 인한 작업자의 미세한 흑색화약 분진의 흡입 등으로 인체 유해위험성이 존재하여 개선이 요구되고 있었다. 이러한 문제를 해결하기 위해 온화한 혼화와 흑색화약 분진을 근본적으로 차단시킨 새로운 기술이 등장하는데 바로 대한민국 특허20008584(1995.02.08)이다.[7] 이 기술의 적용으로 흑색화약 3미 혼화작업은 과거보다 매우 안전하게 되었다. 당해 특허의 분체혼화기의 형태는 [그림 7.4]와 같다.

7.2.2 구상 흑색화약

구상 흑색화약으로는 무기용으로 사용되는 추진제 보다는 좀 더 위력이 약한 것이 필요하였으며 정착된 조성이 <표 7.1>과 같다. 제조방법은 쇠똥구리가 똥 구슬을 만드는 원리와 유사하다고 보면 된다. 회전하는 원통형의 용기에 좁쌀 등의 씨드(Seed)를 넣고 아라비아검, 구아검 및 전분의 바인다 용액을 골고루 뿌린 후 건상의 분상 흑색화약을 뿌리면 씨드에 달라 붙는데, 이 과정을 반복하면 점점 커지게 된다. 약 3~5mm 까지 키운 다음에 방수 및 흐름성을 좋게 하기 위해서 광택코팅을 하거나 실리콘 발수제 등으로 코팅 처리한다. 구상 흑색화약은 비석 또는 건물 외장재 대리석을 채취하는데 사용된다. 위력이 약하기 때문에 바위에 금만 가게 하는 발파를 행하여 커다란 덩어리로 채취한다.

7.2.2.1 제조방법

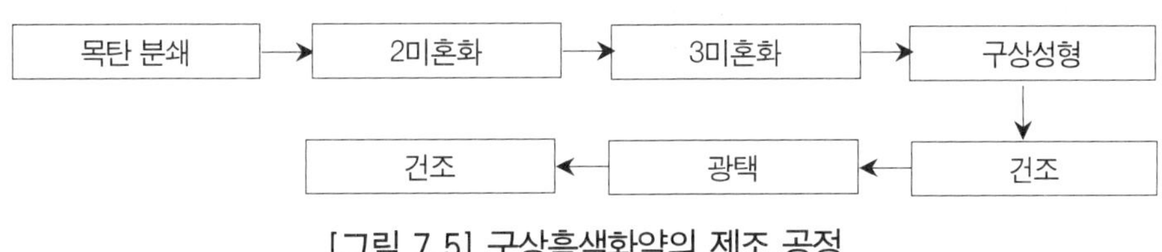

[그림 7.5] 구상흑색화약의 제조 공정

(1) 목탄 분쇄~3미 혼화

도화선용 흑색화약과 동일

(2) 구상성형

회전하는 배플이 달린 원통형의 성형 용기에 씨드로 좁쌀이나 입상 흑색화약을 넣고 5%의 바인다 용액을 분사하여 골고루 코팅시킨 다음 건상의 구상용 분상흑색화약을 뿌려 코팅시킨다. 이 반복을 계속시켜 구슬을 최대 약 5mm까지 키운 다음 시브를 이용해서 3~5mm 크기의 구슬을 고른다. 취급 및 사용 시 쉽게 깨지는 것을 방지하기 위해서 구슬을 좀 더 단단하게 할 필요가 있는데 원통형의 성형 용기에 넣고 약 30분~1시간을 돌리는 경화작업을 한다. 단단하게 경화된 후에 건조 작업으로 마무리한다. 구상성형기는 [그림 7.6]과 같다.

(3) 광택 또는 발수처리

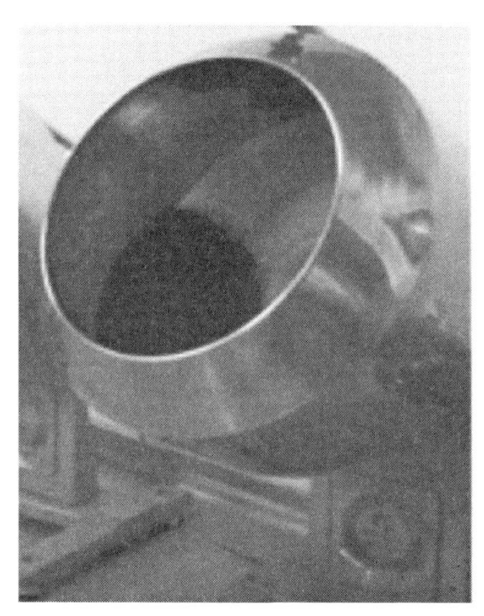
[그림 7.6] 구상성형기

건조된 구상 흑색화약을 광택기(성형 용기와 동일하며 온수 자켓이 설치되어 있음)에 넣고 흑연으로 광택을 한다. 이를 하는 목적은 대기 수분 흡습 방지, 흐름성 개선, 정전기 발생 방지 등이다. 광택된 구상 흑색화약은 최종적으로 기준에 맞도록 건조시킨다.

고전적으로 흑연으로 광택하는 작업은 약 60～70℃의 온수자켓이 있는 성형기에서 작업하기 때문에 구상흑색화약이 건조되면서 많은 분진을 발생시키고 작업시간도 길었다. 광택의 기본 목적을 달성하면서 공정을 단순화하기 위한 공정이 개발되는데 이 기술은 1993년 대한민국 출원번호 1019930032059(1993.12.31)로 공개된다.[6] 이 기술은 디메틸실록산 발수제를 물에 0.01～1중량% 희석시켜 스프레이로 골고루 코팅 후 건조하는 기술이다. 흑연광택과 동일한 기능을 함과 동시에 흑연광택 시 고온에서 행해지는 광택공정에서의 폭발위험성을 감소시키고 공정도 성형→건조→광택→건조에서 성형 시에 발수액 코팅처리를 함으로서 성형→건조로 단순화시킨 기술이다.

7.2.3 입상 흑색화약

처음 흑색화약이 무기에 사용되기 시작했을 때, 화살이나 탄환을 가능한 멀리 날려 보내기 위해서는 보다 위력이 센 흑색화약이 필요했을 것이다. 추진제로서의 최대 성능을 내는 빠른 연소 속도의 흑색화약은 오랜 시행착오에 의해 정착되었으며 그 시점은 1789년 이전으로 그 당시 파이로테크닉 기술자들에 의해서 제조된 조성비가 KNO_3/목탄/S=75/15/10이었으며, 현재의 흑색화약 표준 조성이 되고 있다. 그러나 군용규격인 MIL-P-223B(POWDER, BLACK)에서의 입상 흑색화약 조성은 <표 7.2>와 같으며 입자 크기 별로는 <표 7.3>과 같이 나누고 있다. 주로 군용의 추진제, 발사약 및 점화제로 사용되고 있으며 민수용으로는 Class-5가 거의 불꽃놀이 등의 추진제로 사용되고 있다.

〈표 7.2〉 MIL-P-223B의 입상 흑색화약 조성

성 분	Class1～7	Class8
질산칼륨	74.0 ±1.0	74.0 +1.0-2.0
유황	10.4 ±1.0	10.4 +1.5-1.0
차아콜	15.6 ±1.0	15.6 +1.5-1.0

〈표 7.3〉 MIL-P-223B의 입상 흑색화약의 크기별 분류

Class	U.S. 표준망에 걸린 량		U.S. 표준망에 통과량	
1	4	3	8	5
2	6	3	12	5
3	8	3	16	5
4	16	3	30	5
5	16	3	40	5
6	20	3	50	5
7	40	3	100	7
8	100	5	270	50

7.2.3.1 제조방법

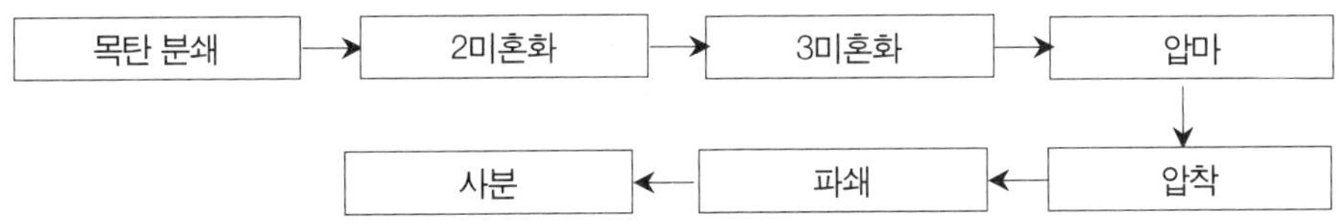

[그림 7.7] 입상흑색화약의 제조 공정

(1) 목탄 분쇄～3미 혼화

도화선용 흑색화약과 동일

(2) 압마

흑색화약의 연소 속도를 향상시키기 위해서 3성분의 친밀도를 더욱 높이고 비중을 증대시키기 위한 공정으로 [그림 7.8]의 에지런너(Edge Runner)라는 기계를 사용한다. 0.45톤의 무게를 가진 철바퀴가 공전 및 자전에 의해서 눌러 다져주기 때문에 마찰과 충격으로 인한 위험성

이 항상 존재한다. 안전성을 증대시키고, 압마작업을 보다 효율적으로 하기 위해서 물을 4～8% 정도 주입하여 작업한다. 질산칼륨이 물에 어느 정도 용해되기 때문에 용해된 질산칼륨이 바인다 역할을 하면서 3성분의 친밀도를 더욱더 향상시켜주는 역할을 한다.

[그림 7.8] 압마용 에지런너(Edge Runner)

군용으로 사용되는 입상흑색화약의 가장 중요한 품질특성치는 AQ(Absolute Quickness)인데, 이것에 가장 큰 영향을 미치는 공정이 압마공정이다. AQ가 가장 높고 군용 무기의 표준이 되는 입상 흑색화약은 미국의 GOEX사이다. 따라서 군용으로 사용되기 위해서는 GOEX사의 AQ 수준이 필요하다. 이 AQ의 향상은 압마공정에서 3성분의 친밀도를 더욱 강화함으로써 이루어질 수 있는데 대한민국 특허 출원번호 1019930020715(1993.10.07), '입상흑색화약의 제조방법'에서는 이러한 품질특성치를 향상시키기 위해 5톤의 에지런너를 사용하는 것을 공개하고 있다.[5] 이 기술을 통해서 GOEX사의 AQ와 거의 동일한 품질 수준이 달성되고 있음을 볼 수 있다. AQ는 Closed bomb test에 의해서 구해지는데 시간에 따른 압력의 상승 속도를 그래프화 하여 구해진 30～70% 구간의 △P/△t를 AQ(Absolute Quickness)라고 한다.

(3) 압착

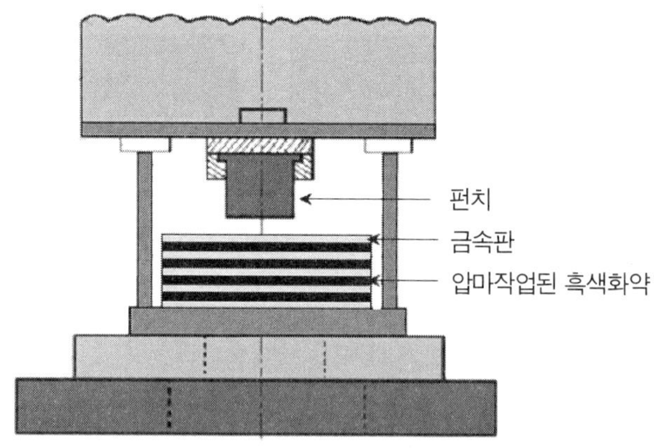

[그림 7.9] 100톤 압착프레스

압마 작업이 끝난 흑색화약을 100톤 프레스로 압착하여 케이크 상태로 만드는 작업으로 비중이 1.69~1.79가 되도록 하기 위해서 [그림 7.9]와 같이 일정량 계량된 흑색화약 층과 금속판을 여러 층으로 정반 위에 올려 놓은 다음 프레스로 약 30분에서 1시간 정도를 압착하여 원형의 케이크로 만든 후 건조시킨다.

(4) 파쇄

건조된 흑색화약 케이크를 입자상으로 만들기 위한 공정이다. 원판의 케이크는 크기가 지름 약 30cm 이므로 본 파쇄기에 들어가기 전에 예파쇄를 한다. 예파쇄는 부드러운 고무나 나무 망치를 이용하여 5cm 이하의 크기로 파쇄하거나 롤크러셔를 이용한다.

예파쇄가 끝난 파쇄물은 본파쇄기에 투입이 되며 본파쇄기는 예파쇄기와 동일한 롤크러셔 형태이며 3단으로 되어 있다. 흑색화약은 마찰, 충격에 예민하므로 파쇄 시 상당한 주의를 기울여야 한다. 크러셔의 롤의 재질은 기본적으로 마찰, 충격을 최소화시킬 수 있는 신주 또는 청동재질을 사용하며 롤과 롤 사이의 간격은 최소화시키되 절대로 맞닿아서는 안 된다. 또한 유사시를 대비해서 원격으로 작업해야 한다. [그림 7.10]은 롤크러셔의 개념도이다. 본파쇄기

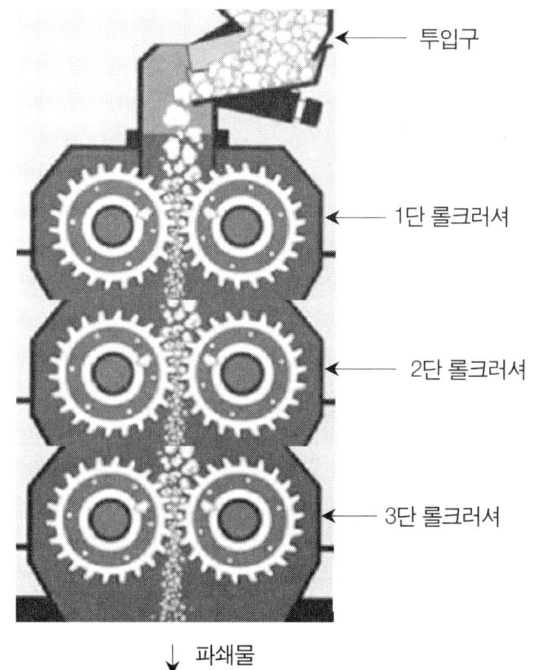

[그림 7.10] 3단 Roll Crusher의 개념도

[그림 7.11] 파쇄기 롤의 돌기 모양

로의 예파쇄물의 공급은 진동피더를 이용해서 원격으로 자동 공급한다. 롤의 표면은 돌기가 형성이 되어 있어 파쇄 효율을 높이고 마찰을 최소화하도록 한다. [그림 7.11]은 롤의 돌기 모양의 예이다.

(5) 사분

롤크러셔에 의해 파쇄된 흑색화약 파쇄물은 입자 크기별로 분급을 한다. 분급은 <표 7.3>의 Class별 크기 기준에 따라서 분급을 한다. 분급은 Vibrating sifter이라는 설비를 이용하며 역시 위험한 공정이므로 원격으로 작업을 한다. [그림 7.12]는 흑색화약 파쇄물의 입자 선별에 사용되는 Vibrating sifter의 개념도이다. 배출구에서 분진이 많이 나기 때문에 분진이 나지 않도록 밀폐구조로 하는 것이 좋다. 오버사이즈는 롤크러셔 재파쇄를 하고 언더사이즈는 다른 Class의 작업에 사용되거나 압마작업 재처리로 사용된다.

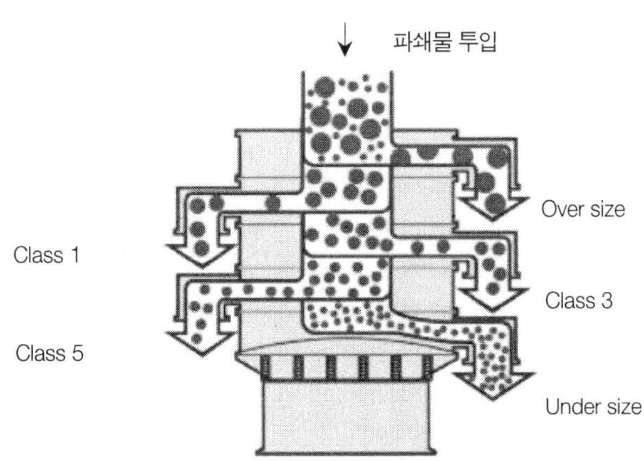

[그림 7.12] Vibrating sifter 개념도

(6) 광택

분급된 입상 흑색화약을 광택기(성형 용기와 동일하며 온수 자켓이 설치되어 있음)에 넣고 흑연으로 광택을 한다. 이를 하는 목적은 대기 수분 흡습 방지, 흐름성 개선, 정전기 발생 방지 등이다. 파쇄된 흑색화약은 모서리가 거칠기 때문에 광택기에 넣고 초기 30분~1시간 정도

는 약간의 물을 분사해 가면서 모서리를 깎아서 둥그렇게 만든다. 흑연 광택후의 제품의 진비중은 1.72～1.80이 나와야 한다.

참 고 문 헌

1. 민병만(2009), 한국의 화약역사, 아이워크북, 서울
2. 김술환(1995), 화약학, 동문복사㈜, 인천
3. 허진(1981), 신화약발파학, 기전연구사, 서울
4. WIKIPEDIA, (2016.5.20.), Gunpowder,
   https://en.wikipedia.org/wiki/Gunpowder, (2016.5.15 방문)
5. 이영호, 신창우, 신영균, "입상흑색화약의 제조방법", 대한민국 특허출원번호 1019930020715 (1993. 10. 07)
6. 신영균, 이영호, "구상흑색화약 제조방법", 대한민국 특허출원번호 1019930032059(1993.12.31)
7. 김성호, "분체혼화기(Powder Mixer)", 대한민국 특허 20008584(1995.02.08.)

제8장

무연화약

무연화약(Smokeless powder)은 소총화기 및 대포에 사용되는 추진제류로 흑색화약과는 달리 연소되었을 때 연기가 거의 나지 않아 붙여진 이름이다. 이 용어는 미국에서만 사용되었으며 유럽에서는 처음에 발리스타이트(Ballistite)와 코다이트(Cordite)라고 하였으나 추진제(Propellant)라는 일반 명칭으로 점차적으로 바뀌어 불렸다. 무연이라는 의미는 약 55%의 고형물을 발생시키는 흑색화약과 비교해서 연기가 거의 없다는 것이지 아주 없다는 것은 아니다. 소형 화기에서는 거의 알아챌 수 없을 정도이며 대포에서는 많이 나오는 편이다. 원래 무연화약이라는 말은 니트로셀룰로오스의 장점이 명백해지기 전까지 19세기 중반 질산염, 염소산염, 중크롬산염 산화제와 여러 피크린산염의 혼합물을 이르는 말이었다.

14세기 흑색화약은 실제로 분말 상태가 아니었기 때문에 무연화약도 펠렛 또는 압출된 입자형태로서만 생산될 수 있었다. 무연화약은 현대의 반자동 및 자동 소총의 개발을 할 수 있도록 해 주었으며 포의 약실과 총열을 좀 더 가볍게 해 주었다. 연소된 흑색화약은 흡습성의 두껍고 무거운 스케일을 남겨 총열의 녹을 발생시키는데 비해 무연화약에 의해서 남겨지는 스케일은 이런 특성이 거의 없다고 할 수 있다. 이것은 많은 유동 파트를 가진 자동장전 소총을 실현가능하게 만들었다. 무연화약은 유엔 위험물 운송 권고 기준(UN Recommendation on the transportation of Dangerous goods)에 따라 1.3등급의 화약류로 분류되며 이 화약류들은 고체 추진제로서 사용되며, 보통 폭굉보다는 폭연을 한다.

NC는 시간이 경과함에 따라 분해되어 산성의 부산물을 내 놓는다. 이 부산물들은 분해를 더 촉진시키며 분해 속도를 증가시킨다. 화약을 벌크상태로 저장하거나 또는 큰 덩어리의 고체 추진제의 상태로 있을 때 방출된 열은 자연발화를 일으킬 수 있다. SB추진제는 흡습성이 있고 가장 쉽게 분해되어 기능이 저하된다. DB와 TB 추진제는 보다 서서히 분해된다. 분해물을 중화시키지 않으면 탄약이나 총열의 금속부분을 부식시키므로 이것을 중화시키기 위해서 탄산칼슘이 조성에 추가된다. 분해되는 물질의 축적을 방지하기 위해서 안정제가 첨가된다. 디페닐아민은 가장 일반적으로 사용되는 안정제의 하나이다. 분해되는 화약을 안정화하는 공정에서 형성된 디페닐아민의 질화물이 때때로 스스로 자체적으로 안정제로서 사용된다. 안정제는 조성의 총량에 대해서 0.5～2% 정도 첨가된다. 양이 많으면 탄도 특성을 저하시키는 경향이 있다. 안정제의 양은 시간에 따라서 감소된다. 저장된 추진제는 안정제의 감소가 추진제의 자연발화를 일으킬 수 있기 때문에 주기적으로 남아있는 안정제의 양을 시험하여야 한다.

무연화약은 입자화되어 작은 구형의 볼로 만들어지거나 에테르와 같은 용제를 이용해서 압출되어 실린더 또는 여러 가지 단면 형상을 가진 스트립으로 만들어진다(여러 가지 크기의 직사각형, 하나 또는 다수의 구멍이 있는 실린더, 속이 빈 실린더 등). 이 압출물들은 짧게 절단되어 플레이크로 되거나 또는 길게 절단될 수 있다(길이가 긴 코드 형태). 대포용 화약은 가장 큰 조각을 사용한다.

추진제의 특성은 입자의 크기와 형상에 의해서 크게 영향을 받는다. 추진제의 비표면적은 연소 속도에 영향을 미치며 그리고 입자의 크기와 형상은 비표면적을 결정한다. 형상의 조작을 통해서 연소 속도를 조정하는 것이 가능하며 그래서 연소 중에 압력이 상승되는 속도를 조정하는 것이 가능하다. 무연화약은 입자의 표면상에서만 연소한다. 큰 입자는 보다 천천히 연소하고 그리고 연소 속도는 연소를 약간 늦추는 화염억제제의 코팅에 의해서 더 조절될 수 있다. 이러한 의도는 가장 높은 속도를 얻기 위해서 화약이 총열 내에 있는 동안 보다 많거나 적은 일정의 압력을 발사체에 미치게 하기 위해서 연소 속도를 조절하는 것이다. 구멍은 연소 속도를 안정화시키는데 왜냐하면 바깥쪽에서 안쪽으로 연소해감에 따라 연소표면적을 축소시키지만 구멍은 안쪽에서 바깥쪽으로 연소해감에 따라 연소표면적 더 빠르게 증가시키기 때문이다. 빠르게 연소하는 권총용 화약은 플레이크와 같은 보다 많은 표면적을 가진 형상이 압출에 의해서 만들어지거나 또는 구형의 알갱이를 납작하게 함으로써 만들어진다. 건조는 보통 진공 하에서 이루어진다. 용제는 응축되어 리사이클된다. 입자들은 원하지 않는 점화를 막기 위해서 정전기 스파크 방지용 흑연으로 코팅된다. 보다 빠른 추진제는 보다 높은 온도와 압력을 발생시킨다. 그러나 또한 그들은 총열 내부의 마모를 증가시킨다.[4]

8.1 무연화약의 발전사[1, 2, 3, 4]

(1) 1863년 프러시안 포병 대위 슐츠(Johann F. E. Schultze)는 질산칼륨 또는 질산바륨으로 침지시켜 질화된 목재의 소형무기 추진제 특허를 취득하였다.

(2) 1866년 프렌티스(Prentice)는 질화된 종이로 만든 스포츠용 추진제에 대한 특허를 취득하였으나, 종이가 대기 중의 수분을 흡수하여 탄도의 균일성이 떨어졌다.

(3) 1871년, 볼크만(Frederick Volkmann)은 'Collodin'이라고 하는 콜로이드 버전의 슐츠(Schultze) 추진제로 오스트리아 특허를 받았으며 그는 이것을 스포츠용 총에 사용하였다.

(4) 1882년, 영국의 Explosives Company는 질산칼륨과 질산바륨과 함께 에테르-알콜로 젤라틴화된 면약의 개선조성 특허를 취득하였다. 이 추진제는 산탄총에는 적합했으나 소총에는 적절치 않았다. 왜냐하면 소총의 강선은 가스의 매끄러운 팽창에 대한 저항으로 나타났지만 강선이 없는 엽총에서는 저항이 감소되었기 때문이다.

(5) 1884년 비에유(Paul Vieille)는 'Poudre B'라는 무연화약을 발명하였으며 이것은 백색화약이라는 이름의 약자로 흑색화약과 구별되었다. 68.2%의 불용성 NC, 에테르로 젤라틴화된 29.8%의 용해성 NC 및 2%의 파라핀으로 만들어졌다. 이것은 르벨식라이플(Lebel rifle)용으로 채택되었다. 이것은 종이와 같은 얇은 시트 모양을 만들기 위해 롤러에 통과시켰으며, 필요한 크기의 플레이크로 절단되었다. 이렇게 만들어진 추진제가 오늘날 '파이로셀룰로오스(Pyrocellulose)'라고 알려져 있는데 면약보다는 질소함량이 약간 적고 휘발성도 적다. 특히 압착되지 않으면 폭굉되지 않는 좋은 특성을 가져 정상의 조건 하에서는 취급하기가 매우 안전하다. 비에유의 화약은 연기를 거의 발생시키기 않았으며 파워도 흑색화약보다 3배 정도로 셌기 때문에 소총의 효과에 대변혁을 일으켰다. 총구의 속도가 더 높다는 것은 보다 수평한 탄도, 보다 적은 기류와 보다 적은 총알의 하강을 의미하며 1,000미터까지 발사가 가능하다. 총알을 발사하는데 보다 적은 화약이 필요하므로 탄약통은 보다 작고 가볍게 만들어질 수 있다. 이것은 병력이 동일한 중량으로 보다 많은 탄약을 운반할 수 있게 해 주었다. 또한 젖은 상태에서도 연소하였다. 흑색화약 탄약은 건조상태를 유지해야하며 항상 방수된 탄약통에 저장되고 운반

되었다. 다른 유럽의 나라들도 그들 고유 버전의 Poudre B를 사용해서 신속히 따라갔는데, 독일과 오스트리아가 처음 시작했고 1888년 새로운 무기에 도입하였다. 뒤이어 Poudre B는 여러 화합물이 첨가되고 제거되면서 수차례 개선되었다. 1888년 크루프(Krupp)은 안정제로 디페닐아민(Diphenylamine)을 첨가하기 시작하였다.

(6) 1887년 노벨(Alfred Nobel)은 '발리스타이트(Ballistite)'라고 하는 무연화약에 대한 영국특허를 획득하였다. 이 추진제에서 면약의 섬유질 구조는 용제 대신에 NG 용액에 의해서 파괴되었다. 1891년 발리스타이트는 미국에서 특허 등록되었다.

(7) 1898년에 독일은 발리스타이트를 해군용으로 채택하였으며 'WPC/98'이라고 불렀다. 이탈리아에서는 플레이크 형태 대신에 코드 형태를 선정하였다. 그러나 결점의 발생으로 '솔레나이트(Solenite)'라고 부르는 변경 조성으로 개선하였다.

(8) 1891년 러시아는 화학자 멘델레프(Mendeleev)에게 적절한 추진제를 개발하는 임무를 주었고 이에 따라 그는 에테르-알코올에 의해서 젤라틴화된 NC를 발명하였으며 이것은 Poudre B에서 프랑스가 사용했던 면약보다도 더 많은 질소를 발생하였으며 보다 균일한 콜로이드 구조를 가졌다. 그는 이것을 '파이로콜로디온(Pyrocollodion)'이라고 불렀다.

(9) 1889년, 아벨(Frederick Abel), 듀어(James Dewar) 및 켈너(Dr W Kellner)는 새로운 조성을 특허 취득하며 1891년 'Cordite Mark 1' 이라는 제품으로 영국에 공급하였다. 주 조성은 58% NG, 37% 면약 그리고 3% 미네랄젤리였다. 수정된 버전이 'Cordite MD'라는 제품이며 1901년에 공급되었으며 이것은 면약을 65%로 증가시키고 NG를 30%로 감소시켰는데 그 목적은 연소온도를 낮추어 총열의 부식과 마모를 감소시키기 위함이었다. 흑색화약에 비해 Codite의 장점은 챔버 내에서의 최대 압력을 감소시키면서(그래서 약실을 보다 가볍게 할 수 있음) 높은 압력은 더 길게 유지할 수 있는 것이다. Cordite는 필요한 모양과 크기로 제조될 수 있었다. Codite의 출현은 많은 발명가들 사이에 영국 특허 침해 주장에 대해서 기나긴 법정투쟁을 가져왔다.

(10) 1891년 로드아일랜드의 뉴포트(Newport)에 있는 해군어뢰정기지에서 일하던 면로

(Charles E. Munroe)는 'Indurite'라고 하는 니트로벤젠으로 콜로이드화한 면약의 조성을 특허 취득하였다.

(11) 1897년 미 해군 중위 베르나두(John Bernadou)는 에테르-알코올로 콜로이드화한 NC 화약을 특허 취득하였다. 해군은 1900년에 지어진 Maryland의 Indian Head에 있는 Naval Powder Factory의 제조권을 유지하면서 이 조성을 DuPont과 California Powder Works에 특허를 판매하였다.

(12) 1908년 미육군은 해군의 SB 조성을 채택하였고 Picatinny Arsenal에서 제조하기 시작했다.

(13) 1903년 듀퐁은 Explosives Company의 99년간의 임대차계약을 계속 유지하는 조건으로 미국에 있는 모든 중요한 무연화약 특허의 사용을 소유하였으며 무연화약의 생산을 최적화할 수 있었다. 1912년 정부의 반독점 소송으로 인하여 지분매각을 강요받았을 때 듀퐁은 미군에 의해서 사용된 NC 무연화약만을 계속 생산했고 스포츠 탄약에 사용되는 DB제조를 Hercules Powder Company로 넘겨주었다.

8.2 무연화약의 종류 및 성분[4]

NC를 단독으로 사용하는 추진제를 SB(Single base powder)라고 하며 보통은 에테르-알코올로 콜로이드화한 것이다. NC와 NG의 2성분을 사용한 추진제 혼합물을 DB(Double-base powder)라고 한다. 또한 1930년대에 NC, NG, NQ(Nitroguanidine)를 포함하는 TB (Triple- base) 추진제가 개발되었다. 이 추진제는 연기가 좀 많이 나긴 했지만 SB와 DB에 비해서 챔버 압력의 희생없이 불꽃이나 화염의 온도를 줄일 수 있었다. 실제로 TB는 주로 해군의 대포와 전차포와 같은 대구경의 탄약으로 사용되었다. 2차 세계대전중에는 영국의 대포에 일부 사용되었다. 2차 세계대전후에 소형화기를 제외한 영국의 모든 대형의 대구경 탄약을 설계하는 표준 추진제가 되었다. 대부분 서방의 나라에서는 (미국을 제외하고) 비슷한 경로를 따라갔다. 20세기 후반 새로운 추진제 조성이 나타나기 시작했는데 이것이 NQ와 RDX를 기반으로 새로운 추진제이다.

무연화약 추진제는 다음과 같은 여러 가지 에너지 및 보조 성분들을 함유한다.

(1) 추진제 성분

① NC(Nitrocellulose): 대부분 무연추진제의 에너지 성분

② NG(Nitroglycerine): DB와 TB의 에너지 성분

③ NQ(Nitroguanidine): TB의 성분

④ DINA(bis-nitroxyethylnitramine)

⑤ Fivonite((Tetramethylolcyclopentanone tetranitrate)

⑥ DGN(Di-ethylene glycol dinitrate)

⑦ Acetyl cellulose

(2) 연소 속도 억제제

① Centralites (Symmetrical diphenyl urea—primarily diethyl or dimethyl)

② Dibutyl phthalate

③ Dinitrotoluene (toxic, carcinogenic, and obsolete)

④ Akardite (Asymmetrical diphenyl urea)

⑤ ortho-tolyl urethane

⑥ Polyester adipate

(3) 안정제(자연분해를 방지하거나 늦추는 것)

① Diphenylamine

② Petroleum jelly

③ Calcium carbonate

④ Magnesium oxide

⑤ Sodium bicarbonate

⑥ beta-naphthol methyl ether

(4) 구리축적방지용 첨가제(총열 강선으로부터 구리잔류물의 축적방지)

① 주석 금속 및 화합물(예: 이산화티타늄)

② 비스무쓰금속 및 화합물(예: Bi_2O_3, $Bi2O_2(CO_3)$, $Bi(NO_3)_3$, BiSb); 비스무쓰 화합물은 용융된 비스무쓰에 구리가 녹아있는 형태로 되려고 하며 이렇게 형성된 합금은 쉽게 깨지고 쉽게 제거될 수 있다.

(5) 화염감소제

① 염화칼륨

② 질산칼륨

③ 황산칼륨

④ Potassium hydrogen tartarate(프랑스 포병부대에 의해 예전에 사용되었던 와인 생산시의 부산물)

(6) 마모방지제

① 왁스

② 탈크

③ 이산화티탄

④ 대구경포에서 무연화약 봉지 위에 씌웠던 폴리우레탄 자켓

(7) 기타 첨가제

① 에틸아세테이트(Ethyl acetate): 구형(球形)의 무연화약 제조용 용제

② 로진(Rosin): 구형(球形)의 무연화약의 입자모양을 유지해 주기 위한 계면활성제

③ 흑연: 입자 표면을 코팅하여 서로 들러붙는 것을 방지하고 정전기를 제거시켜주는 윤활제

8.3 무연화약의 성분 특성

8.3.1 추진제 성분

NC, NG, NQ는 합성화약 편을 참조한다.

1) DINA(bis-nitroxyethylnitramine, Diethanolnitramine dinitrate)[5]

〈표 8.1〉 DINA의 물리화학적 특성

CAS 번호	4185-47-1	폭발열(kcal/kg) H_2O(l /g)	1304/1201
분자 구조	$N-NO_2$ ($CH_2-CH_2-O-NO_2$, $CH_2-CH_2-O-NO_2$)	비에너지(kcal/kg)	312.14
		밀도(g/㎤)	1.488
		융점(℃)	51.3
		융해열(kcal/kg)	23.5±0.2
분자식	$C_4H_8N_4O_8$	lead block test(㎤/10g)	-
분자량(g/mole)	240.1	밀폐폭속(m/sec)	7,580(ρ=1.47에서)
ΔH_f(kcal/mole)(l)	-65.88	deflagration point(℃)	-
산소평형치(%)	-26.6	충격감도(N m)	6
질소 함량(%)	23.34	마찰감도(N)	-
폭발가스량(l /kg)	924	철슬리브테스트 임계직경(mm)	-
외관	무색의 결정체		

DINA는 탈수제로서 무수아세트산 그리고 촉매로서 염산의 존재 하에 디에탄올아민과 질산으로부터 제조된다. 질화생성물은 물에서 끓여 안정화시킨 후 아세톤에 용해시키고 물로 침전시킨다. NC에 대한 만족스러운 젤라틴화제이며 Hexogen과 PETN에 버금가는 강력한 폭발물이다. NG 대신에 DINA를 기본으로 하는 DB추진제를 "Albanite"라고 한다.

DINA는 폭발력이 매우 높으며(TNT의 1.48배의 탄동구포치) 파괴력과 폭발속도가 크다. NC를 젤라틴화하는 능력이 있으며 52℃의 비교적 낮은 융점을 갖기 때문에, 주조작업에 의한 충전이 용이하다. NG에 비해 높은 열안정성을 갖는다. 단열화염온도가 3,700K(계산치)로 좋은 탄도 성능을 가지며 충격, 마찰 등에 만족스러운 감도를 갖는다.

DINA는 아세톤에는 아주 잘 녹으며 질산, 빙초산, 메탄올, 에탄올, 벤젠 및 에테르에는 잘 녹으나 물, 사염화탄소 및 석유에테르에는 녹지 않는다. 순수한 DINA는 100℃까지 가열해도 가스가 나오지 않는다. 약 165℃에서 가스가 서서히 나오기 시작하여 180~185℃에서는 산화질소가 격렬하게 생성된다. 작은 양의 DINA는 240℃까지 5℃/min의 속도로 가열해도 점화되지 않는다. 그러나 180~200℃에서 분해된다.

순수한 DINA는 51~52℃에서 녹으며 1.67의 비중으로 주조될 수 있다. 흡습성은 상온, 90% 상대습도에서 흡습되지 않으며 100%상대습도에서는 0.002% 흡습이 된다. DINA는 아세톤으로부터 결정화되는데 납작한 프리즘의 형태로 만들어진다. DINA는 동질이성체로 존재하며 네 가지의 다형체가 있다.

2) Fivonite(Tetramethylolcyclopentanone tetranitrate)[5]

〈표 8.2〉 Fivonite의 물리화학적 특성

CAS 번호	84002-66-4	폭발열(kcal/kg) H_2O(l /g)	-
분자 구조	$O_2N-O-H_2C-HC—CH-CH_2-O-NO_2$ / $O_2N-O-H_2C-HC-C(=O)-CH-CH_2-O-NO_2$	비에너지(kcal/kg)	-
		밀도(g/㎤)	1.59
		융점(℃)	74
		융해열(kcal/kg)	-
분자식	$C_9H_{12}N_4O_{13}$	lead block test(㎤/10g)	387
분자량(g/mole)	384.2	밀폐폭속(m/sec)	7,040 (ρ=1.55)
ΔH_f(kcal/mole)	-161.59	deflagration point(℃)	-
산소평형치(%)	-45.8	충격감도(N m)	-
질소 함량(%)	14.59%	마찰감도(N)	-
폭발가스량(l /kg)	-	철슬리브테스트 임계직경(mm)	-
외관	무색의 결정체		

포름알데하이드(Formaldehyde)와 사이크로펜타논(Cyclopentanone)의 축합반응에 의해서 4개의 $-CH_2OH$기를 가진 화합물이 생성되며 이것이 Tetranitrate로 질화되어 만들어진다. Hexanone, Hexanol, Pentanol의 유사유도체들이 동일한 방법으로 만들어진다. 그러나 Pentanol과 Hexanone의 경우에는 5번째의 OH그룹이 에스테르화된다.

Tetramethylolcyclohexanol pentanitrate를 Sixolite라고 하며,

Tetramethylolcyclohexanone tetranitrate를 Sixonite라고 하며,

Tetramethylolcyclopentanol pentanitrate를 Fivolite라고 한다.

3) DGN(Diethyleneglycol dinitrate)[5]

〈표 8.3〉 DGN의 물리화학적 특성

CAS 번호	693-21-0	폭발열(kcal/kg) H_2O(l /g)	1091/990
분자 구조	CH_2-O-NO_2 CH_2 O CH_2 CH_2-O-NO_2	비에너지(kcal/kg)	281.55
		밀도(g/cm³)	1.38
		융점(℃)	2(stable) -10.9(unstable)
		융해열(kcal/kg)	-
분자식	$C_4H_8N_2O_7$	lead block test(cm³/10g)	410
분자량(g/mole)	196.1	밀폐폭속(m/sec)	6,600(ρ=1.38에서)
ΔH_f(kcal/mole)	-104.38	deflagration point(℃)	190
산소평형치(%)	-40.8	충격감도(N m)	0.1
질소 함량(%)	14.29	마찰감도(N)	-
폭발가스량(l /kg)	991	철슬리브테스트 임계직경(mm)	-
외관	무색의 오일		

이 화합물은 상온에서 NG, NG, 에테르, 아세톤, 메탄올, 클로로포름 및 벤젠과 잘 섞이며 심지어는 질화전인 Diglycol과도 잘 섞인다. 에탄올과는 잘 섞이지 않으며 사염화탄소에는 약간 용해된다. 흡습성이 낮고 물에는 약간 녹는다. NG 증기보다는 강하지 않지만 DGN의 증기는 두통을 일으킨다. DGN은 NG처럼 Diethylene glycol을 혼산으로 배치식 또는 연속식에 의해 질화되어 만들어진다. 폐산은 불안정하기 때문에 특별한 조성의 혼산이 사용되어야 하며, 그 혼산은 질화 마지막 단계에서 탈초되어야 한다. DGN은 DB추진제의 주성분의 하나로 제2차세계대전시에 독일에 의해서 널리 사용되었다. DGN으로 만들어진 추진제의 폭발열은 대응하는 NG 추진제보다도 폭발열을 더 낮게 유지할 수 있었다. 그들은 소위 저온추진제(Cold powder)로 가는 첫 단계를 보여 주었다.

4) Acetyl cellulose(Cellulose triacetate), $[C_6H_7O_2(OOCCH_3)_3]n$[7]

셀룰로오스의 초산염, 셀룰로오스의 초산에스테르이다. 아세틸셀룰로오스는 보통 여러 가지 촉매와 용제(또는 희석제)의 존재 하에 셀룰로오스(탈지면, 또는 드물게는 정제된 목재 펄프)에 무수초산을 작용시켜 만들어진다.

$$[C_6H_7O_2(OH)_3]n + 3n(CH_3CO)_2O \rightarrow [C_6H_7O_2(OCOOH_3)_3]n + 3nCH_3COOH$$

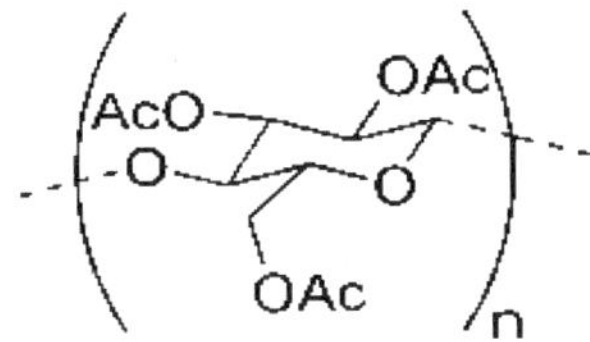

[그림 8.1] Acety1 cellose의 구조

최종 반응생성물은 셀룰로오스 트리아세테이트이며 공학에서는 이것을 Primary acetate 또는 Triacetylcellulose라고 한다. 이것은 62.5%의 초산이 함유된다. 55%까지의 초산이 함유된 것을 Secondary acetate라고 하며 트리아세테이트의 부분적 가수분해에 의해서 얻어진다.

아세틸셀룰로오스는 백색의 무정형 물질이다. 이것의 밀도는 약 1,300 kg/m³이다. 아세틸셀룰로오스는 약하게 물을 흡수하며(특히 트리아세테이트) 광안정성이 있다. 이것은 물리화학적 특성이 좋으며 거의 거의 불연성이다. 아세틸셀룰로오스의 열안정성은 충분하지 않다. 190~210℃의 저온에서 물질의 색깔이 변하며 230℃에서는 분해하기 시작한다. 알칼리와 무기산은 아세틸셀룰로오스를 서서히 비누화한다.

Primary acetate는 초산, 메틸렌클로라이드, 클로로포름, 디클로로에탄, 아닐린 및 피리딘에 용해성이 있다. Secondary acetate는 아세톤, 아세톤과 알코올의 혼합물, 에틸아세테이트, 다이옥산 및 기타 유기용제에 녹는다.

8.3.2 연소 속도 억제제

1) Centralites[5]

Centralite I, II, III는 추진제, 특히 NG 추진제(DB 추진제)의 안정제로 사용된다. 물에 용해되지 않으나 유기용제에는 용해성이 있다. Centralites는 안정제일 뿐만이 아니라 젤라틴화제이다. 후자의 특성은 DB추진제의 용제가 없이 만들 수 있는 이점이 있다.

〈표 8.4〉 Centralites의 물리화학적 특성

구 분	Centralite I	Centralite II	Centralite III
분자구조	$O=C(N(C_2H_5)(C_6H_5))(N(C_6H_5)(C_2H_5))$	$O=C(N(CH_3)(C_6H_5))(N(C_6H_5)(CH_3))$	$O=C(N(CH_3)(C_6H_5))(N(C_6H_5)(C_2H_5))$
외관	무색 결정체	무색 결정체	무색 결정체
분자식	$C_{17}H_{20}N_2O$	$C_{15}H_{16}N_2O$	$C_{16}H_{18}N_2O$
분자량	268.4	240.3	254.3
ΔH_f(kcal/mole)	-25.10	-14.61	-30.29
산소평형(%)	-256.4	-246.3	-251.7
질소함량(%)	10.44%	11.66	-
밀도(g/㎤)	1.112	-	-
융점(℃)	71.5~72	121~121.5	57~58
비점(℃)	326~330	350	-

2) Dibutyl phthalate(DBP)[5]

〈표 8.5〉 DBP의 물리화학적 특성

CAS 번호	84-74-2	분자량(g/mole)	278.4
분자 구조 (결정 구조)	$C_6H_4(CO\text{-}O\text{-}C_4H_9)_2$	ΔH_f(kcal/mole)	-201.28
		밀도(g/㎤)	1.045
		융점(℃)	-
		비점(℃)	205
		융해열(kcal/mol)	-
분자식	$C_{16}H_{22}O_4$		
외관	무색 액체		

디부틸프탈레이트는 물에 녹지 않으나 알코올, 에테르 및 벤젠과 같은 유기용제에는 잘 녹는다. 젤라틴화제로 사용되며 추진제 제조 시에 표면처리제로 효과적이다. 보통 가소제로 사용되며 접착제 또는 프린트 잉크의 첨가제로 사용된다. DBP는 n-butanol과 Phthalic anhydride의 반응에 의해서 생성된다. 인화점이 157℃, 발화점이 402℃이며 -224.2%의 산소평형치를 갖는다.

3) Dinitrotoluene(DNT)[5]

DNT는 물, 알코올 및 에테르에 약간 녹지만 아세톤과 벤젠에는 쉽게 녹는다. TNT 합성에서 중간체로 만들어진다. 6개의 이성질체의 저융점의 혼합물로 얻어지며 젤라틴 및 분말상태의 산업용폭약 제조시의 중요한 성분이다. 산소평형이 마이너스이기 때문에 연료로서 사용된다. NG와 쉽게 섞여서 면약을 젤라틴화한다. 주로 2,4-이성질체로 구성되어 있는 순수한 제품이 추진제의 성분으로 이용된다.

〈표 8.6〉 DNT의 물리화학적 특성

CAS 번호	121-14-2	폭발열(kcal/kg) H_2O(l /g)	2,4: 763/729 2,6: 795/761
분자 구조	CH_3, NO_2, NO_2 / CH_3, O_2N, NO_2 2,4-isomer 2,6-isomer	비에너지(kcal/kg)	164.20
		밀도(g/㎤)	2,4: 1.521 2,6: 1.538
		융점(℃)	2,4(pure): 70.5 mixture: 35
		융해열(kcal/kg)	2,4: 26.1 2,6: 22.5
분자식	$C_7H_6N_2O_4$	lead block test(㎤/10g)	240
분자량(g/mole)	182.1	밀폐폭속(m/sec)	-
ΔH_f(kcal/mole)	2,4-isomer: -16.30 2,6-isomer: -10.49	deflagration point(℃)	360
산소평형치(%)	-114.4	충격감도(N m)	50(불폭)
질소 함량(%)	15.38	마찰감도(N)	353(불폭)
폭발가스량(l /kg)	807	철슬리브 임계직경(mm)	1
외관	황색의 침상		

4) Akardite(Asymmetrical diphenyl urea)[5]

〈표 8.7〉 Akardite의 물리화학적 특성

구 분	Akardite I	Akardite II	Akardite III
구조	$O=C(NH_2)-N(C_6H_5)(C_6H_5)$	$O=C(NH-CH_3)-N(C_6H_5)(C_6H_5)$	$O=C(NH-C_2H_5)-N(C_6H_5)(C_6H_5)$
외관	무색결정체	무색결정체	무색결정체
분자식	$C_{13}H_{12}N_2O$	$C_{14}H_{14}N_2O$	$C_{15}H_{16}N_2O$
분자량	212	226.3	240.3
ΔH_f(kcal/mole)	-29.30	-25.50	-36.50
산소평형(%)	-233.7	-240.4	-246.3
질소함량(%)	13.21	12.38	11.65
밀도(g/㎤)	1.276	-	-
융점(℃)	183	170-172	89
비점(℃)	-	-	-

AkarditeI은 추진제, 특히 DB추진제의 안정제로 사용된다.

AkarditeII는 DB추진제의 안정제로 효과적이다.

AkarditeIII는 DB추진제의 안정제로 효과적이다.

AkarditeII와 AkarditeIII는 모두 젤라틴화제일 뿐만이 아니라 안정제이다.

5) Ortho-tolyl urethane

Centralite보다 안정제로의 성능이 우수하다. 젤라틴화시키는 능력이 Centralite와는 약간의 차이가 있으나 융점이 42℃로 Centralite(융점:71℃)보다 낮기 때문에 Ortho-tolyl urethane은 추진제 제조가 보다 용이한데 특히 롤링, 압출 공정에서 Centralite보다 작업성이 좋다.

Otrho-tolyl urethane으로 안정화된 추진제는 롤링과 압출이 용이하며 미국의 로켓추진제 제조 시에 문제가 되었었던 화재에 의한 위험성이 실제로 없다. Otrho tolyl urethane를 제조하는 단계는 다음과 같다.

(a) CH_3, NO_2 —촉매 H_2 환원→ CH_3, NH_2

(b) $C_2H_5OH + COCl_2 \xrightarrow{10^\circ C \text{ 이하}} ClCOOC_2H_5 + HCl$

(c) CH_3, NH_2 $+ ClCOOC_2H_5 + HCl \longrightarrow$ CH_3, $NHCOOC_2HS + HCl$

반응(a)의 순수한 Ortho nitro toluene은 Ortho와 Para nitro toluene의 진공증류에 의해서 얻어진다. 반응(b)는 실제로 수행되기 가장 어려우며 온도를 잘 조절하지 못하면 Chlorocarbonic acid의 Ethyl ester($ClCOOC_2H_5$)보다는 $CO(OC_2H_5)_2$가 나온다.

추진제의 분해 과정이 NO_2를 발생하는 문제가 있다고 가정할 때 다음과 같은 반응에 따라서 Ortho 이성질체는 두 곳에 질화반응이 일어날 수 있으나 Para 이성질체는 한곳에서만 질화반응이 일어난다. 그래서 Para 이성질체보다는 Ortho 이성질체가 선택되어 사용된다.

Ortho: CH_3, $NHCOOC_2H_5$ (H) $+ NO_2 \longrightarrow$ O_2N, CH_3, $NCOOC_2H_5$ (H), NO_2

Para : CH_3, $NHCOOC_2H_5$ $+ NO_2 \longrightarrow$ O_2N, CH_3, $NCOOC_2H_5$

8.3.3 안정제

1) 디페닐아민(Diphenylamine)[5]

디페닐아민은 물에 약간 녹지만 알코올과 산에는 잘 녹는다. 질산과 질화물의 시약으로 사용된다. 분자식이 $(C_6H_5)_2NH$인 유기화합물로, 아닐린의 유도체이며 두 개의 페닐기에 붙어있는 아민으로 이루어진다. 무색의 고체이나 상용으로 사용되는 것은 산화된 불순물의 영향으로 가끔 노란색을 띤다. 주로 산화방지제 작용이 있어 안정제로 아주 중요하게 사용된다.

〈표 8.8〉 디페닐아민의 물리화학적 특성

CAS 번호	122-39-4	분자량(g/mole)	169.23
분자 구조		ΔH_f(kcal/mole)	+31.06
		산소평형(%)	-278.9
		질소함량(%)	8.28
		밀도(g/㎤)	1.16
		융점(℃)	54
		비점(℃)	302
분자식	$C_{12}H_{11}N$	융해열(kcal/mol)	-
외관	무색의 결정		

2) 바세린(Vaseline, Petroleum jelly)

반고체의 탄화수소 혼합물이며(탄소의 개수가 25 이상) 원래 치유특성이 있어 국소연고용으로 육성되었다. 인간의 체온과 거의 비슷한 37℃의 융점을 갖고 있는 탄화수소 혼합물이다. 액체상으로 가열할 때만이 가연성을 갖는데 액체는 그렇지 않지만, 증기는 가볍기 때문에 잎, 나무껍질 또는 작은 나뭇가지와 같은 쏘시개가 바세린을 점화시키는데 필요하다. 무색 또는 옅은 황색의 투명물질이며 순수한 것은 맛과 냄새가 없다. 공기에 노출시켜도 산화되지 않으며 시약에 의해서도 쉽게 반응하지 않는다. 물에는 녹지 않으며 디클로로메탄, 클로로포름, 벤젠, 디에틸에테르, 카본디설파이드 및 테레핀오일에 용해된다.

이 물질은 추진제의 안정제로 사용된다. 불포화탄화수소가 존재하기 때문이며 안정시키는 효과가 있으며 이것은 생성된 분해 생성물을 묶어주는 역할을 한다.

3) 탄산칼슘(Calcium carbonate)

탄산칼슘은 분자식이 $CaCO_3$인 화합물이다. 칼사이트와 아라고나이트광물로 암석에서 발견되는 물질이다.(특히 석회석으로 잘 알려져 있다.) 또한 진주와 해저 생물체, 달팽이 및 계란껍데기의 주성분이다. 탄산칼슘은 농업용석회의 활성성분이며 센물의 칼슘이온이 탄산이온과 반응하여 석회스케일을 형성할 때 만들어 진다. 의학적으로는 칼슘보충제 또는 제산제로 사용되나, 과도하게 섭취하면 위험할 수 있다. 추진제 NC의 안정제로 사용되는 무기안정제로 NC 섬유에 남아있는 H_2SO_4를 중화시키는 역할을 한다.

〈표 8.9〉 탄산칼슘의 물리화학적 특성

CAS 번호	471-34-1	분자량(g/mole)	100.09
분자 구조 (결정 구조)	$[Ca^{2+}][CO_3]^{2-}$	ΔH_f(kcal/mole)	-288.48
		밀도(g/㎤)	2.711(calcite) 2.83(aragonite)
		융점(℃)	1339(calcite) 825(aragonite)
		비점(℃)	분해
		융해열(kcal/mol)	-
분자식	$CaCO_3$		
외관	백색		

4) 산화마그네슘(Magnesium oxide)

〈표 8.10〉 산화마그네슘의 물리화학적 특성

CAS 번호	1309-48-4	분자량(g/mole)	40.30
분자 구조	-	ΔH_f(kcal/mole)	-143.79
		밀도(g/㎤)	3.58
		융점(℃)	2852
		비점(℃)	3600
		융해열(kcal/mol)	-
분자식	MgO		
외관	백색분말, 무취		

산화마그네슘 또는 마그네시아는 백색의 흡습성의 고체 광물로 자연에는 페리클레이스(Periclase)로 존재하며 마그네슘의 원료이다. MgO의 실험 분자식을 가지며 Mg^{2+}이온과 O^{2-}이

온이 서로 이온결합되어 있는 격자구조로 되어있다. 물에서는 수산화마그네슘이 생성되나 ($MgO + H_2O \rightarrow Mg(OH)_2$) 가열하면 수분이 증발되면서 원위치된다. 시멘트, 제산제, 의약 등의 용도로 응용되며 추진제에서는 안정제로 사용된다. 산과 암모니아에는 용해되나 알코올에는 용해되지 않는다. 내화물질로 고온에서 물리화학적으로 안정하다.

5) 중조(Sodium bicarbonate)

〈표 8.11〉 중조의 물리화학적 특성

CAS 번호	144-55-8	분자량(g/mole)	84.01
분자 구조 (결정 구조)	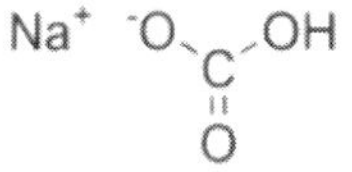 Na^+ $^-O-C(=O)-OH$	ΔH_f(kcal/mole)	-226.51
		밀도(g/㎤)	2.20
		융점(℃)	50(분해)
		비점(℃)	851
		융해열(kcal/mol)	-
분자식	$NaHCO_3$		
외관	백색 결정, 무취		

중조는 $NaHCO_3$의 분자식을 갖는 화합물이다. 나트륨이온과 바이카보네이트 이온으로 구성되어있는 염이다. 백색의 결정이나 가끔 미세한 분말로 나타난다. 탄산나트륨과 같이 짜고 알칼리성의 맛을 갖는다. 자연광물의 형태로는 나콜라이트(Nahcolite)가 있다. 천연 탄산소다의 성분이며 많은 광천수에 녹아있는 상태로 발견된다. 유럽연합에 의해서 E500으로 부호화된 음식첨가제이다. 습기가 있는 공기 중에서 서서히 변화된다. 수용액으로 방치하면 CO_2를 서서히 잃는다. 열을 가하면 CO_2를 발생하므로 제빵 시 부풀게 한다. 의약, 탄산수 등에서 CO_2 발생용으로 사용된다.

6) beta-naphthol methyl ether

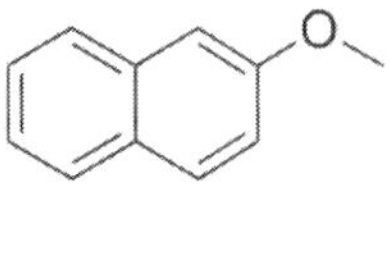

분자식이 $C_{11}H_{10}O$인 물질로 분자량이 158.20이다. 2-methoxynaphthalene 또는 yara라고도

하며 추진제, 특히 무연추진제의 안정제로 사용된다. 알코올에는 용해되나 물과 디프로필렌 글리콜(Dipropylene glycol)에는 녹지 않는다. 소염제 효과에 관한 연구와 시간-공명 라만 연구(Time-resolved resonance Raman studies)에서 어떻게 거동하는지에 대한 연구가 행하여져 왔다.

8.4 무연화약의 제조[4]

미해군은 1900년부터 메릴랜드의 인디언헤드에서 해군 대포용으로 관형태의 SB화약을 만들었다. 유사한 공정이 1907년부터 피카티니 조병창(Picatinny Arsenal)에서 미육군 무기 생산에 사용되었으며 1914년 이후에 보다 작은 입자형태의 IMR(Improved Military Rifle) 화약 제조에 사용되었다. 짧은 섬유질의 솜 린터는 식용왁스를 제거하기 위해서 가성소다 용액에 넣고 끓여졌으며 그리고 농질산과 농황산의 혼산과의 혼합에 의해서 NC로 합성되기 전에 건조되었다. NC는 제조공정 시점까지는 여전히 섬유질의 솜과 유사했으며 일반적으로 미반응의 산이 제거될 때까지 공기 중에서 자연발화하기 때문에 파이로셀룰로오스(Pyrocellulose)로 인식되었다. 면약이라는 용어가 또한 사용되었다. 그러나 비록 어떤 참고자료에서는 TNT가 사용되기 전 면화약(Guncotton)은 어뢰와 기뢰 탄두에 사용되었던 가장 광범위하게 질화되고 정제된 제품으로 인식되었다.

미반응산은 다단계의 드레인 작업과 물세척 공정에 의해서 파이로셀룰로오스 펄프로부터 제거되었다. 에테르와 디페닐아민과 혼합되기 전에 드레인 작업된 파이로셀룰로오스로부터 남아있는 물은 가압된 알콜에 의해서 제거된다. 그리고 혼합물은 프레스를 통해서 공급되어 긴 튜브의 코드 형태로 압출되고 원하는 길이의 입자로 절단된다.

알코올과 에테르는 추진제 입자로부터 증발되어 잔류 용제 농도가 소총용 화약(Rifle powder)에 대해서는 3%, 대포용 화약에 대해서는 7% 사이가 되도록 하였다. 연소 속도는 용제의 농도와 반비례한다. 입자는 다음의 블렌딩 공정에서의 정전기 발생을 최소화시키기 위해서 전기적으로 전도성인 흑연으로 코팅된다. 10톤 이상의 화약 입자를 포함하는 "로트"는 탄도성능의 차이를 최소화시키기 위해서 블랜딩된다. 블랜딩된 각 로트는 요구되는 성능을 위해서 정확한 충전량을 결정하는 시험이 이루어진다.

다량의 구형의 군용 무연화약은 때때로 새로운 로트의 추진제로 재작업되었다. 1920년대에 올슨(Dr. Fred Olsen)은 제1차세계대전 동안에 제조된 1톤 짜리 SB 대포 화약을 회수하는 방법을 찾는 실험을 피카티니 조병창에서 작업하였다. 올슨은 1929년 웨스턴카트리지사(Western Cartridge Company)에 고용되어 1933년까지 구형(球形)의 무연화약을 제조하는 공정을 개발하였다. 재작업된 추진제 또는 세척된 파이로셀룰로오스는 적은 양의 필요한 안정제와 기타 첨가제를 함유하는 에틸아세테이트(Ethyl acetate) 중에 용해될 수 있다. 생성된 시럽은 물과 계면활성제와 함께 혼합되어 시럽이 원하는 크기의 작은 구체의 에멀젼을 형성할 때까지 가압 용기 내에서 가열되고 교반된다. 압력이 서서히 감소됨에 따라 에틸아세테이트가 증발되어 날아가면서 NC와 첨가제의 작은 구형을 남긴다. 이 구들은 이어서 에너지를 증가시키기 위한 NG를 첨가함으로써 수정되고 롤라 사이에서 균일한 최소의 크기로 납작하게 된 후 점화를 지연시키는 프탈레이트 억제제로 코팅을 하고 그리고/또는 블랜딩 중에 흐름 특성을 개선하기 위해서 그라파이트로 광택된다.

8.5 소염화약[4]

총구에서 나오는 섬광은 뜨거운 추진제 가스가 주변의 공기와 혼합됨에 따라서 일어나는 화학반응에 의해서 총구 부근에서 방출되는 빛이다. 발사체가 방출되기 전에 약한 섬광이 먼저 발사체를 새어나온 가스로부터 생길 수 있다. 이어서 방출되는 가스의 열은 보통 눈에 보이는 복사열을 방출하기에 충분하다. 가스는 팽창하지만 마하디스크(Mach disc)를 관통하면서 그들은 다시 압축되어 중간 섬광을 만들어낸다. 뜨거운 연소성의 가스(예: 수소 및 일산화탄소)는 이어서 주변의 공기에 있는 산소와 혼합되었을 때 가장 밝은 2차섬광을 만들어낸다. 2차섬광은 보통 소형병기에서는 발생하지 않는다. NC는 탄소와 수소를 완전하게 산화시키기에는 산소가 불충분하다. 산소의 부족은 그라파이트와 유기안정제의 첨가로 증가된다. 총열 내에서의 연소 생성물은 질소와 일산화탄소와 같은 가연성의 가스를 포함한다. 고온에서 이들 가연성 가스들은 총구를 벗어났을 때 대기 산소와 혼합되었을 때 점화될 것이다. 밤에 사용할 때에는 점화에 의해서 생성된 섬광이 총의 위치를 적에게 알릴 수 있으며 포수 사이에 일시적인 야맹증을 일으킨다.

섬광억제제는 보통 섬광 표시를 줄이기 위해서 소형 화기에 사용되나 이러한 접근법은 대포에서는 실용적이지 못하다. 대포의 총열은 총구로부터 46m까지 섬광이 치솟는 것이 관찰되었으며 구름에 반사될 수 있으며 30마일(48km)의 거리에서도 육안으로 감지된다. 대포에 대해서 대부분의 효과적인 방법은 연소 가스를 희석하는 비교적 낮은 온도에서의 대량의 불활성 질소가스를 생산하게 하는 추진제이다. TB는 NQ의 질소 때문에 이러한 용도로 사용된다.

TB추진제가 사용되기 전에는 섬광을 줄이는 보통의 방법은 KCl과 같은 무기염을 첨가하는 것이며 그렇게 하면 그들의 비열용량이 연소가스의 온도를 감소시켜주며 그리고 최종적인 그들의 미세하게 분화된 미립자 연기가 연소 방출 에너지의 가시광선 파장을 막아버린다.

참고문헌

1. 민병만(2009), 한국의 화약역사, 아이워크북, 서울
2. 김술환(1995), 화약학, 동문복사㈜, 인천
3. 허진(1981), 신화약발파학, 기전연구사, 서울
4. Wikipedia, (2017.5.28), Smokeless powder, https://en.wikipedia.org/wiki/Smokeless_powder, (2017.6.9 방문)
5. R. Meyer(2007), Explosives(6th), Wiley-VCH & Co. KGaA, Weinheim
6. NIST Chemistry WebBook, NIST Standardc Reference Database Number 69, http://webbook.nist.gov/chemistry/
7. Wikipedia, (2017.5.28), Cellulose triacetate, https://en.wikipedia.org/wiki/Cellulose_triacetate, (2017.6.9. 방문)

제9장

콤포지트 추진제

9.1 개요[1]

과염소산암모늄 콤포지트 추진제(Ammonium perchlorate composite propellant, APCP)는 고체로켓추진제이다. APCP는 조성과 성능 측면 뿐 만이 아니라 가공 측면에서 기존의 흑색화약과 같은 고체로켓추진제와는 다르다. APCP는 흑색화약에서의 압착작업과는 반대로 어떤 형상으로 주조된다. 그래서 항공우주산업의 필수 요구사항인 제조균일성과 반복성을 제공할 수 있다. APCP는 연소 챔버 내에서 추진제의 노출된 표면에서부터 연소된다. 그래서 로켓모타 내부의 추진제의 기하학적 구조는 전체의 모타 성능에 중요한 역할을 한다. 추진제 표면이 연소함에 따라 대부분 연소 가스에 노출된 추진제 표면적을 변화시키면서 형상이 점진적으로 발달된다. 발생된 연소가스의 질량 유속(kg/s)은 순간적인 표면적 A_s(m²), 추진제 밀도 ρ(kg/m³) 및 선형연소 속도 b_r(m/s)의 함수이다.

$$\dot{m} = p \cdot A_s \cdot b_r$$

여러 가지 기하학적인 배열이 응용분야와 요구되는 추력곡선에 따라서 자주 사용된다.

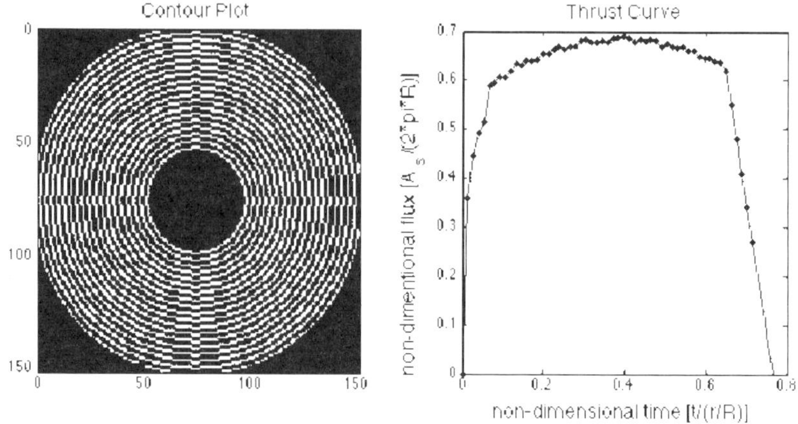

(a) Circular bore simulation

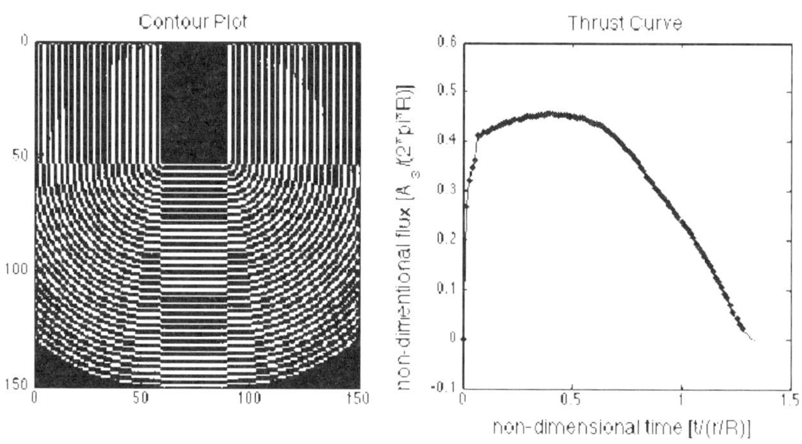

(b) C-Slot simulation

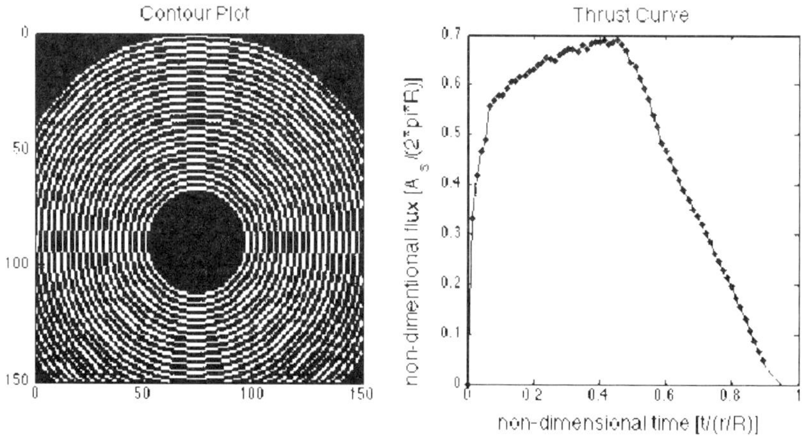

(C) Moon burner simulation

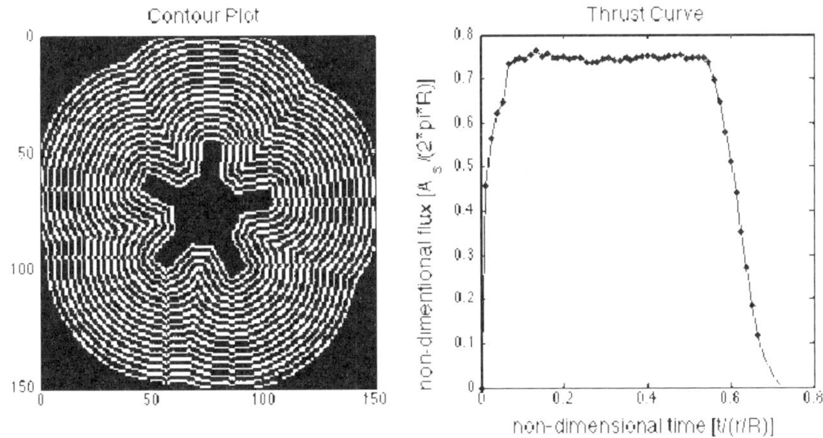

(d) 5-point finocyl simulation

[그림 9.1] 여러 가지 기하학적 배열

① Circular bore: BATES에서, 이 배열은 증가하다가 감소하는 추력곡선을 만든다.

※ BATES = Ballistic Test and Evaluation System, 탄도 테스트 및 평가 시스템으로 측정을 위한 표준화된 시스템이다.

② End burner: 축의 한쪽 끝에서부터 다른 쪽으로 연소하며 비록 무게 중심의 변화로 열적인 온도의 문제가 있지만 일정하게 오래 연소한다.

③ C-slot: 축 방향을 따라 길게 측면을 쐐기 형으로 파낸 형태이며 비록 열적인 온도의 문제와 비대칭적인 무게중심 특성이 있지만 상당히 오래 감소추력곡선을 만든다.

④ Moon burner: 중심을 벗어난 홀이 있는 형태로 비록 약간의 비대칭의 무게 중심 특성이 있지만 긴 시간 증가-감소의 연소를 한다.

⑤ Finocyl: 보통 5발 또는 6발 달린 별과 같은 형태로 아주 높은 추력곡선을 만들며 증가된 표면적 때문에 Circular bore보다는 아주 빠르게 연소한다.

추진제의 상세한 기하학적 설계에 의해서 표면적은 쉽게 재단할 수 있지만 연소 속도는 다음과 같은 여러 가지 미묘한 요인들에 의해 좌우된다.

① 추진제 조성

② AP, Al, 첨가제의 입자 크기

③ 연소 압력

④ 열전달 특성
⑤ 침식 연소(추진제를 지나가는 고속의 흐름)
⑥ 추진제의 내부 온도

그러나 요약하면 대부분의 조성물은 표준상태에서 1～3mm/s의 연소 속도를 가지며 68기압에서는 6～12mm/s의 연소 속도를 갖는다. 선형연소 속도와 같은 연소특성은 가끔 스트랜드 버너 테스트(Strand burner test)를 사용하여 로켓모타 발사 전에 결정된다. 이 시험을 통해서 APCP 제조기술자는 압력의 함수로서 연소 속도의 특성을 알 수 있다. 경험적으로 APCP는 다음의 멱함수모델(Power-function model)을 잘 따른다.

$$b_r = a \cdot p^n$$

일반적으로 APCP는 $0.3<n<0.5$이며 이것은 압력에 따른 연소 속도의 영향이 적다는 것을 의미한다. 즉 연소 중 표면적이 일정하게 유지된다면 연소 속도는 압력이 내부 평형에 도달함에 따라 무한대로 올라가지 않는다. 이것은 APCP는 폭발을 일으킬 수 없다는 것을 말하며 폭발하는 경우라면 아마도 그것은 연소압력이 로켓모타 콘테이너의 파열 압력을 초과했기 때문일 것이다.

9.2 용도[1]

APCP는 일반적으로 항공우주 추진 응용 프로그램에서 사용되며 여기에서 단순성과 신뢰성이 요구되며 180～260초의 비추력(조성과 작업 압력에 의존)이 적당하다. 이러한 성능 특징 때문에 APCP는 우주왕복선 로켓부스타, 항공기 사출좌석 및 NASA의 화성탐사 로버(Rover)의 하강단계 역추진로켓과 같은 특별 우주탐험응용과 같은 부스타 응용 분야에서 규칙적으로 쓰인다. 또한 산업용 로켓공학 분야에서는 APCP를 상업적으로 이용할 수 있는 추진제 "재충전" 형태뿐 만이 아니라 1회용 모터에도 사용한다. 경험이 많은 실험적인 아마추어 로켓전문가들은 또한 가끔 APCP를 가지고 APCP 자체를 가공처리하면서 작업을 한다.

상업용 APCP 로켓 엔진은 보통 재충전 모타 시스템(Reloadable moter systems, RMS)과 완

전히 조립된 1회용 로켓모타의 형태로 나온다. RMS에 있어서 APCP 그레인(실린더 타입의 추진제)은 절연디스크, 오링 및 (흑연 또는 유리가 함유된 페놀수지)노즐과 함께 재사용할 수 있는 모타 케이싱에 충전된다. 모타 케이싱과 마개는 일반적으로 모타 제조사와는 별도로 구입되며 가끔 정밀기계로 가공된 알루미늄으로 만들어진다. 조립된 RMS는 재사용될 수 있는(일반적으로 금속파트) 성분과 써서 없어지는 성분을 갖는다.

여러 가지의 시각적 효과와 비행 특성을 얻기 위해서 취미용으로 사용되는 APCP의 공급자들은 다양한 여러 가지 특성을 가진 추진제 타입을 제공한다. 이들은 연기가 거의 없고 청색의 불꽃을 갖는 빠른 연소 속도의 추진제로부터 고전적인 흰색의 연기와 백색의 불꽃을 갖는 추진제까지 여러 가지가 있다. 또한 색깔이 있는 조성물은 적색, 녹색, 청색 및 심지어는 흑색연기 까지도 전개하는데 이용될 수 있다.

중출력 및 고출력의 로켓 응용분야에 있어서 APCP는 로켓추진제로서 주로 흑색화약을 대체해 왔다. 압착된 흑색화약은 보다 큰 응용분야에서 쉽게 균일이 생기며 이것은 로켓 발사 차량의 치명적인 문제를 일으킬 수 있다. APCP의 탄성적 특성은 돌발적인 충격 또는 초가속 비행으로 부터의 균열에 대해 덜 취약하게 만들어준다. 이들과 같은 특성 때문에 취미상에서의 APCP와 관련 추진제 타입의 채택은 로켓 공학의 안전성을 상당히 증가시켰다.

9.3 조성 및 원료[1]

APCP는 콤포지트추진제로 연료와 산화제를 고무상의 바인더와 함께 혼합하여 만들어진 균일한 혼합물이다. APCP는 보통 AP(Ammonium perchlorate), HTPB(Hydroxy-terminated polybutadiene) 또는 PBAN(Polybutadiene acrylic acid acrylonitrile prepolymer)와 같은 탄성중합체 바인더, 금속분말(보통 알루미늄), 및 다양한 연소 속도촉매로 구성되어있다. 또한 경화제가 첨가되어 탄성중합체 바인더를 크로스링킹시킴으로써 사용 전에 추진제를 고체화시킨다. 과염소산염은 산화제로 작용하고 반면에 바인더와 알루미늄은 연료로 작용한다. 연소 속도촉매제는 혼합물이 얼마나 빨리 연소하는지를 결정한다. 최종적으로 경화된 추진제는 고무상으로 탄성이 매우 좋으며 또한 손상을 많이 받더라도 쉽게 파손이 되지 않으며 그리고 취미 또는 군용 로켓 공학과 같은 고도의 가속 응용분야에 도움을 준다.

APCP의 조성은 용도, 의도된 연소특성, 및 노즐의 열 제한 또는 비추력(Isp)와 같은 제약특성에 따라 상당히 변한다. 대략적인 질량 비율(고성능 구성에서)은 약 AP/HTPB/Al= 70/15/15인 경향이 있지만 상당히 높은 성능의 저연기량 조성은 약 AP/HTPB/Al=80/18/2의 조성을 가질 수 있다. APCP에는 금속 연료가 반드시 필요하지 않지만 대부분의 조성물은 연소안정제, 추진제 유백체(과도한 적외선 추진제 예열을 제한하는 것)로서 적어도 수 퍼센트 함유하며 그리하여 연소가스의 온도를 증가시킨다.(Isp 증가) APCP의 성분들을 정리하면 다음과 같다.

(1) 산화제 성분
① 주산화제로 과염소산암모늄
② 테르밋 산화제로서 금속산화물 촉매

(2) 고에너지 연료
① 알루미늄(고성능, 가장 일반적임)
② 마그네슘(중간 성능)
③ 아연(저성능)

(3) 바인다로서의 저에너지 연료
① HTPB(Hydroxyl-terminated polybutadiene)
② CTPB(Carboxyl-terminated polybutadiene)
③ PBAN(Polybutadiene acrylonitrile)

산화제에 대한 연료의 비율을 화학양론 점까지 증가시키면 연소 온도가 증가되지만 금속 산화물의 몰분율이 증가되며 특히 산화알미늄(Al_2O_3)이 가스 상으로부터 침전되어 구형의 고체 또는 액체가 생성되며 이들은 평균 분자량이 증가함에 따라 유속을 감소시킨다. 또한 가스 상의 화학적 조성이 바뀌면서 가스의 유효 열용량을 변화시킨다. 이러한 현상 때문에 연소반응이 연소실 내부에서 완전하게 이루어진다고 가정할 때 약 16 질량%의 비추력(Isp)를 최대화 시키기 위한 최적의 비양론 조성이 존재한다.

고온의 연소가스에서 알루미늄 입자의 연소시간은 알루미늄의 입자크기와 형태에 따라서 변한다. 알루미늄 함량이 상당히 높은 소형 APCP 모타에서 알루미늄이 완전 연소될 때까지 알루미늄은 정체되지 않으며 상당한 양의 알루미늄이 연소 챔버 밖에서 연소되어 성능을 감소시킨다. 이 효과는 가끔 알루미늄 입자 크기를 감소시켜 난기류를 일으킴으로써 경감되며(경로를 길게 만들어 정체시간을 증가시킴) 그리고/또한 알루미늄을 더 완전하게 연소시키기 위해 더 높은 산화성을 갖는 연소 환경을 만들어 주도록 알루미늄의 함량을 감소시킴으로써 경감된다. 모타 내부에서의 알루미늄의 연소는 속도제한 경로이다. 왜냐하면 이 알루미늄 액적에 의해 반응이 구체 계면으로 제한되기 때문이며 여기에서 표면적 대 부피의 비율은 연소정체시간과 필요한 연소챔버 크기/길이를 결정하는데 중요한 인자가 된다.

추진제 입자 크기 분포는 APCP 로켓모타 성능에 엄청난 영향을 준다. AP와 Al의 입자가 작을수록 연소 효율이 더 높을 뿐만 아니라 선형연소 속도도 증가된다. AP는 연료를 산화시키기 전에 가스 상으로 분해되기 위해 열을 흡수하기 때문에 연소 속도는 평균 AP 입자크기에 상당히 좌우된다. 이 과정이 APCP의 전체의 연소 속도에 있어서 속도를 제한하는 단계가 될 것이다. 이 현상은 열 흐름과 질량비를 생각함으로써 설명될 수 있다. 즉 입자 반경이 증가함에 따라 부피(그래서 질량 및 열용량)가 반경의 3제곱으로 증가한다. 그러나 표면적은 반경의 제곱으로 증가하며 입자로 들어가는 열 유속에 대략적으로 비례한다. 그러므로 입자의 온도 상승 속도는 입자 크기가 최소화될 때 최대화된다. 보통의 APCP 조성물은 30～400㎛ AP 입자(가끔은 구형)와 또한 2～50㎛의 Al 입자(가끔은 구형)를 필요로 한다. AP와 Al 사이의 입자의 입자 차이 때문에 Al은 가끔 AP 입자의 유사격자 사이에 자리를 차지할 것이다.

9.4 성분들의 특성

1) 과염소산암모늄(Ammonium perchlorate, AP)[2]

과염소산암모늄은 암모니아를 과염소산($HClO_4$)으로 중화시킴으로써 제조되며 재결정에 의해서 정제된다. AP는 콤포지트추진제에서 가장 중요한 산소공급제이다. 알칼리금속과염소산염과는 달리 반응하여 100% 가스 생성물로 전환되는 큰 이점이 있다. 입도에 따른 분류는 다음과 같다.

Class 1: 420과 297㎛ 망을 통과하고, 74㎛ 망에 걸리는 것

Class 2: 297㎛ 망을 통과한 것

Class 3: 149㎛ 망을 통과한 것

Class 4: 210㎛ 망을 50～70% 통과한 것

Class 5: 297㎛ 망을 통과하고, 105㎛ 망에 걸리는 것

Class 6: 297㎛ 망을 89～97% 통과한 것

Class 7: 420㎛ 망을 45～65% 통과한 것

〈표 9.1〉 과염소산암모늄의 물리화학적 특성

CAS 번호	7790-98-9	폭발열(kcal/kg) H_2O(l /g)	471/-
분자 구조	$O=\overset{O}{\underset{O}{Cl}}-O^- \ NH_4^+$	밀도(g/㎤)	1.95
		응고점(℃)	가열시 분해
		융해열(kcal/kg)	-
분자식	NH_4ClO_4	lead block test(㎤/10g)	195
분자량(g/mole)	117.5	밀폐폭속(m/sec)	-
ΔH_f(kcal/mole)	-70.7	deflagration point(℃)	350
산소평형치(%)	+34.04	충격감도(N m)	15
질소 함량(%)	11.04	마찰감도(N)	-
폭발가스량(l /kg)	799	철슬리브테스트 임계직경(mm)	-
외관	백색의 결정 또는 분말		

2) 알루미늄 분말

〈표 9.2〉 알루미늄의 물리화학적 특성

CAS 번호	7429-90-5	분자량(g/mole)	26.98
분자 구조		ΔH_c(kcal/kg)	-7,422
		밀도(g/㎤)	2.70
		융점(℃)	660.32
		비점(℃)	2470
		융해열(kcal/mol)	2.56
분자식	Al	증발열(kcal/mol)	67.88
외관	은백색		

알루미늄은 지각에 가장 많이 존재하는 금속이지만 원소로는 존재하지 못한다, 거의 모든 알루미늄은 보크사이트에서 분리된 Al_2O_3로부터 얻어진다. 은백색의 부드러운 금속으로 전성, 연성이 풍부하여 박막이나 철사로 만들 수 있다. 시중에서 판매되는 알루미늄은 98.0～99.85%의 순도이며 주요 불순물은 규소와 철이다. 성질은 순도에 따라 다른데 전기의 양도체

로 비저항은 구리의 약 1.6배이다. 또 비중으로 보아 전형적인 경금속이다. 공기 중에 방치하면 산화물의 박막을 생성하여 광택을 잃지만 내부까지 침식되지는 않는다. 공기 중에서 녹는점 가까이 가열하면 흰 빛을 내며 연소하여 산화알루미늄이 된다. 이 때 높은 온도가 되므로, 분말을 써서 금속의 야금이나 용접을 한다. 질소, 황, 탄소 등과 직접 화합하여 질소화물, 황화물, 탄화물이 되며 할로겐과도 작용하여 염화물, 브롬화물 등을 만든다. 산에 녹아 염을 만들지만 진한 질산에는 잘 침식되지 않는다. 알칼리에 녹아 수소를 발생하여 알루민산염이 된다. 무르고 은백색의 가벼운 금속으로 튼튼하고 잘 산화되지 않아 산업용으로 전 분야에서 널리 사용된다. 특히 항공우주 분야와 교통, 건축 분야에서 많이 쓰인다. 산화물인 보크사이트에서 전기 분해로 얻어지며 재료로 쓰이는 주요한 합금으로는 두랄루민 등을 꼽을 수 있다. 파이로테크닉에서의 알루미늄 분말은 백색의 불꽃을 내거나 에너지를 증대시키는 연료로 사용한다.

3) HTPB(Hydroxyl-terminated polybutadiene)[3]

HTPB는 각 말단 부위에 수산기가 붙어있는 부타디엔의 저중합체이다. 이것은 이소시아네이트와 반응하여 폴리우레탄을 형성한다. HTPB는 왁스 종이와 비슷한 칼라와 옥수수 시럽과 비슷한 점도를 갖는 투명한 액체이다. HTPB는 순순한 화합물이라기 보다는 혼합물이기 때문에 그 특성이 변하며 그리고 소비자의 요구사항에 맞도록 제조된다. 보통의 HTPB는 R-45HTLO이다. 이 제품은 보통 서로 결합된 40～50 부타디엔 분자를 함유하는 저중합체이며 각 체인의 말단에는 OH기가 붙어있다.

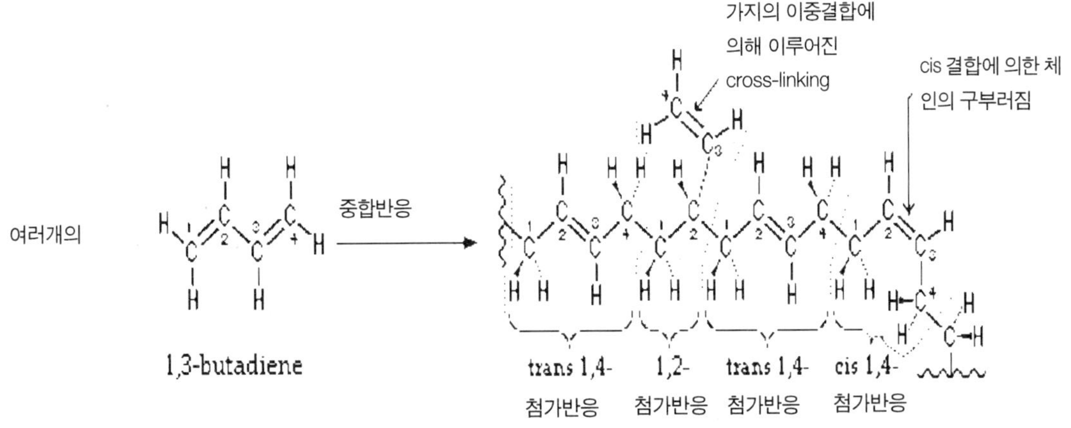

[그림 9.2] HTPB의 중합반응

R-45HTLO는 2.4-2.6의 기능기를 가지며 이것은 두 개로 된 모든 저중합체 단위에 대해서 체인을 따라 위치한 하나의 추가적인 수산기가 있다는 것을 의미한다. 이것은 보다 강하게 경화된 제품에 대해서 측면과 측면의 결합을 제공한다. HTPB는 보통 di- 또는 poly-isocyanate 화합물과 추가의 반응에 의해서 경화된다.

HTPB의 중요한 응용분야는 고체로켓추진제이다. HTPB는 산화제와 기타 성분들을 고체이지만 탄성질로 결합시켜준다. 경화된 폴리우레탄은 이러한 혼합물에서 연료로 작용한다. 예를 들어, HTPB는 일본의 인공위성발사용 M-5로켓 그리고 인도우주연구기구 ISRO(Indian Space Research Organisation)에 의해서 개발된 PSLV 로켓의 3/4단계 모두에 사용된다. 일본 우주항공연구개발기구 JAXA(Japan Aerospace Exploration Agency)는 HTPB/AP/Al=12/68/20 조성의 추진제를 기술하고 있는데 질량비로 HTPB와 경화제 12%(바인더와 연료), 과염소산암모늄 68%(산화제) 그리고 알루미늄 분말 20%(연료)의 비율을 의미한다.

자주 APCP로 언급되는 유사한 추진제가 대형의 모형 로켓에 사용된다. 일반적인 APCP는 가장 작은 로켓 모타에 사용되는 흑색화약 추진제보다 2～3배의 비추력을 갖는다. HTPB는 또한 하이브리드 로켓 연료로 사용된다. N_2O(아산화질소, 웃음가스)를 산화제로 하여 SpaceDev.에 의해서 개발된 SS2(SpaceShip Two) 하이브리드 로켓 모타의 파워를 증대시키는데 사용된다.

4) CTPB(Carboxyl-terminated polybutadiene)

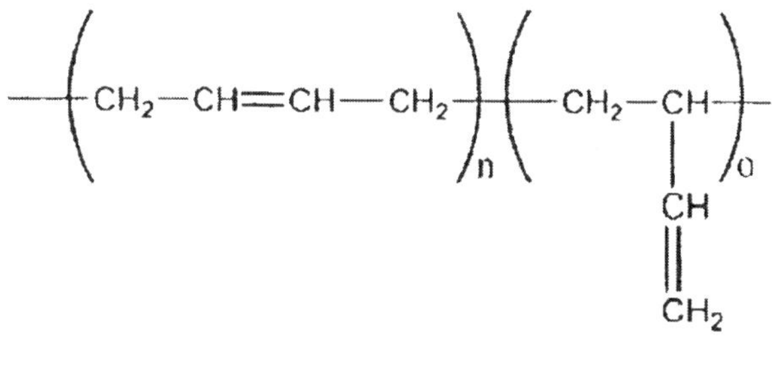

$$-\left(CH_2-CH{=}CH-CH_2\right)_n\left(CH_2-\underset{\underset{CH_2}{\|}}{\underset{CH}{|}}{CH}\right)_o-$$

[그림 9.3] CTPB

액상의 카르복시-폴리부타디엔 프리폴리머로 콤포지트 추진제의 바인더로 사용되며 에폭시 또는 아지리딘 타입 경화제로 크로스링킹되어 경화된다. 분자량이 3500～4000로 추진제의 기계적인 특성을 좋게 해주며 고체는 충전 부피를 증가시킨다. 20세기 1960년대와 1970

년대에 전략적이고 전술적 엔진에 널리 사용되었으며 점진적으로 HTPB로 대체되었다. 분자식이 COO-(CH_2-CH=CH-CH_2)$_n$-OOC이며 단량체가 1,3-butadiene이다. 일종의 액체 고무로 가격이 비싸 사용이 제한되었다. 다른 물질이 대체할 수 없는 극도의 성능 때문에 항공기술에 사용된다.

5) PBAN(Polybutadiene acrylonitrile)[4]

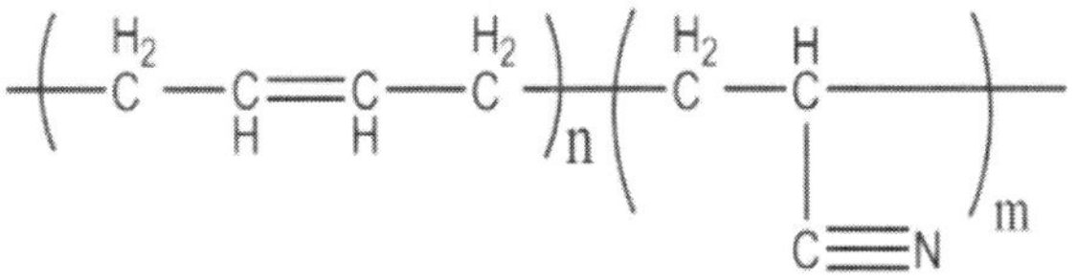

$$-\left(-\overset{H_2}{C}-\underset{H}{C}=\underset{H}{C}-\overset{H_2}{C}-\right)_n\left(-\overset{H_2}{C}-\overset{H}{\underset{C\equiv N}{C}}-\right)_m-$$

[그림 9.4] PBAN

PBAN 공중합체는 Polybutadiene-acrylic acid-acrylonitrile terpolymer라고도 하며 로켓추진제에 자주 사용되는 공중합체화합물이다. 1960~1970년대의 대형 부스타(예: Titan III 및 Space Shuttle SRBs)에 널리 사용되었던 바인더이다. 또한 단순성, 저비용 그리고 HTPB보다 저독성을 갖기 때문에 아마추어들에 의해 자주 사용된다. HTPB는 경화시키기 위해 이소시아네이트 (Isocyanates)를 사용하는데 이것은 비교적 경화시간이 빠르긴 하지만 독성이 있다. 또한 PBAN 기반의 추진제는 HTPB 기반의 추진제보다 약간 높은 성능을 가진다. PBAN은 보통 에폭시레진을 첨가해서 경화되며 경화시키는데 고온에서 수일이 걸린다. PBAN은 후에 삭제되었지만 Constellation program에 사용되었는데 여기에서 PBAN은 5개로 분리된 Ares I로켓의 제1단에 사용되었다. 그러나 AresI의 미래 버전은 액체연료를 사용하는 것으로 검토되었다. PBAN은 현재 SLS 로켓의 고체로켓 부스타에 사용되어질 예정이다.

9.5 제조[1]

고체추진제의 제조는 복잡한 물리화학적 과정을 수반한다. 과거에는 추진제가 압착 또는 프레싱, 프레스를 이용한 압력 하에서 다이를 통한 압출, 용제를 이용하여 혼합하고 증발시키는 방법 등 여러 가지 프로세스에 의해서 생산되어 왔다. 동일한 타입의 추진제에 있어서도

(예: DB, 콤포지트 또는 콤포지트 DB), 제조 프로세스는 제조자, 모타의 형태, 사이즈 또는 추진제 조성이 다르기 때문에 보통 동일하지 않았으며 하나의 단순하게 일반화된 프로세스 플로시트 또는 제조 테크닉이 없었다. 오늘날 생산되는 로켓 모타의 대부분은 콤포지트 타입의 추진제이며 따라서 여기에서는 이 프로세스에 대한 여러 가지 사항들이 언급될 것이다.

콤포지트 추진제를 배치 프로세스로 만드는 공정 중에서 일부는 상당히 위험한 공정으로 보통은 원격으로 작업되고 조절되며 화재나 폭발로부터 견딜 수 있도록 설계된 건물 내에서 이루어진다. 혼합 및 주조 공정은 추진제의 품질, 성능, 연소 속도 및 물리적 특성을 결정하는데 다른 어느 공정보다도 복잡하고 중요하다.

전단율, 응력 및 시간 측면에서의 추진제의 흐름 특성을 의미하는 경화되지 않은 추진제의 유동성은 추진제의 공정-안정성에 모두 중요한 사항이며 이 특성치들은 항상 전체 공정 라인을 거치면서 많이 변할 수 있다. 추진제를 모타로 주조하는 것을 포함하는 추진제 배치 프로세스는 가장 일반적인 방법이다. 아주 대형의 모타에 대해서는 주조하는데 수 일이 필요한데, 하나를 만드는데 아마도 하나의 케이스에 40배치가 필요할 것이다. 혼합 및 주조 작업 중에 공기와 기타 가스를 제거하고 공기 버들을 피하기 위해서 거의 항상 진공상태로 작업한다.

혼합 추진제의 점도(10,000~20,000 poise) 측정이 품질관리를 위해서 이루어진다. 진공, 온도, 진동, 혼합기의 에너지 주입 및 시간은 미경화 추진제의 점도에 영향을 주는 인자들이다. 시간은 미경화 추진제가 경화되기 전 혼합 후에 유체로 존재하는 시간인 포트라이프(Pot life) 측면에서 중요하다. 포트라이프가 짧으면(수시간) 혼합기를 비우는 작업, 품질관리를 위한 측정, 운반 및 주조 등의 작업이 빠르게 이루어져야 한다. PVC와 같은 일부 바인더 시스템에서는 포트라이프가 매우 길며 프로세싱 라인에서 서두르는 긴박성을 피할 수 있다.

DB추진제 및 개선된 DB추진제는 일련의 다른 프로세스에 의해서 제조된다. 액체 NG를 섬유질의 고체 조직 또는 NC 속으로 확산시키는 것이 키이며 그리고 용해에 의해서 상당히 균질하고 잘 분산되고 비교적 강한 고체 물질을 형성된다. DB로켓추진제를 만드는 여러 가지 프로세스가 오늘날 사용되며 여기에는 압출 및 슬러리 캐스팅이 포함된다. 슬러리캐스팅 프로세스에서는 케이스(몰드)에 고체상의 주조용 추진제(소량의 NG와 NC로 이루어진 작은 고체 펠렛)를 채운 다음 액체 NG를 가득 채워서 펠렛을 용매화한다.

주조 및 경화 시 내부 공동 또는 구멍이 없도록 하기 위해서 맨드릴을 사용한다. 그들은 내부가 뚫린 모양의 금속으로 만들어지며(예: 스타 또는 도그본) 가끔은 약간 경사지게 만들어지며 그레인이 파손되지 않고 경화 후에 맨드릴을 쉽게 제거하도록 테프론과 같은 붙지 않는 물질로 코팅된다. 코노실(Conocyl)과 같은 복잡한 내부 통로에 대해서 복잡하게 조립된 맨드릴이 필요하며 이것은 보다 작은 조각 또는 붕괴될 수 있는 노즐 플랜지 마개를 통해서 제거될 수 있다.

일부 제조자들은 가볍게 발포된 추진제로부터 영원한 맨드릴(이것은 제거되지 않고 모타에 고정된다)을 만드는데 성공하였으며 이것은 일단 점화되면 매우 빠르게 연소한다.

프로세싱의 중요한 목적은 크랙, 저밀도 지역, 공동 및 기타 결점이 없는 추진제 그레인을 만드는 것이다. 일반적으로 공동 및 기타 결점들은 추진제 그레인의 탄도성능과 기계적인 특성을 저하시킨다. 추진제에 미세하게 분산된 가스를 포함하는 경우에도 비정상적으로 높은 연소 속도를 나타낼 수 있으며 이것은 모타의 비극적인 실패의 원인이 된다.

완성된 그레인(또는 모타)는 보통 엑스레이, 초음파, 열전도 또는 기타 비파괴검사기술을 이용하여 결점(크랙, 공동 및 탈착)이 검사된다. 추진제 샘플이 각 배치로부터 취해져서 유동 특성이 시험된다. 그리고 물리적 특성을 갖는 시험체 및/또는 경화되고 이어서 시험이 완료된 작은 모타 속으로 주조한다. 추진제 공동과 기타 결점과 같은 실패작에 대한 모타 성능의 감도는 가끔 이미 알고 있는 결점을 가진 모타를 연소시키는 시험을 함으로써 결정될 수 있다. 시험에서 얻은 데이터는 생산된 모타를 수락할 것인지 거부할 것인지에 대한 검사기준을 설정하는데 중요하다.

추진제를 제조하는데 특별한 프로세스 장비가 필요하다. 콤포지트 추진제에 대해서는 기계 혼합기(보통 진공하에서 혼합기 내에서 추진제 성분들을 교반하는 수직 축 상에서 회전하는 2개 또는 3개의 블레이드를 가짐), 주조장치, 경화오븐 또는 케이스에 라이너 또는 절연을 자동적으로 하기 위한 기계 등이 포함된다. DB 프로세싱은 슬러리 캐스팅 프로세스에서 기계적으로 추진제를 작업하는 기계(롤라, 프레스) 또는 특수 공구가 필요하다. 컴퓨터로 조작되는 필라멘트 와인딩 기계가 섬유-보강 플라스틱 케이스와 노즐에 섬유를 입히는데 사용된다.

참고문헌

1. Wikipedia, (2016.9.5), Ammonium perchlorate composite propellant, https://en.wikipedia.org/wiki/Ammonium_perchlorate_composite_propellant, (2017.6.14 방문)
2. Wikipedia, (2017.5.5), Ammonium perchlorate, https://en.wikipedia.org/wiki/Ammonium_perchlorate, (2017.6.14 방문)
3. Wikipedia, (2017.6.4), HTPB(Hydroxyl-terminated polybutadiene), https://en.wikipedia.org/wiki/Hydroxyl-terminated_polybutadiene, (2017.6.14 방문)
4. Wikipedia, (2017.3.28), PBAN(Polybutadiene acrylonitrile), https://en.wikipedia.org/wiki/Polybutadiene_acrylonitrile, (2017.6.14 방문)

제10장

가스발생제

10.1 개요

가스발생제는 1950년대 초에 ICI(Imperial Chemical Industries Limited), Standard Oil Company 등의 회사에 의해서 개발이 되었으며 처음에는 자동차용이 아닌 다른 분야의 사용을 목적으로 검토 및 개발되었고 다음과 같은 용도로 사용되었다.

① 가스압력으로 작동되는 기계장치의 작동
② 휘발성의 농약, 방충제 및 쥐약의 살포
③ 로켓의 추진
④ 소화기와 같은 용기로부터의 액체의 방출
⑤ 군용 및 민간항공기의 이륙을 도와주는 추진 수단

초기의 가스발생제는 설계 및 제조 시 단순히 가스만을 발생시키는 것에 초점을 맞추었기 때문에 가스량, 연소 속도, 고형물질 및 환경유해성을 따지는 현재의 자동차용으로 사용되는 가스발생제와는 약간의 거리가 있었다.

자동차 승객용 보조구속장치인 에어백을 팽창시키기 위한 화학적 가스발생제는 유사시 에어백이 전개되었을 때 승객이 팽창가스를 흡입할 수 있기 때문에 USCAR(The United States

Council for Automotive Research)에서는 반응생성물 중의 유해가스의 배출량을 <표 10.2>와 같이 엄격히 통제하고 있다. 이러한 기준에 따라서 개발된 초기의 자동차용 가스발생제가 소디움아자이드 등의 금속아자이드를 기제로 하는 조성이었으며 최초로 미국특허에 등록된 것이 미국특허 US3741585호(1971.6.29)이었다.[2] 물론 그 이전에 아자이드계열의 가스발생제가 미국특허 US2981616호(1956.10.1)[3]로 출원되었지만 이때에는 자동차용이 아닌 군사용의 로켓이나 미사일에 사용되기 위해 개발된 것이었다. 이러한 금속아자이드계의 자동차용 가스발생제는 몸에 해롭지 않은 질소가스를 다량 생성시키고 낮은 연소온도와 빠른 연소 속도가 가능하기 때문에 가스발생장치인 인플레이터를 제조하는데 매우 적합하였다. 그러나 이러한 아자이드류는 독성물질이라는 큰 단점을 가지고 있었다. 아자이드는 쉽게 수화, 분해되어 아지화수소산을 생성하는데 아지화수소산은 고독성일 뿐만 아니라 구리나 납 등의 중금속과 쉽게 반응하여 예민한 화합물을 만든다. 그래서 아자이드를 함유하는 가스발생제는 제조, 저장 및 최종 폐기에 이르기 까지 관리가 매우 까다롭기 때문에 좀 더 안전하고 제조, 저장 및 폐기가 용이한 가스발생제가 요구되었다.

그리하여 1970년대 후반부터는 이러한 독성물질을 사용하지 않은 비아자이드계열의 가스발생제들이 개발 및 실현되기 시작하였다. 그러나 이러한 비아자이드계열의 가스발생제들은 일반적으로 연소 속도가 느리고 연소온도가 높고 가스전환율이 낮은 것이 일반적이어서 견고한 하우징(Housing)을 필요로 하여 두껍고 무거운 스틸하우징(Steel Housing)을 사용할 수 밖에 없는 단점이 있었다.

이러한 스틸하우징의 크기를 최소화시키고 두께와 무게를 최소화시키기 위한 비아자이드계의 가스발생제의 연구가 활발히 이루어지고 있으며 이들의 목표는 모두 낮은 연소열량과 낮은 온도, 많은 가스발생량, 보다 낮은 MPBP(Minimum Proper Burning Pressure), 보다 낮은 연소 속도압력지수를 갖는 가스발생제가 될 것이다.

10.2 자동차용 에어백 시스템과 인플레이터

일반적인 자동차용 에어백시스템은 충돌센서, 인플레이터 그리고 접혀져있는 팽창성의 백으로 구성되어 있다. 이중 가스발생제가 포함된 것은 인플레이터로 인플레이터는 전기점화장치, 점화약, 가스발생제 및 가스 여과시스템을 포함하는 하우징으로 이루어져 있다. 차량이 충돌되었을 때 충돌 센서가 감지하여 전기적 신호를 전기점화장치에 보내주게 되며, 전기점화장치가 점화되어 가스발생제를 연소시키고 필터를 통과한 가스는 비교적 냉각된 가스 상의 연소생성물들을 단시간 내에 배출시켜 백을 팽창시킨다. 처음 연소생성물은 인플레이터 하우징에 수용되고 그곳에서 필터시스템을 통해서 백으로 들어간다. 필터시스템은 고체 및 액체 생성물을 대부분 인플레이터내에 잔류되도록 하고 발생가스의 온도를 탑승자가 견딜 수 있을 정도로 냉각한다. 백은 여과된 연소생성물이 인플레이터의 가스 출구로부터 나와서 백에 차기 시작하면 그 보호 커버를 파괴시킬 정도로 팽창하고 팽창된 백은 탑승자와 충돌물 사이에 쿠션을 주어 탑승자를 보호하게 된다. 이러한 전개 과정을 시간별로 보면 자동차가 충돌했을 때 ECU(Electronic Control Unit)가 감지해서 명령을 주는 시간 약 30ms, 가스발생제가 점화되어 에어백이 팽창되기까지 약 30ms 그리고 가스가 배출되는데 약 50ms가 소요되어 전체적으로 약 110ms이면 모든 상황이 종료하게 된다.

10.3 가스발생제의 요구조건[1]

가스발생제는 다른 흑색화약이나 무연화약처럼 절대적으로 규격이 정해져 있지 않다. 즉 인플레이터 하우징의 구조에 따라 가스발생제가 요구사항이 정해진다. 소디움아자이드와 같이 연소온도와 MPBP가 낮고 연소전환율이 높은 가스발생제는 비교적 가벼운 하우징을 필요로 하나 비아자이드와 같이 연소온도와 MPBP가 높고 연소전환율이 낮은 가스발생제는 비교적 무겁고 두꺼운 하우징을 필요로 한다. 이러한 측면에서 볼 때 독성물질이라는 측면만을 제외한다면 아자이드계의 가스발생제가 가장 바람직하다. 그래서 가스발생제는 연소온도와 MPBP가 낮으면 낮을수록 좋고 연소전환율은 높을수록 바람직하다고 볼 수 있다. 그래야만이 인플레이터의 설계도 용이하고 보다 가볍고 가격이 낮은 인플레이터를 만들 수 있다. 그럼에도 불구하고 가스발생제가 갖추어야 할 아주 기본적인 요구조건을 정리한다면 다음의 사항들이 될 것이다. 이 요구조건들은 모든 가스발생제들이 기본적으로 갖추어야 할 조건으로 보면 될 것이다.

① 에어백이 신속히(약 30~100밀리세칸드 이내) 팽창하도록 해당 인플레이터 하우징 내에서 적절한 연소 속도를 가져야 한다.

② 시간의 경과와 함께 쇼크나 진동의 결과, 연소 속도가 변하지 말아야 한다.

③ 연소 속도는 또한 수분함량 및 온도의 변화에도 비교적 둔감해야 한다.

④ 압착된 펠렛 또는 기타의 고체형상으로 이루어질 때 펠렛 등의 단단함과 기계적 강도는 붕괴 또는 노출되고 있는 외표면의 변화를 일으키지 않고, 그것이 노출되는 기계적 환경을 견디기에 적당하여야 한다.

⑤ 가스발생제로부터 나오는 가스는 온도가 낮고, 무해하고, 비부식성의 가스이고 용이하게 여과되어 고체 또는 액체 생성물을 제거되어야 한다.

⑥ 일반적인 취급 조건에서도 쉽게 발화되지 않아야 하는 안전성을 갖고 있어야 한다.

상기 요구조건에 따라 가스발생제의 요구조건을 수치화해서 정리한 것이 <표 10.1>이다.

〈표 10.1〉 가스발생제의 기본적 요구 요건

특성치		단위	요건	비고
취급안전성	마찰감도	kgf	36 이상	
	낙추감도	cm	50 이상	5kg추 사용
	정전기감도	kV	18 이상	
	발화점	℃	300 이상	
물리적 특성	충전밀도	g/㎤	1.8 이상	
	파쇄강도	kgf	7 이상	
화학적특성	자동점화온도	℃	200~240	
	배출가스	ppm	〈표 10.2〉 참조	
	장기저장성	year	15 이상	

〈표 10.2〉 자동차 배출가스 기준

배출가스 종류	기준	배출가스 종류	기준
Ammonia(NH_3)	35.0 ppm	Nitric Oxide(NO)	75.0 ppm
Benzene(C_6H_6)	22.5 ppm	Nitrogen Dioxide(NO_2)	5.0 ppm
Carbon Monoxide(CO)	461 ppm	Phosgen($COCl_2$)	0.3 ppm
Carbon Dioxide(CO_2)	30.000 ppm	Sulfur Dioxide(SO_2)	5.0 ppm
Chlorine(Cl_2)	1.0 ppm	Acetylene	25.000 ppm(LEL)
Formaldehyde(HCHO)	2.0 ppm	Ethylene	27.000 ppm(LEL)
Hydrogen Chloride(HCl)	5.0 ppm	Methane	50.000 ppm(LEL)
Hydrogen Cyanide(HCN)	4.7 ppm	Hydrogen	40.000 ppm(LEL)
Hydrogen Sulfide(H_2S)	15.0 ppm		

※ LEL = lower explosive limit

10.4 조성

〈표 10.3〉 금속아자이드계의 가스발생제 조성의 예

실시 예	1	2	3	4	5	6
NaN_3	80.3	90.0	64.0	65.5	69.6	52.1
S	19.7	10.0	1.0	4.0	2.0	-
MoS_2	-	-	35.0	30.5	-	-
FeS	-	-	-	-	28.4	-
PbO_2	-	-	-	-	-	47.9
가스발생기 최대압력(bar)	99.8	122.2	87.9	139.5	89.9	107.6
수집챔버의 최대 압력 도달시간(sec)	0.085	0.026	0.039	0.047	0.080	0.028
수집챔버의 0.02sec 에서의 압력(psia)	1.89	1.89	1.20	1.05	1.20	1.10
가스 mole/kg	23.6	26.04	23.8	21.6	27.4	15.7
수집챔버의 가스 최대온도(℃)	463	434	174	147	111	322

실시 예	7	8	9	10	11	12	13
NaN_3	58.8	33.3	40.4	29.6	38.6	51.1	57.5
CI_4	-	66.7	-	-	-	-	-
$C_{10}Cl_{12}$	41.2	-	-	-	-	-	-
MoO_3	-	-	59.6	-	-	-	-
WO_3	-	-	-	70.4	-	-	-
V_2O_5	-	-	-	-	59.4	46.9	40.5
MoS_2	-	-	-	-	2.0	2.0	2.0
가스발생기 최대압력(psia)	259	115	223	155	133	240	222
수집챔버의 최대 압력 도달시간(sec)	30	51	45	70	50	29	42
수집챔버의 0.02sec에서의 압력(psia)	1.37	1.49	0.96	1.11	0.78	1.12	0.99
가스 mole/kg	18.8	21.6	10.6	7.6	7.5	15.4	-
수집챔버의 가스 최대온도(F)	531	476	347	338	309	271	-

※ 수집챔버: 7.6 리터

인플레이터는 가스를 발생시킨다는 기본적인 기능은 같지만 인플레이터를 제조하는 회사마다 그 구조가 서로 다르다. 따라서 각 인플레이터에 사용되는 가스발생제도 그 성능들이 각각 다를 수 밖에 없다. 특허에 출원된 인플레이터와 가스발생제를 조사해 보면 수백가지에 이른다. 따라서 이 조성들을 다 언급하기는 매우 어렵기 때문에 대표적으로 소디움아자이드를 기제로 하는 금속아자이드계열의 조성과 염기성질산구리를 기제로 하는 비아자이드계열의 두 가지 조성에 대해서만 다루기로 한다.

금속아자이드를 기제로 하는 초기의 가스발생제 조성에 대해서는 <표 10.3>과 같이 미국 특허 3741585(출원일: 1971.6.29)에 잘 나와 있으며 조성의 성분은 다음과 같다.[2]

① 금속아자이드: 소디움아자이드

② 반응물질: 유황, 이황화몰리브덴, 황화철, 이산화납, 사요오드화탄소, 퍼클로로펜타사이크로디케인, 삼산화몰리브덴, 삼산화텅스텐, 오산화바나듐 등

염기성질산구리를 기제로 하는 비아자이드계열의 가스발생제는 <표 10.4>와 같이 대한민국 특허 101212790(2011.5.12 출원)[6]에 잘 나와 있으며 조성의 성분은 다음과 같다.

① 주산화제: 염기성질산구리(Basic Copper Nitrate=BCN)

② 보조산화제: 질산암모늄, 질산칼륨

③ 주연료: 질산구아니딘

④ 보조연료: 5-아미노테트라졸, 디시안디아마이드, 멜라민

⑤ 냉각제: 삼산화철

⑥ 슬래그형성제: 삼산화철

⑦ 촉매: 삼산화철, 카본블랙

⑧ 연소 속도 증가제: 5-아미노테트라졸(5-Aminotetrazole=5-AT), 디시안디아마이드

가스발생량과 가스의 온도 측면에서 두 계열의 조성들을 비교해 보면, 금속아자이드계열의 조성은 가스의 온도가 상당히 낮은 반면 가스량이 비교적 작지만 비아자이드의 계열은 반대로 가스의 온도가 상당히 높은 반면 가스량이 비교적 많다. 앞서 언급했지만 금속아자이드계열의 조성은 온도가 낮고 질소가스가 많이 발생되는 큰 장점이 있지만 아자이드류는 독성물질이라는 큰 단점을 가지고 있어 비록 비아자이드계열이 온도가 높은 단점이 있긴 하지만 이에 맞는 인플레이터의 구조 개발, 보다 온도가 낮고 가스량이 많은 조성들을 개발해 이를 대체하고 있다.

〈표 10.4〉 비아자이드계의 가스발생제 조성의 예

실시 예	1	2	3	4	5	6	7	8	9
BCN	45.2	44.4	46.4	46.3	42.5	46.13	38.0	44.1	45.0
NH_4NO_3		8.1	3.5	4.5	9.5	5.1		13.5	10.5
KNO_3		0.9	0.6	0.8	1.7	0.9		2.4	1.9
$NaNO_3$							10.0		
GN	42.9	36.1	42.3	38.4	39.1	40.17	41.2	31.3	34.4
5-AT	7.9	8.0	5.0	8.0	3.0	5.0	9.0		
DCDA								6.0	
MA									
Carbon black	0.5	1.5	1.0	0.8	2.0	1.0	0.6	1.5	1.0
Fe_2O_3	0.5	1.0	1.0	1.0	2.0	1.0	1.0	1.0	1.0
Ca-stearate			0.2	0.2	0.2	0.2	0.2	0.2	0.2
PVA						0.5			
계(중량%)	100	100	100	100	100	100	100	100	100
산소평형(%)	-3.0	-2.00	-2.66	-2.67	-2.57	-2.63	-2.68	-2.62	-2.66
열량(kcal/kg)	631	674	643	651	654	652	651	654	610
온도(K)	2130	2238	2137	2182	2135	2160	2166	2114	1945
가스(mole/kg)	30.11	30.05	30.01	30.3	30.6	30	30.04	30	30.05
연소 속도	18.05	23.5	18.3	23.5	18.5	25.5	23.3	18.2	18.5
연소 속도지수	0.39	0.34	0.36	0.48	0.41	0.39	0.49	0.46	0.45

※ BCN = Basic Copper Nitrate, $Cu(NO_3)_2 \cdot 3Cu(OH)_2$

※ GN = Gunidine Nitrate, $CH_6N_4O_3$

※ 5-AT = 5-Aminotetrazole, CH_3N_5

※ DCDA = Dicyandiamide, $C_2H_4N_4$

※ MA = Melamine, $C_3H_6N_6$

※ PVA = Polyvinylalcohol, $[CH_2CH(OH)]n$

※ 연소 속도지수는 하기의 식에 의해 계산된다. 추진제 또는 가스발생제는 $R=AP^n$에 따라 연소되며, 상기 R은 연소 속도, A는 계의 상수, P는 압력, n은 압력연소 속도지수를 나타낸다. 상기 $R=AP^n$에 log를 위한 하기식으로부터 68atm에서 200atm까지 압력을 변화시켜 압력속도를 측정하고, logR에 따른 logP의 직선 그래프의 기울기을 구하여 연소 속도지수 n을 구한다. n의 값이 작으면 작을수록 압력에 따라 연소 속도의 변화율이 작다는 것을 의미하며 가장 이상적이고 바람직한 n의 값은 0으로 여기에 근접할수록 좋은 가스발생제가 되며 인플레이타를 설계하기가 아주 용이하다.

10.5 원료 특성[1]

1) 소디움아자이드(Sodium Azide)

〈표 10.5〉 소디움아자이드의 물리화학적 특성

CAS 번호	26628-22-8	분자량(g/mole)	65.0099
분자식	NaN_3	ΔH_f(kcal/mol)	+5.186
분자 구조	Na^+ $N^-{=}N^+{=}N^-$	밀도(g/㎤)	1.846
		융점(℃)	275
		비열(J/mol K)	76.6
		외관	무색 내지 백색의 고체, 무취

소디움아자이드는 NaN_3의 분자식을 갖는 무기화합물이다. 무색의 염으로 자동차 에어백 시스템의 가스발생제의 성분으로 사용된다. 아자이드화합물을 제조하는데 사용된다. 이온성의 물질로, 물에 상당히 잘 녹아 20℃에서의 용해도가 40.8g/100㎖이다. 암모니아에 아주 잘 녹고 벤젠에는 약간 녹는다. 그러나 에테르, 아세톤, 헥산, 클로로포름에는 녹지 않는다. 가스발생제의 소디움아자이드 성분은 점화되었을 때 다음과 같이 분해된다.

$$2NaN_3 \rightarrow 2Na + 3N_2$$

생성된 소디움 고체는 단독으로 상당히 위험하기 때문에 자동차 에어백시스템에서는 이것을 질산칼륨과 실리카와 같은 다른 성분과 반응시키도록 하여 소디움실리케이트와 같은 위험성이 없는 물질로 전환시킨다. 소디움아자이드는 또한 비행기 탈출 슈트에 사용된다. 최근에는 소디움아자이드 대신에 니트로구아니딘 또는 감도가 둔감한 유사한 화약류가 사용된다.

2) 이황화몰리브덴

이황화몰리브덴은 전이금속 2유화 물질이다. 빛나는 검은 고체로 광물 몰리브데나이트로 존재한다. 이황화몰리브덴은 비교적 반응성이 낮다. 묽은 산과 산소에 의해서 영향을 받지 않는다. 외관과 감촉이 그라파이트와 유사하다. 그라파이트처럼 낮은 마찰특성과 견고성 때문에 고체윤활제로 널리 사용된다. 반자성물제이고 실리콘과 유사한 반도체이다. 물에는 녹지 않으며 왕수, 고온의 황산과 질산에 분해되며 묽은 산에는 녹지 않는다.

〈표 10.6〉 이황화몰리브덴의 물리화학적 특성

CAS 번호	1317-33-5	분자량(g/mole)	160.07
분자식	MoS_2	ΔH_f(kcal/mol)	-64.96
분자 구조		밀도(g/㎤)	5.06
		융점(℃)	1,185
		비점(℃)	-
		외관	검은 고체

3) 황화철(Iron(II) sulfide, Ferrous sulfide)

〈표 10.7〉 황화철의 물리화학적 특성

CAS 번호	1317-37-9	분자량(g/mole)	87.910
분자식	FeS	ΔH_f(kcal/mol)	-24.30
분자 구조	Fe=S	밀도(g/㎤)	4.84
		외관	검은 고체

FeS의 분자식을 갖는 화합물질이나 실제로는 산소가 부족한 비-화학양론적인 물질이다. 분말 상태의 황화철은 자연발화성이 있어 공기 중에서 자발적으로 점화된다. 물에 녹지 않으며 산에서는 반응한다. 공기 중에서 자연발화하며 발화점은 불규칙하다.

4) 이산화납(Lead dioxide)

PbO_2의 분자식을 갖고 있는 이산화납은 산화제이며 납은 +4의 산화상태에 있는 물질이다. 이온결합과 공유결합의 특성 모두를 갖는 중간 결합 형태를 갖는 물질로 융점이 낮고 물에 용

해되지 않는다. 냄새가 없은 짙은 갈색의 결정 분말로 물에는 거의 녹지 않는다. 초산(acetic acid)에는 용해되며 알코올에는 녹지 않는다. 산화성이 강한 산화제로 성냥, 파이로테크닉, 염료 및 기타 화합물질에 사용된다. 전자화학분야에서 여러 가지 중요하게 응용되고 있으며 특히 납축전지에서 양극판에 사용된다.

〈표 10.8〉 이산화납의 물리화학적 특성

CAS 번호	1309-60-0	분자량(g/mole)	239.1988
분자식	PbO_2	ΔH_f(kcal/mol)	-65.6
분자 구조	O=Pb=O	밀도(g/㎤)	9.38
		융점(℃)	290℃ 분해
		외관	짙은 갈색, 흑색 분말

5) 사요오드화탄소

〈표 10.9〉 사요드화탄소의 물리화학적 특성

CAS 번호	507-25-5	분자량(g/mole)	519.63
분자식	CI_4	ΔH_f(kcal/mol)	+93.7
분자 구조		밀도(g/㎤)	4.32
		융점(℃)	-
		비열(joule/K.g)	0.5
		외관	짙은 자색 결정

메탄유도체로는 흔하지 않게 밝은 붉은색을 띠는 화합물이다. 다른 메탄유도체들은 카본이 그다지 작지 않으나 이 물질은 카본이 오직 2% 밖에 안 된다. 이 물질은 열적으로 그리고 광화학적으로 불안정한 물질이다. CI_4는 물 쪽에 약간 반응성이 있으며 물과 반응시 요오드포름(HCI_3)과 요오드(I_2)를 방출한다. 열적 그리고 광화학적으로 분해되어 테트라아이오도에틸렌($I_2C=CI_2$)가 된다. 0℃ 근처에서 보관하여야 한다.

6) 퍼클로로펜타사이클로디케인(Perchloropentacyclodecane)

〈표 10.10〉 퍼클로로펜타사이클로디케인의 물리화학적 특성

CAS 번호	2385-85-5	분자량(g/mole)	545.546
분자식	$C_{10}Cl_{12}$	ΔH_f(kcal/mol)	-
분자 구조	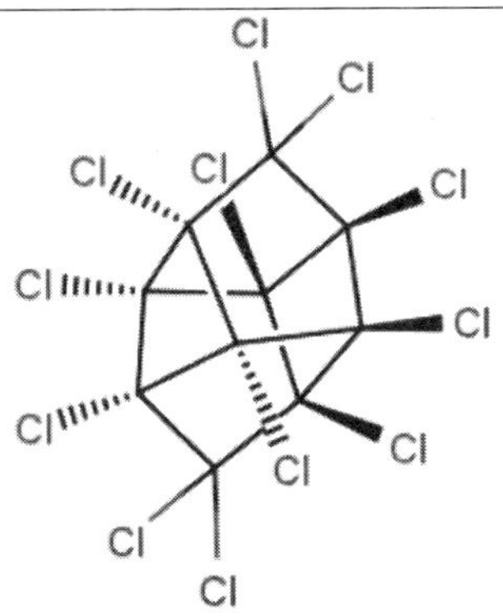	밀도(g/㎤)	-
		융점(℃)	-
		비열(joule/K.g)	-
		외관	

7) 삼산화몰리브덴(Molybdenum trioxide)

MoO_3의 분자식을 갖는 화합물로 이 화합물은 몰리브덴 화합물 중에서 가장 큰 규모로 생산된다. 드물게는 광물 몰리브다이트(Molybdite)로 존재한다. 주요 응용분야는 산화촉매와 몰리브덴 금속을 생산하는데 원료로 사용된다. 이 화합물에서 몰리브덴의 산화상태는 +6이다. 물에 대한 용해도는 매우 낮으며 28℃에서 0.49g/100*ml* 정도밖에 안 된다.

〈표 10.11〉 삼산화몰리브덴의 물리화학적 특성

CAS 번호	1313-27-5	분자량(g/mole)	143.95
분자식	MoO_3	ΔH_f(kcal/mol)	-178.10
분자 구조	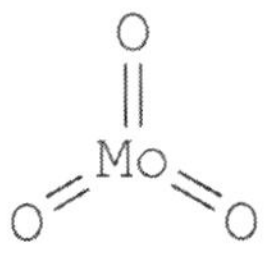	밀도(g/㎤)	4.69
		융점(℃)	795
		비점(℃)	1,155 승화
		외관/냄새	황색 또는 밝은 청색 고체, 무취

8) 삼산화텅스텐(Tungsten trioxide)

〈표 10.12〉 삼산화텅스텐의 물리화학적 특성

CAS 번호	1314-35-8	분자량(g/mole)	231.84
분자식	WO_3	ΔH_f(kcal/mol)	-201.46
분자 구조	O=W(=O)=O	밀도(g/㎤)	7.16
		융점(℃)	1473
		비점(℃)	1700
		외관/냄새	카나리아 황색 분말

산소와 전이금속 텅스텐을 포함하는 화학 물질로 WO_3의 분자식을 갖는다. 텅스텐의 광물로부터 텅스텐을 회수하는 과정에서 중간생성물로 얻어진다. 턴스텐 광석을 알칼리로 처리하면 WO_3가 얻어진다. 카본과 수소 가스로 더 반응을 시켜 환원시키면 순수한 텅스텐이 만들어 진다.

$$2WO_3 + 3C \rightarrow 2W + 3CO_2 \text{ (고온)}$$

$$WO_3 + 3H_2 \rightarrow W + 3H_2O \text{ (550～850 °C)}$$

자연에는 수화물의 형태로 존재하며 텅스타이트(Tungstite, $WO_3 \cdot H_2O$), 메이머사이트(Meymacite, $WO_3 \cdot 2H_2O$), 하이드로텅스타이트(Hydrotungstite, $WO_3 \cdot 2H_2O$ 또는 H_2WO_4)가 있다. 이 광물들은 드물거나 아주 드문 2차 텅스텐 광물이다.

삼산화텅스텐은 산업용으로는 주로 엑스레이 스크린 인광체, 내화섬유 및 가스 센서에서 텡스텐산염을 만드는데 사용된다. 또한 진한 황색으로 세라믹과 페인트의 염료로 사용된다. 최근에는 전기변색 창문, 또는 스마트 창문을 생산하는데 사용되어 왔다. 이들 창문은 전기적으로 스위치를 작동할 수 있는 유리이며 전압을 가하게 되면 빛의 전달 특성을 변화시킨다. 투과되는 열 또는 빛의 양을 변화시킴으로써 창문의 색깔을 변화시킬 수 있다. 물에는 녹지 않으며 HF에는 약간 녹는다.

9) 오산화바나듐(Vanidium pentoxide)

〈표 10.13〉 오산화바나듐의 물리화학적 특성

CAS 번호	1314-62-1	분자량(g/mole)	181.8800
분자식	V_2O_5	ΔH_f(kcal/mol)	-370.6
분자 구조	O=V(=O)-O-V(=O)=O	밀도(g/㎤)	3.357
		융점(℃)	690
		비점(℃)	1750(분해)
		외관/냄새	황색 고체

오산화바나듐은 V_2O_5의 분자식을 갖는 무기화합물이다. 산화상태가 아주 높기 때문에 양쪽성 산화물이자 산화제이다. 산업적인 시각에서 보면 바나듐 합금의 주요 전구체이면서, 바나듐의 아주 중요한 화합물로 산업용 촉매로 널리 사용된다. 이 화합물의 광물 형태는 슈처바이나이트(Shcherbinaite)로 극히 드물고 거의 항상 화산의 분기공 중에서 발견된다. 삼수화물 광물($V_2O_5 \cdot 3H_2O$)이 나바조아이트라는 이름으로 알려져 있다. 물에 대한 용해도는 20℃에서 0.8g/ l 이다.

10) 염기성질산구리(Basic Copper Nitrate, BCN)

〈표 10.14〉 염기성질산구리의 물리화학적 특성

CAS 번호	12158-75-7	분자량(g/mole)	480.239
분자식	$Cu(NO_3)_2 \cdot 3Cu(OH)_2$	ΔH_f(kcal/mol)	-389.24
분자 구조		밀도(g/㎤)	-
		융점(℃)	-
		비점(℃)	-
		외관/냄새	엷은 청록색의 흐름성이 좋은 분말

분자량이 480.239g/mole이고 산소평형치가 +29.985인 산소공급제 화합물이다. 이 화합물의 가장 큰 장점은 흡습성이 없고 산화제이면서 구리성분이 함유되어 있어 연소 속도증가제의 역할을 한다는 것이며 반응 후 산소와 결합되지 않는 구리 금속으로 생성되기 때문에 비교적 많은 가스와 많은 산소를 방출한다. 가격이 수만 원 대로 비교적 고가이지만 비아자이드 가

스발생제에서는 없어서는 안 될 산화제로 대부분의 비아자이드계 가스발생제 제조에서는 이 물질을 주산화제로 사용한다. 미국특허 6156137(1999.11.5 출원)[4]에 의하면 이 물질을 이용한 조성의 특성은 <표 10.15>과 같다. 산화제를 BCN으로 한 조성은 $Sr(NO_3)_2$를 산화제로 한 조성과 비교할 때 가스전환율은 3.5moles/100g보다 0.4가 적지만 연소 속도가 16.26mm/sec로 28%가 더 빠르게 나타났다. CuO 조성과 비교해 보면 연소 속도가 20% 정도 느리지만 가스량은 15%가 많은 100g당 3.1moles로 나타났다. 따라서 BCN은 연소 속도와 가스량을 증가시킬 수 있는 바람직한 산화제라고 할 수 있다.

〈표 10.15〉 높은 연소 속도를 갖는 AZODN 가스발생제 조성 및 특성

구분	성분	조성1	조성2	조성3
조성	AZODN	68.66	60.15	67.00
	$Sr(NO_3)_2$	28.34	-	-
	CuO	-	39.85	-
	BCN	-	-	31.00
	Binder	3.00	-	2.00
특성	연소 속도(mm/s) @1000psi	12.7	20.32	16.26
	연소 속도지수	0.48	0.63	10.51
	moles/100g	3.5	2.7	3.1

※ AZODN = Azodicarbonamidine dinitrate, $[(C_2H_6O_2N_4)(NO_3)_2]$

11) 질산암모늄(Ammonium nitrate, AN)

〈표 10.16〉 질산암모늄의 물리화학적 특성

CAS 번호	6484-52-2	분자량(g/mole)	80.052
분자식	NH_4NO_3	ΔH_f(kcal/mol)	-87.4
분자 구조		밀도(g/㎤)	1.725
		융점(℃)	169.6
		비점(℃)	210(분해)
		외관/냄새	백색 고체

질산암모늄은 태생이 비료로 출현되었으나 오래동안 서서히 용해되면서 비료로서 역할을 해야 하는 특성을 갖추지 못하였기 때문에 지금은 비료로 사용되고 있지 않다. 그 대신에

1867년 스웨덴의 알프레드 노벨(Alfred Nobel)에 의해서 개발된 다이너마이트류나 1955에 미국의 애크리(Akre)에 의해서 개발된 ANFO(Ammonium Nitrate Fuel Oil), 1957년 미국의 쿡(Cook)에 의해서 개발된 슬러리폭약, 1969년 블럼(Bluhm)에 의해서 개발된 에멀젼폭약 등 전반적인 산업용폭약의 주원료로 사용되고 있다. 또한 질산암모늄은 분자식의 NH_4NO_3로 H, N, O로만 이루어져 있기 때문에 분해가 되면 고체물질을 형성하지 않으므로 많은 가스를 필요로 하는 추진제나 가스발생제의 원료로서도 매우 유리할 것이다. 그러나 질산암모늄은 많은 가스를 발생시킬 수 있는 장점을 가지고 있음에도 불구하고 상변화라고 하는 치명적인 단점 때문에 제한적으로 사용되어 왔다. 특히 약 32℃에서 일어나는 상변화는 추진제나 가스발생제와 같이 프레스 압착으로 성형하여 사용하는 제품에 크랙이나 균열 등을 일으켜 조기연소에 의한 연소폭발을 일으키는 치명적인 결정을 나타낸다. 질산암모늄은 <표 10.17>과 같이 상변화를 갖는다. 따라서 질산암모늄이 함유된 추진제 또는 가스발생제 조성은 -40～+107℃의 온도로 사이클링시킬 때 상변화 온도를 지날 때마다 수축 팽창을 반복하면서 균열 및 분쇄를 일으키고 이는 연소표면적의 증대로 이어져 급격한 연소 속도에 의한 폭발을 일으키는 심각한 사고로 이어질 수 있다. 질산암모늄에 다른 첨가제를 넣음으로써 상변화의 온도를 이동시키거나 제거하는 방법을 찾는 노력이 많은 연구가들에 의해서 이루어졌다.

고전적으로 가장 오래되고 가장 많이 사용된 방법이 KNO_3를 넣는 방법이다. 이 방법은 KNO_3를 8% 이상을 넣어야 상변화 개선 효과가 있으며 안전하게는 15% 이상을 사용한다. 이 방법은 너무 많은 질산칼륨의 첨가로 가스를 다량 방출할 수 있는 질산암모늄 고유의 특성을 일정 부분 감쇄시키기 때문에 일반적으로 많이 사용하는 기법이기는 하지만, 개선의 여지가 있어 후에 많은 대체 방안들이 나오게 되었다.

산업용폭약에서 프릴 질산암모늄(Prill ammonium nitrate)은 이를 이용해서 제조하는 ANFO의 분쇄 및 고화문제를 해결하기 위해서 개선이 진행되었고, 추진제 및 가스발생에 사용되는 분상질산암모늄은 균열 및 분쇄에 의한 연소표면적의 증대로 급격한 연소 속도에 의한 폭발사고를 해결하기 위해 진행되었으며 상안정화질산암모늄(Phase-stabilized ammonium nitrate, PSAN)이라고 명명하였다. 질산암모늄의 상변화를 개선하는 방법에는 여러 가지가 소개되고 있는데 어떤 것은 산업용폭약의 용도로 개선이 되었고, 어떤 것은 추진제 및 가스발생제 용도로 개선되었다. 산업용폭약은 그 용도로 보아 32.3℃의 상변화만을 50℃ 이상으로 이동시키는 방법만을 필요로 하였기 때문에 가능한 첨가제를 적게 넣어 질산암모늄 고유의 성질을 유지하도록 하였다. 반면 추진제나 가스발생제는 -40～+107℃의 온도에서 모든 상변화를 -40℃와 107℃ 이상으로 이동시켜야 하기 때문에 비교적 첨가제가 많이 넣어 어느 정도는 질산암모늄의 성질을 일부분 희생시키는 방법을 사용하였다. 다음은 PSAN을 제조하는 방법을 열거한 것이다.

① KNO_3 첨가법

② 붕산, 인산2암모늄, 황산2암모늄 첨가법

③ 질산마그네슘[$Mg(NO_3)_2$] 첨가법

④ 다공성입자의 첨가법

⑤ 불화칼륨(KF) 첨가법

⑥ 전이금속 디아민디나이트레이트 첨가법

〈표 10.17〉 질산암모늄의 상변화

Phase	Phase Ⅴ	PhaseⅣ	Phase Ⅲ	Phase Ⅱ	Phase Ⅰ	Melting
결정구조	tetragonal 정방정계	β-rhombic β-사방정계	α-rhombic α-사방정계	tetragonal 정방정계	cubic 등축정계	liquid 액체
상변화 온도(℃)		-16.8	32.3	84.2	125.2	169.6
부피 변화율(%)		-2.9	+3.6	-1.3	+2.1	

12) 질산구아니딘(Guanidine nitrate, GN)

질산구아니딘은 알코올과 물에 녹는 물질로 니트로구아니딘을 합성할 때의 전구체이다. 디시안디아마이드(Dicyandiamide)를 질산암모늄과 함께 녹여서 만든다. 가스발생제 및 고체로켓추진제의 용도로 사용되는 고에너지 연료이다. 질산구아니딘은 구아니딘과 질산으로부터 형성된 염이기도 하다. 모형 항공기용 Jetex 엔진의 단기추진제(Monopropellant)로서 사용된다. 많은 가스를 발생시키고 화염온도가 낮기 때문에 매력적이다. 디시안디아마이드와 질산암모늄을 혼합하여 녹이면서 반응시켜 제조한다.

$$HN{=}CNH_2\text{-}NH\text{-}CN + 2NH_4NO_3 \rightarrow C(NH_2)_3NO_3$$

고체연료, 로켓추진연료, 혼합폭약, 질소비료, 니트로구아니딘 제조에 사용한다. 충격(Shock), 마찰 또는 진동에 폭발적으로 분해할 수 있고 가열 시에 폭발할 수도 있다. 연소 시에 질산 및 산화질소를 포함하는 독성 및 부식성의 흄(Fume)을 생성한다. 이 흄은 강산화제이고 연소성 및 환원제와 반응한다. 질산구아니딘은 가장 많이 사용되었고 지금도 가장 많이 사용되는 물질이며 온도가 낮고 가스생성량을 많이 필요로하는 파이로테크닉 물질에서는 매우 바람직한 연료이다. 최근에는 질산구아니딘의 약점인 낮은 연소 속도를 증가시키기 위한 물질로 질산구안요소(Guanylurea nitrate)라는 물질이 가스발생제 특허에 소개되고 있다. 이 특허는 US6550808 (2000.11.17)[5]이며 이 물질을 사용한 실시 예를 보면 다음 <표 10.19>과 같으며 질산구아니딘보다 빠른 연소 속도와 낮은 연소 속도압력지수를 보인다.

〈표 10.18〉 질산구아니딘의 물리화학적 특성

CAS 번호	506-93-4	폭발열 H_2O(l /g) (kcal/kg)	587/447
분자 구조	$HN=C(NH_2 \cdot HNO_3)(NH_2)$	밀도(g/㎤)	-
		응고점(℃)	215
		융해열(kcal/kg)	48
		비열(kcal/kg)	-
		lead block test(㎤/10g)	240
분자식	$CH_6N_4O_3$	밀폐폭속(m/sec)	-
분자량(g/mole)	122.1	deflagration point(℃)	270(분해)
ΔH_f(kcal/mole)	-92.52	충격감도(N m)	50(불폭)
산소평형치(%)	-26.2	마찰감도(N)	353(불폭)
질소 함량(%)	45.89	철슬리브 임계직경(mm)	2.5
폭발가스량(l /kg)	1083		
외관	무색의 결정		

〈표 10.19〉 질산구아니딘과 질산구안요소 가스발생제의 연소 속도 비교

항목	원료	비교1	실시1	비교2	실시2
조성	guanidine nitrate	43.88	-	51.74	-
	guanylurea nitrate	-	37.80	-	45.46
	SiO_2	3.00	3.00	3.00	3.00
	BCN	-	-	45.26	51.54
	$Cu(NH_3)_2(NO_3)_2$	53.12	59.20	-	-
성능	연소 속도(mm/s) @1000psi	6.35	8.38	8.13	12.95
	연소 속도지수	0.501	0.463	0.439	0.413

※ $Cu(NH_3)_2(NO_3)_2$: ammine copper(II) nitrates

13) 5-아미노테트라졸(5-Amino tetrazole, 5-AT)

〈표 10.20〉 5-아미노테트라졸의 물리화학적 특성

CAS 번호	4418-61-5	분자량(g/mole)	85.06
분자식	CH_3N_5	ΔH_f(kcal/mol)	+49.67
분자 구조	H_2N, C, HN, N, N=N	밀도(g/㎤)	1.711
		융점(℃)	202～204
		비점(℃)	-
		외관/냄새	백색 결정체

5-AT는 분자식이 NH_4CNH_2인 유기화합물이다. 백색의 고체로 무수 또는 수화물의 형태로 얻어질 수 있다. 특히 80%의 높은 질소함량을 갖는다. 이러한 이유 때문에 쉽게 분해되어 질소가스를 발생시킨다. 에어백 및 발포제와 같은 가스발생 시스템에서 널리 연구되어 왔다. 분자는 평면상이다. 수화물에서는 수소결합의 패턴이 링의 카본에 인접한 NH의 배치를 지지해 준다. 정상 조건에서는 안전하나 건조할 때 폭발할 수 있다. 5-AT는 유기화합물을 제조하기 위한 중간체로서 사용되기도 한다.

14) 디시안디아마이드(Dicyandiamide, DCDA)

〈표 10.21〉 DCDA의 물리화학적 특성

CAS 번호	461-58-5	분자량(g/mole)	84.08
분자식	$C_2H_4N_4$	ΔH_f(kcal/mol)	+5.08
분자 구조	H_2N, NH_2, N, N	밀도(g/㎤)	1.4
		융점(℃)	209.5
		비점(℃)	252
		외관/냄새	백색 결정

2-시아노구아니딘(2-cyanoguanidine)라고도 하며 구아니딘으로부터 유도된 니트릴이다. 시안아마이드로부터 만들어질 수 있는 시안아마이드의 2분자체이다. 디시안디아마이드는 무색의 고체로 물, 아세톤 및 알코올에는 녹으나, 비극성의 유기용제(디메틸에테르, 클로로포름

등)에는 녹지 않는다. 완효성 비료로 사용되며, 예전에는 어떤 폭약의 연료로 사용되었다. 에폭시의 경화제로서 접착제 산업 분야에 사용된다.

15) 멜라민(Melamine)

멜라민은 유기염으로 1.3.5-트리아진 골격을 갖는 시안아마이드의 3분자체이다. 시안아마이드와 같이 57중량%의 질소를 함유하며 레진과 혼합되면 연소 또는 태워질 때 질소가스를 방출하기 때문에 방화 특성을 가지며 여러 기타 산업용으로 사용된다. 멜라민은 또한 살충제인 사이로마진(Cyromazine)의 대사물질이다. 포유동물이 사이로마진을 흡입했을 때 신체 내에서 멜라민이 형성된다. 또한 식물에서 사이로마진은 식물에서 멜레민으로 전환될 수 있다고 보고되었다. 멜라민은 시아누릭산과 관련화합물과 결합하여 멜라민시아누레이트(Melamine cyanurate)를 형성하며 이는 중국의 단백질 불량식품에서 오염물질 또는 생물지표(Biomarker)와 연루되어왔다. 멜라민은 포름알데히드와 결합하여 멜라민수지를 만들며 이 수지는 내구성이 매우 좋은 열경화성플라스틱으로 타일, 화이트보드 및 주방기구 등 플라스틱 제품, 아교 및 난연제 등 광범위하게 사용된다. 공업적인 용도로는 질소함유방염제, 녹제거제, 금속표면청소제, 반도체에칭제, 불소화시약, 접착제, 잉크나 플라스틱의 색소, 멜라민폴리설포네이트(콘크리트강화제)의 원료, 아프리카 트리파노소마증 치료제의 원료(비소 유도체) 등에서 사용된다.

〈표 10.22〉 멜라민의 물리화학적 특성

CAS 번호	108-78-1	분자량(g/mole)	126.12
분자식	$C_3H_6N_6$	ΔH_f(kcal/mol)	-15,8
분자 구조	NH2 / N N / H2N N NH2	밀도(g/㎤)	1,574
		융점(℃)	345(분해)
		비점(℃)	-
		외관/냄새	백색 고체

16) 삼산화철(Ferric oxide)

〈표 10.23〉 삼산화철의 물리화학적 특성

CAS 번호	1309-37-1	분자량(g/mole)	159.69
분자식	Fe_2O_3	ΔH_f(kcal/mol)	-197.3
분자 구조	O=Fe–O–Fe=O	밀도(g/㎤)	5.242
		융점(℃)	1566
		비점(℃)	-
		외관/냄새	적갈색 고체, 무취

삼산화철은 분자식이 Fe_2O_3인 무기화합물이다. 주요 세 가지 철산화물 중의 하나로 다른 두 철화합물은 산화철(FeO)와 사산화철(Fe_3O_4)이며 FeO는 자연에는 희귀하며 Fe_3O_4는 마그네타이트(Magnetite)라는 광물로 존재한다. Fe_2O_3는 헤마타이트 (Hematite)로 존재하며, 철강산업의 주요 철 자원이다. Fe_2O_3는 강자성체로 짙은 적색을 띠며 산에 의해 쉽게 공격받는다. 가끔 녹이라고도 불리는데 어느 정도까지는 이 라벨은 유용하다. 왜냐하면 녹은 여러 가지 특성을 공유하며 비슷한 조성을 가진다. 화학자들에게 녹은 불분명한 물질로 여겨지며 수화된 삼산화철로 기술된다. 삼산화철의 압도적인 이용분야는 철, 강철 및 많은 합금을 생산하는 강철과 철산업의 공급원료이다. 금속 보석류와 렌즈의 마지막 광택제, 화장품, 갈색염료, 자기저장매체, 광촉매제, 칼라민 로션 등에 사용된다.

17) 카본블랙

〈표 10.24〉 카본블랙의 물리화학적 특성

CAS 번호	7440-44-0	분자량(g/mole)	12
분자식	C	ΔHc(kcal/mol)	-7,838
분자 구조		밀도(g/㎤)	1.8~2.1
		융점(℃)	3550
		비점(℃)	4827
		외관/냄새	검정 고체

카본블랙이란 그을음에 해당하는 것으로 탄소계 화합물의 불완전 연소로 생성된다. 타이

어 산업에 아주 중요한 재료이다. 중국에서 소나무의 연소생성물을 모아서 먹의 재료로 썼다. 공업적으로 천연가스나 타르의 연소생성물을 모아 생산한다. 이것은 타이어와 신발 밑창 따위에 쓰이는 고무의 원료가 되거나(생산량의 85% 정도) 프린터의 잉크 원료가 되기도 한다(생산량의 11%).

10.6 제조 및 평가 방법[1]

이론적인 조성의 검토가 끝나면 이 조성의 안전성, 연소특성, 장기저장안정성 및 시스템 적용성을 평가하기 위한 가스발생제 조성물을 제조해야 한다. 가스발생제의 최종품은 펠렛화된 성형물이며 평가는 원료에서부터 혼화물 및 펠렛에 이르기까지 전 공정에 걸쳐 이루어진다. 일반적으로 가스발생제는 크게 원료분쇄 → 혼화 → 펠렛화의 순서로 제조가 이루어진다.

10.6.1 원료 분쇄

일반적으로 화약이 좋은 성능을 내기 위해서는 보다 작은 입도를 갖는 것을 선택하는 것이 좋다. 그러나 입도가 작을수록 가격이 비싸고 분진이 심하게 날려 취급이 용이하지 않는 등의 문제가 발생한다. 그래서 적절한 규격의 입도를 사용하는 것이 바람직하다. 일반적으로 가스발생제에서는 촉매는 1㎛ 이하, 그 밖의 원료는 5~10㎛가 적절하다. 구입하는 원료가 사정에 따라서 이러한 입도 요구규격을 맞추지 못할 경우에는 분쇄공정을 통해서 원하는 입도로 분쇄하여 조절하게 된다. 이러한 분쇄기에는 고전적으로 볼밀, 마이크로펄버라이저, 젯트밀, 디스크밀, 아토마이저 등이 있다. 최근에는 어트리션밀 및 비드밀과 같은 신개념의 분쇄기가 출현하여 1㎛ 이하의 분쇄도 가능하게 하는 장비들도 많이 출현되고 있다. 이러한 초미세분쇄의 경우에는 대부분 습식분쇄방법을 이용한다. 이렇게 분쇄된 원료들은 원하는 입도로 분쇄되었는 지를 평가하는 입도분석이 필요하다. 입도분석장비 제조사로는 Brookhaven Instruments, Malvern Instruments, Microtrac 및 Horiba 등이 있다. 수 마이크론 또는 서브 마이크론 이하의 작은 입도들을 분석하는 대부분의 장비들은 Dynamic Light Scattering 방법에 의해서 입도를 측정한다.

10.6.2 혼화

가스발생제는 그것의 바람직한 성능을 위해서 각각 특성이 있는 여러 가지 원료들을 사용한다. 가스발생제 조성물이 제 기능을 발휘하기 위해서는 이 여러 가지 원료들이 균일하게 혼합되는 것이 필요하다. 이를 수행하는 장비가 혼화기(Mixer)이다. 이러한 혼화기에는 볼밀, 브이-믹서, 더블콘 믹서, 3차원혼합기, 리본믹서, 콘스크류믹서 등이 있으며 성능과 혼화정도에 따라 선택해서 사용하면 된다. 최근에는 분쇄와 혼화를 동시에 진행할 수 있는 장비들이 출현되어 분쇄와 혼화를 한 공정으로 처리할 수 있게 되었으며 대표적인 예가 SWECO 바이브로-에너지그라인딩밀(Vibro-Energy Grinding Mill)이다. 이 장비는 분쇄효율도 상당히 뛰어나 진동수와 편심각도의 조정여부에 따라서 여러 가지 입도의 분쇄를 쉽게 조정할 수 있다.

10.6.3 펠렛제조

인플레이터에 사용되는 가스발생제의 형태는 펠렛 형태를 가져야 한다. 전통적으로 펠렛을 만드는 방법에는 크게 습식과 건식의 두 가지로 대별된다. 첫 번째 방법은 분상의 가스발생제 조성물을 바인다와 용제를 넣어 반죽을 한 다음 압출기를 이용하여 정해진 직경의 막대기 형태를 압출하면서 일정한 길이로 절단하는 방법이다. 이 방법은 압출절단된 성형물에 용제가 함유되어 있으므로 이를 완전히 제거하기 위한 건조공정이 추가로 필요하다. 두 번째 방법은 분상의 가스발생제 조성물을 일정량 틀에 넣어 계량한 다음 프레스로 압착하여 펠렛화하는 방법이다. 이 방법은 혼합된 파우더를 그대로 펠렛팅할 수 도 있고, 파우더를 바인다와 함께 입자화한 다음에 펠렛팅할 수도 있다. 후자의 경우 입자화 공정이 추가되기는 하지만, 흐름성이 매우 좋아 정량성이 향상되어 펠렛의 품질이 좋아진다. 파우더 또는 입자를 펠렛팅하는 기계로는 제약에서 사용되는 것과 같은 연속 타정기가 있다. 다음의 [그림 10.1]은 로타리타블렛프레스(Rotary tableting press)의 개념도이다.

이 그림으로부터 설명하면 우선 오른쪽에서 Die에 펠렛화하고자 하는 분상 또는 입자상의 혼화약이 계량되고(Die fill), 그 다음에는 하부 펀치가 세팅된 만큼 상승하여 혼화약을 정량한다.(Adjust weight) 그 다음에 상하부의 회전롤라에 의해서 상하부 펀치가 근접하여 혼화약을 압착하여 펠렛화한다.(Compress) 압착된 펠렛은 다음 스텝에서 상하부펀치의 상승에 의해서 배출된다.

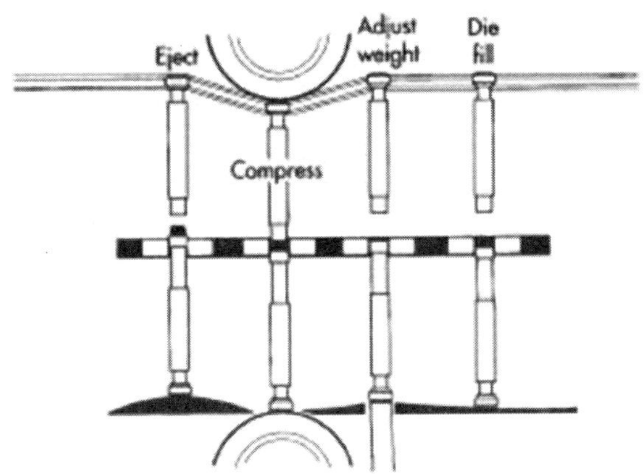

[그림 10.1] Rotary tableting press의 개념도

10.6.4 가스발생제의 평가[1]

1) 가스발생제 제조/평가 전에 결정해야 할 특성치

가스발생제를 제조, 평가하기 전에 사전 결정이 필요한 것들은 원료의 규격이다. 제조, 평가시 주로 평가할 특성치들이 연소 속도에 관한 사항이므로 원료의 순도와 표면적을 대변하는 입도가 가장 중요하다. 그리고 특히 $-ClO_4$ 원료에 $-ClO_3$의 함량과 같이 안전상 중요한 규제치가 필요한 규격도 포함될 수 있다. 원료의 순도는 99% 이상의 가능한 높은 것이 바람직하며 입도는 가능한 작은 것이 좋은데 가격이라든가 작업성 측면을 고려할 때 평균 10㎛가 가장 바람직하다. 순도가 낮거나 입도가 크면 연소 속도가 감소하므로 원료의 순도 및 입도규격은 매우 중요하다. 그 밖의 일반적인 항목의 규격들은 KS, MIL, JIS 등의 규격을 따라 정하는 것이 바람직하다.

2) 제조후 검토/평가할 특성치

가스발생제는 이론상으로 설계 및 계산할 수 있는 반응열, 반응온도, 가스량, H_2O 함량, CO ppm 농도가 요건에 맞추어 설계가 되는데 이것만 가지고는 가스발생제를 완성할 수 없다. 실험적인 요건들이 더 필요하며 이것을 다시 정리하면 <표 10.25>와 같다.

〈표 10.25〉 제조후 평가해야 할 특성치의 요건

특성치		단위	요건	비 고
조성 안전성 검토	마찰감도	kgf	36 이상	
	낙추감도	cm	50 이상	※ 5kg 추
	정전기감도	kV	18 이상	
	발화점	℃	300 이상	
	Pellet density	g/cm^3	1.8 이상	※ Cylinder type의 tablet
	Pellet 강도	kgf	7 이상	
연소특성	Linear burn rate	mm/sec	10~20	※ @1000 psi
	연소 속도압력지수		0.3~0.5	
	MPBP	bar	180 이하	
	Effluent gas			※ 〈표 10.2〉 참조
	Autoignition Temp	℃	200~240	
Long term stability	무게 변화	%	±2% 이내	※ Aging test 및 온도반복시험
	부피 변화	%	±2% 이내	
System 적용시험	Tank 압력	bar	-	※ 시스템과 연계
	Safety factor	-	1.6 이상	

(1) 조성 안전성 검토

안전성 검토는 제조 시 또는 제조 후에 안전성 측면에서 불안정한 상태가 되어 바람직하지 않은 발화, 폭발 및 조기폭발 등의 문제가 있는 조성인지 문제가 없는 조성인지를 확인하는 절차이다. 가장 먼저 해야 할 시험이 화약의 예민성을 체크하는 마찰, 낙추, 정전기 및 발화점 시험이다. 이 시험의 목적은 우리가 정상적인 조건에서도 발화 및 폭발하지 않는 감도를 갖는지를 평가한다. 만약에 이 시험에서 지나치게 예민하다면 우리는 그것을 가스발생제 조성으로 선택할 수 없다. 제조 시 이러한 예민성에서 발화사고가 빈번하게 발생한다면 물적/인적의 경제적인 손실을 초래할 수 있기 때문이다.

그 다음은 펠렛의 밀도와 강도이다. 이 시험에서는 펠렛이 가져야할 기본적인 물성을 갖도록 프레스의 압착조건이나 펠렛의 크기를 결정하는 시험이다. 프레스 압력을 증가시킬수록, 펠렛의 두께가 두꺼워질수록 펠렛의 밀도와 강도는 증가되므로 바람직하다. 만약 펠렛의 강도가 지나치게 낮으면 제품이 사용되고 유통되는 과정에서의 충격, 진동에 의해서 분쇄될 수가 있으며 이것은 연소표면적을 증가시키며 이로 인한 연소 속도의 증대로 이상연소를 일으킬 수 있다. 그러므로 펠렛의 물리적인 특성인 펠렛의 강도를 유지하는 것은 안전, 품질측면에서 매우 중요하다. 만약 프레스의 압착조건 등으로도 해결이 안 되는 경우에는 원료 편에서 언급했던 MoS_2, 하이드로탈사이트, 탈크 등의 프레스 바인다를 추가하여 재설계하는 것이 바람직하다.

(2) 연소 특성

가스발생제의 연소특성에는 선형연소 속도(Linear burning rate), 연소 속도 압력지수, MPBP(Minimum proper burning pressure), 배출가스(Effluent gas), 자동점화온도(Autoignition temperature)가 있다. 이들은 가스발생제가 인플레이터 내에서 연소되어 에어백을 팽창시킬 때 요건에 맞는 시간 내에 충분하고 무해한 가스를 방출하게 할 수 있는 중요한 인자들이다.

가. 선형연소 속도(Linear burning rate)

일반적으로 추진제 및 가스발생제 등은 연소압력이 증가함에 따라 연소 속도가 증가되므로 보통 비교를 위해서는 선형연소 속도를 보통 1000psi에서의 연소 속도를 기준으로 한다. 1000psi에서의 연소 속도가 빠를수록 인플레이타에서 원하는 60～70ms 이내의 기능구현을 위한 인플레이타 내압(Internal pressure)이 낮다. 즉 1000psi에서 비교적 연소 속도가 느린 가스발생제는 60～70ms 내에서 기능이 구현되도록 하기 위해서는 연소 속도를 빠르게 해야 하는데 이를 위해서는 인플레이터의 내부 압력을 증대시켜야 한다. 내부압력이 증가하게 되면 이를 견디기 위한 인플레이타의 몸체의 두께가 두꺼워져야 한다. 결국 연소 속도가 느리면 인플레이터의 두께와 무게가 증가되어 자재비가 증가하고 취급이 비교적 용이하지 않게 된다. 역으로 말하자면 가볍고 원가가 낮은 인플레이터를 만들기 위해서는 연소 속도가 빠른 가스발생제가 필요하다. 그러나 요즈음 각사에서 개발하여 사용되는 가스발생제는 대부분 비아자이드계열로 연소 속도를 빠르게 하는 것은 용이하지가 않는 것으로 보인다. 물론 연소 속도만을 가지고 빠르게 만드는 것은 쉽게 할 수가 있다. 그러나 연소 속도를 빠르게 하면서 갖추어야 할 사항들이 가능한 풍부한 가스발생량 그리고 낮은 연소온도 등이다. 이러한 모든 것을 갖추면서 빠른 연소 속도를 갖는 가스발생제를 만드는 것은 용이하지가 않다. 특허를 조사해보면 나와 있는 빠른 연소 속도의 가스발생제는 대부분 연소온도가 높거나 가스발생량이 적어 비교적 바람직하지 않다. 가스량이 풍부하고 연소온도가 낮으면서 연소 속도가 빠른 가스발생제를 개발하는 것은 가스발생제 개발자들의 목표일 것이며 제품경쟁력 차원에서 우위를 가질 수 있는 지름길이 될 것이다.

나. 연소 속도 압력지수

일반적으로 추진제 및 가스발생제의 압력에 따른 연소 속도는 다음과 같이 표현된다.

$$R = A \cdot P^n \rightarrow \log\text{를 취하면 } \mathrm{Log}R = \mathrm{Log}A + n\mathrm{Log}P$$

여기에서 R은 연소 속도, A는 상수, P는 압력, n은 지수이다. A와 n의 값은 압력에 따른 연소 속도를 여러 포인트에서 측정한 다음 Log$P$에 대한 Log$R$의 직선그래프로부터 기울기는 n, 절편을 Log$A$로부터 n과 A의 값을 구할 수 있다. 따라서 추진제 및 가스발생제의 압력에 따른 연소 속도 특성은 n과 A의 값으로 특성지을 수 있다. 연소 속도 특성치 중에서 n의 값이 제일 중요하고 그 다음이 A값이다. 가스발생제에서는 A값이 크면서 n값이 작은 것이 바람직하다. 즉 낮은 압력에서도 연소 속도가 빠르지만 압력이 증가하더라도 그다지 연소 속도가 증가하지 않는 가스발생제가 바람직하다. 왜냐하면 압력에 따른 연소 속도가 급격히 증가하게 되면, 인플레이터 내부에서 일어나는 연소시간을 용이하게 제어할 수 없기 때문이다. 연소시간의 제어를 용이하게 하려면 압력에 따른 연소 속도가 거의 변하지 않는 것이 바람직하다. 가장 바람직한 것은 0인데 실제적으로 이런 가스발생제는 존재하지 않는다. 가스발생제를 개발함에 있어 0이라는 지수는 상징적인 목표이며 이에 가깝게 가도록 조성을 꾸준히 개발하는 것이 가스발생제 개발자들의 영원한 과제가 될 것이다. 미국특허의 여러 가지 조성들에 대한 가스발생제의 실험예들을 살펴보면 연소 속도 압력지수의 값이 약 0.35～0.80 수준으로 0.80을 넘지 않는 수준이다. 특허내용을 보면 알겠지만 연소 속도를 빠르게 하고 가스량을 많게 하면서 연소 속도지수를 0.35 정도로 맞춘다는 것은 대단히 어려운 과제이다. 미국특허의 연소 속도압력지수 0.35의 예는 연소 속도가 느리다던지 가스량이 현저히 적은 경우의 예이다. 따라서 단순히 지수값을 낮추는 것은 의미가 없으며 이것과 함께 연소 속도, 가스량, 연소온도 등의 조건들이 바람직한 방향으로 수렴되어야 하는 것이 반드시 필요하다. 가스발생제에 대한 기술의 우위는 바로 이 모든 요건들이 충족된 가스발생제를 만들 수 있냐 하는 것이다. 상기 연소 속도 식으로부터 바람직한 가스발생제의 요건을 정의해 본다면 상수A 값을 크게 하면서 n의 값을 가능한 작게 하는 것이 좋다.

다. MPBP(Minimum proper burning pressure)

MPBP는 어떤 가스발생제에 있어 약 21～22mm/sec의 연소 속도를 가지는 압력이다. 이것의 의미는 상기의 연소 속도에 도달하기 위한 압력의 정도를 말하는 것인데 이것이 크다는 것은 큰 압력의 조성을 위해 밀폐도를 증가시켜야 한다는 의미로 해석되며 이것은 또한 이러한 증가된 압력을 견디기 위해서는 용기의 재질이 보다 강해져야 하고 두께도 증가되어야 한다는 것을 의미한다. 따라서 이 MPBP가 크다는 것은 용기의 두께가 두꺼워지면서 무게가 증가하고 이에 의한 원가의 상승과 취급의 불편성을 수반하게 된다. 어떤 가스발생제의 압력에 따른 연소 속도식 $R = A \cdot P^n$에서 A값이 클수록, n값이 클수록 연소 속도가 빠르게 되는데 높은 지수값은 인플레이터 내부의 압력변화를 조정하는 것이 용이하지 않으므로 큰 A값을 갖고 낮은 n값을 가져야만 압력변화에도 연소 속도가 심하게 변하지 않는 바람직한 낮은 MPBP를 실현할 수 있다. MPMP가 낮다는 것은 낮은 압력에서도 인플레이터의 성능을 발휘할 수 있다는 의미로 인플레이터의 내부 압력을 낮게 설계할 수 있으며 따라서 인플레이터의 몸체의 강도를 약하게 즉 약한 재질로 보다 얇게 설계가 가능하다는 것이다. 이것은 인플레이터의 무게를 가볍게 할 수 있고 이에 따라 자재비도 낮출 수 있어 경쟁력있는 인플레이터를 만들기 위해서는 낮은 MPBP를 갖는 가스발생제가 필수적이다.

라. 배출가스(Effluent Gas)

인플레이터가 작동했을때 가스발생제로부터 나오는 가스가 탑승자에게 치명적일 수 있는 농도를 가져서는 안 된다. 인체에 해를 주지 않은 한도 내에서 설정한 각 가스의 수치가 USCAR에 규격화되어 있으며 이미 앞에서 언급한 <표 10.2>와 같다. 일반적으로 C, H, O, N 및 금속으로 이루어진 조성물에서 산소평형을 0～-1로 설계하면 정상적인 인플레이터 연소조건에서는 위의 규격을 모두 맞출 수 있다. 산화제로 과염소산암모늄(NH_4ClO_4)이나 Cl이 들어간 연료를 사용하는 경우에는 염소제거제의 역할을 하는 금속화합물을 넣어 염소를 금속염화물의 고체생성물이 되도록 설계하여 HCl, Cl_2, $COCl_2$가 발생되지 않도록 한다. S가 들어가는 연료를 사용할 때도 마찬가지이다. 배출가스(Effluent Gas)는 100ft^3 Tank 내에서 인플레이타를 연소시킨 다음에 가스를 포집하여 가스의 농도를 분석한다. <표 10.26>에 USCAR에서 권고하는 분석방법을 기재하였다.

〈표 10.26〉 Effluent Gas 분석 방법

Analyte	Acceptable Analysis Methods
Ammonia, NH_3	EC, FTIR, IC, UV with sorbent tube (Method NIOSH #6015)
Azide, N_3^-	IC
Benzene, C_6H_6	FTIR, GC-FID, GCMS, UV, GC-PID (Method NIOSH #3700 or #1500)
Carbon Dioxide, CO_2	FTIR, GC-TCD
Carbon Monoxide, CO	EC, FTIR, GC-TCD
Chlorine, Cl_2	EC, IT, IC with sorbent tube (Method NIOSH #6011)
Formaldehyde, HCHO	FTIR, GC-FID, HPLC, IT
Hydrogen, H_2	GC-TCD
Hydrogen Chloride, HCl	EC, FTIR, IC with sorbent tube (Method NIOSH #7903)
Hydrogen Cyanide, HCN	FTIR, GC-FID, UV/Vis Spect. (Method NIOSH #6010)
Hydrogen Sulfide, H_2S	EC, GCMS, IC with charcoal sorbent tube (Method NIOSH #6013), IT
Methane and other hydrocarbons *	FTIR, GC-FID
Moisture, H_2O	FTIR, GC-TCD
Nitrogen Dioxide, NO_2	CL, FTIR, UV, UV with sorbent tube (Method NIOSH #6014)
Nitrogen Oxide, NO	CL, FTIR, UV
Perchlorate, ClO_4^-	IC
Phosgene, $COCl_2$	FTIR, HPLC, IT, absorbtion/desorbtion and GC per OSHA Analytical Methods Manual, 2nd Ed., Part 1 Organic Substances, Vol. 3, Method # 61
Sulfur Dioxide, SO_2	FTIR, GCMS, IC with treated filter (Method NIOSH #6004), UV
<10 micron particulate	Anderson Impactor
Metals	ICP, ICP-MS, AA

AA = Atomic absorption spectrophotometer
CL = Chemiluminescence analyzer
EC = Electrochemical analyzer
FTIR = Fourier transform infrared spectrometry
GC-FID = Gas chromatography w/ flame ionization detector
GCMS = Gas chromatography mass spectrometer
GC-TCD = Gas chromatography w/ thermal conductivity detector
HPLC = High performance liquid chromatography of analyte derivatives
IC = Ion chromatography after gas dissolution
ICP/ ICP-MS = Inductively coupled plasma spectrophotometer/ inductively coupled plasma spectrophotometer-mass spectrometry
IT = Indicator tube, e.g. Drager
UV = Ultraviolet-visible spectrometry

마. 자동점화온도(Autoignition temperature)

자동점화온도는 자동차 화재 발생시 인플레이터가 화염에 지속적으로 노출되어 온도가 상승할 경우 적절한 온도에서 가스발생제가 자동적으로 발화되어 정상적으로 인플레이터가 전개되도록 하는 온도이다. 만약 이 온도가 지나치게 높으면, 상당히 높은 온도에 도달하여 폭발하기 쉬워진다. 그러므로 이 온도는 200～240℃ 정도로 맞추는 것이 바람직하다. 만약 가스발생제가 이러한 요건을 맞출 수 없다면 이러한 요건을 갖는 자동점화약 펠렛을 1-2개 넣어 자동점화되도록 조정하는 방법도 있다.

(3) 장기저장 안정성(Long term stability)

인플레이터의 수명은 자동차의 수명과 같으며 최소 15년간은 기능을 발휘하는데 문제가 없어야 한다. 시스템은 물론이고 인플레이터의 가장 핵심이 되는 부품인 가스발생제 펠렛이 15년 동안 물리적 및 화학적인 변화가 거의 없어야 한다. 실제로는 15년간의 안정성(Stability)을 평가후 결정되어야 하나 이를 대신해 평가할 수 있는 대용특성 시험으로 가열열화시험(Heat Aging test)와 온도사이클시험(Temperatur cylcing test)이 있다. 이러한 시험후의 평가는 무게 및 부피변화율, 시험후의 시스템 평가를 시행한다. 무게 및 부피변화율은 ±2% 이내이어야 한다. 이 시험 시 시료는 인플레이터의 상황과 같이 동일한 충전비중의 밀폐 조건(Closed condition)으로 시험을 수행하며 이때 충전비중(Loading density)은 0.2～0.5g/cc로 하여 밀폐조건으로 만든 다음 시험을 수행한다.

가. 가열열화시험(Heat aging test)

가열열화시험은 107℃, 상대습도 20%의 환경에서 408시간을 노출시키는 시험이다.

나. 온도사이클시험(Temperature cycling test)

온도사이클시험은 -40℃와 90℃를 유지할 수 있는 2개의 챔버로 시험을 하는데 23℃의 시료를 -40℃의 챔버에 바로 넣어 4시간을 유지한 다음 90℃의 챔버로 바로 넣어(약 120초 내) 4시간을 유지하는 것을 1사이클로 하여 총 200 사이클을 수행한다.

(4) 시스템적용시험

시스템적용시험은 개발된 가스발생제를 사용하여 USCAR 기준의 밀폐탱크시험(Closed tank test)의 규격에 들도록 시스템을 튜닝(Tunning)하는 시험이다. 이때 이미 정해진 가스발생제의 MPBP를 참조하여 원하는 밀폐탱크압력(Closed tank pressure)이 나오도록 시스템을 구성하도록 한다. 또한 가장 중요한 사항으로 변경된 가스발생제를 적용 시에는 안전계수(Safety factor)를 반드시 평가해야 하고 이것이 기준에 미달될 때에는 시스템을 보완해야 한다.

참고문헌

1. 이영호(2013), 가스발생제, ㈜한화, 충청북도 보은.
2. Roger R. Hendrickson 외 3명, "Low temperature nitrogen gas generating composition", US Patent 3741585(1971.6.29)
3. M. H. Boyer, "Gas generator grain", US Patent 2981616(1956.10.1)
4. Norman H. Lundstrom 외 2명, "Gas generative compositions", US Patent 6156137(2000.12.5)
5. Ivan V. mendenhall, " Guanylurea nitrate in gas generation", US Patent S6550808(2000.11.17)
6. 이영호, 이승재, 윤지혜, " 가스발생제용 조성물, 이를 이용한 가스발생제 및 이를 포함하는 인플레이터", 대한민국 특허 제101212790(2012.12.10)

제11장

파이로테크닉(Pyrotechnics)

11.1 개요[2]

파이로테크닉스의 어원은 그리스어 pyro("fire")와 tekhnikos ("made by art")로부터 유래되었으며 불꽃제조술이라고 한다. 자기연소하는 물질로 광범위하게는 폭약과 추진제도 연관이 되어 있으나 일반적으로는 이보다는 서서히 반응하여 빛, 칼라, 연기, 열, 소리 및 동작을 만든다. 불꽃놀이, 신호기, 폭발볼트, 인플레이터 등에 사용되는 혼합물 뿐 만이 아니라 뇌관에 사용되는 점화약, 착화약, 지연제 등도 여기에 포함된다. 외부의 산소없이도 연소되며 수반되는 화학반응은 전자-이동 또는 산화-환원반응의 형태이다. 반응속도의 범위는 <표 11.1>과 같이 아주 느린 연소로부터 수 km/sec 이상의 속도를 갖는 순간적인 폭굉까지 있다.

〈표 11.1〉 고에너지 반응의 분류

구분	대략적인 연소 속도	예
연소	수 밀리미터/초	지연제, 칼라 연막 조성
폭연	수 미터/초	로켓추진제, 밀폐된 흑색화약
폭굉	〉1킬로미터/초	다이너마이트, TNT

같은 물질이라도 제조 방법과 사용되는 조건에 따라서 그것의 반응성은 극적으로 변할 수 있다. 혼합되는 원료들의 순도가 높을수록 입도가 작을수록 그리고 혼화도나 친밀도가 높을수록 연소 속도는 더 빨라진다. 흑색화약은 밀폐를 시키면 폭발적으로 연소하며 튜브 내에 압

착시키고 한쪽 끝을 개방시키면 로켓이 된다. 또한 조성에 따라서 연소 속도를 달리할 수 있으며 흑색화약 중에서도 도화선에 사용되는 흑색화약 조성은 비교적 느린편이다.

파이로테크닉스에서 이용하는 효과들로는 추진효과, 색불꽃효과, 연막효과, 소리효과, 가스효과, 폭발효과 등이 있으며 이들을 필요한 분야에 어떻게 설계하고 적용할지 연구하는 것이 무엇보다도 중요할 것이다.

11.2 역사

1) 중국의 연단술에서 시작된 파이로테크닉

고대 중국에서는 한 사람의 황제가 중원을 통치하는 체제에 이르게 되면서 절대 권력자들은 그들의 권력이 영원히 지속되기를 원하였고 이에 영합하기 위해 연단술사들이 불노불사의 단약을 연구하던 중 초석, 목탄 그리고 유황을 섞은 물질이 폭발적으로 연소한다는 것을 발견한다. 이것이 파이로테크닉의 기원이라고 할 수 있다.

2) 무기에 사용되기 시작한 파이로테크닉 기술

절대다수의 학문적 의견에 따르면 파이로테크닉 조성물은 9세기경 중국에서 최초로 발명되었으며 조성물의 최초 기록은 11세기 송나라 서적 무경총요(武经总要)에 나타난다. 이 발명은 불꽃놀이와 중국 최초의 화약무기의 발명으로 이어졌다. 중국이 발명한지 수세기 후에 화약무기가 무슬림세계, 유럽 및 인도에서 나타나기 시작하였다. 이 기술은 중국으로부터 중동 또는 중앙아시아를 통해서 전파되었으며 그리고 유럽으로 전파되었다고 하는 것이 정설이다.

3) 로저베이컨(Roger Bacon)의 흑색화약

희랍의 불을 재현하는 과정 중에 초석, 황, 목탄의 세가지 성분을 적절히 배합함으로써 연소 성능이 뛰어난 물질을 만들어 냈으며 이것에 흑색화약이라는 이름을 붙였다. 베이컨은 자신이 발명한 흑색화약의 비밀과 초석의 정제법을 그의 저서인 Operikus Artis et Magiao에 수수께끼식으로 기록했다고 한다. 왜냐하면 그 당시 교리와 상치되는 과학적 내용을 발표하는 것이 엄격히 금지되어 있었고 이를 위반하면 종교재판에 회부되기도 하던 시절이었기 때문에 실험 내용을 아무나 읽을 수 없도록 철자의 순서를 바꾼 수수께기식 라틴어로 표기했다는 것이다. 또한 자신이 만든 흑색화약이 화약병기로 사용될 가능성 즉 전쟁이나 살인과 같은 최악의 수단으로 오용될 것을 우려하여 훗날 정의로운 목적에만 사용할 훌륭한 과학자가 나타나 이를 해독할 수 있도록 제조법만은 글자 수수께끼로 기록하였다고 한다.

4) 중국에서 시작된 불꽃놀이

불꽃놀이의 문헌기록은 중국의 7세기로 거슬러 올라간다. 불꽃놀이는 많은 축제에 사용되었다. 불꽃놀이는 중국문화의 한 부분이었으며 이로부터 불꽃놀이의 기원을 찾아볼 수 있다. 나중에는 다른 문화와 사회로 확산되었다. 불꽃놀이 제조기술은 하나의 독립적인 직업으로 발전하여 왔다. 중국에는 불꽃놀이를 연출하는 복잡한 기술에 대해 지식을 갖고 있는 파이로테크닉 기술자들을 존경하였다. 중국 사람들은 원래 불꽃놀이가 악령을 내쫓고 운과 행복을 가져올 수 있다고 믿었다.

송나라 시대에 많은 사람들이 시장에서 다양한 종류의 불꽃놀이를 구입할 수 있었고 웅장한 불꽃놀이도 개최되는 것으로 알려졌다. 1110년에는 송나라 휘종황제와 그의 조정을 즐겁게하기 위해 대규모의 불꽃놀이가 열리기도 했다.

5) $KClO_3$와 색화제 기술의 발명

1780년대에 베르톨레(Berthollet)가 $KClO_3$를 발견함으로써 파이로테크닉 조성을 사용하여 밝은 색상의 색불꽃들을 만들 수 있게 되었고 색불꽃은 이전의 KNO_3 기반의 조성으로 이용가능했던 스파크, 소리 및 모션의 효과에 더해졌다. 염소산염을 함유하는 색불꽃 조성은 1830년대에 일부 파이로테크닉 기술자의 무기에서 알려지게 되었다. 전기를 사용함에 따라 19세기 후반부에 전기분해에 의한 Mg와 Al 금속을 제조할 수 있게 되었으며 밝은 흰색의 스파크와 흰 빛이 만들어졌다. Sr, Ba 및 Cu 화합물들은 선명한 적색, 녹색 및 청색의 불꽃이 19세기 동안 상업적으로 이용할 수 있게 되었고 현대 파이로테크닉 기술이 도약하기 시작하였다.

6) 무가스 지연제(Gasless delay powder)들의 출현

1917년 대량 생산할 수 있는 옥식 점화장치를 이용한 전기뇌관을 시작으로 많은 전기뇌관들이 개발되기 시작한다. 도화선의 길이에 의해서 시차 발파가 이루어졌던 공업뇌관은 전기뇌관이 개발되면서 전기뇌관 내에 파이로테크닉 지연제를 넣어 시차발파로 개선된다. 처음에는 흑색화약을 지연제로 사용하였으나 가스발생에 의한 부정확한 시차를 좀더 개선하기 위해서 무가스지연제들이 개발된다.

7) 가스발생제의 출현

파이로테크닉 조성물이 연소할 때, 발생하는 가스를 이용하기 시작한 곳은 기계장치의 작동, 약제의 살포, 로켓의 추진, 소화기 액체의 방출, 항공기 이륙을 도와주는 추진 수단 등이었다. 이러한 파이로테크닉 조성물의 가스를 자동차 에어백용 인플레이터에 사용하기 시작한 것은 1970년대 초부터이다. 이러한 용도로 최초로 개발된 전용 가스발생제가 소디움아자이드 등의 금속아자이드를 기제로 하는 조성이었으며 최초로 미국특허에 등록된 것이 미국특허 US3741585호(1971.6.29)이었다. 1970년대 후반부터는 이러한 독성물질을 사용하지 않은 비아자이드계열의 가스발생제들이 개발되어 요즈음에는 대부분 비아자이드계열을 사용하고 있다.

11.3 파이로테크닉의 성분

한 분자 내에 산화될 수 있는 성분과 환원될 수 있는 물질을 모두 포함하는 화합물을 고에너지물질이라고 하며 이 두 성분의 혼합은 분자(또는 이온) 수준에서 이루어진다. 이 물질에 필요한 활성화에너지를 가하게 되면 반응이 상당히 빠르게 일어날 것이다. 이와 같이 분자 내에서의 스스로 반응하는 능력을 갖는 물질들에는 <표 11.2>과 같은 물질들이 있다.

〈표 11.2〉 분자 내에서의 산화-환원 능력을 갖는 화합물들

화합물	분자식
질산암모늄	NH_4NO_3
과염소산암모늄	NH_4ClO_4
아지화연	$Pb(N_3)_2$
TNT	$C_7H_5N_3O_6$
NG	$C_3H_5N_3O_9$
뇌홍	$Hg(ONC)_2$

이러한 화합물들이 분해 반응할 때 동시에 발생하는 것들이 열, 빛, 소리, 가스 및 충격파이다. 이러한 물질들은 대부분 폭굉하는 성질을 가지며 균일도가 낮은 혼합물에서는 일반적이지 않는 특성이다.

이러한 고에너지 물질은 산화제와 연료를 혼합함으로써 만들어질 수도 있다. 또한 이러한 혼합물에 다른 물질들을 추가함으로써 빛, 칼라 및 연기를 만들 수 있다. 이러한 효과들을 얻기 위해서는 혼합물이 폭발하는 것 보다는 연소하는 것이 중요하다. 파이로테크닉 혼합물들은 연소하지만 필요한 산소는 염소산칼륨과 같은 산소공급제의 열분해를 통해서 조달된다.

$$2KClO_3 \xrightarrow{\text{가열}} 2KCl + 3O_2$$

그래서 파이로테크닉 물질의 불은 질식될 수가 없으며 이 혼합물들은 공기가 없어도 격렬하게 연소한다. 밀폐시켜 연소하게 되면 압력의 증가에 의해서 연소 속도가 가속화될 수 있으며 폭발에 이르게 될 수도 있다. 파이로테크닉 불이 폭발로 발전되는 것을 막기 위해서는 적당히 가스가 빠지게 하는 장치가 필요하다.

각자 하나 이상의 목적을 제공하는 여러 성분들이 효과적인 조성을 만들기 위해서 사용될 수 있다.

11.4 파이로테크닉 원료들의 특성

11.4.1 산화제

산화제는 분해할 때 산소가스를 방출하는 이온성의 고체물질로 가능한 순도가 높아야 하고, 적당한 입자크기를 가지며 가격이 적절해야 한다. 습상일 때 반응하지 말아야 하며 넓은 온도 범위에 걸쳐(적어도 100℃까지) 안정해야 하며 그리고 고온에서는 쉽게 분해하여 산소를 방출해야 한다.

보통 질산이온(NO_3^-), 염소산이온(ClO_3^-), 과염소산이온(ClO_4^-), 크롬산 이온(CrO_4^{2-}), 산소이온(O^{-2}), 디크롬산이온($Cr_2O_7^{-2}$)을 갖는 물질들이 포함되며 이러한 음이온들과 결합되는 양이온들은 다음의 여러 가지 조건을 가진 화합물을 형성하지 않으면 안 된다.

① 산화제들은 흡습성이 낮아야 한다.

물은 파이로테크닉 혼합물에서 여러 가지 문제를 일으킬 수 있기 때문에 흡습성이 높은 물질들은 가능한 사용하지 않는 것이 좋다. 일반적으로 나트륨화합물은 흡습성이 높기 때문에(예: 질산나트륨) 거의 사용되지 않으며 흡습성이 비교적 낮은 칼륨염이 파이로테크닉에 자주 사용된다. 흡습성은 물의 용해성과 비례하는 경향이 있으며 용해도 데이터는 흡습 문제를 예측하는데 사용될 수 있다. 여러 산화제의 물에 대한 용해도는 <표 11.3>에 나와 있다. 그러나 군에서는 백색 불꽃을 만들기 위해 질산나트륨과 마그네슘의 혼합물을 사용해야 하는 경우가 있는데 이때에는 대기 중의 수분 흡습을 방지하기 위해 제조 공정의 엄격한 습도 조절이 필요하며 그리고 완성된 물품은 저장 중의 흡습을 방지하기 위해 반드시 밀폐 조치가 필요하다.

② 산화제의 양이온은 불꽃색에 악영향을 주어서는 안 된다.

예를 들어 나트륨은 황색 불꽃을 강열하게 발산하는데 이것이 들어가면 적색, 녹색 및 청색 불꽃을 손상시킬 수 있다.

③ 알칼리금속(Li, Na, K)과 알칼리토류금속(Ca, Sr 및 Ba)는 우선적으로 양이온이 된다.

〈표 11.3〉 일반적인 산화제들과 그 특성[1]

화합물	분자량	융점 ℃	용해도 g/100ccH_2O @20℃	분해열 kcal/mol	생성열 kcal/mol	산화제g당 산소방출g	산소1g 방출에 필요한 산화제g
NH_4NO_3	89.0	170	118(0℃)	-	-87.4	0.2	5
NH_4ClO_4	117.5	분해	37.2	-	-70.6	0.34	2.94
$Ba(ClO_3)_2 \cdot H_2O$	322.3	414	27(15℃)	-28	-184.4	0.32	3.12
$BaCrO_4$	253.3	분해	0.0003(16℃)	-	-345.6	0.095	10.6
$Ba(NO_3)_2$	261.4	592	8.7	+104	-237.1	0.31	3.27
BaO_2	169.3	450	아주 약간	+17	-151.6	0.09	10.6
Fe_2O_3	159.7	1565	불용	-	-197.0	0.30	3.33
Fe_3O_4	231.6	1594	불용	+266	-267.3	0.28	3.62
$PbCrO_4$	323.2	844	불용	-	-218	0.074	13.5
PbO_2	239.2	290(분해)	불용	-	-66.3	0.13	7.48
PbO	223.2	886	0.0017	-	-51.5	0.072	14.0
Pb_3O_4	685.6	500(분해)	불용	-	-171.7	0.093	10.7
$KClO_3$	122.6	356	7.1	-10.6	-95.1	0.39	2.55
KNO_3	101.1	334	31.6	+75.5	-118.2	0.40	2.53
$KClO_4$	138.6	610	1.7	-0.68	-103.4	0.46	2.17
$NaNO_3$	85.0	307	92.1(25℃)	+60.5	-111.8	0.47	2.13
$Sr(NO_3)_2$	211.6	570	70.9(18℃)	+92	-233.8	0.38	2.63
$NaClO_4$	122.5	482(분해)	170	-	-	0.523	-

이 물질들은 전자를 잘 받아들이지 못하며(그리고 역으로 금속들은 전자를 잘 준다) 그리고 Mg와 Al과 같은 활성 금속 연료와는 반응하지 않을 것이다. 만약 Pb^{+2}와 Cu^{+2} 같이 쉽게 환원이 되는 금속이온이 산화제에 존재하면, 다음과 같은 반응이 일어날 것이며 특히 수분 하에서는 더 잘 일어난다.

$$Cu(NO_3)_2 + Mg \rightarrow Cu + Mg(NO_3)_2$$

④ 화합물은 적절한 분해열을 가져야 한다.

발열량이 너무 크면 폭발이 일어나거나 상당히 예민한 혼합물이 될 것이며 반대로 너무 흡열량이 너무 많으면 점화가 어려울 뿐만이 아니라 연소의 전파도 어려울 것이다.

⑤ 가능한 화합물은 활성산소의 함량이 높아야 한다.

가벼운 양이온(Na^+, K^+, NH_4^+)이 좋으며 반면이 무거운 양이온(Pb^{+2}, Ba^{+2})는 가능한 피해

야 한다. 물론 산소가 풍부한 음이온도 선호된다.

⑥ 마지막으로 고에너지 조성에서 사용되는 모든 물질들은 독성이 낮아야 하며 그리고 반응생성물도 독성이 낮아야 한다.

이온성의 고체 외에도 할로겐 원자(주로 F와 Cl)를 갖는 공유결합 분자들도 파이로테크닉 조성에서 산화제로 사용될 수 있으며 특히 활성의 금속 연료들과는 특히 그렇다. 이것의 예가 흰색의 연기 조성인 헥사클로로에탄(C_2Cl_6)과 아연의 사용이다.

$$3Zn + C_2Cl_6 \rightarrow 3ZnCl_2 + 2C$$

그리고 열을 많이 내는 혼합물인, 테프론과 마그네슘 금속의 사용도 이것의 예이다.

$$(C_2F_4)n + 2n\ Mg \rightarrow 2n\ C + 2n\ MgF_2 + \text{열}$$

이 두 예에서 금속은 산화되고 반면에 탄소원자는 전자를 얻어 환원된다.

1) 질산칼륨(KNO_3)

〈표 11.4〉 질산칼륨의 물리화학적 특성

CAS 번호	7757-79-1	분자량(g/mole)	101.1032
분자 구조	$O=N^+(O^-)O^-\ K^+$	ΔH_f(kcal/mole)	-118.21
		밀도(g/㎤)	2.109
		융점(℃)	334
		비점(℃)	400(분해)
분자식	KNO_3	인화점	-
외관	백색 고체, 무취		

고에너지 혼합물에 가장 오랫동안 사용된 고체 산화제이며 20세기에 들어서도 가장 널리 사용된 물질이다. 가격이 적절하고 흡습성이 낮으며 그리고 이것으로 제조된 혼합물들은 점화가 비교적 용이하다는 장점을 갖는다. 점화용이성은 질산칼륨의 낮은 융점과 관계가 있다. OB가 40%로 활성 산소 함량이 높으며 고온에서 다음과 같이 분해한다.

$$2KNO_3 \rightarrow K_2O + N_2 + 2.5O_2 \ (\triangle H = +75.5 kcal/KNO_3\ mole)$$

이 분해반응은 KNO_3 1mole당 +75.5kcal로 흡열반응으로 빠른 연소 속도의 혼합물을 얻기 위해서는 고열량의 연료와 함께 사용되어야 한다. 락토오스와 같은 유기연료와 혼합되었을 때, 질산칼륨은 분해 시에 아질산칼륨 단계에서 멈출 수 있다.

$$KNO_3 \rightarrow KNO_2 + N_2 + ½O_2$$

좋은 연료들(목탄 또는 활성 금속들)과 질산칼륨은 잘 연소한다. 낮은 반응 온도 때문에 불꽃 조성에 사용하는 것은 제한된다. 온도를 높이기 위해서 이러한 혼합물들에 마그네슘이 첨가될 수도 있으나(그래서 빛의 강도를 증가), 고체 MgO로부터 "흑체(빛을 흡수만 하고 반사는 전혀 하지 않는 가상의 물체)" 복사에 의해서 색이 더 감소한다.

질산칼륨은 아주 강한 기폭(점화) 방식을 사용하는 경우에서도 스스로는 폭발하지 않는 특성을 갖는다.

2) 염소산칼륨($KClO_3$)

〈표 11.5〉 염소산칼륨의 물리화학적 특성

CAS 번호	3811-04-9	분자량(g/mole)	122.44
분자 구조	$K^+[ClO_3]^-$	ΔH_f(kcal/mole)	-93.55
		밀도(g/㎤)	2.32
		융점(℃)	356
		비점(℃)	400(분해)
분자식	$KClO_3$	인화점	400
외관	백색 결정 또는 분말		

아주 좋은 산화제이긴 하나 위험의 논쟁이 되고 있는 물질 중의 하나이다. 흡습성이 낮은 백색의 결정체로 OB가 39.2%이다. 염화물의 전기분해에 의해 만들어진다. 염소산칼륨은 1800년대 중반에 최초로 불꽃 조성에 성공적으로 사용되었으며 오늘날에도 연막, 화이어크랙카, 성냥 및 불꽃놀이의 색화제에 사용된다. 그러나 염소산칼륨은 심각한 많은 사고를 일으키는 원인 물질로 취급 시 상당한 주의를 요한다. 만약 동일한 효과를 나타내는 산화제가 발견된다

면 1순위로 대체하여야 할 산화제이다. 염소산칼륨 조성들은 뜻하지 않게 쉽게 발화가 되며 특히 유황이 존재하는 경우는 더 그렇다. 염소산염/인 혼합물들은 반응성이 너무 커서 습상일 때만 사용할 수 있다. $KClO_3$ 혼합물의 위험성은 19세기 후반에 점차 인식되었고 영국에서는 염소산염/유황조성의 사용을 1894년에 금지하였다. 또한 미국의 여러 공장에서도 염소산칼륨의 사용을 줄이기 시작했고 많은 조성에서 예민성이 보다 낮은 과염소산칼륨으로 대체하고 있다. 그러나 중국은 화이어크랙카와 색화제 조성에 염소산칼륨을 계속 사용하고 있다. 최근에 중국의 공장에서 여러 사고가 발생했던 것으로 알고 있지만 그 사고들에 대한 상세한 기록은 알 수 없다. 염소산칼륨을 포함하는 조성들이 불안정하게 되는 요인에는 여러 가지가 있다. 첫 번째가 염소산칼륨의 낮은 융점(350℃)과 낮은 분해 온도이다. $KClO_3$는 녹자마자 다음과 같이 분해한다.

$$2KClO_3 \rightarrow 2KCl + 3O_2 \ (\triangle H = -10.6 kcal/KClO_3 \ mole)$$

이 반응은 아주 격렬하며 그리고 500℃ 이상에서는 폭발적이다. 실제로 염소산칼륨의 분해 메카니즘은 상기 분해식 보다는 좀 복잡하다. 융점 바로 위에서는 중간체로 과염소산칼륨이 생성되는 것으로 보고되어 왔으며 그리고 과염소산칼륨은 염화칼륨과 산소로 분해한다.

$$4KClO_3 \rightarrow 3KClO_4 + KCl$$
$$3KClO_4 \rightarrow 3KCl + 6O_2$$

(순반응) $4KClO_3 \rightarrow 4KCl + 6O_2$

염소산칼륨의 분해 반응은 약 -10.6kcal/mole의 발열반응으로 산화제들 중에서는 드물다. 대부분의 다른 산화제들은 분해하기 위해서는 열을 흡수해야 하는데 염소산칼륨은 KCl과 O_2로 분해할 때 열을 방출한다. 이 방출된 열은 반응속도를 가속화할 수 있으며 그리고 점화에 필요한 외부 에너지를 최소로 할 수 있다. 염소산칼륨은 특히 저융점의 연료 유황(119℃) 또는 저융점의 유기화합물과 혼합되었을 때 아주 예민해지며 대부분 점화온도가 낮다. $KClO_3$/금속 혼합물에 있어서는 금속성 연료들이 일반적으로 융점이 높고 결정 격자가 견고하기 때문에 점화온도가 높긴 하지만 열이 상당히 많이 발생하기 때문에 점화에 아주 예민해 질 수 있다. 그래서 상당히 위험한 물질로서 여겨져야 한다. 여러 가지 $KClO_3$ 혼합물의 점화온도가 <표 11.6>에 나와 있다.

〈표 11.6〉 염소산칼륨/연료 혼합물의 점화온도

연료	양론 혼합물의 점화온도
락토오스, $C_{12}H_{22}O_{11}$	195
설탕	220
셀락	250
목탄	335
마그네슘 분말	540
알루미늄 분말	785
그라파이트	890

특기할 사항으로는 점화온도가 실험 조건에 따라 상당히 좌우된다는 것이다. 샘플 크기, 가열 속도, 밀폐도 등에 따라서 ±50℃의 범위가 관측될 수도 있다. 염소산칼륨을 함유하는 혼합물은 여러 가지 화합물의 존재에 상당히 영향을 받을 수 있다. 산은 치명적인 영향을 주며 농황산 1방울만 첨가해도 $KClO_3$/연료 혼합물은 바로 발화된다. 이 극적인 반응성은 강력한 산화제인, 이산화염소(ClO_2)가스의 형성에 기인한다. $KClO_3$ 혼합물에 탄산마그네슘과 중조와 같은 기본 중화물질을 넣으면 미량의 산성 불순물로 인한 혼합물의 감도를 상당히 낮출 수 있다.

염소산칼륨을 KCl과 $1.5O_2$로 열분해하는 것을 촉진시키는 금속산화물(특히 MnO_2)이 수년 동안 알려져 왔다. 그러나 $KClO_3$는 정상 상태에서도 상당히 반응성이 좋고 그것의 반응성을 증가시킬 필요가 없기 때문에 이들은 거의 사용되지 않았다. 대신에 염소산칼륨의 분해를 늦추는 물질과 방법이 필요하였다. 그러나 $KClO_3$의 분해를 가속화시킬 수 있는 많은 물질 중에서 불순물은 염소산염을 함유하는 혼합물의 반응성과 점화온도를 결정하는데 중요한 요인이 될 수 있을 것이다. 파이로테크닉 제조 과정에 사용되는 $KClO_3$는 가장 높은 순도를 가져야 하며 그리고 오염을 방지하기 위해서 저장과 취급 중에 아주 세심한 주의가 필요하다. 2.8mole%의 염소산구리를 의도적으로 불순물로서 함유하는 염소산칼륨은 상온에서 유황과 함께 폭발적으로 반응한다고 맥클레인(McLain)은 발표하였다. 또한 황화비소(As_2S_2)와 염소산칼륨의 혼합물을 압착한 것도 상온에서 점화된다고 알려져 왔다.

염소산암모늄(NH_4ClO_3)은 100℃ 이하의 온도에서 폭발적으로 분해하는 극도로 불안정한 화합물이다. 만약 염소산칼륨과 암모늄염을 모두 함유하는 혼합물이 존재하면 교환반응이 일어날 가능성이 크다. 특히 수분의 존재하에서 염소산암모늄이 일부 형성된다.

$$NH_4X + KClO_3 \xrightarrow{H_2O} NH_4ClO_3 + KX \text{ (여기서 } X = Cl^-, NO_3^-, ClO_4^- \text{ 등)}$$

만약에 이 반응이 일어나면 혼합물의 자연 발화의 경우가 생길 것이다. 그러므로 염소산염과 암모늄염 모두를 함유하는 어떠한 조성도 극도로 위험하다고 생각하지 않으면 안 된다. 미국 교통국의 운송규정은 그러한 혼합물의 불안정성 때문에 금지품목으로 분류하고 있다. 그러나 염소산칼륨, 염화암모늄 및 유기연료로 구성된 조성은 안전하다고 보고되어 있으며 백색연막 생산에 사용되어 왔다. 색연막조성은 염소산칼륨의 주요 사용처이며 그리고 이 혼합물들의 안전성은 상당히 우수한 것으로 보고되었다. 중화제(예. $MgCO_3$ 또는 $NaHCO_3$)는 저장안정성과 또한 흡열반응을 통해서 화염의 반응온도를 낮추기 위해서 보통 첨가한다.

$$MgCO_3 \xrightarrow{\text{가열}} MgO + CO_2$$

색연막 혼합물은 또한 연료로서 유황 또는 탄수화물 중의 하나와 색연막를 생산하기 위해 승화하는 휘발성의 유기염료를 포함한다. 이들 조성은 연료를 상당히 많이 초과하여 함유하고 있으며 그래서 이들의 폭발특성이 많이 사라진다. 연막혼합물은 낮은 화염온도(500℃ 이하)로 반응해야 하며 그렇지 않으면 복합 염료 분자들이 밝은 색의 연막 대신에 검정색의 그을음을 만들면서 분해할 것이다. 염소산칼륨은 단연코 이러한 조성들에 사용되는 가장 좋은 산화제이다.

염소산칼륨은 정말로 독특한 물질이다. 시미즈(Shimizu)는 최소량을 사용하면서 연소 속도, 점화용이성 또는 소리 효과를 내는데 있어 염소산칼륨을 능가하는 산화제는 없다고 한다. 또한 색불꽃을 만드는 산화제 중에서 염소산칼륨과 라이벌이 되는 것은 과염소산암모늄이다. 낮은 화염온도에서 점화되고 전파되는 염소산염을 함유하는 조성들이 만들어질 수 있다. 이것은 색연막혼합물에서 매우 유용한 특성이다. 색불꽃 조성물에 사용하기 위해서 연료 및 연료/산화제 비율을 변경함으로써 상당히 높은 화염온도를 얻을 수 있다. $KClO_3$는 다용도의 상당히 우수한 물질이지만 내재된 위험성을 제거하기 위해서는 가능하면 대체 산화제들이 개발, 사용되어야 한다. 염소산칼륨은 너무 불안정하기 때문에 색연막 조성을 제외하고는 안전을 예측할 수 없다.

3) 과염소산칼륨($KClO_4$)

〈표 11.7〉 과염소산칼륨의 물리화학적 특성

CAS 번호	7778-74-7	분자량(g/mole)	138.55
분자 구조	$O=\overset{O}{\underset{O}{Cl}}-O^-\ K^+$	ΔH_f(kcal/mole)	-102.80
		밀도(g/㎤)	2.5239
		융점(℃)	610(410부터 분해)
		비점(℃)	-
분자식	$KClO_4$	인화점	
외관	무색/백색의 결정 분말		

이 물질은 파이로테크닉의 주요 산화제로서 염소산칼륨을 점차적으로 대체하여 왔다. 비록 정전기 방지를 포함하는 주의사항들이 필요하긴 하지만 이것의 안전성은 염소산칼륨보다 훨씬 우수하다. 과염소산염 혼합물은 특히 알루미늄과 같은 금속과 함께 폭발적인 특성을 가질 수 있다. 특히 상당히 많은 양이 쌓여 있거나 밀폐되었을 때 그렇다. 과염소산칼륨은 염소산칼륨의 융점 356℃보다도 상당히 높은 610℃의 융점을 갖는 백색의 비흡습성 결정 물질이다. 고온에서 다음과 같이 분해한다.

$$KClO_4 \xrightarrow{\text{가열}} KCl + 2O_2 \qquad (\triangle H = -0.68 kcal/KClO_4\, mole)$$

이 반응은 -0.68kcal/mole 의 약간의 발열반응이며 많은 산소를 발생한다. $KClO_4$의 OB는 46.2%로 파이로테크닉 기술자들이 이용할 수 있는 가장 높은 산소량을 갖는 것 중의 하나이다. 높은 온도의 융점과 낮은 발열 분해반응 때문에 과염소산칼륨의 혼합물은 염소산칼륨의 혼합물보다 열, 마찰 및 충격에 덜 예민하다. 과염소산칼륨은 색불꽃(질산스트론튬과 적색불꽃), 소리(알루미늄과 함께 섬광과 소리) 그리고 빛(마그네슘과 함께 플래시전구)을 만드는데 사용한다.

4) 과염소산암모늄(NH_4ClO_4)

파이로테크닉 분야에서 가장 최근에 나타난 산화제인 과염소산암모늄은 현대의 고체로켓연료와 불꽃놀이 산업에 상당히 많이 사용된다. 우주선은 한번 발사하는데 거의 2백만 파운드의 고체연료를 사용한다. 이 혼합물은 과염소산암모늄 70%, 알루미늄 금속 16%, 유기중합체 14%로 구성되어있다.

〈표 11.8〉 과염소산암모늄의 물리화학적 특성

CAS 번호	7790-98-9	분자량(g/mole)	117.49
분자 구조	$O=\overset{O}{\underset{O}{Cl}}-O^- \ NH_4^+$	ΔH_f(kcal/mole)	-70.691
		밀도(g/cm³)	1.95
		융점(℃)	200℃에서 용해 전에 발열 분해
		비점(℃)	-
분자식	NH_4ClO_4	인화점	-
외관	백색 결정		

과염소산암모늄은 복잡한 화학반응을 겪는데 가열하면 200℃ 근처에서 시작해서 넓은 범위에 걸쳐 분해반응이 일어난다. 용융 전에 분해가 일어나며 그래서 액체 상태는 만들어지지 않는다. 고체 물질에서 바로 가스 생성물로 분해된다. 시미즈에 의하면 분해반응은 다음과 같이 일어난다고 한다.

$$2NH_4ClO_4 \xrightarrow{\text{가열}} N_2 + 3H_2O + 2HCl + 2.5O_2$$

이 식은 과염소산암모늄 2mole당 80g(2.5moles)의 산소를 방출하며 산소의 함량은 34%이다($KClO_3$는 39.2%, $KClO_4$는46.2%).

연료와 과염소산암모늄의 혼합물은 점화되었을 때 높은 온도를 만들며 그리고 반응 중에 발생된 HCl은 생성물의 불꽃색에 도움을 준다. 이 두 가지의 인자가 과염소산암모늄을 색불꽃 조성의 좋은 산화제로 만들어 준다. 과염소산암모늄은 질산칼륨 또는 염소산칼륨보다 더 흡습성이 있으므로 혼합물을 건상으로 유지하는데 주의가 필요하다. 이 흡습성의 문제는 만약 해당 조성이 질산칼륨을 포함하거나 질산칼륨을 함유하는 혼합물과 접촉하게 되면 심각하다.

$$NH_4ClO_4 + KNO_3 \xrightarrow{\text{가열}} KClO_4 + NH_4NO_3$$

이 교환반응의 생성물인 질산암모늄은 매우 흡습성이 크며 점화 문제가 발생할 것이다. 또한 과염소산암모늄은 염소산염을 함유하는 화합물과 함께 사용해서는 안 된다. 왜냐하면 수분 존재 시 불안전한 화합물인 염소산암모늄이 생성할 가능성이 있기 때문이다. 금속 마그네슘 또한 과염산암모늄 조성에서 피해야 한다.

$$NH_4ClO_4 + Mg \rightarrow 2NH_3 + Mg(ClO_4)_2 + H_2 + \text{열}$$

만약 열이 상당히 축적되면 자발적인 점화가 일어날 것이다. 심한 기폭조건 하에서 과염소산암모늄은 스스로 폭발할 수 있다. 유황과 상황화안티몬과 과염소산암모늄의 혼합물은 $KClO_3$ 조성보다도 충격에 상당히 민감한 것으로 보고되고 있다. 과염소산암모늄은 고체 생성물이 거의 없이 탁월한 색불꽃을 만드는데 사용된다. 그러나 이 산화제를 취급할 때는 항상 주의를 해야 한다. 이 물질의 폭발적인 특성 때문에 최소량으로 취급해야 하며 제조 사이트에서 대량으로 저장하지 말아야 한다.

5) 질산스트론튬[$Sr(NO_3)_2$]

〈표 11.9〉 질산스트론튬의 물리화학적 특성

CAS 번호	10042-76-9	분자량(g/mole)	211.630
분자 구조	$\left[{}^{-}O-N^{+}(=O)-O^{-}\right]_2 \left[Sr^{2+}\right]$	ΔH_f(kcal/mole)	-233.80
		밀도(g/㎤)	2.986
		융점(℃)	570
		비점(℃)	645(분해)
분자식	$Sr(NO_3)_2$	인화점	-
외관	백색의 입자상의 고체		

이 물질은 단독으로 거의 사용되지 않는 산화제이며 보통은 적색불꽃 혼합물에서 $KClO_4$와 함께 사용된다. 융점이 약 570℃인 융점을 갖는 백색의 결정물이다. 약간 흡습성이 있기 때문에 이 물질을 사용할 때 수분을 피해야한다. 융점 근처에서 질산스트론튬은 다음과 같이 분해한다.

$$Sr(NO_3)_2 \rightarrow SrO + NO + NO_2 + O_2$$

아질산스트론튬 $Sr(NO_2)_2$는 이 분해반응에서 중간체로서 만들어지며 그래서 저온 불꽃 온도의 혼합물의 재에서 아질산염이 상당히 많이 발견될 수 있다. 보다 높은 고온의 반응에서 분해는 다음과 같이 이루어진다.

$$Sr(NO_3)_2 \rightarrow SrO + N_2 + 2.5O_2\ (\triangle H = +92kcal/Sr(NO_3)_2\ mole)$$

이것은 +92kcal의 상당한 흡열반응이며 활성산소함량은 37.7%이다. 마그네슘 또는 기타 고열의 연료를 함유하는 혼합물의 고온의 반응 과정에서는 재가 거의 나오지 않는다.

6) 질산바륨[$Ba(NO_3)_2$]

약 592℃의 융점을 갖는 백색의 결정체로 흡습성이 없다. 보통 $KClO_4$와 함께 녹색불꽃 조성, 골드스파클러, 및 포토플래시 혼합물에서 주요 산화제로 사용된다. 고온에서 질산바륨은 다음과 같이 분해한다.

$$Ba(NO_3)_2 \rightarrow BaO + N_2 + 2.5O_2$$

〈표 11.10〉 질산바륨의 물리화학적 특성

CAS 번호	10022-31-8	분자량(g/mole)	261.337
분자 구조	$[{}^{-}O-N^{+}(=O)-O^{-}]_2\ [Ba^{2+}]$	ΔH_f(kcal/mole)	-236.14
		밀도(g/㎤)	3.24
		융점(℃)	592
		비점(℃)	-
분자식	$Ba(NO_3)_2$	인화점	-
외관	백색의 광택이 나는 결정, 무취		

이 반응에서는 30.6%의 산소가 발생한다. 저온반응에서 질산바륨은 질산스트론튬과 마찬가지로 질소가스 대신에 질소산화물(NO 및 NO_2)이 생성된다. 단독 산화제로서 질산바륨을 포함하는 혼합물은 질산칼륨과 염소산칼륨 조성에 비해서 보통 높은 점화온도를 갖는다. 질산바륨은 융점이 높기 때문에 점화온도가 높다.

7) 기타 산화제

기타 다양한 산화제들이 고에너지 혼합물에 가끔 사용되는데 일반적으로 특정 목적을 염두해 두고 사용된다. 예를 들어 염소산바륨[$Ba(ClO_3)_2$]은 녹색불꽃 조성에 사용될 수 있다. 그러나 이 혼합물은 상당히 예민하기 때문에 혼합, 충전 및 저장과정 중에 상당한 주의를 기울이지 않으면 안 된다. 그럼에도 불구하고 염소산바륨은 아름다운 녹색 불꽃을 만드는데 사용될 수 있다. 염소산바륨은 수용액으로부터 결정화될 때 $Ba(ClO_3)_2 \cdot H_2O$의 수화물로서 존재하기 때문에 매우 흥미있는 물질이다. 결정 격자 내에서 물분자는 바륨 이온과 일대일의 비율로 발견된다. 가열했을 때 물은 120℃에서 날아가고 무수 $Ba(ClO_3)_2$가 생성되며 무수염소산바륨의 융점은 414℃가 된다. 염소산바륨의 분해열은 -28kcal/mole로서 상당한 발열반응이다. 이것은 염소산칼륨보다도 상당히 크기 때문에 염소산바륨 혼합물은 마찰, 열 및 기타 점화자극원에 상당히 예민하다.

산화철(Hematite, Fe_2O_3)은 상당히 높은 점화온도와 상당히 많은 양의 용융슬러그(그래서 가스생성물이 부족)가 필요한 혼합물에 사용된다. 다음과 같은 테르밋의 예가 이러한 타입의 반응이며 파이로테크닉 용접에 사용된다.

$$Fe_2O_3 + 2Al \rightarrow Al_2O_3 + 2Fe$$

Fe_2O_3의 융점은 1565℃이며 테르밋 혼합물의 점화온도는 800℃ 이상이다. 반응온도가 거의 2400℃에 이르며 조성 1g에서 950cal의 열이 발생한다.

크롬산바륨($BaCrO_4$), 크롬산납($PbCrO_4$), 질산나트륨($NaNO_3$), 이산화납(PbO_2), 및 과염소산바륨(BaO_2)등의 산화제들도 있다. 반응성과 점화용이성은 가끔 산화제의 융점과 관련이 있으며 반응생성물의 휘발성은 당해 산화제/연료 조성으로부터 만들어지는 가스의 양을 결정한다. <표 11.3>에는 보통 사용되는 산화제의 물리화학적 특성이 나와 있다.

11.4.2 연료

파이로테크닉 혼합물은 산화제와 함께 반응하여 열을 생성하는 연료(또는 전자를 주는 물질)를 포함한다. 이 열을 가지고 파이로테크닉 기술자들은 색, 모션, 빛, 연기 또는 소리와 같은 다양한 효과를 만들어 낸다.

고에너지 혼합물에서 산화제와 쌍을 이루는 연료가 선정될 때 필요한 파이로테크닉 효과가 주의 깊게 고려되어야 한다. 생성되는 화염의 온도와 반응 생성물의 특성이 중요한 인자들이다. 주요 파이로테크닉 범주에 들어가는 고에너지물질의 각각에 대한 필요조건은 다음과 같다.

① 추진제: 고온, 다량의 저분자량 가스 그리고 빠른 연소 속도의 조합이 필요하다. 목탄과 유기화합물이 가끔 이들 조성에서 사용되는데 이들 조성이 연소할 때 많은 가스 생성물을 형

성하기 때문이다.

② 조명제: 강한 빛의 불꽃을 방출하는 혼합물로 높은 반응 온도가 필수적이다. 마그네슘은 열을 많이 내는 좋은 물질이기 때문에 이러한 혼합물에 일반적으로 사용된다. 화염 속에서 백열성의 산화마그네슘 입자들의 생성은 좋은 빛의 강도를 만드는데 유리하다. 화염 속에서 증기 형태로 존재하는 원자 나트륨은 아주 강한 빛의 방출 물질이며 나트륨의 방출은 널리 사용되는 질산나트륨/마그네슘 조성에서 빛의 강도를 좌우한다.

③ 색화제: 높은 반응 온도는 최대의 빛 강도를 생성하지만 불꽃의 색깔은 넓은 스펙트럼의 백색 빛을 방출하고 있는 최소의 고체/액체 입자와 함께 화염 내에 적절한 방출물이 있느냐에 좌우된다. 마그네슘은 보다 높은 강도의 빛을 얻기 위해서 색화제에 때때로 첨가되지만 색 불꽃의 질은 MgO 입자의 넓은 스펙트럼의 방출로 인해 좋지 않을 것이다. 유기연료(레드검, 전분, 등)은 불꽃놀이 분야에서 사용되는 대부분의 색화제 혼합물에 사용된다.

④ 연막제: 연기 입자들을 분산시키는데 가스의 방출이 필요하다. 여기에서는 유기염료 분자들의 분해가 일어나면 안되므로 높은 온도는 필요하지 않다. 이 혼합물에는 금속들도 없다. 유황과 설탕과 같은 저 열량의 연료들이 보통 사용된다.

⑤ 점화제: 주 조성을 점화시키는데 충분한 열을 확실하게 전달하기 위해서는 점화장치 또는 착화제 조성에 뜨거운 고체 또는 액체 입자들이 필요하다. 가스 생성물을 주로 생산하는 연료들은 보통 사용되지 않는다.

좋은 연료는 산소와 반응하여 안정한 화합물을 형성하며 그리고 상당한 열을 발생할 것이다. 반응 생성물의 금속-산소의 큰 결합 강도는 많은 금속 원소들의 뛰어난 연료 특성의 이유가 된다. 다양한 물질들이 사용될 수 있으며 그리고 물질의 선택은 필요한 열량, 필요한 열방출 속도, 물질의 코스트, 연료와 연료/산화제 쌍의 안정성, 및 필요한 가스생성물의 양 등 여러 가지 인자들에 따른다. 연료들은 금속, 비금속원소, 유기화합물의 세 가지 범주로 나눌 수 있다.

11.4.2.1 금속원소 연료

좋은 금속연료는 공기 산화와 수분에 저항성이 있고 그램당 발생 열량이 높아야 하며 미세한 입자 크기를 적절한 가격으로 구할 수 있어야 한다. 알루미늄과 마그네슘은 가장 널리 사용되는 물질이다. 티타늄, 지르코늄 및 텅스텐도 또한 사용되며 특히 군용으로 사용된다.

〈표 11.11〉 표준환원전위 값(298K에서)

환원반쪽반응	E^{θ}/V	환원반쪽반응	E^{θ}/V	환원반쪽반응	E^{θ}/V
쉽게 환원		$Ti^{4+} + e^{-} \rightarrow Ti^{3+}$	0.00		
$Ag^{2+} + e^{-} \rightarrow Ag^{+}$	+1.98	$2H^{+} + 2e^{-} \rightarrow H_2$	0.00	$SNO_2 + 4H^{+} + 4e^{-} \rightarrow$	-0.84
$Co^{3+} + e^{-} \rightarrow CO^{2+}$	+1.81	$Fe^{3+} + 3e^{-} \rightarrow Fe$	-0.04	$Si + 2H_2O$	
$Au^{+} + e^{-} \rightarrow Au$	+1.69	$WO_3 + 6H^{+} + 6e^{-} \rightarrow W + 3H_2O$	-0.09	$Cr^{2+} + 2e^{-} \rightarrow Cr$	-0.91
$Pb^{4+} + 2e^{-} \rightarrow Pb^{2+}$	+1.67	$Pb^{2+} + 2e^{-} \rightarrow Pb$	-0.13	$Mn^{2+} + 2e^{-} \rightarrow Mn$	-1.18
Ce4+ + $e^{-} \rightarrow$ Ce3+	+1.61	$In^{+} + e^{-} \rightarrow In$	-0.14	$V^{2+} + 2e^{-} \rightarrow V$	-1.19
$MnO_4^{-} + 8H^{+} + 5e^{-} \rightarrow$	+1.51	$Sn^{2+} + 2e^{-} \rightarrow Sn$	-0.14	$Ti^{2+} + 2e^{-} \rightarrow Ti$	-1.63
$Mn^{2+} + 4H_2O$		$Ni^{2+} + 2e^{-} \rightarrow Ni$	-0.23	$Al^{3+} + 3e^{-} \rightarrow Al$	-1.66
$Mn^{3+} + e^{-} \rightarrow Mn^{2+}$	+1.51	$Co^{2+} + 2e^{-} \rightarrow Co$	-0.28	$U^{3+} + 3e^{-} \rightarrow U$	-1.79
$PbO_2 + 4H^{+} + 2e^{-} \rightarrow$	+1.46	$In^{3+} + 3e^{-} \rightarrow In$	-0.34	$Mg^{2+} + 2e^{-} \rightarrow Mg$	-2.36
$Pb^{2+} + 2H_2O$		$Ti^{+} + e^{-} \rightarrow Ti$	-0.34	$Ce^{3+} + 3e^{-} \rightarrow Ce$	-2.48
$Au^{3+} + 3e^{-} \rightarrow Au$	+1.40	$Ti^{3+} + e^{-} \rightarrow Ti^{2+}$	-0.37	$La^{3+} + 3e^{-} \rightarrow La$	-2.52
$Pu^{4+} + e^{-} \rightarrow Pu^{3+}$	+0.97	$In^{2+} + e^{-} \rightarrow In^{+}$	-0.40	$Na^{+} + e^{-} \rightarrow Na$	-2.71
$2Hg^{2+} + 2e^{-} \rightarrow Hg_2^{2+}$	+0.92	$Cr^{3+} + e^{-} \rightarrow Cr^{2+}$	-0.41	$Ca^{2+} + 2e^{-} \rightarrow Ca$	-2.87
$Hg^{2+} + 2e^{-} \rightarrow Hg$	+0.86	$Fe^{2+} + 2e^{-} \rightarrow Fe$	-0.44	$Sr^{2+} + 2e^{-} \rightarrow Sr$	-2.89
$Ag^{+} + e^{-} \rightarrow Ag$	+0.80	$In^{3+} + 2e^{-} \rightarrow In^{+}$	-0.44	$Ba^{2+} + 2e^{-} \rightarrow Ba$	-2.91
$Hg_2^{2+} + 2e^{-} \rightarrow 2Hg$	+0.79	$Bi_2O_3 + 3H_2O + 6e^{-} \rightarrow$	-0.46	$Ra^{2+} + 2e^{-} \rightarrow ra$	-2.92
$Fe^{3+} + e^{-} \rightarrow Fe^{2+}$	+0.77	$2Bi + 6OH^{-}$		$Cs^{+} + e^{-} \rightarrow Cs$	-2.92
$Cu^{+} + e^{-} \rightarrow Cu$	+0.52	$In^{3+} + e^{-} \rightarrow In^{2+}$	-0.49	$Rb^{+} + e^{-} \rightarrow Rb$	-2.93
$Cu^{2+} + 2e^{-} \rightarrow Cu$	+0.34	$U^{4+} + e^{-} \rightarrow U^{3+}$	-0.61	$K^{+} + e^{-} \rightarrow K$	-2.93
$Bi^{3+} + 3e^{-} \rightarrow Bi$	+0.20	$Cr^{3+} + 3e^{-} \rightarrow Cr$	-0.74	$Li^{+} + e^{-} \rightarrow Li$	-3.05
$Cu^{2+} + e^{-} \rightarrow$ Cu+	+0.16	$Zn^{2+} + 2e^{-} \rightarrow Zn$	-0.76	어렵게 환원	
$Sn^{4+} + 2e^{-} \rightarrow Sn^{2+}$	+0.15				

나트륨, 칼륨, 바륨 및 칼슘과 같은 알칼리 및 알칼리토류금속은 에너지가 상당히 높은 연료이나 마그네슘을 제외하고는 수분과 공기 중의 산소와 반응성이 크기 때문에 일반적으로 사용되지 않는다. 특히 나트륨은 물과 폭발적으로 반응하기 때문에 하며 분해를 최소화시키기 위해서 자이렌과 같은 불활성 유기 액체에 저장하기도 한다.

금속이 파이로테크닉 조성물에 사용 가능한지를 보기 위해서는 먼저 <표 11.11>의 표준환원전위를 검토한다. 쉽게 산화되는 물질은 큰 음의 값을 가지며 이것은 전자를 얻는 경향은 거의 없고 전자를 잃은 경향이 상당히 크다는 것을 의미한다. 좋은 금속 연료는 또한 상당히 가볍고 산화되었을 때 그램당 칼로리가 상당히 높다. <표 11.12>에는 일반적인 금속 연료의 물리화학적 특성을 나타내었다.

〈표 11.12〉 금속 원소의 특성

원소	분자량 (g)	융점 (℃)	비점 (℃)	연소열 (kcal/mol)	연소생성물	산소 평형치
Al	27.0	660	2467	7.4	Al_2O_3	−0.89
Fe	55.8	1535	2750	1.8	Fe_2O_3	−0.43
Mg	24.3	649	1107	5.9	MgO	−0.66
Mg/Al=5/5	−	460	−	−	MgO/Al_2O_3	−0.76
Ti	47.9	1660	3287	4.7	TiO2	−0.67
W	183.8	3410	5660	1.1	WO_3	−0.26
Zn	65.4	420	907	1.3	ZnO	−0.25
Zr	91.2	1852	4377	2.9	ZrO2	−0.35

(1) 알루미늄(Al)

〈표 11.13〉 알루미늄의 물리화학적 특성

CAS 번호	7249-90-5	분자량(g/mole)	27
분자 구조		ΔH_c(kcal/g)	−7.4
		밀도(g/㎤)	2.70
		융점(℃)	660.32
		비점(℃)	2470
분자식	Al	인화점	−
외관	은빛의 회색 금속		

마그네슘과 비슷하게 가장 널리 사용되는 금속이다. 가격, 무게, 저장안정성 측면에서 가장 바람직한 연료이며 그리고 다양한 입자의 형태와 크기로 만들 수 있고 다양한 효과를 얻는데 사용될 수 있다. 플레이크 또는 아토마이즈 형태로 사용할 수 있다. 아토마이즈는 구상의 입자로 최소의 표면적(최소의 반응성)을 가지며 성능에 있어서 가장 재현성이 좋다. 플레이크 보다는 아토마이즈가 열 및 빛의 발생 조성으로 군용에서 많이 사용되는데 그 이유는 로트 간의 성능 편차가 작기 때문이다. 플리터(Flitter)라는 하는 큰 플레이크가 밝은 백색의 스파크를 만들기 위해서 불꽃놀이 산업에서 널리 사용된다. 특수한 파이로 등급의 알루미늄은 입자 크기

가 작고 넓은 표면적으로 구성되어 있는 어두운 회색 분말로 극도로 반응성이 좋아 불꽃놀이의 폭발성 혼합물을 만드는데 사용되며 이 파이로 등급의 알루미늄과 산화제의 혼합은 숙련된 작업자에 의해서만 만들어져야 하며 오직 소량의 배치로 만들어져야 한다. 이것의 폭발적인 힘은 대단하며 매우 예민하다. 알루미늄의 표면은 공기 중의 산소에 의해서 쉽게 산화되며 Al_2O_3에 의한 완벽한 코팅은 추가의 산화에 대해 내부 금속을 방어한다. 이 산화막은 알루미늄 분말의 저장성을 오랜 기간 동안 유지할 수 있게 해 준다. 공기 노출에 대해 완벽하게 산화물 코팅을 하지 못하는 금속(예: 철)은 이러한 표면 방호가 제공되지 않으며 적절한 주의를 하지 않으면 저장 중에 광범위한 분해가 일어날 수 있다.

알루미늄과 함께 만들어진 조성은 상당히 안정한 물질로 되는 경향이 있다. 그러나 만약 혼합물이 질산염 산화제를 포함한다면 수분이 배제되어야 한다. 그렇지 않으면 열과 암모니아 가스를 방출하면서 다음과 같은 분해반응이 일어날 수 있다.

$$3KNO_3 + 8Al + 12H_2O \rightarrow 3KAlO_2 + 5Al(OH)_3 + 3NH_3$$

반응이 진행함에 따라 생성된 알칼리 매체에 의해서 반응이 가속화될 수 있으며 그리고 밀폐된 상황에서는 자동점화가 일어날 수 있다. 붕산(H_3BO_3)와 같은 약산이 적은 양이라도 있으면 알칼리를 중화시키고 약한 산성의 분위기를 유지시킴으로써 이 분해를 효과적으로 지연시킬 수 있다. 이러한 분해 과정에서 산화제의 흡습성이 또한 중요하다. 알루미늄이 왁스 등의 물질로 코팅되지 않으면 알루미늄은 친수성이 높은 $NaNO_3$와 함께 사용할 수 없다. 다른 방법으로는 어떠한 물도 차단시키기 위해서 방습성의 포장으로 제품을 밀폐시킬 수 있다. 질산칼륨/알루미늄 조성은 분해 문제를 피하기 위해서 저장 시 아주 건조한 상태로 유지시켜야 하나 알루미늄과 비흡습성의 질산바륨의 혼합물은 조성물이 물에 완전히 젖지 않는 한 최소한의 예방으로 저장될 수 있다. 마그네슘 금속과 질산염의 혼합물은 이러한 알칼리에 의해 촉진되는 분해 문제를 갖지 않는다. 금속 표면에 수산화마그네슘[$Mg(OH)_2$] 코팅은 더 이상의 반응이 진행되는 것을 확실하게 보호한다. 그러나 알루미늄은 수산화알루미늄[$Al(OH)_3$]이 물에 용해성이므로 보호하지 못한다.

(2) 마그네슘(Mg)

〈표 11.14〉 마그네슘의 물리화학적 특성

CAS 번호	7439-95-4	분자량(g/mole)	24.305
분자 구조		ΔH_c(kcal/g)	−5.9
		밀도(g/㎤)	1.738
		융점(℃)	650
		비점(℃)	1091
분자식	Mg	인화점	-
외관	반짝이는 회색 고체		

마그네슘은 매우 반응성이 좋은 금속이며, 적절한 조건 하에서는 상당히 우수한 연료이다. 습도가 많은 공기에 의해서 산화되어 수산화마그네슘이 형성되며 마그네슘은 식초(5%빙초산)및 붕산과 같은 약산을 포함하는 모든 산과 쉽게 반응한다. 마그네슘과 물과의 반응, 마그네슘과 산(HX)의 반응은 다음과 같다.

물: $Mg + 2H_2O \rightarrow Mg(OH)_2 + H_2$

산(HX): $Mg + 2HX \rightarrow MgX_2 + H_2$(X=Cl, NO_3 등)

암모늄이온 NH^{4+}도 마그네슘 금속과 반응하기에 충분한 산성을 띤다. 그러므로 과염소산암모늄 및 기타 암모늄염들은 금속 표면이 린시드 오일, 파라핀 또는 이와 비슷한 물질로 코팅되지 않는 한 마그네슘과 함께 사용되어서는 안 된다.

수분이 존재할 때 염소산염과 과염소산염은 마그네슘 금속을 산화시키며 이것은 저장 중에 파이로테크닉 효과를 파괴할 것이다. 질산염은 마그네슘과 상당히 보다 안전한 것으로 보인다. 다시 말하면 파라핀과 같은 유기 물질로 금속을 코팅하면 조성의 저장 수명을 증가시킬 것이다.

비점이 낮기 때문에 혼합물에 있는 과잉 마그네슘은 증발되어 공기 중의 산소와 연소하여 불꽃 조성에서 추가적인 열(빛)을 낸다. 이러한 과잉 마그네슘이 공기 중의 산소와 반응할 경우에는 산화제 분해에 필요한 열의 흡수가 필요하지 않다. 혼합물에 과잉의 마그네슘을 넣음으로써 얻어지는 여분의 열로 충분하다.

마그네슘 금속은 또한 다음과 같은 전자이동반응에서 다른 금속과 반응할 수 있다.

$Cu^{+2} + Mg \rightarrow Cu + Mg^{+2}$

만약 조성에 수분이 있으면 이 프로세스는 더욱더 잘 일어날 것이다. Cu^{+2}/Mg 시스템의 표준전위는 +2.7이며 이것은 아주 자발적인 프로세스라는 것을 나타낸다. 그러므로 Cu^{+2}, Pb^{+2} 및 기타 쉽게 환원될 수 있는 금속 이온들은 마그네슘을 함유하는 조성에 사용되어서는 안 된다.

환원반쪽반응	$E^{\ominus}$/V
$Cu^{2+} + 2e^- \rightarrow Cu$	+0.34
$Mg^{2+} + 2e^- \rightarrow Mg$	−2.36
$Cu^{2+} + Mg \rightarrow Cu + Mg^{+2}$	+2.7

(3) 마그날륨(Mg-Al 합금)

파이로테크닉에서 인기가 증가하고 있는 것으로 알려지고 있는 물질이 마그네슘과 알루미늄의 50/50합금이며 마그날륨이라고 한다. 이 물질은 460℃의 융점을 가지며 Al_2Mg_3 내에 Al_3Mg_2가 녹아있는 고용체이다. 이 합금은 질산염과 혼합되었을 때 알루미늄 금속보다도 상당히 안정성이 있으며 약산과의 반응도 마그네슘 금속 보다는 더욱더 느리게 반응한다. 그러므로 마그날륨은 각각의 성분 물질 보다도 안정성이 좋다는 이점을 준다.

중국인들은 매력적인 백색스파크와 크랙클링(Crackling) 효과를 내기 위해서 불꽃놀이 제품에 마그날륨을 널리 사용한다. 또한 흑색화약 타입의 조성에 마그날륨을 사용하면 분기 스파크 효과(Branching spark efect)를 낼 수 있다.

(4) 철(Fe)

철은 미세한 분말형태로 연소될 수 있으며 와이어 스파클러(Wire sparkler)에서와 같이 매력적인 골드 스파크를 만드는데 사용될 수 있다. 철에 소량의 카본(1% 이하)을 사용하면, 금속입자들이 공기 중에서 연소할 때 이산화탄소 가스의 생성으로 인한 매력적인 스파크 분기 효과(Branching of spark)를 만들 수 있다.

철 분말은 저장 안정성이 매우 좋지 않다. 수분이 있는 공기 중에서 쉽게 철산화물(Fe_2O_3)이 되며 분말은 보통 파이로테크닉 혼합물에 사용하기 전 파라핀과 같은 물질로 코팅된다.

〈표 11.15〉 철의 물리화학적 특성

CAS 번호	7439-89-6	분자량(g/mole)	55.845
분자 구조		ΔH_c(kcal/g)	-1.164
		밀도(g/㎤)	7.874
		융점(℃)	1538
		비점(℃)	2862
분자식	Fe	인화점	-
외관	칙칙한 색조의 금속 광택		

(5) 기타 금속

티타늄 금속(Ti)은 매력적인 특성을 갖는 물질이다. 수분과 대부분의 화학물질 존재 하에서도 상당히 안정하며 그리고 산화제와 함께 찬란한 은백색의 스파크와 빛 효과를 낸다. 티타늄은 마그네슘이나 알루미늄보다도 사용하기가 더 안전하며 이러한 안정성 때문에 불꽃놀이의 화운틴 조성에 철 분말 대신 많이 사용된다. 그러나 티타늄을 좀 더 널리 사용하는 연료로 유지시키기 위해서는 보다 낮은 가격과 홍보가 더욱 필요할 것이다.

지르코늄은 또 다른 반응성 물질이다. 그러나 가격이 너무 높아 고에너지 조성에 널리 사용되는 것이 제한되는 문제점이 있다. 이것은 쉽게 점화되며 그래서 미세한 분말일 때 아주 위험하며 상당한 주의를 기울여 사용되어야 한다.

11.4.2.2 비금속 원소

쉽게 산화되는 여러 개의 비금속 원소들이 파이로테크닉 분야에서 널리 사용되고 있다. 이들은 공기와 수분에 대한 안정성, 단위 그램당 높은 열량, 및 적절한 가격을 갖는다. 보통 사용되는 물질이 유황, 보론, 실리콘 및 인이다. 이들의 특성을 <표 11.16>에 요약하였다.

〈표 11.16〉 파이로테크닉 혼합물에 연료로 사용되는 비금속 원소의 특성

원소	원자량	융점(℃)	비점(℃)	연소열 (kcal/g)	연소생성물	산소평형치(%)
B	10.8	2300	2550	14.0	B_2O_3	-222
C(목탄)	12(약)	분해	-	7.8	CO_2	-263
P(적색)	31.0	590	승화	5.9	P_2O_5	-128
P_4(황색)	124.0	44	-	5.9	P_2O_5	-128
Si	28.1	1410	2355	7.4	SiO_2	-114
S	32.1	119	445	2.2	SO_2	-100

(1) 유황

〈표 11.17〉 유황의 물리화학적 특성

CAS 번호	7704-34-9	분자량(g/mole)	32.06
분자 구조		ΔH_c(kcal/g)	−2.6
		밀도(g/㎤)	α(2.07), β(1.96), γ(1.92)
		융점(℃)	115.21
		비점(℃)	444.6
분자식	S	인화점	−
외관	레몬 황색의 소결 미결정		

파이로테크닉 조성의 연료로서 유황의 사용은 약 일천년 이상 계속되어 왔으며 흑색화약, 색연막 및 불꽃놀이 조성에서 아직도 널리 사용되고 있는 물질이다. 파이로테크닉 목적으로는 용융된 유황으로부터 결정화된 것을 선호한다. 유황은 특히 낮은 융점을 갖는다. 열량측면에서는 상당히 낮은 연료이며 파이로테크닉 조성에서 불쏘시개 또는 부싯돌의 아주 중요한 역할을 한다. 유황은 여러 가지 산화제와 함께 저온에서 발열반응을 수행하며 이 열량은 열량이 더 많은 다른 연료와의 고에너지 반응을 촉발시키는데 사용된다. 유황의 저융점은 저온에서 액체 상태를 제공하여 점화능력에 도움을 준다. 적은 양이라도 유황이 존재하면 고에너지 혼합물의 점화성과 점화온도에 극적으로 영향을 준다. 유황은 연소하면 이산화황 가스와 K_2SO_4와 같은 황산염으로 전환된다. 유황은 또한 황화칼륨(K_2S)과 같은 일부 혼합물에서 산화제로 작용하는데 황화칼륨(K_2S)과 같은 물질에서 유황음이온(S^{-2})으로 되어있다. K_2S는 흑색화약 연소 잔재에서 찾을 수 있는 화합물이다.

유황이 과량으로 존재할 때 연소하는 혼합물로부터 증발되어 노르스름한 흰색 연기가 나온다. 질산칼륨과 유황의 1:1 조성은 이러한 거동을 이용하는 훌륭한 연막 조성이다.

(2) 보론(B)

〈표 11.18〉 보론의 물리화학적 특성

CAS 번호	7440-42-8	분자량(g/mole)	10.81
분자 구조		ΔH_c(kcal/g)	−14.078
		밀도(g/㎤)	2.08
		융점(℃)	2076
		비점(℃)	3927
분자식	B	인화점	−
외관	검은 갈색		

보론은 안정한 원소이며 원자량이 작기 때문에 단위 그램당 발생 열량이 많은 우수한 연료이다. 보론은 높은 융점을 가지며 높은 융점을 갖는 산화제와 혼합되었을 때 점화가 상당히 어렵다. 질산칼륨과 같은 저융점의 산화제와 보론이 혼합되면 보다 쉽게 점화되어 많은 열량을 낸다. 그러나 산소화합물(B_2O_3)이 융점이 낮기 때문에 반응온도를 높이는데 방해가 된다.

보론은 비교적 비싼 연료이지만 소량만이 필요하기 때문에 전체 가격 측면에서 보면 사용할 만하다. 예를 들어 다음의 반응에서 보론은 5%만으로도 연소반응이 잘 일어난다.

$BaCrO_4 + B \rightarrow$ 생성물(B_2O_3, BaO, Cr_2O_3)

보론은 불꽃놀이 분야에서 거의 알려지지 않았으나 군 및 우주항공 분야에서 점화제와 지연제에 널리 사용되는 연료이다.

(3) 실리콘(Si)

〈표 11.19〉 실리콘의 물리화학적 특성

CAS 번호	7440-21-3	분자량(g/mole)	28.085
분자 구조		ΔH_c(kcal/g)	−7.574
		밀도(g/㎤)	2.33
		융점(℃)	1414
		비점(℃)	3265
분자식	Si	인화점	−
외관	흑색의 고체		

여러 측면에서 보론과 유사한 실리콘은 안전하고 비교적 싼 연료로 점화제와 지연제에 많이 사용된다. 높은 융점을 가지며 융점이 높은 산화제와 혼합되면 점화가 어렵다. 산화물(SiO_2)은 융점이 높으며 환경적으로 문제가 없다.

(4) 인(P)

〈표 11.20〉 인의 물리화학적 특성

CAS 번호	12185-10-3(white) 7723-14-09(red)	분자량(g/mole)	30.97
분자 구조		ΔH_c(kcal/g)	−5.74(white), −5.65(red)
		밀도(g/㎤)	1.823(white), 2.2~2.34(red)
		융점(℃)	44.1(white), 590(red)
		비점(℃)	280(white)
분자식	P	인화점	−
외관	백색의 분말, 적색의 분말		

인은 일반적인 파이로테크닉 연료로 사용하기에는 너무 반응성이 큰 물질이지만 그럼에도 불구하고 군용 백색연막 조성으로 사용되고 있으며 전통적으로 딱총(Toy pistol caps)과 파티파파(Party poppers)에 사용되어 왔다. 인은 백색(또는 황색)과 적색의 두 가지 형태가 있다. 백린은 P_4의 분자식을 갖는 분자이다. 왁스 상의 고체로 44℃의 융점을 가지며 공기 중에 노출되면 자발적으로 점화한다. 고체와 증기 형태 모두 상당히 유독하며 피부와 접촉하면 화상을 입는다. 파이로테크닉에서는 소이제와 백색연막 조성에만 사용이 제한되어 있다. 백색연막은 연소생성물이 주로 인산(H_3PO_4)이다. 적린은 좀 더 안정하며 융점이 약 590℃(공기가 없는 상태에서)인 적갈색의 분말이다. 공기가 존재하면 적린은 260℃ 부근에서 점화한다. 적린은 물에 녹지 않는다. 스파크나 마찰에 의해서 쉽게 점화되며 산화제 또는 가연성 물질과 혼합되면 언제든 아주 위험하다. 적린의 흄은 상당한 독성이 있다.

적린은 딱총과 폭음제에 사용할 때는 염소산칼륨과 물의 슬러리 상으로 혼합된다. 이 혼합물은 마찰, 충격 및 열에 상당히 예민하며 이러한 물질을 대량으로 벌크 형태로 건조하는 것은 절대로 안 된다. 적린은 또한 백색 연막 혼합물에 사용된다.

(5) 황화합물

여러 가지 금속황화합물이 파이로테크닉 조성에서 연료로 사용된다. 삼황화안티몬(Sb_2S_3)은 융점이 낮고(548℃), 연소열(거의 1kcal/g)이 낮다. 쉽게 점화되기 때문에 점화가 어려운 연료를 점화시키는데 도움을 주는데 사용되며 유황 원소와 마찬가지로 불쏘시개로 작용한다. 불꽃놀이 분야에서 백색불꽃으로 사용되어 왔으며 뇌명 혼화약에서 과염소산칼륨과 알루미늄과 함께 유황 대신 사용된다.

계관석(이황화비소, As_2S_2)은 융점이 308℃, 비점이 565℃인 오렌지 분말이다. 비점이 낮기 때문에 황색 연막 조성으로 사용되며(독성이 있음에도 불구하고) 또한 점화가 어려운 혼합물에 도움을 주기 위해 사용된다.

모든 비소화합물의 사용은 계관석을 포함하여 미국 소비자 제품 안전위원회의 규정에 의해 일반적인 불꽃놀이(개인적으로 구매된 것)에 사용이 금지되어 있다.

11.4.2.3 유기연료

보통 고에너지 조성에는 여러 가지 유기연료가 사용된다. 이 물질들은 열 외에도 이산화탄소, 질소 및 수증기를 생산하여 매우 높은 가스 압력을 만들어낸다.

탄소와 수소만을 함유하는 연료는 탄화수소라고 하며 글루코오스($C_6H_{12}O_6$) 등의 산소를 함유하는 화합물보다 완전 연소에 필요한 산소가 더 많이 필요하다. 그러므로 탄화수소 형태의 물질이 사용될 때 연료의 그램당 필요한 산소의 양이 더 많아진다. <표 11.21>에는 여러 가지 유기 연료의 산소평형치와 물리화학적 특성치가 나와 있다. 양론 조성에서 산화제와 연료의 비율을 결정하기 위해서는 주어진 연료에 의해서 필요한 산소의 그램수와 필요한 산화제에 의해서 발생된 산소의 그램수가 일치되도록 해야 한다.

〈표 11.21〉 유기연료의 특성

구분	화합물	분자식	분자량	융점(℃)	산소평형(%)	연소열 (kcal/mol)
단량체	락토오스	$C_{12}H_{22}O_{11}\cdot H_2O$	360.3	202	−106.4	1351
	나프탈렌	$C_{10}H_8$	128.2	80.5	−303.0	1232
	셸락	주로 $C_{18}H_{32}O_5$	약304	약120	(약) −227.3	−
	스테아르산	$C_{18}H_{36}O_2$	284.5	69.5	−294.1	2712
	수크로오스	$C_{12}H_{22}O_{11}$	342.3	188(분해)	−112.4	1351
중합체	덱스트린	$(-C_6H_{10}O_5-)_n\cdot H_2O$	−	분해	(약) −119.0	약4179
	라미낙	polyester/styrene 공중합체	−	약200(분해)	−	−
	NC	$[C_6H_{10-x}O_{s-x}(NO_3)_x]n$	−	약200(분해)	−	2409
	PVC	$(-CH_2CHCl-)_n$	약250,000	약80(연화)	(약) −128.2	4375
	전분	$(C_6H_{10}O_5)$	−	분해	(약) −119.0	4179

산소가 많은 연료는 연소되었을 때 열량이 더 작고 또한 화염의 온도도 낮다. 또한 수화물로 존재하는 연료는 무수물보다도 발열량이 적은데 그 이유는 수화물에 존재하는 물이 증발할 때 필요한 열을 흡수하기 때문이다.

유기연료 중에 중요한 것으로는 셸락과 레드검이 있다. 아시안 곤충에 의해서 분비되는 셸락은 고농도의 트리하이드록시팔미틱산[Ttrihydroxypalmitic acid, $[CH_3(CH_2)_{11}(CHOH)_3COOH]$을 함유한다. 이 분자는 저농도의 산소를 가지며 단위 그램당 높은 열을 생성한다. 레드검은 호주의 나무로부터 얻는 복합혼합물이며 우수한 연료 특성과 점화에 도움이 되는 저융점을 갖고 있다.

목탄은 또 다른 유기연료이며 1천년에 걸쳐 고에너지혼합물에 사용되어 왔다. 목탄은 고열과 많은 가스량 그리고 빠른 연소 속도가 필요할 때 연료로 자주 사용된다. 느린 조성에 소량의 목탄을 첨가하면 보통 연소 속도를 가속화시키고 점화를 가능하게 한다.

파이로테크닉 혼합물에서 목탄의 입자가 클수록 화염에서 매력적인 오렌지 스파크가 만들어지는데 이것은 불꽃놀이 산업에 의해서 가끔 장점으로 사용되는 특성이다.

(1) 탄수화물

탄수화물류는 자연에 상당히 많이 존재하는 산소가 많은 유기화합물이다. 가장 단순한 탄수화물인 설탕은 $(C \cdot H_2O)n$의 패턴에 맞는 분자식을 가지며 초기의 화학자들에게는 수화된 탄소로 등장하였다. 보다 복잡한 것들은 이러한 패턴에서 약간 벗어난다.

일반적인 설탕으로는 글루코오스($C_6H_{12}O_6$), 락토오스($C_{12}H_{22}O_{11}$) 및 수크로오스($C_{12}H_{22}O_{11}$)가 포함된다. 전분은 서로 링크된 글루코오스 단량체로 이루어진 복잡한 고분자화합물이다. 전분의 분자식은 $(C_{12}H_{10}O_5)_n$이며 분자량은 보통 백만 이상이다. 산과의 반응에 의해서 전분은 보다 작은 단위로 쪼개진다. 파이로테크닉 연료 및 바인더로 널리 사용되는 덱스트린은 부분적으로 가수분해된 전분이다. 분자량, 용해도 및 화학적 거동은 제조자마다 그리고 배치마다 상당히 변한다. 새로이 입고되는 덱스트린이 파이로테크닉에 사용될 때는 모두 테스트 후 사용해야 한다.

보다 단순한 설탕은 여러 파이로테크닉 혼합물에서 연료로 사용된다. 설탕은 색깔이 없는 불꽃으로 연소되는 경향이 있으며 산소가 함유된 다른 유기연료 보다도 단위 그램당 발생열이 적다. 락토오스는 일부 연막 조성에서 염소산칼륨과 함께 사용하여 복잡한 염료분자를 최소로 분해시키면서 유기염료를 휘발시킬 수 있는 저온반응을 만든다. 설탕은 보통의 원가로 고순도로 얻을 수 있기 때문에 매력적인 연료로 선택된다. 이러한 원료들을 사용하면 독성도 최소화시킬 수 있다.

(2) 기타 유기연료

사용할 수 있는 유기연료는 상당히 많으며 후보로 선정 시 다음 사항들을 고려해야 한다.

① 산화도 : 이것은 연료 그램당 발생연료의 측면에서 중요한 인자가 될 것이다.

② 융점 : 저융점은 점화 및 반응성에 도움을 줄 수 있다. 융점이 너무 낮으면 생산 및 저장의 문제가 생길 수 있다. 최소치는 100℃가 좋을 것이다.

③ 비점 : 만약 연료가 휘발성이 클 경우 물질의 손실을 방지하기 위한 패킹을 잘 하지 않으면 혼합물의 저장기간이 짧아질 것이다.

④ 화학적 안정성 : 이상적인 연료는 상업적으로 고순도 상태로 이용할 수 있어야 하며 그리고 저장 중에도 고순도를 유지해야 한다. 알데하이드와 같이 공기중에서 쉽게 산화되는 물질은 연료로 선정되기에는 부족하다.

⑤ 용해성 : 바인더로 사용되는 유기연료는 우수한 바인딩 거동을 얻기 위해서 물, 아세톤 또는 알코올에 대한 어느 정도의 용해성이 필요하다.

파이로테크닉 혼합물에 사용되어 온 물질들은 NC, PVA, 스테아르산, 헥사메틸렌테트라민, 케로신, 에폭시레진 및 라미낙과 같은 불포화 폴리에스터 레진을 포함한다. <표 11.21>에는 우리에게 흥미를 주는 여러 가지 다양한 유기화합물의 특성치가 나와 있다.

11.4.2.4 바인더

파이로테크닉 조성에는 보통 바인더 역할을 하는 소량의 유기 중합체가 포함되며 서로 균질하게 혼합된 모든 성분들을 잡아주는 역할을 한다. 이 바인더들은 유기화합물로 연료로도 작용한다. 바인더가 없으면 밀도 및 입자크기의 변화에 따라 제조와 저장 시 물질들이 분리될 수 있다. 산화제, 연료 및 기타 성분들이 바인더와 함께 혼합되는 입자화 과정을 통해 알갱이 상태의 균질한 조성이 만들어지며 이 과정은 제조 과정 중에서 중요한 단계이다. 입자화 후에 용제는 건조되어 날아가고 균질한 물질이 된다. 덱스트린은 불꽃놀이 산업에서 바인더로 널리 사용된다. 물이 덱스트린의 습윤제로 사용되고 유기용제 사용에 따른 코스트의 증가를 줄일 수 있다. 기타 일반적인 바인더로는 NC(용제로 아세톤 사용), PVA(물 사용), 라미낙(스타이렌과 가교결합된 불포화폴리에스터로 촉매, 열 또는 두가지에 의해 경화될 때까지 액체이며 용제가 필요없다.) 및 에폭시 바인더류가 혼합 과정에서 액상으로 또한 사용될 수 있으며, 경화되어 최종적으로 단단한 제품으로 된다. 바인더를 선정하는데 있어서 기술자들은 바인더를 최소량으로 사용하여 우수한 균질성을 제공할 물질을 찾으려고 한다. 유기물질은 금속연료를 함유하는 조성의 화염온도를 감소시키며 그리고 만약에 바인더의 불완전 연소가 일어나고 화염에서 카본이 형성되면, 오렌지 색상의 화염을 만든다. 바인더는 물과 산 또는 염기의 환경이 도입될 수 있는 문제를 피하기 위해 중성이고 비흡습성이어야 한다. 예를 들어 마그네슘을 함유하는 혼합물은 비수용성의 바인더/용제 시스템의 사용을 필요로 한다. 왜냐하면 마그네슘 금속의 물과의 반응성 때문이다. 철이 조성에 사용될 때 왁스 또는 기타 코팅제로 처리하는 것이 바람직하며 특히 수용액 바인딩 과정에 사용될 때 그러하다.

11.4.2.5 연소 속도 억제제

가끔 파이로테크닉 혼합물은 연소속도가 너무 빠르다는 것을 제외하고는 기능을 잘 발휘하며 원하는 효과를 낸다. 다른 성능에는 영향을 미치지 않고 반응속도만을 느리게 하는 물질이 필요하다. 이것은 성분비를 변경함으로써(즉 연료의 양을 줄임으로써) 또는 조성에 불활성 물질을 첨가함으로써 수행될 수 있다. 냉각제로서 금속연료를 과도로 넣는 것은 마그네슘과 같은 많은 연료들이 공기 중의 산소와 반응하여 열을 방출하는 능력 때문에 효과성이 떨어진다. 또한 금속은 우수한 열전도체이므로 금속 성분을 증가시키면 연소과정 중 조성을 통해서 열전달을 가능하게 함으로써 반응을 빠르게 할 수 있다.

높은 온도에서 열을 흡수하면서 분해하는 물질(흡열 분해)는 연소 속도 억제제로 작용할 수 있다. 탄산칼슘과 탄산마그네슘 및 중조는 이러한 목적으로 조성에 첨가된다.

그러나 혼합물의 성능에는 영향을 미치지 않는 기스 발생이 일어난다. 비록 흡열반응이라 하더라도 이 반응들은 고체 시작 물질로부터 가스 생성물의 생성과 관련된 유리한 엔트로피 변화로 인해 고온에서 자발적으로 일어난다. 점토와 규조토 같은 불활성 희석제도 또한 연소 속도를 지연시키는데 사용된다. 이 물질들은 열을 흡수하고 반응성 물질들을 격리시켜 이것에 의해 파이로테크닉 반응을 느리게 한다.

$$CaCO_3(\text{고체}) \xrightarrow{\text{. 가열}} CaO(\text{고체}) + CO_2(\text{가스})$$

$$2NaHCO_3(\text{고체}) \longrightarrow Na_2O(\text{고체}) + H_2O(\text{가스}) + 2CO_2(\text{가스})$$

11.5 파이로테크닉 조성물의 특성과 영향 인자들[1]

11.5.1 파이로테크닉 조성물의 성능 특성치

주어진 파이로테크닉 조성물의 반응 속도를 최대화시키는 방법은 한마디로 균일성이라고 할 수 있다. 파이로테크닉 조성물의 친밀도를 증가시키면 어느 것이라도 반응성의 증가로 이어진다. 그러나 반응성을 최대화시키게 되면 그것에 따라 위험성도 증가된다. 균일도를 변화시키는 것은 혼화도나 성분들의 입자 크기를 변경시킴으로써 이루어질 수 있다. 연소 거동과 관련해서는 다음과 같은 매개 변수들이 실험적으로 측정되고 특정의 파이로테크닉 조성물의 반응성 또는 성능을 확인하는 데 사용될 수 있다.

1) 반응열

이 값은 몰당 또는 그램당 칼로리의 단위로 나타내며 칼로리미터라는 기구를 이용해서 측정될 수 있다. 1그램의 물을 1℃ 올리는데 1칼로리의 열량이 필요하며 그래서 계량된 파이로테크닉 조성으로부터의 열의 방출에 의해서 이루어진 계량된 물의 온도상승분이 반응열로 환산될 수 있다. 의도하는 용도에 따라서 고, 중, 저의 열량을 방출하는 파이로테크닉 혼합물이 필요할 수 있다. 일부 대표적인 조성의 반응열이 <표 11.22>에 나와 있다.

〈표 11.22〉 대표적인 파이로테크닉 조성물의 반응열

조성	중량%	△Hreaction (kcal/gram)	응용분야
Mg/$NaNO_3$/Laminac binder	50/44/6	2.0	조명불꽃
KCO_4/Al	60/40	1.8	사진촬영용 섬광전구
B/KNO_3/VAAR binder	25/75/1	1.6	점화제
KNO_3/목탄	71/29	1.0	착화약
흑색화약/Al	91/9	0.85	섬광과 폭음, 군용 모의폭탄
$BaCrO_4$/B	85/15	0.5	지연제
Si/Pb_3O_4/Ti	25/50/25	0.28	착화약
W/$BaCrO_4$/$KClO_4$	50/40/10	0.23	지연제

2) 연소 속도

지연제와 같은 느린 조성에서는 cm/sec 또는 g/sec의 단위로 측정되고 빠른 조성에서는 m/sec로 측정된다. 연소 속도는 <표 11.23>과 같이 사용되는 물질을 변경하거나 성분비를 변경함으로써 조정할 수 있다.

〈표 11.23〉 질산염산화제와 마그네슘 금속의 2성분 혼합물의 연소 속도

산화제(중량%)	마그네슘(중량%)	연소 속도(inches/minute)	
		$Ba(NO_3)_2$	KNO_3
80	20	2.9	2.3
70	30	–	4.7
68	32	5.1	–
60	40	10.7	–
58	42	–	8.5
50	50	16.8	13.3
40	60	38.1	21.8
30	70	40.3	29.3
20	80	불규칙	26.4

3) 빛의 강도

이것은 Candela 또는 Candle-power로 측정된다. 강도는 대체로 연소하는 조성에 의해서 도달되는 온도에 의해서 결정된다. 만약 발광하는 해당 물질의 분해가 일어나지 않으면 빛의 강도는 화염 온도의 증가에 따라서 기하급수적으로 증가한다.

4) 색불꽃의 품질

이것은 파이로테크닉 화염에 존재하는 물질에 의해서 발광하는 빛의 여러 가지 파장의 상대적인 강도에 의해서 결정될 것이다. 전자기스펙트럼의 가시광선 영역에 떨어지는 그러한 파장만이 색깔에 기여할 것이다. 각 파장에서 발광하는 빛의 강도를 보여주는 발광스펙트럼은 적절한 기기장치인 발광스펙트럼장치를 이용하면 얻을 수 있다. [그림 11.1]은 각 파장에 해당하는 불꽃의 색을 나타낸다.

연소하는 파이로테크닉 조성으로 부터의 복사 출력은 스펙트로포토미터라는 기기로 분

석될 수 있다. 에너지 출력은 파장의 함수로 모니터할 수 있다. 우수한 백색 혼합물은 가시광선 영역 전반에 걸쳐서 상당히 강한 빛을 방한다. 방출된 빛이 가시영역 범위의 좁은 영역에서 집중될 때, 색이 생성된다. 예를 들어 약 500～540nm에서 방출하는 불꽃은 녹색불꽃이다. 녹색 빛의 방출은 보통 혼합물 내에 바륨 화합물의 존재와 관련이 되어 있으며, 전형적으로 녹색 빛의 주요 방출물질로 증기 상태에서 BaCl 분자와 연관되어 있다. 이러한 녹색불꽃을 만드는 혼합물의 예로는 $KClO_4$(32.5%), $Ba(NO_3)_2$(22.5%), Mg(21%), Cu분말(7%), PVC(12%) 그리고 바인더(5%)로 구성된 조성물이 있다.

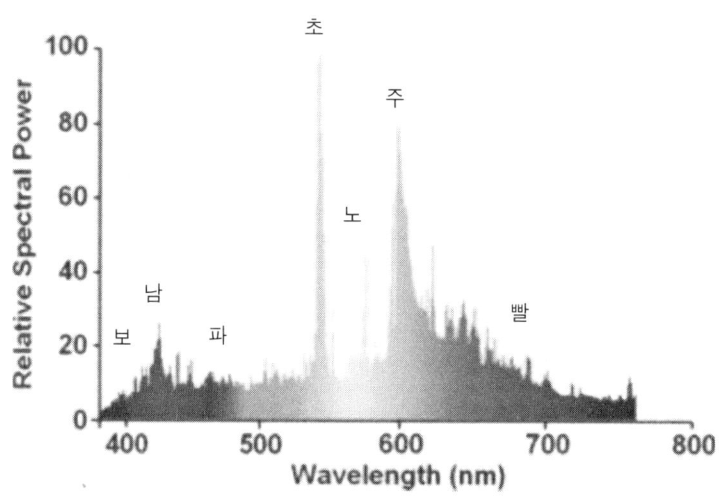

[그림 11.1] 파장별 불꽃의 색과 출력

5) 가스발생량

파이로테크닉 조성물이 점화되었을 때 가스 생성물들이 자주 필요하다. 가스는 스파크를 방출시키고 연기 입자를 확산시키고 그리고 추진제 거동을 한다. 밀폐되었을 때 가스는 폭발효과를 만드는데 사용될 수 있다. 물, 일산화탄소와 이산화탄소 그리고 질소가 파이로테크닉 조성물로부터 나오는 주요 가스들이다. 유기화합물이 존재하면 일반적으로 상당한 양의 가스가 생성된다고 믿어도 좋을 것이다. 만약 가스가 없는 조성이 필요하다면 유기 바인더들과 유황은 피해야 한다.

6) 효율

실질적인 관심이 되는 특정 조성에 대해서 혼합물의 그램당 상당한 양의 파이로테크닉 효과를 제공하지 않으면 안 된다. 단위 부피당 효율은 또한 이용할 수 있는 공간이 제한될 때 중요한 고려사항이다.

7) 점화성

파이로테크닉 조성은 신뢰성 있게 점화되어야 하며 또한 운반 및 저장시 안정해야 한다. 모든 혼합물의 점화 거동은 연구되어야 하며 그래야 적절한 점화시스템이 각각에 대해서 정해질 수 있다. 쉽게 점화되는 물질은 흑색화약 퓨즈의 불꽃으로 충분하다. 또 다른 일반적인 점화장치가 스퀴브 또는 전기점화장치이며 열에 예민한 조성의 작은 옥으로 코팅된 금속와이어로 구성된다. 전기가 와이어를 통해 흘러서 스퀴브를 점화하는데 충분한 열을 발생시킨다. 그리고 점화옥의 연소 불꽃은 주 장약을 점화시킨다. 점화온도가 높은 파이로테크닉 혼합물에서는 착화약이 가끔 사용된다. 이 착화약은 퓨즈 또는 스퀴브에 의해서 쉽게 점화되는 조성들이다. 생성된 화염과 뜨거운 고체 물질은 주 조성을 점화시키는데 사용된다.

11.5.2 파이로테크닉 조성물의 특성치에 영향을 주는 인자

주어진 혼합물로부터 원하는 파이로테크닉 효과를 만들기 위해서는, 성능에 영향을 줄 수 있는 수많은 변수들을 알아야 한다. 이러한 인자들은 재현성있는 거동을 얻기 위해서 배치 그리고 날짜에 관계없이 일정하게 유지되어야 한다. 다음 중에서 어느 하나라도 변동이 되면 심은 편차가 나올 수 있다.

(1) 수분

파이로테크닉 조성물을 만드는데 있어서 가장 최선의 법칙은 물의 사용을 피하는 것이며 그리고 모든 흡습성 성분을 피하는 것이다. 만약 바인딩과 입자화에 도움을 주기 위해서 물이 사용된다면 충분한 건조 과정이 포함되어야 한다. 만약 재현성있는 연소거동이 중요하다면 최종 제품은 수분함량이 분석되고 관리되어야 한다.

(2) 성분들의 입자크기

균일성과 파이로테크닉 성능은 여러 성분들의 입자 크기가 감소할수록 증가된다. 주어진 조성에서 다른 인자들은 일정하게 유지하고 입자 크기만을 작게 하면 할수록 반응성은 더 좋아진다. <표 11.24>는 질산나트륨/마그네슘 불꽃 조성에 대해서 이 원리의 예를 나타낸 것이다. <표 11.24>에서 마지막 두 가지의 가장 작은 입자 크기에 대한 성능 데이타를 관찰해 보면, 성능의 상한선이 존재할 것이라는 것을 예측할 수 있다.

〈표 11.24〉 불꽃 조성의 연소 속도에 대한 입자 크기의 영향

	성 분	함 량(중량%)	평균입자크기
조 성	Mg	48	아래의 표 참조
	$NaNO_3$	42	35㎛
	Laminac binder	8	–
	PVC	2	27㎛

Mg 평균입도(㎛)	불꽃 cd(1,000 cds)	불꽃 연소 속도(inch/min)
437	130	2.62
322	154	3.01
166	293	5.66
110	285	5.84

(3) 반응물의 표면적

파이로테크닉 조성이 빠르게 연소하기 위해서는 산화제가 연료와 긴밀하게 접촉해 있어야 한다. 입자 크기가 작으면 입자의 이용할 수 있는 표면적이 증가함에 따라 이러한 접촉 면적이 증가될 것이다. 표면이 매끈한 구는 주어진 질량의 물질에 대해서 표면적이 가장 작을 것이다. 울퉁불퉁하고 다공성의 입자는 보다 많은 자유 표면적을 나타낼 것이며 그래서 보다 더 반응성이 있는 물질이 될 것이다. 입자 크기는 중요하다. 그러나 표면적은 반응성을 결정하는데 훨씬 더 중요하다. 이러한 현상에 대한 여러 가지 예들이 <표 11.25>과 <표 11.26>에 나와 있다.

[표 11.25] 텅스텐 지연제의 연소 속도에 관한 입자 크기의 효과

항 목		혼합물 A	혼합물 B
조성 (%)	W	40	38
	$BaCrO_4$	51.8	52
	$KClO_4$	4.8	4.8
	규조토	3.4	5.2
텅스텐 표면적(cm^2/g)		1377	709
텅스텐 평균 직경(μm)		2.3	4.9
혼합물의 연소 속도(in/sec)		0.24	0.046

[표11.26] 연소 속도에 대한 입자 크기의 영향

조성: $Ti/Sr(NO_3)_2$/Linseed oil/Chlorinated rubber = 48/45/4/3

Ti 입도(μm)	상대 연소 속도
6 이하	1.00(가장 빠름)
6-10	0.68
10-14	0.63
14-18	0.50
18 이상	0.37

(4) 전도율

실린더형의 파이로테크닉 조성이 부드럽게 연소하려면 반응영역이 조성물의 길이를 따라 쉽게 내려가야 한다. 인접 물질을 조성의 점화온도까지 올리면서 열이 층에서 층으로 전달된다. 연소의 전파가 잘 이루어지려면 우수한 열전도도가 필수적이며 이것은 많은 혼합물에서 금속에 의해서 이루어지는 중요한 역할이다. 금속은 가장 우수한 열 전도체이며 유기물은 가장 열전도도가 가장 낮은 물질이다. <표 11.27>은 여러 가지 물질의 열전도도를 나타낸다.

〈표 11.27〉 고체의 열전도도

물 질	열전도도($\times10^3$) cal/(sec·cm·℃)
Cu	910
Al	500
Fe	150
유리	2.3
오크나무	0.4
종이	0.3
목탄	0.2

(5) 외부 용기 재질

파이로테크닉 혼합물의 성능은 혼합물 충전에 사용되는 용기의 재질에 따라서 상당히 영향을 많이 받는다. 만약 금속과 같은 우수한 열전도체가 사용되면 열은 용기의 벽을 통해서 조성물로부터 외부로 나가버릴 수 있다. 그러한 금속 벽의 두께는 또한 중요한 고려사항이 될 것이다. 만약 충분한 열이 파이로테크닉 혼합물의 길이를 따라 내려가지 않으면 연소는 전파되지 않고 장치는 완전하게 연소하지 않을 것이다. 판지와 같은 유기물이 이러한 문제를 최소화시키기 위해 저에너지 파이로테크닉 조성을 충전하는데 널리 사용된다. 판지는 열전도가 낮은 물질이다.

(6) 충전 압력

파이로테크닉 조성의 연소 거동에 관한 충전 압력의 효과를 설명하는데 일반적으로 두 가지의 규칙이 있다. 만약 파이로테크닉 반응이 점화 후의 단계에서 고온의 가스를 통해서 전파되면 충전압력이 너무 높을 때 고온의 가스가 실린더 형의 파이로테크닉 조성물을 따라 내려가는 길을 막아 지연될 것이다. 그래서 충전 압력이 높으면 낮은 연소 속도가 관찰될 것이다. 그러나 만약 파이로테크닉 반응의 전파가 고체-고체 또는 고체-액체 상이고 가스 상의 성분이 포함되지 않는다면 충전 압력의 증가는 연소 속도의 증가로 이어질 것이다. 이러한 것의 예가 <표 11.28>에 나와 있다.

〈표 11.28〉 $BaCrO_4/B$ = 90/10 조성의 연소 속도에 대한 충전 압력의 영향

충전 압력(1000psi)	연소 속도(sec/gram)
36	0.272(가장 빠름)
18	0.276
9	0.280
3.6	0.287
1.3	0.297
0.5	0.309(가장 느림)

(7) 밀폐도

흑색화약은 밀폐도가 증가되면 연소 속도가 가속화된다. 반죽된 흑색화약을 노끈에 침지

시킨 착화선이 공기 중에서 0.03～0.05m/sec의 연소 속도를 갖지만 내경이 1cm인 종이 튜브 안에서 연소시키면 4.6～16.7m/sec의 연소 속도로 100배가 넘게 빠른 연소 속도를 나타낸다. 이러한 거동이 느슨한 분말에서 전형적으로 나타나며 공기 중에서는 아주 느리게 연소하는 혼합물이 밀폐되면 잠재적인 위험물이 된다는 것에 주의하여야 한다. 이러한 효과는 파이로테크닉 조성물을 저장할 때 특히 중요하다. 컨테이너와 저장 시설은 압력이 고조되는 경우에 즉시 배출되도록 설계되어야 한다. 그러한 배출장치는 많은 화재가 폭발로 진행되는 것을 아주 효과적으로 방지할 수 있다.

연소 속도에 관한 밀폐의 효과에 기여하는 인자에는 두 가지가 있다. 첫째로 온도증가는 화학반응속도를 기하급수적으로 증가시킨다. 밀폐된 고에너지 시스템에서 반응물의 온도는 열이 주변으로 잘 소모되지 않기 때문에 점화 시에 극적으로 상승될 수 있다. 연소 속도가 급격히 올라가면서 더 많은 열을 방출하고 온도를 더 상승시키고 폭발이 일어나거나 또는 반응물이 다 사용될 때까지 반응을 가속화시킨다. 규정된 조건하에서 폭발에 필요한 최소량을 임계 질량이라고 한다. 둘째로 밀폐 시스템에서 생성된 고온의 가스는 상당한 압력을 고조시킬 수 있으며 가스가 고에너지 혼합물에 영향을 주어 속도의 가속화를 야기한다.

그러므로 연소 거동은 상기의 일곱 가지 인자들로부터 균질성과 밀폐도의 두 가지 단어로 요약될 수 있다. 둘 중의 한 가지라도 증가되면 대부분 고에너지 물질의 연소 속도는 증가된다. 그러나 가스가 발생하지 않는 조성은 가스가 발생하는 조성에서 나타나는 것과 같은 극적인 밀폐 효과는 보여주지 않는다.

11.5.3 우수한 파이로테크닉 혼합물의 필요 조건

상업적으로 실현 가능한 파이로테크닉 조성물에 대한 요구조건은 다음과 같이 요약할 수 있는데, 성능에 영향을 주는 물질과 요인들에 대해서 앞서 검토한 내용을 생각하면 된다.

(1) 조성은 원하는 성능을 내야하며 중량 대비 성능, 가격 대비 성능의 측면에서 효율적이어야 한다.

(2) 조성은 정상적인 취급과 예상되는 온도 변화 조건에서 쉽고 안전하게 제조, 취급, 운반, 저장 및 사용될 수 있어야 한다.

(3) 습한 조건에서도 저장 수명이 만족스러워야 하며 원료와 반응 생성물이 모두 독성이

아주 낮아야 한다.

이 요구조건들은 상당히 간단해 보이지만 이러한 요구조건에 의해 원료로의 가능성이 있는 많은 물질들이 제한되거나 탈락된다. 이러한 화합물들은 리스트로부터 삭제되거나 만약 사용한다면 특별한 주의가 필요하다. 다음과 같은 예들이 있다.

① 크롬산칼륨($K_2Cr_2O_7$) : 16중량%의 산소밖에 없지만 우수한 산화제이다. 점막을 자극하며 독성이 있고 발암성이 의심되기 때문에 다른 대체 산화제를 사용하는 것이 좋다.

② 과염소산암모늄(NH_4ClO_4) : 이것은 우수한 산화제이며 탁월한 추진제와 색불꽃을 만드는데 사용한다. 그러나 질산암모늄처럼 산화제와 연료를 함께 갖고 있는 시스템이다. NH_4^+(연료)와 ClO_4^-(산화제)의 혼합은 이온성의 차원에서 일어난다. 폭발 위험성은 무시될 수 없다. 결론적으로 만약 이 물질이 사용되면 주의해서 취급하여야 하며 그리고 최소량으로 제조되어야 한다.

③ 마그네슘(Mg) : 이것은 탁월한 연료이며 찬란한 조명제 혼합물을 만든다. 그러나 이 금속은 물과 반응성이 있고 유효기간이 짧으며 만약 마그네슘을 함유하는 혼합물이 물에 젖으면 자발적으로 점화가 일어난다. 결론적으로 마그네슘은 보다 안전한 알루미늄으로 대체하는 것이 좋다.(또는 티타늄도 가능) 만약 마그네슘이 가장 좋아 사용을 해야 할 경우에는 마그네슘을 유기발수물질로 코팅하여 사용하도록 한다.

11.5.4 파이로테크닉 조성물의 점화와 전파 특성치

11.5.4.1 점화의 원리

파이로테크닉 조성물들은 기본적으로 다음과 같은 조건을 가져야 한다.

① 외부 자극에 의해서 쉽게 점화되지만 외부 자극이 없을 때는 안정성을 가져야 한다.

② 일단 점화되면 조성의 미연소 부분으로 연소가 지속되어야 한다.

점화가 일어나기 위해서는 혼합물이 점화온도까지 가열되어야 하며 점화가 된 후 연소반응은 스스로의 에너지만으로 진행되어야 한다. 점화 자극(스파크 또는 화염)을 주면 고체 조성물에서는 결정상변화, 용융, 비등 및 분해 등의 복잡한 일들이 일어난다. 액체 및 증기상들이 형성되고 그리고 필요한 활성화에너지가 제공된다면 결국 연소반응이 일어날 것이다. 연소에 의해서 방출된 열은 인접해있는 조성물의 온도를 증가시킨다. 만약 열의 상승과 열전도율이 인접한 조성물에 필요한 활성화에너지를 충분히 공급할 수 있다면 연소반응이 계속되면서 추가의 열을 발생시키고 조성물을 따라서 연소반응의 전파가 일어난다. 파이로테크닉 조성물로부터 열이 전달되는 속도와 양, 열이 생산되는 속도와 양 그리고 열손실은 모두 지속적인 연소반응의 중요한 인자들이다.

연소과정 자체는 고열과 잠깐 발생하는 다양한 고에너지 화학물질을 수반하는 아주 복잡한 과정이다. 고체, 액체 및 증기 상태들이 모두 화염 내에서 뿐만이 아니라 화염 바로 인접한 지역에서도 존재할 수도 있다. 반응이 진행함에 따라 생성물이 형성되며 이 생성물들은 가스로 빠져 나가거나 또는 고체로서 반응영역 내에 남는다. 이것을 도식화한 것이 [그림 11.2]이다.

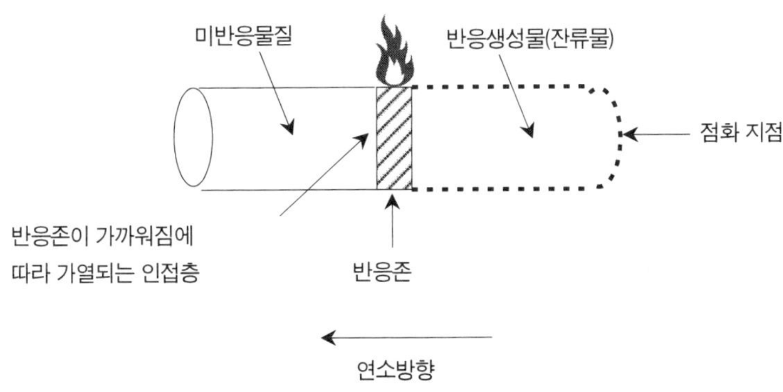

[그림 11.2] 파이로테크닉 조성물의 연소

여러 가지 인자들이 파이로테크닉 조성물의 점화온도와 연소 속도에 영향을 미치며, 파이로테크닉 기술자들은 원하는 성능을 얻기 위해서 이러한 대부분의 인자들을 바꾸면서 시험을 진행한다. 점화의 필요사항 중의 하나가 산화제 또는 연료가 액체(또는 증기) 상태로 되어야 한다는 것이며 그리고 산화제와 연료가 모두 액체일 때 반응성이 더 확실하게 된다.

저융점의 연료가 존재하면 조성의 점화온도를 낮출 수 있다. 유황과 유기화합물들은 파이로테크닉 조성물에서 점화를 촉진시키기 위해서 부싯돌로 사용되어 왔다. 유황은 119℃에서 용해되며 설탕, 검, 전분 및 기타 유기중합체들은 대부분 300℃ 이하의 융점 또는 분해온도를 갖는다. <표 11.29>는 유황과 유기연료가 점화온도에 미치는 영향을 나타낸 것이다.

〈표 11.29〉 유황과 유기연료가 점화온도에 미치는 영향

조성 번호	성분	중량%	점화온도(℃)
IA	$KClO_4$ Al	66.7 33.3	446
IB	$KClO_4$ Al S Sb_2S_3	64 22.5 10 3.5	360
IIA	$BaCrO_4$ B	90 10	615(3.1㎖/g의 가스발생)
IIB	$BaCrO_4$ B Vinyl alcohol/acetate resin	90 10 1(추가%)	560(29.5㎖/g의 가스발생)
IIIA	$NaNO_3$ Ti	50 50	772(50mg 샘플, 50℃/min 으로 가열
IIIB	$NaNO_3$ Ti Boiled linseed oil	50 50 6(추가%)	357

파이로테크닉 조성물에 사용되는 산화제들은 일반적으로 이온성 고체이며 이온 격자의 느슨함이 이들의 반응성을 결정하는데 아주 중요한 역할을 한다. 결정 격자는 상온에서 일부 진동운동을 가지며 이 진동의 크기는 고체의 온도가 올라감에 따라 증가한다. 융점에 도달했을 때 여기저기에서 액체 상태가 만들어지면서 결정 고체를 서로 잡고 있던 힘이 무너진다. 반응이 일어나기 위해서는 연료와 산화제 음이온이 이온 또는 분자 수준에서 친밀하게 혼합되어야 한다. 만약 결정내의 진동의 크기가 충분하다면 액체 연료는 고체산화제 격자 속으로 분산될 수 있다. 일단 충분한 열이 발생하여 산화제를 분해하기 시작하면 산소가스가 발생되면서 매우 빠른 속도로 보다 높은 온도의 연소반응이 시작된다. 여기서 점화 프로세스가 시작하는 과정을 생각해 보기로 하자.

타만(G. Tammann)은 반응성에 대해 격자 운동의 중요성을 고려하였으며 이러한 개념을 정량화하기 위해서 고체의 실제 온도를 고체의 융점으로 나눈 비율을 사용하였다.

$$a = T(\text{고체})/T(\text{융점})\ (K) \qquad (11.1)$$

타만은 움직이는 물질이 결정 격자 속으로 분산하는 것이 α=0.5일 때가 중요하다고 하였다. 이 온도에서 고체는 융점에서 나타나는 진동자유도의 약 70%를 가지며 격자 속으로의 분

산이 가능하게 된다. 만약 이것이 분산이 가능하게 되는 온도라면 그것은 또한 산화제와 연료 간의 화학 반응이 가능하게 되는 온도라고 할 수 있다. 이것은 안전 측면에서 매우 중요한 포인트이다. 반응의 가능성은 놀랄만하게 낮은 온도에서 존재할 수도 있다. 특히 유황과 유기연료가 존재할 때 그러하다. <표 11.30>은 산화제들의 타만(Tammann) 온도를 나타낸 것이다.

〈표 11.30〉 산화제들의 타만(Tammann) 온도

산화제	분자식	융점		Tammann temperature	
		(℃)	(°K)	(℃)	(°K)
질산나트륨	$NaNO_3$	307	580	17	290
질산칼륨	KNO_3	334	607	31	304
염소산칼륨	$KClO_3$	356	629	42	315
질산스트론튬	$Sr(NO_3)_2$	570	843	149	422
질산바륨	$Ba(NO_3)_2$	592	865	160	433
과염소산칼륨	$KClO_4$	610	883	168	441
크롬산납	$PbCrO_4$	844	1117	286	559
산화철	Fe_2O_3	1565	1838	646	919

염소산칼륨과 질산칼륨의 낮은 온도는 이러한 물질들을 함유하는 조성물에서 일어난 수많은 불가사의하고 돌발적인 점화사고를 잘 설명한다.

또한 점화 용이성은 입자의 크기와 성분들의 표면적에 좌우된다. 이 인자는 산화제보다 높거나 또는 비슷한 융점을 갖는 금속 연료에 대해서 특히 중요하다. 알루미늄, 마그네슘, 티타늄 및 지르코늄 등의 금속들은 미세한 입자 크기(1～5㎛)로 존재할 때 상당히 위험해질 수 있다. 이러한 미세한 입자들은 공기 중에서 자발적으로 연소할 수도 있으며 정전기에 상당히 예민하다. 안전상의 이유로 금속 분말들이 혼합물의 일부분을 차지할 때 돌발적인 점화사고를 최소화시키기 위해서 보다 큰 입자들이 사용되어 어느 정도는 반응성이 희생된다. 이러한 원리들을 예시하는 여러 가지 예를 살펴보자.

KNO_3/S 시스템에서 유황이 119℃에서 녹으므로 가열할 때 액체 상태가 처음에 나타날 것이다. 유황은 자연에서 8개의 링을 가진 S_8분자로 존재한다. 140℃ 이상에서 이 링은 S_3와 같은 물질로 쪼개진다. 그러나 이러한 쪼개짐에도 불구하고 KNO_3가 334℃에서 녹을 때까지 유황과 고체 KNO_3 사이의 반응은 점화될 정도의 충분한 속도로 생기지 않는다. 두 물질이 액체 상태가 되었을 때 혼합의 친밀도가 올라갈 수 있으며 그리고 KNO_3의 융점 바로 위에서 점화가 일어난다. 비록 융점 아래에서 유황과 고체 KNO_3 사이에서 일부 반응이 일어날 수도 있지만

흡열 분해하는 KNO_3와 유황의 산화반응으로부터 얻는 저 열량 때문에 전체 시스템이 액체가 될 때까지 점화가 일어나지 않는다. 액체가 된 후에 반응속도는 상당히 빨라져 자기 스스로 반응을 전파시킬 수 있게 된다.

$KClO_3$/S 시스템에서는 다른 결과가 관찰된다. 유황은 119℃에서 녹고 140℃ 이상에서 쪼개지기 시작하지만 조성의 점화에 상응하는 강한 발열은 200℃ 이하에서 잘 나타난다. 염소산칼륨은 356℃의 융점을 가지지만 점화는 산화제의 융점 아래에서 잘 일어나고 있다. $KClO_3$는 42℃의 타만(Tammann) 온도를 갖는다. 액체 상태의 쪼개진 유황과 같은 유동성이 있는 물질은 융점 아래에서 격자로 잘 침투할 수 있으며 그리고 반응을 할 수 있다. 또한 $KClO_3$는 분해시 발열(10.6 kcal/mole)을 한다. 조합된 열의 방출이 일어난다. $KClO_3$/S 반응과 그리고 가외의 $KClO_3$의 분해에 의해서 산소를 방출하면서 열이 발생된다. 산화제의 융점 아래에서 점화가 잘 일어나도록 하면서 더 많은 열이 발생되고 그리고 속도 가속이 일어난다. 낮은 타만(Tammann) 온도와 발열 분해가 합쳐져서 염소산칼륨의 위험하고 예기치 못한 특성을 발생시키는 것이다.

연료와 산화제의 융점이 높을수록 이들 두 성분의 혼합물의 점화온도는 증가됨을 볼 수 있다. 가장 낮은 점화온도는 낮은 융점의 연료와 낮은 융점의 산화제로부터 오며 반면에 높은 융점의 조합은 일반적으로 높은 점화온도를 나타낸다. <표 11.31>은 이러한 원리의 일부 예를 보여준다. <표 11.31>은 여러 가지 저융점의 연료와 질산칼륨의 혼합물은 산화제의 융점인 334℃ 근처의 점화온도를 갖는다는 것을 보여준다. 더 높은 융점의 금속연료와 KNO_3의 혼합물은 상당히 더 높은 점화온도를 나타낸다.

〈표 11.31〉 파이로테크닉 조성물의 점화온도

조성번호	성분	융점(℃)	점화온도(℃)
I	$KClO_3$/S	356/119	150
II	$KClO_3$/Lactose	356/202	195
III	$KClO_3$/Mg	356/649	540
IV	KNO_3/Lactose	334/202	390
V	KNO_3/S	334/119	340
VI	KNO_3/Mg	334/649	565
VII	$BacrO_4$(90)/B(10)	고온에서 분해/2300	685

<표 11.32>는 마그네슘을 함유하는 여러 가지 조성이 금속의 융점인 649℃ 근처의 점화온도를 갖는다는 것을 보여준다.

〈표 11.32〉 마그네슘(50%)을 포함하는 혼합물의 점화온도

산화제	점화온도(℃)
$NaNO_3$	635
$Ba(NO_3)_2$	615
$Sr(NO_3)_2$	610
KNO_3	650
$KClO_4$	715

점화온도의 문헌값을 이용해서 논리적인 이론을 개발하고자 할 때, 발생하는 문제점은 실험 조건에 따라 점화온도의 측정값에 상당한 변동이 있다는 것이다. 조성비, 혼화도, 충전압력, 가열속도, 및 샘플의 양이 모두 점화온도에 영향을 준다. 화약류의 점화온도를 측정하는 전통적인 방법은 소량(폭굉 또는 폭연에 따라 3 또는 25mg)을 일정한 온도의 탕에 넣고 점화가 일어나는데 필요한 시간을 측정하는 것이다. 이러한 테크닉을 이용해서 5초안에 점화가 일어나는 온도를 점화온도로 정의한다. 이러한 형태의 연구로 얻은 데이터가 그래프화되어 [그림 11.3]과 같은 흥미있는 정보를 만들어낸다. 가열 중탕의 온도가 증가함에 따라 폭발시간은 기하급수적으로 감소하여 순간적인 값에 도달한다. 폭발하는데 걸리는 무한시간에 해당하는 외삽 온도를 최소 자연발화온도(Spontaneous ignition temperature minimum)라고 한다.

시간 vs. 온도 연구로 부터의 데이터를 또한 log(시간) vs. 1/T의 관계로 그래프를 그릴 수 있으며 아레니우스에 의해서 예측된 바와 같이 직선을 만든다. [그림 11.4]는 [그림 11.3]과 동일한 데이터를 이용하서 이러한 개념을 예시한 것이다. 활성화에너지를 이러한 데이터로부터 구할 수 있다. 직선 거동으로 부터의 편차와 기울기의 갑작스런 변화가 때때로 아레니우스 그래프에서 관찰되는데 이것은 반응메카니즘의 변화 또는 기타 복잡한 요인에 기인한다. 아레니우스 식은 다음과 같다.

$$k = Ae^{-Ea/RT} \tag{11.2}$$

여기서 k = 온도 T에서의 특정반응에 대한 일정한 속도(이것은 반응의 속도를 나타내는 상수이며 그리고 실험적으로 결정된다.), A = 특정 반응의 온도와 무관한 상수, E_a = 반응의 활성화에너지, R = 이상기체상수, T = 절대온도이다. [그림 11.4]는 점화시간의 자연대수 vs. 절대온도의 역수의 그래프이다. 직선이 만들어지고 선의 기울기로부터 활성화에너지가 계산될 수 있다. 1/T=2.10 근처에서의 그래프의 꺽임은 그 온도에서 반응메카니즘의 변화로부터 생겨난

것이다.

[그림 11.4]의 그래프는 점화를 연구하는데 아주 유용하며 이것은 자발적으로 점화가 일어나는 온도에 관한 중요한 데이터를 우리에게 제공한다. 이 데이터들은 특히 파이로테크닉 조성물에 대한 최대저장온도를 추정하는데 유용하기도 하다. 이 온도는 점화에 걸리는 무한 시간에 해당되며 최소 자연발화온도라고 한다. 이 온도 이상에서는 어떤 온도라도 저장 중에 점화가 일어날 수 있다.

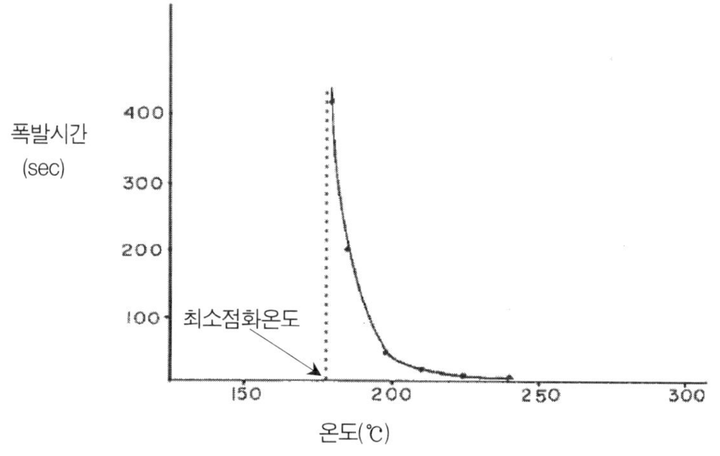

[그림 11.3] NC의 폭발시간 vs. 온도 그래프

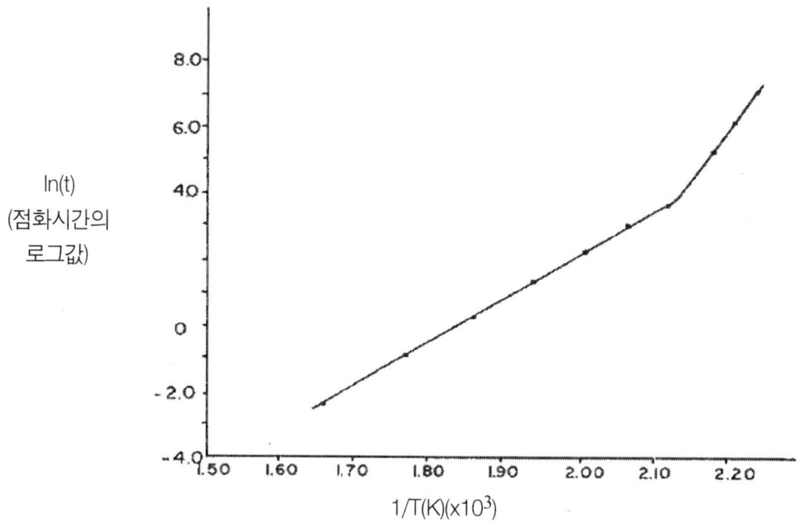

[그림 11.4] In(t) vs. 1/T 그래프

점화온도는 또한 DTA(Differential thermal analysis)에 의해서 측정될 수 있으며 이 값들은 보통 고전적인 측정방법에 의해서 얻어진 값과 잘 일치한다. 가열속도의 차이는 이러한 기술에 의해서 얻은 값들에서 약간의 변동을 줄 수 있다. 점화온도를 직접적으로 비교하기 위해서는 모든 대상 혼합물을 동일한 실험 조건 하에서 실험을 하는 것이 최선이며 그럼으로써 변동을 최소화시킬 수 있다.

이 실험들은 특정 조성물에 대한 열(온도)감도를 측정하고 있는 것이라는 것을 염두해야 한다. 점화감도는 또한 정전기 불꽃, 충격, 마찰 및 화염과 같은 여러 가지 외부에너지에 대해서 여러 가지 방법으로 측정될 수 있다.

11.5.4.2 감도

파이로테크닉 조성물의 점화원(외부에너지)에 대한 감도는 많은 요인에 의해서 영향을 받는다. 연료의 연소열이 증가함에 따라 감도가 일반적으로 증가하기 때문에 연료의 열량은 아주 중요하다. 마그네슘 또는 알루미늄 금속, 또는 목탄을 포함하는 혼합물은 정전기스파크 또는 불꽃에 아주 예민할 수 있으나 반면에 유황을 단독 연료로 함유하는 혼합물은 보통 감도가 덜 예민한데 유황의 낮은 열량 때문이다. 유황을 포함하는 혼합물에서 정전기에너지에 의한 소량의 점화는 스스로 전파를 일으키기 위한 충분한 에너지를 방출하지 못한다. 점화를 일으키기 위해서는 한 번에 많은 양이 반응하여야 한다.

또 다른 중요한 인자가 산화제의 열안정성과 분해열이다. 염소산칼륨 혼합물은 질산칼륨보다 점화감도가 상당히 예민한데 이것은 염소산칼륨이 분해할 때 발열하는 특성을 갖고 있기 때문이다. Fe_2O_3와 $PbCrO_4$와 같이 상당히 안정한 산화제를 함유하는 혼합물은 점화가 상당히 어려우며 효과적으로 점화시키기 위해서 보다 예민한 성분들이 이 물질들과 함께 사용되어야 한다.

우수한 연료(예: Mg)와 쉽게 분해되는 산화제(예: $KClO_3$)의 혼합물은 여러 가지 점화에너지에 아주 예민할 것이다. 에너지가 적은 연료와 안정한 산화제와의 조성물은 점화가 될 수 있다 하더라도 훨씬 덜 예민할 것이다. DTA 또는 고전적인 방법에 의해서 정해진 점화온도는 감도를 측정하는 하나의 방법이지만 점화온도와 정전기스파크 또는 마찰감도 사이에는 어떠한 간단한 관계식도 존재하지 않는다. 상당히 높은 점화온도를 갖는 어떤 혼합물은($KClO_4$와 Al이 좋은 예) 스파크에 아주 예민하다. 왜냐하면 반응이 발열량이 많아서 일단 일부분이 점화되면 자발적으로 연소전파가 되기 때문이다. 감도와 발열량은 반드시 관련되지는 않으며 다른 인자들에 의해서 결정된다. 어떤 주어진 혼합물이 높은 감도와 낮은 발열량, 낮은 감도와 높은 발열량 등을 가질 수 있다. 높은 감도와 높은 발열량을 갖는 그러한 혼합물은 상당히 주의를 기해서 취급해야할 혼합물이다. 염소산칼륨/유황/알루미늄의 뇌명 혼합물은 이러한 타입의 위험한 조성물이다.

11.5.4.3 연소 속도

(1) 인자

점화 과정은 혼합물의 표면에서 스스로 전파하는 고온의 화학반응으로 시작한다. 아직 연소되지 않은 조성물을 통해서 진행되는 반응속도는 산화제와 연료뿐만 아니라 여러 가지 다른 요인에 의해서 좌우된다.

반응속도는 주로 산화제와 연료의 선정에 의해서 주로 결정된다. 고에너지 반응에서 연소속도를 결정하는 단계는 흡열반응으로 보이며 이 흡열에 의해서 산화제가 분해되며 연소 속도를 결정짓는 주요 스텝이 된다. 산화제의 분해온도가 높으면 높을수록 분해에 필요한 흡열량은 더 많아지며 연소 속도는 더 느려질 것이다.(다른 요소들은 일정하다고 했을 때) 가장 일반적인 불꽃놀이용 산화제들의 반응성 순서는 다음과 같다.

$$KClO_3 > NH_4ClO_4 > KClO_4 > KNO_3$$

그러나 고온의 연료가 존재하는 흑색화약이나 금속 함유 조성에서는 질산칼륨은 느리지 않다. 질산나트륨은 질산칼륨의 반응성과 유사하다. <표 11.33>은 여러 가지 산화제와 연료의 2성분계 조합에 대한 연소 속도 데이터이다. 염소산칼륨의 높은 반응성에 대해 다시 한번 주목해야 할 것이다.

〈표 11.33〉 2성분계 양론 조성 혼합물의 연소 속도(mm/sec)

연료 \ 산화제	$KClO_3$	KNO_3	$NaNO_3$	$Ba(NO_3)_2$
유황(S)	2	미연소	미연소	–
목탄	6	2	1	0.3
설탕	2.5	1	0.5	0.1
셀락	1	1	1	0.8

※ 상기 데이터는 16mm 직경의 지통에 압착, 제조하여 시험한 데이터이다.

연료도 또한 연소 속도를 결정하는데 중요한 역할을 한다. 많은 연소열을 발생하는 금속연료는 연소 속도를 증가시키는 경향을 가진다. 저융점, 휘발성의 연료들(예: 유황)이 존재하면 연소 속도를 느리게 하는 경향이 있다. 열이 미반응혼합물의 인접 층의 온도를 상승시키고 이것에 의해 연소 속도를 가속화시키는데 사용하여야 하는데 이러한 물질에서는 물질을 녹이고 증발시키는데 사용된다. 수분이 존재하면 수분의 증발로 인한 상당한 양의 열을 흡수하므로 연소 속도를 상당히 느리게 할 수 있다.

연료의 점화온도가 높을수록 이 물질을 함유하는 조성은 다른 모든 조건이 동일할 때, 연소 속도가 더 느리다. 알루미늄 조성이 마그네슘 조성보다 느린 것은 이 현상 때문이다.

연소하는 영역으로부터 인접 미반응 조성으로의 열전달이 또한 연소과정의 중요한 인자이다. 금속 연료는 열전도도가 높기 때문에 열전달에 상당히 많은 도움을 준다. 산화제와 연료의 2성분계 혼합물에서 연소 속도는 금속의 함량이 증가할수록 증가하며 양론 점을 지날 때 잘 들어 맞는다. 마그네슘 혼합물에서 이 효과는 60～70중량%의 마그네슘까지 관측된다. 이러한 거동은 금속의 함량이 증가함에 따른 조성의 열전도도가 증가함으로부터 생겨나며 그리고 파이로테크닉 과정으로부터 발생된 열에 의해서 증발된 과잉의 마그네슘이 대기 중의 산소와의 반응으로부터 생겨난다.

양론 조성 또는 과잉의 금속 연료를 갖는 혼합물은 전형적으로 가장 빠른 연소물이다. 때때로 이러한 시스템에서 양론 반응이 가장 높은 반응온도에 있을 것이라는 것을 정확하게 예측하는 것은 어렵다. 그래서 가끔 시행착오 접근법이 사용된다. 모든 조건을 일정하게 하고 연료의 함량을 증가시키면서 일련의 혼합물을 준비하여 최대 연소 속도를 나타내는 함량을 실험적으로 찾아낸다.

튜브 내에 조성물을 충전하는데 사용되는 압력을 변화시키면서 얻어진 충전 밀도의 변화가 또한 연소 속도에 영향을 미친다. 전형적인 고에너지 반응에서는 충분한 양의 가스 생성물이 발생되며 실제 연소반응의 상당 부분이 증기 상에서 일어난다. 이들 반응에서 연소 속도는 충전밀도가 감소함에 따라서 증가할 것이다. 느슨한 분말은 가장 빨라 아마도 폭발적인 속도에 이를지도 모르지만 반면에 상당한 압력 하에서 충전된 혼합물은 상당히 느리게 연소할 것이다. 그러한 혼합물의 연소 전면은 고온의 가스 생성물을 따라 이동될 것이다. 조성물의 기공이 많으면 많을수록 연소 속도는 더 빠르다. 이상적으로 가장 빠른 조성은 각 입자 내에서 높은 균일도를 얻도록 입자화되고 또한 높은 표면적을 갖는 작은 입자로 구성된 것이다. 연소는 그러한 입자들의 느슨한 부분을 따라서 급속하게 가속화될 것이다.

이러한 충전압력의 법칙에 예외가 가스가 없는 조성의 부류이다. 여기에서 연소는 증기상이 없이 혼합물을 따라서 전파되는데 충전압력의 증가는 연소 속도의 증가하며 이것은 단단하게 다져진 고체 및 액체 입자를 통해서 보다 효과적인 열전달이 되기 때문이다. 열전도도는 이러한 조성들의 연소 속도에 아주 중요하다. <표 11.28>은 무가스 조성인 크롬산바륨/보론 시스템의 충전압력의 효과를 나타낸다.

(2) 외부 압력의 영향

연소 생성물에 의해서 생성된 가스 압력은 대기압과 결합하여 연소 속도에 영향을 미친다. 여기에서 예측할 수 있는 일반적인 법칙이 연소 속도의 증가는 외부 압력에 따라 증가한다는 것이다. 이러한 인자는 산소가 가스의 중요한 성분일 때 특히 중요할 수 있다. 외부 압력 효과의 크기는 연소 반응에서 증기가 발생된 정도를 나타낸다.

흑색화약의 연소 속도에 대한 외부압력의 효과가 쉬드로브스키(Shidlovskiy)에 의해서 정량적으로 연구되어 왔으며 그 실험식은 다음과 같다고 하였다.

$$\text{연소 속도(cm/sec)} = 1.21\,P^{(0.24)} \qquad (11.3)$$

여기서 P=압력, 기압이다. 흑색화약의 예측 연소 속도는 이 식을 이용해서 구할 수 있으며 <표 11.34>에 있다.

〈표 11.34〉 여러 가지 외부압력에서 흑색화약에 대해 예측한 연소 속도

외부압력(atm)	외부압력(psi)	선형연소 속도(cm/sec)
1	14.7	1.21
2	29.4	1.43
5	73.5	1.78
10	147	2.10
15	221	2.32
20	294	2.48
30	441	2.71

※ 쉬드로브스키의 실험식은 2-30 atm의 범위에서 잘 들어맞는다

무가스의 열 및 지연제 조성에서는 외부압력의 효과가 거의 없는 것으로 예상된다. 이 결과는 충전 압력의 증가에 따라 관측된 연소 속도의 증가에 더해서 연소 메카니즘에서 어떠한 의미있는 가스도 존재하지 않는다는 좋은 증거로 생각될 수 있다. 삼산화철/알루미늄(Fe_2O_3/Al), 이산화망간/알루미늄(MnO_2/Al) 및 삼산화크롬/마그네슘(Cr_2O_3/Mg) 시스템에서 약간의 가스가 포함되면 외부압력이 1에서 150atm으로 증가됨에 따라서 3-4배의 연소 속도 증가가 관측된다. 그러나 전하는 바에 따르면 산화크롬/알루미늄 시스템은 1atm과 100atm에서 2.4mm/sec로 동일한 속도로 연소되는데 이것이 진짜 무가스 시스템이라고 할 수 있다. 외부압력(질소 압력사용)의 함수로서 지연제 시스템의 연소 속도에 대한 데이터는 <표 11.35>에 나와 있다.

〈표 11.35〉 외부압력의 함수로서 지연제의 연소 속도($KMnO_4$/Sb=64/36)

외부압력(psi)	연소 속도(cm/sec)	외부압력(psi)	연소 속도(cm/sec)
14.7	0.202	200	0.372
30	0.242	300	0.430
50	0.267	500	0.501
80	0.296	800	0.529
100	0.310	1100	0.537
150	0.343	1400	0.543

고려해야 할 또 다른 문제가 파이로테크닉 조성물이 아주 낮은 압력에서 연소할 것인지 아닌지 그리고 어떤 속도로 연소할 것인지에 대한 것이다. 기능을 발휘하기 위해 공기 중의 산소를 이용하는 낮은 압력의 반응에서는 상당한 성능의 저하가 예상된다. 연료 성분이 높은 혼합

물(마그네슘 성분이 많은 조명제 조성)은 낮은 압력에서는 잘 연소하지 않을 것이다. 양론조성은 연소에 필요한 산소가 산화제로부터 제공되는 것으로, 압력 변동에 대해서 덜 영향을 받을 것이다.

(3) 연소표면적

gram/sec 또는 mm/sec로 표현되는 연소 속도는 연소표면적이 증가함에 따라 증가한다. 작은 입자들은 큰 입자들 보다 빠르게 연소하는데 그램당 표면적이 더 크기 때문이다. 내경이 작은 튜브에 충전된 조성은 내경이 큰 튜브에 충전된 동일한 조성보다 더 느리게 연소한다. 큰 튜브에서는 용기의 벽으로의 열손실이 조성에 의해서 유지되는 열에 비해서 크기 않기 때문이다. 각 조성 및 각 충전 압력에 대해서 안정적인 연소를 제공하는 최소 직경이 있을 것이다. 이 최소 직경은 조성의 발열성이 증가할수록 감소할 것이다.

특히 금속 튜브에서는 열의 손실이 더욱 더 잘 이루어지는데 만약 직경이 좁은 금속 튜브를 사용한다면 고온의 혼합물을 제외하고는 연소가 안정적으로 이루어질 수 없다. 반면에 와이어 스파클러와 같이 중심에 금속 막대기를 사용하면 질산바륨/알루미늄 반응에 의해서 방출되는 열을 유지하며 얇게 코팅한 파이로테크닉 물질의 길이를 따라서 연소를 전파하는데 도움을 줄 것이다.

직경이 좁은 튜브에서 잘 연소하는 혼합물은 직경이 넓은 튜브에서는 폭발적인 속도에 도달할 수 있으므로 직경 변화가 있을 때는 언제나 주의해서 실험을 해야 한다. 좁은 튜브에서 고체 반응생성물에 의해서 튜브가 막히는지의 여부를 조심하지 않으면 안 된다. 그것 때문에 가스생성물의 방출을 막게 되면 특히 빠른 조성에 있어서는 폭발이 일어날 수도 있다.

(4) 외부 온도

아레니우스의 속도-온도 관계식으로부터 연소 속도가 조성물의 초기 온도에 좌우될 것이라는 것을 예측할 수 있다. 혼합물이 초기에 +40℃(또는 더 높이)에 있을 때 보다 -30℃에에 있을 때 필요한 활성화에너지를 제공하는데 더 많은 열의 투입이 필요하다. 그러므로 점화와 연소 속도는 둘 다 외부 온도의 변화에 의해서 영향을 받는다. 특히 이 영향은 저 발열성과 낮은 화염온도의 조성에서 가장 확실할 것이다. 흑색화약은 외부압력 1기압에서 100℃와 0℃의 연소 속도가 15% 정도의 차이를 보인다고 한다. 일부 고폭약은 훨씬 더 큰 온도 예민성을 보여준다. 예를 들어 니트로글리세린은 100℃에서는 0℃에서 보다 2.9배가 빠르다.

(5) 연소 온도

파이로테크닉 반응은 상당한 양의 열을 발생하며 이 혼합물들에 의해서 도달되는 화염의 실제온도는 실험적인 방향과 이론적인 방향의 양쪽 방향으로부터 연구되어 왔던 분야이다.

화염의 온도는 특수한 고온의 광학적 방법을 사용해서 직접적으로 측정될 수 있다. 그들은 또한 반응열 데이터와 융해열과 증발열, 열용량 및 전이온도에 대한 열화학 값들을 이용해서 계산할 수 있다. 계산된 값들은 실제 실험적인 결과 보다는 높게 나오는 경향이 있는데 이것은 외부로의 열손실과 일부 반응생성물의 흡열분해반응 때문이다.

반응생성물을 용융시키고 증발시키는데 상당한 열이 사용될 것이다. 반응생성물의 증발은 보통 화염의 최대온도를 결정하는 한계 인자이다. 예를 들어 비이커에 들어있는 25℃의 물을 생각해 보자. 1기압에서 물이 가열됨에 따라 액체의 온도는 100℃까지 상당히 빠르게 상승한다. 이 범위에서 물을 1℃ 올리는데 약 1칼로리가 필요하다. 500g의 물을 25℃에서 100℃로 올리는데 필요한 열은 다음과 같이 계산된다.

필요한 열 = (물의 그램수)(열용량)(온도변화)
(500g)(1cal/deg-gram)(75deg)
= 37,500 calories

그러나 일단 물이 100℃에 도달되면 온도 상승은 멈추게 된다. 물이 증기 상태로 전환될 때, 물이 끓으며 1g의 물을 액체에서 증기로 전환시키는데 540cal 의 열이 필요하다. 100℃에서 500g이 물을 증발시키기 위한 열은 다음과 같이 계산된다.

(500grams)(540cal/gram) = 270,000 calories

이 열량이 시스템에 들어가 모든 물이 증발할 때까지 온도 상승은 더 이상 일어나지 않는다. MgO 와 Al_2O_3와 같은 반응생성물의 증발을 포함하는 비슷한 현상이 파이로테크닉 화염에서 얻어지는 온도를 제한하는 경향이 있다. 일반적인 일부 연소생성물의 비점이 <표 11.36>에 나와 있다.

〈표 11.36〉 일반적인 무가스 파이로테크닉 생성물의 융점과 비점

화합물	분자식	융점(℃)	비점(℃)
산화알루미늄	Al_2O_3	2072	2980
산화바륨	BaO	1918	약 2000
산화보론	B_2O_3	450	약 1860
산화마그네슘	MgO	2852	3600
염화칼륨	KCl	770	1500(승화)
산화칼륨	K_2O	350(분해)	-
이산화규소	SiO_2	1610(석영)	2230
염화나트륨	$NaCl$	801	1413
산화산트륨	Na_2O	1275(승화)	-
산화스트론튬	SrO	2430	약 3000
이산화티타늄	TiO_2	1830-1850(금홍석)	2500-3000
이산화지르코늄	ZrO_2	약 2700	약 5000

탄소가 포함된 유기연료를 사용하는 혼합물은 보통 산화제와 금속연료로 이루어진 조성들 보다 낮은 화염온도를 갖는다. 화염온도가 감소하는 이유는 금속보다 발열량이 낮고 또한 유기연료와 이들의 부산물이 분해와 증발이 됨에 따른 열의 소모 때문이다. 심지어는 소량의 유기물질이 있어도 화염온도가 현저하게 낮아질 수 있는데, 산소가 금속보다 먼저 탄소질의 물질에 의해서 소모되기 때문이다. <표 11.37>은 이러한 거동의 예를 나타낸 것이다.

〈표 11.37〉 마그네슘/산화제 혼합물의 화염온도에 관한 유기연료의 영향

조 성: 산화제/마그네슘/셀락 = 55 중량%/45중량%/0 또는 10% 추가		
	근사치 화염 온도(℃)	
	산화제	
	$KClO_4$	$Ba(NO_3)_2$
셀락 없음	3570	3510
10% 셀락	2550	2550

※ 화염의 온도는 화염의 중심의 연소 표면으로부터 10mm 거리에서 측정한 데이터이다.

화염온도의 감소는 가능한 많은 산소를 갖는 바인더를 이용함으로써 어느 정도 최소화시

킬 수 있다. 그러한 바인더에서는 탄소원자가 이미 부분적으로 산화되어 있고 그래서 연소과정 중에 이산화탄소로 가는데 산소를 덜 사용한다. 헥산(C_6H_{14})과 글루코오스($C_6H_{12}O_6$)의 연소에 대한 평형화된 화학방정식은 이러한 것의 예를 나타낸다.

$$C_6H_{14} + 9.5O_2 \rightarrow 6CO_2 + 7H_2O$$

$$C_6H_{12}O_6 + 6O_2 \rightarrow 6CO_2 + 6H_2O$$

파이로테크닉 물질의 화염은 보통 2000~3000℃의 범위에 떨어진다. <표 11.38>은 일부 고에너지 반응에 대한 근사값을 나타낸 것이다.

〈표 11.38〉 여러 가지의 파이로테크닉 혼합물의 최대 화염 온도

조성물의 종류	최대화염온도(℃)
조명용 포토플래쉬	2500-3500
고체로켓연료	2000-2900
색불꽃 혼합물	1200-2000
스모크 혼합물	400-1200

금속연료와 산화제의 2성분계 혼합물은 가장 높은 화염온도를 만들어내며 그리고 산화제 종류에 따라서 얻어지는 온도는 커다란 차이를 보이지 않는다. 금속연료가 없는 조성에서는 그렇지 않다. 실험에 의하면 KNO_3 혼합물에서는 염소산염 또는 과염소산염의 혼합물보다 상당히 낮은 화염온도가 얻어지는데 이 결과는 KNO_3가 다른 산화제에 비해서 흡열반응이 상당히 크기 때문이라고 할 수 있다. <표 11.39>는 이것의 예를 나타낸 것이다.

〈표 11.39〉 산화제/셀락 혼합물의 화염온도

조 성: 산화제/셀락/소디움옥살레이트 = 75%/15%/10%	
산화제	근사치 화염온도(℃)
염소산칼륨 $KClO_3$	2160
과염소산칼륨 $KClO_4$	2200
과염소산암모늄 NH_4ClO_4	2200
질산칼륨 KNO_3	1680

파이로테크닉 화염의 온도를 제한할 수 있는 마지막 인자는 예상치 못한 고온의 화학반응이다. 상온에서는 측정할 수 있을 정도로 일어나지 않는 어떤 반응들은 보다 더 높은 온도에서

일어날 가능성이 높다. 이것의 예가 탄소와 산화마그네슘의 반응이다. 탄소는 화염 속에서 유기 분자로부터 생성될 수 있다.

$$\underset{(고체)}{C} + \underset{(고체)}{MgO} \rightarrow \underset{(가스)}{CO} + \underset{(1100℃\ 이상의\ 가스)}{Mg}$$

이것은 강한 흡열과정이나 고온에서 가능한데 그것은 유리한 엔트로피 변화(고체 반응물로부터 증기상태의 물질 형성)에 기인한다. 그러한 반응은 유기 바인더들이 산화제/금속 혼합물에 첨가될 때 얻어지는 보다 낮은 화염온도에 대한 또 다른 이유이기도 하다.

(6) 전파 지수(Propagation index)

특정 조성이 연소하는 능력을 평가하는 간단한 방법이 전파 지수로 다음과 같은 식으로 나타낸다.

$$PI = \frac{\Delta H_{reaction}}{T_{ignition}} \tag{11.4}$$

여기서 PI는 전파지수로 외부에너지에 의해서 초기 점화되었을 때 연소를 유지하려는 경향의 척도이다. 이 식은 연소능력을 결정하는 두 개의 주요 인자를 갖는데 화학반응에 의해서 발생되는 열량(ΔH)와 혼합물의 점화온도이다. 만약 충분한 양의 열이 나오고 점화온도가 낮으면 층에서 층으로의 재 점화가 쉽게 일어날 것이며 전파는 쉬워질 것이다. 반대로 낮은 열량과 높은 점화온도의 혼합물은 잘 전파되지 않을 것이다. 여러 가지 조성들에 대한 전파지수 값이 <표 11.40>에 나와 있다.

상기의 두 가지 인자 외에도 조성의 압착 밀도와 연소 속도가 전파에 영향을 줄 수 있다. 특히 튜브 내에 압착된 지연제 조성에 대하여 전파 능력은 밀도가 증가됨에 따라 증가하는데, 조성의 입자들 사이의 더 좋은 열전달 때문이다. 연소 속도는 빠른 조성이 느린 조성보다 주변으로 열을 덜 잃어버리기 때문에 또한 전파 인자의 하나가 될 수 있다.

〈표 11.40〉 파이로테크닉 혼합물의 전파지수

혼합물명	조성	중량%	반응열 (cal/gram)	점화온도 (℃)	전파지수 (cal/g-℃)
1. Boron igniter	B KNO_3 Laminac resin	23.7 70.7 5.6	1600	565	2.8
2. Black powder	KNO_3 Charcoal S	75 15 10	660	330	2.0
3. Titanium igniter	Ti $BaCrO_4$ $KClO_4$	26 64 10	740	520	1.4
4. Mangnese delay	Mn $PbCrO_4$ $BaCrO_4$	41 49 10	254	421	0.60

11.6 파이로테크닉 혼합물의 제조

고에너지 화학 분야에서 가장 위험한 작업은 산화제와 연료의 다량 혼합 그리고 물 또는 기타 액체를 이용하여 입자화한 후 실시하는 건조작업이다. 이 작업에서 다량의 화약들이 한 장소에 있게 되는데, 만약 예기치 않은 점화가 일어난다면 폭발 반응 속도에 도달할 수 있다.

이러한 이유로 혼합 및 건조작업은 다른 공정과 반드시 분리되어야 하며 원격조절장치가 항상 사용되어야 한다. 파이로테크닉 혼합물을 만드는 모든 시설은 가동 중에는 어느 때라도 사고가 일어날 수 있다는 생각으로 설계되어야 한다. 시설과 인접하는 모든 설비 그리고 가장 중요하게는 작업자에게 손상이 최소화되도록 공정을 설계하여야 한다. 제조 작업은 일반적으로 다음과 같이 나눌 수 있다.

11.6.1 각 원료의 준비

제조 공정에 사용되는 물질들은 건조되어야 하며 또한 적당한 입자 크기로 분쇄하거나 또는 큰 입자 또는 이물질을 스크린해서 제거하여야 한다. 산화제를 취급할 때에는 연료를 사용했던 동일한 장비를 절대로 사용하지 말아야 하며 또한 산화제와 연료는 사용 전에 동일한 장소에 저장하지 말아야 한다. 또한 모든 물질은 항상 명확하게 이름이 기재되어야 한다.

11.6.2 조성물의 혼합

이 단계는 적절한 성능을 위한 가장 중요한 단계이다. 혼합물이 균일할수록 반응성은 더 좋을 것이다. 그러나 작업자는 항상 이 과정에서 상당한 위험에 놓여있게 된다. 작은 입자와 균일한 혼합으로 반응성을 최대화함에 따라 제조 및 저장 과정에서 우발적인 점화사고의 가능성이 증가하기 때문이다. 보통은 만족스럽게 성능을 발휘하면서 상당히 안전하게 작업할 수 있는 안전한 물질을 취하는 타협점에 도달한다. 이 타협점은 입자 크기의 신중한 결정, 원료의 순도 및 안전한 작업방법에 의해서 도달된다. 혼합에는 다양한 방법이 사용될 수 있다. 물질은 브러쉬 또는 헤라로 망을 통과시켜서 블랜딩될 수 있다. 불꽃놀이 분야에서는 아직도 수작업으로 망을 통과시켜 혼화하는 작업이 사용되고 있으나 폭약 또는 불안정한 혼합물에는 절대로 사용되어서는 안 된다. 또한 균일하게 혼화를 하기 위해서 물질들을 함께 텀블러에 넣고 텀블링될 수 있으며 이것은 원격으로 이루어질 수 있다. 화이어크랙커와 예포에 사용되는 뇌명약 그리고 군용으로 사용되는 섬광탄약과 같은 예민한 폭발성의 조성에 대해서는 반드시 원격으로 혼화가 이루어져야 한다.

11.6.3 조립(입자화)

어떤 소정의 목적을 위해서 혼합물은 가끔 소량의 바인더를 이용해서 입자로 만들어진다. 물 또는 알코올과 같은 유기물 용액과 함께 반죽이 되며 그리고 난 후에 큰 망을 통과시켜 입자로 만들어진다. 잘 혼합된 조성의 입자가 만들어지며 이들은 분말보다는 훌륭한 균일성을 가진 조성을 유지할 것이다. 조립 단계가 없으면 가볍고 무거운 물질이 운반 및 저장 중에 분리될 것이다. 입자로 만들어진 물질은 건조실에서 원격으로 건조되고 그리고 최종 제품에 충전될 준비가 된다. 항상 주의하고 명심해야 할 것은 다량의 벌크약이 이 단계에서 존재하며 그리고 파이로테크닉 조성물은 열, 마찰, 충격 및 정전기 스파크로부터 항상 방호조치가 이루어져야 한다는 것이다.

11.6.4 충전

최소량의 벌크 화약으로 파이로테크닉 조성물을 튜브 또는 기타 용기에 충전하거나 최종 제품에 나중에 사용하기 위해 펠렛으로 생산한다. 성(타상연화에 사용되는 조그만 조각의 색을 만드는 조성)을 만드는 것은 이러한 펠렛 작업의 예이다. 구형으로 만들어야 하는 성의 경우에는 씨드에 바인더용액을 코팅하고 혼화약을 코팅하는 연속적인 방법에 의해 일정 크기의 구형으로 제조된다. 이 성들은 불꽃놀이의 국화용 등으로 주로 사용된다.

11.6.5 시험

제조 공정에서 가장 중요한 마지막 단계는 적절한 성능이 나오는지를 확인하기 위해서 최종 제품의 각 로트를 반복해서 시험하는 것이다. 어느 원료라도 입자크기 또는 순도에 약간의 변화에 있어도, 성능에서 심각한 차이가 생길 수 있기 때문에 규칙적인 시험 프로그램을 통해서 적절한 성능이 얻어졌는지 여부를 확인해야 한다.

11.7 파이로테크닉 혼합물의 종류

11.7.1 퓨즈(도화선)용 조성물

퓨즈(도화선)는 점화자가 점화 후 안전거리로 대피하기 위한 지연시간을 제공하는 장치이다. 연소 속도가 느린 흑색화약을 실, 종이, 아스팔트 등으로 싼 긴 선 모양의 장치로 성냥 또는 기타 뜨거운 물질로 점화된다. 심약 조성은 KNO_3: 목탄: 유황 = 60: 15: 25가 일반적이다.

11.7.2 전기점화장치(스퀴브)용 조성물[1]

금속 와이어가 열에 예민한 조성으로 소량 코팅된다. 전류가 와이어로 통전되어 생성된 열이 점화약을 점화시킨다. 퓨즈 부분 또는 파이로테크닉 조성물이 점화되어 폭발적인 화염이 발생된다. 스퀴브 조성은 보통 $KClO_3$를 포함한다. LMNR(Lead mononitroresorcinate)가 또한 많은 스퀴브 혼합물에 포함된다. 여러 가지 스퀴브 조성이 <표 11.41>에 나와 있다.

<표 11.41> 전기점화장치(스퀴브) 조성물

번호	성분	분자식	중량%
1	염소산칼륨 LMNR 니트로셀룰로오스	$KClO_3$ $PbC_6H_3NO_4$ -	8.5 76.5 15
2	염소산칼륨 레드티오시아네이트	$KClO_3$ $Pb(SCN)_2$	55 45
3	과염소산칼륨 티타늄	$KClO_4$ Ti	66.6 33.3

11.7.3 프라이머용 조성물[1]

소형 화기 탄약에서 무연화약을 점화시키는데 사용되는 장치이다. 충격에 예민한 조성물이 사용된다. 금속 공이에 의해서 타격이 되었을 때 프라이머는 추진제를 점화시킬 수 있는 폭발적인 화염을 방출한다. 여러 가지 형태의 프라이머 혼합물이 <표11.42>에 나와 있다.

<표 11.42> 프라이머용 조성물

조성번호	성 분	분자식	조성(중량%)	비고
1	염소산칼륨 티오시안산납 삼황화안티몬	$KClO_3$ $Pb(SCN)_2$ Sb_2S_3	45 33 22	Stab primer
2	염소산칼륨 삼황화안티몬 아지화연 Carborundum	$KClO_3$ Sb_2S_3 $Pb(N_3)_2$ -	33 33 29 5	Stab primer
3	염소산칼륨 이산화납 삼황화안티몬 트리니트로톨루엔	$KClO_3$ PbO_2 Sb_2S_3 $C_7H_5N_3O_6$	50 25 20 5	Percussion primer
4	과염소산칼륨 지르코늄	$KClO_4$ Zr	50 50	Percussion primer

11.7.4 마찰점화장치용 조성물[1]

내장되어 있는 장치로 안전성냥 또는 기타 형태의 외부 점화원이 없어도 점화될 수 있다. 고속도로 신호홍염(발염신호), 기타 형태의 조난신호기, 및 일부 군용장치에서 마찰점화시스템을 사용한다. 점화는 마찰약과 점화약의 두 부분으로 이루어진 장치에 의해서 이루어진다. 두 표면이 서로 비벼졌을 때 화염이 발생하고 주 장약이 점화된다. 전형적으로 이러한 장치들의 마찰약은 적린을 함유하며 점화약은 염소산칼륨과 우수한 연료를 사용한다. 여러 가지 마찰점화장치시스템의 조성물이 <표 11.43>에 나와 있다.

〈표 11.43〉 마찰점화장치 조성물

조성번호	구 분	성 분	분자식	조성(중량%)
1	점화약	염소산칼륨	$KClO_3$	60
		삼황화안티몬	Sb_2S_3	30
		레진	-	10
	마찰약	적린	P	56
		Ground glass	SiO_2	24
		Phenol/formaldehyde resin	$(C_{13}H_{12}O_2)_7$	20
2	점화약	셀락	-	40
		질산스트론튬	$Sr(NO_3)_2$	3
		Quartz	SiO_2	6
		Charcoal	C	2
		과염소산칼륨	$KClO_4$	14
		염소산칼륨	$KClO_3$	28
		Wood flour	-	5
		Marble dust	$CaCO_3$	2
	마찰약	락카	-	61
		부석(Pumice)	-	2.2
		적린	P	26
		부틸아세테이트	$C_6H_{12}O_2$	10.8

11.7.5 점화약과 착화약[1]

도화선의 불꽃 또는 이와 유사한 장치 단독으로는 600℃ 이상의 점화온도가 높은 조성물을 점화시키기가 어렵다. 이러한 경우에 좀 더 쉽게 점화될 수 있는 착화약이라고 하는 조성물이 주 파이로테크닉 혼합물의 위 또는 앞에 놓여 사용된다. 이 착화약은 다음과 같은 조건들을 필요로 한다.

① 도화선과 같은 작은 불꽃에 의해서도 점화신뢰성이 높아야 한다. 착화약의 점화온도는

500℃ 이하이어야 한다.

② 이 혼합물은 반응온도가 높아야 하며 주조성의 점화온도보다는 훨씬 높아야 한다. 고온의 반응온도가 필요할 때에는 금속연료들이 보통 사용된다.

③ 고온의 액체 슬러그를 형성하는 혼합물이 좋다. 이러한 슬러그는 주조성과의 표면 접촉을 좋게 하여 점화를 용이하게 한다. 고온의 가스 생성물은 보통 지상에서 좋은 점화거동을 제공하지만 보다 높은 고도에서는 신뢰성이 저하될 것이다. 액체 및 고체 생성물은 이러한 조건하에서 점화에 도움이 되는 우수한 열 보유 능력을 제공한다.

④ 빠른 조성 보다는 느린 조성물이 좋다. 에너지를 보다 느리게 방출하면 주조성으로의 열전달이 더 좋아진다. 또한 대부분의 착화약과 점화약은 보다 빠르게 연소하는 느슨한 파우더의 형태로 사용하기 보다는 주조성 위에 프레스로 압착되거나 습상의 페이스트 상태로 첨가되어 사용된다(건조되면 딱딱해짐).

〈표 11.44〉 점화약과 착화약 조성

번호	성분	분자식	중량%	비고
1	과산화바륨 마그네슘 바인더	BaO_2 Mg -	80 18 2	고체 BaO가 점화에 도움을 준다
2	삼산화철 지르코늄 규조토	Fe_2O_3 Zr -	65 25 10	A1A혼합물, 무가스점화약
3	흑색화약 질산칼륨 지르코늄	$KNO_3/S/C$ KNO_3 Zr	75 12 13	
4	질산칼륨 보론 Rubber	KNO_3 B -	71 24 5	
5	사산화납 티타늄 실리콘	Pb_3O_4 Ti Si	50 25 25	
6	질산나트륨 설탕 목탄	$NaNO_3$ $C_{12}H_{22}O_{11}$ C	47 47 6	
7	과염소산바륨 마그네슘	BaO_2 Mg	88 12	테르밋 점화약

질산칼륨은 점화약과 착화약에 주로 사용된다. 이 산화제로 만들어진 조성은 낮은 점화온도를 갖는 경향이 있으며(보통은 500℃ 이하), 이 혼합물들은 제조, 사용 및 저장하는데 비교적

안전하다. 또한 염소산칼륨 조성도 낮은 점화온도를 갖지만 상당히 예민해서 위험하다.

목탄과 혼합된 질산칼륨은 흑색화약처럼 소량의 덱스트린, 물과 함께 페이스트 상태로 점화용으로 사용될 수 있다. KNO_3/Mg/Iditol = 75/15/10(Iditol은 phenol/formaldehyde 수지)의 조성은 점화약으로 아주 좋으며 생성물인 고체 산화마그네슘(MgO)가 주 조성의 점화를 돕는다. 질산칼륨과 혼합된 보론은 자주 사용되는 아주 효과적인 점화약이며 또한 A1A점화약이라고 하는 Fe_2O_3, Zr 및 규조토의 혼합물도 좋은 점화약이다. <표 11.44>에는 여러 가지 공개된 조성들이 나와 있다.

11.7.6 지연제[1]

지연제의 목적은 점화와 주효과 사이의 지연시간을 제공한다. 느슨한 분말로 대충적인 지연을 할 수 있지만 압착하여 사용하면 재현성이 상당히 좋은 지연시간을 만들 수 있다. 지연제 혼합물의 연소 속도는 mm/ms의 아주 빠른 것으로부터 mm/s의 느린 것까지 여러 범위의 것들이 있다.

흑색화약은 점화 시 상당한 양의 가스를 발생시키기 때문에 이 가스로 인한 압력의 발생으로 연소 속도가 영향을 많이 받는다. 이러한 압력의 영향을 극복하기 위해서 개발된 조성이 무가스지연제이다. 이 지연제는 압력에 따라서 연소 속도의 변동이 거의 없다. 우수한 지연제가 되려면 다음과 같은 조건을 갖는 것이 필요하다.

① 지연제 혼합물은 제조 및 저장 중에 안정 상태를 유지해야 한다. 흡습성이 낮은 물질들이 사용되어야 한다.

② 지연제 혼합물은 보통의 점화에너지로부터 쉽게 점화될 수 있어야 한다.

③ 외부 온도 및 외부 압력에 변화가 있어도 조성의 연소 속도 편차가 최소이어야 한다. 지연제 혼합물은 낮은 온도와 낮은 압력에서 쉽게 점화되고 연소되어야 한다.

④ 여러 성분들이 약간의 변화가 있더라도 연소 속도의 변화가 최소이어야 한다.

⑤ 배치 내 그리고 배치 간, 연소 속도에 재현성이 있어야 한다.

무가스지연제는 보통 금속산화물 또는 크롬산염과 원소 연료와의 혼합물이다. 연료는 금속 또는 실리콘 또는 보론과 같은 고열의 비금속성 연료이다. 만약 유기바인더가 사용되면, 그 혼합물은 바인더의 연소 시 생성될 수 있는 이산화탄소, 일산화탄소 및 질소로 인해서 무가스라기 보다는 저가스가 될 것이다. 만약 정말로 무가스혼합물이 필요하다면 모든 유기물질을 제거해야한다.

만약 빠른 연소 속도가 필요하다면 분해온도가 낮은 산화제와 함께 고온의 금속연료가 선정되어야 한다. 또한 그 산화제는 흡열성이 작아야 하며 기왕이면 발열성이면 더 좋다. 보다 느린 지연제혼합물에서는 낮은 열량의 금속이 선정되어야 하며 그리고 분해온도가 높고 분해시 흡열반응이 더 많은 산화제가 선정되어야 한다. 산화제와 연료를 변경시킴으로써 넓은 범위의 연소 속도를 갖는 지연제 조성을 만드는 것이 가능하다. <표 11.45>는 대표적인 지연제 혼합물을 나타낸다.

〈표 11.45〉 대표적인 지연제 조성

번호	성 분	분자식	조성(중량%)	연소 속도 (cm/sec)	가스발생량 (㎖/g)
1	연단 실리콘 NC/아세톤	Pb_3O_4 Si –	85 15 1.8	1.7	10.6
2	크롬산바륨 보론	$BaCrO_4$ B	90 10	5.1	3.1
3	크롬산바륨 과염소산칼륨 텅스텐	$BaCrO_4$ $KClO_4$ W	40 10 50	–	4.3
4	크롬산납 크롬산바륨 망간	$PbCrO_4$ $BaCrO_4$ Mn	37 30 33	0.30	18.3
5	크롬산바륨 지르코늄-니켈 과염소산칼륨	$BaCrO_4$ Zr–Ni $KClO_4$	80 17 3	0.16	0.7

이러한 접근법에 따르면 크롬산납(융점 844℃)은 크롬산바륨(고융점)보다 더 빠르게 연소하는 혼합물을 만들 수 있을 것이며 그리고 과산화바륨(융점 450℃)은 산화철(Fe_2O_3, 융점 1565℃)보다도 더 빠르게 반응해야 한다. 이와 비슷하게 보론(연소열 14.0kcal/gram)과 알루미늄(7.4kcal/gram)은 텅스텐(1.1kcal/gram) 또는 철(1.8kcal/gram)보다 더 빠른 지연제 조성을 형성하여야 한다. 높은 반응성을 위해서는 융점이 낮고 분해 시 발열 또는 약간의 흡열(산화제에서) 및 연소열이 높은(연료에서) 물질들을 찾는 것이 좋다.

2성분계에서 산소와 연료의 비율을 변화시키면 연소 속도를 상당히 변화시킬 수 있다. 가장 빠른 연소 속도를 얻기 위해서는 산화제/연료의 비율이 양론점 근처이어야 한다. $BaCrO_4$/B

시스템에 대한 데이터가 공개되어 있으며 <표 11.46>에는 이 시스템에 대한 조성에 따른 연소 시간과 그램당 열량이 나와 있다.

〈표 11.46〉 $BaCrO_4$/B 시스템 - B의 연소시간 영향

B %	평균연소시간 (seconds/gram)	반응열 (cal/gram)	B %	평균연소시간 (seconds/gram)	반응열 (cal/gram)
3	3.55	278	21	0.22	526
5	0.51	420	25	0.27	497
7	0.33	453	30	0.36	473
10	0.24	515	35	0.64	446
13	0.21	556	40	1.53	399
15	0.20	551	45	3.86	364
17	0.21	543			

양론 조성보다 연료가 소량 초과해서 들어가면 대부분의 지연제에서는 연소속도가 증가하며 이것은 아마도 조성의 열전도도가 증가되기 때문일 것이다. 금속이 추가되면 연소 전파는 더 잘 이루어질 것이며 특히 연소 전파에서 도움을 주는 고온의 가스가 없는 조건에서는 더욱 그렇다. 만약 연소하는 조성물이 대기에 노출되면 금속 연료가 과다한 경우에는 반응속도를 증가시키는 추가의 열이 발생할 수 있다.

3성분 혼합물의 연소 속도도 성분들의 함량을 변경시킴으로써 비슷하게 영향을 받을 수 있다. <표 11.47>은 3성분의 지연제 조성에 대한 연소 속도 데이터이다.

〈표 11.47〉 3성분 지연제 조성: $PbCrO_4$/$BaCrO_4$/Mn 시스템[1]

혼합물	Mn(%)	$PbCrO_4$(%)	$BaCrO_4$(%)	연소 속도(cm/sec)
I	44	53	3	0.69
II	39	47	14	0.44
III	37	43	20	0.29
IV	33	36	31	0.19

이 표에서 금속의 함량이 낮아짐에 따라(열전도도가 낮아짐) 그리고 융점이 낮고 반응성이 좋은 $PbCrO_4$를 줄이고 융점이 높은 산화제($BaCrO_4$)의 함량이 증가시키면 연소 속도가 감소되는 것을 알 수 있다.

<표 11.48>은 Mo/$BaCrO_4$/$KClO_4$ 시스템에 대한 이러한 동일한 개념의 예를 보여준다.

〈표 11.48〉 $BaCrO_4/KClO_4/Mo$ 시스템

혼합물	$BaCrO_4$%	$KClO_4$%	Mo%	연소 속도(cm/sec)
I	10	10	80	25.4
II	40	5	55	1.3
III	55	10	35	0.42
IV	65	5	30	0.14

가스를 발생시키는 혼합물에서 예상되는 거동과는 반대로 무가스 조성의 연소 속도는 프레스 압력이 증가됨에 따라 증가된다. 무가스 지연제는 열전달을 통해서 파이로테크닉 물질의 연소층을 따라 전파하며 혼합물의 열전도도가 상당한 역할을 한다. 충전압력의 증가로 인한 혼합물의 밀도가 증가함에 따라 성분들은 서로 더욱더 가깝게 압착이 되며 열전달이 더 쉽게 일어난다. <표 11.28>은 $BaCrO_4/B$ 시스템에 대한 충전압력이 증가함에 따라 일어나는 연소 속도의 증가를 보여주는 데이터를 나타낸다.

11.7.7 테르밋 조성물[1]

테르밋은 보통 용융된 생성물의 형태로 고온의 농축된 열을 생성하는 혼합물이다. 테르밋 조성은 산화제로 금속산화물 그리고 연료로서 보통 알루미늄을 사용하며, 또한 다른 반응성이 좋은 금속들이 사용될 수도 있다. 반응열을 고체와 액체 생성물에 집중시킬 수 있도록 최소량의 가스가 생성된다. 휘발성 물질이 없으면 고온의 반응온도가 얻어질 수 있으며 일반적으로 2000~2800℃의 온도에 도달된다. 넓은 범위의 액체상태(융점 1535℃, 비점 2800℃)를 갖는 철과 같은 금속 생성물은 가장 좋은 테르밋 거동을 나타낸다. 점화되었을 때 테르밋 혼합물은 산화알루미늄과 금속을 형성할 것이다. 여기에서 금속은 원료로 사용했던 금속산화물에 해당되는 금속이다.

$$Fe_2O_3 + 2Al \rightarrow Al_2O_3 + 2Fe$$

테르밋 혼합물들은 소이제 조성과 스폿 용접 혼합물로 이용되어 왔다. 이들은 또한 의도적인 기계의 파괴 및 서류들의 파괴에 사용되었다. 유기 바인더의 연소로부터 나오는 가스생성물은 열을 가져가 반응을 식혀주기 때문에, 테르밋 조성물은 보통 바인더 없이 만들어진다.

알루미늄 금속과 산화철(Fe_2O_3 또는 Fe_3O_4)은 고전적인 테르밋 혼합물이다. 알루미늄의

입자크기는 너무 빠르게 반응하지 않도록 약간 큰 것을 사용해야 한다. 테르밋 혼합물은 제조가 상당히 안전하며 그리고 이들은 대부분의 외부 점화에너지에 대해서 상당히 둔감하다. 실제로 대부분의 테르밋에서의 주요 문제는 점화시키는 것이며 보통 아주 강한 착화약을 필요로 한다. 여러 가지 알루미늄 테르밋 혼합물들의 칼로리 데이터가 <표 11.49>에 나와 있다.

〈표 11.49〉 테르밋 혼합물들의 칼로리 데이타[1]

산화제	분자식	활성산소 중량%	테르밋혼합물의 Al 중량%	ΔHreaction (kcal/g)
이산화규소	SiO_2	53	37	0.56
삼산화크롬	Cr_2O_3	32	26	0.60
이산화망간	MnO_2	37	29	1.12
삼산화철	Fe_2O_3	30	25	0.93
사산화철	Fe_3O_4	28	24	0.85
산화구리	CuO	20	19	0.94
사산화납	Pb_3O_4	9	10	0.47

11.7.8 추진제 조성

파이로테크닉 시스템을 이용해서 물체를 들어 올리거나 이동시키는 고온의 가스를 만드는 것은 흑색화약의 개발로 시작되었다. 로켓이 14세기 이탈리아에서 사용되었고 대포가 거의 동일한 시대에 개발되었다. 타상연화의 개발은 대포 기술의 논리적인 연장이었다.

흑색화약은 19세기까지 군용 및 민수용에 사용되었던 단 하나밖에 없는 추진제였다. 흑색화약의 사용에 따른 수많은 문제들로 인해 이를 해결하기 위한 많은 노력들이 이루어져 왔다.

① 배치 간의 연소 거동의 편차가 상당히 크다. 우수한 품질의 흑색화약을 제조하려면 흑색화약의 원료의 순도에 관심을 가지고 하나의 목탄 공급원을 사용하고 혼화도나 또는 제품에 들어있는 수분의 양에 변화를 주지 말아야 한다.

② 흑색화약은 가스량이 비교적 적다. 생성물의 약 50%가 가스이다.

③ 흑색화약의 고체 잔사물은 알칼리성이 매우 높으며(강한 알칼리) 많은 물질에 대해 부식성이 강하다.

"파이로덱스(Pyrodex)"는 흑색화약의 많은 기능을 보완하기 위해 설계된 파이로테크닉 특허 조성물이다. 흑색화약의 세 가지 성분에 바인더와 연소 속도 조정물질을 넣은 것으로 보다 둔감하고 보다 느리게 연소하는 물질이다. 정상의 흑색화약에 견줄 수 있는 성능을 얻기 위해서는 상당한 견고한 밀폐조건이 요구된다.

흑색화약과 파이로덱스의 장점은 우수한 점화성, 적절한 코스트, 원료들을 쉽게 구할 수 있으며 밀폐도에 따라서 사용범위가 넓다는 것이다.(도화선용 화약, 지연제, 추진제 및 화약)

추진제 기술이 발달함에 따라 보다 우수한 추진제에 대한 다음과 같이 이상적인 조건들이 나오게 되었다.

① 적당한 가격으로 쉽게 이용할 수 있는 물질로부터 안전하게 제조될 수 있는 추진제

$$\begin{matrix} CH_2OH \\ | \\ CHOH \\ | \\ CH_2OH \end{matrix} + 3\,HONO_2 \longrightarrow \begin{matrix} CH_2ONO_2 \\ | \\ CHONO_2 \\ | \\ CH_2ONO_2 \end{matrix} + 3\,H_2O$$

글리세린 니트로글리세린

② 쉽게 점화되지만 저장 기간 중에는 안정 상태를 유지할 수 있는 추진제

③ 연소했을 때 분자량이 낮은 가스를 최대한 많이 형성하고 최소의 고체 생성물을 형성하는 추진제

④ 최대의 추력을 제공하기 위해서 가능한 가장 높은 온도에서 반응하는 추진제

19세기 후반 현대의 유기화학이 발달됨에 따라 새로운 무연화약이 개발되었으며 그리고 질화반응이 상업적으로 실행 가능하게 되었다. NC와 NG는 무연화약의 주요 성분이 되었다. 에스테르는 산과 알코올의 반응으로 형성된 화합물이다. [그림 11.5]는 글리세린과 셀룰로오스와 질산으로부터 만들어진 NG와 NC의 예를 보여준다.

주로 미국에서 개발된 SB(Single Base)는 NC만을 사용하며 유럽에서 개발된 DB(Double Base)는 NC와 NG의 혼합물이다. 영국에서 개발한 코다이트(Cordite)는 65% NC, 30% NG 및 5% 미네랄 젤리로 이루어진다. 미네랄 젤리(탄화수소 물질)는 냉각제로서의 역할을 하며 추진제 특성을 개선하기 위해 충분한 양의 CO_2, CO 및 H_2O를 생산한다. TB(Triple Base)는 NG, NC 및 NQ(니트로 구아니딘)으로 만들어진다.

무연화약의 이점은 제조 과정에서 압출되어 만들어 질 수 있다는 것이다. 구멍이 뚫린 입자로 만들어져 내외부가 동시에 점화되어 일정한 연소 면적과 일정한 가스 생성이 얻어진다는 것이다.

NC는 CO_2, H_2O 및 N_2로 완전 연소하는데 필요한 충분한 내부 산소를 갖지 않지만 NG는

잉여의 산소를 갖는다. 그러므로 DB는 보다 더 완전한 연소가 얻어지며 NG의 상당한 발열량 (1486cal/gram)으로부터의 이점을 갖는다.

무연화약은 오늘날 소형무기 탄약 뿐 만이 아니라 대포의 포탄에도 사용된다. 흑색화약은 지금도 불꽃놀이 산업에서 추진제로 사용되며 스카이 로켓이나 타상연화의 추진제로 사용되며 또한 여러 가지 군용으로 사용된다.

군과 우주프로그램에서 사용되는 보다 큰 로켓은 성공적으로 이륙시키기 위한 엄청난 추력이 필요하며 우주왕복선과 같은 거대한 수송체를 이륙시키는데 액체연료 엔진[예: 액체 과산화수소와 하이드라진(N_2H_4)]과 고체 추진제 파이로테크닉 부스타가 사용된다. 이러한 발진에 사용되는 파이로테크닉 부스타는 일반적으로 다음을 포함한다.

① 고체 산화제 : 과염소산암모늄(NH_4ClO_4)은 연료와 함께 반응 시 가스 생성물을 다량 생산하기 때문에 현재 가장 선호하는 산화제이다.

② 소량의 빛, 고에너지 금속 : 이 금속은 고체 연소 생성물을 생성하여 추력에는 도움이 되지 않지만, 금속의 연소로부터 나오는 상당한 열은 다른 가스 생성물의 온도를 상승시킨다. 알루미늄과 마그네슘이 가장 일반적으로 사용된다.

③ 바인다와 가스 생성제로서 사용되는 유기연료 : 작업을 보다 단순화하기 위해서 고체물질로 중합되는 액체가 좋으며 열의 생성을 최대화시키기 위해서는 산소량이 낮은 바인더가 바람직하다.

CO_2 대신에 CO가스를 얻기 위해서 이들 추진제 혼합물은 마이너스의 산소평형으로 자주 설계된다. CO는 더 가벼워 보다 큰 추력을 내며 기타 사항들은 동일하다. 그러나 CO_2로 탄소원자를 완전히 산화시키면 보다 많은 열을 발생시키며 그래서 최적의 산화제와 연료의 비율을 찾기 위해서는 시행착오가 필요하다.

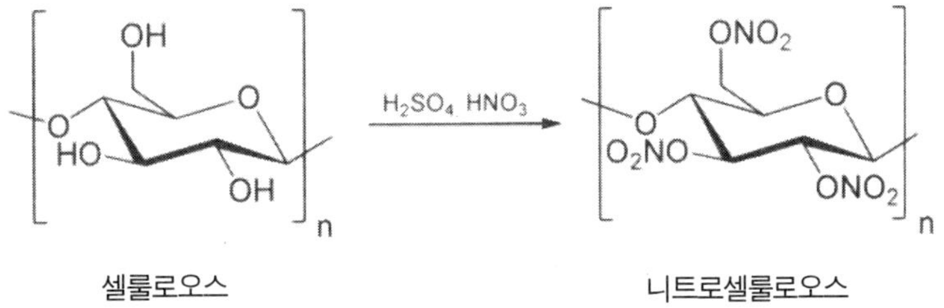

[그림 11.5] 니트로글리세린과 니트로셀룰로오스의 질화반응

추진제 조성은 또한 수많은 가스발생 장치에 사용된다. 피스톤을 작동시키고 스위치를 작동시키고 항공기로부터 비행사를 탈출시키고 기타 종합적인 주요 기능을 수행하는데 가스압력이 사용된다. 군용 및 우주 산업에서는 이러한 제품들을 많이 사용하며 이것은 신속하게 작동되도록 설계되고 원격으로 작동될 수 있다.

11.7.9 색불꽃/색연막/소리 조성[1]

색화약으로는 백색, 적색, 청색, 녹색, 황색불꽃을 만드는 조성물이 일반적이다. 이러한 불꽃들은 군용 신호기, 선박용 신호기, 고속도로 신호홍염 및 불꽃놀이에 이르기까지 다양한 분야에 이용된다.

11.7.9.1 백색 조성

백색 불꽃을 방출하기 위해서는 고온에서 연소하여 백열성의 고체 또는 액체 입자들과 함께 상당히 많은 증기 상태의 들뜬 원자 또는 분자를 생성시키는 것이 필요하다. 백열성의 입자들은 전자기스펙트럼의 가시광선 영역에서 폭넓은 파장을 방출하여 백색 불꽃을 나타낸다. 고온의 불꽃에 의해서 보다 높은 에너지 전자 상태로 들뜬 증기 상태의 나트륨 원자로부터 나오는 강열한 빛은 군에서 널리 사용되는 $NaNO_3$/Mg/유기바인더 불꽃 조성에서 주요한 백색 불꽃의 근원이 된다.

Mg 또는 Al 연료가 백색 불꽃의 조성으로 가장 많이 알려져 있다. 이 금속들은 산화 시에 많은 열을 발생하며 그리고 고 융점의 MgO와 Al_2O_3 반응생성물은 이러한 연료들을 사용해서 얻을 수 있는 고온의 반응온도에서의 훌륭한 백색 빛의 방출물질이다. Ti와 Zr 금속들도 또한 백색불꽃 조성의 우수한 연료들이다.

백색 불꽃 혼합물의 산화제와 연료 선정에서 중요하게 고려해야 할 사항은 방출되는 열을 최대화시키는 것이다. 쉬드로브스키(Shidlovskiy)는 조명용 조성물에 대해서 최소 1.5kcal/gram을 가져야 한다고 하였다. 2000℃ 이하의 화염온도는 백열성의 입자들 또는 들뜬 가스 상의 나트륨 원자로부터 최소량의 백색 불꽃을 만들 것이다.

그러므로 처음 산화제를 선택할 때 $KClO_3$와 같은 발열성의 분해열을 갖는 것을 선택하여야 한다. 그러나 활성의 금속연료들과 염소산염과 과염소산염의 혼합물은 상용으로 사용하기에는 너무 예민하기 때문에 덜 예민하고 보다 안전한 질산염화합물이 보통 선정된다. $KClO_4$는 알루미늄, 마그네슘과 함께 포토플래쉬 혼합물로 사용된다. 이들은 극도로 반응성이 있는 조성으로 폭발 범위에 가까운 속도를 갖는다.

질산염은 분해 시 상당히 흡열을 하며 그래서 염소산염이나 과염소산염보다 열을 덜 발생시킨다. 이들은 사고에 대한 위험성도 적다. $Ba(NO_3)_2$가 백색 조성에 가끔 사용된다. 반응 시 생성된 BaO는 증기 상태(BaO의 비점은 약 2000℃)에서 넓은 범위의 분자상 백색 불꽃을 방출하는 우수한 물질이며 불꽃의 온도가 낮은 부분에서 발견되는 BaO의 응축 입자도 또한 백색 불꽃의 훌륭한 방출물이다.

$NaNO_3$는 자주 선정되는 또 다른 물질이다. 흡습성이 아주 많으므로 제조 및 저장 중에 수분을 차단하도록 주의해야 한다. $NaNO_3$는 나트륨의 저분자량 때문에 그램당 발열량이 우수하며 증기 상태에서 나트륨 원자로부터 나오는 강열한 불꽃은 총 불꽃의 강도에 상당히 영향을 미친다. 반면에 $NaNO_3$는 원자 또는 분자 방출의 우수한 원료는 아니지만 드물게 백색 불꽃 조성의 단독 산화제로 사용된다.

마그네슘 금속은 대부분 군용 조명 조성물 뿐 만이 아니라 많은 불꽃놀이 장치에서 발견되는 연료이다. 알루미늄과 티타늄금속, 마그날륨 그리고 삼황화안티몬(Sb_2S_3)은 많은 불꽃놀이 조성물에서 백색 불꽃 효과를 내기 위해서 사용된다. 백색 불꽃 조성으로 발표된 여러 가지 조성이 <표 11.50>에 나와 있다.

예상대로 성분들의 비율은 조성의 성능에 영향을 줄 것이다. 최적의 성능이 양론점 근처에서 예상되나 금속연료가 많으면 보통은 연소 속도와 빛의 강도를 증가시킨다. 금속이 많으면 혼합물의 열전도도를 증가시키며 이것에 의해서 연소에 도움을 주며 그리고 과잉의 연료 특히 마그네슘(비점 1107℃)과 같은 휘발성의 금속은 증발되어 주변 공기의 산소와 함께 연소하여 추가의 열과 빛을 만들어낸다. KNO_3/Mg 시스템은 군용 조명제로 광범위하게 사용된다. 이 시스템에 대한 테이터가 <표 11.51>에 있다.

〈표 11.50〉 백색 불꽃 조성

번호	성분	조성	번호	성분	조성
1	$Ba(NO_3)_2$	38.3	5	$AP(NH_4ClO_4)$	40
	KNO_3	25.2		$KClO_4$	30
	Mg	26.9		Sb_2S_3	14
	Wax	6.7		Starch	11
	Oil	2.9		Wood meal	5
2	$NaNO_3$	53	6	$KClO_4$	64
	Al	35		KNO_3	13
	W	7		Sb	13
	VAAR	5		Gum	10
3	$NaNO_3$	44	7	Teflon($-CF_2-CF_2-$)n	46
	Mg	50		Mg	54
	Laminac	6		NC	2.6
4	KNO_3	65			
	S	20			
	Sb	10			
	Fine black powder	5			

〈표 11.51〉 $NaNO_3$/Mg 시스템

조성번호	$NaNO_3$(%)	Mg(%)	선형연소 속도 (mm/sec)	반응열 (kcal/gram)
A	70	30	4.7	1.3
B	60	40	11.0	2.0
C	50	50	14.3	2.6

$NaNO_3$와 Mg 사이의 예상되는 반응은 다음과 같다.

$$5Mg + 2NaNO_3 \rightarrow 5MgO + Na_2O + N_2$$

gram	121.5	170
중량%	41.6	58.4

그러므로 <표 11.51>의 조성 A는 산소가 과잉 함유된다. 이것은 가장 느린 조성이며 가장 적은 열을 발생한다. 조성 B는 양론점에 아주 근접한다. 조성 C는 마그네슘이 과잉 함유된 조성이며 셋 중에서 가장 반응성이 좋다. 공기 중에서 과잉 마그네슘의 연소는 이 조성의 성능에 상당히 영향을 미칠 것임에 틀림없다.

고도의 영향이 이러한 조명 조성에 의해서 상당히 많이 나타날 것이며 특히 금속이 과잉으로 존재하는 경우가 그렇다. 높은 고도에서는 대기압이 감소하여 산소가 부족하기 때문에 과잉의 연료가 효과적으로 소모되지 않아 연소 속도가 느려질 것이다.

(1) 포토플래쉬(Photoflash) 조성물

〈표 11.52〉 포토플래쉬 조성물

조성번호	성분	중량%
1	$KClO_4$ Mg Al	40 34 26
2	$KClO_4$ Mg−Al 합금	40 60
3	$KClO_4$ $Ba(NO_3)_2$ Al	30 30 40
4	$Ba(NO_3)_2$ Mg Al	54.5 45.5 4

짧은 순간에 폭발성의 빛을 만들어내기 위해서 매우 빠르게 반응하는 조성이 필요하다. 반응성을 높이기 위해서 미세한 입자의 산화제와 연료가 사용되나 동시에 감도가 예민해진다. 그러므로 이러한 혼합물들은 제조하기가 매우 위험하며 혼합하는 작업은 항상 원격으로 수행되어야 한다. 여러 가지 대표적인 포토플래쉬 조성물이 <표 11.52>에 나와 있다.

군용 포토플래쉬 기술의 혁신은 산화제 없이 미세한 금속 분말을 함유하는 장치의 개발이었다. 대신에 고폭발성의 장약이 사용된다. 이 장약은 점화 시 고온에서 금속 입자들을 분산시키고 그리고 그들은 공기에 의해서 산화되어 백색의 불꽃을 만들어 낸다. 이 조명장치를 만드는데 산화제와 연료를 위험하게 혼합하는 작업은 필요하지 않다.

(2) 스파크 조성물

밝은 스파크의 제조는 불꽃놀이 제조자들과 특수 효과 산업에 이용될 수 있는 중요한 효과 중의 하나이다. 스파크는 많은 파이로테크닉 조성물이 연소할 때 일어나며 이들은 원하는 특성일 수도 있고 아닐 수도 있다.

스파크는 액체 또는 고체 입자들이 고에너지 반응 시 생성되는 가스 압력에 의해서 조성으로부터 방출된다. 백열성의 온도로 가열된 이 입자들은 불꽃 영역을 벗어나 냉각됨에 따라 계속해서 빛을 발산하거나 또는 대기 중의 산소와 반응을 지속한다. 연료의 입도는 주로 스파크의 양과 크기를 결정하며 입도가 클수록 스파크는 더 클 것이다. 열의 생성을 위한 미세한 연료 입자와 스파크 효과를 위한 큰 입자의 조합이 가끔 사용된다.

금속 입자들 특히 알루미늄, 티타늄 및 마그날륨 합금의 입자들은 백색의 우수한 스파크를 만들어낸다. 아주 큰 입도의 목탄도 또한 오렌지색의 독특한 스파크를 만드는데 잘 사용된다. 철 입자로부터의 스파크는 골드에서부터 백색까지 나오며 이것은 반응온도에 따라 만들어진다.

마그네슘 금속은 우수한 스파크 효과를 나타내지 않는다. 이 금속은 비점이 1107℃로 낮으며 그래서 증발되어 파이로테크닉 불꽃에서 완전하게 반응하는 경향이 있다. "마그날륨"은 진기한 크래클링(Crackling) 소리를 내면서 공기 중에서 연소하는 우수한 스파크를 만들 수 있다.

여러 가지 스파크 조성이 <표 11.53>에 나와 있다. 연료의 입도는 스파크를 만드는데 아주 중요하다는 것을 기억하라. 이상적인 입도를 찾기 위해서는 실험이 필요하다.

[표11.53] 스파크 조성

번호	성 분	중량%	효 과	비 고
1	KNO_3 S Pure charcoal	58 7 35	골드스파크	
2	$Ba(NO_3)_2$ Steel filings Dextrine Al powder Fine charcoal Boric acid	50 30 10 8 0.5 1.5	골드스파크 (골드스파클러)	
3	$KClO_4$ Ti Dextrine	42.1 42.1 15.8	백색스파크	덱스트린과 물로부터 페이스트를 만든 후, 산화제와 연료를 섞는다.
4	$KClO_4$ Bright Al powder Flitter Al(30~80mesh) Flitter Al(5~30mesh)	50 25 12.5 12.5	백색스파크 "나이아가라폭포" 효과	

골드 스파크 효과에 있어서 연료는 완전 연소하기 전에 화염으로부터 빠져나올 정도로 충분히 큰 입자를 가져야 한다. 또한 산화제는 효과가 그다지 크지 않아야 하거나 화염에서 완전하게 반응이 일어나야 한다. 목탄 스파크는 아주 뜨거운 산화제들과는 만들어지기가 어렵다. 낮은 화염온도를 갖는 KNO_3가 가장 좋다. 화염으로부터 입자들의 방출을 시키기 위한 약간의 가스 생성이 필요하다. 목탄, 기타 유기연료와 바인더 그리고 질산염 이온은 이러한 목적의 가스를 생성한다.

(3) 플리터와 반짝이(Flitter and Glitter)

스파크 발생 조성에서 연료와 산화제를 잘 선정하면 여러 가지 재미있는 시각적 효과를 나타내는 것들이 만들어질 수 있다. 이러한 것에 대하여 상세하게 검토한 자료가 여러 가지 조성으로 발간되어 왔다.

플리터는 큰 알루미늄 플레이크의 연소로부터 만들어지는 날아다니는 형태의 큰 백색 스파크이다. 이 플레이크는 화염으로부터 방출되면서 계속해서 연소하여 아름다운 백색의 효과를 내며 이들은 다양한 불꽃놀이 제품에 사용된다.

반짝이(Glitter)는 용융된 액적에 의해서 생성되는 효과로 만들어지는 용어로 화염으로부터 방출하면서 공기 중에서 점화하여 밝은 빛의 반짝이를 생성한다. 반짝이 현상을 얻기 위해서는 질산염(KNO_3가 가장 좋다)과 황 또는 황화물이 필수적이다. 저융점의 KNO_3(334℃)가 적어도 부분적으로 이러한 효과를 내는 액체 상태를 생성할 확률이 높다. 여러 가지 반짝이 조성이 <표 11.54>에 나와 있다. 마그네슘 또는 마그날륨 합금을 함유하는 어떤 조성은 반짝이는 플래쉬 라이트와 같은 방식으로 연소하는 능력을 갖고 있는데 이것은 두 가지의 상이한 반응이 포함되는 신기한 현상이다. 빠르게 빛을 방출하는 반응을 일으키기 위해 충분한 열이 발생될 때까지 느리고 어두운 과정이 일어난다. 어둡고 밝은 반응이 교대로 일어나 이러한 섬광등과 같은 효과를 내는 것이다.

〈표 11.54〉 반짝이 조성

번호	성 분	중량%	효 과	특기사항
1	KNO_3 "Bright" Al powder 덱스트린 Sb_2S_3 S 목탄	55 5 4 16 10 10	금백색 반짝이	타상연화의 성에 사용
2	KNO_3 "Bright" Al powder 덱스트린 Sb_2S_3 S 목탄	55 5 4 14 8 8	금색 반짝이	타상연화의 성에 사용
3	KNO_3 S 목탄 Aomized Al Fe_2O_3 $BaCO_3$ $Ba(NO_3)_2$	55 10 10 10 5 5 5	금백색 반짝이	파운틴에 사용

11.7.9.2 색불꽃 조성

어떤 원소와 화합물은 고온으로 가열되었을 때 전자기스펙트럼의 가시광선 영역(380-780 nanometer)에서 선 또는 가느다란 밴드의 빛을 방출하는 독특한 특성을 갖는다. 이러한 빛의 방출은 사람들에게 색으로 인식되며 그리고 색불꽃의 제조는 파이로테크닉 화학자들에 의해서 개발되어야 할 가장 중요한 목표 중의 하나였다. <표 11.55>에는 여러 영역의 가시광선 스펙트럼과 관련된 색들을 열거하였다. 또한 보색(백색 불꽃에서 가시광선 스펙트럼의 특정 부분을 제외해서 보면 인식되는 색)도 <표 11.55>에 기재하였다.

색을 만들기 위해서는 열과 색을 방출하는 물질이 필요하다. 열 발생 혼합물에 가해진 나트륨 화합물들은 노란색을, 스트론튬 염은 적색을, 바륨과 구리화합물은 녹색을 그리고 구리를 갖는 혼합물들은 청색을 만들어낸다. 색은 좁은 밴드의 빛의 방출(예: 435-480 nanometer의 범위에서 청색빛) 또는 특정 색을 만들기 위해 조합되는 여러 범위의 빛의 방출에 의해서 생성될 수 있다. 예를 들어 청색 불꽃과 적색 불꽃이 적당한 비율로 혼합되면 자주색 불꽃을 만들 수 있다. 색 이론은 복잡한 주제이나 이것은 색불꽃을 만들고 싶어 하는 사람들에 의해서 연구되어야 하는 것이다. 선명한 색불꽃을 만드는 것은 백색을 만드는 것보다 훨씬 더 도전적인 과제이다. 만족스러운 효과를 얻기 위해서는 여러 인자들의 미묘한 밸런스가 필요하다.

〈표 11.55〉 가시광선 스펙트럼

파장(nanometer)	방출색	보색
<380	없음(자외선 영역)	–
380–435	보라색	황녹색
435–480	청색	황색
480–490	녹청색	오렌지색
490–500	청녹색	적색
500–560	녹색	자주색
560–580	황녹색	보라색
580–595	황색	청색
595–650	오렌지색	녹청색
650–780	적색	청녹색
>780	없음(적외선 영역)	–

① 원하는 파장 또는 혼합 파장을 방출하는 원자 또는 분자들이 파이로테크닉 불꽃에 존재하지 않으면 안 된다.

② 방사체들은 파이로테크닉 반응 온도에서 증기 상태로 존재하기 위해서는 충분히 휘발성이 있어야한다. 화염온도는 사용되는 특정 조성에 따라 1000-2000℃의 범위일 것이다.

③ 방사체를 들뜬 전자 상태로 만들기 위해 산화제/연료 반응에 의해서 충분한 열이 발생되어야 한다. 쉬드로브스키(Shidlovskiy)는 최소 0.8kcal/g의 열량이 필요하다고 하였다.

④ 방사체를 휘발시키고 들뜨게 하기 위해서는 열이 필요하지만 그러나 분자 물질의 해리온도(또는 원자물질의 이온화 온도)를 초과하지 말아야 하며 그렇지 않으면 색상 품질이 떨어질 것이다. 예를 들어 녹색 방사물질 BaCl은 2000℃ 이상에서 불안정하며 가장 훌륭한 청색 방사체인 CuCl은 1200℃ 이상으로 가열되어서는 안 된다. 그러므로 증발되는 물질이 들뜬 전자상태가 되도록 온도가 충분히 높아야 하지만 해리를 최소화하도록 온도가 충분히 낮아야 하는 온도 범위가 필요하다.

⑤ 불꽃에서 백열성의 고체 또는 액체 입자의 존재는 색상 품질에 불리한 영향을 준다. 백색 불꽃의 "흑체" 방사는 전체적인 방출 강도를 증가시킬 것이지만 그러나 색상 품질은 감소될 것이다. "색이 바랜" 색상이 관측자에게 인식될 것이다. 색상 조성에 마그네슘 또는 알루미늄 금속을 사용하면 불꽃

의 온도가 매우 높고 전체적으로 강도가 높아질 것이나 그러나 백열성의 산화마그네슘 또는 산화알루미늄 생성물로 부터의 폭 넓은 방사는 색상의 순도를 낮출 것이다.

⑥ 불꽃에 원하지 않은 원자 또는 분자 방사체가 최소로 존재하도록 모든 노력을 기울여야 한다. 나트륨화합물은 황색을 제외하고는 어떠한 색상 혼합물에도 사용될 수 없다. 나트륨 원자로부터의 강한 황색의 방사(589 나노미터)는 다른 색상들을 압도할 것이다. 칼륨은 약한 보라색 불꽃(거의 450 나노미터)을 방사하지만 혼합물 내의 칼륨 화합물에 의해서 우수한 적색과 녹색 불꽃이 만들어질 수 있다. 과염소산암모늄은 색상 품질을 방해하는 아무런 금속 이온을 갖고 있지 않기 때문에 색상 조성에 유리하다. 그러므로 가장 좋은 산화제는 금속이온을 가져야 하며 이 금속 이온의 원자 또는 분자형태에서의 방사가 색불꽃을 만드는데 사용된다. 만약 이러한 산화제가 상업적으로 이용될 수 있다면 주효하며 사용하기에 안전할 것이다. 이러한 논리에 의해 녹색 불꽃 혼합물에는 질산바륨 또는 염소산바륨이 선정될 것이다. 질산스트론튬이 비록 흡습성이 있지만 적색 조성에 자주 사용된다. 산화성 음이온을 갖는 다른 스트론튬염(예: 적색용으로 탄산스트론튬)이 흡습성과 안전성을 고려하여 필요할 수도 있다. 그러나 이러한 불활성 성분들은 화염의 온도를 낮추는 경향이 있으며 그러므로 빛의 강도를 낮추어 준다. 이러한 경우에 만족스러운 색깔을 만들기 위해 저함량의 색화제 성분이 사용되어야 한다.

⑦ 만약 색화제 혼합물에 바인더가 필요하면 최소량으로 사용되어야 한다. 탄소를 함유하는 화합물들은 탄소가 불꽃에서 산화하여 오렌지 색깔을 만들 것이다. 이미 충분히 산화된 바인더(고산소 함량의 하나로 덱스트린과 같은)를 사용하면 이러한 문제를 최소화할 수 있다. 온도가 높고 산소가 풍부한 조성이 준비되지 않는다면 산소가 거의 없거나 아예 없는 파라핀과 같은 바인더는 피해야 한다.

(1) 산화제의 선정

좋은 산화제에 대한 많은 필요조건이 앞서 상세하게 검토된 바가 있다. 색화제용 산화제는 그러한 모든 필요조건을 만족시켜야 하며 또한 원하는 색깔을 내기 위해서 적절한 파장의 빛을 내야 하며 또는 다른 성분으로 만들어진 색깔로 방해하는 어떠한 빛도 방출하지 말아야 한다.

또한 산화제는 적절한 파장 범위 내에 있는 빛을 최대로 방출하는 화염온도를 만드는 연료와 반응해야 한다. 만약 온도가 너무 낮으면 부족하게 들뜬 분자들이 만들어지고 약한 색깔의 강도가 관찰된다. 너무 온도가 높은 화염온도는 분자 방사체를 분해시켜 색깔의 품질을 파괴한다.

<표 11.56>는 산화제/셀락 혼합물의 화염온도에 대한 데이터이다. 옥살산나트륨은 황색 불꽃을 내는데 첨가되는 물질이다.

<표 11.56>의 데이터에서 높은 흡열분해반응을 갖는 질산칼륨은 다른 세 가지의 산화제에 비해서 셀락과의 반응 화염온도가 상당히 낮다. 질산염 조성의 황색 빛의 강도는 상당히 낮을 것이다.

색화제 혼합물에 질산칼륨을 사용하기 위해서는 불꽃온도를 높이는 마그네슘과 같은 연료를 포함하는 것이 필요하다. 휘발성의 BaCl(녹색), 또는 SrCl(적색) 방사체를 만들기 위해서는 염소 공급원이 필요하다. 또한 불꽃에서 염소가 존재하면 색깔의 질을 저해하는 산화마그네슘 및 산화스트론튬 또는 산화바륨의 형성을 막는데 도움이 된다. 쉬드로브스키(Shidlovskiy)는 마그네슘 금속이 연료로 사용될 때 색화제 조성에 최소 15%의 염소를 사용할 것을 제안하였다.

〈표 11.56〉 산화제/셀락 혼합물의 화염온도

조성		여러 산화제에 대한 화염 온도(℃)			
		$KClO_4$	NH_4ClO_4	$KClO_3$	KNO_3
1	75% 산화제 15% 셀락 10% 옥살산나트륨*	2250	2200	2180	1675
2	70% 산화제 20% 셀락 10% 옥살산나트륨	2125	2075	2000	1700
3	65% 산화제 25% 셀락 10% 옥살산나트륨	1850	1875	1825	1725

※ 옥살산나트륨 또는 수산소다($Na_2C_2O_4$)는 황색불꽃을 만든다. 황색불꽃의 강도는 화염온도를 결정하는데 사용된다.

(2) 연료와 연소 속도

색화제를 포함하는 응용분야에서는 오래 연소하는 조성이거나 또는 폭발성의 급속히 연소하는 혼합물을 필요로 할 것이다.

고속도로용 신호홍염과 세트 연화를 만드는데 사용되는 란스(Lance)는 1～30분의 범위에 이르는 긴 연소 시간을 필요로 한다. 금속 분말과 목탄과 같은 빠른 연료들은 보통 이러한 느린 혼합물에 포함되지 않는다. 덱스트린과 같이 부분적으로 산화된 유기 연료가 사용될 수 있다.

입자가 큰 산화제와 연료 입자들이 또한 연소 속도를 느리게 할 수 있다. 고속도로 신호홍염에는 가끔 느린 연소 속도를 얻기 위해 억제제로서 큰 입자의 톱밥이 사용되기도 한다.

타상연화에 사용되는 밝은 색깔의 "성"과 신호용 권총의 탄약통에서와 같이 빠른 연소를 얻기 위해서 조성은 목탄 또는 금속연료(보통은 마그네슘)을 포함하여야 한다. 미세한 입자가 사용되어야 하며 그리고 모든 성분들은 아주 균일한 혼화도를 얻기 위해서 잘 혼합되어야 한다. 그래야 빠르게 연소하는 혼합물이 얻어진다.

(3) 색상 강화제

염소는 우수한 적색, 녹색, 및 청색 불꽃을 만드는데 핵심이 되는 물질이며 우수한 색깔의 불꽃을 얻기 위해서는 파이로테크닉 혼합물에 이 물질이 있어야 한다. 염소는 파이로테크닉 불꽃에서 중요한 두 가지의 기능을 한다. 염소는 색을 형성하는 금속과 함께 휘발성의 염소를 함유하는 분자를 형성하여 증기 상에서 방사체의 농도를 충분히 보장한다. 또한 이 염소함유물은 색불꽃을 생산하는 좁은 밴드의 가시광선의 우수한 방사체이다. 휘발성과 빛의 방사의 두 가지 특성이 없으면 우수한 색깔을 얻기 어려울 것이다.

염소산염 또는 과염소산염 산화제의 사용($KClO_3$, $KClO_4$ 등)은 염소 원자를 파이로테크닉 불꽃에 주입시킬 수 있는 하나의 방법이다. 다른 방법으로는 염소가 풍부한 유기화합물을 혼합물에 넣는 것이다. <표 11.57>에는 파이로테크닉 혼합물에 일반적으로 사용되는 염소 공급제들이 나와 있다.

〈표 11.57〉 파이로테크닉 혼합물의 염소 공급제

물질	분자식	융점(℃)	염소 (중량%)
Polyvinyl chloride	$(-CH_2CHCl-)_n$	약 80에서 연화, 약 160에서 분해	56
Parlon(chlorinated polyisopropylene)	-	약 140에서 연화	약 66
Hexachlorobenzene	C_6Cl_6	229	74.7
Dechlorane(hexachloropentadiene dimer)	$C_{10}Cl_{12}$	160	78.3
Hexachloroethane	C_2Cl_6	185	89.9

색상 품질의 극적인 증가는 혼합물에 이들 물질 중의 하나를 소량 첨가함으로써 이루어질 수 있다. 시미즈(Shimizu)는 금속 연료를 포함하지 않은 조성에는 2~3%의 유기염소화합물을 그리고

금속 연료를 포함하는 고온의 혼합물에는 10~15%의 염소화합물을 첨가할 것을 권장하고 있다.

시미즈(Shimizu)는 마그네슘이 함유된 조성에서 이들 염소화합물은 염화수소(HCl)를 생성하며, 이것은 산화마그네슘과 반응하여 휘발성의 MgCl 분자를 형성한다. MgO 입자에서 나오는 백열성 방사는 이것에 의해서 감소되며 그리고 색상 품질은 상당히 개선된다.

$$MgO + HCl \rightarrow MgCl + OH$$

(4) 적색 불꽃 조성

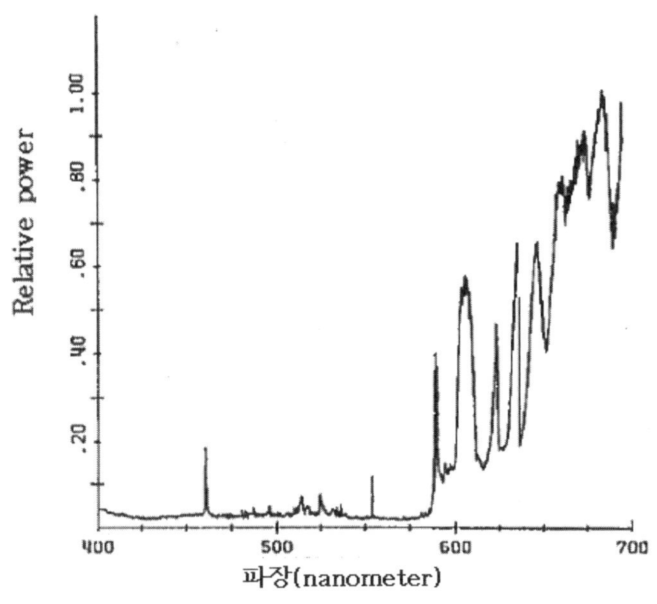

[그림 11.6] 적색 불꽃 스펙트럼

※ 방사는 600~700nm 영역에서 집중된다. 주 방사 물질은 증기 상태의 SrCl과 SrOH 분자이다. 이 스펙트럼의 불꽃 조성은 $KClO_4$(20.5%), $Sr(NO_3)_2$(34.7%), Mg(24.4%), PVC(11.4%) 및 아스팔트(9.0%)이다.

가시광선 스펙트럼의 적색 영역에서 가장 좋은 불꽃은 SrCl 분자에 의해서 생성된다. 상온에서 불안정한 이 물질은 파이로테크닉 불꽃에서 Sr 과 Cl 원자 사이의 반응에 의해서 발생된다. $SrCl_2$는 SrCl의 전구체로 나타날 것이며 이것은 상업적으로 쉽게 이용할 수 있으나 파이로테크닉 혼합물에서 사용하기에는 흡습성이 너무 심하다.

SrCl 분자는 620-640 나노미터 영역에서 일련의 밴드를 방출하며 이것은 가시광선 스펙트럼의 진홍식 부분이다. 다른 피크들도 관측된다. SrOH는 적색과 황적색 영역의 또 다른 방사체이다. 적색 불꽃 스펙트럼은 [그림 11.6]과 같다.

〈표 11.58〉 적색 불꽃 조성

조성번호	원료명	중량%	용 도
1	NH_4ClO_4	70	적색횃불
	$SrCO_3$	10	
	Wood meal(slow fuel)	20	
2	$KClO_4$	67	적색연화성
	$SrCO_3$	13.5	
	Pine root pitch	13.5	
	Rice starch	6	
3	$KClO_4$	32.7	적색연화성
	NH_4ClO_4	28.0	
	$SrCO_3$	16.9	
	Red gum	14.0	
	$C_6H_{12}N_4$(Hexamethylenetetramine)	2.8	
	Charcoal	1.9	
	Dextrine(dampen with 3:1 water/alcohol)	3.7	
4	$KClO_4$	44	적색신호불꽃 (잔사가 매우 적음)
	$Sr(NO_3)_2$	31	
	Epoxy fuel/binder	25	

$Sr(NO_3)_2$는 적색 불꽃 조성의 산화제와 색화제 원료의 조합으로서 가끔 사용된다. $KClO_4$와 같은 고온의 산화제는 보다 높은 온도와 보다 빠른 연소 속도를 얻도록 하기 위해서 자주 사용된다. $Sr(NO_3)_2$는 흡습성이 매우 많으며 이 산화제를 사용하는 혼합물에 바인다 용해용으로 물이 사용될 수 없다. $SrCO_3$는 흡습성이 상당히 적으며 적절한 조건하에서 아름다운 적색 불꽃을 낼 수 있다. 그러나 이것은 불활성의 음이온(CO_3^{-2})을 함유하고 있어 연소 곤란성을 피하기 위해 적은 양을 사용하여야 한다.

불꽃에서 SrCl을 산화로부터 지키기 위해 쉬드로브스키(Shidlovskiy)는 음의 산소평형을 함유하는 조성을 사용할 것을 권장한다. 그러한 혼합물은 다음의 반응을 최소화시키고, 그리고 색상의 품질을 증가시킨다. 많은 적색 조성들이 <표 11.58>에 나와 있다.

$$2SrCl + O_2 \rightarrow 2SrO + Cl_2$$

(5) 녹색 불꽃 조성

바륨화합물과 우수한 염소원을 갖는 파이로테크닉 조성은 화염 내에서 염화바륨(BaCl)을 생성하여 녹색 불빛을 방사할 것이다. 고온에서 불안정한 물질인 BaCl은 가시광선스펙트럼의 505~535 nm 영역에서 탁월한 진녹색의 방사물이다. 녹색 불꽃의 방출 스펙트럼은 [그림 11.7]과 같다.

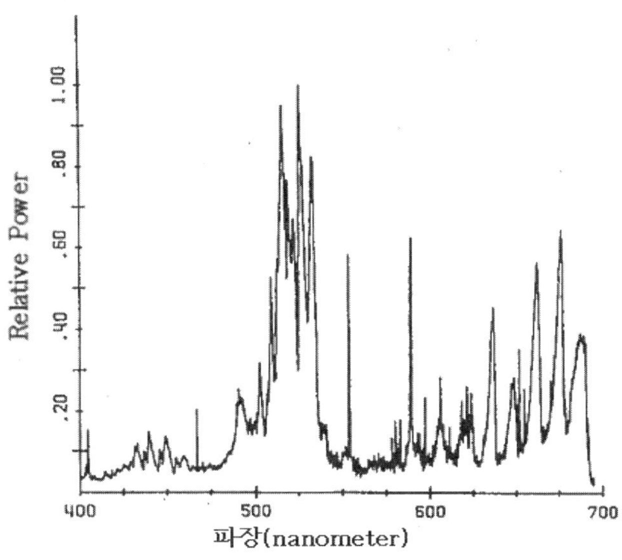

[그림 11.7] 녹색 불꽃 스펙트럼

$Ba(NO_3)_2$와 $Ba(ClO_3)_2$는 둘 다 모두 산화제와 녹색원료로 녹색 불꽃을 생성하는데 가장 자주 사용된다. $Ba(ClO_3)_2$는 진녹색을 생성할 수 있으나 이것은 약간 불안정하여 우수한 연료와 함께 폭발성의 혼합물을 만들 수 있다. $Ba(NO_3)_2$는 그런대로 괜찮은 녹색 불꽃을 생성하며 분해온도가 높고 분해 시 흡열반응을 하기 때문에 상당히 안전하다. $BaCO_3$는 또 다른 가능 물질이지만 이것은 불활성음이온 CO_3^{-2} 때문에 소량 사용되어야 한다.

우수한 품질의 녹색 불꽃을 만들기 위해서는 산소가 부족한 불꽃이 필요하다. 그렇지 않으면 BaO가 형성되어 480~600nm의 범위에서 일련의 밴드를 방출하여 흐릿한 황녹색의 색상을 만들어낼 것이다. 반응은 다음과 같다.

$$2BaCl + O_2 \rightarrow 2BaO + Cl_2$$

〈표 11.59〉 녹색 불꽃 조성

조성번호	원료명	중량%	용 도
1	NH_4ClO_4	50	녹색횃불
	$Ba(NO_3)_2$	34	
	Wood meal	8	
	Shellac	8	
2	$Ba(ClO_3)_2$-H_2O	65	녹색횃불
	$Ba(NO_3)_2$	25	
	Red gum	10	
3	$KClO_4$	46	녹색연화성
	$Ba(NO_3)_2$	32	
	Pine root pitch	16	
	Rice starch	6	
4	$Ba(NO_3)_2$	59	러시아녹색성
	PVC	22	
	Mg	19	

염소가 풍부하고 산소가 부족할 때에는 반응이 좌측으로 치우칠 것이며 우수한 녹색 색상이 얻어질 것이다. 화염 온도가 너무 높으면 BaCl을 분해할 것이다. 그렇지만 어째든 금속연료가 사용된다면 최소로 하여야 한다. 온도가 낮은 불꽃이 가장 좋다.

이러한 온도 의존성과 염소원에 대한 필요가 중요하다는 것을 기억해야 한다. $Ba(NO_3)_2$와 Mg금속의 2성분계 혼합물은 점화되었을 때 이 혼합물에 의해서 얻어지는 고온에서의 MgO와 BaO의 조합으로부터 눈부신 백색 불꽃이 나온다. 온도를 낮추어 주고 Cl 원자를 BaCl 로 형성시키기 위한 염소 함유의 유기 연료를 첨가하면 녹색 불꽃을 만들 수 있다. 여러 가지 녹색 불꽃 조성은 <표 11.59>과 같다.

(6) 청색 불꽃 조성

강열하고, 진한 청색 불꽃을 만드는 것은 파이로테크닉 화학자에게 최대의 도전 과제이다. 우수한 청색을 만들려면 온도와 분자 거동의 미묘한 조화가 필요하며 이 조건들이 잘 맞아야 만들어질 수 있다.

가시광선 스펙트럼에서 최상의 청색 불꽃은(435～480 nanometer) CuCl로부터 얻어진다. 이 분자로부터의 불꽃 방출은 476～488 nm 사이에서 추가 피크와 함께 428～452 nm의 영역에서 일련의 밴드를 생성한다.

산소가 풍부하고 온도가 1200℃ 이상인 화염에서 CuCl은 불안정하며 반응해서 CuO와 CuOH를 형성할 것이다. CuOH는 525～555 nm 영역에서 방출하며(녹색!) 상당한 방출이 청색 효과를 압도할 것이다. CuO는 적색 영역에서 일련의 밴드를 방출하며 그리고 이 적색의 방출은 가끔 청색 불꽃의 상부에서 보여 지는데 이것은 대기의 충분한 산소가 CuCl과 반응하여 CuCl을 CuO로 전환시키기 때문이다.

파리스그린[Paris green, Copper acetoarsenite, $(CuO)_3As_2O_3Cu(C_2H_3O_2)$]은 몇 년 전까지만 해도 청색 불꽃 혼합물에 널리 사용되었다. 이것은 우수한 청색 불꽃을 생산하지만 비소를 함유하기 때문에 건강 유해 위험성 때문에 산업용 조성에서 거의 사라지게 되었다.

CuO, $CuCO_3 \cdot Cu(OH)_2$ 및 황산구리(상업적으로 $CuSO_4 \cdot 5H_2O$로 이용)가 청색 불꽃 혼합물에 사용된다. $KClO_4$와 NH_4ClO_4는 대부분의 청색 조성에 사용되는 산화제들이다. $KClO_3$는 반응을 저온으로 유지시키는 능력(CuCl은 1200℃ 이상에서 불안정)이 있기 때문에 이상적인 선택이 될 수 있으나 $CuClO_3$은 극도로 반응성이 큰 물질이다. 청색혼합물이 습상일 때 $CuClO_3$가 만들어 질 수 있 수 있기 때문에 $KClO_3$를 상업적으로 사용하는 것이 금지된다. 여러 가지 청색 불꽃 조성이 <표 11.60>에 나와 있다.

〈표 11.60〉 청색 불꽃 조성

조성번호	원료명	중량%	용 도
1	$KClO_4$ PVC CuO Red gum Rice starch	68.5 9 15 7.5 5(추가%)	청색불꽃 "탁월"
2	$KClO_4$ NH_4ClO_4 $2CuCO_3$–$Cu(OH)_2$ Red gum	40 30 15 15	청색불꽃
3	$KClO_4$ $2CuCO_3$–$Cu(OH)_2$ PVC Red gum Rice starch	68 15 11 6 5(추가%)	청색불꽃 "탁월"
4	NH_4ClO_4 Red gum $2CuCO_3$–$Cu(OH)_2$ Charcoal Dextrine(moisten with isopropyl alcohol)	70 10 10 10 5(추가%)	목탄 테일을 갖는 청색연화성

(7) 자주색 불꽃 조성

〈표 11.61〉 자주색 불꽃 조성

조성번호	원료명	중량%	비 고
1	$KClO_4$ PVC Red gum CuO $SrCO_3$ Rice starch	70 10 5 6 9 5(추가%)	"탁월"
2	$KClO_4$ PVC Red gum Copper powder, Cu $SrCO_3$ Rice starch	70 10 5 6 9 5(추가%)	"탁월"

파이로테크닉에 비교적 새로운 불꽃인 자주색 불꽃은 적색과 청색 불꽃의 혼합으로 얻어질 수 있다. 이러한 두가지 색상을 혼합하면 자주색의 불꽃을 볼 수 있다. 여러 가지 자주색 불꽃 조성이 <표 11.61>에 나와 있다.

(8) 황색 불꽃 조성

황색 불꽃은 나트륨으로부터의 원자 방출에 의해서 얻어진다. 589 nm에서 방출강도는 반응온도가 증가함에 따라 증가한다. 여기에서는 분자 방출 물질이 분해되지 않는다. 나트륨 원자의 나트륨 이온으로의 이온화가 아주 높은 온도에서 일어날 것이므로 여기에서도 최대의 색상 품질을 위해서 피해야 할 온도의 상한선이 있다. 황색 불꽃의 방출 스펙트럼은 [그림 11.8]과 같다.

대부분의 나트륨 화합물은 흡습성이 대단히 크며 그래서 $NaNO_3$, $NaClO_3$ 및 $NaClO_4$와 같은 화합물들은 금속 방출물과 산화성 음이온이 결합되어 있으므로 제조 전, 중, 후에 수분을 방지하지 않으면 사용될 수 없다. $Na_2C_2O_4$와 Na_3AlF_6(빙정석)는 흡습성이 낮으므로 대부분의 산업용 황색 불꽃 혼합물에 색상제로 사용된다. 대표적인 황색 조성이 <표 11.62>에 나와 있다.

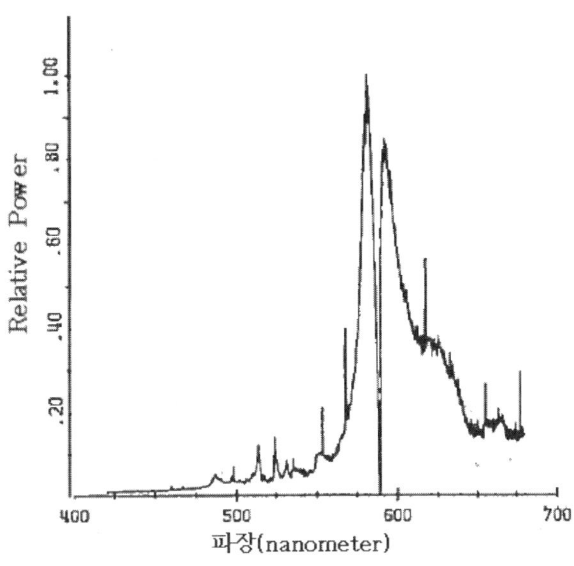

[그림 11.8] 황색 불꽃의 방출 스펙트럼

※ 주요 방출 물질은 원자 나트륨이며, 589 nm 근처에서 중심화된 강도를 갖는다. 이 불꽃의 조성은 $KClO_4$(21.0%), $Ba(NO_3)_2$(20.0%), Mg(30.3%), sodium oxalate(19.8%), 아스팔트(3.9%) 및 바인더(5.0%)이다. 589 nm에서의 강한 원자 나트륨 방출이 바륨이 함유되어 있는 물질로 부터의 녹색 밴드들을 제압한다.

〈표 11.62〉 황색 불꽃 조성

조성번호	원료명	중량%	용 도	조성번호	원료명	중량%	용 도
1	$KClO_4$ $Na_2C_2O_4$ Red gum Shellac Dextrine	70 14 6 6 4	황색연화성	4	KNO_3 $Na_2C_2O_4$ Mg Resin	37 30 30 3	러시아황색불꽃
2	$KClO_4$ Na_3AlF_6 Red gum	75 10 15	황색불꽃	5	$Ba(NO_3)_2$ $Sr(NO_3)_2$ $KClO_4$ Na2C2O4 C_6Cl_6 Mg Linseed oil	17 16 17 17 12 18 3	황색불꽃
3	$NaNO_3$ Mg PVC	56 17 27	러시아황색불꽃				

11.7.9.3 연막 조성

(1) 연막의 생성

대부분의 화약류와 파이로테크닉 반응은 상당한 양의 연기를 발생하며 그리고 이것은 원하는 것일 수도 있고 원하지 않는 것일 수도 있다. 연막은 색불꽃을 가리기 때문에 색불꽃 조성에서는 연기의 생성을 최소로 유지하려고 한다. 여러 가지 연막 조성들이 주간신호와 군대 및 장비의 엄폐뿐 만아니라 오락의 목적에 사용하기 위해서 의도적으로 만들어진다.

연막을 만들기 위해서는 증발된 물질의 응축과 고체 또는 액체 입자들의 분산이라고 하는 두 가지의 기본적인 과정이 사용된다. 물질들은 파이로테크닉 반응을 경유하면서 서서히 방출되거나 또는 폭발물에 의해서 순간적으로 흩어질 수 있다. 기술적으로 공기 중의 미세한 고체 입자의 분산을 연막이라고 부르며 반면에 공기 중에 액체 입자들을 안개라고 한다. 연막은 10^{-5}~10^{-9}m의 범위에 있는 입자들에 의해서 만들어지며 더 큰 부유된 입자들은 먼지를 만들어낸다.

연막을 발생시키는 여러 가지 과정들이 파이로테크닉 불꽃에서 일어난다. 유기 연료의 불완전한 연소는 검고 그을음이 있는 불꽃(주로 탄소)를 생산할 것이다. 설탕과 같이 산소가 많은 연료는 쉽게 탄소를 생산하지 않는다. 나프탈렌($C_{10}H_8$)과 안트라센($C_{14}H_{10}$)같은 물질들은 탄소함량이 높은 휘발성의 고체로 검댕을 생산하는 우수한 후보들이다. 흑색 연막을 생산하는 여러 가지 혼합물이 <표 11.63>에 나와 있다.

〈표 11.63〉 흑색 연막 조성

조성번호	성 분	함량(중량%)
1	$KClO_3$ $C_{14}H_{10}$	55 45
2	$KClO_3$ $C_{10}H_8$ Charcoal	45 40 15
3	$KClO_4$ Sulfur $C_{14}H_{10}$	56 11 33
4	Hexachloethane(C_2Cl_6) Mg $C_{10}H_8$ 또는 $C_{14}H_{10}$	62 15 23

산화제와 연료의 반응열은 휘발성 성분을 아무런 화학반응을 일으키지 않으면서 증발시킨다. 원래 조성의 일부분이었던 증발된 성분은 반응영역을 벗어나면서 미세한 고체 입자로 응결되어 연막이 형성된다. 유기염료, 염화암모늄 및 유황은 이러한 방법을 사용하는 연막을 형성하는데 사용될 수 있다.

또는 파이로테크닉 반응이 별도의 용기에서 일어날 수 있고 그리고 생성된 열은 인접한 칸에 들어있는 연기를 발생하는 성분을 증발시킨다. 백색 연막을 만드는 중유의 증발과 분산은 이러한 기술을 사용한다.

마지막 방법으로 파이로테크닉 반응의 생성물이 반응 영역으로부터 증발됨과 동시에 공기 중에서 미세한 입자로서 응결되어 연기를 형성한다. 비록 연기가 보통 $KClO_3$와 $KClO_4$ 조성으로부터 구해지는 목표는 아니지만 KCl(비점 1407℃)은 많은 $KClO_3$와 $KClO_4$ 혼합물에서 연기를 생산한다.

우수한 백색 연기가 아연 금속과 유기염소화합물(염소를 함유하는 물질은 산화제로 작용한다)의 반응으로부터 생성되는 $ZnCl_2$의 형성에 의해서 얻어질 수 있다. $ZnCl_2$와 같이 강하게 수분을 끌어들이는 반응 생성물은 습도가 높은 대기 중에서 증가된 연막효과를 가질 것이다. 산화인을 만드는 인의 연소는 산화물이 수분을 끌어들여 인산과 같은 산을 형성하기 때문에 농도가 짙은 백색 연막을 만든다.

(2) 색연막 조성

유기 염료의 증발에 의한 색연막의 발생은 대단히 흥미로운 파이로테크닉 기술이다. 군용과 불꽃놀이와 오락산업은 방대한 양의 멋진 색연막의 발생을 위해 이러한 기술을 사용한다.

효과적인 색연막 조성을 위해서는 다음과 같은 사항들을 필요로 한다.

① 조성물은 염료를 증발시키기 위해서 충분한 열을 생성해야 할 뿐만 아니라 염료를 주변 공간으로 분산시키기 위한 충분한 양의 가스를 생성하여야 한다.

② 이 조성물은 낮은 온도에서 점화되어야 하여 낮은 온도에서 부드럽게 연소를 지속해야 한다(1000℃ 이하가 좋다). 만약 온도가 너무 높으면 염료 분자가 분해될 것이며 색상의 질뿐만이 아니라 연막의 부피도 감소할 것이다. 금속 연료는 색연막 혼합물에 사용되지 않는다. 왜냐하면 이것은 높은 반응 온도를 생성하기 때문이다.

③ 비록 낮은 온도가 필요하지만 연막 혼합물은 예상되는 범위의 외기 온도에서 제조, 저장 중에 안정해야 한다.

④ 색연막을 만드는 분자들은 독성이 낮아야 한다. 더욱이, 이들은 우수한 품질의 진한 색연막을 산출하기 위해서 파이로테크닉 반응에서 분해되지 않고 쉽게 승화되어야 한다.

낮은 점화 온도와 낮은 반응 온도에서 신뢰성이 있게 연소의 전파가 잘 되는 요구사항을 고려할 때 후보 산화제는 $KClO_3$ 하나로 좁혀진다. 유황 또는 많은 유기 연료와 혼합된 $KClO_3$의 점화온도는 250℃ 이하이다. 우수한 열의 생성은 그러한 혼합물로 이루어지며 부분적으로는 400℃ 이하의 온도에서 KCl과 산소가스를 형성하는 $KClO_3$의 발열반응에 기인한다.

70%의 $KClO_3$와 30%의 설탕으로 구성된 혼합물은 220℃에서 점화하며 약 0.8kcal/gram의 반응열을 갖는다.

염소산염-유황 그리고 염소산염-설탕의 혼합물은 모두 상업용 색연막 조성에 사용된다. $NaHCO_3$가 $KClO_3$/S 혼합물에 가해져 조성물의 조기 점화를 일으킬 수도 있는 산성의 불순물을 중화시키며 그리고 이것은 또한 흡열적으로 분해해서 CO_2가스를 방출함으로써 냉각제의 역할을 한다. $MgCO_3$도 또한 냉각제로 사용되는데 MgO와 CO_2로 분해하면서 열을 흡수한다. 냉각제의 양은 원하는 연소 속도와 올바른 반응온도를 얻는데 도움을 주는 양이 사용될 수 있다. 만약 혼합물이 너무 빨리 연소하면 더 많은 냉각제가 가해져야 한다.

산화제와 연료의 비율이 또한 생성되는 열과 가스의 양에 영향을 줄 것이다. $KClO_3$와 S의 양론 혼합물은 산화제와 연료의 비율이 2.55:1의 중량비를 갖는다. 오늘날 사용하는 색연막 혼합물은 이러한 양론 양에 아주 근접한 비율로 사용된다. 이 염소산염/유황 반응은 강한 발열반응은 아니며 염료를 증발시키는데 필요한 열을 발생시키는데 양론 혼합물이 필요하다.

	$2KClO_3 + 3S \rightarrow 3SO_2 + 2KCl$	
grams	245	96
%	71.9	28.1 (2.55:1의 비율)

$KClO_3$와 탄수화물(예 락토오스)의 반응은 산화제와 연료의 비율에 따라서 CO, CO_2를 발생시키거나 또는 혼합물을 생성할 것이다. 평형식이 다음 식에 주어진다(락토오스는 수화물로 나타나며 1분자의 물이 각 락토오스의 분자에 결정화된다).

CO_2 product:

$8KClO_3 + C_{12}H_{22}O11 \cdot H_2O \rightarrow 8KCl + 12CO_2 + 12H_2O$

grams 980 360.3

% 73.1 26.9 (2.72 대 1.00의 비율)

반응열 = 1.06 kcal/gram

CO product:

$4KClO_3 + C_{12}H_{22}O11 \cdot H_2O \rightarrow 4KCl + 12CO + 12H_2O$

grams 490 360.3

% 57.6 26.9 (1.36 대 1.00의 비율)

반응열 = 0.63 kcal/gram

열량은 $KClO_3$와 설탕의 비율에 의해서 조절될 수 있다. 산소가 과잉으로 되는 것은 피해야 한다. 이것은 염료 분자의 산화를 조장하기 때문이다. 염료의 양과 휘발성은 또한 연소 속도에 영향을 줄 것이다. 사용된 염료의 양이 많으면 많을수록 연소 속도는 더 느려질 것이다. 염료는 이들 조성물에서 희석제이기 때문이다. <표 11.64>는 여러 가지 색연막의 조성을 보여준다.

색연막 조성에서 휘발성의 유기염료는 반응하는 조성물로부터 승화하고 그리고 공기 중에서 응축하여 작은 고체 물질을 형성한다. 염료들은 가시광선의 강력한 흡수제이다. 이들 입자들로부터 반사된 빛은 흡수 파장으로부터 빠져 나오며 그리고 상호보완적인 빛깔이 관찰자에 의해서 인식된다. 이러한 색을 만드는 과정은 색불꽃을 만드는 과정과는 다르며, 여기에서는 방출된 파장이 관측자에 의해서 색으로 인식된다.

〈표 11.64〉 색연막 조성

색연막 종류	성 분	함량(중량%)	색연막 종류	성 분	함량(중량%)
녹색연막	$KClO_3$	25.4	황색연막	$KClO_3$	22.0
	유황	10.1		Sucrose	15.0
	녹색염료	40.0		Chinoline yellow dye	42.0
	$NaHCO_3$	24.6		$MgCO_3$	21.0
적색연막	$KClO_3$	29.5			
	Lactose	18.0			
	적색염료	47.5			
	$MgCO_3$	5.0			

〈표 11.65〉 색연막용 염료

상품명	화학물질명	구 조
Orange 7	α-xylene-azo-β-naphthol	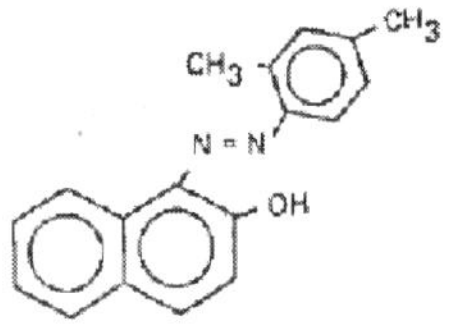
Solvent green 3	1,4-di-p-toluidino-anthraquinone	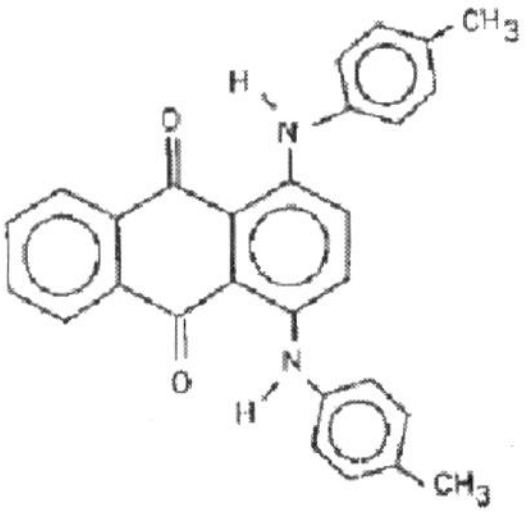
Disperse red 9	1-methylamino-anthraquinone	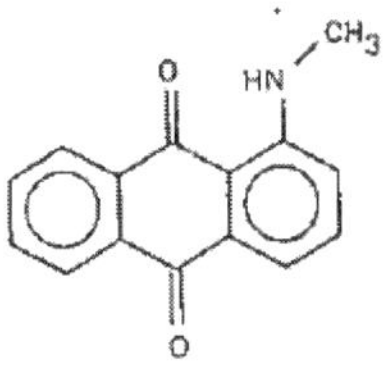
Violet	1,4-diamino-2,3-dihydroanthraquinone	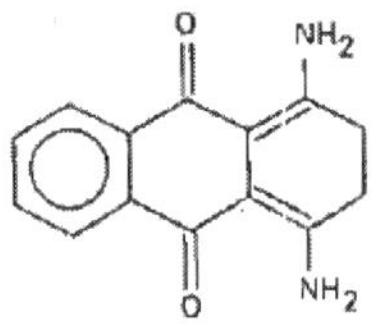
Chinoline yellow	2-(2-quinolyl)-1,3-indandione	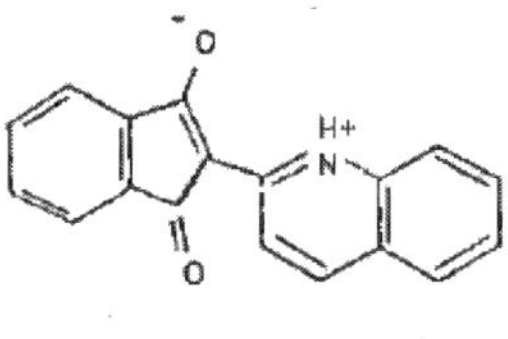
Vat yellow 4	didenzo(a,h)pyrene-7,14-dione	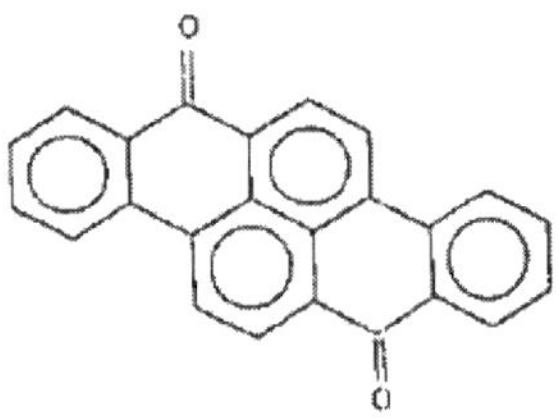

색연막 혼합물에는 여러 가지 염료들이 사용되어 왔다. 이같은 많은 염료들이 현재 발암성 및 기타 잠재적인 건강유해물로 조사 중에 있다. 왜냐하면 이분자들은 이러한 건강 문제를 일

으키는 화합물과 유사하기 때문이다. 색연막에서 가장 좋은 물질들은 일반적으로 다음과 같은 여러 가지 특성을 포함한다.

① 휘발성: 염료는 가열시 많이 분해되지 않으면서 증기 상태로 전환되어야 한다. 보통 저분자량의 물질만이(400gram/mole 이하) 사용된다. 휘발성은 일반적으로 분자량이 증가함에 따라 감소하기 때문이다. 염은 좋지 않다. 이온성 물질은 일반적으로 결정 격자 내에 존재하는 강한 이온간의 인력 때문에 낮은 휘발성을 갖는다. 그러므로 -COO-(carboxylate ion)과 $-NH_3^+$ (a substituted ammonium salt)와 같은 기능기들은 존재할 수 없다.

② 화학적 안정성: 산소가 많은 기능기($-NO_2$, $-SO_3H$)들은 존재할 수 없다. 연막 조성의 전형적인 반응온도에서 이 기들은 그들의 산소를 쉽게 방출할 수 있어 염료분자의 산화 분해를 일으킨다. $-HN_2$와 -NHR(아민)와 같은 기들이 사용되지만 산소가 많은 환경에서는 산화반응이 일어날 수 있다는 것을 유의해야 한다.

색연막 혼합물에 사용되는 염료들에 대한 분자구조식이 <표 11.65>에 나와 있다.

(3) 백색연막 조성

파이로테크닉 반응에 의해서 백색연막을 발생시키는데 사용되는 과정은 다음을 포함한다.

① KNO_3 산화제를 사용하여 유황의 승화: 유황과 KNO_3의 1:1 비율이 이러한 혼합물에 사용된다. 주의할 점은 독성물질인 SO_2가 약간 형성된다는 것이다. 이러한 혼합물들의 점화는 잘 환기되는 지역에서 이루어져야 한다.

② 인의 연소: 백린 또는 적린은 연소하여 여러 가지 인산화물을 만드는데 이 인산화물은 수분을 끌어당겨 밀도가 높은 백색연막을 형성한다. 적린을 기본으로 하는 연막혼합물의 연구와 개발로 염화아연 연막의 대체 물질이 개발되었다. 전형적인 적린혼합물이 <표 11.66>에 나와 있다. 폭발적으로 연소하는 화약이 아주 위험한 백린과 함께 가끔 사용된다. 주의할 점은 인을 기본으로 하는 연막은 눈, 피부 및 기도를 자극할 수 있는 산성 물질을 형성한다는 것이다.

③ 오일의 휘발: 파이로테크닉 반응이 고분자량의 탄화수소를 증발시키는데 필요한 열을 생성한다. 이어서 이 오일이 공기 중에서 응축되면 백색 연막 구름이 형성된다. 이 연막의 독성은 아마도 여기에서 논의되는 모든 물질 중에서 가장 낮을 것이다.

④ 염화아연의 형성("HC Smokes"): 반응의 형태는 다음과 같다.

$$C_xCl_y + y/2\ Zn \rightarrow xC + y/2\ ZnCl_2 + heat$$

상기 반응은 염화아연 증기를 생성하며 이것은 공기 중에서 응축하고 수분을 끌어당겨 효과적인 백색 연막을 형성한다. 이 혼합물들은 40년 동안 널리 사용되어 왔으며 제조과정 중 안정성이 탁월하였다. 그러나 $ZnCl_2$에 계속적으로 노출이 되면 두통을 일으킬 수 있어서 여러 가지 반응 생성물과 관련된 건강 문제로 HC 연막에 대한 대체물질이 활발하게 연구되고 있다. 원래의 HC 연막 혼합물(Type A)은 아연 금속과 C_2Cl_6를 포함하였으나 이 조성은 극도로 수분에 민감하고 만약 수분이 있으면 자연 발화할 수 있다. 대체방안으로 조성에 알루미늄 금속이 첨가될 수 있고 그리고 ZnO가 수분에 예민한 금속 대신에 사용된다. 점화 시에 다음의 반응이 연속적으로 뒤따라 일어난다.

$$2Al + C_2Cl_6 \rightarrow 2AlCl_3 + 2C \qquad (a)$$

$$2AlCl_3 + 3ZnO \rightarrow 3ZnCl_2 + Al_2O_3 \qquad (b)$$

$$ZnO + C \rightarrow Zn + CO \qquad (c)$$

$$Zn + C_2Cl_6 \rightarrow 3ZnCl_2 + 2C \qquad (d)$$

또는 원래 반응이 다음과 같이 제안되었다.

$$2Al + 3ZnO \rightarrow 3Zn + Al_2O_3 \qquad (e)$$

각 반응에서 생성물은 $ZnCl_2$, CO 및 Al_2O_3이다. 산화아연은 1000℃ 이상에서 자발적으로 일어나는 흡열반응에서 원자 탄소를 소모함으로써 연막을 냉각시키고 희게 한다(식 c). Al과의 반응(식 a 또는 e)은 상당히 큰 발열반응이며 그리고 이 열의 방출은 연막혼합물의 연소 속도를 조절한다. 최소량의 알루미늄 금속은 가장 좋은 백색연막을 생산한다. 여러 가지 "HC" 연막조성이 <표 11.66>에 나와 있다.

⑤ "*Cold Smoke*": 백색연막은 또한 열적이 아닌 수단에 의해서 얻어질 수 있다. 진한 암모니아의 비이커 가까이에 위치한 진한 염산을 함유하는 비이커는 증기상의 반응에 의해서 백

색 연막을 발생할 것이다.

$$HCl(gas) + NH_3(gas) \rightarrow NH_4Cl(solid)$$

〈표 11.66〉 백색연막 조성

조성번호	성 분	함량(중량%)	비 고
1	C_2Cl_6 ZnO Al	45.5 47.5 7.0	HC type C
2	C_2Cl_6 ZnO NH_4ClO_4 아연 dust Laminac	34.4 27.6 24.0 6.2 7.8	Modified HC
3	적린 Butyl rubber, methylene chloride	63 37	Under development
4	적린 Mg MnO_2 MgO Microcrystalline wax	51.0 10.5 32.0 1.5 5.0	
5	KNO_3 S As_2S_2	48.5 48.5 3.0	Contains arsenic

이와 유사하게 $TiCl_4$는 습상의 공기와 빠르게 반응하여 짙은 구름의 $Ti(OH)_4$와 HCl을 생성할 것이다.

11.7.9.4 소리 조성

뇌명과 휘파람의 두 가지의 기본적인 소리 효과가 화약류와 파이로테크닉 장치에 의해서 생성된다.

(1) 뇌명 조성물

뇌명은 폭발성 혼합물을 점화시킴으로써 만들어지며 보통 두꺼운 벽체의 판지로 된 튜브

〈표 11.67〉 뇌명약 조성

조성번호	성 분	함량(중량%)	비 고
1	$KClO_4$ Sb_2S_3 Mg	50 33 17	Military simulator
2	$KClO_4$ Al S Sb_2S_3	64 22.5 10 3.5	M-80 firecracker for military training
3	$KClO_3$ S Al	43 26 31	일본의 타상연화 뇌명
4	$KClO_4$ S Al	50 27 23	일본의 타상연화 뇌명

내에서 밀폐되었을 때 만들어진다. $KClO_3$와 $KClO_4$는 뇌명 조성으로 일반적으로 가장 많이 사용되는 산화제이다. 이 혼합물들은 점화 시에 섬광과 커다란 "꽝"소리를 형성한다. 흑색화약도 또한 충분히 밀폐하면 뇌명을 생산할 수 있다. 뇌명 조성은 폭발물이며 그리고 충분한 양의 분말이(아마도 100그램 이상) 벌크로 존재하면 밀폐되지 않더라고 폭발할 것이다. 염소산염을 기본으로 하는 혼합물들은 과염소산염 조성들보다 상당히 더 위험한데, 점화온도가 상당히 낮기 때문이다. 그러나 이들 중의 어느 하나로라도 만들어진 뇌명 조성들은 매우 위험하게 고려되어야 한다. 이러한 제품들로 인하여 미국 또는 해외의 불꽃놀이를 제조하는 공장에서 많은 사람들이 사망하였다. 혼화작업은 원격 수단에 의해서만 이루어져야 하고 그리고 한 번에 최소의 양으로 작업해야 한다. 벌크상의 뇌명약은 작업자 근처에는 어느 곳이라도 저장해서는 안 된다.

유명한 중국의 화이어크랙커는 $KClO_3$, S 및 Al의 혼합물을 사용한다. 유황과 혼합된 염소산염은 이 혼합물을 제조자들에게 2배 이상의 위험을 준다. $KClO_3$/S 시스템의 점화온도는 200℃ 이하이다. 알루미늄이 과량으로 존재하면 일단 점화가 되었을 때 파이로테크닉 반응이 분명히 급속하게 전파할 것이다. 중국으로부터의 이에 관한 데이터는 없으나 이러한 화이어크랙카 조성을 제조할 때 매년 많은 사고가 일어났을 것이라고 추측할 수 있다. $KClO_3$/S 조성의 제조는 영국에서는 1894년에 금지되었으며 그 이유는 수많은 사고가 이 혼합물과 관련하여 일어났기 때문이다.

미국의 표준 뇌명 조성은 $KClO_4$, S 또는 Sb_2S_3 그리고 알루미늄이다. 이 조성의 점화온도는 $KClO_3$를 기반으로 하는 조성보다도 수백도 높다. 그러나 이 조성들도 스파크와 화염에 극도로 예민하기 때문에 여전히 아주 위험하다. 소량의 뇌명약을 점화시키면 조성물 속으로 급속히 전파될 것이다. 이 혼합물들은 경험이 있는 숙련자들에 의해서만 원격으로만 제조되어야 한다. <표 11.67>은 여러 가지 뇌명약 조성을 나타낸 것이다.

(2) 휘파람(Whistle) 조성물

독특하게 휘파람 소리를 내게 하는 현상은 지통 안에 어떤 산화제/연료 혼합물을 단단하게 압착하고 그 조성물을 점화시킴으로써 생성될 수 있다. 화학적 및 물리적 관점으로부터 이 현상에 대한 상세한 분석이 맥스웰(Maxwell)에 의해서 발표되었다.

휘파람 효과를 내는 반응은 압착된 조성 내의 층에서 층으로 단속적으로 연소한다. 휘파람 반응은 폭발 선상에 있으며 그래서 이 혼합물은 주의해서 제조되어야 하며 지통에 주의해서 충전해야 한다. 다량의 벌크상 분말은 피해야 하며 이들은 작업자 근처에 저장되어서는 안 된다. 여러 가지 휘파람 조성이 <표 11.68>에 나와 있다.

〈표 11.68〉 휘파람 조성

조성 번호	성 분	함량 (중량%)	비 고
1	$KClO_3$ Gallic acid($C_7H_6O_5 \cdot H_2O$) Red gum	73 24 3	Military simulator
2	$KClO_3$ $KC_7H_5O_2$(Potassium benzoate)	70 30	아마 제조 및 사용이 가장 안전할 것이다.
3	$KClO_4$ $NaC_7H_5O_3$(Sodium salicylate)	75 25	흡습성이 있어 저장성이 좋지 않다.
4	$KClO_4$ $KC_8H_5O_4$(Potassium hydrogen phthalate)	75 25	중국 휘파람 조성

11.7.10 미진동파쇄기

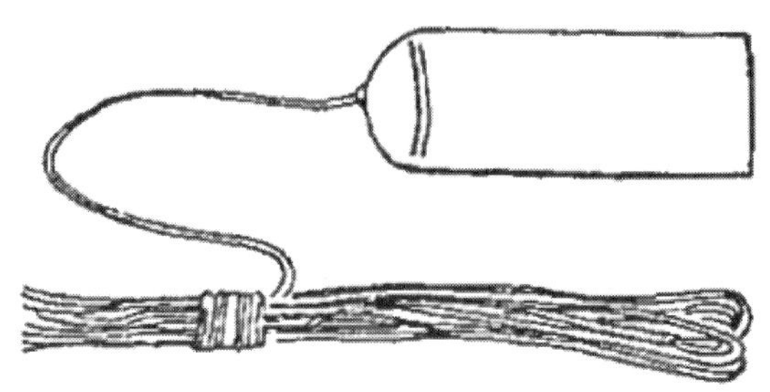

(a) 미진동파쇄기와 점화구 조립 상태

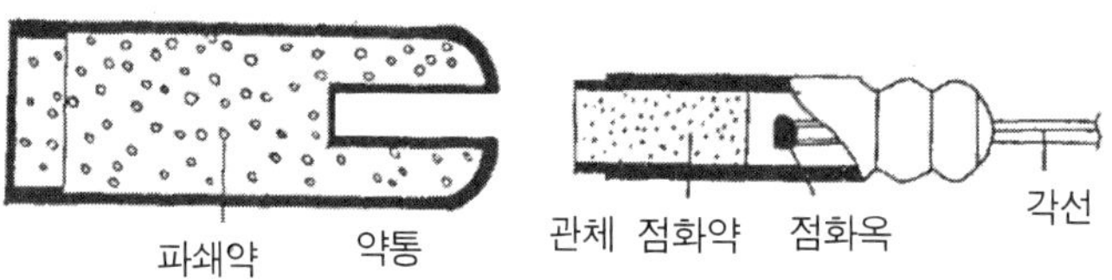

(b) 미진동파쇄기와 점화구의 상세도

[그림 11.9] 미진동파쇄기의 구조

근접 지역에 시설물이 다량 존재하는 도심지 발파의 경우 충격파에너지와 가스에너지를 동반하는 산업용폭약을 사용하게 되면 건물의 크랙, 지반침하 등의 심각한 피해를 야기시킬 수가 있다. 이러한 경우 인접 시설물들을 보호하기 위해서는 보다 온건한 발파작업이 필요한데 이것의 일환으로 개발 사용되고 있는 것이 가스에너지만을 이용하는 미진동파쇄기이다. 폭약에 의한 발파가 충격파에너지와 가스에너지의 연합에 의한 것인데 반해, 화약인 미진동파쇄기의 발파는 열과 가스에너지만에 의한 것이다. 따라서 위력은 폭약에 비해 상당히 낮지만, 도심지에서 시설물을 보호하면서 발파작업을 할 수 있다.

미진동파쇄기는 연소를 시켜야 하므로 점화시킬 때도 폭약처럼 뇌관을 사용하는 것이 아니고 점화구를 사용한다. [그림 11.9]는 미진동파쇄기의 구조를 나타낸 그림이다.

원래 미진동파쇄기는 일본의 CCR이라는 제품으로 콘크리트 전용 파쇄화약으로 출발하였으며, 일본 通商産業省立地公害局通達49入局第158號의 규정에 의하면 CCR은 발열량(kcal/g)과 발생가스량(l /kg)의 곱이 100을 넘지 않도록 되어있다. 그러나 콘크리트 파쇄를 넘어 지하철의 굴진이나 터파기 등의 공사에 사용되면서 100 이상이 되는 좀 더 위력이 큰 미진동파쇄기들이 등장하게 되었다.

<표 11.69>은 미진동파쇄기의 여러 가지 조성을 나타낸 것이다.

〈표 11.69〉 미진동파쇄기의 조성

〈파쇄약〉

조성 번호	성 분	함량 (중량%)	비 고
1	Al 또는 Mg-Al KNO_3 BaO_2	20~40 20~50 10~60	일본특허 昭46-27397(1968.12.10 출원)
2	$KBrO_3$ Ma-Al Graphite	63 16 21	
3	$KClO_4$ 석류석 Si DNT SBR	44 40 2 12 2	대한민국특허 100561952(2006.03.10)[3]

〈점화약〉

조성 번호	성 분	함량 (중량%)	비 고
1	Mg-Al 합금(최소 10%의 Mg 함유) BaO_2	10~40 90~60	일본특허 昭47-14359(1969.3.19 출원)
2	Pb_3O_4/Si(또는 FeSi)=79~95/5~25 Al 디니트로구아니딘 또는 디니트로톨루엔	100 50~60 10	일본특허 昭49-8848(1969.4.21 출원)

참고문헌

1. JOHN A. CONKLING(1985), *Chemistry of pyrotechnics*, MARCEL DEKKER, INC, New York and Basel
2. Wikipedia, (2017.7.13.), Pryotechnics, https://en.wikipedia.org/wiki/Pyrotechnics, (2017.9.16 방문)
3. 이성호, "미진동 파쇄제 조성물", 대한민국특허 제100561952(2006.03.10.).

제12장

다이너마이트(Dynamite)

12.1 개요[5]

최초의 다이너마이트는 니트로글리세린, 흡수제 및 안정제로 이루어진 폭약이었다. 스웨덴의 알프레드 노벨(Alfred Nobel)에 의해 발명이 되었고 1867년에 특허 등록되었다. 1865년 노벨에 의해 뇌홍뇌관이 발명되어 니트로글리세린이 발파에 사용될 수 있는 계기가 마련되었으나 제조 및 사용 중에 많은 폭발사고가 발생하였다. 이러한 니트로글리세린의 폭발사고 위험성을 감소하기 위해서 개발된 것이 바로 니트로글리세린을 고체화한 다이너마이트이었다. 흑색화약보다 위력이 강하고 비교적 안전하게 다룰 수 있는 최초의 산업용폭약이었다. 원래는 "블라스팅파우더(Blasting Powder)"라는 이름으로 판매하였으나, 나중에 고대 그리스의 힘을 의미하는 "Dynamis"라는 말로부터 그 이름을 "다이너마이트(Dynamite)"로 바꾸었다. 다이너마이트는 주로 광산, 채석, 건설 및 건물해체 산업 등 모든 분야에서 사용되어 왔다. 특히 값이 비싼 캐스트 부스타(Cast booster)의 효율적인 대안으로 AN(Ammonium Nitrate)과 ANFO를 기폭시키는 기폭약포 또는 부스타로 사용되고 있다.

다이너마이트의 원래 조성은 니트로글리세린/규조토(흡수제)/탄산나트륨 제산제(안정제)= 3/1/소량 의 비율로 구성되었다. 그러나 다이너마이트의 파괴력을 개선하기 위해서 흡수제로서 질산나트륨과 질산암모늄 등의 산화제 그리고 목분, 목재펄프, 밀가루 또는 전분과 같은 저렴한 매체로 대체되었다.

이렇게 흡수제에 흡수시켜 만든 혼합다이너마이트들은 시간이 지나면 사용된 흡수제에 상관없이 니트로글리세린이 침출되어 상자의 하부 또는 저장소에 고이게 된다. 이런 이유로 저장소의 다이너마이트 상자를 반복해서 뒤집어야 했다. 또한 결정체가 다이너마이트 카트리지 외부에 형성되어 쇼크, 마찰 및 온도에 더 민감해져 매우 위험한 상황을 만들기도 하였다.

후에 이러한 침출문제를 해결하기 위해 NG와 NC를 교화시켜 만든 젤라틴다이너마이트가 개발되었고 또한 NG가 동결되지 않도록 하기 위해 Ng와 함께 사용하는 방법도 개발되었다. 그래서 파괴력과 안전성 측면에서 가장 발전된 형태의 다이너마이트는 부동 또는 난동의 젤라틴다이너마이트라고 할 수 있다. 그러나 이 젤라틴다이너마이트도 NG 또는 Ng 합성 시 발생하는 폐수 문제 그리고 여전한 NG와 Ng의 위험성 때문에 ANFO, 슬러리폭약 및 에멀젼폭약과 같은 새로운 안전폭약으로 대체되기 시작하였다. 현재는 몇몇 안 되는 국가의 회사들만이 다이너마이트 제조의 명맥을 이어가고 있다.

12.2 다이너마이트의 발전사[2, 3, 4]

(1) **니트로글리세린의 발명**: 1847년 이탈리아의 소브레로(Ascanio Sobrero)가 니트로글리세린 발명하였다. Nitroglycerine을 간단하게 NG라고도 한다.

(2) **니트로글리세린의 기폭법 발명**: 1865년 스웨덴의 노벨이 뇌홍뇌관을 발명하여 니트로글리세린을 기폭시키는 방법을 개발하였다. 발파용으로 흑색화약을 대체하는 돌풍을 일으켰으나 NG를 사용하는 과정에서 수많은 폭발 사고가 일어나 유럽의 여러 나라에서 사용을 금지하였다.

(3) **규조토다이너마이트 발명**: 1867년 노벨이 니트로글리세린의 안전성을 향상시키기 위해 규조토에 흡수시켜 고체화시킨 규조토다이너마이트를 발명하였다(NG/규조토=3/1로 폭발력이 NG의 75%).

(4) **스트레이트다이너마이트 발명**: 1869년 노벨이 규조토다이너마이트의 위력을 향상시키기 위해 불활성인 규조토 대신에 활성 흡수제인 질산칼륨, 질산나트륨과 같은 산화제 그리고

목분, 전분, 로진과 같은 가연제를 흡수제로 사용한 스트레이트다이너마이트 발명하였다.

(5) **암모니아다이너마이트 발명**: 1870년 노벨이 스웨덴의 노르빈(Norrbin)과 올손(Ohlssen)이 발명한 질산암모늄/목탄=80/20 폭약의 특허를 매입하여 여기에 니트로글리세린을 접목시킨 암모니아다이너마이트를 발명하였다.

(6) **블라스팅젤라틴의 발명**: 1873년 노벨이 높은 기온에서 다이너마이트로부터 니트로글리세린이 침출되는 문제점을 해결하기 위해 니트로글리세린과 면약을 교화시킨 겔 상태의 블라스팅젤라틴(니트로겔)을 발명하였다.

(7) **젤라틴다이너마이트 발명**: 1878년 노벨이 블라스팅젤라틴의 빠른 노화현상을 개선하기 위해 블라스팅젤라틴에 질산나트륨, 목분 등의 활성물질을 혼합한 젤라틴다이너마이트를 발명하였다.

(8) **난동, 부동 다이너마이트 출현**: 1912～1914년경 독일에서 니트로글리세린의 동결문제를 해결하기 위해 니트로글리콜을 첨가한 난동, 부동 다이너마이트가 출현하였다.

12.3 다이너마이트의 조성

일반적으로 다이너마이트는 조성에 따라서 [그림 12.1]과 같이 분류된다.

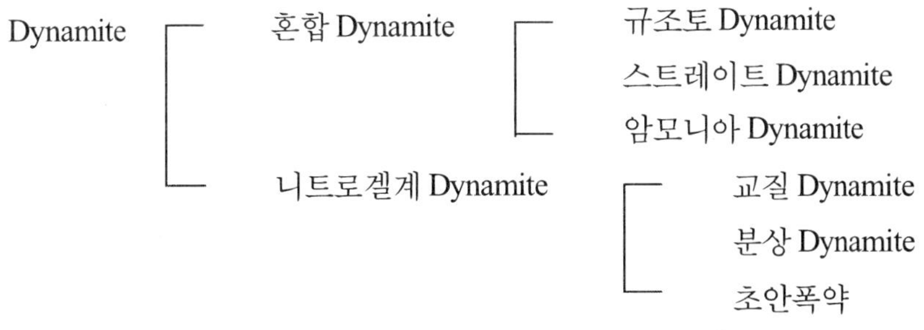

[그림 12.1] 다이너마이트의 분류

12.3.1 혼합 다이너마이트

1) 규조토다이너마이트

규조토다이너마이트는 불활성흡수제인 규조토 외에도 NG가 분해될 때 발생되는 산기를 중화시키기 위해서 탄산나트륨과 같은 안정제를 함께 사용한다. 노벨의 초기 조성은 NG/규조토(흡수제)/탄산나트륨제산제(안정제)=3/1/소량의 비율이었으며 폭발력이 NG의 75% 정도였다. 규조토는 미세한 공극을 많이 갖는 무수 규소산화물(SiO_2)로 자기 무게의 4배가량의 수분을 흡수한다. 규조토는 매우 안정하고 고온에서 가열하여도 분해하는 일이 없고 화학적으로 불활성이기 때문에 NG의 양에 따라서 위력이 결정된다.

2) 스트레이트다이너마이트(Straight dynamite)

규조토다이너마이트에 흡수제로 사용되었던 규조토는 불활성물질로 들어가는 것만큼 위력이 낮아진다. 이러한 위력저하의 문제를 보완하기 위해서 규조토 대신 활성흡수제를 사용한다. 가연성 흡수제로 유황, 목탄, 목분, 전분, 로진 등을 사용하고, 산화성 흡수제로 질산나트륨($NaNO_3$)를 사용한 것을 스트레이트다이너마이트라고 한다. 다음의 <표 12.1>은 여러 가지 스트레이트다이너마이트의 조성을 예시한 것이다.

〈표 12.1〉 스트레이트다이너마이트 조성의 예[2]

성분 \ 종류		스트레이트 다이너마이트 20%	스트레이트 다이너마이트 30%	스트레이트 다이너마이트 40%	스트레이트 다이너마이트 50%	스트레이트 다이너마이트 60%
NG		20.2	29.0	39.0	49.0	56.8
가연성 흡수제	S	2.9	2.0	-	-	-
	탄소화합물	15.4	13.7	13.8	14.6	18.2
산화성 흡수제	$NaNO_3$	59.3	53.3	45.5	34.4	22.6
안정제(산중화제)		1.3	1.0	0.8	1.1	1.2
수분		0.9	1.0	0.9	0.9	1.2
위력	폭발속도 (m/sec)	2,800	3,600	4,400	5,100	5,800
	탄동진자 시험치(g)	267	249	235	215	206

※ 탄동진자시험: 표준폭약으로서 NG/$NaNO_3$/목분/CaCO3와 수분=40/45/12/3의 조성을 227g을 사용한다. 이 표준폭약에 의해 흔들리는 진자의 폭과 동일한 진자의 폭을 생기게 하는 시험폭약의 약량을 탄동진자시험치라고 한다.

3) 암모니아다이너마이트(Ammonia dynamite)

스트레이트다이너마이트의 산화성 흡수제인 $NaNO_3$에 NH_4NO_3를 추가해서 만든 것을 암모니아다이너마이트라고 한다. 1870년 노벨이 스웨덴의 노르빈(Norrbin)과 올손(Ohlssen)이 발명한 NH_4NO_3/목탄=80/20 폭약의 특허를 매입하여 접목시킨 제품이다. 다음의 <표 12.2>는 여러 가지 암모니아다이너마이트의 조성을 예시한 것이다.

〈표 12.2〉 암모니아다이너마이트 조성의 예[2]

성분 \ 종류		암모니아 다이너마이트 20%	암모니아 다이너마이트 30%	암모니아 다이너마이트 40%	암모니아 다이너마이트 50%	암모니아 다이너마이트 60%
NG		12.0	12.6	16.5	16.7	22.5
가연성 흡수제	S	6.7	5.4	3.6	3.4	1.6
	탄소화합물	10.2	8.8	9.2	10.0	8.6
산화성 흡수제	NH_4NO_3	11.8	25.1	21.4	43.1	50.3
	$NaNO_3$	57.3	46.2	37.5	25.1	15.2
안정제(산중화제)		1.2	1.1	1.1	0.8	1.1
수분		0.8	0.8	0.7	0.9	0.7
위력	폭발속도 (m/sec)	2,600	2,800	3,300	3,900	4,600
	탄동진자 시험치(g)	272	256	242	233	224

12.3.2 니트로겔계 다이너마이트

니트로겔계 다이너마이트는 니트로겔의 함량에 따라 [그림 12.1]과 같이 교질, 분상 및 초안폭약으로 나뉘는데 교질다이너마이트는 니트로겔이 20% 이상 함유된 것으로 약상이 교질인 것을 말하며 분상다이너마이트는 니트로겔이 7～19%, 초안폭약은 니트로겔이 6% 이하로 약상이 분상인 것을 말한다. 일반적으로 니트로겔의 함량이 줄어들수록 위력이 감소되며 교질다이너마이트는 내수성이 있으나 분상과 초안폭약은 내수성이 없다.

1) 블라스팅젤라틴(Blasting gelatine)

블라스팅젤라틴은 니트로겔이라고도 하며 조성이 NG/NC=92~93%/7~8%이다. 두 물질을 혼합하면 담갈색의 겔이 만들어지는데 화약류로만 이루어진 다이너마이트로 위력이 가장 강하다. 기존의 혼합다이너마이트들이 가지고 있었던 NG의 침출문제가 완전히 사라졌다. 완전한 내수성을 가지며 제조직후 폭발속도가 7,000m/sec 이상이나 1년 이상 경과하면 2,000m/sec로 저하된다. 이것을 노화라고 하며 이것의 원인은 시간이 지나면서 블라스팅젤라틴 내에서 핫스포트(Hot spot)의 역할을 하는 기포들이 빠져나가 감도가 떨어지기 때문이다. 노화되었어도 강력한 부스타(전폭약)을 사용하면 7,000m/sec 이상으로 폭발한다. 또한 다시 더 반죽하여도 고폭속으로 되돌아간다. 이것은 다시 반죽함에 의해 기포가 다시 들어가 핫스포트가 증가되기 때문이다. 블라스팅젤라틴은 노화현상이 발생하기도 하지만 두 성분이 합성물질로 매우 비싸기 때문에 저가로 공급해야하는 산업용폭약의 특성상, 발파현장에서 잘 사용되지 않는다.

2) 젤라틴다이이너마이트(Gelatine dynamite)

〈표 12.3〉 일본의 교질다이너마이트 조성의 예[2]

<table>
<tr><th colspan="2">종류 / 성분</th><th>A</th><th>B</th><th>C</th><th>D</th><th>E</th><th>F</th></tr>
<tr><td colspan="2">니트로겔</td><td>100</td><td>48~52</td><td>49~53</td><td>34~37</td><td>29~33</td><td>28~33</td></tr>
<tr><td colspan="2">KNO_3 또는 $NaNO_3$</td><td>–</td><td>37~40</td><td>–</td><td>–</td><td>–</td><td>18~22</td></tr>
<tr><td colspan="2">NH_4NO_3</td><td>–</td><td>–</td><td>39~46</td><td>53~59</td><td>60~66</td><td>36~40</td></tr>
<tr><td colspan="2">Nitro화합물</td><td>–</td><td>–</td><td>–</td><td>–</td><td>–</td><td>2~6</td></tr>
<tr><td colspan="2">목분 또는 전분</td><td>–</td><td>8~11</td><td>4~8</td><td>6~9</td><td>4~8</td><td>7~11</td></tr>
<tr><td colspan="2">기타</td><td>0~0.5</td><td>-</td><td>0~10</td><td>0~10</td><td>0~10</td><td>2~6</td></tr>
<tr><td rowspan="6">성능위력</td><td>비중(g/cc)</td><td>1.60</td><td>1.55</td><td>1.50</td><td>1.45</td><td>1.45</td><td>1.50</td></tr>
<tr><td>내수성</td><td>내수</td><td>내수</td><td>약간 흡습</td><td>약간 흡습</td><td>약간 흡습</td><td>약간 흡습</td></tr>
<tr><td>비에너지 f (l-kg/cm^3)</td><td>12,000~12,800</td><td>6,950~7,700</td><td>10,500~11,000</td><td>10,500</td><td>9,600~10,300</td><td>9,500~10,000</td></tr>
<tr><td>탄동진자시험 (mm)</td><td>90~96</td><td>68~75</td><td>80~91</td><td>83~87</td><td>80~87</td><td>80~87</td></tr>
<tr><td>폭발속도 (m/sec)</td><td>7,000~7,500</td><td>5,500~6,500</td><td>7,000~8,000</td><td>6,500~7,500</td><td>6,500~7,500</td><td>6,500~7,000</td></tr>
<tr><td>낙추감도(급)</td><td>3~4</td><td>4~5</td><td>4~6</td><td>5~7</td><td>5~8</td><td>4~7</td></tr>
</table>

활성흡수제를 사용한 혼합다이너마이트(스트레이트, 암모니아다이너마이트)에서 NG 대신에 니트로겔을 사용한 제품이라고 보면 된다. 젤라틴 상태의 내수성이 있는 NG겔을 사용하였기 때문에 기존의 혼합다이너마이트들이 안고 있었던 침출의 문제가 완전히 사라졌다. 또한 고체상의 활성물질들을 사용하였기 때문에 장시간 저장에 따른 기포의 제거현상이 현저히 줄어 블라스팅젤라틴에서 나타났던 노화현상이 많이 줄어들었다. 다음의 <표 12.3>은 일본의 교질다이너마이트 조성의 예이고 <표 12.4>는 한국의 다이너마이트 조성의 예이다.

〈표 12.4〉 한국의 교질다이너마이트 조성의 예

성분 \ 종류		A	B	C
니트로겔		20	22.7	31.9
NH_4NO_3		72.5	70.3	62.1
전분 또는 소맥분		2.5	2.0	6.0
요소		2.5	2.0	-
말분		0.5	1.0	-
소금		2.0	2.0	-
성능위력	비중	1.35	1.4	1.45
	내수성	우수	우수	우수
	폭발에너지(kcal/kg)	1,064	1,071	1,218
	폭발속도(m/sec)	5,600	6,100	6,600
	탄동구포치(%)	160	170	175
	낙추감도(급)	8	8	7

3) 부동 및 난동다이너마이트

니트로글리세린(NG)이나 니트로글리콜(Nitroglycol, Ng)은 액체 상태에 있을 때 충격감도와 마찰감도 모두 예민하며 특히 미세한 기포를 함유하게 되면 더욱더 예민해진다. 그러나 동결하여 고체 상태가 되면 둔감해져 경우에 따라서는 뇌관으로도 기폭되지 않는다. 문제가 되는 것은 액체와 결정상의 고체가 혼재할 때이다. 이러한 혼재 상태에서는 결정들이 서로 부딪치기 때문에 충격감도와 마찰감도가 액상의 경우보다도 한층 더 예민해진다. 이 때문에 어는점이 약 13~14℃인 NG만을 사용할 때는 겨울에 동결한 다이너마이트를 취급하는 과정에서 상당히 많은 사고가 보고되고 있다. 이러한 동결의 문제를 해결하기 위해서 여러 가지 연구가 진행되었는데 그 중에서 제품화된 기술이 Ng를 첨가하는 방법이었다. NG의 일부분을 Ng로 대체하면 어는점이 현저하게 하강한다. Ng는 응고점이 -22.7℃이고 니트로글리세린과 혼합하면 [그림 12.2]과 같이 응고점 강하작용에 의해 한층 더 응고점이 낮아진 혼합물을 얻을 수가 있다. NG/Ng=5/5가 가장 낮은 약 -60℃, NG/Ng=6/4가 약 -40℃ 그리고 NG/Ng=7/3이 약 -20℃이다. Ng는 <표 12.5>에서 보는 바와 같이 휘발성이 비교적 강하므로 제조 및 취급상의 안전성 측면으로 볼 때 최대한 적게 넣는 것이 바람직하다. 따라서 Ng의 함량은 사용하는 장소의 온도에 따라서 적절하게 배합하는 것이 바람직할 것이다. 보통 NG/Ng=6/4의 조성을 부동 다이너마이트, NG/Ng=7/3의 조성을 난동다이너마이트라고 한다.

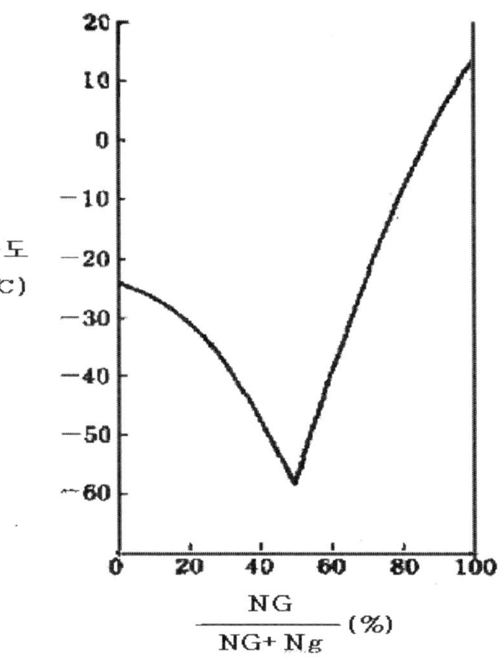

[그림 12.2] NG/Ng 혼합물의 응고점[1]

〈표 12.5〉 니트로글리세린과 니트로글리콜의 성질과 성능의 비교

	니트로글리세린	니트로글리콜
분자량	227.1	152.1
비중(25℃)	1.59	1.48
응고점(℃)	13.5	−22.7
외관(25℃)	담황색 액상	담황색 액상
점도(CPS) 20℃	36.0	4.2
50℃	9.4	−
증기압(mmHg) 20℃	0.00025	0.038
40℃	0.0024	0.26
물용해도(20℃)	0.18g/100g H_2O	0.68g/100g H_2O
5초발화점(℃)	222	257
폭발열(H_2O 가스)	1,507cal/g	1,635cal/g

4) 분상다이너마이트

분상다이너마이트는 니트로겔이 7～19% 함유된 다이너마이트로 점성이 있는 분상폭약이다. 니트로겔을 7% 쪽으로 적게 함유하는 것을 보통 분상다이너마이트, 19% 쪽으로 많이 함유하는 것을 보통 세미젤라틴다이너마이트라고 한다. 분상다이너마이트는 흡습성이 강하므로 물이 존재하는 수공에서는 가능한 사용하지 말아야 하며 습도가 높은 장소에서는 주의해서 저장해야 한다. 다음의 <표 12.6>은 일본의 분상다이너마이트 조성의 예이다. 우리나라에서는 분상다이너마이트를 생산되지 않았다.

〈표 12.6〉 일본의 분상다이너마이트 조성의 예[2]

성분 \ 종류		A	B	C
니트로겔		14～18	13～17	8～12
NH_4NO_3		72～76	72～76	74～80
Nitro화합물		0～4	1～5	1～5
목분 또는 전분		7～11	7～11	5～9
성능 위력	비중(g/cc)	0.95	0.90	0.90
	내수성	거의 없음	거의 없음	거의 없음
	비에너지 f(l -kg/㎠)	9,800	9,200	9,300
	탄동진자시험(mm)	80～84	74～85	80～84
	폭발속도(m/sec)	4,500～5,000	4,300～4,500	4,000～4,500
	낙추감도(급)	4～5	4～5	4～5

5) 초안폭약

질산암모늄에 소량의 예감제(TNT, Dinitronaphtalene 또는 6% 이하의 니트로겔), 가연물을 혼합한 분상폭약을 초안폭약이라고 한다. 니트로겔이 들어간 폭약 중에서는 위력이 가장 낮으므로 주로 약한 암반에 사용한다. 이 폭약은 흡습성이 강하므로 방습 포장을 해야 하며, 저장 및 사용 시 흡습되지 않도록 주의해야 한다. 다음의 <표 12.7>은 일본 초안폭약 조성의 예이다.

〈표 12.7〉 일본의 초안폭약 조성의 예[2]

종류 성분		A	B	C	D
NH_4NO_3		83～87	75～79	70～74	73～78
TNT 또는 DNN		5～9	18～22	18～22	0～18
니트로겔		－	－	－	2～6
규소철		4～8	－	2～6	－
목분 등		1～3	2～4	1～3	1～20
성능 위력	비중(g/cc)	1.8	0.9～1.0	0.9～1.0	1.0～1.04
	가스량(l /kg)	875	840	810	880～925
	폭발열(kcal/kg)	1,100	－	－	950～1130
	탄동진자시험(mm)	80	－	－	79～83
	폭발속도(m/sec)	4,100	4,400～4,600	4,600～4,800	4,500～5,300
	낙추감도 불폭점(cm)	20	30	30	20～30

초안폭약에서 발열제인 규소철을 빼고 감열소염제를 첨가한 질산암모늄을 주제로 한 것을 탄광용초안폭약이라고 한다. 석탄광산에서는 다른 곳과 달리 메탄가스, 석탄의 미세한 분진이 발생한다. 메탄가스는 공기 중에 5～14%, 석탄분(탄진)은 30～1,500mg/ l 의 비율로 혼합하면 폭발성 기체로 되어 약간의 열원으로 착화되어 폭발한다. 탄광 내에서 메탄 또는 탄진의 폭발 때문에 많은 사람들이 희생을 당하기도 하였다. 폭발성 기체에 착화시키기 않게 하기 위하여 탄광용폭약에는 일반용과는 조성이 달라야 한다.

메탄 혼합기체는 10초간 650℃의 열원에 노출되면 착화 폭발을 일으킨다. 이 시간을 착화대기시간이라고 한다. 열원의 온도가 높아지면 이 시간은 짧아진다. 2,000℃에서는 1.5초, 2,200, 2,300℃에서는 각각 0.05초, 0.02초라고 한다.

폭발생성 가스의 온도는 이 가스가 단열팽창을 하기 때문에 급격히 하락하므로 착화대기시간이 긴 온도, 예를 들면 폭발온도가 2,000℃ 이하이면 메탄에 착화하기 어렵다. 메탄 착화의 원인으로는 다음과 같은 것들이 있다.

① 폭약의 폭발에 의한 화염

② 고온의 폭발생성물(수소, 일산화탄소 등)과 공기와의 반응에 의해 생기는 화염

③ 고온의 고형 폭발생성물

④ 폭발에 의해 생긴 충격파에 의한 폭발성 기체의 단열압축(이것에 의해 기체 온도 상승)

따라서 탄광용 폭약은 다음과 같은 특성을 갖도록 조성을 설계해야 한다.

① 폭발온도(생성가스의 온도)가 낮고

② 화염의 길이가 작고 그 유지시간이 짧으며

③ 폭발속도가 낮아야 한다.

폭발온도를 낮추고 화염을 없애고 또한 메탄 폭발의 연쇄반응을 끊는 약제를 감열소염제라고 하고 여기에는 수산암모늄[$C_2O_2(NH_4)_2 \cdot 2H_2O$], 붕사($Na_2B_4O_7 \cdot 10H_2O$), 소금($NaCl$), 염화칼륨($KCl$), 해조분 등이 있다. 해조류 중에는 요오드가 있어 감열소염제의 효과가 있다고 한다. 또한 화약의 성분으로서 염화암모늄(NH_4Cl)과 질산나트륨($NaNO_3$)를 함유시켜 폭발에 의해 다음식과 같이 소금이 생성하도록 한 것도 있다.

$$NaNO_3 + NH_4Cl \rightarrow NaCl + NH_4NO_3$$

일본의 탄광용초안폭약의 조성은 <표 12.8>과 같다.

〈표 12.8〉 일본의 탄광용초안폭약의 조성 예[2]

성분 \ 종류		A	B	C	D	E
NH_4NO_3		75~78	69~73	67~71	67~72	76~78
TNT 또는 DNN		-	-	-	1~3	1~3
니트로겔		5~6	5~6	5~6	4~6	5~7
감열소염제		7~10	14~16	15~17	14~15	5~7
목분 등		5~8	6~11	7~12	7~9	8~10
성능위력	비중(g/cc)	0.95	0.97	0.95	0.7	0.7
	탄동진자시험(mm)	70~74	67~70	67~70	60~63	70~73
	폭발속도(m/sec)	4,000~4,500	3,500~3,800	3,400~3,700	3,300~3,700	4,500~5,500
	순폭도	3~4	4~6	4~6	3~4	2~3
	안전도(g)	400	600	600	400	400
	낙추감도 불폭점(cm)	-	20~22	20~22	25~30	40~50

대한민국에서는 지금은 함수폭약에 의해 대체가 되어 생산하고 있지 않지만 1958년부터 ㈜한화가 초안폭약을 생산한 적이 있으며 그 조성은 <표 12.9>과 같다.

〈표 12.9〉 ㈜한화 초안폭약의 조성의 예

성분 \ 종류		A(일반용)	B(탄광용)
NH_4NO_3		67.0	77.95
$NaNO_3$		22.0	–
TNT 또는 DNN		3.0	1.00
니트로겔		6.3	6.05
감열소염제		–	7.00
목분 등		1.7	8.00
성능 위력	비중(g/cc)	0.9	1.12
	폭발온도(℃)	1,900	1718
	가스부피량(l /kg)	735	814
	폭발속도(m/sec)	2,400	3,500
	탄동구포(%)	–	65

12.4 다이너마이트 원료들의 특성

12.4.1 예감제

NG, Ng 및 DNT 등은 예감제로 사용되며 이들에 대해서는 각각 지방족유기화약류, 방향족유기화약류, 무연화약 편을 참조한다.

12.4.2 산화제

AN(Ammonium nitrate), KNO_3, $NaNO_3$ 등이 산화제로 사용되며 이들에 대해서는 각각 무기화약류/가스발생제, 흑색화약, 파이로테크닉 편을 참조한다.

12.4.3 가연제(연료)

1) 유황과 목탄

흑색화약 편을 참조한다.

2) 목분(sawdust)

목분은 절단, 연마, 사포질 등의 목재를 가공하는 과정에서 발생하는 부산물로 고운 목재 입자로 구성되어 있다. 가연성이 크기 때문에 산업재해의 원인이 될 수 있다. 파티클보드(Particleboard)의 재료이며 조개탄 제조에 사용된다. 미세한 톱밥 가루가 폐에 들어가 쌓임으로 폐 질환을 일으킬 수도 있다. 다이너마이트에서는 흡수제이자 CHO로 이루어진 연료 물질이다. 공기 중의 수분을 쉽게 흡수하므로 수분이 심각한 영향을 줄 경우에는 건조 후에 사용하는 것이 바람직하다.

3) 전분 또는 녹말

〈표 12.10〉 전분 또는 녹말의 물리화학적 특성

CAS 번호	9005-25-8	분자량(g/mole)	162.14
분자식	$(C_6H_{10}O_5)n$	ΔHc(kcal/mol)	−4,150
분자 구조		밀도(g/㎤)	1.5
		융점(℃)	−
		비점(℃)	−
		외관/냄새	백색 분말

포도당 두 분자가 서로 반응하면 물 한 분자가 빠져 나가면서 두 포도당이 연결되는 축합반응이 일어난다. 녹말은 이러한 포도당의 축합반응이 굉장히 많이 진행되면서 만들어진 거대 분자이다. 녹말은 아밀로오스와 아밀로펙틴의 혼합물이다. 아밀로오스와 아밀로펙틴은 둘 다 많은 포도당의 축합반응으로 인해 만들어진 분자들이다. 그러나 포도당의 어느 부분이 축합반응에 참여하느냐에 따라 다른 분자들이 만들어질 수 있는데 아밀로오스와 아밀로펙틴이 그러한 관계에 있는 분자들이다. 녹말은 아밀로오스와 같은 구조를 이루는 부분도 있고 아밀로펙틴과 같은 구조를 이루는 부분도 있다. 따라서 녹말을 아밀로오스와 아밀로펙틴의 혼합물이라 이야기하는 것이다. 아밀로오스와 아밀로펙틴의 비율은 녹말의 종류에 상관없이 대체로 일정한 편이다. 일반적으로 아밀로오스 20~25%, 아밀로펙틴 75~80%가 함유되어 있다. 그러나 모든 녹말 분자들이 그러한 것은 아니며 찹쌀, 찰옥수수 등은 아밀로오스는 거의 없고 아밀로펙틴만으로 이루어져 있다. 녹말은 맛이나 냄새가 없는 흰색 가루로 물에는 녹지 않는

다. 녹말에 뜨거운 물을 붓거나 물을 부어 가열하면 녹말 입자는 팽창하여 점성이 강한 액체 즉 풀이 된다. 이 현상을 호화라 하는데 녹말의 종류에 따라 대체로 일정한 온도 범위에서 볼 수 있다. 또 녹말에 아이오딘 용액을 가하면 청색(아밀로오스) 또는 적갈색(아밀로펙틴)으로 변색하는데 이것을 아이오딘-녹말반응이라고 한다. 아이오딘-녹말반응은 녹말을 검출하는 데에 유용하게 사용된다. 아밀로오스는 전분의 호화와 노화에 크게 영향을 미치는 것으로 알려져 있다. 아밀로오스 함량이 높은 전분은 많이 붓고 딱딱하여 윤기와 찰기가 없는 반면 아밀로오스가 적은 전분은 윤기와 찰기가 있다. 밥이나 떡을 만들어 식은 상태로 오래 두었을 때 딱딱하게 굳어지는 현상을 노화라고 하는데 이 경우 아밀로오스 함량이 높은 쌀이 낮은 쌀에 비해서 노화가 빨리 일어나며 찹쌀은 노화가 매우 느리다. 파이로테크닉 조성물에서도 전분을 사용할 경우 아밀로펙틴이 많이 함유된 찹쌀, 찰옥수수 계열의 전분을 사용하는 것이 장기저장성에 유리하다.

4) 밀가루, 밀기울 및 말분

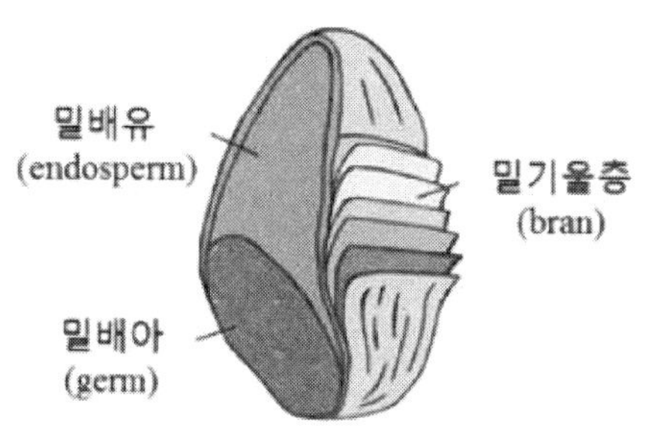

[그림 12.3] 밀의 구조

밀은 [그림 12.3]와 같이 크게 배유, 배아 그리고 밀기울층의 3부분으로 나눌 수 있다. 배유의 주성분은 전분과 단백질인데 이 부분이 추출되어 밀가루가 만들어진다.

배아의 주성분은 단백질과 지방으로 발아력을 가지고 있어 새로운 식물로 자라날 수 있는 생명력이 있는 부분이다. 이 배아 부분에 존재하는 지방은 제분과정 또는 저장기간 중 밀에 함유되어 있는 효소에 의해 산화를 일으키는 원인 물질로 작용하기 때문에 제분과정 중 이 배아 부분을 효과적으로 분리해 내는 것도 중요한 기술 중의 하나가 된다.

밀기울층은 밀껍질이라고도 하는데 마른 가죽과 비슷한 특성을 지니고 있으며 밀기울층 바로 아래 즉 배유 부분과 맞닿아 있는 부분에는 약간의 지방층과 함께 양질의 단백질이 존재한다.

밀가루를 만드는 기본적인 방법은 밀을 분쇄해서 밀배유를 추출해내는 것이다. 제분공정에서 정선된 밀을 빻아서 채로 밀가루를 내보내고 남은 거친 속 껍질과 밀가루가 혼입된 것을 다시 분쇄하여 채로서 입자도에 따라 밀기울, 말분, 정강, 등외밀가루 등으로 분류하는데, 이 중에서 입도가 제일 큰 무리를 밀기울(소맥피)라고 하며 전체 소맥의 12～15%를 차지한다. 밀기울과 등외 밀가루 중간의 크기를 가진 것들을 말분이라고 하며 원료 소맥의 약 7～8%를 차지한다.

5) 요소

〈표 12.11〉 요소의 물리화학적 특성

CAS 번호	57-13-6	분자량(g/mole)	60.06
분자식	CH_4N_2O	ΔH_f(kcal/mol)	−79.61
분자 구조	$H_2N-C(=O)-NH_2$	밀도(g/㎤)	1.32
		융점(℃)	133～135
		비점(℃)	−
		외관/냄새	백색 고체

요소는 $(NH_2)_2CO$의 분자식을 갖는 유기화합물이다. 인간이 처음으로 무기화합물로부터 요소를 합성했기 때문에, 유기화학 역사상 중요한 물질이다. 무색 무취의 결정이다. 물에 잘 녹아 20℃, 100㎖의 물에서 108g의 요소가 녹는다. 가열하면 분해되어 암모니아와 뷰렛(Biuret), 이소시아닌산(Isocyanic acid)으로 변한다. 요소의 결정 구조에는 작은 분자가 들어가기에 적합한 크기의 구멍이 있기 때문에 헥산 등 다양한 화합물과 반응하여 안정 상태가 된다. 물에 녹으면 흡열반응이 일어난다. 질산암모늄과 요소가 혼합된 분말과 물이 들어가 있는 팩을 같이 넣어 냉각팩을 만드는데 사용된다. 고폭약인 질산요소를 만드는데 사용되며 사제폭발물의 일부로서 사용된다. 니트로셀룰로오스 화약의 안정제로도 사용된다.

12.4.4 안정제(산중화제)

1) 탄산나트륨

〈표 12.12〉 탄산나트륨의 물리화학적 특성

CAS 번호	497-19-8	분자량(g/mole)	105.9888
분자식	Na_2CO_3	ΔH_f(kcal/mol)	−270.261
분자 구조	Na^+ O^- C(=O) O^- Na^+	밀도(g/㎤)	2.54
		융점(℃)	851(분해)
		비점(℃)	1633
		외관/냄새	흡습성이 있는 백색고체, 무취

탄산의 나트륨염으로 보통 소다 또는 탄산소다라고도 부른다. 무수물은 백색 분말의 흡습성이 강한 소다회이며 1수화물·7수화물·10수화물이 알려져 있다. 100g의 물에 0℃에서 7.1g, 100℃에서 45.5g 용해한다. 수용액은 다음과 같이 분해하여 알칼리성을 나타낸다.

$$Na_2CO_3 + H_2O \rightarrow NaOH + NaHCO_3$$

염산이나 황산 등의 강한 산에 가하면 이산화탄소 CO_2를 발생한다.

$$Na_2CO_3 + 2HCl \rightarrow 2NaCl + H_2O + CO_2 \uparrow$$

유리·비누·수산화나트륨·탄산수소나트륨 등의 제조 원료로 사용되며 알칼리로서 종이·펄프의 제조, 염료의 유기합성 등 여러 분야에서 사용된다.

2) 탄산칼슘

세계의 어느 곳에서나 암석에서 발견되는 흔한 물질이며 해양 유기생물체의 껍질, 달팽이, 탄구(탄층 속에 있는 식물 화석을 함유한 광물질의 둥근 덩어리), 진주 및 계란 껍질의 주성분이다. 백색 분말의 무정형 또는 백색 결정으로 맛과 냄새가 없으나 냄새를 흡수하기 쉬운 성질을 가지고 있다. 안정성이 뛰어나 장기간 보관 시에도 변질되지 않는다. 농업용 석회의 활성 성분이며 보통 경수의 주원인 물질이다. 의학적으로는 보통 칼슘보충제 또는 제산제로 사용되나 과도한 섭취는 위험할 수 있다. 석회석, 대리석으로서 시멘트의 주원료, 산화칼슘의 원료, 중화제로 사용되며 백색안료, 고무보강제로 사용된다. 시약용으로는 특정 순도로 화학적 방법에 의한 물질의 검출이나 정량에 사용된다.

〈표 12.13〉 탄산칼슘의 물리화학적 특성

CAS 번호	471-34-1	분자량(g/mole)	100.0869
분자식	$CaCO_3$	ΔH_f(kcal/mol)	−288.48
분자 구조	$[Ca^{2+}][CO_3]^{2-}$	밀도(g/㎤)	1.711(calcite) 2.83(aragonite)
		융점(℃)	1,339(calcite) 825(aragonite)
		비점(℃)	분해
		외관/냄새	미세한 백색 분말, 무취

12.4.5 감열소염제

1) 염화나트륨(NaCl, 소금)

소금 또는 암염으로 알려진 염화나트륨은 분자식이 NaCl인 이온화합물로 나트륨과 염소 이온이 1:1의 비율로 되어있다. 염화나트륨은 바다와 다세포생물의 세포외액의 염류 중 차지하는 비율이 가장 많다. 먹을 수 있는 식탁용 소금의 형태로 조미료와 식품방부제로 사용된다. 많은 산업 공정에서 대량으로 사용되며 화학 합성반응에서 원료로서 나트륨과 염소의 주요 공급원이다. 염화나트륨은 나트륨 이온(Na+)과 염화 이온(Cl-)이 결합하여 극성 구조를 가지기에 같은 극성 용매인 물에 잘 녹는다. 화재진압용 소화약제로 사용된다. 불에 닿았을 때, 열 흡수원으로 작용하여 불로부터 열을 소멸시킨다. 이러한 열을 감소시키는 작용 때문에 화약류에서는 감열소염제로서 사용한다. 특히 탄광용폭약의 경우는 메탄과 탄진의 2차 폭발을 방지하기 위해서 화염과 열을 최대한 낮추어 줄 필요가 있는데 여기에 염화나트륨을 사용한다.

〈표 12.14〉 염화나트륨의 물리화학적 특성

CAS 번호	7647-14-5	분자량(g/mole)	58.44
분자식	NaCl	ΔH_f(kcal/mol)	−98.26
분자 구조		밀도(g/㎤)	2.165
		융점(℃)	801
		비점(℃)	1413
		외관/냄새	무색 결정체, 무취

12.5 다이너마이트 제조

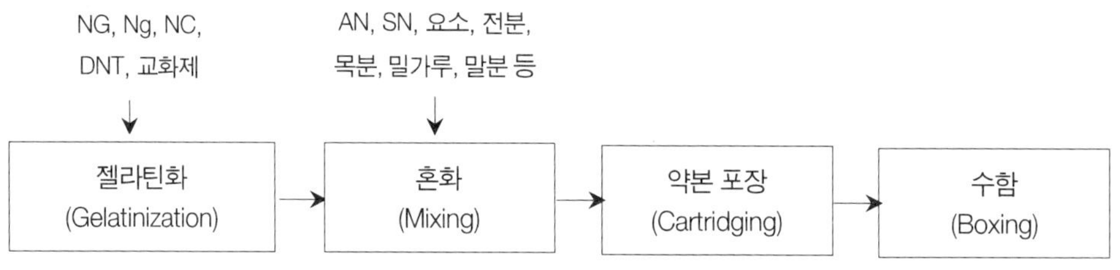

[그림 12.4] 젤라틴다이너마이트 제조공정도

12.5.1 젤라틴화(Gelatinization)

니트로글리세린 또는 니트로글리콜의 침출작용을 방지하기 위해 면약과 함께 혼합, 젤라틴화하여 니트로겔을 만드는 공정이다. 원래 NG를 100% 사용하였으나 겨울철에 동결되는 것을 방지하기 위해 Ng를 일부 첨가 사용한다. 또한 겔화보조제로 니트로화합물 DNT도 함께 넣어 교화시킨다. 혼화기 내에서 작업이 이루어지며 NG 또는 Ng, DNT 및 면약을 함께 넣고 혼화기 블레이드를 가동하여 교화작업을 완성시킨다. 원래 젤라틴다이너마이트는 니트로겔이 30% 이상 들어가야 작업이 되었으나 우리나라 (주)한화에서는 젤라틴다이너마이트용 특수 유화제를 사용하여 니트로겔을 최소 20%까지도 가능한 기술을 개발하였다.

12.5.2 혼화(Mixing)

니트로겔과 AN, SN 등의 산화제, 요소, 전분, 목분, 밀가루, 말분 등의 연료 및 감열소염제인 소금을 함께 넣고 혼합하는 공정으로 엄밀히 말하면 밀가루 반죽과 같은 약상을 만들기 때문에 반죽(Kneading)이라고 하는 것이 더 옳을 것이다. 날개가 달린 2개의 축이 공전 및 자전을 하여 반죽하는 버티컬(Vertical) 타입의 혼화기를 사용하거나 수평으로 설치된 두 개의 리본타입의 블레이드가 서로 교차되면서 반죽하는 혼화기를 사용한다. 혼화하기 전 각 원료는 뭉쳐있거나 여러 가지 이물질이 있을 수 있으므로 반드시 사분을 해서 덩어리를 해체하고 이물질을 제거를 하도록 하여야 한다. 특히 철물류는 마찰 및 충격에 의한 폭발 위험성이 있으므로 자석을 이용해서 완전히 제거하도록 해야 한다. 또한 원료 투입에서 혼합 및 배출에 이르는 모든 공정은 원격화하는 것이 바람직하다. [그림 12.5]와 [그림 12.6]은 상기의 두 가지 타입의 혼화기를 보여준다.

[그림 12.5] 버티컬 혼화기[3]

[그림 12.6] 수평 리본 혼화기

12.5.3 카트리징(Cartridging)

혼합, 반죽된 다이너마이트 약을 사용하기 좋은 형태로 카트리징하는 공정이다. 파라핀 코팅된 크라프트지에 정해진 규격의 직경과 길이로 약을 성형해서 싸는 공정이다. 처음에는 가

래떡을 뽑듯이 압신기를 이용해서 다이너마이트 약을 압신해서 일정 길이로 절단한 다음 일일이 작업자들이 손으로 카트리징하였다. 이러한 공정은 기계화로 개선이 되어 롤렉스(Rollex)라는 기계가 만들어졌으며 이로 인해서 생산량을 더욱더 증대시킬 수 있었다. [그림 12.7]은 로렉스 카트리징 머신의 도식도이다.

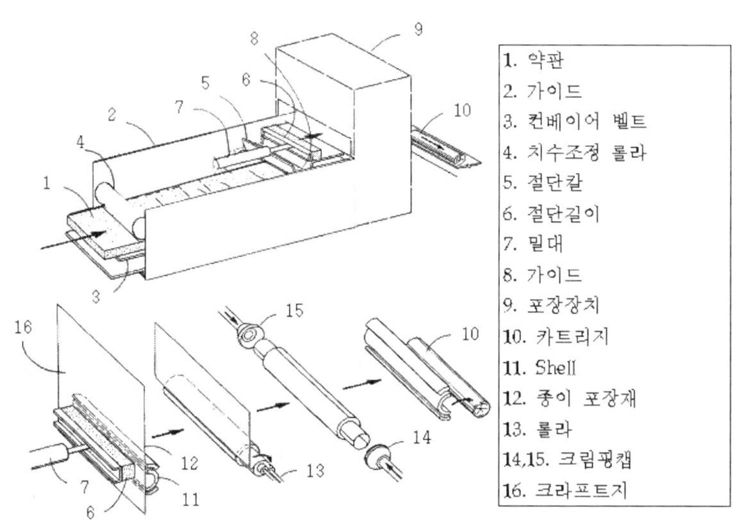

[그림 12.7] Rollex 카트리징 기계의 도식도

12.5.4 포장

카드리징 작업은 용도에 따라서 여러 구경별로 작업이 되었으며 다음의 표는 ㈜한화에서 제조하였던 각 구경별 포장 기준이다.

〈표 12.15〉 다이너마이트의 포장 기준

약경(mm)	약장(mm)	카트리지중량(g)	상자당포장수량(개)	상자당순중량(kg)
25	220	125	160	20
28	180	125	160	20
32	400	375	60	22.5
36	400	500	40	20
50	400	1000	20	20

참고문헌

1. 社團法人 火藥學會(2010), エネルギ-物質 ハンドブック(제2판), 共立出版, 東京
2. 허진(1987), 신화약발파학, 기전연구사, 서울
3. 민병만(2009), 한국의 화약역사, 아이워크북, 서울
4. 中原 正二(2003), "アルフレッド ノーベル 工業雷管,ダイナマイトの発明とダイナマイト帝国の建設" 화약과 보안(2003), 26~30페이지
5. Wikipedia, (2017.10.1), Dynamite, https://en.wikipedia.org/wiki/Dynamite, https://en.wikipedia.org/wiki/Hexanitrobenzene, (2017.10.13. 방문).

제13장

카리트(Carlit)

13.1 개요[1, 2]

1896년 스웨덴의 칼슨(Oscar F. Carlson)에 의해 발명된 폭약이다. 산소공급제로 과염소산염을 10% 이상 함유하는 폭약이다. 발명자 칼슨(Carlson)의 이름을 따서 카리트라고 하였다. 다이너마이트의 명성에 눌려 그다지 빛을 보지 못했다. 대부분은 일본에서 연구 및 발달되었던 제품으로 지금은 거의 사용하지 않는다. 가연제로 사용되는 규소철은 90% 이상의 규소를 함유하며 규소는 연소열이 7,300 kcal/kg으로 고발열성의 가연제이다. 칼슨이 처음으로 개발한 것은 흑(黑)카리트였으나 이것은 일산화탄소를 발생하므로 갱내에서는 사용할 수 없었다. 일산화탄소의 발생을 줄이기 위해 산소공급제인 과염소산암모늄을 많이 넣은 것이 자(紫)카리트이다. 과염소산암모늄은 염화수소를 발생한다. 화약적 효과는 있으나 생리적으로는 인후부를 강하게 자극한다. 이 염화수소와 반응하여 고체의 무자극성 염화물을 만들 수 있도록 질산나트륨 또는 질산바륨으로 과염소산암모늄의 일부를 대체하여 만든 제품이 화(樺)카리트이다. 질산암모늄으로부터 다량으로 발생하는 무미무취의 가스로 염화수소를 희석시킬 목적으로 만든 것이 남(籃)카리트이다. 이 2종류의 카리트는 과염소산암모늄의 양이 적고 규소철을 함유하지 않으므로 발열성을 확실히 하기 위해서 예감제(니트로나프탈렌 등)를 첨가한다. 카리트의 특징으로는 다음과 같은 것들이 있다.

① 색의 이름을 상품명으로 하고 있으나 제품은 반드시 명칭과 같은 색을 갖고 있지 않다.

② 성분은 화학적으로 안정하기 때문에 긴 시간이 경과해도 변질되지 않는다.

③ 분상이기 때문에 추운 겨울에도 얼지 않는다.

④ 질산암모늄을 함유한 것도 계면활성제를 넣으므로 쉽게 흡습 고화되지 않는다.

⑤ 폭발온도는 3,000~4,300℃, 폭발속도는 3,700~4,800m/sec, 폭발 가스량은 650~900 l /kg으로 위력이 큰 편이다.

⑥ 갱외용 카리트는 일산화탄소, 염화수소가 발생되므로 주의해야 한다.

<표 13.1>은 카리트 폭약의 종류와 그 특징을 나타낸 것이다.

〈표 13.1〉 카리트의 종류와 그 특징

종류	특징
흑(黑)카리트	카리트의 가장 기본적인 것으로, 과염소산암모늄 72~77%, 규소철 10~16%를 배합범위로 하여 이것에 목분, 중유 등을 가한 것으로 폭발할 때 일산화탄소가 발생하기 때문에 갱외용으로 사용한다.
자(紫)카리트	흑카리트의 배합성분의 내에 과염소산암모늄의 배합률을 많게 하여(80~88%) 일산화탄소의 발생을 없앤 것
화(樺)카리트	과염소산암모늄을 기제로 하고 있기 때문에 후가스 중에 함유되기 쉬운 염산가스를 막기 위한 억제제로서 질산나트륨을 가하고, 또한 폭력을 향상시키기 위해서 니트로화합물을 가한 것
남(藍)카리트	과염소산암모늄 외에 질산암모늄을 가하여 발생 가스량을 많게 한 것
청(靑)카리트	과염소산암모늄을 기제로 하고 질산나트륨, 질산암모늄 등을 가하여 후가스를 특히 고려한 것

13.2 조성

5가지 종류별 조성과 그 성능은 <표 13.2>와 같다.

〈표 13.2〉 카리트의 종류별 조성과 성능[2]

구분 \ 종류	흑카리트	자카리트	화카리트	남카리트	청카리트
NH_4ClO_4	72~77	80~88	48~51	33~38	20~25
$NaNO_3$	–	–	22~38	–	10~15
NH_4NO_3	–	–	–	51~55	45~52
니트로화합물	–	–	9~12	2~7	4~8
규소철	10~16	4~10	–	5~7	1~4
목분 및 탄분	4~8	1~5	3~7	1~3	5~8
중유	2~5	1~5	1~3	1~2	0.2~0.5
낙추감도(급)	4~5	4~5	4~5	4~5	5~6
폭속(m/sec)	3,500이상	3,500이상	3,000이상	3,000이상	3,000이상
RWS(%)	85~95	85~95	55~65	70~85	70~85
순폭도(배)	3 이상	3 이상	2 이상	2 이상	2 이상

13.3 원료들의 특성

13.3.1 산화제

산화제로는 과염소산암모늄(NH_4ClO_4)과 질산나트륨($NaNO_3$)이 있으며 각각 콤포지트추진제 편과 다이너마이트 편을 참조한다.

13.3.2 연료

1) 디니트로나프탈렌(Dinitronaphthalene, DNN)[3]

이 물질은 나프탈렌과 질산의 2단질화반응에 의해 만들어진다. 상용제품은 140℃ 이상의 융점을 갖는 두 이성질체의 혼합물이다. 벤젠, 자이렌 및 아세톤에 쉽게 용해되며 알코올과 에테르에는 조금 녹는다. 연료이기도 하지만 카리트에서는 예감제로 사용된다.

〈표 13.3〉 DNN의 물리화학적 특성

CAS 번호		폭발열(kcal/kg) $H_2O(l)$	(1,5-): 725 (1,8-): 732
분자 구조	(1,5-) (1,8-)	비에너지(kcal/kg)	136.0
		밀도(g/㎤)	–
		융점(℃)	(1,5-): 216 (1,8-): 170
		융해열(kcal/kg)	–
분자식	$C_{10}H_6N_2O_4$	lead block test(㎤/10g)	–
분자량(g/mole)	218.2	밀폐폭속(m/sec)	–
ΔH_f(kcal/mole)	(1,5-): +7.31 (1,8-): +9.00	deflagration point(℃)	318
산소평형치(%)	-139.4	충격감도(N m)	–
질소 함량(%)	12.84	마찰감도(N)	–
폭발가스량(ℓ/kg)	488	철슬리브 임계직경(mm)	–
외관	노랑 회색의 분말		

2) 규소철(Ferrosilicon, Si 90% 이상)

규소철은 규소와 철의 합금이며 보통 실리콘이 15～90%이나 화약에서는 90% 이상짜리를 사용한다. 규소철은 실리카 또는 모래를 철의 존재 하에 코크스로 환원시켜 만든다. 실리콘의 함량이 높은 규소철은 전기 아크로에서 만들어진다. 물과 접촉할 때 수소가 서서히 발생한다. 염이 존재할 때 반응은 가속화되며 수소를 만들 때 사용된다. 융점과 밀도는 실리콘 함량에 좌우된다. 약 90%의 실리콘이 함유된 규소철은 융점이 약 1390℃, 밀도가 약 2.89g/㎤이다. 실리콘의 연소열이 7,300kcal/ ㎏으로 고발열성으로 파이로테크닉 및 폭약의 연료로 사용된다.

3) 목분 및 탄분: 다이너마이트 참조

4) 중유(重油)[4]

중유는 원유에서 휘발유, 등유, 경유 등을 뽑아낸 후 얻어지는 흑갈색의 점성유를 가리킨다. 보통 원유 부피의 30~50% 정도에서 얻을 수 있다. 액체 형태로 얻어지는 석유 제품 중 가장 밀도가 높다. 영어로는 Heavy fuel oil이라고 하며 보통 Heavy oil, Fuel oil이라고 줄이기도 한다. 인화점이 40℃ 정도이며 등유나 경유, 특히 휘발유에 비해 증발하기 어렵다. 그래서 기름 방울 상태로 잘 연소가 되지 않아 경유와 비슷하게 면이나 양모 등의 심지가 달린 연소기구를 사용해야 연소될 수 있다. 연소할 때는 분산제, 조연제(助燃劑), 응고점 강하제 등을 중유 속에 미리 넣은 뒤 분무상태로 만들어 공기와 잘 혼합해 연소가 쉽도록 만든다.

중유의 비중은 0.86~1.00이며, 발열량은 10,000㎉/kg 전후이다. 중유 내의 탄화수소 분자 길이는 다양하게 나오지만 대략적으로 원소 분석에 의한 성분의 개략은 탄소 85~87%, 수소 10~12%, 유황 1~45%, 산소 1~1.75%, 질소 0.3~1%, 회분 0.02~0.1%이다.

연료 이외에 윤활유의 원료, 도시가스 원료, 석유 코크스의 원료에도 사용하며, 공업적으로 암모니아와 수소를 만드는 원료로도 쓰인다. 휘발유를 생산하기 위한 열분해 공정인 크래킹(Cracking)의 원료로도 쓰이고 있다.

일본이나 한국 등에서 주로 분류되는 방식으로 크게 A,B,C 등급으로 나뉜다.

① A중유는 경유 90%에 소량의 잔류유가 섞인 것이다. 주로 난방, 소형 내연 기관에 이용된다.

② B중유는 경유와 잔류유가 반 정도로 섞인 것이다. 국제적인 규격이 없으며 최근 B중유는 거의 생산되지 않는다.

③ C중유는 잔류유가 90% 이상으로 가장 점도가 높다. 한국에서 지칭하는 벙커C유가 여기에 해당된다. 재강, 대형 보일러, 대형 내열 기관 등에 이용되고 있다.

13.4 제조

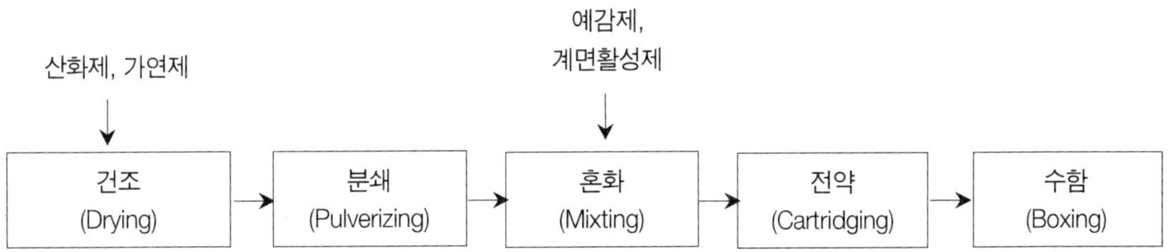

[그림 13.1] 카리트 제조공정도

13.4.1 건조

원료에 수분이 존재하면 분쇄, 혼화 등의 작업이 수월하지 않을 뿐만이 아니라 나중에 제품의 성능이 떨어지는 등 품질 저하의 원인이 되므로 원료의 건조는 필수적이다. 그러나 사전에 수분 분석을 하여 수분이 기준치 이내이면 건조를 생략해도 좋다.

13.4.2 분쇄

입도를 작게 하여 혼화되는 원료들의 균질성을 높여 폭약의 반응성을 좋게 하기 위함이다. 볼밀, 마이크로펄버라이저 등의 기계로 분쇄한다.

13.4.3 혼화

리본믹서 타입의 베르나혼화기(Berner) 등의 혼화기로 혼합한다. [그림 13.2]는 베르나혼화기 그리고 [그림 13.3]은 내부 리본타입의 블레이드의 사진이다.

[그림 13.2] 베르나혼화기

[그림 13.3] 베르나혼화기 내부 리본 타입의 블레이드

13.4.4 전약(Cartridging)

막대기 모양으로 혼화약을 크라프트지에 포장하는 작업으로 전약기를 사용하여 약통에 채워 넣고 끝면을 파라핀으로 막는다. 전약기에는 여러 가지 기계가 있으나 삐아찌(Biazzi)전약기가 많이 사용된다.

참고문헌

1. 허진(1987), 신화약발파학, 기전연구사, 서울
2. 山川道雄(1985), 産業火薬, 일본산업화약회, 일본 동경
3. Rudolf Meyer(2007), Explosives, WILEY-VCH Verlag GmbH & Co.KGaA, Weinheim, German
4. 위키백과, (2016.3.24), 중유(석유), https://ko.wikipedia.org/wiki/중유_(석유), (2016.7.28. 방문).

제14장

질산암모늄 유제폭약(ANFO)

14.1 개요

ANFO(Ammonium nitrate fuel oil)은 산업용으로 널리 사용되는 벌크 폭약이다. 산화제로서 약 94%의 다공성의 프릴 질산암모늄과 연료로서 약 6%의 연료유를 사용한다. ANFO는 가격이 싸고 사용성이 용이하기 때문에 내수성, 산소평형, 고폭속 및 소구경에서의 성능을 요구하는 곳이 아니라면 탄광, 채석, 금속 광산 및 토목공사 등에 널리 사용될 수 있다.

1955년 미국의 애크리(R.L.Akre)와 리(H.B.Lee)가 비료 등급의 질산암모늄과 고체상의 탄소 연료(탄가루, 목탄 등)를 혼합하여 만든 폭약을 특허 취득하였으며 후에 고체상의 탄소 연료가 액체상의 연료유로 대체된 것이 ANFO의 기원이다.

ANFO는 뇌관에는 기폭되지 않고 부스타(펜톨라이트 등)에 의해서 기폭되는 3차 폭약으로 상온에서 50mm 강관 조건에서 약 3,200m/sec의 폭발속도를 갖는다. 산소평형치가 제로가 되는 양론 중량비 조성은 AN/FO=94.3/5.7이다. 폭굉 조건이 최적일 때에는 N_2, CO_2, H_2O의 후가스가 나오지만 실제로는 최적조건이 불가능하므로 CO, NOx와 같은 유독가스가 나온다. 연료로 디젤유, 등유(Kerosene), 석탄가루, 당밀 등을 사용하기도 하며 기폭성을 증가시키기 위해 미세한 알루미늄 분말을 넣기도 한다.

ANFO용으로 사용되는 AN의 밀도는 결정입자가 1.7g/㎤인 것에 비해 AN 프릴 낱개는 1.3g/㎤으로 약 20% 정도의 공기가 들어가 있다. 이 공기들은 핫스포트의 역할을 하여 ANFO

가 잘 기폭 및 전폭되도록 해준다. 이러한 등급의 AN을 폭약 등급의 저밀도 또는 산업용 등급의 AN이라고 한다. ANFO의 기폭성과 에너지를 증가하기 위해서 미세한 알루미늄 분말을 넣기도 하나 가격 때문에 선호하지 않는다. 이외에도 핫스포트를 증가시키는 물질로 펄라이트, 화학적 가스발생제, GMB(Glass microballoon) 등을 넣기도 한다. AN에 공기를 많이 넣으면 넣을수록 ANFO의 기폭감도가 좋아지고 폭발속도가 증가되기는 하나, 제한된 발파공에 충전할 수 있는 화약량이 감소하기 때문에 발파공당 에너지가 감소한다. 가장 일반적으로 사용되는 ANFO의 가비중은 약 0.84g/㎤이다.

미국특허 5540793(1994.10.12 출원)에서는 PMB(Plastic micro balloon)를 프릴 AN에 내재시켜 저밀도의 다공성 프릴 AN을 공개하였다.[10] PMB함량에 따른 AN의 특성치는 <표 14.1>과 같고 이것으로 만든 ANFO와 기존의 프릴 AN으로 만든 ANFO의 폭발 성능을 비교한 것이 <표 14.2>이다. 이것에 의하면 PMB를 함유한 AN으로 제조한 ANFO는 기폭감도가 매우 좋아진 것을 볼 수 있다.

ANFO는 낮은 가격 및 높은 안정성으로 인기가 많은 폭약이다. AN은 운반 상 폭약으로 분류되지 않으며 단순히 산화제이다. 그렇기 때문에 많은 광산에서는 차량을 이용해서 AN과 연료유를 현지에서 섞어서 바로 발파공에 충전하는 프로세스를 많이 사용한다. 그렇기 때문에 ANFO를 플라스틱 호스를 이용하여 발파공에 주입하는 과정에서 정전기가 많이 발생하여 역기폭 시에는 예기치 못한 폭발사고가 발생하기도 한다. 이에 대한 대책으로 일본에서는 역기폭을 금지하고 정기폭 만을 사용하도록 규제화하기도 하며 유럽에서는 내정전성이 강한 비전기뇌관이나 도폭선을 이용한 기폭방법을 사용하기도 한다. 근본적으로는 ANFO 자체에서 정전기가 발생하지 않도록 연료유에 대전방지제를 넣어 정전기의 발생량을 최소화시키기도 한다.

〈표 14.1〉 PMB함량에 따른 AN의 특성치

PMB함량 (중량%)	Prill 밀도 (g/㎤)	파괴강도 (kg)	마모강도 (%)	충전밀도 (g/㎤)
0(기존)	0.760	1.1	2.4	1.05
0.11	0.676	0.88	2.1	1.01
0.22	0.610	0.66	0.80	0.96
0.25	0.603	0.61	0.64	0.88
0.31	0.545	0.54	1.0	0.92

〈표 14.2〉 PMB-PPAN의 ANFO 특성치 비교(ANFO: AN/FO=94/6)

제품	뇌관 강도	Critical diameter (mm)	VOD (m/sec)	VOD, Φ210mm (m/sec)
기존 PPAN	8D	22	3,400~3,600	4,300
0.26%PMB-PPAN	6D	12.7	3,300~3,900	4,100

※ Critical diameter: Meyer의 Explosives 책에 정의되어 있으며, 폭굉이 일어나는 폭약의 최소직경을 말한다.
※ VOD는 Φ210mm의 드릴공에서 측정한 폭속이다.

일반적으로 ANFO의 특징은 다음과 같이 정리될 수 있다.[1]

① 6호 뇌관 1개로는 폭발하지 않는다. 이것은 기폭하는 방법에 따라서 폭발시킬 수도 있으나 법률상 뇌관 1개로는 폭발하지 않는 것으로 정의를 내리고 있다. 제품의 검사도 폭발하면 불합격이 되고 ANFO라고 인정할 수 없다. 시험 방법은 KSM4804(산업 폭약)의 7.4.1 질산암모늄유제폭약의 기폭감도시험에 준한다.

② 화염에 민감하여 착화되기 쉽다. 또한 정전기의 스파크로 인화할 우려가 있다. 이것은 경유가 증발하여 상부에 폭발성 가스가 정체하기 때문이다. 즉 그대로 내버려 두어서 바람이 부는 곳에 두면 비교적 착화하기 힘들다.

③ 습기, 수분에 접촉하면 흡습되기 쉬우며 흡습되면 폭발성이 떨어진다.

④ 장전비중은 0.8~1.1 정도로 낮다.

⑤ 밀폐폭속이 약 3,200m/sec 정도로 경암에는 적합하지 않으나 다량의 가스가 발생하므로 정적효과에 의해 파괴할 수 있는 사암과 같은 연암에서는 적합하다.

⑥ 위력, 내수성 및 기폭성 등의 성능이 다이너마이트에 비해 많이 부족하지만 만들기가 쉽고 사용이 편리하고 안전하다는 큰 장점을 갖고 있어 비교적 많이 사용하고 있는 폭약이다. 우리나라에서는 1964년 6월 20일 상공부 주최 하에 시흥광산에서 허진 박사에 의해 제조성능 공개실험이 시행되었고 1966년부터는(주)한화에서 생산하고 있다.[1]

1955년 애크리(R.L.Akre)와 리(H.B.Lee)는 초기에 초안, 탄가루, 목탄 및 기름 등을 혼합하여 포대에 넣어 애크리마이트(Akremite)라고 하는 제품을 개발하였으나 후에 초안/연료유=94/6의 조성으로 정착되었다. 애크리마이트를 발명하게 된 동기는 비료용으로 사용되고 있는 질산암모늄의 대형 폭발사고로부터 질산암모늄이 폭발성을 갖고 있다는 것에 착안하여 초안유제폭약(ANFO)를 발명하게 되었다고 한다. 2건의 대형폭발사고 내용은 다음과 같다.[2,3]

① 첫 번째 폭발사고

1921년 독일의 오파우(Oppau) 공장에서 일어난 사고이다. 황질산암모늄을 야적해 놓고 장기간 방치하였더니 단단하게 굳어 사용하기 어려워지자 공장 관계자들이 이것을 부수기 위해서 다이너마이트를 이용했다고 한다. 질산암모늄이 폭발성물질이라는 것을 잘 몰랐던 그 당시에는 이런 선택이 가능했을 수도 있었다. 그러나 다이너마이트를 이용해서 굳은 질산암모늄을 부수려 했던 선택은 엄청난 재해로 나타났다. 다이너마이트가 폭발하면서 황질산암모늄도 함께 폭발한 것이다. 약 4500톤이 폭발하여 669명이 사망하고 1952명이 부상당한 대형사고였다.

② 두 번째 폭발사고

1947년 미국의 텍사스 연안에서 일어난 사고이다. 화물선인 그랜드캠프호의 화물칸에서 화재가 났을 때 화물칸에는 초안이 2600톤이 선적되어 있었다고 한다. 선장은 소화시키기 위해 화물칸을 폐쇄시키고 스팀으로 가압시키는 조치를 취하였다. 그러나 이 조치로 인해 엄청난 재해가 발생하였다. 1시간 후에 배는 폭발하였고 수백명이 사망하였으며 250m 떨어져 정박해 있던 1,050톤의 유황과 960톤의 초안을 싣고 있었던 하이플라이어호로 불이 번졌다. 그랜드캠프호의 폭발은 또한 강력한 지진동을 일으켰으며 이로 인해 40마일 떨어진 창들을 파괴시켰고 460m 거리에서 날던 작은 비행기에 충격을 주었다. 하이플라이어호는 16시간 연소한 후에 다음날 폭발하였다. 부둣가에 있던 500톤의 초안이 또한 연소하였으나 폭발하지 않았는데 아마도 덜 빽빽하게 적재되었기 때문일 것이다. 총 581명이 사망하였고 약 3,000명이 부상당한 대형 사고였다.

14.2 조성

산화제로서 프릴질산암모늄을 약 94%, 가연제로서 연료유 약 6%의 조성으로 제조한다. 산소평형치가 제로가 되는 양론 조성은 AN/연료유=94.3/5.7이나, 연료의 양을 약간 초과하여 제조한다. 그 이유는 산소평형치가 플러스 쪽으로 갈 때는 에너지가 급격히 감소하면서 후가스 중에 독성가스인 NOx를 발생시켜 상당히 불리하지만 마이너스 쪽으로 갈 때는 에너지가 아주 서서히 감소하면서 발생하는 후가스도 비교적 적은 양의 CO가 발생하기 때문이다. [그림 14.1]은 연료의 함량의 따른 에너지를 그래프로 나타낸 것이다. 양론점인 연료 5.7%에서 에너지가 최대가 되며 연료가 적은(산소평형치가 플러스) 쪽으로 갈 때는 연료가 많은(산소평형치가 마이너스) 쪽으로 갈 때보다 에너지가 급격히 떨어지는 것을 볼 수 있다.

두 가지 연료 외에 미량 추가로 들어가는 것이 색소제이다. 보통 붉은색의 색소를 사용하며 이를 사용하는 목적은 혼화의 정도를 보기 위한 것이다. 주로 연료유에 섞어 사용하며 고체상의 분말 색소보다는 액상의 색소가 침전물도 안생기고 편리하다.

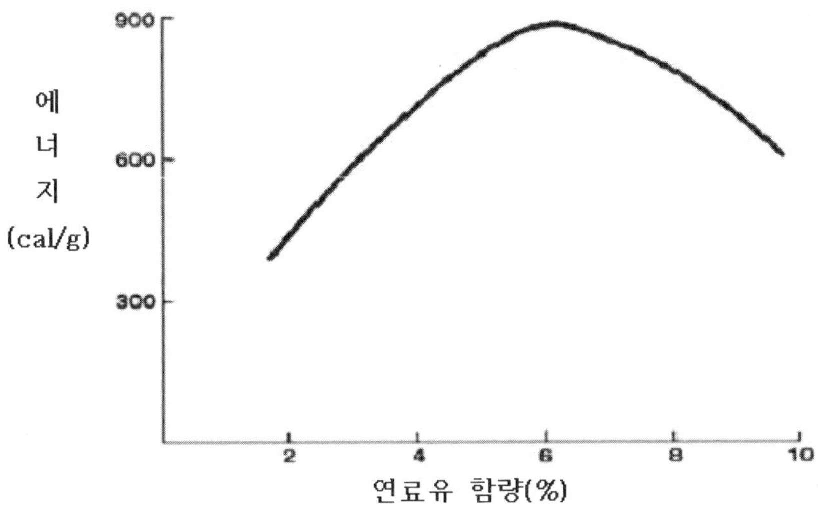

[그림 14.1] 연료의 함량에 따른 에너지 변화

14.3 원료들의 특성

14.3.1 산화제

1) 질산암모늄: 무기화약류/가스발생제 참조

입자상의 질산암모늄은 비료용 등급의 질산암모늄과 폭약용(산업용) 등급의 질산암모늄이 있으며 ANFO용에는 폭약용 등급을 사용한다. 특히 기폭성과 에너지를 증대시키기 위해서 예감제 역할을 하는 핫스포트가 가능한 많이 들어가 있는 저비중의 질산암모늄이 유리하다.

질산과 암모니아에 반응에 의해서 만들어진 질산암모늄은 보통 약 83%의 농도를 갖는다. 증발을 통해서 95% 이상의 농도로 농축이 되며 높은 스프레이 타워(수십미터)에서 스프레이시키면, 스프레이된 질산암모늄수용액 방울들이 냉각, 건조되면서 프릴 상태의 질산암모늄이 얻어진다. 보통 40~50m 높이의 타워에서 약 95%의 질산암모늄 수용액을 입자화시키는데, 이 보다도 타워가 더 높으면 더 낮은 농도의 질산암모늄을 입자화시킬 수 있다. 수분이 많은 질산암모늄은 건조되면서 내부에 더 많은 기공(핫스포트)들을 형성시킨다. 따라서 ANFO의 기폭성을 높이고 폭속을 높이기 위해서는 보다 높은 프릴링 타워를 필요로 한다. 또한 앞서 언급했지만, PMB를 내재시킨 미국특허 제5540793과 같이 스프레이 타워를 높이지도 않고 저밀도의 다공성 프릴 AN을 만들 수 있는 방법도 있다.

ANFO의 가장 고질적인 문제가 여름에 고화되는 문제이다. 여름에 출하된 ANFO는 자주 사용 현장으로부터 굳어서 사용하기 힘들다는 클레임을 자주 받게 되는데 이러한 문제를 해결하기 위해 첨가제를 통한 질산암모늄의 상전이 온도를 높은 쪽으로 이동시켜 상전이를 일으키지 않게 하는 방법이 특허 등록되었는데 대표적인 예가 다음의 특허들이다.

① US3317276(1966.10.24 출원)[11]

붕산 0.5%, 인산2암모늄 1.0%, 황산2암모늄 0.05%를 첨가하는 방법이며 이것의 효과는 다음의 <표 14.3>과 같다.

〈표 14.3〉 기존품과 특허제품의 열충격 비교시험

Cycle 수	파쇄율(%)	
	AN alone	첨가제 첨가후
6	8	0
30	50	0
36	100	0
52	100	4

※ 93℃까지 가열후 2시간 정체 → 43℃까지 냉각후 2시간 정체를 1cycle로 한다.

② US4486396(1984.12.4. 출원)[12]

표면적 150~400m³/g, 기공사이즈 100~300A°의 다공성입자가 0.05~1.0%를 포함한다. 프릴질산암모늄을 건조 후 다공성입자로 코팅하여 제조하며 필요 시 더스트바인딩제(Dustbinding agent) 및 케이킹방지제(Anticaking agent)를 추가한다. 안정화된 폭약 등급의 다공성 프릴질산암모늄을 제조할 수 있다.

14.3.2 연료

1) 경유[4]

미국에서는 No.2 연료유를 ANFO 제조에 사용하는 원료로 하고 있다. 6단계로 나뉘어지는 연료유 중에 No.2 연료유는 가정에서 연료용으로 사용되는 것으로 No.2 디젤류라고도 하며 체인의 길이가 10∼20 정도이다.

경유는 이 6단계중 No.1∼No.3에 해당되는 것이다. 영어로는 디젤연료란 용어를 사용하는데 이는 디젤엔진의 연료로 널리 쓰이고 있기 때문이며 디젤오일이라고도 부른다. 보통 탄화수소 분자로 탄소수가 10∼15개 사이이며 휘발성이 낮아서 불이 쉽게 붙지 않기 때문에 폭발의 위험이 적다. 경유에서는 특유의 불쾌한 찌든 듯한 냄새의 악취가 나는데 그 원인은 유황화합물과 방향족화합물이 존재하기 때문이다. 경유에는 방향족화합물이 35부피% 정도 함유되어 있다.

최근에는 이러한 냄새를 없앤 정제된 제품들이 나오는데 이들은 냄새를 제거했을 뿐만 아니라 불포화된 이중결합들도 수소로 포화시킴으로써 에너지도 증가시켰다. 대표적으로는 이수화학의 D-SOL 제품들이 있다. 다음의 <표 14.4>는 경유 대체용으로 사용될 수 있는 D-SOL 제품들의 특성치이다. 표를 보면 방향족화합물이 거의 제거된 0.07, 0.03%이고 유황도 1ppm 이하로 현저히 제거된 것을 볼 수 있으며, 이 제품들의 냄새를 맡아보면 경유와 같은 역겨운 냄새가 거의 없다. 열량도 경유의 열량이 약 9,600kcal/kg인 것에 비해 10,000kcal/kg 이상으로 높다.

〈표 14.4〉 경유의 물리화학적 특성

CAS 번호		분자량(g/mole)	14
분자식	대표분자식: CH_2	ΔH_f(kcal/mol)	−5
분자 구조		밀도(g/㎤)	0.82∼0.845
		융점(℃)	−
		비점(℃)	250∼350
		인화점(℃)	50 이상
		발화점(℃)	210
		외관/냄새	무색∼ 연한 노란색 또는 연한 갈색

〈표 14.4〉 D-SOL의 특성치[5]

항목		D-SOL170	D-SOL200
비중		0.7814	0.8000
증류온도(℃)	IBP	174	204
	5%	177	208
	10%	178	209
	50%	181	214
	90%	187	226
	99%	189	230
	DP	191	235
인화점(℃)		52.5	79
방향족화합물(%)		0.07	0.03
유황(ppm)		1이하	1이하

대한민국 특허 100473594에서는 위력이 강화되고 냄새가 적은 저비중 질산암모늄유제폭약이 공개되고 있다.[7] 이 특허에서는 상기의 D-SOL과 같은 류의 Dearomatized 경유를 사용하는 것을 특징으로 하고 있다. 일반 경유를 사용한 제품과 성능을 비교한 표가 <표 14.5>이며 위력이 향상된 것을 볼 수 있다.

〈표 14.5〉 대한민국 특허 100473594(2002.05.06 출원)의 실시 예

		실시 예1	실시 예2	실시 예3	비교예(기존)
Prill AN의 가비중(g/㎤)		0.61~0.65	0.66~0.70	0.70~0.75	0.75~0.85
조성	Prill AN	94.3	94.3	94.3	94.3
	Dearomatized 경유	5.7	5.7	5.7	-
	일반 경유	-	-	-	5.7
성능	탄동구포(%)	140~145	140~145	140~145	135~140
	폭속(m/sec)	3,200~3,500	3,500~3,800	3,800~4,100	2,500~3,200

14.4 ANFO 제조

14.4.1 혼화

ANFO는 흡유성의 프릴질산암모늄에 연료유를 골고루 분사시켜 일정하게 흡유시키는 것이 매우 중요하다. 배치식혼화기로는 혼화기 내에서 프릴질산암모늄이 유동되는 상태에서 경

유를 분사시킬 수 있는 혼화기로 리본혼화기, 코팅기, 버티컬혼화기 등이 좋으며 연속식혼화기로는 프릴질산암모늄을 이송시키면서 일부 몇 개의 구간에서 경유를 분사시킬 수 있는 스크류혼화기가 가장 좋다. 혼화기의 각도는 수평에서 45도의 각도로 설치한다. 공장의 자동 생산시스템과 발파사이트에서 ANFO를 바로 만들어 발파공에 주입하는 ANFO트럭은 모두 이와 유사한 형태의 연속 스크류혼화기를 사용한다. [그림 14.2]는 리본혼화기, [그림 14.3]은 코팅기, [그림 14.4]는 스크류혼화기를 나타낸 그림이다.

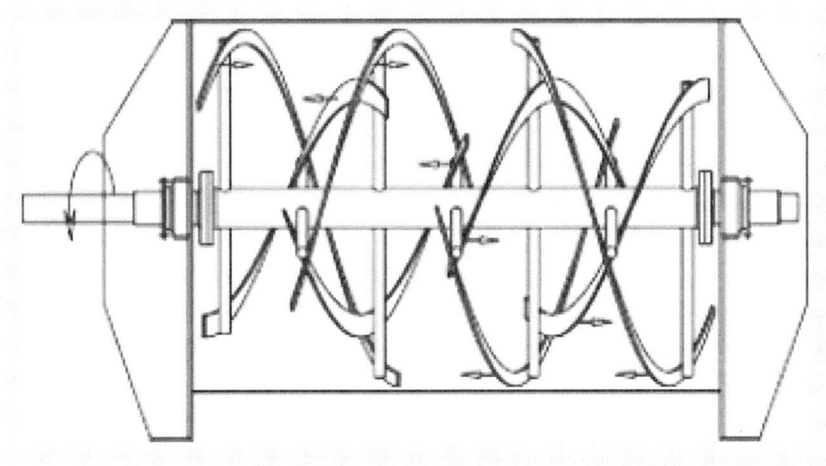

[그림 14.2] 리본믹서

[그림 14.3] 코팅기

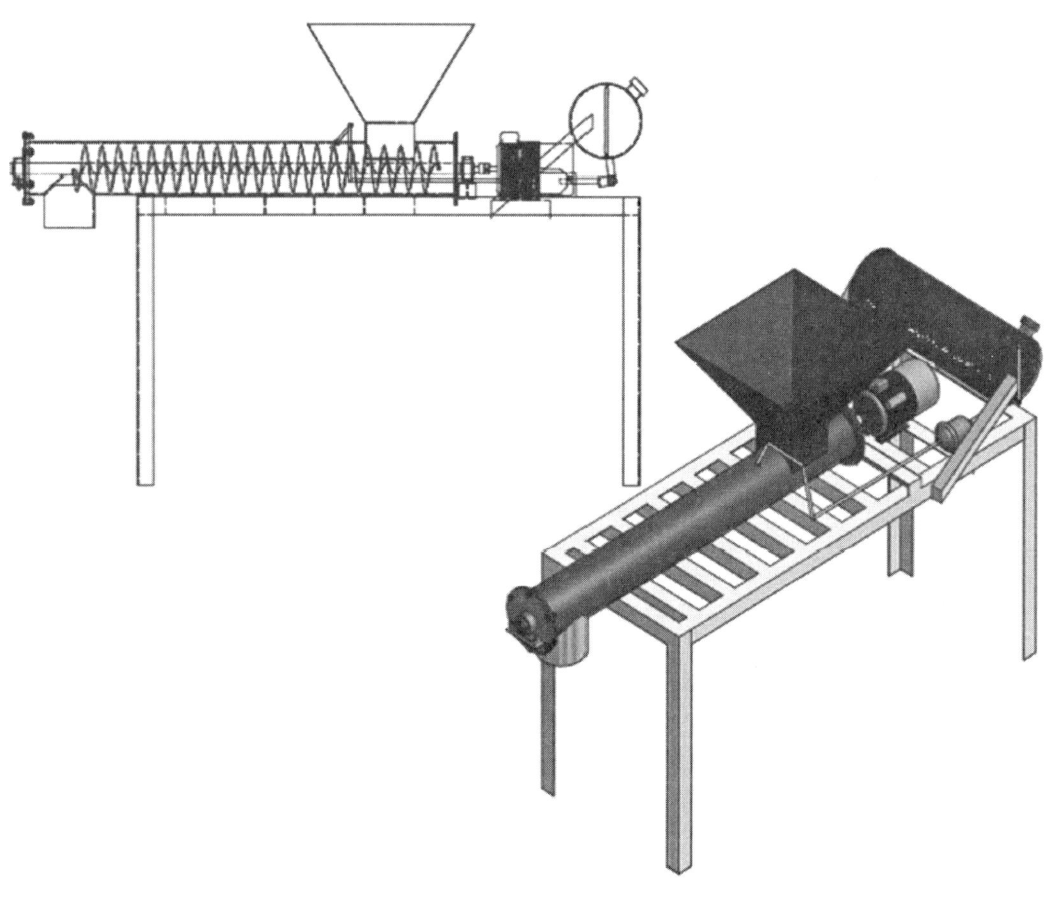

[그림 14.4] 연속식 스크류혼화기

14.4.2 백 포장

ANFO는 발파 사이트에서 ANFO 믹싱트럭에 의해 현장에서 바로 사용하는 방법과 공장에서 백에 포장하여 사용하는 방법이 있다. 백에 포장하는 경우에는 어느 정도 유통기간이 있기 때문에 품질의 저하가 생기지 않도록 좋은 포장기술이 필요하다. 프릴질산암모늄에 휘발성의 경유를 혼합하였기 때문에 시간이 지남에 따라서 분리될 수 있고 그리고 휘발성분이 포장 백의 외부로 날아가 버릴 수 있다. 따라서 포장은 완전 밀폐시키는 것이 중요하고 또한 백의 재질도 경유가 누출되지 않는 재질을 사용하는 것이 중요하다. 일반적으로 PVC나 PE 필름은 접착성은 좋은데 내유성이 떨어지는 반면에 나일론 필름이나 PP 필름은 접착성은 좋지 않으나 내유성은 우수하다. 포장의 밀폐성과 내유성을 좋게 하기 위해서는 이 두 가지를 잘 조화시킨 포장백을 만드는 것이 중요한데 대한민국 실용신안번호 200306081(2002.05.24 출원)에서는 여러 가지 필름을 조합하여 '방수·방유형 고강도 초안유제폭약 포장백'을 소개하고 있다.[6] <표 14.6>은 이 개발품의 특징을 비교한 것이다. 기존의 백은 30℃, 95%에서 16일 경과 후 수분이 0.02%에서 0.16%로 증가하였으며 오일은 4.8%에서 4.1%로 빠져 나간 것에 비해, 개선품은 수분과 오일의 함량이 거의 변화가 없는 완벽한 방수 방유형을 나타내고 있다. 국내㈜한화는 이 개발품의 적용으로 그동안 고질적으로 발생되었던 ANFO의 여름철 고화 및 가루화되는 현상 그리고 시간이 경과함에 따른 ANFO의 급격한 폭속 저하 현상이 완전히 없앨 수 있었으며 발파현장에서도 ANFO의 고질적인 이러한 문제들이 클레임으로 보고된 적은 없었다.

〈표 14.6〉 방수방유형 ANFO 포장백의 성능 비교

구분	방습성 시험					방유성 시험				
	AN 수분함량(%)					ANFO 오일함량(%)				
경과일	1	2	4	8	16	5	10	20	30	60
기존품	0.02	0.04	0.07	0.08	0.11	4.8	4.9	4.7	4.4	4.1
개발품	0.02	0.03	0.02	0.04	0.03	4.9	5.1	4.8	5.2	5.0

※ 기존품: 내면에 폴리에틸린이 코팅된 3겹의 크라프트지 구조로 된 종이백
※ 개선품: 외부백은 PP사로 직조 가공한 시트와 그 시트의 표면을 PP로서 용융 코팅한 것을 사용하고, 내부백은 폴리에틸렌+나일론+폴리에틸렌의 3겹구조로 된 백을 사용한 비닐백

14.5 기타 특수 ANFO

14.5.1 내수성 ANFO

ANFO는 만들기가 쉽고 사용이 편리하고 안전하다는 큰 장점을 갖고 있긴 하지만, 가장 큰 문제가 내수성이었다. 이것을 해결하는 방법으로 한쪽으로는 슬러리폭약이나 에멀젼폭약과 같은 함수폭약이 개발되었으며 다른 한쪽으로는 ANFO에 내수성을 부여할 수 있는 첨가제를 넣는 내수성ANFO가 개발되었다. 전자의 경우는 에멀젼폭약에서 언급할 것이며 후자의 경우는 여러 가지 첨가제들이 등장하는데 이러한 내수성 ANFO들이 출현하게 되는 동기는 1950년대에 미국에서 군용폭약인 TNT가 너무 많이 남아돌아 이를 처리하기 위한 방편으로 시작되었다. ANFO에 TNT를 약 40% 정도 넣어 사용하였는데 수공에서도 사용할 수 있을 정도로 내수성을 가졌다. 점차 과잉의 TNT가 고갈이 되어 더 이상 사용할 수 없게 되자 소비자들은 내수성이 있는 폭약을 계속 사용하길 원했다. 그래서 1960년대에 이러한 요구에 부응하여 제품들이 나오게 되었는데 이것이 내수성을 부여할 수 있는 첨가제를 넣은 내수성ANFO의 시작이 되었다. 이 내수성 ANFO는 발파공의 물을 빼낸 다음(Dewatering) 장전하여 사용 가능한 제품으로, 현재 가장 많이 사용되는 제품이 ADTEC의 WR-ANFO이다. 이 제품의 특징은 다음과 같다.

① ANFO 기제의 내수성이 증가된 제품
② 물이 적은데 사용하는 제품(수공의 물을 빼낸 후 사용이 필수)
③ ANFO와 AWS(Absolute weight strength)가 비슷

기타 내수성ANFO로 특허 등록된 기술로는 다음과 같은 것들이 있다.

1) 국제출원번호 WO2004009516 A1(2003.7.23 출원)[8]

이 특허에서는 ANFO에 첨가제를 넣는 방식을 쓰지 않고 프릴 AN에 가연제와 방수제 역할을 동시에 할 수 있는 물질들을 사용한 것이 특징이다.

〈표 14.7〉 WO2004009516 실시 조성의 예

시험번호		기존	1	2	3
P-AN		94	82.8	87.1	79.4
경유		6	–	–	–
o-니트로톨루엔		–	7.2	–	–
DNT/DNX의 혼합물		–	–	3.4	–
DNX		–	–	–	6.9
에폭시수지(디글리시딜아닐린)		–	7.5	–	–
산무수물계경화제		–	2.5	–	–
폴리이소시아네이트화합물		–	–	6.0	8.0
변성폴리아민		–	–	2.2	2.5
n-헥사놀		–	–	–	3.0
알루미늄(플레이크상)		–	–	1.3	–
실리카계마이크로밸룬		–	–	–	0.2
침수량	1시간후	100%	약5%	약5%	약4%
	2시간후	100%	약7%	약8%	약6%
침수후폭속 (m/sec)	1시간침수후	불폭	2,870	2,940	2,910
	4시간침수후	불폭	2,790	2,800	2,900
폭속(m/sec)		3,150	3,250	3,450	3,400

※ 침수 후 폭속은 물을 넣은 내경 53mm의 강관 내로 300g을 유입하고, 1시간 및 4시간 수중에 침지한 후 50g의 함수폭약 부스타로 기폭하여 측정한 폭속이다.

2) 미국특허 4933029(1989.7.26 출원)[9]

이 특허에서는 첨가제로 친수성겔화제와 비친수성화합물을 사용한다. 물에 접촉했을 때 비친수성화합물이 프릴 AN의 표면으로부터 물을 반발시키며 동시에 친수성의 겔화제는 내수의 방어벽을 형성한다. 다음의 <표 14.8>은 당해 특허의 실시 예이다.

〈표 14.8〉 US 4933029 실시조성의 예

시험번호	기존	1	2	4	6
ANFO	100	95	92.5	95	93
구아검	–	2.5	5	2.5	2.5
palmitic acid	–	2.5	2.5	–	4.5
aluminum stearate	–	–	–	2.5	
잔류 ANFO	0	90	102.5	88	103

※ 잔류 ANFO는 샘플 125g에 물 100㎖를 붓고 5분 후에 물이 침투되지 않은 ANFO의 무게를 말한다.

참 고 문 헌

1. 허진(1987), 신화약발파학, 기전연구사, 서울
2. WIKIPEDIA, (2016.6.30), ANFO, https://en.wikipedia.org/wiki/ANFO, (2016.7.29 방문)
3. WIKIPEDIA, (2016.6.19), Ammonium nitrate, https://en.wikipedia.org/wiki/Ammonium_nitrate, (2016.7.29 방문)
4. 위키백과, 우리 모두의 백과사전(2016.6.4.). 경유, https://ko.wikipedia.org/wiki/경유, (2016.7.29 방문)
5. 이수엑사켐, (2005), D-SOL 카타로그, http://www.exachem.co.kr/new/business/special_dsol.asp, (2016.7.29 방문)
6. 이성호, "방수–방유형 고강도 초안유제폭약 포장백" 대한민국 실용실안 200306081(2003.2.19)
7. 이응소, 이영호 "위력이 강화되고 냄새가 적은 저비중 초유폭약" 대한민국 특허 100473594(2005.2.17)
8. Hideaki Sugihara, "Waterproof granular explosive composition", WO2004009516 A1 (2003.7.23 출원)
9. John P. Sheeran, "Water resistant ANFO compositions", US특허 4933029(1990.6.12)
10. Edwin Bals, Jacobus Breedt, William L. Spiteri and Adriaan J. Goosen, "Porous prilled ammonium nitrate" US patent 5540793(1996.7.30)
11. Marion Lipscomb, Jr., Albert Wise Green and Elmer Ladelle Blanton "Stabilized ammonium nitrate composition and their production", US3317276(1967.5.2)
12. Olav Kjohl, Ellen Brekke and Arne O. Egner, " Stabilized ammonium nitrate products having a high content of ammonium nitrate, and method of producing such products, US4486396 (1984.12.4. 출원).

제15장

수중유적형(Oil in water) 함수폭약

15.1 개요[1, 2]

슬러리(Slurry)폭약 또는 워터젤(Water-gel)폭약이라고도 하며 산화제로 질산암모늄 수용액과 예감제 역할을 하는 연료로 구성되어 있다. 뇌관기폭성 및 뇌관비기폭성으로 모두 만들 수 있으며 뇌관비기폭성은 미국에서 3차폭약(Blasting agent)으로 규정되어 있다. 워터젤은 젤리 모양의 약상을 가지고 있으며 소세지 모양의 포장을 하고 있으며 양쪽 끝을 철, 알루미늄과 같은 금속 클립으로 크림핑되어 막음처리된다. 워터젤 폭약은 다이너마이트를 대체하여 사용되어 오고 있으나 부족한 위력과 동절기의 불폭 문제로 기대 이상으로 널리 전파되지는 못하였다.

워터젤폭약은 다이너마이트에 비해 독성이 약하며 제조, 수송 및 저장 과정에서 위험성이 비교적 낮다. 또한 다이너마이트 보다도 가격이 저렴하다. 사용하기가 비교적 안전하고 용이하기 때문에 광산에 비교적 많이 사용된다. 상황에 따라서 사용될 수 있는 많은 여러 가지 형태의 워터젤폭약이 있다. 뇌관기폭성의 소구경으로부터 대구경에 사용되는 펌핑용 벌크폭약까지 사용될 수 있다. 유독한 독성가스가 적기 때문에 다이너마이트와 같은 NG기제의 폭약보다는 후가스가 상당히 양호하다. DuPont의 Tovex, Orica의 Detagel 등의 제품이 있으며 Tovex는 MMAN을 그리고 Detagel은 헥사민나이트레이트를 예감제로 사용한다. 특히 Detagel은 위력이 강한 소구경 폭약으로 광산용으로 사용되는 폭약이다.

그 외에 워터젤폭약의 장점으로는 슬러리 상태이기 때문에 카트리지가 상당히 용이하다는 것이다. 비닐튜브 등의 케이스에 쉽게 부어서 작업이 가능하기 때문에 기존의 주조타입으로 만드는 폭약에 비해서 쉽게 카트리지로 만들 수 있다. 또한 슬러리의 마지막 장점은 비폭발성의 조성형태로 저장하였다가 필요할 때 필드에서 예감화하여 사용될 수 있다는 것이다. 이상과 같은 슬러리 또는 워터젤 폭약의 장단점을 정리하면 다음과 같다.

1) 장점

① 물을 함유하고 있으므로 충격, 마찰 및 화염에 대한 안전성이 다이너마이트에 비해 월등히 높다. 화염으로 연소시키려 해도 잘 연소되지 않으며 화염을 멀리하면 연소도 지속되지 않는다.

② 화학적예감제 외에 미소중공구체가 사용되면 1인치 이하의 약경도 뇌관기폭성을 가질 수 있다.

③ 후가스 중의 유독가스(NOx 및 CO)가 다이너마이트에 비해 현저하게 적다.

④ 내수성이 우수하여 장전 후 장기간 방치해도 성능변화가 없다. 또한 수압이 있는 해수중에서도 사용이 가능하다.

⑤ NG를 함유하지 않기 때문에 제조, 저장, 운반 중에 NG 증기로 인한 두통, 메스꺼움, 현기증 및 환각현상 등의 문제를 일으키지 않는다.

⑥ 펌프로 충전하는 벌크 슬러리폭약의 경우 측벽효과(Channel effect)가 일어나지 않아 발파효과가 감소되지 않는다.

⑦ On-site mixing하여 벌크 상태로 바로 발파공에 장약하면 장약속도가 빠르고 1개의 발파공의 하부, 중앙부, 상부 등의 조성을 임의로 변경, 장전 가능하기 때문에 경제적이며 또한 암질에 적합한 조성을 사용할 수 있다.

⑧ 발파시의 연기량과 농도가 다이너마이트에 비해 적은 편이다.

⑨ 장공 또는 상향으로 천공된 공에도 펌프로 장전이 가능하다.

⑩ 소금 등을 소량 첨가하여 탄광용검정폭약도 쉽게 만들 수 있다.

⑪ 뇌관기폭성과 부스타기폭성의 슬러리폭약이 모두 가능하다. 뇌관기폭성은 기포가 함유되어 있어 비중이 1.0～1.3g/cc 정도이며 뇌관비기폭성은 기포를 함유하지 않아 비중이 1.3～1.5g/cc 정도가 된다.

2) 단점

① 다이너마이트 보다는 동적 및 정적위력이 모두 약하다.

② 겨울이 되면 동결하여 성능이 저하되며 심하면 불폭이 되는 경우가 있다.

③ 밀폐폭속이 4,000～5,000m/sec로 ANFO보다는 높지만 다이너마이트에 비하면 좀 떨어지는 편이다.

15.2 역사

ANFO의 내수성을 부여하기 위한 방법 중의 하나로 발명된 것이 수중유적형 함수폭약이다. 미국의 쿡(Melvin A. Cook)와 캐나다의 파남(Henry E. Farnam)에 의해서 최초로 US2930685(1953.10.13 출원)으로 공개되었다.[7] AN, TNT 및 물의 슬러리를 기본으로 하며 SN(Sodium nitrate), 알루미늄 분말 또는 흐름억제제로 밀가루, 곡물가루, 호화전분 및 셀룰로오스가 추가로 사용될 수 있는 것을 특징으로 한다. 보통 물을 5～20% 정도 포함되는 죽상으로 슬러리폭약이라고 부르며 펜톨라이트 등의 캐스트부스타로 기폭된다. 1958년 쿡이 IRECO chemicals를 설립하여 본인의 특허기술을 기반으로 슬러리폭약 사업을 시작하였으며 1960년에는 US3096223(1960.7.11 출원)으로 염소산염과 과염소산염을 포함하는 슬러리폭약을 추가로 특허출원하였다.[8] 우리는 쿡이 발명한 형태의 폭약을 보통 IRECO형 수중유적형함수폭약 또는 슬러리폭약라고 한다. <표 15.1>은 IRECO 특허의 대표 조성이다.

한편 1967년 미국의 DuPont에서는 US3431155(1967.6.2 출원)로 새로운 형태의 수중유적형함수폭약을 공개하였으며 이를 워터젤폭약이라고 명명하였다.[9] 예감제로 TNT 대신에 MMAN, EDAN(Ethylenediamine dinitrate), TAN(Trimethylamine nitrate), Aniline nitrate, 젤화제로 구아검, 가교제로 $K_2Cr_2O_7$과 PAT(Potassium antimony tartrate)를 사용하였으며 이것도 부스타기폭성의 폭약이었다.

1) AN/TNT/H_2O

〈표 15.1〉 US2930685(IRECO)의 조성예

조성번호		1	2	3	4
조성	AN(Prill)	25	50	70	75
	TNT(Flaked)	75	50	30	25
	H_2O	19.5	19	18	18
비중		1.4	1.4	1.41	1.41
임계직경		1"	1"	1.25"	3~4"
최소부스타		1"-20g T	1"-20g T	1"-20g T	2"-100g T
5" 폭속		5,950	5,550	-	-

2) AN/TNT/H_2O/통밀가루 또는 밀가루

조성번호		5	6	7	8	9	10
조성	AN(Prill)	80	75	70	70	70	62
	TNT(Flaked)	20	25	30	30	30	38
	H_2O	22	21	21	25	27	16
	통밀가루	1.6	1.5	2.6	5.0	4.8	-
	밀가루	-	-	-	-	-	10
비중		1.35	1.36	1.2	1.3	1.4	1.4
임계직경		6"	5"	4"	6"	4"	3"
최소부스타		2"-160g P	2"-200g T	2"-100g T	2"-100g T	2"-100g T	1"-60g T

3) AN/TNT/Al/H_2O 또는 AN/SN/TNT/Al/H_2O

조성번호		11	12	13
조성	AN(prill)	35	35	37
	SN	-	-	20
	Al	20(fine)	20(coarse)	25(fine)
	TNT	30(coarse)	30(pellet)	10(coarse)
	H_2O	15	15	10
비중		1.7	-	1.79
임계직경		2"↓	4"	-
최소부스타		1"-20g T↓	1"-60g T	-
5" 폭속		5,000	5,750	-

※ T=Pressed tetryl, P=Cast 50/50 pentolite

또한 1969년 US3629021(1969.1.21 출원)에서는 TNT, 무연화약, Composition B를 추가로 사용한 조성을 공개하였으며 유기질산염도 EAN(Ethanolamine nitrate), DAN(Dimethylamine nitrate)을 추가로 넣은 조성을 공개하였다. 1970년대 중후반에는 미소중공구체를 투입하여 6호 뇌관에도 기폭될 수 있는 최종 조성을 완성하였다.[10] <표 15.2>는 DuPont 특허의 조성이다.

〈표 15.2〉 US3431155(DuPont)의 조성예

조성번호		1	2	3
조성	MMAN	10	10	3.33
	EDAN	-	-	6.67
	AN	41.4	43.4	44.4
	H_2O	19.6	19.6	19.6
	SN	15.0	15.0	15.0
	Al	4.0	2.0	2.0
	Formamide	4.0	4.0	4.0
	Coal	4.0	4.0	3.0
	구아검	0.8	0.8	0.8
	스테아르산과 가교제	0.25	0.25	0.25
밀도(g/cc)		1.1~1.2	1.1~1.2	1.1~1.2
3"지통폭속(m/sec)		4,650	4,500	4,400
2"지통폭속(m/sec)		3,700	3,150	4,150

조성번호		4	5	6	7	8
조성	MMAN	20.0	-	15.0	15.0	45.0
	EDAN	10.0	30.0	30.0	30.0	-
	AN	33.0	35.2	22.2	22.2	22.2
	H_2O	15.0	15.0	15.0	15.0	15.0
	SN	15.0	15.0	15.0	15.0	15.0
	Oil	1.0	2.0	-	-	-
	Bagasse pith	2.0	-	-	-	-
	Sulfur	2.0	2.0	2.0	2.0	2.0
	Eerrophosphorus	-	-	-	-	-
	Coal	2.0	-	-	-	-
	Microballoons of Phenol-HCHO-resin	-	-	-	-	-
	구아검	1.0	0.8	0.8	0.8	0.8
비중		1.35	1.35	1.35	1.35	1.35
5"지통폭속(m/sec)		4,900	4,400	6,100	5,900	4,000

조성번호		9	10	11	12	13
조성	MMAN	15.0	20.0	30.0	20.6	30.0
	EDAN	30.0	15.0	-	-	-
	AN	22.2	31.0	35.0	28.8	27.2
	H_2O	15.0	15.0	15.0	8.8	15.0

	SN	15.0	15.0	15.0	19.3	15.0
	Oil	-	-	-	-	-
	Bagasse pith	-	-	-	-	-
	Sulfur	2.0	2.0	2.0	2.6	2.0
	Eerrophosphorus	-	-	-	19.3	10.0
	Coal	-	-	2.0	-	-
	Microballoons of phenol-HCHO-resin	-	-	1.0	-	-
	구아검	0.8	0.8	0.8	0.6	0.8
밀도(g/cc)		1.35	1.35	1.35	1.70	1.45
5"지통폭속(m/sec)		6,000	4,950	6,300	5,100	4,350

조성번호		14	15	16	17	18	19	20	21
조성	질산아민	24.6①	30.0②	13.0③	29.8④	11.0⑤	30.0⑥	17.5⑦	20.2①
	AN	42.7	54.1	71.0	54.2	73.0	48.0	66.7	69.1
	H_2O	15.0	15.0	15.0	15.0	15.0	10.0	15.0	10.0
	SN	15.0	-	-	-	-	-	-	-
	Sulfur	2.0	-	-	-	-	5.0	-	-
	광유(정제)	-	-	-	-	-	1.0	-	-
	구아검	0.7	0.7	1.0	1.0	0.7	1.0	0.75	0.7
	가교제⑧	0.17	0.17	0.17	0.17	0.17	0.17	0.17	0.17
O.B(%)		-7	-0.4	-0.6	0.0	-0.8	+0.3	-0.6	-1
밀도(g/cc)		1.3	1.4	1.3	1.3	1.1	1.42	1.3	1.5
기폭결과⑨		○	○	○	○	○	○	○	○

① Monoethylamine nitrate

② MMAN(Monomethylamine nitrate)

③ TAN(Trimethylamine nitrate)

④ EDAN(Ethylenediamine dinitrate)

⑤ Aniline nitrate

⑥ HN(Hydrazine nitrate)

⑦ p-phenylenediamine dinitrate

⑧ 가교제: $K_2Cr_2O_7$(1%)/PAT(5%) = 0.1/0.07

⑨ $\Phi 2\frac{1}{2}$"x4"의 실린더형의 홀이 있는 납블럭에 $2\frac{1}{4}$"병에 담은 폭약을 장전하여 50g RDX 펠렛으로 기폭

기존의 IRECO형 슬러리폭약은 TNT를 사용하여 상업적으로 성공하였으나 이 TNT는 산소평형의 문제로 CO와 NO_2와 같은 유독한 가스를 많이 발생시키는 단점이 있었고 또한 TNT

는 지저분할 뿐만 아니라 값도 매우 비쌌다. DuPont의 기술자들은 이러한 TNT를 MMAN (Monomethylamine nitrate) 등의 유기질산염으로 대체하는데 성공을 거둔다. 또한 미소중공구체를 투입하여 더 예감화시킴으로써 6호 뇌관에도 기폭될 수 있게 함으로써 명실공히 기존의 다이너마이트를 대체할 수 있는 길을 열게 되었다. DuPont은 이 폭약의 상품명을 Tovex라고 하였으며 1976년 DuPont은 다이너마이트 생산을 중지하고 Tovex로 대체하기 시작하였다. 그 당시에 Atlas, Hercules, IRECO, Trojan-US Powder 및 기타 폭약회사들이 이러한 함수폭약을 생산했지만 MMAN을 사용한 기술의 Tovex를 갖고있는 DuPont이 경쟁 우위를 선점하였다.

15.3 조성

O/W형 함수폭약은 AN의 포화 수용액(20℃에서 65%농도)과 질산염으로 이루어져 있으며 또한 용해되지 않은 부유 상태의 질산염 그리고 질산염의 과잉 산소와 평형을 유지할 수 있는 연료를 함유한다. 질산염수용액의 구조는 가해지는 증점제(예: 구아검)와 가교제(Cross linking agent: 예 borax)에 의해서 상당히 영향을 받는다. 이들은 약상을 여러 가지로 조정하여 쉽게 부어 넣을 수 있는 젤로부터 딱딱한 고체에 이르는 약상까지 만들 수 있다. PVA(Polyvinyl alcohol), 구아검, 덱스트란검 및 요소-포름알데히드 레진이 대표적인 젤화제이다. 특히 구아검은 워터젤폭약의 수용액 상에 가장 많이 사용되는 젤화제이다. 가장 중요한 연료는 알루미늄 분말이며, 또한 글리콜과 같은 수용성의 연료가 사용된다. 또한 MMAN(Monomethylamine nitrate)와 같은 유기아민의 질산염을 포함한다. MMAN은 MMA(monomethyl amine)와 질산의 반응에 의해서 만들어진다. O/W형 함수폭약은 TNT, PETN 같은 예감제를 함유하기도 하며 또한 미세하게 분산된 공기 버블을 투입함으로써 예감화될 수 있다. 공기가 채워진 미소중공구체 같은 것도 있으며 이것은 정적압력에서는 압축되지 않는다. 공기로 예감화된 O/W형 함수폭약은 뇌관기폭성이 있으며 소구경의 발파공에서도 기폭될 수 있다. 카트리지 형태의 예감화된 O/W형 함수폭약은 기존의 소형 발파공과 대형 발파공에 사용될 수 있으며 또한 대형 발파공에는 펌프로도 충전될 수도 있다. 소금을 추가함으로써 폭발온도를 낮출 수 있는 검정폭약(Permissible)도 만들 수 있다. <표 15.3>은 현재의 O/W형 함수폭약의 일반적인 성분표를 나타낸 것이다.

Atlas, Hercules, IRECO, Trojan-US Powder, ICI 등 여러 회사에서 여러 가지 다양한 O/W형 함수폭약 조성들이 개발되고 판매되었지만 가장 경쟁력이 있었던 제품은 DuPont의 Tovex였다. 특히 Tovex는 6호 뇌관기폭성까지 갖게 함으로써 뇌관기폭성 및 뇌관비기폭성의 O/W형 함수폭약 기술을 모두 확보하게 되었다. 파기스탄의 Biafo사는 워터젤 폭약 제조 기술을 판매한 단 하나의 회사였으며 지금도 Biafo사에서는 Tovex라는 상품으로 생산, 판매하고 있다. 우리나라에서는 이와 유사한 조성이 1980년대에 ㈜한화가 코벡스라는 상품명으로 독자 개발하여 생산, 판매한 적이 있다.

〈표 15.3〉 O/W형 함수폭약의 일반적인 성분표

구분		성 분	중량%
산화제		AN(ammonium nitrate) SN(sodium nitrate) CN(calcium nitrate) SP(sodium perchlorate), AP(ammonium perchlorate)	50~80
연료	고체가연물	Coal, Sulfur	1~10
물		H_2O	5~20
예감제	비수용성	Al분말, 합성화약류①	5~30%
	수용성	질산염②	
계면활성제		고HLB 계면활성제(반드시 필요하지 않음)	(1~5)
안정제		수용성 점조제③	0.15
기포		가스발생제④, 무기질기포제⑤	10~40(부피%)

① 합성화약류에는 TNT(Trinitrotoluene), 무연화약(Smokeless powder), Compsition B 등이 있음

② 질산염에는 Monoethylamine nitrate, MMAN, TAN, EDAN, Aniline nitrate, Hydrazine nitrate, p-phenylenediamine dinitrate, Ethanolamine dinitrate, Dimethylamine nitrate, Glycol nitrate, Hexamine nitrate 등이 있다.

③ 수용성 점조제: PVA(polyvinyl alcohol), 구아검, 덱스트란검 및 요소-포름알데히드 레진 등이 있다.

④ 가스발생제는 주로 $NaNO_2$와 NH_4NO_3가 화학적으로 반응하여 N_2가스를 발생시키는 화학적 가스발생제

⑤ 고체의 막에 갇혀있는 Perlite, Plasticmicroballoon, Glassmicroballoon 등의 미소중공체

15.4 주요 원료의 특성

1) MMAN(Monomethylamine nitrate)[3]

〈표 15.4〉 MMAN의 물리화학적 특성

CAS 번호	22113-87-7	폭발열(kcal/kg) H_2O(l /g)	821/634
분자 구조	CH_3-NH_2·HNO_3	비에너지(kcal/kg)	223.2
		밀도(g/㎤)	1.422
		융점(℃)	111
		융해열(kcal/kg)	-
분자식	$CH_6N_2O_3$	lead block test(㎤/10g)	325
분자량(g/mole)	94.1	밀폐폭속(m/sec)	-
ΔH_f(kcal/mole)	-84.31	deflagration point(℃)	-
산소평형치(%)	-34	충격감도(N m)	-
질소 함량(%)	29.77	마찰감도(N)	-
폭발가스량(l /kg)	1191	철슬리브 임계직경(mm)	-
외관	무색 결정		

MMAN은 메틸아민과 질산의 중화반응으로 만들어진다. AN과 폭발특성이 유사하지만 AN보다 훨씬 흡습성이 높고 충격에 대한 감도는 매우 낮다. 2차 세계대전 중에 독일에 의해서 발명되었지만 AN에 비해 제조비용이 높아 화약제조자들에게 관심을 받지 못하였다. 이러한 MMAN이 다시 사용되게 된 것은 듀퐁의 워터젤폭약 때문이다. 듀퐁은 TNT 기제의 슬러리폭약의 코스트를 낮추기 위해서 MMAN과 AN을 기제로 하는 워터젤폭약을 개발한 것이다. 이것을 통해 NG 기제의 다이너마이트를 대체할 수 있는 길을 열게 되었다.

2) TAN(Trimethylamine nitrate)[3]

〈표 15.5〉 TAN의 물리화학적 특성

CAS 번호	25238-43-1	폭발열(kcal/kg) H_2O(l /g)	511/-
분자 구조		비에너지(kcal/kg)	165.2
		밀도(g/㎤)	-
		융점(℃)	-

	H_3C / $H_3C-N \cdot HNO_3$ / H_3C	융해열(kcal/kg)	-
분자식	$C_3H_{10}N_2O_3$	lead block test(㎤/10g)	-
분자량(g/mole)	122.1	밀폐폭속(m/sec)	-
ΔH_f(kcal/mole)	-77.79	deflagration point(℃)	-
산소평형치(%)	-104.8	충격감도(N m)	-
질소 함량(%)	22.95	마찰감도(N)	-
폭발가스량(l /kg)	1244	철슬리브 임계직경(mm)	-
외관	무색 결정		

MMAN과 마찬가지로 슬러리폭약의 수용성 예감제로 사용될 수 있다.

3) HN(Hydrazine nitrate)[3]

〈표 15.6〉 HN의 물리화학적 특성

CAS 번호	13464-97-6	폭발열(kcal/kg) H_2O(l /g)	1154/893
분자 구조	NH_2 / | / $NH_2 \cdot HNO_3$	비에너지(kcal/kg)	253.1
		밀도(g/㎤)	1.64
		융점(℃)	70.7
		융해열(kcal/kg)	-
분자식	$H_5N_3O_3$	lead block test(㎤/10g)	408
분자량(g/mole)	95.1	밀폐폭속(m/sec)	8,690(ρ=1.6)
ΔH_f(kcal/mole)	-59.03	deflagration point(℃)	229
산소평형치(%)	-8.6	충격감도(N m)	7.4
질소 함량(%)	44.2	마찰감도(N)	-
폭발가스량(l /kg)	1001	철슬리브 임계직경(mm)	6
외관	투명 액체		

HN은 물에 쉽게 용해된다. 이것이 관심을 끄는 것은 폭굉 속도가 높다는 것이다. 옥토겐(HMX)과 혼합하여 고밀도로 압착하면 9,000m/s까지 올라간다. 1989년 독일에서 처음 합성했으며 액체폭약의 산화제로 사용되었다. α타입과 β타입의 두 가지의 결정형으로 존재한다. 알코올에는 조금 녹으며 물과 하이드라진에는 많이 녹는다. 흡습성이 크지만 AN보다 조금 낮다. HN은 열안정성이 좋다. 100℃에서의 중량 손실 속도는 AN보다 느리다. 탄소가 없기 때문에 폭굉생성물은 고체가 없고 생성물의 평균 분자량도 작다.

4) EDAN(Ethylenediamine dinitrate)[3]

〈표 15.7〉 EDAN의 물리화학적 특성

CAS 번호	20829-66-7	폭발열(kcal/kg) H_2O(l /g)	912/739
분자 구조	$CH_2-NH_2\cdot HNO_3$ | $CH_2-NH_2\cdot HNO_3$	비에너지(kcal/kg)	-
		밀도(g/㎤)	1.577
		융점(℃)	188
		융해열(kcal/kg)	-
분자식	$C_2H_{10}N_4O_6$	lead block test(㎤/10g)	350
분자량(g/mole)	186.124	밀폐폭속(m/sec)	6,800(ρ=1.53)
ΔH_f(kcal/mole)	-156.18	deflagration point(℃)	370~400
산소평형치(%)	-25.8	충격감도(N m)	10
질소 함량(%)	30.11	마찰감도(N)	353 불폭
폭발가스량(l /kg)	1071	철슬리브 임계직경(mm)	2
외관	무색 결정		

EDAN은 약간 흡습성이 있으며 물에 쉽게 녹는다. 에틸렌디아민 수용액을 질산으로 포화시킴으로써 만들어진다. 동일한 양의 AN과 혼합되었을 때 공융혼합물을 형성한다.

5) Ethanolamine dinitrate[3]

이 화합물은 물에 잘 녹으나 차가운 알코올에는 약간 녹는다. 약간의 흡습성이 있다. 농질산에 Monoethanolamine을 용해시키고 차가운 알코올 또는 에테르로부터 침전시켜 만들어진다.

〈표 15.8〉 에탄올아민의 물리화학적 특성

CAS 번호		폭발열(kcal/kg) H_2O(ℓ /g)	1254/1089
분자 구조	$NH_2\cdot HNO_3$ | $CH_2-CH_2-O-NO_2$	비열(kcal/kg)	278.4
		밀도(g/㎤)	1.53
		융점(℃)	103
		융해열(kcal/kg)	-
분자식	$C_2H_7N_3O_6$	lead block test(㎤/10g)	410

분자량(g/mole)	169.1	밀폐폭속(m/sec)	-
ΔH_f(kcal/mole)	-	deflagration point(℃)	192
산소평형치(%)	-14.2	충격감도(N m)	-
질소 함량(%)	24.85	마찰감도(N)	-
폭발가스량(l /kg)	927	철슬리브 임계직경(mm)	-
외관	무색 결정		

6) HDN(Hexamethylenetetramine dinitrate, hexamine dinitrate)[3]

〈표 15.9〉 HDN의 물리화학적 특성

CAS 번호	18423-20-6	폭발열(kcal/kg) H_2O(l /g)	631/582
분자 구조	(hexamethylenetetramine 구조식) + 2 HNO_3	비에너지(kcal/kg)	179.0
		밀도(g/㎤)	-
		융점(℃)	158
		융해열(kcal/kg)	-
분자식	$C_6H_{14}N_6O_6$	lead block test(㎤/10g)	220
분자량(g/mole)	266.2	밀폐폭속(m/sec)	-
ΔH_f(kcal/mole)	-82.50	deflagration point(℃)	-
산소평형치(%)	-78.3	충격감도(N m)	15
질소 함량(%)	31.57	마찰감도(N)	240
폭발가스량(l /kg)	1081	철슬리브 임계직경(mm)	-
외관	무색 결정		

물에 용해되나 알코올, 에테르, 클로로포름 및 아세톤에는 용해되지 않는다. 헥사메틸렌테트라민과 60~70%질산으로부터 만들어진다. Bachmann 방법에 의해서 만들어지는 RDX (Hexogen)의 중요한 전구체이다. 고폭속의 함수폭약에 사용되는 예감제이다.

7) PVA(Polyvinyl alcohol)[6]

〈표 15.10〉 PVA의 물리화학적 특성

CAS 번호	9002-89-5	분자량(g/mole)	variable(대표:44.0526)
분자식	$(C_2H_4O)x$	ΔH_f(kcal/mol)	-55.60(대표)
분자 구조		밀도(g/㎤)	1.19~1.31

	—[CH_2 – CH]$_n$— | OH	융점(℃)	200
		비점(℃)	228
		인화점(℃)	79.44
		발화점(℃)	-
		외관/냄새	백색 분말, 무취

PVA는 수용성의 합성고분자이다. 제지, 섬유산업 및 여러 가지 도료사업에 사용된다. 알갱이 또는 수용액으로서 만들어 공급된다. 필름 형성, 유화 및 접착 특성을 갖는다. 또한 오일, 그리이스 및 용제에 내저항성을 갖는다. 높은 강도와 유연성을 가지며, 또한 고농도의 산소와 아로마 차단 특성을 갖지만 이 특성들은 습도에 의존하는데 즉 습도가 높으면 보다 많은 물이 흡수되며, 이 물은 가소제로 작용하여 PVA의 인장강도를 감소시키지만 신율과 파열강도는 증가된다. 고온에서 열분해가 되기 때문에 200℃ 이상에서는 빠르게 분해된다. 파이로테크닉 분야에서는 바인더로 사용하며 슬러리폭약 분야에서는 약상을 안정화시키는 점조제로 사용된다.

8) 구아검[5]

구아콩의 배유 부분을 분쇄한 것이다. 구아 종자를 도정해서 분해하고 사분해서 구아검을 얻는다. 보통 흐름성이 좋은 옅은 황백색의 분말로 생산된다. 갈락토오스 당과 말토오스로 구성된 다당류이다. 물에 잘 녹으며 훌륭한 안정제이다. 스스로 겔화하지는 않으며 보락스나 칼슘에 의해서 가교 결합되어 겔화가 이루어진다. 물에서 비이온성이며 수성콜로이드 형태가 된다. 이온강도 또는 pH에 의해서 영향을 받지 않으나 지나치게 낮은 pH와 높은 온도(예 50℃, pH=3)에서는 분해될 수 있다. pH=5～7의 범위에서 용액 안정성을 유지한다. 강산은 가수분해를 일으켜 점도를 떨어뜨리며 고농도의 알칼리도 또한 점도를 감소시키는 경향이 있다. 대부분의 탄화수소 용제에 녹지 않는다. 점도는 시간, 온도, 농도, pH, 교반속도 및 입자크기에 좌우된다. 온도가 낮을수록 점도가 증가되는 속도가 낮으며 최종의 점도도 낮다. 구아검 분말의 입자가 작을수록 보다 빠르게 팽윤된다. 구아검은 저전단점도가 높지만 전단력에는 상당히 약하다. 1% 이상의 농도에서는 상당히 요변성을 갖지만 0.3% 이하에서는 요변성이 미미하다. 로커스트빈검보다 저전단점도가 훨씬 크며 또한 일반적으로 다른 수성콜로이드보다도 상당히 크다. 구아검은 크산탄검과 함께 점도 시너지 효과를 나타낸다. 구아검의 물 호화능력은 옥수수전분의 거의 80배에 이르며 아주 작은 양으로도 충분한 점도를 만들 수 있다. 그래서 구아검은 유화제, 안정제로 사용될 수 있다. 상당히 좋은 유동 특성을 갖는 점도제이다. 보론으로 가교 결합될 때 깨지기 쉬운 겔을 형성하는 아주 좋은 유용한 능력을 갖는다.

9) 펄라이트(Perlite)[4]

비교적 높은 수분 함량을 갖는 무정형의 화산 유리이며 보통 흑요석의 수화물로 형성된다. 자연에 존재하며 충분히 가열하면 상당히 팽창하는 특이한 특성을 갖는다. 공업용 광물이며 가공 후에 가벼운 무게를 이용할 수 있는 상업용 제품이다.

850~900℃에 도달할 때 펄라이트는 부드러워진다. 물질 구조 내에 잡혀있는 물이 증발되어 방출되며 그리고 이로 인해 펄라이트는 원래 부피의 7~16배 정도 팽창한다. 팽창된 물질은 내부 버블의 반사로 인해 밝은 흰색을 띤다. 팽창되지 않은 펄라이트의 가비중은 약 1.1g/cc이지만 팽창된 펄라이트는 보통 약 0.03~0.15g/cc의 가비중을 갖는다. 펄라이트의 일반적인 조성은 <표 15.11>과 같다.

밀도가 낮고 가격이 비교적 저렴하기 때문에 산업적인 용도로 많이 개발되어 왔다. 건설, 제조분야에서 가벼운 플라스터, 콘크리트와 몰타르, 보온 및 천정 타일로 사용된다. 산업용폭약의 워터젤폭약이나 에멀젼폭약에서 물리적 예감제로 사용된다. 산업용폭약에 사용되는 펄라이트 제품의 품질은 <표 15.12>와 같으며 현미경으로 촬영한 사진은 [그림 15.1]과 같다.

〈표 15.11〉 펄라이트의 일반적인 성분 및 조성

성분	SiO_2	Al_2O_3	Na_2O	K2O	Fe_2O_3	MgO	CaO	점화손실분
조성(%)	70~75	12~15	3~4	3~5	0.5~2	0.2~0.7	0.5~1.5	3~5%(화학물질/물)

〈표 15.12〉 산업용폭약용 펄라이트의 품질

항 목	값	항 목	값
가비중	0.064~0.144g/㎤	표면 pH	중성
알칼리도	0.03~0.035	색깔	백색
Oil absorption	175~350	평균입도	40~310㎛
Thermal conductivity	0.05~0.057W/(m-K)	Effective density	0.192g/㎤ 이하

[그림 15.1] 펄라이트의 현미경 사진

15.5 O/W형 함수폭약의 제조

1) A용액 제조

물과 안정제인 구아검을 넣고 호화될 때까지 수분동안 교반시켜 잘 혼합한다. SN이 사용되는 조성의 경우는 이 A용액을 제조 시 함께 투입한다.

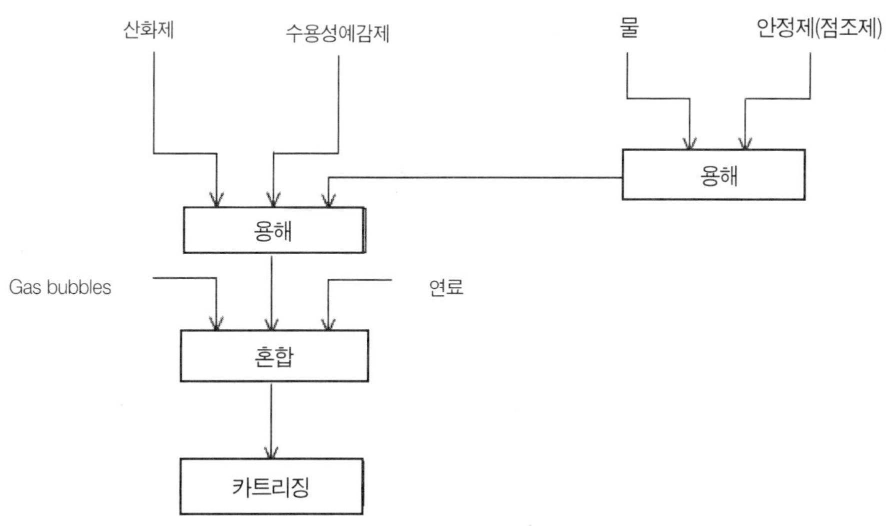

[그림 15.2] O/W형 함수폭약의 제조공정도

2) B용액 제조

혼합 탱크에 80%AN용액, 고체 AN 및 70～74%의 질산아민염용액을 넣고 온도를 54～60℃로 가열하면서 교반시켜 1차로 혼합을 한 후에 여기에 (1)에서 제조한 A용액을 투입하여 2차로 혼합을 한다.

3) 혼합

2차로 혼합한 용액에 연료, 가스 버블(Gas bubbles) 등을 투입하고 균일하게 분산될 때까지 혼합한다. 가교제가 필요한 경우 이 때 함께 투입한다.

4) 카트리징

소세지와 같은 형태로 카트리징 기계(예: CHUB m/c)를 이용하여 폴리에틸렌과 같은 플라스틱 필름에 포장한다. [그림 15.3]은 1992년에 US5241800(1993.9.7 출원)로 특허 등록된 The Kartridg Pak Co.의 CHUB machine의 조립도이다.[11]

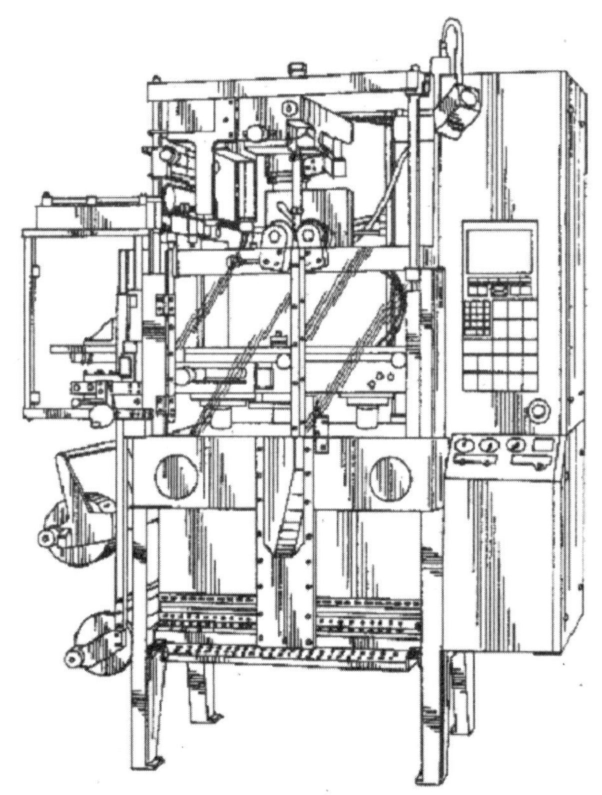

[그림 15.3] The Kartridg Pak Co.의 CHUB machine

참고문헌

1. 허진(1987), 신화약발파학, 기전연구사, 서울
2. WIKIPEDIA, (2016.6.21), Water gel explosive, https://en.wikipedia.org/wiki/Water_gel_explosive, (2016.8.2 방문)
3. Rudolf Meyer(2007), Explosives, WILEY-VCH Verlag GmbH & Co.KGaA, Weinheim, German
4. WIKIPEDIA, (2016.7.16), Perlite, https://en.wikipedia.org/wiki/Perlite, (2016.8.9 방문)
5. WIKIPEDIA, (2016.7.14), Guar gum, https://en.wikipedia.org/wiki/Guar_gum, (2016.8.9 방문)
6. WIKIPEDIA, (2016.6.15), Polyvinyl alcohol, https://en.wikipedia.org/wiki/Polyvinyl_alcohol, (2016.8.9 방문)
7. Melvin A. Cook and Henry E. Farnam, " Explosive composition", US patent 2930685(1960.3.29)
8. Melvin A. Cook and Thomas K. Collins, "Slurry blasting explosives containing inorganic perchlorate or chlorate, US3096223(1963.7.2)
9. Colin Dunglinson and William M. Lyerly, " Water-bearing explosive containing nitrogen-base salt and method of preparing same", US3431155(1969.3.4)
10. William Lyerly, " Slurry explosive composition containing nitrogen-base salt and TNT, Smokeless powder or composition B", US3629021(1971.12.21)
11. Gary L. Steinke, Russel S. Johnson. Jr and Rick A. Meeker, "Chub machine", US patent 5241800(1993.9.7.).

제16장

유중수적형(Water in oil) 함수폭약

16.1 개요

에멀젼폭약(Emulsion explosives)이라고도 하며 기본적으로는 산화제수용액과 오일상의 연료용액을 HLB값이 낮은 유화제(보통 3～6)를 이용해서 기계적으로 유화시킨 W/O형의 에멀젼에 미세한 기포들을 넣어 뇌관기폭성 또는 부스타기폭성을 가지도록 예감화한 폭약이다. 보통 10～15%의 물이 함유된 것은 뇌관기폭성을 가지며 16～25%의 물이 함유된 것은 부스타기폭성을 갖는다. 연속상인 오일상에 산화제 수용액의 액적이 분산된 불연속상으로 이루어져 마치 오일상의 모양을 하고 있기 때문에 내수성이 뛰어나고 동절기에도 위력의 저하가 없이 사용될 수 있는 가장 발전된 형태의 산업용폭약이다. 위력을 향상시키기 위해서 산화제 수용액 상에 $NaClO_4$와 같은 산화제나 MMAN(Monomethyl amine nitrate) 등의 수용성 질산염을 사용할 수도 있고 에멀젼 상에 고체 산화제, Al 분말 등을 추가할 수도 있다. 또한 탄광용으로 사용하기 위해서 에너지와 화염온도를 감소시키기 위한 감열소염제를 산화제 수용액 상에 추가할 수도 있다. 약상은 보통 연료용액에 의해 정해지며 연료용액 상에 왁스의 함량이 높으면 에멀젼의 점도가 높아지며 미네랄오일의 양이 많아지면 에멀젼의 점도가 낮아진다. 또한 유화제도 약상에 영향을 주는데 보통 SMO(Sorbitan monooleate)복합유화제를 사용하는 경우에는 에멀젼의 약상이 차지고 달라붙는 성질이 있으나 PIBSA 유화제(Polyisobutylenesuccinic anhydride based emulsifier)를 사용하는 경우에는 에멀젼의 약상이 푸석푸석하고 달라붙지 않는 성질이 있다. 에멀젼폭약의 감도를 향상시키기 위해서는 미세한 기포들이 들어가는데 이러한 기포들은 기계적으로 미세한 공기들을 에멀젼 내에 분산시키거나 에멀젼 내에서 화학적으로 N_2, CO_2 등의 가스를 발생시키는 개방 셀의 형태와 GMB(Glass microballoon), 팽창펄라이트와 같은 폐쇄 셀의 형태가 있다. 전자의 경우는 저원가의 제품을 만들 수 있는 장점이 있으나 장기저장성이 떨어지고 인접 공으로 부터의 충격량이 적은 넓은 공 간격에서만 사용이 가능하다. 반면에 후자는 원가는 다소 높으나 장기저장성이 우수하고 셀의 두께를 임의로 조정할 수 있어서 좁은 공 간격으로부터 넓은 공 간격에 이르기 까지 널리 사용할 수 있다.

<표 16.1>과 [그림 16.1]과 같이 기본적인 조성의 측면에서 볼 때 에멀젼폭약은 근본적으로 워터젤폭약과 크게 다르지 않음을 볼 수 있다. 그러나 각 성분의 효과, 내부 구조, 외적 형태, 제조 공정 등을 비교해 볼 때 이들은 완전히 다르다고 할 수 있다. 연속상으로서 젤화제로 젤화시킨 질산암모늄 등의 산화제 수용액, 분산상으로서 불용성의 가연제, 예감제(고체 또는 액체)로 구성되어 있는 워터젤폭약은 수중유적형 함수폭약에 속하는 젤라틴 상의 폭약이다. 반면 에멀젼폭약은 분산상으로서 산화제 수용액과 연속상으로서 연료 용액을 유화제로 유화시킨 후 예감제로서 미세한 기포들을 골고루 분산시킨 유중수적형 함수폭약에 속하는 젤라틴 상의 폭약이다. 내수성이 우수하고 성분들의 분리를 방지할 수 있는 이유는 에멀젼의 내적인 유중수형의 물리적 구조 때문이다.

〈표 16.1〉 에멀젼폭약과 워터젤폭약의 조성 비교

성분		에멀젼폭약		워터젤폭약	
		가능한 성분	함량(%)	가능 성분	함량(%)
산화제		AN, SN, CN, SP, AP, UN,HNO_3	50~85	AN, SN, CN, SP, AP	50~80
연료		A	2~7	A'	2~10
물			8~15		6~20
수용성젤화제		거의 사용치 않음		B'	0.5~4
계면활성제		C	0.5~2.5	C'	0.1~1.0
예감제	수용성	없어도 되거나, 또는 MMAN, HN 등	0~30	MMAN, HN, MEAN, EGMN	5~30
	비수용성	D	0~15	D'	0~25
물리적 예감제		E	15~35 (부피%)	좌동	15~35 (부피%)
첨가제		F	0.05~1.0	F'	0.5~2.0

A : 왁스, 미네랄오일 등의 수불용성 연료
A' : 액체 또는 고체 연료(수용성 및 비수용성)
B' : 구아검, 세스바니아검 스타치(Sesbania gum starch) 등
C : HLB값이 3~6 정도의 유화제 또는 복합유화제

C' : 수용성 계면활성제: 무시할 수 있음
D : Al 분말, 니트로화합물: 무시할 수 있음
D' : Al 분말, 니트로화합물
E : 유리미소중공구체, 팽창펄라이트, 화학적 기포제 등
F : 안정제, 유화촉진제, 결정형태 조절제
F' : 보통 첨가하지 않거나 안정제를 첨가한다.

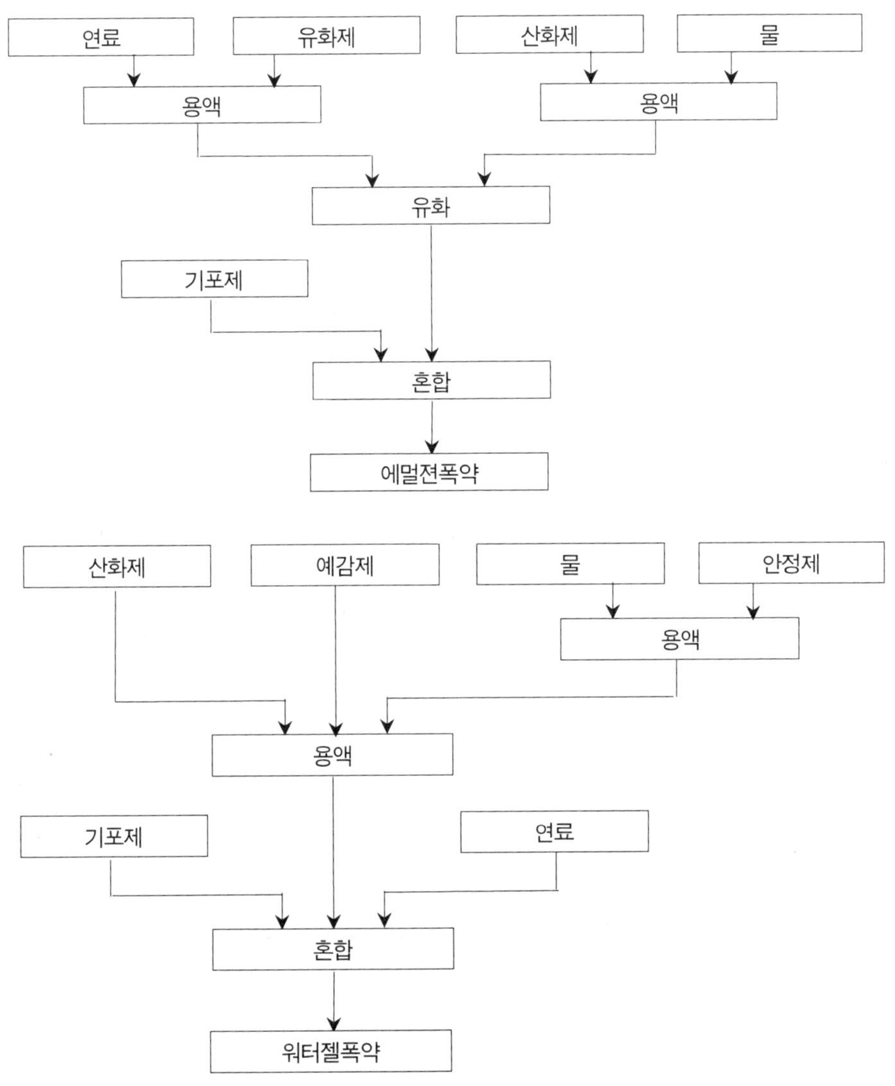

[그림 16.1] 에멀젼폭약과 워터젤폭약의 생산 공정 비교도

에멀젼의 산화제수용액은 1~5㎛의 아주 작은 액적 상태로 존재하기 때문에 산화제들은 아주 근접되어 있고 그 사이에 가연물인 오일상의 연료가 존재하여 산화제와 연료가 마이크

로의 단위의 혼화균일성을 유지하고 있다. 그 결과로서 일반적으로 에멀젼폭약은 워터젤폭약과 같이 화학적 예감제가 없이 물리적 예감제 만으로도 좋은 기폭성과 전폭성을 유지할 수 있다. 이러한 혼화균일성을 오래 유지하기 위해서는 에멀젼폭약에서는 유화제가 아주 중요하다. 필요하다면 에멀젼폭약의 특성을 향상시키기 위해서 유화촉진제, 결정형태 조절제, 에멀젼 안정제 등의 첨가제를 추가할 수 있다.

이상 종합해 보면 에멀젼폭약의 구성성분은 크게 다음의 네 가지로 구성되어 있다.

① 분산상을 형성하는 산화제 수용액 성분

기본적으로 질산암모늄을 물에 넣고 가열하여 용해시킴으로써 만들어진다. 질산나트륨, 질산칼슘, 과염소산나트륨 등의 보조산화제와, MMAN, UN(Urea nitrate), HN(Hydrazine nitrate)등의 수용성 예감제 그리고 요소 등의 수용성 보조연료들이 포함될 수 있다.

② 연속상을 형성하는 탄소질의 가연제 성분

기본적으로 왁스와 미네랄오일 등 탄화수소로 이루어진다. 점도가 높은 딱딱한 약상의 경우는 왁스를 사용하고 점도가 낮은 물렁물렁한 약상의 경우는 미네랄오일 또는 왁스와 미네랄오일을 섞어 사용한다. 또한 펌핑시스템으로 운영되는 경우에는 경유 등과 같이 점도가 낮은 탄화수소를 사용한다. 약상의 점도를 높이고 탄성을 주기 위해서 EVA 등과 같은 물질을 첨가하기도 한다.

③ W/O형의 유화제

경험에 의하면, HLB(Hydrophile lipophile balance)값이 3～6인 유화제가 선정될 수 있으며 솔비탄모노올레이트, 자이리톨모노올레이트, PIBSA유화제 등이 있다.

④ 미세한 기포

예감제의 기능을 가지며 기계적인 공기 주입 또는 화학적 가스발생제를 이용해서 에멀젼 내에 가스를 미세하게 분포시키거나 GMB(Glass microballoon), 팽창펄라이트, PMB(Plastic microballoon) 등과 같은 미소중공구체를 균일하게 혼합시켜 분포시킨다.

에멀젼폭약은 그 성분들이 워터젤폭약과 크게 다르지 않기 때문에 폭발 성능의 특성을 제외하고는 거의 유사하다. NG(Nitroglycerine)를 사용하지 않기 때문에 NG 증기의 흡입으로 인한 인체 유해성이 없으며 상당히 둔감하여 제조, 운반, 저장 및 사용 시 비교적 안전하다. 하지만 뇌관, 부스타 등으로 기폭시켰을 때는 발파에 필요한 충분한 위력을 발휘한다. 지하터널에서 발파했을 때 유해 후가스가 적기 때문에 작업환경도 비교적 양호하다. 또한 다이너마이트에서와 같이 NG를 합성하는 일이 없어 처리해야할 폐수도 없고 제조 공정이 비교적 간단해 저비용으로 생산할 수 있다.

에멀젼폭약도 워터젤폭약처럼 사용 방법에 따라 카트리지 포장 제품과 펌핑용 벌크 제품으로 나눌 수 있다. 카트리지 포장 제품은 뇌관기폭성 및 뇌관비기폭성 제품을 모두 포함하며 대부분의 발파현장에서 예외없이 사용한다. 그리고 펌핑용 벌크 제품은 폭발성이 없는 에멀젼위험물을 차량으로 발파현장까지 운반하여 미세한 기포(화학적 가스 또는 미소중공구체)로 예감화하거나 ANFO와 섞어 발파공에 주입하여 사용한다. 에멀젼을 ANFO와 혼합한 제품을 우리는 보통 헤비안포(Heavy ANFO)라고 한다. 이상 에멀젼폭약의 장점을 종합해 보면 다음과 같이 정리할 수 있다.

1) 성능

① 저폭속(3,000～4,000m/sec)으로부터 고폭속(5,000～6,000m/sec)에 이르기까지 다양한 제품을 만들 수 있다.

② 다이너마이트와 유사한 위력의 조성도 가능하다.

③ 내수성이 우수하다.

④ 저온기폭성이 우수하여 -20℃에서도 기폭이 잘 된다.

⑤ GMB(K-37), PMB 등 강한 막을 가진 기포보지제를 사용하면 내충격성을 향상시켜 발파 시 발생하는 사압현상을 방지할 수 있다.

2) 안전 및 유해성

① 충격, 마찰 및 화염에 대한 안전성이 다이너마이트에 비해 월등히 높다.

② 순폭도가 다이너마이트에 비해 낮아 안전하다.

③ 화학적 예감제없이 물리적 예감제(기포) 만으로도 뇌관기폭성을 가진다.

④ 발파시 유독가스(NOx 및 CO)가 다이너마이트에 비해 현저하게 적다.

⑤ 폐수의 발생이 없다.

3) 편리성 및 원가

① 다이너마이트와 같이 딱딱한 약상으로부터 펌프로 이송할 수 있을 정도의 묽은 약상까지 모두 제조가 가능하다.

② 헤비안포의 경우 펌핑 조성으로부터 오거(Auger) 조성에 이르기까지 위력을 조정해 가면서 충전할 수 있기 때문에 경제적으로 암질에 적합한 조성을 사용할 수 있다. 펌핑 조성은 EM:ANFO=100～70%: 0～30%이고 오거 조성은 EM:ANFO=60～0%: 40～100%이다. 펌핑 조성에는 기폭 감도를 높이기 위해서 물리적 예감제를 넣으며 화학적 기포발생제 또는 GMB나 PMB의 기포보지제를 사용한다.

③ 장공 또는 상향으로 천공된 공에도 펌프로 장전이 가능하다.

④ 소금 등을 소량 첨가하여 탄광용검정폭약도 쉽게 만들 수 있다.

⑤ 뇌관기폭성과 부스타기폭성의 에멀전폭약이 모두 가능하다. 뇌관기폭성은 비중이 1.0～1.2g/cc 정도이며 뇌관비기폭성은 1.2～1.3g/cc 정도가 된다.

⑥ 비싼 합성화약을 사용하지 않으므로 합성 및 폐수처리에 따른 비용이 발생하지 않는다.

16.2 에멀전폭약의 역사

다이너마이트의 폭발 특성을 유지하면서 안전성을 현저하게 낮춘 폭약들을 개발하려고 노력한 끝에 최초로 나온 폭약이 1955년에 애크리(R.L. Akre)에 의해서 발명된 ANFO였으나 위력, 내수성 등 여러 측면에서 다이너마이트를 따라갈 수 없었다. 1957년에는 미국의 쿡(Melvin A. Cook)과 캐나다의 파남(Henry E. Farnam)에 의해서 슬러리폭약이 발명되어 ANFO의 위력과 내수성을 개선하였으나 위력은 여전히 다이너마이트에 못 미쳤으며 TNT를 사용함에 따른 높은 단가, 유해 후가스, 환경 오염, 뇌관비기폭성 등의 문제점을 개선하지 못하고 있었다. 1967년에는 듀퐁사의 기술자들이 TNT를 MMAN(Monomethylamine nitrate)등의 유기질산염으로 대체하는 워터젤폭약을 개발하여 쿡의 슬러리폭약의 문제점을 많이 개선하였지만,

그래도 저온기폭성과 위력 측면에서 다이너마이트 수준에 도달하지 못하였다. 1969년 드디어 산업용폭약의 가장 개선된 형태의 폭약이라고 할 수 있는 에멀젼폭약이 미국의 아틀라스사(Atlas Chemical Industrial Limited)의 블럼(H.F. Bluhm)에 의해서 개발되어 미국특허로 등록이 되는데 이 폭약은 오늘날 다이너마이트를 대체할 수 있는 유일한 산업용폭약으로 자리잡고 있다. 이하 에멀젼폭약이 발전 과정의 역사를 간단하게 살펴보기로 한다.

1) 에멀전과 슬러리의 혼합형태의 폭약 출현

1961년 미국의 Commercial Solvent Corporation의 에글리(R.S Egly) 등에 의해서 에멀젼폭약의 초기 형태라고 할 수 있는 W/O형의 에멀전과 슬러리의 혼합형태가 만들어졌으며 1963년 미국의 Atlas Chemical Industrial Limited의 게릭(N.E. Gehrig)은 슬러리가 없는 에멀전으로 더욱더 발전시켰다.

2) 최초의 에멀젼폭약

1969년 미국의 아틀라스사의 블럼이 처음으로 에멀젼폭약 기술에 대해서 US3447978 (1967.8.3 출원)로 특허 등록하였다[3] 이 에멀젼폭약은 뇌관기폭성이 없는 부스타기폭성의 폭약으로 다음과 같은 성분으로 구성되어 있다.

① 산화제수용액(불연속상) : 주산화제로는 질산암모늄을 그리고 때에 따라 보조산화제로 질산염, 염소산염, 과염소산염 등을 사용

② 탄소질 연료(연속상) : 왁스(마이크로크리스탈린왁스, 파라핀왁스), 오일

③ 가스가 들어있는 고체 : 유리미소중공구체(US No.8 시브 통과)

④ 비수용성 고체 : 카본, 석탄, 알루미늄 또는 마그네슘

⑤ W/O형 유화제 : 솔비탄지방산에스테르(솔비탄라우레이트, 솔비탄모노올레이트, 솔비탄모노팔미테이트, 솔비탄모노스테아레이트, 솔비탄트리스테아레이트 및 지방산의 모노 또는 디글리세라이드)

3) 유기질산아민을 사용한 에멀젼폭약

1972년 미국 듀퐁사의 캐터몰(George R. Cattermole)이 US 3674578(1970.2.17 출원)로 특허 등록한 조성[4]으로 산화제에 MMAN(Monomethylamine nitrate), EDDN(Ethylenediamine dinitrate), TAN(Trimethylamine nitrate) 등의 유기질산아민을 사용하여 기폭 감도를 향상시켰으나 여전히 뇌관비기폭성의 3차 폭약이었다. <표 16.2>는 당해 특허의 실시 예이다.

〈표 16.2〉 US 3674578의 실시 예

구분		1	2	3	4	5	6
조성	NH_4NO_3	60.0	57.0	53.5	56.0	51.4	51.4
	H_2O	18.0	18.0	18.0	18.0	18.0	18.0
	$NaNO_3$	15.0	15.0	15.0	15.0	15.0	15.0
	MMAN	-	-	-	4.0	8.6	-
	EDDN	-	3.0	6.5	-	-	-
	TAN	-	-	-	-	-	8.6
	Glass microballoon	3.0	3.0	3.0	3.0	3.0	3.0
	Oil	2.0	2.0	2.0	2.0	2.0	2.0
	파라핀	3.0	3.0	3.0	3.0	3.0	3.0
	유화제※	2.0	2.0	2.0	2.0	2.0	2.0
밀도(g/cc)		1.29	1.29	1.29	1.29	1.29	-
밀폐폭속 (m/sec)	3인치	5,255	5,442	5,442	5,442	5,442	기폭
	2인치	불폭	4,618	4,918	4,618	4,916	기폭

※ 유화제로는 tall amide of tetraethylene pentaamine을 사용하였다.

4) 뇌관기폭성의 에멀젼폭약 출현

1973년 미국의 ICI사(ICI America Inc.)의 웨이드(Charles G. Wade)는 US3715247(1970.9.3 출원)[5]과 3765964(1972.10.6 출원)[6]에서 폭발예감제를 추가하여 뇌관기폭성의 에멀젼폭약을 공개하였다. 전자에서는 폭발예감제로 알루미늄, 마그네슘, 코발트, 니켈, 납, 은, 수은, 구리, 아연, 철 및 크롬 등으로 되어있는 금속질산염, 금속할로겐화물, 금속크롬산염, 금속디크롬산염 및 금속황산염을 사용하였으며 후자에서는 질산스트론튬, 염화스트론튬, 염소산스트론튬, 과염소산스트론튬, 초산스트론튬, 브롬산스트론튬 등의 스트론튬화합물을 사용하였다. <표 16.3>과 <표 16.4>는 이들 특허의 실시 예 일부를 나타낸 것이다.

〈표 16.3〉 US 3715247의 실시 예(일부)

구분		1	2	3	4	5
조성	왁스	2.0	2.0	2.0	3.0	2.0
	오일	-	-	-	1.0	-
	AN	37.0	42.55	37.0	30.0	42.58
	SN	10.0	10.0	10.0	15.0	10.0
	EDDN	20.0	20.0	20.0	20.0	20.0
	AP	-	-	10.0	-	-
	SP	-	-	-	10.0	-
	유화제	1.0	1.0	1.0	1.0	1.0
	물	20.0	20.0	17.0	17.0	20.0
	Ethylene glycol	-	-	-	-	-
	$Al(No_3)_3 \cdot 9H_2O$	10.0	-	-	-	-
	$CrCl_3 \cdot 6H_2O$	-	4.45	-	-	-
	$(NH_4)_2Cr_2O_7$	-	-	3.0	-	-
	$K_2Cr_2O_7$	-	-	-	3.0	-
	$Co(NO_3)_2 \cdot 6H_2O$	-	-	-	-	4.42
성능	밀도(g/cc)	1.16	1.15	1.21	1.12	1.12
	직경(인치)	1	1	4	1	1
	뇌관No.	8	6	6	6	6
	폭속(m/sec)	-	-	5,959	-	-
	압력(kilobars)	-	-	120	-	-

〈표 16.4〉 US 3765964의 실시 예(일부)

구분		1	2	3	4
조성	왁스	4.5	2.0	2.0	2.0
	오일	0.5	-	-	-
	AN	60.2	44.0	31.7	34.4
	SN	10.0	10.0	10.0	10.0
	EDDN	-	10.0	10.0	20.0
	AP	10.0	10.0	10.0	10.0
	유화제	1.0	1.0	1.0	1.0
	물	16.8	20.0	20.0	17.0
	겔화제	-	-	-	0.6
	유황	-	-	-	2.0
	기포보지제	-	-	3.0	-
	Sr^{++}이온	(1.2)	(0.55)	(2.0)	(4.90)
	$Sr(NO_3)_2$	3.0	-	-	-
	$SrCl_2$	-	1.0	-	-
	$Sr(OAc)_2$	-	-	5.0	-
	$Sr(OH)_2$	-	-	-	5.5
성능	밀도(g/cc)	1.15	1.14	0.95	1.12
	직경(인치)	1	1	1	1
	뇌관No.	8	8	6	6
	기폭온도(°F)	70	70	70	70

5) 펌핑용 에멀젼폭약의 출현

1973년 미국의 듀퐁사의 토믹(Ernst A. Tomic)은 US3770522(1972.4.13 출원)에서 유화제로 암모니움스테아레이트 또는 알칼리스테아레이트를 사용하여 흐름성이 자유로운 유중수형 에멀젼폭약을 공개하였다.[7] 특이한 사항으로는 HLB가가 11～20인 O/W(Oil in water)형 유화제를 사용해서 W/O(Water in oil)형의 에멀젼을 만들어냈다는 것이다. 이 조성은 다음과 같은 특징을 갖는다.

① 스테아레이트염으로 유화된 조성의 내수성은 기존의 다른 유화제로 유화된 조성들보다 상당히 우수하다.

② 스테아레이트염으로 유화된 조성은 펌핑이 잘 된다.

③ 용기의 벽에 잘 들러붙지 않는다.

6) 화학적예감제가 없는 에멀젼폭약의 출현

1978년 아틀라스사(Atlas Powder Company)의 웨이드(Charles G. Wade)는 US4110134(1977.11.3 출원)에서 고폭약, 폭발촉진제 및 유기질산아민염 등의 예감제 없이 3M사의 고품질의 GMB만을 사용해서 6호 뇌관으로 기폭될 수 있는 에멀젼폭약을 특허 등록하였다.[8] <표 16.5>는 당해 특허의 실시 예이다.

〈표 16.5〉 US 4110134의 실시 예

항 목		1	2	3	4	5	6	7	8
8성분	왁스	3	2.85	3.0	2.85	2.71	2.66	3	2.85
	오일	1	0.95	1.0	0.95	0.90	0.885	1	0.95
	유화제※	1	0.95	1.0	0.95	0.90	0.885	1	0.95
	H_2O	12	11.40	12.0	11.40	10.84	10.62	12	11.40
	AN	61	57.95	67.6	64.22	55.09	59.60	66	62.70
	SN	10	9.5	3.0	2.85	9.03	8.85	10	9.50
	AP	10	9.5	-	-	9.03	5.00	5	4.75
	SP	-	-	10.4	9.88	-	-	-	-
	GMB※	2	1.9	2.0	1.90	1.50	1.5	2	1.90
	Al	-	1.0	-	5.00	10.00	10.00	-	5.00
특성치	밀도(g/cc)	1.15	1.17	1.15	1.17	1.25	1.25	1.15	1.17
	약경(인치)	$\frac{1}{2}$	$\frac{1}{2}$	$\frac{1}{2}$	$\frac{1}{2}$	1.25	1.25	1	1
	뇌관기폭성	No.6	No.6	No.6	No.6	No.6	No.6	No.6	No.6

※ 유화제는 Sorbitan monooleate(SPAN 80)
※ GMB는 3M사의 유리미소중공구체 B15/250

7) 기계적으로 가스 버블을 주입한 에멀젼폭약

1979년 아틀라스사(Atlas Powder Company)의 웨이드(Charles G. Wade)는 US4149916(1977.11.3 출원)[9]와 US4149917(1977.11.3 출원)[10]에서 폭약성분, 폭굉예감제 및 유기질산아민염 드의 예감제 없이 에멀젼 내에 기계적으로 공기를 내포시킴으로써 6호 뇌관으로 기폭될 수 있는 에멀젼폭약을 공개하였다. <표 16.6>와 <표 16.7>은 각 특허의 실시 예를 나타낸 것이다.

〈표 16.6〉 US 4149916의 실시 예

항 목		1	2	3	4	5	6
성분	왁스	4.5	4.5	4.5	5.4	3.0	2.5
	오일	0.5	0.5	0.5	0.6	-	0.5
	유화제※	1.0	1.0	1.0	1.2	1.0	1.0
	H_2O	20.0	17.0	17.0	16.8	20.0	20
	AN	56.0	63.0	63.0	62.2	59.0	61.0
	SN	10.0	10.0	10.0	9.9	2.0	2.0
	AP	8.0	4.0	-	3.9	10.0	10.0
	$KClO_4$	-	-	4.0	-	-	-
	유황	-	-	-	-	5.0	3.0
특성치	밀도(g/cc)※	0.92	0.94	0.92	0.89	1.12	1.13
	약경(인치)	1.25	1.25	1.25	1.25	1.0	1.0
	No.8 뇌관 기폭지속시간(개월)	2	17	14	$4\frac{1}{2}$	-	-
	뇌관기폭감도	-	-	-	-	No.6	No.6

※ 유화제는 glyceride water-in-oil 유화제를 사용하였음.
※ 밀도는 공기를 기계적으로 주입하여 맞추었고 예감화시켰음.

〈표 16.7〉 US 4149917의 실시 예

항목		1	2
성분	AN	60	60
	SN	19	19
	H_2O	15	15
	왁스	4.5	4.5
	미네랄오일	0.5	0.5
	유화제※	1	1
특성치	밀도(g/cc)※	0.95	0.90
	약경(인치)	1.25	1.25
	No.6뇌관 기폭지속시간(개월)	2	-
	No.8뇌관 기폭지속시간(개월)	8	10

※ 유화제는 glyceride water-in-oil 유화제를 사용하였음.

※ 밀도는 공기를 기계적으로 주입하여 맞추었고 예감화시켰음.

8) 가스발생제로 예감화한 에멀젼폭약

1982년 일본유지의 히토리 가츠히데외 2명은 US4315784(1979.11.27 출원)에서 밀도조절제로 화학발포제인 디니트로소펜타메틸렌테트라민(Dinitrosopentamethylenetetramine)을 에멀젼에 혼합하고 약 50℃에서 2시간 가열하여 분해 가스를 생성시켜 발포시킴으로써 6호 뇌관으로 기폭될 수 있는 에멀젼폭약을 공개하였다.[36] 이 특허의 실시 예4의 조성이 가스발생제로 예감화한 것이며 그 조성은 AN=83.7%, H_2O=10.3%, 유화제=1.8%, No.2 oil=1.6%, microcrystalline wax=1.6%, 가스발포제=1.0%이다. 이 조성의 비중 1.05g/cc이고 -20℃의 저온 기폭성 그리고 폭속이 3,810m/sec이었다.

9) 에멀젼폭약의 연속제조설비의 출현[11]

1978년 아틀라스사(Atlas Powder Company)의 웨이드(Charles G. Wade)는 W/O형 에멀젼폭약에 대한 연속식 제조장비와 기술에 관한 논문을 발표하였다. 이 특허와 논문의 공개로, 에멀젼폭약이 본격적으로 산업용에 사용하는 시대로 들어섰으며 새로운 형태의 내수성 산업용 폭약으로서 사람들의 많은 관심을 불러일으키게 되었다. 상기 논문은 1978년에 개최된 제4회 U.S. Conference on Explosives and Blasting Techniques에 "Emulsions Viva la Difference"라는 제목으로 게재되었다. 그 이후 에멀젼폭약의 여러 가지 유화제, 여러 가지 기포제, 유화기 및 공정, 카트리지 포장기계, 에멀젼 충전트럭, 헤비안포, 입상에멀젼폭약, 무수에멀젼폭약, 에멀젼젤라틴폭약 등의 수많은 특허 기술들이 공개되면서 급속도로 발전하기 시작하였다.

16.3 에멀젼폭약의 성분과 조성

에멀젼폭약은 크게 분산상의 산화제수용액, 연속상의 오일, 미세한 기포 및 고체 첨가제의 3부분으로 이루어져 있다. 산화제용액에는 AN이 주산화제로 사용되고, 알칼리금속과 알칼리토류금속의 질산염, 과염소산염 등의 보조산화제, 수용성 유기질산염 등의 화학적예감제 및 요소, 알코올 등의 수용성 연료가 첨가될 수 있다. 연속상의 오일상은 마이크로크리스탈린왁스, 파라핀왁스, 미네랄오일 등의 탄화수소 연료와 유화제로 이루어져 있다. 미세한 기포로는 기계적 주입에 의한 공기, 화학적 기포제에 의한 N_2, CO_2가스 등과, 펄라이트, 유리미소중공구체(GMB=Glass microballoon), 플라스틱미소중공구체(PMB=Plastic microballoon), 세라믹미소중공구체(Ceramic microballoon) 등이 있다. 그리고 추가로 들어가는 고체첨가제로는 Al분말, 프릴AN, 입상SP(Sodium perchlorate) 등이 있다. 유화제로는 HLB가가 3～6 정도되는 W/O형의 계면활성제들이 사용된다.

산화제용액의 주 성분은 AN이지만 산소평형치를 높여주고 퍼지포인트(Fudge point)를 낮추기 위해서 SN(Sodium nitrate), CN(Calcium nitrate), SP(Sodium perchlorate), AP (Ammonium perchlorate) 등의 보조산화제를 사용한다. 또한 산화제수용액 상에는 에멀젼폭약의 감도와 에너지를 높이고 또한 퍼지포인트도 낮추기 위해서 MMAN, EAMN (ethanolamine mononitrate), EGMN(ethylene glycol mononitrate), HN 등의 수용성 유기질산염을 첨가하기도 하며, 요소, 에틸렌글리콜, 솔비톨 등의 수용성연료를 첨가하기도 한다. 이 수용성 연료들은 에멀젼폭약의 약상을 조절하기 위해서 고체산화제를 에멀젼폭약에 섞는 경우 에멀젼폭약의 산소평형치를 맞추기 위해서 최대 5% 한도 내에서 사용한다.

연료용액의 주요 성분은 왁스와 미네랄오일이다. 왁스에는 마이크로크리스탈린왁스와 파라핀왁스가 있는데 마이크로크리스탈린왁스는 가지형의 구조를 하고 있어 에멀젼폭약의 안정성을 좋게 하지만 융점이 높다. 이 융점을 낮은 쪽으로 보완하기 위해 파라핀왁스를 사용하는데 파라핀 왁스는 일자의 체인형이라 안정성은 떨어진다. 대부분 에멀젼폭약에 사용하는 왁스는 마이크로크리스탈린왁스/파라핀왁스=1/1의 비율로 사용한다. 연료용액을 모두 왁스로 사용하면 약상은 좀 더 딱딱해지는 반면에 장기저장성이 미네랄오일 보다는 떨어진다. 미네랄오일을 사용하면 장기저장성은 좋아지나 약상은 상당히 물러지며 펌핑도 가능한 정도가 된다. 대부분 카트리지 제품들은 이 두 가지를 적절하게 배합하여 최적의 장기저장성과 약상을 만들어 낸다. 또한 약상의 점도를 높이고 탄성을 주기 위해서 EVA(Ethylene vinyl acetate) 등과 같은 물질을 첨가하기도 한다. 발파현장에서 폭발성이 없는 에멀젼위험물을 발파현장에서 예감화하여 사용하는 펌핑 조성에서는 미네랄오일보다도 점도가 낮은 경유 등을 사용하기도 한다.

유화제로는 HLB가가 3～6정도 되는 W/O형의 계면활성제가 좋다. 에멀젼폭약에 사용하는 수많은 유화제들이 출원되어 있지만 현재 가장 많이 사용되고 있는 유화제는 일본유지 및 일본화약의 SMO 복합유화제와 Lubrisol, Mobile 및 Nelson brother사의 PIBSA 유화제 또는 혼합유화제들이다. SMO 복합유화제는 100%왁스와 함께 사용하면 약상이 다이너마이트와 같이 상당히 딱딱하여 ROLLEX m/c과 같은 종이포장기로 카트리징이 가능하며 PIBSA계열의 유화제는 대부분 왁스와 미네랄오일을 함께 사용하기 때문에 약상이 물러 소세지 포장기와 같은 CHUB m/c에 의해서만 카트리징이 가능하다. 사이트믹싱(Site-mixing)에 사용되는 유화제는 PIBSA유화제와 혼합유화제를 사용한다. GMB나 PMB로 예감화하는 경우에는 PIBSA유화제를 사용하고 화학적 발포제를 사용하는 경우에는 혼합유화제를 사용한다. 혼합유화제는 PIBSA유화제와 SMO유화제가 혼합된 유화제이며 화학적 발포는 SMO유화제에서만 가능하다. PIBSA 유화제를 사용하는 경우는 가스의 생성 속도가 너무 느려 사용이 곤란하다.

물리적 예감제인 가스 버블들은 보통 기계적 또는 화학적으로 가스를 에멀젼 내에 분산시키거나 속이 빈 유리, 플라스틱 및 세라믹의 막으로 된 미소중공구체나 펄라이트를 에멀젼과 혼합하여 분산시킨다. 개방 셀 형태의 가스 버블들은 비용은 적게 들지만 외압에 의해서 쉽게 밖으로 빠져나갈 수 있기 때문에 장기저장성이 떨어지며 또한 발파현장에서 나타나는 먼저 기폭된 발파공의 충격에 의해서 쉽게 사압되어 불폭되는 경우가 있다. 반면에 폐쇄 셀 형태의 미소중공구체들은 가격이 비싼 대신에 장기저장성이 좋고 외부 충격에 내충격성이 있다. 특히 공간격이 좁아 인접공으로부터의 충격압이 상당히 큰 경우에는 폐쇄 막이 쉽게 파손되지 않고 견딜 수 있는 보다 강한 막의 미소중공구체가 필요하며 여기에는 3M사의 GMB(K-37)와 PMB가 주로 사용된다. K-37은 막이 강한 대신 에멀젼에 약 10% 정도 사용하기 때문에 에멀젼폭약의 에너지가 10% 정도 손실이 되지만 PMB는 그 자체가 에너지도 되기 때문에 에너지 손실이 없다. 그러나 PMB는 그 제조 공정상 표면에 O/W형의 계면활성제가 코팅되어 있기 때문에 W/O형의 유화제를 사용하는 에멀젼폭약에는 사용하지 않는 것이 좋다. W/O형과 O/W형이 만나면 에멀젼을 파괴시키기 때문이다. 그러나 이럼에도 불구하고 O/W형의 계면활성제에 내저항성이 있는 유화제가 있는데 이것이 PIBSA유화제이다. 그래서 PIBSA유화제는 PMB와 함께 써도 장기저장성에 전혀 문제가 없다.

추가로 들어가는 고체첨가제로는 Al분말, 프릴AN, 입상SP 등이 있는데 Al분말은 에멀젼폭약의 에너지를 증대시키기 위해서 추가하며 프릴AN은 PIBSA유화제를 사용하는 경우 무른 약상을 좀 더 딱딱하게 만들기 위해서 사용하며 입상SP는 에멀젼폭약의 폭발속도를 증대시키기 위해서 사용한다. <표 16.8>은 에멀젼폭약의 일반적인 성분표이다.

〈표 16.8〉 에멀젼폭약의 일반적인 성분표

구 분	성 분	중량%
산화제	AN(Aammonium nitrate) SN(Sodium nitrate) CN(Calcium nitrate) SP(Sodium perchlorate), AP(Ammonium perchlorate) HNO_3 UN(Urea nitrate)	50~80
연료	비수용성 가연물(왁스, 미네랄오일, 연료유)	1~10
물	H_2O	5~20
화학적예감제	반드시 필요치 않으나, 설계 목적에 따라 수용성 질산염들이 사용	(5~3)
계면활성제	저HLB 계면활성제(HLB가 3~6)	1~5
기포	기계적 및 화학적 가스발생제 무기 또는 유기질기포제	10~40(부피%)

16.4 에멀젼폭약 원료들의 특성

16.4.1 연속상의 물질(오일상)

16.4.1.1 기능

① 에멀젼폭약의 연속상을 형성한다

에멀젼폭약은 산화제수용액이 분산상이고 오일상의 물질이 연속상인 W/O형 에멀젼시스템이다. 산소평형의 한계와 폭발성의 필요 때문에 오일상의 물질의 함량이 분산상의 1/20 이하이다. 그러므로 오일상의 물질의 점도, 체인 길이와 분자구조 및 유화제와의 결합성이 연속상의 오일막을 강하게 만드는데 아주 중요한 역할을 한다. 그래서 질산암모늄과 같은 무기산화제염이 결정화되어 석출할 때 오일막을 변형시키거나 파괴시키는 것을 막을 수 있다.

② 가연제 역할을 한다

폭발 반응에서 가연제는 빠르게 반응하여 다량의 열과 가스를 발생시켜 팽창에 의한 일을 한다. 또한 산화제 수용액의 균일하게 분산된 액적은 연속상의 오일막과 밀접하게 접촉되며 이것은 기폭과 전폭에 도움이 된다.

에멀젼폭약 시스템에서 산화제와 가연제 사이의 접촉 거리가 분자폭약의 산화-환원 라디칼 사이의 거리만큼 가깝기 때문에 에멀젼폭약의 많은 특성들이 분자폭약과 비슷하다.

③ 우수한 내수성을 부여해 준다

에멀젼폭약의 우수한 내수성은 W/O형의 에멀젼폭약의 연속상이 수용성산화제를 둘러싸고 있기 때문에 거의 오일상의 물질과 관련이 되며 그래서 외부의 물에 의한 층분리, 침식, 침출을 막을 수 있다.

④ 여러 가지 약상이 가능하게 해 준다

보통 에멀젼폭약의 점도는 오일상의 점도에 따라 좌우된다. 주로 오일과 왁스를 오일상으로 사용하기 때문에 에멀젼폭약은 점도가 높은 약상에서부터 펌핑이 가능한 점도가 낮은 약상까지 가능하다. 이 기본 오일상은 점착성이 있어 벌크로 취급할 때 다소 불편한 경우가 있지만 큰 문제는 되지 않으며 현재는 이러한 것도 여러 가지 고분자화합물과 크로스링킹제의 개발에 의해서 해결되고 있다.

⑤ 우수한 안전성을 갖게 해 준다

에멀젼폭약은 마찰, 충격 및 총격에 비교적 감도가 낮다. 이것은 W/O형 에멀젼시스템 입자들의 미끄러짐 특성 , 증가된 찰기, 부드러운 약상 때문이다.

16.4.1.2 선정 기준

에멀젼폭약의 오일상으로 사용될 수 있는 유기화합물은 상당히 많다. 보통 다음과 같은 기준으로 선정되는 것이 좋다.

① 여러 가지 점도를 제공하는 능력이 있어야 한다

에멀젼폭약의 유화 및 혼합작업이 효과적으로 이루어지려면 연속상은 작업 온도에서 액체이거나 잘 흐르는 상태이어야 한다. 즉 오일상의 물질의 성분은 온도에 따라서 다른 점도를 가질 수 있어야 한다. 에멀젼폭약의 오일상의 물질로 사용되는 디젤유, 윤활유, 파라핀, 왁스 모양의 고분자화합물 등은 정상 온도에서는 각기 다른 점도를 가지지만 가열하게 되면 유화제와 산화제와 함께 유화 및 혼합이 용이한 유체가 된다.

② 유화가 용이해야 한다

첫째로 최소량의 유화제로 최적의 유화 효과를 얻기 위해서는 오일상의 물질과 유화제의 HLB가가 서로 잘 조화되는지의 여부를 우선 고려하여야 한다. 예를 들어 미네랄오일을 W/O형의 에멀젼으로 유화시키는데 필요한 HLB가는 4.0인데 Span-80의 HLB가는 4.3이므로 이들은 서로 잘 맞는 경우라고 할 수 있다.

둘째로 우수한 안정성을 갖는 에멀젼폭약을 얻기 위해서는 유화제와 착화합물을 형성하기가 쉬운 유기물질이 오일상 물질로 우선적으로 선정되어야 한다.

③ 적절한 점도를 가져야 한다

보통 에멀젼폭약의 연속상으로서의 오일상의 물질은 예감제인 미세 기포를 보지시키기 위해 아주 중요하다. 만약 점도가 제조, 저장 및 사용 중에 너무 낮으면 예감제인 미세 기포가 뭉치거나 빠져나가 에멀젼폭약의 기폭감도에 나쁜 영향을 준다. 반면에 점도가 너무 높으면 쉽게 노화되어 장기저장성이 떨어진다.

부타디엔-스타이렌의 공중합체, 이소부텐-에틸렌의 공중합체, 폴리프로필렌 무작위 공중합체 등과 같은 고분자화합물들은 오일상의 물질 조성을 개선하는데 효과적으로 사용될 수도 있다. 이 물질들은 오일상의 물질의 점도를 최적화하고 에멀젼폭약의 높은 분자 프레임을 구축하여 에멀젼폭약의 저장안정성을 뚜렷하게 개선한다.

④ 편리하게 응용할 수 있고 광범위한 공급원과 낮은 코스트를 가져야 한다

오일상의 물질은 어떠한 것도 위의 모든 요구사항을 동시에 만족시킬 수는 없다는 것을 유념해야 한다. 실제로 각 유기화합물의 개별 특성을 충분히 사용하기 위해서 여러 종류의 유기화합물이 일정 비율로 오일상의 물질로 보통 선정된다. 예를 들어 최종 생성물이 탄성이 있고 손에 달라붙지 않도록 하기 위해서 왁스와 합성 중합체의 혼합물, 오일과 합성 중합체의 혼합물이 선정될 수 있으며 반면에 최종생성물이 펌프가 가능하고 그리이스 상태가 되도록 하기 위해서는 경유 또는 경유와 미네랄오일의 혼합물이 오일상의 물질로 선정될 수 있다. 이외에도 오일상의 물질은 공급원이 광범위하고 가격이 저렴하지 않으면 안 된다.

16.4.1.3 종류 및 특성

일반적으로 적절한 점도를 갖는 탄화수소는 어떤 것이라도 에멀젼폭약의 오일상으로 사용될 수 있다. 왁스, 오일 및 여러 가지 중합체들이 포함된다. 왁스에는 바셀린왁스, 마이크로크리스탈린왁스 및 파라핀왁스와 같은 석유화학 왁스 ; 지랍, 몬탄왁스와 같은 미네랄왁스 ; 경랍과 같은 동물왁스 ; 벌왁스, 중국왁스와 같은 곤충왁스 등이 있다. 오일에는 미네랄오일 등의 석유화학 오일 ; 식물 및 동물로부터 만들어진 동식물 오일이 있다. 오일상 물질의 점도를 높이고 안정성을 높이기 위해 가끔 중합체가 사용되며 천연고무, 합성고무 또는 이소부틸렌 그룹, 부타디엔-스티렌의 공중합체, 이소프렌-이소부텐 또는 이소부텐-에틸렌의 공중합체, 폴리프로필렌 무작위 공중합체, 폴리에틸린, EVA 등이 있다.

16.4.1.3.1 고체 석유화학 제품

(1) 파라핀 왁스[12]

〈표 16.9〉 파라핀 왁스의 물리화학적 특징

CAS 번호	8002-74-2	분자량(g/mole)	360~540
분자식	대표분자식: CH_2	ΔH_c(kcal/kg)	9,912~10,987
분자 구조	N=Paraffin iso=Paraffin Cycloparaffin	밀도(g/cm³)	0.9
		융점(℃)	46~68
		비점(℃)	300~550
		인화점(℃)	-
		발화점(℃)	-
		외관/냄새	백색의 냄새와 맛이 없는 고체

파라핀왁스는 석유, 석탄 또는 오일 셰일로부터 추출된 백색 또는 무색의 부드러운 고체로 22~36개의 탄소원자를 함유하는 탄화수소 분자들의 혼합물로 이루어져 있다. 물에는 녹지 않으며 에테르, 벤젠 및 일부 에스테르류에 녹는다. 대부분의 일반 화학약품과 반응하지 않지만 연소는 쉽게 된다. 파라핀왁스는 10^{13}~10^{17} $\Omega \cdot m$의 비저항을 갖는 탁월한 전기절연물이다. 응용분야는 윤활제, 전기절연제 및 양초이다. 또한 파라핀왁스는 2.14~2.9 $Jg^{-1}K^{-1}$의 비열용량과 200~220 Jg^{-1}의 융해열을 갖고 있어 열을 저장하는 탁월한 물질이다. 파라핀왁스는 용해할 때 상당히 많이 팽창하며 이 특성을 이용하여 산업용, 가정용 특히 자동차용 목적의 왁스 온도조절 부품의 온도조절장치에 사용된다.

주로 노말파라핀 탄화수소로 이루어져 있으며 또한 약간의 이소파라핀 탄화수소, 나프텐계탄화수소와 소량의 방향족탄화수소를 함유한다. 원유가 다르면 파라핀왁스도 화학적 조성이 다르다. 석유의 증류에 의해 얻어지는 윤활유는 왁스와 오일로 분리되며 왁스가 정제되고 성형되어 파라핀왁스가 얻어진다.

파라핀왁스의 뼈대에 가지를 첨가함으로써 파라핀왁스의 결정 특성이 개선될 수 있으며 첨가하는 물질로는 보통 EVA 공중합체, 마이크로크리스탈린왁스 또는 폴리에틸렌이 사용된다. 이것은 점도가 높고 결정구조가 작다. 에멀젼폭약에 오일상으로 단독으로 사용하는 경우는 거의 없다. 바늘 타입의 결정형으로 에멀젼을 파괴할 수 있기 때문이며 보통은 마이크로크리스탈린왁스와 약 50대 50의 비율로 섞어서 사용한다.

(2) 마이크로크리스탈린 왁스[13]

〈표 16.10〉 마이크로크리스탈린 왁스의 물리화학적 특징

<table>
<tr><td>CAS 번호</td><td>63231-60-7</td><td>분자량(g/mole)</td><td>550～700</td></tr>
<tr><td>분자식</td><td>대표분자식: CH_2</td><td>$\varDelta H_c$(kcal/kg)</td><td>9,912～10,987</td></tr>
<tr><td rowspan="7">분자 구조</td><td rowspan="7">H
|
H-C-H
|
H-C-HH
| |
H-C-C-H
| |
H-C-HH
|
H-C-HH H H
| | | |
H-C-C- C-C-H
| | | |
H-C-HH H H
|</td><td>밀도(g/㎤)</td><td>0.9</td></tr>
<tr><td>융점(℃)</td><td>63～88</td></tr>
<tr><td>비점(℃)</td><td>650～690</td></tr>
<tr><td>인화점(℃)</td><td>〉260℃</td></tr>
<tr><td>발화점(℃)</td><td>-</td></tr>
<tr><td>외관/냄새</td><td></td></tr>
</table>

마이크로크리스탈린왁스는 석유 정제 과정의 한 부분으로서 광유를 탈오일하여 만든 왁스이다. 대부분 직선 체인의 알칸을 함유하는 파라핀왁스와는 반대로 마이크로크리스탈린은 가지형의 이소파라핀 탄화수소와 나프텐계 탄화수소를 함유한다. 파라핀왁스보다 작은 미세한 결정을 갖는 것을 특징으로 한다. 고분자량의 포화된 지방족탄화수소로 이루어져 있다. 일반적으로 파라핀왁스보다 어둡고, 점도가 높고, 밀도가 높고, 점착성이 높고 그리고 탄성이 높으며 그리고 분자량도 더 높고 융점도 더 높다. 마이크로크리스탈린의 탄성과 점착성은 비선형 체인 성분과 관련이 된다. 마이크로크리스탈린 왁스의 결정구조는 작고 얇기 때문에 파라핀왁스보다 유연하다. 일반적으로 화장품 제조에 사용된다. 마이크로크리스탈린왁스의 규격항목으로는 응고점, 침입도, 색도 및 점도가 있다. 마이크로크리스탈린왁스는 일반적으로 두 종류로 분류되며, 라이네이팅 그레이드와 하드닝 그레이드가 있다. 라미네이팅 그레이드는 융점이 60～80℃이고, 침입도가 25 이상이다. 하드닝그레이드는 융점이 80～93℃이며, 침입도가 25 이하이다. 파라핀왁스와 마이크로크리스탈린왁스는 원유로부터 분리되지만 그러나 제조 프로세스와 생성물은 아주 다르다. 파라핀왁스는 윤활유로부터 정제 및 분리되지만, 반면에 마이크로크리스탈린왁스는 원유를 정제하고 남은 잔류 아스팔트로부터 정제 및 분리하여 얻어진다. 광범위한 X-ray 회절 작업을 통해서 파라핀과 마이크로크리스탈린왁스의 화학

적 구조의 차이점을 알 수 있다. 파라핀왁스는 주로 직선의 사슬 분자와 그리고 소량의 가지 사슬을 포함하는 분자로 구성되어 있는 것으로 알려져 왔다.

```
    H   H         H              H   H         H
    |   |         |              |   |         |
H - C - C ····· C - H        H - C - C ····· C - H
    |   |         |              |    \        |
    H   H         H              H  H - C - H  H
                                        |
                                    H - C - H
                                        |
                                        H
```

직선의 사슬　　　　가지의 사슬

[그림 16.2] 왁스의 직선 사슬과 가지 사슬

일부 파라핀왁스에서는 방향족탄화수소가 존재할 수도 있다. 마이크로크리스탈린왁스는 일부 직선 체인을 함유하고 있으나 대부분 가지 체인 분자를 함유한다. 마이크로크리스탈린왁스의 가지 사슬은 탄소 사슬을 따라 랜덤하게 배치되어 있지만 파라핀왁스에서는 일직선으로 배치되어 있다. 또한 마이크로크리스탈린왁스는 파라핀왁스 보다는 훨씬 많은 링 타입의 화합물을 함유한다. 이들 두 종류의 왁스는 화학적 구조와 조성이 다르기 때문에 화학적 특성이 다르다. <표 16.11>에 더 상세하게 나와 있다.

〈표 16.11〉 마이크로크리스탈린왁스와 파라핀왁스의 특성치

항목	마이크로크리스탈린왁스	파라핀왁스
결정(현미경 관찰)	작음	큼
분자량	550~700	360~540
비점(℃)	650~690	300~550
비중, 점도, 반사율	큼	작음
수축	큼	작음
발연황산과의 반응	거품과 연소하며 강열한 반응	반응하지 않음

정제되지 않은 마이크로크리스탈린왁스는 노르스름한 갈색 또는 갈색을 띠지만 정제된 마이크로크리스탈린은 노르스름하거나 노랗다. 마이크로크리스탈린은 많은 사용 특성을 가진다. 파라핀왁스보다 상당히 작은 결정체이기 때문에 마이크로크리스탈린왁스는 아주 강한

친유성을 가지며 그래서 오일과 안정하고 균일한 혼합물을 만들 수 있다. 이러한 특성을 이용해서, 에멀젼의 품질이 에멀젼폭약의 오일상에 마이크로크리스탈린왁스를 첨가함으로써(총 폭약량의 0.1～0.2%) 상당히 개선된다. 더구나 마이크로크리스탈린왁스의 첨가는 파라핀의 구조를 바꿀 수 있다. 0.5% 첨가하면 파라핀 결정을 눈에 띠게 미세하게 만들 수 있으며 5～30% 첨가하면 파라핀의 융점, 경도 및 인성을 상당히 증가시킬 수 있으며 접착성 그리고 코팅시 공기의 침투성을 개선할 수 있다. 0.5～1% 첨가하면 파라핀왁스의 산화 안정성을 개선할 수 있다.

16.4.1.3.2 액상 석유화학 제품

에멀젼폭약의 오일상으로 사용되는 액상 석유화학 제품으로는 디젤유와 미네랄오일이 있다. 물론 액체 오일상 물질이 첨가되지 않는 에멀젼 조성물들이 있다. 원유로부터 추출되는 노말 알칸계 탄화수소가 주를 이루며 탄소의 수가 보통 9～21개이다. 사이클로알칸의 나프텐계 탄화수소와 방향족탄화수소가 일부 포함되기도 한다.

(1) 경유(디젤유)[14]

〈표 16.12〉 경유의 물리화학적 특성

CAS 번호	68476-30-2	분자량(g/mole)	-
분자식	대표분자식: CH_2	ΔH_c(kcal/kg)	10,366～10,700
분자 구조		밀도(g/㎤)	0.82～0.87
		융점(℃)	-
		비점(℃)	250～350
		인화점(℃)	50 이상
		발화점(℃)	210
		외관/냄새	무색～연한 노란색 또는 연한 갈색

경유는 원유를 분류하여 얻은 오일이다. 미국에서는 중유 품질기준 6단계 중 No.1～No.3에 해당되는 증류 경유를 가리키며 ANFO 폭약용으로는 No.2 오일을 사용한다. 경유는 탄화수소를 주성분으로 하는 투명한 액체이며 약간의 점성도 있다. 색은 무색에서 연한 노란색 및 연한 갈색을 띄고 있다. 보통 방향족탄화수소로 된 첨가제를 넣을 경우에 약간의 색을 띄는 경우가 많다. 분자당 탄소수는 보통 10~15개 사이이다.

일반적으로 디젤유는 ANFO에 가장 좋은 연료로 인정되고 있는데 그 이유는 다음과 같다.

① AN과 쉽게 폭발 반응을 일으키는 높은 발열량을 갖는다.
② AN에 의해서 쉽게 흡수될 수 있는 비교적 낮은 점도를 갖는다.
③ 공급원이 풍부하고 가격이 낮으며 사용이 편리하다.
④ 휘발성이 낮고 인화점이 높으며 발화점이 높아 안전하게 사용할 수 있다.

에멀젼폭약에서 디젤유는 유화에 도움이 되지 않는다. 그러나 전반적인 폭굉 성능의 측면에서 디젤유는 아직도 많은 에멀젼폭약의 제조 시 적정량으로 사용되고 있다. 주로 사이트믹싱(Site mixing)에 사용되는 펌핑이 가능한 에멀젼을 제조할 때 오일상으로 사용된다.

경유에서는 특유의 불쾌한 찌든 듯한 냄새의 악취가 나는데 그 원인은 유황화합물과 방향족화합물이 존재하기 때문이다. 경유에는 방향족화합물이 35부피% 정도 함유되어 있다.

최근에는 이러한 냄새를 없앤 정제된 제품들이 나오는데 이들은 냄새를 제거했을 뿐만 아니라 불포화된 이중결합들도 수소로 포화시킴으로써 에너지도 증가시켰다. 대표적으로는 이수화학의 D-SOL 제품들이 있다. 다음의 <표 16.13>는 경유 대체용으로 사용될 수 있는 D-SOL 제품들의 특성치이다. 표를 보면 방향족화합물이 거의 제거된 0.07, 0.03%이고 유황도 1ppm 이하로 현저히 제거된 것을 볼 수 있으며 이 제품들의 냄새를 맡아보면 경유와 같은 역겨운 냄새가 거의 없다.

〈표 16.13〉 D-SOL의 특성치[15]

항목		D-SOL170	D-SOL200
비중		0.7814	0.8000
증류온도(℃)	IBP	174	204
	5%	177	208
	10%	178	209
	50%	181	214
	90%	187	226
	99%	189	230
	DP	191	235
인화점(℃)		52.5	79
방향족화합물(%)		0.07	0.03
유황(ppm)		1이하	1이하

(2) 미네랄오일

미네랄오일은 9개 이상의 탄소원자를 갖는 알칸계 탄화수소의 혼합물로 색과 냄새가 없는 가벼운 혼합물이며 광물 자원, 특히 석유로부터 얻어진다. 베이비오일, 케이블오일, 액체파라핀, 액체석유, 광유, 화이트오일 등 여러 가지 이름으로 불리기도 하며 열매체유, 변압기유, 기계유, 윤활유, 절삭유 등으로 사용된다. 대부분 미네랄오일은 가솔린과 기타 석유화학 제품을 만들기 위해 원유를 정제하는 과정에서 나오는 액상 부산물이다. 이러한 형태의 미네랄오일은 투명하고 색이 없으며 주로 알칸과 사이클로알칸으로 구성되어 있다. 약 0.8g/㎤의 밀도를 갖는다. 미네랄오일은 비교적 값이 싼 물질이며 대량으로 생산된다. 무거운 것에서부터 가벼운 종류까지 여러 등급으로 만들 수 있다.

일반적으로 모든 형태의 오일 중에서 점도가 올라가는 오일들은 유화와 에멀젼폭약의 안정성에 유리하다. 이 때문에 디젤유보다 높은 점도를 갖는 미네랄오일은 국내외적으로 대부분의 에멀젼폭약의 제조에 사용된다. 모든 미네랄오일이 고도로 정제되고 완전히 탄화수소로 구성되면 미네랄오일의 점도가 높을수록 탄소 체인의 길이가 길다. 낮은 점도의 미네랄오일은 보통 정제하기가 용이하며 동일한 산과 알칼리로 처리한 후에 오직 소량의 점착성의 방향족 탄화수소만을 함유한다. 그리고 점도가 높은 미네랄오일은 정제하기가 힘들며 그래서 더 많은 양의 점착성의 방향족 탄화수소를 함유한다. 국내에서 생산하는 미네랄오일 중에서 에멀젼폭약에 사용할 수 있는 제품의 예를 들면 <표 16.14>와 <표 16.15>와 같다.

〈표 16.14〉 D-SOL 제품 규격[15]

항 목	D-SOL 종류				
	240R	240	260	280	300
비중	0.8077	0.8064	0.8045	0.8556	0.8624
증류점(℃), IBP	237	239	260	284	311
5%	240	244	263	289	315
10%	241	245	264	291	316
50%	245	248	266	297	322
90%	250	253	271	306	335
95%	254	256	273	311	341
DP	256	258	274	314	344
인화점(℃)	104	110	123	141	162
유동점(℃)	-35	-25	-20	-28	-9.5
방향족화합물(%)	0.01	0.02	0.03	0.72	0.68
유황(중량ppm)	1↓	1↓	1↓	1↓	1↓
점도(cSt at 40℃)	2.3	2.4	2.91	5.28	8.35

○ 불포화 화합물 및 불순물이 거의 없기 때문에 우수한 안정성을 가진다.

○ NAPHTHENE 성분을 함유하고 있기 때문에 NORMAL 및 ISO-PARAFFIN 용제보다 뛰어난 용해력을 가진다.

○ 발암물질인 Aromatic성분, Sulfur등 유해물질이 거의 없고 저취의 제품으로 작업성이 용이하다.

○ N-Paraffin, Iso-Paraffin, Naphthenic의 혼합물로 구성된다.

CnH_{2n+2}, $(C_{12}H_{22})n$, $(C_4H_8)n$, $(CH_2CH_2CH_2)n$, $(CCH_9CH_3CHCH_3CCH_3CH_3)n$, $(CH_2CHCH_3CH_2)n$

〈표 16.15〉 KF 제품 규격[15]

항 목	KF의 종류						
	50	70	150	250	350	400	550
비중(15/4℃)	0.800-0.840	0.820-0.860	0.820-0.860	0.840-0.860	0.850-0.880	0.850-0.880	0.860-0.890
인화점(℃), 최소	140	160	200	240	240	250	250
유동점(℃), 최대	-9.0	-9.0	-9.0	-9.0	-9.0	-9.0	-6.0
동점도 (40℃ cSt)	6.0-9.0	11.0-13.4	28.0-32.0	44.0-50.0	65.0-75.0	70.0-85.0	90.0-126

○ White Mineral Oils(유동파라핀)은 고도로 정제된 비극성의 탄화수소이다. 인체에 직접, 간접 혹은 뜻하지 않은 접촉에도 안심하고 사용할 수 있는 제품이다. 친유성, 무색, 무미, 무취로 시간이 지나도 변색이 없다.

○ White Mineral Oil은 식의약품, 화장품 등에 이상적인 제조 원료로 사용된다. 최종제품이 만들어 졌을 때 윤활성, 가소성, 내수성 등 제품성질을 최적화 한다.

○ 주로 PS가소제, 희석제, 내부윤활제로 사용되며 식품제조시 이형제나 피막제, 식품제조기계의 윤활유, 방청유, 섬유기계의 윤활유 또는 식품과 같이 청결을 요구하는 제품의 오일로 사용된다. 일반 윤활유에 비하여 색상이 투명하고 무색이며 안정성이 탁월하다.

16.4.1.3.3 고분자유기화합물(유기 중합체)

고분자유기화합물은 에멀젼폭약의 안정성을 증가시키고 외관을 개선시키는 두 가지의 효과를 주며 오일상의 물질의 일부를 대체하여 사용될 수 있다. 사용 목적과 제조 과정에 따라 에멀젼폭약에 첨가되는 유기 중합체의 종류와 사용량에 차이가 있다. 일반적으로 사용될 수 있는 유기 중합체에 대해서 알아보기로 한다.

(1) 폴리에틸렌

직선 사슬의 비닐 중합체로 $(CH_2=CH_2)n$의 분자 구조를 갖는다. 제조 방법에 따라 고, 중 및 저압 제품의 세 가지 종류로 분류된다. 보통 5,000～20,000의 분자량을 갖는 폴리에틸렌을 에멀젼폭약의 오일상에 사용하는 것이 가장 좋다. 보통 폴리에틸렌과 파라핀 또는 폴리에틸렌, 파라핀과 오일로 이루어진 액상 혼합물은 먼저 주어진 비율로 가열에 의해서 제조된다. 그리고 고속으로 교반하면서 이 혼합물에 먼저 유화제를 넣고 그리고 그 다음에 산화제용액을 가하여 유화시킨다. 만약 분자량이 큰 폴리에틸렌이 사용되면 유화 결과가 나쁘게 나타난다. 그 이유는 폴리에틸렌의 분자량이 크면 클수록 점도가 더 높아져 왁스 또는 오일과의 상호 용해성이 떨어질 뿐만이 아니라 혼합물의 점도도 증가하게 되어 유화작업에 바람직하지 못하기 때문이다. 또한 폴리에틸렌이 파라핀에 첨가되면 파라핀의 마이크로크리스탈린 구조 형성에 도움이 된다. 예를 들어 분자량 약 20,000을 갖는 폴리에틸렌이 융점 56℃의 정제화이트왁스에 약 1중량% 첨가되었을 때 왁스의 결정 크기는 반 정도로 감소되며 그리고 2～5%를 첨가했을 때 크기는 원래 크기의 약 5% 밖에 안 된다. 따라서 파라핀에 폴리에틸렌을 첨가하면, 파라핀의 경도, Dropping point(물방울이 생겨 낙하되는 온도), 및 광택을 증가시키며 고온에서의 실링강도와 접착강도를 증가시킨다. 필요에 따라, 폴리에틸렌은 0.5에서 40중량%까지 첨가할 수 있으며, 바람직하게는 약 5%이다. <표 16.16>은 폴리에틸렌이 첨가된 파라핀의 물리적 특성 변화를 보여준다.

〈표 16.16〉 폴리에틸렌의 첨가에 따른 파라핀의 물리적 특성 변화

왁스 샘플	폴리에틸렌 첨가량(%)	Dropping point(℃)	동점도(120℃) mm²/s	침입도 1/10mm
융점 54℃의 화이트파라핀왁스 (분자량25,000의 폴리에틸렌 첨가)	0	55	2.89	16
	0.5	59	3.26	14
	2	65	6.96	12
	5	83	20.54	10
융점 58℃의 정제화이트왁스 (분자량25,000의 폴리에틸렌 첨가)	0	57	2.81	10
	0.5	64	3.64	8
	2	70	7.14	7
	5	86	25.9	5

(2) 폴리프로필렌

프로필렌의 중합체로 구조에 따라 아이소택틱(Isotactic)와 랜덤(Random)의 두 가지 종류로 분류될 수 있다. 아이소택틱폴리프로필렌은 단사정이고 랜덤폴리프로필렌은 무정형 중합체이다. 이들의 주요 차이는 <표 16.17>와 같다.

보통 랜덤폴리프로필렌은 에멀젼폭약에 0.1% 이하로 첨가하여 에멀젼폭약의 오일상으로 사용되는 것이 좋다. 만약 랜덤폴리프로필렌이 첨가되면(바람직하게는 두 개 이상의 중합체가 동시에 첨가) 최종 에멀젼폭약 제품은 외관이 상당히 개선되고 그리고 손에 묻지 않는 점탄성의 물체가 된다.

〈표 16.17〉 Isotactic 폴리프로필렌과 Random 폴리프로필렌의 주요 차이점

항 목	아이소택틱(isotactic)	랜덤(random)
외관	백색 고체	고무 또는 유리와 비슷
연화점 또는 융점 ℃	170	100 이하
인장강도	높음	낮음

〈표 16.18〉 파라핀왁스의 물리적 특성에 대한 폴리프로필렌의 영향

왁스 샘플	폴리프로필렌 첨가량(%)	Dropping point(℃)	동점도(160℃) mm2/s	침입도 1/10mm
화이트파라핀 No.54	0	55	1.7	16
	0.5	56	2.1	14
	2	60	3.14	13
	5	102	7.0	11
정제화이트왁스 No.58	0	57	1.8	10
	0.5	59	2.32	9
	2	72	3.6	8
	5	120	7.5	8

또한 폴리프로필렌을 첨가하면 파라핀왁스의 융점, 기계적 강도, 내열 및 내한성이 향상되며 고온에서 변형되는 것을 방지해 주고 저온에서의 내충격성을 증가시켜준다. 보통 폴리프로필렌의 첨가량은 0.5에서 10중량%이다. <표 16.18>는 폴리프로필렌의 첨가에 따라 파라핀왁스의 물리적 특성 변화를 보여준다.

(3) 에틸렌비닐아세테이트 공중합체

이제품은 짧게 EVA라고도 하며 에틸렌과 비닐아세테이트의 함량에 따라 여러 형태로 분류될 수 있다. EVA는 폴리에틸렌과 폴리비닐아세테이트의 공통된 특성을 가진다. 즉 적당한 경도, 좀 더 높은 인장강도와 굽힘강도를 갖는다. EVA는 경도, 따뜻한 조건에서 실링 특성, 접착성, 가소성 및 인성 등의 파라핀의 물리적 특성을 변화시킨다. 더욱이 위의 특성들은 중합체 내에 에틸렌과 비닐아세테이트의 비율에 따라서 변한다. 에틸렌의 함량이 높으면 경도가 더 높아질 것이며 반면에 비닐아세테이트의 함량이 높으면 왁스의 인성이 더 좋아질 것이다. 보통 이 공중합체는 다른 중합체와 함께 에멀젼폭약에 사용된다.

(4) 기타 중합체

상기의 중합체 첨가제 외에 폴리이소부틸렌, 에틸렌-폴리프로필렌의 공중합체, 부타디엔-스타이렌의 공중합체 및 유사한 물질들이 또한 사용될 수 있다.

대한민국 특허 100719269(2005.04.28 출원)에서는 EVA 외에 이와 유사한 접착성수지를 사용한 유중수적형 에멀젼폭약 제조기술이 공개되어 있다.[16] 이러한 접착성수지에는 폴리에틸렌을 주제로 한 노르말-부틸 아크릴레이트공중합체, 비닐아세테이트공중합체, 에틸렌비닐아세테이트공중합체, 에틸렌메틸아크릴레이트공중합체 등이 있다. 이들을 한가지 이상 사용한 에멀젼폭약의 개선된 특징은 기존의 에멀젼폭약에 비해서 약상이 1.5～2.0배 정도 딱딱해지고, 거의 달라붙지 않으며 장기저장안정성도 2년 동안 -20℃에서 8호 뇌관으로 기폭되는 안정성을 보인다. <표 16.19>은 당해 특허의 실시 예이고 <표 16.20>는 사용된 수지의 물리적 특성을 나타낸 것이다.

〈표 16.19〉 대한민국 특허 100719269(2007.05.11)의 실시 예

구분		실시 예1	실시 예2	실시 예3	실시 예4	실시 예5	실시 예6	실시 예7
무게 조성비 (%)	산화제수용액	86	86	86	86	86	86	86
	왁스, 광유	2.85	2.1	2.85	2.1	2.85	2.1	2.85
	접착성수지	0.15①	0.9①	0.15②	0.9②	0.15③	0.9③	0.15④
	SMO계유화제	3	-	-	3	3	-	-
	Pibsa계유화제	-	3	3	-	-	3	3
	기타첨가제	5	5	5	5	5	5	5
	미소중공구체	3	3	3	3	3	3	3
침입도(mm)		10	9	9	8	11	10	12
Stickiness		○	○	○	○	○	○	○
장기저장안정성(개월)		24↑	24↑	24↑	24↑	24↑	24↑	24↑

구분		실시 예8	실시 예9	실시 예10	실시 예11	실시 예12	실시 예13	실시 예14
무게 조성비 (%)	산화제수용액	86	86	86	86	86	86	86
	왁스,광유	2.1	2.85	2.1	2.85	2.1	2.85	2.1
	접착성수지	0.9④	0.15⑤	0.9⑤	0.15⑥	0.9⑥	0.15⑦	0.9⑦
	SMO계유화제	-	-	-	-	-	-	-
	Pibsa계유화제	3	3	3	3	3	3	3
	기타첨가제	5	5	5	5	5	5	5
	미소중공구체	3	3	3	3	3	3	3
침입도(mm)		11	10	9	10	9	10	9
Stickiness		○	○	○	○	○	○	○
장기저장안정성(개월)		24↑	24↑	24↑	24↑	24↑	24↑	24↑

※ ① EN33900 ② EN33330 ③ MV02514 ④ MV02520 ⑤ VA900 ⑥ VA910 ⑦ TC140

〈표 16.20〉 접착성수지의 물리적 특징

접착수지명	상품명	제조사	용융지수	공중합체함량	융점(℃)
NBAC※	EN33900 EN33330	Exxon Mobil	900g/10min 330g/10min	NBA 32.5% NBA 32.5%	58 61
VAC※	MV02514 MV02520	Exxon Mobil	High flow very high flow	VA 14% VA 20%	81 72
EVAC※	VA900 VA910	SEETEC	150g/10min 400g/10min	VA 28% VA 28%	67 65
EMAC※	TC140	Exxon Mobil	135g/10min	MA 21.5%	72

※ NBAC = n-butylacrylate copolymer
※ VAC = Vinyl acetate copolymer
※ EVAC = Ethylene vinylacetate copolymer
※ EMAC = Ethylenemethyl acrylate copolymer

16.4.2 불연속상의 물질(산화제)

16.4.2.1 기능

대부분의 에멀젼폭약에서 분산상은 보통 폭약 총량의 약 90중량%를 차지하는 산화제수용액으로 이루어져 있으며 이 산화제수용액의 주요 기능은 다음과 같다.

① 에멀젼의 분산상을 이루며 산화제의 역할을 한다

시스템의 산화환원반응의 원료이며 이 산화환원 반응에 의해서 에너지가 방출되어 일을 한다. 예감제의 역할을 하는 메틸아민나이트레이트, 과염소산염 및 알콜아민나이트레이트를 첨가하면 에멀젼폭약의 폭발감도가 증가된다.

② 에멀젼폭약의 밀도를 증가시킨다

분말 또는 입상 AN은 보통 비중이 0.8～0.95g/㎤이지만 에멀젼폭약의 비중은 1.05～1.35g/㎤이며 최대로는 1.50～1.55까지도 가능하다. 이것은 AN, SN, SP와 같은 무기산화제염이 물에 용해될 때 입자 간의 사이가 물에 의해서 채워져 보다 높은 밀도를 갖기 때문이다. 여러 온도에서의 포화된 AN수용액의 밀도는 <표 16.21>과 같다. 만약 알칼리금속 및 알칼리토류금속 질산염의 양을 증가시키면 에멀젼폭약의 밀도는 더욱 더 증가될 것이다.

〈표 16.21〉 AN수용액의 밀도

온도(℃)	AN함량(%)	밀도(g/㎤)
20	66.4	1.3115
40	73.3	1.3415
60	80.2	1.3519
80	85.9	1.3940
100	91.0	1.4145
120	94.7	1.4260
140	97.4	1.4320
160	99.4	1.4360

③ 에멀젼폭약의 폭발 성능을 개선시킨다

반응속도 측면에서 보면 접촉계면을 갖는 모든 형태의 현존하는 산업용폭약은 불균질한 시스템이며 그러므로 그러한 시스템의 폭발 반응은 계면의 반응속도에 의해서 조절된다. 계면의 영향을 없애기 위해서는 계면을 제거하는 노력이 필요하다. 이러한 노력의 일환으로 산업용폭약에서 반드시 필요했던 과정이 고체 산화제의 사용으로부터 산화제 수용액의 사용으로 그리고 AN-TNT 폭약의 고체상의 접촉 ANFO의 고체-액체 접촉으로부터 에멀젼폭약의 액체-액체 균질시스템으로의 개발과정을 거치는 것이었다. 에멀젼시스템에서 분산상으로서의 산화제수용액의 액적 크기는 매우 작게 되었으며 그래서 산화제와 연소제 사이의 접촉면적은 상당히 증가되었다. 예를 들어 직경 0.3마이크론의 입자의 접촉면적은 약 1cm³의 부피를 갖는 작은 볼의 표면적의 약 40,000배 정도가 된다. 분명히 분자 크기에 근접하는 액적 형태의 연소제와 산화제의 긴밀한 접촉은 기폭과 전폭에 도움이 되며 그래서 에멀젼폭약의 폭굉감도를 증가시키는데 도움이 된다. 더욱이 시스템의 밀도와 연속성이 더 높아질수록 어느 정도까지는 에멀젼폭약의 폭굉 속도와 파괴력을 증가시킬 것이다.

④ 고체 산화제염과 비교할 때 원료의 선정과 폭발성의 조정에 상당한 유연성을 제공한다

예를 들어 에멀젼폭약의 저장안정성과 저온사용성은 혼합산화제의 사용, 적절한 물함량의 선택, 결정형상조절제 및 부동제 등과 같은 일부의 기술적인 방법을 통해서 현저하게 개선된다.

⑤ 물은 보다 높은 열용량을 가지며 그래서 증발할 때 539cal/g의 잠열을 흡수한다

이것은 에멀젼폭약의 기계적인 감도(충격, 마찰에 대한 감도), 화염감도 등을 감소시키며 그래서 기계화되고 연속적인 생산공정, 에멀젼의 현장 제조와 기계화된 충전에 아주 유리한 조건을 제공해준다. 또한 화학적으로 불활성인 특성과 보다 큰 잠열 때문에 에멀젼폭약 내의 물은 보통 불활성제가 되며 가열되고 증발될 때 시스템의 폭발에 의해서 방출된 에너지의 일부를 소모한다. 이 때문에 물함량은 적당한 양으로 제한되지 않으면 안 된다.

16.4.2.2 산화제용액의 선정

산화제수용액을 선정할 때 고려해야할 사항들로는 다음과 같은 것들이 있다.

16.4.2.2.1 산화제 용액의 성분과 이들의 조합

에멀젼폭약에 필요한 산화제수용액은 기본적으로 물에 질산암모늄을 용해시킴으로써 만들어진다. 시장에서 구할 수 있는 모든 종류의 상용 또는 농업용 등급의 질산암모늄이 사용될 수 있다. 수송 및 저장 인프라만 잘 구축되면 80중량% 이상의 질산암모늄 수용액이 가장 단순하고 사용하기에 경제적이다. 고체 질산암모늄을 물에 용해할 때는 용해 시간을 짧게 하는 것

이 중요하므로 가급적 No.8 표준망체를 통과시킨 것을 사용하는 것이 좋다. 산화제 수용액을 형성하는 산화제는 주로 질산암모늄이지만 무기 또는 유기 산화제들이 추가되어 사용될 수 있다. 이들의 예로는 질산나트륨과 질산메틸아민 또는 이와 유사한 것들이 있으며 여러 가지 에멀젼폭약에서 질산암모늄과 함께 사용된다. 질산나트륨은 주어진 온도에서 질산암모늄과 같은 무기산화제염의 녹는 양을 증가시키고 퍼지포인트(Fudge point)를 떨어뜨리고 산소 공급량을 증가시키며 에멀젼폭약의 최종 밀도를 증가시킨다. 질산메틸아민은 결정화온도를 낮추고 예감제의 역할을 한다.

질산암모늄, 질산나트륨, 질산메틸아민과 함께 산화제 수용액을 만들 수 있는 기타 무기산화제염으로는 칼륨, 나트륨, 칼슘, 리튬, 마그네슘, 알루미늄, 바륨, 아연 등의 알칼리금속, 알칼리토류금속 및 전이금속의 질산염, 염소산염 및 과염소산염이 있으며 약25중량%까지 첨가될 수 있다.

때때로 유기 아마이드류 또는 하이드라진의 질산염이 에멀젼폭약의 감도를 향상시킬 목적으로 산화제수용액에 적절한 양으로 첨가된다. 이들의 전형적인 예로는 다음과 같은 것들이 있다.

○ 질산하이드라진
○ 모노메틸아민의 질산염, 아질산염, 염소산염 및 과염소산염/에틸렌디아민, 디메틸아민, 트리메틸아민, 에틸아민, 프로필아민의 2질산염과 2과염소산염/질산에탄올아민/질산구아니딘과 질산요소
○ 아닐린의 질산염, 염소산염 및 과염소산염과 같은 아닐린염/질산올쏘클로로벤자민/이질산페닐렌디아민

이 혼합물은 물에서 단독으로 만들어져 다른 산화제들과 블랜딩되거나 또는 하나 이상의 산화제 염이 존재하는 상태에서 만들어진다. 일반적으로 산화제수용액에 이 물질들을 첨가하는 것은 기술적인 프로세스 및 성능 측면에서 필요하고 코스트 측면에서 수용될 수 있다면 제한되지 않는다. 보통 이 물질들의 첨가될 수 있는 양은 총 에멀젼폭약에 대해서 5~25중량%이다.

또한 수용성 탄수화물 즉 마니토오스, 글루코오스, 사카로오스, 플럭토오스, 말토오스 및 당밀 등이 산화제수용액에 보조연료로 추가될 수 있다. 기타 이들과 유사한 수용성연료가 산화제수용액에 첨가될 수 있으나 첨가량은 전체 시스템의 산소평형에 의해서 소량으로 제한된다.

16.4.2.2.2 산화제수용액의 산소공급량과 퍼지포인트(Fudge point)

질산암모늄은 산업용폭약에 널리 사용되는 산화제로 가격이 저렴하고 효율적이다. 물에 용해도가 온도에 따라서 상당히 증가하기 때문에, 온도가 떨어짐에 따라 용해도가 떨어지고, 산화제수용액으로부터 결정화가 이루어진다. 이 결정화는 에멀전폭약의 안정성에 좋지 않은 영향을 준다. 이러한 이유로 결정화 온도를 낮추기 위해서 혼합 산화제들이 사용된다. 실제로 보조산화제를 첨가하면 산화제용액의 퍼지포인트(Fudge point)를 낮출 수 있고 산소공급량을 증가시킬 수 있다. 첨가하는 산화제의 조성 변경에 의한 산화제수용액의 퍼지포인트의 변화가 <표 16.22>에 나와 있고 여러 가지 산화제의 산소공급량이 <표 16.23>에 나와 있다.

<표 16.22>과 <표 16.23>로부터 각각 SN, SP 및 CN과 함께 AN에 의해서 만들어진 산화제수용액은 산소공급량의 증가와 퍼지포인트의 감소의 두 가지를 동시에 고려하고 있다는 것을 쉽게 볼 수 있다. 현재 AN과 SN의 혼합산화제가 주로 에멀젼폭약의 산화제수용액을 만드는데 사용된다. 보통 물과 SN의 함량이 증가할수록 퍼지포인트는 감소하지만 물의 함량이 증가하면 에너지가 감소하며 SN이 증가하면 기폭감도가 감소하지만 에너지를 증가시킬 수 있다. 퍼지포인트는 작업온도를 고려할 때 작업온도보다 보통 15℃ 이상 낮게 선정하는 것이 바람직한데 보통 무리없이 작업할 수 있는 최대온도가 95℃라고 보면 퍼지포인트는 80℃ 이하로 하는 것이 좋다. 그러나 분명한 것은 산화제의 퍼지포인트가 낮으면 낮을수록 에멀젼의 안정성에 좋다는 것을 명심해야 한다.

〈표 16.22〉 첨가되는 여러 가지 산화제염에 따른 수용액의 퍼지포인트

AN(%)	SN(%)	SP(%)	NaCl(%)	MMAN(%)	H_2O(%)	퍼지포인트(℃)
85	-	-	-	-	15	77
80	-	-	-	-	20	59
83	5	-	-	-	12	81
82	5	-	-	-	13	76
81	5	-	-	-	14	73
77	12	-	-	-	11	78
61.6	17.6	-	-	-	20.6	45
50	14.3	14.3	-	-	21.4	33
73.1	9.1	-	5.1	-	12.7	62
74.1	8.5	-	-	7.3	10.1	71

〈표 16.23〉 여러 가지 산화제의 산소공급량

산화제명	산소평형치(g/g)	산화제 ㎏당 산소공급량(g)
AN	+0.20	200
SN	+0.47	470
SP	+0.523	532
CN	+0.488	488
HN	+0.084	84
MMAN	-0.34	-340

16.4.2.2.3 물함량의 결정

물함량은 에멀젼폭약의 안정성, 밀도 및 폭발 특성에 상당한 영향이 있다. 물함량이 증가할수록 산화제의 퍼지포인트가 떨어지면서 안정성이 증가하지만 밀도, 폭발에너지 및 폭발감도가 감소한다. 보통 뇌관기폭성 에멀젼폭약에서는 물함량이 15%이하이지만 퍼지포인트를 최대 80℃를 유지하면서 물함량을 최소로 낮추면 에멀젼폭약의 폭발에너지를 최대화할 수 있다. 물함량이 10~13% 정도일 때가 여러 가지 측면을 고려할 때 최적이라고 여겨진다. 그리고 뇌관비기폭성 에멀젼폭약은 물함량을 보통 16~25%로 한다. 대부분 뇌관비기폭성 에멀젼폭약은 발파 사이트에서 화학적 발포제 또는 미소중공구체로 예감화시켜 발파공에 펌프로 충전한다. 그렇기 때문에 보통 40~50℃에서 펌핑이 가능한 약상을 만들기 위해서는 연료 및 유화제를 상온에서 액상인 제품들을 사용한다. 또한 중요한 것이 에멀젼폭약으로 예감화하기 전의 에멀젼은 기폭성이 없어야 한다. 그래야만이 ANFO와 같이 ANFO폭약이 되기 전 AN을 위험물로 취급하듯이 에멀젼을 위험물로 취급하여 보다 안전하고 경제적으로 발파에 사용할 수 있다.

〈표 16.24〉 대한민국 특허 100576180의 실시 예

구분		실시 예1	실시 예2	비교예1	비교예2	비교예3
조성 (중량%)	산화제	78.5	72.5	79.6	70.5	78.5
	수분	18	24	17	26	18
	왁스/오일	2	2	2	2	2
	유화제	1.5	1.5	1.5	1.5	1.5
계		100	100	100	100	100
에멀젼 평균입도(㎛)		5.15	10.77	6.88	8.23	2.41
에멀젼 점도(cps)		4~8만	1~3만	3~5만	2~4만	30~100만
예감화전 폭발성		x	x	○	x	○
예감화후 폭발성		○	○	○	x	○

상기의 후자와 같은 제품이 대한민국 특허 100576180(2002.07.27 출원)로 공개되고 있다.[17] 당해 특허의 비폭발성 에멀젼 조성물은 물함량이 에멀젼총중량에 대해서 18~24중량%이고 에멀젼의 평균입도가 5~15㎛로 제조, 운반, 저장시에는 비폭발성이지만 발파공에 충전하기 바로 전 화학적 발포제 또는 미소중공구체로 예감화하면 기폭성을 가지게 되는 제품이다. <표 16.24>는 이 특허의 실시 예이다.

16.4.2.3 산화제의 종류 및 특성

(1) 질산암모늄: 가스발생제, ANFO 편의 내용 참조

① 물리적 특성

순수한 질산암모늄은 백색의 결정이지만 미량의 철염을 포함하는 질산암모늄은 가끔 노르스름한 색을 띤다. 농업용 비료 등급의 고밀도 프릴질산암모늄과 ANFO 등에 사용하는 폭약 등급의 다공성 프릴질산암모늄이 있다. 어떤 종류의 질산암모늄이라도 에멀젼폭약의 산화제수용액을 만드는데 사용될 수 있으나 가장 경제적인 것은 80% 이상의 질산암모늄수용액이다.

질산암모늄은 액체 암모니아와 질산에 용해되며 아세톤, 메탄올 및 알코올에 쉽게 녹으며 물에는 아주 잘 녹는다. 물 용해도는 <표 16.25>과 같이 온도가 증가함에 따라 증가한다.

질산암모늄은 물에 녹을 때 열을 흡수한다. 예를 들어 물 10에 질산암모늄 6을 녹일 때 용액의 온도를 약 27도 떨어뜨린다. <표 16.26>은 여러 가지 농도의 질산암모늄 수용액에 용해되는 고체 질산암모늄의 몰 용해열을 나타낸다. <표 16.27>은 질산암모늄의 여러 온도에서의 비열이다. 질산암모늄은 요소, 질산나트륨, 질산칼슘, 질산구아니딘, 포름아마이드 및 마니톨 등과 함께 질산암모늄의 퍼지포인트를 상당히 떨어뜨리는 공융혼합물을 형성할 수 있다. 앞서 언급했듯이 질산암모늄과 함께 질산나트륨 또는 질산칼슘에 의해서 또는 요소의 첨가에 의해서 만들어진 혼합 산화제용액은 에멀젼시스템의 퍼지포인트를 떨어뜨리는 에멀젼폭약에 가끔 사용되어 에멀젼폭약의 안정성과 내한성을 개선시켜 준다.

〈표 16.25〉 온도 변화에 따른 질산암모늄의 물 용해도

온도	용해도(g)		온도	용해도(g)	
	100g 물	100g 용액		100g 물	100g 용액
0	120	54.5	60	411	80.4
10	150	60.0	70	501	83.4
20	187	65.2	80	618	86.1
30	233	70.0	90	772	88.5
40	280	73.7	100	994	90.9
50	339	77.2			

〈표 16.26〉 질산암모늄의 몰 용해열

질산암모늄용액의 농도(%)	용해열(J/mole)	
	결정형IV, 28℃	결정형III, 36℃
0	-24.66	-22.36
20	-19.31	-
34.8	-	-14.38
50.0	-13.92	-
56.8	-13.33	-
57.0	-	-11.95
65.6	-12.62	-
70.0	-	-10.62
70.6	-12.25	-10.58

〈표 16.27〉 온도에 따른 질산암모늄의 비열

온도(℃)	비열, C_p(kcal/kg · deg)
-22.31	0.383
1.91	0.393
29.83	0.420
41.06	0.361
100.00	0.428

② 화학적 특성

산화제인 질산암모늄은 환원제와 쉽게 반응을 하므로 종이, 옷, 펄프 및 마대자루 등과 함께 섞인 채로 장기간 쌓아두지 말아야 하며 특히 열원 가까이에 두면 자연 발화하므로 주의해야 한다. 질산암모늄은 강산과 약염기에 의해서 만들어진 염이므로 약산과 강염기에 의해서 만들어진 염과는 쉽게 반응한다. 그러므로 질산암모늄을 후자와 혼합하는 것은 가능한 피하는 것이 좋다. 또한 질산암모늄은 아질산염 또는/ 및 염소산염과 함께 쌓아두지 말아야 한다.

왜냐하면 이 물질과 치환반응을 일으켜 쉽게 폭발할 수 있는 아주 불안정한 아질산암모늄 또는 염소산암모늄을 만들기 때문이다. 그러나 이러한 특성이 에멀젼폭약에 사용되기도 한다. 즉 소량의 아질산나트륨이 에멀젼폭약에 사용되면 질산암모늄과 반응하여 에멀젼폭약을 예감화시키는 질소가스의 마이크로버블을 만든다. 만약 유리산을 제공하는 물질들과 혼합되면 질산암모늄은 빠른 속도로 분해되며 심지어는 자기연소에 이르기도 한다. 염기는 질산암모늄을 분해시켜 암모니아를 방출한다.

건상의 질산암모늄은 금속과 거의 반응하지 않으나 납, 니켈 및 아연과 반응하며 특히 수분을 함유하거나, 용융상태일 때는 카드늄, 구리와 심하게 반응한다. 질산암모늄과 이 금속들과의 상호작용은 질산암모늄의 폭발 가능성을 증대시키는 불안정한 아질산암모늄을 만든다. 이러한 이유로 질산암모늄은 이러한 물질과 접촉해서도 안되며 아연 도금된 용기에 장기간 저장해서도 안 된다. 질산암모늄은 알루미늄과 철 등의 물질과는 반응하기 어려우므로 구리 대신에 이러한 물질로 만든 장비나 도구가 에멀젼폭약의 제조 공정에 사용된다. 그리고 철물 사이의 상호 충격은 쉽게 스파크를 일으키므로 철 또는 철로 만든 장비와 접촉하는 도구는 알루미늄으로 만들어져야 한다.

③ 폭발 특성

질산암모늄은 상당히 많이 사용되는 산화제이다. 또한 아주 둔감한 폭발성을 갖고 있는 물질이다. 질산암모늄은 1658년에 합성되었지만 1921년 독일과 1947년 미국에서 대형 폭발사고가 일어나기 전까지는 그 폭발성이 인식되지 않고 있었다. 오늘날 질산암모늄은 산업용폭약의 가장 중요한 원료의 하나가 되고 있다.

정제된 질산암모늄은 화염에 쉽게 점화되지 않는다. 가열할 때 질산암모늄은 분해가 되기 시작하며 높은 온도에서는 분해속도가 빨라진다.

정제된 질산암모늄은 여러 가지 기폭에너지에 둔감하다. 예를 들어 20㎏의 햄머를 1m의 높이에서 떨어뜨렸을 때 폭발하지 않으며 353.04N까지의 충격에서도 반응이 일어나지 않는다. 그러므로 철로 만든 도구나 톱니분쇄기와 같은 장비를 사용하여 결정상태의 질산암모늄을 분쇄할 수 있다. 또 다른 예로는 내경 12.5mm, 벽두께 2mm, 길이 50mm의 철관에 충전된 분쇄된 질산암모늄을 기폭시키는데 1.0～1.4g의 기폭약(뇌홍과 염소산칼륨의 혼합물)이 필요하다. 강하게 기폭을 시키는 경우에는 질산암모늄은 완전하게 폭발하여 폭발열 593kcal/㎏ [(H_2O(l)], 폭발가스량 980 l /㎏ 및 10g의 연주시험에서 180㎖를 발생시킨다. 0.8～0.9g/㎤의 가비중을 갖는 질산암모늄은 2,000~2,700m/sec의 폭발속도를 가진다. 질산암모늄의 폭발성은 입자 크기, 밀도, 수분, 기폭에너지 및 밀폐 조건과 같은 요인들에 따라 변한다.

또한 정제된 건상의 질산암모늄은 상온에서 매우 느리게 분해하지만 일부 불순물이 들어가면 좀 더 빠른 속도로 분해할 것이며 심지어는 자기연소 또는 폭발에 이르기도 한다는 것을 유념해야 한다. 질산암모늄의 분해속도를 증가시킬 수 있는 물질로는 크롬산염, 과망간산염, 황화물, 염화물과 같은 무기물과 파라핀, 아스팔트, 타르, 지방 및 나프텐의 탄화수소, 석탄 분말 그리고 목분과 같은 유기물이 있다. 이 물질들은 질산암모늄의 분해 및 자기연소 온도를 떨어뜨리고, 화학적 반응성을 증가시킨다. <표 16.28>의 데이터는 순수한 질산암모늄과 비교할 때, 석탄분말 또는 목분과 혼합된 질산암모늄이 더 낮은 분해온도와 더 짧은 분해 시간을 보여줄 뿐만이 아니라 자기연소를 일으킨다는 것을 보여준다. 이러한 이유로 질산암모늄을 사용할 때는 이러한 것에 상당한 주의를 기울여야 한다.

〈표 16.28〉 질산암모늄의 분해에 대한 목분과 석탄 분말의 영향

시료	중량 (g)	분해온도 (℃)	완전분해시간 (min)	자기연소에 필요한 최소온도(℃)
정제된 AN	100	160	23	자기연소 안됨
AN과목분(10:1)	100	80	10.5	85
AN과 석탄분말(10:1)	100	140	15	160

④ 품질 기준

질산암모늄은 다음과 같이 암모니아를 질산과의 중화반응에 의해 만들어진다.

$$NH_3 + HNO_3 \longrightarrow NH_4NO_3 + Q$$

질산암모늄의 제조공정은 여러 가지 설계 타입에 따라서 다르다. 예를 들어 결정 질산암모늄의 생산 공정은 중화, 증발, 결정화 및 포장공정이 포함되며 프릴 질산암모늄은 중화, 증발, 입자화 및 포장공정이 포함된다. 결정 질산암모늄의 생산 방법으로는 작은 작업 공간과 간단한 제조 장치로 높은 생산 효율로 생산할 수 있는 방법으로 진공 하에서 끓여 입자화시켜 생산하는 방법이 있다. 프릴질산암모늄은 수 십 미터의 타워를 이용해서 생산된다. 약 95% 이상의 농도로 농축을 시킨 다음에 타워의 상부에서 스프레이시키면 질산암모늄 액적이 하강하면서 냉각 및 건조되어 프릴 질산암모늄이 형성된다. 이 프릴질산암모늄은 내부 수분이 증발되면서 미세한 기공이 만들어지면서 ANFO 폭약을 만들 때 핫스포트의 역할을 한다. 타워가 높으

면 높을수록 보다 낮은 농도의 질산암모늄 용액을 입자화할 수 있으며 또한 많은 수분이 빠져나가면서 미세한 기공들이 더 많이 생기며 이로 인해서 ANFO의 폭발감도와 폭발속도는 더 증가된다. <표 16.29>는 Rudolf Meyer의 Explosives에 소개된 질산암모늄의 규격이다.

〈표 16.29〉 질산암모늄의 규격[2]

항 목	기 준	항 목	기 준
순함량	98.5%↑	pH value	5.9±0.2
잔사(모래가 아님)	0.3%↓	에테르 용해분	0.05%↓
염화물(NH_4Cl로서)	0.02%↓	물불용분	0.01%↓
아질산염	없음	산도(HNO_3로서)	0.02%↓
수분	0.15%↓	〈프릴에 대한 규격〉	
Ca,Fe,Mg	미량	붕산	0.14±0.03%
반응	중성	입자의 밀도	1.5g/㎤↑
아벨테스트(82.2℃에서)	30분↑	가비중	0.8g/㎤↑

(2) 질산나트륨

질산암모늄은 온도에 따라 물 용해도가 급격히 증가하므로 보통 용해도를 증가시키고 산화제수용액의 퍼지포인트를 낮추기 위해서 혼합 산화제를 사용한다. 질산나트륨은 에멀젼폭약에서 질산암모늄과 함께 혼합 산화제를 만들기에 가장 적합한 산화제이다. 혼합산화제에서 질산나트륨과 질산암모늄과의 적정비율은 물의 양과 퍼지포인트에 의해서 결정된다. 보통 퍼지포인트가 80℃ 이하로 되는 비율을 찾으면 되는데 그 예가 <표 16.22>에 나와 있다.

〈표 16.30〉 질산나트륨의 물리화학적 특성치

CAS 번호	7631-99-4	분자량(g/mole)	84.9947
분자식	$NaNO_3$	ΔH_f(kcal/mol)	-111.76
분자 구조	$^{-}O-N^{+}(=O)-O^{-}\ Na^{+}$	밀도(g/㎤)	2.265
		융점(℃)	317
		비점(℃)	380(분해)
		외관/냄새	백색 분말 또는 무색의 결정

산소평형치는 +0.471g/g으로, 산소공급량은 질산암모늄의 2.35배이며 에멀젼폭약의 밀도를 높여준다. 질산나트륨은 무색 투명하거나 또는 노란기가 있는 백색이며 사방정계의 결정체이다. 물과 액체 암모니아에 잘 녹으며 글리세린과 알코올에는 적게 녹는다. 흡습성이 크다. 소량의 염화나트륨 불순물이 들어있으면 질산나트륨은 상당히 증가된 조해성을 갖는다.

380℃에서 질산나트륨은 분해하기 시작한다. 400~600℃의 범위에서 질소와 산소가 방출된다. 700℃로 가열하면 산화질소가 방출된다. 775~865℃의 범위에서 소량의 이산화질소와 산화질소가 생성된다. 분해 후 마지막 남는 물질은 산화나트륨이다. 유기물과 유황과 같은 환원성물질과 혼합되면, 질산나트륨의 분해는 가속화될 것이며 연소 또는 폭발에 이르기도 한다.

<표 16.31>은 Rudolf Meyer의 "Explosives"에 소개된 질산나트륨의 규격이며 질산나트륨 수용액의 농도별 비중, 질산나트륨의 물용해도 및 질산나트륨 수용액의 점도가 각각 <표 16.32>, <표 16.33>, <표 16.34>에 나와 있다.

또한 만약에 질산나트륨과 유황가루가 동시에 사용되면 폭약의 폭발 감도는 개선될 것이다라는 것을 유념해야 한다. 이것은 질산나트륨과 유황가루의 반응생성물이 황산나트륨 또는 아황산나트륨, 산화질소 및 산소 등을 함유하기 때문이며 이들은 폭굉파의 전달에 필요한 에너지를 제공한다. 질산나트륨과 유황가루의 최적 비율은 5~7: 1이다.

〈표 16.31〉 질산나트륨의 규격[2]

항 목	규 격	항 목	규 격
순도	〉98.5%	NaCl	〈0.2%
수분	〈0.2%	Na2SO4	〈0.2%
물불용분	〈0.05%	Reaction	중성
NH_4-,Fe-,Al-,Ca-,Mg- 및 K- 염	없음	80℃ 아벨테스트	〉30분

〈표 16.32〉 질산나트륨 수용액의 비중

농도 (중량%)	온도, ℃					
	0	20	40	60	80	100
1	1.0071	1.0049	0.9986	0.9894	0.9779	0.9644
2	1.0144	1.0117	1.0050	0.9956	0.9849	0.9704
4	1.0290	1.0254	1.0180	1.0082	0.9964	0.9826
8	1.0587	1.0532	1.0447	1.0340	1.0218	1.0078
12	1.0891	1.0819	1.0724	1.0609	1.0481	1.0340
16	1.1203	1.1118	1.1013	1.0892	1.0757	1.0614
20	1.1526	1.1429	1.1314	1.1187	1.1048	1.0901
24	1.1860	1.1752	1.1629	1.1496	1.1351	1.1200
28	1.2204	1.2085	1.1955	1.1816	1.1667	1.1513
30	1.2380	1.2256	1.2122	1.1980	1.183	1.1674
35	1.2843	1.2701	1.2560	1.2413	1.2258	1.2100
40	1.3316	1.3715	1.3027	1.2875	1.2715	1.2555
45	-	1.3683	1.3528	1.3371	1.3206	1.3044

〈표 16.33〉 질산나트륨의 물 용해도

온도	0	10	20	30	40	50	60	80	100
용해도, g/100g water	73	80	88	96	104	114	124	148	180

〈표 16.34〉 질산나트륨 수용액의 점도(20℃)

농도, mol/ l	1.0	0.5	0.25	0.125
점도, η, ㎟/s	1.0200	1.0583	1.0334	1.0226

(3) 질산칼슘

〈표 16.35〉 질산칼슘의 물리화학적 특성

CAS 번호	10124-37-5(무수물) 13477-34-4(4수화물)	분자량(g/mole)	164.088(무수물) 236.15(4수화물)
분자식	$Ca(NO_3)_2$	ΔH_f(kcal/mol)	-224.25
분자 구조	$[{}^{-}O-N^{+}(=O)-O^{-}]_2\,[Ca^{2+}]$	밀도(g/㎤)	2.504(무수물) 1.896(4수화물)
		융점(℃)	561(무수물) 42.7(4수화물)
		비점(℃)	분해(무수물) 132(4수화물)
		외관/냄새	흡습성의 무색 결정체

질산칼슘은 에멀젼폭약의 우수한 보조산화제이다. 산화제용액의 퍼지포인트를 낮출 뿐만 아니라 유화를 촉진시키기도 한다. 그래서 에멀젼의 품질을 향상시킨다.

질산칼슘은 4개의 결정수를 갖는 형태로 존재한다.[$Ca(NO_3)_2 \cdot 4H_2O$] 물, 카비놀알코올, 아밀알코올, 프로파논, 메텔아세테이트 및 액체 암모니아에 잘 녹으며 대기 중에서 흡습성이 아주 크다. 495~500℃의 범위로 가열했을 때 질산칼슘은 산소를 방출하면서 아질산칼슘으로 변환된다. 계속해서 가열하면, 산화질소와 산화칼슘이 생성된다.

질산칼슘(4수화물)의 규격은 <표 16.36>과 같으며 물 용해도는 [그림 16.3]과 같다.

〈표 16.36〉 질산칼슘의 규격[18]

항 목	기준		
외관	백색 결정	pH	4.0~7.5(5% 용액)
질산칼슘[$Ca(NO_3)_2 \cdot 4H_2O$로서]	99% 이상	Fe	10 ppm 이하
$Ca(NO_3)_2$	68.0~71.0%	중금속	20 ppm 이하
Ca	16.5% 이상	NH3	0.003% 이하
물 불용분	0.01% 이하	HNO3	0.006% 이하

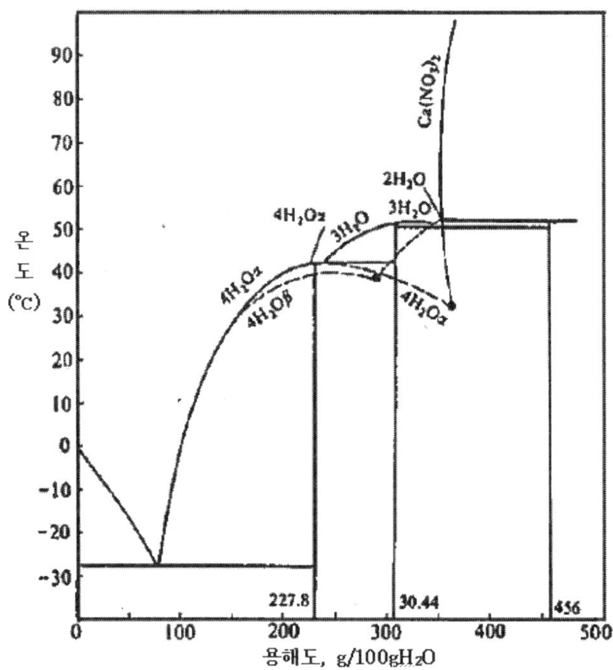

[그림 16.3] 질산칼슘의 물 용해도

(4) 과염소산나트륨[19]

과염소산나트륨은 산소평형치가 +0.523g/g로 산화제 중에서는 비교적 산소를 많이 함유한다. 무수물은 무색 또는 백색의 흡습성이 없는 각기둥 모양의 결정체이며 308℃에서 각기둥 모양의 결정이 등축 모양으로 변한다. 물과 알코올에 쉽게 용해되나 에테르에는 녹지 않는다. 과염소산나트륨과 유기물이나 가연물의 혼합물이 충격을 받았을 때 또는 과염소산나트륨이 농황산과 접촉되었을 때 폭발이 일어날 수 있다. 1수화물은 무색의 6방정계 결정체이며 흡습성이 있다. 무수물이 1수화물로 이동하는 온도는 52.75℃이다. 물용해도, 용액의 점도(25℃), 용액의 밀도는 각각 <표 16.38>, <표 16.39>, <표 16.40> 같고 규격은 <표 16.41>과 같다.

과염소산나트륨은 강산화제이면서 예감제이다. 에멀젼폭약의 폭발 감도, 성능 및 저장안정성을 개선하는데 상당한 이점이 있다. 그러나 안전성과 코스트 때문에 특정 제품 외에는 일반적으로 에멀젼폭약에 사용하지 않는다.

〈표 16.37〉 과염소산나트륨의 물리화학적 특성

CAS 번호	7601-89-0	분자량(g/mole)	122.44
분자식	$NaClO_4$	ΔH_f(kcal/mol)	-91.479
분자 구조	$O=\overset{O}{\underset{O}{Cl}}-O^-\ Na^+$	밀도(g/㎤)	2.4994(무수물) 2.02(1수화물)
		융점(℃)	468 분해(무수물) 130(1수화물)
		비점(℃)	482 분해(1수화물)
		외관/냄새	백색 결정 고체

〈표 16.38〉 과염소산나트륨의 물 용해도

온도(℃)	용해도(중량%)	온도(℃)	용해도(중량%)
-3.0	10	15	65.51
-6.8	20	30	68.71
-11.1	30	40	70.88
-17.8	40	50	73.16
-22.0	45	50.8	73.3
-32.0	56	60	74.3
0	62.64	75	75.0

〈표 16.39〉 과염소산나트륨 용액의 점도

NaClO4, mol/ℓ	점도, ㎟/s		
0.0008987	8.905	1.0008	9.339
0.01000	8.911	1.9975	10.240
0.1000	8.937		

<표 16.40> 과염소산나트륨 용액의 밀도

용해도(중량%)	온도(℃)	비 중
62.87	0	-
65.63	15	1.663
67.82	25	1.683
70.38	38	1.713
73.26	50	1.749
73.94	55	1.756
75.01	75	1.757
76.75	100	1.758
79.03	143	1.759

<표 16.41> 과염소산나트륨의 규격(출처: www.chemicalland21.com)

항 목	기준	항 목	기준
외관	백색 결정 고체	Fe	0.005% 이하
순도	98.0% 이상	물불용분	0.15% 이하
염소	0.05% 이하	염소산염	0.15% 이하

(5) 기타 산화제

기타 에멀젼폭약의 산화제로 사용할 수 있는 것들로는 질산칼륨, 과염소산암모늄, 과염소산칼륨, 염소산칼륨, 중크롬산칼륨 등이 있으며 이들의 물리화학적 특성을 NH_4NO_3, $NaNO_3$, $Ca(NO_3)_2$, $NaClO_4$와 함께 정리해 보면 <표 16.42>와 같다.

<표 16.42> 에멀젼폭약용 산화제들의 물리화학적 특성

산화제명	분자량	산소평형치 (g/g)	ΔH_f (kcal/mol)	밀도 (g/㎤)	융점 (℃)	비점 (℃)
NH_4NO_3	80.04	+0.20	-87.40	1.725	169.6	210(분해)
$NaNO_3$	85.00	+0.471	-111.76	2.265	317	380(분해)
KNO_3	101.10	+0.396	-118.21	2.109	334	400(분해)
$Ca(NO_3)_2$	154	+0.488	-224.25	2.504	561	분해
$NaClO_4$	122.5	+0.523	-91.48	2.4994	468(분해)	482(분해)
NH_4ClO_4	117.5	+0.340	-70.70	1.95	용융전 분해	-
$KClO_4$	138.5	+0.462	-102.8	2.5239	610(400 분해)	-
$KClO_3$	122.55	+0.392	-93.55	2.32	400(분해)	-
$K_2Cr_2O_7$	430.35	+0.082	-485.90	2.676	398	500(분해)

16.4.3 밀도 조절제

에멀젼폭약의 밀도조절제는 미세한 가스상의 마이크로버블들이다. 기계적 또는 화학적인 방법에 의해 미세한 공기 또는 가스를 에멀전 내에 균일하게 분포시키거나 유리, 플라스틱, 세라믹 및 펄라이트 같은 미소중공구체를 에멀전과 혼합하여 분포시키는 크게 두 가지의 방법이 있으며 다음과 같은 두 가지의 중요한 역할을 한다.

① 에멀젼폭약의 밀도와 에너지를 조정할 수 있다

다시 말해서 마이크로버블의 양을 조정함으로써 원하는 범위로 조절할 수 있다. 예를 들어 소구경의 뇌관기폭성 에멀젼폭약의 밀도는 밀도 조절제에 의해서 보통 1.05～1.25g/㎤로 제한된다. 폭발 감도에 있어서는 에멀젼폭약의 밀도가 낮을수록 감도는 좋아진다. 그러나 발파작업에 사용하는 측면에서 보면 밀도의 감소는 단위 부피당 폭약의 에너지를 감소시켜 발파효과 측면에서는 바람직하지 않다. 이러한 이유로 에멀젼폭약의 밀도는 적당한 범위로 제한되어야 한다.

② 주입된 마이크로버블은 핫스포트 이론에 따라 폭발 감도를 현저하게 개선시킨다.

고르게 분산된 마이크로버블은 기계적인 외부의 폭발 충격 에너지의 작용에 의해서 단열적으로 압축되기 때문에 기계적인 에너지가 점차적으로 열에너지로 변환되고 그리고 10^{-3}～10^{-5}초의 아주 짧은 시간 내에 400～600℃로 증가할 때 마이크로버블은 연속적인 가열로 인하여 일련의 핫스포트들을 형성하고 에멀젼폭약을 활성화시킨다.

에멀젼폭약 기술자들의 연구에 의하면 에멀젼폭약에 주입되는 마이크로버블은 가능한 부피가 작고 아주 균일하게 분포되고 그리고 뭉침 또는 탈출을 막기 위해 안정성이 있어야 한다고 한다. 그래야 저장 중에도 폭약의 감도가 항상 높게 유지될 수 있다고 한다.

현미경적으로 관찰했을 때 화학적 기포제의 분해 또는 기계적으로 주입된 가스에 의해서 만들어진 예감제 마이크로버블은 미세한 구조를 보이며 보통 그들의 직경은 0.5～100㎛ 범위이고 대부분은 5～50㎛의 범위에 있다. 그래서 1㎤의 폭약 부피에 유효 버블 수는 10^4～10^7으로 추정된다.

일반적으로 기계적으로 주입된 가스 화학적 발포제에 의한 가스 및 미소중공구체가 현재 일반적인 밀도 조절제로 사용되는 것들이다. 유리미소중공구체는 에멀젼폭약에 첨가하는 방법이 단순하고 품질이 안정되어 있으나 비싸고 공급원이 제한되어 있다. 팽창펄라이트는 공급원이 광범위하고 유리미소중공구체보다는 가격이 많이 저렴하다. 만약 팽창펄라이트가 입자크기, 강도 및 내오일성이 좋다면 에멀젼의 폭발특성을 보다 안정하게 만들어 줄 것이다. 비슷한 조성으로 했을 때 펄라이트로 만든 에멀젼폭약의 폭발속도와 파괴력과 같은 폭발 성능은 유리미소중공구체로 만든 폭약보다 일반적으로 낮다. 화학적 기포제는 보다 적은 양이 들어가고 코스트가 낮고, 감도 효과가 우수하고, 폭약 성능에서 보다 높으나, 마이크로버블이 뭉치거나 빠져나가는 경향이 있다. 일반적으로 화학적 기포제는 저장 중에 빠르게 감소한다. 화학적 기포제를 사용한 에멀젼폭약의 저장 안정성을 위해서는 연속상의 점도를 가능한 높이고 가능한 버블을 미세하게 분산시키는 방법이 강구되어야 할 것이다.

16.4.3.1 기계적으로 내포된 가스

보통 기계적으로 내포된 가스는 폭약제조과정에서 기계적인 교반 및 기타 방법에 의해서 에멀젼폭약에 골고루 분산 유지되는 공기, 질소, 이산화탄소, 일산화질소 및 가스 상의 탄화수소 등의 마이크로버블이다.

보통 모든 에멀젼 매트릭스는 특정의 가스 내포 온도를 갖는다. 예를 들어 오일상 물질로 보통의 디젤유와 파라핀(1:3의 비율로)을 사용해서 만든 에멀젼시스템은 약43℃의 가스 내포 온도를 갖는다. 이 온도에서 에멀젼시스템은 냉각과 교반할 때 가스를 에멀젼 안에 내포시키는 능력을 보여 주지만 이 온도 이상에서는 에멀젼시스템은 가스가 많이 내포되지 않는다. 그러므로 가스를 내포시키는 온도는 에멀젼 매트릭스의 밀도의 급격한 감소에 의해서 입증되듯이 가스 또는 공기가 에멀젼시스템 내에 갇히게 되는 온도 아래로 되어야 한다. 반대로 그 이상의 온도에서는 내포된 가스의 에멀젼시스템이 교반되면서 에멀젼의 새로운 표면이 대기로 노출될 때 가열 중에 있는 에멀젼시스템은 대기 중으로 내포된 공기를 잃어버릴 것이다. 그래서 공기가 빠져 나가면 에멀젼폭약의 밀도는 급격히 증가할 것이다.

에멀젼폭약의 최종 상태는 오일상 물질의 약상(점도)와 관련이 있으므로 선정된 오일상 물질의 점도가 내포된 가스 성분을 유지하기 위해서는 매우 중요하다. 만약 대기 저장 및 사용 조건에서 점도가 너무 낮으면 내포된 가스는 뭉치거나 폭약으로부터 빠져나가는 경향을 가지게 되며 이것은 폭약 제품의 폭발성에 바람직하지 않은 영향을 줄 것이다.

에멀젼폭약에 내포 가스를 주입하는 데에는 여러 가지 변수들이 존재한다. 가장 일반적인 방법은 개방된 용기 내에서 에멀젼시스템을 단순히 혼합하는 것이다. 그러나 예민한 버블들은 가스 인젝터를 이용해서 주입이 되거나 오리피스를 통과시키는 여러 가지 다른 기계적인 수단에 의해서 주입이 된다. 예를 들어 가스 주입 혼합기로 대기 중의 공기를 주입하면서 충분히 블랜딩을 하면 버블이 에멀젼에 잘 주입될 수 있다.

에멀젼폭약에서 내포가스의 양은 사용 목적에 따라 다르다. 보통 내포가스는 1 bar의 압력 하에서 총 에멀젼의 부피에 대해서 약 13～33%이다. 예를 들어 에멀젼폭약은 1 bar의 압력 하에서 약 13.9부피%의 내포가스를 함유할 때 약 1.18g/㎤의 밀도를 갖고 15.3～19.7부피%의 내포가스를 함유할 때 약 1.10～1.16g/㎤의 밀도를 갖는다.

16.4.3.2 화학적 발포제

화학적 발포제는 화학 반응을 일으켜 가스를 발생시킬 수 있는 물질이며 많은 마이크로버블을 만들어 폭약 전체에 골고루 분산된다. 일반적으로 에멀젼폭약의 화학적 발포제로 사용될 수 있는 것들은 적합한 분해 온도와 보다 많은 가스 발생량 그리고 쉽게 골고루 분산될 수 있는 물질이면 모두 가능하다. 화학적 발포제는 <표 16.43>과 같이 무기와 유기의 두 그룹으로 분류될 수 있다.

현재 에멀젼폭약에 광범위하게 사용되는 화학적 발포제는 무기물질들이며 대표적인 두 가지 물질의 주요 특성에 대해서 알아보기로 한다.

〈표 16.43〉 화학적 발포제

구 분	물 질
무기발포제	- 아질산나트륨과 아질산칼륨과 같은 아질산염 - 탄산수소나트륨(중조)와 탄산암모늄과 같은 탄산염 - 염화암모늄
유기발포제	- 아조아미조벤젠(Azoaminobenzene), 조디카본아마이드(Azodicarbonamide) 및 아조-이소부티릭디나이트라이트(Azo-isobutyric dinitrite)와 같은 아조화합물 - 하이드라진하이드레이트(Hydrazine hydrate), 벤젠설포닐하이드라진 (Benzensulfonyl hydrazine) 그리고 파라-톨릴설포닐하이드라진 (Para-tolylsulfonyl hydrazine)과 같은 하이드라진 화합물

(1) 아질산나트륨[32]

〈표 16.44〉 아질산나트륨의 물리화학적 특징

CAS 번호	7632-00-0	분자량(g/mole)	68.9953
분자식	$NaNO_2$	ΔH_f(kcal/mol)	-85.80
분자 구조	$[O=N-O]^{-}\ Na^{+}$	밀도(g/㎤)	2.168
		융점(℃)	271
		비점(℃)	-
		외관/냄새	백색 또는 밝은 황색의 고체

분해온도가 320℃, 용해열이 -14,708kJ/mole(1mole의 $NaNO_2$가 250moles의 물에 용해될 때)이다. 사방정계 결정이며 물과 암모니아에 쉽게 녹고 카비놀, 알코올 및 에테르에는 조금 녹는다. 아질산나트륨 수용액은 알칼리를 나타낸다(pH=9)

대기 온도에서 아질산나트륨은 공기에 노출되면 매우 느린 속도로 산화된다. 320℃ 이상의 온도로 가열되었을 때 분해되어 질소, 산소 및 일산화질소를 방출하고 산화나트륨이 남는다. 아질산나트륨은 흡습성이 매우 강하다. 아질산나트륨 결정은 160~162℃의 전이온도를 가지며 이 온도에서 팽창성, 전도성, 비열 및 압전성(Piezoelectricity)와 같은 물리적 특성의 변화가 생긴다.

아질산나트륨이 유기물과 접촉하면 쉽게 연소 및 폭발을 일으킨다. 그래서 저장 및 사용 중에는 주의를 기울이지 않으면 안 된다. 그 외에도 독성이 있어 사람의 치사량은 2g이다. 사람의 피부에 닿을 수 있는 아질산나트륨의 한계 농도는 1.5%이며 그 이상에서는 피부 염증과 반점이 생긴다.

아질산나트륨의 온도에 따른 용해도, 수용액의 밀도 및 품질기준은 각각 <표 16.45>, <표 16.46>, <표 16.47>과 같다.

〈표 16.45〉 $NaNO_2$의 용해도

온도℃	0	10	20	30	40	50	80	100
용해도 g/100g water	72.1	78.0	84.5	91.6	98.4	104.1	132.6	163.2

〈표 16.46〉 $NaNO_2$ 수용액의 밀도(20℃)

중량%	1	2	4	6	8	10	12	14	16	18	20
밀도	1.0058	1.0125	1.0260	1.0397	1.0535	1.0675	1.0816	1.0959	1.1103	1.1248	1.1394

〈표 16.47〉 아질산나트륨 품질 기준

구 분	$NaNO_2$ % (건상 기준)	$NaNO_3$ % (건상 기준)	H_2O %	물불용분 %	외관
1등급	〉99.0	〈0.9	〈2.0	〈0.05	연한 황색 또는 백색 결정
2등급	〉99.0	〈1.9	〈2.5	〈0.10	

아질산나트륨이 질산암모늄과 만나면 아질산암모늄을 만드는데 이 물질은 불안정하여 쉽게 분해한다. 즉 다음과 같은 반응식으로 분해한다.

$$NH_4NO_3 + NaNO_2 \rightarrow NH_4NO_2 + NaNO_3$$

$$NH_4NO_2 \rightarrow N_2 + 2H_2O$$

위의 반응은 예감제 버블들을 에멀젼폭약 내에 주입시키는데 사용된다. 이 마이크로버블들은 에멀젼 내에 고루 분산되며 주로 N_2이다.

실제로 아질산나트륨이 발포제로 사용될 때 티오시아네이트 라디칼을 갖는 화합물을 첨가하면 마이크로버블의 생성을 촉진시킬 수 있다. 또한 아민화합물에 동시에 첨가하면 그러한 촉진현상이 더욱더 증가시킬 수 있다. 사용되는 양은 전자가 폭약 중량의 0.05~0.1중량%이며 후자가 0.01% 이상이다. <표 16.48>은 티오시안산나트륨의 효과, <표 16.49>는 아민화합물의 효과를 나타낸 것이다.

〈표 16.48〉 티오시안산나트륨 첨가에 의한 폭약 밀도의 변화 속도

경과시간(분)	폭약 밀도(g/㎤)	
	0.2%의 NaSCN의 첨가(38℃)	NaSCN의 미첨가(38℃)
0	1.37	1.38
1	1.12	-
2	1.05	-
3	1.02	-
5	-	1.32
10	0.95	1.21
15	-	1.16

〈표 16.49〉 아미노화합물에 의한 티오시아안산나트륨의 촉진 효과의 증가

No	촉진제 조성	몰비	가스 방출 반감기
1	촉진제 없음	-	60
2	$NaSCN/NaNO_2$	2/1	14
3	Ethanolamine nitrate/$NaSCN/NaNO_2$	2/2/1	11
4	Acrylamide/$NaSCN/NaNO_2$	2/2/1	13
5	Urea/$NaSCN/NaNO_2$	2/2/1	13.5

반응의 결과로 나오는 아민나이트라이트(Amine nitrite)는 바로 분해되어 질소, 물 및 R^+가 형성된다. 그래서 극도로 좋지 않은 조건에서도(예를 들어 아주 낮은 온도 또는 아주 높은 pH값) 아질산나트륨은 요구되는 밀도를 맞추기 위해 빠르게 지속적으로 적절한 양의 가스를 공급할 수 있다. <표 16.48>의 비교 데이터를 보면 티오시안산나트륨(Sodium thiocyanate)는 아질산나트륨의 분해를 촉진한다는 것을 확실하게 알 수 있다. 또한 <표 16.49>의 데이터로부터 아미노화합물은 티오시안산나트륨의 촉진을 증가시킨다는 것을 알 수 있다.

W/O 에멀젼폭약의 물리적 구조에서 산화제염은 질산암모늄과 아질산나트륨 간의 직접적인 접촉이 되지 않도록 오일상의 막으로 보호되는데 이것은 아질산암모늄의 형성과 분해에 바람직하지 않으며 마이크로버블의 생성속도에 영향을 준다. 이러한 결함에 대응하기 위해서 마이크로버블의 형성을 촉진하고 균일하게 분포되도록 적절한 양의 요소와 질산암모늄(또는 티오시안산암모늄)이 보통 발포제를 제조할 때 추가된다.

(2) 중조(Sodium bicarbonate)

〈표 16.50〉 중조의 물리화학적 특성

CAS 번호	144-55-8	분자량(g/mole)	84.0066
분자식	$NaHCO3$	ΔH_f(kcal/mol)	-226.51
분자 구조	Na^{+} $^{-}O-C(=O)-OH$	밀도(g/㎤)	2.20
		융점(℃)	50℃에서 분해 시작
		비점(℃)	-
		외관/냄새	냄새가 없는 백색의 결정체

불투명한 단사정계 미세 결정의 백색 분말이다. 염분이 함유되어 있어 물에는 쉽게 녹지만 알코올에는 녹지 않는다. 가열할 때 쉽게 분해된다. 65℃ 이상의 온도에서 빠르게 분해된다. 270℃에서 이산화탄소를 완전히 잃는다. 건조한 공기 중에서는 반응하지 않으나 습한 공기 중에서는 서서히 분해된다. 중조수용액은 가수분해 작용 때문에 약알칼리를 나타낸다. 산과 만났을 때 분해하여 이산화탄소를 생성하며 이것은 폭약 내에 고루 분산된 마이크로버블을 형성하여 폭약을 예감화시킨다. 일반적으로 중조와 아세트산이 동일한 양으로 동시에 에멀젼폭약에 첨가된다. 발포제인 중조의 사용량이 증가하면 예감제인 버블의 수가 증가하며 폭약의 밀도는 선형적으로 떨어지며 그리고 마이크로버블의 형성속도는 온도에 의해 거의 제한되지 않는다. 중조는 용해열이 4.33kcal/mol(18℃에서 223mole 물에)이며 물에 대한 용해도와 수용액의 밀도는 각각 <표 16.51>과 <표 16.52>와 같으며 품질 기준은 <표 16.53>과 같다.

〈표 16.51〉 중조의 물용해도

온도(℃)	$NaHCO_3$, g/100g		온도(℃)	$NaHCO_3$, g/100g	
	water	solution		water	solution
0	6.9	6.5	30	11.1	10
10	8.15	7.5	40	12.7	11.3
20	9.6	8.8	50	14.45	12.6
25	10.35	9.4	60	16.4	13.8

〈표 16.52〉 중조 수용액의 밀도

농도%	1	2	3	4	5	6	7	8
밀도	1.0059	1.0132	1.0206	1.028	1.0354	1.0429	1.0505	1.0581

〈표 16.53〉 중조의 품질 기준

품질 항목	KS 규격	식품첨가물 및 대한 약전
함량(%)	99 이상	99 이상
물불용해분(%)	0.01 이하	0
NaCl(%)	0.02 이하	Cl: 0.02 이하(0.04 이하)
Na_2SO_4(%)	0.04 이하	-
Fe_2O_3(%)	0.001 이하	-
탄산염(%)	-	2.12 이하
암모늄염(냄새시험)	-	한도내
비소(As_2O_3 ppm)	-	2.85 이하(2 이하)
중금속(Pb, ppm)	-	10 이하(5 이하)
불소(F, ppm)	-	-
Na(%)	-	-
pH(15℃)	-	7.9~8.4

16.4.3.3 기포보지제

일반적으로 에멀젼폭약에 첨가되는 기포보지제는 유리 또는 플라스틱의 미소중공구체 또는 팽창 펄라이트이다. 에멀젼폭약에서는 이러한 입자들은 보다 낮은 비중, 적절한 크기 및 우수한 내오일성을 가져야 한다. 가스를 기계적으로 내포시키거나 또는 화학적으로 발포시키는 방법과 비교할 때 이 방법으로 예감화된 에멀젼폭약은 엄청난 외부 충격에 견딜 수 있으며 둔감화되지 않는다. 그러므로 유리 또는 플라스틱 미소중공구체와 팽창 펄라이트는 아주 효과적인 밀도 조절제들이다.

(1) 유리미소중공구체(Glass Microballoon = GMB)

유리미소중공구체는 비중이 낮고 우수한 구형성 및 우수한 화학적 특성을 가지고 있어 에멀젼폭약의 밀도조절제 외에도 부표 물질, 항공산업의 경량재, 단열재 등에 사용되기도 한다. 1969년 블럼(H.F. Bluhm)이 에멀젼폭약을 특허 등록했을 때 사용하였으나 폭약용 그레이드의 우수한 품질은 아니었다. 1978년 아틀라스사(Atlas Powder Company)의 웨이드(Wade, Charles G)에 의해서 폭약성분이나 폭굉 촉진제 없이 3M사의 B15/250 유리미소중공구체만을 사용하여 6호 뇌관에 기폭되는 에멀젼폭약이 개발되었으며 이 기술은 US4110134호(1978. 8. 29)로 특허 등록되었다.[8] <표 16.54>는 이 특허의 실시 예 조성이다. 이후에 B1, B20, B25, B37의 여러 등급의 유리미소중공구체가 에멀전폭약의 여러 용도에 맞도록 사용된다. 또한 이 B시리즈는 80년대에 더 개선되어 K시리즈로 발전된다. <표 16.55>는 K 시리즈의 품질특성이다. 번호가 클수록 셀의 두께가 두껍고 내충격성이 커진다. 따라서 인접 발파공의 충격압력이 비교적 적은 넓은 공간격에서는 작은 번호를, 충격압력이 큰 좁은 간격에서는 큰 번호를 선택하여 사용한다. <표 16.56>은 각 K시리즈에 따른 바람직한 사용 공간격을 나타낸 것이다.

〈표 16.54〉 US 4110134의 실시 예

항목		1	2	3	4	5	6	7	8
성분	왁스	3	2.85	3.0	2.85	2.71	2.66	3	2.85
	오일	1	0.95	1.0	0.95	0.90	0.885	1	0.95
	유화제	1	0.95	1.0	0.95	0.90	0.885	1	0.95
	물	12	11.40	12.0	11.40	10.84	10.62	12	11.40
	질산암모늄	61	57.95	67.6	64.22	55.09	59.60	66	62.70
	질산나트륨	10	9.5	3.0	2.85	9.03	8.85	10	9.50
	과염소산암모늄	10	9.5	-	-	9.03	5.00	5	4.75
	과염소산나트륨	-	-	10.4	9.88	-	-	-	-
	GMB	2	1.9	2.0	1.90	1.50	1.50	2	1.90
	Al	-	5.0	-	5.00	10.00	10.00	-	5.00
밀도(g/cc)		1.15	1.17	1.15	1.17	1.25	1.25	1.15	1.17

〈표 16.55〉 3M사의 K-series GMB의 품질 특성[34]

품명	강도 (psi)	진비중 (g/cc)	열전도도 (W·m^{-1}K^{-1}) 21℃	수부유율 (%)	입자크기(㎛)			
					입자 분포			top size
					10%	50%	90%	
K1	250	0.125	0.047	96	30	65	115	120
K15	300	0.15	0.055	96	30	60	105	115
K20	500	0.20	0.070	96	30	60	90	105
K25	750	0.25	0.085	96	25	55	90	105
K37	3,000	0.37	0.124	94	20	45	80	85

※ 강도는 정적인 압력을 가하여 GMB의 90%가 파괴되지 않고 살아남을 때의 압력

〈표 16.56〉 각 K시리즈에 따른 바람직한 사용 공간격

품명	강도(psi)	추천 공간격
K1	250	110cm ↑
K15	300	90cm ↑
K20	500	70cm ↑
K25	750	50cm ↑
K37	3,000	30cm ↑

3M사 외에도 에멀젼폭약에 사용되는 유리미소중공체로는 Q-CEL 유리미소중공구체가 있다. 3M사와의 차이점은 원료의 조성이 틀리다는 것이다. K시리즈는 내수성이 있지만 Q-CEL 제품은 내수성이 없는 물유리로 제조된다. <표 16.57>은 Q-CEL 유리미소중공구체의 규격이다. 가격이 싼 것이 장점이나 K시리즈의 동급의 밀도 제품과 비교할 때 강도가 좀 떨어지며 수부유율도 낮다. 그러나 에멀젼폭약에 사용되었을 때 에멀젼 제품의 품질에는 그다지 큰 영향은 없다.

〈표 16.57〉 Q-CEL사의 유리미소중공구체의 규격[35]

품명	진비중(g/㎤)	평균입도(㎛)	최대 작업압력(psi)
7019	0.19	80(5～150)	500
7023S	0.23	85((5～135)	750
7028	0.27	75(5～125)	1,000
7036	0.36	63(5～125)	1,000

(2) 플라스틱미소중공구체(Plastic Microballoon = PMB)

플라스틱미소중공구체는 유리미소중공구체에 비해 비중이 매우 낮아 약 1/5～1/10의 적은 양으로 같은 효과를 내며 재질이 연료 역할을 하므로 에멀젼폭약의 에너지를 증대시킬 수 있는 역할을 하고 유리와는 달리 플라스틱 고유의 신축성이 있어 외부 충격에도 강해 보통은 2,000 psi의 충격에서도 파손되지 않는다. 그러나 PMB는 너무 가벼워 프로세싱할 때 피딩 및 혼합 등의 공정에서 세심한 주의를 기울이지 않으면 균일한 에멀젼폭약의 품질을 보장할 수 없다. 또한 쉽게 부유하므로 모든 공정을 완전 밀폐시키지 않으면 쾌적한 작업환경을 유지할 수 없다. PMB는 플라스틱으로 만들어지므로 열에 의한 팽창 수축이 심하다. 그래서 고온에서의 에멀젼폭약의 밀도와 냉각되었을 때의 에멀젼폭약의 밀도의 차이는 GMB를 사용했을 때보다 많은 차이가 나기 때문에 세심한 보정이 필요하며 이를 소홀히 하면 불폭의 한계에 이르러 불폭/반폭의 문제가 생길 수 있다. 또한 PMB의 수축에 의한 에멀젼폭약의 부피가 줄어들므로 파이프에 충전하는 경우에는 냉각 후 파이프에 빈 공간이 생기는데 이것 역시 문제가 되므로 주의해야 한다. PMB는 제조 공정상 습윤제를 사용하는데 이 습윤제는 HLB가가 매우 높은 O/W형의 계면활성제이다. 이러한 O/W계면활성제는 에멀젼의 유화제로 사용되는 W/O형의 계면활성제와는 서로 반대 작용을 하므로 에멀젼을 파괴할 가능성이 크다. SMO계열의 W/O형 계면활성제를 사용한 에멀젼폭약은 PMB를 사용할 경우 3~6개월 정도이면 에멀젼이 파괴되어 불폭되는 경우도 있다. 따라서 PMB를 사용할 경우에는 O/W계면활성제와 만나도 파괴되지 않는 강한 유화제를 찾아서 사용해야 할 것이다.

대한민국 특허 100449162(2004.09.07)에서는 PMB를 사용하여 내충격성 및 저장안정성이 향상된 에멀젼폭약을 공개하고 있다. <표 16.58>은 당해 특허의 실시 예 조성들이다.[20]

〈표 16.58〉 대한민국 특허 100449162의 실시 예

구분	성분	실시 예								
		1	2	3	4	5	6	7	8	9
산화제 수용액	AN	68.9	70.3	76.5	68.9	70.3	76.5	68.9	70.3	76.5
	SN	10.6	10.8	5.7	10.6	10.8	5.7	10.6	10.8	5.7
	H_2O	10.1	9.0	12.3	10.1	9.0	12.3	10.1	9.0	12.3
화학적 예감제	MMAN	3.4	-	-	3.4	-	-	3.4	-	-
	Al	2.0	5.0	-	2.0	5.0	-	2.0	5.0	-
유화제	SMO	1.7	-	1.7	1.7	-	1.7	1.7	-	1.7
	PIBSA유화제	-	1.6	-	-	1.6	-	-	1.6	-
탄소질 연료	왁스	2.4	2.3	2.4	2.4	2.3	2.4	2.4	2.3	2.4
	광유	1.0	1.0	1.4	1.0	1.0	1.4	1.0	1.0	1.4
기포보지제*	PMB1	0.3	0.3	0.3	-	-	-	-	-	-
	PMB2	-	-	-	0.6	0.6	0.6	-	-	-
	PMB3	-	-	-	-	-	-	0.9	0.9	0.9
수중완폭거리 (m)*	20ms	0.4	0.4	0.4	0.3	0.3	0.3	0.2	0.2	0.2
	100ms	0.4	0.4	0.4	0.3	0.3	0.3	0.3	0.3	0.3
	200ms	0.5	0.5	0.5	0.4	0.4	0.4	0.3	0.3	0.3
	500ms	0.5	0.5	0.5	0.4	0.4	0.4	0.3	0.3	0.3
장기저장안정성(개월)		6 이하			12 이상			12 이상		

※ PMB1은 ACN이 40% 포함된 VDC,ACN,MMA의 공중합체를 두께 0.1μm로 발포한 것

PMB2는 ACN이 50% 포함된 VDC,ACN,MMA의 공중합체를 두께 0.2μm로 발포한 것

PMB3은 ACN 공중합체를 두께 0.3μm로 발포한 것

※ 수심 2m의 연못에 28mm 다이너마이트(약량 125g)와 상기 시험예의 조성으로 만든 에멀젼폭약(Φ32m, 250g)을 일정거리를 띠워 평행하게 설치한 후, 20ms, 100ms, 200ms 및 500ms의 지연 시차로 폭발을 시켰을 때 다이너마이트의 폭압에서도 에멀젼폭약이 불폭되지 않는 거리(3회 실시하여 3회 모두 완폭)를 수중완폭거리로 한다. 이 수중완폭거리는 폭약의 내충격성의 정도를 나타내며 가까울수록 내충격성이 좋다는 것을 의미한다.

〈표 16.59〉 Matsumoto Microsphere F-DE[37]

품명	평균입자크기(㎛)	진비중(g/cc)	플라스틱 재질
FN-80SDE	20~40	0.025±0.005	아크릴로니트릴 공중합체
F-65DE	40~60	0.030±0.005	아크릴로니트릴 공중합체
F-80DE	90~130	0.020±0.005	아크릴로니트릴 공중합체

〈표 16.60〉 AkzoNobel의 Expancel[38]

품명	입자크기 (㎛) D(0.5)	진비중 (kg/㎥)	플라스틱 재질
551 DE 40 d42	30~50	42±4	VDC①, ACN②, MMA③의 공중합체
461 DET 80 d25	50~95	25±3	VDC, ACN, MMA의 공중합체
092 DET 100 d25	80~120	25±3	ACN의 공중합체

※ ① Vinyldene chloride, ② Acrylonitrile, ③ Methylmetacrylate

현재 에멀젼폭약용으로 사용할 수 있는 PMB로는 마쓰모토의 Microsphere F-DE와 악조노벨(AkzoNobel)의 Expancel가 있다. <표 16.59>와 <표 16.60>은 각 회사의 에멀젼폭약에 사용할 수 있는 PMB의 규격으로 각사의 카타로그로부터 발췌한 것이다.

(3) 팽창 펄라이트[33]

팽창 펄라이트는 백색의 다공성의 유동성이 좋은 물질로 산성의 흑요석 용암(또는 펄라이트 광석)을 분쇄하고 예열 및 굽기를 통해서 만들어진다. 현재 팽창 펄라이트는 많은 화약제조사에서 광범위하게 사용하고 있는 가격이 저렴한 가스가 함유된 고체 밀도 조절제이다. 단일 구체로 이루어진 다른 기포보지제와 달리 여러 개의 구체가 붙어있는 형태이고 또한 열려있는 구체가 많아 팽창 펄라이트를 사용한 에멀젼폭약은 다른 기포보지제를 사용한 에멀젼폭약에 비해 감도와 폭속이 떨어지는 편이며 저장 수명도 짧다. 그러나 생산기술과 품질의 점진적인 개선으로 에멀젼폭약에 팽창 펄라이트 적용에 대한 전망이 상당히 좋다. 팽창 펄라이트의 화학적 조성은 <표 16.61>과 같다.

〈표 16.61〉 팽창 펄라이트의 화학 조성

성분	SiO_2	Al_2O_3	Fe_2O_3	CaO	MgO	MnO_2	TiO_2	Na_2O+K_2O
함량(%)	69-75	12-16	1.5-4.0	1.0-2.0	0.1-0.4	〈0.1	0.1-0.3	5.0-9.0

Grefco사의 GT-23, GT-43 및 DPS-20과 Lehi Block사의 Insulite가 IRECO사의 US 특허 4231821(1980.11.4)에서 에멀전폭약에 사용된 것이 소개되고 있으며 이들의 규격은 <표 16.62>와 같다.[21] <표 16.63>은 당해 특허의 실시 예로 팽창펄라이트를 사용한 에멀전폭약의 폭굉시험 결과이며 <표 16.64>는 펄라이트의 사용량에 따른 폭발 감도의 영향을 나타낸 표이며 <표 16.65>는 여러 가지 타입의 펄라이트를 갖는 조성들을 비교한 표이다.

〈표 16.62〉 Grefco사 및 Lehi Block사에서 생산되는 팽창 펄라이트의 물리적 특성

상품명		GT-23	GT-43	DPS-20	Insulite
물리적 상태		미세한 분말	흐름성이 좋은 분말	미세한 입자	
색깔		백색	백색	백색	
평균입자크기(μm)		110	110	125~150	
입도 분포		중량%			
US sieve screen	+50	〈1	〈1	-	-
	-50~+70	9	9	-	-
	-70~+100	22	22	-	-
	-100~+140	27	27	-	-
	-140~+200	11	11	-	-
	-200~+325	22	22	-	-
	-325	10	10	-	-
	+20	-	-	0	-
	-20~+30	-	-	〈1	-
	-30~+50	-	-	9.5	-
	-50~+100	-	-	34.5	-
	-100~+200	-	-	30.0	-
	-200~+325	-	-	16.5	-
	-325	-	-	11.5	-
Tyler sieve screen	+14	-	-	-	〈1
	-14~+20	-	-	-	8.7
	-20~+28	-	-	-	9.3
	-28~+35	-	-	-	10.6
	-35~+48	-	-	-	10.4
	-48~+60	-	-	-	3.7
	-60~+100	-	-	-	15.2
	-100~+150	-	-	-	14.2
	-150~+200	-	-	-	12.4
	-200~+325	-	-	-	10.4

<표 16.64>로부터 동일한 기본 조성으로 동일한 팽창 펄라이트를 사용량을 증가시켰을 때 에멀전폭약의 폭발감도와 폭발속도에 증가되는 것을 알 수 있으며 <표 16.65>로부터 입자크기가 클수록 동일량을 사용했을 때는 입자크기가 작은 것에 비해 폭발감도와 폭발속도가 감소하며 약 2배 이상의 많은 양을 사용했을 때 폭발감도와 폭발속도가 유사한 수준으로 나오는 것을 알 수 있다. 따라서 팽창펄라이트를 에멀전폭약에 사용하는 경우에는 가능한 입도가 작은 것을 사용하는 것이 폭발감도와 폭발속도에 유리하다. 즉 핫스포트의 역할을 하는 버블의 크기 보다는 작은 것들이 더 많을수록 좋다.

〈표 16.63〉 US 4231821의 팽창펄라이트 에멀전폭약의 폭굉시험 결과

성분(중량%)		A	B	C	D	E	F
AN		66.60	65.26	63.98	64.55	66.66	66.60
SN		13.32	13.05	12.80	12.91	13.33	13.32
H_2O		11.27	11.04	10.83	10.92	11.29	11.27
유화제①		1.02	1.00	0.98	2.48	1.48	1.02
광유		4.71	4.62	4.53	4.17	4.26	4.71
펄라이트②		3.07	5.02	6.89	-	2.96	-
펄라이트③		-	-	-	4.97	-	-
펄라이트④		-	-	-	-	-	6.74
밀도(g/cc)		1.20	1.12	1.01	1.12	1.14	1.19
폭굉시험결과(뇌관/폭속 km/s)							
5℃	38mm	#8/4.5	#8/4.7	#8/4.5	-	-	-
	32mm	#8/4.4	-	-	#4/4.6	#8/4.5	#8/3.5
	19mm	#8/4.0	#8/3.9	#8/4.0	#6/3.9	#8/3.5	#8/3.3
	12mm	-	-	-	#6/3.4	#8/2.9	#8/3.0
20℃	38mm	#8/4.7	#8/4.6	#8/4.3	-	-	-
	19mm	#8/4.1	#8/4.1	#8/4.1	-	-	#8/2.8
최소부스타시험(뇌관) 기폭/불폭							
5℃		#4/#3	#3/#2	#4/#3	#4/#3	#4/#3	#4/#3
20℃		#4/#3	#3/#2	#4/#2	-	-	#4/#3

① 2-(8-heptadecenyl)-4-4-bis(hydroxymethyl)-2-oxazoline
② Grefco, Inc. "GT-23 Microperl"
③ Grefco, Inc. "GT-43 Microperl"
④ Lehi Block Co. "Insulite"

〈표 16.64〉 US 4231821의 펄라이트의 사용량에 따른 폭발 감도의 영향

원료 및 성능		A	B	C	D	E
AN		68.96	68.61	67.94	66.63	65.38
SN		13.71	13.66	13.53	13.27	13.02
H_2O		10.55	10.50	10.39	10.19	9.99
유화제		1.00	0.99	0.98	0.96	0.94
미네랄오일		5.27	5.25	5.20	5.10	4.99
펄라이트(Dicalite DPS-20)		0.50	0.99	1.96	3.85	5.66
밀도, g/㎤		1.39	1.34	1.32	1.23	1.15
5℃에서 폭발시험결과 (km/s)	124mm	2.3	4.0	5.3	5.3	4.9
	100mm	1.5	4.7	5.1	5.1	5.1
	75mm	1.2	3.3	5.1	-	4.9
	64mm	불폭	2.1	4.7	-	-
	32mm	불폭	불폭	4.4	4.9	4.5
최소 뇌관 No.(폭발/불폭)		#6/#5	#6/#5	#5/#4	#6/#5	#6/#5

〈표 16.65〉 US 4231821의 여러 가지 펄라이트의 비교

원료 및 성능		A	B	C	D	E	F	G	H
AN		66.60	66.60	66.60	66.60	66.60	66.60	66.60	62.99
SN		13.32	13.32	13.32	13.32	13.32	13.32	13.32	12.60
H_2O		11.27	11.27	11.27	11.27	11.27	11.27	11.27	10.66
유화제		1.02	1.02	1.02	1.02	1.02	1.02	1.02	0.96
미네랄오일		4.71	4.71	4.71	4.71	4.71	4.71	4.71	4.45
펄라이트①		3.07	-	-	4.0	-	-	-	-
펄라이트②		-	3.07	-	-	4.0	-	-	-
펄라이트③		-	-	3.07	-	-	4.0	-	-
펄라이트④		-	-	-	-	-	-	3.07	8.33
밀도, g/㎤		1.26	1.27	1.33	1.22	1.19	1.19	1.33	1.21
폭굉 시험 결과 (뇌관/폭속)	20℃ 64mm	-	#4/4.9	-	#4/4.9	#5/5.1	#4/D	#8/F	-
	50mm	#6/4.0	-	#5/3.8	-	#4/4.0	-	#8/F	#8/3.5
	38mm	#8/4.5	-	#8/3.1	-	-	-	#8/F	-
	32mm	#8/4.4	#8/3.7	#8/3.0	-	#8/3.6	#8/3.6	#8/F	#8/3.0
	25mm	#8/3.7	#8/F	#8/F	#8/4.0	#8/3.3	#8/4.0	-	#8/3.0
	19mm	#8/2.8	-	-	#8/F	#8/3.3	#8/2.8	-	#8/3.0
	5℃ 64mm	-	-	#6/2.3	-	#4/4.9	#4/D	#8/F	-
	50mm	-	#5/4.7	-	#4/5.1	-	-	#8/F	-
	38mm	#8/4.7	#8/3.8	#8/3.0	-	-	-	#8/F	#8/3.2
	32mm	#8/4.4	#8/F	#8/F	-	-	#8/3.5	#8/F	#8/3.0
	25mm	-	-	-	#8/4.2	#8/4.1	#8/3.3	-	#8/2.5
	19mm	#8/F	-	-	#8/4.0	#8/3.4	#8/3.0	-	#8/F
최소뇌관시험 (기폭/불폭)	20℃	#6/#5	#4/#3	#5/#4	#4/#3	#4/#3	#4/#3	F⑤	#5/#4
	5℃	#8/#6	#5/#4	#6/#5	#4/#3	#4/#3	#4/#3	F⑥	#6/#5

① Grefco, Inc. GT-23 Microperl
② Grefco, Inc. Decalite DPS-20
③ Lehi Block company Insulite
④ Pax Company Paxlite(입도 ; Screen Analysis Tyler)

Sieve	중량%)	Sieve	중량%
+8	21.0	-35 +48	4.6
-8 +10	16.2	-48 +60	1.6
-10 +14	13.0	-60 +100	3.6
-14 +20	9.4	-100 +150	2.6
-20 +28	7.0	-150 +200	2.6
-28 +35	6.2	-200 +325	4.2
		-325	8.0

⑤ 170g Pentolite booster에 불폭
⑥ #8 뇌관에 불폭, 40g Pentolite로 기폭

16.4.4 유화제

유화제는 계면활성제(Surface active agents)의 한 종류이다. 계면활성제는 친수성기와 소수성기를 한 분자 내에 보유하고 있는 특이한 구조의 물질로서 고체/기체, 고체/액체, 고체/고체, 액체/기체, 액체/액체 사이의 경계면에서 활성을 나타내어 분리되어 있는 두 물질을 섞이게 하거나 경계면에 흡착을 쉽게 해주는 역할을 한다. 이러한 특성 때문에 가용화제, 유화제, 세정제, 분산제 및 습윤제로 사용될 수 있다.

서로 섞이지 않는 두 가지 액체로 구성된 분산계에서 한 액체가 다른 액체 속으로 미립자로 분산되어 그 입자 크기가 0.1μ에서 수μ 정도의 크기일 때 에멀젼 혹은 유제라고 한다. [그림 16.4]와 같이 수중유적형(O/W=Oil in Water)과 유중수적형(W/O=Water in Oil)이 있다. 이 중에서 에멀젼폭약은 W/O형에 해당되며 W/O형의 에멀젼을 만들 수 있는 유화제는 HLB가(Hydrophile-Lipophile Balance)가 보통 3～6이 적합하며 친수성보다는 소수성이 강하다. 계면활성제에는 이온계면활성제와 비이온계면활성제가 있는데 에멀젼폭약에 사용되는 유화제는 비이온 계면활성제이다.

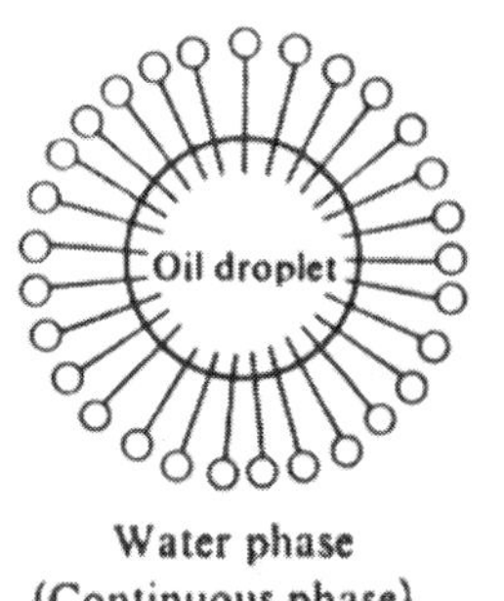

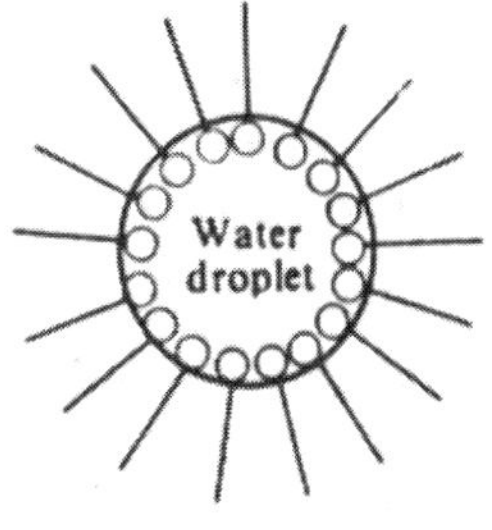

[그림 16.4] O/W(Oil in Water)형과 W/O(Water in Oil)형 에멀젼

16.4.4.1 HLB(Hydrophile-Lipophile balance)가[1]

(1) HLB가의 개념

HLB가는 1949년 그리핀(Griffin)에 의해서 비이온계 계면활성제의 평가를 위해서 처음으로 제안되었다. 계면활성제의 친수기 부분의 분자량을 *Mw*, 소수기 부분의 분자량을 *Mo*라고 하면 그때 HLB가는 다음과 같다.

$$HLB = \frac{Mw}{Mw + Mo} \tag{16.1}$$

(식 16.1)로부터 계면활성제의 극성기가 강하면 강할수록 친수성이 커지며 따라서 HLB가도 더 커진다. 반면에 비극성기가 길면 길수록 HLB가는 더 적어진다.

HLB가는 0~20의 값을 갖는다. 0은 분자가 소수기만을 가지며 20은 친수기만을 갖는다는 것을 의미한다. <표 16.66>은 여러 가지 응용 분야에서 사용되는 계면활성제의 HLB가를 보여준다. 에멀젼폭약에 이용될 수 있는 계면활성제는 HLB가가 3~6인 W/O형의 유화제이다.

〈표 16.66〉 HLB가의 범위와 그것의 응용분야

범위	응용분야
1.5~3	Defoamer(소포제)
3~6	W/O emulsifier(W/O유화제)
7~9	Wetting agent(습윤제)
8~18	O/W emulsifier(O/W 유화제)
13~15	Detergent(세제)
15~18	Solubilizer(가용화제)

HLB가는 실험적으로 구할 수도 있고 계산에 의해 구해질 수도 있다. 계산에 의해서 구하는 방법은 많은 사람에 의해서 연구되었으며 여기에는 아틀라스법, 카와카미법, 데이비스법, 유기 및 무기가방법이 있다. 이 중에서 아틀라스법만 소개하기로 한다.

아틀라스사(Atlas Powder Company)의 그리핀에 의해서 HLB가가 처음으로 만들어지고 사용하기 시작하였다. 특히 그는 지방알코올의 폴리옥시에틸렌 유도체와 다가알코올지방산에스테르와 같은 특정의 비이온계 계면활성제에 대해서 HLB가를 계산할 수 있는 식을 개발하였다. HLB가를 정하는 식은 분석 또는 조성데이타를 기반으로 할 수도 있다. 대부분의 다가알코올지방산에스테르에 대해서는 다음 식에 의해서 계산될 수 있다.

$$HLB = 20(1 - \frac{S}{A}) \qquad (16.2)$$

여기서 S는 에스테르의 비누화가, A는 지방산의 산가이다. (식16.2)로부터 계산했을 때 HLB의 상한치와 하한치는 각각 20, 0이다. 그러므로 S=161, A=198인 글리세릴모노스테아레이트의 HLB가는 다음과 같이 계산된다.

$$HLB = 20(1 - \frac{161}{198}) = 3.8$$

또한 아틀라스법을 개선한 다른 방안으로 카와카미법이 고안되었는데 이 방법은 전해액의 pH값을 취급하는 방법과 유사하다. 친수 및 소수기의 분자량을 각각 *Mo, Mw*(계면활성제의 총분자량은 *Mo+Mw*)라고 하면 HLB가는 다음 식에 의해서 계산될 수 있다.

$$HLB = 7 + 4.021\log\frac{Mw}{Mo} \tag{16.3}$$

*Mw/Mo*가 1, 4, 1/4일 때, 각각의 *HLB*가는 7, 14, 0이다.

또한 HLB가는 임계미셀농도(Critical micelle concentration)를 통해서 다음 식에 의해서 계산될 수 있다. 계면 활성제의 농도가 어느 정도 높아지면 단순 분산 상태였던 계면활성제가 집합체(미셀)을 형성한다. 이때의 농도를 임계 미셀농도(cmc: Critical Micelle Concentration)라고 한다.

$$HLB = 7 + 4.021\log\frac{1}{cmc} \tag{16.4}$$

카와카미법(식16.3)에 의해서 계산된 HLB가는 아틀라스법(식 16.2)으로 계산한 값과 거의 비슷하다. [그림 16.5]는 아틀라스법과 카와카미법의 계산 결과를 비교한 것이다.

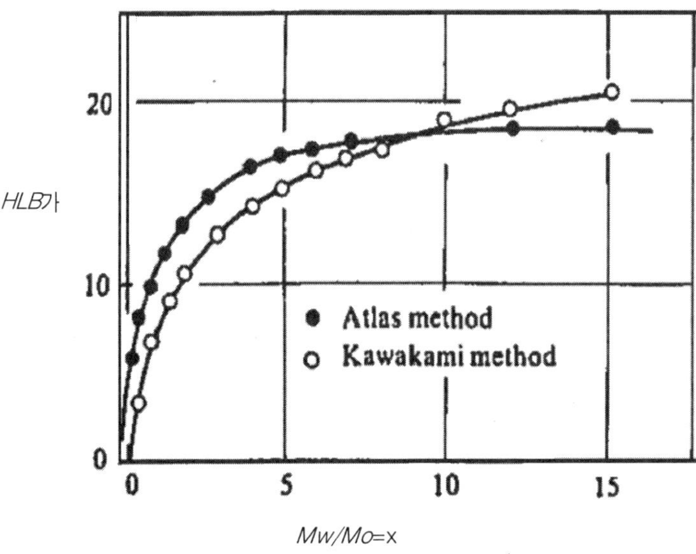

[그림 16.5] 아틀라스법과 카와카미법의 계산결과 비교 그래프

실제로 계면활성제의 HLB가는 부가 특성이 있다. 그러므로 두 가지 이상의 계면활성제를 혼합할 경우 혼합유화제의 HLB가는 다음 식으로 계산된다.

$$HLB_{AB} = \frac{HLB_A \text{x} W_A + HLB_B \text{x} W_B}{W_A + W_B} \tag{16.5}$$

여기서 W_A = 계면활성제 A의 중량

W_B = 계면활성제 B의 중량

HLB_A = 계면활성제 A의 HLB가

HLB_B = 계면활성제 B의 HLB가

HLB_{AB} = 혼합된 계면활성제 A, B의 HLB가

HLB가는 분자 구조의 고유 특성치를 잘 감안하지 않았기 때문에 계면활성제의 특성을 정확하게 나타낼 수 없음을 알아야 한다. 그러므로 HLB가 만으로는 최적의 계면활성제를 잘 선정하는 것은 충분하지 않다.

(2) HLB가의 응용

에멀젼에 관한 일련의 실험 데이터를 기초로 하여 그리핀은 에멀젼혼합물에 대하여 유화제 효율의 관한 그래프를 그렸는데 [그림 16.6]과 같은 종모양의 커브를 만들었다. Y축은 유화제 효율을 나타내는데 실제로 유화제소모량의 역수이다. 이것은 유화제의 효율이 높으면 높을수록 소모량은 더 작다는 것을 의미한다. 종 모양의 커브가 특정 에멀젼에 대해서 그려질 수 있다. 주어진 한 쌍의 계면활성제를 여러 가지 비율로 만들어 동일한 품질의 에멀젼을 만드는 시험을 한다. 작은 HLB가로부터 더 큰 HLB가를 갖는 계면활성제가 만들어지고 이 계면활성제의 HLB가에 따른 유화제의 효율 즉 사용량의 역수를 그래프화하면 종 모양의 커브가 그려질 수 있다.

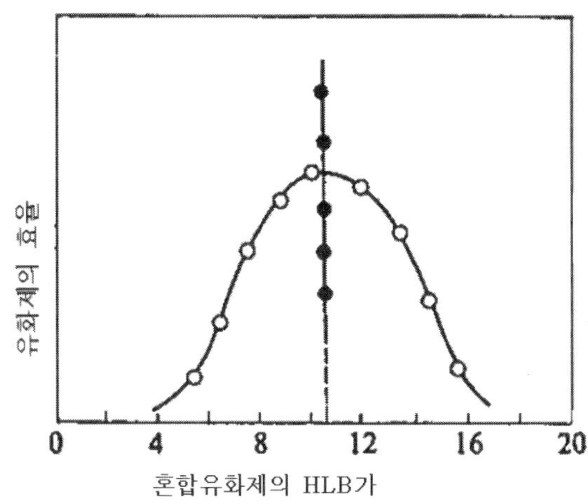

[그림 16.6] 혼합유화제의 HLB가와 그 효율과의 관계(종모양의 커브)

[그림 16.6]에서 볼 수 있듯이 하나의 피크가 있다. 만약에 혼합유화제의 HLB가가 이 피크 포인트에 있으면 유화제 효율이 가장 높은 것이다. 즉 최소량의 유화제 사용으로 유화를 할 수 있다는 것이다. 실제로는 종모양의 커브는 혼합유화제가 다르면 변할 수 있다. 그렇지만 동일한 혼합유화제에 대해서는 가장 높은 효율이 피크 상태의 HLB가이다. 유화제들는 다른 효율을 가지므로 X축의 동일한 HLB가에 대해서 Y축의 값들은 다르게 나타난다. 그러므로 주해진 한 쌍의 유화제에 대해서 비율 변경에 의한 HLB가를 변경시켜가면서 가장 효율이 좋은 비율을 정하는 실험 작업이 필요하고 이것을 실제에 응용하는 것이 좋다.

종모양의 커브에 의해서 싸여있는 면적은 유화 가능한 면적을 나타내며 그 이상에서는 그렇지 않다. 바람직한 유화제는 좀 더 넓게 유화할 수 있는 면적을 나타내야 한다. 이것은 커브의 피크가 양 사이드로 넓은 범위로 보다 높아야 한다는 것을 의미한다. 그러므로 실험으로부터 앞서 그려진 종모양의 커브로부터 우리는 정성적으로 피크 값과 커브의 형태에 의해서 한 쌍의 유화제의 특성을 판단할 수 있다.

유화제의 HLB가와 유화되는데 필요한 HLB가는 종모양의 커브를 이용해서 연결해서 평가될 수 있다. 이것은 유화제의 첨가가 사전에 정해질 수 있기 때문에 에멀젼폭약을 만드는데 상당히 유익하다.

16.4.4.2 유화제의 선정[1]

W/O형 유화제는 에멀젼폭약의 아주 중요한 성분이며 보통 에멀젼폭약의 총 중량에 대해서 약 0.5～2.0% 정도를 함유한다. 실제로 유화제는 함량이 적더라도 상당히 중요한 역할을 하는 것으로 나타난다. 즉 에멀젼폭약의 품질(산화제수용액과 연료의 유화 효율)은 주로 선정된 유화제의 타입과 활동성 및 그들의 비율에 주로 달려있다. 그러므로 유화제는 에멀젼폭약에서 잘 작용하도록 적절하게 잘 선정되어야 한다. 실제로 유화제를 선정할 때는 다음의 사항들을 고려해야 한다.

(1) 유화제의 HLB가

에멀젼 매트릭스는 전형적인 W/O형의 에멀젼 시스템이다. 에멀젼폭약을 만드는데 필요한 유화제의 HLB가는 3～6 사이에 들어야 한다. 만약 비이온계 계면활성제가 사용된다면 이 요구사항은 쉽게 충족될 것이다. 예를 들어 HLB가가 4.3인 비이온계 무수 솔비탄모노올레이트는 에멀젼폭약 제조에 아주 유용하며 여러 회사에서 에멀젼폭약 제조에 널리 사용된다. 실제로 유화제의 HLB가의 적합성 여부는 최소량의 유화제를 사용한 에멀젼폭약의 저장 안정성으로 판단될 수 있다. 그러나 에멀젼폭약은 상당히 복잡한 여러 성분으로 이루어진 시스템이고 첨가제의 타입과 사용량 및 온도에 따라서 에멀젼폭약의 안정성에 영향을 주는 HLB가는 실제적으로 약간의 변화를 보인다. 실제로 에멀젼시스템에서 성분들의 변화에 적합한 유화제의 HLB가를 맞추도록 주의를 기울여야 한다.

또한 HLB가는 여러 가지 계면활성제의 분자 구조의 특성을 완전하게 고려한 것이 아니기 때문에 계면활성제의 특성을 정확하게 나타낼 수는 없다는 것을 알아야 한다. 그러므로 가장 적합한 계면활성제를 잘 선정하기 위해서는 HLB가는 신중하게 사용되어야 한다.

(2) 유화제의 분자배열의 공간적 특성

유화제의 친수-친유기의 공간적 구조 특성은 유화제의 유화 성능에 영향을 준다. 즉 에멀젼이 W/O형이냐, O/W형이냐 하는 것은 에멀젼시스템의 기름과 물의 계면 상에서 이 유화제의 친수-친유기의 공간적 크기에 좌우될 것이다. W/O형 에멀젼에서는 O/W형보다 친수기에 대한 친유기의 분자량 비율이 더 크다. 만약 각각의 기들이 보다 더 큰 분자량을 갖게 되면 각각의 기들이 수용액 상과 오일상으로 긴 꼬리를 형성하면서 에멀젼시스템을 더욱더 안정하게 만든다. 현재 에멀젼폭약의 유화제로 가장 많이 쓰이는 유화제로는 SMO복합유화제와 PIBSA 유화제를 있는데 이중에서 PIBSA유화제가 SMO복합유화제보다 좀더 안정한 에멀젼을 만드는 이유는 바로 이 이유 때문이다. 그러나 이러한 큰 분자량으로 인해서 에멀젼 미셀의 크기는 좀 큰 방향으로 치우치는 경향이 있다.

(3) 배위화합물(착화합물)의 이용

오랫동안 산업적으로 실제 사용을 통해서 유화제가 어떤 물질과 혼합하여 배위화합물을 쉽게 형성했을 때 가끔 유화능력이 증가된다는 것이 밝혀졌다. 일반적으로 유화제와 배위화합될 수 있는 물질의 대부분은 표면 활성을 나타내는 긴 체인의 화합물이다. 예를 들어, 고지방 알코올, 지방산 및 아민 등이 있다. 만약 배위되는 물질과 유화제가 그들의 분자 구조에서 동일한 친유기를 가지면 유화 능력에 대한 증가된 효과가 더욱더 명확해질 것이다. <표 16.67>의 예는 이러한 효과를 예시한다.

A의 예에서 40㎖의 물에 용해된 계면활성제는 10㎖의 윤활유에 표면활성물질을 용해시킴으로써 형성된 액체혼합물을 유화시키는 유화제로 사용된다. B의 예에서 파라핀오일에 용해된 도데카놀(Dodecanol)은 액상 도데카놀설페이트(Dodecanol sulfate)용액에 의해서 유화된다.

<표 16.67>의 두 가지 예로부터 적절한 혼합물의 형성은 유화능력을 괄목할 만하게 개선시킨다는 것을 명확하게 알 수 있다. 그 이유를 다음과 같이 요약할 수 있다.

① 배위화합물을 형성하는 두 물질이 혼합유화제라고 여겨진다면 적합하지 않은 HLB가의 유화제가 선정되었을 때 보상작용이 존재할 것이다.

② 보다 강한 배위화합물체의 형성으로 계면 근처에 단단한 계면의 막을 형성하는 빽빽한 배위결합이 존재한다.

③ 배위결합물 표면의 막이 유동적이며 그래서 이것은 계면의 비틀림 변형에 대해 회복성과 적응성을 갖는다.

〈표 16.67〉 유화능력을 개선시킬 수 있는 복합물의 예

<table>
<tr><th colspan="3">예 A</th></tr>
<tr><th colspan="2">복합물</th><th rowspan="2">에멀젼 상태</th></tr>
<tr><th>계면활성제(75mg)</th><th>표면활성물질(140mg)</th></tr>
<tr><td>Hexadecanol Sodium sulfate</td><td>-
Cholesterin($C_{27}H_{45}OH$)
Oleic alcohol
Elaidic alcohol
Hexadecanol</td><td>Very poor stability
Good emulsion
Good stability
Excellent emulsion
Excellent emulsion</td></tr>
</table>

<table>
<tr><th colspan="4">예B</th></tr>
<tr><th colspan="2">복합물</th><th rowspan="2">오일액적이 합쳐지기 시작하는 시간(min)</th><th rowspan="2">오일액적의 수가 반으로 감소되는 시간</th></tr>
<tr><th>Dodecanol sulfate (m · mol/ l)</th><th>Dodecanol (m · mol/ l)</th></tr>
<tr><td>6
6
6</td><td>0
3
6</td><td>1.7
1.8
2.8</td><td>16.4
17.2
23.5</td></tr>
</table>

(4) 혼합유화제

혼합유화제는 가끔 에멀젼 제조에 사용된다. 만약 단일 유화제로 제조된 에멀젼이 충분한 안정상태가 되지 않을 때 두 개 이상의 혼합유화제에 의해서 해결될 수 있다. 단독의 Span-80에 비해 Span-80과 Dodecyl sodium sulfate의 조합은 훨씬 우수한 유화효과를 보인다. 유화제 첨가량은 완전 용해를 기준으로 한다. Span-80과 Dodecyl sodium sulfate를 사용하는 경우에 오일용해성 Span-80과 수용해성 Dodecyl sodium sulfate를 각각 오일상과 산화제수용액에 각각 가해야 하며, 절대로 직접 혼합해서 사용하지 말아야 한다.

또한 저분자유화제와는 달리 고분자유화제는 분산상 액적의 계면에 균일한 흡수막을 형성할 수 없지만 고분자유화제의 높은 점도와 액적에 대한 크로스링킹 작용이 분산하고 있는

액적들이 고분자유화제에 의해서 형성된 마이셀 구조의 뼈대를 형성하도록 해 주기 때문에 액적들이 서로 뭉치고 배수되는 것을 막아준다. 그러므로 고분자 물질을 극도로 소량을 첨가한 경우라 하더라도 가끔은 에멀젼폭약의 저장안정성에 커다란 도움이 된다. 물론 고분자유화제의 이러한 기능은 HLB가에 의해서 간단하게 설명될 수가 없다.

(5) 광범위한 공급원과 낮은 코스트

경제적인 관점에서 선정된 유화제들은 우수한 성능을 가져야 할 뿐만 아니라 싸고 폭약의 최종 코스트를 낮추는데 도움이 되어야 한다. 그래야만 그들을 실용화하는데 도움이 된다.

16.4.4.3 에멀젼폭약용 유화제

에멀젼폭약에 사용되는 유화제는 보통 W/O형이며 다음과 같은 물질들이 있다.

① 솔비탄지방산에스테르(Sorbitan fatty acid ester)

- 솔비탄모노라우레이트(Sorbitan monolaurate)
- 솔비탄모노올레이트(Sorbitan monooleate)
- 솔비탄모노팔미테이트(Sorbitan monoplamitate)
- 솔비탄 모노스테아레이트(Sorbitan monostearate)
- 솔비탄 트리스테아레이트(Sorbitan tristearate)

② 그리세린지방산의 모노 및 디에스테르(Mono- and Di-glyceryl esters of fatty acid)

③ 솔비탄 폴리옥시에틸렌 에스테르(Sorbitan polyoxyethylene ester)

- 솔비톨폴리옥시에틸렌밀랍유도체(Sorbitol polyoxyethylene beewax derivant)

④ Pibsa 유화제

⑤ 기타 유화제

- 폴리옥시에틸렌(4)라우릭에테르[Polyoxyethylene(4) lauric ether]
- 폴리옥시에틸렌(2)올레일에테르[Polyoxyethylene(2) oleyl ether]
- 폴리옥시에틸렌(2)스테아로일에테르[Polyoxyethylene(2) stearoyl ether]
- 폴리옥실알킬렌올레익에시드라우레이트[Polyoxyl alkylene oleic acid laurate]
- 올레익포스페이트[Oleic phosphate]
- 치환옥사졸린[Substituted oxazoline]
- 포스페이트[Phosphate]

이러한 유화제들이 여러 나라에서 에멀젼폭약에 특허로 많이 공개되었으나 일부를 제외하고는 현재 에멀젼폭약용으로 대중화된 것은 거의 없다. 비교 편의를 위해서 중국, 미국 및 일본 등에서 공개된 유화제 관련 특허를 <표 16.69>에 정리하였다.

이 표에는 지금까지 발표된 모든 특허를 다 열거한 것은 아니다. 현재 에멀젼폭약용으로 사용되고 있는 유화제로는 솔비톨과 올레인산을 반응시켜 만든 SMO(Sorbitan monooleate)가 주성분인 일본화약 및 일본유지의 SMO복합유화제와 폴리이소부틸렌과 말레인산을 1차 반응시킨 후 디메틸에탄올아민(Dimethyl- ethanolamine)을 2차 반응 시켜 만든 Mobile사, Nelson brother사, Lubrisol사 등의 Pibsa유화제(Polyisobutylene succinic anhydride amine salts)가 주류를 이룬다. 또한 펌핑용 벌크화약 중에서 화학적 가스발생제를 사용하는 경우에는 SMO와 PIBSA유화제의 혼합유화제를 사용하기도 한다.

SMO복합유화제는 일본유지, 일본화약, ㈜한화에서 사용하며 PIBSA유화제는 미국, 유럽, 한국 등 대부분의 모든 나라에서 사용한다. SMO복합유화제는 일본유지의 미국특허 US 4482403(1984.3.20 출원)[22]와 일본화약의 일본특허출원번호 특원소61-4250에 공개된 기술로서 둘은 기본은 유사하나 조성에서 약간의 차이가 있으며 그 차이는 <표 16.68>과 같다.

〈표 16.68〉 SMO계 복합유화제의 성분 비교

지방산에스테르의 성분	일본화약	일본유지
솔비톨지방산에스테르	50-95%	15-90%
솔비탄지방산에스테르	5-50%	5-75%
솔바이드지방산에스테르	0-3%	15-90%

〈표 16.69〉관련 특허에서 공개된 유화제들

국가	특허번호	사용된 유화제의 명칭
중국 특허		Dehydrated sorbitol monooleate(Span-80) Dehydrated xylitol monooleate(M-201) Complex emulsifier(formed by mixing two nonionic emulsifiers in given proportion)
미국 특허	3161551	(1) 4,4-di(methylol)-1-heptadecane-2-oxazoline (2) 4-methyl-4-methylol-1-heptadecane-2-oxazoline
	3212945	(1) Propyl-triol stearic acid (2) Abietic acid alkyl ester and its metal salts (3) Polyethylene glycol ether (4) High fatty amine and additive product of ethylene oxide (5) Poly ethylene alcohol (6) Long chain fatty acid and esters of higher alcohol (7) Salts of long chain fatty acid
	3442727	Alkyl phosphate
	3164504 3447978 3765964	Sorbitan fatty acid ester
	3356547	(1) Calcium stearate (2) Zinc stearate
	3770522	(1) Ammonium stearate (2) Alkali metal stearate
	4008108	Sodium stearate
	3617406	(1) Poly oxyethylene alkyl ester (2) Poly oxyethylene alcohol (3) Poly oxyethylene alkyl ether
	3674578	(1) Metal oleate (2) Sorbitan fatty acid ester (3) Epoxy ethane condensation compounds of fatty acid (4) Dodecyl benzene sulfonic acid (5) Tall oil amide
일본 특허	(A)55-75994	Sulfur alcohol(R-SH, in which R is alkyl or alkylene with carbon atom number of 8 to 26)
	(A)55-75995	Copolymers of hydroxythyl and hydroxypropionic groups(having a relative molecular mass of 3000-20000 and containing 5-70% ethylene oxide)
유럽 특허	0018085	A mixture of amphiphate synthetic polymeric emulsifier and conventional water-in-oil emulsifier(for example, sorbitan monooleate)

(1) SMO복합유화제

SMO(Sorbitan monooleate)는 솔비톨(Sorbitol)로부터 1몰의 물을 탈수시킨 후에 올레인산(Oleic acid)과의 반응에 의해 만들어진다. HLB가가 4.3으로 에멀젼폭약용 유화제로 적당하여 Span-80이라는 상품명으로 많이 사용되었으며 현재에도 여러 나라에서 많이 사용되고 있으며 특히 화학적발포제로 예감화시키는 에멀젼을 제조할 때 사용된다. 상온에서의 점도도 비교적 낮아 흐름성이 있는 펌핑용 벌크에멀젼을 만들 때 사용된다.

일반적으로 모든 에멀젼폭약은 다이너마이트의 약상에 비해 상당히 무르기 때문에 카트리징을 할 때 미리 만들어진 플라스틱 또는 종이 튜브에 짜서 채워 만든 형태로 만들어졌다. 그러나 1980년대 일본화약과 일본유지에서는 롤렉스(Rollex)라고 하는 딱딱한 약상의 다이너마이트를 자동으로 종이에 말아서 포장하는 기계에 적용하기 위한 보다 딱딱한 약상의 에멀젼폭약을 만들기 위해 연구를 하는데 이로부터 발명된 것이 바로 SMO복합유화제이다. SMO복합유화제는 SMO를 만드는 원료가 동일하지만 SMO와는 달리 불완전반응에 의해서 만들어졌다는 것이 다르다. 따라서 SMO유화제는 알칼리 촉매하에서 솔비톨과 올레인산의 합성에 의해 제조되는데 SMO가 주종이며 그밖에 솔비톨모노올레이트(Sorbitol monooleate), 솔비탄디에스테르(Sorbitan diester), 솔바이드모노올레이트(Sorbide monooleate), 솔바이드디에스테르(Sorbide diester) 및 미반응 솔비톨, 솔비탄, 올레인산 등이 존재하는 복잡한 물질이다.

① 원료

가. 솔비톨(Sorbitol)

분자식이 $C_6H_{14}O6$, 분자량이 182인 백색 결정의 단맛이 나는 수용성 분말이다. 버찌, 자두, 배, 해초 또는 많은 액과에서 볼 수 있으며 포도당 분해에 의해서도 얻어진다. 당뇨병 환자에게 설탕 대용으로 쓰이며 비타민C, 합성수지, 과자, 와니스 등의 제조에 사용된다.

$$
\begin{array}{l}
CH_2OH \\
| \\
CHOH \\
| \\
CHOH \\
| \\
CHOH \\
| \\
CHOH \\
| \\
CH_2OH
\end{array}
$$

나. 올레인산(Oleic acid)

분자식이 $C_{18}H_{3}4O_2$, 분자량이 282.5, 녹는점이 13.3℃, 끓는점이 223℃인 생체 내에 널리 존재하는 불포화지방산의 일종이다. 물에 녹지 않고 알코올, 벤젠 등 유기용매에 녹는다. 순수한 것은 무색, 무취의 기름 모양의 액체지만 공기 중에 방치하면 산화되어 담황색 또는 등황색으로 착색되며 악취가 난다. 수소를 첨가하면 스테아르산으로 환원된다. 올레인산은 1분자 내에 1개의 시스형 이중결합을 가지며 트란스형인 엘라이드산의 기하이성질체이다. 즉 동종의 치환기가 이중결합에 대하여 같은 쪽에 있는 것(시스)이 올레인산이며 교차하여 반대쪽에 있는 것(트란스)이 엘라이드산이다. 상온에서 올레인산은 액체, 엘라이드산은 고체이다.

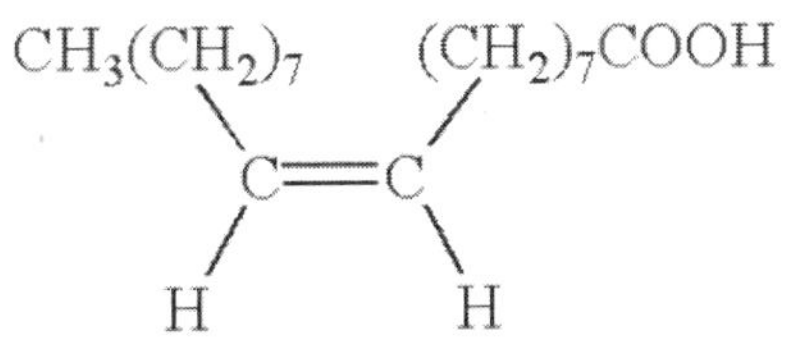

$$
\begin{array}{ccc}
CH_3(CH_2)_7 & & (CH_2)_7COOH \\
 & \diagdown \quad \diagup & \\
 & C{=}C & \\
 & \diagup \quad \diagdown & \\
H & & H
\end{array}
$$

시스형: 올레인산

$$
\begin{array}{ccc}
CH_3(CH_2)_7 & & H \\
 & \diagdown \quad \diagup & \\
 & C{=}C & \\
 & \diagup \quad \diagdown & \\
H & & (CH_2)_7COOH
\end{array}
$$

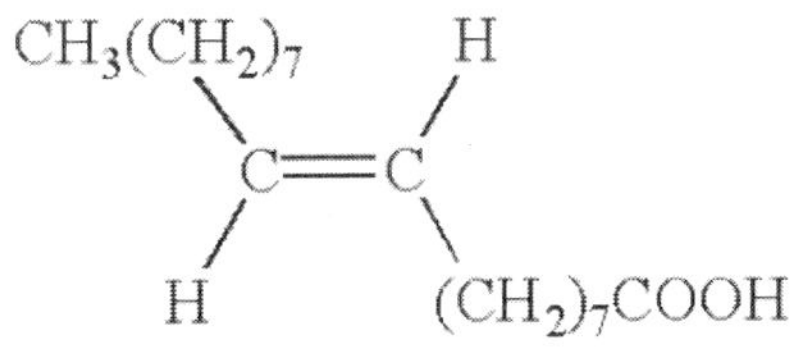

트란스형: 엘라이드산

② 반응

가. 솔비톨(Sorbitol)의 탈수반응

솔비톨로부터 H_2O 1몰이 탈수되면, 아래와 같이 두 가지 형태의 솔비탄(Sorbitan)이 생기며 H_2O 1몰이 더 탈수되면 솔바이드(Sorbide)가 만들어진다.

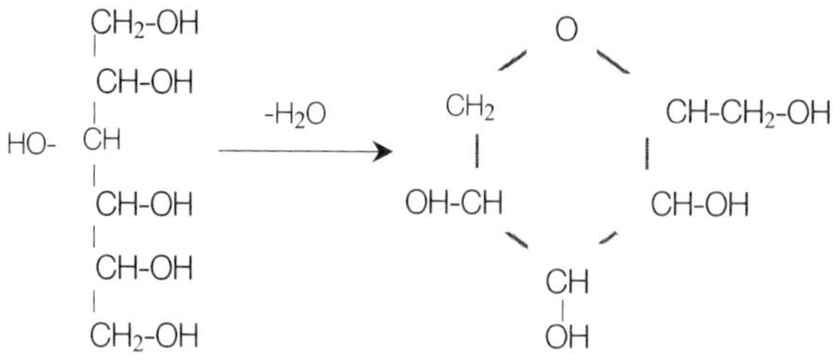

CH_2-OH
CH-OH
HO- CH
CH-OH
CH-OH
CH_2-OH

$-H_2O$ →

O
CH_2 CH-CH_2-OH
OH-CH CH-OH
CH
OH

Sorbitol Sorbitan I

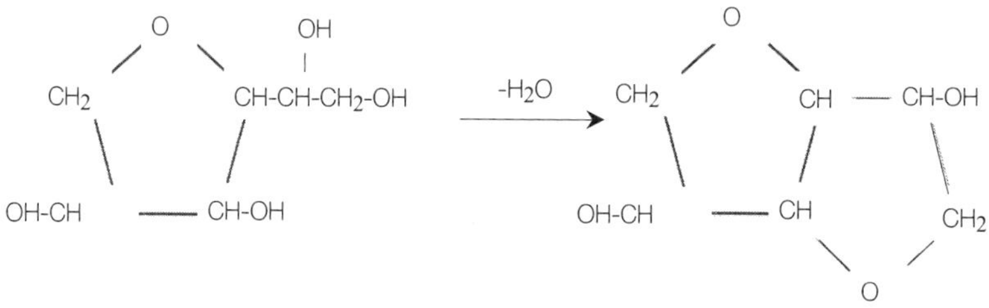

O OH
CH_2 CH-CH-CH_2-OH
OH-CH — CH-OH

$-H_2O$ →

O
CH_2 CH — CH-OH
OH-CH — CH CH_2
O

Sorbitan II Sorbide

※ Sorbitol $\xrightarrow[\text{heat}]{\text{dehydration}}$ Soribitan $\xrightarrow[\text{heat}]{\text{dehydration}}$ Sorbide

나. 솔비탄의 에스테르화반응

솔비탄과 올레인산이 반응되면 솔비탄모노올레이트와 물이 만들어지며 솔비탄모노올레이트에 올레인산이 반응되면 솔비탄디올레이트가 만들어진다. 이 반응식은 아래와 같다.

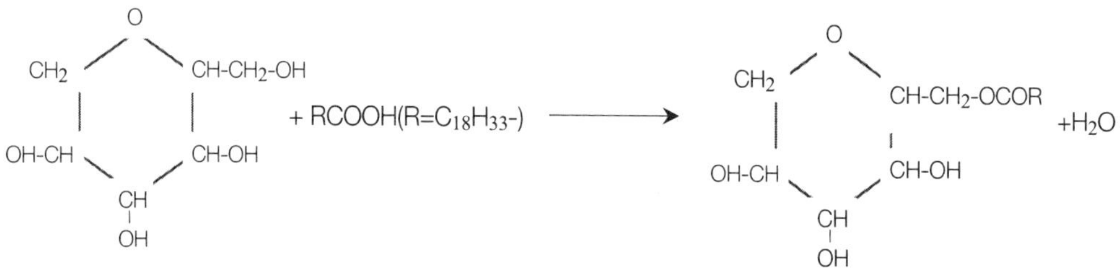

O
CH_2 CH-CH_2-OH
OH-CH CH-OH
CH
OH

+ RCOOH($R=C_{18}H_{33}$-) →

O
CH_2 CH-CH_2-OCOR
OH-CH CH-OH
CH
OH

+H_2O

Sorbitan I Oleic acid Sorbitan monooleate I

O
CH_2 CH-CH_2-OCOR
OH-CH CH-OH
CH
OH

+ RCOOH($R=C_{18}H_{33}$-) →

O
CH_2 CH-CH_2-OCOR
OH-CH CH-OH
CH
OH

+H_2O

Sorbitan monooleate I Oleic acid Sorbitan di-oleate I

O OH
CH_2 CH-CH-CH_2-OH
OH-CH CH-OH

+ RCOOH($R=C_{18}H_{33}$-) →

O OH
CH_2 CH+CH+CH_2-OCOR
OH-CH CH-OH

+H_2O

Sorbitan II Oleic acid Sorbitan monooleate II

O OH
CH_2 CH-CH-CH_2-OCOR
OH-CH CH-OH

+ RCOOH($R=C_{18}H_{33}$-) →

O OH
CH_2 CH+CH+CH_2-OCOR
OH-CH CH-OH

+H_2O

Sorbitan monooleate II Oleic acid Sorbitan di-oleate II

※ Sorbitan —(+ oleic acid / esterification)→ Sorbit an monooleate —(+ oleic acid / esterification)→ Sorbitan di-oleate

다. 솔비톨의 에스테르화반응

솔비톨과 올레인산이 반응되면 솔비톨모노올레이트와 물이 만들어지며, 솔비톨모노올레이트에 올레인산이 반응되면 솔비톨디올레이트가 만들어진다. 이 반응식은 아래와 같다.

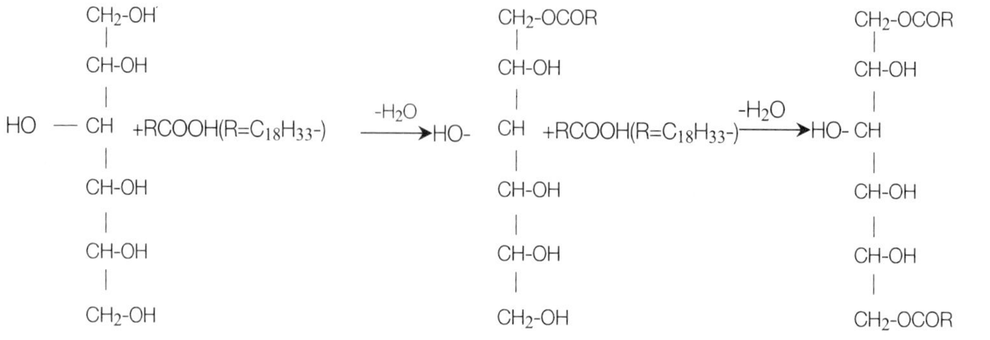

```
         CH2-OH                                        CH2-OCOR                              CH2-OCOR
          |                                             |                                     |
         CH-OH                                         CH-OH                                 CH-OH
          |                          -H2O               |                      -H2O           |
HO  —    CH   +RCOOH(R=C18H33-)    ——————>HO-          CH  +RCOOH(R=C18H33-) ——————>HO-      CH
          |                                             |                                     |
         CH-OH                                         CH-OH                                 CH-OH
          |                                             |                                     |
         CH-OH                                         CH-OH                                 CH-OH
          |                                             |                                     |
         CH2-OH                                        CH2-OH                                CH2-OCOR
```

Sorbitol　　oleic acid　　Sorbitol monooleate　oleic acid　　Sorbitol di-oleate

※Sorbitol —(+oleic acid / esterification)→ Sorbitol monooleate —(+oleic acid / esterification)→ Sorbitol di-oleate

라. 솔바이드의 에스테르화반응

솔비이드과 올레인산이 반응되면, 솔바이드모노올레이트와 물이 만들어지며, 솔바이드모노올레이트에 올레인산이 반응되면 솔바이드디올레이트가 만들어진다. 이 반응식은 아래와 같다.

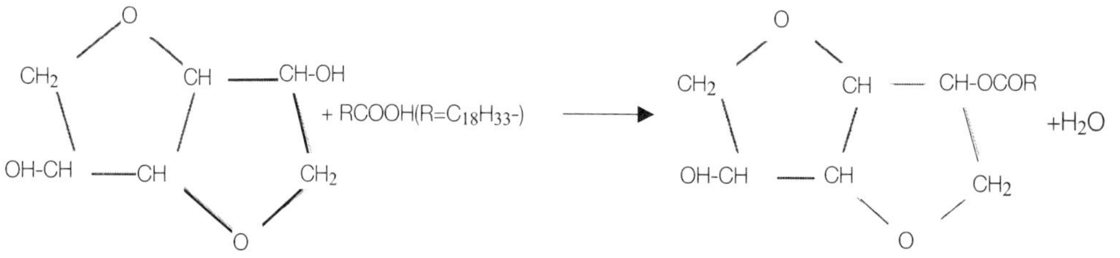

```
          O                                                           O
       /     \                                                     /     \
  CH2           CH ——CH-OH                                   CH2           CH — CH-OCOR
   \            /         \  + RCOOH(R=C18H33-)  ———>          \            /         \        +H2O
  OH-CH ——CH               CH2                                OH-CH — CH               CH2
                 \       /                                               \       /
                     O                                                       O
```

Sordibe　　　Oleic acid　　　Sorbide monooleate

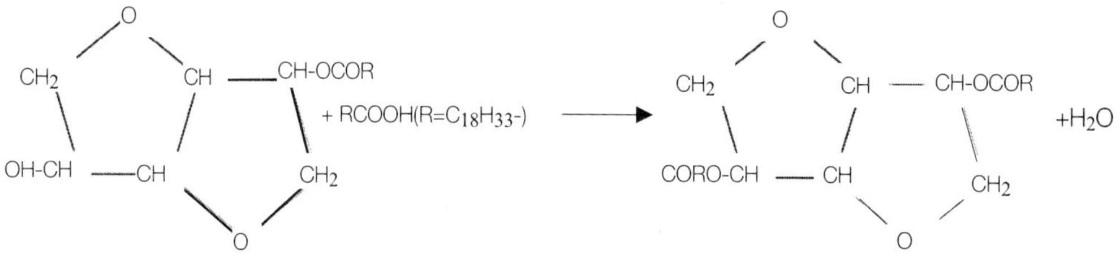

```
          O                                                           O
       /     \                                                     /     \
  CH2           CH ——CH-OCOR                                 CH2           CH — CH-OCOR
   \            /         \  + RCOOH(R=C18H33-)  ———>          \            /         \        +H2O
  OH-CH ——CH               CH2                              CORO-CH — CH               CH2
                 \       /                                               \       /
                     O                                                       O
```

Sordibe monooleate　　　Oleic acid　　　Sorbide dioleate

마. 친수기/친유기와 HLB가

• 솔비탄모노올레이트

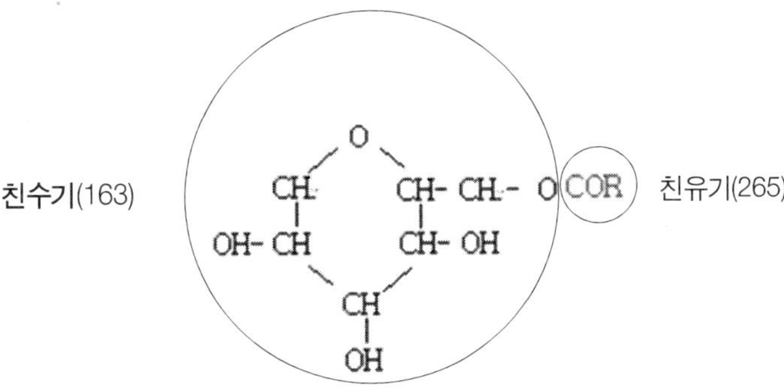

※ *HLB*가 = 7 + 11.7log(Mw/Mo) = 7 + 11.7xlog(163/265) = 4.53

• 솔비탄디올레이트

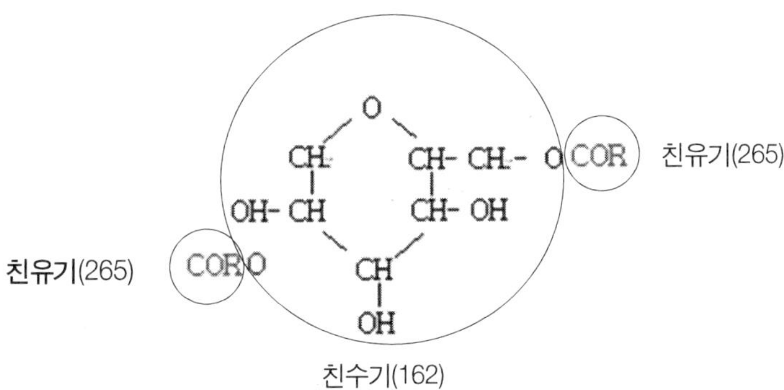

※ *HLB*가 = 7 + 11.7log(Mw/Mo) = 7 + 11.7xlog(162/530) = 0.977

• 솔비톨모노올레이트

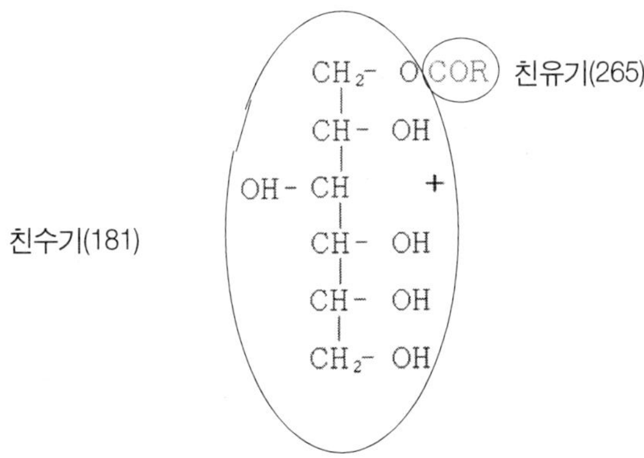

※ HLB가 = 7 + 11.7log(Mw/Mo) = 7 + 11.7xlog(181/265) = 5.06

③ 제조공정도

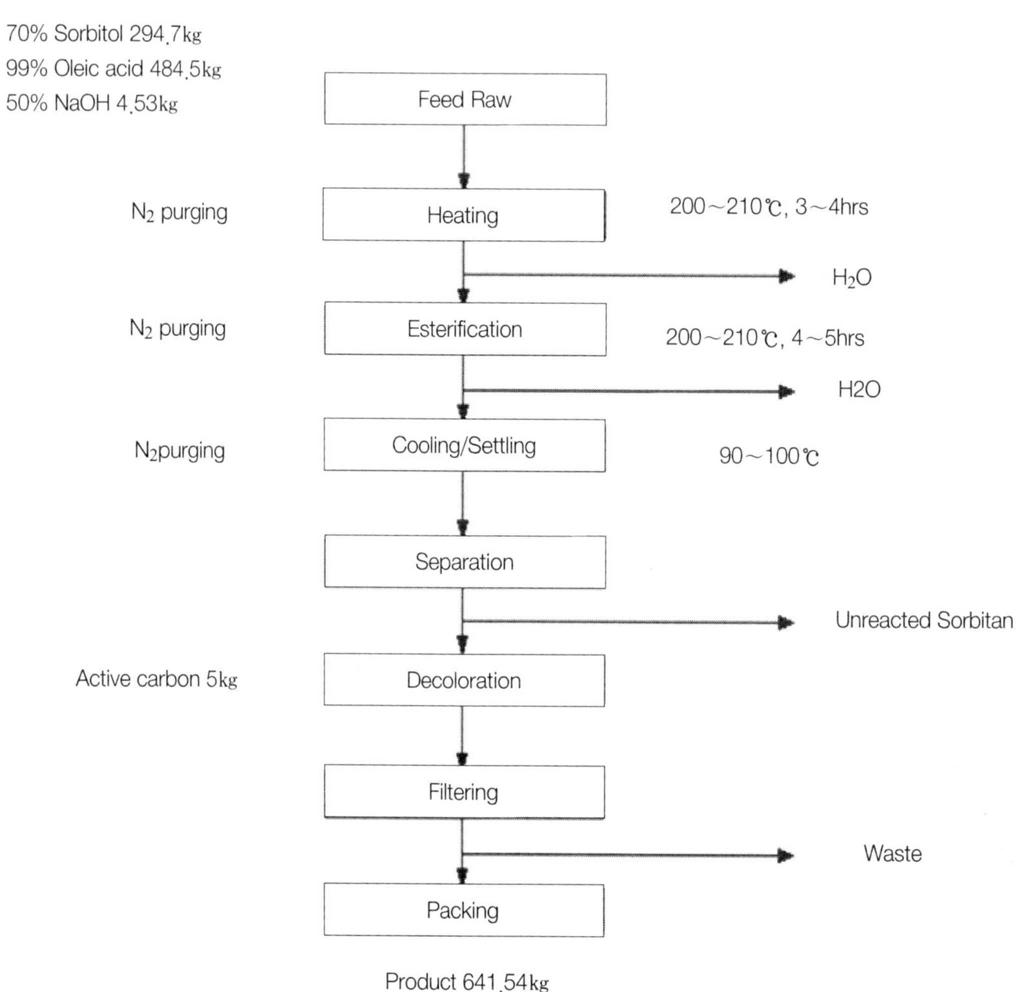

[그림 16.7] SMO복합유화제 제조공정도

④ 규격 및 분석평가방법

가. 규격

〈표 16.70〉 SMO복합유화제의 규격

항 목	규 격
외관	밝은 황색 또는 밝은 갈색의 페이스트상
수분	2% 이하
산가	10 이하
검화가	150~160
수산기가	275~315
요오드가	60~75
Sorbitol-oleic acid monoester(GC)	8% 이상
점도(80℃)	210~350

나. 분석방법

(가) 산가(Acid value)

시료 1그램에 포함된 유리지방산이나 산 등을 중화하는데 필요한 KOH의 mg수(KOH mg 수/g)로 유화제에 남아있는 미반응 지방산의 함량을 알 수 있는 척도이다.

0.5g의 샘플을(정확하게 0.0002g까지 계량) 50㎖의 95% 알코올이 넣어진 250㎖의 삼각플라스크에 넣는다: Span-80이 완전히 녹을 때까지 가열하고 흔들어 주고 수 방울의 페놀프탈레인 지시약을 가한다: 다음에 0.1N KOH 표준용액를 이용하여 핑크색이 나타날 때까지 적정을 한다. 만약 핑크색이 30초 내에 없어지지 않으면 종말점에 도달된 것이다.

샘플의 산가는 다음 식에 의해서 계산된다.

$$산가 = \frac{N \text{x} V \text{x} 56.1}{G}$$

여기서 N은 KOH 표준용액의 당량농도: V는 샘플의 적정에 소모된 KOH표준용액의 밀리리터: G는 샘플 중량(g): 56.1은 KOH의 밀리그램당량이다.

(나) 검화가(비누화가, Saponification value)

시료 1그램을 비누화하는데 필요한 KOH의 mg수로 에스테르화된 유기산의 정도를 알 수 있는 척도이다. 즉 SMO 유화제의 경우 검화가가 상승하면 수산기가는 저하되는 반비례 관계이다.

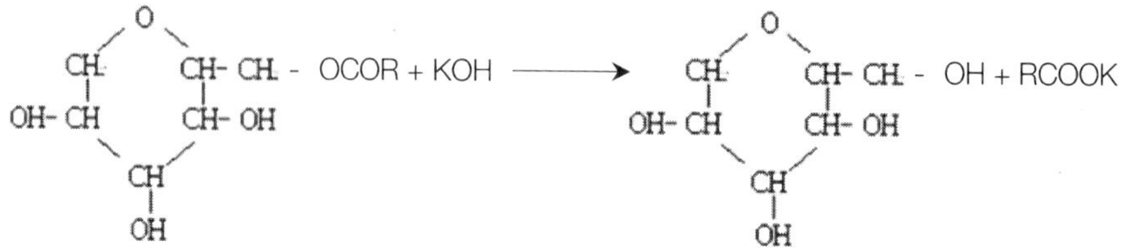

```
           O                                                  O
        /     \                                            /     \
      CH        CH- CH -  OCOR + KOH  ──────→            CH        CH- CH -  OH + RCOOK
      |         |                                        |         |
 OH- CH         CH- OH                              OH- CH         CH- OH
        \     /                                            \     /
         CH                                                 CH
         |                                                  |
         OH                                                 OH
```

Sorbitan monooleate　수산화칼륨　　　Sorbitan　　　비누

1-1.5g의 샘플을(0.002g까지 정확하게 계량) 250㎖의 삼각플라스크에 넣고, 또한 피펫을 이용하여 0.5N NaOH 알코올용액 25㎖를 리플럭스 콘덴서가 연결된 동일한 삼각플라스크에 넣는다. 용기를 연속적으로 흔들어주면서 콘덴서를 작동시키고 용기 내부에 있는 물질을 1시간 동안 끓인다. 동시에 0.1%의 페놀프탈레인 용액 0.5㎖를 비누화된 용액에 가하고 적색 칼라가 없어질 때까지 0.5N HCl 표준용액을 이용해서 즉시 적정한다.

동일한 작업 조건하에 블랭크 테스트를 수행하며 결과는 다음 식에 의해서 계산된다.

$$검화가 = \frac{28.05 \text{x} (V - V_1)}{G}$$

여기서 V는 블랭크 테스트에서 들어간 0.5N HCl 용액의 밀리리터수: V_1은 샘플 G를 적정하는데 필요한 0.5N HCl 용액의 밀리리터수: G는 샘플의 g수: 28.05는0.5N HCl 용액 1㎖와 등가의 KOH 밀리그램수이다.

(다) 수산기가(Hydroxide value)

시료 1그램을 아세틸화(OH기의 H를 CH_3CO-로 치환)시킨 후 OH기에 결합된 아세트산을 중화하는데 필요한 KOH의 mg수이다. 즉 시료 1그램 중의 수산기에 해당되는 KOH의 mg수이다. 이것은 제품 내에 존재하는 OH기의 정도를 알 수 있는 것으로 일반적으로 이 수치가 증가하면 친수성이 강하다. 예를 들어 SPAN80의 경우 수산기가가 198～224정도로 SMO복합유화제의 275～315보다 많이 낮으며 이것은 SPAN80의 물에 대한 친수도가 많이 떨어진다.

1-1.5g의 샘플을(0.0002g까지 정확하게 계량) 500㎖ 요오드 계량병에 넣고 5㎖의 아세틸화

제를 피펫을 이용하여 가하고 샘플과 아세틸화제의 상호작용을 촉진시키기 위해서 약하게 흔들어준다: 상온에서 2시간 방치한 후에 5ml의 증류수를 가하여 과잉의 무수아세트산을 분해시킨다. 또다시 15-20분을 방치한 후에 15ml의 96%중성알코올과 페놀프탈레인 지시약 수 방울을 가하고 1N KOH 표준용액을 이용하여 장미-적색이 사라질 때가지 적정한다. 이것이 종말점이다. 동시에 블랭크 테스트를 수행한다. 결과는 다음 식에 의해서 계산된다.

$$\text{수신기가} = \frac{(V - V_1)\text{x}N\text{x}56.1}{G}$$

여기서 V는 블랭크 테스트에서 소모된 KOH의 밀리그램 수: V_1은 샘플의 적정에 소모된 KOH의 밀리그램 수: N은 KOH용액의 당량 농도: G는 샘플 중량, g

(라) 요오드가(Iodine value)

시료 100그램을 포화시키는데 필요한 요오드의 그램수로 유화제 합성시 사용되는 올레인산 내에 존재하는 이중결합의 수를 측정하는 값으로 올레인산의 품질수준을 알 수 있는 척도이다. 일반적으로 요오드가와 검화가는 비례관계에 있다. 요오드가 측정시 염화요드가 사용되는데 그 이유는 염화요드가 불포화 탄소-탄소 이중결합과 반응성이 좋기 때문이다.

1-1.5g의 샘플을(0.0002g까지 정확하게 계량한다) 500ml 요오드 계량병에 넣고 25ml의 Weissenberg 요오드 용액을 동일한 병에 넣고 내용물을 완전하게 혼합하기 위해 약하게 흔들어준다. 그리고 병을 25±5℃의 어두운 장소에 60분 동안 방치시킨다. 어두운 장소로부터 병을 꺼낸 후에, 20ml의 KI와 100ml의 증류수를 가한다. 노란색이 사라지기 직전까지 0.1N $Na_2S_2O_3$ 용액을 이용하여 적정한다. 그다음 1-2ml의 전분 지시약을 가하고 청색 칼라가 사라지기 직전까지 적정을 계속한다. 동시에 블랭크 테스트를 수행한다. 결과는 다음 식에 의해서 계산된다.

$$\text{요오드가} = \frac{(V - V_1)\text{x}N\text{x}0.1269}{G}\text{x}100$$

여기서 V는 블랭크 테스트에서 소모된 $Na_2S_2O_3$ 용액의 밀리리터수: V_1은 샘플의 적정에 소모된 $Na_2S_2O_3$ 용액의 밀리리터수: N은 $Na_2S_2O_3$ 용액의 당량 농도: 0.1269는 요오드의 밀리그램 당량: G는 샘플 중량, g

(2) PIBSA 유화제

PIBSA유화제는 PIB(Polyisobutylene)와 말레인산(Maleic acid)를 반응시켜 PIBSA(Polyisobutylene succinic anhydride)를 만든 후 디메틸에탄올아민(Dimethylehtanolamine)등의 친수성물질을 반응시켜 만든다. PIBSA유화제는 에멀젼폭약의 저장안정성을 향상시키기 위해서 ICI에 의해서 US 4732627(1988.3.22)로 처음 특허 등록되었다.[23] 이 특허에서는 PIBSA에 에탄올아민(Ethanolamine)을 반응시킨 PIBSA유화제가 사용되었으며 이후에 PIBSA유화제는 친수기를 붙이는 방법에 따라 여러형태의 PIBSA계 유화제가 공개되었다. 현재는 Mobile사의 Mobilard, Nelson Brothers사의 NBX, Lubrisol사의 LZ 등의 PIBSA유화제가 세계적으로 많이 사용되고 있으며 국내에서는 개포정밀, 대림산업 등에서 PIBSA유화제를 생산하고 있다.

PIBSA유화제를 이용한 에멀젼폭약은 대부분 점도가 낮아 약상이 무르기 때문에 카트리징할 때 소세지 포장과 같이 비닐튜브에 담아 양쪽 끝을 철사 등으로 크림핑하여 만들어진다. 또한 흐름성을 요구하는 펌핑용 벌크에멀젼폭약에 적합하다.(단 화학적 기포발생제 사용할 때에는 부적합하며 SMO나 Pibsa + SMO의 혼합유화제 사용)

① 원료

가. 폴리이소부틸렌(Polyisobutylene, 약자 PIB)

주로 합성고무의 제조에 사용되며 분자량은 약 1000 정도 되는 것을 사용한다. 이소부틸렌(Isobutylene, C_4H_8)의 중합체로 그 구조식은 다음과 같다.

$$CH_3-\overset{\displaystyle CH_3\atop |}{C}=CH_2 \longrightarrow CH_3-\overset{\displaystyle CH_3\atop |}{\underset{|}{C}}-CH_2- \xrightarrow{\text{중합}} (CH_3-\overset{\displaystyle CH_3\atop |}{\underset{|}{C}}-CH_2-)_n \qquad (C_4H_8)n$$

Isobutylene(isobutene, 2-methylpropene)　　Polyisobutylene, n이 약 18개 정도

나. 말레산(Maleic acid)

무색의 기둥모양 또는 널빤지 모양의 결정으로 화학식은 $(CH)_2(COOH)_2$인 시스-1,2-에틸렌디카르본산을 이르는 화학물질이다. 트란스형의 푸마르산과는 기하학적으로 이성질 관계

에 있다. 융점이 133~134℃인 무색의 결정이다. 푸마르산에 비해 물에 잘 녹고 에틸알코올과 에테르에도 잘 녹으나 벤젠에는 잘 녹지 않는다. 135℃로 서서히 가열하면 안전형인 푸마르산으로 이성질화하지만 강하게 가열하면 수분을 상실하여 말레산무수물이 된다. 2염기산이므로 물속에서는 2단계로 해리해서 산성을 나타낸다. 말레산에 수소를 가하여 첨가시키면 숙신산이 된다.

$$HOOC-CH=CH-COOH+H_2 \rightarrow HOOC-CH_2-CH_2-COOH$$

Maleic acid 수소 Succinic acid

말레산에 탈수제를 넣으면 다음과 같이 말레산무수물이 만들어진다.

COOH-CH=CH-COOH —(탈수제, $-H_2O$)→ Maleic anhydride (CH-C(=O)-O-C(=O)-CH, CH=CH)

Maleic acid Maleic anhydride

숙신산에 탈수제를 넣으면 다음과 같이 숙신산무수물이 만들어진다.

$COOH-CH_2-CH_2-COOH$ —(탈수제, $-H_2O$)→ $CH_2-C(=O)-O-C(=O)-CH_2$ (CH_2-CH_2)

Maleic acid Maleic anhydride

다. 디메틸에탄올아민(Dimethylethanolamine)

DMAE(Dimethylaminoethanol)라고도 하는 유기물이며 색이 없거나 옅은 황색을 띠는 액체이다. 디메틸에탄올아민은 폴리우레탄과 에폭시수지의 양생제로 사용된다. 염료의 합성, 직물보조제, 의약, 유화제 및 부식방지제에 사용된다. 또한 페인트제거제, 보일러수 및 아미노수지의 첨가제로 사용된다. 디메틸에탈올아민은 콜린(뇌, 담즙, 난황 등에 함유된 비타민B의 복합체)과 관련이 있으며 신경전달물질 아세틸콜린(Acetylcholine)에 대한 생화학의 전구체(Precusor)이며 자연적으로는 정어리와 멸치와 같은 물고기에서 발견된다.

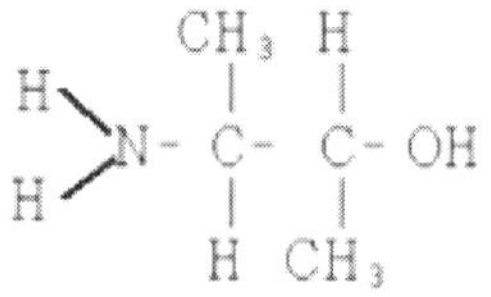

$$\begin{array}{c} \quad CH_3 \quad H \\ H \searrow \quad | \qquad | \\ \quad N - C - C - OH \\ H \nearrow \quad | \qquad | \\ \quad H \quad CH_3 \end{array}$$

Dimethylaminoethanol(또는 Dimethylethanolamine, $C_{14}H_{11}ON$)

② 제조방법(반응식)

가. 1차반응(PIBSA의 제조)

$$\text{PIBSA+Maleic acid} \xrightarrow[15hrs]{230^\circ C} \text{PIBSA(Polyisobutylenesuccinic anhydride)}$$

→ N_2 Stripping(230°C, 2hrs) → 감압(1hrs) → 냉각(80°C) → 희석제 (M/O첨가)

원료인 말레산을 탈수하면 말레산무수물이 되는데 PIB와 반응할 때 PIB에 있는 H가 말레산의 이중결합 부위로 치환이 되어 호박산무수물(Succinic anhydride)이 된다. PIBSA를 만드는 과정의 반응식은 다음과 같다.

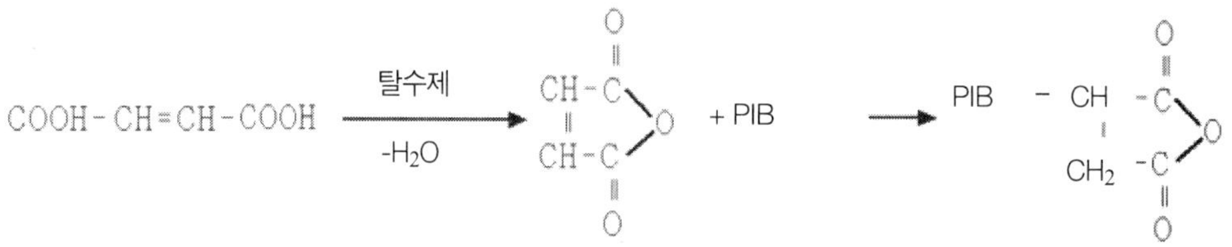

$$\text{COOH-CH=CH-COOH} \xrightarrow[-H_2O]{\text{탈수제}} \text{Maleic anhydride} + \text{PIB} \longrightarrow \text{PIB-CH(-C(=O)-O-C(=O)-)CH}_2 \ (\text{PIBSA})$$

Maleic acid Maleic anhydride PIBSA

나. 2차반응(PIBSA유화제 = PIBSA amine salt 제조)

PIBSA (Oil로 희석된) + DMEA $\xrightarrow[5hr]{160^{\circ}C}$ PIBSA amine salts(PIBSA 유화제)

→ 냉각(80°C) → Micro filtering → 포장(드럼)

(DMEA 1mole 반응)

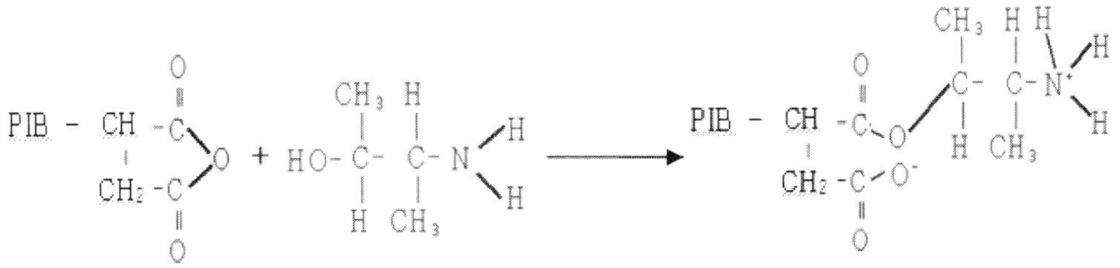

PIBSA 1mole DMEA 1mole PIBSA amine salt(Ester salt)

약식으로는 다음과 같이 표기한다.

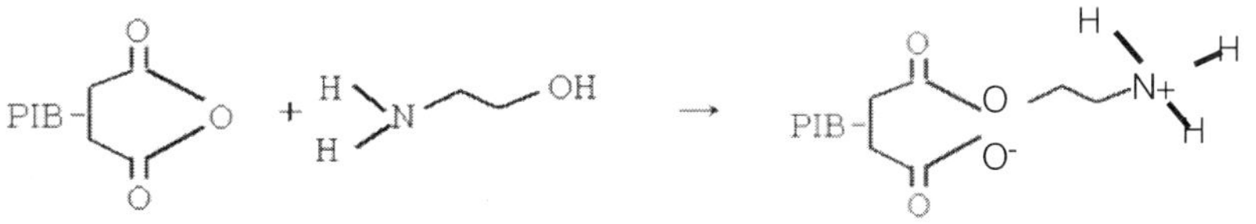

(DMEA 2mole 반응)

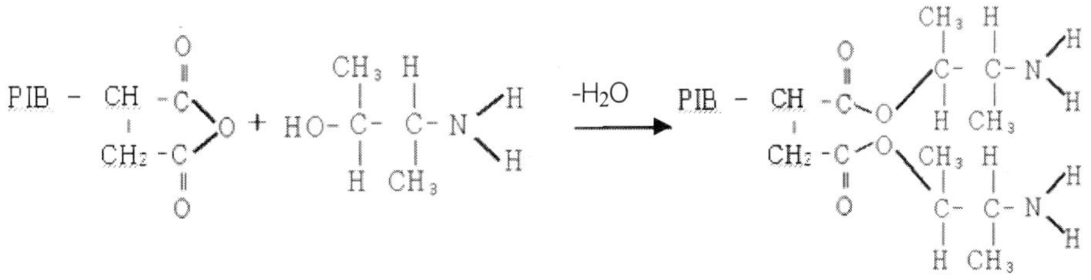

$-H_2O$

PIBSA 1mole DMEA 2mole PIBSA amine salt(Diester salt)

약식으로는 다음과 같이 표기한다.

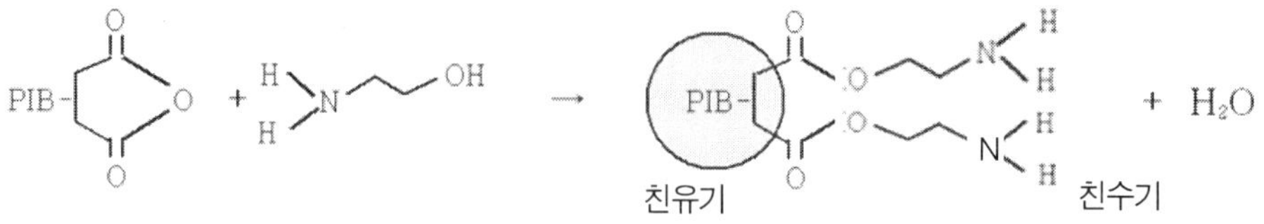

PIB + H₂N–CH₂CH₂–OH → PIB + H_2O

친유기 친수기

(3) 기타 PIBSA계열의 유화제[US 특허 6951589(2005.10.4)][24]

① Succinic ester groups

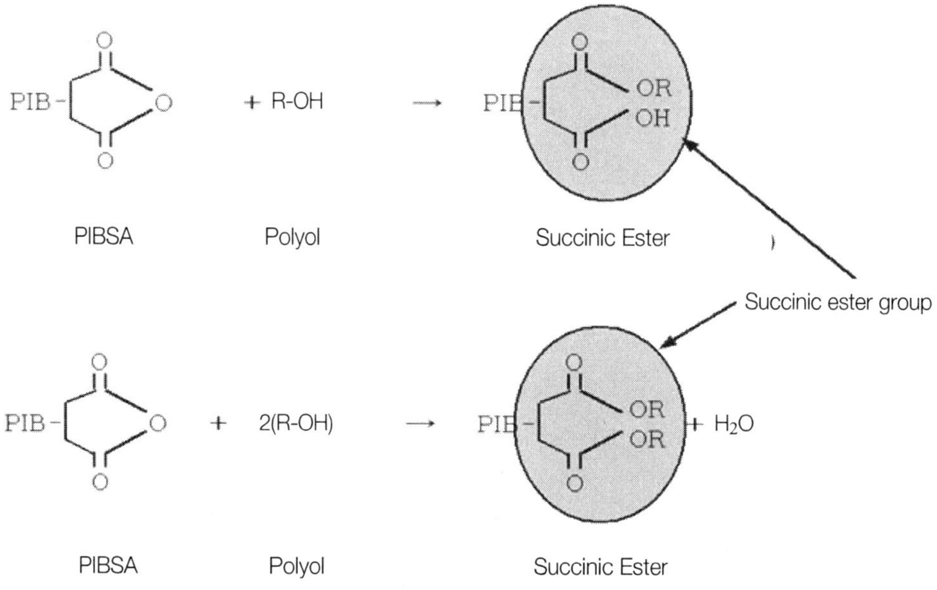

PIB + R-OH → PIB OR OH

PIBSA Polyol Succinic Ester

Succinic ester group

PIB + 2(R-OH) → PIB OR OR + H_2O

PIBSA Polyol Succinic Ester

※ Polyol: 2개 이상의 OH기를 가진 지방족 다가알코올

② Succinic amide groups

PIB + $(R\text{-}CO)NH_2$ → PIB (OH / NH-CO-R) or PIB (N-CO-R) H_2O

PIBSA　　Amide　　Succinic amide

Succinic amide group

PIB + $2(R\text{-}CO)NH_2$ → PIB (NH-CO-R / NH-CO-R) + H_2O

※ amide란 NH_3에서 1개 이상의 수소원자가 아실기 RCO-로 치환된 화학물의 총칭

- 1차 아마이드 $RCONH_2$
- 2차 아마이드 $(RCO)_2NH$
- 3차 아마이드 $(RCO)_3N$

③ Succinic imine groups

PIB + RR′C=NH → PIB (OH / N=CRR′)

PIBSA　　Imine　　`Succinic imine

Succinic imine group

PIB + 2RR′C=NH → PIB (N=CRR′ / N=CRR′) + H_2O

④ Succinic ester－amide

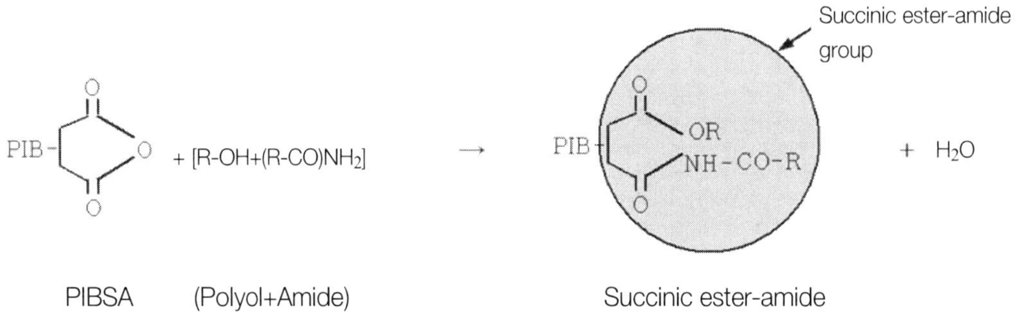

Succinic ester-amide group

PIB + [R-OH+(R-CO)NH_2] → PIB (OR, NH-CO-R) + H_2O

PIBSA (Polyol+Amide) Succinic ester-amide

⑤ Succinic imide

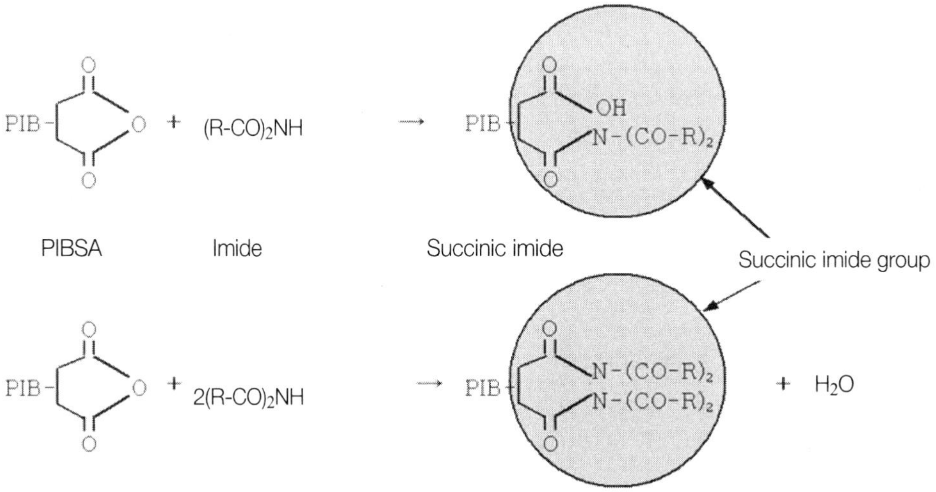

PIB + (R-CO)$_2$NH → PIB (OH, N-(CO-R)$_2$)

PIBSA Imide Succinic imide

Succinic imide group

PIB + 2(R-CO)$_2$NH → PIB (N-(CO-R)$_2$, N-(CO-R)$_2$) + H_2O

⑥ Succinic amine

PIB-PIBSA + R-NH_2 → Succinic amine (PIB-succinic acid amide: OH, NH-R) or (PIB-succinimide: N-R) + H_2O

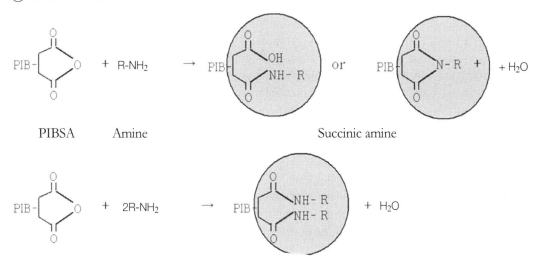

PIBSA Amine Succinic amine

PIB-PIBSA + 2R-NH_2 → PIB-succinic diamide (NH-R, NH-R) + H_2O

16.4.5 기타 첨가물

앞에서 언급했던 에멀젼폭약의 기본적인 성분 외에 에멀젼폭약의 성능을 더 개선하기 위해서 소량의 다른 첨가제들이 들어간다. 다음과 같은 종류의 첨가제들이 있다.

16.4.5.1 결정형태 조절제[1]

결정형태 조절제는 폭약 총 중량의 0.1～0.3중량% 정도 첨가되며 질산암모늄과 같은 무기 산화제염의 용해↔결정 밸런스를 효과적으로 조절하기 위해서 첨가된다. 일반적으로 말해서, 대부분의 결정형태 조절제는 물에 용해되는 계면활성제이며 우수한 유화 및 분산효과를 갖는다. 0.5% 이상 첨가하면 폭약의 코스트를 올릴 뿐만 아니라 W/O형의 에멀젼이 형성되는 유화작업에는 바람직하지 못하다.

실제로 음이온, 양이온, 비이온 및 양쪽성 계면활성제 중에서 음이온계 계면활성제가 첨가되면 유화 효과가 가장 좋다. 그들의 기능을 충분히 발휘하기 위해서는 유화작업을 하기 전에 질산암모늄과 같은 산화제 수용액에 넣어야 한다. 보통 이러한 계면활성제들에는 다음과 같은 것들이 포함된다.

- Alkyl(C_{12} ~ C_{18}) alcohol alkali metal sulfonate
- Alkyl alcohol alkali metal sulfate
- Penyl or naphthyl alkali metal sulfonate
- Phenyl or naphthyl alkali metal sulfate

이들 중에서 Sodium dodecyl sulfate, Sodium dodecyl sulfonate 및 Dodecanol acyl phosphate가 보통 사용되며 효과적이다. 이 세 가지의 계면활성제에 대한 성능에 대해 좀 더 자세하게 알아보기로 하자.

(1) Dodecyl sodium sulfate

〈표 16.71〉 Dodecyl sodium sulfate의 물리화학적 특징

CAS 번호	151-21-3	분자량(g/mole)	288.39
분자식	$NaC_{12}H_{25}SO_4$	ΔH_f(kcal/mol)	-
분자 구조		밀도(g/㎤)	1.01
		융점(℃)	180~185
		비점(℃)	-
		외관/냄새	백색 또는 엷은 황색의 분말

Dodecyl sodium sulfate는 fatty alcohol sodium sulfate라고도 하며 $C_{12}H_{25}SO_4Na$의 분자식을 가지며 분자량이 288.39, $CH_3(CH_2)_{11}OSO_3Na$의 분자구조를 갖는다. 코코아 오일 알코올 또는 C12~C14 알코올을 에스테르화, 중화 및 분말화작업에 의해서 만들어지는 제품을 Dodecyl sodium sulfate라고 하며 반면에 촉매하에서 합성지방산을 에스테르화 및 수소화하여 만들어진 합성지방알코올을 술폰화, 중화 및 분말화화여 만들어진 제품을 Synthetic fatty alcohol sodium sulfate라고 한다. 실제로 에멀젼폭약에서 이 두 물질의 효과는 거의 동일하다.

Dodecyl sodium sulfate는 백색에서 엷은 황색의 분말이며 약간의 특별한 냄새가 난다. 벌크상의 밀도는 0.25g/㎖이며 융점은 180~185℃이다. 물에 쉽게 녹으며 독성이 없다. 이 제품의 표준 품질은 <표 16.72>과 같다.

〈표 16.72〉 Sodium dodecyl sulfate의 품질 표준

항 목	Fatty alcohol sodium sulfate	Synthetic fatty alcohol sodium sulfate
Total alcohol(%)	40 이상	57 이상
Unsaponifiable matters(%)	2 이하	4 이하
수분(%)	3 이하	3 이하
Inorganic salt content(%)	5 이하	7 이하
pH value	8-9	7.5-9.5
Foam(mm)	190 이상	190 이상

(2) Dodecyl sodium sulfonate

Dodecyl sodium sulfonate는 Petroleum sodium sulfonate라고도 하며 $C_{12}H_{25}SO_3Na$의 분자식과 272.37의 분자량을 갖는다. Dodecyl sodium sulfonate 완제품은 NaOH와 Alkyl sulfonyl chloride의 반응으로부터 얻어진다. Alkyl sulfonyl chloride는 먼저 포화된 석유탄화수소와 SO_2와 Cl_2의 반응에 의해서 만들어지며 여기서 SO_2와 Cl_2는 65℃에서 자외선을 조사하는 상태에서 석유탄화수소에 불어넣어준다.

제품은 황색의 액체로 역겨운 냄새가 난다. 비중은 1.09이다. 물에 완전히 녹으며 산과 염기에 모두에 안정하고 강한 세제성, 침투성 및 거품 성능을 갖는다. 에멀젼폭약과 함께 사용했을 때 25~30%의 수용액 상태로 사용되며 폭약 총 중량에 대해서 첨가량은 0.1~0.2%이다. Dodecyl dosium sulfonate의 표준 품질은 <표 16.73>과 같다.

〈표 16.73〉 Dodecyl sodium sulfonate의 품질 표준

항 목	Sodium dodecyl sulfonate의 품질 표준
Effective matters(%)	28±1
Unsaponifiable matters(%)	6 이하
Sodium chloride content(%)	6 이하
1% 수용액의 pH value	7~8

(3) Dodecanol acyl phosphate

Dodecanol acyl phosphate는 Cocoa oil alkylol acyl phosphatide라고도 한다. Cocoa oil acid alkyl diethanol amide와 인(P)과의 반응으로부터 만들어진 축합 화합물이다. 분자구조식은 다

음과 같다.

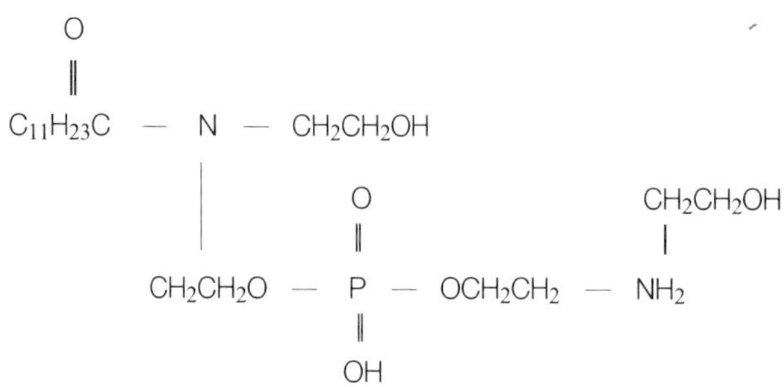

위의 식으로부터 이 화합물이 양쪽성의 계면활성제라는 것을 알 수 있다. 상온에서 외관상 호박색의 액체이다. 20%까지의 농도를 갖는 NaCl용액과 서로 잘 용해할 수 있으며 투명하고 균일한 형체로 전환된다. 경수 또는 염의 전해질 용액에 넣더라도 세정, 유화 및 거품 및 거품 안정화 같은 것에 탁월한 성능을 유지한다. 에멀젼폭약에 첨가되는 양은 0.1～0.2%이다. 에멀젼폭약의 개선과 안정성에 아주 뚜렷한 효과가 있으나 화학적 기포제로 예감화시키는 에멀젼폭약에는 부적합하다.

16.4.5.2 유화 촉진제[1]

Canadian Industries Limited의 R, Binet는 실험을 통해서 고도로 염소화된 파라핀탄화수소가 에멀젼폭약의 확실한 유화 촉진 작용을 한다는 것을 발견하였다. 고도로 염소화된 파라핀계 탄화수소를 소량만 넣어도 동일한 조성의 에멀젼폭약의 폭발감도와 장기저장안정성을 증가시킨다. 보통 첨가량은 0.2～0.8%이며 1% 이상 들어가면 더 이상의 효과를 나타내지 않는다. 고도로 염소화된 파라핀 탄화수소란 긴 사슬(보통 C_{10}～C_{20})의 파라핀 탄화수소의 염소화에 의해서 만들어진 물질을 말하며 이 물질은 적어도 50중량% 이상의 염소를 함유한다. 유화 촉진제는 연료와 유화제와 함께 사전에 혼합되어 사용된다. 일반적으로 말하면 염소화의 정도가 높으면 높을수록 유화 작용을 더 강하게 촉진시킨다고 할 수 있다. 이것의 예가 <표 16.74>에 나와 있다.

〈표 16.74〉 유화 촉진 작용에 관한 염소화정도의 효과

샘플 번호	1	2	3
염소화파라핀탄화수소의 염소화정도	염소함량54%	염소함량65%	염소함량70%
첨가량(%)	0.5	0.5	0.5
밀도(g/㎤)	1.15	1.12	1.12
카트리지 직경(mm)	25.4	25.4	25.4
폭발온도(℃)	7	7	7
최소 뇌관	No.10 뇌홍폭분뇌관	No.9 뇌홍폭분뇌관	No.6 뇌홍폭분뇌관
기폭감도	Low	Medium	High

16.4.5.3 에멀젼 안정제[1]

인지질 화합물들(예: 소이빈 레시틴)과 미세한 고체분말이 에멀젼폭약의 효과적인 안정제로 알려져 왔다.

(1) 소이빈 레시틴

소이빈 레시틴은 식물 레시틴이다. 식품산업에서 사용할 수 있는 모든 계면활성제 중에서 유화제로서 사용할 수 있는 단 하나의 이온 계면활성제이다. 에멀젼폭약에서 보통 안정제로 사용된다. 이 안정제를 약 0.5%만 첨가해도 에멀젼폭약의 장기저장성을 확실하게 개선할 수도 있다. 안정제와 유화제의 최적비율은 1:5이다. 에멀젼폭약을 제조하는 과정에서 안정제는 유화제와 함께 먼저 오일상에 용해되고 이어서 유화가 이루어진다. 또한 이러한 안정제는 유화제의 50%까지를 대체할 수도 있다.

지방과 유사한 물질인 인지질은 트리글리세라이드를 에스테르화한 다음 하나의 지방산 라디칼을 인산과 콜린(Choline) 또는 콜라민(Cholamine)에 의해서 대체함으로써 만들어진다. 콜린으로 만들어진 인지질을 레시틴이라고 부르며 콜라민으로 만들어진 것을 세파린(Cephalin)이라고 하며 아래의 그림과 같다. 만약 지방산의 α 위치가 인산 라디칼에 의해서 대체되면 그 물질을 α-레시틴 또는 α-세파린이라고 부르며 지방산의 β 위치가 인산 라디칼에 의해서 대체되면 그 물질을 β-레시틴 또는 β-세파린이라고 부른다. 보통의 지방과 기름에서는 α-레시틴의 함량이 더 높다.

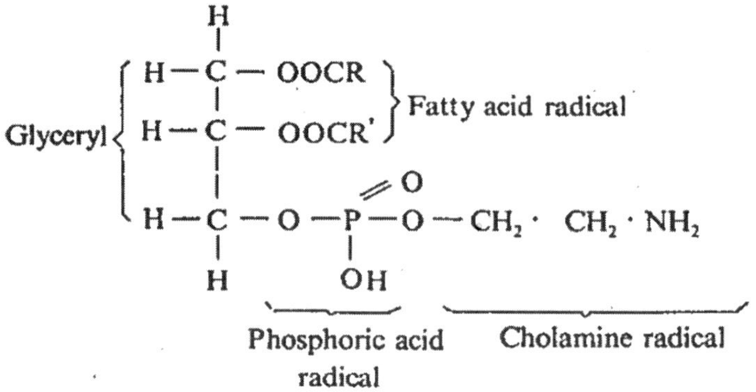

```
             H
             |
        ⎧ H — C — OOCR  ⎫
        ⎪     |         ⎬ Fatty acid radical
Glyceryl⎨ H — C — OOCR' ⎭
        ⎪     |
        ⎪     |           ╱╱O
        ⎩ H — C — O — P — O — CH2 ·  CH2 · NH2
              |       |
              H       OH
                 Phosphoric acid    Cholamine radical
                    radical
                 α − Cephalin
```

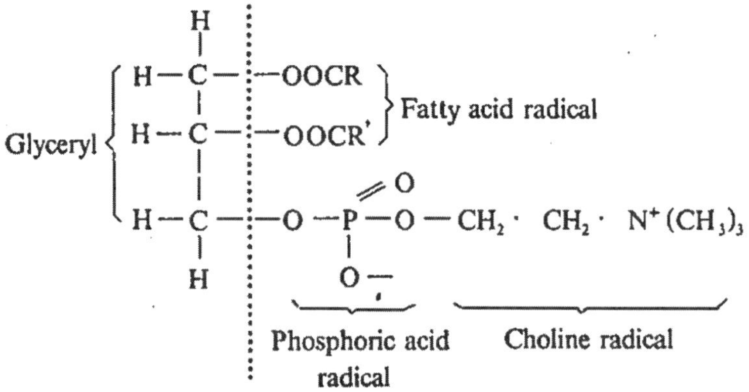

```
             H
             |
        ⎧ H — C — OOCR  ⎫
        ⎪     |         ⎬ Fatty acid radical
Glyceryl⎨ H — C — OOCR' ⎭
        ⎪     |
        ⎪     |           ╱╱O
        ⎩ H — C — O — P — O — CH2 ·  CH2 ·  N+(CH3)3
              |       |
              H       O−
                 Phosphoric acid    Choline radical
                    radical
                 α − Lecithin
```

단백질, 레진 등처럼 인지질은 물이 없는 지방과 오일에만 녹을 수 있다. 물이 존재할 때는 물과 함께 안정한 에멀젼 심지어는 콜로이드용액을 형성할 수 있다. 레시틴과 세파린은 클로로포름, 석유에테르, 이황화탄소 및 벤젠에 용해되지만 아세톤과 메틸아세테이트에는 녹지 않는다. 또한 레시틴은 알코올에 용해되나 세파린은 알코올에 녹지 않는다. 이 특성은 이들을 정제하는데 사용될 수도 있다.

식물 인지질은 상업적으로 레시틴으로 알려져 있으며 보통은 60～65%의 인지질과 35～

40%의 지방과 오일을 함유한다. 상용 레시틴은 소이빈 레시틴으로 알려져 있으며, 소이빈 오일로부터 얻는다. 시장에서 소이빈 레시틴은 가끔 페이스트 상태이고 약산성을 띠며(pH값이 거의 6.6) 그리고 일반적으로 소이빈 오일을 33～40% 함유한다. 일본의 소이빈 레시틴의 규격은 <표 16.75>와 같다.

〈표 16.75〉 일본의 소이빈 레시틴의 규격

항 목	규 격
Acid valence	40 이하
Insolubles in benzene	40% 이하
Solubles in acetone	40% 이하
Arsenic	2 ppm 이하
Heavy metals	20ppm 이하
Decrement after dry	2% 이하

(2) 미세 고체 분말

"Emulsion: Theory and Practice"에서 Paul Becher는 에멀젼에서 미세 고체 입자의 안정화 작용을 기술하였다. 다케우찌 등에 의해서 공개된 "An Emulsion Explosive Composition produced with an Emulsification Stabilizer"라는 제목의 특허에 의하면 에멀젼에 소량의 고체 분말을 첨가하면 저온에서의 저장안정성과 성능을 개선된다고 하였다. 다케우찌 등은 고체 분말 안정제의 분산 방향성이 우수하여 연속상 또는 분산상과 연속상 사이의 계면으로 쉽게 이동한다는 것을 언급하였다. 고체 분말의 평균입경은 1.0㎛ 이하가 되어야 하며 바람직하게는 0.005～0.5㎛가 좋다. 실제로 다음 물질의 하나 또는 2개 이상이 에멀젼폭약에서 안정제로 사용될 수 있다.

- Zinc stearate
- Tetradecoic acid zinc
- Aluminum stearate
- Tetradecoic acid magnesium
- Carbon black
- Waterless silicon dioxide
- Iron oxide

- Titanium dioxide
- Kaolin
- Chinese white
- Sulfur
- Aluminum
- Zinc 등이다.

첨가량은 보통 0.1～1%이다.

(3) 밀랍과 붕사

실제로 적절한 양의 밀랍과 붕사($Na_2B_4O_7 \cdot 10H_2O$)가 에멀젼폭약에 첨가되면 저장안정성이 개선되는 것으로 나타났다. 밀랍은 동물 왁스 중의 하나이다. 화학적으로 밀랍은 마이리실 팔미테이트(Myricyl palmitate), 세로틴산 및 이와 상응하는 산 그리고 소량의 탄화수소, 콜레스테롤에스테르 및 세릴알코올로 구성되어 있다. 밀랍은 강염기에 의해서 쉽게 비누화되기 때문에 내재된 자유 지방산은 유화성에 대한 중요한 인자이다. 이것이 안정제로서 밀랍과 붕사를 함께 사용하는 기본 원리이다. 수산기와 카르복시기가 존재하므로 밀랍은 친수성과 친유성 모두를 가지며 그 자체는 보조유화제가 된다. 적절한 양의 붕사는 밀랍에 있는 자유 지방산을 중화시킬 수 있으며 밀랍의 유화 및 안정화 작용을 증가시키는 밀랍 지방산 나트륨(Beeswax fatty acid sodium)을 형성한다. 비누화 후에 밀랍을 분광기와 가스크로마토그래피로 실시한 조성 분석의 예는 다음의 <표 16.76>과 같다.

〈표 16.76〉 밀랍의 비누화후의 조성

항 목	조성
Hydrocarbons	16%
Monohydric alcohols	31%
Diols	3%
Acids	31%
Hydroxy-acids	13%
Pigments, propolis, etc	6%

천연의 밀랍은 무정형이고 색상은 짙은 갈색으로부터 밝은 노란색에 이르기까지 다양하다. 밀랍은 뚜렷한 달콤한 냄새와 향기로운 맛을 가지며 그리고 이에 들러붙지 않으며 또한 씹을 때 페이스트가 된다. 밀랍을 150~250℃로 가열했을 때 산가가 감소되는 반면 에스테르 및 비누화가는 증가되며 융점도 또한 증가된다. 밀랍이 액체 상태로 좀 낮은 온도에서 어떤 일정 기간 동안 있으면 비슷한 변화가 일어난다. 계속해서 가열하면 재에스테르화 반응이 일어나거나 또는 에스테르화가 및 비누화가의 감소와 함께 에스토라이드(Estolide)가 형성된다.

밀랍은 차가운 알코올에 약간 녹으며 클로로포름, 에테르 및 불휘발성과 휘발성 오일에 완전하게 녹는다. 차가운 벤젠과 차가운 이황화탄소에 부분적으로 녹으며 30℃에서는 이들 액체에 완전하게 녹는다. 지방, 오일, 왁스 및 레진과 함께 용해될 때 혼합될 수도 있다.

밀랍은 옐로우, 화이트 및 추출 밀랍으로 분류될 수 있다. 여러 등급의 밀랍의 특성치들이 <표 16.77>에 나와 있다.

일반적으로 말하면 에멀젼폭약에 밀랍의 첨가량은 약 0.3%이다. 선정된 밀랍 내의 자유 지방산에 따라서 에멀젼폭약에 붕사의 첨가량은 약 0.4~0.7%이다. 이 양을 절대로 초과해서는 안 된다. 그렇지 않으면 과잉의 붕사로부터 생기는 알칼리도가 질산암모늄을 분해하여 암모니아가 방출될 것이며 이것은 에멀젼폭약의 안정성에 영향을 줄 것이다. 더구나 밀랍에 있는 모든 자유 지방산을 밀랍 지방산 나트륨으로 전환시키기 위해서 밀랍은 붕사와 먼저 반응을 해야 하며 그리고 나서 이들의 혼합물이 유화에 사용되어야 한다.

〈표 16.77〉 여러 등급의 밀랍 특성치

등급	비중 (15℃)	융점 (℃)	산가	비누가	에스테르가	에스테르가/산가	불검화물 (%)
Yellow beeswax	0.958-0.970	62-64	17-23	87-97	70-80	3.3-4.0	50-56
White beeswax	0.958-0.970	62-64	18-24	90-102	70-80	3.3-4.0	50-56
Extraction beeswax (Unbleached)	0.953-0.957	61-62.5	23-27	92-95	66-70.5	2.4-3.0	50-56
Extraction beeswax (Bleached)	0.970-0.984	-	22-30	91.5-104	69-77.5	2.5-3.3	50-56

16.5 에멀젼폭약의 제조

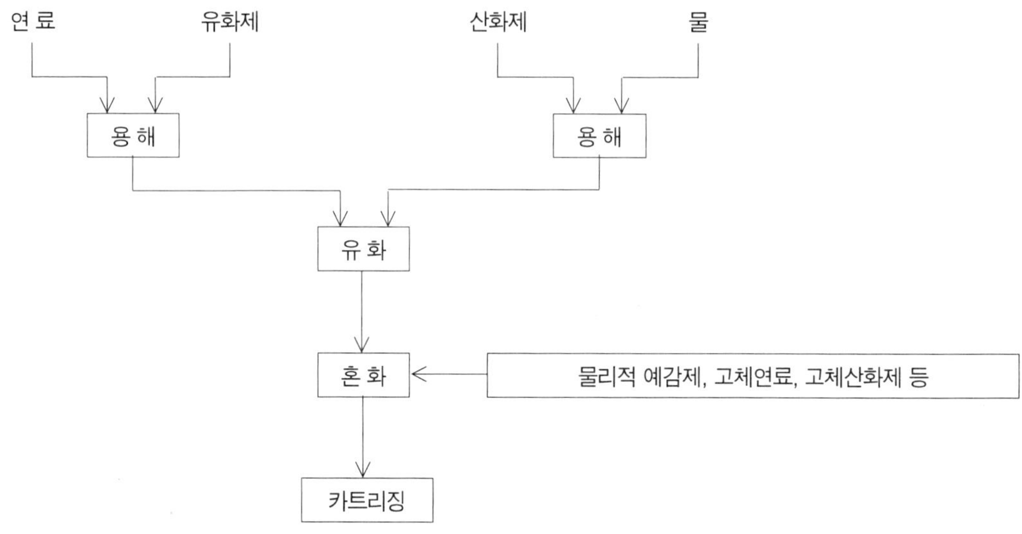

[그림 16.8] 에멀젼폭약 제조공정도

16.5.1 산화제 용액의 제조

8메쉬 사분망으로 통과시킨 산화제 및 기타 수용성 원료들에 물을 가하고 열을 가하면서 용해시킨다. 어느 정도 용해되어 유동성이 생기면 교반기를 작동시켜 용해속도를 증가시키고 용해된 원료들을 잘 혼합시킨다. 액체산화제를 이용하는 경우에는 기타 수용성 원료만을 추가로 넣어서 용액을 제조하기 때문에 보다 용이하다. 산화제 용액의 온도는 보통 산화제용액의 퍼지포인트(Fudge point)보다 약 15℃ 정도 높게 맞춘다. 보통 작업온도는 90~95℃가 바람직하므로 산화제용액을 설계할 때는 퍼지포인트를 80℃ 이하로 하는 것이 좋다.

16.5.2 연료 용액의 제조

왁스, 오일, 유화제 및 기타 지용성 원료를 한 탱크에 넣고 열을 가하면서 교반에 의해 용해시키면서 잘 혼합이 되도록 한다. 최종 용해된 연료용액의 온도는 산화제와 같도록 맞추는 것이 좋다. 그래야 유화작업 시 온도의 변화가 없으며 온도의 변화로 인해 생길 수 있는 여러 가지 문제를 예방할 수 있다.

16.5.3 유화

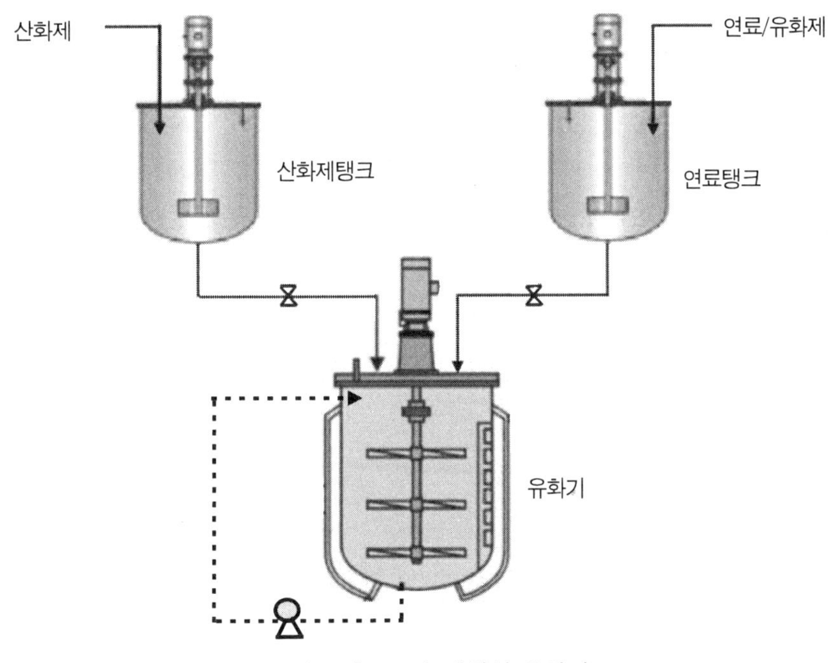

[그림 16.9] 배치식 유화기

유화는 에멀젼폭약 제조 과정에서 가장 중요한 단계이다. 원료를 공급하는 방식과 사용되는 기계에 따라서 연속식과 배치식의 두 가지로 유화작업이 이루어질 수 있다. 그러나 높은 전단력에 의해서 W/O형의 에멀젼이 생성되는 과정은 같다고 할 수 있다. 즉 연료용액과 산화제용액이 일정 온도에서 조절된 속도로 유화기로 주입이 된다. 여기에서 일정 시간 동안 머무르면서 연료용액과 산화제용액이 균일하게 혼합되어 연료용액에 들어있는 유화제에 의해서 안정한 W/O에멀젼이 만들어진다. 배치식의 대표적인 예로는 [그림 16.9]와 같은 시스템이 있다.

산화제와 연료/유화제를 각각의 탱크에서 용해시켜 약 90～95℃의 온도로 조절한 다음 먼저 연료/유화제를 유화기에 투입한 후에 저속 RPM으로 교반시키면서 서서히 산화제를 투입시켜 예유화를 시킨다. 산화제 투입 및 예유화가 끝나면 본유화를 시작하며 본유화에서는 고속 RPM으로 교반을 시키는데 에멀젼의 요구되는 입도 및 점도의 수준에 따라서 적절하게 조절한다. 유화 효율을 증대시키기 위해서 펌프로 리사이클을 시키는 경우도 있다(점선). 배치의 용량이 수십톤 정도로 클 경우에는 교반과 펌프를 함께 사용하는 것이 바람직하다.

연속식 유화기의 대표적인 예로는 [그림 16.10]과 같은 시스템이 있다. 산화제 용액과 연료/유화제 용액은 각각의 탱크에서 90~95℃의 용액으로 제조된다. 각 용액은 각각의 펌프로 Pre-mixer로 펌핑되며, 이 때 유량조절기에 의해서 정량으로 공급되며 정량을 제외하고는 탱크로 리사이클된다. Pre-mixer에서 예유화된 후 유화기로 공급되어 완전한 에멀젼으로 유화된다. 이 에멀젼은 혼화기로 주입이 되어 미소중공구체 등의 고체 및 액체 원료와 함께 혼합이 되어 최종적으로 에멀젼폭약이 만들어 진다. 이 에멀젼폭약은 카트리징 머신으로 공급된다.

벌크용 에멀젼은 혼화공정으로 가기 전에 저장탱크에 이송되어 저장되었다가 벌크에멀젼폭약 제조용 트럭에 의해서 발파 사이트로 운반되어 물리적예감제와 혼합되어 발파공에 주입이 된다. 예혼화기(Pre-mixer)로는 스태틱혼화기(Static mixer), 프로펠러혼화기(Propeller mixer) 등이 사용되며, 유화기로는 핀밀(Pin mill), 콜로이드밀(Colloid mill), 인라인파이프혼화기(Inline pipe mixer), 디스크혼화기(Disc mixer) 등이 많이 사용된다.

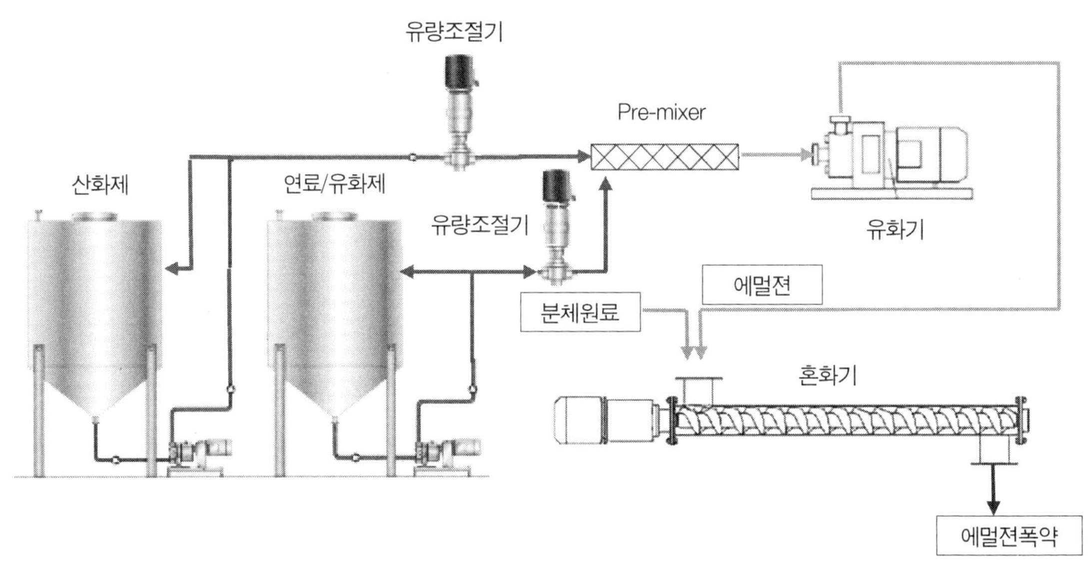

[그림 16.10] 연속식 유화/혼화시스템

16.5.4 혼화

필요한 기폭 감도와 충분한 폭발에너지를 얻기 위해서 유화된 에멀젼은 혼합기로 보내어져 적절한 양의 밀도조절제와 알루미늄 등의 고체연료 그리고 AN 등의 고체 산화제와 함께 혼합이 된다. 균일하게 혼합이 된 에멀젼폭약은 포장공정으로 이송이 된다. 혼화기로는 일반적으로 반죽을 할 수 있는 혼화기가 사용되며 시그마혼화기, 스크류혼화기, 다블스크류혼화기, 리본혼화기 등이 많이 사용된다.

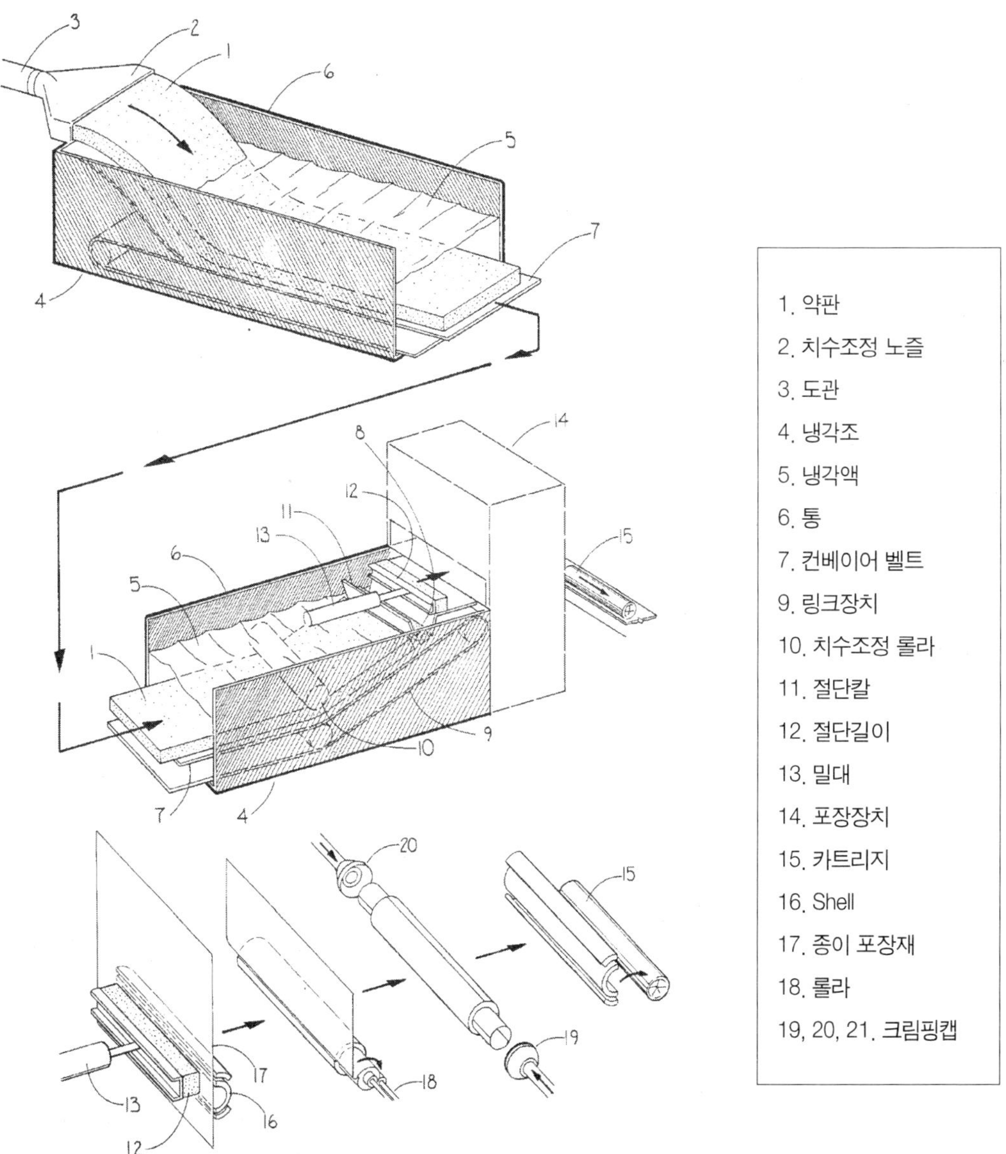

[그림 16.11] Ireco Incorporated의 카트리징 기계의 도식도

16.5.5 카트리징

혼화된 에멀젼폭약은 카트리징 기계의 호퍼로 이송이 되고 여기에서 에멀젼폭약은 여러 가지 형태의 카트리지 또는 백으로 포장이 되어 저장소로 보내어진다.

카트리지의 충전과 카트리징은 아주 중요하다. 에멀젼폭약의 종류와 그들의 여러 가지 약상 및 특성에 따라서 알맞은 카트리징 머신을 사용해야하는데 이때 안전성의 보증, 기계의 적합성 및 편리성 등을 감안해서 선정해야 한다. 일반적으로 딱딱한 약상에는 Rollex 카트리징 머신(종이 포장)이 적당하며 좀 무른 약상에는 소시지 카트리징 머신과 같은 CHUP 머신(필름 포장)이 적당하다.

[그림 16.11]은 1989년에 US4867920호로 특허 등록된 Ireco Incorporated의 종이 카트리징 기계의 도식도이다.[25]

도관(3)을 통해서 치수조정노늘(2)로 배출되는 약판(1)이 냉각조(4)로 들어간다. 약판은 컨베이어 벨트(7)에 의해서 이동이 되고 냉각조 내의 치수조절롤라(10)에 일정 두께로 조정된 약판은 8에서 냉각조를 빠져나온다. 절단칼(11)에 의해서 필요한 길이로 절단되고 밀대(13)에 의해서 포장장치(14)로 밀어 넣어진다. 절단된 길이(12)는 포장장치에서 종이포장지로 싸여져 카트리지(15)로 만들어진다.

[그림 16.12]는 1992년에 US5241800호로 특허 등록된 The Kartridg Pak Co.의 CHUB machine의 도식도이다.[26] 소세지와 같은 형태로 폴리에틸렌 등의 플라스틱 필름에 포장한다.

롤에 감겨진 필름(6)은 팽팽한 필름(14)의 형태로 연속적으로 풀어져 공급된다. 필름은 폴더(15)로 공급되어 맨드릴에 의해서 필름 튜브 형태로 접혀지고 겹쳐지는 부분은 열실링기(8)에 의해서 열실링이 된다. 약이 맨드릴을 통해서 필름 튜브에 주입이 된다. Voider(11)을 통해서 지나갈 때 Voider가 정해진 길이에 따라 일정한 간격을 두고 돌아간 후 약이 찬 튜브를 안쪽으로 눌러서 납작하게 해 준다. 약이 빠진 튜브는 Clipping head assembly(12)에 의해서 클립핑 및 절단이 되어 카트리징이 이루어진다. 이러한 과정이 연속적으로 이루어진다.

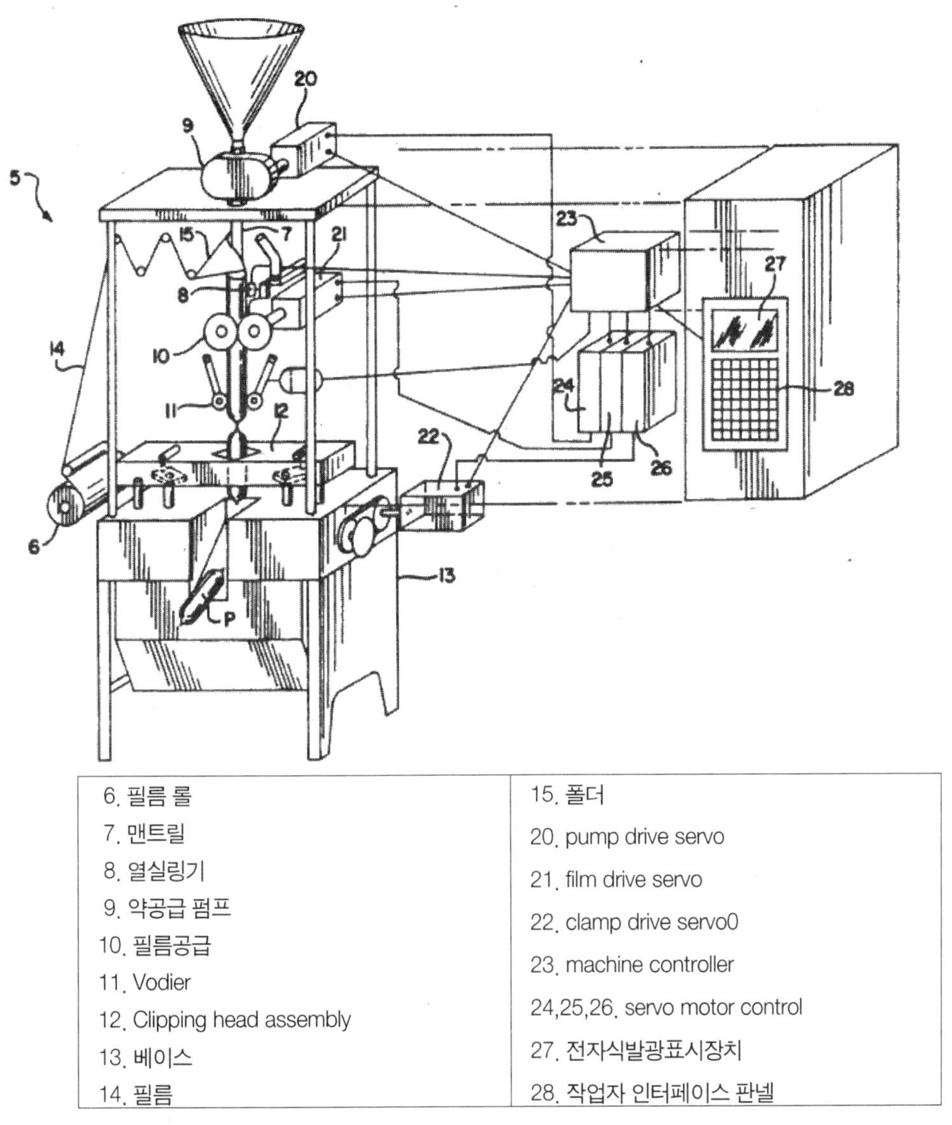

6. 필름 롤	15. 폴더
7. 맨트릴	20. pump drive servo
8. 열실링기	21. film drive servo
9. 약공급 펌프	22. clamp drive servo0
10. 필름공급	23. machine controller
11. Vodier	24,25,26. servo motor control
12. Clipping head assembly	27. 전자식발광표시장치
13. 베이스	28. 작업자 인터페이스 판넬
14. 필름	

[그림 16.12] The Kartridg Pak Co.의 CHUB machine

16.6 에멀전폭약의 특성과 영향 인자

에멀전폭약은 액상 산화제와 액상 연료의 유화 및 고체 원료와의 혼화에 의해서 이루어진 혼합폭약이다. 실제로 에멀전폭약의 주요 특성은 조성 뿐만이 아니라 제조공정과 공정조건에 상당히 많은 영향을 받는다. 에멀전폭약의 특성과 에멀전폭약에 영향을 주는 인자들을 잘 이해할 때만이 원료의 선정과 조성의 설계가 잘 이루어질 수 있으며 또한 제조공정과 가동 조건이 알맞게 선정될 수 있다.

16.6.1 에멀젼폭약의 물리화학적 특성[1]

1) 약상

에멀젼폭약은 W/O(Water in oil)형의 에멀젼시스템으로 투명 또는 반투명의 연한 회색으로부터 연한 갈색에 이르기 까지 다양하며 보통 유지와 비슷하다. 저점도의 흐름성이 있는 유체로부터 고점도의 탄성이 있는 고체에 이르기까지 여러 가지의 약상을 가지며 또한 손에 달라붙은 점착성의 약상으로부터 손에 달라붙지 않는 약상에 이르기 까지 다양하다. 이러한 약상은 대부분 연료(왁스, 오일 등)와 유화제에 의해 좌우되며 용도에 따라서 적절하게 맞추어서 사용할 수 있다. 필름 또는 종이 카트리지 형태로 사용할 때에는 점도가 높은 보다 단단한 약상으로 만들어 사용하고 발파 사이트에서 물리적 예감제 및(또는) ANFO와 혼합해서 펌프 또는 오거(Auger)에 의해서 발파공에 충전할 때는 점도가 낮은 흐름성이 좋은 약상을 사용한다.

카트리지용으로 사용되는 단단한 약상의 에멀젼을 만들 때에는 연료용액 중의 왁스 함량을 높여야 한다. 미네랄오일은 약상을 무르게 하는 쪽으로 영향을 주지만 에멀젼의 안정성에 좋은 영향을 주므로 최소량으로 넣는 것이 좋다. 벌크용으로 사용되는 저점도의 흐름성이 좋은 약상의 에멀젼을 만들 때에는 100% 미네랄오일을 사용한다. 터널의 상향 발파공에 기계식으로 충전할 경우에는 흘러내리는 것을 방지하기 위해 높은 점도가 필요할 경우가 있는데, 이때에는 약간의 왁스를 첨가하거나 고분자량의 미네랄오일을 사용하면 된다.

2) 밀도

일반적으로 밀도조절제가 들어가지 않은 에멀젼의 밀도는 약 1.40～1.45g/㎤ 정도이며 폭발감도가 매우 낮다. 폭발 감도를 높이기 위해서는 GMB 등의 밀도조절제와 혼합되어야 하며, 최종적으로는 용도에 따라 차이가 있지만 보통 1.0～1.25g/㎤ 정도가 되어 비로소 뇌관기폭성 또는 부스타기폭성을 갖게 된다.

에멀젼폭약의 밀도가 감소할수록 기폭감도는 증가된다. 특히 마이크로 크기의 공기 버블이 에멀젼폭약 내에 균일하게 분포되면 폭굉감도는 상당히 증가된다. 핫스포트(Hot spot) 폭발 이론에 따라 폭약에 균일하게 분포되어 있는 마이크로 크기의 공기 버블들은 폭약을 기폭시키는 핫스포트가 된다. 외부로부터 충격에너지를 받게 되면, 폭약은 단열압축이 되며 이 기계적인 충격에너지가 열로 변환이 되면서 버블들을 가열시킨다. 10^{-3}~10^{-5}의 아주 짧은 시간에 가열된 핫스포트(400~600℃)에 의해서 폭약은 자극되어 폭발하게 된다. 연구에 의하면 에멀젼폭약 내의 공기 버블들은 가능한 작아야 하며 균일하게 분포되어야 하는데 그래야 만이 단열압축이 되었을 때 수많은 핫스포트들이 균일하게 생성될 수 있다고 한다. 보통 공기 버블은 1~100㎛이며 바람직하게는 50㎛ 이하가 좋다. 에멀젼폭약 내에 함유된 공기 버블의 수는 10^4~10^7/㎤이 바람직하다.

함수폭약(에멀젼폭약, 슬러리 및 워터젤폭약)의 밀도를 조절하는 방법은 여러 가지가 있으며 각 방법의 장단점은 <표 16.78>과 같다.

〈표 16.78〉 여러 가지 밀도 조절 방법

방법	장점	단점
기계적 공기주입법	• 공기 버블의 균일한 분산이 얻어진다. • 재료비가 없다.	• 저장안정성이 떨어진다. • 내충격성이 약하다
화학적발포제 사용법 ($NaNO_2$와 $NaHCO_3$)	• 저장안정성이 기계적 방법보다 우수(6개월)하며, 로스링킹제를 사용 시 더 오래 간다. • 코스트가 낮다.	• 발포제의 양과 온도에 따라서 밀도의 변화가 심하다. • 내충격성이 약하다
미소중공구체 투입법 (GMB, PMB)	• 저장안정성이 우수하다.(2년) • 내충격성이 우수하다.	• 코스트가 높다.

상기 방법 중에서 어떤 것이 제일 우수하다고 단정하기는 곤란하며 각 발파 사이트의 상황에 따라서 적절하게 선택해서 사용하는 것이 바람직할 것이다. 공간격이 넓은 사이트 믹싱(Site mixing)의 경우는 장기저장성과 내충격성이 중요하지 않으므로 기계적 공기주입법이나 화학적발포제 사용법이 좋으며 공간격이 좁고 장기저장성이 중요한 카트리지 제품의 경우는 미소중공구체 투입법이 바람직하다.

기계적 또는 화학적으로 예감화된 에멀젼폭약의 밀도는 일정하지 않고 폭약에 가해지는 압력 증가에 따라 증가한다. 그러므로 대구경의 장공에서는 깊이에 따라서 에멀젼폭약의 밀도가 변한다. 따라서 가장 압력을 많이 받는 하부는 밀도가 가장 많이 증가되며 어떤 한계치에 이르렀을 때 불발이 일어난다. 그러므로 공기 또는 가스로 예감화된 에멀젼폭약에서 고려해야할 중요한 것 중의 하나가 폭약이 불발되지 않도록 밀도가 한계치로 증가되지 않는 최대 압력이다. 공 깊이가 너무 깊어 압력 상승에 의한 밀도의 한계치가 예상될 경우에는 압력이 높은 하부에는 GMB나 PMB와 같은 압력의 영향을 받지 않는 미소중공구체를 사용해야 한다. 즉 밀도의 한계치를 넘어가는 하부에는 GMB나 PMB로 예감화한 에멀젼폭약으로 충전하고 한계치를 넘어가지 않는 상부에는 공기나 가스로 예감화한 에멀젼폭약을 충전하는 방법을 사용하는 두 가지의 예감화 방법을 사용하는 것이 좋다. 일반적으로 적절한 기폭 감도를 유지하기 위해서는 1.15～1.25g/㎤의 밀도를 유지토록 하는 것이 가장 바람직하다.

기폭성이 유지되는 한 에멀젼폭약의 밀도는 가능한 높은 것이 발파에 유리하다. 밀도가 높다는 것은 발파공의 일정한 부피 내에 더 많은 중량의 폭약을 넣을 수 있다는 것을 의미하므로 공당 에너지가 증가되고 이것에 의해 공간격이 넓어지고 따라서 발파공수가 줄어들어 경제적인 효과가 증가될 수 있다.

에멀젼폭약의 밀도는 산화제수용액의 농도에 의존된다. 물의 함량이 적을수록 즉 산화제수용액의 농도가 높을수록 에멀젼폭약의 밀도가 증가한다. <표 16.79>는 온도에 따른 AN용액의 밀도를 나타낸 것이며 <표 16.80>은 물함량에 따른 에멀젼의 밀도를 나타낸 것이다.

〈표 16.79〉 온도에 따른 AN용액의 밀도

온도(℃)	100g 용액 중의 AN 중량(g)	용액의 밀도(g/㎤)
0	54.5	-
20	66.0	1.310
40	70.4	1.345
60	80.5	1.370
100	91.0	1.425

〈표 16.80〉 물함량에 따른 에멀젼의 밀도(예)

물함량(%)	에멀젼의 밀도(g/㎤)	물함량(%)	에멀젼의 밀도(g/㎤)
7	1.47	13	1.42
8	1.46	14	1.41
9	1.46	15	1.40
10	1.43	16	1.39
11	1.43	17	1.36
12	1.42		

연료와 산화제의 함량은 변하지 않고 물함량만 10～22%의 범위에서 변할 때 에멀젼의 밀도는 물함량이 1% 증가할 때마다 약 0.01～0.02g/㎤ 감소된다.

또한 에멀젼의 밀도는 연료함량과 산화제의 함량에 영향을 받는다. 물의 양과 연료의 함량이 일정할 때 왁스의 1%를 오일로 대체하면 에멀젼의 밀도가 0.005~0.015g/㎤ 감소한다. 산화제에 대해서는 질산염을 과염소산염으로 대체했을 때 1% 대체하면 에멀젼의 밀도가 0.008~0.01g/㎤ 증가된다. 질산염이나 과염소산염을 AN으로 대체할 경우 1%에 대해서 에멀젼의 밀도가 0.002~0.01g/㎤ 감소된다.

3) 입도

(1) 에멀젼의 입도와 분포

에멀젼의 입도와 분포는 에멀젼폭약의 품질을 나타내는 기본적인 특성치이다. 보통 에멀젼의 평균 입도는 2~3㎛로 매우 작으며 이것은 산화제와 연료의 혼합이 마이크로 단위로 이루어져 합성폭약에 근접하고 있음을 의미한다. 그래서 에멀젼폭약을 혼합폭약 중에서 가장 혼합이 잘 된 폭약으로 폭발 성능이 가장 우수한 혼합폭약이라고 할 수 있다. 에멀젼의 입도를 더욱더 작게 할수록 폭발 성능이 더 증가될 뿐만이 아니라 장기저장성, 저온기폭성, 기폭감도 등도 향상된다. 보통 에멀젼의 입도는 평균 입도와 입도분포의 두 가지의 특성치로 나타내는데 같은 평균치를 갖는 에멀젼이라 하더라도 분포가 좁은 에멀젼이 점도가 낮고 저장안정성도 우수하다. 에멀젼의 평균입도와 분포는 유화기에 따라 좌우되는데 일반적으로 균일하게 전단력(Shear force)을 줄 수 있는 유화시스템을 사용하는 것이 바람직하다.

산화제/연료/유화제의 부피비가 36/2.3/1이고 분산상/연속상의 부피비가 10.8/1인 에멀젼폭약에 있어서 유화제의 의해 분산상의 입자가 1㎛ 이하로 되는 경우를 생각해 보자. <표 16.81>은 분산상의 입자의 직경과 연속상의 막의 두께를 계산한 값을 보여준다. 예를 들어 이 표에 따르면 분산상 입자의 직경이 0.3㎛일 때 연속상 필름의 두께는 82.2A°이며 1㎛일 때에는 205.4A°까지 증가된다.

〈표 16.81〉 에멀젼폭약의 분산상입자의 직경과 연속상 필름의 두께(계산치)

분산상입자직경 (㎛)	1개 입자의 두께(A°)			연속상필름두께 (A°)
	유화제층	연료/오일/파라핀 층	총	
1	30.7	72.0	102.7	205.4
0.5	15.7	36.8	52.5	105.0
0.3	12.3	28.8	41.1	82.2
0.1	3.1	7.2	10.3	20.5

※ 산화제/연료(오일과 파라핀)/유화제=36/2.3/1(부피비)이고 분산상/연속상=10.8/1(부피비)인 에멀젼폭약

에멀젼의 입도를 분석하는 방법에는 여러 가지가 있으나 대표적으로 사용하는 방법이 주사형 전자현미경(SEM = Scanning Electron Microscope)과 레이저회절법(Laser Diffraction)이다. 전자는 가느다란 전자빔을 시료 표면에 주사시켜 2차 전자를 발생하게 하여 입체감 있는 시료의 표면상을 얻기 위한 장치이다. 일반적으로 정확한 상을 얻기 위해서는 분자운동을 정지시키기 위해 냉동 상태에서 측정한다. 후자는 레이저 빔이 분산된 미립자 시료를 관통하면서 산란되는 광의 강도에 따른 각도 변화를 측정함으로써 입도 분포를 측정하는 방법이다. [그림 16.13]은 에멀젼의 표면을 SEM으로 측정한 사진이고 [그림 16.14]는 말번(Malbern)사의 입도측정기로 측정한 데이터이다.

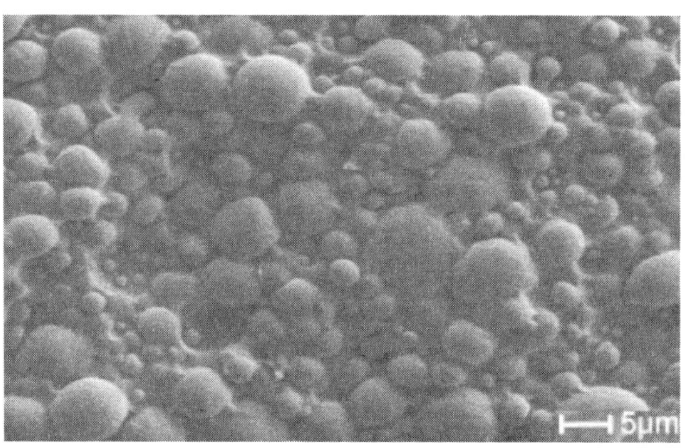

[그림 16.13] 에멀젼의 SEM 측정 사진

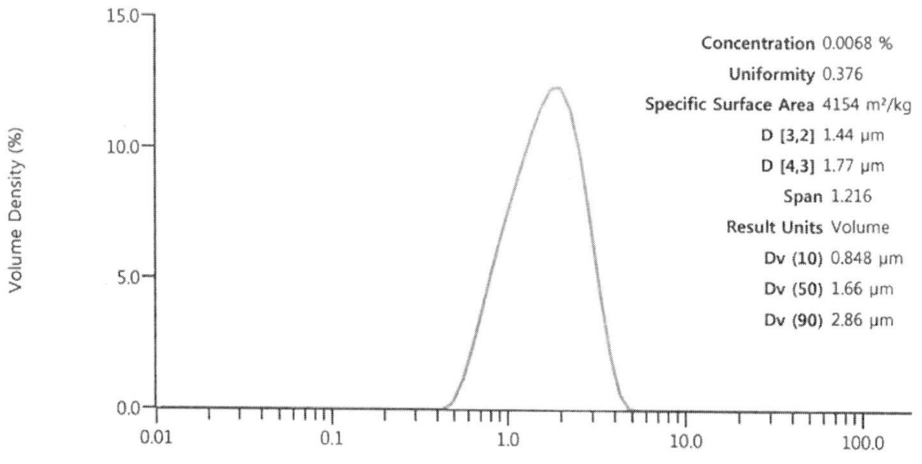

[그림 16.14] 에멀젼의 PSD(Particle size distribution) 측정 예

(2) 에멀젼폭약의 구조 특성

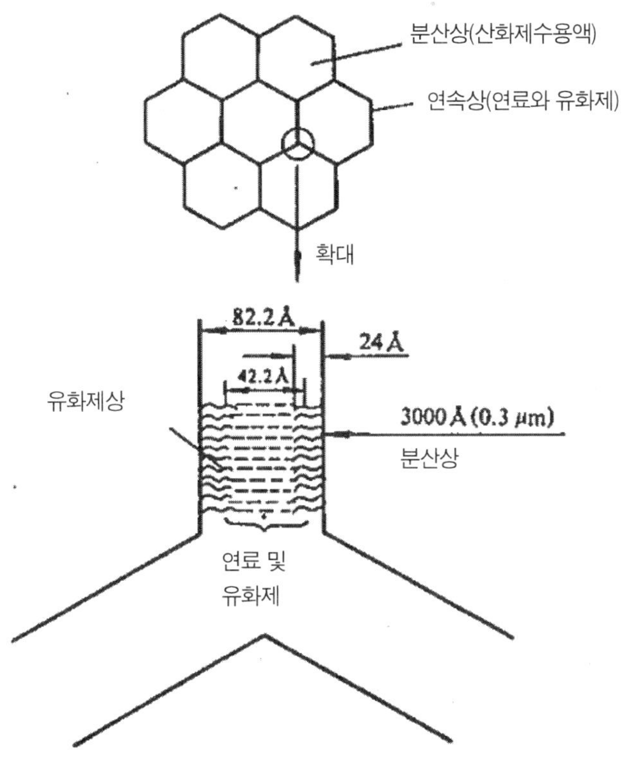

[그림 16.15] W/O형 에멀젼의 구조

[그림 16.13]에 보이는 것은 SEM으로 측정한 에멀젼의 사진이다. 이 현미경 사진 상에서 산화제용액이 아주 얇은 오일막으로 둘러싸인 마이크로 크기의 에멀젼 미셀(Micelle)들을 볼 수 있다. 에멀젼폭약에서 분산상의 산화제용액의 부피는 산소평형을 필요로 하기 때문에 약 90～95%에 이른다. 이러한 경우에 분산상의 산화제 액적은 가장 빽빽하게 포개진 상태를 유지하기 위해서는 볼 상태로 유지될 수가 없다. 가장 빽빽하게 포개진 육각형의 부피비가 75% 이상에 도달하므로 산화제수용액의 액적은 실제 에멀젼폭약에서는 다각형의 형태로 되어야 한다. [그림 16.15]는 W/O형 에멀젼폭약의 구조를 나타낸다.

에멀젼폭약에서 분산상인 산화제수용액의 마이크로-초소형화로 인해 표면적이 급속히 확대되며 그리고 또한 내부의 자유에너지가 증가되어 산화제의 결정화와 용해화 사이의 평형이 이루어지고 결정화가 방해를 받는다. 이것은 입자가 작게 되었을 때 부피에 대한 표면적의 비율이 증가되기 때문이다. 다시 말해서 결정핵의 내부에너지에 대한 계면에너지의 비율이 증가되며 그래서 안정한 용해 상태가 된다. 과포화 하에서 결정이 생성될 때의 에너지 변화는 다음식과 같다.

$$\triangle G = \frac{4}{3}\pi r^3 \rho \triangle \Phi + 4\pi r^2 \sigma \tag{16.6}$$

여기서 ρ=결정구의 밀도, $\Delta\Phi$=결정화열(부호는 마이너스)이고 σ=계면에너지이다. $\Delta G>0$이면 계면에너지가 더 크므로 용해상태로 존재하고 $\Delta G<0$이면 결정화열이 더 크므로 결정구가 형성된다. [그림 16.16]은 결정구의 반경(r)과 자유에너지(ΔG)와의 관계그래프를 나타낸 것이다.

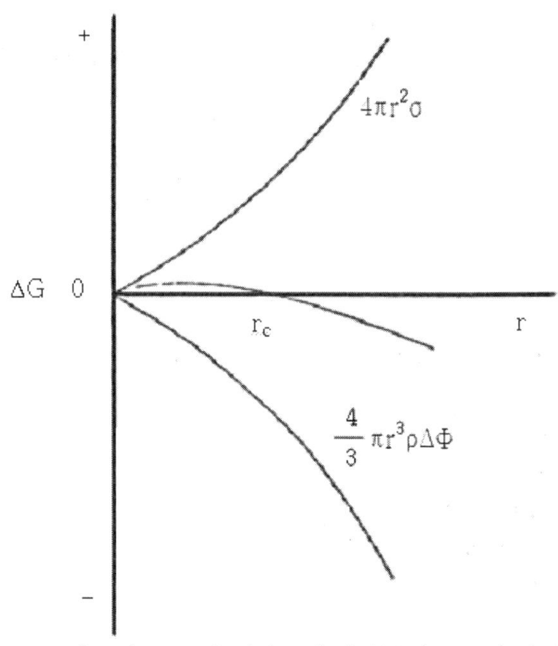

[그림 16.16] 결정구의 반경(r)과 ΔG의 관계

물방울의 직경과 결정화 온도 간의 관계가 빅(Bigg)에 의해서 연구되었으며 [그림 16.17]의 결과를 얻었다. 즉 물방울이 보다 작게 될 때 과포화상태가 더 안정하게 된다. 실험에 의하면 결정화 온도는 물방울의 크기가 작을수록 더욱 감소되는 것으로 나타났다.

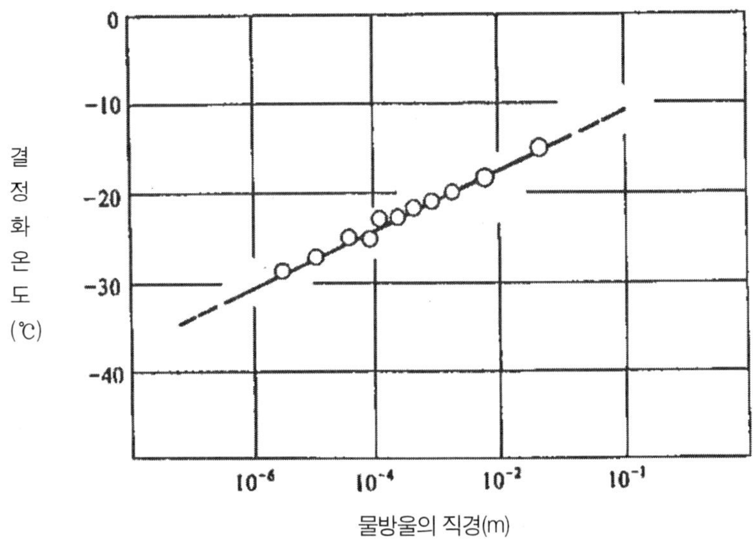

[그림 16.17] 물방울의 직경과 결정화온도의 관계

[그림 16.18]은 어떤 에멀젼폭약의 열분해 그래프이다. 이 시험을 통해서 에멀젼폭약의 분산상인 산화제는 과포화상태로 존재하고 있음을 알 수 있다. 그래프로부터 가열하는 중에 AN의 결정형태의 변화를 발견할 수 없으며 이것으로부터 폭약 내의 AN은 결정 상태가 아닌 액체 상태로 존재하고 있음을 알 수 있다.

또한 다케우치 등은 이 현상을 증명하기 위해서 물속에서 충격파에 의한 에멀젼의 파괴시험을 실시하였다. 그들은 <표 16.82>와 같이 세 가지의 에멀젼을 만들어 시험하였다. 동일한 조건에서 미셀이 순간적으로 파괴되도록 물에서 충격파를 가하였다. 그들은 분산상의 산화제가 결정화됨에 따른 온도의 상승을 관찰하였다. 1번과 2번 시료의 결정화 온도는 0℃ 아래에 있었으나 3번 시료의 온도는 60～70℃였다. 미셀의 파괴에 따른 3번 시료의 결정화온도 상승은 결정화열에 의해서 이루어졌을 것이다.

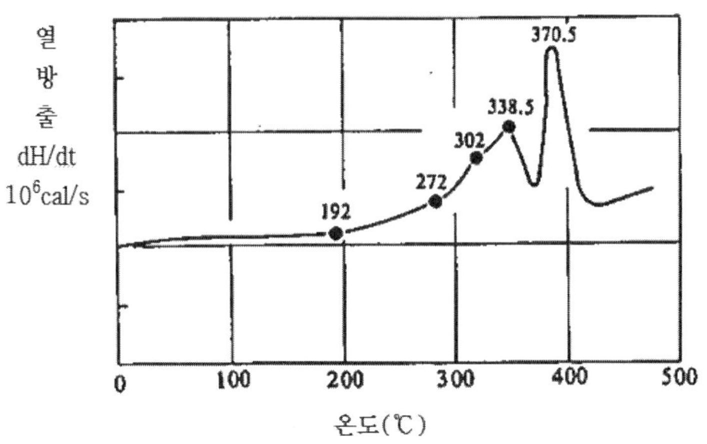

[그림 16.18] 어떤 에멀젼폭약의 열분해 그래프

〈표 16.82〉 여러 가지 에멀젼의 결정화에 따른 온도상승 시험 결과

번호	AN	HNO_3	H_2O	Oil	유화제	기포유지제	온도상승(℃)
1	46.85	-	46.85	3.15	3.15	-	-3
2	-	-	87.72	6.14	6.14	-	-3
3	74.64	4.50	10.79	2.52	2.52	5.03	12

(3) 에멀젼폭약의 입도와 분포에 영향을 주는 주요 인자들

계면의 필름 강도를 증가시킬 수 있고 산화제 용액의 결정화온도를 낮추어 줄 수 있고 입자의 분산을 유리하게 할 수 있고 그리고 입자들이 합쳐지는 것을 방지해 줄 수 있는 그러한 기술적인 인자들은 모두 입도와 분포에 좋은 영향을 줄 수 있어 에멀젼폭약의 입자를 더 미세하게 더욱 더 균일하게 해주어 안정하게 해 줄 뿐만이 아니라 에멀젼의 폭발특성과 저장안정성을 개선시켜 준다. 이러한 인자들로는 다음과 같은 것들이 있다.

가. 유화제

보통 HLB가가 3~6인 비이온계 유화제가 W/O형의 에멀젼을 만드는데 사용된다. 그러나 에멀젼폭약과 같은 특별한 시스템에서는 비이온계 유화제 중에서 몇 개만이 균일하고 미세한 입자들의 안정한 에멀젼을 형성할 수 있다. 실제로 적절한 유화제와 연료가 선정되어야 하며 특히 선정된 연료는 고분자 유화제와 잘 조화되어야 한다. 동시에 유화제와 연료간의 화학적 분자 구조가 고려되어야 한다. 화학적 구조가 비슷할수록 친밀도는 더 강할 것이며 유화 효과는 더 증대될 것이다.

나. 연료

탄소질의 연료가 에멀젼폭약에 영향을 주는 특성치는 유화제와의 조화능력과 점도의 두 가지이다. 시험에 의하면 어떤 유화제에 대해서 점도와 체인의 길이가 다른 오일상의 물질이 이 유화제와 사용될 때 유화 효과는 서로 다르게 나타난다고 한다. 유화제가 조화능력이 좋은 특정의 오일상의 물질과 만날 때 유화 효과는 상당히 개선될 수 있다. 예를 들어 Span-80이 합성왁스와 사용될 때 유화효과는 상당히 좋으며 그리고 이 방법에 의해서 얻어지는 에멀젼폭약의 입도와 분포는 [그림 16.19]와 같다.

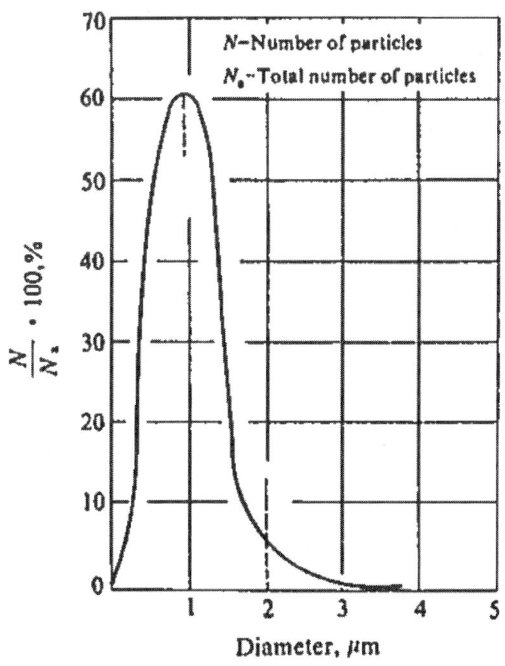

[그림 16.19] Span-80과 합성왁스의 에멀젼 입도 및 분포

또한 에멀젼의 입도와 분포에 영향을 줄 수 있는 것이 유화설비라고 할 수 있다. 보다 작은 입도와 균일한 입도를 얻기 위해서는 유화기에 머무르는 시간과 전단력이라고 할 수 있다. 머

무르는 시간이 길수록 에멀전의 입도는 균일해지며 전단력이 강할수록 입도는 작아진다. 입도가 균일하고 작을수록 에멀전의 폭발속도, 내충격성, 저온기폭성, 기폭감도, 장기저장성 등의 성능이 우수해진다.

다. 산화제

AN 산화제수용액을 사용할 경우 AN은 산소평형치가 +0.20으로 비교적 낮기 때문에 오일상의 함량이 감소되므로 연속상의 필름 두께가 얇아져서 입도를 더 작게 하는 것이 불가능하고 필름의 두께가 얇아짐에 따라 안정성이 감소한다. 또한 결정화온도가 높고 결정화될 때 침상의 결정이 만들어지므로 에멀전의 안정성에 나쁜 영향을 준다. 산소평형치가 높은 SN(OB=+0.47) 등과 함께 혼합산화제가 사용되고 소량의 첨가제(결정형태 조절제 및 유화촉진제)가 첨가되면 산화제의 결정화온도가 내려가고 구상의 결정이 만들어지므로 에멀전의 안정성에 좋은 영향을 준다. 또한 오일상의 함량을 증가시킬 수 있으므로 에멀전의 입도를 작게 할 수 있으며 이에 따른 에멀전폭약의 폭발성능을 향상시킬 수 있다. 따라서 산화제를 설계할 때는 산화제용액의 OB를 가능한 크게 하면서 퍼지포인트(결정화온도)를 최대한 낮추는 것이 무엇보다도 중요하다고 할 수 있다. 산화제 중에서 OB가 가장 높은 산화제는 과염소산나트륨(SP=Sodium perchlorate)으로 +0.523이며 이를 잘 이용하면 고성능의 에멀전폭약 제조가 가능하다. <표 16.83>은 여러 산화제들의 산소평형치를 나타낸 표이다.

〈표 16.83〉 산화제들의 산소평형치

산화제	분자식	분자량	OB
질산암모늄	NH_4NO_3	80	+0.20
질산나트륨	$NaNO_3$	85	+0.471
질산칼륨	KNO_3	101	+0.396
질산칼슘	$Ca(NO_3)_2$	154	+0.488
아질산나트륨	$NaNO_2$	69	+0.348
과염소산나트륨	$NaClO_4$	122.5	+0.523
과염소산암모늄	NH_4ClO_4	117.5	+0.340
과염소산칼륨	$KClO_4$	138.5	+0.462
염소산칼륨	$KClO_3$	122.55	+0.392
중크롬산나트륨	$K_2Cr_2O_7$	430.35	+0.082
질산하이드라진(HN)	$N_2H_5NO_3$	95	+0.084
질산메틸아민(MMAN)	$CH_3NH_2 \cdot HNO_3$	94.1	-0.34
질산트리메틸아민	$C_3H_{10}N_2O_3$	122.1	-1.04

라. 유화기술

교반에 의한 유화작업 시 유화의 기술적인 매개변수는 주로 블레이드의 형태, 블레이드의 크기, 블레이드의 회전 속도, 교반탱크의 직경, 유화 온도 및 원료의 주입속도 등이다. 이들은 모두 에멀젼의 입도와 분포에 영향을 주는 인자들로 유화기 설계 시 고려해야 할 사항들이다. 유화작업은 보통 산화제의 결정화온도 이상에서 이루어진다.(보통 퍼지포인트 보다 10～15℃ 높게) 원료의 주입은 특정 유화기의 조건, 조성 및 교반 강도에 따라 결정되어야 한다. 일반적으로 W/O형의 에멀젼을 만들 때에는 탱크에 오일상을 넣고 산화제를 서서히 주입하는 것이 가장 좋다. 이렇게 작업하면 교반속도를 더 느리게 할 수 있고 교반 시간을 더 짧게 할 수 있으며 보다 작은 입도와 균일한 분포의 에멀젼을 만들 수 있다.

연속식에 있어서는 가장 중요한 것이 산화제수용액상과 오일상이 함께 혼합되는 시간과 전단력이다. 혼합되는 시간을 증가시키기 위해서는 예혼화가 필요하며 예혼화에는 스태틱믹서, 프로펠러믹서 등을 사용한다. 예혼화에서는 약한 전단력으로 적당히 큰 크기의 에멀젼이 만들어지며 본유화에서는 고정체와 회전체 사이의 좁은 간극 사이를 통과시키면서 강한 회전력에 의해 강한 전단력을 주게 되면 예혼화된 에멀젼은 더욱 더 작은 에멀젼으로 쪼개져서 작고 균일한 에멀젼이 만들어진다.

4) 내수성

에멀젼폭약의 분산상은 AN과 같은 산화제수용액으로 이루어진다. 그러므로 물이 존재하는 곳에서 사용할 AN은 내수성의 문제가 있다. 광산용으로 사용되는 현대의 폭약의 가장 중요한 특성 중에서 내수성은 폭약의 품질을 결정하고 사용 가능성을 결정할 수 있는 기본적인 특성기준의 하나이다. 내수성은 폭발감도와 폭발성능이 심하게 나빠지지 않도록 보증하기 위해서 폭약으로 침투되는 물을 방지하기 위해서 폭약 조성에서 용해성 물질(AN과 같은)이 용해되는 것을 막아주고 최소화시키는 필수적인 능력이다.

에멀젼폭약의 W/O형의 물리적인 구조 때문에 모든 산화제수용액의 액적은 연속상의 오일상의 막에 의해서 보호된다. 실제로 에멀젼폭약이 물에 잠겼을 때 AN과 같은 산화제용액의 손실이 최소화되거나 외부로부터 에멀젼 매트릭스로 물이 들어오는 것이 방지된다는 것이 증명되었다. 그러므로 에멀젼폭약은 우수한 내수성을 가진다. <표 16.84>는 에멀젼폭약과 다른 폭약의 내수성을 비교한 데이터이다. 12시간 동안 물에 잠긴 후 물에 용해되어 빠져 나간 손실율의 데이터이다. 이 표로부터 에멀젼폭약이 가장 내수성이 우수하다는 것을 알 수 있다.

〈표 16.84〉 여러 가지 폭약의 내수성 시험 결과

폭약 종류	12시간 물에 침적후 용해 손실율(%)
다이너마이트	61.1
워터젤폭약	72.9
ANFO	100
슬러리폭약	60.5
에멀젼폭약	1.2

다른 예로서 32mm 구경의 에멀젼폭약을 물 속에 1000시간 이상 침적시킨 후 뇌관기폭감도를 측정해보면 계속 감도를 유지하고 있고 폭발속도도 심하게 변하지 않는다는 것을 알 수 있다. 에멀젼폭약의 내수성에 영향을 주는 주요 인자로는 다음과 같은 두 가지가 있다.

(1) 에멀젼 매트릭스의 품질

일반적으로 에멀젼폭약의 유화 품질이 우수할수록 내수성은 더 우수하다. 유화제의 품질, 양 및 분자구조, 유화제의 연료상과의 일치성, 두 상간의 부피 비율, 유화장비와 기술적인 조건과 같이 유화품질에 영향을 주는 모든 인자들이 에멀젼폭약의 내수성에 영향을 줄 수 있다.

(2) 포장 및 외부조건

에멀젼폭약은 사용상 벌크와 카트리지의 두 가지 형태로 나눌 수 있다. 벌크 에멀젼폭약이 사용될 때 수공에서는 물과 직접 접촉되므로 불리한 조건이라고 할 수 있다. 그러나 벌크 에멀젼폭약의 비중이 물보다 높기 때문에 수공에 주입하여 꽉 채우게 되면 물을 밖으로 제거할 수 있어 유리한 내수 조건이 만들어 진다. 에멀젼폭약은 정체된 물과 흐르는 물에 다른 영향을 줄 수 있다. 정체된 물에서는 에멀젼폭약은 오랫동안 물에 견디며 폭발 성능을 떨어뜨리지 않지만 흐르는 물에서는 에멀젼의 용해 및 손실 속도가 크게 증가된다. 따라서 물에 견디는 시간이 짧아질 수 있다. 카트리지 경우는 내수성은 주로 포장의 정도에 따라서 더욱더 완벽해질 수 있다. 특히 플라스틱 필름의 경우는 내수성이 완벽하며 종이의 경우는 왁스코팅이나 비닐코팅지를 사용하면 내수성이 향상될 수 있다.

16.6.2 에멀젼폭약의 폭발 특성과 영향 인자들[1]

1) 기폭 감도

기폭 감도는 폭약을 기폭시키는데 필요한 최소의 단위 시간당 에너지 즉 파워를 말하며 보통은 폭발시키기 위한 뇌관의 강도 또는 폭약의 양으로 표현된다.

일반적으로 에멀젼폭약은 조성의 적절한 조정, 기술 조건과 유화 강도의 조정, 밀도의 조절 등에 의해서 여러 가지 기폭감도를 가질 수 있다. 즉 기폭감도는 8호 뇌관으로부터 부스타에 이르기까지 아주 넓은 범위의 변동을 갖는다. 비중이 낮은 25～50mm 약경의 에멀젼폭약은 -40～+40℃의 넓은 범위의 온도에서 8호 뇌관으로 기폭될 수 있으며 비중이 높은 50mm 이상의 약경의 에멀젼폭약은 부스타로 기폭될 수 있다. 대구경의 벌크 제품 특히 기계적으로 발파공에 충전하는 제품도 또한 일정량의 부스타에 의해서 기폭될 수 있다. 일반적으로 모든 에멀젼폭약은 -18℃ 또는 더 낮은 온도에서 8호 뇌관 또는 부스타에 의해서 적절하게 유연성이 있는 기폭감도를 갖는다. 이것은 틀림없이 사용자들이 폭약을 선정하고 발파공 장약을 설계하는데 상당한 편리함을 줄 것이며 그리고 또한 겨울과 여름철에 광산에서 발파 작업을 적절하게 보증해 줄 것이다.

에멀젼폭약의 기폭감도에 영향을 주는 많은 인자들이 있으며 그들 중에서 중요한 인자들로는 밀도, 예감제 또는 폭발촉진제, 산화제와 물, 혼화방법, 유화제와 연료 조성, 유화기술 조건 등이 있다.

(1) 밀도의 영향

에멀젼폭약은 합성폭약의 포함 여부에 따라서 기폭감도에 대한 밀도의 영향이 다르다. 에멀젼폭약이 산화제와 유화제 및 연료만을 포함하고 있을 때 기폭감도는 <표 16.85>와 같이 밀도의 증가에 따라 감소한다.

〈표 16.85〉 여러 온도 및 밀도에서의 에멀젼폭약의 기폭감도

폭약의 온도(℃)	밀도(g/㎤)	
	1.13～1.21	1.25～1.30
21	No.6	No.6
7	No.6	2g PETN
-18	No.6～No.8	2g PETN

밀도가 약 1.35g/㎤ 이상이 되면 보통 불발이 발생한다. 합성폭약이 포함되는 에멀젼폭약에 있어서는 기폭감도는 합성폭약의 함량이 증가함에 따라 증가하며 기폭감도는 밀도가 증가함에 따라 증가한다. 이와 같은 기폭감도의 차이는 폭발 반응 메카니즘에서 차이를 나타낸다. 합성폭약을 포함하는 에멀젼폭약에 있어서는 기폭이 주로 예감제의 작용에 의존하며 밀도의 증가는 폭발반응에 유리하게 작용한다. 그러나 합성폭약이 없는 에멀젼폭약에서는 폭발반응 메카니즘이 16.6.1에서 설명한 바와 같다. 에멀젼폭약은 보통 합성폭약을 함유하지 않고 오직 무기산화제와 연료만으로 만들어졌다는 것을 유념해야 한다.

(2) 예감제 또는 폭발촉진제의 영향

밀도가 일정할 때, 에멀젼폭약의 감도는 예감제와 폭발촉진제의 증가에 따라 증가한다. 예를 들어 US3765964[27] 특허에서는 실시 예4,5의 기본 조성은 같으나 스트론튬 이온의 폭발촉진제의 양을 다르게 사용하면 기폭감도가 달라진다는 것을 보여준다. 실시 예5에서 2.0%의 스트론튬 이온을 함유하는 25.4mm 구경의 카트리지는 21℃에서 1개의 6호 뇌관으로 기폭이 되나 실시 예4에서 0.55%의 스트론튬 이온을 함유하는 카트리지는 동일 조건에서 8호 뇌관으로 기폭된다.

(3) 산화제와 물의 영향

에멀젼폭약에는 다량의 AN이 포함되어 있다. AN은 용해 온도계수가 크며 물에 대한 용해도는 온도가 감소함에 따라 급격하게 감소하여 다량의 미세한 결정이 석출된다. 이것은 W/O 시스템의 에멀젼을 만드는데 아주 바람직하지 않으며 기폭감도를 떨어뜨린다. $NaNO_3$, $Ca(NO_3)_2$, $NaClO_4$ 및 $NH_4(ClO_4)$와 같은 산화제가 첨가될 때 AN 결정이 생기는 온도가 상당히 감소될 것이며 질산염은 재결정이 이루어지지 않을 것이며 틀림없이 분산상의 입도를 작게 유화하고 촉진시키는데 유리할 것이며 기폭감도도 증가시킬 것이다.

또한 실제로 과염소산염은 우수한 보조산화제일 뿐만이 아니라 효과적인 예감제로 알려져 있다. 과염소산염을 첨가하면 에멀젼폭약의 폭굉감도와 저장안정성을 상당히 증가시켜 준다. 예를 들어 어떤 에멀젼폭약에서 AN의 6%를 $NaClO_4$ 또는 NH_4ClO_4로 대체하면 폭발임계 직경은 20mm에서 16mm로 감소되는 실험 결과도 있다.

(4) 첨가제 효과

에멀젼폭약 폭굉감도에 영향을 주는 첨가 물질로는 알루미늄과 같은 분말과 결정형태조절제와 에멀젼촉진제와 같은 소량의 첨가제가 있다. 코팅 등급의 알루미늄 분말은 에멀젼폭약의 감도를 증가시킬 수 있다. 반대로 연료로서 입자상의 알루미늄의 첨가는 가끔 에멀젼의 밀도를 증가시켜 주며 이러한 폭약을 기폭시키려면 보다 강한 기폭에너지가 필요하다. 즉 입자상 알루미늄 분말은 에멀젼폭약의 감도를 둔감화시킨다. 일반적으로 결형형태조절제와 유화촉진제는 모두 유화를 촉진시키고 에멀젼의 품질을 개선시키고 최종적으로는 기폭감도를 개선시킨다. 이 효과가 <표 16.86>에 나와 있다.

〈표 16.86〉 에멀젼폭약의 기폭감도에 대한 에멀젼촉진제의 영향

실시 예 번호	1	2	3	4
에멀젼촉진제 양(%)	0	0.2	0.5	1.0
밀도(g/㎤)	1.17	1.16	1.12	1.15
시험 약본 직경(mm)	25.4	25.4	25.4	25.4
기폭 온도(℃)	7	7	7	7
기폭에 필요한 최소량	25g 고폭약	#10 뇌홍폭분뇌관	#8 뇌홍폭분뇌관	#6 뇌홍폭분뇌관

(5) 유화제 및 연료 성분의 영향

분산상의 입도와 분포가 에멀젼폭약의 기폭 감도에 직접적으로 영향을 주기 때문에, 에멀젼의 기폭 감도에 대한 유화제 및 연료 성분의 영향은 주로 분산상의 입도와 분포에 대한 영향에 있다고 보여 진다. 이 점은 앞의 16.6.1에서 이미 언급되었다

.

(6) 유화조건의 영향

일반적으로 에멀젼폭약의 제조 과정에서 보다 미세하고 보다 균일한 분산상을 만드는 것이 에멀젼폭약의 기폭감도에 바람직한 방향이라고 할 수 있다. 이러한 입도의 영향은 이미 16.6.1에서 이미 언급하였다.

2) 폭굉 속도와 맹도

(1) 폭굉 속도

폭약 층을 통해서 전파하는 폭굉파의 속도를 폭굉 속도라고 하며 일반적으로 m/s의 단위로 표현한다. 16.6.1에서 언급한대로 에멀젼폭약 시스템에서 연소제와 산화제가 분자와 비슷한 크기로 접촉되어 있으며 이들의 접촉 면적은 상당히 커서 C-J 면에서 반응이 이루어질 수 있다. 결론적으로 합성폭약 예감제를 함유하는 산업용폭약과 같이 에멀젼폭약은 개방조건에서 상당히 높은 폭굉 속도를 갖는다. <표 16.87>은 에멀젼폭약의 이론치와 실험치를 나타낸 것이다.

〈표 16.87〉 에멀젼폭약의 폭굉 속도 이론치와 실험치

항 목	에멀젼폭약	ANFO
밀도(g/㎤)	1.10	0.80
이론폭속(m/s)	5834.2	4896.4
실험폭속(m/s)	5750	2900
반응율	0.97	0.35

상기 표로부터 ANFO에 비해서 에멀젼폭약의 값들은 상당히 다르다는 것을 볼 수 있다. 폭굉 속도의 이론치에 대한 실험치의 비율의 2제곱을 이용하면 CJ 면에서의 반응비는 에멀젼폭약에 대해서는 97%로 추론될 수 있다. 이것은 확실히 상당히 높은 값이다. 이와 대조적인 예로, C-J 면에서 슬러리폭약 내의 AN의 반응비는 동일한 방법으로 했을 때, 상당히 더 낮다. MMAN(Methylamine nitrate) 예감제를 포함하는 슬러리폭약에서는 C-J 면에서 AN의 반응비는 50～70% 밖에 안 된다. 그러므로 에멀젼폭약의 반응성은 MMAN을 함유하는 슬러리폭약의 반응성보다 훨씬 강력하고 에멀젼폭약의 폭굉 속도는 거의 이론치에 가깝다고 볼 수 있다. 의심의 여지없이 산업용폭약 분야에서의 소구경의 카트리지의 에멀젼폭약은 개방상태에서도 이와 같은 높은 폭굉 속도를 나타낼 것으로 예상할 수 있다.

일반적으로 에멀젼폭약의 폭굉 속도에 영향을 주는 인자들로는 다음과 같은 것들이 있다.

가. 밀도 영향

전체적으로 볼 때 에멀젼폭약의 폭굉 속도는 조성비와 공정조건이 동일할 때 밀도의 증가

에 따라 증가한다. [그림 16.20]과 <표 16.88>은 폭굉 속도에 대한 밀도의 영향을 보여준다.

에멀젼폭약 등과 같은 액상 폭약 시스템에서 밀도의 조절은 가스를 함유하는 고체상의 마이크로 입자들을 첨가함으로써 이루어진다. 물리적예감제인 버블들의 숫자, 형태 및 크기는 폭굉 속도에 확실한 영향을 준다. 최근에 일본유지에서는 에멀젼폭약에서 폭굉 속도에 대한 유리미소중공구체의 직경의 영향을 보다 시스템적으로 관찰하였다. 그들이 시험한 에멀젼폭약의 조성은 다음과 같았다.

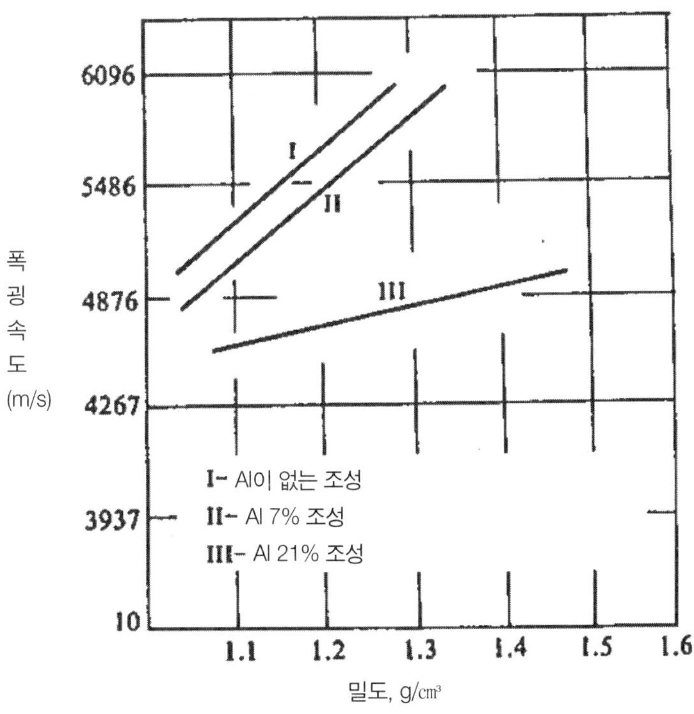

[그림 16.20] 에멀젼폭약의 밀도에 따른 폭굉 속도의 변화(카트리지 직경:101.6mm)

〈표 16.88〉 에멀젼폭약의 실험치와 이론치 폭굉 속도의 비교

밀도 (g/㎤)	실험치 폭속 (m/s)	이론치 폭속 (m/s)
1.02~1.04	5420	5540
1.07~1.08	5610	5790
1.12	5800	6040
1.15~1.17	5910	6190

- 에멀젼: 산화제/물/연료=83.1%/11.4%/5.5%

산화제는 AN과 SN, 연료는 오일, 왁스 그리고 유화제로 구성

- 3M사에 의해서 제조된 GMB의 입자크기는 다음과 같다.

GMB 평균입경(㎛)	표준편차(㎛)
33	7
54	6
79	10
125	8

폭굉 속도를 측정하는데 이온갭과 저항선법이 사용되었다. 밀폐조건에서 에멀젼폭약의 충전밀도에 따른 폭굉 속도[그림 16.21], 개방조건에서 에멀젼폭약의 충전밀도에 따른 폭굉 속도[그림 16.22], 개방조건에서 GMB 입경에 따른 에멀젼폭약의 폭굉 속도[그림 16.23] 그리고 밀도와 GMB 직경에 따른 GMB의 숫자를 비교, 검토하였다[그림 16.24].

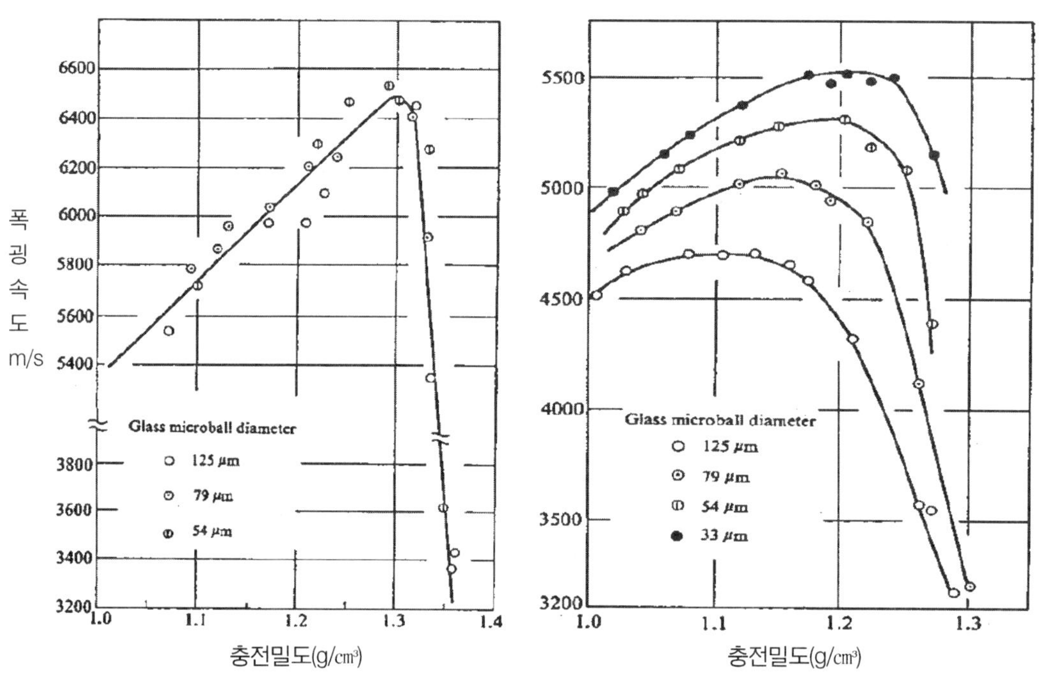

[그림 16.21] 폭굉속도 vs. 장약밀도(밀폐조건)　[그림16.22] 폭굉속도 vs. 밀도(개방조건)

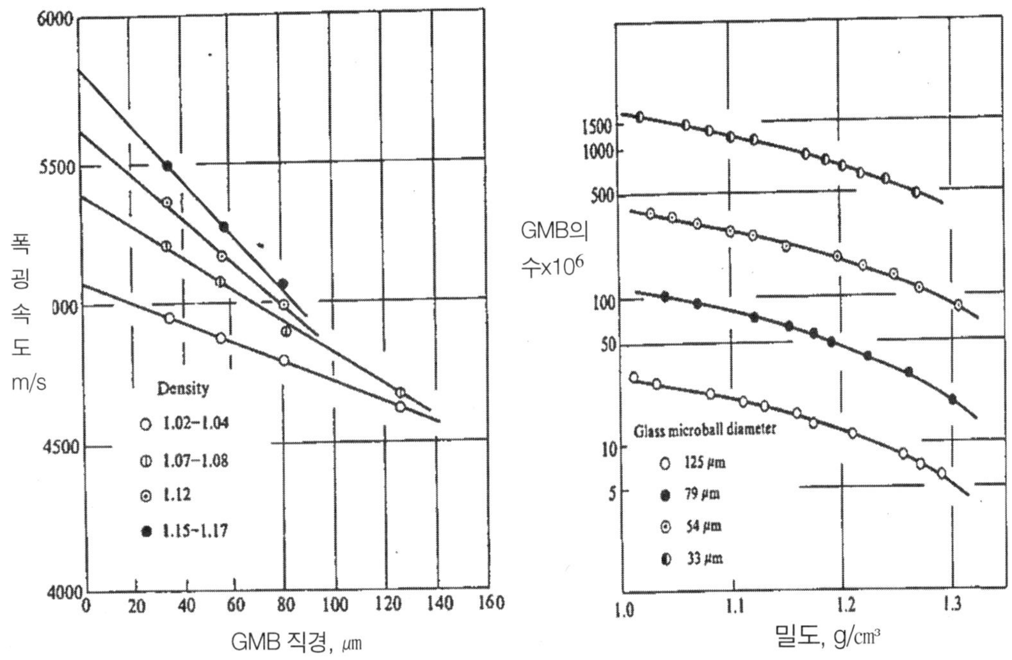

[그림 16.23] 폭속 vs. GMB직경(개방조건)   [그림 16.24] GMB수 vs. 밀도와 GMB직경

[그림 16.21~24]의 그래프로부터 다음의 사항들을 쉽게 알 수 있다.

(가) 개방조건에서 폭굉 속도는 GMB 직경에 따라 변한다. 밀도가 일정할 때 폭굉 속도는 GMB 직경이 감소함에 따라 증가한다. 만약 GMB 직경이 무한대로 작아지면 폭굉 속도는 무한대의 큰 직경을 가진 카트리지의 폭속에 상당히 근접하며 그리고 가장 높은 폭속은 고밀도로 갈 것이다.

(나) 무한대로 큰 직경의 카트리지 시스템에서 폭굉 속도는 GMB 직경에 따라 변하지 않으며 개방시스템에서의 폭굉 속도보다 더 큰 값이 얻어진다. 일반적으로 충전밀도가 약 1.3g/㎤일 때 가장 높은 폭굉 속도(~6500m/s)가 얻어진다.

팽창펄라이트도 보통 사용되는 밀도조절제이다. 실제로 펄라이트의 입자크기와 품질이 폭굉 속도에 영향을 미친다는 것이 판명되었다. <표 16.89>는 중간 직경의 카트리지에 미세한 펄라이트를 여러 가지로 첨가했을 때의 영향을 나타낸다. 에멀젼폭약A는 0.5% 펄라이트를 함유하며 폭속이 불안정하다. 에멀젼B는 0.99%의 펄라이트를 포함하며 폭속은 안정하다. 펄라이트의 함량이 4% 이하일 때 펄라이트의 함량이 높을수록 폭속은 높아진다.

〈표 16.89〉 에멀젼폭약의 감도와 폭속에 관한 미세 펄라이트의 여러 가지 함량 효과

항 목	에멀젼폭약의 번호				
	A	B	C	D	E
펄라이트 함량(%)①	0.50	0.99	1.36	3.85	5.66
밀도(g/㎤)	1.39	1.34	1.32	1.23	1.15
5℃에서 폭굉 속도(km/s)					
카트리지 직경 124mm	2.3②	4.0	5.3	5.3	4.9
카트리지 직경 100mm	1.5②	4.7	5.1	5.1	5.1
카트리지 직경 75mm	1.2②	3.3	5.2	-	4.9
카트리지 직경 64mm	불폭	2.1	4.7	-	-
카트리지 직경 32mm	불폭	불폭	4.4	4.9	4.5
최소기폭약(뇌관) (기폭/불폭)	#6/#5	#6/#5	#5/#4	#6/#5	#6/#5

① Grafco Co.사의 제품, Dicalite DPS-20, 평균 입도 125∼150㎛

② 저폭속은 불완전한 기폭을 나타낸다.

〈표 16.90〉 폭굉특성에 관한 펄라이트 입도의 영향

항목	에멀젼폭약 번호							
	A	B	C	D	E	F	G	H
펄라이트 함량①	3.07	-	-	4.0	-	-	-	-
펄라이트 함량②	-	3.07	-	-	4.0	-	-	-
펄라이트 함량③	-	-	3.07	-	-	4.0	-	-
펄라이트 함량④	-	-	-	-	-	-	3.07	8.33
밀도(g/㎤)	1.26	1.27	1.33	1.22	1.22	1.19	1.33	1.21
폭발시험 결과⑤								
20℃ 64mm	-	#4/4.9	-	#4/4.9	#5/5.1	#4/J	#8/I	-
50mm	#6/4.0	-	#5/3.8	-	#4/4.0	-	#8/I	#8/3.5
38mm	#8/4.5	-	#8/3.1	-	-	-	#8/I	-
32mm	#8/4.4	#8/3.7	#8/3.0	-	#8/3.6	#8/3.6	#8/I	#8/3.0
25mm	#8/3.7	#8/I	#8/I	#8/4.0	#8/3.3	#8/4.0	-	#8/3.0
19mm	#8/2.8	-	-	#8/I	#8/3.3	#8/2.8	-	#8/3.0
5℃ 64mm	-	-	#8/2.3	-	#4/4.9	#4/J	#8/I	-
50mm	-	#5/4.7	-	#4/5.1	-	-	#8/I	-
38mm	#8/4.7	#8/3.8	#8/3.0		-	-	#8/I	#8/3.2
32mm	#8/4.4	#8/I	#8/I		-	#8/3.6	#8/I	#8/3.0
25mm	-	-	-		#8/4.3	#8/3.3	-	#8/2.5
19mm	#8/J	-	-		#8/3.4	#8/3.0	-	#8/I
최소기폭약(기폭/불폭)								
20℃	#6/#5	#4/#3	#5/#4	#4/#3	#4/#3	#4/#3	If	#5/#4
5℃	#8/#6	#5/#4	#6/#5	#4/#3	#4/#3	#4/#3	Ig	#6/#5

① Grafco Co.에 의해서 제조된 GT-23 Microperi, 평균입도 110㎛

② Grafco Co.에 의해서 제조된 Dicalite DPS-20, 평균입도 125∼150㎛

③ Leuxibroc Co.에 의해서 제조된 Insulite

④ Pax Co.에 의해서 만들어진 Paxlite
⑤ 첫 번호는 뇌관호수, I는 불폭, J는 기폭, 두 번째 숫자는 폭속(km/s), f는 170g pentolite로 기폭시켰을 때 불폭, g는 8호 뇌관으로 기폭시켰을 때 불폭이나 40g pentolite로는 기폭

<표 16.90>은 펄라이트의 크기에 따른 영향을 보여준다. 에멀젼폭약 A~F에서는 펄라이트의 평균입도가 더 미세하면 뇌관기폭감도가 좋고 폭속도 더 높아진다. 에멀젼폭약 G에서는 펄라이트의 평균입도가 더 크면 펄라이트의 함량이 A~F처럼 많더라도 뇌관기폭감도가 떨어진다. 에멀젼폭약H의 평균입도는 A~F의 에멀젼폭약와 거의 동일한 밀도를 제공할 정도로 적절하며 그래서 이것은 뇌관기폭성을 유지한다. 그러나 이것의 폭속은 A~F보다도 낮다. 즉 보다 미세한 펄라이트를 첨가하면 에멀젼폭약은 높은 폭속을 얻는데 도움이 되지만 반면에 보다 큰 펄라이트를 첨가하면 폭약의 폭속만을 낮추어준다.

나. 분말 첨가 효과

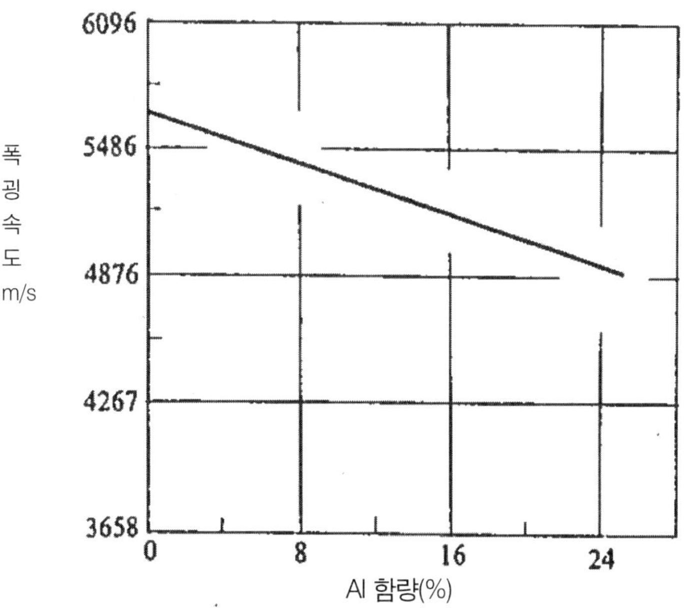

[그림 16.25] 에멀젼폭약의 폭굉 속도 vs. 알루미늄 함량(카트리지 약경 101.6mm)

알루미늄과 유황분말 등이 에멀젼폭약에 첨가되면 에너지와 안정도를 증가시킨다. 시험에 의하면 입자상의 알루미늄 분말 또는 유황 분말은 에멀젼폭약의 안정도를 증가시킬 수 있다. 그러나 폭굉 속도는 감소한다. 더욱이 폭굉 속도는 입자상의 알루미늄 또는 유황 분말의 함

량이 증가함에 따라 점차 감소한다. [그림 16.25]는 에멀젼폭약의 알루미늄 함량에 따른 폭속의 변화를 나타낸 그래프이다.

[그림 16.25]의 그래프는 에멀젼폭약의 폭굉 속도가 알루미늄 함량의 증가에 따라 직선적으로 감소한다는 것을 보여준다. 1.2～1.35g/㎤의 밀도 범위에서 알루미늄의 함량이 0%에서 21%로 증가할 때 에멀젼폭약의 폭굉 속도는 거의 5,639에서 4,938m/sec로 감소한다. 폭굉 속도가 알루미늄 함량에 따라 감소하는 충분한 이유가 알루미늄은 보통 폭굉파면에서 Al_2O_3를 형성하며 반응이 흡열반응이라는 것 때문이다.

다. 카트리지 직경의 영향

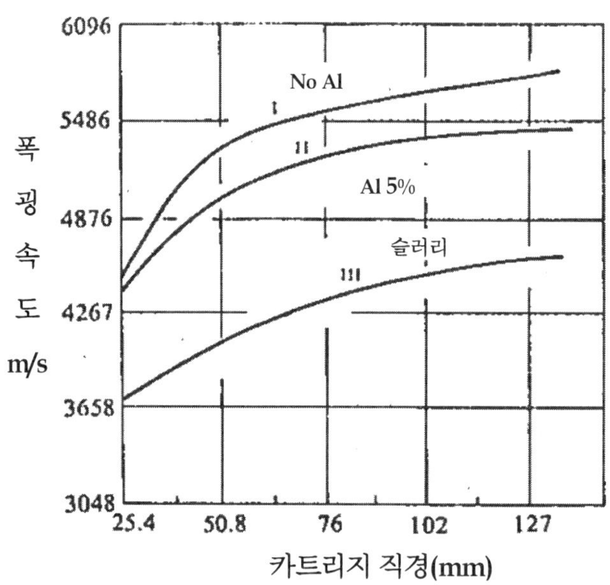

[그림 16.26] 에멀젼폭약과 슬러리폭약의 카트리지 직경에 따른 폭속 변화

일반적으로 에멀젼폭약의 폭속은 카트리지 직경에 의해서 영향을 받는다. [그림 16.26]은 에멀젼폭약의 카트리지 직경에 따른 폭속의 변화를 나타낸 그래프이다.

[그림 16.26]의 그래프로부터 비록 에멀젼폭약의 폭굉 속도와 직경 간의 관계가 거의 선형적이지만 여러 직경들 간의 폭속의 차이는 심하지 않다. 예를 들어 카트리지 직경이 25mm에서 100mm로 증가할 때 폭굉 속도의 차이는 알루미늄 첨가해도 크게 변하지 않는다. 비록 그래프에서는 5% 알루미늄 함량의 제품과 에멀젼 조성만을 나타내고 있지만 20% 이상의 알루미늄 분말을 함유하는 제품의 경우에도 비슷한 관계가 모든 제품에서 관측된다. 또한 그래프에

서 에멀젼폭약이 카트리지 직경이 25.4mm 일 때 안정적으로 기폭되고 있음을 볼 수 있다. 슬러리폭약의 폭속은 항상 에멀젼폭약보다 작다.

라. 밀폐조건의 영향

에멀젼폭약은 폭굉감도가 상당히 좋기 때문에 개방조건에서도 안정적으로 기폭하며 폭굉 속도가 상당히 높다. 그러므로 밀폐조건을 강화시킨다 해도 폭굉 속도에 그다지 큰 영향을 주지 않는다.

마. 온도의 영향

에멀젼폭약의 분산상인 AN과 같은 산화제 수용액은 과포화상태의 안정적인 상태로 존재한다고 밝혀져 왔다. 즉 과포화상태로부터 결정이 석출되지 않고 액체 상태로 존재한다. 에멀젼이 입도가 작을수록 과포화상태는 더 안정적일 것이며 빙점은 더 낮아진다. 그러므로 에멀젼폭약은 아주 우수한 부동성을 갖는다. 에멀젼의 품질이 좋을수록 부동성은 더 강하다. 일반적으로 에멀젼폭약의 폭속은 -40～+40℃의 범위에서 온도에 따라 거의 변하지 않는다. 즉 온도가 -40℃에서 +40℃로 증가해도 에멀젼폭약의 폭속은 거의 변하지 않는다.

(2) 맹도

폭약이 폭발할 때 팽창되기 전에 순간적으로 다량의 가스를 발생하며 온도는 아주 높고 압력은 최대이다. 그러므로 폭약과 바로 접촉해 있는 고체물질(발파공에서 폭약과 접촉해 있는 바위와 같은 물질)은 상당히 파괴될 것이다. 폭약의 맹도는 폭약과 접촉해 있는 고체 물질이 폭발 순간에 이러한 가스에 의해서 직접 파괴되는 정도를 나타내는 수치이며 그리고 폭약의 폭속과 상당한 관련이 있다. 이것은 이론적 방법과 실험적 방법의 두 가지 방법으로 나타낼 수 있다.

미국, 캐나다, 호주 등에서는 맹도는 내수성폭약에서는 측정되지 않으며 맹도치는 폭굉특성으로 제공되지 않는다. 일본, 한국, 중국 등에서는 폭약이 우수한지의 여부를 결정하는데 맹도가 가장 중요한 특성의 하나로 여겨져 왔다. 8호 뇌관으로 확실히 기폭되는 폭약에서 맹도치는 일반적으로 헤스의 맹도시험법(Lead block compression test)에 의해서 측정된다. 다량의 통계적인 실험 결과로부터 에멀젼폭약의 맹도치는 상당히 높다는 것을 알 수 있다. 예를 들어 중국의 EL 시리즈 에멀젼폭약의 맹도치는 16～20mm이다(제품과 밀도에 따라 변함). <표 16.91>은 여러 가지 EL 시리즈의 제품에 대해 측정된 맹도치에 대한 실제의 예를 보여준다.

<표 16.92>는 일반 폭약과 EL시리즈 에멀젼폭약의 맹도치를 비교한 것이다.

〈표 16.91〉 여러 가지 EL시리즈 에멀젼폭약의 맹도치

제품명	맹도치, mm	시험 조건
EL-101	17.30, 18.25, 18.38, 19.12, 19.40	-에멀젼폭약: d 40mm 50g 지포장 -납블럭: d40mm, H60mm -스틸가스켓: 스틸45#, d42mm, t 10mm
EL-102	18.54, 19.22, 19.43, 20.28	
EL-103	18.99, 18.92, 19.82, 18.85	
EL-104	18.69, 19.39, 19.61, 20.07	
EL-105	16.70, 17.19, 17.97, 17.73	

〈표 16.92〉 일반 폭약의 맹도치

폭약	밀도 (g/㎤)	맹도치 (mm)	폭약	밀도 (g/㎤)	맹도치 (mm)
TNT	1.0	16-17	노천용 No.2	0.9-1.0	8-11
TNT	1.2	18.8	AN-아스팔트왁스 폭약	0.9-1.0	8-9
탄광용 No.2	0.9-1.0	10-12	EL시리즈 에멀젼폭약	1.05-1.30	16-20
채석용 No.2	0.9-1.0	12-14			

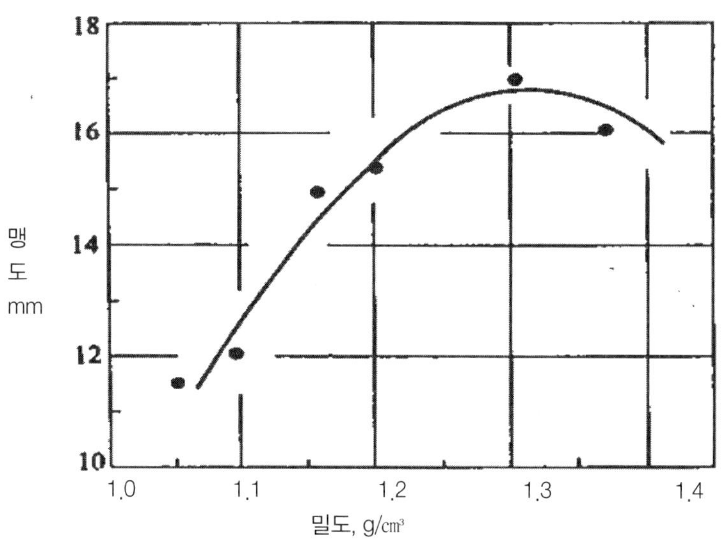

[그림 16.27] 에멀젼폭약의 맹도 vs. 밀도의 그래프

일반적으로 폭약의 맹도는 폭굉 속도와 밀도에 따라 증가한다. 에멀젼폭약의 폭굉 속도 영향 인자들은 모두 맹도에 상당한 영향을 준다. [그림 16.27]은 밀도 영향을 보여주는 예이다. 즉 어떤 일정 범위의 밀도에서 맹도와 폭굉 속도는 밀도가 증가함에 따라 증가한다.

밀도가 어떤 특정 밀도에 도달한 후에는(예: 1.31g/㎤) 폭굉 속도가 상당히 감소하기 때문에 맹도도 갑자기 감소한다. 다른 예로서 밀폐조건의 영향도 또한 폭굉 속도와 비슷하다. 즉 맹도는 밀폐조건을 강하게 하면 증가한다.

3) 순폭거리(공기중 순폭거리)

폭약이 폭발할 때 접촉해 있지 않는 인접 폭약을 기폭시키는 현상을 순폭이라고 정의한다. 어느 정도까지는 순폭은 충격파에 대한 폭약의 감도를 반영한다. 제1약포와 제2약포 사이의 여러 가지 매체에 따라서 순폭은 공기 중의 순폭, 고밀도 매체 중의 순폭 및 발파공 내에서의 순폭의 세 가지 범주로 나누어진다. 일반적으로 언급되는 순폭은 공기 중에서의 순폭으로 사상순폭이라고도 한다. 즉 제1약포와 제2약포 사이의 매체가 공기일 때 제1약포가 제2약포를 순폭시키는 것이다. 그들 사이의 기폭되는 가장 긴 거리를 순폭거리라고 한다. 그러므로 순폭거리는 폭약의 순폭능력을 나타내며 제품의 품질을 검사하는 중요한 기준의 하나이다. 에멀젼폭약의 순폭거리를 매일같이 검사하여 에멀젼폭약의 품질을 체크하는 기준으로 사용되고 있다. 왜냐하면 폭약의 종류, 직경, 약량, 밀폐조건 및 폭굉 전달 방향이 주어진 후에 순폭거리는 제2약포의 충격감도 또는 제1약포의 기폭능력 중의 하나에 영향이 있기 때문이다.

<표 16.93>은 여러 가지 에멀젼폭약의 순폭도를 정리한 것이다. 표로부터 소구경 에멀젼폭약의 순폭도는 크다. 분명 이러한 순폭거리 값은 지하 광산에서의 여러 발파작업의 요구사항을 충분히 만족시킬 수 있다. 그러나 폭약제조시설, 위험한 작업장 및 저장소의 설계 시 안전거리를 위해서는 순폭거리가 큰 것은 바람직하지가 않다. 즉 사용상의 요구조건과 안전거리상의 밸런스가 고려되어야 한다.

에멀젼폭약의 순폭거리는 조성비, 카트리지 밀도, 폭약량, 카트리지 직경, 밀폐조건 등, 여러 가지 인자들에 의해서 영향을 받는다. 이러한 인자들에 대해서 좀 더 자세하게 알아보기로 한다.

〈표 16.93〉 여러 가지 에멀젼폭약들의 순폭거리 값

국가	시리즈	상품명	순폭거리(mm) 카트리지 구경 32mm	40mm	50mm
중국	EL	EL-101 EL-102 EL-103 EL-104 EL-105	100-110 100-130 100-130 100-140 100-120	100-120 110-140 110-`50 115-150 100-130	
	RJ	RJ-1 RJ-2	25-100 25-125	- -	
미국	Powermax	100 200 355	25-100 25-100 -		100-150 100-150 100-150

※ Powermax는 미국 ATLAS Powder Co.의 에멀젼폭약 제품

(1) 물의 영향

보통의 분말 또는 입자상의 산업용폭약에서는 물이 제2약포의 감도를 감소시켜 순폭거리를 감소시킬 수 있으며 이 효과는 상당하다. 분상의 채석용폭약의 순폭거리에 대한 물의 영향은 다음과 같다.

〈표 16.94〉 분상 채석용폭약의 순폭거리에 대한 물의 영향

물 함량(%)	0.14-0.18	0.80-0.90	1.50-1.80	2.8-3.0
순폭거리(mm)	100-110	70-80	60-70	30-40

그러나 에멀젼폭약에서 순폭거리에 대한 물의 영향은 일정 범위의 물함량 내에서는 무시할 만하다. 예를 들어 물함량이 조성 내에서 8-18%의 범위에서 변할 때 폭약의 밀도가 기본적으로 변하지 않는 한 순폭거리는 그다지 심하게 변하지 않는다.

(2) 폭약 온도의 영향

합성폭약과 분말-입자상의 혼합폭약의 순폭거리에 대한 폭약 온도의 영향은 심하지 않다. 예를 들어 암모늄폭약이 야외의 0℃에서 순폭시험을 했을 때 순폭거리는 정상의 상온에서의 값보다도 5-10mm 정도만 떨어진다. 다른 내수성폭약과 비교할 때 에멀젼폭약의 산화제수용액 액적이 포화상태에 계속 존재하고 보다 낮은 온도에서 높은 기폭감도를 유지하고 있기 때문에 에멀젼폭약의 순폭거리는 -15～-20℃에서 수십 시간 동안 처리한 후에도 상온에서의 값보다도 10-20mm 정도만 떨어진다. 온도가 -25℃로 떨어졌을 때 충격과 폭굉에 대한 평균적인 에멀젼폭약의 감도는 보통 상당히 감소하며 또한 순폭거리도 상당히 떨어진다. 그러나 석유탐사용 에멀젼폭약과 같은 일부 특수한 폭약에서는 폭굉 감도가 -40℃에서도 높게 유지하며 기본적으로 순폭거리가 상온과 비교해서 변하지 않는다. 인플레이션 방법에 의해서 밀도를 조정할 때 40℃ 이상의 온도는 순폭거리에 상당히 영향을 준다. 왜냐하면 매우 높은 폭약의 온도는 밀도를 떨어뜨리기 때문에 밀도가 감소되어 순폭거리를 감소시키기 때문이다.

(3) 폭약밀도의 영향

폭약 밀도의 영향은 제1약포와 제2약포에 따라 다르다는 것이 잘 알려져 있다. 시험에 의하면 제1약포의 조건이 고정된 후에 제2약포 밀도를 감소시키게 되면 순폭감도는 보통 증가되고 그들 간의 관계는 에멀젼폭약에 대해서는 거의 선형적임을 알 수 있다. 화약의 밀도가 0.95～1.25g/㎤일 때 순폭거리에 대한 폭약 밀도의 영향은 일반적으로 상기에 언급된 직선 관계에 따른다. 그러나 폭약 밀도가 1.25g/㎤보다 크거나 0.95g/㎤보다 작으면 순폭거리는 떨어진다. 특히 제2약포 밀도가 1.30g/㎤보다 클 때에는 순폭거리가 밀도 증가에 따라 거의 직선적으로 떨어진다.

순폭거리에 대한 제1약포 밀도의 영향은 제1약포의 밀도의 증가에 따라 순폭거리는 증가한다. 이것은 폭속과 가스생성물의 흐름 강도와 충격파가 폭약 밀도에 따라 증가하기 때문이며 이들은 제2약포를 기폭시키는데 필요한 에너지원들이다. 에멀젼폭약의 제1약포가 1.25g/㎤보다 작으면 그러한 효과가 또한 아주 크다. 그러나 폭약의 밀도가 1.30g/㎤보다 크면 순폭거리는 갑작스럽게 떨어지며 이것은 제1약포의 폭굉감도가 급격히 떨어지기 때문이다.

(4) 폭약의 중량과 카트리지 직경의 영향

경험에 따르면 에멀젼폭약에서 순폭거리에 대한 폭약의 중량과 카트리지 직경의 영향은 다른 산업용폭약과 비슷하다. 제1약포와 제2약포의 약량과 직경이 증가하면, 순폭거리는 증가하는데 이는 증가된 약량과 직경이 제1약포의 충격파 강도를 증가시키고 충격파를 받아들이는 제2약포의 면적을 증가시키기 때문이며 이것은 분명히 순폭거리를 증가시킬 것이다.

또한 카트리지의 밀폐조건, 제1약포와 제2약포의 위치 그리고 주변 매체 등은 순폭거리에 상당한 영향을 미칠 수 있다. 이들의 영향 패턴은 다른 산업용폭약들과 비슷하다.

4) 열화학 에너지(Thermochemical energy)

시스템의 에너지를 증가시키기 위해서는 보통 에멀젼폭약에 어떤 일정량의 알루미늄 분말을 추가한다. 열화학 특성에 대한 알루미늄의 효과는 [그림 16.28]에 나타나 있다. 이 그래프로부터 총 열화학에너지와 알루미늄 함량 간의 관계는 거의 직선적이라는 것을 알 수 있다. 그러나 일함수 A(일할 수 있는 가장 높은 에너지 값)는 알루미늄 함량에 따라 직선적으로 증가하지 않는다. 그래프의 기울기가 떨어지는 것은 알루미늄 함량이 높아질 때 이것의 사용 효율이 상당히 떨어진다는 것을 보여주지만 그러나 알루미늄 함량이 약 19%일 때 열화학 압력 P는 가장 높은 값에 도달한다. 이것은 알루미늄의 함량이 높아지면 고체 생성물과 가스 생성물 간의 비율이 부적절하기 때문이다.

실제로는 열화학 에너지에 관한 알루미늄 함량의 효과를 반영하는 데에는 에멀젼폭약의 버블에너지가 더 실제적임을 알 수 있다. 에멀젼폭약의 버블에너지의 데이터가 [그림 16.29]에 나와 있다. 그림의 값들은 ANFO(AN/FO=94.5/5.5)를 기준으로 한 부피 및 중량 에너지 비교값이다. 등가 중량의 에너지 값으로부터 보통 추천되는 알루미늄의 범위에서 버블에너지는 알루미늄 함량에 따라 직선적으로 증가한다는 것을 알 수 있다. 등가 부피의 에너지 값에 의해서 계산된 그래프를 보면 버블에너지에 대한 알루미늄 함량의 영향은 보다 실제적으로 접근할 수 있으며 알루미늄을 함유한 제품이 보다 높은 에너지 밀도를 보여준다. 그러므로 에너지 vs. 부피 그래프는 알루미늄의 함량에 따라 더 빠른 속도로 증가한다. 경험에 의하면 에멀젼폭약의 조성비와 발파공 장약량을 부피에너지에 의해서 나타내는 에너지 값에 따라서 설계하는 것이 보다 실제조건에 더 가깝다.

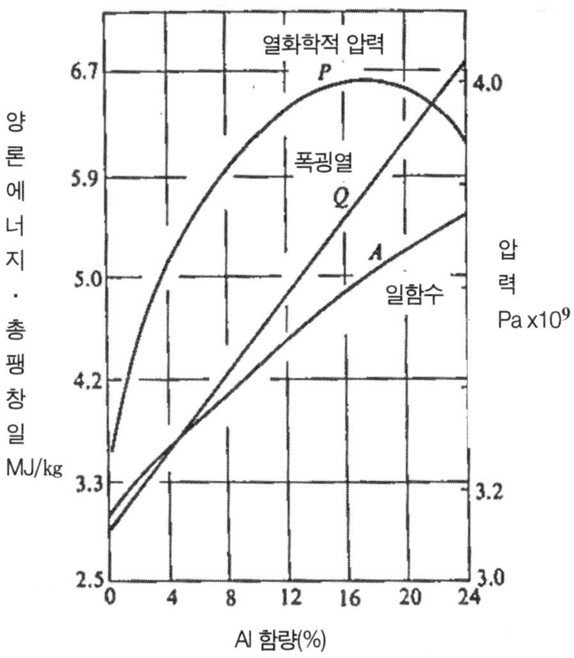

[그림 16.28] 에멀젼폭약의 열화학 특성

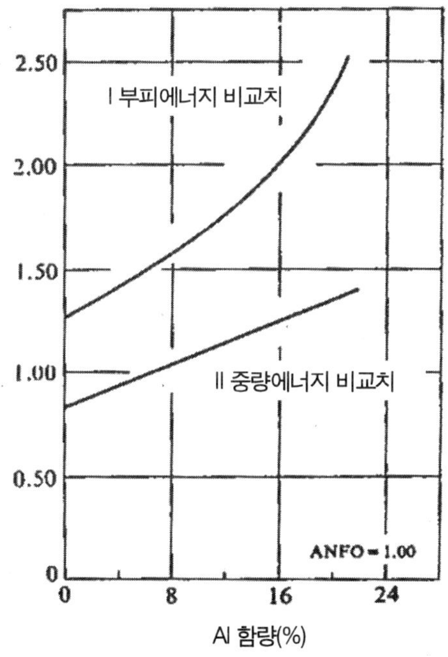

[그림 16.29] 에멀젼폭약의 상대 버블에너지 vs. 알루미늄 함량

가. 물함량 vs. 에너지

다른 내수성폭약과 유사하게 에멀젼폭약 조성이 알루미늄과 같은 금속 분말이 포함하지 않을 때 물함량을 증가시키게 되면 물은 보통 불활성 첨가제이고 폭약 조성의 일부를 대체하기 때문에 에너지를 떨어뜨린다. 동시에 물의 증발은 에너지를 소모하지만 가스생성물의 양을 증가시킨다. 요프(B.B Yofe) 등은 여러 가지 물함량에 따른 폭발열과 비체적을 계산하기 위해서 RDX/TNT(20/80)의 혼합물을 대상으로 하여 실시한 결과 다음과 같았다.

〈표 16.95〉 물함량에 따른 폭발에너지와 비체적의 계산치

물함량(%)	0	5	8	10	12	15	20
폭발열, Q_v, kcal/kg (water-vapor)	1144	1057	1009	985	943	890	806
비체적, V_0, l/kg (water-vapor)	648	678	694	708	720	738	769

이 값들은 폭발열은 물함량의 증가에 따라 감소하는 반면 비체적은 증가하고 있음을 보여준다. 물함량에 따른 폭발열과 비체적을 계산하고 위에서 언급한 관계를 설명하기 위해서 산소평형이 0인 디젤-질산암모늄 혼합물을 예로 들어보자<표 16.96>.

〈표 16.96〉 디젤-질산암모늄 혼합물(5.52/94.48)의 물함량 vs. 폭발열과 비체적

물함량(%), x	폭발열(kcal/kg), Q_v (water-vapor)	비체적(l/kg), V_0 (water-vapor)
0	917.13	969.69
3	873.07	977.933
5	843.69	983.43
7	814.31	988.923
10	770.25	997.17
12	740.87	1002.66
15	696.81	1010.90
20	623.37	1026.64

상기 표로부터 물함량 vs. 폭발열 그리고 물함량 vs. 비체적의 관계식을 구하면 다음과 같은 식을 도출할 수 있다.

$$Q_v = 917.13 - 1468.8x \qquad (16.7)$$

$$V_0 = 969.59+274.76x \quad (16.8)$$

여기에서 x는 물함량, Q_v는 폭발열, V_0는 비체적이다.

<표 16.96>과 식 (16.7), (16.8)으로부터 AN을 산화제로 사용하는 혼합물에서 물함량이 증가할 때 폭발열은 점차적으로 떨어지지만 비체적은 점차적으로 증가한다는 것을 알 수 있다. 폭발열이 떨어지는 정도는 큰 반면에 비체적이 올라가는 크기는 적다. 물함량이 1% 증가할 때 폭발열은 약 13～16 kcal 정도 떨어지는데 비체적은 2.7～3.5리터 만이 증가한다.

일반적으로 에멀젼폭약과 같은 내수성폭약에서는 물함량에 주목할 만할 가치가 있다. 우수한 물리화학적 특성을 보증하고 그리고 동시에 에너지를 많이 떨어뜨리지 않는 최적의 물함량을 추정해 내는 방법은 매우 중요하다.

나. 밀도 vs. 에너지

보증된 어떤 기폭 조건하에서(보통 8호 뇌관 기폭감도) 일 능력을 증가시키기 위해서 에멀젼폭약의 폭발열과 에너지의 효과적인 이용은 폭약의 밀도의 증가에 따라 증가될 수 있다.

5) 측벽 효과(Channel effect)

측벽 효과는 튜브 효과 또는 공간 효과라고도 하며 카트리지와 발파공 내벽 사이의 초승달 모양의 공간이 있을 때 폭발된 카트리지의 폭발 압력이 공간을 통해 선행하여 아직 폭발되지 않는 폭약을 압축하여 불폭이 발생할 때까지 폭발에너지를 서서히 감소시키는 현상을 말한다. 실제로는 이러한 효과가 가끔 소구경의 발파작업에서 일어나는 것을 볼 수 있으며 이것은 발파 효율에 영향을 주는 중요한 인자 중의 하나이다. 더 많은 연구를 통해서 사람들은 이 문제의 중요성을 더욱 인식하게 되었다. 최근에는 산업용폭약의 중요한 성능 특성의 하나로 취급되어 왔다. 시험 결과로 볼 때 에멀젼폭약의 측벽 효과는 여러 광산용폭약 중에서 작은 편이다. 즉 소구경 발파공에서 에멀젼폭약의 전폭거리는 상당히 길다는 것이다. <표 16.97>은 여러 가지 에멀젼폭약의 측벽효과의 값을 표로 나타낸 것이다. 편리한 비교를 위해 <표 16.97>은 또한 분상 채암용폭약의 측벽효과의 값을 보여준다.

〈표 16.97〉 여러 가지 폭약의 측벽효과

국가	중국			미국			
상품명	EL	EM	No.2채석용	IremiteI	IremiteII	IremiteIII	Iremite M
폭약종류	EMX	EMX	AN폭약	Al 폭약	EMX	Crystall form	MMAN slurry
전폭거리	〉3.0m	〉7.4m	〈1.9m	1~2m	〉3.0m	3.0m	1.5~2.5m
시험조건	내경 42~43mm의 PVC 튜브에 Φ32mm 약포를 넣고 #8호 뇌관으로 기폭						

지하 발파에서의 측벽 효과는 잘 알려져 있다. 폭발력이 카트리지와 발파공 내측 사이의 공기를 압축했을 때 충격파가 생성되어 폭굉파를 앞서게 되고 이것이 카트리지를 압축하여 폭굉을 억제한다는 것으로 보통 설명된다. 이러한 설명과는 반대로 아이레코(IRECO)의 M.A Cook와 L.L. Udy는 측벽 효과에 대해서 일련의 시험을 하고 난 후에 측벽 효과는 카트리지 외부의 폭약의 폭굉에 의해서 생긴 프라즈마에 의해서 일어나는 것이라고 확인하였다. 이것은 폭굉파면보다 앞서 가는 플라즈마 층이 미반응 폭약의 표면을 압축하여 완전히 반응하지 못하도록 방해한다는 것을 의미한다([그림 16.30] 참조).

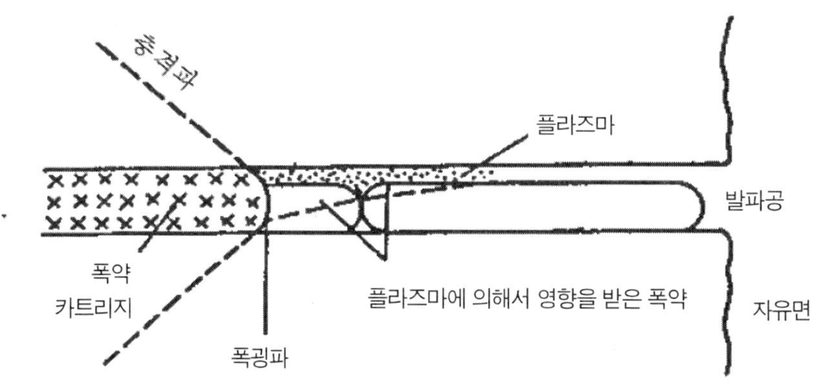

[그림 16.30] 소구경 발파공 내에서의 미반응폭약에 대한 플라즈마 효과

플라즈마 파면과 폭굉파면 사이의 공간이 넓을수록 또는 플라즈마 파가 강할수록 표면 층으로 더 깊게 침투되며 에너지는 더 심하게 감소된다. 뒤쪽의 카트리지는 최종적으로 더 강해진 플라즈마 파에 의해서 불폭된다. 카트리지 폭속과 폭굉파면을 앞서는 플라즈마파의 폭속은 [그림 16.31]와 같은 장치로 동시에 측정될 수 있다. [그림 16.32]의 장치는 카트리지의 측면 압력과 폭속을 측정하는데 사용된다. 폭약을 기폭시키고 난 후 충격파에 의해서 생기는 알루

미늄 상에 측정된 흔적은 측벽 효과가 있었는지의 여부와 전폭거리를 측정하는데 사용된다. 이 시험은 플라즈마 파의 속도가 약 4,500m/sec라는 것을 보여주었다.

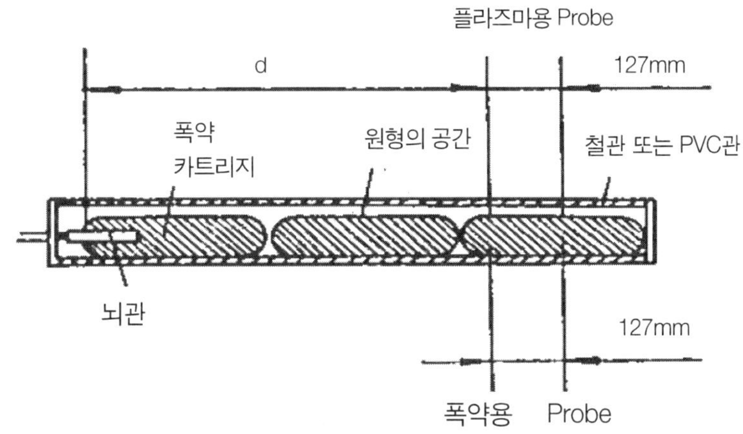

[그림 16.31] 카트리지 폭속과 플라즈마 파의폭속을 측정하는시험

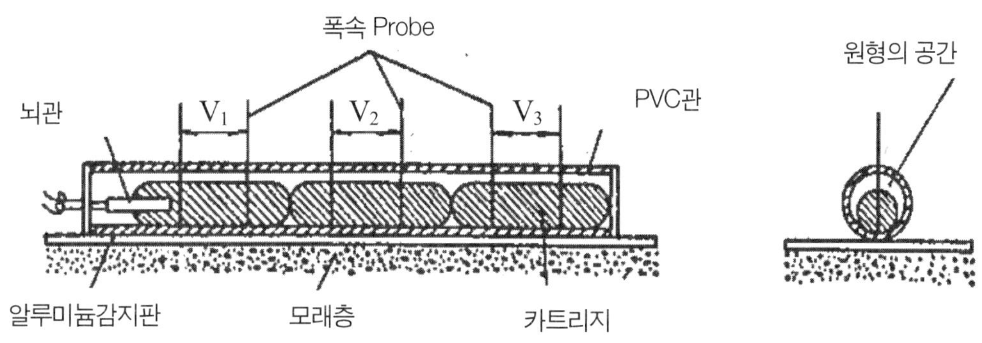

[그림 16.32] 측면의 압력과 폭속을 측정하는 시험의 다이아그램

상기의 언급된 측벽 효과에 관한 두 가지의 설명은 현재 일반적으로 되어있다. 이 두 가지의 설명은 그들 자체의 데이터에 근거하여 왔으나 더 개발되고 완전하게 되어야 하며 그리고 하나로 통합되어야 할 것이다.

경험상 동일한 충전 조건 하에서 보다 작은 측벽 효과를 갖는 폭약의 전폭거리는 더 길며 발파 결과도 더 우수하다는 것을 알 수 있다. 일반적으로 측벽 효과는 폭약의 조성 물리적 구조, 포장 방법 및 제조 기술과 연관이 된다.

① 에멀젼폭약은 유화기술로 만들어지기 때문에 W/O형의 미세한 물리적 구조를 가지며 산화제는 분자 크기에 가까운 거리로 연소제와 밀접하게 접촉하고 있어 폭굉이 빠르게 전파하고 폭속은 플라즈마 파의 속도에 근접하거나 초과한다. 그러므로 플라즈마의 선행 압축은 존재하지 않는다. Udy 등의 이론에 따르면 에멀젼폭약의 측벽 효과는 거의 미미해야 하며 또는 나타나지도 않아야 한다. 그러나 예감제 버블을 함유하는 에멀젼폭약에 있어서는 측벽 효과가 저장 기간이 증가함에 따라 점점 커지게 되며 폭굉 속도와 같은 폭발특성이 감소하게 된다.

② 앞장에서 설명한 바와 같이 기술 조건의 변화는 에멀젼폭약의 품질에 상당히 영향을 많이 미친다. 측벽효과에 관해서도 유혼화 조건을 개선하고 강화시킬 수 있는 그러한 기술적인 인자들이(예: 전단 강도를 증가) 에멀젼폭약의 품질을 향상시키고 측벽 효과를 감소시킬 수 있다.

③ 포장 조건에 따라 에멀젼폭약의 측벽 효과에 영향을 줄 수 있다. 예를 들어 용기의 강도를 증가시키면 측벽 효과를 상당히 감소시키거나 없앨 수 있다. 밀폐 조건을 강화시키면 폭속을 증가시킬 뿐만이 아니라 압축과 플라즈마의 침투작용에 저항성을 가질 수 있다.

연구 결과에 의하면 다음의 기술적인 방법들이 측벽효과를 최소화시키거나 제거하여 발파효과를 개선할 수 있다.

① 화학적 기술

가. 타르아스팔트, 파라핀왁스 등과 같은 여러 가지 코팅 물질의 선정

나. 폭약의 폭굉 속도와 플라즈마 속도 간의 차이를 감소시키기 위한 폭약의 조성 및 제조 기술의 적합화

② 플라즈마 전파의 차단

가. 발파공 내의 약포 주변에 얇은 플라스틱 시트를 삽입하거나 흙으로 전색

나. 발파공의 내벽과 약포 사이의 초승달 모양의 공간에 물 또는 유기발포제 사용

③ 약포 전체 길이를 따라 기폭용 도폭선을 설치

④ 플라즈마를 발전시키는 공간이 없도록 발파공을 완전히 채우는 벌크기술 이용

6) 임계 직경(Critical diameter)

임계직경은 기폭 후, 안정적으로 폭굉할 수 있는 카트리지의 최소 직경을 말한다. 폭약의 폭굉감도를 측정하기 위한 중요한 척도이며 또한 소구경 발파작업에서 여러 가지 폭약의 적용 가능 여부를 검토하고 결정하는 중요한 기본이 된다. <표 16.98>은 여러 가지 에멀젼폭약의 임계직경에 관한 시험결과를 나타낸 것이다.

〈표 16.98〉 여러 가지 에멀젼폭약의 임계직경

국가	중국							미국(아틀라스)				
상품명	EL					EM	RJ	Powermax			APEX700	P-DTNE
	101	102	103	104	105	I~V	1 & 2	100	200	355		
임계직경 (mm)	14	12	12	12	14	18	12-16	13	13	32	37	37

상기 표의 값으로부터 에멀젼폭약 조성은 많은 물(6~13%)을 포함하고 보통 합성폭약의 예감제를 사용하지 않더라도 임계직경이 상당히 작다는 것을 알 수 있다. 이것은 에멀젼의 기본 구조에서 연속상의 탄소질 연료가 물에 의해서 야기되는 냉각 효과를 극복하고 그리고 동시에 산화제가 연료와 긴밀하게 접촉되어 있어 폭굉의 전파에 유리하기 때문이다. 분명 이러한 작은 임계직경은 여러 응용분야의 요구사항들을 만족시킬 수 있다.

7) 내충격성(Shock sensitivity)[28, 29]

지연발파에서 먼저 기폭된 발파공의 충격압력은 인접공의 폭약을 압축하여 위력을 저하시키고 최악의 경우에는 사압을 일으켜 잔류약을 발생시킬 수 있으며 이는 발파효율을 저하시키는 주요한 원인이 된다. 이러한 충격압력에 견딜 수 있는 능력을 내충격성이라고 한다. 일반적으로 합성화약류나 니트로글리세린이 함유된 젤라틴다이너마이트는 내충격성이 좋으나 초안폭약, ANFO, 슬러리폭약 등은 내충격성이 낮아 실제로 공간격이 좁은 발파현장에서 잔류약이 많이 발생하고 있다. 에멀젼폭약에서는 이러한 내충격성이 대부분 물리적예감제인 버블의 특성에 의해서 결정된다. 기계적으로 주입된 공기나 화학적 가스발생제에 의해서 예감화된 에멀젼폭약은 내충격성이 낮지만 GMB, PMB 등과 같이 막이 있는 미소중공구체들은 비교적 높다. 특히 GMB 중에서도 막의 강도(두께)가 두꺼울수록 내충격성이 더 높아진다.

내충격성 시험은 보통 수중에서 실시하며 이 데이터를 이용해서 암반발파에 사용한다. 동일거리에서 암반충격압력은 수중에서의 충격압력보다 항상 낮고 거리에 따라 감쇠하는 정도도 수중에서 보다 빠르게 감소되므로 수중에서의 시험데이타를 이용하여 암반에서의 공간거리를 설계하면 무리가 없을 것이다. 다음의 [그림 16.33]은 수중 내충격시험장치를 도식화한 그림이다.

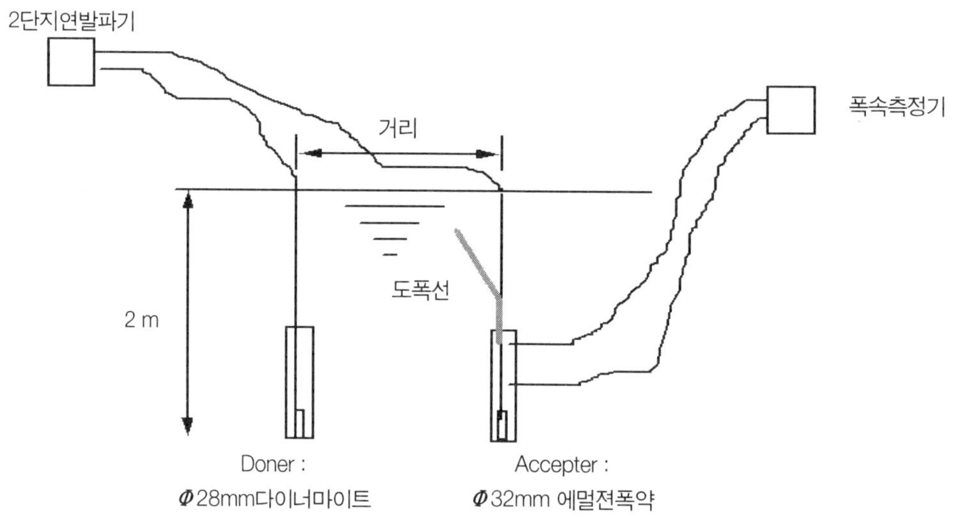

[그림 16.33] 수중 내충격시험장치

위 시험장치를 이용해서 GMB의 종류에 따른 여러 가지 폭약에 대해서 내충격시험을 실시한 결과가 <표 16.99>이다. 시차를 20ms부터 500ms까지 두어 시험을 해보면 250ms 이상에서 Acceptor에 가장 영향을 많이 미치며 하기의 표는 두 폭약의 단차를 250ms로 하여 실시한 결과이다.

〈표 16.99〉 수중 내충격시험 결과

품 명	단위	에멀젼폭약					
		K15	K20	K25	K32	K39	PMB
최소내충격거리	cm	140	120	100	50	40	30~50

내충격성에 영향을 미치는 것은 에멀젼의 품질(특히 입도), Doner의 위력, 지연시간 단차,

화학적 예감제의 첨가 여부 및 물리적 예감제의 종류 등이다. 발파 현장의 패턴(특히 공간격)에 따라서 이러한 영향을 미치는 인자들을 잘 고려해서 에멀젼폭약이 제조되어야 한다.

16.7 에멀젼폭약의 안전성 및 저장 안정성

16.7.1 안전성[1]

산업용폭약은 응용분야가 넓고 복잡하기 때문에 생산, 운반 및 적용에 있어서 안전성과 신뢰성을 보증하기 위해서 보통 산업용폭약은 매우 우수한 안전성을 필요로 한다. 여기에서 소위 안전성이라는 것과 그것의 영향을 미치는 인자들은 에멀젼폭약의 기계적 감도(충격감도 및 마찰감도), 화염감도, 발화점, 총격감도 등의 성능 특성과 이들에 영향을 주는 인자들과 관련이 된다. 이것은 폭약의 안전성과 신뢰성을 측정하기 위한 중요하고 보다 포괄적이고 완전한 개념이다. 실제 국내외적으로 에멀젼폭약이 이러한 개념에 의해서 검사되었을 때에도 에멀젼폭약의 안전성은 또한 매우 높다는 것을 보여주어 왔다. 에멀젼폭약의 가장 뛰어난 특성의 하나가 우수한 안전성이다. 다음의 실제 예들이 이것을 설명하고 안전성에 영향을 미치는 인자들을 분석하기 위해서 인용된다.

1) Powermax 시리즈 에멀젼폭약(미국의 아틀라스사 제품)

① 다음과 같은 충격 및 마찰 조건에서도 반응이 없었다.

가. 100cm의 높이에서 5kg 추의 낙하시험

나. 200kg의 마찰시험

② 총격시험에서 탄환(bullet)의 속도가 500m/s 이상일 때, 반응이 일어나지 않는다. 워터겔은 탄환의 속도가 300~350m/s일 때 반응이 시작되며 다이너마이트 경우에선 탄환의 속도가 100m/s 이하였을 때 보통 반응이 시작된다.

③ 열분석 시험에서 물이 완전히 증발될 때까지 발열반응이 일어나지 않는다. 180~243℃에서 약한 발열반응이 일어난다. 물이 없는 건상의 잔유물은 250~255℃에서 연소된다.

2) EL 및 CLH 시리즈 에멀젼폭약(중국 제품)

① 기계적 감도: 상기 두 가지 에멀젼폭약의 마찰, 충격 감도 시험 결과는 <표 16.100>와 같다.

〈표 16.100〉 EL 및 CLH 에멀젼폭약의 기계적 감도치

감도	폭발 확률		시험 조건
	EL 시리즈	CLH 시리즈	
충격감도	〈8%	〈16%	추의 무게: 10kg, 낙하높이: 250±1mm, 폭약량: 50±2mg
마찰감도	0%	4%	추의 무게/각도: 1500±1g 추, 96°의 스윙 앵글, 폭약에 가해지는 압력: 4840kg/㎠, 폭약량: 20mg

② 화염감도시험: 얇은 판상의 EL 또는 CLH 시리즈의 에멀젼폭약을 스틸판 위에 올려놓고 가스 불꽃으로 직접 연소시킨다. 가스불꽃에 의해서 점화되었을 때 연소하기 시작한다. 그러나 화염을 떼었을 때, 연소가 즉시 멈추며 폭발로 이어지지 않는다.

③ 총격시험: 5kg의 각 폭약 샘플이 플라스틱 백에 담겨지고 카트리지의 크기는 200mm x 300mm이다. 시험 카트리지는 나무 고정판에 묶어지고 그리고 50m의 거리에서 자동소총으로 총격이 가해졌다. 탄환의 속도가 820m/s 일 때 샘플 모두가 연소되지 않았으며 10발을 쏜 후에도 폭발되지 않았다.

④ 열분해: CLH시리즈 에멀젼폭약의 열분해 시험결과는 <표 16.101>과 같았다.

〈표 16.101〉 DSC(Differential scanning calorimetry) 분석

상품명	시료량 (mg)	초기분해온도 (℃)	흡열피크온도(℃)		발열피크온도(℃)			
			I	II	I	II	III	IV
CLH-1	1.60	193	-	-	220	349	392	-
CLH-2	1.05	200.5	200.5	-	231	330	381	-
CLH-3	1.47	198	198	-	232	343	378	-
CLH-4	1.05	158	-	-	222	232.5	305	-

⑤ 발화점: EL 시리즈 에멀젼폭약의 5초 발화점은 보통 330℃ 이상이다.

3) 안전성 영향 인자들의 분석

(1) 첨가제의 영향

이 영향을 설명하기 위해서 에멀젼폭약과 다른 폭약들의 기계적인 감도에 관한 시험 결과를 <표 16.102>로 비교하였다.

〈표 16.102〉 폭약들의 기계적 감도

폭약	충격감도	마찰감도	비 고
	폭발퍼센트(%)	폭발퍼센트(%)	
No.1 에멀젼폭약	0	0	※ No.1 에멀젼폭약에는 알루미늄 및 어떠한 합성폭약도 포함되지 않는다. ※ No.2와 No.3 에멀젼폭약은 No.1 에멀젼폭약에 Al 분말과 RDX를 넣어 만들었으며, No.3의 RDX함량이 높다.
No.2 에멀젼폭약	0-4	0	
No.3 에멀젼폭약	16	0-4	
Ball-grain explosive	16-32	0	
RDX/Wax(94/6)	4-20	0	
RDX/Wax/Al(75/5/20)	24-36	8-24	
TNT	8-24	0-4	
Standard Tetryl	44-52	4-20	
RDX	72-88	48-52	

<표 16.102>의 데이터로부터 합성폭약이 혼합폭약보다 감도가 높은 것을 알 수 있으며 또한 W/O형의 에멀젼폭약은 어느 폭약보다도 감도가 낮은 것을 알 수 있다. 어떠한 성분도 첨가되지 않는 No.1 에멀젼폭약의 기계적 감도가 제일 낮으며 알루미늄 분말과 RDX를 첨가하면 기계적 감도가 증가된다는 것을 알 수 있다. No.3 에멀젼폭약의 기계적 감도는 No.2 에멀젼폭약보다 훨씬 큰데 No.3 에멀젼폭약 내에 포함되어 있는 RDX함량이 No.2보다는 높기 때문이다.

RDX 첨가를 통한 에멀젼폭약의 기계적감도 증가는 RDX의 자체 조건에 의해서 영향을 받는다는 것을 유념해야 한다. RDX는 높은 감도를 가지고 에멀젼폭약 내에서 0.1-0.2mm 입자의 형태로 존재하고 핫스포트에 대한 임계 크기가 10^{-5}cm이기 때문에 기계적 작용을 받았을 때 RDX 결정에 핫스포트가 형성되고 핫스포트가 전파되므로 기계적 감도가 증가한다.

보든(E.P Bowden) 등은 그들의 연구에서 융점이 핫스포트의 임계온도(350-450℃)보다 높은 물질을 첨가할 때 기계적 감도가 증가할 수 있다는 것을 보여주었다. 알루미늄 분말의 융점이 660℃이기 때문에 에멀젼폭약에 알루미늄 분말을 첨가하면 기계적 감도를 증가시킬 수 있으나 에멀젼폭약에 대한 알루미늄 분말의 영향은 다른 폭약에서의 효과보다도 작다.

(2) 온도와 버블의 영향

앞에서 기술한 바와 같이 산화제 수용액의 결정화는 형성되지 않는다. 즉 산화제는 저온(예 −20℃)에서 용액 상태로 계속 존재하는데 그 이유는 분산상의 입자 크기가 매우 작기 때문이다. 온도가 20℃에서 100℃까지 변할 때 반응성은 거의 변하지 않으며 그래서 안전성에 대한 영향이 거의 없다.

에멀젼폭약에 균일하게 분포된 미소구체는 에멀젼폭약의 감도를 향상시키는데 매우 유리하다. 그러나 기계적인 충격하에서는 이 미소구체는 폭약을 폭발로 자극하기 위한 단열 압축된 핫스포트를 쉽게 형성할 수 있다는 것에 특히 주의해야 한다.

16.7.2 후가스(유해가스)[1]

이론적으로는 산소평형을 0로 설계하면 폭발시 CO, N_xO_y와 같은 독성 가스의 발생을 방지할 수 있다. 그러나 여러 종류의 에멀젼폭약, 저장 조건, 기폭 방식, 실제 발파작업에서의 발파조건 때문에 이들 독성 가스가 어느 정도 발생할 수 있다. 이들 독성 가스는 주로 일산화탄소와 산화질소이다. 어떤 특정 조건에서는 소량의 황화수소와 이산화황이 또한 발생할 수도 있다. 이들 가스는 인체에 매우 유해하며 어떤 한계를 초과할 때 작업자들은 상해를 입을 수 있으며 심하면 사망에 이를 수도 있다. 그러므로 폭발에서 형성되는 독성 가스의 양은 에멀젼폭약의 중요한 안전 특성치가 된다.

지하 발파 작업에서 추천되는 모든 폭약은 폭발시 형성되는 독성가스의 양이 측정되어야 하고 그 안전 수준(발파 후가스)이 규정되어야 한다. 현재 대부분의 나라들은 그들 나라 조건에 따른 독성 가스의 허용 기준을 규정하고 있다. 예를 들어 우리나라에서는 광산보안법 시행규칙에 따르면, 갱내 유해가스 기준이 CO함유율이 50ppm, CO_2함유율이 1%, NO함유율이 25ppm, NO_2함유율이 3ppm, SO_2함유율이 2ppm 이하이어야 한다. 중국에서는 CO함량이 16ppm, N_xO_y가 2.5ppm, H_2S가 6.6ppmm, SO_2가 7ppm 그리고 총량이 100 *l* /kg(CO 기준)을 초과하지 말아야 한다.[30] 일본에서는 허용기준이 CO가 100ppm 이하, N_xO_y가 5ppm 이하이다. 미국과 캐나다에서는 지하 발파 작업에서 사용되는 폭약에서 나오는 후가스는 <표 16.103>과 같이 일정 수준으로 제한되어 있으며 또한 USBM(United States Bureau of Mines, 미국광산국)에서도 작업자들이 100ppm의 CO 또는 5ppm의 N_xO_y를 포함하는 공기를 8시간 이상 흡입하지 않도록 규정하고 있다.

〈표 16.103〉 미국과 캐나다에서의 유해가스 기준

미국		캐나다
광산용폭약	1등급, 23 *l*/kg 이하 2등급, 23∼50 *l*/kg 3등급, 50∼100 *l*/kg	미국과 동일하나, 2,3등급은 지하발파작업에서 허용되지 않는다.
시험 폭약의 유해가스 량은 160 *l*/kg 이하이어야 한다.		

에멀젼폭약의 가장 중요한 안전 특성의 하나는 폭약으로부터 생성되는 유해가스의 양이 다른 것보다 작다는 것이다. 다음과 같이 예를 들어본다.

다음의 데이터는 지하의 일정 공간에서 여러 기간에 걸쳐 중국의 EL 및 CLH시리즈 에멀젼폭약을 폭발시킨 후에 샘플을 취해서 측정한 유해 후가스의 결과치이다.

〈표 16.104〉 에멀젼폭약의 유해가스 측정치의 예

폭약	EL시리즈 에멀젼폭약	CHL시리즈 에멀젼폭약	No.2 채석용폭약	국제기준
독성가스 (*l*/kg)	22∼29	16∼22	36∼42	100

아틀라스사의 Powermax 시리즈 에멀젼폭약의 후가스는 미국 광산 기준으로 1등급으로 측정된다. 중국의 EM시리즈 에멀젼폭약과 2등급 탄광용에멀젼폭약의 폭발에 의해서 형성된 유해 후가스의 양은 채석용 EM시리즈 에멀젼폭약의 유해가스의 양은 31.53∼43.46 *l*/kg이고 2등급 탄광용에멀젼폭약의 유해가스의 양은 19.72 *l*/kg이다. 유해가스의 측정은 특수 폭발 실린더에서 폭발된 일정량의 폭약으로부터 취해진 샘플을 분석하여 이루어진다.

에멀젼폭약의 유해가스의 양에 영향을 미치는 인자들을 다음과 같이 요약할 수 있다.

1) 내부 인자

에멀젼폭약이 적은 양의 유해가스를 생산하기 위한 내부인자들은 다음과 같다.

① 대부분의 에멀젼폭약을 약간의 마이너스의 산소평형치(0～-1.0%)로 설계하지만, 물의 작용으로 인해 제로의 산소평형으로 움직인다.

② 산화제와 연료는 분자크기로 서로 근접해서 치밀하게 섭촉해 있으며 이것은 완전한 폭발 반응에 유리하다. 입자크기가 작을수록 유해가스의 양을 감소시킬 수 있다.

2) 외부 인자

보통 약포의 직경이 더욱 커질 때 CO, N_xO_y의 생성량이 더 작다. 충전밀도가 더 높을 때 N_xO_y함량은 감소된다. 실제 발파작업에서 밀도가 더 높게 충전된 발파공은 독성가스의 생성을 낮은 쪽으로 제어할 수 있다.

16.7.3 저장 안정성[1]

에멀젼폭약의 저장안정성은 다음의 두 가지 측면에서 관측될 수 있다.

1) 고온과 저온에서의 안정성

장치를 이용해서 인위적으로 고온과 저온 환경을 만들고 이 환경조건에서 에멀젼폭약의 저온과 고온에서의 특성을 관찰하고 그리고/또는 저장 안정성을 검토하기 위해 환경시험을 할 수 있다. 시험 조건은 보통 시료를 -15～-20℃에서 2～3시간 동안 환경 처리하고 그리고 나서 +40～+45℃에서 3～4시간 동안 환경 처리한다. 이것이 저온과 고온의 1사이클이다. 일반적으로 1사이클의 환경시험 후에 시료에 대해서 전도율과 상변화 등의 물리적 특성과 폭굉 속도 등의 폭발특성치를 시험한다.

시료가 손상되었다는 주요 징조로는 에멀젼 전도성이 증가되고 표면상에 질산염의 결정이 형성되거나 또는 분리되기 시작한다. 또한 폭발특성치도 변화가 생길 수 있다.

손상이 되기 전까지 저온-고온 사이클의 수가 더 많을수록 에멀젼폭약의 품질은 더 우수하다. 그리고 고온과 저온 간의 에멀젼폭약의 특성의 차이가 작을수록 품질은 더 우수하다. 보통 건상의 고체물질을 첨가하지 않은 에멀젼폭약에서는 15～20회의 사이클이 경과한 후에, 아주 미세한 질산염 결정이 생기기 시작하고 에멀젼폭약의 특성이 상당히 심하게 변하기 시작하며, 폭발특성치도 떨어진다. 그러나 유황분말과 알루미늄 분말과 같은 건상의 고체물질을 소량 첨가한 에멀젼폭약의 경우는 사이클시험을 25회 이상 실시한 후에도 에멀젼폭약의 상태와 특성이 그다지 심하게 변하지 않는다.

상기에서 언급된 시험결과로부터 우리는 에멀젼폭약의 온도사이클시험 안정성이 상당히 우수하며 모든 특성치가 비교적 안정하다는 것을 알 수 있다. 또한 유황분말과 알루미늄 분말과 같은 건상의 분말 원료들을 소량 첨가하면 에멀젼폭약의 안정성과 저온저항성 특성을 개선할 수 있다는 것을 알 수 있다. 예를 들어 중국의 Al이 첨가된 EL시리즈 에멀젼폭약은 25회 이상의 온도사이클시험을 겪은 후에도 원래의 유연한 상태, 비전도성 특성을 계속 유지하고 결정화가 이루어지지 않는다.

그러나 이러한 고온-저온 사이클 시험과 실제 상온 장기저장시험과는 일치하지 않은 경향이 있다. 예를 들어 산화제로 AN/SN/H_2O, 연료로 Wax/Mineral oil, 유화제로 Pibsa+SMO계 복합유화제 그리고 밀도조절제로 GMB K-20을 사용하여 제조한 에멀젼폭약의 경우 고온-저온 사이클 시험에서는 24회 이상에서도 에멀젼폭약의 물리적 특성과 폭발 특성이 변하지 않았으나 상온 장기저장시험에서는 6개월만에 불폭이 발생하였다. 그러므로 고온-저온 사이클시험으로는 에멀젼폭약의 안정성을 평가하는 방법은 재고해야 한다.

2) 상온에서의 저장안정성

상온에서의 저장안정성은 4계절의 자연적인 온도변화를 겪는 일상적인 저장소에 저장된 에멀젼폭약의 저장안정성을 의미한다. 에멀젼매트릭스는 이러한 일상적인 온도에서 2～3년 동안 저장된 후에도 아무런 파손이 관찰되지 않는다. 그러나 밀도조절제가 첨가된 에멀젼폭약의 경우에는 일상적인 온도에서의 저장 특성이 여러 가지 밀도조절 방법 및 여러 가지 밀도조절제에 따라서 변화되며 그리고 때로는 그 차이가 상당히 크다. 예를 들어 에멀젼폭약의 밀도가 내압성이 있는 유리미소중공구체로 조절되었을 때 일상적인 온도에서의 저장기간은 약 1년 또는 2년까지 갈 수 있다. 밀도가 레진(Phenolic resin)미소중공구체와 팽창펄라이트로 조정되었을 때 일상적인 온도에서의 저장기간은 보통 약 0.5년 정도이다. 저장 기간은 중공구체의 품질과 중공구체의 첨가 방식과 직접적으로 관련이 있다는 것을 유념해야 한다. 예를 들어 에멀젼폭약에 특수하게 제조된 미세한 입자의 펄라이트를 첨가하면 에멀젼폭약의 특성을 개선할 뿐 아니라 0.5년 이상의 저장안정성에 도움을 준다. 일반적인 미세한 펄라이트 입자가 에멀젼에 첨가되었을 때 특성은 좋지 않으며 저장기간도 보통 약 1～2개월도 줄어든다. 만약 에멀젼폭약의 밀도가 공기 주입 또는 화학발포제 방법을 이용해서 조절되면 저장기간은 보통 미소중공구체를 사용할 때 보다도 더 짧아진다. 이것은 저장기간 중에 예감화된 버블이 뭉치거나 이탈되기 때문이며 이것은 밀도를 증가시켜 점차적으로 기폭감도와 폭발특성을 감소시킨다. 그러나 실제적으로 에멀젼의 점도의 적절한 선택, 미세한 분산 기술 및 특정의 안정화 수단(크로스링킹 등)을 사용하면 그러한 조정 방법에 의해서 얻어진 에멀젼폭약의 저장기간은 또한 0.5년 이상의 안정성을 유지할 수 있다.

3) 안정성 영향 인자들의 분석

에멀젼폭약의 안정성이라고 부르는 것은 물리적인 상태와 폭발특성을 변하지 않도록 유지시키는 능력을 나타낸다. 이 능력은 상온에서 저장된 에멀젼폭약이 분해되어 기폭되지 않는 기간으로 측정된다. 저장안정성은 에멀젼폭약의 품질을 판단하는 중요한 기술적인 특성치 중의 하나이며 이것에 따라서 에멀젼폭약의 사용 유효기간이 정해진다. 일반적으로 벌크 에멀젼폭약은 현장에서 EM과 물리적 예감제를 섞어서 바로 사용하기 때문에 이러한 저장안정성이 중요하지 않지만 카트리지 제품의 경우에는 일반적으로 2년 정도까지도 보관했다가 사용할 수 있기 때문에 저장안정성이 매우 중요하다. 이러한 저장안정성에 영향을 주는 인자들은 앞에서 이미 언급하였지만 다리 정리해 보기로 한다.

(1) 입도의 영향

에멀젼의 입도에 영향을 주는 인자에는 오일상 및 유화제의 종류와 양 그리고 유화 전단력의 크기 등이 있다. 에멀젼 매트릭스의 입도분석은 자동 이미지 분석기(automatic image analyzer) 또는 말번(Malvern)사의 마스터사이저(Mastersizer) 등의 레이저회절법을 이용해서 이루어지며 이것으로서 입도의 안정성 영향을 평가할 수 있다.

입도가 작을수록 그리고 입도분포가 작을수록 에멀젼의 안정성이 높게 유지된다. 입도가 작을수록 산화제수용액의 결정화온도가 더 낮아지므로 안정성이 더 좋아지며 또한 입도분포가 좁을수록 안정성이 더 좋아진다. 평균입도가 같아도 분포가 크면 큰 입도들이 많아져 이들이 안정성 저하의 원인을 제공할 수 있으며 불안정한 에멀젼이 될 수 있다. 또한 입도의 분포가 크면 작을 때보다도 에멀젼의 점도가 높아진다.

입도를 작게 하려면 오일상의 물질이 적정량 이상이 되어야 하며 그리고 강한 전단력을 필요로 한다. 오일상이 너무 작으면 아무리 전단력을 강하게 하더라고 입도를 감소시키는데는 한계가 있으며(분산상의 개수의 증가에 따라 이를 싸기 위한 오일상의 양이 증가되어야 함) 또한 입자를 더 작게 하기 위해서 전단력을 키우는 것도 한계가 있다. 전단력을 키운다는 것은 유화기의 rpm을 증가시키는 것을 의미하는데 기계의 무리가 심하면 내부 임펠라의 파손 및 이로 인한 에멀젼의 발화위험 등이 발생할 수 있다.

입도의 분포를 작게 하려면 유화기에서 머무는 시간이 길수록 입도분포가 작게 된다. 일반적으로 유화는 예유화와 본유화의 2단계를 거치는데 비교적 전단력이 적은 예유화기의 부피를 크게 함으로써 머무는 시간을 증가시키는 것이 바람직하다.

(2) 연속상 물질의 영향

대기 온도에서 분산상의 산화제의 결정화가 진행되면 에멀젼폭약의 외관, 부피 등의 변화가 생길 수 있다. 보통 점착성의 영향으로 결정화는 액적 막의 뒤틀림과 수축을 야기할 수 있으며 이것은 분명 계면의 강도와 연속상의 점도와 관련이 된다.

계면의 강도에 영향을 주는 것은 오일 상의 점도 오일 상의 성분 및 유화제의 종류 등이다. 일반적으로 벌크에멀젼과 같이 경유와 같이 점도가 낮은 연료를 사용하는 경우에는 안정성이 떨어지기 때문에 빨리 사용할 수 있도록 시스템화 되어있고, 점도가 높은 왁스나 왁스+미네랄오일을 사용하는 경우에는 안정성이 더 좋기 때문에 카트리지에 사용한다.

왁스도 파라핀을 100% 사용하는 것보다 마이크로크리스탈린 왁스를 50:50으로 사용하는 것이 좋고 또한 미네랄오일을 소량 첨가해서 사용하면 안정성이 더욱 향상된다. 파라핀왁스는 침상의 구조를 갖고 있어 결정화시 오일상의 막을 훼손할 수 있기 때문에 침상의 구조를 둥근 형태의 구조로 하는 것이 유리하며 이러한 형태를 만들기 위해 가지 타입의 마이크로크리스탈린왁스와 함께 사용하는 것이 좋다. 또한 폴리에틸렌이나 EVA등을 첨가하는 것도 둥근 형태를 만드는데 유리하다.

또한 에멀젼의 안정성을 주는 것이 유화, 알루미늄 분말과 같이 고체상의 미세한 물질이다. 이들을 첨가하면 계면 막의 강도를 증가시키는데 도움을 준다. 다음의 <표 16.105>는 연속상의 성분과 폭약의 안정성과의 관계를 나타낸 것이다.

〈표 16.105〉 연속상의 성분과 폭약의 안정성과의 관계(예)

연속상 물질	파라핀 100%	마이크로크리스탈 린왁스 100%	윤활유 100%	파라핀/윤활유 =50/50	지랍/윤활유 =50/50	복합왁스/윤활유/ S=68/30/2
상온저장 시간(개월)①	0.5	1	2	3	4.5	6.0 이상

① 폭약이 8호 뇌관에 의해서 계속적으로 기폭될 수 있는 최대 저장시간

(3) 유화제의 종류와 양의 영향

유화제에 있어서는 현재 사용하고 있는 SMO나 SMO복합유화제보다는 PIBSA유화제가 에멀젼의 안정성이 좋다. SMO나 SMO복합유화제를 사용한 에멀젼폭약은 약 12개월 정도 지나면 표면에서 결정화가 시작되지만 PIBSA유화제의 경우는 약 24개월이 지나도 결정화가 일어나지 않는다. 특히 SMO복합유화제와 PIBSA유화제를 혼합해서 사용하는 경우는 안정성이 각각의 유화제보다도 좋지 않으므로 주의가 필요하다.

그러나 일반적인 W/O유화제에 폴리머 유화제를 섞어 사용할 때에는 에멀젼폭약의 저장 안정성이 배가될 수 있다. 예를 들어 $(A\text{-}COO)_m$의 일반식을 갖는 양쪽성의 코폴리머 유화제를 SMO유화제에 25% 혼합하여 사용하면 안정성이 상당히 좋아진다. 이러한 형태의 복합 유화제의 양은 폭약의 총 중량에 대해서 약 0.8%이다. 유화 과정에서 우선은 복합 유화제와 오일상의 성분을 혼합하고 그리고 나서 단순하게 산화제수용액을 유화제가 함유되어 있는 이 혼합물에 가하면서 유화시킨다. 마이크로-칼로리미터 시험을 통해서 이러한 방법으로 형성된 마이크로 에멀젼은 혼합물 자유에너지에 강한 마이너스의 변동을 갖지만 반면에 하나의 솔비탄 모노올레이트로부터 만들어진 에멀젼은 거의 제로의 혼합물 자유에너지 변동을 갖는다. 혼합물의 자유에너지의 변동의 이러한 차이로부터 두 시스템의 열역학적인 안정성이 동일하지 않다는 것을 알 수 있다. 분명 에멀젼의 표면 막을 형성 중에 방출된 에너지는 새롭게 형성된 표면에너지를 능가하며 이 시스템의 열역학적 안정성은 보다 우수해질 것이다. 결론적으로 복합 유화제에 의해서 만들어진 마이크로 에멀젼은 기존의 단일 W/O유화제로 만들어진 에멀젼

에 비해서 훨씬 안정하게 된다.

보통 SMO(오일 용해성의)와 Dodecyl sodium sulfate가 복합유화제로 사용된다. 사용 시에 전자는 왁스-오일 혼합물에 용해되지만 후자는 산화제수용액에 용해된다. 유화작업 시, 이러한 방법으로 혼합된 유화제는 계면에서 두 성분의 흡착을 통해서 복합물을 형성할 것이다. 가깝게 방향지어진 복합물로부터 만들어진 계면의 막은 비교적 높은 강도의 복합적인 막이 되며 이것은 에멀젼폭약의 장기저장성에 유리하게 된다.

에멀젼의 품질을 위해서 더 많은 유화제를 점가하는 것이 필요하나 경제적인 관점에서 유화제의 함량을 최소로 하는 것이 좋다. 어떠한 에멀젼 시스템에서도 유화제의 최적량이 존재한다. 앞서 언급했듯이 필요한 유화제의 양은 탄소질 연료의 특성과 깊은 관련이 있다. 실제로 유화제가 특정의 탄소질연료와 함께 사용되었을 때 유화 효과가 중첩될 수 있으므로 유화효과에 영향 없이 유화제 양을 쉽게 줄일 수 있다. 예를 들어 중국의 No.2 복합왁스가 에멀젼폭약의 연속상에 사용될 때 유화제의 양이 1/3 정도로 감소될 뿐만이 아니라 필요한 전단력도 훨씬 줄어들 수 있다. 일반적으로 말하면 연속상 성분들이 적절하게 선정되면 에멀젼폭약의 안정도는 유화제 함량에 따라 증가된다. 그러나 이 함량은 보통 에멀젼폭약 총량의 2%를 초과하지 않는다.

(4) 물의 질과 양의 영향

일반적으로 에멀젼폭약에 사용되는 W/O형의 유화제들은 대부분 비이온계이며 이온의 타입과 강도에 영향을 받지 않는다. 동시에 산화제수용액 그 자체는 농도가 높은 염의 용액이다. 그러므로 에멀젼은 물의 질에 대한 특정 요구사항이 없다. 저장안정성 및 동적안전성 시험을 비교하기 위해 비교적 경도가 높은 자연수, 증류수와 이온교환수지 정제수들이 에멀젼폭약 제조에 사용되었고 이 시험으로부터 마찬가지의 결과를 얻었다. 에멀젼폭약의 안정성과 밀도에 관한 물함량의 영향에 대한 시험 결과가 <표 16.106>에 나와 있다.

이 시험 결과로부터 알 수 있는 것은 어떤 일정 범위 내에서 물의 함량이 증가함에 따라 폭약의 안정성은 증가하고 밀도는 감소한다는 것이다. 물함량을 6% 이하로 했을 때 저장안정성은 나빠져서 상당히 심한 결정화가 생겼다. 에멀젼폭약에서는 일반적으로 물함량을 8~16%로 하는 것이 바람직하며 가장 좋게는 10~12% 이다.

〈표 16.106〉 에멀젼폭약의 안정성에 관한 물함량의 영향

물함량 (%)	EM의 밀도 (g/㎤)	동적 안정성 (크림생성 시간)①(hr)	물함량 (%)	EM의 밀도 (g/㎤)	동적 안정성 (크림생성 시간)①(hr)
6	1.48	1	12	1.42	3.5
7	1.47	1	13	1.42	4
8	1.46	2.5	14	1.40	4
9	1.46	3	15	1.40	4.5
10	1.45	3	16	1.39	4.5
11	1.43	3.5	17	1.38	4.5

① 동적 안정성은 4,000rpm의 속도로 돌아가는 직경 10cm의 원심분리기에서 시험했을 때, 에멀젼에 크림이 발생하는 시간과 관련된다.

(5) 첨가제의 영향에 관한 시험 결과

보통 에멀젼 안정제, 유화 촉진제, 격자 변형제 등이 에멀젼폭약에 첨가제로서 사용된다. 이 첨가제들은 보통 여러 가지 정도로 에멀젼폭약의 장기저장안정성과 기폭감도를 더 개선시킨다. 다음의 예들은 이에 관한 시험 결과들이다.

가. 안정제의 영향

(가) 고체 분말

앞에서 언급한 바와 같이 고체분말은 에멀젼을 안정화시킬 수 있다. 동일하게 제조된 에멀젼을 여러 배치로 나눈 다음 각각에 여러 가지 분말들을 첨가, 혼화한 후에 안정성을 시험한 결과가 <표 16.107>이다. 일본의 Taenouoche Fumio 등도 또한 안정제에 의해서 안정화된 에멀젼의 안정성을 시험하였으며 <표 16.108>과 같다. 이 표의 데이터는 에멀젼에 마이크로 크기의 고체 분말이 안정화에 큰 효과가 있다는 것을 충분히 설명해 준다.

〈표 16.107〉 에멀젼의 안정성에 관한 고체 분말 첨가제의 영향

고체분말 이름 및 함량(%)	동적 시험	
	크림생성 시간	결정화 순서
고체 분말 미첨가	4-5시간 내에 크림생성	1
Potassium and sodium tartarate(0.5-1.0)	10시간 내에 크림생성 무	2
알루미늄 분말(0.5-1.0)	15시간 내에 크림생성 무	3
카본블랙(0.5-1.0)	15시간 내에 크림생성 무	4
유황분말(0.5-1.0)	20시간 내에 크림생성 무	5
Potassium pyroantimonate(0.5-1.0)	20시간 내에 크림생성 무	6

〈표 16.108〉 에멀젼폭발과 에멀젼 성분의 안정성 시험 결과

① 윤활유는 blade wheel oil

	성분	1	2	3	4	5	6
조성 (%)	AN	75.32	74.05	75.32	75.32	78.20	75.32
	SN	4.54	4.46	4.54	4.54	4.54	4.71
	H_2O	10.89	10.70	10.89	10.89	10.89	11.31
	SP	-	-	-	-	-	-
	마이크로크리스탈린왁스(무정제)	3.39	3.33	3.39	3.39	3.39	3.52
	마이크로크리스탈린왁스(정제)	-	-	-	-	-	-
	윤활유①	-	-	-	-	-	-
	액체파라핀	-	-	-	-	-	-
	Span-80	1.69	1.66	1.69	1.69	1.69	1.76
	카본블랙	0.30②	2.0②	-	-	0.30③	0.30③
	이산화규소④	-	-	0.30	-	-	-
	스테아린산아연⑤	-	-	-	-	-	0.30
	유리미소중공구체	3.87	3.80	3.87	3.87	3.87	3.87
	N,N'-dinitroso pentamethylene tetramine	-	-	-	-	-	-
특성치	밀도(제조후 1일 경과), g/㎤	1.07	1.06	1.02	1.02	1.07	1.09
	완폭저장기간, 개월	32	30	27	16	29	29
	기폭되는 개월의 최종 밀도, g/㎤	1.09	1.10	-	-	-	1.11

	성분	7	8	9	10	11	12
조성 (%)	AN	75.32	75.32	75.32	76.24	78.36	78.60
	SN	4.54	4.54	-	4.60	4.73	4.73
	H_2O	10.89	10.89	10.89	11.02	11.83	3.12
	SP	-	-	4.54	-	-	11.36
	마이크로크리스탈린왁스(무정제)	-	-	3.39	3.43	3.52	0.42
	마이크로크리스탈린왁스(정제)	3.00	-	-	-	-	-
	윤활유①	0.39	-	-	-	-	-
	액체파라핀	-	3.39	-	-	-	1.97
	Span-80	1.69	1.69	1.69	1.71	1.76	-
	카본블랙	0.30③	-	0.30③	0.30③	-	-
	이산화규소④	-	0.30	-	-	0.30	-
	스테아린산아연⑤	-	-	-	-	-	-
	유리미소중공구체	3.87	3.87	3.87	3.87	3.87	3.87
	N,N'-dinitroso pentamethylene tetramine	-	0.20	-	-	-	-
특성치	밀도(제조후 1일 경과), g/㎤	1.06	1.01	1.03	1.06	1.07	1.02
	완폭저장기간, 개월	31	28	31	29	38	28
	기폭되는 개월의 최종 밀도, g/㎤	1.08	1.12	1.10	1.09	1.08	1.13

② 카본블랙의 평균 입자크기는 0.03㎛

③ 카본블랙의 평균 입자크기는 0.2㎛

④ 이산화실리콘의 평균 입자크기는 0.7㎛

⑤ 스테아린산아연의 평균 입자크기는 0.3㎛

(나) 소이빈 레시틴

안정성에 관한 이 첨가제의 영향은 <표 16.109>에 나와 있다. 이 데이터로부터 소이빈 레신틴을 첨가하면 에멀젼의 저장안정성이 현저하게 개선될 수 있다는 것을 쉽게 볼 수 있다.

〈표 16.109〉 안정성에 관한 소이빈레시틴의 영향cm①

시료 번호	1	2
소이빈레시틴의 양(%)	0	0.7
에멀젼폭약 밀도(g/cm³)	1.17	1.17
최소기폭약량(제조직후)②	전기뇌관④	7F/C⑤
최소기폭약량(1사이클후)③	2.5g PETN에 불폭	8F/C⑤
최소기폭약량(2사이클후)	"	9F/C⑤
최소기폭약량(3사이클후)	"	전기뇌관

① 소이빈레시틴의 양을 제외하고는 다른 모든 성분과 생산공정이 동일
② 5℃에서 25mm 직경의 약포로 시험
③ 1사이클: 50℃에서 3일 저장 그리고 나서 -17℃에서 2일 또는 3일 보관
④ 0.78g의 PETN 함유
⑤ F/C는 뇌홍과 염소산칼륨을 의미하며 숫자는 뇌관의 호수를 말한다.

(다) 밀랍과 붕사

실제로 밀랍과 붕산의 혼합물은 에멀젼폭약의 효과적인 안정제이며 에멀젼의 저장성에 관한 이것의 영향은 <표 16.110>과 같다.

〈표 16.110〉 에멀젼의 안정성에 관한 밀랍과 붕산의 영향①

밀랍과 붕산 혼합물의 첨가	No			Yes				
저장기간, 일②	0	90	180	0	190	300	540	720
임계직경, mm③	16-20	25-32	불폭 (Φ32mm)	12-16	25	25	25	32

① 밀랍과 붕산의 양을 제외하고는 기타 모든 성분과 제조기술은 동일
② 에멀젼폭약의 포장은 평상시 방법으로 하여 보통의 저장소에 보관하고 기간 경과 후 샘플을 채취해서 특성을 평가
③ 한 개의 No.8 뇌관이 기폭용으로 사용

나. 유화촉진제와 격자조절제의 영향

에멀젼폭약에 이들 물질을 첨가하면 저장안정성에 유리하다. 시험 데이타와 사용량은 앞에서 언급된 것을 참고한다.

(6) 제조기술 영향 시험 결과

에멀젼의 안정성에 영향을 주는 품질특성치는 에멀젼의 평균 입도와 분포이다. 평균 입도가 작을수록 그리고 분포가 좁을수록 에멀젼의 안정성은 좋아진다. 에멀젼의 입도를 작게하고 분포를 좁게 하는 기술은 유화시스템에 달려있다고 할 수 있다. 물론 오일상과 산화제수용액의 비율, 유화제의 종류와 양도 상관이 있으나 이들의 영향은 일정하다고 보았을 때 유화시스템을 어떻게 구축하느냐에 따라 에멀젼의 안정성이 달라진다.

유화시스템은 배치식과 연속식이 있다. 배치식은 보통 배플이 달린 탱크와 교반시스템으로 구성되어 있으며 여기에 추가해서 리사이클 펌핑시스템이 부착되어 있는 것도 있다. 연속식은 대부분 2단 시스템으로 되어 있으며 1단에서는 스태틱 믹서(Static mixer), 디스크 믹서(Disc mixer), 프로펠러 믹서(Propeller mixer) 등으로 예유화를 하고 2단에서는 핀밀, 콜로이드밀, 인라인파이프믹서, 디스크믹서 등으로 본유화를 하는 시스템으로 구성되어 있다.

이러한 조건하에서 에멀젼의 안정성과 관련된 생산 파라미터는 주로 예유화 시의 블랜딩속도, 본유화시의 유화속도와 전단력 그리고 정체시간 등이다. 경험에 의하면 예유화 시에는 전단력보다는 정체 시간이 중요하며 본유화 시에는 정체 시간보다는 강한 전단력이 중요하다. 전자는 주로 입도의 분포에 기여하고 후자는 주고 입도의 크기에 기여한다.

가. 유화 방법

배치식의 에멀젼의 제조 과정에서 안정하고 균질한 에멀젼을 형성하기 위해서 보통은 산화제수용액을 오일상 물질에 일정하게 투입한다. 산화제수용액과 혼합하기 전에 유화제는 오일상의 혼합물에 용해시켜야 한다. 이러한 과정을 통해서 작업해야 유화를 가속화시킬 수 있고, 블랜딩을 줄일 수 있고 그리고 저장안정성을 늘릴 수 있다. 만약 유화제와 산화제수용액이 동시에 오일 상에 투입이 되거나 또는 산화제수용액이 오일상의 물질에 투입하기 전에 산화제수용액에 가해지면 이러한 에멀젼은 동일한 품질을 얻기 위해서 블랜딩을 강하고 더 많이 해야 한다. 이 방법으로 만들어진 에멀젼은 전자의 방법으로 만들어진 에멀젼에 비해 저장안정성이 떨어진다. 예유화작업 시에는 오일상 물질에 산화제수용액을 서서히 주입하면서 비교적 약한 전단력으로 큰 입도의 에멀젼을 형성하고 본유화작업 시에는 강한 전단력으로 짧은 시간에 작은 입도의 에멀젼을 완성한다. 이 때 작은 에멀젼의 입도가 완성되면서 점도가 급격히 증가되는 형상을 보인다. 만약 유화 작업 전에 소량의 미세한 에멀젼이 오일 상에 투입이 되면, 예유화 시 큰 입도의 에멀젼을 형성하는데 필요한 시간이 짧아질 것이다.

연속식의 에멀젼의 제조 과정에서는 안정하고 균질한 에멀젼을 형성하기 위해서는 보통 예유화 시간과 적절한 전단력이 중요하다. 예를 들어 예유화 시 정체 시간이 짧고 전단력이 아주 약한 스태틱미서를 사용하고 본유화 시 인라인파이프믹서를 사용한 시스템에서는 입도의 분포가 크고 심지어는 입도가 큰 테일 현상이 생기기도 한다. 그러나 정체 시간이 좀 더 길고 전단력을 적절히 조정할 수 있는 프로펠러 믹서를 예유화로 사용할 경우에는 입도의 분포도 좁고 테일도 생기지 않는다.

나. 전단력

잘 알고 있는 바와 같이 에멀젼의 입도와 균일한 분포는 에멀젼의 안정성의 중요한 지표이다. 에멀젼 매트릭스의 입도를 조사해 보면 입도는 블랜딩 속도와 전단력이 증가함에 따라 작아지고 에멀젼의 점도가 증가한다. <표 16.111>은 블랜딩의 속도와 에멀젼 매트릭스의 점도와의 관계를 나타낸 것이다. 시험 결과에서 보는 바와 같이 보다 높은 점도를 갖는 샘플들은 보다 우수한 저장안정성을 갖는다.

〈표 16.111〉 점도에 관한 블랜딩 속도 변화의 영향 ①

블랜딩 속도(m/s)	2.1	3.5	6.0	10.6	17.1
에멀젼 매트릭스 점도(mm/s^2)	-	51300②	95325③	331840③	484160③

① 시험 에멀젼 조성의 성분 및 조성: AN(SN) 75%, 요소 3.5%, 물 12%, 유화제 2%, 밀도조절제 3.5%
② 45℃에서의 점도
③ 40℃에서의 점도

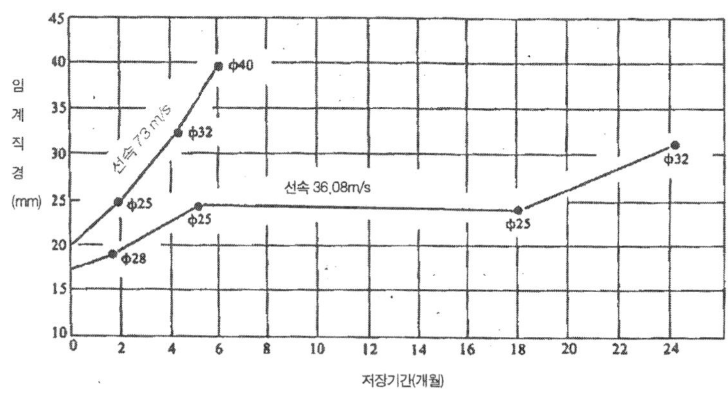

[그림 16.34] 저장안정성에 관한 블랜딩 속도의 영향

중국의 Nanling Chemical Plant에서 RJ 타입의 에멀젼폭약에 대한 블랜딩 속도와 저장안정성에 관한 시험이 이루어졌다. 안정성에 대한 블랜딩 속도의 영향이 [그림 16.34]에 나와 있다.

분명 유화기의 용량과 블레이드의 모양이 일정할 때 전단력은 교반속도에 따라서 증가할 것이며 에멀젼의 품질이 또한 개선될 것이다. 만약 블랜딩 속도가 일정하게 유지되면 유화기의 직경이 커질수록 전단력이 더 커질 것이다.

다. 유화시간

모든 조건이 일정하게 고정되었을 때 유화시간이 에멀젼의 입도와 에멀젼의 안정성에 영향을 주는 중요한 인자가 된다. 그러나 유화공정과 기술이 다르면 그 영향도 또한 다르다.

보통 유화는 배치식이든 연속식이든 예유화와 본유화의 2단계에 걸쳐 작업이 이루어진다. 예유화없이 바로 본유화를 하게 되면 입도도 크고 불균일하여 분포가 커지며 따라서 저장안정성도 상당히 저하하게 된다. 예유화는 연료와 산화제수용액이 대충 혼합되어 입도가 큰 에멀젼이 형성되는 단계이고 본유화는 예유화된 혼합물에 강한 전단력을 주어 순식간에 점도가 높은 작은 입도의 에멀젼을 만드는 단계이다. 따라서 보통은 예유화시의 정체시간을 길게 하는 것이 본유화에서 작은 입도와 좁은 입도 분포를 형성하는데 유리하다. 그리고 본유화시에는 정체시간을 길게 하기 보다는 강한 전단력으로 짧은 시간 내에 본 유화를 끝내는 것이 유리하다. 경험에 의하면 본유화 시간을 길게 하면, 오히려 형성된 에멀젼이 파괴 및 응집되는 현상이 발생하여 입도의 분포가 커져 안정성을 해치게 된다. 그러나 예유화 시간을 길게 하면 할수록 균일한 에멀젼을 만들 수 있다.

4) 안정성 개선 기술

(1) 산화제수용액의 결정화온도 저하 및 결정화/결정성장의 억제

잘 아는 바와 같이 상온에서 에멀젼폭약의 분산상 물질은 AN 등과 같은 산화제의 과포화 용액이다. 온도 변화 시에 특히 계면 막의 강도가 낮을 때 이 산화제들에서 결정화가 생긴다. 실제적으로 한편으로는 이러한 과정에서 생성된 응집은 분산상 액적의 오일 막의 변형 및 수축을 일으키며 그리고 다른 한편으로는 결정 발생과 성장으로 부피와 모양의 변화가 일어나고 심한 상황에서는 오밀 막이 파손되고 산화제와 연소제 사이의 완전하게 접촉되고 치밀한 물리적구조가 부분적 또는 완전한 파괴에 이르게 된다. 이것은 분명 불가피하게도 폭발특성,

내수성 및 안정성을 악화시키는 결과로 나타날 것이다. 이러한 바람직하지 못한 영향을 피하기 위해서는 유화과정에서 분산상의 결정화가 없게 하고 에멀젼폭약이 저장 중에 결정화 및 결정으로의 성장이 되지 않도록 할 필요가 있다. 전자에서는 산화제수용액의 온도가 결정화온도 보다도 높아야 하는 것이 필요하며 후자에서는 가능한 산화제수용액의 결정화온도를 낮추어 결정으로의 성장을 억제하고 극복하는 것이 필요하다.

보통 상기의 목적을 위해서 다음과 같은 방법이 사용될 수 있다.

가. 혼합산화제의 사용

다른 산업용 혼합폭약처럼 에멀젼폭약의 산화제는 AN이며 이 AN은 가격이 싸고 공급원이 많다. 그러나 AN의 물용해도는 비교적 큰 변화도를 가지며 온도가 떨어짐에 따라 용해도가 극적으로 감소하여 결정화가 일어난다. 보통은 복합 또는 혼합산화제를 사용함으로써 결정화온도를 낮출 수 있다. <표 16.112>은 여러 가지 산화제의 첨가에 따른 결정화온도의 변화를 나타낸다.

〈표 16.112〉 여러 가지 산화제수용액의 결정화온도

원료명		물	AN	SN	SP	CN	결정화온도(℃)
번호	1	15.0	85.0	-	-	-	77
	2	20.0	80.0	-	-	-	59
	3	20.6	61.8	17.6	-	-	45
	4	21.4	50.0	14.3	14.3	-	33
	5	18.3	55.0	15.6	-	11.0	36

<표 16.112>에서 보는 바와 같이 AN에 SN, SP 및 CN을 첨가하면 산화제수용액의 결정화온도를 낮출 수 있다. 안전성 및 원료의 수급 관계로 중국에서는 AN과 SN의 혼합산화제가 주로 에멀젼폭약에 사용된다.

나. 격자 조절제

앞에서 기술한 바와 같이 이러한 종류의 물질은 보통 수용성의 음이온계면활성제로 이들의 대표적인 물질로는 Dodecyl sodium sulfate, Dodecyl sodium sulfonate, Alkyl naphthalene sodium sulfate, Dodecyl benzene sodium sulfonate 등이 있다. 이러한 물질을 에멀젼에 첨가하면, 한편으로는 AN 등과 같은 산화제 석출물의 결정특성을 개조하여 결정 성장을 억제할 수

있으며 ; 그리고 다른 한편으로는 수용액에서 음이온 계면활성제(첨가제)와 비이온 계면활성제(유화제)로부터 혼합 콜로이드를 형성할 수 있다. 유화제 분자가 미셀(Micelle)에 삽입되었을 때 이들은 원래의 음이온 계면활성제의 이온성 헤드 사이의 전기적인 반발력을 감소시킬 것이며 그리고 이것에 부가해서 2종류의 계면활성제 분자의 탄화수소 체인 사이의 친유성 작용이 미셀의 형성을 더욱 용이하게 할 것이다. 이 효과들은 혼합 용액 내의 임계 미셀의 농도를 더 낮출 수 있으며 동시에 용액의 표면에서 두 종류의 계면활성제의 수착이 표면장력을 줄이고 표면활성도를 증가시킬 것이다. 말할 필요도 없이 이러한 모든 인자들이 에멀젼의 저장안정성에 유리할 것이다.

다. 적절한 물함량

앞의 시험에서 본 바와 같이 에멀젼의 안정성은 물함량에 비례한다. 이것은 산화제의 양이 정해졌을 때 물의 함량을 증가시키면 산화제수용액의 결정화온도를 낮추어 주기 때문이다. 다른 한편으로는 증발 잠열의 영향으로 물함량의 증가는 불가피하게 시스템의 에너지를 감소시킨다. 그러므로 저장안정성, 에너지, 발파특성 및 기타 요인들을 감안하여 물함량을 적절하게 선정하는 것이 필요하다. 일반적으로 뇌관기폭성 에멀젼폭약에 있어서는 물함량이 15% 이하가 바람직하며 10%가 가장 좋다. 노천광의 대형 발파공에 사용되는 뇌관비기폭성 에멀젼폭약 특히 펌핑 가능한 에멀젼폭약에 있어서는 적절한 수분량이 20% 이하이어야 하며 약 17%가 가장 좋다.

라. 부동액의 첨가

보통 부동액은 포름알데하이드 등과 같은 저분자량의 유기물질이며 물에 쉽게 용해된다. 이러한 종류의 물질을 2~3% 첨가하면 에멀젼 시스템의 어는 온도를 현저하게 낮출 수 있으며 특히 이것은 낮은 온도에서 산화제수용액의 결정화를 억제할 수 있으며 에멀젼의 저장안정성을 증가시킨다.

마. 계면막의 강도 증가

오일·물 시스템에 계면활성제를 첨가한 후에 계면장력의 완화에 추가해서 계면에서의 계면활성제의 수착이 계면 막의 형성과 함께 필연적으로 일어날 것이다. 틀림없이 이 계면 막의 강도가 높을수록 분산상의 액적 상에서 계면막의 방어효과를 더 강하게 해 주며 상호 충돌에 의한 응집 가능성이 적을수록 형성된 에멀젼폭약의 안정성은 더 좋아질 것이다.

일반적으로 말해서 계면활성제의 농도가 비교적 낮을 때 계면 상에서 흡착된 분자의 수가 더 적을 것이며 그리고 계면 막의 강도 뿐만이 아니라 에멀젼의 안정성이 나빠질 것이다. 계면활성제의 농도가 증가하여 어떤 수준에 도달할 때 계면 막의 강도와 분산상의 액적의 응집에 대한 저항성이 커질 것이며 그리고 결론적으로 에멀젼의 안정성이 더 좋아질 것이다. 또한 계면의 접착 층에서 극성유기물질(예, 알코올)과 계면활성분자(또는 이온) 사이의 상호작용이 또한 계면 막의 강도를 증가시키고 "착화합물"를 형성한다. 상기의 규칙에 따라 보통 다음과 같은 세 가지 측면에서 계면 막의 강도를 증가시킬 수 있다

① 더 우수한 유화효과를 얻기 위해서 충분한 양의 유화제 첨가
② Dodecyl sodium sulfate, Dodecyl phosphate 등과 같은 극성유기물질을 적절하게 첨가, 이 물질들은 높은 강도를 갖는 복합체 막을 형성하기 위해 Span-80과 같은 유화제와 상호작용할 수 있다.
③ 적절한 체인 길이와 점도를 갖는 적절한 오일상 물질의 선정 그리고 적절한 유화시간 연장

분명히 계면 필름의 강도를 증가시키면 무기산화제의 결정화를 저지하여 오일 막의 파손을 방지하고 그럼으로 해서 에멀젼의 안정성을 개선할 것이다.

(2) 적절한 오일상 물질의 선정과 연속상물질의 점도 조절

시험에서 보았듯이 오일상 물질의 성분들은 에멀젼의 안정성에 영향을 준다. 이것은 다음의 두 가지 측면에서 고려될 수 있다.

가. 계면에서 오일 상 물질에서의 어떤 극성유기물질과 수용성 계면활성제로부터 계면 "복합체" 또는 착화합물의 형성, 이것은 에멀젼의 안정성에 유리하다.

나. 체인 길이와 점도의 영향, 짧은 체인의 지방 탄화수소로부터 형성된 에멀젼은 긴 체인의 지방 탄화수소로부터 형성된 에멀젼보다 안정성이 떨어진다. 예로서 에멀젼의 안정성에 관한 연구에서 안정성에 관한 여러 가지 브랜드 파라핀의 영향이 분명히 이러한 관계에 영향을 준다. 또 다른 예로서 산화제수용액, 유화제 및 왁스가 일정하게 유지되었을 때 디젤 또는

엔진오일의 첨가에 의한 여러 가지 영향이 명확하게 측정될 수 있으며 여기에서 디젤로부터 형성된 에멀젼 시스템은 보통 가장 빨리 노화되며 디젤과 엔진오일로부터 형성된 에멀젼 시스템은 두 번째이고 반면에 엔진오일만으로 형성된 에멀젼 시스템은 가장 이상적이고 가장 긴 저장시간을 갖는 가장 좋은 조건이다. 이것은 W/O 에멀젼에서 여러 가지 종류의 오일상 물질이 그들의 여러 가지 체인 길이와 점도로 인하여 유화제 Span-80 또는 이것의 다른 복합제품과 결합하여 여러 가지 안정성을 갖는 에멀젼을 형성할 것이다. 그러므로 오일상 물질의 타입과 점도를 적절히 선정하는 것이 필요하다.

보통 어떤 유화제는 특정의 연소성 연료와 혼합해서 사용되어야 하며 그리고 이들이 서로 어울려서 사용되었을 때 중첩되는 유화 효과가 가장 크다. 연구에서 보여주었듯이 에멀젼폭약과 같은 특정 유화 시스템과 SPAN-80과 같은 유화제에 있어서 중국에서 개발된 복합왁스는 이러한 종류의 탄소질 연료의 대표적인 예로 고효율의 유기연료이다. 앞서 언급했듯이 SPAN-80 또는 이것의 복합 제품과 함께 했을 때 이 복합왁스는 안정한 에멀젼을 형성하기 위해 비교적 작은 블랜딩 파워를 필요로 한다. 만약 일반 왁스, 오일 및 바세린이 연속상으로 사용되면 액상 연료의 점도를 증가시킬 수 있는 모든 연료(마이크로크리스탈린왁스, 파라핀 등과 같은)가 에멀젼의 안정성을 개선시키는데 사용될 수 있다. 그러나 노화의 발생을 방지하기 위해 함량을 너무 높게 해서는 안 된다. 예로서 단일의 SPAN-80 유화제를 들어보자. 왁스/오일의 비율이 보통 3:1～2:1의 범위에 있다. 사용된 왁스는 보통의 파라핀과 크리스탈린왁스의 혼합물이 되는데 더없이 좋으며 5:1～4:1의 혼합비가 가장 좋다. 더욱이 정제된 크리스탈린왁스를 사용하면 가장 좋은 결과를 얻을 수 있다.

(3) 적절한 유화제의 타입과 함량

앞서서도 언급했지만 현재 에멀젼폭약의 유화제로 사용하는 계면활성제로는 SMO복합유화제 및 PIBSA유화제가 있다. SMO복합유화제를 사용한 에멀젼폭약은 약상이 딱딱하지만 손에 잘 들러 붙는다. 적절한 이형제만 사용하면 Rollex machine과 같은 기계로 종이에 카트리징하는데 매우 유리하다. 그러나 SMO복합유화제로 만든 에멀젼폭약은 약 12개월 경과하게 되면, 표면에서 에멀젼의 파괴현상이 나타나기 시작하여 약 2년 후에는 수mm까지 진행되어 유효 폭발능력이 감소한다.

반면에 PIBSA유화제를 사용한 에멀젼폭약은 약상이 비교적 무르지만 손에 잘 들어 붙지 않는다. 따라서 CHUB machine과 같은 필림 카트리징기을 사용해야 만이 포장이 가능하다. 그러나 PIBSA유화제로 만든 에멀젼폭약은 2년 이상이 경과해도 표면에서 파괴현상이 나타나지 않는다. 그래서 PIBSA유화제는 장기저장성에 매우 좋다고 할 수 있다. 그러나 PIBSA유화제를 사용하면 미셀의 크기가 SMO복합유화제보다는 크며 칼 등으로 약상을 자를 때 스크래치에 의한 에멀젼의 파손이 보다 크다. 이 파손은 다른 에멀젼의 파손을 진행시키지는 않는다.

유화제의 함량은 SMO복합유화제의 경우는 보통 2.5～3.5%가 적절하며 PIBSA유화제의 경우는 보통 1.5～2.5%가 적절하다.

(4) 적절한 첨가제의 선정

가. 적절한 안정제의 첨가

앞서 언급했듯이 적절한 양의 고체분말, 소이빈레시틴, 밀랍-붕산 혼합물 등은 모두 에멀젼폭약의 효과적인 안정제이다. 그러므로 적절한 양의 하나 또는 여러 종류의 이러한 물질들을 에멀젼에 첨가하면 저장안정성을 상당히 증가시킬 수 있다.

나. 유화촉진제의 첨가

직쇄상의 알칸 과염화물은 상당히 효과있는 에멀젼폭약의 유화촉진제이다. <표 16.113>의 데이타는 이러한 물질의 촉진작용에 대해서 설명한다. 표의 데이터에 나타난 바와같이 소량의 알칸과염화물을 첨가하면 동일한 조성의 에멀젼 품질을 개선할 수 있고 폭굉감도를 증가시킬 수 있고 그리고 저장안정성을 더 오래가게 한다. 실제로 과염소산화된 알칸을 가능한 높게 사용하려는 노력이 이루어져야 한다.(50% 이상)

〈표 16.113〉 알칸 과염화물의 유화촉진작용

성분① 또는 항목	시리얼 번호			
	1	2	3	4
SPAN-80(%)	1.4	1.4	1.4	1.4
알칸 과염화물(cereclor 70 *l*)(%)	0	0.2	0.5	1.0
밀도(g/㎤)	1.17	1.17	1.17	1.17
약포 직경(mm)	25.4	25.4	25.4	25.4
최소기폭약량	2.5g고폭약	10호뇌관②	6호뇌관②	전기뇌관③

① 4개의 시료에서는, 알칸 과염화물을 제외하고는 오일상과 수용액상의 성분과 함량이 동일하다.
② 뇌홍/염소산칼륨 뇌관 ③0.78g의 PETN 함유

다. 극성 유기물질의 첨가

실험을 통해서 극성 유기물질(Octadecyl alcohol 등)를 적정량(0.5～1.0%) 첨가하면 시스템의 계면장력을 감소시켜 유화제의 활동을 증가시키고 그리고 에멀젼의 안정성을 개선한다는 것을 알 수 있다.

(5) 안정한 생산과 기술적 조건

에멀젼의 안정성에 관한 기술적 조건의 영향이 아주 현저하다는 것을 앞에서 이미 논의하였다. 안정한 생산 조건을 보장하기 위해서는 제조 과정의 조건을 동일하게 유지해야 하며 에멀젼의 안정성에 영향을 주는 주요 인자들을 동일하게 유지해야 한다. 주요 기술적 방법을 대략적으로 다음과 같이 요약할 수 있다.

가. 유화, 블랜딩 회전속도 및 전단력을 동일하게 유지하기 위해서 장비의 유지보수를 강화하여 정상 작업이 되도록 유지한다.

나. 여러 성분들의 중량을 정확하게 계량하며 특히 수용액과 오일상 물질의 혼합속도를 균일하게 유지하도록 한다.

다. 가능한 동일한 유화, 혼합 및 충전시간을 유지하도록 한다.

라. 밀도조절제 투여량, 첨가시간 및 온도를 균질하게 조절하도록 한다.

에멀젼의 밀도가 화학물질로부터 생성된 버블로 조정될 때 버블을 안정화시키는 시기와 방법에 집중할 필요가 있다. 팽창 펄라이트 또는 수지미소중공구체가 밀도조절제로 사용될 때 펄라이트의 분쇄, 버블의 손실 및 유화의 파괴를 방지하기 위해서 혼합 시간을 적절히 잘 조정해야 할 필요가 있다. 경험상으로 볼 때 70～80℃에서 펄라이트를 첨가하면 가장 좋은 결과를 얻을 수 있으며 에멀젼의 저장 기간을 아주 오래 보장할 수 있다.

참 고 문 헌

1. Wang Xuguang(1994), Emulsion explosives, Metallurgical industry press, Beijing
2. Rudolf Meyer(2007), Explosives, WILEY-VCH Verlag GmbH & Co.KGaA, Weinheim, German
3. Harold F. Bluhm, "Ammonium nitrate emulsion blasting agent and method of preparing same", US patent 3447978(1969.6.3)
4. George R. Cattermole, "Water-in-oil emulsion type blasting agent", US patent 3674578(1972.7.4)
5. Charles G. Wade, "Water-in-oil emulsion explosive containing entrapped gas", US patent 3715247(1973.2.6)
6. Charles G. Wade, "Water-in-oil emulsion type explosive compositions having strontium-ion detonation catalysts" US patent 3765964(1973.10.16)
7. Ernst A. Tomic, "Emulsion type explosive composition containing ammonium stearate or alkali metal stearate" US patent 3770522(1973.11.6)
8. Charles G. Wade, "Water-in-oil emulsion explosive composition", US patent 4110134 (1978.8.29)
9. Charles G. Wade, "Cap sensitive emulsions containing perchlorates and occluded ari and meth-od", US patent 4149916(1979.4.17)
10. Charles G. Wade, "Cap sensitive emulsions without any sensitizer other than occluded air", US patent 4149917(1979.4.17)
11. Charles G. Wade(1978), "Emulsions Viva la Difference", 제4회 U.S. Conference on Explosives and Blasting Techniques(1978), 미국
12. WIKIPEDIA, (2017.5.25), Paraffin wax, https://en.wikipedia.org/wiki/Paraffin_wax, (2017.7.05 방문)
13. WIKIPEDIA, (2017.6.3), Microcrystalline wax, https://en.wikipedia.org/wiki/Microcrystalline_wax, (2017.7.05 방문)
14. 위키백과, (2017.4.21.), 경유, https://ko.wikipedia.org/wiki/%EA%B2%BD%EC%9C%A0, (2017.7.05 방문)
15. 이수엑사켐 웹사이트, (2017.7.5.), D-Sol, http://www.exachem.co.kr/en/product/p_t_1.htm, (2017.7.05 방문)
16. 이영호, "유중수적형 에멀젼폭약 조성물", 대한민국특허100719269(2007.05.11)
17. 이응소, 윤종화, 이영호, "비폭발성 에멀젼 조성물", 대한민국특허 100576180(2006.04.26)
18. CHEMICALLAND21, Calcium nitrate, http://www.chemicalland21.com/ industrialchem/in-organic/CALCIUM%20NITRATE%20TETRAHYDRATE.htm, (2016.9.24)
19. CHEMICALLAND21, Sodium perchlorate, http://www.chemicalland21.com/ industrialchem/in-organic/SODIUM%20PERCHLORATE.htm, (2016.9.24)
20. 이영호, 이응소, "내충격성 및 저장안정성이 향상된 에멀젼폭약", 대한민국특허100449162(3004.09.07)

21. Walter B. Sudweeks, "Emulsion blasting agent sensitized with perlite", US patent 4231821(1980.11.04)
22. Fumio Takeuchi, Masao Takahashi, Hiroshi Sakai, "Water-in-oil emulsion explosive composition" US patent 4482403(1984.11.13)
23. John Cooper, Ian J. Kirby, "Method for improving the quality of an emulsion explosive composition, US patent 4732627(1988.3.22)
24. Robert A. Pollack, John J. Mullay, Brian B. Filippini, "Water in oil explosive emulsions", US patent US6951589(2005.10.4)
25. Walter B. Sudweeks, "Emulsion explosive manufacturing method", US patent4867920 (1989.9.19)
26. Gary L. Steinke, "Chub machine", US patent 5241800(1993.9.7)
27. Charles Gary Wade, "Water-in-oil emulsion type explosive compositions having strontium-ion detonation catalysts", US patent 3765964(1973.10.16)
28. 이영호, (2004), "에멀젼폭약의 내충격 특성", 대한화약발파공학회 추계논문발표집(2004)
29. 이영호, 이승찬, 이응소, 김문태 (2007), "에멀젼폭약의 내충격성 연구", 대한화약발파공학회 추계논문발표집(2007)
30. 광산보안법 시행규칙 제 49조 "유해가스"
31. NIST(2016), http://webbook.nist.gov/chemistry/ (2016.9.24 방문)
32. WIKIPEDIA, (2016.9.27), Sodium nitrite, https://en.wikipedia.org/wiki/Sodium_nitrite (2016.9.27 방문)
33. WIKIPEDIA, (2016.7.16), Perlite, https://en.wikipedia.org/wiki/Perlite, (2016.8.9 방문)
34. 3M Glass Bubbles K Series catalogue(2009년)
35. Q-CEL Hollow Microspheres Typical Properties catalogue
36. Hattori Katsuhide 외 2명, "Water-in-oil emulsion explosive composition with imidazoline derivative emulsifier", US patent 4315784(1982.2.16)
37. 송본유지제약주식회사 아이크로스페아 카타로그(2008), https://www.mtmtys.co.jp/product/general/data01_2.html,
38. AkzoNobel Expancel Product categories, https://expancel.akzonobel.com/

제4편

점화 시스템

불꽃, 전기, 스파크, 충격 등의 어떤 작은 에너지를 받아 연소 또는 폭연하는 불꽃을 발생하는 장치를 일반적으로 점화시스템 또는 점화장치라고 한다. 이러한 점화장치로부터 발생한 불꽃은 후속되는 다른 장치 내의 화약류를 연소, 폭연 또는 폭굉시킨다. 인류가 최초로 흑색화약을 발명했을 때 이것을 안전하게 점화시키기 위한 장치로 도화선(퓨즈)이라는 점화장치를 사용하였다. 10세기경 중국에서는 불꽃놀이 및 화승총 또는 화포의 추진제를 점화시키기 위해서 흑색화약을 종이에 싸서 만들어 사용했으며 16세기경 유럽에서는 흑색화약을 최초로 암석발파에 사용할 때 이것을 안전하게 점화시키기 위한 도화선으로 속이 빈 밀짚, 갈대, 식물 줄기 등의 내부에 흑색화약을 채워서 사용하였다. 1831년에는 보다 안전한 도화선이 윌리엄 빅포드에 의해서 만들어졌으며 이것을 "Safety fuse"라고 명명하였으며 동양에서는 이것을 일반적으로 도화선이라고 불렀다. 이후에 도화선은 안전 및 여러 목적을 위해서 전기식, 타격식, 스파크식 등으로 발전된다. 다음 <표 17.1>은 여러 가지 점화장치들을 나타낸 표이다.

〈표 17.1〉 여러 가지 점화장치

구분	종류	용도
불꽃 점화시스템	도화선	흑색화약 등 파이로테크닉 혼합물 점화용 뇌관 점화/기폭용
전기 점화시스템	옥식 점화장치(점화옥) 컵식 점화장치	흑색화약 등 파이로테크닉 혼합물 점화용 뇌관 점화/기폭용
타격 점화시스템	프라이머	뇌관 점화/기폭용 추진제 점화용
스파크/쇼크 점화시스템	쇼크튜브	뇌관 점화/기폭용

제17장

도화선(Safety fuse)

연소, 폭연 및/또는 폭굉하는 물질을 안전하게 점화/점폭시키기 위한 장치를 일반적으로 점화시스템 또는 점화장치라고 한다. 최초의 점화시스템은 퓨즈(Fuse)라고 하는 장치로 10세기경 중국에서 사용하기 시작하였다. 흑색화약을 가벼운 종이에 느슨하게 싸서 만들었으며 불꽃놀이의 지연점화장치로 사용되었다. 이러한 단순한 형태의 퓨즈가 아직도 현대의 불꽃놀이에서 많이 발견되고 있다. 이러한 퓨즈의 한 종류가 비스코 퓨즈(Visco fuse)라고 하는 것이며, 이것은 심약이 흑색화약으로 직경이 2~3mm의 선 모양으로 되어 있다. 3층의 실로 심약 주변을 둘러싸서 만들며 1층과 2층은 실로 서로 반대 방향으로 감아 싸며, 3층은 방수를 위해 질소함량이 낮은 셀룰로오스 락커로 코팅해서 만들어진다. 이 비스코 퓨즈는 현대의 도화선(Safety fuse)과는 달리 불꽃을 내면서 연소하는 것이 특징이다.[7] 이 밖에도 착화선이라는 것이 있는데 이것은 흑색화약을 바인더와 함께 물에 반죽한 후 여기에 수 가닥의 면사를 통과시켜 묻힌 다음 건조시켜 만든다. 이것도 역시 불꽃을 내면서 연소하는데 비스코 퓨즈와는 달리 내수성이 없다. 불꽃놀이의 많은 제품들을 점화시키는데 사용되며 특히 이 착화선을 내부에 공간이 있도록 종이 튜브에 넣어 점화시키면 연소 속도를 보다 빠르게 할 수 있는 속화선(속연도화선)이 만들어진다. 이 속화선은 타상연화, 괘식연화, 세트 피스 등 대부분의 불꽃놀이 제품을 동시에 빠른 속도로 점화시킬 때 많이 사용된다.

16세기경 흑색화약이 유럽에서 최초로 암석 발파에 사용되기 시작할 때 광산업자들은 발파공에 장전된 흑색화약을 점화시키기 위해서 흑색화약을 선으로 깔거나 거위의 깃, 밀짚, 갈대, 식물줄기 등의 내부에 흑색화약을 채워 불을 붙여 장전된 흑색화약을 폭발시켰다. 이것은 너무 빨리 탈 수도 있고 또는 너무 늦게 탈수도 있어 광산업자의 생명을 위태롭게 하였고 실제로도 많은 사고를 발생시켜 수많은 사상자를 냈다. 영국 상인 빅포드(William Bickford)는 이러한 수많은 흑색화약 발파 사고를 보면서 인간적인 휴머니즘이 발동하여 안전하게 작업할 수 있는 방법을 찾는 연구에 착수하여 1831년 드디어 "Safety fuse"라고 하는 안전한 도화선을 발명하게 된다. 그 이후 Safety fuse를 사용함으로써 광산 및 건설현장에서의 인명 사고를 약 90% 이상 감소시키는 성과를 이루게 된다. 1865년 알프레드 노벨이 니트로글리세린을 기폭시키기 위해 뇌홍뇌관을 발명하였을 때 이것을 안전하게 기폭시키기 위한 중요한 점화장치로 사용되면서 더욱더 진가를 발휘하게 된다. 1900년대 초 전기점화장치가 개발되기 전 도화선은 산업용발파에 있어서 안전하게 다이너마이트를 기폭시키는 화공품으로서 중요한 역할을 해 왔다.[6, 8]

도화선은 점화심(초석지) 등의 불꽃에 의해 점화되며 점화 후 본 화약류가 점화/기폭되기 전 지연시간을 주어 안전한 거리로 대피할 수 있도록 하는 것을 목적으로 사용한다. 각 국가 및 회사마다 만드는 방법과 형태가 약간씩 틀리나 모두가 필요로 하는 목적은 같다고 할 수 있다.

17.1 도화선의 종류

도화선은 도화선용분상흑색화약을 심약으로 사용하고 이것을 선경 4.6mm 이상으로 황마사, 면사, 지테이프, 아스팔트, 합성수지 등으로 피복한 선 모양의 화공품이다. 일정한 연소 속도로 연소하며 일정 시간 후에 흑색화약 등의 파이로테크닉 물질을 점화시키거나 공업뇌관 내의 기폭약을 점폭시킨다.

17.1.1 종류 및 구조

도화선의 종류는 심약인 흑색화약을 싸는 방법에 따라서 빅포드식과 유니버설식으로 나뉜다. 빅포드식은 심약을 여러 가닥의 마사로 싼 것이며 유니버설식은 심약을 지테프로 싼 것이다. 그리고 그 위에 여러 가지 실과 방수물질로 코팅하여 만들어진다. 또한 빅포드식은 용도에 따라서 제1종(탄광용), 제2종(일반광공업용), 제3종(토목 및 기타 노천용)의 3종류가 있다.

메탄가스나 탄진이 부유하고 있는 탄광에서 사용하는 제1종은 피복을 더 두껍게 하여 화염이 나오지 않도록 더 억제해 놓았고 제3종은 노천용이라 이러한 위험성이 없으므로 피복을 더 얇게 하여 만들어진다. 현재 사용되고 있는 도화선이 대부분이 제2종이기 때문에 제2종 도화선을 그냥 도화선이라고 부르고 있다. 빅포드 도화선의 내수성을 더 부여하기 위해서 마지막에 비닐 코팅한 비닐도화선도 있다. 다음<표 17.2>는 세 가지 빅포드 도화선을 비교한 표이다.

〈표 17.2〉 빅포드 도화선의 종류[2, 3, 4, 5]

구조도	번호 명칭	제1종	제2종	제3종
	① 심사	3가닥	3가닥	3가닥
	② 심약	3.5g/m ↑	3.5g/m ↑	3.5g/m ↑
	③ 마사	10가닥 ↑	10가닥 ↑	10가닥 ↑
	④ 마사/면사	(마)6가닥 ↑	(면)5가닥 ↑	(면)10가닥↑
	⑤ 방수	아스팔트	아스팔트	교차직조
	⑥ 지테프	지테이프	지테이프	흑색도료처리
	⑦ 면사	10가닥 ↑	8가닥 ↑	-
	⑧ 외경	5.0mm ↑	4,8mm ↑	4.6mm ↑

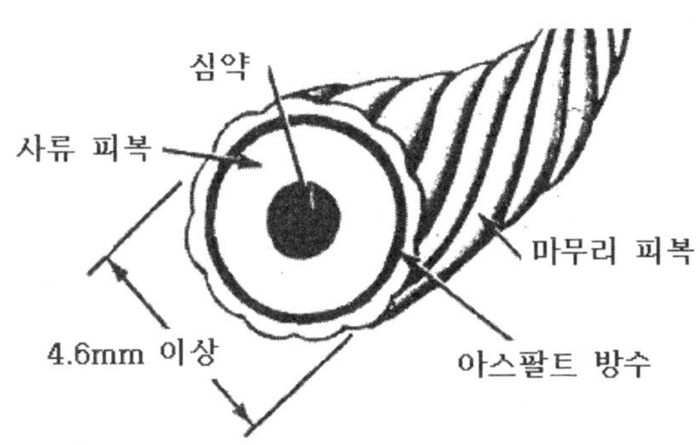

[그림 17.1] 도화선의 단면

비닐도화선은 내수성 향상으로 목적으로 마지막에 플라스틱으로 코팅한 것이며 제1종과 제2종의 2종류가 있다.

지금까지의 도화선은 1831년 빅포드가 발명한 것이기 때문에 빅포드 도화선이라고 불렸다. 이것에 대하여 나중에는 유니버설 도화선이 출현하였다. 빅포드 도화선이 화약을 직접 마사로 피복한 것에 대하여 유니버설 도화선은 지테프로 화약을 싼 것이 특징이다. 빅포드 도화선은 황마사로 심약을 직접 피복하기 때문에 황마사가 함유한 미량의 유분이 도화선의 연소초시를 길어지게 하는 특징이 있으나 유니버설 도화선은 지테프로 화약을 싸기 때문에 도화선의 초시가 길어지는 변화가 거의 없다. 유니버설 도화선에도 제1종과 제2종의 두 가지가 있다. 과거 우리나라 ㈜한화에서 주로 만들었던 산업용 도화선의 구조는 심약(5.0～5.5g/m), 심사(면사 4합사 3가닥), 1차피복(마사 11가닥), 2차피복(면사 3합사 5가닥), 방수(아스팔트), 지테프, 3차 피복(면사 3합사 10가닥) 및 접착제 코팅으로 만들어진 제2종도화선이었다.

17.1.2 도화선의 성능

1) 초시

도화선의 초시는 1상자에서 채취한 5개의 시료가 100～140초/m의 범위에 들어가야 하며, 편차는 평균치의 ±7% 이내에 들어야 한다. 심약이 3g/m 이하로 되면 연소 속도가 빨라지게 되며, 0.4g/m 부근으로 되면 연소를 계속하지 못하고 중단된다. 이와 같이 심약량이 적게 들어가거나 약이 없게 되면 발파 시 불발의 우려가 있으므로 이에 대한 적극적인 대처가 필요하다.

2) 내수성

제1종 및 제2종 도화선은 내수도가 2시간 이상 되어야 한다. 시료 1.3m를 채취하여 10～30℃의 수심 1m에 2시간 침적시킨 후 꺼내어 양 끝을 각각 15cm 씩 절단하여 버리고 중간부에 대하여 연소시험을 했을 때 연소 중단이 없어야 한다.

비닐도화선은 내수도가 24시간 이상 되어야 한다.

3) 점화력

내경 약 6mm의 유리관 내에 두 도화선을 50mm 이격시킨 상태에서 제1도화선을 점화시켜 나오는 불꽃에 의해서 제2도화선이 점화되어야 한다.

17.2 도화선의 원료

1) 심약(도화선용 분상흑색화약)

심약으로 사용되는 도화선용 분상흑색화약의 표준 조성은 중량%로 질산칼륨/목탄/유황 = 60/15/25이다. 3미혼화기 및 기타 혼화기로 혼합하고 기타 불순물을 60메쉬 망을 통과시켜 제거하여 사용한다. 심약의 중요한 성질은 흡습이 잘 되지 않아야 하는데 이것을 위해서는 질산칼륨 내에 염화물(소금류)를 0.03% 이하로 제한해야 한다. 또한 수분을 측정하여 0.2% 이상인 경우 또는 수송 중에 비가 와 젖을 염려가 있는 경우 등은 사용하지 않는다.

앞서 언급했듯이 도화선의 초시는 100～140초/m가 되어야 하지만 초시는 심약의 배합비, 목탄의 탄화율, 질산칼륨 입도, 피복재료의 종류, 방수제(아스팔트)의 도포량, 피복의 긴밀도, 심약 및 도화선 제조시의 온도, 습도 등의 여러 가지 인자에 영향을 받는다. 이 중에서도 심약의 영향이 가장 크므로 수입검사를 철저하게 해야 한다. 보통은 심약 샘플을 일정량 취하여 도화선 함약기를 이용하여 실제 생산과 같은 동일한 조건으로 도화선 시료를 만든 다음 초시, 내수성, 점화력 시험을 하여 규격 내에 든 심약만을 사용하도록 한다. 특히 초시는 제조 후 시간 경과에 따른 변화를 감안하여 120±5초/m 이내에 든 것을 사용한다. 규격 내에 들지 않은 심약은 초시 조정을 위한 재혼화작업을 실시한다. 일반적으로 초시가 느린 경우에는 질산칼륨을 추가하여 빠르게 조정하고 빠른 경우에는 유황을 넣어 느리게 조정한다.

2) 마사

도화선 피복재료로 일반적으로 사용되는 마사는 황마사로 대부분 방글라데시에서 많이 생산된다. 황마사가 없을 경우에는 종이를 말아서 만든 지사를 사용하기도 하는데 지사는 황마사처럼 긴 섬유가 없기 때문에 화약과 피복재료 사이에 공간이 생기기 쉬우며 이것은 도화선의 속연 현상으로 나타난다. 광산에서 속연이 일어나면 먼저 점화된 발파공이 다른 발파공을 점화하는 중에 폭발하여 사고를 발생시키게 된다. 따라서 가능한 마사를 전부 사용하거나 지사와 마사를 반 정도씩 섞어서 사용하는 것이 좋다. 그러나 마사를 사용하는 경우 마사의 보풀이 지나치게 많거나 마의 껍질이 부착되어 있으면 함약기가 회전 중 마사의 보풀이나 껍질이 심약으로 혼입되어 이른바 약의 절심을 초래할 수 있다. 그러므로 도화선용 마사는 좋은 등급의 마사를 선택하여 사용하는 것이 좋다.

마사의 굵기는 10～14번수를 사용한다. 번수는 실의 굵기를 나타내는 것이다. 만약 마사의 굵기가 일정하지 않을 경우 보풀이나 껍질의 영향과 같은 약의 절심을 일으키는 원인이 될 수 있다.

다음으로 도화선용 마사는 유분이 일정량 이하가 되지 않으면 안 된다. 마사는 제조공정 중에 롤라 사이에 원사를 넣고 상하의 이빨의 맞물림에 의해 연하게 되는 연선이라고 하는 작업이 있다. 이 때 상부로부터 기름이 주입되는데 기름을 많이 가하면 작업이 쉬워지지만 마사에 유분이 있으면 도화선의 연소초시는 제조 후 길어진다. 초시가 길어지는 원인은 여러 가지가 있으나 마사 내의 함유된 유분이 가장 큰 원인이므로 극단의 경우에는 유분이 화약에 침투하여 연소중단을 발생시킬 수 있다. 그러므로 마사를 탈지하여 사용하는 것이 좋고 높은 온도로 건조하여 유분과 수분을 최소로 하는 작업이 필요하다. 도화선의 초시는 이러한 유분의 영향으로 제조 후 사용할 때 까지는 대략 5～10초/m 정도 길어진다. 초시의 길어짐은 제조 후부터 1～2주간 사이에 일어나며 그 이후에는 거의 일정하게 된다. 심약을 지테프로 싸고 그 위에 마사를 피복하는 유니버설 도화선의 경우는 직접 화약과 마사가 접촉하지 않기 때문에 마사의 유분에 의한 초시의 경시변화가 없으며 그런 점에서 보면 빅포드 도화선보다 유니버설 도화선이 유리하다.

3) 면사/혼방사

심사, 2차 피복 및 마무리 피복으로 사용하는 실은 면사 또는 혼방사(폴리에스터/면사 = 65/35)을 사용한다. 초기에는 면사를 사용하였으나 강도가 약해 잘 끊어져 후에는 보다 인장력이 강한 혼방사로 대체되었다. 심사로는 직경이 약 3mm인 노즐로부터 분상흑색화약을 쉽게 끌어내어 도화약의 심약으로 들어가는 약량을 균일하게 하기 위해 20～24수 4합사를 사용하며 2차 및 마무리피복에는 20～24수 3합사를 3가닥 사용한다. 특히 심사는 심약과 접촉하므로 건조해서 사용하는 등 수분이 최소화되도록 해야 한다.

유니버설 도화선에서는 함약기 호파로부터 화약을 넣는 기계가 빅포드 도화선과 전혀 다르기 때문에 심사가 없거나 1가닥 정도로도 충분하다. 심사가 있으면 단면에 있어서 화약의 유효 면적이 감소할 뿐만이 아니라 실이 절단되면 절심이나 약량부족의 원인이 되고 또한 실밥 등의 이물이 부착되면 절심이 되기 때문에 가능하면 화약의 균일성을 유지할 수 있는 한도 내에서 최소로 사용하는 것이 좋다.

4) 아스팔트 피치

도화선에 내수성을 부여하기 위해 방수제를 도포한다. 방수제로서는 아스팔트를 사용한다. 아스팔트에는 스트레이트 아스팔트와 브라운 아스팔트가 있으며 도화선의 경우에는 대략 침입도 20～40도 부근의 것을 사용한다. 스트레이트가 좋은지 브라운이 좋은지는 독자적인 견해가 있으나 각기 단독으로 사용할 때도 있고 혼합해서 사용하는 경우도 있다. 침입도가 20도 이하가 되면 부서지기 쉬우며 구부렸을 대 도화선의 아스팔트 층에 금이 가 내수성이 떨어진다. 동절기에는 특히 이 경향이 두드러진다. 침입도가 40도 이상으로 되면 하절기에 테프 표면으로 아스팔트의 유분이 배어나오며 심한 경우에는 아스팔트가 내부의 화약으로 침투하여 연소중단을 일으킨다. 아스팔트 이외에 제3종도화선의 외부도장으로서 피치·콜타르의 혼합물을 이용하는 경우도 있다. 이것은 하절기에 끈적거리지 않는 특징이 있으나 방수성은 작다. 외국에서는 초내수 도화선의 방수제로서 구타페르카(Gutta-percha)를 사용하고 있는 것도 있다.

5) 지테프

아스팔트를 도포한 위에 지테프를 감는 것은 아스팔트만으로는 약간의 충격에 의해 균열이 생겨 내수성이 저하하기 때문이다. 지테프의 폭, 두께, 사이징의 정도 등이 내수성에 영향을 미친다. 또한 지테프의 역할은 선경을 유지하고 외관을 미려하게 하는 역할을 하기도 한다. 그러나 지테프를 감으면 연소중 가스가 고루 배출이 되지 않아 초시의 편차를 커지게 하는 원인이 된다. 그러므로 가능한 통기도가 좋은 지질의 것을 사용하지 않으면 안 된다.

6) 접착제

도화선의 마무리 피복한 실이 풀리지 않도록 고정시키기 위해서 접착제를 사용한다. 접착제로서는 밀가루풀, B액 등 대부분 수용성 접착제를 사용한다.

17.3 도화선의 제조

17.3.1 재료 준비

1) 도화선용 분상흑색화약

① **초시시험 및 혼동**: 3미혼화기에서 도화선용 분상흑색화약이 제조되면 일정량 샘플을 취해서 도화선 함약기로 직접 도화선을 뽑아서 초시 시험을 한다. 초시가 120±5초/m 내에 들어오면 도화선용 분상흑색화약으로 사용한다. 만약 이 초시를 벗어나게 되면 긴 초시와 짧은 초시를 블랜딩하여 초시를 120±5초/m 내로 조정한 다음에 사용한다. 초시 조정은 화약 이외의 인자 예를 들어 아스팔트 도포량, 노즐의 조정 등으로 화약의 함약 밀도를 조정함으로써 가능하나 화약을 조정해서 사용하는 것이 가장 바람직하다. 혼동시에는 3미혼화기를 사용하며 혼동시간은 15~30분 정도로 원래의 3미혼화시간(약 2시간)보다도 짧게 한다.

② **사분**: 도화선용 분상흑색화약은 제조공장에서도 이물질을 제거하기 위해 사분을 하지만, 도화선 공장에서도 개함할 경우에 이물질이 들어갈 수 있으며 특히 만약에 금속이 들어가면 함약기의 호파에서 발화할 가능성이 있기 때문에 반드시 사분작업을 해야 한다. 사분은 보통 40~60메쉬의 망으로 사분한다.

③ **분배**: 분배로는 사분한 화약을 피복공실에서 사용하기 쉽도록 작은 용기에 소분하는 작업이다.

2) 사류 준비

사류가 수입되면 마사의 경우는 유분/수분 지사, 면사의 경우는 수분을 최소화시키기 위해 건조실에 수일간 보관한다. 그리고 사용하기 전 함약기에 걸 수 있도록 만들어진 작은 보빈에 권사작업을 한다. 마사의 경우는 실에 부착된 보푸라기나 마사 껍질 등이 붙어 있는 것을 제거하도록 한다.

3) 아스팔트 준비

아스팔트는 침입도가 20～40 정도가 되는 것을 용해조에 넣고 직화, 전열 등으로 가열하여 용해한다. 직화의 경우에는 불이 아스팔트 중앙으로 들어가 불이 나지 않도록 주의한다.

17.3.2 함약 작업

1) 빅포드 함약기의 구조

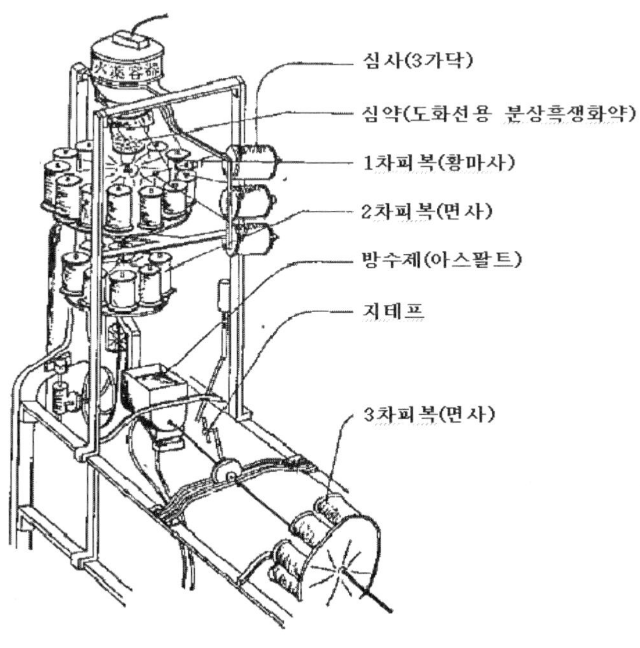

[그림 17.2] 도화선 함약기[1, 4, 5]

2) 함약 부분

호파 내의 화약은 심사에 의해 호파 하부의 약 노즐(경 3.0~3.3mm)를 통해서 나온다. 호파 내에는 약의 교반장치가 붙어있다. 약량은 3.5g/m 이상을 규정되고 있으나 제1종도화선에 있어서는 4.5~5.0g/m, 제2종도화선은 5.0~5.5g/m, 제3종은 5.5~6.0g/m이다. 약량이 규정량보다 현저하게 작은 경우는 속연을 일으키며 절심되면 연소가 중단된다. 저약량, 절심의 원인은 여러 가지가 있으며 다음과 같은 경우일 때 일어난다.

① 화약, 심사, 마사 등에 이물질이 혼입된 경우

화약 내에는 질산칼륨의 작은 덩어리, 탄화되지 않은 목탄 그 외에 화약제조중 이물질의 혼입된 경우가 있다. 또한 심사에는 보푸라기가 마사에는 보푸라기와 껍질 등이 부착될 수 있다. 이러한 것들은 화약의 사분작업 또는 실의 권사작업 시 대부분 제거될 수 있다.

② 심사가 절단될 때

장력이 약한 심사의 이용으로 제조 도중에 절단되는 경우 약을 노즐 밖으로 끌어내리지 못한다.

③ 호파 내에 화약이 없어지거나 작아지는 경우

일정량 이상으로 호파내의 화약을 유지시키는 것이 필요하다.

④ 호파내의 화약 교반장치가 기능을 발휘하지 못할 경우

화약 교반장치는 항상 잘 작동이 되도록 유지시켜야 한다.

이와 같은 절심, 저약량을 방지하기 위해서는 절심, 저약량에 의해 도화선의 경이 가늘어지는 접점에 센서를 부착하여 기계가 멈추도록 하는 장치가 있다. 이렇게 절심, 저약량으로 체크된 부분을 표시를 하였다가 나중에 접착제 코팅 및 절단 작업시 제거한다.

3) 회전 원반

함약부분의 노즐로부터 시작해서 제1, 제2, 제3회전 원반이 순서대로 연결되어 있다. 회전 방향은 교대로 반대 방향으로 역회전한다. 회전반의 아래에는 여러 가지 노즐이 있어 일정의 두께로 바싹 죄고 있다. 이 죔의 정도가 느슨하면 내수성의 저하를 초래한다.

4) 아스팔트 용기

아스팔트의 온도는 보통 100∼130℃이므로 용기 내에 도화선을 오랫동안 침적하면 아스팔트가 도화선의 내부에 투입하여 연소중단을 일으키기 때문에 일정시간이상 침적시킨 부분은 절단하여 제거하지 않으면 안 된다.

5) 인출속도

피복기의 인출속도는 메이커에 따라 다르지만 보통 5∼8m/min 정도이다. 외국에는 10m/min정도의 것도 있다. 인출 속도는 생산량과 관계하므로 빠를수록 좋지만 너무 빠르면 함약이 잘 안될 수 있으므로 설계 시 실험을 통한 검토가 반드시 필요하다.

17.3.3 접착제 코팅 및 절단

면사 또는 PC사로 마무리 피복된 것을 접착제를 고정시키고 10m의 길이로 절단하는 공정이다. 보빈으로부터 함약 도화선을 풀어 원주가 10m가 되는 얼레에 감으면서 이들 사이에 접착제가 담긴 용기를 통과하도록 하여 접착제를 코팅한다. 얼레에 감은 도화선을 열풍건조기를 이용하여 건조시킨 후 10m의 길이로 절단한다.

17.3.4 권취

10m로 절단된 도화선을 레코드판 형태로 감아 사용하기 좋도록 만드는 작업이다. 이때 도화선이 서로 부착되어 고정되도록 도화선과 도화선이 닿는 부분에 접착제를 도포하면서 권취

작업을 한 후 건조시켜 제품화한다.

[그림 17.3] 권취 도화선

17.3.5 유니버설도화선의 제조[1, 2]

유니버설 도화선의 특징은 앞에서 언급한 바와 같이 화약을 직접 마사로 피복하는 대신에 지테이프 2매로 화약을 싸는 것이다. 장점으로는 다음과 같은 것들이 있다.

① 마사와 직접 화약이 접촉하기 않기 때문에 마사의 함유된 유분이 화약에 침투되지 않으며 그래서 제조직후 초시가 길어지지 않는다.

② 마사의 사용량을 줄일 수 있어 코스트가 감소된다.

③ 마사의 사용량이 적어 강하게 감지 않고 있기 때문에 특히 비닐도화선의 경우에는 측면으로 부터의 가스의 방출이 많아 초시편차가 작다.

반면 단점으로는 마사로 단단히 감지 않기 때문에 취급 시 주의하지 않으면 절단면으로 약이 흘러나오기 쉬우며 따라서 점화단면에서는 불을 붙이기가 곤란하며 착화단면에서는 도화선으로부터 뇌관으로의 착화가 충분하지 않을 수 있다.

심사는 보통 사용하지 않으나 경에 따라서는 1가닥 정도 사용한다. 함약용 지테프는 폭 7～10mm의 크라프트지 1～3매를 사용한다.(보통 2매)

참고문헌

1. 사단법인 화약학회 발파전문부회(2001), 현장기술자를 위한 발파공학 핸드북, 공립출판주식회사, 동경(일본).
2. 공업화약협회(1980), 공업화약핸드북, 공립출판주식회사. 동경(일본).
3. 기술시험연구회(1987), 화약류관리제조기사 연습, 원화출판사, 서울(대한민국).
4. 허진(1981), 신화약발파학, 기전연구사, 서울(대한민국).
5. 김술환(1996), 화약학, 동문복사, 인천(대한민국).
6. WIKIPEDIA, (2016.7.7), Safety fuse.
   https://en.wikipedia.org/wiki/Safety_fuse. (2016.12.11 방문)
7. WIKIPEDIA, (2016.7.4), Visco fuse,
   https://en.wikipedia.org/wiki/Visco_fuse. (2016.12.15 방문)
8. WIKIPEDIA, (2016.8.1.), Fuse,
   https://en.wikipedia.org/wiki/Fuse_(explosives). (2016.12.15 방문)

제18장

전기점화장치

1831년 빅포드(William Bickford)가 도화선(Safety fuse)을 발명하여 보급했음에도 불구하고 발파 사고가 상당히 많이 줄긴 했지만 완전하게 없어지진 않았다. 제품이 불량하거나 작업자의 실수로 발파 사고가 여전히 발생한 것이다. 그래서 근본적으로 해결하기 위해서 원격으로 점화시킬 수 있는 시스템이 개발되기 시작했으며 처음 개발된 것이 전기를 이용한 점화장치들이다. 전기식 점화장치의 대다수는 열선형이며 작은 와이어가 점화약에 묻혀있거나 접촉되어 있다. 전류를 가하면 와이어가 가열되고 이것에 의해서 점화약이 점화되고 이 점화약의 불꽃은 다음의 본 화약류를 점화 또는 점폭시킨다. 일반적으로 [그림 18.1]과 같은 형태를 갖는다.

모든 열선 점화장치는 플러그, 각선, 전교(브릿지와이어) 및 점화약으로 구성되어 있으며 대표적인 점화장치로는 서양의 점화옥과 동양의 컵식 점화장치가 있다.

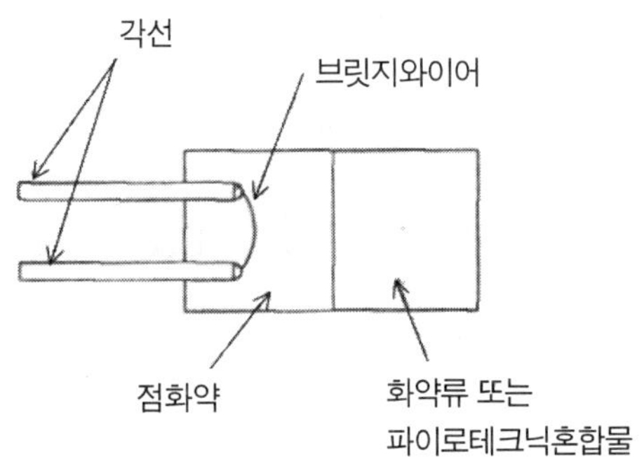

[그림 18.1] 전기점화장치의 일반적인 형태

18.1. 전기점화장치의 발전사

1) 라이덴병(Leyden jar)에 의한 흑색화약 스파크 점화장치[1]

라이덴병은 유리병의 내부와 외부에 있는 두 전극 사이에 정전기를 저장하는 장치이다. 라이덴병은 보통 내부와 외부 표면에 금속 포일을 붙인 유리병으로 구성되어 있으며 그리고 내부 포일과 접촉하도록 병 뚜껑을 통해서 수직으로 나온 금속 단자가 있다. 이것이 원래 형태의 커패시터였다.

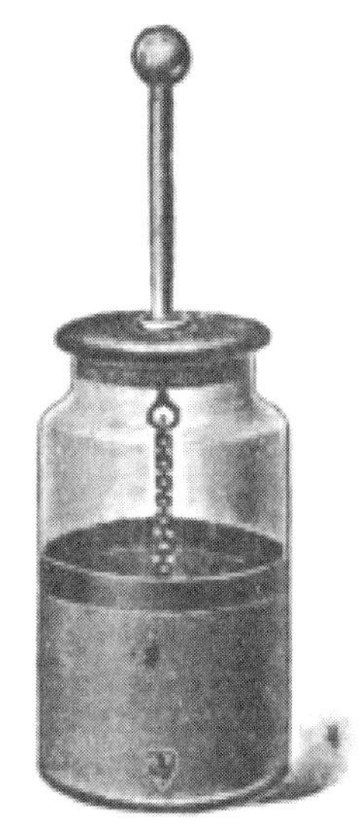

[그림 18.2] 라이덴병 (Lyden jar)[2]

전기에 의해 화약이 점화되는 장치의 역사는 라이덴병이 발명된 1745년 경에 영국에서 시작된 것으로 보이며, 흑색화약이 라이덴 병(Leyden jar)로부터의 스파크 방전에 의해서 점화될 수 있다는 것을 영국 Royal Society의 왓슨(Watson) 박사가, 입증하였을 때였다.

1750년경에는 필라델피아의 영국계 미국 식민지에서, 벤자민 플랭클린(Benjamin Franklin)이 이러한 동일한 원리에 기초를 두고 전기 흑색화약 점화장치를 만들었으며 종이 튜브에 포장하였다[그림 18.3].

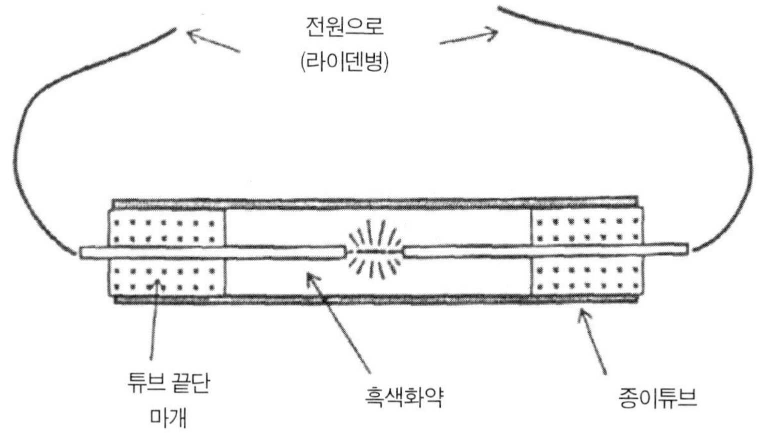

[그림 18.3] 벤자민 플랭크린의 흑색화약 스파크 점화장치

2) 흑색화약용 열선 점화장치[1]

1822년 미국의 로버트 헤어(Robert Hare) 박사는 최초로 흑색화약용 열선 점화장치를 개발하였는데 [그림 18.4]와 같다. 이 장치에서 점화약은 염소산칼륨/금속비소/유황으로 여겨진다.

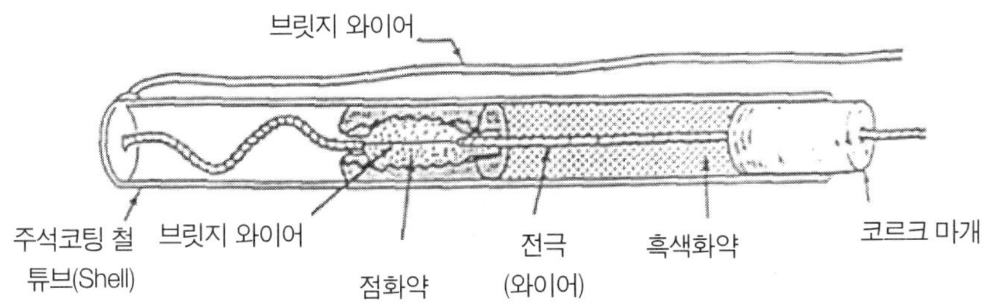

[그림 18.4] 로버트 헤어의 열선 흑색화약 점화장치

3) 스파크 또는 고전압 뇌관[1]

1867년 알프레드 노벨(Alfred Nobel)은 흑색화약 대체용으로 다이너마이트를 기폭시키기 위한 장치로 뇌홍으로 충전된 뇌홍뇌관을 개발한다. 처음에 노벨은 뇌홍을 점화시키기 위한 장치로 도화선을 이용하였다. 1868년에는 미국의 발명가 줄리어스 스미스(H. Julius Smith)가 뇌홍뇌관에 스파크 또는 고전압 장치를 연결하여 뇌홍을 점폭시키는 뇌관을 개발하였다[그림 18.5].

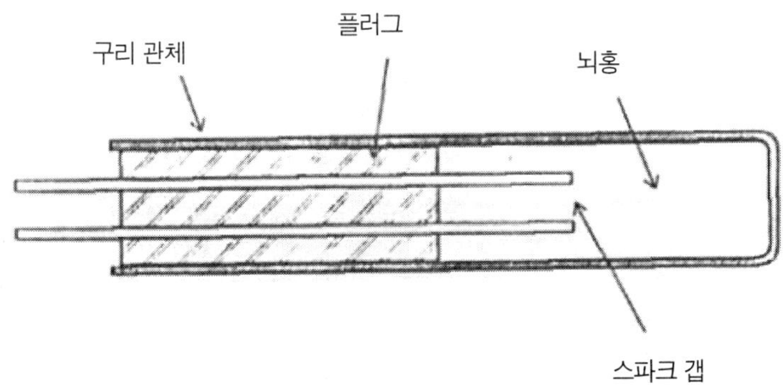

[그림 18.5] 즐리어스 스미스의 고전압 뇌관

4) 최초의 열선 뇌관[1]

1875년 스미스와 또 다른 발명가인 페리 "펠" 가디너(Perry "Pell" Gardiner)는 현재와 거의 대동소이한 열선 뇌관을 독자적으로 소개하였다[그림 18.6]. 이 뇌관은 일반 배터리로부터 얻을 수 있는 저전압으로 작동될 수 있었으며 이러한 장치의 발명으로 대규모 발파의 시대가 열리기 시작하였다.

스미스와 가디너 뇌관은 근본적으로 현재 사용되는 전기뇌관과 비슷하다. 20세기가 시작될 즈음 뇌홍은 10～20%의 $KClO_3$가 추가된 뇌홍폭분에 의해서 위력이 증가되었다. 이것은 후에 약 1917년경 아지화연으로 대체된다.

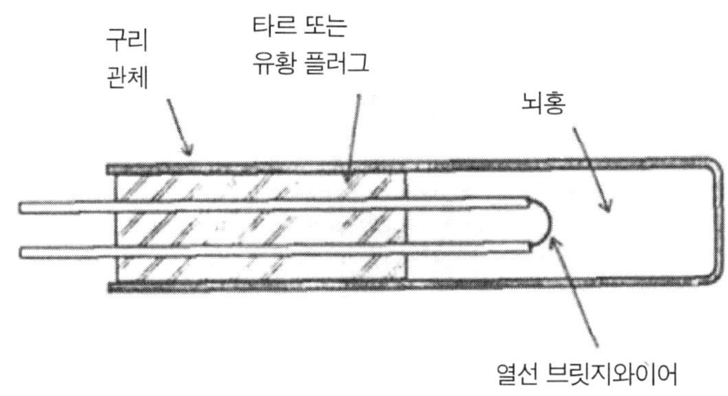

[그림 18.6] 열선 뇌관

5) 미국의 고체스틱형 점화장치[1]

1980년대까지 미국에서는 고체스틱형(Solid-pack-type)의 점화장치가 사용되었다. 여기서는 브릿지와이어가 초기의 스미스-가디너 뇌관과 같이 점화약 속에 압착되어 묻혔다. 제2차 세계대전 중에 파이로테크닉 혼합물이 점화약으로 유행되었으며 아지화연이 기폭약 또는 부스타로서 뇌관 하부에 더 충전되었다. 와이어가 아지화연에 묻혀있는 뇌관은 1950년대 초에 시장에서 사라졌다. [그림 18.7]은 초기 고체스틱형(Solid pack type)의 LA 순발뇌관과 및 파이로테크닉 지발뇌관을 보여준다.

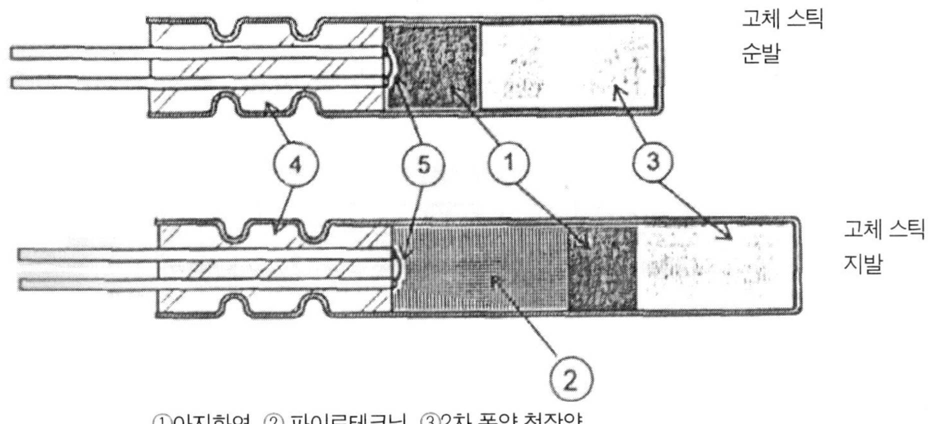

①아지화연, ② 파이로테크닉, ③2차 폭약 첨장약,
④ 절연 헤더 플러스, ⑤ 브릿지와이어

[그림 18.7] 구형 및 현재의 고체스틱형 전기뇌관

6) 옥식 점화장치[1]

1917년경 독일은 뇌관의 점화장치로서 대량 생산을 할 수 있는 옥식 점화장치를 개발하여 사용하기 시작하였으며 이는 유럽전체의 기준으로 되었다. 한편 미국에서는 1950년대 중반 Atlas가 ICI에 팔리게 되면서 유럽 기준인 옥식 점화장치를 채택하게 되는데 미국에서는 유일하게 점화옥을 사용하는 전기뇌관의 제조회사가 되었다. 이들 뇌관(지연뇌관 버전은 [그림 18.8]에 나타나 있다)은 이제 미국 전역뿐만이 아니라 동양을 제외한 전 세계의 표준으로 거의 사용하고 있다.

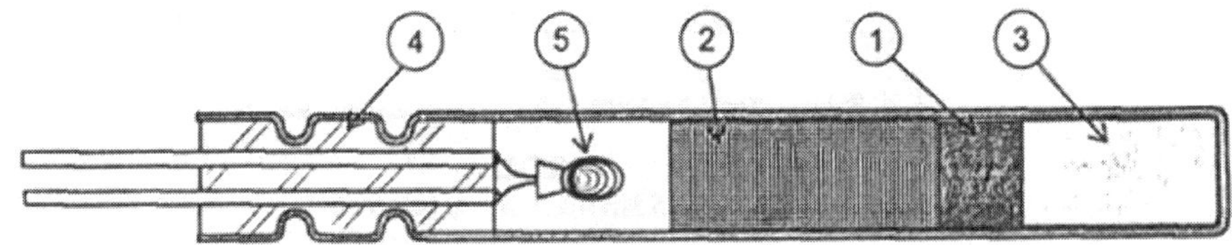

① 아지화연, (②파이로테크닉,③ 2차 폭약 첨장약
④ 절연 헤더 플러그, ⑤ 전기점화장치

[그림 18.8] 점화옥(퓨즈헤드)로 점화되는 전기뇌관

7) 컵식 점화장치

20세기 중반 일본에서는 컵식 점화장치가 개발된다. 독일의 옥식과는 달리 점화약을 혼합→반죽→조립→건조의 과정을 거쳐 과립화시킨 후 이것을 일정량 컵에 계량해서 넣고 각선에 브릿지와이어가 부착된 플러그를 결합시켜 만든다. 일본에서는 H컵식 점화장치를 사용하였고 한국에서는 V컵식 점화장치를 사용하였다. 이 컵식 점화장치는 유럽의 옥식 점화장치에 비해서 제조가 편리하고 비교적 적은 시설로도 가능한 장점이 있지만 건식 점화약에 따른 안전성이 떨어지고 초시 편차도 옥식에 비해 큰 단점이 있다. 이 컵식 점화장치들은 [그림 18.9]와 같다.

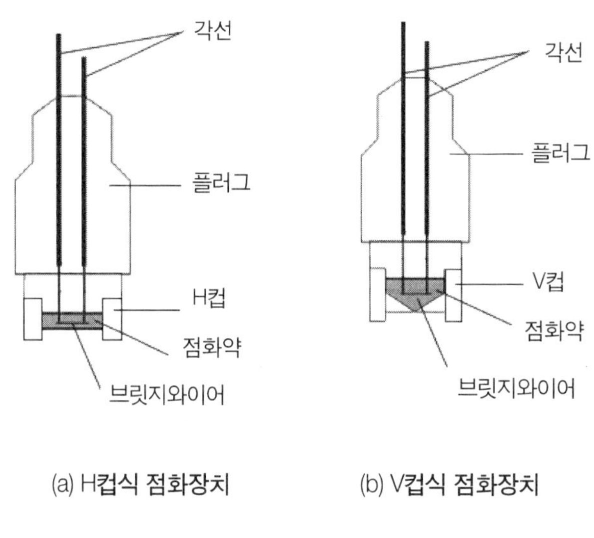

(a) H**컵식 점화장치** (b) V**컵식 점화장치**

[그림 18.9] 컵식 점화장치

이상과 같이 전기식 점화장치는 여러 가지 형태와 방식으로 발전되어 왔다. 현재에는 생산성과 품질측면에서 가장 많이 사용되고 있는 형태는 금속 스트립을 이용한 유럽식의 습식 타입의 옥식 점화장치와 사출된 플라스틱 플러그를 이용한 대한민국/일본식의 건식 타입의 컵식 점화장치가 주류를 이루고 있다. 옥식 점화장치와 컵식 점화장치에 대해서 상세하게 알아보기로 한다.

18.2 옥식 점화장치(습식)

1) 타입 1

이 장치는 1917년경 독일에서 처음 개발되었다. 단순하고 대량 생산할 수 있도록 설계되었기 때문에 가격이 저렴하다. 침적될 점화옥의 헤더는 판지로 만들어지며 양측에는 금속 포일로 씌워진다. [그림 18.10]와 같이 브릿지가 양쪽에 걸치도록 한 다음 양쪽 포일에 용접한다.

브릿지가 부착된 퓨즈헤드는 점화약 슬러리 또는 페이스트에 침적이 되고 건조되며 그리고 본약 페이스트에 침적되고 다시 건조된다. 어떤 점화옥들은 옥을 강하게 하고 광을 내기 위해 니트로셀룰로오스 락카로 세 번째 코팅을 한다.

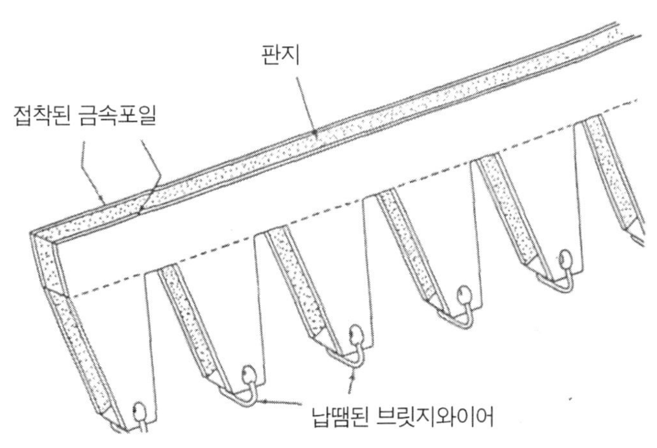

[그림 18.10] 퓨즈헤드 콤과 브릿지와이어가 부착된 상태

그리고 콤(Combs)은 분리 절단되어 낱개의 퓨드헤드 또는 점화옥으로 된다[그림 18.11]. 그리고 각선이 용접되어 점화옥이 완성되며 [그림 18.12]와 같다.

옥식 점화장치는 오늘날 뇌관 점화장치, 불꽃놀이 점화장치용 등으로 광범위하게 사용된다. 이와 유사한 형태의 기술이 미국특허 US1407157(1922.2.21) Atlas Powder에 의해서 공개되었으며 원리는 같은데 제조법과 형태가 약간 다르다. [그림 18.13]과 같은 모양을 하고 있다.[3]

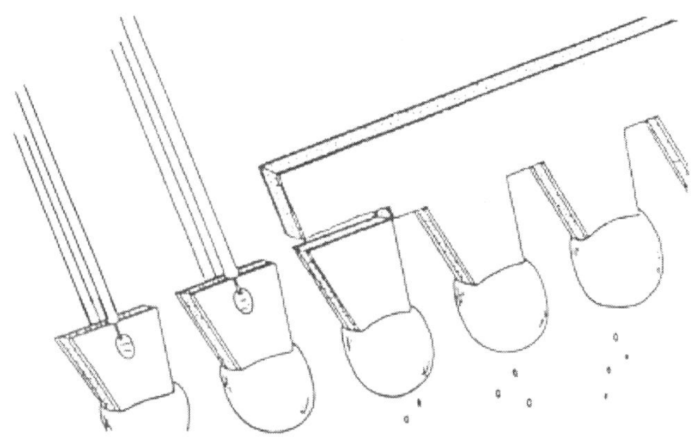

[그림 18.11] 점화약이 코팅되고 각선이 부착된 점화옥

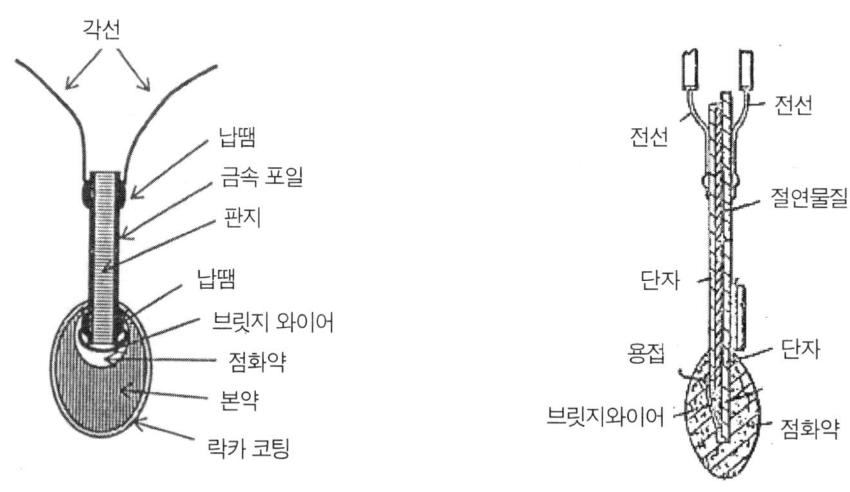

[그림 18.12] 완성된 옥식 전기점화장치

[그림 18.13] Atlas Powder의 퓨즈헤드

2) 타입 2

ICI사의 발명품[미국특허 US2241406(1940.4.16)]에서 적용된 점화장치이다.[4] [그림 18.14]와 같이 각선을 일정 간격으로 플러그로 고정시킨 다음 점화옥을 코팅시켜 만들어 진다.

[그림 18.14]로부터 1은 뇌관의 금속관체, 2는 첨장약 그리고 3은 기폭약이다. 4는 일정 간격으로 떨어져 있는 두 각선(5, 6)을 잡아주는 플러그이며 9는 방수위한 물질이고 10은 기밀시

키기 위한 물질이다. 각선 5와 6의 끝 부위에 연결되어 있는 브릿지와이어(6)는 점화옥(8)에 의해서 싸여져 있다.

이와 유사한 타입이 [그림 18.14]의 우리나라 ㈜한화의 특허200003608(1966. 09.14)[5]에서도 사용되고 있음을 볼 수 있다.

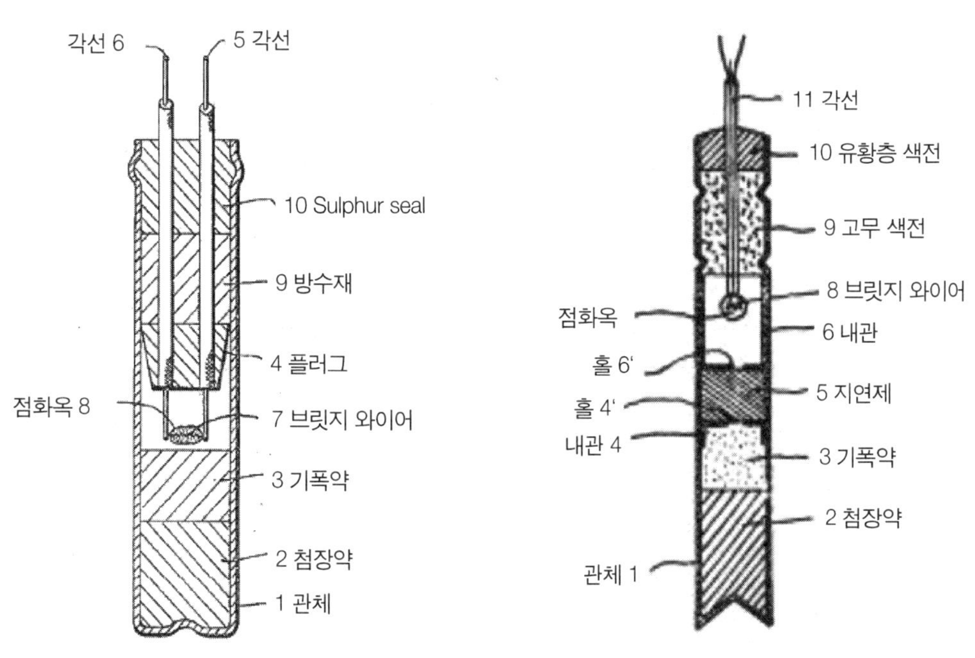

[그림 18.14] 1940년대 ICI의 점화옥 [그림 18.15] 1960년대 ㈜한화의 점화옥[5]

3) 타입 3

스웨덴의 Nitroglycerine사의 발명품[미국특허 US3421210(1969.1. 14)]이다.[6] [그림 18.16] (a)와 같이 금속 스트립으로부터 퓨즈헤드 기판을 찍어내는 과정이 6단계로 수행된다. 첫 번째 단계에서는 3개 열의 홀을 형성하며 1열의 홀(2)은 원형이고 스트립을 이송할 수 있는 기능을 한다. 2열의 홀(3)은 스트립에 직각인 슬릿의 형태로 되어 있고 3열의 홀(4)는 좀 짧기는 하지만 같은 방향의 슬릿의 형태로 되어 있다. 이 3개의 홀은 폭 방향으로 서로 반대편에 일직선상에 있다. 2개의 홀(5)는 양쪽에서 홀(3)를 보면서 성형된 삼각형의 슬릿 형태로 되어 있다. 각각의 홀(5)와 홀(3)의 한 쌍은 플라스틱 스트립에 의해서 사출이 되는 부분이며 최종적으로 낱개

의 홀(5)와 홀(3)의 한 쌍은 플라스틱 스트립에 의해서 사출이 되는 부분이며 최종적으로 낱개의 퓨즈헤드로 분리되었을 때 브릿지를 잡아주는 역할을 한다. 슬릿(4)는 두 브릿지 사이에 위치하며 금속 스트립의 작업을 용이하게 하기 위해서 만들어진다. 두 번째 단계는 2개의 플라스틱 스트립(6)을 금속스트립(1)의 양쪽에 대고 열을 가하면, 홀(3)과 홀(5)를 통해서 플라스틱이 서로 맞닿아 융착된다. 그 다음에 금속 스트립(1)은 더 작업이 진행되어 브릿지(7)의 용접부위가 만들어지고 브릿지를 분리시키기 위해 슬릿(8)을 펀칭, 성형된다. 다음에 브릿지와이어(9)가 용접된다. 다음에 금속 스트립(1)과 플라스틱 스트립(6)이 펀칭, 성형되어 한쌍의 브릿지(11)와 플라스틱 스트랩(12) 그리고 브릿지와이어가 용접된 최종 가공된 금속스트립(10)이 만들어진다.

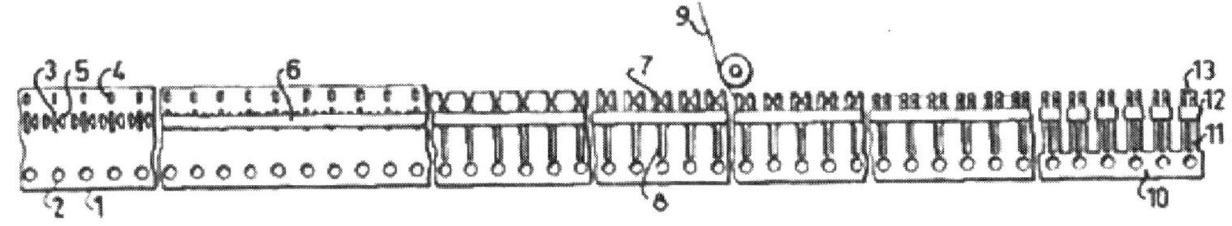

(a) 금속 스트립 가공 단계

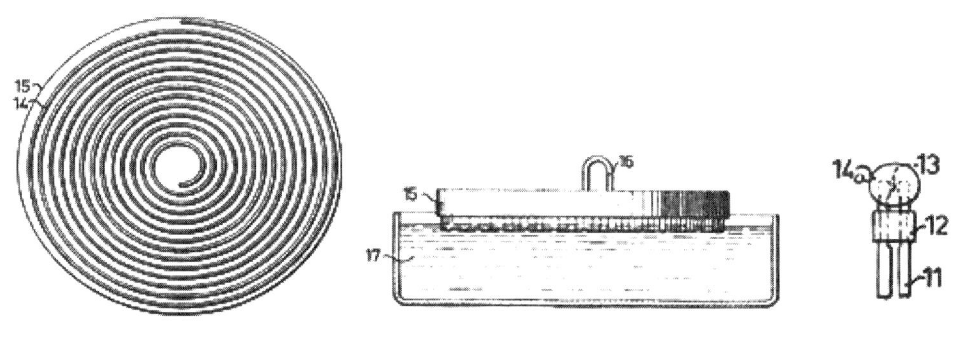

(b) 코일(가공 금속 스트립) (c) 점화약 슬러리 용기 (d) 퓨즈헤드

1. 금속 스트립 2. 홀(2) 3. 홀(3) 4. 홀(4) 5. 슬릿(5) 6. 플라스틱 스트립 7. 브릿지 헤드 8. 슬릿
9. 브릿지 와이어 10. 가공된 금속 스트립 11. 브릿지 하부 12. 플라스틱 스트랩 13. 브릿지 와이어
14. 코일 형태의 가공된 금속 스트립 15. 자석 운반체 16. 손잡이 17. 점화약 슬러리 용기

[그림 18.16] 타입 2 전화옥의 제조 순서

이 스트립(10)은 일정 길이로 절단되고 코일 형태(14)로 말아진 다음에 손잡이(16)이 있는 자석 운반체(15)에 장착시키고 후에 점화약 슬러리 또는 페이스트 용기(17)에 침적이 되고 건

조되며 그리고 본약 페이스트에 침적되고 다시 건조된다. 어떤 점화옥들은 옥을 강하게 하고 광을 내기 위해 니트로셀루로오스 락카로 세 번째 코팅을 한다. 그리고 콤(Combs)은 분리 절단되어 그림(d)와 같이 날개의 퓨즈헤드로 된다.

이러한 타입3의 옥식 점화장치는 금속 스트립의 재질, 플라스틱 스트랩의 재질, 퓨즈헤드의 형태 등 각 제조회사마다 여러 가지 형태로 만들어 진다. 그리고 가장 개선이 돋보였던 기술은 독일의 Dynamit Nobel사의 브릿지와이어의 폴딩 및 용접기술이다. 이 기술은 미국특허 US5394801(1995년 3월 7일)로 공개되었으며, [그림 18.17]과 같다.[7]

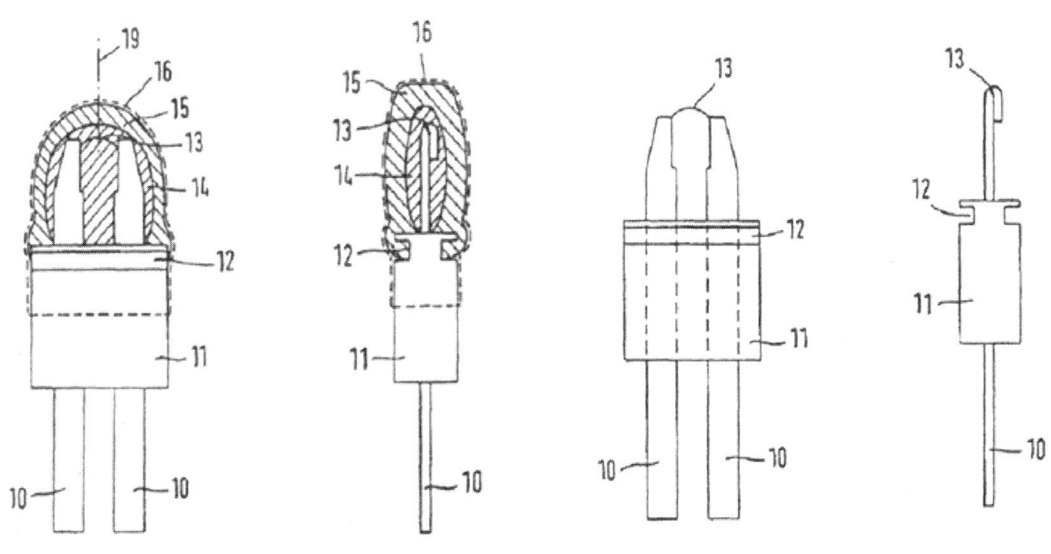

[그림 18.17] Dynamit Nobel사의 퓨즈헤드

18.3 컵식 점화장치(건식)

컵식 점화장치는 우리나라와 일본에서 1970년대 중반 이후에 사용하기 시작한 점화장치이다. 일본에서는 실용신안공고 소54-43109에서 우리나라에서는 출원번호2019870010468 (1987.06.29)[8], 특허2000510770000(1990.10.10)[9], 특허2001121640000(1997.10.22)[10] 등으로 공개된 기술이다. 일본과 대한민국의 초기 기술은 형태가 유사한 H컵 타입을 사용했으나 대

한민국에서는 2000pF, 12kV에서도 견딜 수 있는 V컵 타입을 특허 2001161850000 (1998. 01. 07)로 공개하였다.[11]

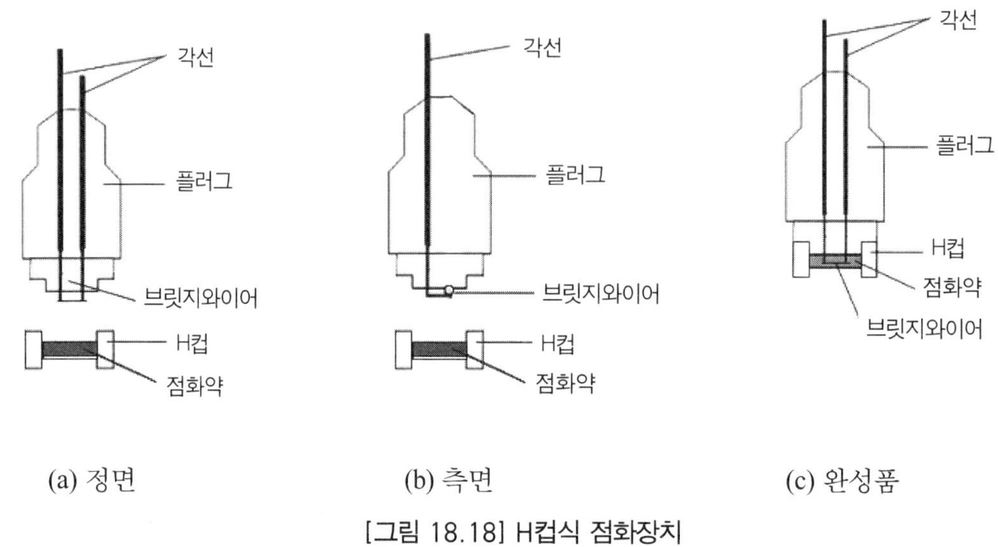

(a) 정면 (b) 측면 (c) 완성품

[그림 18.18] H컵식 점화장치

[그림 18.18]은 H컵식 점화장치의 조립전의 정면 및 측면 상태와 조립후의 완성품의 상태를 나타내는 그림이다. 각선을 일정 간격으로 맞추어 플러그로 사출, 고정시킨 다음 동선이 노출된 각선의 끝 단에 브릿지와이어를 용접한다. (b)측면의 브릿지와이어가 안쪽으로 위치하도록 노출된 각선을 꺾어서 오므린다. 사출된 H컵에 미리 제조된 점화약을 계량하고 플러그와 컵을 결합시켜 (c)와 같은 완성품을 제조한다. 점화약은 바인더와 함께 혼합된 후 30~40메쉬 망으로 조립 및 건조하여 입자 상태로 만들어 사용한다. 이러한 H컵식 점화장치는 내정전성을 향상시키기 위해 [그림 18.19]와 같이 V컵식 점화장치로 개선된다.

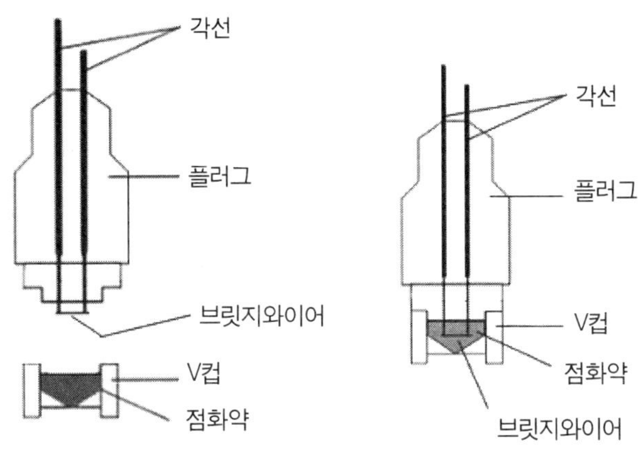

(a) 결합 전　　　　　(b) 결합 후

[그림 18.19] V컵식 점화장치

참고문헌

1. PAUL W. COOPER, Explosives Engineering, VCH Publishers, Inc., New York.
2. WIKIPEDIA, (2016.11.11), Lyden jar, https://en.wikipedia.org/wiki/Leyden_jar. (2016.12.15. 방문).
3. C.C. Jessen, "Electrical fuse head and method of manufacturing same", US patent 1407157 (1922.2.21).
4. L. K. Ingram, "Fuse head and composition for use therefor", US patent 2241406 (1940.4.16.).
5. 김찬중, "단발전기뇌관", 대한민국 특허 200003608(1966. 09.14).
6. M. Harms Etal, "Method for the manufacture of the fuse head element of electric fuses" US patent 3421210(1969.1. 14).
7. Gunther Faber, Hans Florin, "Fuse head", US patent 5394801(1995.3,7)
8. 윤장로, "전기뇌관용 점화장치", 대한민국 특허출원번호 2019870010468(1987.06.29)
9. 백장현, "내정전성 전기뇌관", 대한민국 특허 200510770000(1990.10.10)
10. 김종봉, "전기식뇌관", 대한민국 특허 2001121640000(1997.10.22)
11. 조완호, 윤보근, 이종문, 최광천, "대한민국 특허 2001161850000(1998.01.07)

제19장

마찰/타격식 점화장치

비전기식 점화장치로는 17장의 도화선 외에 마찰, 타격 및 퍼쿠션(Percussion)에 의해 점화되는 장치들이 있다. 마찰에 의한 점화장치는 성냥의 원리를 이용한 점화장치로 주로 불꽃놀이나 신호홍염의 점화 등에 사용된다. 타격 및 퍼큇션에 의한 점화장치는 공이라고 하는 타격체에 의해서 점화되는 장치로 총탄의 탄피의 추진제를 점화시키는데 사용하기도 하며 산업용뇌관에서는 쇼크튜브의 충격에 의해서 점화되기도 한다. 이들은 단순한 기계적인 구조를 갖고 있으나 그들의 점화 메카니즘 측면에서나 또는 그들의 화학적인 디자인 또는 성능분석 측면에서는 반드시 그렇지 않다.

19.1 마찰 점화장치

세계에서 가장 일반적인 점화장치는 마찰 점화장치이다. 세계적으로 생산되는 가장 저렴한 형태의 점화장치는 아마도 마찰에 의해서 점화될 수 있는 성냥(Safety match)이라고 하는 점화장치 일 것이다. 성냥은 서로 순간적으로 반응하는 두 가지의 화합물질을 밀착해서 마찰시킴으로써 작동된다. 성냥골은 염소산칼륨($KClO_3$)을 주성분으로 하여 여러 성분과 혼합되며 바인더를 이용해서 골모양으로 단단하게 만들어진다. 성냥골과 마찰되는 상자약의 조성은 적린으로, 또한 아교와 혼합된다. 성냥을 상자약에 그었을 때 두 반응물에 코팅된 바인더가 파괴되고 두 반응물은 밀착되어 즉시 반응한다. 성냥의 경우 점화 메카니즘은 서로 순간적으로 반응하는 두 가지의 화학물질을 혼합하는 자동점화성 로켓추진제의 메카니즘과 같다. 한편 어디에다 그어도 켜지는 딱성냥은 열에 의해 점화된다. 마찰은 조성에 포함된 미세 모래입자의 온도를 상승시킨다. 그리고 이 모래입자들은 핫스포트로서 반응물의 연소가 일어나게 한다. 딱성냥골의 주 반응물은 염소산칼륨과 삼황화사인(P_4S_3)이다. 미세 모래입자는 분말 유리이다. 이러한 동일 물질들이 또한 일부 군용과 산업용 시스템에 손잡이 끈을 당기는 마찰 점화장치에 사용될 뿐만이 아니라, 신호홍염의 마찰 조립체에 사용된다. 이것의 대표적인 예가 미국특허 US5313888 (1994.5.24)의 "Pull-wire igniter for flares"이며 [그림 19.1]과 같다.[2]

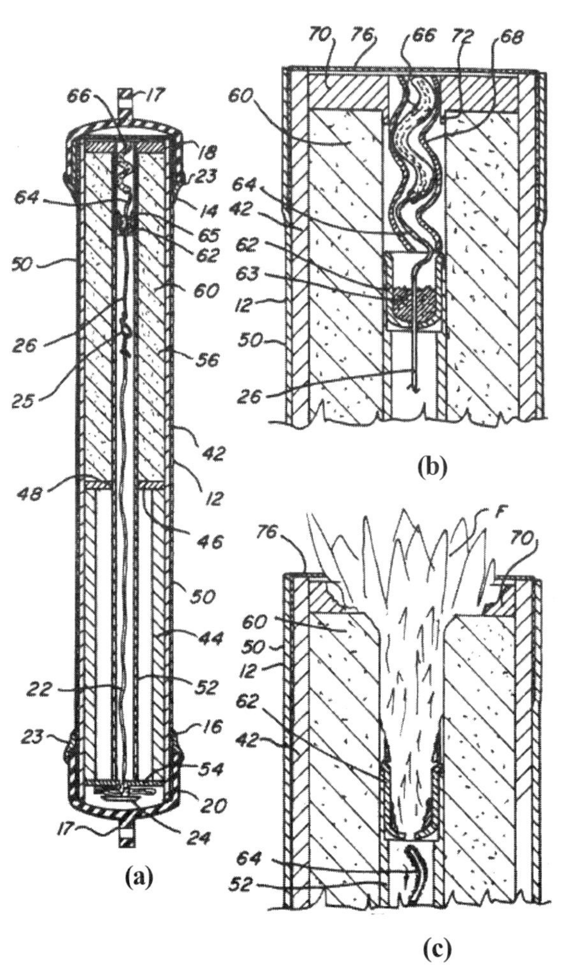

[그림 19.1] Pull-wire igniter for flares

그림에서 점화약컵을 관통하고 있는 와이어(26)의 상부(66)은 주름이 져 있는 상태로 마찰약(66)이 코팅되어 있고 하부로는 매듭(26)에 의해서 하부 와이어(22)와 연결되어 있으며 이것은 하부 마개(17)에 고정된 상태로 연결되어 있다. 하부 캡을 풀어 신호홍염의 몸체로부터 분리시킨 다음, 하부 마개를 아래로 강하게 잡아 당기면 와이어의 마찰약(66)과 점화약이 접촉하면서 마찰을 일으켜 점화약을 점화시킨다. 이 점화된 점화약의 불꽃은 신호홍염 본약(60)을 점화시킨다.

19.2 타격식 점화장치[1]

이 타입의 점화장치는 모든 비전기 형태 중에서 기계적으로 가장 민감한 것 중의 하나이다. 전형적인 타격식 점화장치은 [그림 19.2]와 같다. 대부분의 타격식 점화장치들은 크기와 감도측면에서 거의 유사하다. 아주 드물게 예외적인 것이 있지만 대체로 이들은 [그림 19.3]과 같은 동일한 기준의 공이를 사용한다.

작동시키면 공이는 디스크 마개를 관통하여 점화약으로 침투한다. 이것에 의해 공이의 앞부분에서는 점화약을 가압시키고 측면에서 점화약을 마찰시킴으로써 점화약을 가열시킨다. 동일한 점화약으로 동일한 밀도로 충전하면 최소발화에너지는 디스크 마개의 두께에 따라 거의 직선적으로 증가한다. 디스크 마개가 동일한 두께일 경우에는 발화에너지는 점화약의 충전 밀도의 감소에 따라 증가한다<표 19.1>.

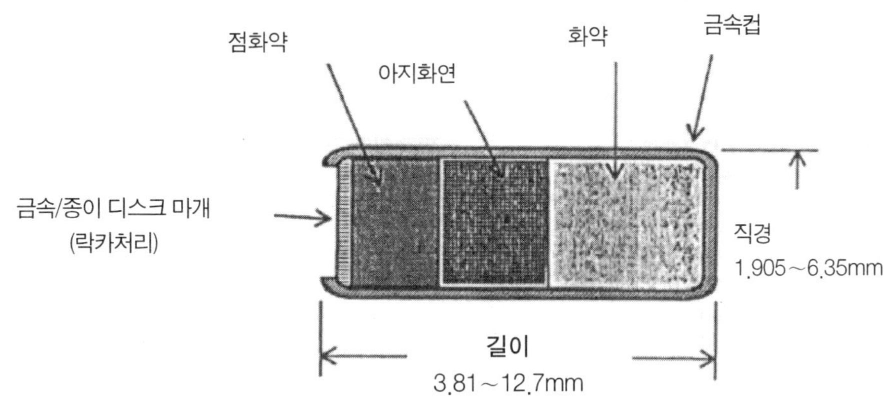

[그림 19.2] 타격식 점화장치

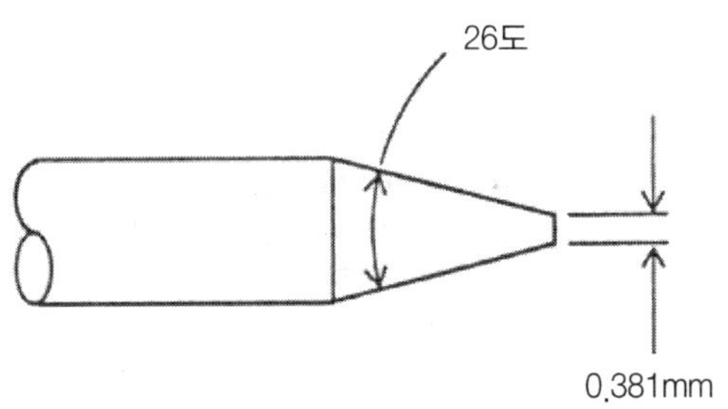

[그림 19.3] 전형적인 타격식 점화장치의 공이

〈표 19.1〉 충전압력에 따른 타격식점화장치의 낙추감도

충전 압력(atm)	50% 발화 높이(mm)
1020	33.0
1700	23.1
2721	19.6
4082	17.3
5442	14.5

※ MK102 cup에 NOL primer mix 충전, 낙추 무게: 56.7gram (NOL primer mix: LS 40%, LA 20%, $Ba(NO_3)_2$ 20%, Sb_2S_3 15%, 테트라센 5%)

타격식점화장치의 발화에너지는 낙추시험에 의해서 결정된다. 일정 무게의 추를 여러 높이에서 중심에 맞추어진 공이 위에 떨어뜨리며 공이는 점화장치를 관통한다. 여러 높이에서 많은 시험이 이루어지며 그 데이터는 환산되어 점화에너지(높이x무게)와 점화가능성에 대한 챠트가 만들어진다. 대부분의 타격식점화장치는 0.0035~0.035 joules의 에너지에서 높은 신뢰도로 점화된다.

〈표 19.2〉 일반적인 타격식 점화약 조성

성분	FA-956	FA-982	PA-100	PA-101	NOL-60	NOL-130	M31 점화약
스티프닌산납(basic)	-	-	-	53	60	40	-
스티프닌산납(normal)	37	36	-	-	-	-	-
질산바륨	32	22	-	22	25	20	-
아지화연	-	-	5	-	-	20	-
테트라센	4	12	-	5	5	5	-
이산화납	-	9	-	-	-	-	-
칼슘실리사이드	-	-	-	-	-	-	-
Al 분말	7	-	-	10	-	-	-
황화안티몬	15	7	17	10	10	15	-
PETN	5	5	-	-	-	-	-
Zr	-	9	-	-	-	-	-
염소산칼륨	-	-	53	-	-	-	55
티오시안산납[$Pb(SCN)_2$]	-	-	25	-	-	-	45

※ FA = Frankford Arsenal(프랭크포드 조병창)
PA = Picatinny Arsenal(피카티니 조병창)
NOL = Naval Ordnance Laboratory(해군 병기 연구소)

타격식 점화장치들은 중량 제한과 작은 크기의 스프링 때문에 매우 작은 기계적 에너지가 이용될 수 있는 작은 기계적인 신관과 같은 군용시스템에 사용된다. 타격식점화장치들은 많은 퍼쿠션 프라이머들과 같이 동일한 점화약을 사용한다. 이들의 조성이 <표 19.2>에 열거되

어 있다. 정해진 타격식점화장치를 기폭시키는데 필요한 에너지는 아주 높은 공이 속도에서는 일정하며 어떤 일정 레벨 이하에서는 공이 속도의 감소에 따라 증가한다. 이러한 거동의 이유는 모든 형태의 타격식점화장치에 일반적인 것이며 다음 장에서 다루어질 것이다. [그림 19.4]는 일반적인 군용 타격식점화장치인 M55에 대한 이러한 거동 특성을 보여준다.

19.3 퍼쿳션 점화장치[1]

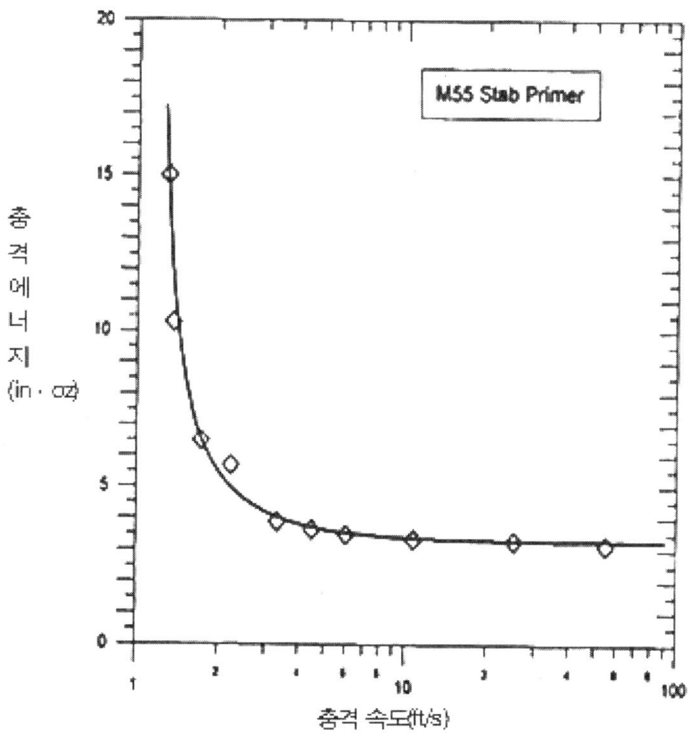

※ 1 in · oz = 0.00706 N · m(joule), 1 ft/s = 0.3048m/s

[그림 19.4] M55 타격식 프라이머의 발화 에너지-속도 관계 그래프

퍼쿠션점화장치는 타격식점화장치와 두 가지 측면에서 다르다. 첫째는 공이에 의해서 구멍이 뚫리지 않으며 둘째는 그들 자체는 완전한 점화장치로 만들어지지 않는다. 퍼쿠션점화장치에는 [그림 19.5]의 림파이어(Rimfire)와 [그림 19.6]의 센터파이어(Centerfire)가 있다.

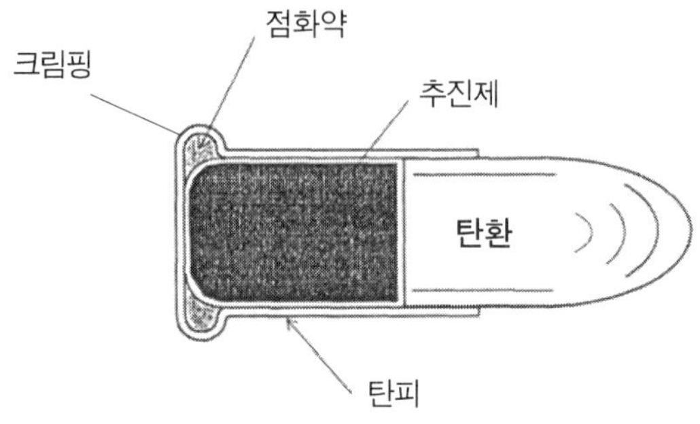

[그림 19.5] 림파이어 퍼쿠션점화장치

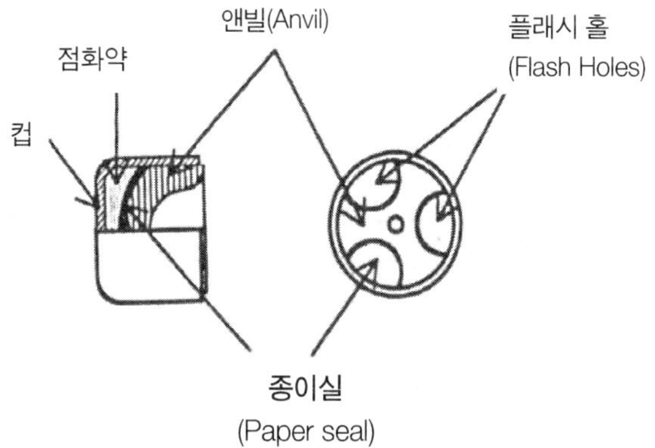

[그림 19.6] 센터파이어 퍼쿠션점화장치

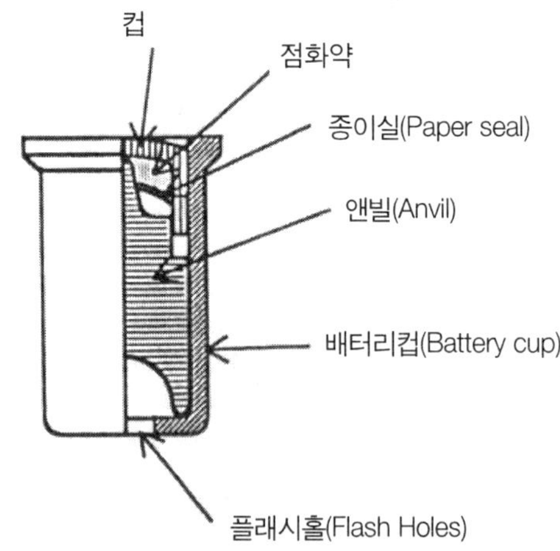

[그림 19.7] 배터리컵 퍼쿠션프라이머

림파이어 프라이머에서는 점화약이 슬러리상태로 탄약통 하부에 장입되고 크림핑된 후에 비교적 낮은 온도(43℃ 이하)의 오븐에서 건조된다. 탄약통의 하부는 타격면으로서 사용되며 크림프의 꼭대기는 무기의 약실 입구에 의해서 지지되며 앤빌의 역할을 한다.

센터파이어 프라이머는 림파이어와 마찬가지로 슬러리 점화약으로 충전되거나 건상의 점화약을 압착한다. 어떤 센터파이어 퍼쿠션 프라이머들은 제조 과정에서 반대 방향의 다른 컵으로 실링된다. 이들 타입을 샷건(Shotgun) 또는 배터리 컵 프라이머(Battery cup primer)라고 하며 [그림 19.7]과 같다.

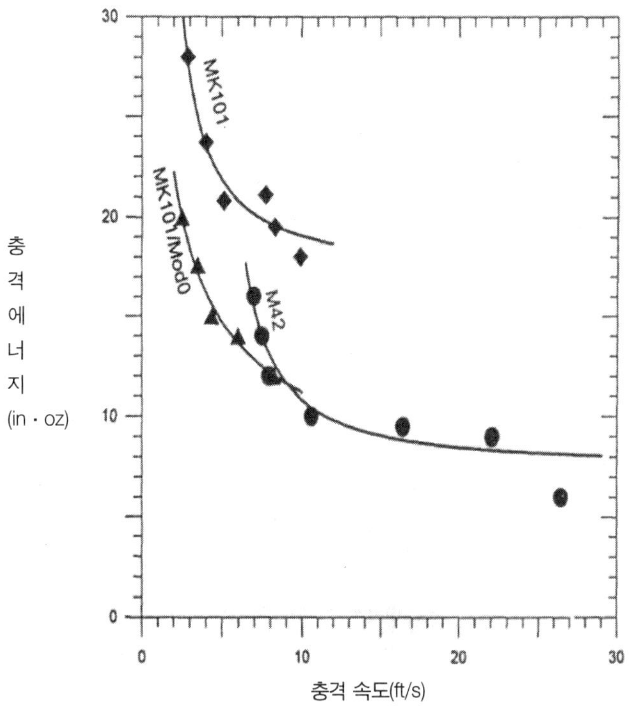

[그림 19.8] 3가지 퍼쿠션 프라이머에 대한 충격속도에 따른 에너지

〈표 19.3〉 일반적인 센터파이어 퍼쿳션 프라이머

프라이머 이름	프라이머 혼합물	직경 (in.)	길이 h(in.)	발화 에너지 (in. oz)	낙추무게(oz)	공이반경(in.)	용도
108	282C	0.1755	0.119	20	2	0.05	권총, 리볼버 탄약
116	864B	0.1755	0.119	36	2	0.05	소구경 권총 탄약
116-M	282C	0.1755	0.119	36	2	0.05	M1카빈소총(0.3구경) 탄약
116-D	257W	0.1755	0.125	48	4	0.05	5.56mm 군용 탄약
M42-G	530G	0.1752	0.115	20	2	0.02	신관, 지연제 트레인
M42-C2	793	0.1752	0.115	26	2	0.02	"
M42-C1	PA101	0.1752	0.115	26	2	0.02	"
M29	FA70	0.2043	0.122	18	2	0.045	탄약 신관
M29-A1	257W	0.2043	0.122	18	2	0.045	"
M35	706A	0.2098	0.122	32	2	0.05	박격포 점화통
111	864B	0.2110	0.119	28	2	0.05	권총, 리볼버 탄약
111-M	295	0.2110	0.119	28	2	0.05	군용 권총 탄약
120	864B	0.2118	0.128	60	4	0.05	소총 탄약
120-M	257W	0.2118	0.128	60	4	0.05	군용 소총 탄약
8-1/2	FA70	0.2118	0.129	60	4	0.05	군용탄약
3*	793	0.217	0.311	30	2	0.05	M1 발화장치, 해체장비
EX2926A*	793	0.217	0.311	30	2	0.05	지연뇌관/C12 폭동진압탄
M27*	257W	0.217	0.311	24	2	0.05	군용 신호홍염, 수류탄
5*	548	0.227	0.335	26	2	0.05	Fuse powder train igniter
MLK-119*	FA70	0.227	0.335	36	2	0.05	"
M39A1C*	548	0.227	0.335	30	2	0.05	"
209*	955	0.2403	0.304	24	2	0.05	산업용 shotshell, 일반 목적
209-B*	772	0.2403	0.304	30	2	0.05	군용 소이탄
209*	981	0.2403	0.304	30	2	0.05	M2A2 점화통

※ 발화에너지 = 평균 + 5σ, [in. oz = 0.007 joules, oz(ounce) = 28.3495 gram]

※ * 표시는 배터리컵(Battery cup) 타입의 프라이머를 나타냄.

※ 스티프닌산납/테트라센의 비부식성 타입의 점화약: 282C, 864B, 955, 981, PA101, FA956, NOL60, NOL130(점화약)

※ Potassium chlorate/lead sulfocyanate 타입의 점화약: 530G, 548, 760A, 772, 793, PA100, FA70, M31(점화약)

※ PA로 시작하는 점화약: Picatimmy Arsenal
FA로 시작하는 점화약: Frankford Arsenal
NOL로 시작하는 점화약: Naval Ordnance Laboratory
M으로 시작하는 점화약: Rockford Arsenal
접두사가 없는 점화약들: Olin Powder Co.

점화약 조성은 두 가지의 2종류가 있으며 염소산칼륨과 티오시안산납[$Pb(SCN)_2$]을 기반으로 하는 조성과 스티프닌산납과 테트라센을 기반으로 하는 조성이 있다. 이 혼합물의 일부는 앞의 <표 19.2>에 나와 있다. 고온 저항성을 갖는 조성(조성 이름 또는 번호 뒤에 G라고 표기)에는 염소산칼륨/삼황화안티몬/칼슘실리사이드($CaSi_2$)를 기반으로 하는 조성이 있다.

퍼쿠션 프라이머의 공이는 머리부분이 반구형으로 0.508～1.27mm의 반경을 가지며 사용되는 프라이머의 특성에 따라 정해진다. 공이는 컵을 관통하지 않으며 프라이머는 발화 후에 밀폐된 내부의 압력을 계속해서 올리게 된다. 이것은 소화기탄약에서 뿐만이 아니라 밀폐된 지연관에서 사용할 때 중요하다.

퍼쿠션 프라이머의 필요한 점화에너지는 타격식점화장치보다 약간 높다. 좀 더 일반적인 타입에서는 점화에너지가 0.126～0.42 joules 이다. 시험한 낙추 무게에 따른 (평균 + 5σ)의 값을 프라이머의 권고 또는 완전 점화에너지로 하는 것은 퍼쿠션 프라이머 제조자들에게는 일반적이다. 타격식점화장치와 같이 퍼쿠션 프라이머는 공이 속도가 낮으면 점화에너지가 증가하며, 이것에 대한 그림이 세 가지 프라이머에 대해서 [그림19.8]에 나와 있다.

퍼쿠션 프라이머들이 다음 조립체의 프라이머 공간에 설치될 때 약간 압착이 되거나 짓눌려진다. 이 재압축은 프라이머를 설치할 때 아주 중요하며 각 제조자들에 의해서 정해진다. 적절히 재압축되지 않으면 프라이머들은 정해진 에너지에서 기폭되지 않으며 또한 발화 후에 약통을 밀폐하는데 실패하게 된다.

퍼쿠션 프라이머들의 크기는 아주 작다. 많은 일반 퍼쿠션 프라이머의 전형적인 용도에 따라서 사이즈의 범위와 필요한 점화에너지가 <표 19.3>에 나와 있다.

19.4 에너지-동력의 관계[1]

아레니우스(Arrhenius)의 화학반응속도는 다음과 같이 나타낼 수 있다.

$$K = Ze^{-Ea/RT} \tag{19.1}$$

여기서 K는 반응속도, Z는 특정 화학반응의 고유상수, E_a는 활성화에너지 R은 기체상수이다. 분해 반응이 진행될 때 열에너지가 생성되며 주어진 양의 화약류에 대해서 반응속도가 빠르면 빠를수록 열의 방출속도는 더 빠르다. 반응의 열화학적인 특성을 반응속도와 조합해 보면 생성에너지 또는 생성열의 속도는 다음과 같이 나타낼 수 있다.

$$Q = \rho \Delta HZe^{-Ea/RT} \tag{19.2}$$

여기서 Q는 단위 부피당 방출하는 열의 속도이고 ρ는 밀도 그리고 ΔH는 반응열이다. 이러한 방법으로 생성된 열은 주변 화약으로 전달된다. 열전달속도는 온도 뿐만이 아니라 열전도성, 열용량 및 밀도의 함수이다. 열생성속도를 반응물질의 온도 상승속도와 그의 주변과 연관시키는 전통적인 열전달식의 하나가 Frank- Kamenetskii (FK)식이며 다음과 같이 나타낸다.

$$-\lambda \nabla^2 T + \rho C(dT/dt) = \rho \Delta H Z e^{-Ea/RT} \quad (19.3)$$

여기서 λ는 열전도도이고 C는 열용량이다. 상기 식은 분해 반응에 의해서 형성된 에너지의 속도는 화약류가 가열되는 속도와 열이 주변으로 손실되는 속도의 합과 같다는 것을 나타낸다. 이 관계는 화약류가 분해로 인한 자체 가열이 아니고 외부 공급원으로부터 가열될 때에도 동일하다. 일이 행해진 속도 또는 에너지가 전달된 속도를 동력이라고 한다.

$$P = dE/dt \quad (19.4)$$

P는 동력이고, E는 에너지 그리고 t는 시간이다. 상기 FK방정식과 유사하게 동력의 평형도 다음과 같이 나타낼 수 있다.

$$(dE/dt) = P = \rho C(dT/dt) + \lambda T \quad (19.5)$$

ρ는 밀도, C는 열용량, λ는 열전도도 그리고 T는 온도이다. 어떤 주어진 화약류의 크기나 모양에 대해서는 어떤 최대의 점화온도가 있으며 만약 이 온도를 초과한다면 연소 및/또는 폭발이 일어나며 이 온도를 임계온도(T_c)라고 한다. T_c에 상응하는 속도로 화약류 내에서 반응으로 생성된 열이 동일한 속도로 전달되어 나가면 온도는 유한 시간 내에 T_c 이상으로 올라갈 수 없다. 그러나 온도가 적어도 T_c 보다 아주 조금이라도 높으면 그때 반응속도는 내부 온도를 증가시키면서 증가되어 연소 및/또는 폭발로 진행한다. 이제 T_c와 유사한 화약류의 온도를 점화온도 T_{ign}이라고 생각할 수 있다. 이 경우에 만약 식(19.5)를 적분한다면 우리는 점화에 필요한 에너지를 얻을 것이다.

$$E = \rho C(T_{ign}-T_0) + \lambda Tt \quad (19.6)$$

여기서 T_0는 외부 온도이다. 이제 T_{ign}의 바로 아래의 어떤 온도에서 정상 상태의 열전달이 일어나는 동력의 수준을 생각해 보자 그리고 동력을 가하는 시간에 관계없이 T가 더 이상 올라가지 않도록 충분히 빠른 속도로 방출시켜 보자. 이 경우에 화약류를 연소 및/또는 폭발시킬 수 없을 것이다. 우리는 이 조건의 동력을 P_0라고 할 것이다. 우리는 정상 상태의 열전달에 있기 때문에, 온도는 일정하며 식(19.5)의 dT/dt는 제로가 되어야 하므로 $P_0=\lambda T$가 된다.

만약 입력되는 동력이 이것보다도 높으면 그때 화약류는 결국 점화되지 않으면 안 된다. 입력되는 동력이 높으면 높을수록 더 빨리 점화에 도달한다.

이제 이 생각의 범위를 다른 쪽으로 생각해 보자. 매우 높은 동력에서의 조건을 그려 보자. 주변으로 열을 전달하는 시간이 거의 없을 정도로 빠르게 T_{ign}에 도달될 것이다. 이 경우에 입력된 모든 에너지는 화약류를 T_{ign}까지 가열시키는데 들어갈 것이며 이 포인트에서 폭발반응이 시작될 것이다. 그러므로 외부로부터의 추가에너지는 필요하지 않다. 그래서 동력을 차단할 것이다. 이 조건은 점화에 필요한 최소에너지, E_0를 나타낸다. 여기에서 시간이 너무 짧아서 $t \to 0$으로 간다면, λTt[식(19.6)]$\to 0$, 및 $E_0 = \rho C(T_{ign}-T_0)$가 될 것이다.

만약 필요 점화 에너지와 입력되는 동력의 관계를 그래프로 그리면 이 두 조건은 [그림 19.9]에서 보는 바와 같이 이 서로에 대한 한계치를 나타낼 것이다. 형태에 관계없이, 모든 점화장치는 이러한 방식으로 거동한다. 모든 점화장치에 대해서 필요한 점화에너지와 입력되는 동력의 관계는 쌍곡선의 관계를 가지며 여기에서 E_0와 P_0는 점근선이다. 이것을 이상적으로 나타낸 것이 [그림 19.10]이다.

에너지와 힘의 보다 사실적인 관계를 나타낸 그림이 [그림 19.11]이며 점화 특성은 평균 점화에너지와 신뢰도에 관해서 주어진다.

엔지니어링을 신중하게 잘 하는 것은 고신뢰도의 커브가 일정한 에너지 특성에 다다르는 지점보다 높은 동력의 수준에서 작동하는 발화시스템을 설계하는 것이다.

특정의 점화장치에 대해서 설정하지 않으면 안 되는 안전성의 고려와 과정은 저신뢰도 커브에 대한 최소의 동력에 근거한다. 이 조건을 가끔 “미점화(no fire)” 동력이라고 한다.

어떤 일부 형태의 점화장치들은 이 쌍곡선 형태의 관계가 너무 비슷해서 상대에너지(또는 환산에너지)와 상대동력(또는 환산동력)[E/E_0와 P/P_0]로서 프로팅을 했을 때 그들은 동일한 라인에 떨어진다는 것은 아주 흥미롭다. 이것을 나타낸 것의 예가 [그림 19.12]이다. 이 그래프 상에서는 공이의 동력이 아닌 타격식과 퍼쿠션 프라이머에 대한 공이 속도에 대해서 그려졌다. 이것은 이들 장치에서 실제 입력되는 동력이 화약류의 파쇄 속도에 비례하기 때문이며 그리고 이것은 입력된 공이의 속도에 비례하기 때문이다.

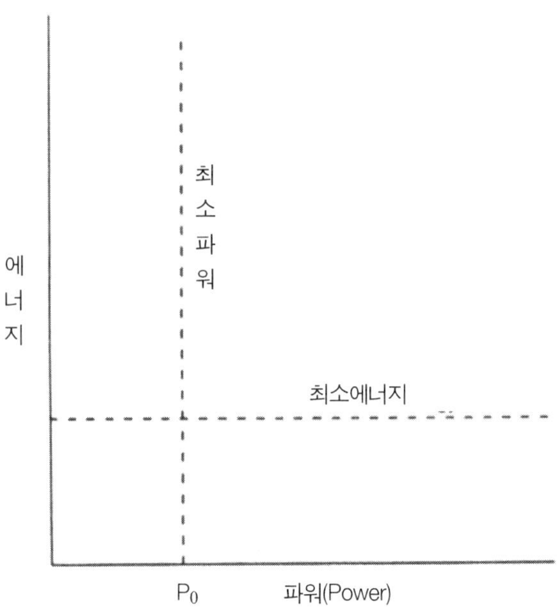

[그림 19.9] 에너지와 힘의 그래프의 한계치

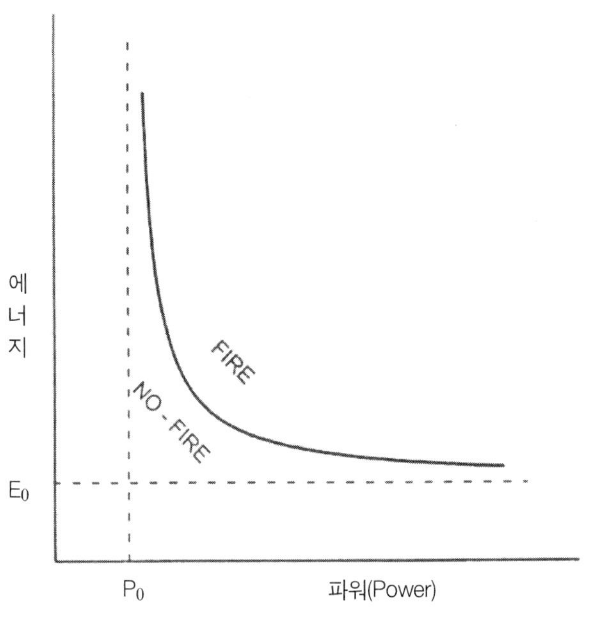

[그림 19.10] P와 E의 쌍곡선 형태의 관계

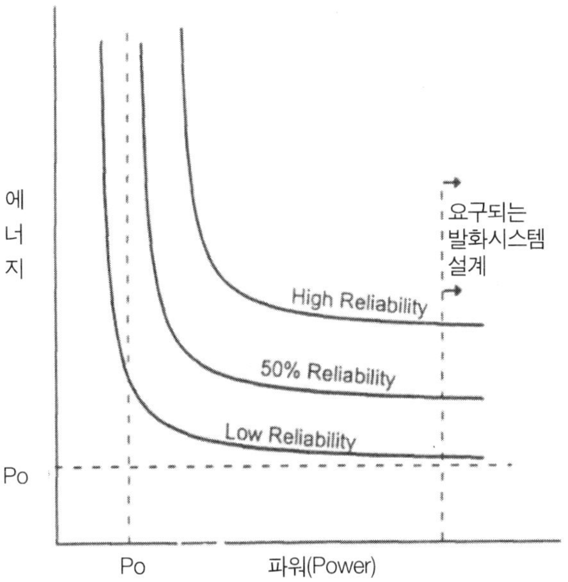

[그림 19.11] 전형적인 기폭장치의 기폭에너지와 입력되는 힘의 관계

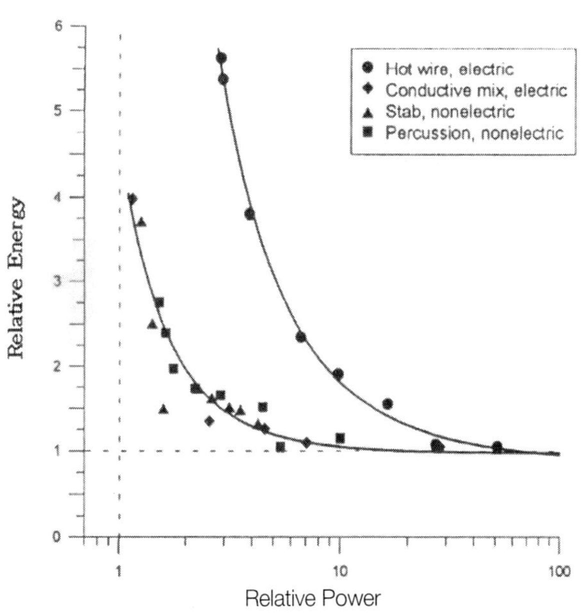

[그림 19.12] 여러 가지 타격식 점화장치의 에너지와 동력의 관계

참고문헌

1. PAUL W. COOPER, Explosives Engineering, VCH Publishers, Inc., New York
2. [미국특허] Martin ; Brian D. (1994) "Pull-wire igniter for flares", US Patent 5313888(1994.5.24)

제20장

스파크식 점화장치

20.1 개요

도화선을 이용한 발파작업으로부터의 폭발 사고를 개선하기 위해 원격으로 발파할 수 있는 전기뇌관시스템이 개발되었으나 이 전기뇌관시스템은 누설전류, 정전기, 무선전파에너지, 낙뢰 전류 등에 취약하다는 새로운 문제점이 생기게 된다. 이러한 전기적인 취약성을 개선하기 위해서 시그널튜브(Signal tube) 또는 쇼크튜브(Shoch tube), 가스튜브(Gas tube)와 같은 비전기식 점화시스템들이 개발되게 되는데 이중에서 1968년 스웨덴의 Per-Anders Persson 박사가 개발한 시그널튜브가 가장 우수한 것으로 평가되어 오늘날 이 점화시스템이 산업용뇌관 분야에서 거의 90% 이상을 사용되고 있다. 이 점화시스템을 사용한 이후로는 도화선 및 전기점화장치를 이용한 뇌관을 사용할 때 일어났던 그러한 종류의 사고는 거의 찾아보기 힘들다. 이 시그널튜브는 일반적으로 외경 3mm, 내경 1.2mm의 플라스틱 튜브로 만들어지며, 튜브의 내면에는 화약이 약 20mg/m 골고루 코팅이 되어 있다. 스파크발생장치는 2,000볼트 이상의 고전압에 의해서 스파크를 일으키는 단자로 구성이 되어 있으며 이 단자를 시그널튜브의 내경 1.2mm 홀에 삽입한 후 스파크를 주면 쉽게 점화되어 약 2,000m/sec의 속도로 화염 시그널을 전달한다. 속도가 상당히 높지만 약량이 매우 작아 튜브를 파손시키지는 않는다. 이 화염은 뇌관에 전달하여 뇌관 내의 지연제를 점화시키거나 기폭약을 점폭시키는 역할을 한다.

20.2 비전기식 점화장치의 발전 역사

1) 시그널튜브(Signal tube)의 개발

최초 개발자는 스웨덴의 Per-Anders Persson 박사이며 Nitro Nobel사로부터 전기적인 위험으로부터 안전하게 점화시킬 수 있는 시스템의 개발을 요청받고 이러한 시스널튜브를 개발하게 되었다. 이 기술은 미국특허 US3590739(1971.7.6) "FUSE"라는 제목으로 특허 등록되었다.[1] 그의 특허 기술을 [그림 20.1-4]에 따라 설명하면 다음과 같다.

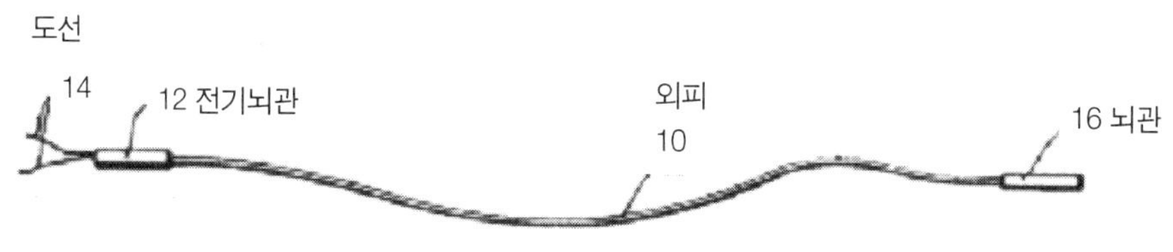

[그림 20.1] 뇌관과 연결된 시그널튜브

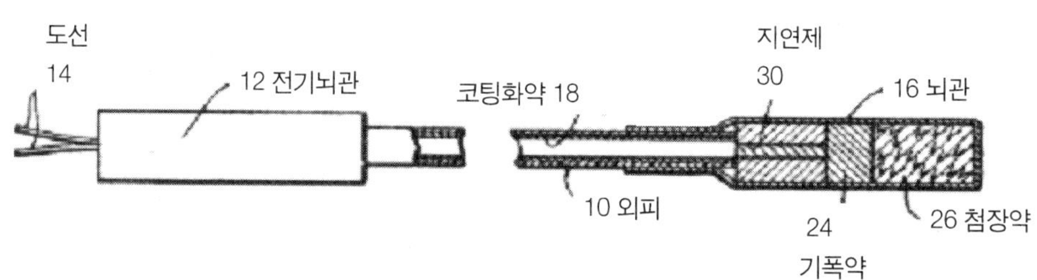

[그림 20.2] [그림 20.1]의 부분 단면도

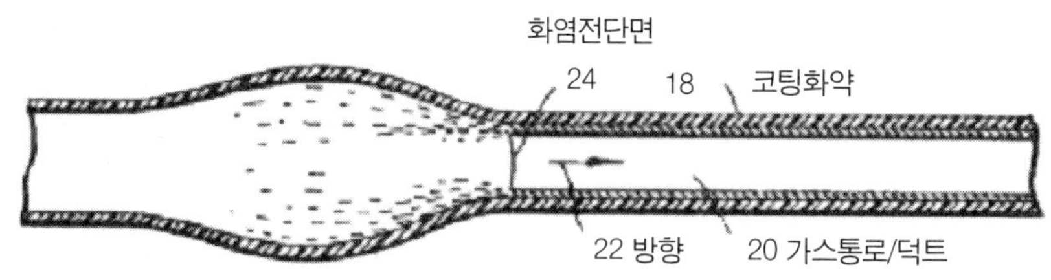

[그림 20.3] 화염이 전파되는 튜브의 확대 단면도

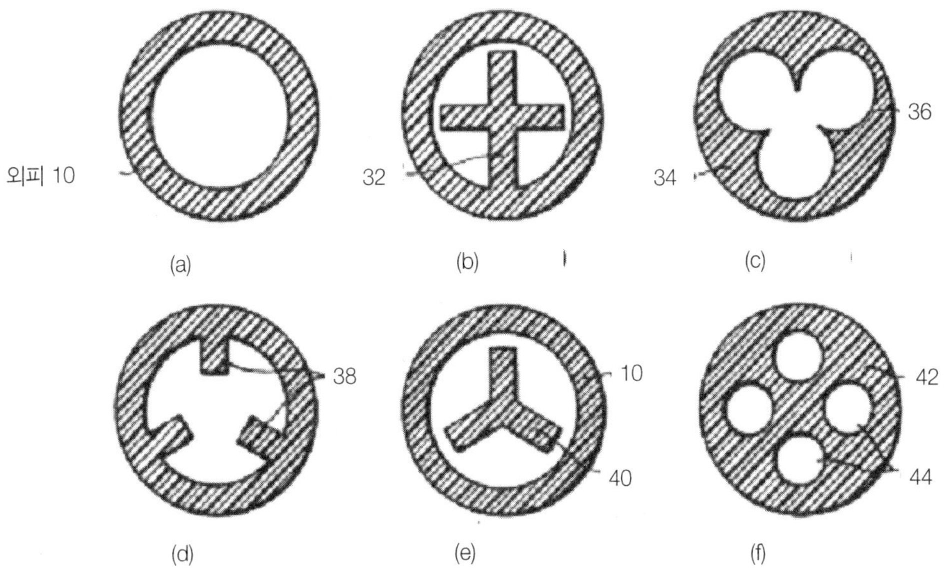

[그림 20.4] 튜브 단면의 여러 가지 형태

튜브(10)는 탄성이 있는 유연한 중합체 플라스틱으로 만들어진다. 튜브의 한쪽 끝에는 튜브를 점화시킬 수 전기뇌관(12)이 연결되어 있다. 그리고 다른 끝에는 튜브의 화염에 의해서 점화될 수 있는 뇌관(16)이 달려있다.

튜브(10)의 내벽에는 화약(18)이 얇게 코팅되어 있으며 내부 공간은 전기뇌관(12)과 뇌관(16) 사이의 가스 통로(20) 역할을 한다.

화약은 PETN 또는 RDX 또는 HMX 또는 TNT 또는 Dinitroethylurea 또는 테트릴 또는 이들의 두 가지 이상의 혼합물로 이루어질 수 있다. 이들은 모두 파괴력이 강한 물질로 폭발성이 있다. 만약 필요하다면 파라핀이나 왁스와 같은 둔감제가 첨가될 수도 있다. 화약은 가루상으로 튜브 내벽에 부착된다. 또한 고체 또는 액체 폭약으로부터 내부 화약층을 구성하는 것이 가능하다. 전기뇌관(12)에 의해서 기폭된 코팅화약(18)은 튜브의 가스 통로(20)을 통해서 뇌관(16)으로 전파된다. 전파속도는 1,500m/sec 이상이며 상당히 높은 압력과 고온으로 뇌관(16)을 기폭시킨다. [그림 3]은 튜브 내의 코팅화약의 기폭되어 전파되는 상태를 나타내며 화염전단면(24)는 코팅화약(18)의 화학반응에 의해서 계속 유지되며 코팅화약의 양은 아주 적어서 튜브(10)을 파손시키지 않으며 주변에 아무런 손상도 주지 않는다.

실시 예에서는 외경 5mm, 내경 3mm의 PVC 튜브를 사용하였으며 약량은 최소 0.05g/m를 코팅하였다. PETN, RDX/TNT=60/40, Dinitroethylurea/wax=97.5/2.5를 내부 코팅약으로 사용했으며 전기뇌관(12) 또는 스파크(3μF, 4kV)에 의해서 점화 및 전파되어 뇌관(16)을 기폭시켰다. 전파속도는 약 2,000m/sec로 진행되었으며 뇌관(16)을 200ms의 지연뇌관을 사용했을 때, 지연시간은 약 70ms 느려졌으나 편차는 ±6ms 이내에 들었다.

2) 가스튜브(Gas tube)의 개발

전기 점화장치의 위험으로부터 벗어나기 위해 발명된 비전기식 점화장치 중의 하나가 가스튜브이다. 가스튜브는 미국의 Hercules사에서 1973년에 개발한 비전기식 점화장치로 미국특허 US3885499(1975.5.27)로 공개되었다.[2] 이 기술을 [그림 20.5-6]에 따라 설명하면 다음과 같다.

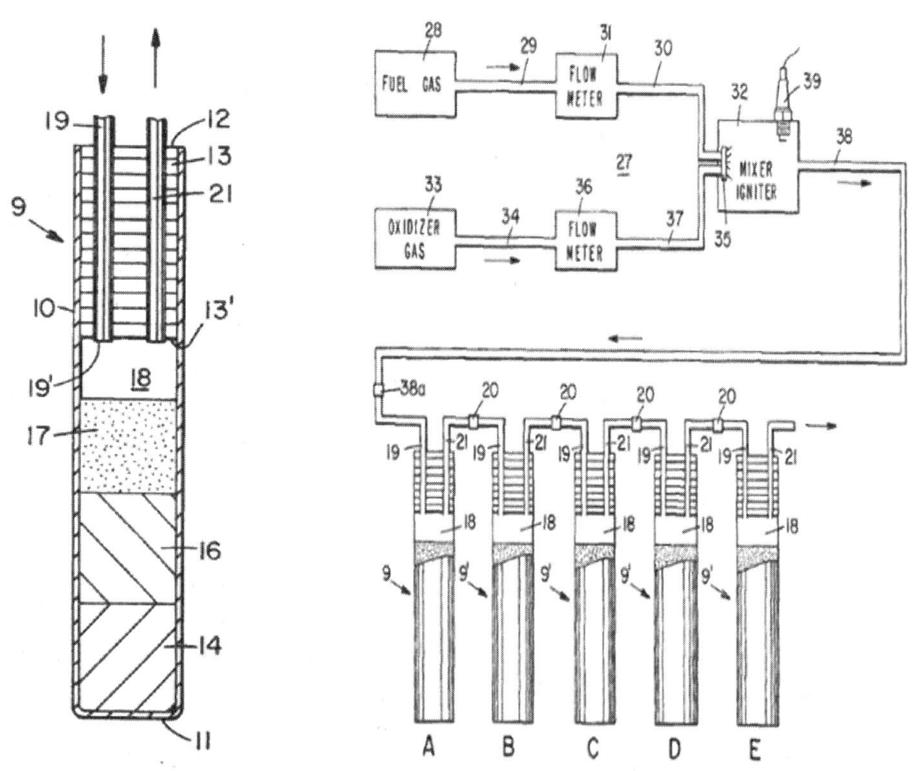

[그림 20.5] 가스튜브식 뇌관 [그림 20.6] 다수의 가스튜브식 뇌관의 연결

[그림 20.5]는 가스튜브식 뇌관 1발을 나타낸 그림으로 튜브(19)와 튜브(21)은 내경 1.5mm, 외경 2.6mm의 폴리에틸렌 튜브로 되어 있으며 이를 통해서 폭발성의 혼합가스가 주입된다. 주입된 이 혼합가스는 스파크에 의해서 점화되고 이 화염은 점화약(17)을 점화시키고 기폭약(16)과 첨장약(14)이 폭발된다.

[그림 20.6]은 다수의 가스튜브식 뇌관을 연결 및 기폭시키는 방법을 나타낸 그림이다. 다수의 뇌관은 컨넥타(20)에 의해 서로 연결되고 이들은 다른 컨넥타(38a)에 의해서 점화시스템과 연결된다. 연료가스(28)과 산소가스(33)은 각각의 유량측정기(31과 36)에 의해서 계량되어 챔버(32)에서 혼합되고 38을 통해서 각 뇌관으로 혼합가스가 충전된다. 충전이 완료되면 연료가스(28)과 산소가스(33)은 분리하고 스파크 플러그(39)에 의해서 점화시키면 혼합가스가 점화되어 모든 뇌관에 화염이 전달되게 되고 뇌관들이 기폭하게 된다.

이 가스튜브식 점화시스템은 비전기식 점화시스템으로 성능 측면에서는 문제가 없으나 가스 취급에 따른 위험성 그리고 작업의 번잡함 등으로 활성화가 되기 못했다. 그래서 시그널튜브와의 경쟁에서 뒤떨어져 바로 시장에서 퇴출되었다.

3) 2-layer 시스널튜브(signal tube)

NNAB의 Persson 박사가 미국특허 US3590739(1971.7.6)에서 공개한 시그널튜브는 외경이 5mm, 내경 3mm의 PVC 튜브였다. 1979년 NNAB는 튜브 내면에 코팅된 화약이 이탈되는 것을 방지하고 기계적 강도를 증가시키면서 튜브의 내외경을 축소시킨 개선품이 1979년 미국특허 US4328753(1982.5.11)로 등록되었다.[3]

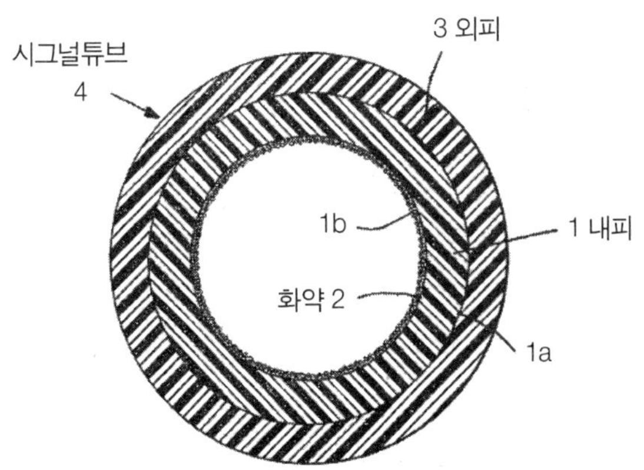

[그림 20.7] 미국특허 40328753의 2-layer 시그널튜브 단면도

[그림 20.7]은 당해 특허의 시그널튜브 단면도이다. 내피 재질인 Surlyn1855는 아이오노머 수지로서 열에 의해 녹았을 때 접착성을 띤다. 이러한 접착성에 의해 화약(2)가 잘 부착되어 이탈되지 않으며(1b 부분) 그리고 외피(3)와도 접착이 잘 되도록 한다(1a 부분). 화약(2)는 HMX와 Al 분말의 혼합물로 구성되어 있으며 코팅량은 10~30㎛의 입자크기의 화약이 적어도 5.5g/㎡이며 코팅 두께는 약 0.3mm이다. 시그널튜브의 외피는 폴리아마이드, 폴리프로필렌 또는 폴리부텐이 사용될 수 있고 내경 1.3mm, 외경 3mm의 크기와 최소 35MPa(357kgf/㎠)의 인장 강도를 갖는다.

4) 2 및 3-layer signal tube

1984년에는 미국의 Ensign-Bickford사가 2 및 3-layer 시그널튜브의 제조 프로세스를 미국 특허 US4607573(1986.8.26.)로 등록한다.[4]

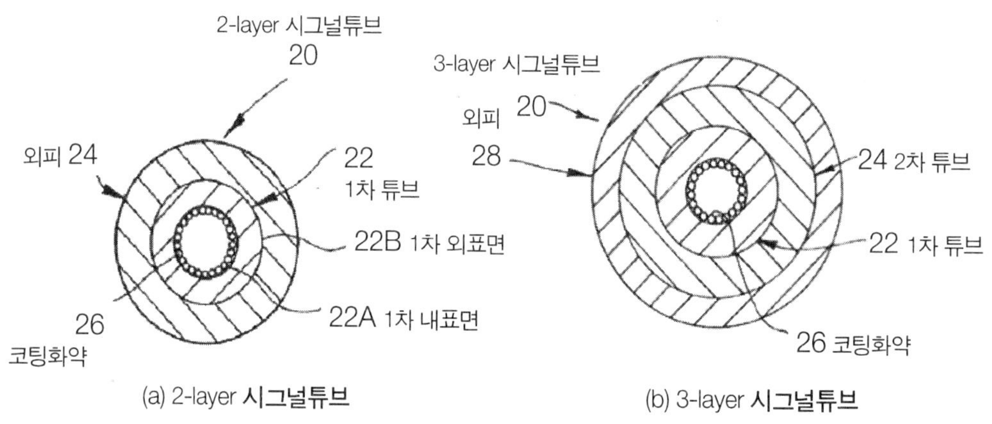

[그림 20.8] 미국특허 4607573의 2 및 3-layer signal tube의 단면도

(1) 2-layer 시그널튜브의 제조

[그림 20.8](a)로부터 1차 튜브(22)는 Surlyn8940, EAA(Ethylene acrylic acid copolymer), EVA(Ethylene vinyl acetate) 등의 접착성 플라스틱으로 이루어져 있으며 이 접착 특성으로 인해 내부의 코팅화약(26)은 1차 내표면(22A)에 외피(24)는 1차 외표면(22B)가 잘 접착될 수 있다. 코팅화약으로는 PETN, RDX, HMX, 2,6-bis (picrylamino)-3, 5-dinitropyridine과 Al 분말을

혼합한 화약이 사용된다. 1차 튜브의 외표면(22B)에는 외부 손상과 기계적 응력에 견딜 수 있도록 LLDPE, LMDPE, LDPE, LLDPE와 아이노머의 혼합, 폴리프로필렌, 폴리부텐, 나이론, 공압출성의 접착제와 나일론의 혼합 등이 사용된다.

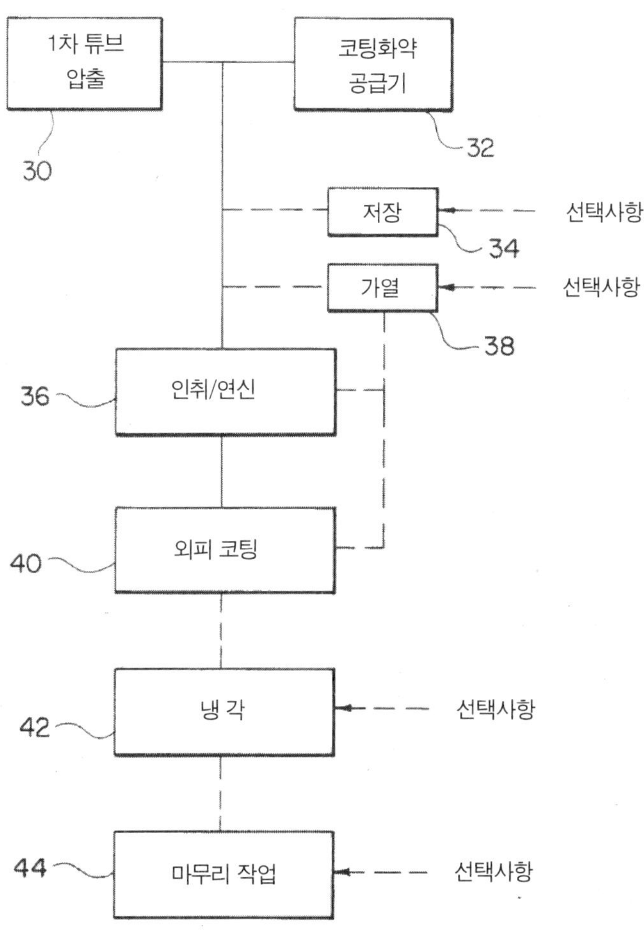

[그림 20.9] 미국특허 4607573의 제조 공정

[그림 20.9]는 당해 특허의 시그널튜브 연신압출공정의 플로다이아그램이다. 2-layer 시그널튜브의 제조는 1차 튜브(22)의 압출(30) → 연신(36) → 외피 코팅(40) → 냉각(42) → 마무리 작업(44)의 연속 공정으로 만들어진다. 압출된 1차 튜브는 내외경이 최종 제품보다 크며, 연신(36)에 의해서 가늘게 만들어지고 다음에 외피 코팅(40) 및 냉각(42)에 의해서 완제품(44)이 만들어진다. 연신에 의해서 시그널튜브는 강도가 증가되고 내마모성의 외피가 코팅됨으로써 외부 손상에 강하게 만들어진다.

실시 예1에서는 1차 수지는 Surlyn8940, 외피수지는 LLDPE, 코팅화약으로는 HMX와 Al 분말의 혼화약이 사용되었고 1차 튜브는 2:1의 비율로 연신작업이 이루어졌다. 최종 제품의 외경은 3.8mm, 내경은 1.3mm, 약량은 32mg/m로 제조되었으며 인장강도와 연신율을 측정해 보았더니 각각 42 pounds(19kgf)와 600%로 나왔다.

실시 예2에서는 실시 예와 작업방법이 동일하고 연신비를 3:1로 하였다. 최종 제품의 외경은 3.0mm, 내경 1.04mm, 약량 11mg/m이었다.

(2) 3-layer 시그널튜브의 제조

3-layer 시그널튜브의 단면도는 [그림 20.8(b)]와 같다. 3-layer 시그널튜브는 2-layer 시그널튜브를 만든 후에 한번 더 코팅하여 만들어진다. 1차 튜브는 2-layer 작업할 때와 같은 구조와 크기로 압출되지만 2차 코팅의 재질은 2-layer의 수지와는 다른 폴리올레핀 계열의 접착성수지를 사용한다. 이렇게 만들어진 2-layer 시그널튜브는 연신압출공정을 한번 더 거치면서 연신 및 3차 코팅 작업을 통해서 3-layer 시그널튜브가 최종적으로 만들어진다.

실시 예3에서는 1차 수지는 실시 예1과 동일한 재질, 동일한 구조 및 크기로 만들어졌으나 2차 수지는 폴리올레핀 계열의 접착성수지(Chemplex사의 Plexar #2466)를 사용하였으며 연신율은 1.43:1이었다. 이렇게 만들어진 2-layer 시그널튜브를 연신압출공정에 한번 더 통과되어 연신 및 3차 코팅 작업을 하였다. 이 때 연신비는 1.62:1이었고 3차 코팅 물질로는 Nylon11을 사용하였다. 이렇게 만들어진 최종 제품(3-layer)은 외경이 3mm, 내경이 1.0mm 이었고 약량이 10.5mg/m이었다. 전체적인 연신비는 3.05:1이었으며 인장강도는 52pounds(24kgf) 연신율이 220%이었다.

5) 공압출 시그널튜브

1992년에는 미국의 Alfred M. Osborne이 시그널튜브의 제조 방법을 공압출시스템으로 개발하여 미국특허 US5212341(1993.5.18)로 등록한다.[5] [그림 20.10]은 당해 기술의 쇼크튜브 단면도이고 [그림 20.11]은 공압출 제조시스템의 플로챠트이다.

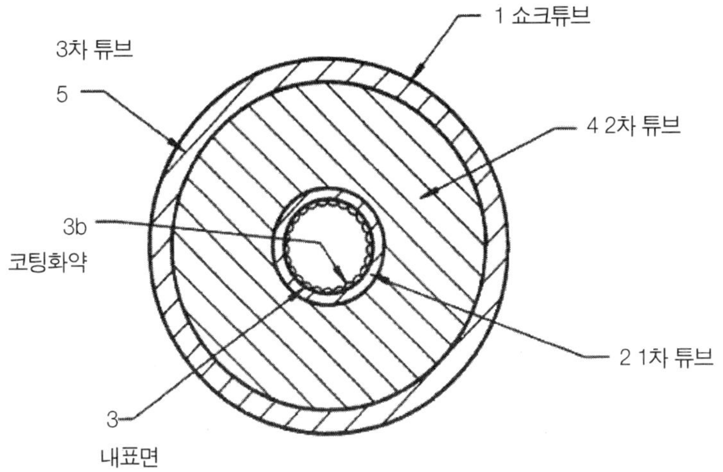

[그림 20.10]미국특허 5212341의 쇼크튜브 단면도

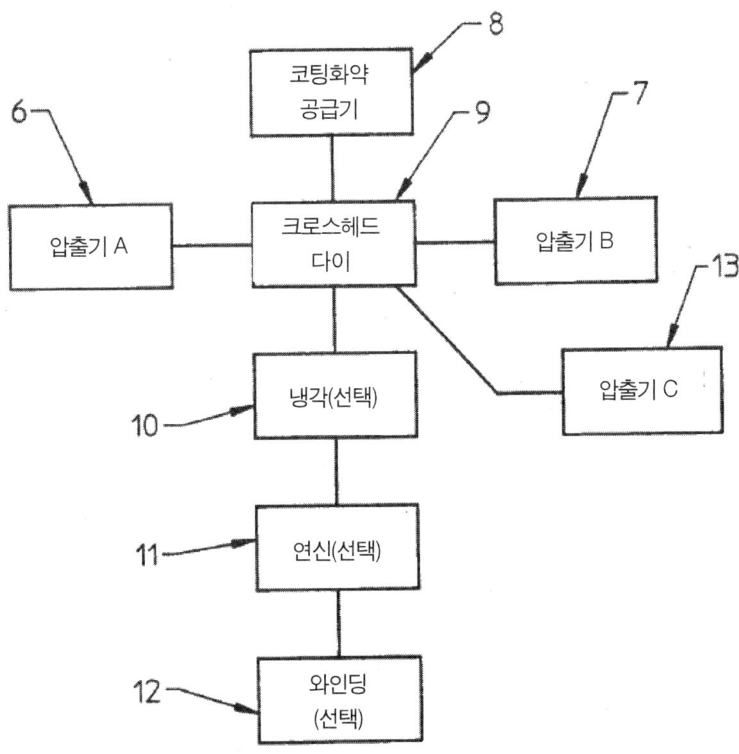

[그림 20.11] 미국특허 US5212341의 플로우다이아그램

[그림 20.10]으로부터 당해 기술로 제조된 쇼크튜브(1)는 용융 시 접착성을 가지는 1차 튜브(2)의 내표면(3)에 화약(3b)이 코팅이 된다. 약량은 적어도 5.5g/㎡이며 분말 형태이다. 1차 튜브의 재질은 Surlyn, EAA, EVA 및 기타 접착성의 플라스틱이 사용된다. 압출 또는 연신후의 최종제품의 1차 튜브의 두께는 약 0.3mm이다.

2차 튜브(4)는 두껍게 피복이 되며 이것은 보다 강한 인장력과 마모 및 절단 저항성을 증가시킨다. 2차 튜브의 재질은 PE, PE와 아이노모 혼합 수지, PP, 폴리부틸렌, 나일론 및 기타 폴리올레핀계열의 플라스틱이다. 2차 튜브의 인장강도는 적어도 35MPa(357kgf/㎠)를 갖는다. 선택적으로 3차 피복(5)이 자외선 및 또는 ANFO, 에멀젼 등의 유기물과 접촉했을 때 튜브를 보호하기 위해서 코팅이 된다. 재질로는 LLDPE, LMDPE, HDPE, Polyester, Polyvinylidene chloride 및 이들의 혼합물이 사용된다. 내면의 화약량은 적어도 2.7g/㎡이 요구되며 PETN, RDX, HMX, Al분말 또는 기타 연료 그리고 이들의 혼합물이 사용된다.

[그림 20.11]로부터 1차 튜브는 압출기A(7)에 의해서 헤드다이(9)를 통해서 압출되고, 2차 튜브는 압출기B(7)로부터 압출되어 1차 튜브 위에 코팅이 된다. 선택적으로 3차 코팅이 압출기C(13)에 의해서 마무리 코팅이 된다. 이러한 2 또는 3개의 코팅작업이 하나의 헤드다이(9)를 통해서 동시에 압출되어 2 또는 3-layer 쇼크튜브가 제조되면서 동시에 1차 튜브 내면에는 화약이 코팅된다. 공압출된 2 또는 3-layer 쇼크튜브는 냉각공정(10)을 통해서 연신공정(11)에서 연신이 되며 와인딩공정(12)에서 보빈에 감긴다.

실시 예1에서는 1차 튜브로 Surlyn을 230℃, 2차 튜브로 LLDPE를 220℃로 하여 2-layer 공압출을 하여 외경 3.0mm, 내경 1.1mm의 쇼크튜브를 제조하였다.

실시 예2에서는 1,2차는 실시 예1과 동일하고 외경 4.5mm, 내경 2.1mm의 2-layer 쇼크튜브를 만든 후 30℃로 냉각 및 연신공정을 거쳐 외경 3.0mm, 내경 1.2mm의 쇼크튜브를 제조하였다. 1차 튜브 Surlyn의 두께는 0.25mm 이었다. 연신작업이 이루어진 이 3-layer 쇼크튜브는 인장강도가 그렇지 않은 실시 예1의 2-layer 제품보다 상당히 높았다.

6) 기타 시그널튜브 개선 기술

(1) 내오일저항성이 개선된 시그널튜브

ICI에서 1994년 미국특허 US5625162(1997.4.29)[6]로 등록한 기술로 발파 현장에서 만날 수 있는 ANFO의 오일 및 에멀젼폭약의 왁스나 오일과 같은 유기물질로부터 손상 및 오일 침투에 의한 불폭 등을 방지하기 위해서 2차 피복에 내오일성의 수지를 사용한 기술이다. 다음과 같은 수지를 사용하였다.

가. 폴리에스터 타입의 열가소성 폴리우레탄 수지

나. 다음 반응물들의 혼합으로 형성된 폴리에스터 타입의 열가소성 폴리우레탄

a. Polyester polyol

b. Chain-extending agent

c. Diisocyanate

상기에서 폴리에스터 폴리올의 매 1몰당 Chain-extending agent가 2.5～7의 비율로 Diisocyanate가 3～8의 비율로 존재한다.

<표 20.1>은 기존 제품과 당해 기술 제품의 내오일성에 대한 비교실험의 예이다. 50℃의 디젤유에 침적했을 때 견디는 시간을 체크한 표이며 <표 20.1>은 여기에 사용한 외피의 재질 특성을 나타낸 것이다.

〈표 20.1〉 내오일성 시험 데이터

시험번호	1차 튜브/외피	불폭이 나타나기 전 일수
기존	LLDPE/PE	2
시험1	LLDPE/DESMOPAN 385 TPU	7
시험2	LLDPE/DESMOPAN KU 2-8710	14
시험3	LLDPE/DESMOPAN KA 8487 TPU	8
시험4	LLDPE/TEXIN DP 1089 TPU	〉39

〈표 20.2〉 내오일성 폴리우레탄 수지들의 특성

	DESMOPAN 385	DESMOPAN KA 8487	DESMOPAN KU 2-8710	TEXIN DP 1089
시험번호	1	2	3	4
경도	86	90	86	50
shore	A	A	A	D
Polyester	1 mole	1 mole	1 mol	1 mol
Chain Extender	2.75	3.25	2.75	6.00
MDI	3.75	4.25	3.75	7.00

20.3 시그널튜브의 구조

1) 시그널튜브의 크기와 충격파/화염의 전파 형태

현재 시그널튜브 제조 기술을 갖고 있는 대표적인 회사로는 외국사로는 Orica, Dyno Nobel 그리고 국내에는 ㈜한화가 있다. 3사의 시그널튜브의 크기는 거의 비슷하나 구성 성분들은 약간의 차이를 보이고 있다. 3사는 모두 2-layer 및 3-layer 시그널튜브를 모두 제조하지만 제조 방식 및 각 layer의 두께는 약간씩 차이가 있다. Orica 및 ㈜한화의 시그널튜브는 공압출 및 연신작업에 의해서 제조되며 Dyno Nobel은 단일압출과 연신작업을 2~3회에 걸쳐 실시하여 제조된다. [그림 20.12]는 시그널튜브의 크기와 시그널튜브가 점화되었을 때 충격파와 화염이 전파되는 형태를 나타낸 그림이다.

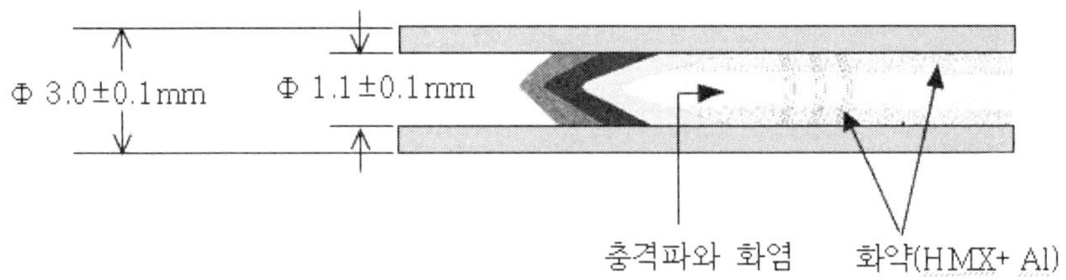

[그림 20.12] 시그널튜브의 크기와 충격파/화염의 전파 형태

2) 각 회사별 시그널튜브의 특징

3개 회사의 시그널튜브 특징은 <표 20.3>과 같다.

〈표 20.3〉 각 회사별 시그널튜브의 특징 비교

항 목	㈜한화	Dyno Nobel	Orica
구조	2 또는 3-layer	3-layer	2 또는 3-layer
내경(mm)	1.1±0.1	1.2±0.1	1.1±0.1
외경(mm)	3.0±0.1	3.0±0.1	3.0±0.1
약량(mg/m)	17±5	20±5	17±5
폭속(m/sec)	2000±200	2000±200	2000±200
인장력(kgf)	40~50	30~40	45~55
압출방식	공압출	단일압출 2~3회	공압출

20.4 원료 특성

1) 1차 수지

1차 수지는 용융되었을 때, 접착성을 가져야 한다. 그래야 1차 튜브의 내면에 화약의 부착성이 좋아지며 2차 수지와도 잘 접착이 될 수 있다. 이러한 특성을 가진 수지로는 아이오노머 수지, EAA, EVA 등의 물질이 있으며 또한 EAA, EVA 및 핫멜트형 접착제들도 접착성이 있어 1차 수지로 사용될 수 있다. 핫멜트형 접착제는 열가소성 수지를 베이스 폴리머로 하고 점착부여제나 점도조절제로서 각종 왁스를 첨가하여 구성되며 여기에 산화방지제 등을 혼합하여 조제하는 접착제이며 폴리아마이드계, 폴리에스터계, 지방산폴리아마이드계, 폴리우레탄계, 폴리에틸렌계, 폴리프로필렌계 등이 있다. 이 중에서 가장 많이 사용되는 것은 아이오노머수지이며 듀퐁의 Surlyn과 Exxon chemical의 Iotek이 있다. 비싸긴 하지만 고온 접착성, 강도 측면에서 가장 우수하다.

2) 2, 3차 수지

(1) 2-layer인 경우

마무리 층이므로 직접 외부 환경에 접촉하는 부분이므로 사용 중 발생할 수 있는 외부 손상, 마모 등에 내성이 있어야 하며 또한 자외선 및/또는 ANFO, 벌크에멀젼폭약 등의 유기물과 접촉했을 때 튜브를 보호해야 한다. 이러한 목적을 위해서 사용될 수 있는 수지로는 LLDPE, LMDPE, LDPE, LLDPE와 아이노머의 혼합, 폴리프로필렌, 폴리부텐, 나일론, 공압출성의 접착제와 나일론의 혼합 등이 사용될 수 있다. 1, 2차 튜브가 각각 압출의 경우나 공압출의 경우나 동일한 구조를 갖는다.

(2) 3-layer인 경우

1,2,3차 피복이 각각 압출의 경우 상기 2-layer 시그널튜브의 두 층 사이를 완전하게 접착시키기 위해서 접착수지를 삽입한 경우이다. 두 층 사이에 삽입되는 접착제로는 미국특허

US4607573의 올레핀계열의 접착성수지인 Plexar #2466 (Chemplex사 제품), Exxon사의 Escor (EAA resin), Dupont의 Bynel 등이 있다.[4]

1,2,3차 튜브가 공압출에 의해서 제조되는 경우 1차 튜브는 상기와 동일하고 2차 피복은 튜브의 인장력을 강화시키고 마모 및 절단 저항성을 증가시키기 위해서 즉 외부 손상과 기계적 응력에 견딜 수 있도록 2-layer의 외피와 동일한 재질을 사용하며 마지막으로 3차 피복은 자외선 및 또는 ANFO, 에멀전 등의 유기물과 접촉했을 때 튜브를 보호하기 위해서 코팅이 된다. 재질로는 LLDPE, LMDPE, HDPE, Polyester, Polyvinylidene chloride 및 이들의 혼합물이 사용된다.

(3) 내부 코팅 화약

현재에는 HMX와 Al분말을 9:1의 비율로 혼합해서 사용한다. 이 두 물질은 스파크 감도의 증대와 흐름성의 증대를 위해서 특별한 입자 크기와 형태를 가져야 한다. 구형의 형태로 입도는 약 10～15㎛ 정도의 크기가 바람직하다. 다음의 <표 20.4>는 코팅화약의 이론적인 특성치이다.

〈표 20.4〉 시그널튜브 코팅화약의 특성치

항 목	단위	특성치 값	비 고
산소평형치	%	-28.3422	※ CAL-Q 프로그램으로 계산
폭발온도	K	4500	
Gas volume	mole/kg	36.72	
Solid volume	mole/kg	1.87	
폭발에너지	kJ/kg	6364	

※ 반응생성물: HMX/Al=90/10 → Al_2O_3 19.02%, H_2O 9.75%, CO_2 5.42%, H_2 0.69%, N_2 34.29%, CO 34.83%

20.5 시그널튜브의 제조

최근 시그널튜브의 제조는 원가절감, 내마모성 증대, 내유성 증대 및 자외선 차단 등의 목적을 위하여 2-layer 또는 3-layer로 제조된다. 일부 회사에서 사용하는 각 층을 각각 압출 및 코팅하는 방법은 각 층이 분리되는 문제가 있어 현재의 최고의 품질의 제품을 생산하는 제조사에서는 공압출 방법을 선택하고 있다. 여기에서는 공압출 제조방법에 대해서 소개하기로 한다. [그림 20.13]은 시그널튜브의 일반적인 공압출 제조공정도이다.

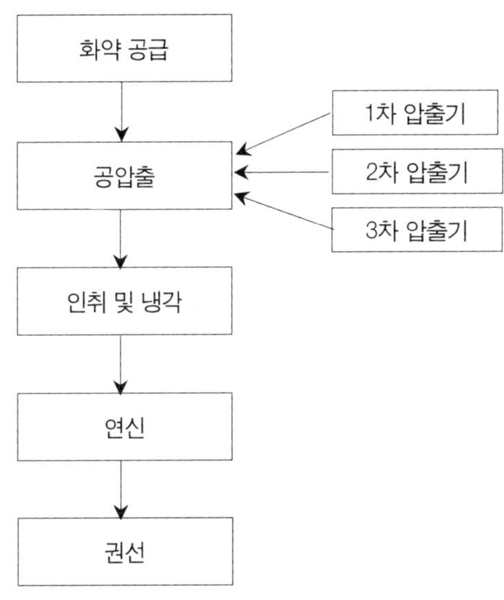

[그림 20.13] 시그널튜브의 제조공정도

1) 화약 공급

시그널튜브는 내부에 화약이 균일하게 코팅되어야 한다. 만약에 균일하지 않고 한쪽에 몰리게 되면 그 부분은 폭발력이 집중되어 튜브가 파열되게 된다. 튜브의 파열은 에너지의 손실을 가져오게 되고 이것이 뇌관에 근접해서 발생 시에는 뇌관이 불발되는 결과를 초래할 수 있다. 균일하게 코팅되기 위해서는 화약이 정량으로 공급될 수 있는 장치를 사용해야 한다. 일반적으로는 Vibrating feeder, Conveyor belt feeder, Screw feeder 등의 분체정량공급시스템을 사용한다. [그림 20.14]는 대표적인 분체정량공급시스템을 나타낸 그림이다.

이 시스템을 간단하게 설명하면 약량 기준 공급 속도를 정해놓고(이것은 압출기로부터 튜브의 생산속도에 따라 결정) 시스템을 작동시키면 피더가 작동되면서 분체화약이 배출된다. 배출되면서 줄어든 분체 화약량을 로드 셀이 무게 감소량을 체크하여 조절기로 신호를 보낸다. 조절기에서는 분체 화약량의 줄어든 약량을 보고 기준보다 많거나 적으면 피더의 속도를 조절하도록 명령을 하여 약량을 기준에 가깝도록 조절한다. 상기 시스템은 스크류 피더로 구

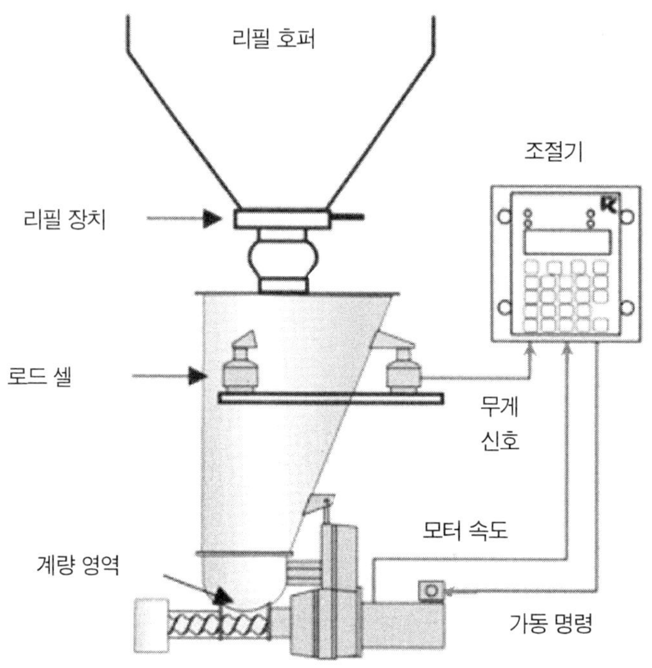

[그림 20.14] 대표적인 분체정량공급시스템

성되어 있으나 이 피더를 진동피더 또는 콘베이어 벨트 피더로 사용할 수도 있다.

2) 공압출 시스템

튜브제조시스템은 수지를 용해시켜서 헤드로 보내주는 압출기(스크류와 바렐), 튜브의 형태를 만들어주는 크로스헤드다이(Cross head die)로 이루어져 있다. 모든 압출기는 하나의 크로스헤드다이로 연결이 되어 있으며 여기에서 공압출이 이루어진다. 공압출의 수가 증가할수록 크로스헤드다이의 길이가 증가한다. 이 공압출시스템으로부터 튜브 형태가 제조되며 튜브의 내외경은 수지의 압출 속도와 인취기의 감는 속도에 의해 결정된다. 튜브가 형성되면서 냉각되기 전 분체정량공급시스템에 의해서 공급된 화약이 튜브 내부에 골고루 도포된다. 화약이 도포된 튜브는 냉각되어 시그널튜브의 1차 사이징이 이루어진다. 1차 튜브용 수지로는 대부분 아이오노머 수지를 이용하게 되는데 이 수지는 고온으로 용융되었을 때 산화성이 있어 금속을 부식시킬 수 있다. 그러므로 1차 압출기는 바렐 및 스크류를 내식성이 있는 재질로 선정할 필요가 있다. 또한 용융된 수지 내에는 여러 가지 이물질이 있을 수 있으므로 이것을 제거할 수 있는 필터링 장치도 필요하다.

3) 연신 및 권선

사이징이 이루어진 튜브는 연신 장치를 거치면서 최종적으로 외경 3.0mm, 내경 1.1mm의 크기로 만들어진다. 연신 이후에는 외경 측정장치가 있어 기준보다 크거나 작으면 연신비를 조정하여 기준에 맞도록 조정할 수 있다. 최종적으로 기준에 맞는 제품은 보빈에 감겨지게 된다.

20.6 시그널튜브의 특성

1) 품질

시그널튜브에 대한 표준 규격은 없다. 각 제조회사마다 뇌관의 크기와 구성 요소들이 다르기 때문에 각각에 적합한 기준이 필요할 것이다. 예를 들어 장공같은 경우에는 보다 강한 인장력이 필요하나 단공같은 경우는 그다지 강한 인장력이 필요 없다. 또한 뇌관에 사용되는 지연제의 조성 및 화염감도가 다르기 때문에 시그널튜브의 코팅화약의 조성과 기준 약량이 다를 수 있다. 일반적으로 전 세계적으로 가장 공통적으로 많이 사용하는 품질 기준으로는 다음의 <표 20.5>와 같다.

〈표 20.5〉 시그널튜브의 일반적인 품질 기준

항 목	일반 기준	비 고
외경(mm)	3.0±0.1	
내경(mm)	1.1±0.1	
약량(mg/m)	17±0.5	
폭발속도(m/sec)	2,000±200	
인장강도(kgf)	10~50	보통 TLD와 같이 하중이 걸리지 않는 제품들은 10kgf, DHD와 같이 하중이 걸리는 제품들은 20kgf 이상을 필요로 함.

이 밖에도 내유성, 코팅화약의 부착량 등이 있으나, 이들은 절대적인 것은 아니다.

2) 시험 방법

(1) 약량

시그널튜브 1m를 정확하게 절단한 다음 점화시켜 코팅화약의 점화 전 후의 무게 차이를 계산하면 시그널튜브의 1m당의 약량이 얻어진다.

(2) 폭발 속도

광화이버법을 이용한다. 아래 그림과 같이 1.5m를 절단하여 점화지점으로부터 약 0.3m 부위로부터 1m의 간격이 되는 두 지점을 선정한 다음 이 두 곳에 광화이버를 수직으로 설치하고 시그널튜브를 점화시켜 시그널튜브의 화염이 두 지점을 통과하는 시간을 측정한다. 폭발속도는 거리÷시간에 의해서 계산될 수 있다.

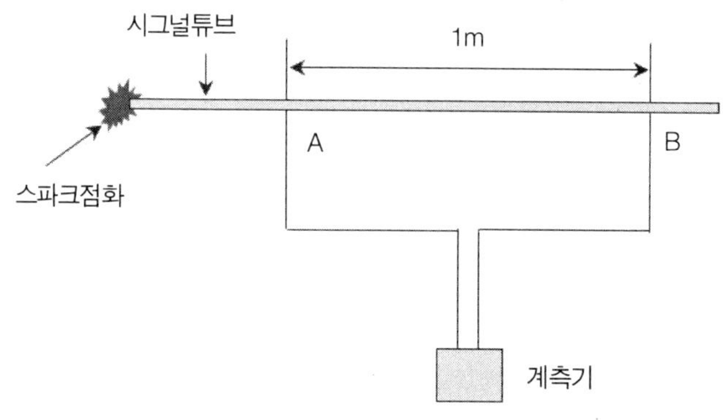

[그림 20.15] 시그널튜브 폭속측정 방법

(3) 인장강도

인장시험은 시그널튜브의 양끝을 시험기에 고정시키고 축방향으로 천천히 잡아당겨 끊어질 때까지의 변형과 이에 대응하는 하중을 측정하여 시그널튜브의 변형에 대한 인장강도를 측정한다. 인장강도 외에도 연신율 등 여러 가지 물성을 측정할 수 있다. 금속재료의 인장시험 방법은 KS B0802에 규정되어 있으며 이를 참조해서 시험하면 된다. 일반적으로 INSTRON사의 만능재료시험기를 사용한다.

참고문헌

1. Per-Anders(1971), "FUSE", US Patent 3,590,739(1971.7.6)

2. Hurley, "Thermal detonation energy-initiable blasting caps, and detonation system and method", US Patent 3,885,499(1975.5.27)

3. Kristensen, "Low-energy fuse consisting of a plastic tube the inner surface of which is coated with explosive in powder form", US Patent 4328753(1982.5.11)

4. Gary R. Thureson, "Laminated fuse and manufacturing process therefor", US Patent 4607573(1986.8.26)

5. Alfred M. Osborne, "Co-extruded shock tube", US Patent 5212341(1993.5.18)

6. Rodney W. Appleby, "Signal tube of improved oil resistance", US patent 5625162(1997.4.29.).

기폭 시스템

점화 시스템이 화염을 발생시키는 장치라면 기폭 시스템은 폭굉 충격파를 발생시키는 장치라고 할 수 있다. 점화시스템은 다음 화약류를 연소 및/또는 폭굉(기폭약의 경우)시키지만 기폭시스템은 다음의 화약류(주로 2차 폭약)를 폭굉시킨다. 기폭 시스템에는 뇌관과 같이 화염을 받아 폭굉하는 장치들이 있는가 하면 도폭선과 같이 다른 기폭장치로부터 충격파를 받아 폭굉하는 장치들이 있다. 1846년 소브레로에 의해서 니트로글리세린이 발명되었을 때 강한 충격에 의해서 폭발하는 위험한 물질이라는 것을 알았지만 이것을 막상 의도적으로 폭발시키려고 하면 잘 되지 않았다. 노벨가에서는 이 니트로글리세린을 쉽게 폭발시킬 수 있는 장치를 만들기 위해 수많은 노력 끝에 흑색화약으로 구성된 기폭장치를 개발해서 특허를 출원하지만 너무 몸집이 크고 신뢰성이 떨어지자 이를 개선하기 위해서 개발된 것이 바로 알프레드 노벨의 뇌홍뇌관이었다. 이 뇌홍뇌관은 처음에 도화선으로 점화되었으나 도화선의 품질 및 사용방법의 미숙 등으로 많은 사고가 일어나자 이를 개선하기 위해 보다 안전하고 편리한 기폭장치들이 개발되며 전기뇌관, 비전기뇌관, 도폭선, 전자뇌관 등으로 발전하게 된다. 오늘날 가장 많이 쓰이고 있는 비전기뇌관과 새로이 각광을 받고 있는 전자뇌관은 안전성 측면뿐만이 아니라 사용성 측면에서도 상당히 편리하다.

제21장

공업뇌관(Blasting cap)

21.1 개요

2차 폭약을 폭굉시키기 위한 장치를 일반적으로 기폭시스템 또는 기폭장치라고 하며 최초의 기폭시스템은 1865년 스웨덴의 알프레드 노벨(Alfred Nobel)이 니트로글리세린을 확실하고 안전하게 기폭시키기 위해 만든 공업뇌관이었다. 노벨에 의해서 처음 발명된 뇌관은 불꽃에 의해 폭발하는 물질인 뇌홍을 기폭약으로 사용한 뇌홍뇌관이었다. 뇌홍뇌관은 도화선으로 점화되었으며 발파산업에서 다이너마이트를 기폭시키는데 있어서 없어서는 안 되는 중요한 요소가 되었다.

이러한 초기의 뇌홍뇌관은 많은 연구자들에 의해 개선이 되면서 기폭약으로는 뇌홍폭분(뇌홍/$KClO_3$=77.7:22.3), LA, LS, DDNP 폭분(DDNP/$KClO_3$=5/5), 구상 DDNP 등의 개선이 이루어져 왔고 뇌관의 구조도 기폭약과 첨장약으로 이루어진 혼성뇌관으로 개선이 이루어져 왔다.[3]

이러한 공업뇌관은 도화선에 의해 점화되고 도화선의 정해진 연소시간에 의해 대피할 수 있는 시간을 가질 수 있었다. 그러나 도화선 품질 불량, 사용상의 미숙 등으로 인하여 많은 폭발사고가 발생하자 현재는 대부분의 나라에서 잘 사용하지 않는다. 우리나라에서도 사용량이 1990년 초반에 최고점에 이르렀다가 점차 감소되기 시작하여 1998년에는 완전히 중단되었다.

21.2 공업뇌관의 발전사

1) 뇌홍뇌관의 개발[1, 2]

옛날 흑색화약이 만능인 시대에는 이것의 점화방법도 지극히 간단했지만 그 위력이 불충분하였다. 1847년 소브레로가 니트로글리세린을 그리고 이어서 노벨이 다이너마이트를 발명하기에 이르지만 이것을 종래의 흑색화약으로 기폭시키는 것이 곤란했다. 이에 알프레드 노벨은 주석(후에 동)제 관체에 뇌홍을 장전한 뇌홍뇌관을 발명하여(영국 특허1345, 1866년) 다이너마이트의 강력한 폭발력을 이용하는 것을 가능하게 하였고 이 때문에 산업용 화약은 비약적으로 발전을 하여 그의 사용량이 급속히 증가하게 되었다.

노벨이 최초로 발명한 공업뇌관은 금속제 관체에 뇌홍만을 압착하여 만들었기 때문에 뇌홍뇌관이라고 불렀다. 표준 뇌홍뇌관은 약량에 따라 다음 <표 21.1>과 같이 1호 뇌관으로부터 10호 뇌관으로 분류되었다. 그 후 뇌홍에 염소산칼륨을 혼합한(뇌홍: 염소산칼륨=77.7:22.3) 뇌홍폭분이 뇌홍만을 사용한 것보다도 흡습성이 조금 크지만 값싸고 취급이 안전하기 때문에 사용되었다. 뇌홍뇌관의 구조는 [그림 21.1]과 같다.

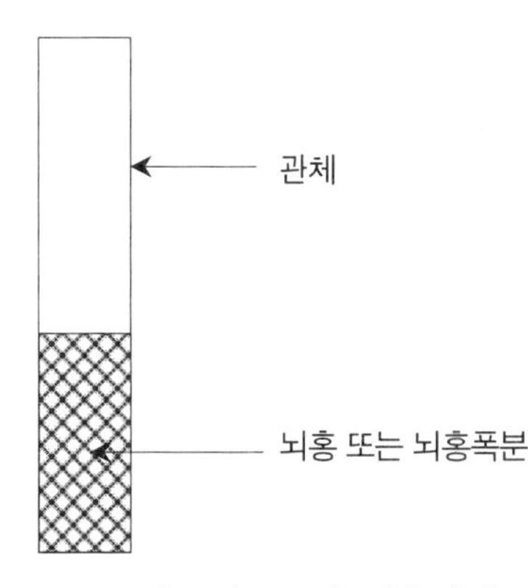

[그림 21.1] 뇌홍뇌관

〈표 21.1〉 뇌홍뇌관의 분류

호수	뇌홍약량(g)	관체 경(mm)		관체 길이(mm)
		내경	외경	
1	0.30	5.5	6.0	16
2	0.40	5.5	6.0	22
3	0.54	5.5	6.0	26
4	0.65	5.5	6.0	28
5	0.80	6.0	6.5	30
6	1.00	6.0	6.5	35
7	1.50	6.0	6.5	40
8	2.00	6.2	7.0	45
9	2.50	6.2	7.0	50
10	3.00	6.7	7.5	50

2) 혼성뇌관의 개발[1, 2]

한편 뇌홍은 점화에 의해 쉽게 완폭하는 특성을 갖고 있지만 폭속은 TNT 등의 고성능폭약 보다도 낮기 때문에 공업뇌관의 기폭력을 증대시키기 위해서 Wöhler는 소량의 뇌홍으로 폭약을 폭발시키는 방식의 소위 혼성뇌관을 발명하였다. 즉 관체에 우선 일정량의 폭약(첨장약을) 압착하고 다음에 기폭약을 내관과 함께 압착하여 삽입하면 혼성뇌관이 완성된다. 이 혼성뇌관의 기폭력은 뇌홍뇌관을 기준으로 하여 호수가 부여된다. <표 21.2>는 뇌홍폭분을 사용한 혼성뇌관의 호수별 약량 기준표이다. 그리고 [그림 21.2]는 뇌홍폭분을 사용한 혼성뇌관의 구조이다.

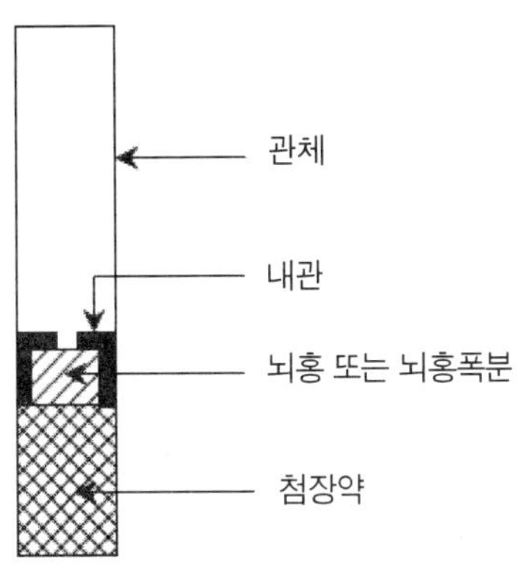

[그림 21.2] 혼성뇌관

〈표 21.2〉뇌홍폭분 혼성뇌관(동관체)

호수	관체(mm)			장약량(g)	
	길이	외경	내경	첨장약	기폭약
3호 뇌관	30	6.5	6.2	0.35	0.3
6호 뇌관	35	6.5	6.2	0.45	0.4
8호 뇌관	50	6.5	6.2	0.90	0.5

한편 Curtius는 1890년 아지화연을 발명하고 1907년 Wöhler는 아지화연을 사용한 공업뇌관을 개발하여 특허(독일 특허 196824)를 취득한다. 아지화연을 사용하면 뇌홍보다 훨씬 적은 약량을 사용해도 가능하기 때문에 아지화연을 기폭약으로 사용한 공업뇌관이 세계적으로 널리 제조 및 사용되기 시작하였다. 아지화연은 발화점이 높기 때문에(약 350℃) 도화선으로는 착화가 잘 안되는 문제점이 있었는데 이것의 착화성을 좋게 하기 위해서 테트라센이나 스티프닌산연을 혼합하여 사용한다. 이후에 납이 없는 기폭약인 DDNP(Dizodinitrophenol)가 사용되기 시작하며 폭분(DDNP:$KClO_3$=5:5)의 형태로 사용된다. 첨장약도 TNT에서 테트릴, 헥소겐, 펜트리트 등으로 다양하게 사용되기 시작한다.

기폭약으로 뇌홍폭분이나 DDNP폭분을 사용할 때에는 동 또는 알루미늄 관체를 사용할 수 있지만 아지화연의 경우에는 동 관체를 사용해서는 안 되며 반드시 알루미늄 관체를 사용하여야 한다. 아지화연은 동과 반응하여 충격에 극히 예감한 아지화동을 만들기 때문이다. 통상은 알루미늄 관체를 사용하기 때문에 알루미늄 뇌관이라고도 부른다. 그러나 관체로 알루미늄을 사용한 경우에는 뇌관이 폭발할 때 알루미늄이 연소하여 다량의 화염을 발생하여 탄갱내의 가스나 탄진에 용이하게 착화하여 갱내 폭발을 일으킬 위험이 있기 때문에 탄갱에 있어서 알루미늄 관체의 사용은 금지된다. 아지화연을 사용한 알루미늄 관체 6호 뇌관의 약량은 다음 <표 21.3>과 같다.

〈표 21.3〉 아지화연 뇌관

호수	관체(mm)			장약량(g)	
	길이	외경	내경	첨장약	기폭약
6호 알루미늄뇌관	35	6.5	6.2	0.45	0.3

DDNP를 사용하는 6호 뇌관의 경우 기폭약 0.25g으로 뇌홍폭분이나 아지화연보다도 약량이 적은데 폭발위력이 높기 때문이다.

21.3 종류 및 구조

1) 공업뇌관의 여러 가지 구조

타입1은 전형적인 일본식 뇌관이며 또한 1996년 이전에 한국의 ㈜한화에서도 생산하던 6호 공업뇌관이다. 이후에는 타입3의 형태의 8호 뇌관으로 변경된다. 금속관 내에 기폭약으로 DDNP 그리고 폭력을 증가시키기 위해 전폭약으로 PETN이 들어간 타입이다. 타입2는 유럽의 형태로 기폭약으로는 LA와 LS를 혼합한 기폭약을 사용한다.

2) 공업뇌관의 성능

(1) 연판 시험

40x40x4mm(가로x세로x두께)의 연판 위에 도화선이 연결된 공업뇌관을 수직으로 붙여놓고 기폭시켰을 때 연판을 관통시켜야 한다. 6호 뇌관의 경우는 8mm 이상, 8호 뇌관의 경우는 10mm 이상의 크기로 관통되어야 한다.

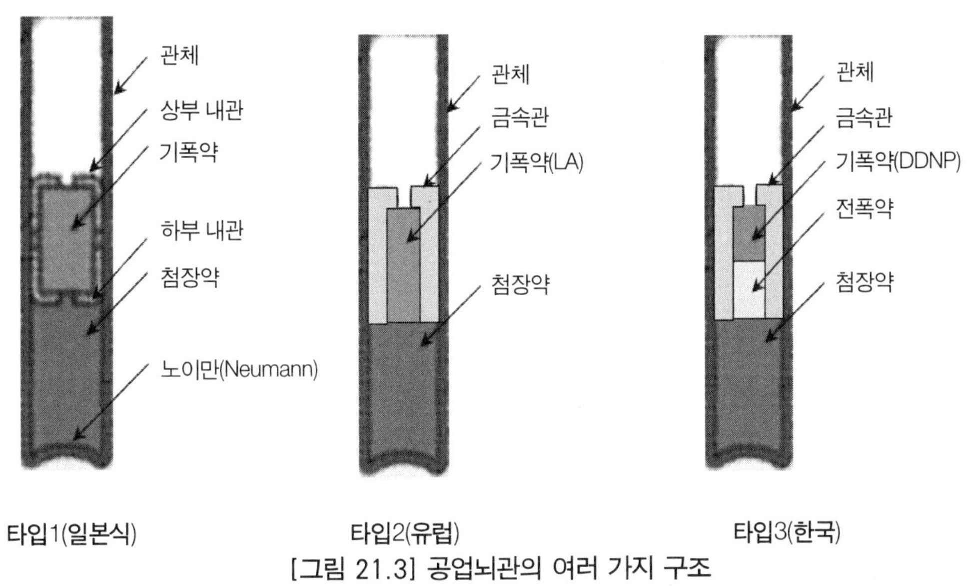

[그림 21.3] 공업뇌관의 여러 가지 구조

(2) 둔성폭약 시험

둔성폭약은 TNT와 탈크를 6호 뇌관의 경우는 7:3으로 8호 뇌관의 경우는 6:4로 혼합한 다음 약 1ton/㎠의 힘으로 압착하여 뇌관 구멍이 있는 원통형으로 만들어진다. 뇌관 구멍에 해당되는 뇌관을 삽입후 기폭시켰을 때 완폭되어야 한다. 70x70x30mm(가로x세로x두께)의 연판 위에서 시험하며 완폭될 경우에는 연판에 누두공이 형성된다.

21.4 원료 특성

1) 관체, 내관 및 금속관

관체 재질로는 철, 구리 및 알루미늄을 사용한다. 철을 사용하는 경우는 탄광에서 혹시 불폭되는 뇌관을 자석으로 검출하여 찾아내기 위한 목적으로 사용한다. 기폭약으로 아지화연을 사용하는 경우는 구리와 반응하여 예민한 아지화동을 만들어 폭발사고의 원인이 되므로 반드시 알루미늄 관체를 사용하여야 한다. DDNP를 사용하는 경우에는 알루미늄, 구리 모두 사용할 수 있다. 특히 탄광에서는 불꽃을 적게 내는 구리를 쓰는 것이 바람직하다. 알루미늄을 쓰면

강렬한 화염 발생으로 잘못하면 탄광 내의 연소가스나 탄진에 연소를 일으켜 갱내 2차폭발이 일어날 수도 있다. 내관과 금속관의 관체도 대부분 알루미늄을 사용하나 탄광용의 경우는 내관은 구리, 금속관은 아연의 재질을 사용한다.

2) 기폭약

기폭약으로 사용되는 뇌홍, 아지화연, DDNP, 스티프닌산연 및 테트라센에 관한 내용은 합성화약류를 참조한다. 뇌홍이나 DDNP는 위력을 증대시키기 위해서 $KClO_3$를 혼합한 폭분의 형태로 사용되며 뇌홍은 뇌홍:염소산칼륨 = 77.7:22.3, DDNP는 DDNP: $KClO_3$ = 5:5의 비율로 혼합한 폭분이 사용된다. 아지화연의 경우는 착화성을 증대시키기 위해서 스티프닌산연이나 테트라센을 혼합해서 쓰거나 착화약으로 사용한다. 이러한 기폭약류들은 마찰감도와 충격감도가 아주 예민하므로 주의해서 취급해야 한다. 최근에는 DDNP의 감도를 감소시키고 사용하기 편리하도록 ㈜한화에 의해 구형의 DDNP가 개발되어 대한민국 특허 100200429로 공개되었다.[4] 원래 형태는 침상으로 마찰감도가 150gf 정도로 상당히 예민했는데 구상DDNP는 약 1~2 kgf로 둔감해졌다. 뇌관의 형태도 밀폐상태가 좋은 상기의 타입3를 사용하면서 DDNP폭분을 사용하지 않고 구상DDNP만을 사용하고 발당 기폭약의 중량도 250mg에서 70~80mg으로 줄였음에도 불구하고 기폭에는 큰 문제가 없다. 침상DDNP와 구상DDNP의 형상은 [그림 21.4]와 같다.

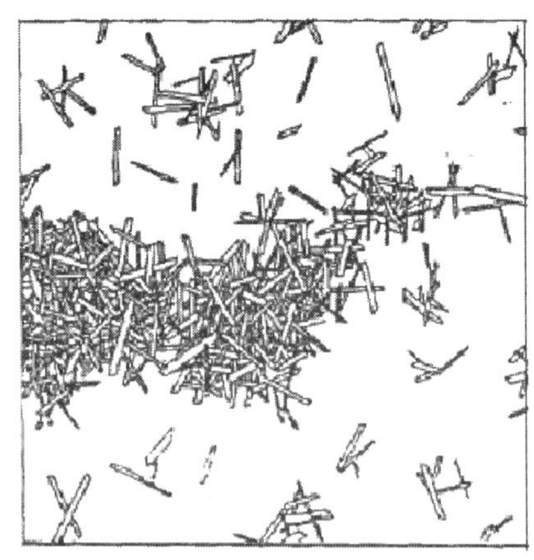

(a) 침상DDNP

(b) 구상DDNP

[그림 21.4] 침상DDNP와 구상DDNP의 형상

3) 첨장약

첨장약으로서는 폭속이 크고 안정도가 좋은 폭약이 좋다. 현재 사용될 수 있는 첨장약으로는 2차 폭약으로 TNT, 테트릴, RDX, PETN 또는 이들의 혼합물로 사용될 수 있으며 수분 함유량을 0.1% 이하로 건조하여 사용한다. 첨장약으로는 기본적으로는 PETN을 기준해서 뇌관의 호수가 정해지며 다른 폭약을 첨장약으로 사용할 때는 동등한 폭굉에너지를 갖는 양을 사용하여야 한다. 예를 들어 8호 뇌관의 경우는 PETN이 800mg인데 RDX를 사용할 경우에는 동등의 폭굉에너지가 약 650mg 정도가 된다.

RDX를 첨장약으로 사용하는 경우에는 PETN에 비해 감도가 둔감하여 기폭약이나 전폭약의 양이 부족하다던지 금속관이 억지끼움이 잘 안되어 느슨해진다든지 할 때 반폭이 발생할 가능성이 있으므로 작업에 주의를 요한다. 또한 뇌관용으로 사용되는 RDX는 사이클로헥사논이라는 용제에 의해서 재결정 작업이 이루어지는데 이 때 사이클로헥사논과 Curde RDX에 잔존해 있던 황산이 반응하여 기름 성분과 유사한 부산물이 생성되며 나중에 이 물질이 단발뇌관의 경우 초시를 지연시키는 악영향을 미칠 수 있으므로 가능한 PETN을 사용하던지 아니면 아세톤으로 재결정한 RDX를 사용하여야 한다. 아세톤으로 재결정할 경우에는 사이클로헥사논에 비해서 수율이 상당히 저하된다는 것을 또한 참고로 해야 한다.

PETN도 구상DDNP와 마찬가지로 흐름성의 문제(이로 인해 부피 계량의 불균일성 발생)를 개선하기 위해 ㈜한화 기술자들의 많은 노력이 있어 왔으며 기존의 침상PETN을 구형의

(a) 침상PETN

(b) 구상PETN

[그림 21.5] 침상PETN과 구상PETN의 형상

PETN으로 개발을 완성하여 1999년 대한민국 특허 100231117(1999.08.26)으로 공개한다.[5] 이 PETN의 전, 후 형상은 [그림 21.5]와 같다.

21.5 공업뇌관의 제조(타입 3의 경우)

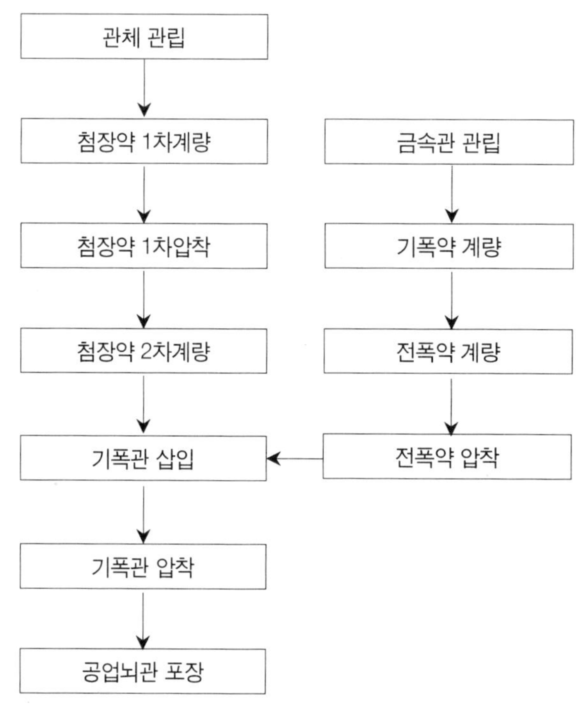

[그림 21.6] 공업뇌관의 제조 공정도

1) 기폭관 제조

금속관을 트레이에 삽입한 다음 기폭약과 전폭약을 차례로 각각 80±10mg씩 계량한다. 프레스로 전폭약을 압착하여 기폭관을 제조한다. 기폭약을 직접 압착하지 않는 이유는 마찰에 의한 폭발사고를 방지하기 위함이다. 압착압력은 DDNP가 사압이 되지 않는 한도 내에서 가능한 높은 압력으로 압착하며 압착시간(Dwell time)은 3～5초로 한다. 압력은 250～300kgf/㎠으로 압착하는 것이 적당하다.

2) 첨장약의 계량과 압착

첨장약을 2회에 나누어 계량 및 압착을 실시한다. 2회에 나누어서 하는 목적은 첨장약의 전체 압착 비중을 일정하게 하여 뇌관의 폭발력이 저하되지 않게 하기 위함이다. 압착압력은 500kgf/㎠ 정도로 하며 압착시간은 보통 3～5초 정도로 하는 것이 바람직하다. 1차는 첨장약을 직접 압착하고 2차는 첨장약과 기폭관을 삽입한 후 기폭관과 함께 압착한다. 첨장약량은 6호 뇌관에는 PETN 400mg, 8호 뇌관에는 PETN 800mg이다.

21.6 공업뇌관의 특성

1) 품질

공업뇌관은 상용으로 사용되는 것이 6호 뇌관과 8호 뇌관이다. 6호 뇌관은 다이너마이트와 같이 기폭감도가 좋은 폭약에 사용되고 8호 뇌관은 함수폭약과 같이 기폭감도가 둔감한 폭약에 사용된다. 특히 일본의 경우에는 함수폭약을 사용하면서도 6호 뇌관을 사용하는데 일본의 함수폭약류는 다른 나라에 비해 기폭감도가 좋게 만들어지기 때문이다. 우리나라에서는 1996년 이후에 함수폭약의 사용이 증가하면서 모두 8호 뇌관으로 전환이 되었다. 다음 <표 21.4>는 공업뇌관의 일반적인 품질 기준이다.

〈표 21.4〉 공업뇌관의 일반적인 품질 기준[6]

항목	6호뇌관	8호뇌관	비 고
연판시험	Φ8mm 이상 관통	Φ10mm 이상 관통	
둔성폭약시험	TNT:탈크=7:3의 둔성폭약을 기폭시킨다.	TNT:탈크=6:4의 둔성폭약을 기폭시킨다.	

2) 시험 방법[6]

(1) 연판시험

[그림 21.7]와 같이 철관(b) 위에 수평으로 놓인 연판(a)의 중앙에 뇌관(z)을 수직으로 놓고 기폭시켜 연판 상에 생긴 방사상의 폭발 흔적과 천공의 정도에 의해 뇌관의 강도를 판정하는 것이다. 일반적으로 두께는 3～8mm의 연판이 사용되고 있으나 KS에는 40x40x4mm(가로x세로x두께)의 연판과 직경 25mm, 높이 30mm의 철관을 사용하도록 규정되어 있다. 그리고 정상

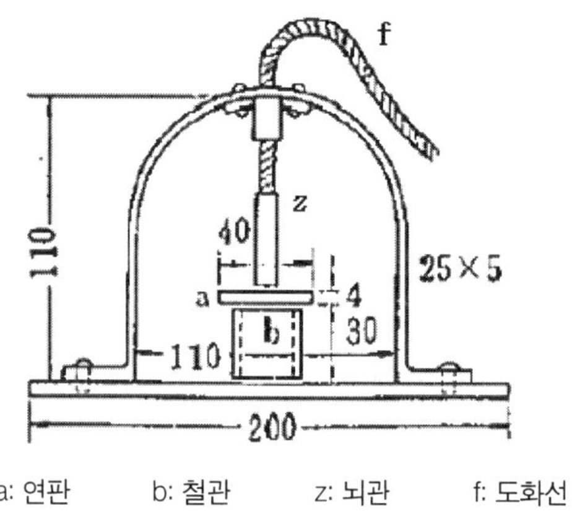

a: 연판　　b: 철관　　z: 뇌관　　f: 도화선

[그림 21.7] 연판 시험

뇌관은 연판시험에서 두께 4mm의 연판을 관통해야 하는 것으로 되어있다. 또한 폭발 흔적이 미세하게 수가 많을수록 관체의 분쇄도가 높고 강력한 것으로 간주된다. 연판시험은 뇌관의 기능을 간단히 검정하기 위해서 가장 널리 채용되고 있다. 그러나 어느 정도 이상의 강력한 뇌관의 폭력을 상호 비교하기에는 약간 불충분하다. 천공경은 뇌관의 하부방향의 맹도를, 폭발 흔적의 상태는 측면방향의 맹도를 나타내고 있으나 관체의 재료, 치수 혹은 구조 예를 들어 관체의 형상이나 두께, 내관의 유무 등의 영향을 받는다.

(2) 둔성폭약시험

융점 79.6℃ 이상의 TNT를 0.15～0.5mm의 망에 통과시킨 후 탈크와 균일하게 혼합한다.

둔성폭약시험은 하이드법에 기준한 것으로 상기의 융점과 입도를 갖는 TNT에 탈크를 균일하게 섞은 분말 30g을 300kg/㎠의 압력으로 압착하여 [그림 21.8]와 같이 성형한다. 이 성형체에 뇌관을 삽입하여 70mmx70mmx30mm(가로x세로x두께)의 연판 위에서 폭발시켜 폭흔으로부터 폭발의 여부를 판정한다. 뇌관의 호수에 따라 둔성폭약의 혼합비율은 다르며 3호 뇌관, 6호 뇌관 및 8호 뇌관에 사용되는 비율은 각각 탈크 20%, 30% 및 40%이다.

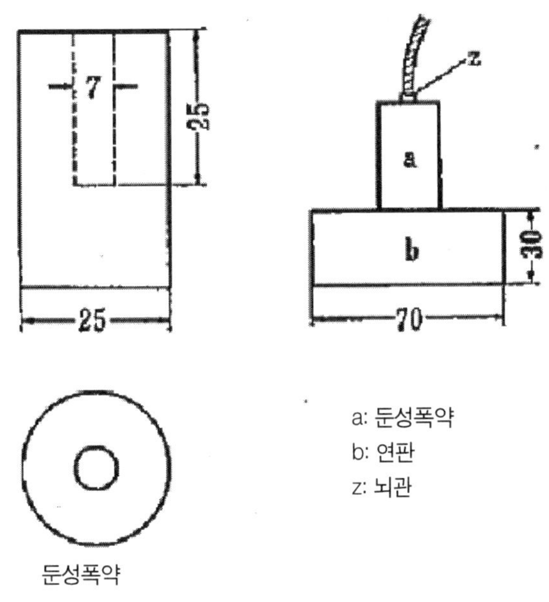

[그림 21.8] 둔성폭약시험

참고문헌

1. 사단법인 화약학회 발파전문부회(2001), 현장기술자를 위한 발파공학 핸드북, 공립출판주식회사, 동경(일본)
2. 공업화약협회(1980), 공업화약핸드북, 공립출판주식회사. 동경(일본)
3. WIKIPEDIA, (2017.02.04), Blasting cap, https://en.wikipedia.org/wiki/Detonator, (2017.02.08 방문)
4. 김종봉, 김종현, 김영구, 이상구, "디아조디니트로페놀의 제조방법", 대한민국 특허 100200429 (1999. 03. 10).
5. 김종현, 김종봉, 이상구, 최병윤, "구상의 펜타에리쓰리톨테트라나이트레이트의 재결정 방법", 대한민국특허 100231117 (1999.08.26.).
6. 한국산업표준(2016), "공업뇌관", KSM4807, 1965.07.20 제정, 2016.11.25. 개정.

제22장

전기뇌관(Electric delay detonator)

22.1 개요

전기뇌관은 공업뇌관에 전기점화장치를 연결한 것으로 원격으로 점화를 시킬 수 있는 시스템이다. 도화선으로 점화시킬 때 대피시간의 문제로 인명사고를 일으킬 수 있는 문제를 개선하기 위해서 개발되었다. 1875년 스미스와 가디너에 의해서 저전압으로 기폭될 수 있는 열선뇌관을 최초로 개발하여 대규모 발파의 시대를 열었다. 열선 브릿지와이어가 공업뇌관의 뇌홍 내에 묻혀서 제조되었으며 전압을 가하면 열선이 발열되어 뇌관이 바로 폭발하였다. 1917년에는 대량생산할 수 있는 옥식 점화장치를 이용한 전기뇌관을 시작으로 이와 유사한 옥식 점화장치들을 결합한 전기뇌관들이 봇물처럼 쏟아져 나오기 시작하였다.

한편 일본에서는 1970년대 중반 이후에 스미스-가디너 뇌관을 변형시킨 컵식 점화장치를 이용한 전기뇌관이 개발되며 한국은 처음에 ICI와 비슷한 형태의 옥식 점화장치를 적용한 뇌관을 생산하다가 1982년부터 일본과 같이 컵식 점화장치를 이용한 뇌관을 생산하기 시작하였다.

이러한 전기뇌관은 도화선+공업뇌관 발파의 문제점을 원격작업화함으로써 사고를 줄이는데 현격하게 기여를 하였으나 기본적으로 전기를 사용하다 보니 전기적으로 취약한 문제점이 생기게 된다. 우리 주변에 존재하는 대표적인 전기로는 정전기, 누설전류, 낙뢰, 무선전파 등이 있다. 따라서 19세기 중반에는 이러한 문제를 해결하기 위해 새로운 뇌관시스템인 비전기뇌관들이 탄생하게 된다. 전기뇌관도 이러한 비전기뇌관에 밀려 세계적으로 사용량이 서서히 감소하고 있는 추세이다.

22.2 전기뇌관의 발전사

1) 스파크 또는 고전압 뇌관

도화선으로 점화시키던 뇌홍뇌관을 최초로 전기를 이용해서 점화시키는 방법을 고안한 사람이 1868년 미국의 발명가 줄리어스 스미스(H. Julius Smith)였다. 스미스는 [그림 22.1]과 같이 뇌홍뇌관의 뇌홍 내에 스파크 또는 고전압 장치를 연결하여 기폭시키는 뇌관을 개발하였다.

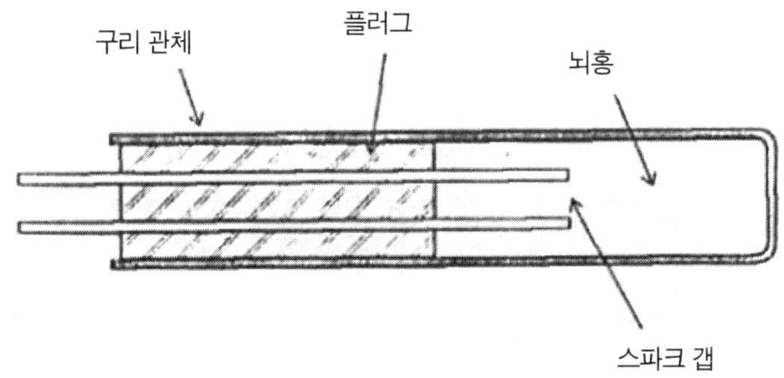

[그림 22.1] 줄리어스 스미스의 고전압 스파크 뇌관

2) 최초의 열선 뇌관

1875년 스미스와 가드너(Perry “Pell” Gardiner)는 각각 독자적으로 현재와 거의 대동소이한 [그림 22.2]와 같은 열선 뇌관을 소개하였다. 이 뇌관은 일반 배터리로부터 얻을 수 있는 저전압으로 작동될 수 있었으며 대규모 발파의 시대를 열었다.

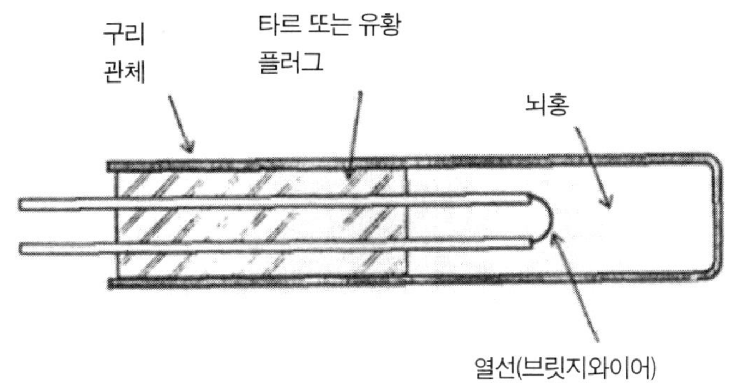

[그림 22.2] 열선 뇌관

3) 옥식 점화장치 전기뇌관

1900년대 초 대량 생산할 수 있는 옥식 점화장치를 개발한 독일은 1917년 이것을 뇌관에 접목시킨 전기뇌관을 만들기 시작하며 이 전기뇌관은 유럽의 표준이 된다. 나중에 옥식 점화장치를 만드는 여러 가지 개선방법들이 출현하지만 브릿지와이어에 점화약 비드를 형성시킨 점화옥(퓨즈헤즈)의 기본 구조는 동일하였다. [그림 22.3]은 옥식 점화장치 전기뇌관의 구조도이다.

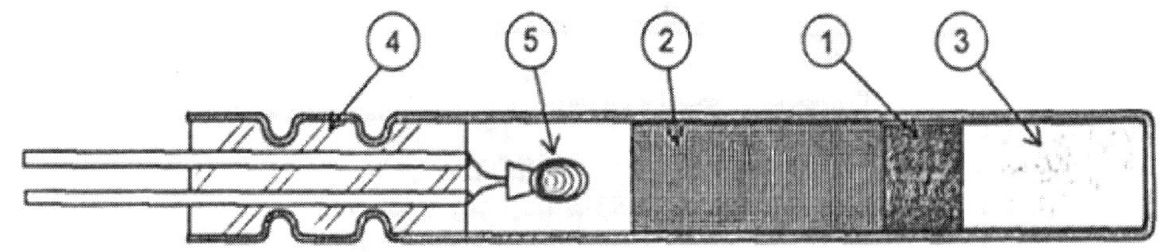

① 아지화연, ② 파이로테크닉 혼합물, ③ 첨장약(2차 폭약)
④ 절연 헤더 플러그, ⑤ 옥식전기점화장치

[그림 22.3] 점화옥(퓨즈헤드)로 점화되는 전기뇌관

한편 미국에서는 1950년대 중반 ICI사가 Atlas사를 매입하면서 유럽 표준인 옥식 점화장치 전기뇌관을 채택하여 미국에서는 유일한 점화옥 전기뇌관 제조회사가 되었다. ICI사의 옥식 점화장치 전기뇌관은 독일과는 구조가 달랐다. [그림 22.4]와 같이 각선을 일정 간격으로 플러그로 고정시킨 다음 점화옥을 코팅시켜 만들어진다. 1은 뇌관의 금속관체, 2는 첨장약 그리

고 3은 기폭약이다. 4는 일정 간격으로 떨어져 있는 두 각선(5, 6)을 잡아주는 플러그이며 9는 방수를 위한 물질이고 10은 기밀시키기 위한 물질이다. 각선 5와 6의 끝 부위에 연결되어 있는 브릿지와이어(6)은 점화옥(8)에 의해서 싸여져 있다. 현재 옥식 점화장치 전기뇌관은 동양의 일부 나라를 제외한 전 세계의 표준으로 거의 사용되고 있다.

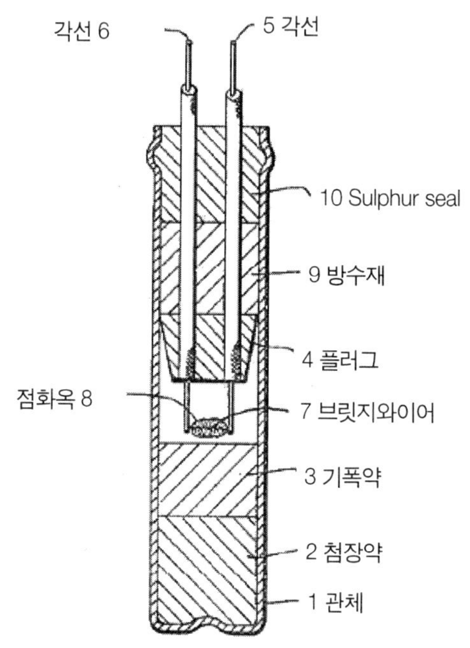

[그림 22.4] ICI의 옥식 점화장치 전기뇌관

4) 스틱형점화장치 전기뇌관

20세기가 시작될 즈음 뇌홍은 10~20%의 $KClO_3$가 추가된 뇌홍폭분에 의해서 위력이 증가되고 약 1917년경에는 아지화연으로 대체되어 [그림 22.5]의 첫 번째 그림과 같은 구조로 바뀐다. 미국에서는 이러한 브릿지와이어가 아지화연에 묻혀있는 스미스의 열선뇌관이 1950년대 초 사라지고 이것의 변형된 형태인 [그림 22.5]의 두 번째 그림과 같은 구조의 스틱형점화장치 전기뇌관이 나타난다. 제2차 세계대전 중에 파이로테크닉 혼합물의 점화약이 유행하였으며 이 점화약 속에 브릿지와이어가 묻혀 압착된 형태로 발전된 것이다. 그리고 아지화연은 기폭약으로서 그 하부에 별도로 충전되었다. 이 스틱형점화장치 전기뇌관은 1980년대까지 미국에서 사용되었다.

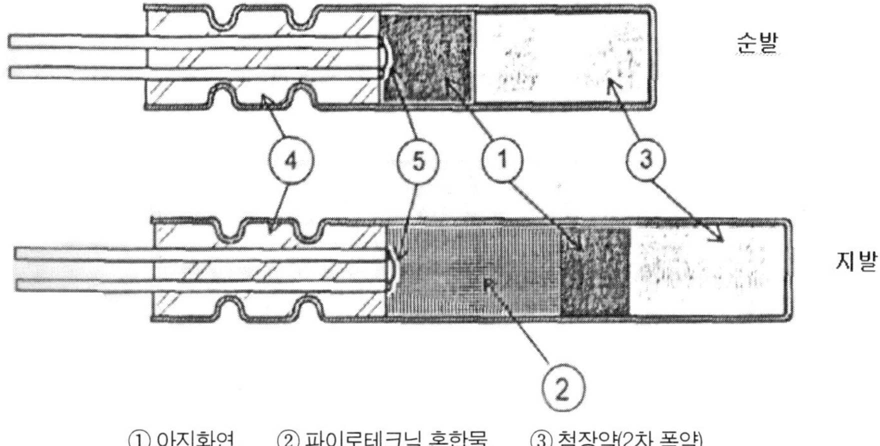

① 아지화연, ② 파이로테크닉 혼합물, ③ 첨장약(2차 폭약)
④ 절연 헤더 플러그, ⑤ 브릿지와이어

[그림 22.5] 스틱형점화장치 전기뇌관의 구형과 신형의 구조

5) 컵식 점화장치 전기뇌관

컵식 점화장치 전기뇌관은 일본에서 개발된 형태의 전기뇌관이다. 1978년 일본의 실용신안공고 소54-43109에 공개된 형태의 전기뇌관이다. 스틱형점화장치 전기뇌관에서 브릿지와이어가 묻혀있는 점화약을 분리시켜 놓은 형태로 [그림 22.6]과 같은 구조를 가진다.

우리나라에서는 ㈜한화에서 1981년부터 이러한 형태와 유사한 H컵식 점화장치 전기뇌관을 생산하기 시작하였고 1996년부터는 전기안전성을 향상시킨 V컵식 점화장치 전기뇌관을

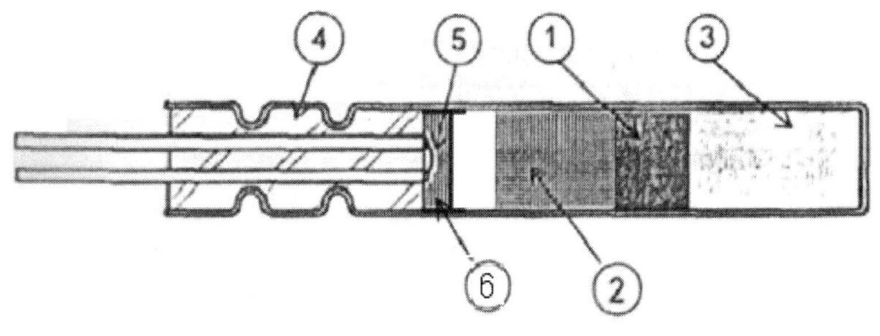

① 기폭약, ② 지연제, ③ 첨장약,
④ 플러그, ⑤ 전교(브릿지와이어), ⑥ 컵에 담긴 점화약

[그림 22.6] 컵식 점화장치 전기뇌관

생산하기 시작하여 지금에 이르고 있다. 이 기술은 각각 대한민국 특허 200051077 (1990. 10. 10)[5]과 200116185(1998.01.07)[6]로 등록되어 있으며 [그림 22.7]과 같다.

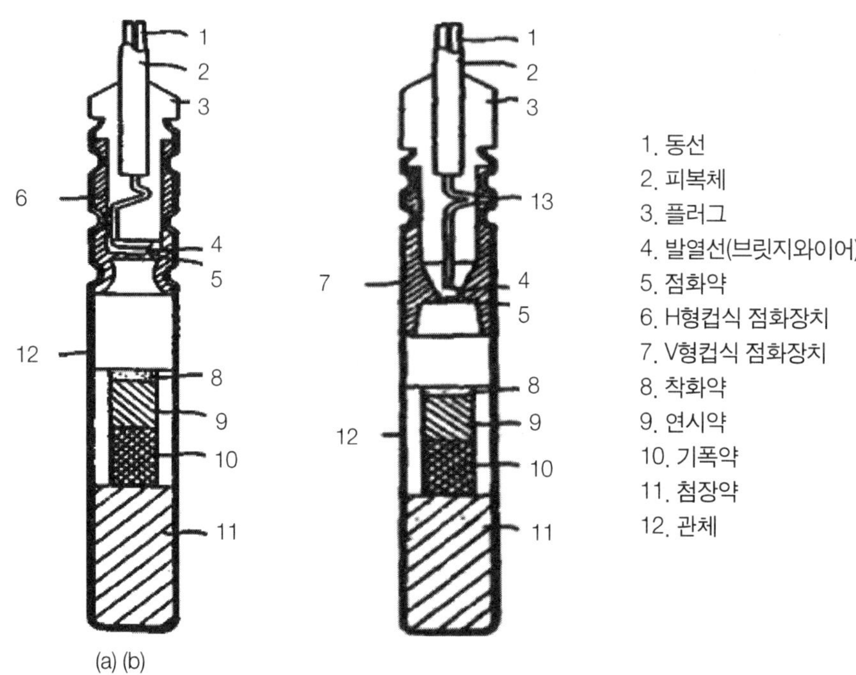

[그림 22.7] 대한민국특허 200051077(a)와 200116185(b)

22.3 전기뇌관의 종류 및 구조

22.3.1 위력 및 초시에 따른 분류

1) 6호 전기뇌관

1996년 이전까지 우리나라에서 생산된 전기뇌관의 종류는 지연시간에 따라 순발, MS 및 DS뇌관이 있었다. 일본에서는 지금도 이러한 6호 뇌관을 사용하며 이 뇌관은 주로 직전식으로 제조되었기 때문에 초시의 정밀성이 떨어진다. 다음 <표 22.1>은 기존 6호 뇌관의 초시 체계이다. 우리나라 ㈜한화와 일본의 6호 전기뇌관 구조는 [그림 22.8]과 같다.

〈표 22.1〉 한국(구) 및 일본의 6호 뇌관 초시 체계

단수	기준초시(ms)		단수	기준초시(ms)	
	DS	MS		DS	MS
1	0	0	11	2,700	350
2	250	25	12	3,100	400
3	500	50	13	3,500	450
4	750	75	14	4,000	510
5	1,000	100	15	4,500	570
6	1,250	130	16	5,100	640
7	1,500	160	17	5,700	710
8	1,750	200	18	6,300	800
9	2,000	250	19	6,900	890
10	2,300	300	20	7,500	980

직전식은 [그림 22.8]의 (b)와 같이 관체에 첨장약과 기폭약을 충전한 다음에 그 위에 지연제를 충전하는 방식이다. 초시의 정밀성을 높이려면 지연제 압착압력을 높일수록 좋으나 기폭약이 충전된 상태에서는 압력을 높이면 폭발의 위험성과 사압의 반폭/불폭이 있을 수 있기 때문에 압력 증가에 제한이 된다. 또한 관체의 길이가 일정해서 지연제가 충전될 수 있는 공간이 제한적이다. 그러므로 한가지 지연제를 사용하는 금속관식과는 달리 여러 가지 지연제를 사용한다. 즉 저단은 빠른 지연제를 사용하고 고단으로 갈수록 느린 지연제를 사용하므로, 초시의 정밀성이 떨어질 수 밖에 없다. MS경우만 하더라도 5～10개의 지연제를 사용한다. 6호 전기뇌관은 첨장약으로 PETN 약 400mg, 기폭약으로 DDNP폭분 약 250mg을 사용한다.

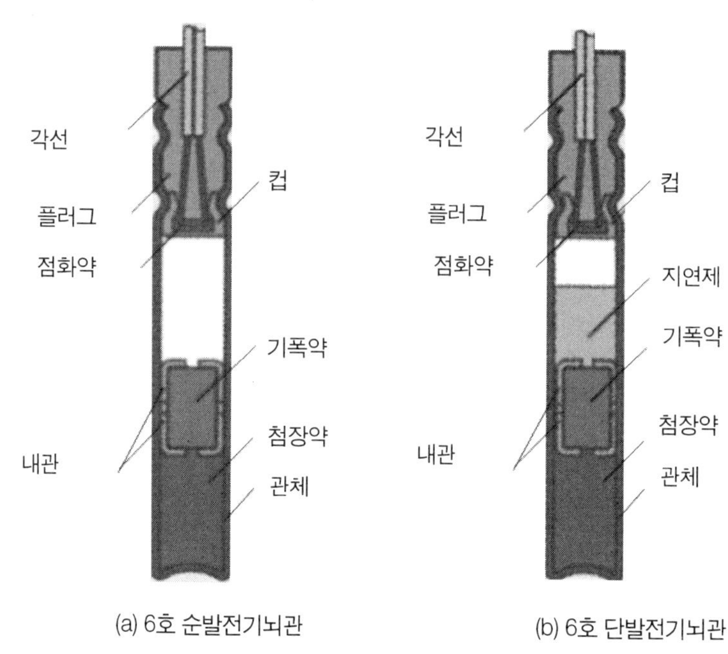

(a) 6호 순발전기뇌관 (b) 6호 단발전기뇌관

[그림 22.8] 한국(구) 및 일본의 6호 전기뇌관 구조

2) 8호 전기뇌관

〈표 22.2〉 ㈜한화 8호 뇌관 초시 체계

단수	기준초시(ms)		단수	기준초시(ms)	
	LP	MS		LP	MS
순발	0	0	13	1600	260
1	100	20	14	1800	280
2	200	40	15	2000	300
3	300	60	16	2500	320
4	400	80	17	3000	340
5	500	100	18	3500	360
6	600	120	19	4000	380
7	700	140	20	4500	–
8	800	160	21	5000	–
9	900	180	22	5500	–
10	1000	200	23	6000	–
11	1200	220	24	6500	–
12	1400	240	25	7000	–

※ MS의 경우 우리나라의 ㈜한화와 독일의 Dynamit nobel은 20ms 단차이나 Orica나 Dyno Nobel 등의 대부분의 회사는 25ms단차이다.

1996년 이후에 우리나라 ㈜한화에서 생산된 전기뇌관은 순발, MS 및 LP뇌관으로 구성된다. 주로 금속관식으로 제조되기 때문에 초시 정밀성이 비교적 우수하다. <표 22.2>는 ㈜한화의 8호 뇌관의 초시 체계이다. 금속관식은 별도의 금속관에 지연제를 압착한 후에 기폭약과 첨장약에 결합되기 때문에 지연제의 압착 압력을 가능 한도까지 높일 수 있다. 그리고 금속관의 길이도 15～50mm까지 5mm의 간격으로 제조되어 있으므로 MS경우에는 지연제를 1가지로, LP의 경우에는 3～4가지만으로도 약고를 약 1±0.5mm 씩 증가시키면서 각 단을 제조할 수 있다. 동일한 초시의 지연제를 가지고 약고를 높여 가면서 사용하므로 초시의 정밀성은 크게 감소하지 않는다.

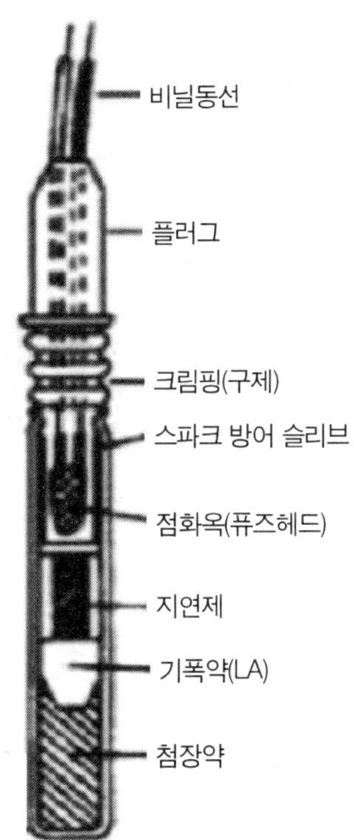

[그림 22.9] 8호 전기뇌관 구조(Dyno Nobel)

기폭약을 지연관이 충전된 금속관 내에 충전하는 방법과 첨장약 내에 홈을 파서 그 안에 충전하는 방법이 있다. 전자는 독일의 Dynamit Nobel이 만드는 타입이고 후자는 Orica사와 Dyno Nobel사가 만드는 타입이다. 첨장약량은 PETN 약 800mg이며 기폭약량은 기폭약의 종류에 따라 약간의 차이가 있지만 약 50～100mg이다. 전자에서 LA인 경우는 약 50mg, DDNP의 경우는 약 80mg 정도이며 특히 기폭약이 금속관 내에 충전되어 있어 외부 충격에 대해 보호되는 특징을 갖는다. 이것을 직전식 6호 뇌관과의 충격감도를 비교해보면 5㎏추로 낙하시험했을 때 직전식은 40cm의 높이에서 기폭되지만 금속관식은 100cm에서도 기폭되지 않는다. 또 다른 뇌관의 한 형태가 NPED(Non Primary Explosive Detonator)이다. 기폭약을 사용하지 않고 PETN 등의 2차 폭약을 이용해서 DDT(Deflagration to Detonation transition)에 의한 폭발을 일으키는 방식의 뇌관이다. 이 뇌관의 구조는 [그림 22.10]과 같다.

이 기술의 최초특허는 China Metallurgical Import & Export Corporation의 Quicheng Wang에 의해서 미국특허 US4727808(1988.03.01)[7]로 특허 등록되었으나 나중에 스웨덴의 Nitro Nobel이 이 특허를 매입하여 보완을 한 다음 미국특허 US5385098(1995.01.31)로 개량특허를 다시 취득한다.[8] NPED의 가장 중요한 기술 포인트는 PETN이 DDT를 일으키기 위해서는 적절히 밀폐된 공간에서 빠르게 연소를 일으키는 것이다. 이를 위해서는 상부에 있는 지연제는 연소후 연소물이 통로를 완전히 막아주는 것이 좋으며 특허에 따르면 PETN은 빠른 연소를 위해서 미세한 입도가 좋으며 작업의 편리성을 위해서 평균입경이 0.1～100㎛의 단결정을 다공질 과립상으로 입자화시켜 평균입경이 100～2000㎛으로 만든 것을 사용한다. 작업할 때에는 큰 입자로 흐름성이 좋지만 프레스로 압착후에는 미세하게 분쇄되어 빠른 연소 조건의 넓은 표면적을 갖는다.

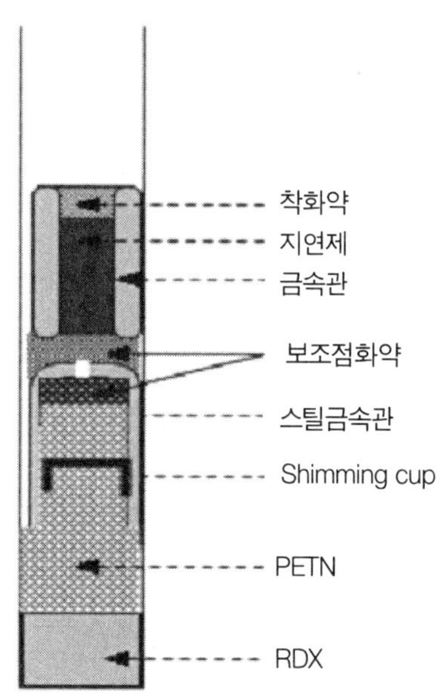

[그림 22.10] NPED의 구조

22.3.2 전류 및 정전기 안전성에 따른 분류[1]

유럽규격 EN13763-13에 따르면 전기뇌관의 종류는 내정전성에 따라 다음의 <표 22.3>과 같이 네 종류로 나뉜다.

〈표 22.3〉 ESD impulse에 따른 전기뇌관의 종류

뇌관의 종류	Class I	Class II	Class III	Class IV
제조자가 제시하는 No-fire currnet(A)	0.18 〈I_{nf} 〈0.45	0.45 〈I_{nf} 〈1.20	1.20 〈I_{nf} 〈4.00	4.00 〈I_{nf}
Pin to Pin의 최소 ESD impulse(mJ/Ω)	0.3	6	60	300
Pin to Case의 최소 ESD impulse(mJ/Ω)	0.6	12	120	600

ESD(Electrostatic discharge) 임펄스는 다음과 같이 측정한다.

① [그림 22.11]과 같이 ESD발생기와 장치를 조립한다. 각선, 케이블 및 저항이 지반으로 빠져나가는 길을 제공할 수 있는 도전체로부터 적어도 100mm 띠운다.

② 전류프로브는 각선 또는 케이블 중의 하나에 연결되어야 한다.

③ 시료 뇌관의 평균 플래쉬오버 전압의 2배가 되는 초기 적용 전압을 선정한다. 방출을 시키고, 시간에 따른 전류를 기록한다.

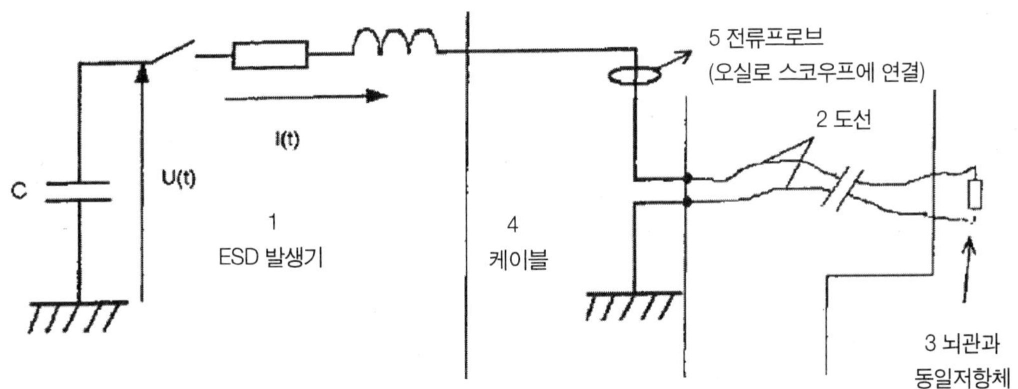

[그림 22.11] ESD 측정 장치 배치도

④ 다음 식에 의해서 ESD 임펄스(W_{ESD})를 계산한다.

$$W_{ESD} = \int_{t_1}^{t_2} i^2 \, dt$$

I는 전류이고 t_1은 전류가 흐리기 시작하는 시간이고 t_2는 뇌관의 No-firing current로 떨어졌을 때까지의 시간이다.

⑤ 계산된 임펄스가 요구되는 값과 같을 때까지 전압을 조정하면서 위와 같은 순서를 반복한다. 만약 필요한 임펄스를 얻는데 필요한 전압이 뇌관의 플래쉬오버 전압보다도 작으면, 인접하는 이용할 수 있는 낮은 값의 용량을 사용한다.

일반적으로 가장 많이 사용되는 전기뇌관이 Class I이며 기타 전기뇌관들은 내전류 및 정전성이 높은 전기뇌관으로 전기적인 위험이 존재하는 곳에 사용하는 뇌관들이다. 우리나라에서는 생산 및 사용되는 전기뇌관은 Class I에 해당된다.

22.4 전기뇌관 원료들의 특성

1) 관체와 금속관: 공업뇌관 참조

2) 기폭약: 공업뇌관 참조

3) 첨장약: 공업뇌관 참조

4) 점화장치

전기점화장치로는 컵식 점화장치와 옥식 점화장치가 있으며 전자는 주로 우리나라에서 후자는 주로 유럽 및 미국에서 사용하고 있다. 일반적으로 컵식 점화장치는 옥식 점화장치에 비해 투자비가 싸고 생산성이 높은 반면에 전류반응성 즉 전류를 가했을 때 점화약이 발화하는 시간이 빠르지만 편차가 큰 단점이 있다. 컵식에서는 건식으로 제조한 점화약과 긴밀한 접촉성이 떨어지므로 이것을 보완하기 위해서 반응성이 빠른 백금선을 브릿지와이어로 사용하지만 옥식에서는 습식의 점화약을 브릿지와이어에 묻힌 후 건조하기 때문에 접촉성이 매우 좋아 비교적 반응성이 느린 니크롬선을 사용한다. 그래서 컵식은 일반적으로 옥식에 비해 발화시간이 빠르지만 편차가 비교적 크다. 그래서 옥식 점화장치 뇌관과 컵식 점화장치 뇌관을 함께 직렬로 설치해 놓고 전류를 흘려주면 반응성이 빠른 컵식 점화장치 뇌관만 발화하고 옥식 점화장치 뇌관은 발화되지 않는 현상이 발생한다. 따라서 제조사가 다른 전기뇌관들은 절대로 함께 사용해서 안되는 규칙이 있다.

5) 각선

각선의 심선은 구리, 철 또는 알루미늄으로 할 수 있지만 구리를 가장 많이 사용한다. 심선의 굵기는 옛날에는 대부분 발파규모가 소형이고 발파공의 깊이가 길어야 5m 정도였기 때문에 큰 인장력을 필요로 하지 않아 Φ0.35mm를 주로 사용하였었는데 요즘에는 발파가 대형화되면서 장공의 벤치발파가 많아 보다 큰 인장력을 요하기 때문에 Φ0.4mm로 굵은 동선을 사용한다. 또한 철선에 구리를 입힌 CPS(Copper plated steel)와이어를 사용하는 회사도 있다. 코팅재질로는 PVC, PE, PP 등을 사용한다.

6) 지연제

지연제는 연료와 산화제로 이루어져 있으며 연료로는 Si, B, Zr, Ni, Ni-Zr, Ti, W, Mn 등의 금속분말, 산화제로는 Bi_2O_3, PbO_2, Pb_3O_4, $PbCrO_4$, $BaCrO_4$, Fe_2O_3, Fe_3O_4, MnO_2 등의 금속산화물을 사용한다. 압력에 따른 연소 속도의 변화를 최소화시키기 위해서 가스가 발생하지 않는 무가스지연제(Gasless delay powder)가 가장 좋으나 완전히 무가스로 제조하는 것은 거의 불가능하다. 원료에는 불순물이 존재하고 또한 혼합 및 조립을 위해서는 유기성의 바인더를 사용하기 때문이다. 또한 우수한 지연제의 특성을 갖기 위해서는 무가스 외에 비흡습성이어야 하며 원료의 비중차가 작고 반응열이 지나치게 크기 않아야 한다(200～400cal/g). 또한 가능한 연소시 팽창 및 축소가 작은 것이 좋다. 관련 내용은 파이로테크닉편 그리고 조성설계편을 참조한다.

22.5 전기뇌관의 제조

전기뇌관의 제조공정도는 [그림 22.12]와 같으며 각 공정별로 제조 방법은 다음과 같다.

1) 지연기폭관 제조

금속관을 트레이에 삽입하고 해당지연제(착화약이 있는 조성은 착화약으로부터 시작)를 수회 계량 압착하여 필요한 약고만큼 충전한다. 초시정밀성을 높이기 위해서는 압착압력을 가능한 높게 하는 것이 좋은데 1,800~2,000kgf/㎠이 가장 바람직하며 이 때 기폭약과 전폭약을 넣을 수 있는 공간(약 15mm)을 남겨 두어야 한다. 그리고 빈 공간에 기폭약과 전폭약을 차례로 계량하고 프레스로 전폭약을 압착하여 지연기폭관을 완성한다. 기폭약을 직접 압착하지 않는 이유는 마찰에 의한 폭발사고를 방지하기 위함이다. 압착압력은 DDNP가 사압이 되지 않는 한도 내에서 가능한 높은 압력으로 압착하며 압착시간(Dwell time)은 3~5초로 한다. 압력은 250~300kgf/㎠으로 압착하는 것이 적당하다.

2) 원관 제조

관체를 트레이에 삽입하고 첨장약을 2회에 나누어 계량 및 압착을 실시한다. 2회에 나누어서 하는 목적은 첨장약의 전체 압착 비중을 일정하게 하여 뇌관의 폭발력이 저하되지 않게 하기 위함이다. 압착 압력은 500kgf/㎠ 정도로 하며 압착 시간은 보통 3~5초 정도로 하는 것이 바람직하다. 1차는 첨장약을 직접 압착하고 2차는 첨장약과 지연기폭관을 삽입한 후 지연기폭관과 함께 압착한다.

3) 점화장치 결합

사전에 구제경(Crimping diameter)을 조정해 놓은 상태에서 원관을 구제기에 삽입하고 전기점화장치를 삽입하고 동력을 넣으면 스프링척이 오므라들면서 원관의 외부를 오무려 원관의 내면과 전기점화장치의 플러그 외부면이 구제되어 밀폐 상태가 된다. 구제 후에는 구제 과정에서 동선 및 점화장치의 전교(브릿지와이어)에 손상이 있을 수 있으므로 도통시험을 실시하고 합격된 제품은 두 동선을 꼬아 놓는다.

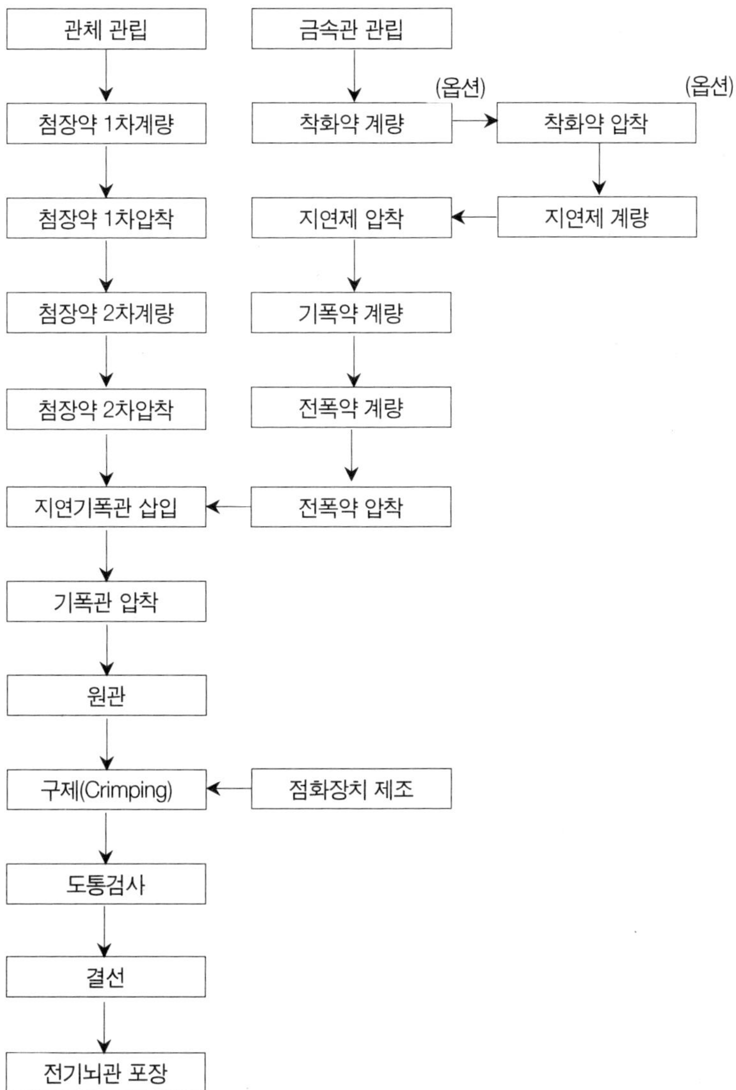

[그림 22.12] 전기뇌관의 제조 공정도

22.6 전기뇌관의 성능[2]

1) 연판시험: 공업뇌관 참조

2) 둔성폭약시험: 공업뇌관 참조

3) 점화전류시험

0.25A의 직류 전류에서는 발화하지 않고 1.0A 이상의 일정한 전류에서는 기폭되어야 한다.

4) 내수시험

수압 98.1kPa(1kgf/㎠)에서 1시간 이상 침지한 다음 연판시험 시 합격하여야 한다.

5) 시차정밀도 시험

단차별 발화 시간은 오차 범위가 단차별로 원래 정해진 시간 간격의 1/2 미만에 들어야 한다.

6) 내정전기시험

2,000pF의 정전용량을 갖는 정전기시험기를 이용하여 두 각선을 꼰 부위와 관체 부위에 8kV의 전압을 가했을 때 발화되지 않아야 한다.

22.7 전기뇌관의 특성

22.7.1 전기뇌관의 점화전류

1) 점화전류 곡선

전류에 따른 뇌관의 기폭확률을 나타내는 곡선이다. 즉 일정한 크기의 직류전류를 단계별로 뇌관에 흘렸을때 각 단계마다의 기폭확률을 그래프로 나타낸 것이며 일반적으로 다음과 같은 곡선을 나타낸다.

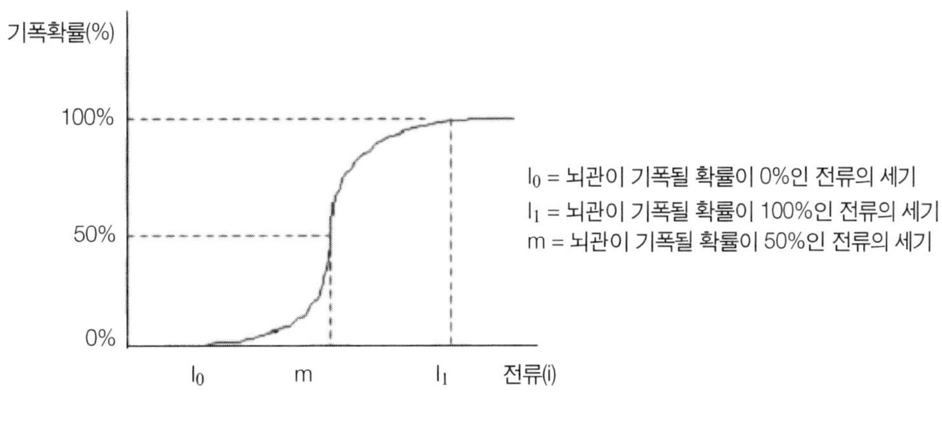

[그림 22.13] 점화전류 곡선

2) 전교(Bridge wire)의 종류에 따라 점화전류 곡선의 변화

[그림 22.14]의 그래프에서 a는 전교의 재질이 백금선인 경우이고 b는 전교의 재질이 니크롬선인 경우이다. 백금선의 경우 I_0와 I_1의 차이가 니크롬선의 I_0와 I_1의 차이보다도 작다. 이것을 다르게 해석하면 백금선은 발열되는 속도가 니크롬선에 비해서 빠르다고 해석할 수 있으며 이것은 각 전교의 재질특성(열용량 C_p가 다름) 및 굵기 때문이다.

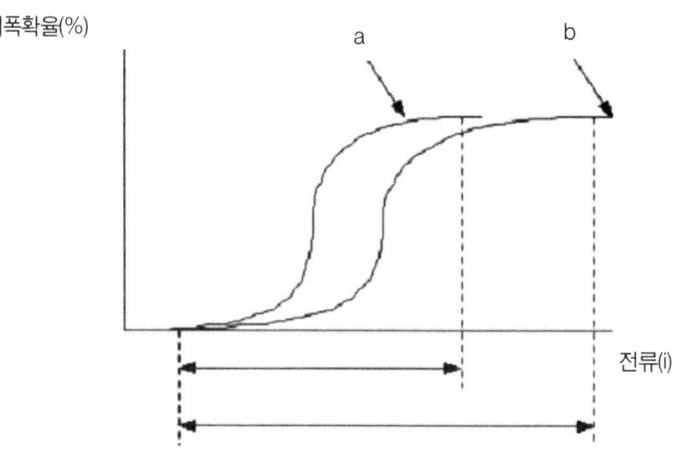

[그림 22.14] 전교에 따른 점화전류 곡선의 변화

3) 기폭전류와 최대 불폭전류

기폭전류가 낮은 어떤 제조사의 전기뇌관이 기폭전류가 높은 다른 제조사의 전기뇌관보다 최대불폭전류가 반드시 낮지는 않다. 왜냐하면 최대불폭전류와 최소기폭전류의 차이는 전교의 재질 및 사용되는 점화약별로 다르기 때문에 반드시 최소기폭전류가 높다고 해서 최대불폭전류가 높은 것은 아니다. 예를 들어 다음 표와 같이 백금선을 사용하는 A사와 니크롬선을 사용하는 B사의 최대불폭전류와 최소기폭전류의 차이는 보면 이해할 수 있다.

〈표 22.4〉 백금선와 니크롬선 전교의 최대불폭전류와 최소불폭전류

회사	전교 재질	최대불폭전류	최소기폭전류	차이	추천발파전류
A사	Pt-Ir	0.41A	0.48A	0.07A	1A
B사	Ni-Cr	0.32A	1.00A	0.68A	1.5A

KSM4803의 점화전류시험에 의하면 0.25A의 직류전류에서는 발화하지 않고 1.0A 이상의 일정한 직류전류에서는 폭발할 것으로 되어 있는데 두 회사의 최소기폭전류가 0.25A 이상이므로 규격에 만족한다. 그러나 A사가 B사보다 0.09A가 더 높다. 반면에 최소기폭전류는 A사가 B사보다도 0.52A가 낮다. 즉 A사의 뇌관은 전기적으로 B사에 비해 안전하면서도 보다 낮은 전류에서도 기폭될 수 있는 안전성과 사용편리성을 함께 갖추고 있다. 그렇기 때문에 Pt-Ir이 비싸긴 하지만 이러한 장점 때문에 사용하는 이유도 있을 것이다. 여기에서 중요한 것은 두 회사의 제품을 절대로 혼용해서는 안 된다는 것이다. A사와 B사의 뇌관을 직렬연결하고 발파

했을 때, A사의 뇌관만 발화되고 B사는 불폭이 될 것이다. A사의 발화전류가 더 낮기 때문이다.

22.7.2 내정전기 뇌관의 구조[3]

전기뇌관에 정전기가 가해지면 전교와 관체 사이에 불꽃 방전이 발생하여 전교를 싸고 있는 점화약이 발화하여 뇌관이 폭발할 수 있다. 이러한 정전기 불꽃 방전을 방지하기 위한 방법으로는 절연형과 방전형이 있다. 절연형은 [그림 22.15](a)와 같이 전교와 관체 사이에 절연물질로 분리되어 있어 불꽃 방전을 차단하는 방식이다. ㈜한화의 전기뇌관이 이런 타입에 해당된다. 방전형은 [그림 22.15](b)와 같이 점화약에서 떨어진 곳에 방전 유도 구멍을 설치하여 방전을 일으키도록 하는 방식이며 대부분 옥식 점화장치를 사용하는 유럽의 전기뇌관들이 여기에 해당된다.

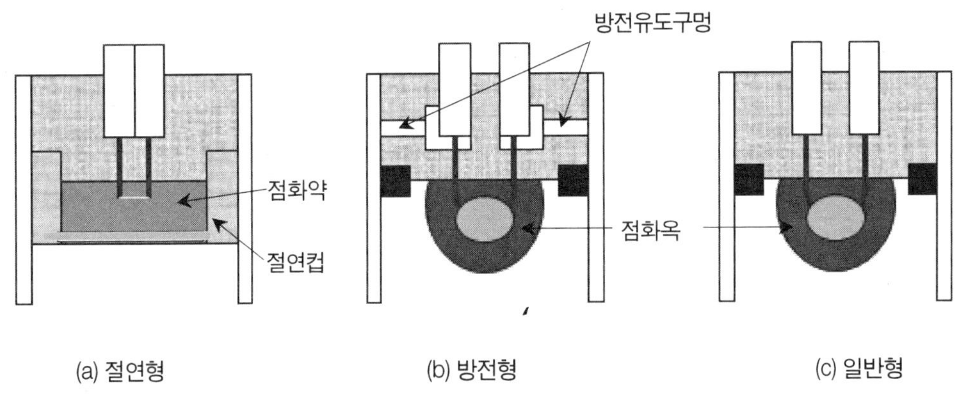

[그림 22.15] 내정전기 뇌관과 일반형 뇌관의 구조 비교

22.7.3 내정전기 뇌관의 시험 방법과 에너지 계산

KSM4803(전기뇌관)에 의하면 내정전기 뇌관은 2,000pF의 정전용량을 갖는 커패시터에 8kV로 충전된 전압으로 뇌관에 방전시킬 때 발화되지 말아야 하는 것으로 되어 있다. 내정전 시험기의 회로도는 KSM4803에 의하면 다음과 같다.

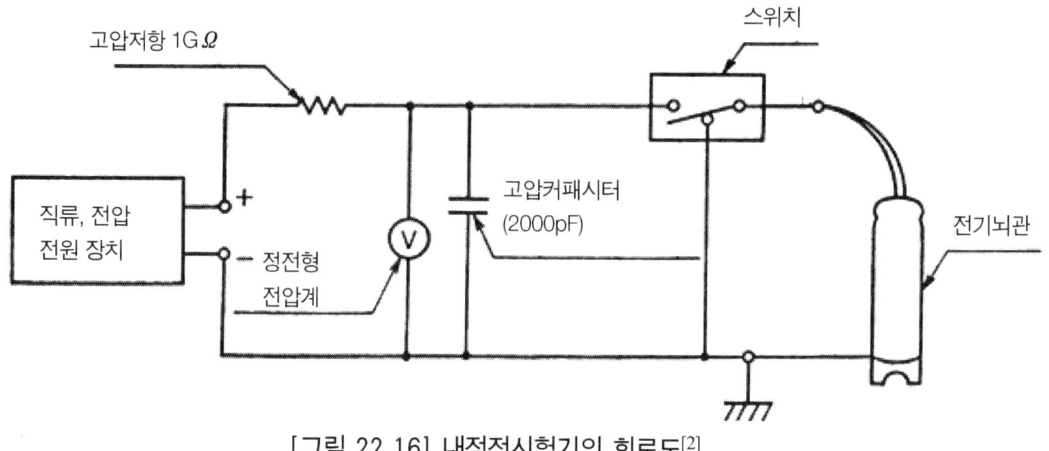

[그림 22.16] 내정전시험기의 회로도[2]

2,000pF의 커패시터에 8kV를 충전시켜 방전할 경우의 에너지는 다음과 같이 계산된다.

$$E = ½CV^2 = ½ \times 2{,}000 \times 10^{-12} \times (8{,}000)^2 \times 1{,}000 = 64 \text{ mJ}$$

한편 인체는 정전용량이 150pF이며 최대 발생할 수 있는 정전기는 15,000V이므로 인체에서 나오는 최대 에너지는 다음과 같이 계산된다.

$$E = ½CV^2 = ½ \times 150 \times 10^{-12} \times (15{,}000)^2 \times 1000 = 16.875 \text{ mJ}$$

그러므로 내정전기 뇌관은 인체의 정전기에 의해서는 발화되지 않은 안전성을 갖고 있다.

22.7.4 전기뇌관의 결선법에 따른 저항치와 소요 전압의 계산

I=전류(A), R_1=모선의 저항(Ω), R_2=전기뇌관 1개의 저항, n=전기뇌관의 개수 R_3=발파기의 내부저항이라고 하자. 직렬, 병열 및 직병열의 경우 소요전압은 다음과 같이 계산된다.

(1) 직렬연결의 경우: $E = I(R_1+nR_2+R_3)$

(2) 병열연결의 경우: $E=nI(R_1+R_2/n+R_3)$

(3) 직병열연결의 경우(직렬 a개, 병렬 b조): $E=bI[R_1+(a/b)R_2+R_3]$

예로서 I=2A, R_1=2.1Ω(총길이 100m), R_2=1.4Ω, R_3=0(콘덴서발파기), 뇌관의 총수는 10개이고 직병열시 2개를 직렬, 5조 병열연결한다고 하자. 이 때 직렬, 병열 및 직병열 각각의 소요전압을 계산해 보자.

직렬: $E = I(R_1+nR_2+R_3) = 2x(2.1+10x1.4+0) = 32.2$ volts

병열: $E = nI(R_1+R_2/n+R_3) = 10x2x(2.1+1.4/10+0) = 44.8$ volts

직병열: $E = bI[R_1+(a/b)R_2+R_3] = 5x2x[2.1+(2/5)^{*}1.4+0) = 26.6$ volts

소요전압은 병열>직렬>직병열이다. 직렬 결선 방법은 결선방법이 용이하고 도통시험기로 결선 저항검사가 편리하기 때문에 대부분 직렬을 사용한다. 100발 이상의 많은 수를 제발시킬 경우 전압이 약간 부족하다 싶으면 직병열을 사용하기도 한다.

참 고 문 헌

1. European standard(2004), "Detonators and relays", EN13763-13
2. 한국산업표준(2006), "전기뇌관", KSM4803, 한국표준협회 발행
3. 김술환(1996), 화약학, 동문복사, 인천(대한민국)
4. WIKIPEDIA, (2017.02.13.), Detonator, https://en.wikipedia.org/wiki/Detonator, (2017.02.14 방문)
5. 백장현, "내정전성전기뇌관", 대한민국특허200051077(1990.10.10)
6. 조완호, 윤보근, 이종문, 최광천, "V형컵식 점화장치를 이용한 내정전성전기뇌관", 대한민국 특허 200116185 (1998.01.07)
7. Quicheng Wang 외 4명, "Non-primary explosive detonator", US4727808(1988.03.01)
8. Vidon Lindqvist 외 2명, "Initiating element for non-primary explosive detonators", US5385098 (1995.01.31.).

제23장

비전기뇌관
(Nonelectric delay detonator)

23.1 개요

도화선을 이용한 발파작업으로부터의 폭발 사고를 개선하기 위해 원격으로 발파할 수 있는 전기뇌관이 개발되었으나 이 전기뇌관도 누설전류, 정전기, 무선전파에너지, 낙뢰 전류 등에 취약하다는 새로운 문제점이 생긴다. 이러한 전기적인 취약성을 개선하기 위해서 시그널튜브(Signal tube) 또는 쇼크튜브(Shock tube), 가스튜브(Gas tube) 및 저심약도폭선의 비전기식 점화시스템들이 개발되고 이것을 뇌관과 결합한 비전기기폭시스템들이 출현한다. 각각의 점화시스템들을 사용한 기폭법을 각각 NONEL기폭법, Hercudet기폭법, Primadet기폭법이라고 하며 이 중에서 NONEL기폭법이 사용편리성, 경제성 및 안전성 측면에서 가장 우수한 것으로 평가되어 전 세계적으로 거의 90% 이상을 사용한다. Primadet기폭법이 다음으로 많이 사용되나 단독으로 사용하기 보다는 NONEL 기폭법과 혼합되어 사용하는 경우가 많다. Hercudet기폭법은 사용이 불편하고 폭발성 가스를 사용함에 따른 위험이 커서 현재는 사라진 상태다.

시그널튜브는 튜브 외부에 접촉된 뇌관 또는 5g/m 이상의 도폭선의 폭발에 의해서도 점화가 되며 이것을 이용해서 비전기뇌관은 도폭선, 번치컨넥터, TLD 등으로 기폭시키는 등 여러 가지 다양한 방법이 있다. 현재 세계적으로는 이 비전기뇌관이 가장 많이 사용되고 있으며 비교적 안전하고 발전된 형태의 뇌관이라고 할 수 있다.

23.2 비전기뇌관의 발전사

1) 시그널튜브식 비전기뇌관

시그널튜브식 비전기뇌관은 스웨덴의 Per-Anders Persson이 1968년 Nitro Nobel사로부터 전기적인 위험으로부터 안전하게 사용할 수 있는 기폭시스템의 개발을 요청받고 개발된 것이다. 이 기술은 미국특허 US3590739(1971.7.6) "FUSE"라는 제목으로 등록되었다.[1] 이 특허 기술을 [그림 23.1] 따라 설명하면 다음과 같다.

튜브(10)은 탄성이 있는 유연한 중합체 플라스틱으로 만들어진다. 튜브의 한쪽 끝에는 튜브를 점화시킬 수 전기뇌관(12)가 연결되어 있다. 그리고 다른 끝에는 튜브의 화염에 의해서 점화될 수 있는 뇌관(16)이 달려있다. 튜브(10)의 내벽에는 화약(18)이 얇게 코팅되어 있으며 내부 공간은 전기뇌관(12)와 뇌관(16) 사이의 가스 통로(20) 역할을 한다. 화약은 PETN 또는 RDX 또는 HMX 또는 TNT 또는 Dinitroethylurea 또는 테트릴 또는 이들의 두 가지 이상의 혼합물로 이루어질 수 있다. 이들은 모두 파괴력이 강한 물질로 폭발성이 있다. 만약 필요하다면 파라핀이나 왁스와 같은 둔감제가 첨가될 수도 있다. 화약은 가루상으로 튜브 내벽에 부착된다. 또한 고체 또는 액체 폭약으로부터 내부 화약층을 구성하는 것이 가능하다.

전기뇌관(12)에 의해서 기폭된 코팅화약(18)은 튜브의 가스 통로(20)을 통해서 뇌관(16)으로 전파된다. 전파속도는 1,500m/sec 이상이며 상당히 높은 압력과 고온으로 뇌관(16)을 기폭시킨다. [그림 3]은 튜브 내의 코팅화약의 기폭되어 전파되는 상태를 나타내며 화염전단면(24)는 코팅화약(18)의 화학반응에 의해서 계속 유지되며 코팅화약의 양은 아주 적어서 튜브(10)을 파손시키지 않으며 주변에 아무런 손상도 주지 않는다.

실시 예에서는 외경 5mm, 내경 3mm의 PVC 튜브를 사용하였으며 약량은 최소 0.05g/m를 코팅하였다. PETN, RDX/TNT=60/40, Dinitroethylurea/wax=97.5/2.5를 내부 코팅약으로 사용했으며 전기뇌관(12) 또는 스파크(3㎌, 4kV)에 의해서 점화 및 전파되어 뇌관(16)을 기폭시켰다. 전파속도는 약 2,000m/sec로 진행되었으며 뇌관(16)을 200ms의 지연뇌관을 사용했을 때 지연시간은 약 70ms 느려졌으나 편차는 ±6ms 이내에 들었다.

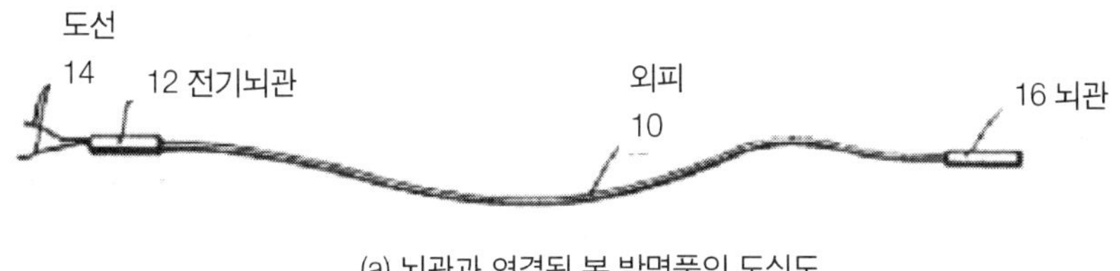

(a) 뇌관과 연결된 본 발명품의 도식도

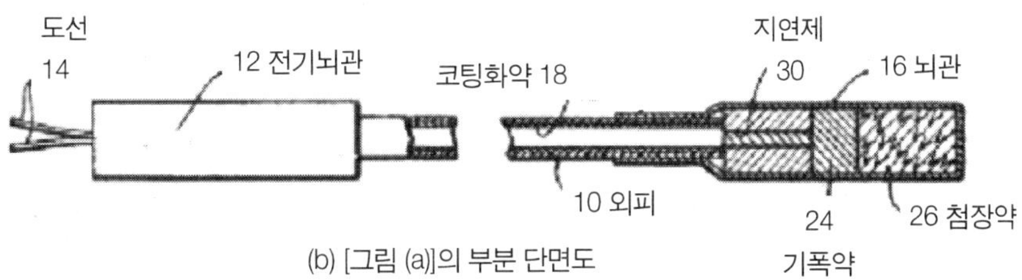

(b) [그림 (a)]의 부분 단면도

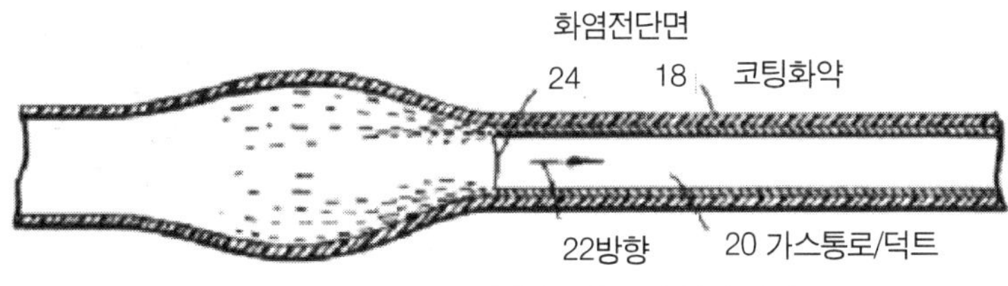

(c) 화약이 전파되는 튜브의 확대 단면도

[그림 23.1] 시그널튜브식 비전기뇌관

2) 가스튜브(Gas tube)식 비전기뇌관

가스튜브식 비전기뇌관은 미국의 Hercules사에서 개발된 비전기기폭시스템이다. 전기적인 위험으로부터 안전하게 사용할 수 있는 기폭시스템의 하나로 개발된 제품이었으나 가연성 가스를 이용함에 따른 불편과 위험성으로 성공하지는 못했다. 이 기술은 1975년 미국특허 US3885499(1975.5.27)로 등록되었다.[2] 이 특허 기술을 [그림 23.2]에 따라 설명하면 다음과 같다.

[그림 23.2](a)는 가스튜브식 뇌관 1발을 나타낸 그림으로 튜브(19, 21)는 내경 1.5mm, 외경 2.6mm의 폴리에틸렌 튜브로 되어 있으며 이를 통해서 폭발성의 혼합가스가 주입되고 나온다. 주입된 이 혼합가스는 스파크에 의해서 점화되고 이 화염은 점화약(17)을 점화시키고 기폭약(16)과 첨장약(14)이 폭발된다.

[그림 23.2](b)는 다수의 가스튜브식 뇌관을 연결 및 기폭시키는 방법을 나타낸 그림이다.

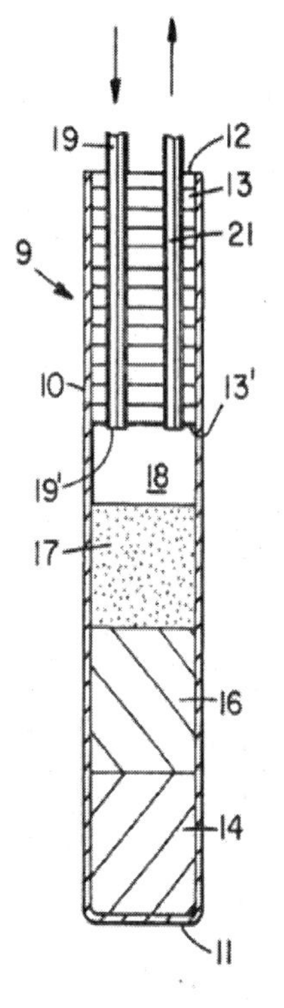

(a) 가스튜브식 비전기뇌관

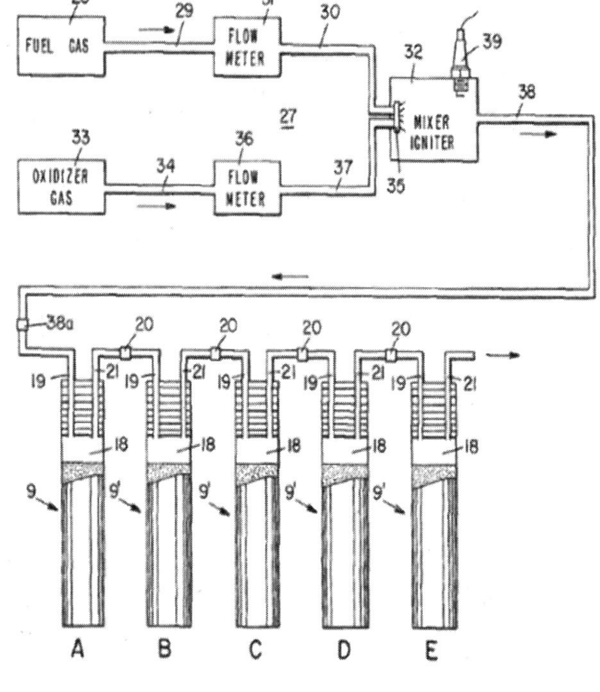

(b) 다수의 뇌관을 기폭시키는 배치도

[그림 23.2] 가스튜브식 비전기뇌관

다수의 뇌관은 컨넥타(20)에 의해 서로 연결되고 이들은 다른 컨넥타(38a)에 의해서 점화시스템과 연결된다. 연료가스(28)과 산소가스(33)은 각각의 유량측정기(31과 36)에 의해서 계량되어 챔버(32)에서 혼합되고 38을 통해서 각 뇌관으로 혼합가스가 충전된다. 충전이 완료되면 연료가스(28)과 산소가스(33)은 분리하고 스파크 플러그(39)에 의해서 점화시키면 혼합가스가 점화되어 모든 뇌관에 화염이 전달되게 되고 뇌관들이 기폭하게 된다.

이 가스튜브식 점화시스템은 비전기식 점화시스템으로 성능 측면에서는 문제가 없으나 가스 취급에 따른 위험성 그리고 작업의 번잡함 등으로 활성화가 되기 못했다. 그래서 시그널 튜브와의 경쟁에서 뒤떨어져 바로 시장에서 퇴출되었다.

3) 저심약도폭선 비전기뇌관

저심약도폭선 비전기뇌관은 미국의 Dupont사에서 개발된 비전기기폭시스템이다. 전기적인 위험으로부터 안전하게 사용할 수 있는 기폭시스템의 하나로 개발된 제품으로 도폭선의 큰 단점이었던 소음을 최소화시킨 저심약도폭선을 개발하여 이것을 뇌관과 연결하여 만든 뇌관이다.

이 저심약도폭선 뇌관은 5g/m 이상의 도폭선에 연결되어 기폭될 수 있다. 이 기술은 1982년 미국특허 US4335652(1982.6.22)로 등록되었다.[3] 이 특허 기술을 [그림 23.3]에따라 설명하면 다음과 같다.

[그림 23.3]의 (a)와 (b)로부터, 저심약도폭선은 외경 2.5mm로 약량은 0.53g/m으로 PETN의 평균 입도는 15㎛ 이하이다. 길이 7m의 도폭선의 한 끝이 뇌관에 삽입되어 크림핑된다. 다른 쪽의 끝에 6호 뇌관을 이용하여 점화시키면 저심약도폭선이 폭굉되어 뇌관에 전달된다. 저심약도폭선의 폭굉에 의해 팽창쉘(10)이 팽창되면 팽창쉘(10)과 캡슐(6) 사이에서 압축이 일어나 점화약(11)이 점화된다. 점화된 점화약(11)은 지연제(5)를 점화시키고 지연제는 기폭약(3)을 폭굉시키고 첨장약(2)가 폭굉되어 뇌관이 기폭된다.

[그림 23.3]의 (c)로부터, 지연제(5)는 관체에 직접 충전된 형태(직전식)이다. 점화약은 컵에 의해서 막혀져 있으며 지연제와 컵 사이에는 캡슐(25)에 의해서 공간이 형성되고 있다. 도폭선의 폭굉에 의해서 점화약(11)이 점화되고 이것은 열에 민감한 점화약(30)을 점화시킨다. 점화약의 불꽃은 컵을 파열시키면서 지연제에 점화시킨다. 지연제는 점화되어 기폭약을 기폭시키고 첨장약을 기폭시킨다.

[그림 23.3]의 (d)는 (c)에서 컵과 열에 민감한 점화약을 제거한 타입이다. 여기에서는 금속캡슐(6)이 캡슐(25)와 직접 닿아있다. 금속캡슐 하부 구멍에는 얇은 막으로 막혀져 있으며 점화약의 불꽃에 의해서 쉽게 뚫릴 수 있다. 점화약(11)이 점화되었을 때 얇은 막(32)는 연소되어 없어지고 지연제를 점화시킨다.

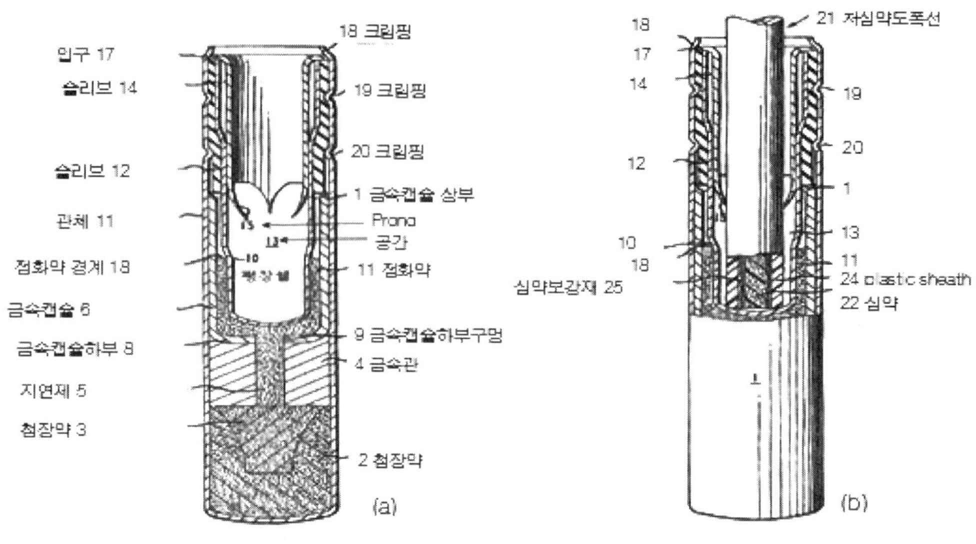

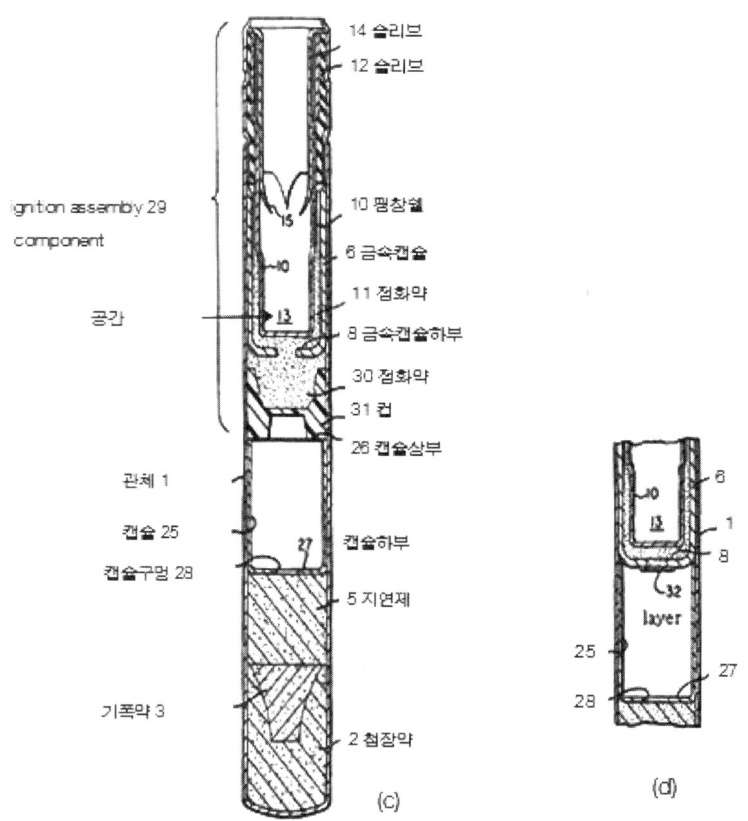

[그림 23.3] 저심약도폭선 비전기뇌관

23.3 시그널튜브식 비전기뇌관의 종류 및 구조

〈표 23.1〉 ㈜한화 시그널튜브식 비전기뇌관의 종류와 초시 체계

(a) MS와 LP뇌관

단수	기준초시(ms)		단수	기준초시(ms)	
	MS	LP		MS	LP
순발	0	–	13	260	1600
1	20	100	14	280	1800
2	40	200	15	300	2000
3	60	300	16	320	2500
4	80	400	17	340	3000
5	100	500	18	360	3500
6	120	600	19	380	4000
7	140	700	20	–	4500
8	160	800	21	–	5000
9	180	900	22	–	5500
10	200	1000	23	–	6000
11	220	1200	24	–	6500
12	240	1400	25	–	7000

(b) DHD, TLD/Bunch 및 Starter

기준초시(ms)		
DHD	TLD/Bunch	Starter
400	0	0
425	17	–
450	25	–
475	42	–
500	67	–
–	109	–
–	176	–

1993년 ㈜한화에 의해서 우리나라에 처음 도입된 시그널튜브식 비전기뇌관은 금속관식 뇌관이며 순발, MS, LP는 8호 뇌관, TLD, 번치커넥터, MS 커넥터 등은 3~4호 뇌관이다. 금속관식으로 제조되기 때문에 초시 정밀성이 비교적 우수하다. <표 23.1>은 ㈜한화의 비전기뇌관 초시 체계이며 이 초시 체계는 회사마다 약간씩 다르다. 금속관식은 별도의 금속관에 지연제를 압착한 후에 기폭약과 첨장약에 결합되기 때문에 지연제의 압착 압력을 가능 한도까지 높일 수 있다. 그리고 금속관의 길이도 최대 50mm까지 가능하기 때문에 MS경우에는 지연제를 1가지로 LP의 경우에는 3~4가지만으로도 가능하다. 동일한 초시의 지연제를 가지고 약고

를 높여 가면서 사용하므로 초시의 정밀성은 크게 감소하지 않는다. 시그널튜브식 비전기뇌관은 전기뇌관과는 달리 지연제의 연소가스 튜브를 통해서 빠져 나가는 구조이므로 지연제가 점화 및 연소과정에서 음압이 걸려 지연제가 후출되는 경우가 많다. 그래서 각 제조회사는 이러한 후출 현상에 따른 불폭을 방지하기 위해서 저마다의 특수한 뇌관의 구조를 갖는다. [그림 23.4]는 대표적인 두 가지의 회사 제품의 구조를 나타낸 것이다.

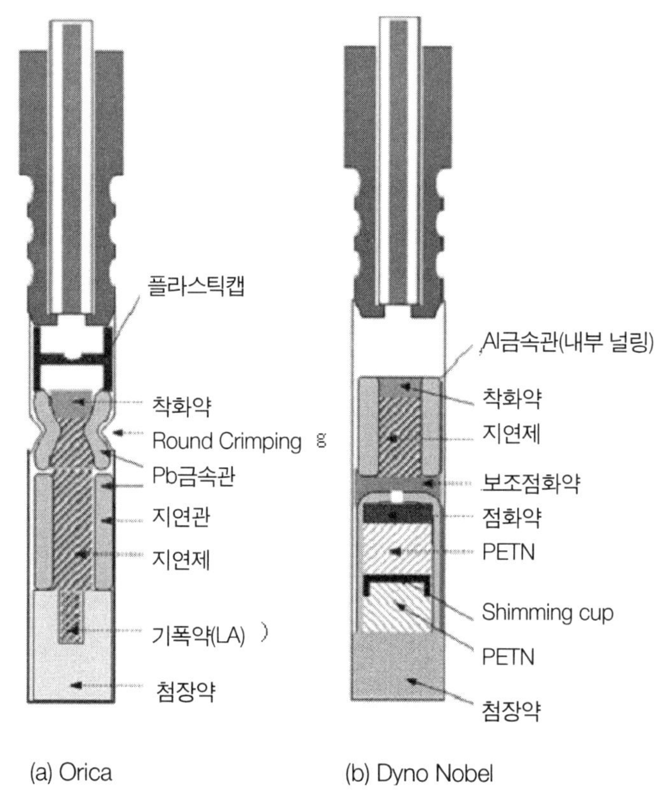

[그림 23.4] 대표적인 두 가지 회사 제품의 구조

Orica의 지연관은 직경이 큰 납금속관에 지연제를 충전한 다음 인발(Drawing)하여 제조한 후에 각 초시별로 절단하여 제조한다. 후출을 막기 위해서 이 지연관 상부에 착화관이라는 별도의 장치를 사용한다. 착화관의 내경은 지연관 보다 작으며 착화약은 연소후 단단하게 고형화되는 특징이 있다. Dyno Nobel은 NPED 원관을 채택하고 있으며 금속관 내에 널링을 형성시켜 지연제가 연소 시 팽창하여 널링에 의해서 후출되지 않도록 하고 있다.

비전기뇌관은 구조적으로 시그널튜브의 화염이 지연관의 착화약 또는 지연제를 점화시킨 후 개방되어 있는 튜브를 따라서 후출되는 구조를 갖고 있다. 상기와 같이 각 회사들은 그들의 고유한 후출방지 장치를 고안 설치하여 불발을 방지하고 있으나 시그널튜브의 저약량, 시그널튜브의 파열 등에 의해서 불발의 문제는 완전히 사라지지 않고 있다. 프랑스의 샤플러사의 경우는 전기뇌관과 동일한 밀폐 구조를 만들기 위해 퍼쿳션 프라이머를 지연관에서 일정거리를 띠워서 고정시키고 시그널튜브의 충격파에 의해서 퍼쿳션 프라이머가 작동하여 지연제를 점화시키는 구조로 되어 있다. 그러나 이것도 시그널튜브의 약량 부족에 의한 충격압력의 부족 시 퍼쿳션 프라이머가 작동하지 않는 문제를 갖고 있다. 우리나라에서는 2000년 ㈜한화에서 턱진 금속관을 사용하는 것에 추가해서 비전기식뇌관의 점화장치를 개발하여 시그널튜브와 지연제 사이에 부스타 역할을 하는 점화약을 삽입함으로써 후출에 의한 불발, 시그널튜브의 저약량에 따른 문제점을 완전하게 보완하였다. 이 기술은 대한민국 특허 200210793(2000.11.08)로 등록되었다.[5]

23.4 비전기뇌관 원료들의 특성

1) 관체와 금속관: 공업뇌관 참조

2) 기폭약: 공업뇌관 참조

3) 첨장약: 공업뇌관 참조

4) 시그널튜브

시그널튜브는 외경 3.0mm, 내경 1.2mm의 플라스틱 튜브의 내면에 HMX와 Al분말을 9:1로 혼합된 화약이 코팅되어 있는 긴 선 모양의 점화장치이다. 발파현장에서는 ANFO와의 접촉, 날카로운 암반과의 접촉 등 여러 가지 악조건에 놓일 수 있으므로 시그널튜브는 내유성, 내마모성 및 가능한 고인장력을 필요로 한다. 각 회사마다 이러한 특성을 부여하기 위해서 여러 가지 플라스틱 재질을 선정하여 사용하고 있다. 최근에는 50kgf 이상의 인장력을 갖는 내유성 및 내마모성의 시그널튜브가 가장 품질이 좋으며 ㈜한화, 오리카 등에서 생산하고 있다. 우리나라에서는 ㈜한화의 시그널튜브가 점화감도 및 내환경성이 우수한 쇼크튜브라는 제목으로 대한민국 특허 100604263(2006.07.18.)로 등록되었다.[6]

5) 지연제: 전기뇌관 참조

23.5 비전기뇌관의 제조

비전기뇌관의 제조공정도는 [그림 23.5]와 같으며 각 공정별로 제조 방법은 다음과 같다.

1) 지연기폭관 제조: 전기뇌관 참조

2) 원관 제조: 전기뇌관 참조

3) 시그널튜브 결합

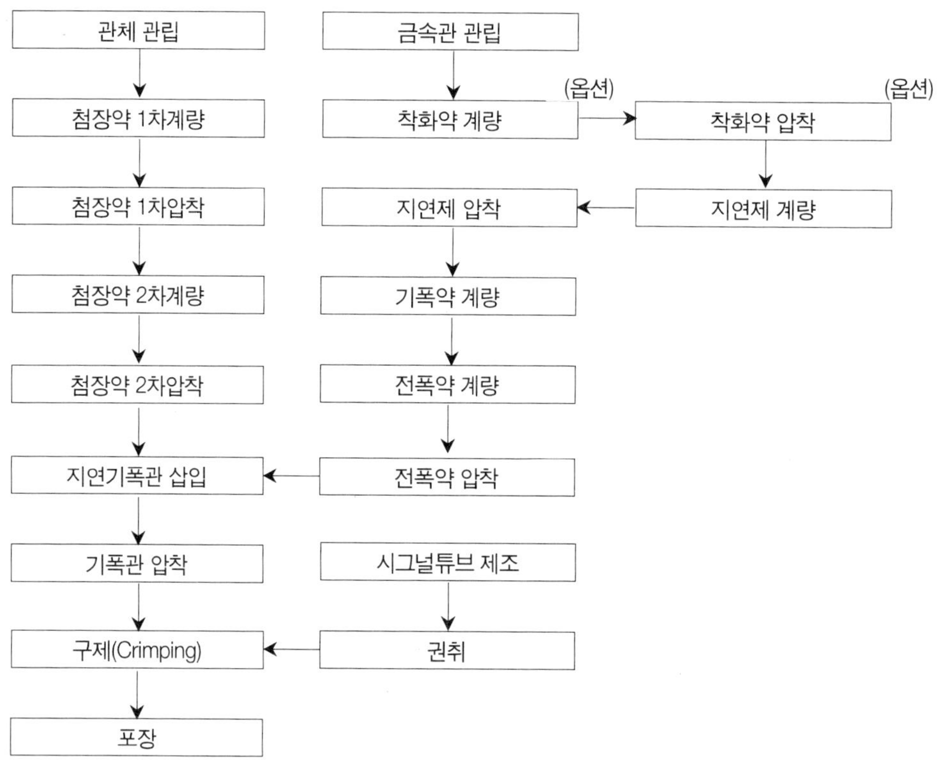

[그림 23.5] 비전기뇌관의 제조 공정도

사전에 구제경을 조정해 놓은 상태에서 원관을 구제기에 삽입하고 플러그에 시그널튜브를 결합하여 원관에 넣은 다음, 동력을 넣어 구제를 한다.

23.6 비전기뇌관의 성능

1) 연판시험: 공업뇌관 참조

2) 둔성폭약시험: 공업뇌관 참조

3) 내수시험: 전기뇌관 참조

4) 시차정밀도 시험: 전기뇌관 참조

23.7 비전기뇌관의 특성

23.7.1 비전기뇌관의 여러가지 발파패턴

1) 공저뇌관(MS와 LP)을 이용한 발파

(1) 도폭선을 이용해서 MS와 LP를 기폭시키는 방법

각 공에는 MS, LP 등 지연초시를 갖는 비전기뇌관들이 순서대로 설치되고 각 공에서 나온 시그널튜브는 클립을 이용해서 도폭선(5g/m)과 직각으로 연결된다. 클립은 시그널튜브에 기

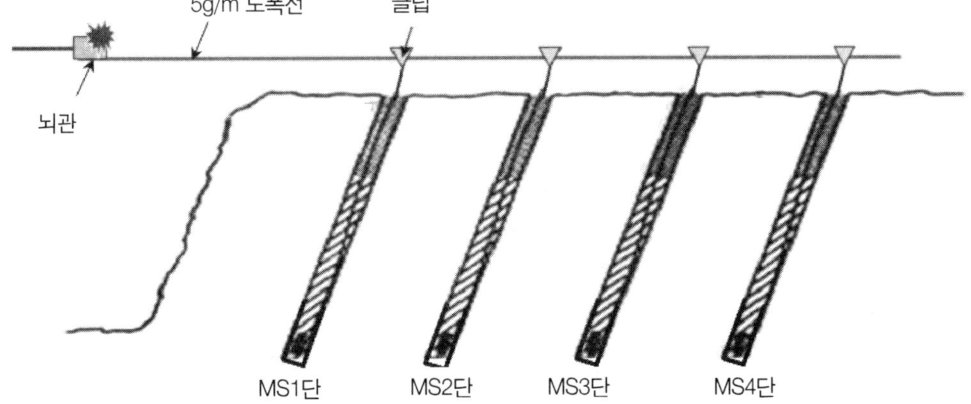

[그림 23.8] 도폭선을 이용한 비전기뇌관의 발파법

본적으로 달려있고, 5g/m의 도폭선에 맞도록 설계되어 있다. 도폭선의 처음은 전기뇌관 또는 비전기뇌관의 스타터에 연결되어 기폭되며, 도폭선 폭발속도가 7,000m/sec이므로 각 공의 시그널튜브를 동시에 점화시키고 점화된 시그널튜브는 각 공의 뇌관을 기폭시킨다. 각 뇌관은 고유의 지연초시로 지연되었다가 짧은 초시에서 긴 순서의 뇌관으로 순차적으로 기폭된다.

(2) 번치커넥터를 이용해서 MS와 LP를 기폭시키는 방법

각 공에는 MS, LP 등 지연초시를 갖는 비전기뇌관들이 순서대로 설치되고 각 공에서 나온 시그널튜브는 번치커넥터를 이용해서 최대 20개까지 묶여 연결 기폭시킬 수 있다. 번치커넥터에는 기본적으로 3호 뇌관과 5g/m 도폭선으로 구성되어 있어 이것의 기폭에 의해서 최대 20개의 시그널튜브를 번치커넥터 내에서 기폭시킬 수 있다. 번치커넥터의 시그널튜브는 스타터를 이용해서 50m 이상의 거리에서 스파크기폭장치로 점화시켜 기폭시킨다. 번치 내에서 동시에 점화된 시그널튜브는 각 공의 뇌관을 기폭시킨다. 각 뇌관은 고유의 지연초시로 지연되었다가 짧은 초시에서 긴 순서의 뇌관으로 순차적으로 기폭된다.

2) 표면뇌관(TLD, MS 커넥터)를 이용한 발파 패턴

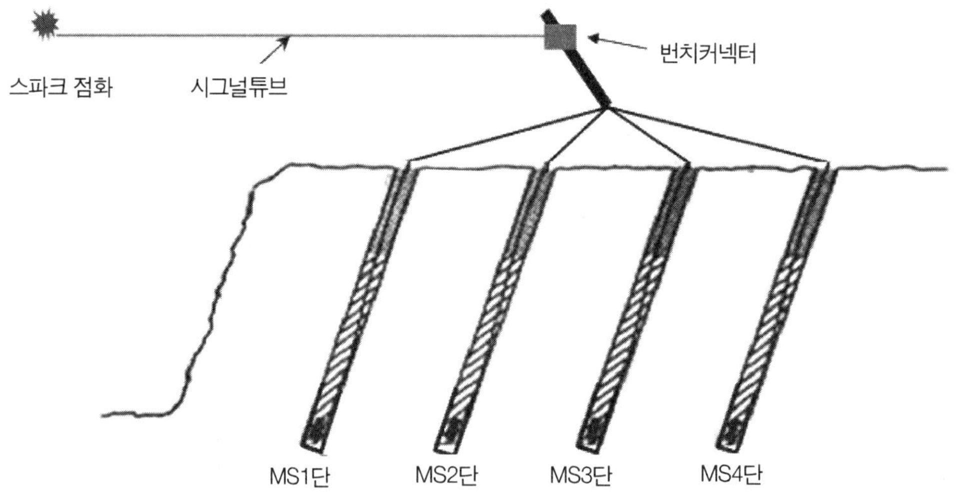

[그림 23.9] 번치커넥터를 이용한 비전기뇌관의 발파법

(1) TLD와 DHD를 이용해서 기폭시키는 방법

각 공에는 동일하게 500ms의 DHD(Downhole delay detonator)를 설치하고 각 공에서 나온 시그널튜브를 지상에서 TLD(Trunkline delay detonator)를 이용하여 순서대로 연결하여 그림과 같은 지연초시가 나오도록 설치한다. 이 방법을 사용하면 무한대의 발파공을 연결하여 발파할 수 있다. 첫 번째 공은 TLD가 0ms, DHD가 500ms이므로 500ms에서 기폭되고 두 번째 공은 TLD가 25ms이므로 525ms에 기폭되고 세 번째 공은 TLD 25ms가 또 연결되므로 550ms에 기폭된다. 이처럼 계속해서 앞 공의 지연초시에 TLD초시를 계속해서 더해 가면 발파공의 초시를 계산할 수 있다. 전기뇌관에는 없는 무한 단차의 발파방법이다.

(2) DHD와 도폭선 및 MS커넥터를 이용해서 기폭시키는 방법

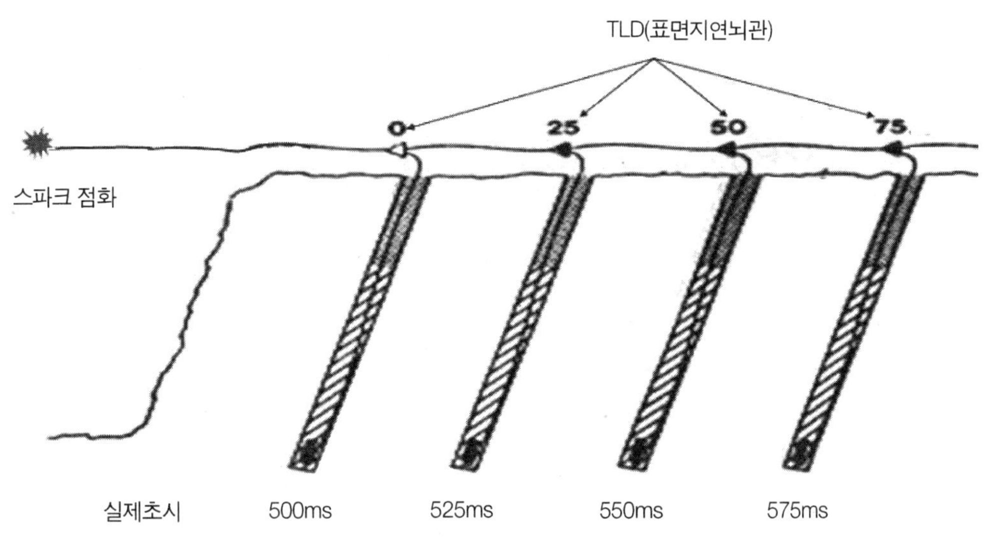

[그림 23.10] TLD와 DHD를 이용한 비전기뇌관의 발파법

각 공에는 동일하게 500ms의 DHD(Downhole delay detonator)를 설치하고 각 공에서 나온 시그널튜브를 지상에서 클립을 이용하여 도폭선을 연결한 다음 공과 공 사이의 도폭선을 끊고 MS커넥터를 연결한다. 이 방법도 역시 상기 다항의 방법처럼 무한대의 발파공을 연결하여 발파할 수 있다. 첫 번째 공은 TLD가 0ms, DHD가 500ms이므로 500ms에서 기폭되고, 두 번째 공은 MS커넥터가 25ms이므로 525ms에 기폭되고 세 번째 공은 MS커넥터 25ms가 또 연결되

므로 550ms에 기폭된다. 이처럼 계속해서 앞 공의 지연초시에 MS커넥터 초시를 계속해서 더해가면 발파공의 초시를 계산할 수 있다. 도폭선의 소음 때문에 우리나라에서는 잘 사용되지 않는다.

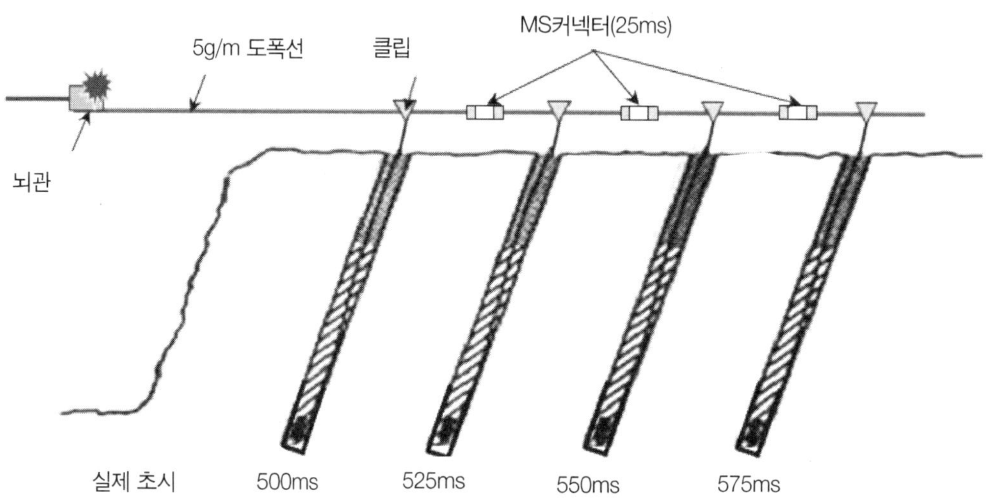

[그림 23.11] DHD와 도폭선 및 MS커넥터를 이용한 비전기뇌관의 발파법

(3) TLD/DHD 일체형을 이용해서 기폭시키는 방법

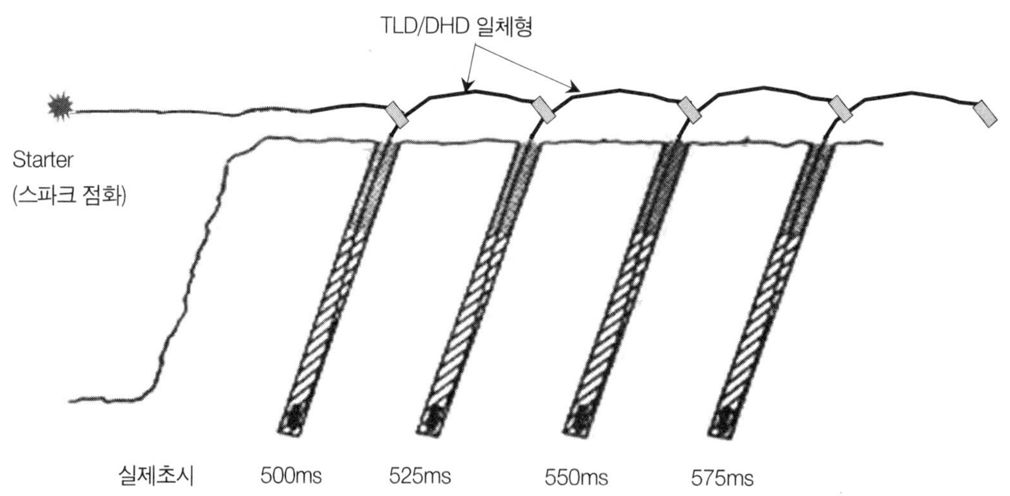

각 공에는 동일하게 TLD/DHD 일체형의 DHD는 공저에, TLD는 지상으로 나오도록 설치한다. 다음에 먼저 기폭되는 TLD 부분을 다음 TLD/DHD 일체형의 시그널튜브에 순차적으로 연결한다. 상기 그림에서 TLD/DHD 일체형은 500ms/25ms로 구성되어 있으며 각 공의 실제 초시는 500ms로부터 25ms 단차로 기폭된다. 이 방식은 Orica 및 Dyno Nobel에서 사용하는 방식이나 우리나라에서는 제조회사에서 개발이 되었지만 일체형 1발에 뇌관이 2개가 들어가므로 가격 때문에 사용하지 않고 있다. Orica의 Exel™ Develdet™, Exel™ Goldett™ 과 Dyno Nobel의 NONEL® EZ DET®, NONEL® EZ DRIFTER, NONEL® EZTL이 여기에 속하는 제품들이다.

23.7.2 회사별 비전기뇌관의 종류

1) ㈜한화[7]

(1) HiNEL DHD

표면뇌관인 TLD와 함께 사용하는 발파공 내의 폭약을 기폭시키기 위한 공저뇌관으로 400, 425, 450, 475, 500ms의 5가지 제품이 있다.

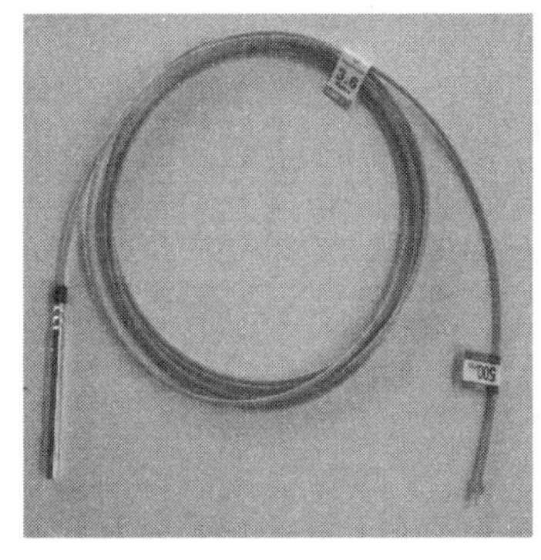

시그널 튜브	인장강도	50kgf
	외경	3.0mm
	길이	6/7.2/9/12/15/18/21m
	색상	황색
뇌관	강도	8호
	지연시간	400, 425, 450,475, 500ms

(2) 하이넬 플러스 TLD

4호 뇌관으로 구성되어 있고 발파공과 발파공간의 DHD뇌관을 지연시켜 주는 표면뇌관으로 주로 노천발파에 사용하며 0, 17, 25, 42, 67, 109, 176ms의 일곱 가지 제품이 있다.

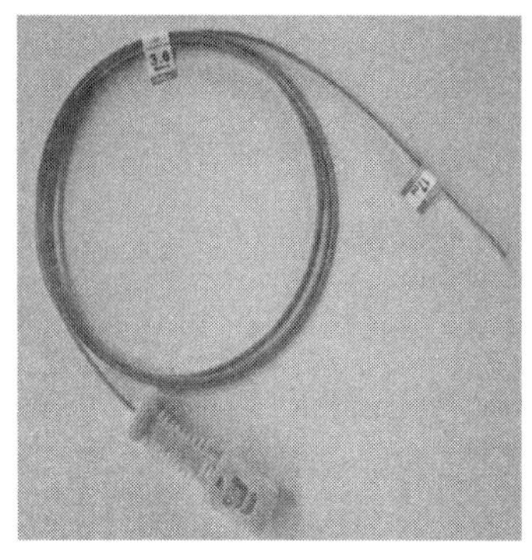

시그널 튜브	인장강도	50kgf			
	외경	3.0mm			
	길이	2.4/3.6/4.8/6.0m			
	색상	분홍색			
뇌관	강도	4호			
	초시 및 커넥터 색상	0ms 17ms 25ms 42ms	녹색 황색 적색 백색	67ms 109ms 176ms	오렌지 청색 흑색

(3) 하이넬 플러스 Bunch Connector

4호 뇌관으로 구성되어 있고 주로 터널발파에 사용하는 표면뇌관으로 0, 17, 25, 42, 67, 109, 176ms의 일곱 가지 제품이 있으며 1개의 커넥터에 도폭선을 함께 사용하여 최대 20개의 시그널튜브를 결합할 수 있으며 연속적으로 사용 시 무한대의 발파가 가능하다.

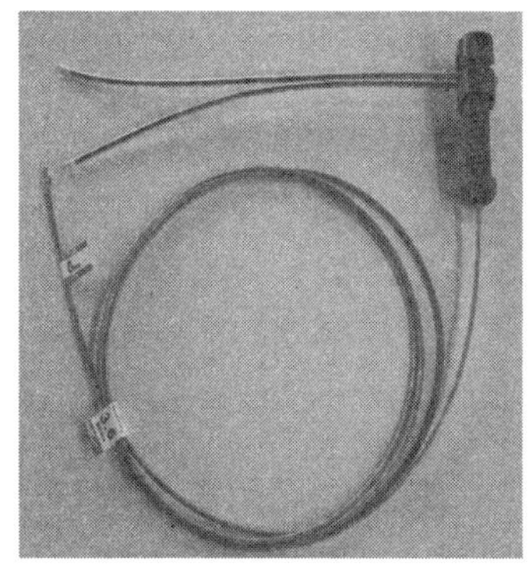

시그널 튜브	인장강도	50kgf			
	외경	3.0mm			
	길이	2.4/3.6/4.8/6.0m			
	색상	분홍색			
도폭선	약량	5g/m(하이코드 50)			
뇌관	강도	4호			
	초시 및 커넥터 색상	0ms 17ms 25ms 42ms	녹색 황색 적색 백색	67ms 109ms 176ms	오렌지 청색 흑색

(4) 하이넬 플러스 MS 시리즈

각 단별 초시간격이 20ms로 짧고 규칙적이어서 파쇄효과, 비석제어, 진동 및 소음제어에 탁월한 효과가 있으며, MS 0~19단까지 총 20종이 있으며 초시는 0ms로부터 20ms간격으로 380ms까지 구성되어 있다.

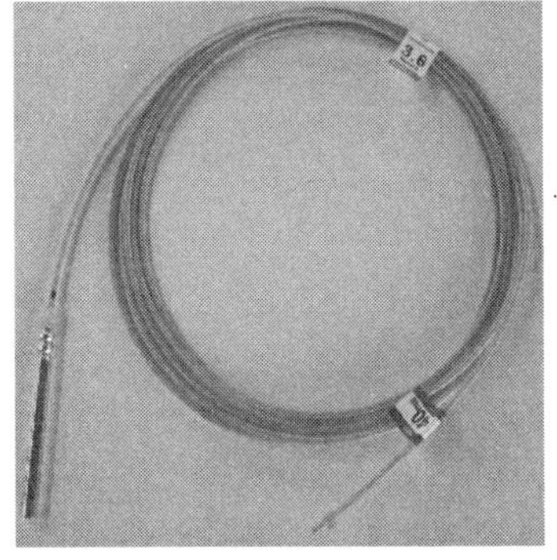

시그널 튜브	인장강도	50kgf					
	외경	3.0mm					
	길이	3.6/4.8/6.0/7.2m					
	색상	황색					
뇌관	강도	8호					
	초시	단	초시	단	초시	단	초시
		0	0	7	140	14	280
		1	20	8	160	15	300
		2	40	9	180	16	320
		3	60	10	200	17	340
		4	80	11	220	18	360
		5	100	12	240	19	380
		6	120	13	260		

(5) LP 시리즈

각 단별 초시간격이 100～500ms로 비교적 긴 초시체계로 광범위하게 사용할 수 있으며 특히 저항선이 큰 벤치발파나 터널 굴착시 장공발파에 유리하다. LP 1～25단의 25종류가 있으며 100ms를 1단으로 시작하여 10단(1000ms)까지는 100ms 단차, 15단(2000ms)까지는 200ms 단차, 25단(7000ms)까지는 500ms 단차로 구성되어 있다. 하이넬 MS와 마찬가지로 TLD나 Bunch Connector로 기폭한다.

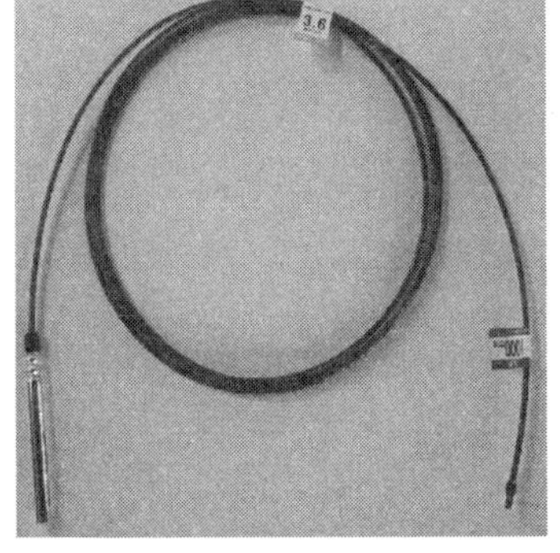

시그널 튜브	인장강도	50kgf					
	외경	3.0mm					
	길이	3.6/4.8/6.0/7.2m					
	색상	청색					
뇌관	강도	8호					
	초시	단	초시	단	초시	단	초시
		1	100	10	1000	19	4000
		2	200	11	1200	20	4500
		3	300	12	1400	21	5000
		4	400	13	1600	22	5500
		5	500	14	1800	23	6000
		6	600	15	2000	24	6500
		7	700	16	2500	25	7000
		8	800	17	3000		
		9	100	18	3500		

(6) STARTER

순발 4호 뇌관으로 구성되어 있고 비전기식 발파시스템을 원격으로 점화할 수 있는 기폭용뇌관으로 30, 50, 100, 150m 등의 제품으로 구성되어 있다.

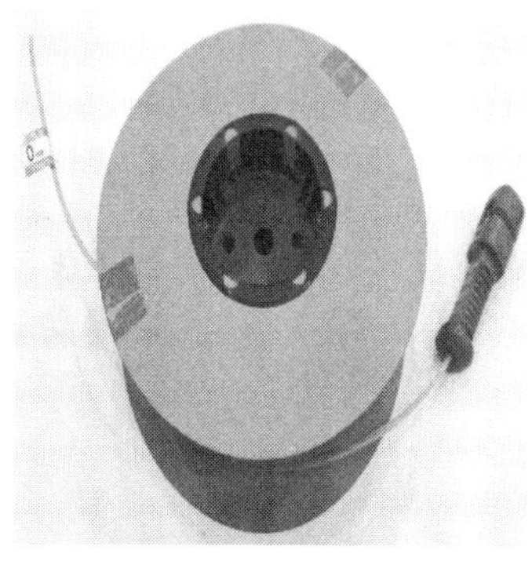

시그널 튜브	인장강도	50kgf
	외경	3.0mm
	길이	30/50/100/150
	색상	분홍색
뇌관	강도	4호
	커넥터	녹색

2) 고려Nobel화약[8]

(1) NONEL Unidet

표면뇌관인 Snap-Line과 함께 사용하는 발파공 내의 폭약을 기폭시키기 위한 공저뇌관으로 U400, U425, U450, U475, U500의 다섯 가지 제품이 있다.

시그널 튜브	외경	3.0mm
	길이	3.0/4.8/6.0/7.8/10.2/12.0/15.0/18.0/21.0/24.0m
	색상	적색
뇌관	강도	8호(NPED)
	지연시간	400, 425, 450, 475, 500ms

(2) NONEL Snap-Line

미니뇌관으로 구성되어 있고 발파공과 발파공간의 Unidet 뇌관을 지연시켜 주는 표면뇌관으로 주로 노천발파에 사용하며 SL0, SL17, SL25, SL42, SL67, SL109, SL176ms, SL285ms의 8가지 제품이 있다.

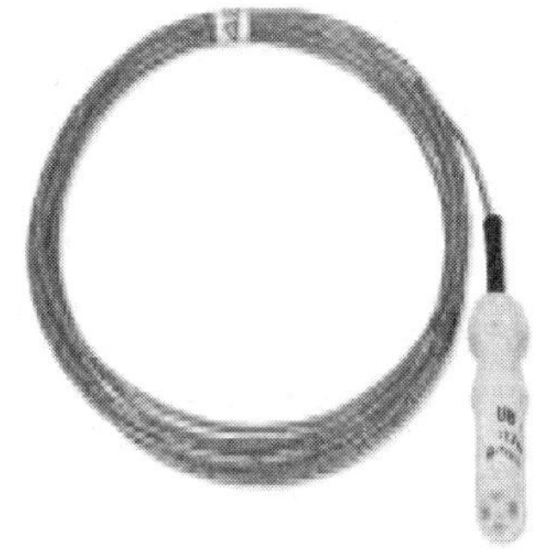

시그널 튜브	외경	3.0mm			
	길이	2.4/4.8/6.0m			
	색상	분홍색			
뇌관	강도	4호			
	초시 및 커넥터 색상	SL0	녹색	SL67	청색
		SL17	황색	SL109	흑색
		SL25	적색	SL176	오렌지
		SL42	백색	SL285	갈색

(3) NONEL Bunch Connector

한번에 20개의 튜브를 도폭선으로 연결하여 기폭시킬 수 있으며 지연시차(일곱 가지)를 활용하여 단차를 다양하게 적용시킬 수 있다.

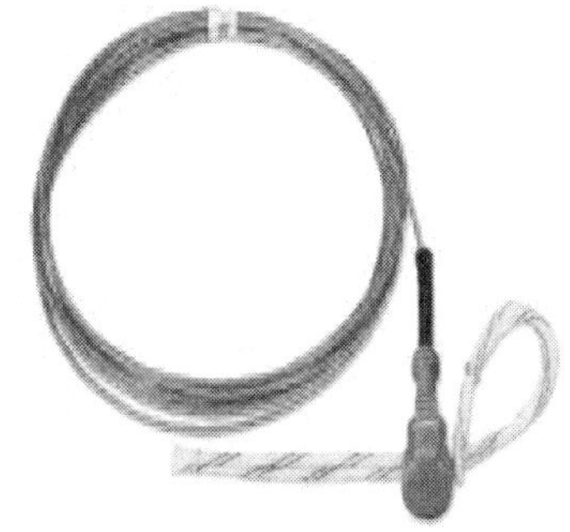

시그널 튜브	외경	3.0mm			
	길이	4.8/6.0/10.2m			
	색상	분홍색			
도폭선	약량	5g/m			
뇌관	강도	4호			
	초시 및 커넥터 색상	0ms	녹색	67ms	청색
		17ms	황색	109ms	흑색
		25ms	적색	176ms	오렌지
		42ms	백색		

(4) NONEL MS 시리즈

3~20단으로 구성되어 있으며 각 단의 시차 간격은 25ms로 초시 간격이 짧고 정밀하여 균질한 파쇄, 비석제어, 발파진동 및 소음제어에 효과적이다.

시그널 튜브	외경		3.0mm					
	길이		4.8/7.8/15.0m					
	색상		적색					
뇌관	강도		8호					
	초시	단	초시	단	초시	단	초시	
		3	75	9	225	15	375	
		4	100	10	150	16	400	
		5	125	11	275	17	425	
		6	150	12	300	18	450	
		7	175	13	325	19	475	
		8	200	14	350	20	500	

(5) LP 시리즈

0~60단으로 구성되어 있고 각 단의 시차간격은 25~500ms이며 비교적 긴 초시간격으로 갱도나 터널 등 지하공간 발파에 효과적으로 사용할 수 있다.

시그널 튜브	외경		3.0mm				
	길이		6.0/7.8				
	색상		황색				
뇌관	강도		8호				
	초시	단	초시	단	초시	단	초시
		0	25	9	900	30	3000
		1	100	10	1000	35	3500
		2	200	11	1100	40	4000
		3	300	12	1200	45	4500
		4	400	14	1400	50	5000
		5	500	16	1600	55	5500
		6	600	18	1800	60	6000
		7	700	20	2000		
		8	800	25	2500		

(6) STARTER

비전기식발파시스템을 점화할 수 있는 기폭용뇌관으로 다양한 길이로 공급이 가능하여 원거리에서 안전하게 기폭시킬 수 있다.

시그널 튜브	외경	3.0mm
	길이	30/50/100m
	색상	분홍색
뇌관	강도	미니뇌관

3) Orica[9]

(1) ExelTM Bunchdet

도폭선만을 기폭시키는데 사용하며 TLD나 다른 도폭선에 의해서 기폭된다.

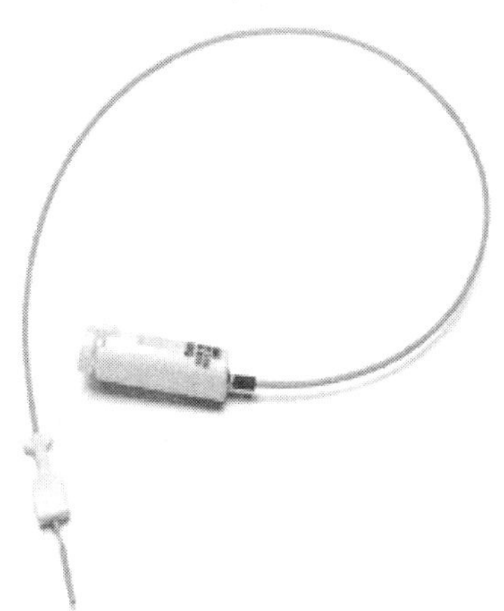

Signal Tube	Pink Exel™
Outer Diameter	3 mm
Nominal Tensile Strength	45 kgf
Length	1 & 6 m
Standard delay	600 ms

(2) Exel™ Connectadet™ Detonators

발파공과 발파공 사이에 지연시간을 부여해 주는 표면지연뇌관

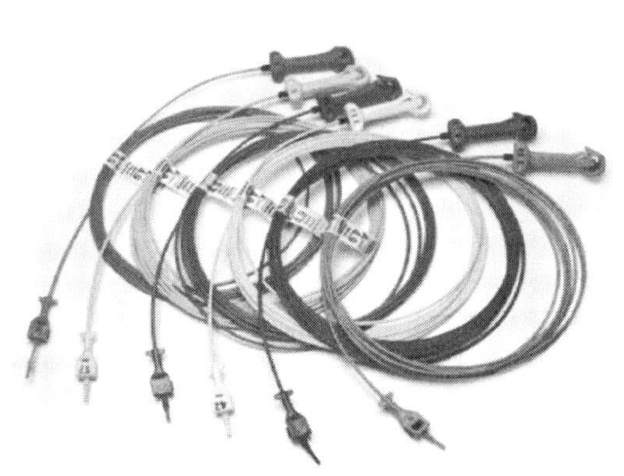

Signal Tube	Exel™
Outer Diameter	3 mm
Nominal Tensile Strength	45 kgf
Available Lengths	3.6, 4.9, 6.1, 9, 12, 15, 18 m

Delay (ms)	Block Colour	Tube Colour
9	Green	Green
17	Yellow	Yellow
25	Red	Red
42	White	White
65	Blue	Blue
100	Orange	Orange
125	Cream	Yellow
150	Mustard	Yellow
175	Lime Green	Yellow
200	Light Green	Yellow

(3)Exel™ Connectaline™

Exel™ Connectadet™ 또는 Exel™ Trunkline delay의 시그널튜브를 길게 연장시켜줄 수 있는 릴에 감긴 시그널튜브. 발파지역간의 연결 또는 안전한 발파 장소로의 연결에 사용된다.

Signal Tube	Exel™
Outer Diameter	3 mm
Nominal Tensile Strength	45 kgf
Minimum Length on Spool	700 m
Tube Colour	Yellow, Pink or Red*

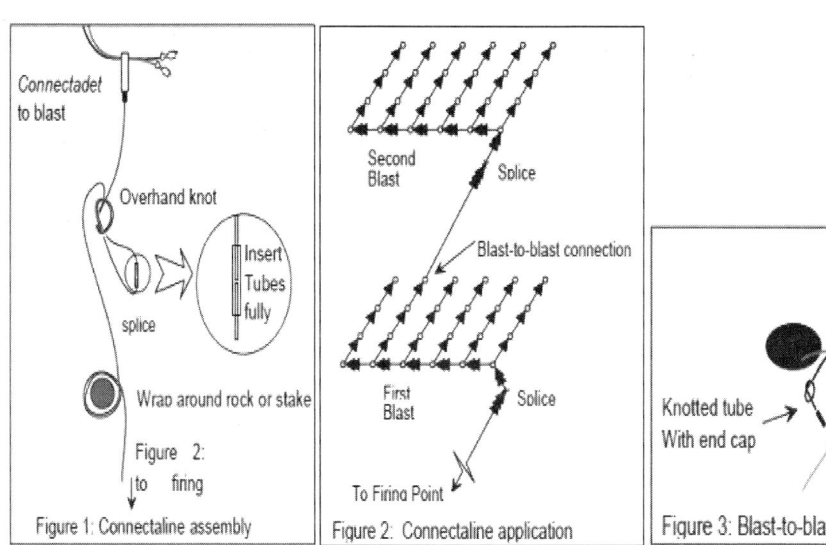

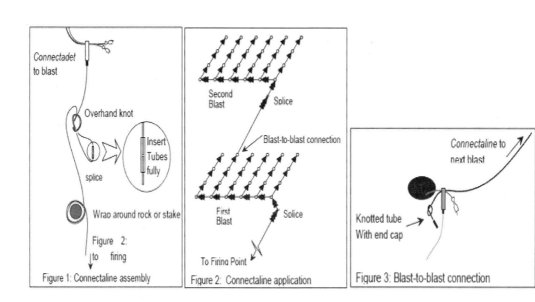

Figure 1: Connectaline assembly

Figure 2: Connectaline application

Figure 3: Blast-to-blast connection

(4) Exel™ Develdet™

표면지연뇌관과 지하뇌관이 함께 붙어있는 뇌관

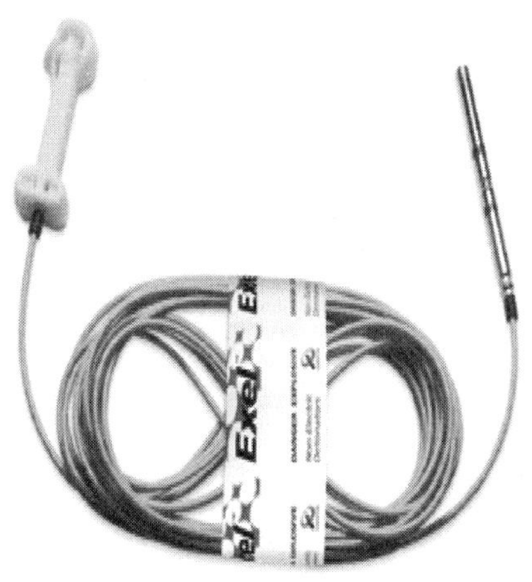

Signal Tube	Pink Exel™
Outer Diameter	3 mm
Nominal Tensile Strength	45 kgf
Lengths	4.9, 7.3, 12, 24
Base charge in hole	790 mg PETN
Base charge surface	210 mg Lead Azide
Fluorescent Yellow Block	200ms (surface) / 5 sec (in-hole)

(5) Exel™Enduradet™ Open Cut mining

노천광에서 사용하는 지하뇌관

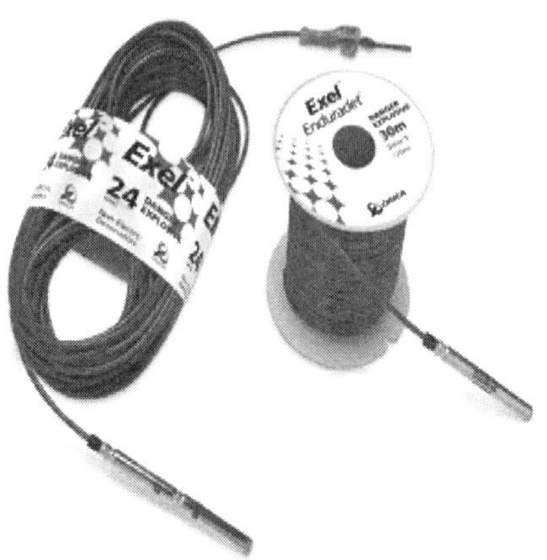

Signal Tube	Red Heavy Duty Exel™
Outer Diameter	3 mm
Nominal Tensile Strength	61 kgf
Available Lengths	6, 9, 12, 15, 18, 24, 30, 36, 45, 60, 8 0m
Detonator PETN mass	790 mg (8* strength)
Standard delays	600 ms (#15) 650 ms (#15½)

(6) Exel™ Enduradet™Underground mining

지하광산에서 사용하는 지하뇌관

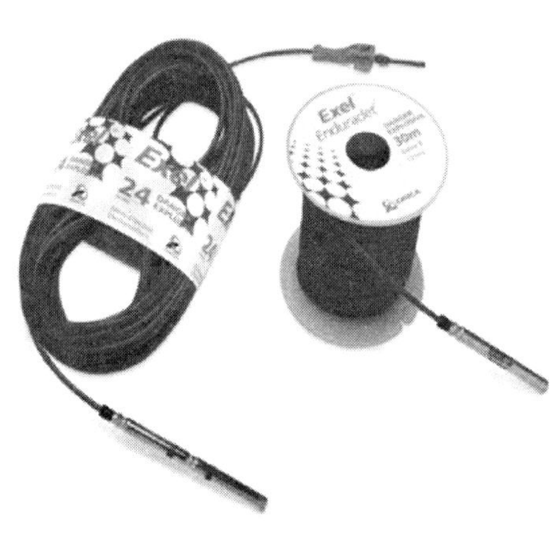

Signal Tube	Red Heavy Duty Exel™
Outer Diameter	3 mm
Nominal Tensile Strength	61 kgf
Available Lengths	6, 9, 12, 15, 18, 24, 30, 36, 45, 60, 80 m
Detonator PETN mass	790 mg (8* strength)

Delay #	**1**	**2**	**3**	**4**	**5**	**6**
Time (ms)	25	50	75	100	125	150
Delay #	**7**	**8**	**9**	**10**	**11**	**12**
Time (ms)	175	200	250	300	350	400
Delay #	**13**	**14**	**15**	**16**	**17**	**18**
Time (ms)	450	500	600	700	800	900
Delay #	**19**	**20**	**21**	**22**	**23**	**24**
Time (ms)	1025	1125	1225	1400	1675	1950
Delay #	**25**	**26**	**27**	**28**	**29**	**30**
Time (ms)	2275	3650	3050	3450	3900	4350
Delay #	**31**	**32**	**33**	**34**	**35**	**36**
Time (ms)	4850	5350	2900	6550	7250	8050

(7) Exel™ Goldett™

Exel™ Develdet™ 와 같이 표면지연뇌관과 지하뇌관이 함께 붙어있는 뇌관

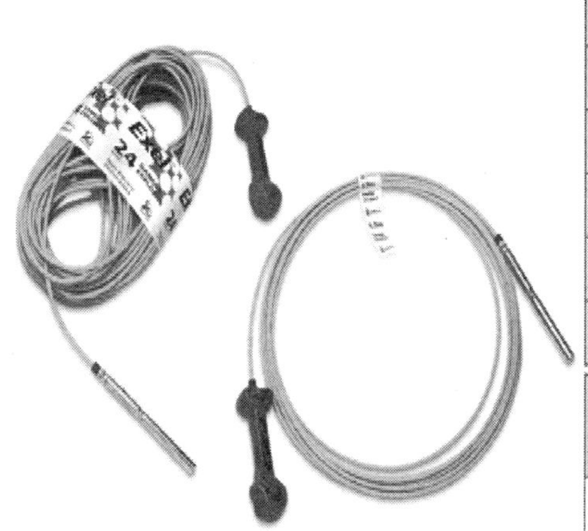

Signal Tube		Pink Exel™
Outer Diameter		3 mm
Nominal Tensile Strength		45 kgf
Lengths		3.6, 6.1, 9, 12, 18, 24
Base charge in hole		790 mg (#8* strength)
Base charge surface		210 mg Lead Azide
Surface Delay (ms)	**In-hole delay (ms)**	**Block Colour**
25	400	Red

(8) Exel™ Lead in Lines

원거리에서 발파시키는 뇌관

Signal Tube	Yellow Exel™
Outer Diameter	3 mm
Nominal Tensile Strength	45 kgf
Available Lengths	60, 150 & 300 m
Detonator PETN Charge	500mg PETN #8 Strength
Delay (ms)	9
Colour	Light Green

(9) Exel™ Long Period Detonators

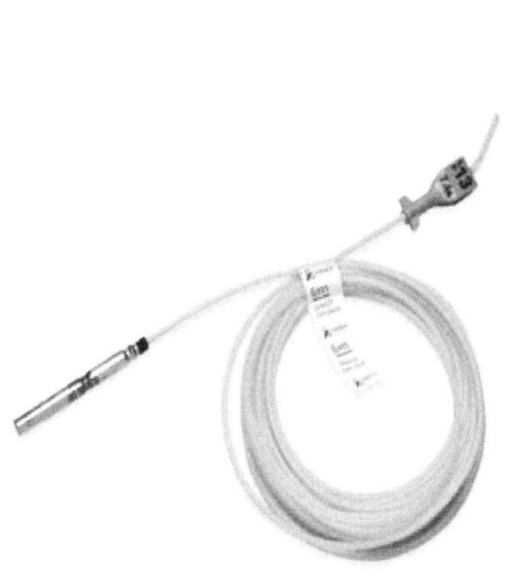

Signal Tube	Yellow Exel™
Outer Diameter	3 mm
Nominal Tensile Strength	45 kgf
Lengths	3.6, 4.9, 6.1, 24 m
Standard Detonator PETN charge	790 mg (#8* strength)

Delay #	**0**	**1**	**2**	**3**
Nominal Time (s)	0.025	0.2	0.4	0.6
Delay #	**4**	**5**	**6**	**7**
Nominal Time (s)	1.0	1.4	1.8	2.4
Delay #	**8**	**9**	**10**	**11**
Nominal Time (s)	3.0	3.8	4.6	5.5
Delay #	**12**	**13**	**14**	**15**
Nominal Time (s)	6.4	7.4	8.5	9.6

(10) Exel™ Millisecond Connectors

Signal Tube	Yellow Exel™
Outer Diameter	3 mm
Nominal Tensile Strength	45 kgf
Length	80 cm
Standard Detonator PETN charge	(#8 strength)

Nominal Delay Time (ms)	Cleat Colour
9	Green
17	Yellow
25	Red
35	Pink
42	White
65	Blue
100	Orange
125	Cream
150	Mustard
175	Lime Green
200	Light Green

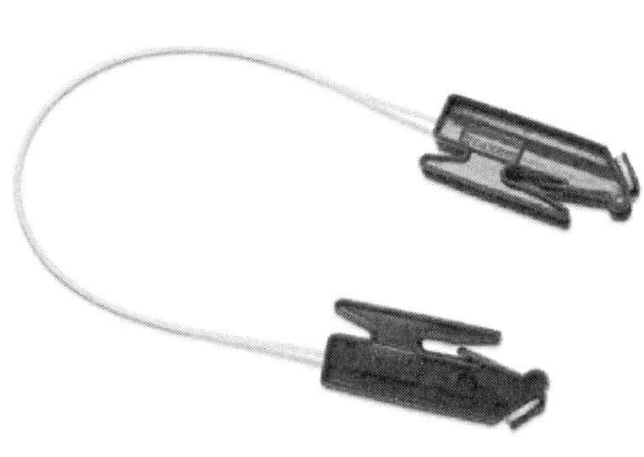

(11) Exel™ Millisecond Detonators

Signal Tube	Pink Exel™
Outer Diameter	3 mm
Nominal Tensile Strength	45 kgf
Available Lengths	3.6, 6.1, 7.3 ,9 ,12,15, 18, 24 m
Detonator PETN mass	0 Delay 500 mg (#8 strength) Delays 1 - 30 790 mg (#8* Strength)

Delay #	**0**	**1**	**2**	**3**	**4**	**5**
Time (ms)	9	25	50	75	100	125
Delay #	**6**	**7**	**8**	**9**	**10**	**11**
Time (ms)	150	175	200	250	300	350
Delay #	**12**	**12 ½**	**13**	**14**	**15**	**15½**
Time (ms)	400	425	450	500	600	650
Delay #	**16**	**17**	**18**	**19**	**20**	**21**
Time (ms)	700	800	900	1025	1125	1225
Delay #	**22**	**23**	**24**	**25**	**26**	**27**
Time (ms)	1400	1675	1950	2275	2650	3050
Delay #	**28**	**29**	**30**			
Time (ms)	3450	3900	4350			

(12) Exel™ Trunkline Delay Detonators

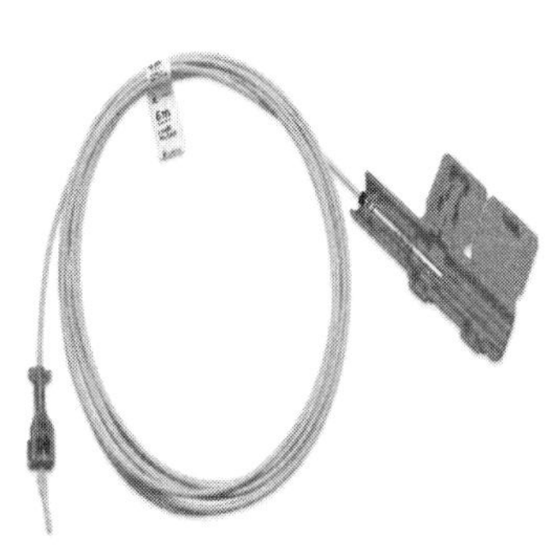

Signal Tube	**Yellow Exel™**
Outer Diameter	3 mm
Nominal Tensile Strength	45 kgf
Available Lengths	6 m
Detonator PETN Charge	500 mg PETN #8 Strength

Delay (ms)	9
Colour	Light Green

4) Dyno Nobel[10]

(1) NONEL® EZ DET® 1.1B와 1.4B

지하뇌관과 표면뇌관이 함께 조합된 비전기뇌관

Nominal Time (msec)	Nominal Time (msec)	Nominal Time (msec)	Connector Block Color
17 / 350*	17 / 500*	17 / 700*	Yellow
25 / 350*	25 / 500	25 / 700	Red
42 / 350*	42 / 500*	42 / 700	White
25 / 375*			Red

Length	
m	ft
3.5	12
4.5	16
7	24
9	30
12	40
15	50
18	60
24	80
30	100
37	120

(2) NONEL® EZ DRIFTER

지하뇌관과 표면뇌관이 함께 조합된 비전기뇌관

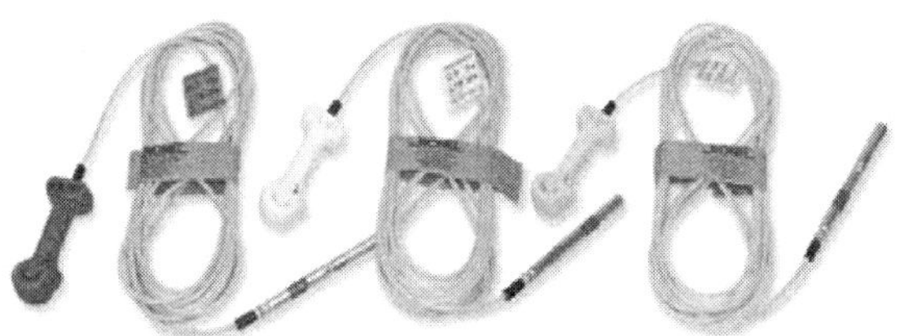

Nominal Time (msec)	Connector Block Color
200 / 5400	White
100 / 3800	Yellow
400 / 8000	Red

Length	
m	ft
3.5	12
4.5	16
6	20
7	24

(3) NONEL® EZTL

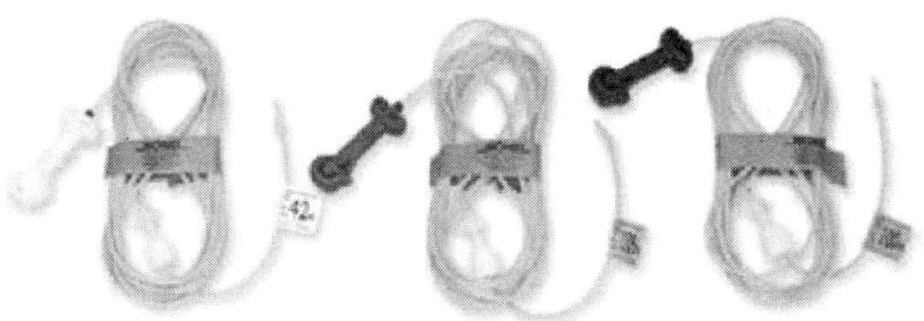

Delay Time (msec)	Connector Block Color
9	Green
17	Yellow
25	Red
33	Green
42	White
67	Blue
100	Black
109	Black

Length	
m	ft
2.5	10
3.5	12
6	20
9	30
12	40
15	50
18	60

(4) NONEL® Lead Line

Length		Spools / Case
m	ft	
762	2500	2

(5) NONEL® LP 1.1B와 1.4B

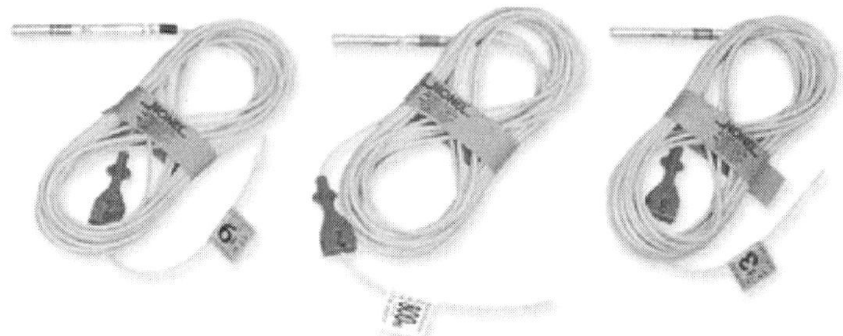

Period / Delay Time (msec)	Delay Tag Color	Period / Delay Time (msec)	Delay Tag Color
0 /0	Pink	10 / 3500	Green
1 / 500	White	11 / 3900	Yellow
2 / 800	Lt Blue	12 / 4400	Red
3 / 1100	Orange	13 / 4900	White
4 / 1400	Green	14 / 5400	Lt Blue
5 / 1700	Yellow	15 / 5900	Orange
6 / 2000	Red	16 / 6500	Green
7 / 2300	White	17 / 7200	Yellow
8 / 2700	Lt Blue	18 / 8000	Red
9 / 3100	Orange		

Length	
m	ft
3.5	12
4.5	16
6	20
7	24

(6) NONEL® MS CONNECTOR

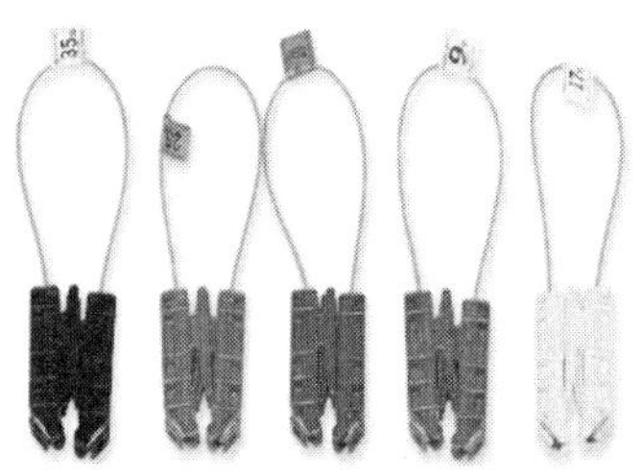

Delay Time (msec)	Connector Block Color	Delay Time (msec)	Connector Block Color
9	Green	65	Purple
17	Yellow	67	Blue
25	Red	100	Pink
35	Black	109	Black
42	White	200	Blue
50	Orange		

(7) NONEL® SL

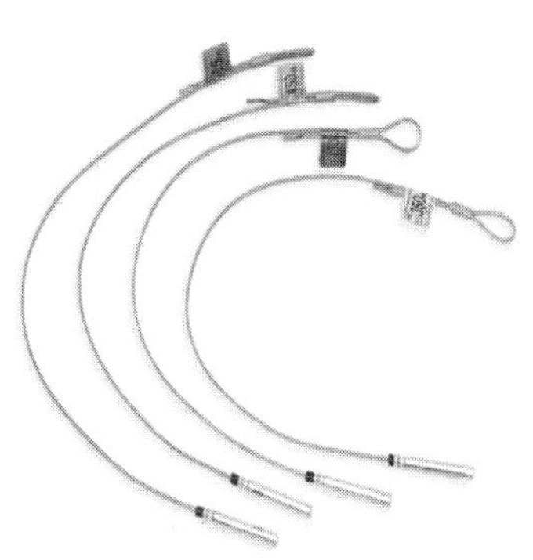

Delay Time (msec)	Delay Tag Color	Delay Time (msec)	Delay Tag Color	Delay Time (msec)	Delay Tag Color
25	Red	250	Red	475	White
50	Tan	275	White	500	Purple
75	Green	300	Tan	525	White
100	Blue	325	White	600	Gray
125	Orange	350	Green	700	Lt Blue
150	Purple	375	White	800	Red
175	Gray	400	Blue	900	Tan
200	Lt. Blue	425	White	1000	Green
225	White	450	Orange		

(8) NONEL® Starter

Length	
m	ft
61	200
153	500
305	1000

(9) NONEL® TLD

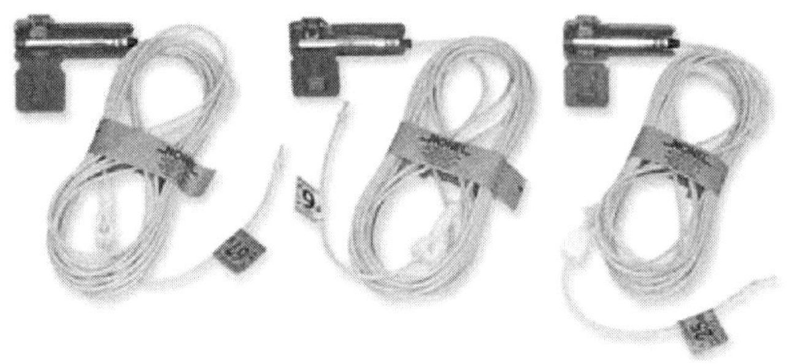

Delay Time (msec)	Connector Block Color
9	Green
17	Yellow
25	Red
33[a]	Green
42	White
67[a]	Blue
100[a]	Black
109[a]	Black

Length	
m	ft
3.5	12
6	20
9	30
12	40
15	50
18[a]	60

참고문헌

1. Per-Anders Persson(1971), "FUSE", US Patent 3590739(1971.07.06)
2. Eldon K. Hurley(1975), "Thermal detonation energy-initiatable blasting caps, and detonation system and method", US Patent 3885499(1975.5.27)
3. Paul J. Bryan, "Non-electric delay detonator", US patent 4335652(1982.6.22)
4. 이석훈, 이승달, "걸림턱이 있는 뇌관용 연시장치", 대한민국 특허 200123389(1998.05.25)
5. 이영호, "비전기식뇌관의 점화장치", 대한민국 특허 200210793(2000.11.08)
6. 이성호, "점화감도 및 내환경성이 우수한 쇼크튜브", 대한민국 특허 100604263(2006.07.18)
7. ㈜한화 웹사이트, 화약제조사업/화공품, http://www.hanwhacorp.co.kr/explosives/business/area2_1.jsp?pageTab=2, (2017.7.11 방문)
8. ㈜고려Nobel 웨사이트, 제품소개/화공품류, http://www.koryoexp.co.kr/kor/sub_02b.html, (2017.7.11 방문)
9. Orica(2017), "initiating system", http://www.oricaminingservices.com/au/en, (2017.2.16 방문)
10. Dyno Nobel(2013), "Product Hub, Technical information & SDS", http://www.dynonobel.com/resource-hub/products, (2017.2.16 방문)

제24장

도폭선
(Detonating cord)

24.1 개요

도폭선은 도화선과 유사한 방법으로 제조하며 PETN을 심약으로 하여 플라스틱 테이프와 PP사 등의 실로 싸고 마지막에 PVC, LDPE등의 플라스틱으로 코팅한 긴 선 모양의 제품이다. 폭발속도가 최소 6,000m/sec 이상으로 너무 빨라서 긴 도폭선이 순간적으로 기폭되는 것처럼 보인다. 폭발속도가 빠르기 때문에 도폭선으로 연결된 모든 발파공은 거의 동시에 순간적으로 폭발된다. 도폭선은 1920년 듀퐁에서 "Cordeau"라고 하는 납도폭선 개발을 시작으로 1942년에는 섬유를 사용한 10g/m의 섬유도폭선을 만들기 시작했다. 1964년에는 도화선을 개발했던 Bickford가 창립했던 회사인 Ensign-Bickford사가 소구경도폭선을 개발하면서 도폭선을 이용한 다양한 기폭방법이 개발되었다. 1.5g/m의 소음을 감소시킨 도폭선도 개발되어 뇌관을 붙여 사용했으며 이러한 도폭선들을 이용해서 발파하는 방법을 Primadet기폭법이라고 하였다. 시그널튜브를 사용하는 비전기뇌관과 함께 여러 가지 방법으로 사용하여 발파 효율과 안전성을 높이고 있다.

24.2 도폭선의 발전사

1) 최초의 납도폭선

1919년 듀퐁사의 WILLARD C. COPE에 의해서 발명되었으며 미국특허 US1341705 (1920.6.1)로 등록되었다.[1] 용융 TNT를 1½" 납관에 채우고 식힌 다음에 인발(Drawing)시켜 가늘고 긴 선으로 뽑아 제조한다. 폭발속도가 5,000～5,500m/sec이며 테트릴을 2～75% 섞으면 폭발속도는 5,500～6,800m/sec까지 높일 수 있다.

2) 최초의 섬유도폭선

1942년, 듀퐁의 Charles R. Johnson에 의해서 발명되었으며, 미국특허 US2380312 (1945. 7. 10)로 등록되었다.[2] 이 특허의 도폭선 구조는 [그림 24.1]과 같다.

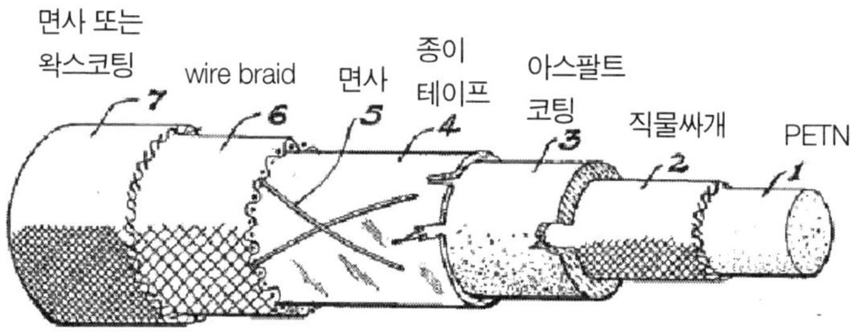

[그림 24.1] 미국특허 US2380312의 도폭선 구조

3) 저심약도폭선

1962년, Ensign-Bickford사의 John M. Smith에 의해서 발명되었으며, 미국특허 US3155038 (1964.11.3)으로 등록되었다.[3] 약량은 최소 20grain grain/ft(4.25g/m)인 도폭선이다. 구조는 [그림 24.2]와 같다. 30mesh를 100% 통과하고 325mesh를 35% 통과하는 미세한 입도의 PETN을 사용해서 감도를 높인 기술이다.

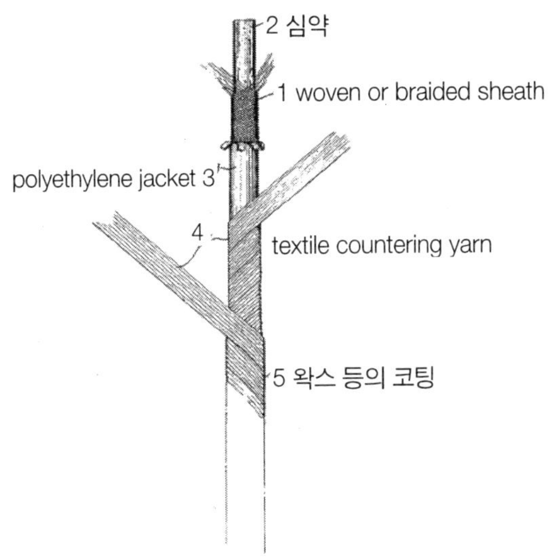

[그림 24.2] 미국특허 US3155038의 구조

24.3 도폭선 종류

고폭속의 2차 화약류를 심약으로 하여 금속 또는 섬유로 피복한 긴 선 모양의 제품으로, 손쉽고 안전하게 폭굉을 전달하는 장치이며 때로는 도폭선 자체로 다이너마이트 등의 폭약을 기폭시킬 수도 있다. 내경 4.5mm, 외경 6mm의 주석관, 납관에 각각 피크린산, TNT가 심약으로 충전된 것을 제1종 도폭선이라고 하고 PETN 또는 RDX를 심약으로 하여 도화선의 제조와 동일한 공정으로 선경 3～6mm의 끈 모양으로 만든 것을 제2종 도폭선이라고 한다.

도폭선의 약량은 제1종은 약 20g/m, 제2종은 약 1.5～40g/m이다. 뇌관에 의해서 기폭되며 폭발속도는 최소 6,000m/sec이다. 미국특허 US3155038[3]에서는 미세한 입도의 PETN을 사용해서 최소기폭약량이 4.25g/m인 제품을 만들었으나 최근에는 굵은 입도의 PETN을 사용해서 도폭선을 제조한 후 도폭선을 롤크랏샤(Roll crusher)를 통과시켜 도폭선 내의 PETN을 미세하게 분쇄함으로써 최소기폭약량을 감소시키는 기술로 개선되어 1.5g/m의 제품까지도 생산되고 있다. 우리나라에서도 1993년에 Class-2의 미세한 PETN을 바인더로 입자화하여 최소기폭약량이 2.88g/m인 도폭선을 만드는 기술이 대한민국 특허 100116305로 등록되었다.[4] 다음의 <표 24.1>, <표 24.2> 및 <표 24.3>은 Dyno Nobel의 도폭선 관련 제품이다.

〈표 24.1〉 PRIMACORD®도폭선의 종류[5]

Product	PETN Coreload (nominal)*		Outside Diameter*		Tensile Strength*		Color / Counter	Velocity of Detonation (minimum) m / sec
	g/m	gr/ft	mm	in	kg	lbs		
PRIMACORD 1	1.5	7.5	3.18	0.13	68	150	Yellow / 5 Black	6,300
PRIMACORD 2.5	2.4	12.5	2.8	0.11	27	60	Red / 4 Black	6,300
PRIMACORD 3	3.2	15	3.66	0.14	113	250	Red / 5 Black	6,700
PRIMACORD 4Y	3.6	18	3.61	0.14	68	150	Yellow / 2 Black	6,700
PRIMACORD 4R*	3.6	18	3.61	0.14	68	150	Red	6,700
PRIMACORD 5	5.3	25	3.99	0.16	68	150	Red / 1 Black	6,700
PRIMACORD 8	8.5	40	4.47	0.18	90	200	Red / 2 Black	6,700
PRIMACORD 10	10.8	50	4.70	0.19	90	200	Yellow / 2 Black	6,700
PRIMACORD 10 SEISMIC	10.8	50	4.70	0.19	90	200	Yellow / White	6,700

직물/왁스로 마무리된 도폭선이다.

〈표 24.2〉 PRIMALINE®도폭선의 종류

Product	PETN Coreload (nominal)*		Outside Diameter*		Tensile Strength*		Color / Counter	Velocity of Detonation (minimum) m / sec
	g/m	gr/ft	mm	in	kg	lbs		
PRIMALINE 4D	3.6	18	3.23	0.13	68	150	Pink	6,700
PRIMALINE4HS	3.6	18	3.05	0.12	45	100	Clear / Black Stripe	6,700
PRIMALINE 5	5.3	25	3.58	0.14	50	110	Orange / Wax Coating	6,700
PRIMALINE 5D	5.3	25	3.23	0.13	45	100	Orange	6,700
PRIMALINE 8HS	8.5	40	3.99	0.16	45	100	Clear / Black Stripe	6,700
PRIMALINE 8HT	8.5	40	3.23	0.13	45	100	Yellow	6,700
PRIMALINE 21	21.3	100	5.84	0.23	90	200	Clear	6,700
PRIMALINE 32	31.9	150	7.11	0.28	90	200	Clear	6,300
PRIMALINE 42	42.5	200	7.62	0.30	90	200	Clear	6,300
PRIMALINE 85	85.0	400	10.03	0.40	136	300	Light Green	6,300

플라스틱 코팅으로 마무리된 도폭선이다.

〈표 24.3〉 PRIMALINE® SMS의 종류

Period / Delay Time (msec)	Delay Tag Color	Period / Delay Time (msec)	Delay Tag Color
0 / 0	Orange	9 / 450	Orange
1 / 50	Red	10 / 500	Yellow
2 / 100	Green	11 / 600	Tan
3 / 150	Orange	12 / 1000	White
4 / 200	Yellow	13 / 1400	Red
5 / 250	Tan	14 / 1800	Green
6 / 300	Lt. Blue	15 / 2400	Orange
7 / 350	Red	16 / 3000	Yellow
8 / 400	Green	17 / 3800	Tan

Length	
m	ft
4.5	16
6	20
7	24

0.9g/m의 녹색의 PRIMALINE 도폭선과 뇌관이 연결된 기폭시스템이다.

우리나라에서는 ㈜한화에서 HiCORD®도폭선을 생산하지만, 도폭선을 이용한 발파가 활성화되어 있지 않다. 1.5g/m까지 생산할 수 있는 기술은 보유하고 있지만 우리나라의 시장은 5g/m 이상의 제품만을 사용하고 있어 제품의 구성도 <표 24.4>에서 보는 바와 같이 5 g/m 이상의 제품으로 구성되어 있다. 우리나라에서는 주로 프리스프리팅발파에 사용하거나 건축 및 조경용 고품질의 석재를 채석하기 위해서 사용한다.

〈표 24.4〉 HiCORD®의 종류[6]

제품명	평균폭속 (m/sec)	심약량 (g/m)	인장력 (㎏f)	외경 (mm)	색상	주용도
하이코드50	7,000	5	75 이상	3.4±0.2	녹색	다운라인, 트렁크라인, Bunch
하이코드100	7,000	10	85 이상	4.4±0.2	적색	석재채석, 다운라인, 트렁크라인
하이코드200	7,000	20	170이상	6.0±0.2	백색	석재채석, 기타특수용도
하이코드400	7,000	40	200이상	7.3±0.2	백색바탕 적색띠	석재채석, 기타특수용도

24.4 도폭선 원료들의 특성

1) PETN

PETN은 매우 안정한 물질로 물에는 녹지 않으며 알코올, 에테르 및 벤젠에 약간 녹고 아세톤과 메틸아세테이트에 녹는다. 교반 및 냉각시키면서 펜타에리쓰리톨을 농황산에 주입하면 만들어진다. 만들어진 벌크 PETN은 산으로부터 결정화된다. PETN을 많이 침전시키기 위해서 약 70% HNO_3로 희석시킨다. 세척된 합성PETN은 아세톤으로부터 침전에 의해서 정제된다. PETN은 가장 강력하고 가장 파괴력이 높은 폭약이며 그것의 안정도는 만족할 만하고 감도도 보통이다. PETN은 MDF, 프리마코드, 뇌관첨장약, EBW 초기 압착화약, Datasheet와 같은 폭약 제품에 광범위하게 사용되며 TNT와 혼합하여 펜톨라이트와 같은 주조 폭약에 사용된다. MIL-P-387에 의하면 PETN은 입도에 따라 다음과 같이 4등급으로 분류된다.

〈표 24.5〉 PETN의 물리화학적 특성치

CAS 번호	78-11-5	폭발열(kcal/kg) H_2O(l /g) 계산치(실험치)	1,507(1,510)/1,398
분자 구조	$H_2C—ONO_2$ $O_2NO—CH_2—C—CH_2-ONO_2$ $H_2C—ONO_2$	밀도(g/㎤)	1.76
		응고점(℃)	141.3
		융해열(kcal/kg)	36.4
		비열(kcal/kg)	0.26
분자식	$C_5H_8N_4O_{12}$	lead block test(㎤/10g)	523
분자량(g/mole)	316.1	밀폐폭속(m/sec)	8,400(ρ=1.7에서)
ΔH_f(kcal/mole)	−128.78	deflagration point(℃)	202
산소평형치(%)	−10.1	충격감도(N m)	3
질소 함량(%)	17.72	마찰감도(N)	60
폭발가스량(l /kg)	780	철슬리브 임계직경(mm)	6
외관	무색의 결정		

〈표 24.6〉 MIL-P-387에 따른 PETN 입도 규격[7]

U.S. Standard Sieve No.	percent passing specified sieve			
	Class 1	Class 2	Class 3	Class 4
30	–	–	95 min.	100 min.
80	100 min.	–	–	–
100	–	–	–	20 max.
100	85 min.	96 min.	–	5 min.
140	55 max.	–	–	–
200	30 max.	80 max.	30 max.	–
200	–	65 min.	–	–

2) 면사 또는 혼방사

심사와 마무리 피복으로 사용하는 실은 면사 또는 혼방사(폴리에스터/면사=65/35)을 사용한다. 심사로는 직경이 약 3mm인 노즐로부터 PETN을 쉽게 끌어내어 도폭선의 심약으로 들어가는 약량을 균일하게 하기 위해 20~24수 4합사, 1~2가닥을 사용한다. 또한 마무리피복에도 사용하기도 한다. 특히 심사는 심약과 접촉하므로 건조해서 사용하는 등 수분이 최소화되도록 해야 한다.

3) 플라스틱테이프

심사에 의해서 호파로부터 인출된 PETN은 플라스틱 테이프에 의해서 싸여지는 유니버설식이 대부분이다. 플라스틱테이프 1개 또는 2개로 PETN을 싼다. 연신성이 없는 셀로판테이프나 폴리에스터테이프를 사용하는 것이 좋다.

4) PP(Polypropylene)사

플라스틱테이프에 의해 싸여진 PETN은 여러 가닥의 PP사에 의해서 스피닝된다. 2차 또는 3차에 의해서 이루어진다. 1차가 시계방향이면 2차는 시계반대방향으로 그리고 3차는 다시 시계방향으로 스피닝된다.

5) PVC(Polyvinyl chloride) 또는 PE(Polyethylene)

2차 또는 3차에 걸쳐서 스피닝된 도폭선은 마지막으로 압출기에 의해서 용융된 PVC 또는 PE로 마무리 코팅된다.

6) 왁스

PVC 또는 PE로 마무리된 최종제품이 일반적이나 인장력, 미끄러짐 등을 보완하기 위해 면사 또는 혼방사 여러 가닥을 스피닝하고 왁스 코팅하여 고정시킨다.

24.5 도폭선의 제조

24.5.1 재료 준비

1) 심약 준비

도폭선의 심약으로는 흐름성이 좋을수록 함약작업에 유리하므로 가장 큰 입도인 PETN(Class-4)를 사용한다. 기폭감도를 좋게 하기 위해서 Class-2와 같은 미세한 입도의 PETN을 Binder를 사용하여 입자화시켜 사용할 수도 있다. 가장 좋은 방법은 미세한 입도의 침상 PETN을 구형화시킨 Snow PETN이 가장 좋다. 미국의 Ensign-Bickford사 등에서 사용하며, 함약 후 쉽게 미세하게 분쇄되어 기폭감도가 상당히 좋아진다. 또한 함약하는 과정에서 내수성을 부여하기 위해서 PETN에 발수성 물질과 혼합하여 사용할 수도 있다. 발수성물질을 함유한 도폭선은 1주일 이상 물에 담가놓아도 기폭성이 유지된다.

2) 사류 준비

PETN과 직접 닿은 심사의 경우는 흡습된 실은 기폭성능에 악영향을 주므로 가능한 건조하여 사용하는 것이 좋다. 1,2차 또는 3차 피복에 사용되는 PP사는 함약기에 사용하기 좋도록 작은 보빈에 권취작업을 하여 사용한다.

3) 함약 작업

[그림 24.3]은 도폭선 함약기의 한 예를 나타낸 그림이다.

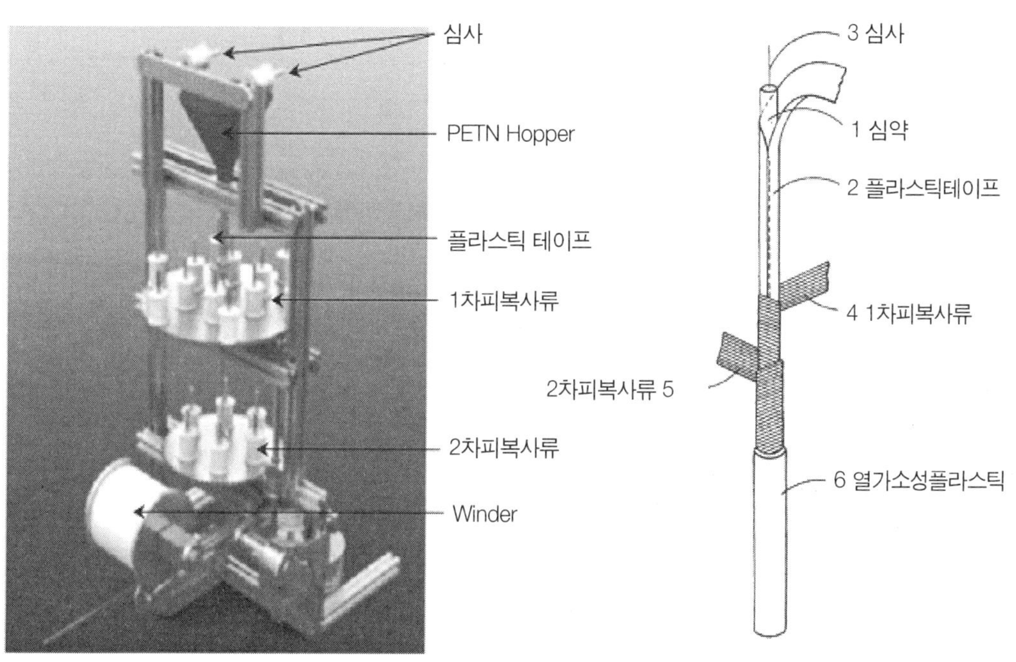

[그림 24.3] 도폭선 함약기의 예

PETN Hopper에 담겨진 PETN은 2가닥의 심사에 의해서 노즐 밖으로 인출된다. 인출된 PETN은 바로 플라스틱 테이프에 의해서 감싸지며 감싸진 PETN은 함약기의 1차원반 중앙의 노즐로 삽입이 되면서 여러 가닥의 PP사가 시계방향으로 스피닝되면서 감싸진다. 1차원반을 빠져나온 도폭선은 함약기의 2차원반 중앙의 노즐로 삽입이 되고 여러 가닥의 PP사에 의해서 시계반대 방향으로 스피닝되면서 피복된 후 와인더에 감긴다. 와인더는 만약의 폭발 사고에 대해서 피해 규모를 줄이기 위해 별도의 방폭 구조의 방에 분리 설치하기도 한다. 추가로 3차원반을 구성하여 PP사로 한번 더 스피닝하는 경우도 있다.

4) 플라스틱 코팅작업

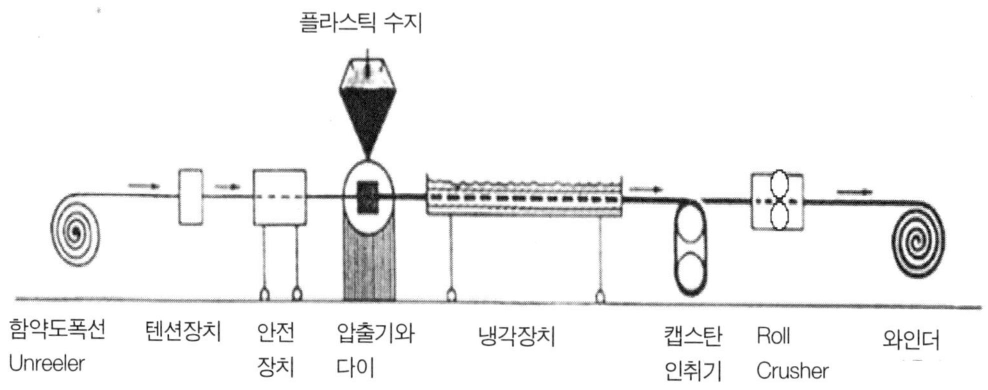

[그림 24.4] 도폭선 피복라인의 예

함약기에서 함약된 도폭선에 열가소성 플라스틱 수지로 코팅하는 작업이다. 함약되어 보빈에 감긴 함약도폭선은 Unreeler에 장착이 되어 풀려진다. Unreeler에서 풀려진 함약도폭선은 텐션장치를 통과하면서 일정한 속도로 압출기로 들어간다. 압출기의 다이를 통과하면서 압출기에서 용융된 플라스틱 수지가 일정한 두께로 코팅이 되고 바로 냉각조를 통과하면서 냉각된다. 이러한 전체의 과정은 캡스탄 인취기에서 도폭선을 일정한 속도로 잡아 당기면서 이루어지게 된다. 캡스탄 인취기에 의해서 배출된 피복도폭선은 Roll Crusher 통과하면서 심약인 PETN을 분쇄하여 도폭선의 감도를 향상시킨다. Roll Crusher 통과한 제품은 와인더에 감긴다. 상기의 Roll Crusher는 피복라인에 설치되어 PETN 분쇄작업이 될 수도 있으나 피복 후에 별도의 분쇄기에서 작업될 수도 있다. 피복공정 중에서 가장 위험한 곳이 압출기이다. 압출온도가 최대 200℃에 도달될 수도 있으므로 공정상의 문제로 압출기 다이에서 정체될 경우 기폭될 가능성이 크다. 그래서 안전장치를 설치하여 기폭시 끊어 줌으로써 앞뒤의 Unreeler의 함약도폭선과 와이더에 감긴 피복도폭선이 전폭되지 않도록 하여야 한다. 이 안전장치 기술은 100065345 (1993.09.10)으로 대한민국 특허로 등록되어 있다.[9]

24.6 도폭선의 성능[8]

KSM 4811에 따르면 도폭선은 50그레인(9.5～11.5g/m)도폭선과 25그레인(4.0～6.0g/m)도

폭선의 두 가지가 있으며 성능은 다음과 같아야 한다.

1) 폭발속도

5,500～7,000m/sec

2) 내수성

약 1.5m의 도폭선을 수압 0.29kPa의 물 속에 3시간 이상 담근 후 이것을 꺼내어 중앙에서 절단한 것을 시료로 하여 다음의 시험을 했을 때 기폭되어야 한다.

(1) 절단한 시료 1개에 대해서는 절단 부위에 뇌관을 연결하여 기폭시켰을 때 기폭되어야 한다.

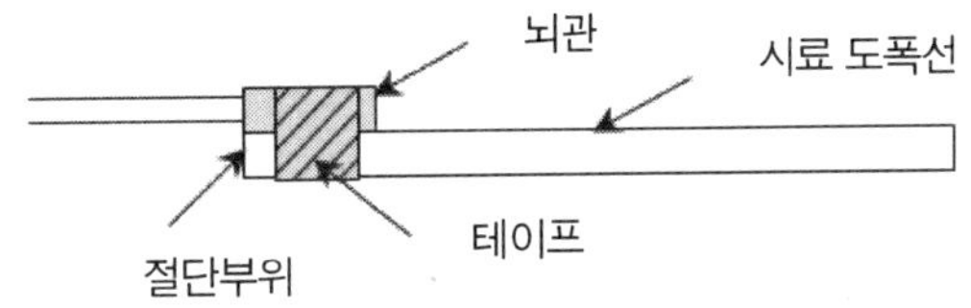

[그림 24.5] 도폭선 침수후 뇌관 기폭시험

(2) 다른 시료 1개에 대해서는 뇌관에 의하여 기폭된 도폭선에 의해서 기폭되어야 한다.

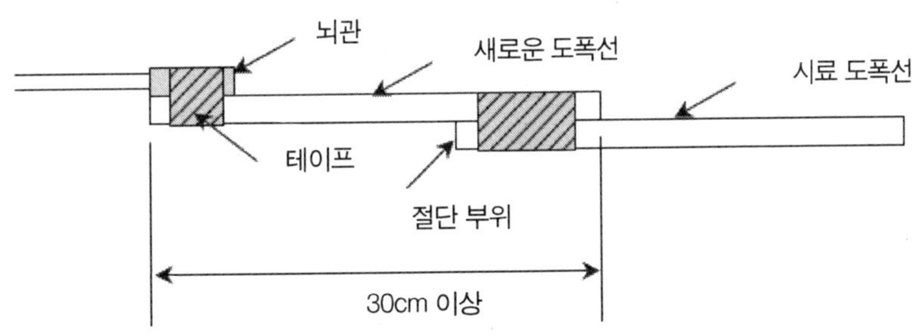

[그림 24.6] 도폭선 침수 후 도폭선 기폭시험

24.7 도폭선의 특성

1) 도폭선의 연결 방법

도폭선은 약량, 폭발속도로 보아 뇌관을 일렬로 연이어 놓은 것 같이도 생각할 수 있다. 따라서 도폭선을 [그림 24.7]과 같이 연결만 하여도 폭굉은 전폭하고 또한 폭약에 접촉시키면 그 폭약은 기폭된다. 단 [그림 24.7](d)와 같이 전폭방향에 역방향으로 설치하면 전폭하지 않는 경우가 가끔 있으므로 주의를 요한다. 따라서 방향성에 관계없이 기폭될 수 있는 (e)의 방법이 바람직하다. 간선으로부터 지선으로 분기시키면 1개소의 기폭으로 분기되어 연결된 폭약을 완전히 기폭시킬 수가 있으므로 갱도식 대발파, 구조물의 폭발에 또한 내수성이 있으므로 수중폭발 등에 유리하다. 또한 도폭선은 어떤 부분을 취해도 대체로 일정한 폭발속도를 가지므로 도트리쉬 폭발속도 측정 시험에서 기준으로 사용된다. 극히 안전하다고 말하여지고 있으나 제2종 도폭선의 심약 PETN과 같은 것은 마찰충격에 대하여 예민하므로 취급에 주의해야 한다.

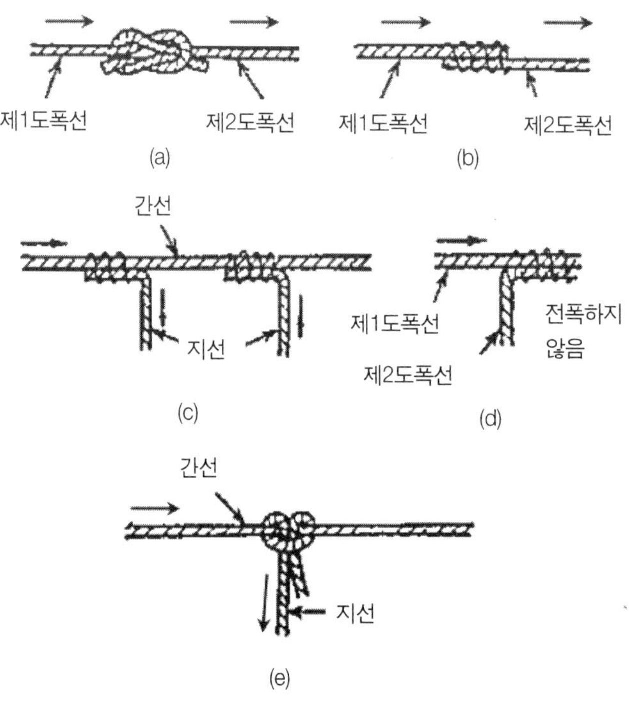

[그림 24.7] 도폭선 매듭법

2) 도폭선의 기폭 성능

전통적으로 사용해 오던 10g/m 도폭선은 뇌관과 동일한 위력을 가지므로 도폭선과 도폭선으로 연결되거나 뇌관기폭성 폭약에 연결되어 연결된 도폭선이나 폭약을 잘 기폭시킨다. 그러나 5g 도폭선의 경우는 매듭에 의해서 도폭선을 잘 전폭시키나 폭약을 기폭시킬 때에는 주의해야 한다. 5g/m도폭선은 10g/m에 비해서 약량이 1/2밖에 안되므로 단순히 폭약에 삽입한다거나 접촉시켜서 기폭시키면 불폭되는 경우가 있다. 그러므로 사용 전에 제조사와 협의하여 충분히 기폭시키는 조건으로 만들어 사용해야 한다. Dyno Nobel의 Primacord의 경우에는 3.2g/m 이하의 제품은 서로 매듭에 의해서 기폭이 충분히 안되므로 매듭 사용을 금지하고 있다. 3.6g/m 이상의 제품만 매듭 사용을 허용하고 있다. Orica의 경우는 3.6g/m의 도폭선으로 폭약을 기폭시킬 때에는 반드시 특정 부스타(Pentex™ PowerPlus™ booster)를 쓰도록 권장하고 있다.

3) 도폭선을 이용한 발파법

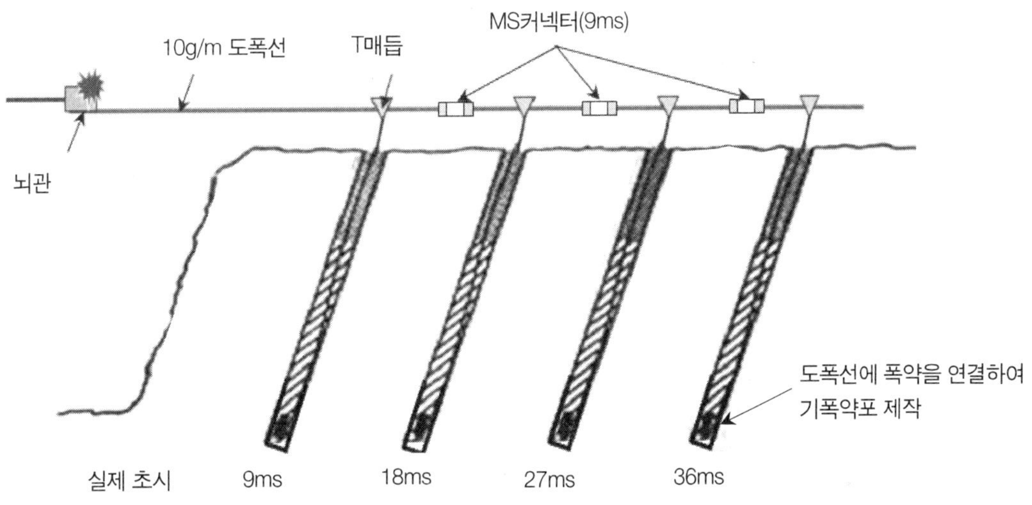

[그림 24.8] 도폭선을 이용한 전형적인 발파 패턴

10g/m 도폭선은 자체로 폭약을 기폭시킬 수 있으므로 직접 부스타 등에 연결하여 다운라인으로 사용한다. 지표면으로 나온 다운라인에 10g/m 도폭선 트렁크라인을 이용하여 T자 매듭으로 연결한다. 그리고 공과 공 사이에 MS커넥터를 설치하여 지발발파가 이루어지도록 한

다. 상기 [그림 24.8]은 17ms MS커넥터를 이용하여 설치된 패턴이다. 순수하게 도폭선만을 이용해서 발파하는 경우에는 "1ms당 30cm의 공간격 유지"라는 기본적인 룰이 적용되어야 한다. 예를 들어, 상기와 같은 9ms의 경우는 2.7m의 공간격이 유지되어야 한다. 이 룰을 지키지 않을 경우에는 컷오프에 의한 불발의 가능성이 크다. 즉 앞 공의 폭발력에 영향을 받기 전에 뒷 공의 MS커넥터가 빨리 기폭되어야 한다는 것이다.

400∼500ms의 공저뇌관(DHD)를 사용할 경우에는 이러한 룰이 적용되지 않는다. 왜냐하면 예를 들어 400ms의 경우 9ms의 MS커넥터가 약 44개가 이미 기폭되어 지나갔기 때문에 컷오프가 일어날 일이 없다. 그래서 DHD를 사용할 경우에는 MS커넥터를 17∼176ms까지 사용해도 컷오프없이 발파를 진행할 수 있다.

참고문헌

1. WILLARD C. COPE, "Detonating fuse", US Patent 1341705(1920.6.1)
2. Charles R. Johnson, "Detonating fuse", US Patent 2380312(1945.7.10)
3. John M. Smith, "Detonating fuse", US Patent 3155038(1964.11.3)
4. 김정환, 이영호, "저심약도폭선의 제조방법", 대한미국특허 100116305(1997.06.12)
5. Dyno Nobel(2013), "Product Hub, Technical information & SDS", http://www.dynonobel.com/resource-hub/products, (2017.2.16. 방문).
6. ㈜한화/화약 웹사이트, "도폭선", http://www.hanwhacorp.co.kr/index.jsp, (2017.2.19. 방문).
7. MIL-P-387C(1976), "Pentaerythrite Tetranitrate(PETN)"
8. KSM 4811(1993), "도폭선"
9. 손경복, 이영호, "도폭선 제조시 폭굉전파방지방법 및 그 장치", 대한민국 특허 100065345 (1993.09.10.).

제25장

전자뇌관
(Electronic delay detonator)

25.1 개요

1970년대 말 발파의 효율, 소음진동의 개선을 위해서 초정밀 지연초시를 갖는 전자뇌관들이 개발되기 시작하는데 최초의 전자뇌관 기술은 미해군의 미국특허 US4136617(1979. 01. 30)[1]이며 이후 스웨덴, 영국 및 일본 등에서 연속적으로 개발되기 시작하였다. 전자뇌관의 초기형태는 초시가 공장에서 '프로그램 된 전자뇌관'이었으며 후에 발파현장에서 초시를 임의로 입력시킬 수 있는 '프로그램 가능한 전자뇌관'으로 발전하였다. 또한 '프로그램 가능한 전자뇌관'도 초기에는 프로그램 유닛에서 일방적으로 신호를 보내기만 하는 단방향 통신의 전자뇌관이었으나 이후에 가장 발전된 형태의 전자뇌관인 양방향 통신의 전자뇌관으로 발전하였다. 현재에는 이 양방향통신의 전자뇌관이 주 시장을 이루고 있으며 초시정밀성, 기폭신뢰성, 전류안전성 측면에서 가장 우수하다고 평가되고 있다. 초시의 품질은 상대표준편차가 0.03% 이하(100ms인 경우 σ가 0.03ms)이며 외부에서 4암페어 정도의 전류가 유입되어도 기폭되지 않으며 2500pF, 30kV의 정전기 시험에서도 기폭되지 않는 안전성을 갖고 있다. 전자뇌관은 기존의 전기 및 비전기뇌관에 비해서 약 10의 가격으로 매우 비싸기 때문에 특별한 용도 외에는 아직까지 많이 사용되고 있지 않다. 이러한 높은 가격을 상쇄시킬 수 있는 효율성인 측면을 많이 연구하고 있으나 아직은 부족하다. 일반적인 연구에 의하면 전자뇌관을 사용하게 되면 오버래핑이 완전히 제거되어 발파진동이 감소되며 이에 따라서 발파 규모가 증대되고 오버브레이크가 거의 사라져 발파효율이 증대된다고 한다. 고가의 원석인 경우에는 수율이 증가되며 발파 후 파쇄도도 좋아져 후처리공정도 절약이 된다고 한다. 1970년대 말부터 전자뇌관 개발이 시작되었지만 아직 사용량은 그다지 증가를 보이고 있지는 않다. 사용량을 증가를 위해서는 코스트 다운, 발파효율의 증대 등의 연구가 더 이루어져야 할 것이다.

25.2 전자뇌관의 발전사

전자뇌관 기술의 최초 특허 출원은 1977.3.28일 스웨덴의 Tri Electronics사의 US4145970 (1979.3.27)[10]였으나 등록이 먼저 이루어진 것은 1977.7.18에 특허 출원한 미해군의 US4136617(1979.1.30)이었다.[1] 초기의 이 기술들은 뇌관 내에 지연시간이 미리 세팅되어 있는 상태에서 전기를 충전시키고 발화시키는 기본적인 형태의 단방향통신의 전자뇌관시스템이었다.

이후에 많은 회사들이 나름대로의 독특한 전자뇌관 기술들을 개량하여 특허를 등록하게 되는데 이들 회사로는 에멀젼폭약의 효시인 Atlas사, ICI(Orica의 옛회사), 욱화성, Dyno Nobel, 일본유지, Ensign Bickford, Davey bickford, Delta caps, SDI(Special devices Inc.), SMI, DetNet 등의 회사가 있었으나, 현재에는 Orica, Dyno(DetNet), Davey bickford, Austin powder 등의 회사들이 대부분의 전자뇌관을 생산하고 있다. Atlas사는 1971년에 ICI(현재 Orica)에 흡수되어 Orica 기술화되었으며 Ensign Bickford사는 2003년에 Dyno Nobel사에 흡수되었고 Dyno Nobel사는 2004년에 DetNet과 전자뇌관 Joint Venture를 하였다. SDI는 자체 기술로 2001~2004년에 전자뇌관을 개발하였으나 Orica의 특허 소송으로 견디지 못하고 Austin powder에 매각하였다.

1991년에는 Plessey South Africa Limited가 발파현장에서 직접 프로그램이 가능한 기술을 미국특허 US5159149(92.10.27)[11]로 특허 등록하였으며 1996년에는 Orica가 양방향통신회로를 접속시켜 발파의 신뢰성을 향상시킨 기술이 미국특허 US6085659(1000.7.11)[12]로 특허 등록되었다. 전자뇌관의 ID를 인식하는 방법도 기존에는 전자뇌관에 Logger를 직접 연결하여 확인하는 방법에서 바코드를 이용하는 방법으로 개선되는데 이 방법도 1998년 Orica에 의해서 미국특허 US6085659(2000.7.11)[12]로 특허 등록되었다.

우리나라에서는 ㈜한화가 2009~2014년에 개발에 성공하여 하이트로닉스라고 하는 상품명의 전자뇌관시스템을 구축하였다.[3] 이 기술은 대한민국특허 101016538(2011.2.14.),[13] 101293801 (2013.07.31.),[14] 101336424(2013.11.27),[15] 101424215(2014.07.22)[16] 등으로 특허 등록되었다.

25.3 전자뇌관의 기본적인 구조[2]

전자뇌관의 회로는 기본적으로 정류회로, 역전압제어회로, 전원조절회로, 발진회로, 양방향통신회로, 기폭커패시터 충/방전회로, 기폭회로 및 CPU회로가 있다. 이러한 회로들의 조합에 의해서 뇌관의 가장 우수한 조건인 초시정밀성, 전기안전성 및 기폭신뢰성이 구현될 수 있다. 다음의 [그림 25.1]은 이러한 전자뇌관 회로의 예를 나타낸 것이고, [그림 25.2]는 이러한 전자회로에 사용되는 디스크리트(Discrete) 타입의 PCB의 예이다. 전자뇌관 회로의 개발 첫 단계는 수정이 가능하도록 이러한 타입으로 대부분 제조되며 안정화가 되면 ASIC (Application-specific integrated circuit)화하여 외부적으로는 단순한 형태가 되고 원가절감, 품질향상 및 대량 생산이 가능하게 된다. 단 ASIC을 할 경우에는 투자비 높고 회로 개선을 할 경우에는 다시 ASIC을 해야 하므로 주의를 요한다.

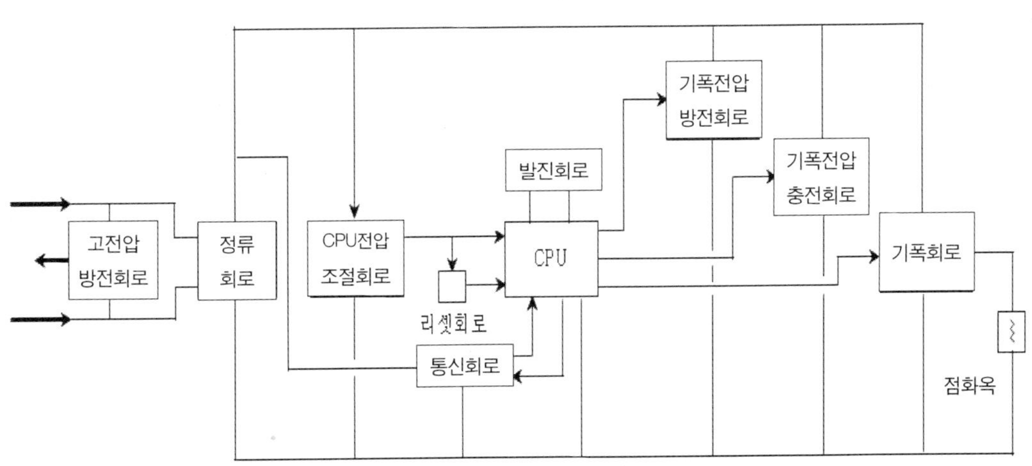

[그림 25.1] 전자뇌관 회로의 예

[그림 25.2] 전자뇌관 PCB(Discrete type)의 예

1) 고전압방전회로

외부로부터 비이상적인 고전압의 전기가 유입되었을 때 회로 외부로 들어오지 못하도록 밖으로 방출하는 장치이다. 인입되는 두 전극 사이에 0.125~0.15mm의 스파크갭을 만들어 고전압이 유입 시 스파크 발생에 의해서 전기가 회로 외부로 방출하도록 되어 있다.

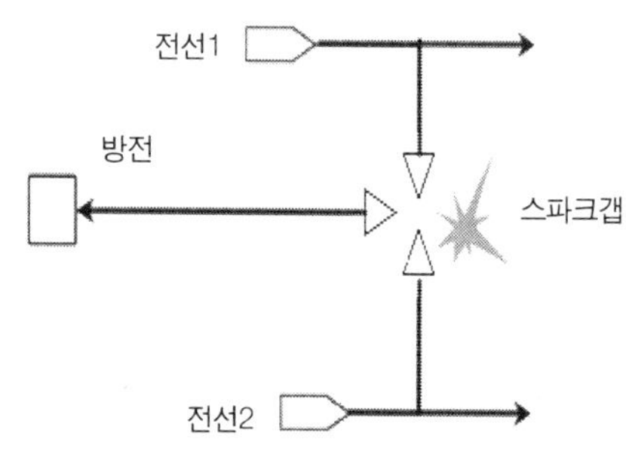

[그림 25.3] 고전압방전회로

2) 정류회로

입력되는 전압의 종류 및 극성에 상관없이 출력되는 전류가 일정하게 정류되는 회로이다. 이것은 발파현장에서 전선들을 연결할 때 양극과 음극을 선택해서 결선해야 한다면 상당히 불편할 것이며 항상 100% 올바르게 연결할 수가 없을 것이다. 따라서 작업의 편리성을 위해서는 이러한 정류회로가 필수적으로 갖추어져야 한다. 일반적으로 브릿지다이오드를 사용하며 회로는 [그림 25.4]과 같다.

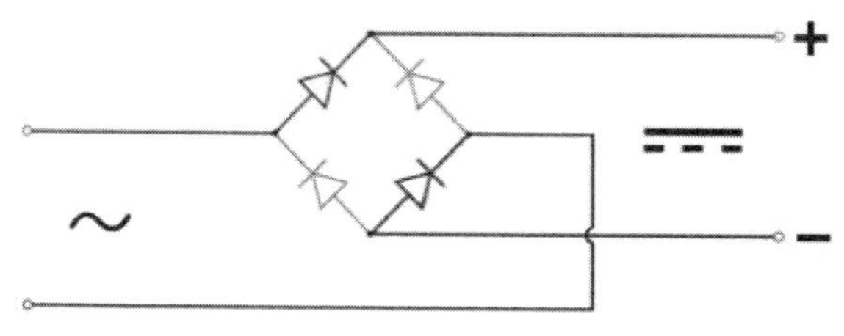

[그림 25.4] 브릿지다이오드 회로

3) CPU 전압조절회로

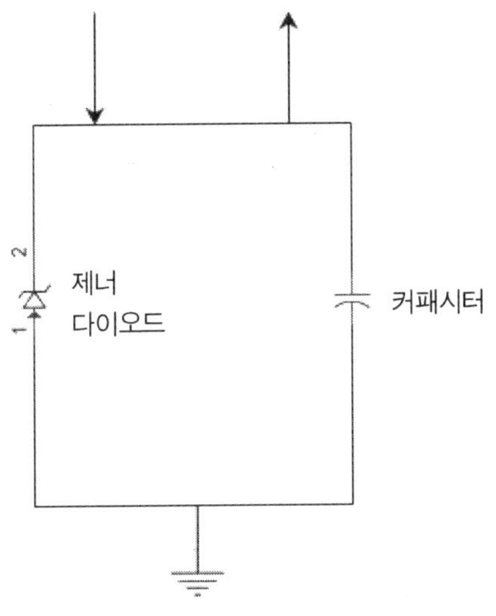

[그림 25.5] 전압조절/저장회로

전자뇌관에 사용될 수 있는 MCU는 8Bit와 16Bit가 있는데 전자회로를 운영하는 프로그램의 메모리 및 충전, 방전, 기폭 및 통신회로 등에 사용되는 명령을 전달하는 출력핀의 개수에서 여유가 있는 16Bit를 사용하는 것이 일반적이다. 보통 16Bit의 MCU는 운영 전압이 최대 2~5.5볼트이므로 CPU를 작동하는 전압은 최대 5.5볼트를 초과하지 않도록 조정해 주어야 한다. 이러한 기능을 하는 것이 CPU 전압조절회로이며 보통은 커패시터와 제너다이오드로 구성되어 있다.

4) 리셋회로

PCB에 전기를 처음 넣었을 때 PCB를 초기화시키는 회로이다. 초기화된 PCB는 발파기로부터 명령이 올 때까지 대기한다.

5) MCU(Micro Controller Unit)

전자뇌관은 마이크로프로세서와 입출력모듈을 하나의 칩으로 만들어 뇌관의 기능을 수행하는 컴퓨터라고 할 수 있다. CPU 코어, 메모리, 타이머 그리고 프로그램 가능한 입/출력을 가지고 있다. 이 MCU에 저장된 프로그램에 의해서 외부의 발파기와 통신을 하여 각 뇌관에 시간이 입력되고 발파명령을 받으면 정해진 시간을 카운팅 후 기폭회로에 명령을 주어 뇌관을 기폭시키는 역할을 한다.

6) 발진회로

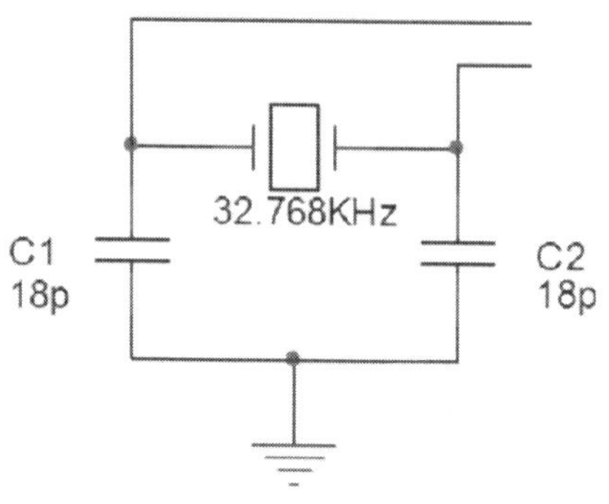

[그림 25.6] 발진회로

기본적으로 MCU 내에는 Timer가 있다. 그러나 때로는 정밀도를 향상시키기 위해서 외부 발진자를 설치하여 시간을 카운팅하기도 한다. 보통은 크리스탈발진자를 선택한다. 정해진 시간을 카운팅하는 회로이다.

7) 기폭전압 충전회로

점화옥에 전기를 공급하기 위해 전압이 충전되는 회로로, 발파기에서 Arming을 하게 되면 발파전압이 충전되는 회로이다. 정해진 시간이 카운팅이 되었을 때 MCU가 기폭회로에 명령을 주게 되면 기폭회로가 열리면서 점화옥에 전기를 공급한다. 전압조절/충전회로와 동일하게 제너다이오드와 커패시터로 구성된다.

8) 기폭전압 방전회로

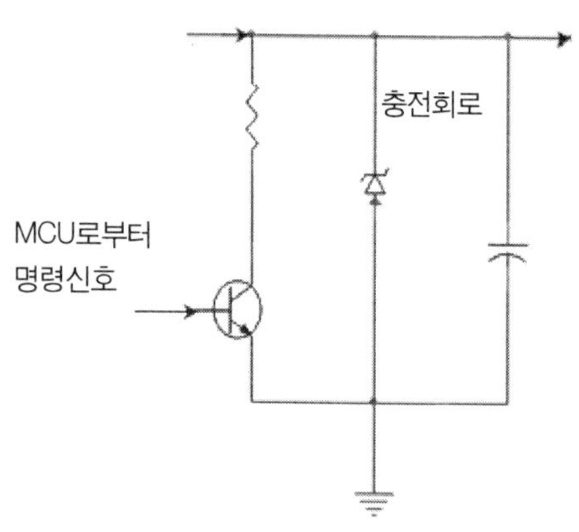

[그림 25.7] 기폭전압 방전회로

기폭전압이 충전된 상태에서 예기치 않은 일로 발파를 중단하여야 할 때 기폭전압 충전회로에 차 있는 전기를 방출해 주는 회로이다.

9) 기폭회로

발진자에 의해서 정해진 시간이 카운팅되었을 때 MCU가 기폭회로에 명령을 내리면 기폭전압 회로를 개방시켜 점화옥으로 기폭전압을 방출하는 회로이다.

10) 통신회로

발파기와 MCU 간에 양방향 통신을 하는 회로이다. 발파기와의 통신에 의해서 각 뇌관에 해당 초시가 부여되고 발파명령을 받는 회로이다. 뇌관 및 뇌관의 결선 이상유무도 확인하여 통신하는 회로이다.

25.4 전자뇌관 시스템의 구성 및 작동

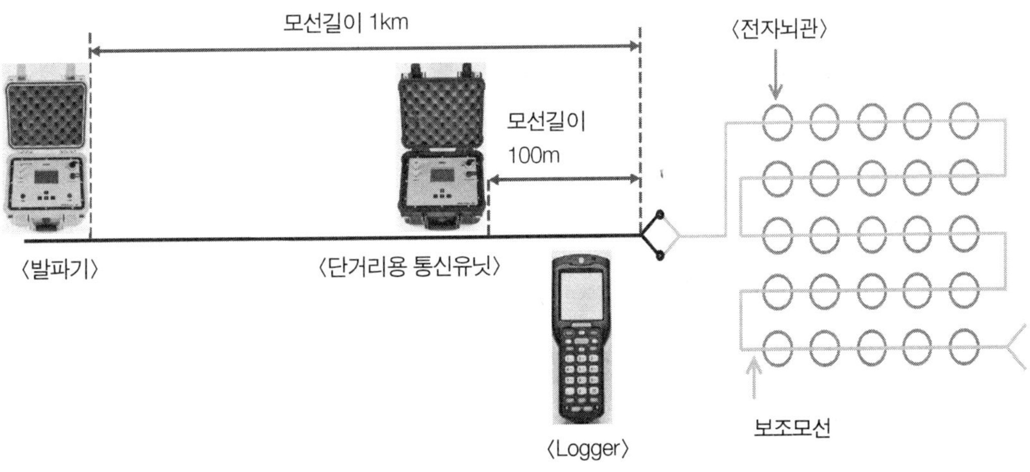

[그림 25.8] 전자뇌관 시스템의 구성[3]

전자뇌관 시스템은 전자뇌관, 발파기, 테스터, 로거로 이루어져 있다. 이러한 네 가지의 구성품이 조합되어 전자뇌관 발파가 이루어지며 각 구성품의 기능은 다음과 같다.

1) 전자뇌관

전자뇌관의 기본적인 구조는 25.2항과 같으나 기능이 더 추가되거나 생략될 수도 있다. 전자뇌관 제조 시 각 전자뇌관 MCU에는 ID가 들어가 있고 스캐닝 타입을 사용하는 전자뇌관 시스템의 경우 이 ID는 바코드 또는 QR코드로 프린트되어 각선에 부착되어 있다. 이 코드들은 스캐너에 의해서 각 뇌관의 ID가 인식될 수 있다. 기본적으로 각 뇌관은 모선에 병열로 연결된다.

2) 로거

바코드에 있는 정보를 읽어내는 시스템에는 스캐너, 디코더 및 컴퓨터가 포함되어 있다. 스캐너에는 레이저 빛을 쏘는 부분과 빛을 검출하는 부분이 있다. 바코드에 빛을 쏘면 (①) 검은 막대 부분은 적은 양의 빛을 반사하고, 흰 부분은 많은 양의 빛을 반사한다. (②) 스캐너는 반사된 빛을 검출하여 전기적 신호로 번역되어 이진수 0과 1로 바뀌어진다. (③④⑤) 이는 다시 문자와 숫자로 해석되어진다. (⑥) 이는 디코더에 의해 컴퓨터가 바코드를 수집할 수 있는 형태로 변환한 뒤에 호스트컴퓨터로 데이터를 전송하게 된다.

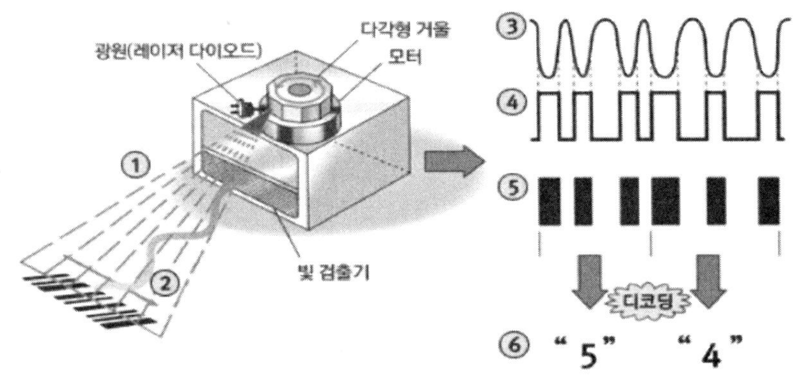

[그림 25.9] 바코드의 해독원리

3) 테스터

발파패턴에 의해 각 뇌관을 모선에 병열로 연결한 다음 단거리에서 테스터를 이용해서 양방향 통신에 의해 각 뇌관에 초시를 입력하면서 회로의 이상 유무를 점검한다. 테스터로 점검 시 뇌관의 단락 또는 연결되지 않은 뇌관들이 체크될 수 있다. 안전을 위해서 이 테스터는 뇌관을 기폭시키지 않는 최소의 전압으로 운영되어야 한다.

4) 발파기

테스트가 끝난 다음 안전한 거리에 떨어져 있는 발파기 작동 위치로 이동하여 다시 한번 초시 입력을 양방향 통신에 의해서 수행하면서 단락, 미연결 등의 뇌관이 있는지 확인한 다음 이상이 없으면 아밍(Arming)하여 발파를 시행한다.

25.5 전자뇌관의 특징

산업용 전자뇌관은 정밀한 지연초시를 갖는다. 전자뇌관은 광산, 채석장, 건설 산업에서 여러 가지 발파 작업 시 정확하고 일관된 발파 결과를 얻기 위한 정확한 지연 초시를 제공한다. 전자뇌관은 1～10,000ms까지 1ms 간격으로 프로그램할 수 있으며 전자뇌관의 이점은 다음과 같다.

① 결선 후 연결이 잘 되었는지의 여부를 100% 보증할 수 있다.

② 1ms 단위로 1～10,000ms까지의 지연시간으로 발파할 수 있다. 그 이상의 지연시간도 가능한 제품도 있다. 실제로 25,000ms까지도 가능한 제품도 있다.

③ 정밀도의 척도인 상대표준편차가 0.03% 이하(100ms인 경우 σ가 0.03ms)이다.

④ 1대의 발파기로 1,600발까지 안전하고 신뢰성있게 발파할 수 있는 제품이 나와 있으며 보통은 500～1,000발이다.

⑤ 각 뇌관마다 ID가 부여되어 있다.

⑥ 발파 전에 모든 뇌관 및 회로가 검증될 수 있다.

25.6 여러 가지 전자뇌관 시스템

전자뇌관을 제조하는 회사로는 Orica, DetNet, Austin Powder, Davey bickford 및 일본화약이 있다. 각 회사마다 약간씩 차이가 있으며 크게는 라인입력식과 바코드입력식이 있다. 다음의 <표 25.1>은 이 전자뇌관들을 비교한 표이다.

전자뇌관의 가장 큰 단점은 첫째가 가격이 비싼 것이고 둘째가 고도로 숙련된 사람들만이 발파를 할 수가 있고 고전적인 전기 및 비전기뇌관 발파에 비해서 설치 및 발파시간이 많이 소요된다는 것이다. 가격 측면에서는 ASIC을 통한 대량 생산을 통해서 가격이 낮추려고 노력이 진행되고 있고 발파 방법도 고도의 기술을 요하는 숙련된 사람이 아니더라도 쉽게 사용할 수 있도록 제조사들이 단순화를 위한 노력이 계속 진행 중이며 소요시간도 스카치락의 구조 개선, 초시입력 방법의 개선 및 통신시간의 단축을 통해서 개선하려고 계속 시도 중이다. <표 25.1>의 각 사의 전자뇌관들은 이러한 점이 계속 개선되어 온 제품들이나 아직도 더 많은 부분에서 개선이 이루어져야 할 것이다.

〈표 25.1〉 제조사별 전자뇌관의 특징 및 용도

회사명		Orica[5]		
발파시스템		i-kon	unitronic 600	eDevII
시스템구성	뇌관	• Standard detonator (인장강도 20kgf) • RX detonator (인장강도 25kfg)	• unitronic 600 detonator	• eDevII electronic detonator
	발파장비	• 발파기: CEBS(Underground용) SURBS(Surface용) Blaster 400 & 2400S • Logger	• Blast Box 310/310RAU • Scanner 110/120/125/200 • Test Box	• SHOTPlus Tunnel blast design software • Blast Box 610 or 610C • Scanner 120/125/260 • Test Box or Tester
특징		• Fully programmable (Line 입력식) • 최대초시 15,000ms • 정밀도 1300ms ↑ ± 0.01% • ASIC 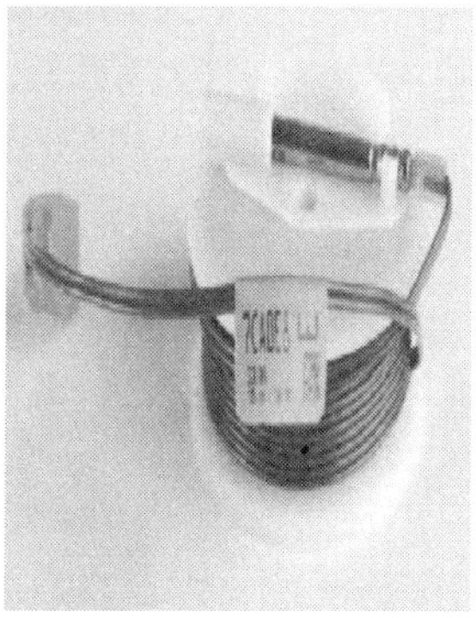	• Fully programmable (바코드 입력식) • 최대초시 10,000ms • 정밀도 ±0.03% • ASIC 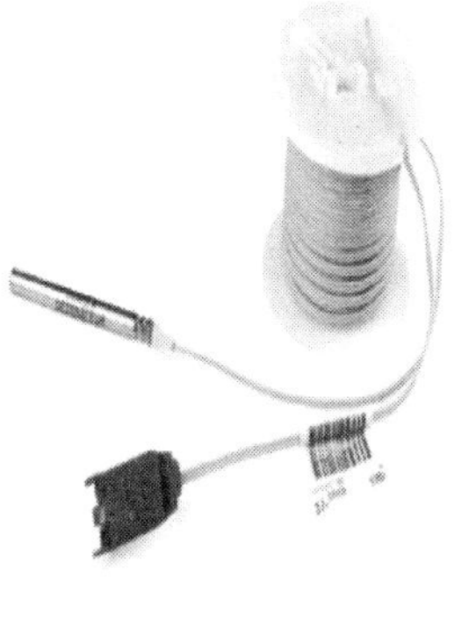	• Fully programmable (바코드 입력식) • 최대초시 20,000ms • 정밀도 ±0.01% • ASIC 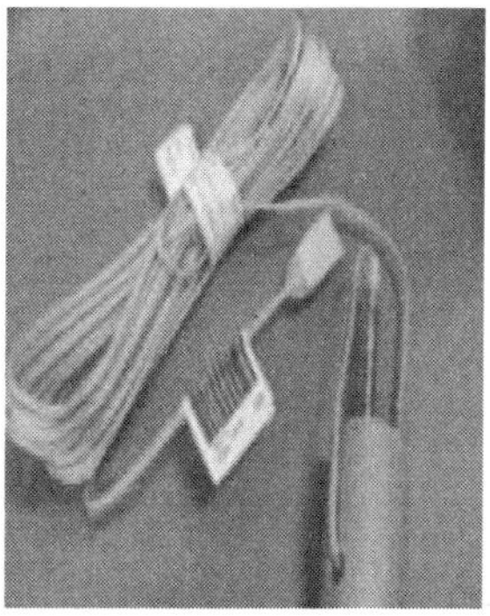
주용도		노천탄광, 노천금속광산, 지하광산,채석 및 건설	노천탄광, 노천금속광산, 지하광산,채석 및 건설	지하광산, 터널, 지하건설

회사명		DetNet(Dyno Nobel, AEL에 공급)[4, 6]		
발파시스템		SmartShot	BlastWeb	Digishot
시스템구성	뇌관	• SmartShot Detonator	• QuickShot Plus Detonator • NetShock Detonator • DriftShot Detonator • SmartShot detonator	• DigiShot Detonator
	발파장비	• Tagger • String starter • Connector Block • Bench Box • RF Repeater • Base Station	• Surface Blast Controller • Blast Control Unit(BCU) • Dual Channel Repeater • USB Leased Line Modem	• Tagger • 300S Blaster • Smart key
특징		• Fully programmable & • Auto-programmable (Line 입력식) • 최대초시 20,000ms • 정밀도 ±1ms(5초 이하) • Discrete	• Pre-programmed • 정밀도 ±1ms(5초 이하) • Discrete	• Programmable (Line 입력식) • 최대초시 20,000ms • 정밀도 ±1ms(5초 이하) • Discrete
주용도		지하 및 노천 광산	지하광산	노천 및 지하광산

회사명		DetNet(Dyno Nobel, AEL에 공급)		Austin Powder (SDI로부터 인수)[7]
발파시스템		Hotshot	DigiShot Plus	E*Star system
시스템구성	뇌관	HotShot Detonator	DigiShot Plus Detonator	E*Star detonator
	발파장비	• Tagger • Blast Cradle • Blast key	• Tagger • Bench Box • Base Station • Smart key • RF Repeater	• LM-1 tester • DLG1600-1 -N/DLG1600 -100Logger • DBM 1600 -2K Blasting machine
특징		• Auto-programmable (Line 입력식) • 최대초시 20,000ms • 정밀도 ±1ms(5초 이하) • Discrete • 4-wire • Dynamic Shock Resistance : >31,763psi or 219MPa 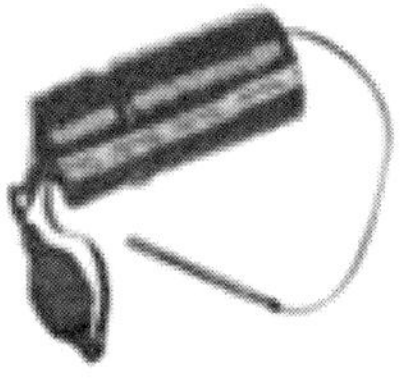	• Programmable (Line 입력식) • 최대초시 20,000ms • 정밀도 ±1ms(5초 이하) • Discrete • 2-wire • Resistance: >31,763psi or 219MPa 	• Programmable (Line 입력식) • 최대초시 10,000ms • 정밀도 0.01% • ASIC • 2-wire 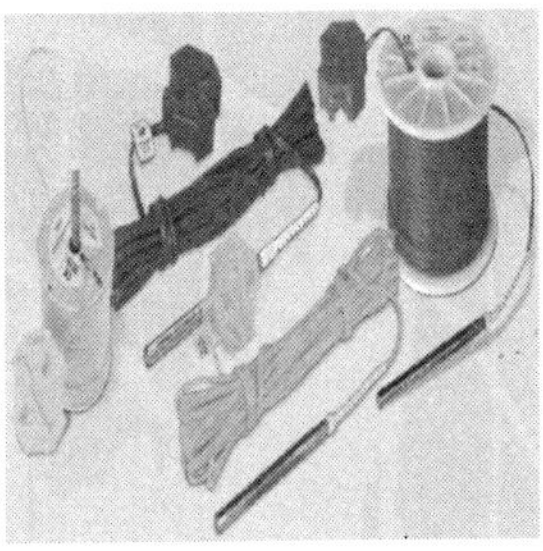
주용도		노천 및 터널과 같은 지하광산	노천 및 지하광산	광산, 채석장, 건설

<table>
<tr><td colspan="2">회사명</td><td>Davey bickford
(MAXMAM공급)[8]</td><td colspan="2">Kayaku Japan[9]</td></tr>
<tr><td colspan="2">발파시스템</td><td>DAVEYTRONICIII</td><td colspan="2">EDD</td></tr>
<tr><td rowspan="2">시스템구성</td><td>뇌관</td><td>• DAVEYTRONICIII</td><td>• 표면발파/스무스블라스팅용</td><td>• 다단발파용</td></tr>
<tr><td>발파장비</td><td>• Programming unit
• Blast machine</td><td colspan="2">• EDD 전용발파기
• EDD 병용발파기
• EDD Checker</td></tr>
<tr><td colspan="2" rowspan="2">특징</td><td rowspan="2">• Programmable
(Line 입력식)
• 최대초시 10,000ms
• 정밀도 ±0.02%
• ASIC
• Dynamic shock resist-ance:
15,000psi</td><td>• 관체 내에 커패시터, IC타이머와 EDD 전용 순발전기뇌관 수납
• SB용 EDD의 표준초시
: 3초</td><td>• 플라스틱케이스 내에 커패시터, IC 타이머 수납
• 다단발파용 단수는 주단과 부단으로 이루어짐
• 부단의 표준초시간격
: 30ms</td></tr>
<tr><td colspan="2">• 설정가능 초시: 100ms~8198ms
• 정밀도: ± 1ms</td></tr>
<tr><td colspan="2">주용도</td><td>광산</td><td>표면발파/스무스블라스팅용</td><td>다단발파용</td></tr>
</table>

참고문헌

1. Steven E. Fowler, Electronic delay detonator", US4136617(1979.01.30)
2. European standard(2003), "Definitions, methods and requirements for electronic initiation systems", DD CEN/TS13763-27:2003
3. ㈜한화/화약 웹사이트, 화약제품종류, http://www.hanwhacorp.co.kr/index.jsp, (2017.2.21 방문)
4. Dyno Nobel web site(2013), http://www.dynonobel.com/, (2017.2.16방문)
5. Orica web site(2017), http://www.oricaminingservices.com/au/en, (2017.2.21 방문)
6. Detnet(2017), "Products", http://www.detnet.com/, (2017.2.21방문)
7. Austin powder web site, http://austinpowder.com/, (2017.2.21방문)
8. Davey bickford web site, http://www.daveybickford.com/, (2017.2.22방문)
9. Kayaku Japan web site, http://www.kayakujapan.co.jp/en/, (2017.2.22방문)
10. John B. G. Hedberg and Nils A. L. Westerlund, "Electric detonator cap", US patent 4145970 (1979. 3. 27)
11. Mark Marsden, "Electronic device", US Patent5159149(1992.10.27)
12. Christo Andre Beukes 외 4명, "Electronic explosives initiating device", US Patent 6085659(2000.7.11)
13. 박윤석, 양재현, 강용묵, "마이크로컨트롤로에서 기준시간 설정방법 및 그 방법을 이용한 전자식뇌관", 대한민국특허 제101016538(2011.2.14)
14. 이영호, 구자춘, "전자뇌관의 지연시간 제어방법" 대한민국특허 101293801 (2013.07.31)
15. 윤종화, 구자춘, " 전자뇌관의 기폭회로", 대한민국특허 101336424(2013.11.27)
16. 구자춘, 최영아, "케이블 오토 커넥터", 대한민국특허 101424215(2014.07.22.).

제6편

화약류의 설계

화약류의 설계는 화약류의 폭발특성치의 계산으로부터 시작된다. 이러한 기본적인 특성치를 계산할 수 있어야 만이 우리가 원하는 화약류의 조성을 설계할 수 있다. 조성을 설계할 때, 출력물로 나오는 특성치로는 폭발에너지(반응열), 폭발온도, 가스량, 유효에너지, 폭발압력(정적 및 동적압력), 폭발속도 등이 있다. 이에 대한 계산프로그램들이 많이 개발되어 사용되고 있으나 이러한 계산프로그램들이 어떤 이론에 의해서 구해졌는지를 근본 원리를 아는 것이 우리 화약 기술자들에게는 매우 중요하다. 이러한 근본 원리를 모르고 오직 프로그램에만 의존한다면 그러한 프로그램에서 다루지 않는 새로운 원소들이 생겼을 때 화약류의 특성치를 구할 수 있는 응용력을 발휘할 수가 없다.

그 다음 순서는 화약류의 조성을 설계하는 방법이다. 화약류의 조성을 설계할 때 가장 기본적으로 고려해야 할 것이 산소평형치를 제로에 가깝게 설계하는 것이다. 즉 해당 조성이 폭발반응을 할 때 산소가 부족하지도 않고 남지도 않게 설계하는 것이 가장 좋다. 일반적으로 산소가 부족하면 CO, 과잉으로 존재하면 NO_x 등의 유독성 물질이 형성될 뿐만이 아니라 에너지도 감소하게 된다. 그러나 실제 화약류 제조 작업을 하다 보면 산소평형을 제로로 설계하였어도 실제 작업 시 계량 등의 오차로 플러스 또는 마이너스 쪽으로 치우칠 수가 있다. 폭약의 에너지를 산소평형에 따라 계산해 보면 산소평형이 마이너스쪽으로 감소할 때 에너지는 서서히 감소하지만 플러스 쪽으로 증가할 때는 에너지가 급격히 떨어진다. 따라서 산소평형은 실제 작업을 감안할 때 약간 마이너스로(-1%까지) 설계하는 것이 바람직하다. 또한 가스 발생량을 중요시하는 추진제, 인플레이터 등에서는 가스 발생량을 증대시키기 위해서 CO 배출 허가 한도 내에서 마이너스 쪽으로 설계하기도 하며 최대 -3.0%까지도 가능하다. 그러나 지연제는 이러한 설계 기준을 완전히 무시해도 된다. 요즈음의 지연제는 대부분 무가스(Gasless)지연제이고 지연제의 목적은 최대의 에너지가 아니고 단순히 화염을 적절한 속도로 전달하는 것이기 때문에 대부분 약 -10～-40% 정도로 설계되기도 한다.

산화제와 연료를 각각 단 하나만 사용하는 2성분계의 설계는 매우 단순하다. 그러나 대부분의 경우 해당 화약류의 목적 달성을 위해 2성분계로 이루어지는 조성은 거의 없고 다종의 성분을 사용한다. 이러한 다종의 성분을 이용해서 목적에 맞도록 조성을 설계하는 접근 방식은 2성분계의 설계로부터 시작된다. 산화제/연료의 2성분계의 열역학 특성치를 먼저 계산한 다음에 목적에 맞는 이론 특성치를 갖도록 이러한 2성분계들을 조합하는 것이다. 그러므로 산화제/연료 2성분계의 열역학특성치를 계산해 놓고 보관해 두었다가 설계할 때마다 꺼내 사용한다면 매우 편리할 것이다.

제26장

열역학적 특성치

26.1 생성열(Heat of Formation)

생성열은 앞에서도 언급했듯이 반응열을 계산하는데 필요한 기본 데이터이다. 생성열은 반응열의 특수한 경우이다. 생성열은 표준상태 조건에서 원소로부터 특정의 화합물 또는 분자를 만드는데 따르는 반응열 또는 엔탈피 변화이다. 원소와 화합물 모두는 25℃(298.15K), 1atm의 표준상태에 있어야 한다는 것이 필요하다. 표준상태에서 생성열은 ΔH_f°로 표시된다. 예로서 2개의 수소원자와 1개의 산소원자로 만들어진 H_2O를 생각해 보자.

$$H_2(g) + \frac{1}{2}O_2(g) \rightarrow H_2O(g)$$

앞에서 언급한 것과 같이, 반응열은 반응물과 생성물의 절대적 엔탈피의 차이이고 이에 대한 특별한 경우가 생성열이다.

$$\Delta H_f^\circ(H_2O, g) = H^\circ(H_2O, g) - H^\circ(H_2, g) - \frac{1}{2}H^\circ(O_2, g)$$

여기서 $H^\circ(i)$는 성분i의 표준상태에서의 절대엔탈피이다. 생성열은 항상 몰(mole) 기준으로 주어지며 그것의 단위는 (kcal)/(gmole)이다. 표준상태에서 모든 원소의 생성열은 영(0)으로 간주한다. 상기 반응에서의 생성열은 -57.8 kcal/mole이다. H_2O(g) 1mole을 만드는데 57.8kcal

의 열이 발생한다는 것이다. 열을 발생시키면서 만들어진 H_2O는 H_2나 O_2의 에너지 레벨보다 더 낮아지며 안정한 상태가 된다고 할 수 있다. 우리가 많이 접하고 응용하는 물질들에 대한 생성열은 이미 많은 화학자들이 계산하여 많은 책에 기록되어 사용되고 있다. 이용할 수 있는 도서로는 Perry Chemical Engineers Handbook 등이 있으며 이용할 수 있는 웹사이트로는 http://webbook.nist.gov/chemistry/ 등이 있다. 그러나 이러한 소스로부터 찾을 수 없는 물질들이 있다. 대부분은 새로운 물질이며 이러한 물질은 연구하는 사람이 스스로 이 생성열 데이터를 구해야 한다. 이 생성열 데이터를 실험적으로 구하는 방법을 알아 보기로 한다.

26.1.1 실험적으로 생성열을 구하는 방법

1) 연소열로부터 구하는 방법

이 방법은 산소 분위기에서 완전 산화되어 연소될 수 있는 물질에 대해 생성열을 구하는 방법이다. 열량측정기(Calorimetric closed-bomb tester)로부터 직접 실험적인 발생 열량 데이터를 얻은 연소열로부터 생성열을 구할 수 있다. 표준 연소열은 $\Delta H_c°$ 로 나타내며 반응열에서와 같이 다음으로 나타낸다.

$$\Delta H_c° = \Sigma\ \Delta H_f^{\circ}(\text{생성물}) - \Sigma\ \Delta H_f^{\circ}(\text{반응물})$$

예로서 메탄의 경우를 들어보자. 메탄을 열량측정기에 넣고 충분히 산소를 넣어주면서 완전 산화, 연소시켰을 때 표준상태에서의 연소열이 212.798 kcal/mole이 측정되었다. 이때 반응식은 $CH_4(g) + 2O_2(g) \rightarrow CO_2(g) + 2H_2O(\ l\ )$ 이므로,

$$\Delta H_c^{\circ}(CH_4,g) = \Delta H_f^{\circ}(CO_2,g) + 2x\Delta H_f^{\circ}(H_2O,\ l\ ) - \Delta H_f^{\circ}(CH_4,g)$$
$$= -94.05 + 2x(-68.315) - \Delta H_f^{\circ}(CH_4,g)$$

상기 식으로부터 $\Delta H_f^{\circ}(CH_4,g) = -94.05 + 2x(-68.315) -(-212.789) = -17.882$kcal/mole이 된다. 연소 생성물($CO_2$, H_2O, SO_2 등)의 생성열은 잘 알려져 있으므로 어떤 물질의 생성열은 쉽게 연소열로부터 계산될 수 있다.

2) 양론 조성으로부터 측정한 연소열로부터 구하는 방법

이 방법은 O_2분위기에서도 완전 연소가 잘 안 되는 물질이나 산소를 갖고 있는 산화제류에 적용된다. 이것은 생성열을 이미 알고 있는 물질과 산소평형이 제로인 양론 조성으로 만들어 열량측정기로부터 열량을 구하고 이로부터 생성열을 계산해 낸다. 산소평형이 마이너스인 연료성의 물질은 생성열을 이미 알고 있는 산화제와 양론 조성을 구성하며 산소평형이 플러스인 산화제는 생성열을 이미 알고 있는 연료와 양론 조성을 구성한다. 예로서 산화제인 염기성 질산구리, BCN [$Cu(NO_3)_2 \cdot 3Cu(OH)_2$]의 생성열 데이터가 없어 이의 생성열을 구하는 경우를 들어보자. 이의 짝으로서 질산구아니딘($CH_4N_4O_3$)을 선택했다고 하자. 이 조성의 산소평형이 제로인 양론 조성의 조성비는 무게비로는 BCN: G/N = 53.4: 46.6이며, mole비로는 BCN: G/N = 2: 9가 된다. 이때의 반응식은 다음과 같이 된다.

$$2[Cu(NO_3)_2 \cdot 3Cu(OH)_2]+9[CH_4N_4O_3] \rightarrow 8Cu+20N_2+9CO_2+33H_2O$$

상기의 조성물을 질소 분위기의 열량측정기에서 열량을 측정한 결과를 2mole의 염기성질산구리와 9mole의 질산구아니딘의 양으로 환산하였을 때 발생 열량은 $\Delta H_f^\circ = -1396.27$ kcal이었다. 그러므로 염기성질산구리의 생성열은 다음과 같이 구해질 수 있다.

$$\begin{aligned} -1396.27 &= 9\text{x}\,\Delta H_f^\circ(CO_2,g)+33\text{x}\,\Delta H_f^\circ(H_2O,\ l\ )-2\text{x}\,\Delta H_f^\circ(BCN)-9\text{x}\,\Delta H_f^\circ(G/N) \\ &= 9\text{x}(-94.05)+33\text{x}(-68.315)-2\text{x}\,\Delta H_f^\circ(BCN)-9\text{x}(-102.9) \end{aligned}$$

그러므로 $\Delta H_f^\circ(BCN) = -389.24$ kcal/mole이 구해진다.

이 방법에서 주의해야 할 점은 가능한 순도가 높은 물질을 사용해서 실험해야 만이 정확도를 높일 수 있다는 것이다.

26.1.2 기덧셈법으로 생성열을 구하는 방법[2]

기체, 액체 및 고체상태의 유기물의 생성열을 평가하는 방법이다. 이 방법은 물질의 여러 가지 열물리화학적 특성이 그것을 구성하는 개개 원자들의 각 특성과 그들 간의 결합의 합에 의해서 이루어진다는 것을 가정한다. 이 방법은 C-H, C-C, C=C, C≡C, C-N, C-O, N-O 등과 같은 각 형태의 결합에 특정한 엔탈피 값을 부여하는 것이다. 그리고 각 결합의 수를 곱하고 모두를 더하여 생성열을 구하는 방법이다. 현재 이용할 수 있는 간단하고 비교적 정확한 방법이 기덧셈법으로 이 방법은 Benson에 의해서 개발되었으며 이후에 여러 학자들의 연구에 의해서 개정되었다. 기덧셈법에서는 분자 내에 있는 원자들의 기들에 대해서, 할당된 엔탈피 값을 미리 평가해 놓은 데이터 표가 있으며 이 값을 이용해서 생성열을 구하게 된다. <표 26.1>에는 이러한 기들에 대한 엔탈피값의 데이터들이 나와 있다.

26.1.2.1 기덧셈 표시법

기덧셈법에서 분자내의 각 분자들은 할당된 엔탈피 값을 가지며 <표 26.1>에서 찾을 수 있다. 이러한 각 기들의 개수를 세어서 각 기에 해당되는 엔탈피 값을 곱하고 합산하게 되면 그 물질의 생성열이 계산되는 간단한 방법이다. 이 방법에서는 기를 다음과 같이 약칭과 기호를 포함시켜 기술한다.

① 중심 탄소는 다음에 선으로 표시하며 다음에 괄호 안에 다른 원자의 수 또는 작은 기가 따라온다. 후자는 중심원자에 부착된 원자들이다. 예를 들어 $C\text{-}(C)_2(H)_2$는 탄소원자 중심에 두개의 탄소원자와 두개의 수소 원자가 단일결합으로 연결되어있다는 것을 의미한다. 이와 비슷하게 $C\text{-}(C)(H)_3$는 탄소 원자 중심에 1개의 탄소원자와 3개의 수소원자가 단일 결합으로 연결되어 있다는 것을 의미한다.

② 이중결합된 탄소는 C_d로 표시하며 이중결합이 없는 두 개의 다른 원자 또는 소그룹에 붙는다.

③ 삼중결합된 탄소는 C_t로 표시하며 삼중결합이 없는 한 개의 다른 원자 또는 소그룹에 붙는다.

④ 벤젠고리를 가진 방향족 탄소는 C_B라고 표시하며 한 개의 다른 원자 또는 소그룹에 붙는다.

다음의 세 가지 물질을 예로 들어보기로 한다.

1) N-butane

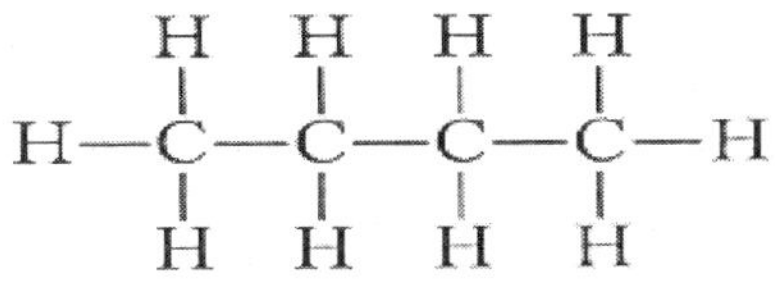

```
   H   H   H   H
   |   |   |   |
H—C—C—C—C—H
   |   |   |   |
   H   H   H   H
```

[그림 26.1] N-butane의 구조식

상기 N-butane은 모두가 탄소인 중심 원자를 갖는다. 두 개의 끝에 있는 탄소는 $C\text{-}(C)(H)_3$ 기에 대한 중심원자이고 두개의 내부의 탄소들은 $C\text{-}(C)_2(H)_2$기에 대한 중심원자들이다.

2) N-butene

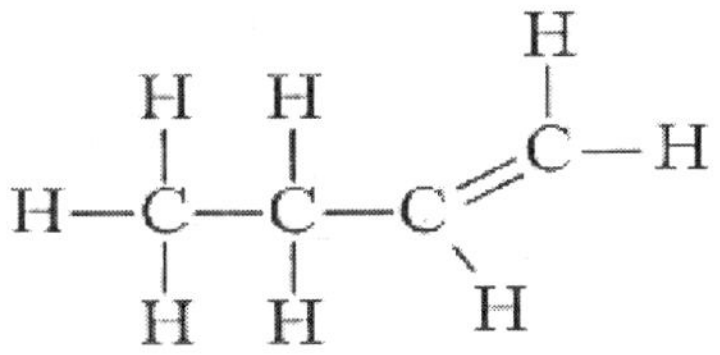

```
                H
   H   H        |
   |   |     ==C—H
H—C—C—C
   |   |     \
   H   H      H
```

[그림 26.2] N-butene의 구조식

상기 N-butene도 또한 4개의 중심탄소원자를 갖는다. 이 경우에는 4개가 모두 다른 그룹에 대한 중심을 갖는다. 분자의 왼쪽부터 시작하면 첫번째가 $C\text{-}(C)(H)_3$, 두번째가 $C\text{-}(C)(C_d)(H)_2$ 이며 세번째가 $C_d\text{-}(C)(H)$이며 마지막으로 네번째가 $C_d\text{-}(H)_2$이다.

3) N-butyne

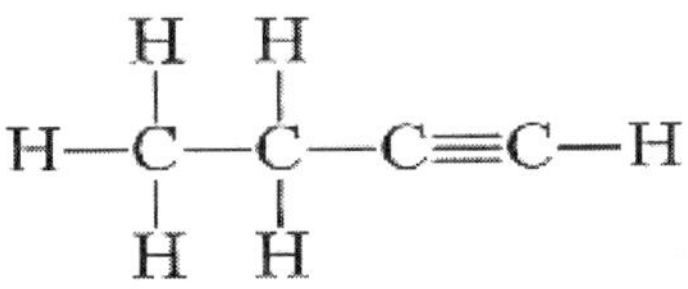

```
   H   H
   |   |
H—C—C—C≡C—H
   |   |
   H   H
```

[그림 26.3] N-butyne의 구조식

상기 N-butyne에서 다시 왼쪽부터 시작하면 $C\text{-}(C)(H)_3$, $C\text{-}(C)(C_t)(H)_2$, $C_t\text{-}(C)$, $C_t\text{-}(H)$가 된다.

4) TNT(Trinitrotoluene)

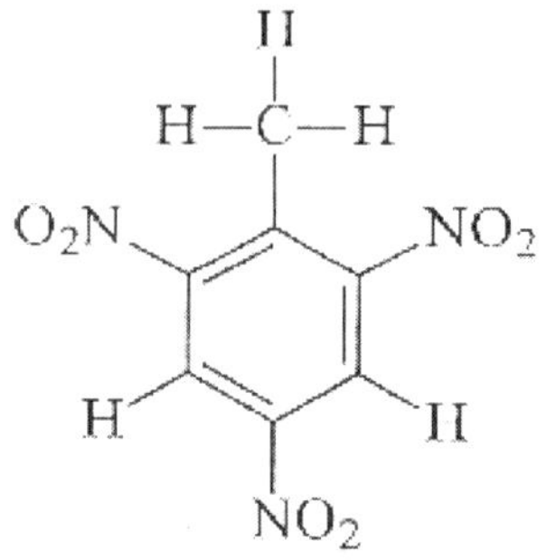

[그림 26.4] TNT의 구조식

위 그림에 있는 분자는, 벤젠링에 붙어있는 메칠기로 C-(C_B)$(H)_3$, 메칠기에 붙어있는 벤젠링 C_B-(C), 세개의 C_B-(NO_2) 그리고 2개의 C_B-(H)가 된다.

26.1.2.2 이상적인 기체상태의 데이터

Benson의 데이터에서 방향족의 니트로기는 C_B-(NO_2) 대신에 C_B-(N)와 N-(C_B)-(O_2)의 두 가지로 나누어진다. 비슷하게 Benson은 TNA[Trinitroanilin, $C_6H_2(NH_2)(NO_2)_3$]나 TATB [Triaminotirnitrobenzene, $C_6(NH_2)_3(NO_2)_3$]의 방향족 아민은 C_B-(NH_2)가 아니고 대신에 C_B-(N)과 N-(C_B)$(H)_2$로 된다. 또한 방향족의 수산기는 C_B-(OH) 대신에 C_B-(O)과 O-(C_B)(H)로 된다. Benson은 표준상태에서 이상기체 상태에 있는 유기화합물의 생성 엔트로피 뿐 만이 아니라 생성열을 평가하기 위한 많은 원자기들의 값을 결정하였다. <표 26.1>에는 여러 가지 기들의 생성열에 대하여 Benson이 선정한 값들이 나와 있다. 가까이 인접한 기들의 영향에 대한 보정값이 포함되어 있지 않으며, 링스트레인에 대한 보정도 포함되지 않는다. 이들 효과가 모두 생성열에 비해 상대적으로 적은 값을 나타내기 때문에 큰 영향을 주지 않는다. Benson 데이터는 기본적으로 기체 상태에 대한 것이므로 만약 주어진 물질이 고체 상태라면 기체 상태와의 차이인 승화열(λs)를 보정해 주어야 한다. 승화열은 융해열과 증발열의 합이다. 각 물질에 대한 승화열에 대한 데이터는 쉽게 찾아낼 수 없어 적용할 수 없기 때문에 여러 가지 유기물질에 대해 평균적으로 계산된 근사값을 사용한다. 이 결과로 표준상태의 조건에서 유기물질의 대한 승화잠열(λs)는 약 25kcal/gmole이라는 것을 얻을 수 있다. 이것을 식으로 나타내면 다음과 같다.

$\Delta H_f^\circ(s) = \Delta H_f^\circ(g)$ -25(kcal/mole)

이것의 예로서 다음의 구조식을 갖는 고체 PETN에 대한 표준 생성열을 구해보기로 한다.

$$
\begin{array}{c}
O-NO_2 \\
| \\
CH_2 \\
| \\
O_2N-O-CH_2-C-CH_2-O-NO_2 \\
| \\
CH_2 \\
| \\
O-NO_2
\end{array}
$$

① 기덧셈법의 값이 나와 있는 표로부터 각 그룹에 대해 다음의 값을 얻는다.

1개의 $C-(C)_4 = 1(+0.1)$

4개의 $C-(C)(O)(H)_2 = 4(-8.1)$

4개의 $O-(C)(NO_2) = 4(-19.4)$

② 그러므로 ΔH_f°(PETN, g) = 0.1 + 4x(-8.1) + 4x(-19.4) = -109.1(kcal)/(gmole)

③ 상기 ②는 가스 상태로 가정된 PETN의 ΔH_f°이므로 가정된 승화잠열 값을 빼면

ΔH_f°(PETN,s) = ΔH_f°(PETN, g) - λs

= -109.1 - 25 = -134.1 (kcal)/(gmole) 이 얻어진다.

이 계산된 값은 측정된 PETN의 표준생성열은 -128.7(kcal)/(gmole)과 비교할 때 4.2%의 오차를 가지며 바람직한 결과로 계산됨을 알 수 있다.

Benson 데이터의 또 다른 하나의 $C_B-(NO_2)$에 대한 값이 없다는 것이다. C_B-(N)에 대한 데이터는 있지만 또한 $N-(C_B)(O)_2$에 대한 데이터가 없다. 이것을 구하는 방법으로 TNT (Trinitrotoluene), TATB(Triaminotrinitrobenzene), DATB(Diaminotrinitrobenzene), HNS (Hexanitrostilbene) 및 TNA(Trinitroaniline)에 대한 기체상에서의 생성열에 대한 측정된 데이터를 취하고 $N-(C_B)(O)_2$에 대한 값을 제외하고 알고 있는 모든 그룹의 값을 취하여 계산하면

이들 각 폭약에 대한 N-(C_B)(O)$_2$의 값을 계산할 수 있다. 이 방법으로 찾은 평균값이 N-(C_B)(O)$_2$ = 0.5(kcal/mole)이다.

26.2 반응열(Heat of Reaction)

화학반응은 하나 이상의 화학물질의 분자 배열을 다른 것으로 변화시키는 과정이다. 다음과 같은 수소분자와 산소원자의 간단한 연소반응을 예로 들어보자.

$$2H_2 + O_2 \rightarrow 2H_2O$$

두 개의 수소 분자와 한 개의 산소 분자가 반응하여 2개의 물분자로 변화되었다. 수소 분자의 H-H 결합과 산소 분자의 O-O 결합이 파괴되어 수소-산소 결합이 생성되었다. 내부에너지는 이러한 결합에 수축, 진동 및 회전의 여러 가지 형태로 저장이 된다. H-O 결합에 저장된 내부에너지는 H-H와 O-O 결합에 저장되어 있는 것과는 다르다. 그래서 우리는 결합의 변화로 인한 시작과 끝의 화학상태 사이에는 내부에너지에 차이가 있다는 것을 알 수 있다. 단위 반응당 분자의 수는 3개에서 2개로 변하며 만약 정압하에서 이 반응이 일어난다면 부피도 변화가 생긴다. 그러므로 $P\triangle V$에 해당하는 일이 수행된다. 엔탈피 H는 $U+PV$이므로 이러한 과정에서 엔탈피의 변화도 일어났다는 것을 알 수 있다. 이와 같이 시작과 끝의 화학적 상태 사이의 엔탈피 변화를 우리는 반응열이라고 한다.

물질에 대한 절대 엔탈피는 결정될 수 없기 때문에 우리는 이 엔탈피 양의 변화 또는 차이만을 다룰 수밖에 없다. 반응열의 계산을 단순화하고 이들을 일정하게 하기 위해 우리는 임의로 화학반응에서 엔탈피의 모든 변화를 기준으로 하는 표준상태를 정의하여야 한다. 대부분의 공학 계산에서 사용하는 표준상태는 25℃(298.15K)의 온도와 1기압의 압력으로 정의된다.

보통 화약류에 있어서의 반응열(Heat of Reaction)은 폭발열(Heat of Explosion)을 말한다. 이것은 반응 시에 대기 중 산소의 도움 없이 연소할 때의 반응열을 말하며 보통 질소 분위기에서 측정된 열량을 말한다. 이에 반해 연소열(Heat of combustion)이라는 것이 있는데 반응열의 특수한 경우이며 대기 중의 산소를 이용해서 반응했을 때의 발생된 열량을 말한다. 우리가 다루는 반응열은 대기중의 산소를 고려하지 않기 때문에 폭발열만을 다룬다. 이론적으로 반응열은 반응물 및 생성물들의 표준생성열로부터 계산될 수 있다. 표준상태에서 화학반응 안에서 포함된 엔탈피 변화를 계산함으로써 반응열을 계산할 수 있다. 표준상태에서의 반응열 ΔH_r°는 생성물의 표준생성열과 반응물의 표준생성열과의 차이로 계산될 수 있다.

〈표 26.1〉 Benson의 기덧셈값[1]

(C-H화합물) (단위: kcal/gmole)

기	$\triangle H^\circ_{f\,298}$	기	$\triangle H^\circ_{f\,298}$	기	$\triangle H^\circ_{f\,298}$
$C-(C)(H)_3$	−10.0	$C-(C_B)_3(H)$	−1.0	$C_d-(C)(C_d)$	8.8
$C-(C_d)(H)_3$	−10.0	$C-(C)(C_B)(C_d)(H)$	−2.1(액)	$C_d-(C_d)_2$	6.6
$C-(C_B)(H)_3$	−10.0	$C-(C)_4$	0.1	$C_d-(C)(C_t)$	9.5
$C-(C_t)(H)_3$	−10.0	$C-(C)_3(C_B)$	2.9	$C_d-(C_B)_2$	8.0
$C-(C)_2(H)_2$	−5.0	$C-(C)_3(C_d)$	1.7	$C_d-(C_B)(C_d)$	13.0
$C-(C)(C_d)(H)_2$	−4.8	$C-(C)_3(C_t)$	1.3	$C_t-(H)$	27.2
$C-(C)(C_t)(H)_2$	−4.7	$C-(C)_2(C_B)_2$	9.8(고)	$C_t-(C)$	27.3
$C-(C)(C_B)(H)_2$	−4.6	$C-(C)_2(C_d)_2$	6.8	$C_t-(C_t)$	25.3
$C-(C_B)_2(H)_2$	−6.3	$C-(C)_2(C_t)_2$	3.5(액)	$C_t-(C_d)$	27.9
$C-(C_d)_2(H)_2$	−4.3	$C-(C)(C_B)_3$	4.3	$C_t-(C_B)$	24.6
$C-(C_B)(C_d)(H)_2$	−2.5	$C-(C_B)_4$	7.3	$C_B-(H)$	3.3
$C-(C)_3(H)$	−2.4	$C_d-(H)_2$	6.3	$C_B-(C)$	5.5
$C-(C)_2(C_d)(H)$	−1.7	$C_d-(C)(H)$	8.6	$C_B-(C_d)$	5.8
$C-(C)(C_d)_2(H)$	2.7	$C_d-(C_d)(H)$	6.8	$C_B-(C_t)$	5.7
$C-(C)_2(C_t)(H)$	−1.8	$C_d-(C_t)(H)$	6.7	$C_B-(C_B)$	5.2
$C-(C)_2(C_B)(H)$	−1.0	$C_d-(C_B)(H)$	6.8		
$C-(C)(C_B)_2(H)$	−1.1	$C_d-(C)_2$	10.2		

(질소함유물) (단위: kcal/gmole)

기	$\triangle H^\circ_{f\,298}$	기	$\triangle H^\circ_{f\,298}$	기	$\triangle H^\circ_{f\,298}$
$C-(N)(H)_3$	−10.8	$N-(C_B)(H)_2$	4.8	$C-(CN)(C)_2(H)$	25.8
$C-(N)(C)(H)_2$	−6.6	$N-(C_B)(C)(H)$	14.9	$C-(CN)(C)_3$	29.0
$C-(N)(C)_2(H)$	−5.2	$N-(C_B)(C)_2$	16.2	$C-(CN)_2(C)_2$	−
$C-(N)(C)_3$	−3.2	$N-(C_B)_2(H)$	16.3	$C_d-(CN)(H)$	37.4
$N-(C)(H)_2$	4.8	$C_B-(N)$	−0.5	$C_d-(CN)(C)$	39.15
$N-(C)_2(H)$	15.4	N??−(N)	23.0	$C_d-(CN)_2$	84.1
$N-(C)_3$	24.4	CO−(N)(H)	−29.6	$C_d-(NO)_2(H)$	−
$N-(N)(H)_2$	11.4	CO−(N)(C)	−32.8	$C_B-(CN)$	35.8
$N-(N)(C)(H)$	20.9	$N-(CO)(H)_2$	−14.9	$C_t-(CN)$	63.8
	29.2	N−(CO)(C)(H)	−4.4		−15.1

N−(N)(C)$_2$	22.1	N−(CO)(C)$_2$	4.7	C−(NO$_2$)(C)(H)$_2$	−15.8
N−(N)(C$_B$)(H)	16.3	N−(CO)(C$_B$)(H)	0.4	C−(NO$_2$)(C)$_2$(H)	−
N$_t$−(H)	21.3	N−(CO)$_2$(H)	−18.5	C−(NO$_2$)(C)$_3$	−14.9
N$_t$−(C)	16.7	N−(CO)$_2$(C)	−5.9	C−(NO$_2$)$_2$(C)(H)	−5.9
N$_t$−(C$_B$)	25.1	N−(CO)$_2$(C$_B$)	−0.5	O−(NO)(C)	−19.4
N$_A$−(H)	32.5	C−(CN)(C)(H)$_2$	22.5	O−(NO)$_2$(C)	
N$_A$−(C)					

(산소함유물) (단위: kcal/gmole)

기	$\triangle H^\circ_{f\,298}$	기	$\triangle H^\circ_{f\,298}$	기	$\triangle H^\circ_{f\,298}$
C−(C$_B$)(C$_d$)(H)(O)	−25.5	C−(H)$_2$(O)(CO)	−4.0(고)	O−(C$_d$)(CO)	−44.8
C−(C)(H)(O)(CO)	20.4(고)	C−(C)$_2$(H)(O)	−7.2	O−(CO)$_2$	−46.2
C−(C)(H)(O)$_2$	−1.7	C−(C$_B$)$_2$(H)(O)	−1.0(고)	O−(H)(O)	−16.3
C−(C$_B$)(H)(O)$_2$	−14.0(고)	C−(C)(C$_B$)(H)(O)	−4.4	O−(C)(O)	−5.0
C−(C$_d$)(H)(O)$_2$	1.0(고)	C−(C)(C$_d$)(H)(O)	−5.0(고)	O−(C$_B$)(O)	−5
C−(C)$_2$(O)$_2$	−5.2	C−(C$_B$)(H)(O)(CO)	7.9(고)	O−(O)(CO)	−18.2
C−(C$_B$)$_2$(O)$_2$	−5.4	C$_d$−(H)(O)	8.6	O−(O)$_2$	14.7
C−(C)$_3$(O)	−3.8	C$_d$−(H)(CO)	5.2	CCO−(H)$_2$	−11.4
C−(C$_B$)$_3$(O)	−5.0	C$_d$−(C)(O)	8.9	CCO−(C)(H)	−15.0
C−(C)$_2$(C$_B$)(O)	−6.6	C$_d$−(C$_B$)(O)	10.4	CCO−(C$_B$)(H)	−25.6
C−(C)$_2$(C$_d$)(O)	1.4	C$_d$−(C$_d$)(O)	9.5	CCO−(C)$_2$	−12.0
C−(C)$_2$(C$_t$)(O)	1.6	C$_d$−(C$_t$)(O)	7.6	CCO−(C$_B$)$_2$	−15.8
C−(C$_B$)$_2$(C$_d$)(O)	−10.0	C$_d$−(O)(CO)	11.6	CO−(H)$_2$	−26.0
C−(C)(C$_B$)(C$_d$)(O)	−10.0	C$_d$−(C)(CO)	7.5	CO−(C)(H)	−29.4
C−(C)(O)$_3$	−4.8	C$_d$−(C$_B$)(CO)	8.0	CO−(C$_B$)(H)	−29.1
C−(C$_t$)(O)$_3$	−4.5	C$_d$−(C$_d$)(CO)	8.3	CO−(C$_d$)(H)	−27.6
C−(C)$_2$(H)(CO)	−15.8	C$_d$−(CO)$_2$	13.3	CO−(H)(CO)	−25.2
C−(C)(H)(CO)$_2$	0.1(고)	C$_B$−(O)	−0.9	CO−(H)(O)	−31.9
C−(C)(C$_B$)(H)(CO)	−0.3	C$_B$−(CO)	3.7	CO−(C)(O)	−35.2
C−(C)(H)$_2$(CO)	−16.2	C$_B$−(CCO)	4.0	CO−(C$_B$)(O)	−34.4
C−(C$_B$)(H)$_2$(CO)	54.0(고)	C$_t$−(O)	31.9	CO−(C$_d$)(O)	−32.2
C−(C$_d$)(H)$_2$(CO)	−6.6	C$_t$−(CO)	28.4	CO−(C$_t$)(O)	−39.5
C−(C$_t$)(H)$_2$(CO)	18.0(고)	O−(H)$_2$	−57.8	CO−(O)(CO)	−29.5
C−(H)$_2$(CO)$_2$	−4.2	O−(C)(H)	−37.9	CO−(O)$_2$	−29.9
C−(C)$_3$(CO)	13.0	O−(C$_B$)(H)	−38.5	CO−(C)$_2$	−31.7
C−(C)$_2$(CO)$_2$	1.5(고)	O−(C$_d$)(H)	−49.3	CO−(C$_B$)$_2$	−27.0
C−(H)$_3$(CO)	−2.0(고)	O−(C$_t$)(H)	37.9	CO−(C$_d$)$_2$	−30.0
C−(CCO)(H)$_3$	−4.7	O−(H)(CO)	−57.8	CO−(C)(C$_B$)	−30.9
C−(H)$_3$(O)	−10.0	O−(C)$_2$	−23.8	CO−(C)(C$_d$)	−32.4

$C-(H)_2(O)_2$	−15.1	$O-(C)(C_B)$	−21.6	$CO-(C)(C_t)$	−30.0
$C-(H)(O)_3$	−26.8	$O-(C)(C_d)$	−30.5	$CO-(C_B)(C_d)$	−39.8
$C-(O)_4$	−36.8	$O-(C)(CO)$	−10.1	$CO-(C)(CO)$	−30.2
$C-(C)(H)_2(O)$	−8.1	$O-(C_B)_2$	−18.9	$CO-(C_B)(CO)$	−26.5
$C-(C_B)(H)_2(O)$	−12.4	$O-(C_B)(C_d)$	−21.0	$CO-(C_d)(CO)$	−28.3
$C-(C_d)(H)_2(O)$	−6.9	$O-(C_d)_2$	−33.0		
$C-(C_t)(H)_2(O)$	−8.6	$O-(C_B)(CO)$	−36.7		

(할로겐화합물) (단위: kcal/gmole)

기	$\triangle H^\circ_{f\,298}$	기	$\triangle H^\circ_{f\,298}$	기	$\triangle H^\circ_{f\,298}$
$C-(F)_3(C)$	−158.4	$C-(I)(H)(C)_2$	10.5	$C_d-(I)(H)$	24.5
$C-(F)_2(H)(C)$	−109.3	$C-(I)(C)(C_d)(H)$	13.32	$C_d-(C)(Cl)$	−2.1
$C-(F)(H)_2(C)$	−51.5	$C-(I)(C_d)(H)_2$	8.19	$C_d-(C)(I)$	23.6
$C-(F)_2(C)_2$	−97.0	$C-(I)(C)_3$	13.0	$C_d-(C_d)(Cl)$	−3.56
$C-(F)(H)(C)_2$	−49.0	$C-(Cl)(Br)(H)(C)$	−	$C_d-(C_d)(I)$	22.14
$C-(F)(C)_3$	−48.5	$N-(F)_2(C)$	−7.8	$C_t-(Cl)$	−
$C-(F)_2(Cl)(C)$	−106.3	$C-(Cl)(C)(O)(H)$	−21.6	$C_t-(Br)$	−
$C-(Cl)_3(C)$	−20.7	$C-(I)_2(C)(H)$	26.0	$C_t-(I)$	−
$C-(Cl)_2(H)(C)$	−18.9	$C-(I)(O)(H)_2$	3.8	$C_B-(F)$	−42.8
$C-(Cl)(H)_2(C)$	−16.5	$C_d-(F)_2$	−77.5	$C_B-(Cl)$	−3.8
$C-(Cl)_2(C)_2$	−22.0	$C_d-(Cl)_2$	−1.8	$C_B-(Br)$	10.7
$C-(Cl)(H)(C)_2$	−14.8	$C_d-(Br)_2$	−	$C_B-(I)$	24.0
$C-(Cl)(C)_3$	−12.8	$C_d-(F)(Cl)$	−	$C-(C_B)(F)_3$	−162.7
$C-(Br)_3(C)$	−	$C_d-(F)(Br)$	−	$C-(C_B)(Br)(H)_2$	−6.9
$C-(Br)(H)_2(C)$	−5.4	$C_d-(Cl)(Br)$	−	$C-(C_B)(I)(H)_2$	8.4
$C-(Br)(H)(C)_2$	−3.4	$C_d-(F)(H)$	−37.6	$C-(Cl)_2(CO)(H)$	−17.8
$C-(Br)(C)_3$	−0.4	$C_d-(Cl)(H)$	−1.2	$C-(Cl)_3(CO)$	−19.6
$C-(I)(H)_2(C)$	8.0	$C_d-(Br)(H)$	11.0	$CO-(Cl)(C)$	−30.2

※ N_t는 이민(imines)에서의 이중결합 질소 ; N_t-C_B는 피리딘 질소 ; N_A는 아조화합물에서의 이중결합 질소를 나타낸다.

(유기황화합물) (단위: kcal/gmole)

기	$\triangle H^\circ_{f\,298}$	기	$\triangle H^\circ_{f\,298}$	기	$\triangle H^\circ_{f\,298}$
$C-(H)_3(S)$	−10.08	$S-(S)_2$	3.04	$SO_2-(C_d)_2$	−73.58
$C-(C)(H)_2(S)$	−5.65	$C-(SO)(H)_3$	−10.08	$SO_2-(C)_2$	−69.74
$C-(C)_2(H)(S)$	−2.64	$C-(C)(SO)(H)_2$	−7.72	$SO_2-(C)(C_B)$	−72.29
$C-(C)_3(S)$	−0.55	$C-(C)_3(SO)$	−3.05	$SO_2-(C_B)_2$	−68.58
$C-(C_B)(H)_2(S)$	−4.73	$C-(C_d)(SO)(H)_2$	−7.35	$SO_2-(SO_2)(C_B)$	−76.25
$C-(C_d)(H)_2(S)$	−6.45		2.3	$CO-(S)(C)$	−31.56

$C_B-(S)$	−1.8	$C_B-(SO)$	−14.41	$S-(H)(CO)$	−1.41
$(C_d)-(H)(S)$	8.56	$SO-(C)_2$	−12.0	$S-(S)(F)_3$	−
$(C_d)-(C)(S)$	10.93	$SO-(C_B)_2$	−10.08	$CS-(N)_2$	−31.56
$S-(C)(H)$	4.62	$C-(SO_2)(H)_3$	−7.68	$N-(CS)(H)_2$	12.78
$S-(C_B)(H)$	11.96	$C-(C)(SO_2)(H)_2$	−2.62	$S-(S)(N)$	−4.90
$S-(C)_2$	11.51	$C-(C)_2(SO_2)(H)$	−0.61	$N-(S)(C)_2$	29.9
$S-(C)(C_d)$	9.97	$C-(C)_3(SO_2)$	−7,14	$SO-(N)_2$	−31.56
$S-(C_d)_2$	−4.54	$C-(C_d)(SO_2)(H)_2$	−5.54	$N-(SO)(C)_2$	16.0
$S-(C_B)(C)$	19.16	$C-(C_B)(SO_2)(H)_2$	2.3	$SO_2-(N)_2$	−31.56
$S-(C_B)_2$	25.90	$C_B-(SO)_2$	12.53	$N-(SO)_2(C)_2$	20.4
$S-(S)(C)$	7.05	$C_d-(H)(SO_2)$	14.47		
$S-(S)(C_B)$	14.5	$C_d-(C)(SO_2)$	−68.58		
		$SO_2-(C_d)(C_B)$			

$$\Delta H_r^\circ = \Sigma\ \Delta H_f^\circ(\text{생성물}) - \Sigma\ \Delta H_f^\circ(\text{반응물})$$

이러한 반응열을 구하기 위해서는 반드시 선행되어야 할 것이 반응식의 완성이다. 반응식이 완성되어야만 생성물의 ΔH_f°를 구하고, 이로부터 반응물의 ΔH_f°를 빼서 반응열을 구할 수 있다. 일반적으로 화약의 설계는 마이너스의 산소평형으로 설계하는 것이 바람직하며 이때의 반응생성물은 N은 N_2로 H는 H_2O로 C는 CO와 CO_2로 그리고 금속물질들은 반응성에 따라 금속 또는 금속산화물로 되는데 실제로 고온에서는 C, H, O, N 들이 여러 가지 생성물을 형성하며 이들은 폭발온도의 함수로서 존재한다. 이러한 생성물로는 H_2, NO, C, CH_4, NH_3, HCN, CH_3OH, CH_2OH, C_2H_4, C_2H_6 등이 있다. 이 중에서 H_2와 NO를 제외하고는 발생량이 아주 극히 적어 고에너지를 다루는 화약 분야에서는 무시해도 큰 영향은 없다.

26.2.1 추진제, 가스발생제의 경우 반응식 완성

반응물질을 $C_aH_bO_cN_d$이라고 하면, 반응식은 다음과 같이 쓸 수 있다.

$$C_aH_bO_cN_d = n_1CO_2 + n_2H_2O + n_3N_2 + n_4CO + n_5H_2 + n_6NO + n_7NO_2$$

상기에서 미지수가 n_1에서 n_7까지 7개이므로 이 방정식을 풀려면 7개의 식 또는 조건이 필요하다.

첫째, 상기 식으로부터 질량보존의 법칙에 따라, 다음의 네 가지 식을 만들어 질 수 있다.

$$a = n_1 + n_4 \qquad (1)$$

$$b = 2n_2 + 2n_5 \qquad (2)$$

$$c = 2n_1 + n_2 + n_4 + n_6 + 2n_7 \qquad (3)$$

$$d = 2n_3 + n_6 + n_7 \qquad (4)$$

두 번째, 산소평형이 마이너스이면 n_7은 제로이고 플러스이면 n_7 = (+O갯수)/2가 되는 조건으로 5번째의 식을 만들 수 있다.

세 번째, 고온에서의 생성물의 평형관계식으로 수성가스 반응이 있다.

$$H_2O + CO \leftrightarrow CO_2 + H_2$$

상기 평형상태는 온도에 의해서 영향을 받으며 다음과 같은 평형식으로부터 여섯번째의 식을 만들 수 있다.

$$K_1 = \frac{[CO][H_2O]}{[H_2][CO_2]} \qquad (5)$$

[CO], [H_2O], [H2], [CO_2]는 네 가지 가스의 분압이다. 총 몰수는 상기 수성가스 반응에 의해서 변경되지 않으므로 K_1은 총압력 p에 독립적이나 온도에는 종속적이다. 식(5)는 다음과 같이 바꾸어 쓸 수 있다.

$$K_1 = \frac{n_2 \cdot n_4}{n_1 \cdot n_5} \qquad (5a)$$

네 번째로 NO가 형성되는 반응으로부터 일곱 번째의 식을 만들 수 있다.

$$1/2N_2 + CO_2 \leftrightarrow CO + NO$$

상기의 평형식은 다음과 같다.

$$K_2 = \frac{[CO][NO]}{[N_2]^{1/2}[CO_2]} = \frac{(p/n)n_4 \cdot (p/n)n_6}{(p/n)^{1/2}n_3^{1/2} \cdot (p/n)n_1} = (p/n)^{1/2} \cdot \frac{n_4 \cdot n_6}{(n_3)^{1/2} \cdot n_1} \qquad (6)$$

p는 총압력, p/n, n_1 등은 분압이며 K_1과 K_2는 평형상수로 온도에 따른 그 값은 <표 26.2>와 같다.

n_1에서 n_7까지 7개의 미지수에 대해서 7개의 조건 및 방정식이 도출되었으므로 이 7개의 조건과 식을 풀면 n_1에서 n_7까지 7개의 미지수를 풀 수 있다.

〈표 26.2〉 온도에 따른 평형상수 K_1과 K_2의 값[5]

온도(K)	K_1	K_2	온도(K)	K_1	K_2
1000	0.6031	$1.791*10^{-16}$	3300	9.8050	$3.207*10^{-3}$
1200	1.1750	$2.874*10^{-13}$	3400	10.1600	$4.704*10^{-3}$
1400	1.8920	$5.238*10^{-11}$	3500	10.5100	$6.746*10^{-3}$
1500	2.2890	$4.240*10^{-10}$	3600	10.8500	$9.480*10^{-3}$
1600	2.7040	$2.638*10^{-9}$	3700	11.1800	$1.307*10^{-2}$
1700	3.1320	$1.321*10^{-9}$	3800	11.5000	$1.772*10^{-2}$
1800	3.5700	$5.520*10^{-8}$	3900	11.8200	$2.364*10^{-2}$
1900	4.0130	$1.982*10^{-7}$	4000	12.1200	$3.108*10^{-2}$
2000	4.4580	$6.254*10^{-7}$	4100	12.4200	$4.030*10^{-2}$
2100	4.9040	$1.767*10^{-6}$	4200	12.7100	$5.160*10^{-2}$
2200	5.3480	$4.536*10^{-6}$	4300	13.0000	$6.530*10^{-2}$
2300	5.7880	$1.072*10^{-5}$	4400	13.2800	$8.173*10^{-2}$
2400	6.2230	$2.356*10^{-5}$	4500	13.5500	$1.013*10^{-1}$
2500	6.6520	$4.858*10^{-5}$	4600	13.8100	$1.243*10^{-1}$
2600	7.0740	$9.467*10^{-5}$	4700	14.0700	$1.511*10^{-1}$
2700	7.4890	$1.755*10^{-4}$	4800	14.3200	$1.823*10^{-1}$
2800	7.8960	$3.110*10^{-4}$	4900	14.5700	$2.181*10^{-1}$
2900	8.2950	$5.295*10^{-4}$	5000	14.8100	$2.591*10^{-1}$
3000	8.6850	$8.696*10^{-4}$	5100	15.0400	$3.056*10^{-1}$
3100	9.0670	$1.383*10^{-4}$	5200	15.2700	$3.581*10^{-1}$
3200	9.4400	$2.134*10^{-3}$	5300	15.4900	$4.171*10^{-1}$

26.2.2 폭약의 경우 반응식 완성

폭약의 경우에는 NO의 생성량이 미미하므로 $1/2N_2 + CO_2 \leftrightarrow CO + NO$의 반응을 무시하기로 하면 반응물질 $C_aH_bO_cN_d$의 분해반응식은 다음과 같이 쓸 수 있다.

$$C_aH_bO_cN_d = n_1CO_2 + n_2H_2O + n_3N_2 + n_4CO + n_5H_2 + n_6NO_2$$

상기에서 미지수가 n_1에서 n_6까지 6개이므로 이 방정식을 풀려면 6개의 식 또는 조건이 필요하다.

첫째, 상기 식으로부터 질량보존의 법칙에 따라 다음의 네 가지 식을 만들어 질 수 있다.

$$a = n_1 + n_4 \tag{1}$$

$$b = 2n_2 + 2n_5 \tag{2}$$

$$c = 2n_1 + n_2 + n_4 + 2n_6 \tag{3}$$

$$d = 2n_3 + n_6 \tag{4}$$

두 번째, 산소평형이 마이너스이면 n_6은 제로이고, 플러스이면 n_6 = (+O갯수)/2가 되는 조건으로 5번째의 식을 만들 수 있다.

세번째, 고온에서의 생성물의 평형관계식으로 수성가스 반응이 있다.

$$H_2O + CO \leftrightarrow CO_2 + H_2$$

상기 평형상태는 온도에 의해서 영향을 받으며 다음과 같은 평형식으로부터 여섯번째의 식을 만들 수 있다.

$$K_1 = \frac{[CO][H_2O]}{[H_2][CO_2]} \tag{5}$$

$[CO]$, $[H_2O]$, $[H_2]$, $[CO_2]$는 네 가지 가스의 분압이다. 총 몰수는 상기 수성가스 반응에 의해

서 변경되지 않으므로 K_1은 총압력 p에 독립적이나, 온도에는 종속적이다. 식(5)은 다음과 같이 바꾸어 쓸 수 있다.

$$K_1 = \frac{n_2 \cdot n_4}{n_1 \cdot n_5} \tag{5a}$$

n_1에서 n_6까지 6개의 미지수에 대해서, 5개의 방정식과 1개의 조건이 도출되었으므로, 이 6개의 식과 조건을 풀면, n_1에서 n_6까지 6개의 미지수를 풀 수 있다.

<예제2> 구아니딘나이트레이트(Guanidine nitrate)와 질산암모늄(Ammonium nitrate)의 중량비 48%: 52%인 조성이 반응을 했을 때, 반응열은 어떻게 되는가?

(풀이) 온도에 따라 K_1, K_2의 값이 변하므로 생성물의 몰수도 온도에 따라 변한다. 7개의 방정식을 풀어야 하는 복잡한 문제이므로 시행착오법에 의해 답을 구하는 것이 좋을 것이다.

반응열을 계산하기 위해서는 반응식을 우선 완성해야 한다. 그리고 나서 반응열을 생성물의 총생성열과 반응물의 총생성열의 차이로 계산된다. 먼저 문제의 조성의 원자구성비와 총생성열을 구하면 <표 26.3> 같다.

〈표 26.3〉 반응물의 원자구성비와 총생성열

원료명	분자량	함량 (%)	mole/조성kg	1kg당 각 원소의 개수				Heat of formation(△H_f)	
				C	H	N	O	kcal/mole	kcal/조성kg
$CH_6N_4O_3$	122.1	48.00	3.93	1	6	4	3	−102.90	−404.52
NH_4NO_3	80.04	52.00	6.50		4	2	3	−87.40	−567.82
Total		100		3.93	49.57	28.72	31.28		(합계) −972
				a	b	d	c		

$CH_6N_4O_3$와 NH_4NO_3의 중량비가 48:52이고, 이 조성 1kg을 기준으로 한다면, $CH_6N_4O_3$는 3.93mole, NH_4NO_3는 6.50mole로 계산된다. 그리고 이것을 CHNO의 원자 갯수를 계산하면 조

성의 식은 $C_{3.93}H_{49.57}N_{28.72}O_{31.28}$으로 쓸 수 있다. 그리고 상기 두 원료의 각각의 $\triangle H_f$가 -102.90kcal/mole, -87.40kcal/mole이므로 각각의 몰수를 곱해서 더하면 조성의 ㎏당 생성열이 -972kcal/㎏으로 계산된다.

다음으로 반응식의 완성과 생성물의 총생성열을 구해보기로 한다.

조성의 식 $C_{3.93}H_{49.57}N_{28.72}O_{31.28}$으로부터 조성의 산소평형치 = (c-2a-b/2)x16/1000x(100%) = (31.28-2x3.93-49.57/2)x16/10% = -0.14%가 되므로 $n_7 = 0$가 된다. a=3.93, b=49.57, c=31.28, d=28.72이고, 반응온도를 2500K라고 가정했을 때 <표 26.2>로부터 K_1=6.652, K_2=4.858*10[-5] 이다. 이 미지수를 구하기 위한 7개의 조건과 식은 다음과 같다.

$n_7 = 0$ (OB가 마이너스이므로) (1)

$$3.93 = n_1 + n_4 \quad (2)$$

$$49.57 = 2n_2 + 2n_5 \quad (3)$$

$$31.28 = 2n_1 + n_2 + n_4 + n_6 \quad (4)$$

$$28.72 = 2n_3 + n_6 \quad (5)$$

$$6.652 = \frac{n_2 \cdot n_4}{n_1 \cdot n_5} \quad (6)$$

$$4.858 \times 10^{-5} = (p/n)^{1/2} \frac{n_4 \cdot n_6}{n_3^{1/2} \cdot n_1} \quad (7)$$

상기 7개 조건과 방정식으로부터 n_1에서 n_7까지의 해가 얻어지며, 그 해는 <표 26.4>와 같다.

〈표 26.4〉 온도 2500K에서의 n_1∼n_7값의 해

	미지수	계산된 값
온도(가정) = 2,000K K_1=4.458 K_2=6.254*10[-7]	n_1	3.401
	n_2	23.951
	n_3	14.359
	n_4	0.529
	n_5	0.836
	n_6	0.00002
	n_7	0

〈표 26.5〉 생성물의 총생성열[$H_2O(g)$의 조건]

Product	분자량	mole/조성kg	Heat of formation($\triangle H_f$)	
			kcal/mole	kcal/조성kg
$CO_2(g)$	44.0095	3.402	−94.05	−319.93
$H_2O(g)$	18.0153	23.951	−57.80	−1384.36
$N_2(g)$	28.0134	14.359	0.00	0.00
$CO(g)$	28.0101	0.529	−26.42	−13.99
$H_2(g)$	2.01588	0.836	0.00	0.00
$NO(g)$	30.0061	0.00002	21.58	0.00045
Total		43.08		(합계) −1718

반응식이 구해졌으므로 이제 생성물의 총생성열과 반응열을 계산해 보기로 한다. 반응열은 물이 기체상태로 될 경우로 계산하기로 하며 물이 액체상태로 될 경우는 단순히 물의 잠열만을 추가해 주면 된다. 반응식은 다음과 같이 완성된다.

$$C_{3.93}H_{49.57}N_{28.72}O_{31.28}$$
$$= 3.402CO_2+23.951H_2O+14.359N_2+0.529CO+0.836H_2+0.0002NO$$

각 생성물의 생성열 $\triangle H_f$(kcal/mole)에 각 몰수를 곱해서 더하면 조성 1kg당의 생성물의 총생성열 $\triangle H_f$(kcal/kg)가 구해지는데 <표 26.5>와 같이 −1718kcal/kg으로 계산이 된다.

그러므로 반응열 Q'는 <표 26.3>와 <표 26.5>로부터 다음과 같이 계산된다.

Q' = Σ생성물의 생성열 - Σ반응물의 생성열

-1718-(-972) ≒ -746kcal/kg

26.3 폭발(반응) 온도

화약의 폭발온도라고 하면 단열조건에서의 정용(Constant volume)폭발온도를 말하며 단열 및 정용조건에서 반응열로 올릴 수 있는 생성물의 온도를 말한다. 고온에서는 물이 기체 상태로 존재하므로 고온에서의 생성물의 온도를 구할 때에는 물은 기체 상태로 존재하는 것으로 취급해야 한다. 다음과 같은 식으로 나타낼 수 있으며 우리가 폭발온도를 구할 때에는 Q'을 이용한다.

$$Q' = Q - n_{H_2O}\lambda_{b.H_2O}$$

여기에서 Q는 반응열이고 Q'은 Q에서 생성물 H_2O의 잠열을 뺀 값으로 H_2O가 기체 상태일 때의 반응열이이다.

이외에도 고체생성물이 있을 경우에는 반응온도에서 융해된 상태로 존재할 수 있으므로 반응온도가 고체생성물의 융해온도를 초과하면 융해열이 포함되므로 이러한 열들도 빼 주어야 한다. 이러한 증발열이나 융해열과 같은 잠열들은 생성물의 온도를 낮추어 준다. 이것을 도식으로 나타내면 [그림 26.1]과 같다.

폭발온도를 구하는 방법은 정압비열 C_p를 이용하여 계산하는 방식과 정용비열 C_v를 이용해서 계산하는 방식이 있다.

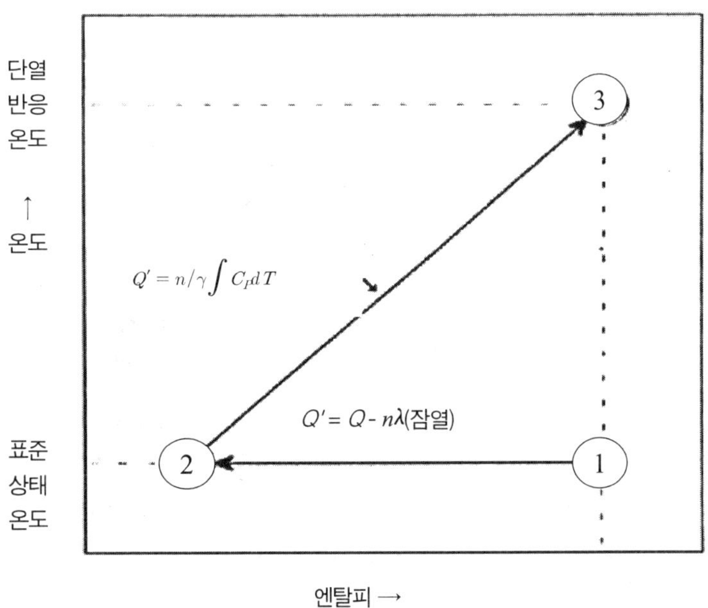

[그림 26.1] 단열폭발반응에서의 온도와 엔탈피의 관계 그래프

26.3.1 정압비열을 이용하는 방법

정압비열 C_p는 온도의 함수이고, 이 C_p를 적분함으로써 Q'이 얻어질 수 있는데, 이 식을 이용해서 정압폭발온도를 구할 수 있다.

$$Q' = n\int_{T_o}^{T_a} C_p\, dt$$

NIST Chemistry Webbook으로부터 $C_p = A+Bt+Ct^2+Dt^3+Et^{-2}$ 이므로

$$Q' = n\int_{T_o}^{T_a} (A + Bt + Ct^2 + Dt^3 + Et^{-2})dT$$

가 된다. 여기에서 T_a는 정압에서의 단열화염온도, T_0는 표준온도(298K)이고, n는 생성물의 몰수, t는 $T/1000$이다. 주요 생성가스 들의 A,B,C,D,E의 값은 <표 26.6>과 같다.

〈표 26.6〉 여러 가지 가스생성물의 온도함수 C_p의 상수값[3]

가스 생성물	T(K)	A	B	C	D	E
H_2	298-1000	7.903006	-2.715922	2.732508	-0.662733	-0.037896
	1000-2500	4.436683	2.929578	-0.683505	0.064110	0.472751
	2500-6000	10.376090	-1.026071	0.304117	-0.023154	-0.4907711
N_2	100-500	6.927919	0.443111	-2.305798	3.975949	0.000028
	500-2000	4.662006	4.753120	-2.055099	0.327386	0.126100
	2000-6000	8.489178	0.269772	-0.046870	0.003504	-1.088375
CO_2	298-1200	5.974511	13.19	-8.052431	1.899711	-0.032657
	1200-6000	13.90210	0.650113	-0.11766	0.009284	-1.540941
CO	298-1300	6.110801	1.457011	0.969086	-0.638456	0.031315
	1300-6000	8.401219	0.31073	-0.049216	0.003239	-0.784603
H_2O	298-500	-48.663	364.075	-763.961	591.4089	0.921445
	500-1700	7.192161	1.633011	1.62367	-0.605755	0.019632
	1700-6000	10.02970	2.060720	-0.358456	0.023451	-2.66674
NO	298-1200	5.696681	3.008791	-0.27223	-0.357901	0.051194
	1200-6000	8.602221	0.228769	-0.03538	0.002384	-0.717994
NO_2	298-1200	3.850041	18.1394	-12.9989	3.41964	0.057223
	1200-6000	13.5816	0.176399	-0.034589	0.002337	-1.304951

만약 반응과정이 일정한 부피에서 수행된다면, C_p 대신에 C_v가 사용되었을 것이다. 그러나 C_v로 계산하지 않고, C_p를 이용하여 정압단열화염온도 T_a를 구한 다음 $C_p/C_v=\gamma$를 이용해서 보정할 수 있다. 정용단열화염온도 T_v는 다음과 같이 계산된다.

$$T_v = T_a\gamma$$

일반적으로 γ는 온도 증가에 따라 감소하고, 압력증가에 따라 증가한다. 이러한 계산에 사용되는 온도와 압력 범위(25<T<4000℃ 그리고 1bar<P<1000bar)에서는 15℃와 1bar에서의 γ 값으로 큰 오차없이 사용될 수 있다. 고체상의 고폭약의 폭굉 조건(약 4000℃와 250kbar)에서, 폭굉 생성가스의 평균 γ는 약 3이다. <표 26.7>은 여러 가지 가스에 대한 γ값을 나타낸다.

〈표 26.7〉 1 atm에서의 여러 가지 기체의 γ 값[4]

기체	온도(℃)	γ	기체	온도(℃)	γ
Air	−118	1.415	Ethane	15	1.22
	−78	1.408	Ethylene	15	1.255
	0	1.403	Helium	−180	1.660
	17	1.403	Hydrogen	15	1.410
	100	1.401	Hydrogen sulfide	15	1.320
	200	1.398	Methane	15	1.310
	400	1.393	Neon	15	1.640
	1000	1.365	Nitric oxide	15	1.400
	1400	1.341	Nitrogen	15	1.404
	1800	1.316	Nitrous oxide	15	1.303
Ammonia	15	1.310	Oxygen	15	1.401
Argon	15	1.668	Propane	16	1.130
Carbon dioxide	15	1.304	Steam	100	1.324
Carbon monoxide	15	1.404	Sulfur dioxide	15	1.290
Chlorine	15	1.355			

26.3.2 정용비열을 이용하는 방법

정용비열 C_v는 온도의 함수이고, 이 C_v를 적분함으로써 Q'이 얻어질 수 있는데, 이 식을 이용해서 정용폭발온도를 바로 구할 수 있다.

$$Q' = n\int_{T_0}^{T_v} C_v \ dT = n\overline{C}_v(T_v - T_0)dT$$

온도에 따른 여러 가지 생성물들의 정용비열(C_v*)의 데이터는 <표 26.8>과 같으며, 이것을 이용하여 계산한 300°K로부터 T°K까지의 평균정용비열($\bar{C}_v$*)의 데이터는 <표 26.9>와 같다. 그리고 평균정용비열 데이터를 이용하여 2000°K로부터 6000°K까지의 평균정용비열데이터를 (1/*T*)에 대한 2차근사식으로 만든 것이 <표 26.10>이다. 폭발(반응)온도 계산시 <표 26.10>를 이용하는 것이 가장 편리하며, 유효에너지를 구할 때에는 2000°K 이하에서의 평균정용비열 데이터가 필요하며 <표 26.9>와 <표 26.10>을 함께 이용한다.

〈표 26.8〉 정용비열 데이터 C_v^*(300°〈T〈6000°K)(cal/mol/K)[5]

T(°K)	H_2	N_2	CO_2	CO	H_2O	NH_3	CH_4	CH_3OH
300	4.908	4.974	6.907	4.978	6.039	6.94	6.55	8.16
400	4.987	5.004	7.884	5.026	6.198	7.84	7.71	9.94
500	5.006	5.083	8.675	5.133	6.428	8.66	9.11	11.95
600	5.021	5.210	9.324	5.289	6.690	9.39	10.52	13.77
700	5.048	5.364	9.682	5.464	6.972	10.05	11.85	15.43
800	5.091	5.525	10.313	5.637	7.267	19.68	13.07	16.89
900	5.152	5.684	10.691	5.800	7.572	11.27	14.17	18.18
1000	5.230	5.829	11.008	5.945	7.874	11.82	15.17	19.33
1100	5.321	5.960	11.278	6.071	8.158	12.34	16.07	20.31
1200	5.417	6.076	11.503	6.181	8.426	12.82	16.85	21.21
1300	5.518	6.178	11.693	6.278	8.681	13.26	17.58	21.95
1400	5.623	6.266	11.857	6.362	8.922	13.67	18.17	22.65
1500	5.726	6.343	12.001	6.432	9.147	14.01	18.71	23.21
1600	5.827	6.412	12.029	6.494	9.356	14.34	19.17	23.76
1700	5.924	6.472	12.243	6.549	9.547	14.63	19.58	24.18
1800	6.017	6.525	12.344	6.598	9.721	14.89	19.96	24.58
1900	6.105	6.583	12.434	6.640	9.878	15.12	20.29	24.94
2000	6.188	6.615	12.515	6.678	10.021	15.33	20.58	25.25
2100	6.267	6.653	12.589	6.712	10.151	15.52	20.83	25.53
2200	6.341	6.687	12.656	6.743	10.269	15.70	21.08	25.78
2300	6.411	6.718	12.718	6.771	10.387	15.85	21.27	26.00
2400	6.477	6.746	12.776	6.797	10.476	15.99	21.45	26.20
2500	6.539	6.772	12.830	6.819	10.567	16.11	21.62	26.39
2750	6.680	6.828	12.952	6.869	10.764	16.38	21.97	26.77
3000	6.804	6.874	13.056	6.911	10.926	16.60	22.26	27.07
3250	6.912	6.913	13.148	6.946	11.054	16.77	22.46	27.30
3500]	7.006	6.947	13.229	6.976	11.160	16.91	22.64	27.51
3750	7.089	6.976	13.302	7.003	11.247	17.02	22.79	27.66
4000	7.164	7.002	13.368	7.028	11.321	17.12	22.91	27.79
4250	7.233	7.026	13.430	7.051	11.383	17.20	23.01	27.91
4500	7.295	7.048	13.488	7.072	11.437	17.27	23.10	28.00
4750	7.351	7.069	13.544	7.091	11.487	17.33	23.17	28.08
5000	7.402	7.089	13.599	7.109	11.534	17.38	23.24	28.15
5250	(7.449)	(7.108)	(13.642)	(7.127)	(11.573)	17.43	23.29	28.21
5500	(7.493)	(7.127)	(13.681)	(7.143)	(11.608)	17.47	23.40	28.26
5750	(7.535)	(7.141)	(13.718)	(7.160)	(11.639)	17.50	23.38	28.31
6000	(7.577)	(7.154)	(13.752)	(7.175)	(11.667)	17.53	23.42	28.34

〈표 26.8〉 정용비열 데이터 C_v^*(300°〈T〈6000°K)(cal/mol/K) (계속)

T(°K)	CH_2O_2	O_2	OH	NO	H	N	O	HCN
300	9.87	5.032	5.152	5.147	2.981	2.981	3.247	6.61
400	11.62	5.207	5.087	5.175	2.981	2.981	3.147	7.40
500	13.18	5.442	5.061	5.302	2.981	2.981	3.093	7.99
600	14.57	5.683	5.066	5.481	2.981	2.981	3.062	8.48
700	15.68	5.898	5.100	5.670	2.981	2.981	3.041	8.92
800	16.62	6.077	5.163	5.846	2.981	2.981	3.028	9.31
900	17.43	6.225	5.247	6.003	2.981	2.981	3.019	9.67
1000	18.12	6.348	5.346	6.139	2.981	2.981	3.012	9.99
1100	18.71	6.453	5.453	6.256	2.981	2.981	3.007	10.28
1200	19.29	6.543	5.564	6.355	2.981	2.981	3.002	10.52
1300	19.68	6.621	5.676	6.439	2.981	2.981	2.999	10.76
1400	20.07	6.689	5.785	6.511	2.981	2.981	2.997	10.96
1500	20.42	6.752	5.898	6.573	2.981	2.981	2.995	11.14
1600	20.73	6.814	5.986	6.627	2.981	2.981	2.993	11.30
1700	21.00	6.872	6.079	6.673	2.981	2.981	2.992	11.44
1800	21.24	6.930	6.615	6.715	2.981	2.981	2.991	11.56
1900	21.45	6.987	6.246	6.751	2.981	2.982	2.991	11.67
2000	21.64	7.043	6.321	6.784	2.981	2.982	2.991	11.77
2100	21.81	7.098	6.391	6.814	2.981	2.983	2.991	11.86
2200	21.96	7.153	6.456	6.841	2.981	2.984	2.991	11.94
2300	22.10	7.208	6.517	6.865	2.981	2.985	2.993	12.01
2400	22.22	7.262	6.574	6.887	2.981	2.988	2.994	12.08
2500	22.23	7.315	6.627	6.908	2.981	2.991	2.996	12.13
2750	22.56	7.444	6.746	6.954	2.981	3.003	3.005	12.25
3000	22.75	7.565	6.851	6.994	2.981	3.024	3.017	12.35
3250	22.89	7.676	6.944	7.030	2.981	3.056	3.034	12.42
3500	23.01	7.776	7.028	7.062	2.981	3.100	3.054	12.49
3750	23.11	7.866	7.105	7.092	2.981	3.157	3.078	12.54
4000	23.20	7.946	7.175	7.120	2.981	3.227	3.104	12.58
4250	23.27	8.016	7.241	7.146	2.981	3.331	3.133	12.62
4500	23.33	8.076	7.303	7.171	2.981	3.406	3.163	12.65
4750	23.38	8.128	7.363	7.196	2.981	3.511	3.193	12.68
5000	23.42	8.170	7.419	7.221	2.981	3.624	3.223	12.70
5250	23.46	(8.210)	(7.472)	(7.245)	2.981	(3.744)	(3.253)	12.72
5500	23.49	(8.248)	(7.522)	(7.269)	2.981	(3.869)	(3.283)	12.74
5700	23.52	(8.284)	(7.571)	(7.293)	2.981	(3.998)	(3.312)	12.75
6000	23.54	(8.318)	(7.616)	(7.317)	2.981	(4.131)	(3.340)	12.76

〈표 26.8〉 정용비열 데이터 C_v^*(300°〈T〈6000°K)(cal/mol/K) (계속)

T(°K)	CH_2O	C_2H_4	C_2H_6	CH_2O	C_2H_5OH	C(s)	Al_2O_3(c)	AlO(g)	Al_2O(g)
300	6.46	8.53	9.60	6.46	13.99	2.083			
400	7.35	10.99	12.61	7.35	16.69	2.851			
500	8.29	13.25	15.75	8.29	20.27	3.496			
600	9.48	15.18	18.63	9.48	23.31	4.02			
700	10.47	16.83	21.19	10.47	25.92	4.42			
800	11.36	18.27	23.46	11.36	28.18	4.74			
900	12.12	19.52	25.44	12.12	30.13	4.97			
1000	12.79	20.61	27.16	12.79	31.84	5.13	27.89	6.658	10.868
1100	13.37	21.58	28.66	13.37	33.33	5.26	30.32	6.705	11.024
1200	13.87	22.42	29.99	13.87	34.62	5.41	30.70	6.743	11.150
1300	14.30	23.16	31.08	14.30	35.77	5.56	31.02	6.772	11.252
1400	14.67	23.78	32.08	14.67	36.75	5.66	31.34	6.800	11.339
1500	14.99	24.38	32.91	14.99	37.61	5.75	31.60	6.816	11.405
1600	15.27	24.90	33.70	15.27	38.36	5.82	31.83	6.832	11.463
1700	15.52	25.31	34.30	15.52	39.02	5.89	32.06	6.845	11.512
1800	15.73	25.70	34.87	15.73	39.60	5.94	32.28	6.857	11.553
1900	15.92	26.05	35.38	15.92	40.12	5.99	32.48	6.867	11.589
2000	16.08	26.35	35.82	16.08	40.57	6.04	32.66	6.875	11.620
2100	16.23	26.62	36.22	16.23	40.98	6.09	32.80	6.885	11.649
2200	16.36	26.87	36.56	16.36	41.34	6.13	32.92	6.889	11.670
2300	16.48	27.08	36.88	16.48	41.66	6.17	33.05	6.894	11.690
2400	16.58	27.27	37.16	16.58	41.96	6.21	33.15	6.899	11.709
2500	16.67	27.45	37.41	16.67	42.22	6.25	33.23	6.903	11.724
2750	16.87	27.82	37.94	16.87	42.79	6.33	33.41	6.912	11.751
3000	17.02	28.11	38.35	17.02	43.20	6.41	33.55	6.919	11.783
3250	17.14	28.34	38.68	17.14	43.55	6.49	33.67	6.924	11.804
3500	17.24	28.53	38.95	17.24	43.82	6.56	33.74	6.928	11.820
3750	17.32	28.69	39.17	17.32	44.05	6.63	33.79	6.932	11.833
4000	17.38	28.82	39.35	17.38	44.24	6.71	33.83	6.934	11.843
4250	17.44	28.92	39.50	17.44	44.40	*(6.79)*	33.85	6.937	11.852
4500	17.48	29.01	39.63	17.48	44.54	*(6.86)*	33.87	6.939	11.860
4750	17.52	29.09	39.74	17.52	44.65	*(6.93)*	33.89	6.940	11.866
5000	17.56	29.16	39.83	17.56	44.75	*(7.01)*	33.90	6.942	11.873
5250	17.59	29.22	39.91	17.59	44.83	*(7.09)*	33.91	6.943	11.878
5500	17.61	29.27	39.98	17.61	44.92	*(7.16)*	33.92	6.944	11.882
5700	17.63	29.31	40.05	17.63	44.98	*(7.23)*	33.93	6.945	11.886
6000	17.65	29.35	40.10	17.65	45.05	*(7.30)*	33.94	6.946	11.889

※ *(이탤릭체)*는 외삽에 의해 추론된 값임.

〈표 26.9〉 평균정용비열 데이터 $\bar{C}_v^*$(300°K로부터 T°K까지)(cal/mol/K)[5]

T(°K)	H_2	N_2	CO_2	CO	H_2O	NH_3	CH_4	CH_3OH
1000	5.054	5.323	9.395	5.400	6.867	9.62	11.04	14.27
1100	5.082	5.395	9.615	5.476	7.011	9.92	11.62	14.97
1200	5.114	5.464	9.812	5.548	7.153	10.22	12.15	15.61
1300	5.148	5.530	9.991	5.617	7.293	10.50	12.66	16.21
1400	5.187	5.593	10.153	5.681	7.430	10.77	13.14	16.76
1500	5.228	5.653	10.302	5.741	7.564	11.03	13.58	17.28
1600	5.27	5.708	10.437	5.796	7.694	11.27	13.99	17.76
1700	5.313	5.761	10.562	5.848	7.820	11.50	14.38	18.20
1800	5.357	5.810	10.678	5.896	7.941	11.72	14.74	18.61
1900	5.401	5.856	10.785	5.942	8.057	11.92	15.07	19.00
2000	5.445	5.900	10.884	5.984	8.168	12.12	15.39	19.35
2100	5.489	5.941	10.977	6.023	8.275	12.30	15.68	19.69
2200	5.532	5.979	11.063	6.060	8.377	12.48	15.96	20.00
2300	5.574	6.015	11.145	6.095	8.474	12.64	15.22	20.30
2400	5.615	6.049	11.221	6.128	8.567	12.80	16.47	20.58
2500	5.656	6.082	11.293	6.159	8.656	12.94	16.70	20.84
2750	5.753	6.155	11.456	6.229	8.862	13.28	17.22	21.42
3000	5.845	6.219	11.600	6.290	9.045	13.58	17.67	21.93
3250	5.931	6.277	11.727	6.344	9.210	13.84	18.07	22.38
3500	6.011	6.328	11.841	6.393	9.359	14.08	18.42	22.77
3750	6.086	6.374	11.944	6.436	9.493	14.29	18.73	23.12
4000	6.157	6.415	12.039	6.475	9.614	14.48	19.01	23.43
4250	6.223	6.453	12.125	6.511	9.724	14.64	19.26	23.71
4500	6.285	6.488	12.204	6.544	9.824	14.80	19.48	23.96
4750	6.343	6.520	12.278	6.574	9.916	14.94	19.69	24.19
5000	6.398	6.550	12.347	6.602	10.001	15.07	19.38	24.40
5250	6.450	6.577	12.411	6.628	10.080	15.19	20.05	24.59
5500	6.499	6.603	12.472	6.652	10.153	15.29	20.20	24.76
5700	6.546	6.628	12.530	6.675	10.222	15.40	20.35	24.93
6000	6.590	6.651	12.586	6.697	10.286	15.49	20.48	25.08

〈표 26.9〉 평균정용비열 데이터 $\bar{C}_v^*$(300°K로부터 T°K까지)(cal/mol/K) (계속)

T(°K)	CH_2O_2	O_2	OH	NO	H	N	O	HCN
1000	14.74	5.746	5.137	5.587	2.981	2.981	3.073	8.59
1100	15.20	5.828	5.170	5.663	2.981	2.981	3.065	8.78
1200	15.62	5.903	5.207	5.735	2.981	2.981	3.058	8.96
1300	16.01	5.971	5.248	5.801	2.981	2.981	3.052	9.13
1400	16.36	6.033	5.292	5.862	2.981	2.981	3.047	9.29
1500	16.68	6.090	5.338	5.919	2.981	2.981	3.043	9.43
1600	16.98	6.143	5.384	5.971	2.981	2.981	3.039	9.57
1700	17.26	6.194	5.430	6.020	2.981	2.981	3.036	9.70
1800	17.52	6.241	5.476	6.065	2.981	2.981	3.033	9.82
1900	17.76	6.286	5.522	6.107	2.981	2.981	3.030	9.93
2000	17.98	6.328	5.567	6.146	2.981	2.981	3.028	10.04
2100	18.19	6.370	5.611	6.182	2.981	2.981	3.026	10.14
2200	18.38	6.409	5.654	6.216	2.981	2.981	3.024	10.23
2300	18.56	6.448	5.695	6.248	2.981	2.981	3.023	10.32
2400	18.73	6.485	5.736	6.278	2.981	2.981	3.021	10.40
2500	18.90	6.522	5.775	6.306	2.981	1.982	3.020	10.48
2750	19.26	6.610	5.868	6.370	2.981	2.984	3.018	10.65
3000	19.57	6.693	5.954	6.426	2.981	2.986	3.017	10.80
3250	19.84	6.771	6.034	6.475	2.981	2.991	3.018	10.94
3500	20.08	6.846	6.109	6.520	2.981	2.997	3.020	11.06
3750	20.30	6.917	6.178	6.560	2.981	3.007	3.023	11.16
4000	20.50	6.984	6.243	6.597	2.981	3.019	3.028	11.26
4250	20.68	7.047	6.304	6.631	2.981	3.035	3.034	11.34
4500	20.84	7.106	6.362	6.663	2.981	3.054	3.040	11.42
4750	20.98	7.162	6.416	6.692	2.981	3.077	3.048	11.49
5000	21.10	7.215	6.468	6.719	2.981	3.103	3.057	11.55
5250	21.22	7.264	6.518	6.745	2.981	3.132	3.066	11.61
5500	21.33	7.310	6.565	6.770	2.981	3.165	3.076	11.66
5700	21.43	7.354	6.610	6.793	2.981	3.200	3.086	11.72
6000	21.52	7.396	6.653	6.816	2.981	3.238	3.096	11.76

〈표 26.9〉 평균정용비열 데이터 $\bar{C}_v^*$(300°K로부터 T°K까지)(cal/mol/K) (계속)

T(°K)	CH_2O	C_2H_4	C_2H_6	C_2H_5OH	C(s)	Al_2O_3(c)	AlO(g)	Al_2O(g)
1000	9.81	15.53	19.36	23.92	3.31	26.67	6.22	9.69
1100	10.22	16.23	20.44	25.01	4.18	27.10	6.28	9.84
1200	10.60	16.87	21.42	25.00	4.31	27.48	6.33	9.98
1300	10.95	17.46	22.34	26.92	4.43	27.82	6.37	10.10
1400	11.27	18.01	23.18	27.77	4.53	28.13	6.41	10.21
1500	11.57	18.52	23.96	28.56	4.63	28.40	6.44	10.31
1600	11.85	18.99	24.67	29.28	4.72	28.66	6.47	10.40
1700	12.10	19.42	25.34	29.96	4.80	28.89	6.50	10.47
1800	12.33	19.83	25.96	30.58	4.88	28.11	6.52	10.54
1900	12.55	20.21	26.53	31.16	4.95	29.32	6.54	10.61
2000	12.75	20.56	27.06	31.70	5.01	29.51	6.56	10.67
2100	12.94	20.89	27.56	32.21	5.07	29.69	6.58	10.72
2200	13.12	21.20	28.02	32.68	5.13	29.86	6.60	10.77
2300	13.28	21.48	28.46	33.12	5.18	30.01	6.61	10.82
2400	13.44	21.75	28.87	33.53	5.23	30.16	6.63	10.86
2500	13.59	22.01	29.25	33.92	5.27	30.30	6.64	10.90
2750	13.92	22.59	30.11	34.80	5.38	30.59	6.67	10.98
3000	14.20	23.09	30.86	35.56	5.47	30.85	6.69	11.06
3250	14.44	23.55	31.50	36.22	5.55	31.09	6.71	11.12
3500	14.66	23.91	32.08	36.81	5.63	31.29	6.73	11.17
3750	14.85	24.25	32.58	37.32	5.70	31.47	6.74	11.22
4000	15.02	24.55	33.04	37.78	5.77	31.63	6.75	11.26
4250	15.17	24.83	33.44	38.20	5.83	31.77	6.76	11.30
4500	15.31	25.07	33.81	38.57	5.89	31.89	6.77	11.33
4750	15.43	25.30	34.13	38.91	5.95	32.01	6.78	11.36
5000	15.54	25.50	34.43	39.22	6.00	32.11	6.79	11.39
5250	15.64	25.69	34.71	39.51	6.06	32.20	6.80	11.41
5500	15.73	25.86	34.97	39.77	6.11	32.28	6.81	11.44
5700	15.82	26.01	35.19	40.00	6.16	32.36	6.81	11.46
6000	15.90	26.16	35.41	40.22	6.21	32.43	6.82	11.48

〈표 26.10〉 2000〈T〈6000K의 범위에서 평균정용비열 데이터의 (1/T)에 대한 이차근사식[5]

$$C_v^* = A + \frac{B \times 10^3}{T}(1 + \frac{C \times 10^3}{T})(\text{cal/mol/k})$$

$$\overline{C}_v^* = \overline{A} + \frac{\overline{B} \times 10^3}{T}(1 + \frac{\overline{C} \times 10^3}{T})(\text{cal/mol/k})$$

물질	A	B	C	Δ_{max}	$\overline{A}$	$\overline{B}$	$\overline{C}$	Δ_{max}
H_2	8.487	−5.962	−4.582	0.01	7.638	−7.429	−0.8281	0.02
$N2$	7.478	−2.060	−0.3408	0.01	7.193	−3.634	−0.5823	0.02
CO_2	14.616	−5.692	−0.5344	0.02	13.851	−8.569	−0.6243	0.02
CO	7.478	−1.994	−0.4157	0.01	7.204	−3.379	−0.5623	0.01
H_2O	12.221	−2.758	+1.225	0.02	11.887	−10.751	−0.6200	0.01
NH_3	18.113	−2.341	+2.793	0.02	17.854	−15.564	−0.5278	0.01
CH_4	24.089	−2.434	+3.782	0.02	23.830	−21.671	−0.4431	0.01
CH_3OH	29.025	−2.212	+4.892	0.04	28.794	−24.003	−0.4282	0.01
CH_2O_2	24.034	−1.898	+3.089	0.02	23.829	−14.948	−0.4356	0.01
O_2	9.235	−5.995	−0.5193	0.03	8.470	−7.664	−0.8948	0.02
OH	8.642	−7.084	−0.7045	0.03	7.679	−7.274	−0.8506	0.02
NO	7.759	−3.157	−0.7906	0.02	7.321	−3.437	−0.6433	0.01
H	2.981	0.000	0.000	0.00	2.981	0.000	0.0000	0.00
N	6.476	−18.840	−1.288	0.15	3.744	−4.210	−1.498	0.05
O	4.029	−5.326	−1.256	0.05	3.279	−1.498	−1.372	0.02
HCN	13.002	−0.866	+3.741	0.01	12.910	−7.465	−0.4634	0.01
CH_2O	18.005	−1.127	+4.863	0.01	17.804	−12.209	−0.3430	0.01
C_2H_4	30.026	−2.287	+4.480	0.03	29.786	−23.412	−0.4254	0.01
C_2H_6	41.010	−2.817	+5.432	0.05	40.716	−34.096	−0.3993	0.01
C_2H_5OH	46.101	−3.832	+3.813	0.02	45.677	−35.188	−0.4123	0.01
C(s)	8.494	−9.090	+0.9468	0.09	7.257	−7.444	−0.8137	0.04

<예제2> 구아니딘 나이트레이트(Guanidine nitrate)와 질산암모늄(Ammonium nitrate)의 중량비 48%: 52%인 조성이 반응을 했을 때, 반응온도는 어떻게 되는가?

(풀이) 예제1로부터 반응온도를 2000°K로 가정했을 때, 반응식과 반응열이 각각 다음과 같이 구해졌다.

$C_{3.93}H_{49.57}N_{28.72}O_{31.28}$

$= 3.402CO_2+23.951H_2O+14.359N_2+0.529CO+0.836H_2+0.0002NO$

Q' = Σ생성물의 생성열 - Σ반응물의 생성열 = -1718-(-972) ≒ -746kcal/kg

반응식과 반응열이 구해졌으므로, 정압비열방식에 의해 다음 식으로 반응온도를 구할 수 있다.

$$Q' = n\int_{T_o}^{T_a} C_p\, dT$$

$$Q' = n\int_{T_o}^{T_a} (A + Bt + Ct^2 + Dt^3 + Et^{-2})dT$$

$$Q' = n[A(t_a-t_0)+B/2(t_a^2-t_0^2)+C/3(t_a^3-t_0^3)+D/4(t_a^4-t_0^4)-E(1/t_a-1/t_o)]$$

여기에서, t_0는 298/1000=0.298이고, $t_a=T_a/1000$이다. 엑셀을 이용하여 시행착오법으로 정압폭발온도 T_a를 구하는 것이 편하다. 다음의 <표 26.11>은 엑셀을 이용하여 시행착오법으로 계산한 폭발온도의 계산표이다.

① <표 26.11>에는 <표 26.4>에서 계산된 각 생성물에 대한 몰수, <표 26.6>에서부터 C_p의 상수 A,B,C,D,E값들을 찾아 넣고 그리고 $n\int C_p dT$의 값이 각각의 온도 범위에서 상기 위의 적분식에 의해서 계산되고 이들이 다 더해져 $\Sigma n\int C_p dT$값이 계산된다. γ값은 <표 26.7>로부터의 Data이다.

② $\Sigma n\int C_p dT$의 값이 앞에서 계산된 반응열 Q'=-746kcal/kg의 값과 같게 나오는 T_a를 구한다. 상기 예에서는 T_a가 1995°K일 때, 이 두 값이 -746로 같아졌다. 이렇게 구해진 T_a값이 반응열 계산 시 가정했던 온도와 ±50°K 이내에서 값이 비슷하면, 단열정압폭발온도는 T_a로 정해진다. 만약에 ±50K를 벗어나게 되면, 반응열 계산으로 되돌아가서 온도를 다시 가정하여 다시 계산하고 T_a와 ±50K 이내가 될 때까지 반복한다. 당해 예에서는 구해진 T_a가 1995°K로 반응열 계산시 가정했던 2000°K의 ±50°K 이내에 들므로, 단열정압폭발온도는 1995°K가 된다. ±50°K 이내로 하는 이유는 <표 26.2>의 K_1,K_2의 값이 100°K 단위로 값이 주어지기 때문이다. 그리고 평균 $\bar{\gamma} = \sum n_i\gamma_i = 1.3517$이므로 단열정용온도는 다음과 같이 구해진다.

$$T_v = T_a\bar{\gamma} = 1995 \times 1.3517 = 2697^\circ K$$

〈표 26.11〉 폭발온도의 계산표

T_a 1995	Gas	mole 수	분율	온도범위	T/1000	A	B	C	D	E	$n\int C_p dT$	γ
T_a/1000 1.995	CO_2 (g)	3.40	0.0790	298 −1200	0.298	5.974511	13.19	−8.052431	1.899711	−0.032657	36	1.3040
T_0 298				1200↑	1.2	13.9021	0.650113	−0.11766	0.009284	−1.540941	38	
T_0/1000 2.98	H_2O (g)	23.95	0.5560	298 −500	0.298	−48.663	364.075	−763.961	591.4089	0.921445	90	1.3240
				500 −1000	0.5	7.192161	1.633011	1.62367	−0.605755	0.019632	109	
				1000↑	1	10.0297	2.06072	−0.358456	0.023451	−2.66674	263	
	N_2 (g)	14.36	0.3333	298 −500	0.298	6.927919	0.44311	−2.305798	3.975949	0.000028	20	1.4040
				500↑	0.5	4.662006	4.75312	−2.055099	0.327386	0.1261	172	
	CO (g)	0.53	0.0123	298 −1300	0.298	6.110801	1.457011	0.969086	−0.638456	0.031315	4	1.4040
				1300↑	1.3	8.401219	0.31073	−0.049216	0.003239	−0.784603	3	
	H_2 (g)	0.84	0.0194	298 −1000	0.298	7.903006	−2.715922	2.732508	−0.662733	−0.037896	4	1.4100
				1000↑	1	4.436683	2.929578	−0.683505	0.06411	0.472751	6	
	NO (g)	0.00	0.0000	298 −1200	0.298	5.696681	3.008791	−0.27223	−0.357901	0.051194	0	1.4
				1200↑	1.2	8.602221	0.228769	−0.03538	0.002384	−0.717994	0	
	계	43.08	1.0000								계 746	평균 1.3517

③ 구아니딘 나이트레이트/질산암모늄=48/52의 계산된 열역학 특성치 결과를 정리하면 <표 26.12>와 같다.

〈표 26.12〉 구아니딘나이트레이트/질산암모늄=48/52의 계산된 열역학 특성치

폭발(반응)열		-746 kcal/kg[H_2O(g)]
단열폭발온도(정압/정용)		1995/2697 °K
gas moles/kg	CO_2(g)	3.402
	H_2O(g)	23.951
	N_2(g)	14.359
	CO(g)	0.529
	H_2(g)	0.836
	NO(g)	0.00002
	계	43.08

<예제3> 질산암모늄(NH_4NO_3)와 경유(CH_2)의 중량비가 94.3%: 5.7%인 ANFO폭약의 조성이 반응을 했을 때 반응온도는 어떻게 되는가?

(풀이) 온도에 따라 K_I의 값이 변하므로 생성물의 몰수도 온도에 따라 변한다. 6개의 방정식을 풀어야 하는 복잡한 문제이므로 시행착오법에 의해 답을 구하는 것이 좋을 것이다. 폭약의 경우는 $1/2N_2 + CO_2 \leftrightarrow CO + NO$의 반응을 무시하는 것으로 가정하므로 K_I의 값만을 필요로 한다.

(1) 반응열의 계산

반응열을 계산하기 위해서는 반응식을 우선 완성해야 한다. 그리고 나서 반응열을 생성물의 총생성열과 반응물의 총생성열의 차이로 계산된다. 먼저 문제의 조성의 원자구성비와 총생성열을 구하면 <표 26.13> 같다.

〈표 26.13〉 반응물의 원자구성비와 총생성열

원료명	분자량	함량 (%)	mole/조성kg	1kg당 각 원소의 개수				Heat of formation($\triangle H_f$)	
				C	H	N	O	kcal/mole	kcal/조성kg
NH_4NO_3	80.05	94.30	11.78		4	2	3	−87.27	−1028.14
CH_2	14.03	5.70	4.06	1	2			−5.00	−20.36
Total		100.00	15.84	4.07	55.25	23.56	35.34		−1048
				a	b	d	c		

질산암모늄(NH_4NO_3)와 경유(CH_2)의 중량비가 94.3%: 5.7%이고, 이 조성 1kg을 기준으로 한다면, NH_4NO_3는 11.78mole, CH_2는 4.06mole로 계산된다. 그리고 이것을 CHNO의 원자개수를 계산하면 조성의 식은 $C_{4.07}H_{55.25}N_{23.56}O_{35.34}$로 쓸 수 있다. 그리고 상기 두 원료의 각각의 $\triangle H_f$가 -87.27kcal/mole, -5.00kcal/mole이므로 각각의 몰수를 곱해서 더하면 조성의 kg당 생성열이 -1049kcal/kg으로 계산된다.

다음으로 반응식의 완성과 생성물의 총생성열을 구해보기로 한다.

조성의 식 $C_{4.07}H_{55.25}N_{23.56}O_{35.34}$으로부터 조성의 산소평형치 = (c-2a-b/2) x 16/1000 x (100%) = (35.34-2 x 4.07-55.25/2) x 16/10% = -0.66%가 되므로, $n_6 = 0$가 된다. a=4.07, b=55.25, c=35.34, d=23.56이고, 반응온도를 2800°K라고 가정했을 때, <표 26.2>로부터 K_1=7.896이다. 이 미지수를 구하기 위한 6개의 조건과 식은 다음과 같다.

$n_6 = 0$ (OB가 마이너스이므로) (1)

$4.07 = \ + n_4$ (2)

$55.25 = 2n_2 + 2n_5$ (3)

$35.34 = 2n_1 + n_2 + n_4 + 2n_6$ (4)

$23.56 = 2n_3 + n_6$ (5)

$7.896 = n_2 \cdot n_4 / n_1 \cdot n_5$ (6)

상기 6개의 조건과 방정식으로부터 n_1에서 n_6 까지의 해가 얻어지며, 그 해는 <표 26.14>와 같다.

〈표 26.14〉 온도 2800K에서의 n_1-n_6값의 계산표

	미지수	계산된 값
온도(가정) = 2,800°K K_1=7.896	n_1	3.85
	n_2	27.43
	n_3	11.78
	n_4	0.22
	n_5	0.19
	n_6	0

반응식이 구해졌으므로 이제, 생성물의 총생성열과 반응열을 계산해 보기로 한다. 반응열은 물이 기체 상태로 될 경우로 계산하기로 하며, 물이 액체 상태로 될 경우는 단순히 물의 잠열만을 추가해 주면 된다. 반응식은 다음과 같이 완성된다.

$$C_{4.07}H_{55.25}N_{23.56}O_{35.34} = 3.85CO_2+27.43H_2O+11.78N_2+0.22CO+0.19H_2$$

각 생성물의 생성열 $\triangle H_f$(kcal/mole)에 각 몰수를 곱해서 더하면, 조성 1kg당의 생성물의 총생성열 $\triangle H_f$(kcal/kg)가 구해지는데 <표 26.15>와 같이 −1953kcal/kg으로 계산이 된다.

〈표 26.15〉 생성물의 총생성열[H_2O(g)의 조건]

Product	분자량	mole/조성kg	Heat of formation($\triangle H_f$)	
			kcal/mole	조성1kg당
CO_2(g)	44	3.85	−94.052	−363
H_2O(g)	18	27.43	−57.80	−1584
N_2(g)	28	11.78	0.00	0
CO(g)	28	0.22	−26.417	−6
H_2(g)	2	0.19	0.00	0
NO_2(g)	46	0.00	7.9100	0
Total		43.47		−1953

그러므로 반응열 Q'는 <표 26.13>과 <표 26.15>로부터 다음과 같이 계산된다.

$$Q' = \Sigma \text{생성물의 생성열} - \Sigma \text{반응물의 생성열}$$
$$= -1953-(-1048) \fallingdotseq -905\text{kcal/kg}$$

(2) 폭발(반응)온도의 계산

반응식과 반응열이 구해졌으므로, 다음으로는 반응온도를 구할 수 있다. 화약의 반응은 외부로 에너지의 손실이 일어나기 전에 짧은 시간 내에 일어나므로 단열조건에서 일어난다고 가정할 수 있다. 단열조건의 반응온도를 구하는 방법으로는 정압비열과 정용비열을 이용하는 방법이 있으나, 여기에서는 정용비열방법을 사용하기로 한다. 온도에 따른 여러 가지 생성물들의 정용비열(C_v*)의 데이터는 <표 26.8>과 같으며, 이것을 이용하여 계산한 300°K로부터 T°K까지의 평균정용비열($\overline{C}_v^*$)의 데이터는 <표 26.9>와 같다. 그리고 평균정용비열 데이터를 이용하여 2000°K로부터 6000°K까지의 평균정용비열데이터를 (1/*T*)에 대한 2차 근사식으로 만든 것이 <표 26.10>이다. 폭발(반응)온도 계산시 <표 26.10>을 이용하는 것이 가장 편리하며, 유효에너지를 구할 때에는 2000°K 이하에서의 평균정용비열 데이터가 필요하며 <표 26.9>와 <표 26.10>을 이용한다.

<표 26.10>으로부터, 정용비열은 온도의 함수이며 2000<T<6000°K의 범위에서 (1/*T*)에 대한 정용비열의 이차근사식은 다음과 같다.

$$\overline{C}_v^* = \overline{A} + \frac{\overline{B}\text{x}10^3}{T}(1 + \frac{\overline{C}\text{x}10^3}{T})(\text{cal/mol/K})$$

위식은 300°K로부터 해당온도까지의 평균정용비열이다. 그리고 여러 기체의 정용비열의 $\overline{A}$, $\overline{B}$, $\overline{C}$ 의 값은 <표 26.10>과 같다.

정용비열을 적분한 값이 반응열 *Q*'와 같아야 하므로 다음식이 성립된다.

$$Q' = n\int_{T_o}^{T_V} C_v \, dT = n\overline{C}_v(T_v - T_0)dT$$

여기에서 T_0는 298°K이고, T_v는 단열정용폭발온도이다. 엑셀을 이용하여 시행착오법으로 단열정용폭발온도 T_v를 구하는 것이 편하다. 다음의 <표 26.16>는 엑셀을 이용하여 시행착오법으로 계산한 폭발온도의 계산표이다.

〈표 26.16〉 C_v^* 의 계산표

가정 T_v	Product	mole수	분율(f)	$\overline{A}$	$\overline{B}$	$\overline{C}$	$\overline{C_v}^*$
2792	$CO_2(g)$	3.85	0.0885	13.851	−8.569	−0.6243	
T_0	$H_2O(g)$	27.43	0.6310	11.887	−10.751	−0.62	
298	$N_2(g)$	11.78	0.2710	7.193	−3.634	−0.5823	
	CO(g)	0.22	0.0050	7.204	−3.379	−0.5623	
	$H_2(g)$	0.19	0.0045	7.638	−7.429	−0.8281	
	$NO_2(g)$	0.00	0.0000	7.321	−3.437	−0.6433	
	계 또는 평균	합계 43.47	1.0000	$\overline{\overline{A}}$ 10.7465	$\overline{\overline{B}}$ −8.5776	$\overline{\overline{C}}$ −0.6108	$\overline{\overline{C_v}}^*$ 8.35

$$\overline{\overline{C_v}}^* = \overline{\overline{A}} + \frac{\overline{\overline{B}}\times 10^3}{T}\left(1+\frac{\overline{\overline{C}}\times 10^3}{T}\right)(\text{cal/mol/k})$$

<표 26.13>으로부터 $\overline{A}, \overline{B}, \overline{C}$ 의 몰평균 $\overline{\overline{A}}, \overline{\overline{B}}, \overline{\overline{C}}$ 가 각각 10.7465, -8,5776, -0.6108이므로 이 값을 상기 식에 넣으면 $\overline{C_v}^*$의 평균치인 $\overline{\overline{C_v}}^*$가 8.35로 계산된다. 한편 $Q = n\overline{\overline{C_v}}^*(T_v - T_o)$ 이므로 $T_v = Q/n\overline{\overline{C_v}}^* + T_0$가 된다.

<표 26.13>의 가정 T_v와 $T_v = Q/n\overline{\overline{C_v}}^* + T_o$ 식으로부터 계산된 값이 같아지는 점을 찾으면 된다.

이 문제에서는 $T_v = 2792\,^\circ\mathrm{K}$로 가정했을 때, $\overline{\overline{C_v}}^*$ 는 8.35cal/mole/K가 되며 이것을 식에 넣어 계산해보면

$$T_v = Q'/(n\overline{\overline{C_v}}^*) + T_o = 905\times 1000/43.47/8.35 + 298 = 2792\,^\circ\mathrm{K}$$

가 된다. 그러므로 이 문제의 단열정용폭발(반응)온도는 2792°K가 된다.

이 2792°K가 상기 ①의 반응열 계산시 가정했던 온도 2800°K와의 차이가 ±50 이내에 들므로 2792°K는 폭발온도의 해가 될 수 있다. 만약 ±50 이상으로 벗어나면 ①의 반응열 계산으로 다시 돌아가 온도를 다시 가정하고 ±50 이내에 들 때까지 지금까지의 과정을 반복해야 한다.

상기 조성의 열역학적인 특성치 결과를 정리하면 <표 26.17>과 같다.

〈표 26.17〉 ANFO(질산암모늄/경유=94.3/5.7) 조성의 계산된 열역학 특성치

폭발(반응)열		-905 kcal/kg[H_2O(g)]
단열정용폭발온도		2792 °K
gas moles/kg	CO_2(g)	3.85
	H_2O(g)	27.43
	N_2(g)	11.78
	CO(g)	0.22
	H_2(g)	0.19
	NO_2(g)	0
	계	43.47

26.4 폭발압력

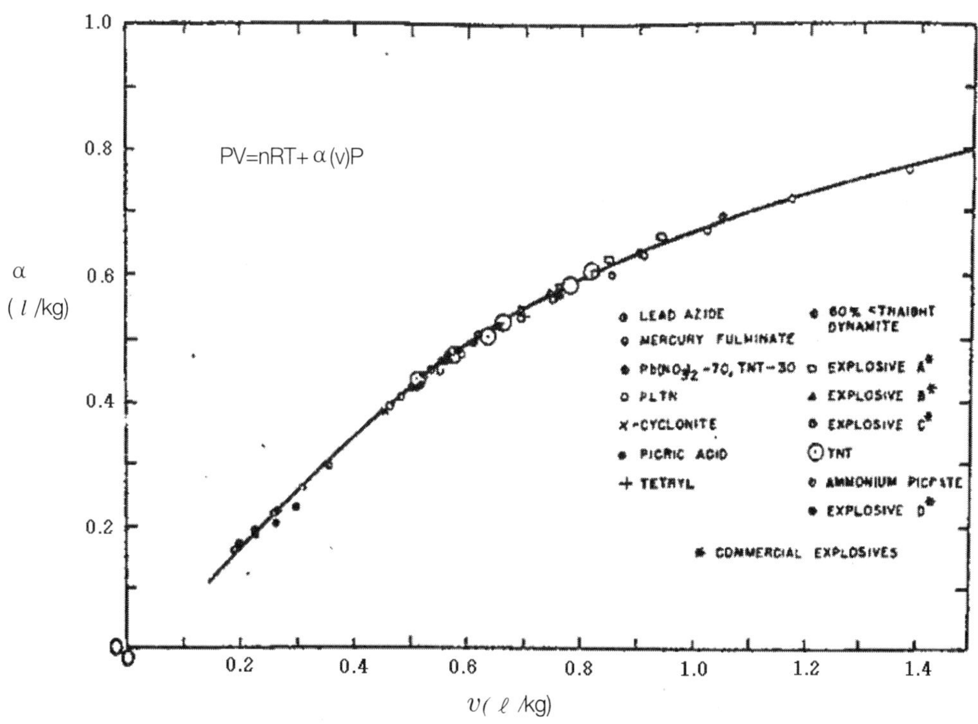

[그림 26.2] 폭약의 $\alpha(v)$ 상태방정식[5]

폭발압력은 폭약이 발파공 내에서 폭발했을 때, 부피가 팽창하지 않은 상태에서의 압력을

말하며 이 폭발압력은 다음의 식으로부터 계산된다.

$$P_i = nRTi/a_i$$

여기에서 n은 반응물의 Gas mole수, R은 기체상수로 0.082057 atm· l /K/mole이고, T_i는 반응온도이며, $a_i = v_i - \alpha_i$이다. v_i는 비체적으로 밀도의 역수($1/\rho$)이고, α_i는 코볼륨(Covolume)이다. 이상기체 상태방정식은 $P=nRT/V$이며, 고온, 고압하에서 이식을 이용하게 되면, 폭발압력은 지나치게 낮게 계산이 된다. 그 이유는 고체의 밀도를 갖는 화약류가 전부 반응하여 기체로 되었다고 하여도, 밀도가 높은 가스의 분자는 이상기체와 같이 자유로이 움직일 수 없다. 왜냐하면 자유로운 공간은 가스분자가 차지하는 체적만큼 적어져 있기 때문이다. 이 점을 보정한 가장 간단한 상태방정식이 $P_i=nRTi/(v_i - \alpha_i)$이다. 여기에서 코볼륨 α_i를 정하는 인자는 여러 가지가 있으나 장약밀도의 함수로 표시한 실험식이 있다. 이 실험식에 의해서 나타낸 그림으로 비용적(v_i)에 따른 코볼륨(α_i)과 이것을 변환한 충전 밀도에 따른 코볼륨(α_i)의 그래프가 있으며 각각 [그림 26.2], [그림 26.3]과 같다. 그리고 이 그림으로부터 만든 표가 <표 26.18>이며 이 표로부터 폭약의 밀도에 따른 비용적(v_i), covolume(α_i)및 a_i 값을 알 수 있다. 여기에서 논하는 폭발압력은 단순히 가스에 의해서 형성되는 정적인 압력을 말하는 것이며 충격파가 발생하는 폭약의 경우에는 동적 압력인 충격파압력이 별도로 다루어진다.

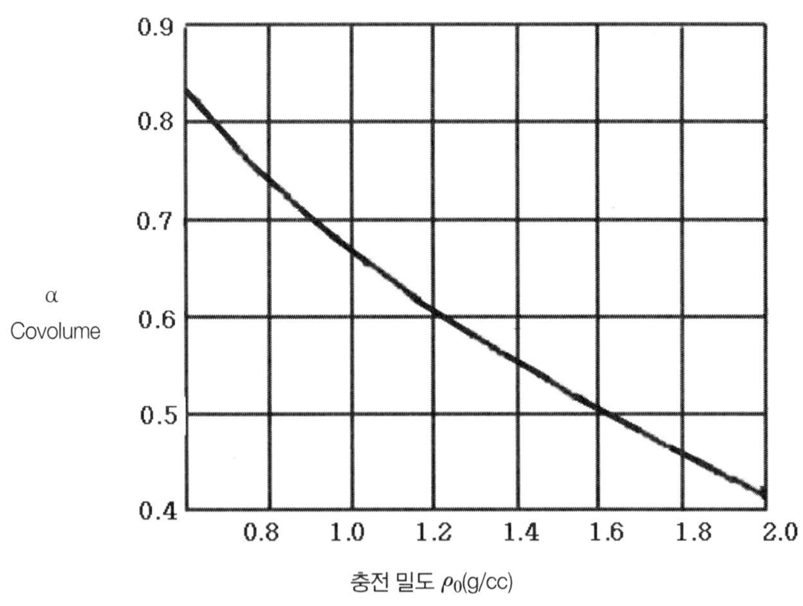

[그림 26.3] 충전밀도 vs. α(covolume)[6]

〈표 26.18〉 폭발압력과 에너지 계산에 필요한 Covolume-volume 관계 데이타

ρ_i	v_i	$\alpha_i = v_i - a_i$	a_i(cc/g)	$-\int (d\alpha / a_i)$
2.2	0.45	0.39	0.060	2.70
2.1	0.48	0.41	0.066	2.40
2	0.50	0.43	0.073	2.15
1.9	0.53	0.45	0.080	1.95
1.8	0.56	0.47	0.09	1.75
1.7	0.59	0.49	0.100	1.50
1.6	0.63	0.52	0.110	1.25
1.5	0.67	0.54	0.130	1.05
1.4	0.71	0.55	0.160	0.90
1.3	0.77	0.59	0.180	0.75
1.2	0.83	0.63	0.200	0.60
1.1	0.91	0.65	0.260	0.50
1	1.00	0.68	0.320	0.40
0.9	1.11	0.72	0.390	0.30
0.8	1.25	0.76	0.490	0.25
0.7	1.43	0.80	0.630	0.20
0.6	1.67	0.87	0.800	0.10

<예제4> 예제3의 질산암모늄(NH_4NO_3)와 경유(CH_2)의 중량비가 94.3%: 5.7%인 ANFO 조성이 반응을 했을 때 폭발압력은 어떻게 되는가?

(풀이) ANFO 밀도가 ρ_i=0.8이므로 [그림 26.3] 또는 <표 26.18>로부터 비용적(v_i)와 covolume(α_i) 및 a_i의 값을 알 수 있으며 이것을 정리한 것이 <표 26.19>이다. 상기 조성을 발파공에 충전했을 때 충전밀도는 ρ_i=0.8이라고 가정한다. v_i는 ρ_i의 역수인 비용적(Specific volume)으로 1.25cc/g이 된다. α_i는 밀도의 함수로서 [그림 26.3] 또는 <표 26.18>로부터 얻으며 0.76이다. a_i는 $v_i - \alpha_i$로 계산되며 비용적(Specific volume)에서 covolume를 뺀 값으로 0.49가 된다. R은 기체상수로서 여기에서는 0.082 atm. l /K/mole을 사용한다.

따라서 폭발압력은 $P_i = nRTi/a_i$ 로부터 상기에서 구한 값들을 넣어 계산하면 다음과 같이 된다.

$$P_i = nRTi/a_i = 43.47 \times 0.082 \times 2792/0.49/1000 = 20.32 \text{ kbar}$$

〈표 26.19〉 ANFO(AN/경유=94.3/5.7) 조성의 물리적 데이타

항 목	Data	단 위	비 고
ρ_i	0.8	g/cc	
$v_i(1/\rho_i)$	1.25	cc/g	
α_i	0.76	cc/g	<표 26.18>로부터
$a_i=(v_i-\alpha_i)$	0.49	cc/g	<표 26.18>로부터
R	0.082057	atm. ℓ /K/mole	
	1.987000	cal/K/mole	

26.5 유효에너지(Available energy)

26.5.1 유효에너지의 개념

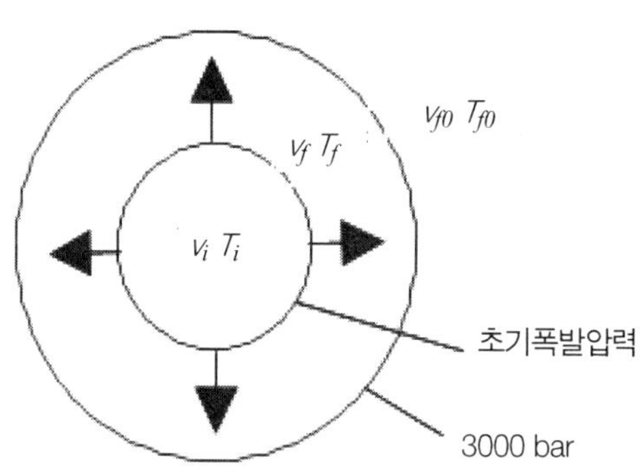

[그림 26.4] 폭발 가스의 팽창도

유효에너지는 가역단열팽창(Reversible adiabatic expansion)으로 가정하여 계산되는데, 위 그림과 같이 초기의 충전비중 ρ_i 즉, 비용적 v_i를 갖는 폭약이 폭발했을 때의 온도를 T_i라고 한다. 이때 발생된 가스들은 팽창을 하면서 PV work를 수행하게 된다. 이때의 조건은 가역단열팽창(Reversible adiabatic expansion) 조건이다. 폭약의 암석발파에서 폭약에서 발생된 가스는 암석에 대해서 PV work를 수행하면서 압력이 감소하게 된다. 이때 감소되는 압력이 어떤 일정 수준에 도달하게 되면 더 이상 일할 대상이 없어지게 된다. 이때의 압력까지 일한 양을 우리는 유효에너지라고 한다. 보통 화강암과 같은 강한 암석에서는 이 압력이 약 3,000bar 이고 사암과 같은 약한 암석에서는 이 압력이 약 1,000bar가 된다.

26.5.2 유효에너지 계산식

유효에너지는 다음 식으로 표현할 수 있다.

$$A = \int_{v_i}^{v_f} Pdv = Q - q$$

즉 유효에너지는 초기상태의 비용적 v_i 로부터 더 이상 일을 하지 않는 v_f 상태까지의 팽창에 의한 일을 의미하며 총에너지(Q)에서 무효에너지(Unabailable energy, q)를 뺀 값과 같다. 3000bar 또는 1000bar에서의 q값을 계산하기만 하면 우리는 원하는 유효에너지를 구할 수 있다. 유효에너지를 구하기 위해서는 다음의 이상기체 상태방정식을 필요로 한다.

$$p_i = nRT_i/(v_i - \alpha_i) = nRT_i/a_i$$

열역학제1법칙(에너지보존법칙)과 열역학제2법칙(엔트로피의 법칙)으로부터 단열조건에서는 $(\partial E/\partial V)_T = 0$, $dS = 0$이므로

$$C_v dT = Tds\text{-}pdv = \text{-}pdv = \text{-}(RT/a)dv$$

양변을 T로 나눈 후 적분하게 되면,

$$\int_{T_i}^{T_f} C_v \ din\, T = -\int_{V_i}^{V_f} (R/a)dv = \overline{C}_v{}' 1n(T_f - T_i)$$

여기에서 $\overline{C}_v'$는 온도 T_i와 T_f 사이의 평균정용비열이다. 상기 식에서 두 번째 항은 다음과 같이 두개의 식으로 나눌 수 있다.

$$dv/a = dv/(v-\alpha) = d(v-\alpha+\alpha)/(v-\alpha) = d(v-\alpha)/(v-\alpha) + d\alpha/(v-\alpha) = dln(v-\alpha) + d\alpha/a$$

그러므로

$$\int_{v_i}^{v_f} dv/a = \int_{v_i}^{v_f} d1n(v-\alpha) + \int_{v_i}^{v_f} d\alpha/a$$

최종적으로 다음과 같은 식으로 정리할 수 있다.

$$\overline{C}_v{}' 1n(T_f - T_i) = R1n(a_i/a_f) - R\int_{v_i}^{v_f} d\alpha/a$$

여기에서 오른쪽 두 번째 항은 다음의 [그림 26.5]의 그래프로부터 계산될 수 있으며 앞의 <표 26.18>에 계산된 값이 나타나 있다. 상기에서 오른쪽 마지막 항은 다음과 같이 표현할 수 있다.

$$\int_{i}^{f} d\alpha/a = \int_{i}^{f_o} d\alpha/a - \int_{f}^{f_o} d\alpha/a$$

여기에서 i는 초기상태, f는 일을 할 수 있을 때까지의 상태 f_0는 가스가 완전 팽창된 최종상태를 나타낸다.

따라서 초기 v_i에서 v_f로 팽창했을 때 v_f상태에서의 T_f가 계산될 수 있다. 그리고 v_i, T_f상태에서의 에너지 즉 무효에너지가 구해질 수 있고 따라서 유효에너지도 다음식과 같이 총에너지에서 무효에너지를 제외함으로써 구해질 수 있다.

$$A = Q' - q = Q' - \int_{T_{fo}}^{T_f} C_v dT$$

<예제5> 예제4의 질산암모늄(NH_4NO_3)와 경유(CH_2)의 중량비가 94.3%: 5.7%인 ANFO 조성이 반응을 했을 때 3000bar에서의 유효에너지는 어떻게 되는가?

(풀이) <표 26.20>은 질산암모늄/경유=94.3/5.7 조성의 계산표의 예이며 이 표에서 본 조성의 비중은 0.8이므로 오른쪽 *A*항목부터 *AE=Q-q*항목까지는 충전 밀도가 0.8부터 아래쪽으로

변하면서(즉 기체가 팽창되면서) 계산된다. 예를 들어 P_f=2928bar일때의 온도 T_f=1784K이며 유효에너지는 416kcal/kg이고 무효에너지는 489kcal/kg이다. 또한 P_f=1040bar일 때 유효에너지는 566kcal/kg이고 무효에너지는 339kcal/kg이다. <표 26.20>의 각각의 항은 다음과 같이 계산된다.

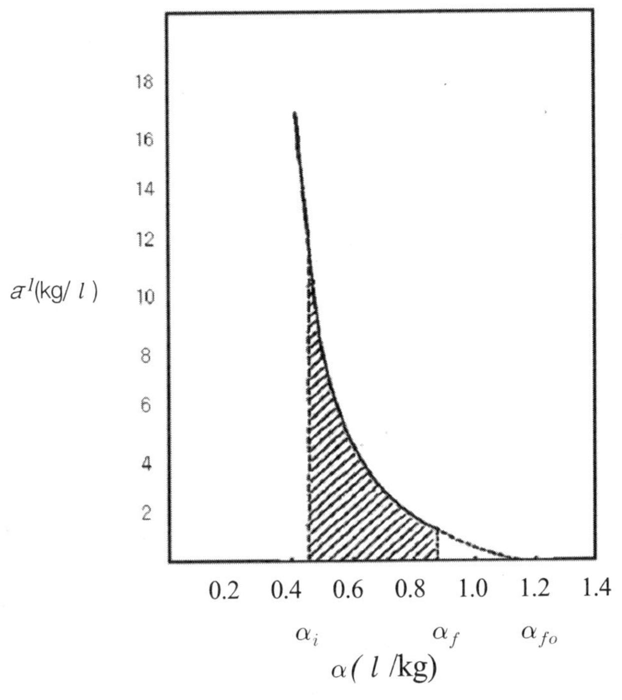

[그림 26.5] *1/a* vs. α의 그래프

$$\alpha_i = v_i - a_i$$

$$A = R1n(a_i/a_f)$$

$$B = R\int d\alpha/a$$

$$T_f = T_i \times 10^{(A+B)/\overline{C}_v^*}$$

$$P_f = nRT/a_f$$

$$q = \int_{T_{fo}}^{T_f} C_v dT = \overline{C}_v (T_f - T_{fo})$$

$$A = Q' - q = Q' - \int_{T_{fo}}^{T_f} C_v dT$$

상기표에서 $\overline{C}_v^*$ 는 2000°K 이상에서는 <표 26.13>과 다음 식을 이용하여 계산하며

$$\overline{\overline{C}}_v^{\,*} = \overline{\overline{A}} + \frac{\overline{\overline{B}} \times 10^3}{T}\left(1 + \frac{\overline{\overline{C}}_x \times 10^3}{T}\right)(\mathrm{cal/mol/k})$$

2000°K 이하에서는 <표 26.9>를 이용한다.

26.6 폭굉 속도와 폭굉 압력

폭속과 폭굉 압력을 평가하는 방법으로는 폭약의 분자구조로부터 구하는 방식과 폭약의 열화학적 특성을 이용해서 구하는 방법이 있다. 전자의 방법은 폭약의 구조식만 알면 최대이론밀도를 구할 수 있으며 이 최대이론밀도에서의 폭발 속도를 구하는 방법이다. 이 방법은 미 해군 무기국에 근무하는 L. R. Rothstein에 의해서 개발되었다. 또한 이것을 이용하여 다른 여러 가지 밀도에서의 폭발 속도도 구할 수 있다. 그리고 밀도와 폭발 속도를 알면 폭굉 압력도 구할 수 있다. 이 방법은 주로 분자구조를 알 수 있는 분자화약류의 폭굉 특성을 구하는데 적절하다.

후자의 방법은 메릴랜드주의 White Oak에 있는 해군병기연구소의 M. J. Kalmet와 S. J. Jacobs에 의해서 개발된 방법으로 이들의 이름을 따서 KJ(Kamlet-Jacobs)방법이라고 한다.

이 방법은 혼합폭약류의 열역학특성을 이용하는 방법으로 폭굉특성을 구하는데 적절하므로, 목적상 이 책에서는 이 방법에 대해서 알아보고 이것을 이용하여 폭굉 속도와 폭굉 압력을 구할 것이다.

〈표 26.20〉 질산암모늄/경유=94.3/5.7 조성의 유효에너지 계산표

ρ	V	$\alpha=V-a$ (g/cc)	a (cc/g)	$-\int (d\alpha/a)$	A	B	$\overline{C}_v^*$	$T_f(K)=T_i\times 10^{(A+B)/C_v}$	$P_f(bar)=nRT/a_f$	q(kcal/kg)	AE(kcal/kg) (=$Q-q$)
0.8	1.25	0.760	0.490	0.250	0	0	8.35	2792	20324	905	0
0.7	1.43	0.799	0.630	0.200	−0.499362	−0.09935	8.22	2596	14697	821	84
0.6	1.67	0.867	0.800	0.100	−0.97404	−0.29805	8.07	2385	10633	732	173
0.54	1.85	0.900	0.952	0.126	−1.32048	−0.246388	8.00	2296	8598	695	210
0.52	1.92	0.910	1.010	0.115	−1.437396	−0.268563	7.97	2254	7960	678	227
0.50	2.00	0.920	1.075	0.104	−1.561624	−0.289784	7.94	2211	7335	660	244
0.48	2.08	0.930	1.149	0.094	−1.69414	−0.310051	7.90	2167	6724	642	263
0.46	2.17	0.940	1.235	0.084	−1.836129	−0.329365	7.87	2120	6125	623	282
0.44	2.28	0.950	1.333	0.075	−1.989051	−0.347725	7.83	2071	5541	603	301
0.42	2.39	0.960	1.429	0.067	−2.126139	−0.363224	7.79	2028	5065	586	319
0.40	2.51	0.970	1.538	0.060	−2.273392	−0.377927	7.75	1983	4597	567	337
0.38	2.65	0.980	1.667	0.053	−2.432437	−0.391836	7.71	1935	4142	548	356
0.36	2.81	0.990	1.818	0.046	−2.605328	−0.404951	7.66	1885	3697	528	376
0.33	3.00	1.000	2.000	0.040	−2.79471	−0.41727	7.61	1831	3265	507	398
0.31	3.18	1.010	2.174	0.035	−2.960389	−0.427284	7.57	1784	2928	489	416
0.29	3.40	1.020	2.381	0.030	−3.14115	−0.436663	7.52	1735	2599	470	435
0.27	3.66	1.030	2.632	0.026	−3.340016	−0.445406	7.47	1682	2279	449	456
0.25	3.98	1.040	2.941	0.022	−3.561021	−0.453513	7.41	1624	1969	427	478
0.23	4.38	1.050	3.333	0.018	−3.80972	−0.460984	7.34	1561	1670	403	502
0.21	4.76	1.060	3.704	0.015	−4.019072	−0.466707	7.29	1509	1453	383	521
0.19	5.24	1.070	4.167	0.012	−4.253106	−0.471952	7.22	1452	1243	362	542
0.17	5.84	1.080	4.762	0.010	−4.518433	−0.476721	7.15	1389	1040	339	566
0.15	6.65	1.090	5.556	0.008	−4.824731	−0.481013	7.07	1318	846	313	591
0.13	7.77	1.100	6.667	0.006	−5.187004	−0.484828	6.97	1237	662	284	620
0.11	8.80	1.110	7.692	0.005	−5.471345	−0.487451	6.89	1176	545	263	642
0.10	10.21	1.120	9.091	0.004	−5.803281	−0.489756	6.79	1106	434	239	666
0.08	12.24	1.130	11.111	0.003	−6.202014	−0.491743	6.68	1025	329	211	694
0.06	15.43	1.140	14.286	0.002	−6.701376	−0.493412	6.53	928	232	179	726
0.05	21.15	1.150	20.000	0.001	−7.369946	−0.494763	6.33	806	144	140	765
0.04	26.16	1.160	25.000	0.001	−7.813332	−0.495478	6.19	729	104	116	789
0.03	34.50	1.170	33.333	0.000	−8.384957	−0.496035	6.00	636	68	88	816
0.02	51.18	1.180	50.000	0.000	−9.190616	−0.496432	5.73	515	37	54	851

26.6.1 KJ방법에 의한 폭굉 속도와 폭굉 압력의 계산[2]

1) 폭약의 반응생성계열

지금까지 우리는 CHNO로 구성된 폭약의 폭굉반응으로 C가 CO로 먼저 생성이 되고 이후에 산소가 더 존재하면 CO가 CO_2로 형성된다고 가정하였다. 그러나 KJ방법에서는 CO가 생성되는 과정은 없고 CO_2로만 생성된다고 가정한다. 산소가 부족한 폭약에서의 폭굉반응식은 다음과 같다.

$$C_xH_yN_wO_z \rightarrow (w/2)N_2 + (y/2)H_2O + [(z/2)-(y/4)]CO_2 + [x-(z/2)+(y/4)]C$$

산소의 평형이 딱 맞는 폭약에서는 다음식과 같다.

$$C_xH_yN_wO_z \rightarrow (w/2)N_2 + (y/2)H_2O + xCO_2$$

그리고 산소가 남는 폭약에서는 다음식과 같다.

$$C_xH_yN_wO_z \rightarrow (w/2)N_2 + (y/2)H_2O + xCO_2 + [(z/2)-(y/4)-x]O_2$$

2) 폭굉 속도

KJ방법에서는 폭굉 속도를 구하기 위해 상기 폭약의 반응생성계열과 열역학특성인 폭굉열, $\triangle H°_d$를 이용하며, 다음 식에 의해서 구해진다.

$$D = A[NM^{1/2}(-\triangle H°_d)^{1/2}]^{1/2}(1+B\rho_o)$$

여기에서 D는 폭굉 속도로 단위는 mm/μs, A는 상수로 1.01, N은 폭약의 그램당 기체의 몰수, M은 기체의 몰당 기체의 그램수, $\triangle H°_d$는 폭굉열로 cal/g, B는 상수로 1.30, ρ_o는 미반응폭약의 밀도로 단위는 g/㎤이다. 이 계산을 수행하기 위해 또한 분자량을 계산하여야 한다.

<예제6> 예제5의 질산암모늄(NH_4NO_3)와 경유(CH_2)의 중량비가 94.3%: 5.7%인 ANFO 조성이 반응을 했을 때, 폭굉 속도는 얼마인가?

(풀이) 상기 반응식은 예제3으로부터 다음과 같이 정리할 수가 있다. 예제3에서는 CO와 H_2가 발생하는 것으로 계산되었으나 KJ방법에서는 CO_2가 생성되고 그리고 산소가 부족한 만큼 C가 생성되는 것으로 가정하므로 상기 ANFO의 반응식은 다음과 같다.

$$C_{4.07}H_{55.25}N_{23.56}O_{35.34} = 3.8575CO_2 + 27.625H_2O + 11.78N_2 + 0.2125C$$

상기 식은 ANFO의 분자량을 1kg으로 가정했을 때의 분자식이며 이때 ANFO 1몰당 발생하는 기체의 몰수(N)는 (3.8575+27.625+11.78) = 43.26 moles이 된다. 그러므로 N은 다음과 같이 계산된다.

$$N = 43.26 \text{ moles/1000g} = 0.04326 \text{ gas moles/g ANFO}$$

기체의 몰당 기체의 그램수(M)는 각 기체의 몰수를 각 기체의 분자량을 곱하여 모두를 더한 후에 기체의 총몰수로 나누면 된다.

$$M = [(3.8575)(44.01)+(27.625)(18.016)+(11.78)(28.016)]/43.26$$
$$= 23.06 \text{ gas g/gas mole}$$

ANFO의 폭굉열은 -905kcal/mole = -905kcal/kg = 905 cal/g이다.
그러므로 폭굉 속도는 다음과 같이 구해진다.

$$D = A[NM^{1/2}(\triangle H^{\circ}_{d})^{1/2}]^{1/2}(1+B\rho_{o})$$
$$= (1.01)[(0.04326)(23.06)1/2(905)^{1/2}]^{1/2}(1+(1.3)(0.8)]$$
$$= 5.15 \text{ km/s}$$

3) 폭굉 압력(CJ 압력)

폭굉 압력은 같은 매개변수를 이용하여 Kamlet-Jacobs 방법에 의해 다음과 같이 계산될 수 있다.

$$P_{CJ} = K\rho_o^2 NM^{1/2}(-\triangle H^\circ_d)^{1/2}$$

여기서 P_{CJ}는 폭굉 압력으로 단위는 kbar이고 K는 상수로 15.85이다.

<예제7> 예제5의 질산암모늄(NH_4NO_3)와 경유(CH_2)의 중량비가 94.3%: 5.7%인 ANFO 조성이 반응을 했을 때, 폭굉 압력은 얼마인가?

(풀이) ρ_o = 0.8 g/㎤, N = 0.04326 gas moles/g ANFO, M = 23.06 gas g/gas mole, $\triangle H^\circ_d$ =905 cal/g 이므로

$$\begin{aligned} P_{CJ} &= K\rho_o^2 NM^{1/2}(-\triangle H^\circ_d)^{1/2} \\ &= (15.85)(0.8)^2(0.04326)(23.06)^{1/2}(905)^{1/2} \\ &= 63.4 \text{ kbar} \end{aligned}$$

참 고 문 헌

1. N, Cohen(1996). " Revised Group Additivity Values for Enthalpies of Formation(at 298) of Carbon-Hydrogen and Carbon-Hydrogen-Oxygen Compounds", Thermochemical Kinetics Research, Portland, Oregon, USA
2. Paul W. Cooper(1996), Explosives Engineering, VCH Publishers, New York
3. NIST Chemistry WebBook, http://webbook.nist.gov/chemistry/, (2017.3.09 방문)
4. Robert H. Perry(1997), Perry's Chemical Engineers' Handbook, McGraw-Hill
5. Melvin A. Cook, The Science of High Explosives, Facsimile of 1958 edition, with corrections, ROBERT E. KRIEGER PUBLISHING CO. INC., New York.
6. 허진, 신화약발파학, 2판, 기전연구사, 대한민국, 1987.

제27장

화약류 조성의 설계

화약류 조성의 설계는 기본적으로 화약의 특성치를 요구조건에 맞게 설계하는 것이다. 이러한 요구조건을 맞추기 위해서는 단순히 산화제와 연료의 2성분계만으로는 거의 불가능하며 적어도 두 가지 이상의 성분을 포함한다. 폭발에너지, 폭발가스량, 폭발온도, 폭발압력 등의 특성치들을 요구사항에 맞추기 위해서는 산화제와 연료 외에 감열소염제, 에너지 증강제, 예감제, 바인더 등이 추가되어야 하는 경우가 있기 때문이다. 물론 이러한 첨가제들도 그 기능과 함께 연료 또는 산화제의 역할을 함께 할 수 있는 경우도 있다. 이러한 여러 가지 기능의 원료들이 복합적으로 작용하여 원하는 최종의 조성이 만들어지게 되는데 여러 가지 성분들을 단숨에 요구조건에 맞는 조성으로 설계하는 것은 힘들고 효과적이지 않으며 거의 불가능하다. 이 장에서는 화약류 조성의 설계에 있어 보다 쉽고 효율적으로 설계하는 방법에 대해서 알아보기로 한다. 대표적으로 화약으로 가스발생제, 폭약으로 에멀젼폭약 및 지연제의 세 가지의 예를 들어 설명할 것이다.

27.1 가스발생제의 설계[1]

가스발생제란 적절한 점화시스템에 의해서 점화되었을 때 가스를 다량 방출시키는 화학물질로 다음과 같은 용도로 사용된다.

① 가스압력으로 작동되는 기계장치의 작동

② 휘발성의 농약, 방충제 및 쥐약의 살포

③ 로켓의 추진

④ 소화기와 같은 용기로부터 액체의 방출

⑤ 군용 및 민간항공기의 이륙을 도와주는 추진수단

⑥ 에어백용 인플레이터

현재 가장 많이 사용되는 곳은 자동차 승객용 보조구속장치인 에어백을 팽창시키기 위한 인플레이터이다. 초기 형태는 압축가스식이었으나 부피가 크고, 무겁고, 반응시간이 느리고, 기밀성이 떨어지는 등의 문제로 화학적 가스발생제들이 출현하게 되었다. 이러한 화학적 가스발생제들은 연소에 따른 고열 및 유해가스 등의 문제로 이를 제어하기 위한 설계가 잘 이루어져야 한다. 가스발생제 개발은 두가지의 단계를 거쳐야 한다. 첫번째가 이론적으로 가스발생제가 가져야 할 열역학적인 특성치를 설계하는 것이고 두번째는 이론적으로 요건에 맞게 설계된 가스발생제 조성을 제조한 후 이론적으로 설계가 어렵거나 불가능한 특성치들을 실험적으로 얻어 요건에 맞는 최적화된 조성들을 찾는 것이다. [그림 27.1]은 가스발생제 개발에 관한 흐름도를 나타낸 것이다. 일반적인 가스발생제를 개발하는 과정을 소개해 보기로 한다. 우선 가스발생제의 개요에서 언급했던 일반적인 가스발생제의 요건을 [그림 27.1]의 개발단계의 흐름에 따라 정리해 보면 <표 27.1> 및 <표 27.2>와 같다. <표 27.1>은 일반적인 가스발생제 요건에 관한 하나의 예이고 <표 27.2>는 USCAR(The United States Council for Automotive Research)에서 요구하는 배출가스(Effluent gas)의 규격치이다.

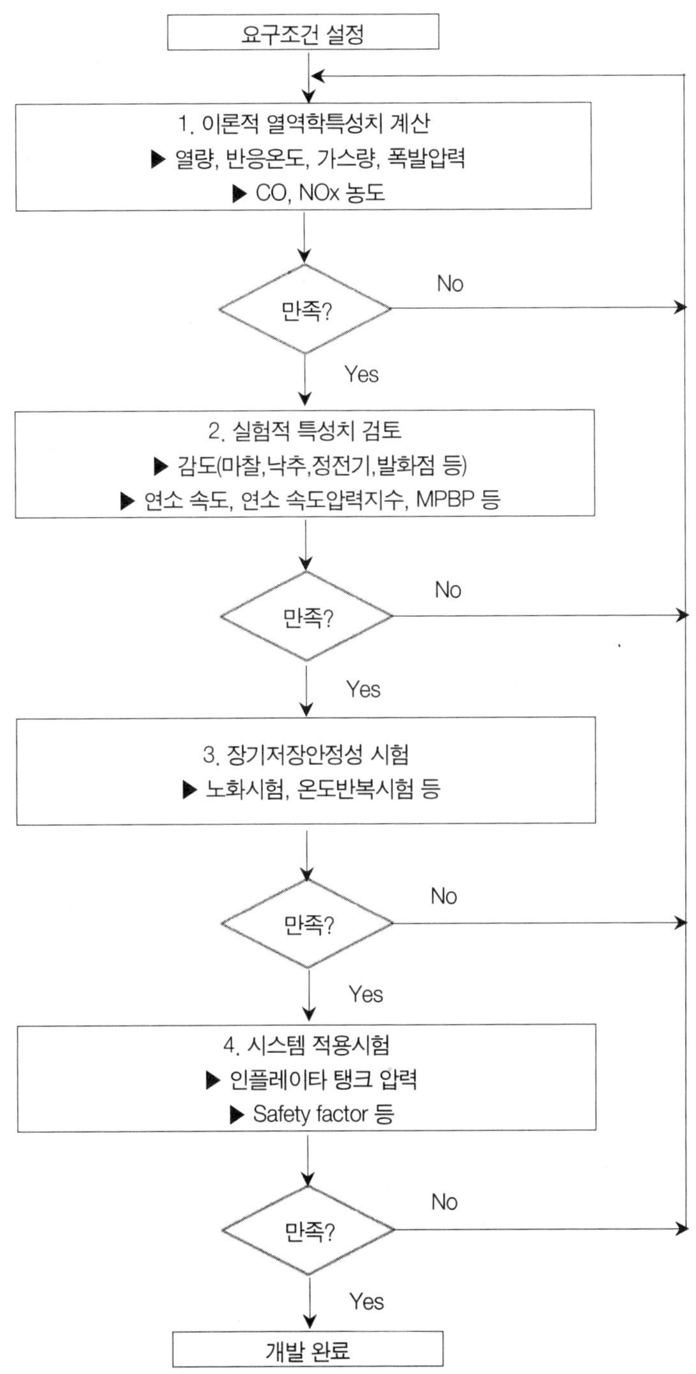

[그림 27.1] 가스발생제 개발 흐름도

〈표 27.1〉 가스발생제의 요구조건

특성치		단위	요건	비 고
1. 이론적 열역학적 특성치	연소열량	kcal/kg	700 이하	
	몰당 에너지	kcal/mole	22.4 이하	
	단열반응온도	K	2200 이하	※ Adiabatic reaction temp.
	가스량(Gas volume)	mole/kg	30 이상	※ H_2O 52% 이하
	수율(Yield)	%	75 이상	※ 고체 → 가스
	H_2O 함량	%	52 이하	
	CO 농도	ppm	461 이하	※ 100ft 탱크시험
2. 조성 안전성	마찰감도	kgf	36 이상	
	낙추감도	cm	50 이상	※ 5kg 추
	정전기감도	kV	18 이상	
	발화점	℃	300 이상	
	펠렛밀도	g/㎤	1.8 이상	※ 실린더타입의 펠렛
	펠렛강도	kgf	7 이상	
3. 연소특성	선형연소 속도	mm/sec	10~20	※ @1000 psi
	연소 속도압력지수		0.3~0.5	
	MPBP	bar	180 이하	
	Effluent gas	ppm	※<표 27.2> 참조	
	자동발화온도	℃	200~240	
4. 장기저장 안정성	무게 변화	%	±2% 이하	※ 노화시험 및 온도반복시험
	부피 변화	%	±2% 이하	

※ MPBP(Minimum Proper Burning Pressure) = 필요한 연소 속도를 낼 수 있는 최소의 압력, 가스발생제에서는 상기표에서 연소 속도 10~20mm/sec의 속도를 낼 수 있는 압력 1000psi를 말한다.

〈표 27.2〉 USCAR-24 기준에 따른 배출가스(Effluent gas) 허용 기준

배출가스	최대허용기준(ppm)
Ammonia(NH_3)	35.0
Benzene(C_6H_6)	22.5
Carbon monoxide(CO)	461.0
Carbon dioxide(CO_2)	30000.0
Formaldehyde(HCHO)	2.0
Hydrogen chloride(HCl)	5.0
Nitric oxide(NO)	75.0
Nitrogen Dioxide(NO_2)	5.0
Sulfur Dioxide	5.0
Acetylene	25,000(LEL)
Ethylene	27,000(LEL)
Methane	50,000(LEL)
Hydrogen	40,000(LEL)
Chlorine(Cl_2)	1.0
Phosgene($COCl_2$)	0.3
Hydrogen cyanide(HCN)	4.7
Hydrogen sulfide(H_2S)	15.0

27.1.1 가스발생제 조성설계 기본요건

1) 산소평형(Oxygen balance)

조성설계시에 먼저 결정해야 할 것이 산소평형이다. 에멀전폭약의 설계와 같이 일반적으로는 0~-1%로 설계하는 것이 바람직하다. 왜냐하면 에너지가 최대값을 나타내면서 CO 및 NOx 가스를 최소로 할 수 있기 때문이다. 그러나 가스발생제와 같이 CO와 NO의 발생량 규격치가 있는 경우에는 이 한계선까지 산소평형을 조정할 수 있다. 산소평형을 마이너스쪽으로 치우치면 치우칠수록 CO와 NO의 함량이 증가하기는 하지만 반응온도를 낮추어주고 가스량을 증가시킬 수 있는 큰 장점이 있기 때문이다. 가스발생제에서는 CO의 상한기준치가 461ppm 이하이므로 산소평형에 따라서 이를 계산 및 측정한 다음 적정한 산소평형을 정하는 것이 바람직하다. 이 기준에 의하면 가스발생제의 산소평형은 -4.5%까지 가능하다.

2) 윤활제(Lubricant)의 양

그 다음에 결정해야 할 것이 윤활제의 양이다. 일반적으로 윤활제는 칼슘스테아레이트(Calcium stearate)와 같은 금속스테아레이트(Metal stearate)를 사용하는 것이 일반적이며 이것의 역할은 가스발생제 분말의 흐름성을 좋게 하고 펠렛팅 후 펀치 및 다이로부터 펠렛이 쉽게 분리되게 하기 위해서는 반드시 필요하다. 이 윤활제는 다른 특성치들에게 바람직한 영향을 주지 않으므로 가능한 최소로 사용하는 것이 좋다. 일반적으로 대부분의 조성들은 0.5% 정도면 기능을 충분히 발휘하나 다른 특성치를 감안할 때는 0.2%까지도 가능하다. 그러나 흐름성 및 금형의 분리성 등을 감안하여 시험을 통해서 결정을 하는 것이 바람직하다.

3) 촉매의 종류와 양

일반적으로 비아자이드(Non-azide) 계열의 가스발생제는 연소 속도를 증가시키고 연소 속도압력지수를 낮추기 위해 촉매를 필요로 한다. 아자이드 계열에 비해 아자이드 계열의 가스발생제는 일반적으로 연소온도가 높고 연소 속도가 느리므로 비교적 낮은 온도에서 연소 속도를 증가시키고 연소 속도압력지수를 낮추기 위해 촉매가 반드시 필요하다. 촉매는 적은 양으로 연소 속도의 증가와 연소 속도압력지수의 감소 효과를 낼 수 있는 물질이다. 그러나 어느 정도까지는 촉매양의 증가에 따라 이러한 특성치의 향상 효과가 있으나 그 이상은 오히려 악영향을 준다. 그러므로 각 촉매마다 어느 함량까지가 향상 효과가 있는지 시험해서 그 양을 결정해야 한다.

4) 산화제

산화제는 주산화제와 보조산화제로 구성된다. 주산화제가 역할을 할 수 없는 기능을 보조해 주는 것이 보조산화제이다. 대부분의 산화제들은 주산화제로서 선정될 수 있다. 일단 주산화제가 선정되면 열량, 연소온도, 가스량 등에서 부족한 것이 없는지 살펴본다. 예를 들어 가스량이 부족하다고 생각되면, 질산암모늄(Ammonium nitrate)를 보조산화제로, 열량이나 온도가 높다고 생각되면 염기성질산구리(Basic copper nitrate)나 염기성탄산구리(Basic copper carbonate) 등을 사용한다. 또한 연소 속도를 증가시키려면 구리화합물(Copper compound)등을 사용하기도 한다. 이러한 것들은 단순히 보조산화제로서만 보완이 된다면 다행이나 대부분 그렇지가 못하므로 연료, 냉각제 및 연소 속도증가제(Burn rate enhancer) 등에서 적당한 물질을 선택하여 보완하기도 한다.

5) 연료

연료도 주연료와 보조연료로 구성된다. 일반적으로 주연료는 가장 많이 사용되고 있는 질산구아니딘(Guanidine nitrate)이 될 것이며 이밖에 열량이나 연소온도 및 연소 속도 등을 개선하기 위해서 보조연료들을 사용한다. 예를 들어 5-Aminotetrazole 같은 경우에는 연소 속도를 증가시키기 위해서 옥사마이드(Oxamide), 구아니딘카보네이트(Guanidine carbonate), 멜라민(melamine)과 같은 연료는 열량과 연소온도를 낮추기 위한 보조연료로 사용된다.

27.1.2 효율적 설계 방법

가스발생제의 요건을 맞추기 위해서는 주산화제, 보조산화제, 연료, 보조연료, 연소 속도 증가제, 촉매, 윤활제, 슬랙형성제 등 여러 가지의 원료가 사용된다. 이들을 잘 조합해서 요건에 맞는 최적의 조성을 만들어내는 것은 결코 용이하지가 않다. 그래서 저자가 생각해 고안한 방법이 먼저 산화성성분/연료성성분의 2성분 조합들의 화학양론조성에 대한 특성치들을 구한 다음에 이 2성분계들을 적절하게 가스발생제 요건에 맞도록 조합하는 방법이다. 우선 열역학 계산프로그램을 이용해서 2성분계 화학양론조성에 대한 특성치(반응열, 반응온도, 가스량 및 생성가스)를 계산하고 이 특성치들을 한눈에 볼 수 있도록 표로 만든다. 이 특성치들은 앞장의 가스발생제의 열역학특성에서 설명한 방법을 사용하여 구하면 된다. 이 열역학 특성치의 계산은 26장의 방법뿐만이 아니라, Real code나 NASA code와 같은 프로그램들을 사용해서 얻을 수도 있다.

여기에서는 주산화제로 염기성질산구리(BCN, Basic copper nitrate), 보조산화제로 질산암모늄(AN, Ammonium nitrate), 주연료로 질산구아니딘(GN, Guanidine nitrate), 보조연료겸 연소 속도증가제로 5-아미노테트라졸(5-AT, 5-Aminotetrazole), 촉매겸 슬랙형성제로 삼산화이철, 윤활제로 칼슘스테아레이트를 사용하여 최적의 조성을 만들어내는 과정을 설명해 보기로 한다. 이러한 6가지의 원료를 변경시켜가면서 산소평형, 반응열, 온도, 가스량의 특성치를 요건에 맞추어 조성을 한번에 설계한다는 것은 대단히 어려우므로 앞에서 언급했듯이 우선 모든 원료들이 포함되도록 2성분계 조합을 구성하여 각각의 열역학특성치를 만들어 보기로 한다.

27.1.3 산화성 성분과 연료성 성분의 2성분계 매트릭스 작성

다음 <표 27.3～6>은 산소평형을 –2.0%를 기준으로 하여 계산된 여러 가지 연료성 물질과 여러 가지 산화성 원료의 화학양론 조성과 그의 열역학특성치들의 계산표이다. 여기에서 상안정화질산암모늄(PSAN, Phase stabilized ammonium nitrate)은 질산암모늄의 상변화에 의한 부피팽창으로 균열 및 분말화의 특성이 있어 이것이 가스발생제 펠렛의 파손에 영향을 줄 수 있으므로, 상변화를 막기위한 상안정화된 질산암모늄이다. 15% KNO_3와 함께 녹여 질산암모늄(NH_4NO_3)분자내에 KNO_3가 함께 녹아 들어가 격자구조를 이룸으로써 상변화를 막을 수 있는 방법이다. 이 상변화를 막을 수 있는 안정제(Stabilizer)로는 여러 가지가 있으나 본 장에서는 KNO_3를 사용한 PSAN을 예로 한다. Fe_2O_3는 분해시에 $2FeO + 1/2O_2$로 분해될 수도 있고 $2Fe + 3/2O_2$로 분해할 수도 있으나, 본 장에서는 후자를 선택하여 계산에 적용한다. 과염소산암모늄(AP, Ammonium perchlorate, NH_4ClO_4)과 같이 염소성분이 있는 경우 Cl_2 및 HCl의 발생의 우려가 있으므로 이것을 고체화시켜 제거하기 위해 염소제거제(Chlorine scavenger)로서 $NaNO_3$를 사용하여 NaCl로서 Cl를 잡아주는 것으로 사용한다. 이들의 화학양론조성은 AP/$NaNO_3$=58/42이다. 그러나 일반적인 설계 특히 가스발생제 특허를 참조하면 20% Excess로 $NaNO_3$를 사용하는 것이 바람직하며 그 화학양론조성은 53.5/46.5가 된다.

〈표 27.3〉 GN과 여러 산화제들의 2성분계의 조성 및 계산된 열역학특성치

구분	성 분		O.B(%)	Guanidine nitrate							
				BCN	15%KN-PSAN	$NaNO_3$	KNO_3	$Sr(NO_3)_2$	NH_4ClO_4	CuO	Fe_2O_3
산화성원료	BCN		29.985	43.07							
	AN		20		41.86						
	$NaNO_3$		47.1			33.02			16.97		
	KNO_3		39.6		7.39		36.78				
	$Sr(NO_3)_2$		37.8					37.82			
	NH_4ClO_4		34						19.53		
	CuO		20.114							52.25	
	Fe_2O_3		10.02								43
연료성원료	Guanidine Nitrate		-26.2	56.93	50.75	66.98	63.22	62.18	63.50	47.75	57
	5-AT		-65.83								
	Dicyan diamide		-114.20								
	Mela -mine		-114.18								
	SiO_2		0								
	C		-266.7								
	Calcium stearate		-274.13								
계				100	100	100	100	100	100	100	100
열역학특성치	O.B			-2.00	-2.00	-2.00	-2.00	-2.00	-2.00	-2.00	-2.00
	Energy(kcal/kg)			-664	-932	-750	-658	-749	-994	-437	-298
	연소온도 @ (Cv)			2100	2420	2118	1970	2460	2782	1665	733
	Gas volume (mole/kg)	$CO_2(g)$		3.98	3.53	4.74	4.46	4.27	4.33	3.31	4.45
		$H_2O(g)$		16.11	22.30	15.94	14.99	14.85	18.46	11.08	12.96
		$N_2(g)$		10.22	13.91	12.91	12.17	11.97	12.19	7.82	9.34
		CO(g)		0.68642	0.62383	0.74705	0.71859	0.82155	0.86616	0.60506	0.21594
		H2(g)		0.56715	0.63270	0.51257	0.54191	0.42937	0.46715	0.64779	1.04242
		NO(g)		0.00004	0.00073	0.00005	0.00002	0.00122	0.07849	0.00000	0.00000
		계		31.56	40.99	34.86	32.89	32.34	36.40	23.46	28.01
	Gas volume (%)	$CO_2(g)$		12.6%	8.6%	13.6%	13.6%	13.2%	11.9%	14.1%	15.9%
		$H_2O(g)$		51.0%	54.4%	45.7%	45.6%	45.9%	50.7%	47.2%	46.3%
		$N_2(g)$		32.4%	33.9%	37.0%	37.0%	37.0%	33.5%	33.3%	33.3%
		CO(g)		2.1748%	1.5218%	2.1432%	2.1851%	2.5401%	2.3798%	2.5786%	0.7709%
		H2(g)		1.7969%	1.5434%	1.4705%	1.6479%	1.3275%	1.2835%	2.7607%	3.7216%
		NO(g)		0.0001%	0.0018%	0.0001%	0.0001%	0.0038%	0.2157%	0.0000%	0.0000%
		계		100.0%	100.0%	100.0%	100.0%	100.0%	100.0%	100.0%	100.0%
	kcal/gas mole			-21.05	-22.75	-21.52	-20.01	-23.15	-27.32	-18.61	-10.65
	CO(ppm)			190	173	207	199	228	240	168	60

※ BCN=Basic copper nitrate, ※ 15%KN-PSAN=15% KNO_3로 안정화된 상안정화 질산암모늄

〈표 27.4〉 5-AT과 여러 산화제들의 2성분계의 조성 및 계산된 열역학특성치

구분	성분	O.B(%)	BCN	15%KN -PSAN	$NaNO_3$	KNO_3	$Sr(NO_3)_2$	NH_4ClO_4	CuO	Fe_2O_3
			5-AT							
산화성원료	BCN	29.985	66.62							
	AN	20		61.12						
	$NaNO_3$	47.1			56.52			28.02		
	KNO_3	39.6		10.79		60.54				
	$Sr(NO_3)_2$	37.8					61.59			
	NH_4ClO_4	34						32.24		
	CuO	20.114							74.27	
	Fe_2O_3	10.02								66.57
연료성원료	Guanidine Nitrate	-26.2								
	5-AT	-65.83	33.38	28.10	43.48	39.46	38.41	39.74	25.73	33.43
	Dicyan diamide	-114.20								
	Mela -mine	-114.18								
	SiO_2	0								
	C	-266.7								
	Calcium stearate	-274.13								
계			100	100	100	100	100	100	100	100
열역학특성치	O.B		-2.00	-2.00	-2.00	-2.00	-2.00	-2.00	-2.00	-2.00
	Energy (kcal/kg)		-626	-1023	-762	-608	-754	-1157	-303	-60
	연소온도 @ (Cv)		2525	2828	2573	2258	3272	3675	1660	318
	Gas volume (mole/kg)	$CO_2(g)$	3.07	2.65	4.10	3.68	3.43	3.56	2.15	3.56
		$H_2O(g)$	9.65	19.61	7.41	6.66	6.56	12.15	4.02	5.02
		$N_2(g)$	11.20	16.42	16.10	14.59	14.18	14.60	7.49	9.82
		CO(g)	0.84901	0.65283	1.00969	0.96363	1.08520	1.11355	0.87164	0.37357
		$H_2(g)$	0.40043	0.61188	0.25783	0.30155	0.21171	0.34026	0.51933	0.87442
		NO(g)	0.00079	0.00741	0.00188	0.00030	0.04505	0.20414	0.14162	0.00000
		계	25.17	39.96	28.88	26.19	25.51	31.97	15.19	19.65
	Gas volume (%)	$CO_2(g)$	12.2%	6.6%	14.2%	14.0%	13.4%	11.1%	14.2%	18.1%
		$H_2O(g)$	38.3%	49.1%	25.7%	25.4%	25.7%	38.0%	26.4%	25.5%
		$N_2(g)$	44.5%	41.1%	55.8%	55.7%	55.6%	45.7%	49.3%	50.0%
		CO(g)	3.3733%	1.6337%	3.4960%	3.6798%	4.2542%	3.4834%	5.7368%	1.9012%
		$H_2(g)$	1.5910%	1.5312%	0.8927%	1.1515%	0.8300%	1.0644%	3.4180%	4.4502%
		NO(g)	0.0031%	0.0185%	0.0065%	0.0012%	0.1766%	0.6386%	0.9321%	0.0000%
		계	100.0%	100.0%	100.0%	100.0%	100.0%	100.0%	100.0%	100.0%
	kcal/gas mole		-24.85	-25.60	-26.38	-23.23	-29.56	-36.20	-19.95	-3.053
	CO(ppm)		235	181	280	267	301	308	241	103.49

〈표 27.5〉 카본블랙과 여러산화제들의 2성분계의 조성 및 계산된 열역학특성치

구분	성 분	O.B(%)	Carbon black						
			BCN	15%KN-PSAN	$NaNO_3$	KNO3	$Sr(NO_3)_2$	NH_4ClO_4	CuO
산화성원료	BCN	29.985	89.22						
	AN	20		77.68					
	$NaNO_3$	47.1			84.35			40.12	
	KNO_3	39.6		13.71		86.42			
	$Sr(NO_3)_2$	37.8					86.93		
	NH_4ClO_4	34						46.16	
	CuO	20.114							92.29
	Fe_2O_3	10.02							
연료성원료	Guanidine Nitrate	-26.2							
	5-AT	-65.83							
	Dicyan -diamide	-114.20							
	Mela -mine	-114.18							
	SiO_2	0							
	C	-266.7	10.78	8.61	15.65	13.58	13.07	13.72	7.71
	Calcium stearate	-274.13							
계									
열역학특성치	O.B		-2.00	-2.00	-2.00	-2.00	-2.00	-2.00	-2.00
	Energy(kcal/kg)		-418	-966	-527	-339	-558	-1121	-87
	연소온도 @ (Cv)		2045	2673	2085	1692	3200	3818	750
	Gas volume (mole/kg)	$CO_2(g)$	7.90	6.28	11.77	10.05	9.62	9.98	5.18
		$H_2O(g)$	5.41	19.05	0.00	0.00	0.00	7.76	0.00
		$N_2(g)$	1.86	10.38	4.96	4.27	4.09	4.17	0.00
		CO(g)	1.08043	0.89700	1.27455	1.26340	1.27667	1.45333	1.24776
		$H_2(g)$	0.16584	0.36337	0.00000	0.00000	0.00000	0.09825	0.00000
		NO(g)	0.00003	0.00532	0.00004	0.00000	0.03154	0.30619	0.00000
		계	16.41	36.97	18.00	15.59	15.02	23.77	6.42
	Gas volume (%)	$CO_2(g)$	48.1%	17.0%	65.4%	64.5%	64.0%	42.0%	80.6%
		$H_2O(g)$	32.9%	51.5%	0.0%	0.0%	0.0%	32.6%	0.0%
		$N_2(g)$	11.3%	28.1%	27.6%	27.4%	27.3%	17.5%	0.0%
		CO(g)	6.5821%	2.4263%	7.0795%	8.1036%	8.5026%	6.1147%	19.420%
		$H_2(g)$	1.0103%	0.9829%	0.0000%	0.0000%	0.0000%	0.4134%	0.0000%
		NO(g)	0.0002%	0.0144%	0.0002%	0.0000%	0.2100%	1.2883%	0.0000%
		계	100.0%	100.0%	100.0%	100.0%	100.0%	100.0%	100.0%
	kcal/gas mole		-25.47	-26.12	-29.3	-21.78	-37.18	-47.18	-13.56
	CO(ppm)		299	249	353	350	354	402.62	345.67

〈표 27.6〉 칼슘스테아레이트와 여러산화제들의 2성분계의 조성 및 계산된 열역학특성치

구분	성분	O.B(%)	Calcium stearate						
			BCN	15%KN-PSAN	$NaNO_3$	KNO_3	$Sr(NO_3)_2$	NH_4ClO_4	CuO
산화성원료	BCN	29.985	89.48						
	AN	20		77.86					
	$NaNO_3$	47.1			84.72			40.27	
	KNO_3	39.6		13.74		86.74			
	$Sr(NO_3)_2$	37.8					87.24		
	NH_4ClO_4	34						46.33	
	CuO	20.114							92.48
	Fe_2O_3	10.02							
연료성원료	Guanidine Nitrate	-26.2							
	5-AT	-65.83							
	Dicyan -diamide	-114.20							
	Mela -mine	-114.18							
	SiO_2	0							
	C	-266.7							
	Calcium stearate	-274.13	10.52	8.4	15.28	13.26	12.76	13.40	7.52
계									
열역학특성치	O.B		−2.00	−2.00	−1.98	−2.00	−2.00	−2.01	−2.01
	Energy(kcal/kg)		−509	−1039	−661	−454	−672	−1252	−151
	연소온도 @ (Cv)		1962	2598	1998	1657	2652	3588	840
	Gas volume (mole/kg) $CO_2(g)$		5.38	4.27	8.04	6.95	6.49	6.77	3.96
	$H_2O(g)$		11.25	23.74	8.57	7.29	7.19	15.37	3.58
	$N_2(g)$		1.86	10.41	4.98	4.29	4.12	4.26	0.00
	CO(g)		0.85423	0.71104	1.01826	0.91446	1.08210	1.17706	0.50301
	$H_2(g)$		0.40050	0.55872	0.24327	0.35479	0.16953	0.24623	0.75485
	NO(g)		0.00001	0.00292	0.00001	0.00000	0.00142	0.16668	0.00000
	계		19.76	39.69	22.86	19.80	19.05	27.98	8.80
	Gas volume (%) $CO_2(g)$		27.3%	10.8%	35.2%	35.1%	34.0%	24.2%	45.0%
	$H_2O(g)$		57.0%	59.8%	37.5%	36.8%	37.7%	54.9%	40.7%
	$N_2(g)$		9.4%	26.2%	21.8%	21.7%	21.6%	15.2%	0.0%
	CO(g)		4.3235%	1.7916%	4.4551%	4.6186%	5.6810%	4.2063%	5.719%
	$H_2(g)$		2.0271%	1.4078%	1.0644%	1.7919%	0.8900%	0.8799%	8.5819%
	NO(g)		0.0000%	0.0073%	0.0000%	0.0000%	0.0074%	0.5957%	0.0000%
	계		100.0%	100.0%	100.0%	100.0%	100.0%	100.0%	100.0%
	kcal/gas mole		−25.76	−26.19	−28.9	−22.92	−35.27	−44.75	−17.15
	CO(ppm)		237	197	282	253	300	326	139

상기와 같은 방법으로 멜라민에 대해서도 표를 만들 수 있으며 상기의 계산표로부터 산화성 원료와 연료성 연료의 2원배치로 구성된 2성분계의 열역학특성치를 한눈에 볼 수 있도록 한 표가 다음의 <표 27.7>이다.

〈표 27.7〉 산화성 원료/연료성 원료의 2원배치 2성분계의 열역학특성치 매트릭스

산화제 \ 연료	특성치	GN	5-AT	DCDA	Mel.	CB	CaS
BCN	폭발열(kcal/kg)	-664	-626	-487	-357	-418	-509
	폭발온도(℃)	2100	2525	1972	1428	2045	1962
	가스량(moles/kg)	31.56	25.17	22.31	22.31	16.41	19.76
	H_2O함량(%)	51.0%	38.3%	43.6%	42.6%	32.9%	57.0%
15%KN -PSAN	폭발열(kcal/kg)	-932	-1023	-965	-859	-996	-1039
	폭발온도(℃)	2420	2828	2560	2270	2673	2598
	가스량(moles/kg)	40.99	39.96	39.65	39.65	36.97	39.69
	H_2O함량(%)	54.4%	49.1%	53.3%	53.2%	51.5%	59.8%
$NaNO_3$	폭발열(kcal/kg)	-750	-762	-603	-425	-527	-661
	폭발온도(℃)	2118	2573	2000	1428	2085	1998
	가스량(moles/kg)	34.86	28.88	25.81	25.81	18.00	22.86
	H_2O함량(%)	45.7%	25.7%	27.1%	26.3%	0	37.5
KNO_3	폭발열(kcal/kg)	-658	-608	-436	-277	-339	-454
	폭발온도(℃)	1970	2258	1697	1162	1692	1657
	가스량(moles/kg)	32.89	26.19	22.91	22.91	15.59	19.8
	H_2O함량(%)	45.6%	25.4%	26.6%	25.5%	0	36.8
$Sr(NO_3)_2$	폭발열(kcal/kg)	-749	-754	-620	-468	-558	-672
	폭발온도(℃)	2460	3272	2820	2190	3200	2652
	가스량(moles/kg)	32.34	25.51	22.18	22.18	15.02	19.05
	H_2O함량(%)	45.9%	25.7%	27.4%	27.1%	0	37.7
NH_4ClO_4 +$NaNO_3$ (53.5: 46.5)	폭발열(kcal/kg)	-994	-1157	-1110	-958	-1121	-1252
	폭발온도(℃)	2782	3675	3432	2978	3818	3588
	가스량(moles/kg)	36.40	31.97	29.78	29.74	23.77	27.98
	H_2O함량(%)	50.7%	38.0%	43.2	43.2%	32.6	54.9
CuO	폭발열(kcal/kg)	-437	-303	-169	-73	-87	-151
	폭발온도(℃)	1665	1660	1170	553	750	840
	가스량(moles/kg)	23.46	15.19	11.75	11.75	6.42	8.80
	H_2O함량(%)	47.2%	26.4%	29.4%	26.9%	0	40.7
Fe_2O_3	폭발열(kcal/kg)	-298	-60				
	폭발온도(℃)	733	318				
	가스량(moles/kg)	28.01	19.65				
	H_2O함량(%)	46.3%	20.8%				

※ GN=Guanidine nitrate
※ 5-AT=5-Aminotetrazole
※ Mel.=Melamine
※ CB=Carbon black
※ CaS=Calcium stearate이다.

27.1.4 요구되는 열역학특성치를 갖는 조성의 구성 방법

상기 <표 27.7>의 2성분계의 매트릭스표를 보면 우리가 원하는 요건을 만족시키는 것은 하나도 없다. 어떤 것은 가스량은 많은데 열량이 높고 어떤 것은 열량과 온도는 낮은데 가스량이 적듯이 장점이 있으면 단점이 있다. 또한 가스발생제에는 펠렛화 공정에서 이형제의 역할을 하는 윤활제는 필수적으로 칼슘스테아레이트(Calcium stearate)는 반드시 들어가야 한다. 또 다른 필수항목으로는 비아자이드계열의 가스발생제의 단점인 연소 속도 및 지수를 개선하기 위해서는 촉매가 필수적이다. 금속산화물이라든가 카본블랙 등이 거의 필수적이라고 할 수 있다. 이러한 것들을 추가하면서 우리가 원하는 열역학특성치를 갖는 조성을 구성하는 방법은 다음 <표 27.8>과 같다.

하나의 완성된 조성표를 만들기 위해, GN/BCN, 5-AT/BCN, GN/PSAN, GN/Fe, CB/BCN, CaS/BCN의 6가지의 2성분계 조성을 사용하였다. <표 27.8>의 각 성분계의 비율은 요건의 조성을 맞추기 위해 각 2성분계들이 차지해야 할 함량을 나타낸 것이다. <표 27.8>에서는 상기의 2성분계 비율을 각각 GN/BCN이 59.61%, 5-AT/BCN이 14.97%, GN/PSAN이 11.93%, GN/Fe가 2.33%, C.B/BCN이 9.26%, CaS/BCN이 1.9%로 하여 구성하여 만든 조성이며, 완성된 조성은 BCN 45.61%, PSAN이 5.88% (AN 3.5% + KNO_3 0.62%), Fe_2O_3 1%, Guanidine nitrate 41.32%, 5-AT 5%, Carbon black 1%, Calcium stearate 0.2%이었으며 그 특성치는 열량이 656kcal/kg, 반응온도가 2162°K, 가스량이 30.02mole/kg으로 계산되었다. 또한 가스중의 H_2O는 49.0%로 계산되었으며 발생가스 mole당 열량은 −21.86kcal/gas mole, 100ft^{3}에서 연소시켰을 때의 CO함량은 203ppm으로 계산되었다. 상기 2성분계의 조성을 할당비율을 정하는 방법은 이미 정해져 있는 성분들에 대해서는 고정으로 배정해 놓고 나머지 정해져 있지 않은 성분들에 대해서는 원하는 열량, 반응온도, 가스량 등의 특성치가 나오도록 비율을 변경시킨다. 2성분계의 조성들을 적절한 비율로 분배하여 만들어진 완성된 조성표는 다시 한번 에너지계산프로그램을 돌려 확인해야 한다. 왜냐하면 각각의 2성분계는 반응열이나 반응온도가 매우 차이가 나므로 각각 고체 생성물의 융해온도를 고려해 볼 때 융해열을 적용한 것과 적용하지 않은 것이 완성된 조성표에서는 새로운 반응열과 반응온도를 적용해야 하기 때문이다. 실제로 확인해 보면 그다지 크게 차이가 나지 않으므로 당해 설계조성의 적합여부를 신속하게 판단하는 자료로는 무난한 것으로 판단된다. 상기의 완성된 조성표를 에너지계산프로그램에 넣어 열역학 특성치를 계산 비교하면 다음<표 27.9>와 같다.

〈표 27.8〉 성분계들의 조합을 통한 완성된 조성표

항목	2성분계	GN/BCN	AT/BCN	GN/PSAN	GN/Fe	C.B/BCN	CaS/BCN	완성 조성표
조성표	BCN	43.07	66.62	0	0	89.22	89.48	45.61
	AN	0.00	0.00	41.86	0.00	0.00	0.00	5.00
	KNO_3	0.00	0.00	7.39	0.00	0.00	0.00	0.88
	Fe_2O_3	0.00	0.00	0.00	43.00	0.00	0.00	1.00
	Gua. Nitrate	56.93	0.00	50.75	57.00	0.00	0.00	41.32
	5-AT	0.00	33.38	0.00	0.00	0.00	0.00	5.00
	Carbon black	0.00	0.00	0.00	0.00	10.78	0.00	1.00
	Calcium stearate	0.00	0.00	0.00	0.00	0.00	10.52	0.20
계		100	100	100	100	100	100	100
열역학특성치	O.B	-2.00	-2.00	-2.00	-2.01	-2.00	-2.01	-2.20
	Energy(kcal/kg)	-664	-626	-932	-298	-418	-509	-656
	반응온도 @C_V	2100	2525	2420	733	2045	1962	2162
	가스량(mole/kg)	31.56	25.17	40.99	28.01	16.41	19.76	30.02
각 2성분계의 비율		0.5961	0.1497	0.1193	0.0233	0.0926	0.0190	1.0000
가스발생량 (moles)	CO_2(g)	3.98	3.07	3.53	4.45	7.90	5.38	4.19
	H_2O(g)	16.11	9.65	22.30	12.96	5.41	11.25	14.72
	N_2(g)	10.22	11.20	13.91	9.34	1.86	1.86	9.85
	CO(g)	0.68642	0.84901	0.62383	0.21594	1.08043	0.85423	0.73
	H_2(g)	0.56716	0.40043	0.63270	1.04242	0.16584	0.40050	0.52
	NO(g)	0.00004	0.00079	0.00073	0.00000	0.00003	0.00001	0.00
	계	31.56	25.17	40.99	28.01	16.41	19.76	30.02
발생가스조성 (%)	CO_2%	12.6%	12.2%	8.6%	15.9%	48.1%	27.3%	14.0%
	H_2O%	51.0%	38.3%	54.4%	46.3%	32.9%	57.0%	49.0%
	N_2%	32.4%	44.5%	33.9%	33.3%	11.3%	9.4%	32.8%
	CO%	2.1748%	3.3733%	1.5218%	0.7709%	6.5821%	4.3235%	2.4%
	H_2%	1.7969%	1.5910%	1.5434%	3.7216%	1.0103%	2.0271%	1.7%
	NO%	0.0001%	0.0031%	0.0018%	0.0000%	0.0002%	0.0000%	0.0%
	계	100.0%	100.0%	100.0%	100.0%	100.0%	100.0%	100%
열량/가스발생몰	kcal/mole	-21.05	-24.86	-22.75	-10.65	-25.47	-25.76	-21.86
CO함량 in 100ft3	ppm	190.16	235.20	172.82	59.82	299.31	236.65	203

〈표 27.9〉 성분계 조합에 의한 계산과 재계산된 프로그램의 데이터 비교

항 목	완성조성표	재계산	차이	%
Energy(kcal/kg)	−656	−656	0	0%
반응온도 @C_V	2162	2150	−12	0.6%
가스량(mole/kg)	30.02	30.03	+0.01	0.03%
H_2O%	49.0%	49.11	+0.11	0.2%
열량/가스발생몰(kcal/mole)	−21.86	−21.86	0	0%
CO함량 in $100ft^3$(ppm)	203	205	+2	1%

이 계산된 열역학특성치는 <표 27.1> 및 <표 27.2>의 CO함량의 가스발생제 요건을 모두 만족시킨다. 상기와 같은 방법으로 구성할 수 있는 조성은 무수히 많다. 그러나 최적의 조성을 찾는 것은 설계자들이 수많은 훈련을 통해서 얻어져야 한다. 열역학특성치에 맞는 조성의 설계가 완료되면 다음에는 실제로 만들어서 평가하는 단계를 거쳐야 한다. 안전성 평가, 연소 속도 평가, 장기저장안정성테스트를 하여 이들은 만족해야 최종적으로 완전한 조성이 탄생된다. 다음 장에서는 실제 제조해서 시험, 평가하는 방법에 대해서 알아보기로 한다.

27.1.5 설계 조성의 평가

1) 실험적 특성치 평가

27.1.4에서는 이론상으로 설계 및 계산할 수 있는 반응열, 반응온도, 가스량, H_2O 함량, CO ppm 농도가 요건에 맞추어 설계가 되는데 이것만 가지고는 가스발생제를 완성할 수 없으며 실험적인 특성치의 평가가 더 필요하며 이것을 다시 정리하면 <표 27.10>과 같다.

〈표 27.10〉 제조 후 평가해야 할 특성치의 요건

특성치		단위	요건	비 고
조성 안전성검토	마찰감도	kgf	36 이상	
	낙추감도	cm	50 이상	※ 5kg 추
	정전기감도	kV	18 이상	
	발화점	℃	300 이상	
	Pellet density	g/㎤	1.8 이상	※ Cylinder type의 tablet
	Pellet 강도	kgf	7 이상	
연소특성	Linear burn rate	mm/sec	10~20	※ @1000 psi
	연소 속도압력지수		0.3~0.5	
	MPBP	bar	180 이하	
	Effluent gas			※ <표 27.2>참조
	Autoignition Temp	℃	200~240	
Long term stability	무게 변화	%	±2% 이내	※ Aging test 및 온도반복시험
	부피 변화	%	±2% 이내	
System 적용시험	Tank 압력	bar	–	※ 시스템과 연계
	Safety factor	–	1.6 이상	

2) 조성 안전성 검토

안전성 검토는 제조 시 또는 제조 후에 안전성 측면에서 불안정한 상태가 되어 바람직하지 않은 발화,폭발 및 조기폭발 등의 문제가 있는 조성인지 문제가 없는 조성인지를 확인하는 절차이다. 가장 먼저 해야할 시험이 화약의 예민성을 체크하는 마찰, 낙추, 정전기 및 발화점 시험이다. 이 시험의 목적은 우리가 정상적인 조건에서도 발화 및 폭발하지 않는 감도를 갖는지를 평가한다. 만약에 이 시험에서 지나치게 예민하다면 우리는 그것을 개발 조성으로 선택할 수 없다. 제조시 이러한 예민성에서 발화사고가 빈번하게 발생한다면 물적/인적의 경제적인 손실을 초래할 수 있기 때문이다.

그 다음은 펠렛의 밀도와 강도이다. 이 시험에서는 펠렛이 가져야할 기본적인 물성을 갖도록 프레스의 압착조건이나 펠렛의 크기를 결정하는 시험이다. 프레스 압력을 증가시킬수록 펠렛의 두께가 두꺼워질수록 펠렛의 밀도와 강도는 증가되므로 바람직하다. 만약 펠렛의 강도가 지나치게 낮으면 제품이 사용되고 유통되는 과정에서의 충격, 진동에 의해서 분쇄될 수가 있으며 이것은 연소표면적을 증가시키며 이로 인한 연소 속도의 증대로 이상연소를 일으킬 수 있다. 그러므로 펠렛의 물리적인 특성인 펠렛의 강도를 유지하는 것은 안전, 품질측면에서 매우 중요하다. 만약 프레스의 압착조건 등으로도 해결이 안되는 경우에는 MoS_2, 하이드로탈사이트, 탈크 등의 프레스 바인다를 추가하여 재설계하는 것이 바람직하다.

상기의 실험적 특성치들의 일반적인 기준은 <표 27.10>과 같다. 이 기준은 절대적인 것이 아니며 통상적으로 제품을 제조 및 사용하는데 문제를 일으키지 않는 정도의 기준치라고 보면 된다.

3) 연소 특성 검토

가스발생제의 연소특성에는 선형연소 속도(Linear burning rate), 연소 속도 압력지수, MPBP (Minimum proper burning pressure), 배출가스(Effluent gas), 자동점화온도(Autoignition temperature)가 있다. 이들은 가스발생제가 인플레이터 내에서 연소되어 에어백을 팽창시킬 때 요건에 맞는 시간 내에 충분하고 무해한 가스를 방출하게 할 수 있는 중요한 인자들이다.

(1) 선형연소 속도(Linear burning rate)

일반적으로 추진제 및 가스발생제 등은 연소압력이 증가함에 따라 연소 속도가 증가되므로 보통 비교를 위해서는 선형연소 속도를 보통 1000psi에서의 연소 속도를 기준으로 한다. 1000psi에서의 연소 속도가 빠를수록 인플레이타에서 원하는 60～70ms 이내의 기능구현을 위한 인플레이터 내압(Internal pressure)이 낮다. 즉 1000psi에서 비교적 연소 속도가 느린 가스발생제는 60～70ms 내에서 기능이 구현되도록 하기 위해서는 연소 속도를 빠르게 해야 하는데 이를 위해서는 인플레이터의 내부 압력을 증대시켜야 한다. 내부압력이 증가하게 되면 이를 견디기 위한 인플레이타의 몸체의 두께가 두꺼워져야 한다. 결국 연소 속도가 느리면 인플레이타의 두께와 무게가 증가되어 자재비가 증가하고 취급이 비교적 용이하지 않게 된다. 역으로 말하자면 가볍고 원가가 낮은 인플레이타를 만들기 위해서는 연소 속도가 빠른 가스발생제가 필요하다. 그러나 요즈음 각사에서 개발하여 사용되는 가스발생제는 대부분 비아자이드계열로 연소 속도를 빠르게 하는 것은 용이하지가 않는 것으로 보인다. 물론 연소 속도만을 가지고 빠르게 만드는 것은 쉽게 할 수가 있다. 그러나 연소 속도를 빠르게 하면서 갖추어야 할 사항들이 가능한 풍부한 가스발생량 그리고 낮은 연소온도 등이다. 이러한 모든 것을 갖추면서 빠른 연소 속도를 갖는 가스발생제를 만드는 것은 용이하지가 않다. 특허를 조사해보면 나와 있는 빠른 연소 속도의 가스발생제는 대부분 연소온도가 높거나 가스발생량이 적어 비교적 바람직하지 않다. 가스량이 풍부하고 연소온도가 낮으면서 연소 속도가 빠른 가스발생제를 개발하는 것은 가스발생제 개발자들의 목표일 것이며 제품경쟁력 차원에서 우위를 가질 수 있는 지름길이 될 것이다.

(2) 연소 속도 압력지수

일반적으로 추진제 및 가스발생제의 압력에 따른 연소 속도는 다음과 같이 표현된다.

$$R = A \cdot P^n \rightarrow log\text{를 취하면, } LogR = LogA + nLogP \qquad (1)$$

여기에서 R은 연소 속도, A는 상수, P는 압력, n은 지수이다. A와 n의 값은 압력에 따른 연소 속도를 여러 포인트에서 측정한 다음 $LogP$에 대한 $LogR$의 직선그래프로부터 기울기는 n,

절편을 $LogA$로부터 n과 A의 값을 구할 수 있다. 따라서 추진제 및 가스발생제의 압력에 따른 연소 속도 특성은 n과 A의 값으로 특성지을 수 있다. 연소 속도 특성치 중에서 n의 값이 제일 중요하고 그 다음이 A값이다. 가스발생제에서는 A값이 크면서 n값이 작은 것이 바람직하다. 즉 낮은 압력에서도 연소 속도가 빠르지만 압력이 증가하더라도 그다지 연소 속도가 증가하지 않는 가스발생제가 바람직하다. 왜냐하면 압력에 따른 연소 속도가 급격히 증가하게 되면 인플레이터 내부에서 일어나는 연소시간을 용이하게 제어할 수 없기 때문이다. 연소시간의 제어를 용이하게 하려면 압력에 따른 연소 속도가 거의 변하지 않는 것이 바람직하다. 가장 바람직한 것은 0인데 실제적으로 이런 가스발생제는 존재하지 않는다. 가스발생제를 개발함에 있어 0이라는 지수는 상징적인 목표이며 이에 가깝게 가도록 조성을 꾸준히 개발하는 것이 가스발생제 개발자들의 영원한 과제가 될 것이다. 미국특허의 여러 가지 조성들에 대한 가스발생제의 실험예들을 살펴보면 연소 속도 압력지수의 값이 약 0.35～0.80 수준으로 0.80을 넘지 않는 수준이다. 특허내용을 보면 알겠지만 연소 속도를 빠르게 하고 가스량을 많게 하면서 연소 속도지수를 0.35 정도로 맞춘다는 것은 대단히 어려운 과제이다. 미국특허의 연소 속도압력지수 0.35의 예는 연소 속도가 느리다던지 가스량이 현저히 적은 경우의 예이다. 따라서 단순히 지수값을 낮추는 것은 의미가 없으며 이것과 함께 연소 속도, 가스량, 연소온도 등의 조건들이 바람직한 방향으로 수렴되어야 하는 것이 반드시 필요하다. 가스발생제에 대한 기술의 우위는 바로 이 모든 요건들이 충족된 가스발생제를 만들 수 있냐 하는 것이다. 상기 연소 속도식으로부터 바람직한 가스발생제의 요건을 정의해 본다면 상수A 값을 크게 하면서 n의 값을 가능한 작게 하는 것이 좋다.

(3) MPBP(Minimum proper burning pressure)

MPBP는 어떤 가스발생제에 있어 약 21～22mm/sec의 연소 속도를 가지는 압력이다. 이것의 의미는 상기의 연소 속도에 도달하기 위한 압력의 정도를 말하는 것인데, 이것이 크다는 것은 큰 압력의 조성을 위해 밀폐도를 증가시켜야 한다는 의미로 해석되며 이것은 또한 이러한 증가된 압력을 견디기 위해서는 용기의 재질이 보다 강해져야 하고 두께도 증가되어야 한다는 것을 의미한다. 따라서 이 MPBP가 크다는 것은 용기의 두께가 두꺼워지면서 무게가 증가하고 이에 의한 원가의 상승과 취급의 불편성을 수반하게 된다. 어떤 가스발생제의 압력에 따른 연소 속도식 $R = A{\cdot}P^n$에서 A값이 클수록 n값이 클수록 연소 속도가 빠르게 되는데 높은 지수값은 인플레이타 내부의 압력변화를 조정하는 것이 용이하지 않으므로 큰 A값을 갖고 낮은 n값을 가져야만이 압력변화에도 연소 속도가 심하게 변하지 않는 바람직한 낮은 MPBP를 실현할 수 있다. MPMP가 낮다는 것은 낮은 압력에서도 인플레이터의 성능을 발휘할 수 있다는 의미로, 인플레이터의 내부 압력을 낮게 설계할 수 있으며 따라서 인플레이터의 몸체의 강도를 약하게, 즉 약한 재질로 보다 얇게 설계가 가능하다는 것이다. 이것은 인플레이터의 무게를 가볍게 할 수 있고 이에 따라 자재비도 낮출 수 있어 경쟁력있는 인플레이터를 만들기 위해서는 낮은 MPBP를 갖는 가스발생제가 필수적이다.

(4) 배출가스(Effluent Gas)

인플레이터가 작동했을때, 가스발생제로부터 나오는 가스가 탑승자에게 치명적일 수 있는 농도를 가져서는 안 된다. 인체에 해를 주지 않은 한도내에서 설정한 각 가스의 수치가 USCAR에 규격화되어 있으며 <표 27.2>와 같다. 일반적으로 C,H,O,N 및 금속으로 이루어진 조성물에서 산소평형을 0～-1로 설계하면 정상적인 인플레이타 연소조건에서는 위의 규격을 모두 맞출 수 있다. 산화제로 과염소산암모늄(NH_4ClO_4)이나 Cl이 들어간 연료를 사용하는 경우에는 염소제거제의 역할을 하는 금속화합물을 넣어 염소를 금속염화물의 고체생성물이 되도록 설계하여 HCl, Cl_2, $COCl_2$가 발생되지 않도록 한다. S가 들어가는 연료를 사용할 때도 마찬가지이다. 배출가스(Effluent Gas)는 100ft^3 Tank 내에서 인플레이타를 연소시킨 다음에 가스를 포집하여 가스의 농도를 분석한다. <표 27.11>에는 USCAR에서 권고하는 분석방법을 기재하였다.

(5) 자동점화온도(Autoignition temperature)

자동점화온도는 자동차 화재 발생시 인플레이터가 화염에 지속적으로 노출되어 온도가 상승할 경우 적절한 온도에서 가스발생제가 자동적으로 발화되어 정상적으로 인플레이터가 전개되도록 하는 온도이다. 만약 이 온도가 지나치게 높으면 상당히 높은 온도에 도달하여 폭발하기 쉬워진다. 그러므로 이 온도는 200～240℃ 정도로 맞추는 것이 바람직하다. 만약 가스발생제가 이러한 요건을 맞출 수 없다면 이러한 요건을 갖는 자동점화약 펠렛을 1-2개 넣어 자동점화되도록 조정하는 방법도 있다.

〈표 27.11〉 Effluent Gas 분석 방법

Analyte	Acceptable Analysis Methods
Ammonia, NH_3	EC, FTIR, IC, UV with sorbent tube (Method NIOSH #6015)
Azide, N_3^-	IC
Benzene, C_6H_6	FTIR, GC-FID, GCMS, UV, GC-PID (Method NIOSH #3700 or #1500)
Carbon Dioxide, CO_2	FTIR, GC-TCD
Carbon Monoxide, CO	EC, FTIR, GC-TCD
Chlorine, Cl_2	EC, IT, IC with sorbent tube (Method NIOSH #6011)
Formaldehyde, HCHO	FTIR, GC-FID, HPLC, IT
Hydrogen, H_2	GC-TCD
Hydrogen Chloride, HCl	EC, FTIR, IC with sorbent tube (Method NIOSH #7903)
Hydrogen Cyanide, HCN	FTIR, GC-FID, UV/Vis Spect. (Method NIOSH #6010)
Hydrogen Sulfide, H_2S	EC, GCMS, IC with charcoal sorbent tube (Method NIOSH #6013), IT
Methane and other hydrocarbons *	FTIR, GC-FID
Moisture, H_2O	FTIR, GC-TCD
Nitrogen Dioxide, NO_2	CL, FTIR, UV, UV with sorbent tube (Method NIOSH #6014)
Nitrogen Oxide, NO	CL, FTIR, UV
Perchlorate, ClO_4^-	IC
Phosgene, $COCl_2$	FTIR, HPLC, IT, absorbtion/desorbtion and GC per OSHA Analytical Methods Manual, 2nd Ed., Part 1 Organic Substances, Vol. 3, Method # 61
Sulfur Dioxide, SO_2	FTIR, GCMS, IC with treated filter (Method NIOSH #6004), UV
<10 micron particulate	Anderson Impactor
Metals	ICP, ICP-MS, AA

AA = Atomic absorption spectrophotometer
CL = Chemiluminescence analyzer
EC = Electrochemical analyzer
FTIR = Fourier transform infrared spectrometry
GC-FID = Gas chromatography w/ flame ionization detector
GCMS = Gas chromatography mass spectrometer
GC-TCD = Gas chromatography w/ thermal conductivity detector
HPLC = High performance liquid chromatography of analyte derivatives
IC = Ion chromatography after gas dissolution
ICP/ ICP-MS = Inductively coupled plasma spectrophotometer/ inductively coupled plasma spectrophotometer-mass spectrometry
IT = Indicator tube, e.g. Drager
UV = Ultraviolet-visible spectrometry

4) 장기저장 안정성(Long term stability)

인플레이터의 수명은 자동차의 수명과 같으며 최소 15년간은 기능을 발휘하는데 문제가 없어야 한다. 시스템은 물론이고 인플레이터의 가장 핵심이 되는 부품인 가스발생제 펠렛이 15년 동안 물리적 및 화학적인 변화가 거의 없어야 한다. 실제로는 15년간의 안정성(Stability)을 평가 후 결정되어야 하나 이를 대신해 평가할 수 있는 대용특성 시험으로 가열열화시험(Heat Aging test)와 온도사이클시험(Temperatur cylcing test)이 있다. 이러한 시험후의 평가는 무게 및 부피변화율, 시험후의 시스템 평가를 시행한다. 무게 및 부피변화율은 ±2% 이내이어야 한다. 이 시험시 시료는 인플레이터의 상황과 같이 동일한 충전비중의 밀폐 조건(Closed condition)으로 시험을 수행하며 이때 충전비중(Loading density)은 0.2～0.5g/cc로 하여 밀폐조건으로 만든 다음 시험을 수행한다.

(1) 가열열화시험(Heat aging test)

가열열화시험은 107℃, 상대습도 20%의 환경에서 408시간을 노출시키는 시험이다.

(2) 온도사이클시험(Temperature cycling test)

온도사이클시험은 -40℃와 90℃를 유지할 수 있는 2개의 챔버로 시험을 하며 23℃의 시료를 -40℃의 챔버에 바로 넣어 4시간을 유지한 다음 90℃의 챔버로 바로 넣어(약 120초 내) 4시간을 유지하는 것을 1 사이클로 하여 총 200 사이클을 수행한다.

5) 시스템적용시험

시스템적용시험은 개발된 가스발생제를 사용하여 USCAR 기준의 밀폐탱크시험(Closed tank test)의 규격에 들도록 시스템을 튜닝(Tunning)하는 시험이다. 이때 이미 정해진 가스발생제의 MPBP를 참조하여 원하는 밀폐탱크압력(Closed tank pressure)이 나오도록 시스템을 구성하도록 한다. 또한 가장 중요한 사항으로 변경된 가스발생제를 적용 시에는 안전계수(Safety factor)를 반드시 평가해야 하고 이것이 기준에 미달될 때에는 시스템을 보완해야 한다.

27.2 산업용폭약의 설계

산업용폭약에는 여러 가지가 있으나 최근에 가장 많이 사용되고 있는 에멀젼폭을 설계하는 방법에 대해서 알아보기로 한다. 그러나 산업용 에멀젼폭약은 요구사항이 가스발생제에 비해서 그다지 까다롭지 않기 때문에 설계가 비교적 용이하다. 산업용폭약은 대부분 에너지가 중요하기 때문에 에너지 위주로 설계를 한다. 에멀젼폭약도 가스발생제와 마찬가지로 두 단계를 거쳐야 한다. 이론적으로 열역학특성치를 설계한 후에 폭발속도, 순폭도, 탄동구포치 등의 성능 시험을 거쳐 위력 검증이 이루어지고 최종적으로 장기저장안정성 시험이 이루어진다. 산업용폭약의 회전율을 감안하면 최소 2년 이상 성능이 유지되는지의 여부를 확인해야 한다. [그림 27.2]는 에멀젼폭약의 개발흐름도이다.

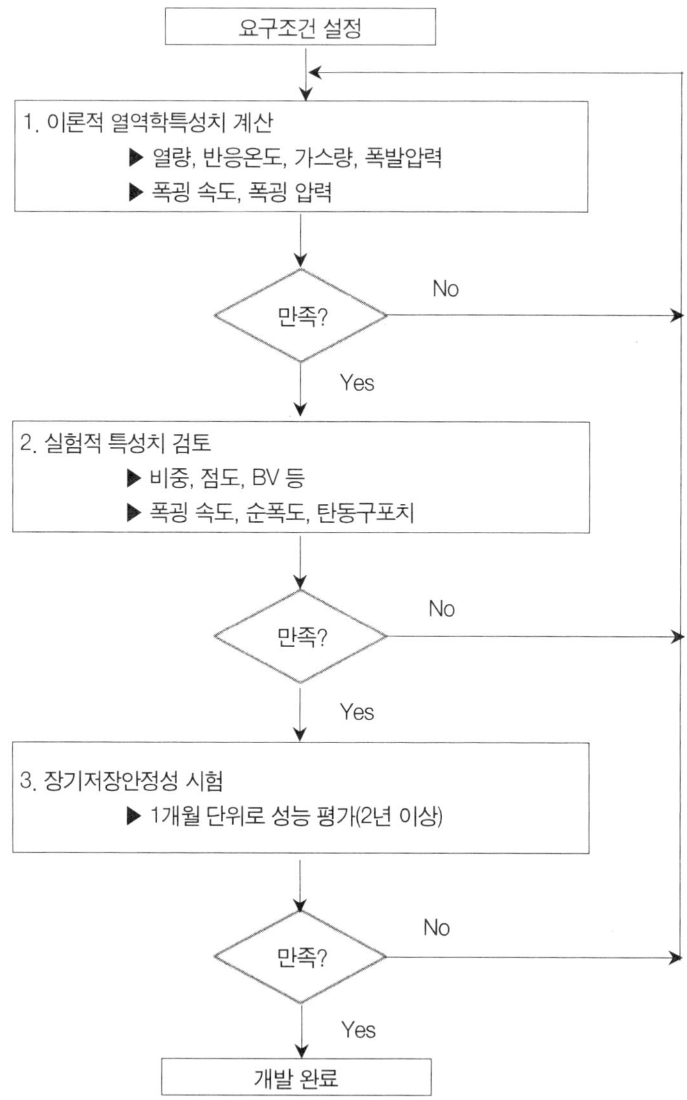

[그림 27.2] 에멀젼폭약의 개발 흐름도

27.2.1 에멀젼폭약 조성설계 기본요건

1) 산소평형(Oxygen balance)

조성설계시에 먼저 결정해야 할 것이 산소평형이다. 일반적으로는 0～-1%로 설계하는 것이 바람직하다. 최대의 에너지를 낼 수 있는 산소평형 0가 가장 좋으나 0으로 설계했을 경우에는 제조상, 계량 편차 등을 감안할 때 산소평형치가 플러스로 치우칠 가능성이 있기 때문에 이를 고려하여 약간 마이너스로 설계하는 것이 바람직하다. 산소평형이 플러스로 갈수록 에너지가 급격하게 떨어지지만 마이너스로 갈수록 에너지가 서서히 떨어진다. 그래서 산소평형을 약간 마이너스로 설계하는 것이 바람직한 것이다. 저자는 보통 산소평형치를 -0.5%로 설계한다.

2) 산화제용액의 퍼지포인트(Fudge point)

에멀젼은 유중수적형 타입으로 산화제수용액을 기름이 감싸고 있는 형태이다. 이러한 에멀젼 미셀을 형성하려면 두 상이 액상으로 존재한 상태에서 유화작업이 이루어져야 한다. 산화제수용액의 퍼지포인트가 낮으면 낮을수록 에멀젼의 안정성도 좋아지고 작업시 비교적 낮은 온도에서 할 수 있는 이점이 있지만 퍼지포인트를 낮추기 위해서 에너지를 저감시키는 물을 무작정 많이 사용할 수 없다. 그래서 퍼지포인트와 물의 양을 동시에 감안한 산화제용액의 최대 퍼지포인트는 약 85℃가 좋다. 산화제는 AN을 주제로 해서 SN, CN, SP 등의 보조산화제들이 첨가되어 만들어지며 이들 보조산화제들은 산화제수용액의 퍼지포인트를 낮추어주는 역할을 하지만, 상당히 큰 효과는 없다. 이 때 물은 보통 10～15% 정도 사용되는데 만약 물을 10%이하로 낮추면서 퍼지포인트를 85℃ 이하로 낮출 수 있는 어떤 첨가제가 있다면 에멀젼폭약의 에너지를 증가시키는데 매우 효과적일 것이다. 퍼지포인트 최대 85℃ 기준 근거는 실제 에멀젼폭약 생산시 작업은 여러 가지 여건을 고려하여 퍼지포인트보다 약 10～15℃ 높은 온도에서 이루어진다. 퍼지포인트를 85℃인 경우에는 작업 공정온도가 95～100℃가 되며 이 온도는 우리가 보통의 상식으로 큰 문제없이 다룰 수 있는 범위가 된다. 만약 100℃ 이상이 된다면 에너지의 손실도 심하고 다루기가 매우 어려워 어려운 공정이 될 것이다.

3) 산화제상과 오일상의 비율

산화제상과 오일상의 비율은 에멀젼의 안정성에 많은 영향을 준다. 바람직한 비율은 산화제상: 오일상 = 95.5～93.5: 4.5～6.5이다. 오일상이 적을수록 산화제를 감싸고 있는 오일상의 막두께가 얇아져서 에멀젼의 점도가 상승하고 안정성이 떨어진다. 반대로 오일상이 많아지면 어느 정도까지는 오일상의 두께가 두꺼워지지만 어느 한계를 넘어가면 오일상의 분리가 일어난다. 따라서 오일상의 비율은 항상 상기 범위의 중간치로 설계를 하며 부득이 하게 가감을 할 경우에는 ±0.5% 내에서 조정하는 것이 바람직하다.

4) 오일상의 조성

산업용폭약은 다이너마이트와 같이 비교적 딱딱한 약상을 가지는 편이 제조작업(카트리징 등) 및 사용 시 편리하고 이점이 많다. 그러므로 가능한 딱딱한 약상으로 하는 것이 좋으며 딱딱한 약상을 구현하기 위해서는 왁스를 사용하는 것이 좋다. 왁스에도 마이크로크리스탈린왁스와 파라핀왁스가 있는데 안정성을 고려한다면 100% 마이크로크리스탈린왁스를 사용하는 것이 좋은데 마이크로크리스탈린왁스는 융점이 높고 그리고 가격이 매우 비싸기 때문에 보통은 이 양자를 고려한 마이크로크리스탈린왁스:파라핀왁스=5:5의 혼합왁스를 사용하는 것이 일반적이다. 또한 100% 왁스만을 사용하는 경우 SMO복합유화제를 사용하는 경우에는 별 문제가 없지만 PIBSA계열의 유화제를 사용하는 경우에는 약상이 푸실푸실하고 쉽게 잘라지는 문제가 발생한다. 그래서 약간의 미네랄오일을 첨가하여 이를 보완하기도 한다. 일반적으로 미네랄오일을 첨가하게 되면 에멀젼의 저장안정성은 증가하는 경향이 있다. 그래서 어떠한 에멀젼 조성도 약간의 미네랄오일을 첨가하는 것이 바람직하다.

5) 기포보지제(물리적 예감제)의 양

에멀젼폭약이 뇌관기폭성을 갖도록 하는 것이 미소중공구체이다. 미소중공구체에는 GMB (Glass Microballoon), PMB(Plastic Microballoon), 팽창펄라이트(Expanded Perlite) 등이 있다. GMB에는 막의 두께 및 강도에 따라서 여러 가지가 있으며 3M사 제품의 경우 K1, K15, K20, K25 및 K37이 있다. 보통 K1의 경우에는 인접공의 폭발력 전달이 아주 약한 넓은 공간격의 벌크에멀젼의 경우에 사용하고 공간격 1m 전후에는 K15 또는 K20을 그리고 인접공의 폭발력 전달이 상당히 심한 30～60cm 정도의 짧은 공간격에는 K25 또는 K37을 사용한다. 어느 GMB를 사용하던지 간에 뇌관기폭성을 유지하도록 하려면 GMB의 개수가 중요하며 이것은 에멀젼의 비중과 비례한다. 따라서 에멀젼폭약 카트리지의 직경에 따른 비중 기준은 직경 25mm인 경우에는 1.16±0.02, 32mm인 경우에는 1.18±0.02, 50mm인 경우에는 1.20±0.02이 바람직하다.

6) 에너지증강제 알루미늄의 양

에너지증강제로 알루미늄 분말을 사용할 경우 터널에서 2차폭발을 일으키는 수소의 발생량에 유의를 해서 설계를 해야 한다. 일반적으로 OB가 마이너스로 갈수록 그리고 알루미늄이 증가할수록 수소의 발생량이 증가한다. 따라서 어느 정도 기준 이상이 되면 터널에서 사용시 2차폭발의 가능성이 크다. 실제로 실험에 의하면 알루미늄이 7% 이상 사용시 2차 폭발의 현상이 발생할 가능성이 크다. 그러므로 알루미늄의 사용 상한선은 7% 이하이다.

27.2.2 에멀젼폭약의 설계

에멀젼폭약을 제조하기 위해서는 주산화제, 보조산화제와 물로 이루어진 산화제수용액, 왁스, 오일과 유화제로 이루어진 연료용액, 물리적예감제인 미소중공구체 그리고 때로는 에너지를 증가시키기 위해서 알루미늄 분말 등의 원료가 사용된다. 27.2.1의 요건에 맞추어서 에멀젼폭약을 설계하는 것은 결코 쉽지 않으며 처음 설계를 접하는 사람에게는 막막하기만 할 것이다. 그래서 저자는 에멀젼폭약 설계를 가스발생제를 설계할 때와 같은 방법으로 먼저 산화성성분/연료성성분의 2성분 조합들의 화학양론조성에 대한 특성치들을 구한 다음에 이 2성분계들을 적절하게 에멀젼폭약 요건에 맞도록 조합하는 방법을 사용한다. 우선 열역학계산프로그램을 이용해서 2성분계 화학양론조성에 대한 특성치(반응열, 반응온도, 가스량 및 생성가스)를 계산하고 이 특성치들을 한눈에 볼 수 있도록 표로 만든다. 이 특성치들은 앞장의 폭약의 열역학특성에서 설명한 방법을 사용하여 구하면 된다. 이 열역학 특성치의 계산은 26장의 방법뿐만이 아니라 CalQ와 같은 프로그램들을 사용해서 얻을 수도 있다.

여기에서는 주산화제로 질산암모늄, 보조산화제로 질산나트륨, 주연료로 왁스, 유화제로

SMO복합유화제, 물리적예감제로 3M사 GMB K15를 사용하여 최적의 조성을 만들어내는 과정을 설명해 보기로 한다. 이러한 5가지의 원료를 변경시켜가면서 산소평형, 반응열, 온도, 가스량의 특성치를 요건에 맞추어 조성을 한번에 설계한다는 것은 대단히 어려우므로 앞에서 언급했듯이 우선 모든 원료들이 포함되도록 2성분계 조합을 구성하여 각각의 열역학특성치를 만들어 보기로 한다.

1) 산화제수용액 조성의 선정

산화제수용액으로 AN 단독으로 사용할 수 있다면 가장 바람직하다. 그러나 AN 단독으로 사용하기에는 퍼지포인트를 기준 내에 맞추기 위해서는 물이 많이 사용되어 에너지를 저감시킨다. 예를 들어 85%의 AN수용액은 퍼지포인트가 77℃로 퍼지포인트는 적절하나 물이 15%가 들어가 에너지를 저감시킨다. 그러므로 물을 10%까지 줄이려면 퍼지포인트를 낮추기 위한 보조산화제 SN이나 CN이 필요하다. 예를 들어 AN/SN/H_2O=77/12/11의 퍼지포인트는 약 76℃, AN/SN/H_2O=80/6/14의 퍼지포인트는 약 78℃이다. 여기에서는 AN/SN/H_2O=80/6/14를 산화제용액으로 선정하여 알루미늄이 들어간 조성을 설계해 보기로 한다.

2) 2성분계 조성과 최종조성의 설계

산화제로 AN/SN/H_2O=80/6/14, 연료로 왁스 또는 미네랄오일, 유화제로 SMO계 복합유화제, 예감제로 3M사 GMB K-15 그리고 선택적으로 발열제인 Al을 사용할 때, 이 원료를 가지고 효과적인 2성분계 조합을 구성해 보면 다음의 네 가지로 만들어진다.

① 산화제/CH_2(왁스 또는 미네랄오일)
② 산화제/유화제
③ 산화제/GMB & CH_2
④ 산화제/Al(선택)

상기의 네 가지 조합에 대하여 OB가 -0.5가 되는 조성비로 CalQ 등의 에너지프로그램을 이용하여 화약특성치를 계산한다. 그리고 두 가지의 조성표를 엮어서 최적의 조성을 구하는데, 기본적으로 양이 고정되어 있는 성분을 중심으로 조성을 구성해 나간다. 예를 들어 폭약비중이 1.2인 경우 K15의 양은 2.0%, CH_2와 SMO복합유화제의 양은 동일하고 둘의 합이 약 4.5~6.5%가 되도록 한다. 만약 유화제로 PIBSA유화제를 사용한다면 PIBSA유화제의 양을 2%로 고정시킨다. 이렇게 정해진 조건으로 식들을 구성하면 나머지는 자동적으로 정해질 수 있다. 이제 실제로 엑셀을 이용하여 조성 설계작업을 해 보기로 한다. 다음 <표 27.12~13>은 산소평형을 -0.5%로 해서 설계된 에멀젼폭약의 조성표이며 특히 <표 27.13>은 에너지 증대를 위해서 발열제 알루미늄을 첨가한 조성이다.

〈표2 7.12 〉 에멀젼폭약의 조성설계표

OB(%)	구분	원료명	2성분계 조성			최종 설계조성
			산화제/CH_2	산화제/SMO	산화제/CH_2/GMB	
	산화제	AN	80	80	80	
		SN	6	6	6	
		H_2O	14	14	14	
		계	100	100	100	
	산화제/연료	산화제	94.65	92.50	91.80	
		CH_2	5.35	-	5.20	
		SAA	-	7.50	-	
		GMB	-	-	3.00	
		계	100	100	100	
19.99	Matrix	AN	75.72	74.00	73.44	73.50
47.06		SN	5.68	5.55	5.51	5.51
0		H_2O	13.25	12.95	12.85	12.86
-342.19		CH_2	-	-	5.20	3.06
-238.91		SAA	-	7.5	-	3.06
0		GMB(K-15)	100	-	3.00	2
		계		100	100	100
	특성치	O.B(%)	-0.50	-0.51	-0.52	-0.52
		Energy(kj/kg)	2917	2908	2828	2854
		Energy at 1000atm(kj/kg)	2141	2128	2070	2088
		Borehole pressure(katm)	33	33	32	32
		Explosion temperature(K)	1971	1975	1970	1972
		Gas volume(moles/kg)	43.70	43.31	42.40	42.67
		Detonation Velocity(km/s)	5088	5082	5010	5034
	각 2성분계의 할당		-0.0752	0.4086	0.6667	

<표 27.12>에서는 산화제/CH_2, 산화제/SMO복합유화제, 산화제/CH_2/GMB의 세 가지 2성분계 각각에 대해서 O.B가 −0.5%인 조성 및 특성치가 계산되어 열로 열거되어 있고 마지막 행에는 각 2성분계의 할당비율이 GMB 2%, CH_2함량=SAA함량의 두 가지 조건에 의해서 정해질 수 있다. 그래서 산화제/CH_2, 산화제/SMO복합유화제, 산화제/CH_2/GMB의 세 가지 2성분계 각각의 할당비율이 -0.0752, 0.4086, 0.6667이 되며 이 할당비율대로 계산하면 맨 오른쪽 열의 최종 설계 조성과 특성치가 나오며 이로써 설계가 완료된다.

〈표 27.13〉 Aluminized 에멀젼폭약의 조성설계표

OB(%)	구분	원료명	2성분계 조성				최종 설계조성
			산화제/CH_2	산화제/SMO	산화제/Al	산화제/CH_2/GMB	
	산화제	AN	80	80	80	80	
		SN	6	6	6	6	
		H_2O	14	14	14	14	
		계	100	100	100	100	
	산화제/연료	산화제	94.65	92.50	82.07	91.80	
		CH_2	5.35	-	-	5.20	
		SAA	-	7.50	-	-	
		Al	-	-	17.93	-	
		GMB	-	-	-	3	
		계	100	100	100	100	
19.99	Matrix	AN	75.72	74.00	65.66	73.44	70.89
47.06		SN	5.68	5.55	4.92	5.51	5.32
0		H_2O	13.25	12.95	11.49	12.85	12.41
-342.19		CH_2	5.35	-	-	5.20	2.19
-238.91		SAA	-	7.50	-	-	2.20
-88.90		Al	-	-	17.93	-	5.00
0		GMB(K-15)	-	-	-	3.00	2.00
		계	100	100	100	100	100
	특성치	O.B(%)	-0.50	-0.51	-0.50	-0.52	-0.51
		Energy(kj/kg)	2984	2975	6102	2893	3730
		Energy at 1000atm(kj/kg)	2192	2180	3087	2120	2343
		Borehole pressure(katm)	34	33	44	33	35
		Explosion temperature(K)	2004	2010	3681	2003	2441
		Gas volume(moles/kg)	43.81	43.41	31.42	42.51	39.26
		Detonation Velocity(km/s)	5148	5142	7069	5069	5578
	각 2성분계의 할당		-0.2390	0.2933	0.2790	0.6667	

상기 표에서는 산화제/CH_2, 산화제/SMO복합유화제, 산화제/Al, 산화제/CH_2/GMB의 네 가지 2성분계 각각에 대해서 O.B가 −0.5%인 조성 및 특성치가 계산되어 열로 열거되어 있고, 마지막 행에는 각 2성분계의 할당비율이 GMB 2%, CH_2함량=SAA함량, Al=4.8%의 세 가지 조건에 의해서 정해질 수 있다. 그래서 산화제/CH_2, 산화제/SMO, 산화제/Al, 산화제/CH_2/GMB의 네 가지 2성분계 각각의 할당비율이 −0.232. 0.2964. 0.2687. 0.6667이 되며 이 할당비율대로 계산하면 맨 오른쪽 열의 최종 설계 조성과 특성치가 나오며 이로써 설계가 완료된다.

27.2.3 에멀젼폭약 설계 조성의 평가

27.1.2에서는 이론상으로 최적의 조성이 설계되고 설계된 조성의 폭발에너지, 폭발압력, 폭발온도, 가스량 및 폭발속도의 폭발특성치가 계산된다. 이것만 가지고는 에멀젼폭약의 개발이 완료되었다고 할 수 없으며 실험적인 특성치의 평가가 추가되어야 한다. 아래의 <표 27.14>는 가장 일반적으로 사용되는 에멀젼폭약에 대해서 평가되어야 할 실험적 특성치들의 예이며 절대적인 것은 아니다.

〈표 27.14〉 제조 후 평가해야 할 특성치의 요건

특성치		단위	요건	비 고
물리적 특성치	비중	g/cc	1.20±0.02	전자비중계
	점도	cps	300,000 ↑	Brookfield
	BV	volt	600 ↑	파괴강도시험기
	PSD(평균입도/분포)	㎛	평균 2~3㎛	Malbern master sizer
폭발 특성치	폭굉 속도	m/sec	5,000 ↑	폭발속도측정기
	순폭도	배	1배 ↑	사상순폭시험
	탄동구포치	%	110% ↑	탄동구포시험기
장기저장안정성	폭발성능 유지 기간	개월	24 ↑	저장기간중 매월 성능시험

1) 물리적 특성치

(1) 비중

에멀젼폭약의 비중은 매우 중요하다. 비중은 에멀젼폭약 내에 핫스포트 역할을 하는 물리적예감제인 기포의 개수가 기폭시키는데 문제가 없을 정도로 충분히 들어가 있는지를 평가하는 척도가 된다. 일반적으로 폭굉성은 밀폐도에 따라 증가하는데 카트리지의 직경이 클수록 카트리지의 내부는 밀폐도가 더 증가되어 있는 상태로 볼 수 있기 때문에 기폭성은 대구경이 더 유리하다. 따라서 대구경은 소구경보다도 기포의 개수가 적어도 된다. 이러한 원리에 의해서 비중으로 이것을 규격화할 수 있는데 Φ25, 32, 50mm 각각의 구경에 대해서 1.16±0.02, 1.18±0.02, 1.20±0.02가 그동안 경험적으로 가장 최적의 기준이 되고 있다.

만약 측정한 비중이 이 기준을 벗어나게 되면 다시 한번 제조를 해서 측정을 해 보고 그래도 기준을 벗어나게 되면 기포의 양을 조정해서 재설계를 하도록 한다.

(2) 점도

점도는 일반적으로 포장방법에 따라서 정해지는 기준이다. 소세지를 필름에 포장하듯이 에멀젼폭약을 CHUB machine와 같은 기계로 필름 포장할 때는 점도가 낮은 것이 좋으며 다이너마이트와 같이 에멀젼폭약을 Rollex machine과 같은 기계로 크라프트지로 포장할 때에는 점도가 높은 것이 좋다. 이러한 점도는 왁스와 미네랄오일의 비율로 조절될 수가 있다. 만약 제조된 에멀젼폭약의 점도가 너무 높을 경우에는 미네랄오일을 증가시키면 되고 점도가 너무 낮을 경우에는 미네랄오일을 줄인다. 일반적으로 미네랄오일은 에멀젼폭약의 장기저장안정성에 좋으므로 허용되는 한 많이 넣을수록 좋다.

(3) BV(Breakage voltage)

BV test는 산화제를 싸고 있는 오일막의 강도를 평가하는 시험으로 오일막을 파괴할 수 있는 전압을 측정하는 것이다. BV의 값이 클수록 막의 강도는 강하여 품질이 좋다고 할 수 있다. BV가 낮은 경우에는 유화제의 종류 및 양을 증가시켜 기준에 맞추어야 한다. 그렇지 않으면 장기저장안정성이 저하될 수 있다.

(4) PSD(Particle Size Distribution)

에멀젼 미셀의 크기 및 분포를 측정하는 시험으로 미셀의 크기와 분포에 영향을 주는 것은 기본적으로 기계적 유화조건이 일정하다고 했을 때 산화제와 연료의 비율, 유화제의 양 및 유화제의 종류이다. 따라서 조성이 잘 설계되었는지의 여부는 이 PSD를 측정함으로써 어느 정도 예측할 수 있다.

2) 폭발 특성치

(1) 폭굉 속도

폭발속도는 폭약의 폭발시 동적 효과를 나타내는 특성치이다. 이론적으로 계산이 되지만 실제로 여러 가지 원료 및 공정 조건에 의해서 이론값과는 차이가 있을 수 있다. 이론값과 너무 많이 차이가 나면 다시 제조해서 확인해보아야 한다. 폭발속도 측정방법으로는 전통적으로 실시하던 도트리치법외에 요즈음에 많이 사용하는 이온갭, 광화이버법 등이 있다. 이 방법들은 2 point 측정방법으로 시작과 종료 지점 간의 시간을 측정하여 계산하는 방법으로 연속적인 폭발속도 데이타는 아니다. 이러한 것을 보완하기 위해 나온 방법이 연속적으로 폭발속도를 측정할 수 있는 저항선프로우브법이 있다.

(2) 순폭도

순폭도라고 하면, 보통 사상 순폭도를 말하며 모래 위에서 제1약포가 기폭되었을 때 제2약포가 순폭되는 최대의 거리를 측정하여 약경으로 나눈 값을 사상순폭도라고 한다. 폭발감응감도라고도 하며 사상순폭도가 클수록 폭발에 감응하여 기폭되는 감도가 좋다고 말할 수 있다. 이것이 너무 큰 경우는 위험한 폭약이므로 이 값이 무작정 클수록 좋다고 할 수는 없다. 안전성을 감안한 적절한 순폭도가 좋다고 할 수 있다. 일반적으로 다이너마이트의 경우에는 순폭도가 보통 3～7배 정도로 순폭도가 매우 좋고 에멀젼폭약의 경우는 보통 1～2배 정도이다. 그래서 에멀젼폭약을 안전폭약이라고도 하는데 폭발감응감도가 낮다 보니 전통적으로 사용하던 6호 뇌관에는 적절하기가 않다. 그래서 에멀젼폭약이 대중화되어 있는 요즈음에는 모두 8호 뇌관을 사용한다.

(3) 탄동구포치

탄동구포치는 폭약에 정적위력을 나타내는 특성치이다. 기준폭약으로는 과거에는 전통적으로 블라스팅젤라틴(NG/NC=92/8)을 사용하였으나 현재는 TNT를 사용한다. 탄동구포시험기에 폭약 10g을 넣고 17kg의 탄환을 장전한 후 폭발시켰을 때 탄환이 발사되고 몸체는 반동에 의해서 뒤로 밀리게 된다. 많이 밀릴수록 큰 각도가 형성되며 위력이 큰 제품이라고 할 수 있다. 이러한 각도를 측정하여 TNT 대비 그 비율을 계산하는 것이 탄동구포치이다. 계산식은 다음과 같다.

$$\text{탄동구포치}(\%) = (1-\text{COS}\theta`)/(1-\text{COS}\theta) \times 100$$

상기에서 θ는 기준폭약인 TNT의 측정된 후퇴각도, θ`은 시험폭약의 측정된 후퇴각도이다.

3) 장기저장안정성(Long term stability)

산업용폭약은 회전율이 상당히 좋아 대부분 제조 후 6개월 이내에 사용되는 것이 일반적이다. 그러나 실제로는 1년 후에도 사용되는 제품이 나올 수도 있기 때문에 보통은 2년 정도를 성능이 유지되어야 하는 기간으로 산정된다. 대부분 모든 폭약 제품들은 장기저장성을 대신할 수 있는 온도사이클시험, 고온/저온 충격시험 등의 여러 가지 방법들을 사용하면 잘 들어 맞는다. 그러나 에멀젼폭약은 잘 들어맞지 않는다. 실제로 온도사이클시험에서 2년에 대응되는 반복횟수를 시험해서 이상이 없던 제품이 상온저장시험에서 6개월째 불폭되는 현상이 발생하여 현재에는 대부분의 에멀젼폭약을 개발할 때 실제로 상온저장시험을 실시하고 있다. 그래서 에멀젼폭약은 개발기간이 최소 2년 정도 걸린다고 보면 된다.

27.3 지연제의 설계

지연제는 점화로부터 폭발에 이르는 시간을 지연시켜주는 목적으로 사용하는 파이로테크닉 물질이다. 다이너마이트가 처음 암석발파용으로 사용될 때 뇌관점화용으로 도화선을 사용했는데 이 도화선은 점화 후 안전거리로 대피하기 위한 목적으로 사용되었다. 그 이후에 전기뇌관 및 비전기뇌관으로 발전이 되면서 뇌관 자체 내에 지연제라고 하는 파이로테크닉 물질을 충전함으로써 뇌관이 기폭되는 시간을 지연시켰다. 뇌관의 폭발이 지연되는 시간은 대체적으로 밀리세칸드(MS, Milli-second)와 데시세칸드(DS, Deci-second)의 단위로 구성이 되었으며 이렇게 뇌관에 단차를 두어 발파를 하는 이유는 한번에 발파하는 것을 여러 번으로 나누어 일정한 시간 차를 두고 발파를 하게 되면 소음 및 진동도 감소할 수 있고 발파효율도 증대되기 때문이다. 그리고 이러한 시간 단차는 편차가 적을수록 더욱더 효과를 발휘한다. 그래서 뇌관은 발파효율을 극대화하기 위해서는 정밀한 지연시간이 필요하다. 초기 지연제는 흑색화약을 사용하기도 하였으나 흑색화약은 가스가 많이 발생하여 지연시간이 일정하지 않은 단점이 있어 그 후에 수많은 무가스(Gasless)지연제들이 개발되었고 현재에는 대부분 무가스지연제를 사용하며 심지어는 가스를 최소화하기 위하여 혼합물 제조 시 일반적으로 대부분 첨가하는 바인더도 넣지 않는 시스템들도 개발되고 있다. 지연제의 개발도 가스발생제 및 폭약과 마찬가지로 두 가지의 단계를 거친다. 먼저 이론적으로 지연제가 가져야 할 열역학적인 특성치를 설계하고 그 다음에 이론적으로 요건에 맞게 설계된 지연제 조성을 제조한 후 이론적으로 설계가 어렵거나 불가능한 특성치들을 실험적으로 얻어 요건에 맞는 최적화된 조성들을 찾는 것이다. [그림 27.3]은 지연제 개발에 관한 흐름도를 나타낸 것이다. 그리고 <표 27.15>는 지연제 요건에 관한 하나의 예이다.

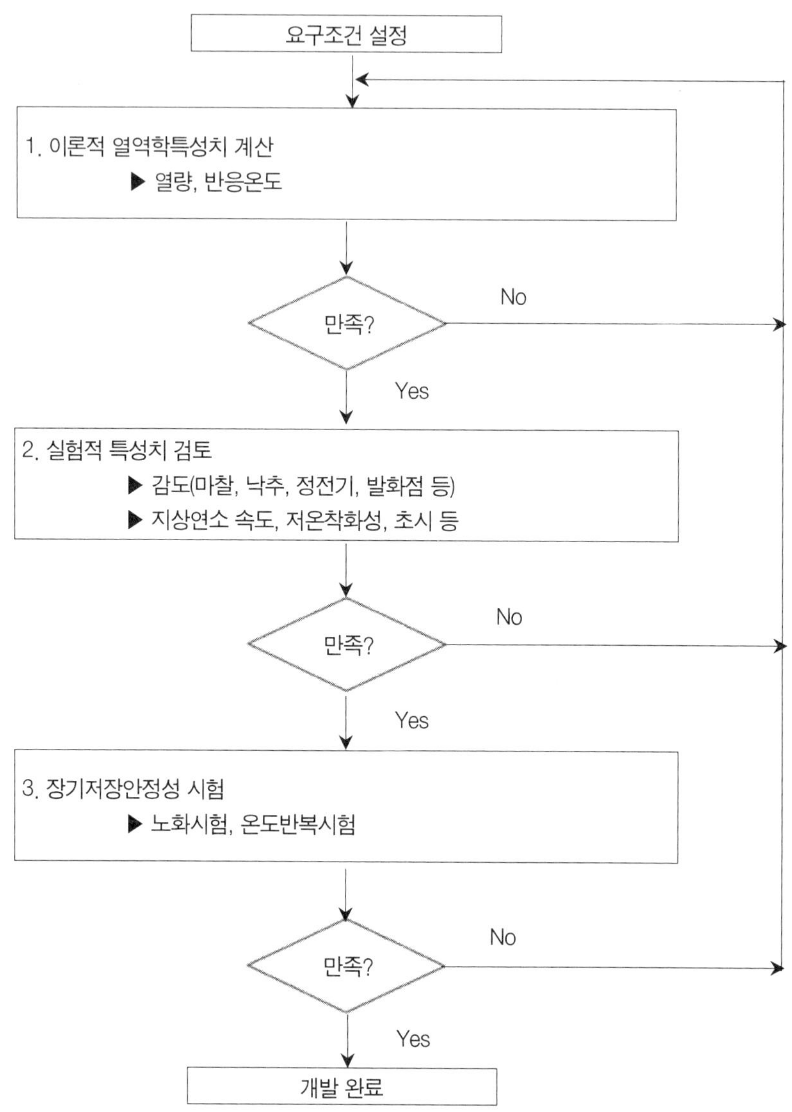

[그림 27.3] 지연제 개발 흐름도

〈표 27.15〉 좋은 지연제의 갖추어야 할 일반적인 요건

특성치		요건	비 고
1.물리적 특성치	입도	평균 3~7㎛	Master sizer로 측정
	흡습성	반드시 Non-hygroscopic	
	원료들의 비중차	가능한 적은 것	
	유해성	친환경적인 원료	독성의 중금속 배제
	산화제/연료 반응성	산화제 금속 E^0(V)〉연료의 E^0(V)	
	열전도성	클수록 좋음	
2.이론적 열역학적 특성치	Oxygen balance	Fuel이 많을수록 좋음	
	연소열량	200~400 kcal/kg	
	연소온도	1500~2500 °K	
	가스량	gasless	
3.조성 안전성	마찰감도	36 이상	
	낙추감도	60 이상	
	정전기감도	20 이상	
	발화점	300 이상	
4.연소특성	자기연소성	발화점〈연소온도	
	저온착화성	-40℃에서 착화	
	지연초시	$Cp \geq 1.33$	
	Swelling	가능한 적은 것이 좋음	
5.장기저장안정성	상온시험	24개월간 기폭성 유지	
		초시의 변화가 적은 것이 좋음	

27.3.1 지연제 조성설계 기본요건

1) 산소평형(Oxygen balance)

조성설계 시에 먼저 결정해야 할 것이 산소평형이다. 가스발생제나 폭약은 거의 제로에 가깝게 설계하지만 지연제는 정상 기능만 발휘한다면 -40%까지도 가능하다. 연료가 많이 들어갈수록 유리한 이유는 지연제는 대부분 금속류를 원료로 사용하기 때문에 전도성이 좋은 금속류가 많이 들어가면 연소중단 가능성이 적어진다. 또한 산소평형이 거의 제로에 가까울 때는 지연제가 열량이 높고 반응성이 좋아 폭발적으로 연소하기 때문에 연소 후 고체 상태로 남아야 하는 지연제의 특성상 매우 불리하다. 일반적으로 연료가 많을 때에는 아주 온건하게 연소가 이루어지며 불씨도 오래 지속되어 불발의 가능성을 감소시켜 준다.

2) 원료의 물리적 특성

지연제가 갖추어야 할 가장 중요한 요건은 착화성, 연소지속성 및 균일한 초시이다. 이것에 영향을 주는 인자들은 여러 가지가 있으며 대표적인 것으로는 원료의 입도, 산화제와 연료의 비중 차이, 흡습성, 열전도성 등이 있다. 균일한 혼화도는 초시와 직접 관련이 깊으므로 산화제와 연료가 균일하게 혼합되기 위해서는 입도가 비슷하고 비중도 비슷해야 한다. 입도는 가능한 3～7㎛ 정도 내에서 선정하는 것이 바람직하다. 흡습성도 상당히 중요한 인자이다. 환경적으로 지연제의 연소 성능에 많은 영향을 주는 것이 흡습성인데 일반적으로 지연제의 수분 함량이 증가하면 초시가 길어지다가 나중에는 연소 중단이 일어나게 된다. 지연제의 연소 중단은 뇌관의 불발로 이어지고 뇌관의 불발은 다른 사고로 이어질 수 있다. 그러므로 지연제용 원료들은 비흡습성의 원료를 사용하여야 한다.

지연제의 원료는 대부분 금속연료와 금속산화물로 이루지기 때문에 기본적으로 가스가 발생하지 않는다. 그러나 원료 자체에 들어있는 불순물이라든지 원료의 혼합과 분리를 방지하기 위해서 첨가하는 유기바인더로 인하여 어느 정도 가스가 발생한다. 가스는 지연제의 초시에 영향을 주므로 가능한 최소화하는 것이 바람직하며 최대 20㎖/g을 넘지 않도록 한다.

지연제 개발시 먼저 산화제와 연료를 선택해야 하는데 산화제와 연료가 잘 반응할 지를 판단해서 선택해야 한다. 이것을 선택하는 방법으로는 Standard Half Reduction Potentials, 이온화경향 등이 있으며 Standard Half Reduction Potentials을 이용할 때에는 산화제 금속 E^{θ}/V>연료의 E^{θ}/V이 되도록 선정하여야 한다.

이 밖에도 지연제가 잘 연소되도록 하기 위해서는 열전도성이 좋은 원료가 바람직하며, 향후에는 친환경 원료들을 사용해서 개발하는 것이 중요하다. 기존에 개발된 지연제들은 산화제로서 대부분 독성물질이며, 이들이 대부분 지연제의 연소 성능에 좋은 영향을 주었기 때문에 환경을 생각하지 않았던 과거에 많이 사용되었다. 이들은 PbO_2, Pb_3O_4, $PbCrO_4$, $BaCrO_4$ 등으로 대부분 납과 크롬의 화합물들이 주류였다. 최근에는 B_i2O_3를 중심으로 하는 산화제들이 개발되고 있으며, 향후에는 친환경지연제들이 많이 개발되어야 할 것이다.

27.3.2 지연제의 설계

지연제는 폭약이나 가스발생제처럼 다수의 원료를 사용하지 않고 2성분으로도 가능하다.

예를 들어 PbO_2/Si, Pb_3O_4/Si, Bi_2O_3/Si, Mn/$PbCrO_4$ 등이 있다. 때에 따라서는 2성분계로는 달성하기 어려운 LP(Long Period) 초시들은 연소 속도를 느리게 하기 위해서 3성분 또는 4성분계로 하는 경우도 있다. 먼저 2성분계의 산화제와 연료를 선정하는 방법에 대해서 알아보기로 한다.

1) 2성분계 산화제/연료의 선정 방법

지연제의 원료는 대부분 연료로서 금속 분말, 산화제로서 금속산화제 분말로 이루어져 있다. 금속 연료와 금속산화물이 반응할 수 있는 조건은 일반적으로 금속산화물에 있는 금속이 금속 연료보다 환원성이 좋아야 한다. 그래야 만이 금속산화물의 금속이 환원되면서 산소를 방출하고 이 산소는 금속 연료와 반응을 하게 된다. 이것을 판단하는 방법으로는 표준환원전위, 이온화경향, 전기음성도 등이 있다. 그리고 반응이 얼마나 잘 될 것인가? 라는 측면을 판단할 때에는 연료 금속과 금속산화물의 금속의 표준환원전위나 이온화경향의 차이가 클수록 반응이 잘 이루어질 것이라고 예측할 수 있다. 예를 들어서 PbO_2와 Si, Bi_2O_3와 Si 그리고 Fe_2O_3와 Si의 세 가지 2성분계 지연제에 있어서 어떤 것이 반응이 더 잘 될 것인가를 표준환원전위로 판단해 보기로 하자.

〈표 27.16〉 표준환원전위를 이용한 반응 예측표

산화제		연료		반응성 예측	
반응	E^0(V)	반응	E^0(V)	차이	반응성
$Bi^{3+}+3e^- \Leftrightarrow Bi(s)$	+0.308	$SiO_2(s)+4H^++4e^- \Leftrightarrow Si(s)+2H_2O$	-0.91	+1.218	②
$Pb^{4+}+2e^- \Leftrightarrow Pb(s)$	+1.335	$SiO_2(s)+4H^++4e^- \Leftrightarrow Si(s)+2H_2O$	-0.91	+2.245	①
$Fe^{3+}+3e^- \Leftrightarrow Fe(s)$	-0.04	$SiO_2(s)+4H^++4e^- \Leftrightarrow Si(s)+2H_2O$	-0.91	+0.87	③

상기표로부터 Bi와 Si의 표준환원전위의 차이가 가장 크므로 반응성이 가장 좋고 그리고 그 다음이 Pb와 Si 그리고 마지막으로 Fe와 Si의 순서가 될 것이다. 이 차이가 큰 것은 일반적으로 MS지연제로 사용이 예측될 수 있으며 적은 것은 LP지연제로의 사용이 예측된다. 실제로 상기의 PbO_2/Si, Bi_2O_3/Si의 2성분 지연제는 MS지연제로서 손색이 없고, Fe_2O_3/Si는 LP지연제로도 가능하나, 활성화에너지가 높아 점화가 잘 안되고 또한 발열량도 그다지 높지 않아 연소지속성(Self-propagating)이 떨어지므로 사용되지 않는다. 이와 같이 산화제와 원료에 사용되는 금속의 표준환원전위의 차이로 예측은 할 수 있으나 절대적인 것이 아니라는 것을 염두에

두어야 한다. 그러나 지연제를 개발할 때 이 방법은 유용한 도구로 사용될 수 있다.

2) 선정된 지연제 조성의 열량/연소온도의 계산

최적 조건의 지연제를 찾기 위해서는 산소평형(Oxygen balance)이 제로인 조성으로부터 시작된다. OB=0인 조성의 열량과 연소온도를 계산한 다음에 연료의 비율을 증가시켜가면서 열량과 연소온도를 계산하고 이로부터 요건에 맞는 열량과 연소온도를 갖는 지연제를 찾는다. 물론 단번에 열량과 연소온도로서 최적조성의 지연제가 개발되는 것은 아니지만 이것을 중심으로 약간씩 조정하면 최적조성에 더욱더 가깝게 근접할 수 있을 것이다.

산화제 PbO_2, 연료 Si로 이루어진 2성분계의 지연제를 설계해 보기로 하자

(1) O.B=0인 조성의 열량/연소온도 계산

〈표 27.17〉 반응물 1kg당 총생성열

원료명	분자량		조성1kg당	1kg당 각 원소의 개수			△Hf	
			mole수	O	Pb	Si	kcal/mole	조성1kg당
PbO_2	239.2	89.50%	3.74	2	1		-65.60	-245.4515
Si	28.086	10.50%	3.74			1	0.00	0
Total		100.0%		7.48	3.74	3.74		-245.45

※ O.B = (7.48-2x3.74)/10 = 0%

PbO_2와 Si의 비율이 89.5%/10.5%일 때, 산소평형은 제로가 되며 이 조성 1kg을 기준으로 했을 때 총생성열(Heat of formation)은 -245.45kcal/조성1kg이 된다. 그리고 이 조성이 연소했을 때 생성물과 생성물이 고체 상태일 때의 총생성열은 다음<표 27.18>과 같다.

〈표 27.18〉 생성물(고체 상태)과 총생성열

Product	분자량	조성1kg당	$\triangle H_f(s)$		
		발생몰수	kcal/mole	kcal/kg	조성1kg당
Pb(s)	207.2	3.74	0.00	0.00	0.00
SiO_2(s)	60.084	3.74	-217.70	-3623.25	-814.55
Si(s)	28.086	0.00	0.00	0.00	0.00
					-814.55

그러므로 반응열은 다음과 같이 계산된다.

$$\Sigma \triangle H_f\text{생성물} - \Sigma \triangle H_f\text{반응물} = -814.55-(-245.45) = -569\text{kcal/조성1kg}$$

다음으로 연소온도를 계산해 보기로 하자. 가스발생제에서 언급했듯이 연소온도를 계산할 때는 반응열 Q에서 잠열 λ을 제외한 Q'을 이용한다. <표 27.19>는 Q'을 계산하기 위하여 생성물이 잠열인 융해열을 제외할 때의 총생성열이다.

<표 27.17>과 <표 27.19>로부터 Q'은 다음과 같이 계산된다.

$$\Sigma \triangle H_f\text{생성물} - \Sigma \triangle H_f\text{반응물} = -803.55-(-245.45) = 558\text{kcal/조성1kg}$$

〈표 27.19〉 생성물(잠열 제외)과 총생성열

Product	분자량	조성1kg당 발생몰수	$\triangle H_f(l)$ kcal/mole	융해열 kcal/mole	$\triangle H_f(l)$ kcal/kg	융해열 kcal/kg	융점 (K)
Pb(l)	208.98	3.74	1.02	1.02	3.82	3.82	600.61
SiO_2(l)	60.086	3.74	-215.74	1.96	-807.22	7.33	1873-1998
Si(l)	28.086	0.00	11.58	11.58	0	-0.04	1687.00
					-803.44		

T의 함수인 C_p를 적분함으로써 얻어지는 값이 Q'과 같아지는 온도 T를 찾으면 반응온도가 얻어진다. 이 식들을 다시 한번 열거하면 다음과 같다.

$$Q' = Q - \lambda$$

$$Q' = \int_{T_o}^{T_a} C_p \, dT$$

NIST Chemistry Webbook으로부터 $C_p = A+Bt+Ct^2+Dt^3+Et^{-2}$ 이므로

$$Q' = n\int_{T_o}^{T_a} (A + Bt + Ct^2 + Dt^3 + Et^{-2})dT$$

또는 Perry Handbook으로부터 $C_p = A+BT+ET^{-2}$이므로

$$Q' = n\int_{T_o}^{T_a} (A+BT+ET^2)dT$$

<표 27.20>는 반응온도를 계산하기 위해 엑셀을 이용해서 만들어진 표이다.

〈표 27.20〉 반응온도의 계산표

가정T_i	생성물	mole수	분율	온도 범위	T/1000	A	B	C	D	E	$\int C_p dT$
6340	SiO_2	3.74	0.50	298	0.298	−1.452341	60.15189	−77.6282	40.2869	0.000609	31
				847	0.847	14.0424	2.4568	−0.031401	0.006025	0.006119	75
				1996	1.996	20.5	−0.000004	0.000001	−9.1E−08	−0.000004	333
	Si	0.00	0.00	298	0.298	5.45344	0.932005	−0.01981	0.010065	−0.084623	0
				777	0.777	6.50001	−2.86E−11	1.279E−11	−1.66E−12	−1.03E−12	0
	Pb	3.74	0.50	298	0.298	5.978609	1.300631	0.97069	−0.295462	−0.002547	8
				600	0.6	9.083292	−3.494859	1.7341	−0.246981	−0.079057	112
	계	7.48	1.00								558

<표 27.20>에서 T_i가 6340°K일 때 계산된 $\Sigma \int C_p dT$ 의 값이 558kcal가 되므로 이 조성물의 연소 온도는 6340°K가 된다.

(2) O.B=마이너스인 조성의 열량/연소온도 계산

상기 OB=0의 조성은 연소온도가 너무 높아 반응이 폭발적으로 일어날 것으로 예상되며 이대로는 사용할 수 없다. 따라서 열량이 200~400kcal/kg, 반응온도가 1500~2500°K가 되도록 연료인 Si의 양을 증가시키면서 산소평형을 마이너스로 만들어 본다. 다음 <표 27.21>은 Si를 증가시켜가면서 앞의 계산 방법으로 열량과 연소온도를 계산한 표이다.

〈표 27.21〉 Si의 함량 변경에 따른 PbO_2/Si 지연제의 연소특성치

조성비		O.B(%)	열량(kcal/kg)	연소온도(°K)	비 고
PbO_2	Si				
89.5	10.5	0	560	6340	
85	15	−5.72	540	5210	
80	20	−12.08	509	4390	
75	25	−18.45	477	3710	
70	30	−24.82	445	3110	
65	35	−31.18	413	2570	상한선
60	40	−37.55	382	2085	
55	45	−43.91	350	1660	
50	50	−50.28	318	1687	
45	55	−56.65	286	1687	
40	60	−63.01	254	1687	
35	65	−69.38	223	1615	하한선
30	70	−75.74	191	1390	

상기 표로부터 MS지연제로 가능성이 있는 조성은 PbO_2/Si = 65/35～35/65으로 선정될 수 있다. 이 범위의 조성을 가지고 조성안전성, 연소특성, 장기저장안정성을 시험해서 최적의 조성을 찾으면 될 것이다.

3) 조성 안전성 검토

안전성 검토는 제조 시 또는 제조 후에 안전성 측면에서 불안정한 상태가 되어 바람직하지 않은 발화, 폭발 및 조기폭발 등의 문제가 있는 조성인지 문제가 없는 조성인지를 확인하는 절차이다. 가장 먼저 해야 할 시험이 화약의 예민성을 체크하는 마찰, 낙추, 정전기 및 발화점 시험이다. 이 시험의 목적은 우리가 정상적인 조건에서도 발화되지 않는 감도를 갖는지를 평가한다. 만약에 이 시험에서 지나치게 예민하다면 우리는 그것을 개발조성으로 선택할 수 없다. 제조시 이러한 예민성에서 발화사고가 빈번하게 발생한다면 물적/인적의 경제적인 손실을 초래할 수 있기 때문이다.

4) 연소 특성 검토

지연제의 연소특성으로는 자기연소성, 저온착화성, 지연초시, Swelling 등이 있다. 이러한 요건에 잘 맞는 지연제라야 어떠한 환경 어떠한 조건에서도 연소 중단없이 좋은 품질의 초시를 구현할 수 있다.

(1) 자기연소성

지연제 조성이 외부의 어떤 에너지에 의해서 점화가 되었을 때 연소지속성을 갖기 위해서는 자체 연소에 의해서 발생되는 열로 자신을 점화시켜야 한다. 그래야 연소 중단없이 초시를 구현할 수 있다. 일반적으로 지연제가 연소할 때 도달되는 연소온도가 지연제의 발화점보다 높으면 연소가 지속될 수 있다. 보통은 안전율을 감안해서 발화점보다 2~3배의 연소온도가 나오도록 설계하면 가장 바람직하다. 왜냐하면 어떠한 환경에서도 이를 수행하기 위해서는 손실을 감안하여 충분히 여유를 두는 것이 바람직하다. 이것을 아레니우스식으로 설명해보기로 한다.

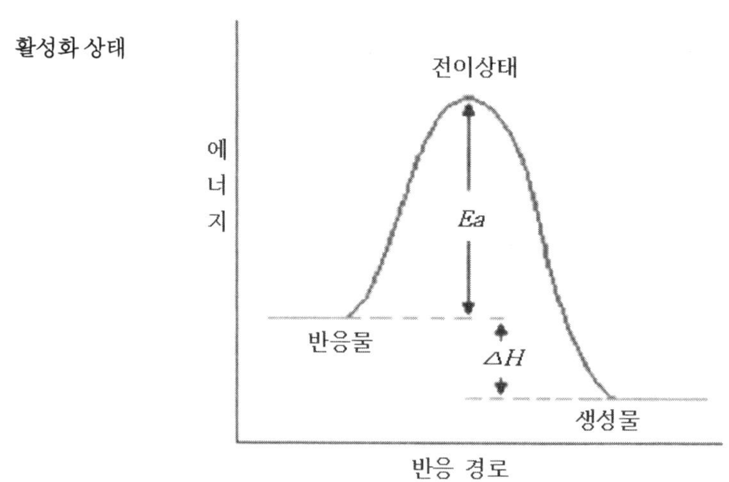

[그림 27.4] 활성화에너지

지연제의 반응물이 반응을 개시하려면 활성화 상태가 되어야 하며 활성화상태로 만들기 위한 에너지가 필요하다. 이 에너지를 활성화에너지라고 하며 대용적으로는 발화점이 된다. 즉 발화점이 높을수록 점화시키기 위한 초기 에너지가 높아 점화시키기가 어렵다. 발화점이 높다는 것은 활성화에너지가 크다는 의미이며 점화가 잘 안되며 연소 속도도 느리다고 해석될 수 있다. 일반적으로 이 활성화에너지가 작을수록 예민하고 연소 속도가 빠르다고 할 수 있다. 또한 반응물이 반응하여 생성물로 될 때 그 에너지의 차이를 $\triangle H$, 즉 반응열이라고 한다. 이 반응열이 활성화에너지보다도 커야만이 자기연소를 진행할 수 있다. 즉 $\triangle H$가 지연제를 다시 반응시킬 수 있도록 하려면 Ea보다는 커야한다. 이 활성화에너지를 구하는 방법은 아래니우스식을 이용한다.

$$k = Ae^{-\frac{E_a}{RT}}$$

여기에서 k는 연소 속도, A는 전지수인자, E_a는 활성화에너지, R은 기체상수, T는 절대온도이다. 상기식의 양변에 로그를 취하면 다음과 같다.

$$lnk = lnA - E_a/RT$$

온도에 따른 연소 속도를 측정하여, 1/T에 대한 lnk의 값을 플로팅해서 기울기와 절편을 구하면, A의 값과 E_a의 값을 구할 수 있다. 다음과 같은 그래프로 나타낼 수 있다.

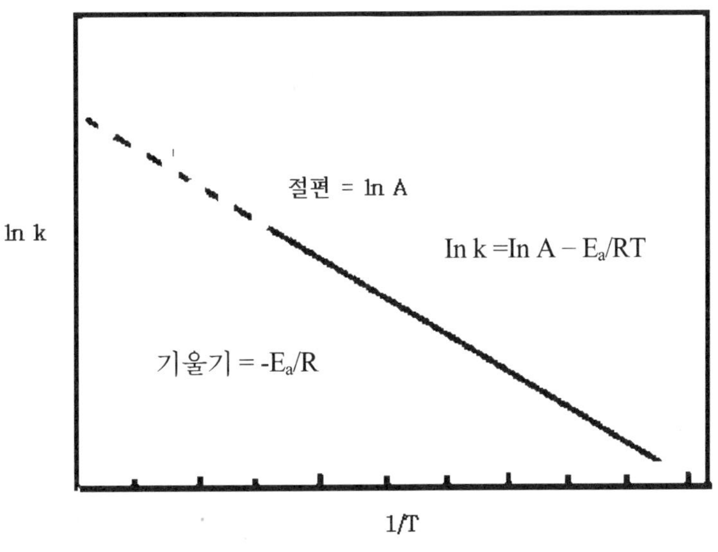

[그림 27.5] ln k vs. 1/T 그래프

(2) 저온착화성

뇌관은 우리 지구상의 어느 곳에서도 사용할 수 있도록 설계되어야 한다. 극한 상황에서도 아무 문제없이 기능을 발휘하도록 설계되어야 한다. 일반적으로는 -40℃의 온도 조건에서 착화 및 연소지속성이 잘 이루어지면 대체적으로 어떠한 환경에서도 문제가 없을 것으로 판단할 수 있다. 또한 지연제는 파이로테크닉물질로 시간에 따라 성능이 변할 수 있다. 그러므로 이런 것을 감안한 장기저장시험을 실시해야 하는데 이때에도 -40℃ 저온착화시험을 실시하여 문제가 없는 것을 확인하도록 해야 한다. 저온착화시험에서는 두 가지를 평가하며 첫째가 점화에너지에 의해서 점화가 되는지 그리고 둘째가 점화가 된 후 연소가 지속되는지를 평가 확인하여야 한다.

(3) 지연초시

지연초시는 뇌관에 있어 중요한 품질특성치의 하나이다. 뇌관은 일정한 시간차를 두고 기폭되도록 각 단별로 시간을 부여한다. MS뇌관의 경우는 20 또는 25m의 시간차를 두고 기폭되도록 만들어지며 LP뇌관의 경우는 100, 200 또는 500ms의 시간차를 두고 기폭되도록 만들어진다. 정확히 설계된 대로 기폭되면 가장 효과가 좋은데 이 지연제는 파이로테크닉 물질로 여러 가지 요인으로 편차를 가지게 된다. 가장 중요한 것이 지연제의 균일한 연소특성이라고 할 것이다. 물론 입도와 입도분포, 입자의 모양, 원료의 비중 차이, 혼화도 등도 영향을 주지만 연료와 산화제의 조화 특성이 가장 많은 영향을 준다. 그래서 가장 좋은 조합의 연료와 산화제를 찾아서 지연제를 개발하는 것이 무엇보다도 중요할 것이다. 가장 나쁜 지연제의 초시는 단과 단사이의 오버래핑(overlapping)이 생겨 전단과 후단이 바뀌어 기폭되는 것이다. 이러한 바뀌어 터짐이 있을 때에는 공발 또는 대괴가 발생하여 나중에 소할발파를 해야 하는 애로사항들이 발생한다. 그래서 적어도 오버래핑이 없도록 하여야 하고 나아가서는 편차를 더욱 줄이는 지연제를 개발하는 것이 발파효율을 높이는데 좋다. 일반적으로 오버래핑이 일어나지 않도록 하려면 지연제의 초시품질을 Cpk≥1.33으로 맞추면 된다. 그러나 지연제는 처음 제조시에 Cpk≥1.33으로 하였다 하더라도, 시간에 따라 변화가 생길 수 있으므로 실제 발파 현장에서 사용하는 뇌관의 초시품질은 이 보다도 낮다.

(4) Swelling

Swelling은 지연제가 연소할 때, 부피가 팽창하는 현상이다. 이 팽창현상을 최소로 하는 조성이 필요하다. Swelling이 많이 일어나게 되면 연소 시 지연제 칼람이 팽창하면서 후출되어 금속관으로부터 방출되는데 이때 연소층이 이 후출되는 힘에 의해 분리가 되면 연소중단의 우려가 발생된다. 따라서 후출을 최소화시킨 지연제의 조성이 바람직하다. 후출현상을 관찰하는 방법은 지상연소로도 관측이 가능하며 바람직하게는 지연관에 압착 후 연소시킨 후에 후출 여부를 관찰하는 것이 좋다. 지연제 개발 후 항상 평가해야 하는 품질특성치로 이를 간과하게 되면 후에 불발이 발생할 가능성이 있다. ppb의 불량률을 확보해야 하는 산업용뇌관의 특성을 볼 때 불발율을 줄이려면 이러한 후출이 일어나는 조성은 피해야 한다.

5) 장기저장 안정성(Long term stability)

뇌관의 shelf life는 대부분 2년이다. 2년 동안 기폭신뢰성, 초시정밀성 측면에서 품질을 확보해야 한다. 지연제를 개발한 후에 이 지연제가 2년 동안 기폭신뢰성과 초시정밀성에서 문제가 없는지를 평가해야 한다. 24개월 동안 매월 상온에서 저장한 뇌관을 꺼내어 기폭성과 초시를 평가한다. 초시시험을 하면서 기폭성과 초시평가가 함께 이루어지며 이 때 초시품질은 제조시에 Cpk≥1.33 이었지만 제조후 24개월에는 Cpk≥0.50 이상이면 초시품질이 확보되는 것으로 판단한다. Cpk≥0.50의 의미는 참고문헌[6]에 의하면 초시정밀도는 Swedish standard SS 02 01 40에 따라 다음과 같이 정해진다.[2]

$$(T_{upper} - \overline{X}) / S \geq 1.50$$

$$(\overline{X} - T_{lower}) / S \geq 1.50$$

여기에서 S는 표준편차이며 상기식을 20ms 단차의 뇌관으로 따졌을 때, 10/S ≥ 1.50이 되며 이것을 풀면 S는 6.67이하가 되어야 한다. 같은 방법으로 25, 100, 200, 500ms 단차의 표준편차 S를 구하면 각각 8.33, 33.3, 66.67, 166.67ms가 된다. 20ms 단차의 뇌관의 표준편차가 6.67일 때의 오버래핑될 확률을 구해보기로 한다. 이것을 그림으로 나타내면 [그림 27.6]이 된다. 20ms 뇌관의 상한규격치는 30ms이고 40ms의 하한규격치는 30ms가 된다. 표준편차가 6.67일 때, 이 규격치를 벗어나는 확률은 <표 27.21>의 정규분포표로부터 구할 수 있다. 여기에서 Z값은 1.5가 되며 Z=1.5일 때 <표 27.22>로부터 기준 내에 들어오는 확률은 0.4332이다. 그러므로 벗어날 확률은 정규분포 반쪽이므로 0.5 – 0.4332 = 0.0668이다. 그러므로 오버래핑될 확률은 다음과 같이 계산된다.

오버래핑확률 = 20ms가 기준치를 벗어날 확률 x 40ms가 기준치를 벗어날 확률

= 0.0668 x 0.0668 x 100% = 0.446 %

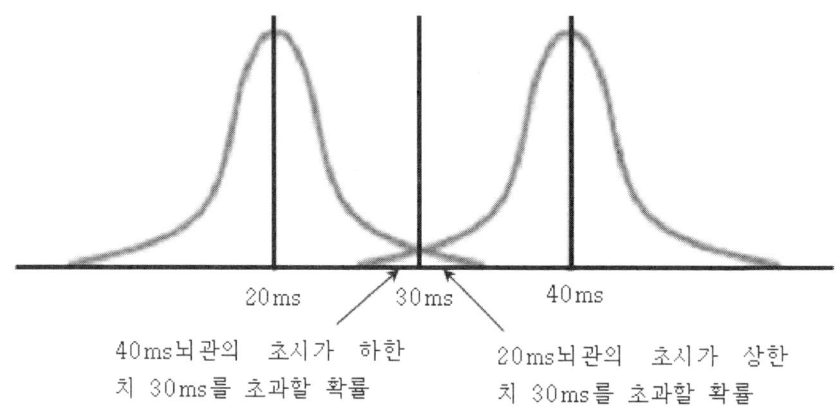

[그림 27.6] 20ms뇌관과 40ms뇌관의 오버래핑

〈표 27.22〉 정규분포표(반쪽)

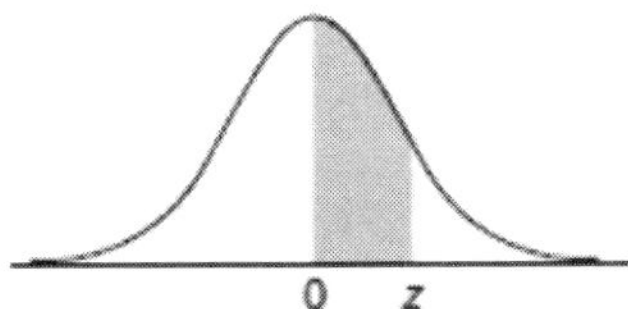

z	0.00	0.01	0.02	0.03	0.04	0.05	0.06	0.07	0.08	0.09
0.0	0.0000	0.0040	0.0080	0.0120	0.0160	0.0199	0.0239	0.0279	0.0319	0.0359
0.1	0.0398	0.0438	0.0478	0.0517	0.0557	0.0596	0.0636	0.0675	0.0714	0.0753
0.2	0.0793	0.0832	0.0871	0.0910	0.0948	0.0987	0.1026	0.1064	0.1103	0.1141
0.3	0.1179	0.1217	0.1255	0.1293	0.1331	0.1368	0.1406	0.1443	0.1480	0.1517
0.4	0.1554	0.1591	0.1628	0.1664	0.1700	0.1736	0.1772	0.1808	0.1844	0.1879
0.5	0.1915	0.1950	0.1985	0.2019	0.2054	0.2088	0.2123	0.2157	0.2190	0.2224
0.6	0.2257	0.2291	0.2324	0.2357	0.2389	0.2422	0.2454	0.2486	0.2517	0.2549
0.7	0.2580	0.2611	0.2642	0.2673	0.2704	0.2734	0.2764	0.2794	0.2823	0.2852
0.8	0.2881	0.2910	0.2939	0.2967	0.2995	0.3023	0.3051	0.3078	0.3106	0.3133
0.9	0.3159	0.3186	0.3212	0.3238	0.3264	0.3289	0.3315	0.3340	0.3365	0.3389
1.0	0.3413	0.3438	0.3461	0.3485	0.3508	0.3531	0.3554	0.3577	0.3599	0.3621
1.1	0.3643	0.3665	0.3686	0.3708	0.3729	0.3749	0.3770	0.3790	0.3810	0.3830
1.2	0.3849	0.3869	0.3888	0.3907	0.3925	0.3944	0.3962	0.3980	0.3997	0.4015
1.3	0.4032	0.4049	0.4066	0.4082	0.4099	0.4115	0.4131	0.4147	0.4162	0.4177
1.4	0.4192	0.4207	0.4222	0.4236	0.4251	0.4265	0.4279	0.4292	0.4306	0.4319
1.5	0.4332	0.4345	0.4357	0.4370	0.4382	0.4394	0.4406	0.4418	0.4429	0.4441
1.6	0.4452	0.4463	0.4474	0.4484	0.4495	0.4505	0.4515	0.4525	0.4535	0.4545
1.7	0.4554	0.4564	0.4573	0.4582	0.4591	0.4599	0.4608	0.4616	0.4625	0.4633
1.8	0.4641	0.4649	0.4656	0.4664	0.4671	0.4678	0.4686	0.4693	0.4699	0.4706
1.9	0.4713	0.4719	0.4726	0.4732	0.4738	0.4744	0.4750	0.4756	0.4761	0.4767
2.0	0.4772	0.4778	0.4783	0.4788	0.4793	0.4798	0.4803	0.4808	0.4812	0.4817
2.1	0.4821	0.4826	0.4830	0.4834	0.4838	0.4842	0.4846	0.4850	0.4854	0.4857
2.2	0.4861	0.4864	0.4868	0.4871	0.4875	0.4878	0.4881	0.4884	0.4887	0.4890
2.3	0.4893	0.4896	0.4898	0.4901	0.4904	0.4906	0.4909	0.4911	0.4913	0.4916
2.4	0.4918	0.4920	0.4922	0.4925	0.4927	0.4929	0.4931	0.4932	0.4934	0.4936
2.5	0.4938	0.4940	0.4941	0.4943	0.4945	0.4946	0.4948	0.4949	0.4951	0.4952
2.6	0.4953	0.4955	0.4956	0.4957	0.4959	0.4960	0.4961	0.4962	0.4963	0.4964
2.7	0.4965	0.4966	0.4967	0.4968	0.4969	0.4970	0.4971	0.4972	0.4973	0.4974
2.8	0.4974	0.4975	0.4976	0.4977	0.4977	0.4978	0.4979	0.4979	0.4980	0.4981
2.9	0.4981	0.4982	0.4982	0.4983	0.4984	0.4984	0.4985	0.4985	0.4986	0.4986
3.0	0.4987	0.4987	0.4987	0.4988	0.4988	0.4989	0.4989	0.4989	0.4990	0.4990
3.1	0.4990	0.4991	0.4991	0.4991	0.4992	0.4992	0.4992	0.4992	0.4993	0.4993
3.2	0.4993	0.4993	0.4994	0.4994	0.4994	0.4994	0.4994	0.4995	0.4995	0.4995
3.3	0.4995	0.4995	0.4995	0.4996	0.4996	0.4996	0.4996	0.4996	0.4996	0.4997
3.4	0.4997	0.4997	0.4997	0.4997	0.4997	0.4997	0.4997	0.4997	0.4997	0.4998

참고문헌

1. 이영호, 가스발생제, ㈜한화, 대한민국, 2013.02.01
2. Per-Anders Persson, Roger Holmberg, Jaimin Lee, Rock Blasting and Explosives Engineering, CRC Press, New York.

제7편

화약류의 폭발 내부 거동

산업용폭약은 뇌관에 의해서 기폭이 되며 그 폭파계열은 다음의 [그림 28.1]과 같다.

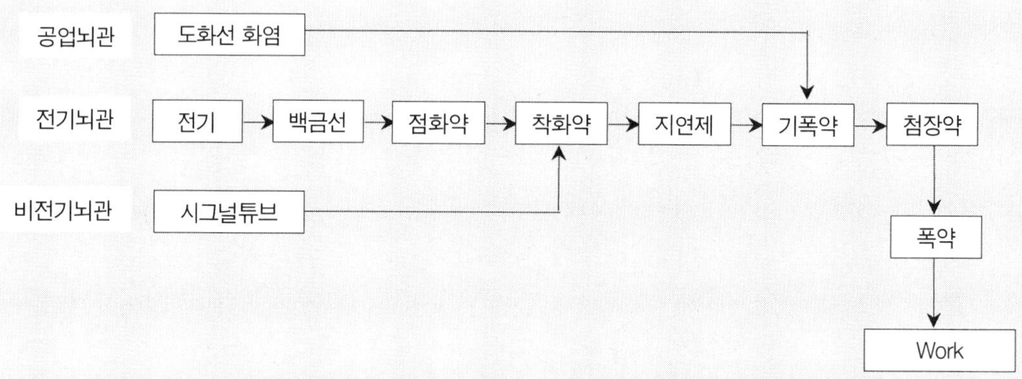

[그림 28.1] 산업용 화약류가 일하기까지의 폭발계열

전기뇌관의 경우 전기를 가하면 점화장치의 브릿지와이어(Bridge wire) 백금선이 가열되고 백금선의 열에 의해서 점화약이 점화되면서 불꽃을 방출한다. 이 방출된 불꽃에 의해서 뇌관의 지연제가 점화되고(점화가 어려운 LP의 경우는 착화약 사용) 일정시간 지연제가 연소된 후 기폭약에 에너지를 주어 기폭약을 점폭시킨다. 점폭된 기폭약의 충격에너지에 의해서 첨장약이 기폭되고 이로써 뇌관의 폭발에너지가 발생된다. 이러한 뇌관의 폭발에너지에 의해서 폭약이 기폭되고 폭약이 기폭되면서 충격에너지와 가스에너지를 방출하면서 어떤 대상물에 대해서 일을 하게 된다.

이와 같은 과정에서 연소, 폭연, 폭굉 등의 현상이 일어나는데 이러한 현상들에 대한 이론적인 검토를 통해서 폭발현상에 대한 이해도를 높여보기로 한다.

제7편에서는 화약류 자체가 폭발하면서 일어나는 내부 거동에 대해서 알아보고 제8편에서는 이 폭발력에 의해서 외부에 가해지는 여러 가지 외부 거동에 대해서 알아보기로 한다.

제28장

충격파의 형성과 감쇠

28.1 충격파의 의미[1, 2]

충격파는 폭약의 폭발이나 고속 비행체의 충돌에 의해 발생한다. 극도로 가파르게 시작하는 파로 매체의 음속보다 빠르게 전파한다. 일반 파동과 마찬가지로 에너지를 운반하며 매질을 통해 전달될 수 있다. 충격파는 매질의 압력, 온도, 밀도를 갑작스럽고 불연속적으로 변화

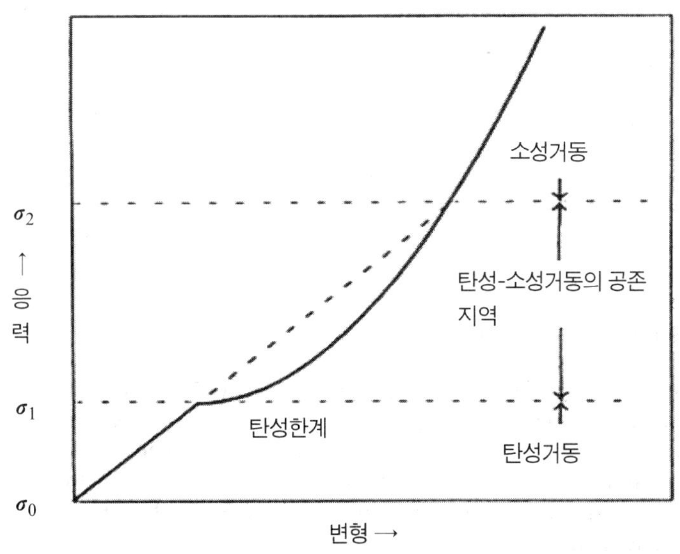

[그림 28.2] 고응력에서의 압축응력-변형도

시키는 것이 특징이다. 이러한 충격파에너지가 어떤 물체에 외부 응력으로 작용했을 때 대부분 파괴라고 하는 소성변형을 일으켜 원래 상태로 돌아오지 않는다. 화약류의 폭발 압력과 같이 상당히 큰 응력으로 작용할 때의 응력-변형율 선도는 [그림 28.2]와 같다. σ_0에서 σ_1까지 물질은 탄성적으로 거동하며 응력을 해제했을 때 물질은 원래의 형태와 크기로 되돌아온다. σ_1에서 σ_2까지 물질은 부분적으로 소성과 탄성을 함께 겪는다. 대부분의 물질에 대해서 σ_2는 대체로 탄성한계(σ_1)의 약 10배의 범위에 있다. σ_2 이상에서는 유체와 비슷한 소성거동을 나타낸다. 이 영역은 우리가 대부분 화약류의 폭발 특성으로 다룰 수 있는 영역이 될 것이다.

28.2 충격파의 생성 과정[2]

탄성영역 내에서는 물질의 음속은 일정하다. 즉 음속 C는 압력변화와 밀도변화의 비에 비례한다.

$$C = (dp/d\rho)^{1/2} \qquad (28.1)$$

여기에서 C는 음속(m/s)이고, dp는 압력변화(Pascal), $d\rho$는 밀도변화(kg/m³)이다.

탄성영역 내에서 압력과 밀도는 직선관계에 있음을 의미한다. 그러나 탄성영역을 벗어난 소성영역에서는 직선관계에 있지 않으며 음속은 압력과 밀도에 따라서 증가하게 된다. 또한 소성변형을 일으키면서 입자속도라는 것이 나타나기 시작하며 이것 또한 압력과 밀도에 따라서 증가하게 된다. 탄성영역 이상에서의 새로운 압력파의 속도는 음속과 입자속도의 합으로 나타낼 수 있다. 따라서 충격파의 과정은 [그림 28.3]와 같은 과정으로 설명할 수 있다.

탄성한계 이상에서는 압력 증가에 따라 음속이 증가하고 또한 입자속도도 증가하므로 C 압력파속도 > B압력파속도 > A압력파속도가 된다. 즉 C압력파는 B압력파보다, B압력파는 A 압력파보다 빠르게 진행된다. 그 과정을 [그림 28.3]에서 볼 수 있으며 압력파가 앞면에서 가파르게 점점 경사지다가 결국에서 수직선에 도달한다. 이 압력파가 수직면이라고 가정할 때 우리는 이것을 충격파라고 한다. 압력파의 앞면 상황으로부터 압력파의 뒷면 상황까지의 완만한 변화는 없다. 물질은 비충격상태에서 충격상태로 바로 점프한다. 이것을 불연속성이라고 한다. 음속, 입자속도 및 압력파속도의 세 가지 속도가 있으며 압력파 속도는 음속과 입자속도의 합과 같다는 관계를 갖고 있다.

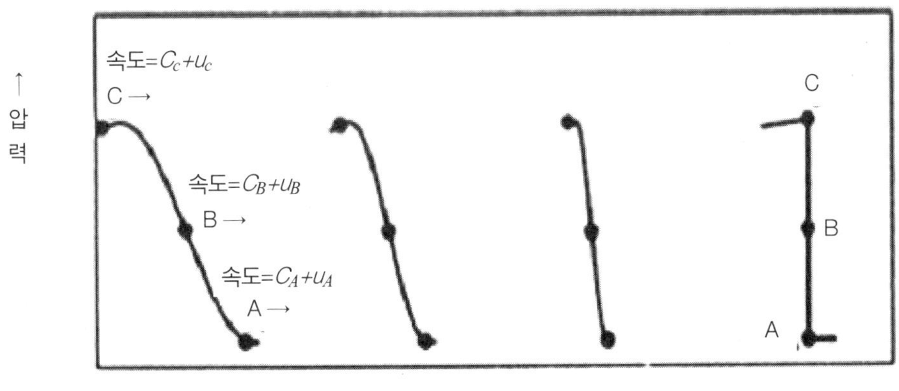

[그림 28.3] 압력파의 충격화 과정

28.3 음속, 입자속도 및 충격파 속도의 이해[2]

입자속도와 압력파의 속도를 좀더 정확히 이해하기 위해서 [그림 28.4]의 막대기 모델이 [그림 28.5]와 같이 움직이는 과정을 생각해 보기로 한다.

각 막대기의 폭은 1cm이고 각 막대기의 간격이 1cm라고 하자. 첫 번째 막대기를 일정한 속도로 오른쪽으로 밀기 시작한다. [그림 28.5]와 같이 마지막 막대기가 닿을 때까지 일정한 속도로 계속 민다. 밀기 시작해서 마지막 막대기가 닿을 때까지 걸린 시간을 10초라고 하자. 처음 막대기는 10초 동안 10cm를 이동한다. 그러므로 이것의 속도는 10cm/10sec= 1cm/sec가 된다. 만약 막대기가 물질의 입자라고 한다면, 입자속도를 1cm/sec라고 할 수 있다. 각 막대기의 운동의 시작을 나타내는 신호가 첫 막대기로부터 마지막 막대기까지 10초 동안에 20cm의 거리를 움직인다. 이것은 2cm/sec의 속도로 움직인 것이며 입자속도의 2배가 된다. 이것으로부터 각 막대기의 움직이는 속도를 입자속도, 각 막대기의 운동의 시작을 나타내는 신호의 전달속도를 충격파 속도로 이해하면 되겠다. 그리고 이들의 차이를 음속이라고 이해하면 될 것이다. 그래서 이 시스템에서 충격파의 속도는 입자속도의 2배라는 것을 알 수 있다. 실제로 대부분의 물질에서 충격파의 속도는 다음과 같이 나타낼 수 있다.

$$U = C_0 + su \tag{28.2}$$

U는 충격파속도, C_0는 물질의 음속, s는 물질의 실험상수이며, u는 입자속도이다.

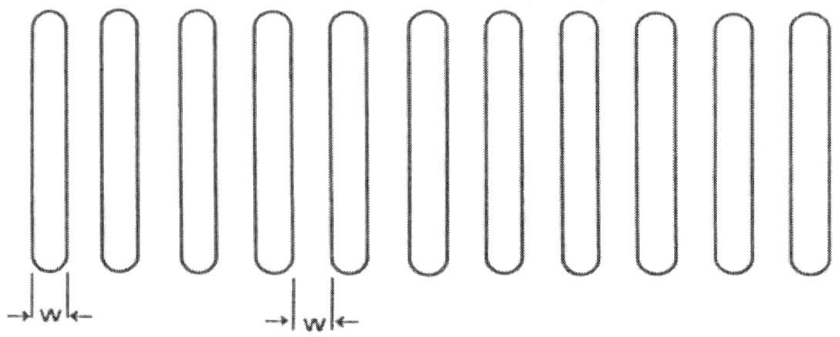

[그림 28.4] 막대기 모델

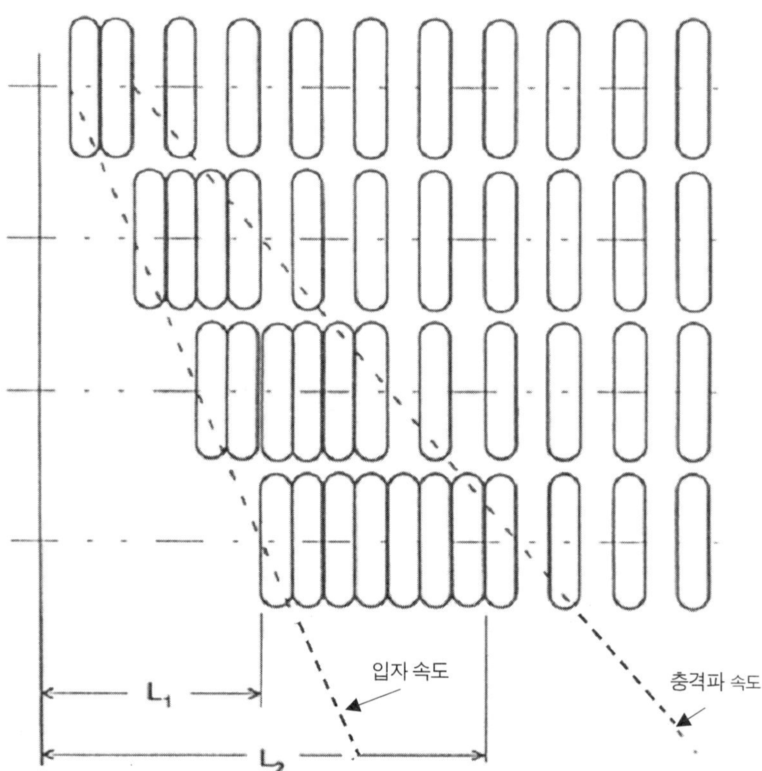

[그림 28.5] 막대기의 움직이는 과정

28.4 충격파의 감쇠[2]

압력과 속도는 압력의 증가에 따라 증가하기 때문에 서서히 앞면의 압력을 상승시키면 [그림 28.6] (a)와 같이 장방형의 펄스 충격파가 형성된다. 이 충격파가 어떤 매체를 통과할 때 어떻게 감쇠가 일어나는지 상세하게 설명해 보기로 한다. 장방형의 충격파의 전면은 뒷부분에서 고압의 P가 받쳐주기 때문에 수직 상태를 유지한다. 충격파의 후면의 앞부분은 높은 압력 상태에 있으며, 또한 u의 입자속도와 고밀도 ρ의 상태에 있다. 후면은 전면보다 높은 밀도의 영역 속으로 이동하고 또한 전면보다 더 빠른 입자속도와 만나기 때문에 전면보다는 느리게 이동한다.

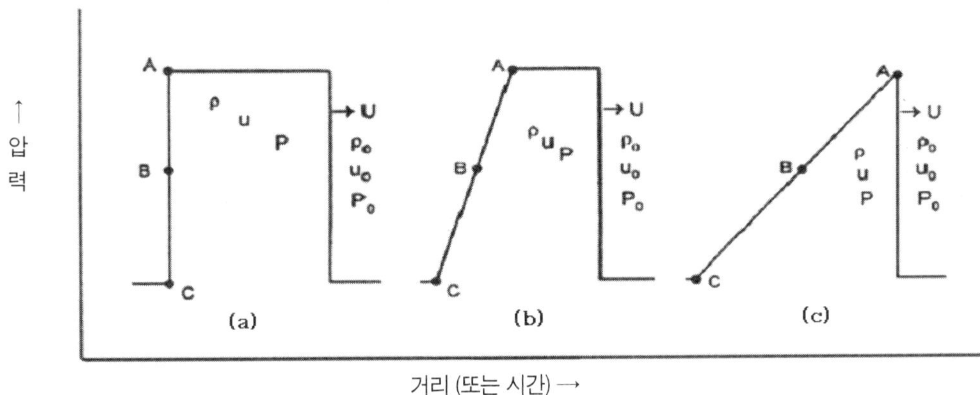

[그림 28.6] 장방형의 펄스 충격파의 감쇠

그러므로 후면은 전면을 빠르게 따라 잡으려고 하는 경향을 갖게 된다. [그림 28.6](b)의 C 지점을 생각해 보자. 이 지점은 대기압력 상태에 있다. 이것의 속도는 충격파면이나 또는 점 A의 속도보다 낮으므로, 충격파로 부터 더욱더 뒤에 처진다. 그리하여 충격파가 진행함에 따라, 뒤쪽(또는 희박파)은 충격파의 후면을 삭감하고 그리고 결국에는 [그림 28.6](c)와 같이 충격파 전면을 따라 잡는다. 계속해서 빠르게 진행이 되면, 희박파의 윗 부분은 충격파면의 압력을 삭감하기 시작하여 결국에는 압력이 탄성 거동의 영역으로 감소되며 그리고 충격파는 음파로 감쇠된다. 전체의 과정이 [그림 28.7]에 나타나 있다.

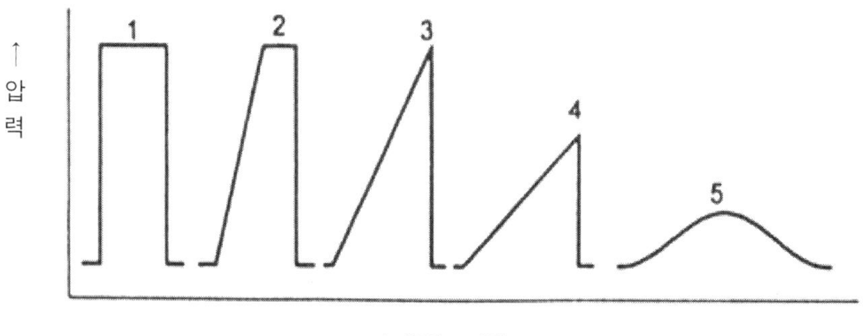

[그림 28.7] 장방형 충격파의 감쇠 과정

참고문헌

1. WIKIPEDIA(2015.11.15), "Shock wave",
https://en.wikipedia.org/wiki/Shock_wave (2016.1.19 방문)
2. Paul W. Cooper(1996), "Explosives Engineering", VCH Publishers, Inc., New York

제29장

충격파 문제의 해법

29.1 라그랑지(Lagrangian) 좌표

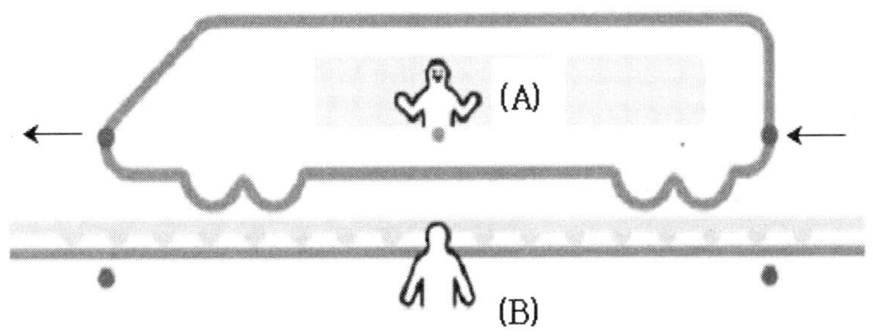

[그림 29.1] 달리는 기차안의 사람과 기차 밖에서 서있는 사람

[그림 29.1]에서 기차 밖에 있는 사람의 관점에서 움직이는 기차를 관찰하는 것을 오일러 좌표(Eulerian coordinate), 반대로 기차 안에 있는 사람의 관점에서 밖에 서있는 사람을 관찰하는 것을 라그랑지(Lagrangian)좌표라고 한다. 기차 밖에 있는 사람의 관점에서는 기차 안의 사람이 우측에서 좌측으로 움직이는 것처럼 보일 것이며 기차 안의 사람의 관점에서는 기차 밖의 사람이 좌측에서 우측으로 움직이는 것처럼 보일 것이다. 충격파에서는 라그랑지 좌표를 사용하며 진행하는 충격파의 관점에서 충격파 현상을 설명한다. 이 충격파 좌표를 사용해서 충격파의 기본적인 점프 방정식을 유도해 보기로 한다.

충격파는 불연속적이며, 입자속도 u_0, 밀도 ρ_0, 내부에너지 E_0 및 압력 P_0를 갖는 매체에 이 충격파가 통과되면서 이 특성치들이 변한다. 이들은 어떤 기울기나 길을 따라 점차적으로 변하지 않으며, [그림 29.2]와 같이 불연속적으로 미충격 상태에서 충격상태의 값으로 갑자기 뛴다. 이 시스템에서는 U, u, ρ, P, E의 풀어야 할 5개의 변수가 있으며, 따라서 5개의 관련 방정식이 필요하다.

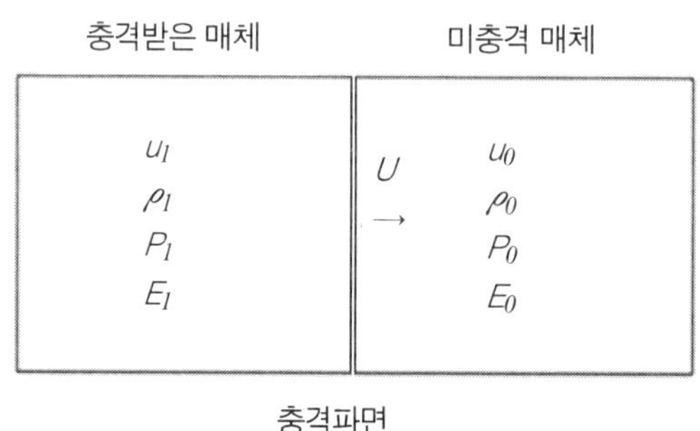

[그림 29.2] 충격파 전후의 변수들

필요한 다섯 가지의 방정식 중에서 3개의 방정식은 랭킨-위고니오 점프 방정식(Rankine-Hugoniot jump equation)이며, 2개의 방정식은 위고니오 방정식이다. 랭킨-위고니오 점프 방정식은 충격 전후의 질량, 운동량 및 에너지가 보존되어야 한다는 사실로부터 도출되며 위고니오 방정식은 U-u, P-υ 및 P-u 조합의 관계식으로 실험을 통해서 도출된다. U-u 위고니오 방정식은 일반적으로 $U=C_0+su$라는 식을 갖고 있으며, 여기에서 C_0와 s의 값은 각 물질에 대해서 실험적으로 정해지는데, 지금까지 여러 가지 많은 물질에 대해서 데이터가 확보되어 있으며 <표 29.1>과 <표 29.2>와 같다. P-u 위고니오 방정식은 특히 충격파의 상호작용 문제를 풀 때 매우 용이하게 사용되며 다음 장에서 알아볼 것이다. 이제부터 5가지의 방정식을 도출해 보기로 한다.

29.2 랭킨-위고니오 점프 방정식[1]

5개의 필요한 방정식 중에서 3개의 관련 방정식은 충격파 통과 전후의 질량, 운동량 및 에너지는 보존되어야 한다는 사실로부터 유도될 수 있다. 이러한 보존법칙은 진행경로와는 상관없이 단순히 물질의 초기 상태와 마지막 상태에만 따른다. 이 세 가지의 보존법칙의 관계를 랭킨-위고니어 점프 방정식(Rankine-Hugoniot jump equation)이라고 부른다.

충격파 좌표 상에서 보면, [그림 29.3]과 같이 우측에서 미반응의 초기물질이 (U-u_0) 의 속도로 충격파면을 향해 달려오고 있는 것으로 볼 수 있으며, 좌측에서는 반응이 되어 높은 밀도, 압력 및 에너지를 갖는 물질이 (U-u_1)로 속도로 떠나는 것을 볼 수 있다. 충격파면을 기준으로 할 때, 입력과 출력 사이에는 질량보존의 법칙과 운동량보존의 법칙 및 에너지보존법칙이 존재하며, 이들로부터 세 가지의 방정식이 유도될 수 있다.

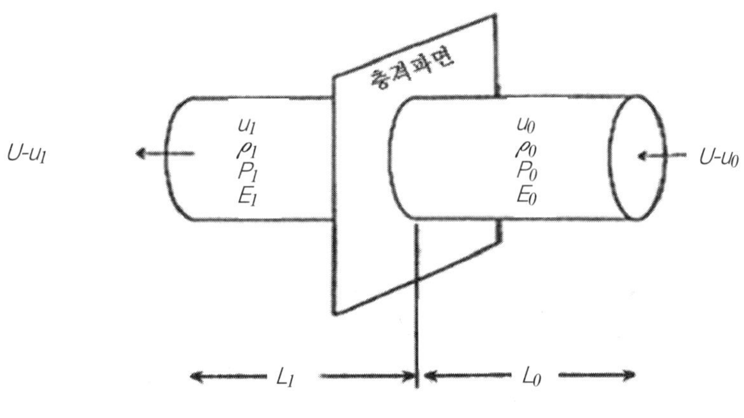

[그림 29.3] 충격파면을 통과하는 물질

29.2.1 질량보존 법칙

우선 충격파면을 좌표로, t 시간 동안에 들어가는 질량을 구해본다. 들어가는 물질이 (U-u_0)의 속도로 t 시간 동안 들어갔으므로 들어간 질량과 나온 질량은 다음과 같다.

- 들어간 질량: $m_0 = \rho_0 v_0 = \rho_0 A L_0 = \rho_0 A t(U\text{-}u_0)$
- 나온 질량: $m_1 = \rho_1 v_1 = \rho_1 A L_1 = \rho_1 A t(U\text{-}u_1)$

질량 보존 법칙으로부터 두 식을 같게 놓고 A, t를 소거하면 다음의 식이 나온다.

$$\frac{\rho_1}{\rho_0} = \frac{U-u_0}{U-u_1} = \frac{v_0}{v_1} \tag{29.1}$$

여기에서 밀도는 비체적의 역수이고 $\upsilon=1/\rho$ 이며 상기(29.1)식이 질량보존의 법칙으로부터 유도된 첫 번째 방정식이다.

대부분의 경우에서 물질이 충격을 받기 전까지는 정지된 $u_0=0$의 상태이므로 윗 식은 다음과 같이 쓸 수 있다.

$$\frac{\rho_1}{\rho_0}=\frac{U}{U-u_1} \tag{29.2}$$

29.2.2 운동량보존 법칙

운동량보존의 법칙은 충격파면을 기준으로, 물질의 운동량 변화율은 그것에 가해지는 힘과 같아야 한다는 것을 의미한다. 운동량의 변화율은 다음과 같다.

$$\begin{aligned} mu/t &= (m_1u_1-m_0u_0)/t \\ &= (m_1u_1-m_0u_0)/t = [\rho_1At(U-u_1)u_1-\rho_0At(U-u_0)u_0]/t \\ &= \rho_1A(U-u_1)u_1-\rho_0A(U-u_0)u_0 \\ &= \rho_0A(U-u_0)u_1-\rho_0A(U-u_0)u_0\ [\rho_1(U-u_1)=\rho_0(U-u_0)\text{으로부터}] \\ &= \rho_0A(U-u_0)(u_1-u_0) \end{aligned}$$

그리고 가해지는 힘은 단위면적에 대해 가해지는 압력변화이며 다음과 같다.

$$F = (P_1-P_0)A$$

물질의 운동량 변화율은 그것에 가해지는 힘과 같아야 한다는 운동량 보존법칙으로부터 위의 두식을 같게 놓고 A를 소거하면 다음과 같다.

$$(P_1-P_0)=\rho_0(u_1-u_0)(U-u_0) \tag{29.3}$$

이것이 운동량보존법칙으로부터 유도된 2번째 방정식이며, 보통의 경우 $u_0=0$이므로 다음 식으로 된다.

$$P_1\text{-}P_0 = \rho_0 u_1 U \quad (29.4)$$

29.2.3 에너지보존 법칙

에너지보존의 법칙은 충격파면을 기준으로 대상 물질의 에너지 증가율이 그것에 가해진 일률과 같아야 한다는 것을 의미한다. 대상 물질에 가해진 일률은 (압력x부피)의 변화를 그 과정에 필요한 시간으로 나눈 것이며 이것은 또한 (압력x면적x속도)로 나타낼 수 있다. 그러므로 대상 물질에 가해진 일률은 다음과 같다.

$$w/t = P_1Au_1\text{-}P_0Au_0$$

또한 대상 물질의 에너지 증가율은 내부에너지 변화율과 운동에너지 변화율의 합이다. 내부에너지(E)는 [질량(m)x비내부에너지(e)]이므로 다음식과 같이 나타낸다..

$$E = me = \rho AL\mathrm{e}$$

그러므로 내부에너지의 변화율은 다음과 같다.

$$E/t = (\rho_1AL_1e_1\text{-}\rho_0AL_0e_0)/t$$

그리고 운동에너지(KE)는 $\frac{1}{2}mu^2=\frac{1}{2}\rho ALu^2$이므로, 변화율은 다음과 같다.

$$KE/t = (\tfrac{1}{2}\rho_1AL_1u_1^2\text{-}\tfrac{1}{2}\rho_0AL_0u_0^2)/t$$

대상 물질의 에너지 증가율이 그것에 가해진 일률과 같아야 한다는 에너지보존법칙으로부터

$$P_1Au_1\text{-}P_0Au_0 = (\rho_1AL_1e_1\text{-}\rho_0AL_0e_0)/t + (\tfrac{1}{2}\rho_1AL_1u_1^2\text{-}\tfrac{1}{2}\rho_0AL_0u_0^2)/t$$

질량보존법칙으로부터 $L=t(U-u)$이고, $\rho_1(U-u_1)=\rho_0(U-u_0)$이므로 이것을 이용하여 윗 식을 정리하면 다음과 같이 된다.

$$e_1 - e_o = \frac{P_1 u_1 - P_o u_o}{\rho_o (U - u_o)} - \frac{1}{2}(u_1^2 - u_o^2) \quad (29.5)$$

이것이 에너지보존법칙으로부터 유도된 3번째 방정식이며, 보통의 경우 $u_0=0$이고, 질량보존법칙과 운동량보존법칙으로부터 유도된 방정식인 (29.2)식과 (29.4)식을 이용하여 다시 정리하면 다음과 같이 된다.

$$e_1 - e_0 = \tfrac{1}{2}(P_1 + P_0)(v_0 - v_1) \quad (29.6)$$

29.2.4 세 가지 랭킨-위고니오 방정식의 정리

이상에서 유도된 방정식들을 정리하면, $u_0 \neq 0$, $\rho_0 \neq 0$, $P_0 \neq 0$, $e_0 \neq 0$ 인 경우에는 다음과 같다.

- 질량보존법칙의 방정식 : $\frac{\rho_1}{\rho_o} = \frac{U - u_o}{U - u_1} = \frac{v_o}{v_1}$
- 운동량보존법칙의 방정식: $(P_1 - P_o) = \rho_o (u_1 - u_o)(U - u_o)$
- 에너지보존법칙의 방정식 : $e_1 - e_o = \frac{P_1 u_1 - P_o u_o}{\rho_o (U - u_o)} - \frac{1}{2}(u_1^2 - u_o^2)$

그리고 $u_0=0$ 인 경우에는 다음과 같이 단순하게 정리된다.

- 질량보존법칙의 방정식 : $\frac{\rho_1}{\rho_o} = \frac{U}{U - u_1}$
- 운동량보존법칙의 방정식: $(P_1 - P_o) = \rho_o u_1 U$
- 에너지보존법칙의 방정식: $e_1 - e_o = \frac{1}{2}(P_1 + P_o)(v_o - v_1)$

29.3 위고니오 방정식[1]

나머지 필요한 2개의 방정식을 도출하려면, 압력(P), 충격파속도(U), 입자속도(u), 밀도(ρ) 및 비내부에너지(e)의 5개의 변수를 관련시키는 다른 관계식이 필요하다. 이러한 관계식의 하나가 상태방정식이다. 상태방정식은 물질이 존재할 수 있는 모든 평형상태를 나타내며, 비내부에너지, 압력 및 비용적에 의해 식으로 표현될 수 있다. 그러나 우리는 모든 물질에 대해서 유도될 수 있는 일반적인 상태방정식은 없다. 물론 이상기체 상태방정식인 $PV=nRT$(여기서 RT는 비내부에너지와 관련된다)가 있으나 여기서 우리는 이상기체를 다루지는 않는다. 여기서 우리가 다루는 것은 고체이며 만약 고체에 대해서도 그러한 상태방정식이 있다면 $e = f(P, \upsilon)$로 나타낼 수 있다. 에너지 점프 방정식인 $e_1 - e_0 = \frac{1}{2}(P_1+P_0)(\upsilon_0-\upsilon_1)$를 윗식과 결합하면 e가 제거되고 다음의 관계식을 얻을 수 있다.

$$P=f(\upsilon)$$

이것이 위고니오 방정식이다. 질량 및 운동량의 방정식의 두 개의 방정식에는 P, U, u, υ의 4개의 변수가 있다. 만약 이 4 가지 중에서 물질의 상태를 명확하게 설명하는 임의의 2개의 관계식을 정할 수가 있다면 상태방정식으로 유도된 위고니오의 대안이 될 수 있을 것이다. 4개의 변수 중에서 두 가지를 관련시키는 위고니오 방정식을 정할 수 있으며 다음 중에서 선정될 수 있다.

P-U, P-u, P-υ, U-u, U-υ 및 u-υ

과거에 그러한 관계식을 구하기 위해서 많은 실험들이 행해졌는데 대부분의 물질에 대해서, 다음과 같이 충격파속도는 입자속도와 직선적인 관계에 있다는 것이 발견되었다.

$$U = C_0 + su$$

그래서 위고니오 방정식은 실험 데이터로부터 정해질 수 있다. 위에서 언급한 6가지의 가능한 조합 중에서, 특히 유용한 세 가지의 조합이 알려졌는데, U-u 조합, P-υ 조합 및 P-u 조합의 세 가지이다. 특히 *P-u* 조합은 상호작용의 문제를 다룰 때 매우 유용하다.

29.3.1 *U-u* 위고니오 방정식(*U-u* 조합)

여러 실험으로부터 *U-u* 관계가 직선적이라는 값진 결과가 도출되었다. 특정물질들에 대해서 여러 *U*에 대해서 *u*를 측정하여 이 데이터들을 *U-u* 상에 플로팅한 결과 대부분의 물질들이 직선을 나타내었다는 실험적인 결과를 얻었다. 이러한 실험적인 데이터로부터 4번째의 방정식인 *U-u* 위고니오 방정식을 구할 수 있다. *U-u*관계의 실험예가 [그림 29.4]의 6061알루미늄의 실험데이터를 그래프로 그린 것이다.

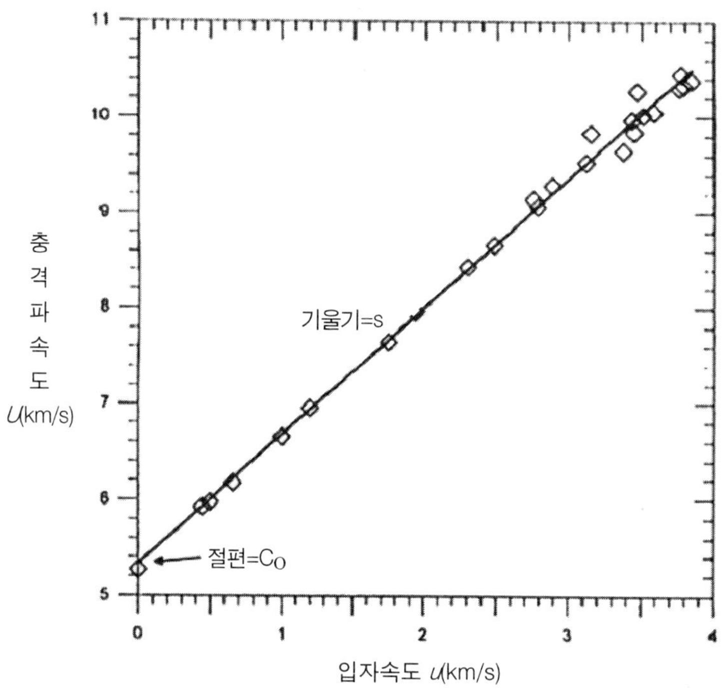

[그림 29.4] 6061Al(ρ_0=2.703g/cm^{3}의 *U-u* 위고니오 데이타

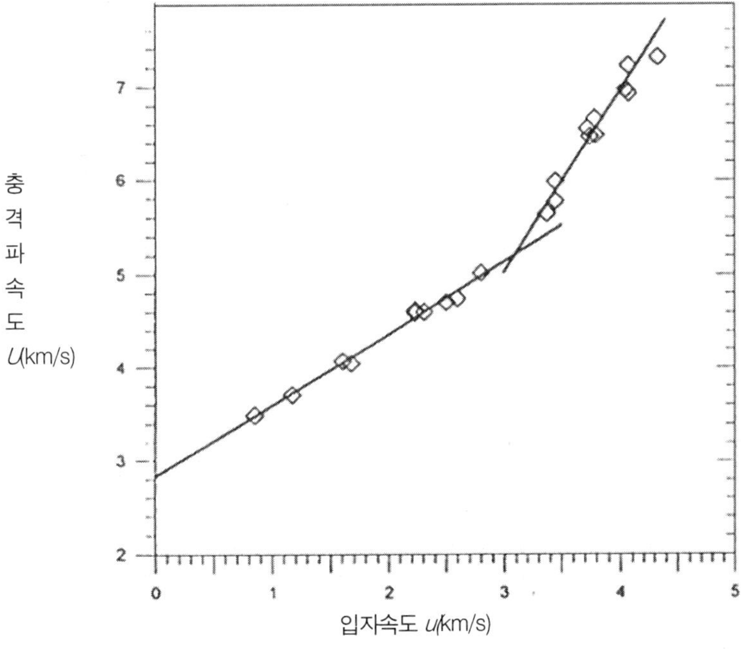

[그림 29.5](a) 석영, 세라믹, ρ_0=1.9g/㎤, 평균 ρ_0=1.877g/㎤

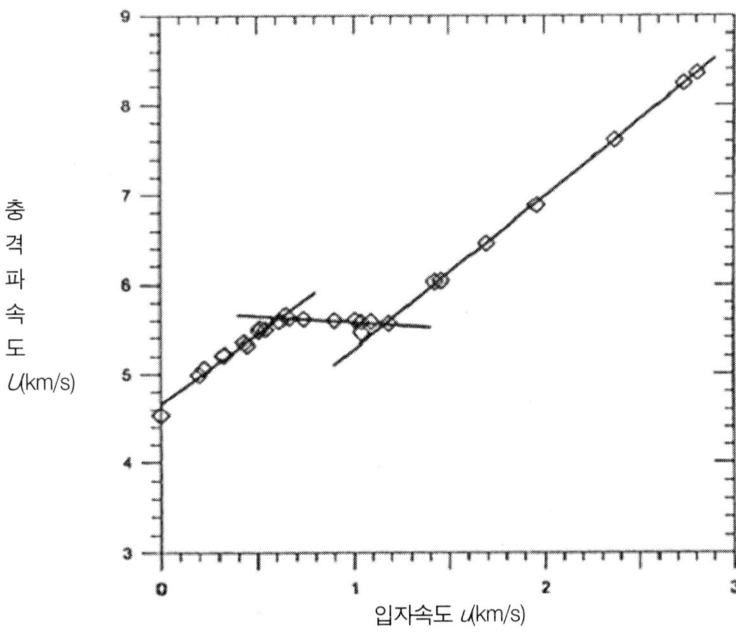

[그림 29.5](b) 철-40.0중량%코발트, 평균 ρ_0=8.091g/㎤

이 직선관계식은 다음과 같이 나타낼 수 있다.

$$U = C_0 + su \tag{29.7}$$

U, C_0 및 u의 단위는 mm/μs(또는 km/s)이며 s는 단위가 없다. <표 29.1>은 여러 가지 비활성 물질에 대한 위고니오 값이고, <표 29.2>는 여러 가지 폭약의 위고니오 값이다.

이 표에서 위고니오는 $C_0+su+qu^2$의 식으로 주어지는 물질은 U-u 위고니오가 직선이 아니다. 이 값들은 최소자승법에 의해서 구해지며, 데이터들이 변환 영역을 포함하는 두 개 또는 그 이상의 직선으로 구성된다. U-u 위고니오의 기울기가 변하는 이유는 대부분 상변화 또는 결정 격자의 변화가 변환 영역에서 일어나기 때문이다. 그러나 이런 현상을 나타내는 물질은 드물다. [그림 29.5](a)와 [그림 29.5](b)는 이러한 거동의 극단적인 경우를 보여준다.

<표 29.1>을 보게 되면, 물질마다 C_0와 s의 값이 다르므로 단순관계식을 만들 수 없다. 그러므로 모든 물질에 대해서 실험을 하여 C_0와 s의 값을 구하여 U-u 위고니오 방정식을 구할 수밖에 없다.

그러나 관심이 대상이 되는 새로운 물질에 대한 U-u 위고니오 값을 근사치로서 구하는 방법은 가능하다. 기존에 나와 있는 물질로부터 화학적 및 물리적 형태, 즉 동일 화학군과 유사 결정구조 및 습성으로 일치시켜 본다. 또한 기계적인 상태, 즉 압착된 분말, 주조, 폼 등으로 일치시켜 본다. U-u 위고니오가 계산에 사용될 때, U-u 위고니오는 밀도와 같은 다른 항목으로 나타내는 것이 포함된다. 적절하게만 일치시키면, 보통 추측된 위고니오는 실제의 10~15% 내로 계산값이 산출될 수 있다.

〈표 29.1〉 비활성물질의 U-u 위고니오 값

구분	물질	ρ_0(g/㎤)	C_0(km/s)	s	q(s/km)	비고
원소	안티몬	6.700	1.983	1.652		
	바륨	3.705	0.700	1.600		Above P=115 and u_s=2.54
	베릴륨	1.851	7.998	1.124		
	비스무쓰	9.836	1.826	1.473		
	카드뮴	8.639	2.434	1.684		
	칼슘	1.547	3.602	0.948	1.20	
	세슘	1.826	1.048	1.043	0.051	
	크롬	7.117	5.173	1.473	1.19	
	코발트	8.820	4.752	1.315		
	구리	8.930	3.940	1.489		
	게르마늄	5.328	1.750	1.750		Above P=300 and u_s=4.20

	금	19.240	3.056	1.572		
	하프늄	12.885	2.954	1.121		Below P=400 and u_s=3.86
	하프늄	12.885	2.453	1.353		Above transition
	인듐	7.279	2.419	1.536		
	인듐	22.484	3.916	1.457		
	철	7.850	3.574	1.920	-0.068	Above u_s=5.0
	납	11.350	2.051	1.460		
	리튬	0.530	4.645	1.133		
	마그네슘	1.740	4.492	1.263		
	수은	13.540	1.490	2.047		
	몰리브덴	10.206	5.124	1.233		
	니켈	8.874	4.438	1.207		
	니오븀	8.586	4.438	1.207		
	팔라듐	11.991	3.948	1.588		
	백금	21.419	3.598	1.544		
	칼륨	0.860	1.974	1.179		
	레늄	21.021	4.184	1.367		
	로듐	12.428	4.807	1.376		
	루비듐	1.530	1.134	1.272		
	은	10.490	3.229	1.595		
	나트륨	0.968	2.629	1.223		
	스트론튬	2.628	1.700	1.230		Above P=150 and u_s=3.63
	유황	2.020	3.223	0.959		
	탄탈륨	16.654	3.414	1.201		
	탈륨	11.840	1.862	1.523		
	토륨	11.680	2.133	1.263		
	주석	7.287	2.608	1.486		
	티타늄	4.528	5.220	0.767		Below P=175 and u_s=5.74
	티타늄	4.528	4.877	1.049		Above transition
	텅스텐	19.224	4.029	1.237		
	우라늄	18.950	2.487	2.200		
	바나듐	6.100	5.077	1.201		
	아연	7.138	3.005	1.581		
	지르코늄	6.505	3.757	1.018		Above P=260 and u_s=4.63
	지르코늄	6.505	3.296	1.271		Above transition
합금	황동	8.450	3.726	1.434		
	2024 Al	2.785	5.328	1.338		
	921-T Al	2.833	5.041	1.420		
	Li-Mg 합금	1.403	4.247	1.284		
	Mg합금(AZ-31B)	1.775	4.516	1.256		
	SUS304	7.896	4.569	1.490		
	U - 3wt% Mo	18.450	2.565	2.200		

합성	아디프렌(Adiprene)	0.927	2.332	1.536		
	에폭시수지	1.186	2.730	1.493		Below P=240 and u_s=7.0
	에폭시수지	1.186	3.234	1.255		Above transition
	투명합성수지(Lucite)	1.181	2.260	1.816		
	네오프렌(Neoprene)	1.439	2.785	1.419		
	니일론	1.140	2.570	1.849	-0.081	
	파라핀	0.918	2.908	1.560		
	페녹시(Phenoxy)	1.178	2.266	1.698		
	플렉시글라스(Plexiglass)	1.186	2.598	1.516		
	폴리에틸렌	0.915	2.901	1.481		
	폴리고무(Polyrubber)	1.010	0.852	1.865		
	폴리스티렌	1.044	2.746	1.319		
	폴리우레탄	1.265	2.486	1.577		Below P=220 and u_s=6.5
	RTV-521	1.372	0.218	2.694	-0.208	
	테프론	2.153	1.841	1.707		
화합물	페리클레이스(Periclase)	3.585	6.597	1.369		Above P=200 and u_s=7.45
	석염	2.204	0.794	1.695		Stishovite Above P=400
	소금	2.165	3.528	1.343		Transition ignored
	물	0.998	1.647	1.921	0.096	
가스		-	0.899	0.939		Approximate for all gas

〈표 29.2〉 미반응 화약류의 U-u위고니오 값

폭약	ρ_0(g/㎤)	C_0(km/s)	s	충격파 한계 범위(U, Shock Velocity)
AN	0.86	0.84	1.42	
	1.73	2.20	1.96	
Baratol	2.611	2.40	1.66	2.4-3.66
		1.5	2.16	3.66-4.0
		2.79	1.25	
Comp B	1.70	2.95	1.58	
	1.710	1.20	2.81	4.40-5.04
Comp B(cast)	1.700	2.49	1.99	3.57-5.02
Comp B-3	1.70	3.03	1.73	
	1.70	2.88	1.60	4.24-7.01
	1.72	2.71	1.86	3.42-4.45
	1.723	1.23	2.81	4.42-5.07
Comp B-3(cast)	1.680	2.710	1.860	3.387-4.469
Cyclotol(75/25)	1.729	2.02	2.36	4.67-5.22
DATB	1.780	2.449	1.892	3.159-4.492
H-6(cast)	1.760	2.832	1.695	2.832-4.535
	1.76	2.654	1.984	〈3.7
HBX-1(cast)	1.750	2.936	1.651	
HBX-3(cast)	1.850	3.134	1.605	

HMX	1.903	2.74	2.6	
	1.891	2.901	2.058	
HNS	1.38	0.61	2.77	1.44-1.995
	1.57	1.00	3.21	1.00-3.18
HNS-II	1.47	1.10	3.48	
	1.58	1.98	1.93	
LX-04-01	1.86	2.36	2.43	2.61-3.24
LX-09-0	1.839	2.43	2.90	
LX-10-1		1.178	2.779	
LX-17-0	1.90	2.33	2.32	
NC	1.59	2.24	1.66	
NM	1.13	2.00	1.38	2.83-4.40
NQ*		3.544	1.459	
(C)		3.048	1.725	
Octol	1.80	3.01	1.72	
(cast)	1.803	2.21	2.51	3.24-4.97
PBX-9011-06	1.790	2.225	2.644	4.1-6.1
PBX-9404-03	1.721	1.89	1.57	2.4-3.7
	1.84	2.45	2.48	2.45-6.05
PBX-9404	1.84	2.310	2.767	〈3.2
PBX-9407	1.60	1.328	1.993	2.11-3.18
PBX-9501-01	1.844	2.683	1.906	2.9-4.4
PBX-9604	1.491	0.987	2.509	
Pentolite 50/50	1.67	2.83	1.91	
	1.676	2.885	3.20	4.52-5.25
PETN	0.82	0.47	1.73	
	1.59	1.33	2.18	1.40-2.14
		0.64	4.19	1.86-2.65
	1.60	1.32	2.58	1.89-2.56
	1.72	2.326	2.342	2.83-3.18
		1.83	3.45	2.52-3.87
	1.75	2.53	1.88	
	1.77	2.42	1.91	
		2.811	1.73	〈4.195
Polystyrene	1.05	2.40	1.637	3.87-6.493
RDX	1.0	0.4	2.00	
	1.64	1.93	0.666	2.00-2.16
		0.70	4.11	2.14-2.63
	1.799	2.78	1.9	
	1.80	2.87	1.61	4.21-5.45
TATB	1.847	2.340	2.316	3.125-5.629
	1.876	1.46	3.68	1.5-3.23
		2.037	2.497	3.23-5.9
	1.937	2.90	1.68	〈3.404

Tetryl	0.86	0.35	1.75	
	1.70	2.4763	1.416	3.08-4.17
	1.73	2.17	1.91	
TNT(pressed)	0.98	0.366	1.813	1.05-3.26
	1.643	2.372	2.16	2.78<
(cast)	1.614	2.390	2.050	3.034-5.414
	1.62	2.274	2.652	<3.7
		2.987	1.363	3.7<
	1.63	2.57	1.88	
(liquid)(82℃)	1.472	2.14	1.57	3.49-4.65
Tritonal(cast)	1.73	2.313	2.769	<3.8
XTX-8003	1.53	1.49	3.30	2.38-4.06

29.3.2 *P-υ* 위고니오 방정식(*P-υ* 조합)

U-u 위고니오 방정식을 운동량보존법칙 및 질량보존법칙 방정식과 결합하고, P_0=0 그리고 u_0=0 라고 한다면, 입자속도와 충격파속도 항을 제거하여 *P-υ* 위고니오 방정식을 만들어 낼 수 있다.

- 질량보존법칙의 방정식: $(U-u)\upsilon_0=U\upsilon$
- 운동량보존법칙의 방정식: $P=uU/\upsilon_0$
- *U-u*위고니오 방정식: $U=C_0+su$

$(U-u)\upsilon_0=U\upsilon$에 $U=C_0+su$를 넣어 u에 대해서 정리하면 다음과 같다.

$$(U-u)v_o = Uv \rightarrow U(v_o - v) = uv_o \rightarrow (C_o + su)(v_o - v) = uv_o \rightarrow u = \frac{C_o(v_o - v)}{v_o - s(v_o - v)}$$

이것과 *P-u*위고니오 방정식 $U=C_0+su$를 운동량보존법칙의 방정식 $P=uU/\upsilon_0$에 넣어서 정리하면 다음과 같다.

$$P = \frac{uU}{v_o} = \frac{u}{v_o} \times \frac{uv_o}{v_o - v} = \frac{u^2}{v_o - v} = \frac{u^2}{v_o - v} \times \frac{C_o^2(v_o - v)^2}{[v_o - s(v_o - v)]^2} = \frac{C_o^2(v_o - v)}{[v_o - s(v_o - v)]^2} \quad (29.8)$$

이것이 5번째의 P-υ 위고니오 방정식이다. 이것을 그래프로 그리면 [그림 29.6]과 같다. P-υ 위고니오 방정식은 물질이 응력을 받으며 따라가는 길이 아니라 특정 물질이 존재할 수 있는 모든 가능한 P, υ 평형상태의 궤적이다. 각각의 상태 값에 대해서 각각 실험을 통해 실험적으로 찾아야 한다.

연속성이고 점프가 아닌 경로함수인 등엔트로피(isentrope)는 위고니오 방정식과는 다르다. 릴리프파(relief wave)는 연속 과정으로 그 경로는 팽창하는 등엔트로피를 따라 진행할 것이다. 공학적인 목적을 위해서 등엔트로피를 따르는 값은 위고니오를 따르는 값과 아주 근사하기 때문에 위고니오는 거의 등엔트로피에 근사시켜 사용할 수 있다.

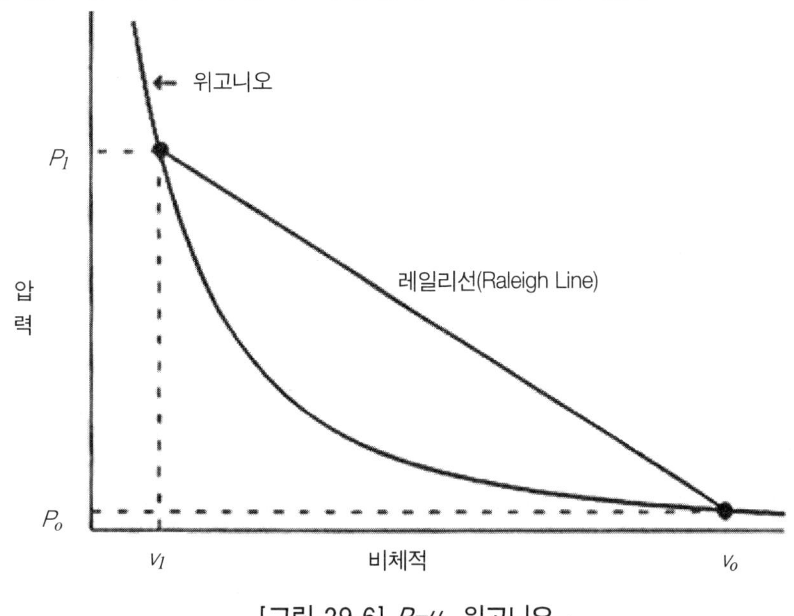

[그림 29.6] P-υ 위고니오

위고니오는 충격파면 뒤의 모든 가능한 상태의 궤적을 나타내기 때문에 P-υ 위고니오 상의 초기 상태와 최종 상태를 연결하는 선은 점프상태를 나타낸다. 이선을 레일리선(Raleigh line)이라고 하며 [그림 29.6]과 같다. 질량보존법칙의 방정식과 운동량보존법칙의 방정식으로부터 u를 소거하고, u_0=0으로 놓으면, 다음의 식이 얻어진다.

$$(U-u)v_o = Uv \text{로부터 } u = U - \frac{Uv}{v_o}$$

$$P - P_o = \rho_o u U = \frac{U}{v_o} \times \left(U - \frac{Uv}{v_o}\right) = \frac{U^2}{v_o} - \frac{U^2}{v_o^2} v \qquad (29.9)$$

이것이 레일리선의 방정식이며 이 선의 기울기는 $-U^2/\upsilon_0^2$ 또는 $-\rho_0^2 U^2$이다. 만약 충격파의 초기와 최종 P-υ상태를 안다면, 레일리선의 기울기로부터 충격파속도를 다음과 같이 구할 수 있다.

$$U = (-\text{레일선의 기울기})^{1/2}/\rho_0$$

반대로, 만약 초기 P-υ 상태와 충격파속도를 안다면, 최종의 P-υ 상태를 계산할 수 있을 것이다. 이로써 5개의 방정식을 도출하였고, 이것을 이용해서 충격파의 문제를 풀 수 있다.

이제 [그림 29.7]의 P-υ 그래프 상에서 저압력의 영역에 대하여 검토해보기로 한다. P-υ 위고니오의 오른쪽 아래 부분의 직선(P_0, υ_0 에서 P_1, υ_1)은 직선의 탄성 응력-변형 구간이고, P_1은 탄성한계이다. 이 영역의 기울기는 일정하므로 P_0, υ_0 에서 P_1 보다 작은 어느 상태로 가더라도 모든 압력파는 동일한 속도를 갖는다.

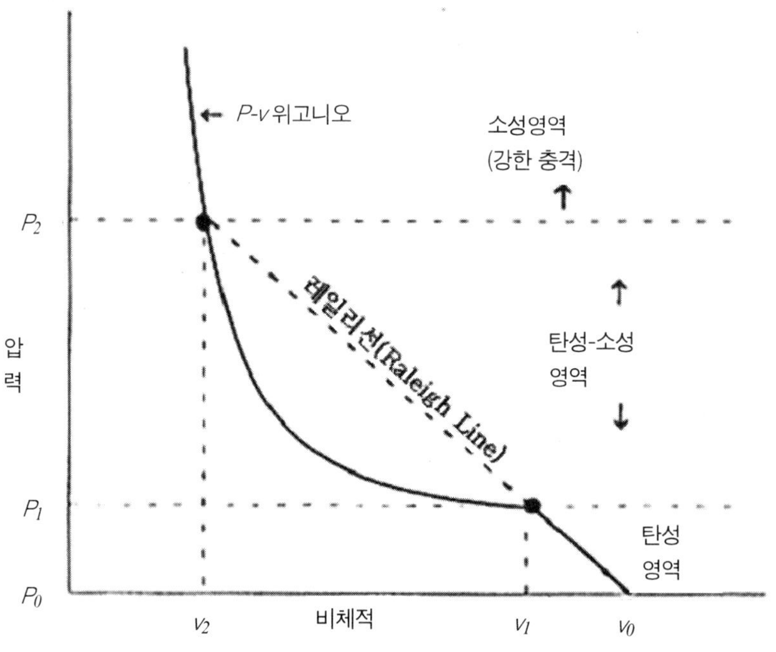

[그림 29.7] P-υ 위고니오의 아래 부분

이 속도는 일축탄성파속도이며 종파의 음속, C_L 이라고 한다. U-u 위고니오의 C_0 와 혼동하지 말아야 한다. 대부분의 물질에서, C_L 은 C_0 보다 5-20% 정도 높으며, 일부 물질에서는 C_0 보다 낮다.

상태 P_0, υ_0 에서 P_2 이상의 압력으로 진행하는 모든 압력파는 탄성영역의 위고니오보다도 더 큰 기울기의 레일리선을 가질 것이다. 그러므로 C_L보다도 높은 충격파 속도를 가질 것이다. 강한 충격의 영역이라고 불리는 P_2 이상의 영역에서는, 충격파면에서 충격파속도 보다도 더 빠른 압력파는 있을 수 없다. 이 영역에서 충격파는 예리하고 불연속적인 면이다.

상태 P_0, υ_0 에서 P_1 과 P_2 사이의 압력으로 진행하는 모든 압력파는 탄성의 위고니오 보다도 더 작은 기울기의 레일리선을 가질 것이며, C_L 이하의 충격파속도를 가질 것이다. 탄성한계와 P_2 사이의 영역을 탄성-소성의 영역이라고 하며, 충격파 속도가 C_L 보다 낮은 이유를 살펴 보기로 한다. 상태 P_0, υ_0 에서 $P_2>P>P_1$ 사이의 압력으로 진행하는 어떠한 충격파도 2개의 다른 속도의 파를 가질 것이다. 그것은 C_L 로 진행하는 탄성파와 그리고 점점 더 느리게 따라가는 소성파를 가지며, 소성파의 속도는 그 압력까지의 레일리선의 기울기에 의해서 주어진다. 그러므로 이 영역에서 파의 전면은 보다 빠르게 앞서가는 탄성전구체(Elastic precursor)에 의해서 묻혀질 것이다. 물론 충격파의 뒤를 따라잡는 희박파도 그곳에서 묻혀질 것이다. 그리고 일단 압력이 탄성-소성 영역으로 떨어지게 되면, 왜 충격이 소리 또는 음파로 감쇠되는지의 그 메카니즘을 이제 이해할 수 있을 것이다.

앞서 검토했던 U-u 위고니오는 강한 충격의 영역에서만 정확하다. 탄성한계와 P_2 사이에서는 어떤 전이형태의 위고니오가 필요하지만, 이 영역에서는 비교적 데이터가 거의 없다. 그러나 우리의 목적은 강한 충격 영역에 관심이 있으며, 저압력 영역은 정성적으로만 볼 것이다. <표 29.3>과 <표 29.4>는 비활성물질과 미반응화약류에 대한 종파음속의 데이터이다.

다시 강한 충격의 영역으로 되돌아가서, 충격 프로세스에서 에너지 변화가 P-υ 플레인 상에서 어떻게 시각화될 수 있는지 살펴보자. [그림 29.8]은 어떤 물질의 강한 충격에서의 P-υ 위고니오를 나타낸다. 또한 레일리선이 P_0, υ_0 의 초기 상태로부터 P_1, υ_1 의 충격 후의 상태로 진행하는 충격에 대해서 그려진다.

〈표 29.3〉 비활성물질의 종파음속

물질	C_L(km/s)	물질	C_L(km/s)
Aluminum, rolled	6.420	Silver	3.650
Beryllium	12.890	Steel K9	5.941
Brass, yellow Cu/Zn=7/3	4.700	347 Stainless steel	5.790
Constantan	5.177	Tin, rolled	3.320
Copper, rolled	5.010	Titanium	6.070
Duralunium175	6.320	Tungsten, drawn	5.410
Gold, hard-drawn	3.240	Tungsten, carbide	6.655
Iron, cast	4.994	Zinc, rolled	4.210
Iron, electrolytie	5.950	Fused silica	5.968
Armco	5.960	Pyrex glass	5.640
Lead, rolled	1.960	Heavy silicate fluid	3.980
Magnesium, drawn, annealed	5.770	light borate crown	5.100
Monel metal	5.350	Lucite	2.680
Nickel	6.040	Nylon 6-6	2.620
Nickel silver	4.760	polyethylene	1.950
Platinum	3.260	Polystyrene	2.350

〈표 29.4〉 미반응화약류의 종파음속

물질	밀도 (g/㎤)	C_L (km/s)	물질	밀도 (g/㎤)	C_L (km/s)
AP(bulk, 500m)	1.20	0.57	PBX-9011-06	1.790	2.89
	1.55	1.79	PBX-9404-03	1.840	2.90
	1.90	2.18	PBX-9407	1.78	3.04
Baratol	2.61	2.90		1.608	1.922
Baratol(cast)	2.611	2.95	PBX-9501	1.82	2.97
Comp B-3	1.70	3.00	PBX-9502	1.88	2.74
Comp B-3(cast)	1.726	3.12	TATB	1.868	1.907
Cyclotol75/25	1.752	3.12		1.87	2.00a
DATB(pressed)	1.78	2.99		1.87	2.55b
H-6	1.75	2.46	TATB(isotropic purified)	1.876	1.98
HNAB	1.577	0.853	Tetryl(pressed)	1.68	2.27
LX-15-0	1.58	1.749	TNT(cast)	1.63	2.68
LX-17-0	1.899	2.815	TNT(creamed,cast)	1.624	2.48
Octol(cast)	1.80	3.14	TNT(pressed)	1.61	2.48
PBX-9010-02	1.78	2.72	TNT(pressed)	1.632	2.58

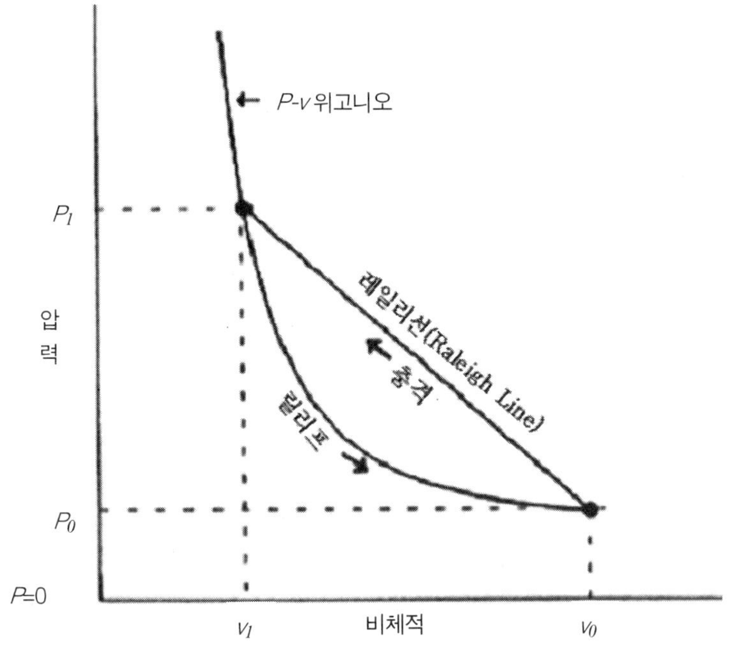

[그림 29.8] $P-\upsilon$ 위고니오 상에 나타낸 충격

질량보존법칙과 운동량보존법칙의 방정식으로부터 U 를 제거함으로써(u_0=0 으로 놓는다.) 다음의 식을 얻을 수 있다.

$$\frac{1}{2}u_1^2 = \frac{1}{2}(P_1-P_0)(\upsilon_0-\upsilon_1)$$

위 식에서 좌측 항은 충격 후의 상태에서 물질의 단위 질량당의 운동에너지이며($KE=\frac{1}{2}mu^2$), 비운동에너지라고도 한다. 오른쪽 항은 레일리선(Rayleigh line), $P=P_0$ 및 $\upsilon=\upsilon_1$ 으로 둘러싸인 삼각형의 면적이다. 그러므로 비운동에너지의 증가는 [그림 29.8]의 삼각형의 면적과 같다.

에너지 방정식을 약간 수정하면, 다음과 같이 할 수 있다.

$$e_1-e_2 = \frac{1}{2}(P_1+P_0)(\upsilon_0-\upsilon_1)\ (u_0=0\text{일 때})$$
$$= \frac{1}{2}(P_1+2P_0-P_0)(\upsilon_0-\upsilon_1)$$
$$= \frac{1}{2}(P_1-P_0)(\upsilon_0-\upsilon_1) + P_0(\upsilon_0-\upsilon_1)$$

이것은 삼각형의 면적과 $P=P_0$, $P={}_0$, $\upsilon=\upsilon_0$ 및 $\upsilon=\upsilon_1$으로 둘러싸인 면적의 합이다. 그러므로 비내부에너지의 변화는 레일리선(Rayleigh line) 아래의 총면적과 같다.

이제 등엔트로피(Q=0, 에너지 입출입이 없는 가역 단열 과정)의 경로를 따라 팽창이 되는 릴리프파(Relief wave)에 대해 검토해 보기로 한다. P_1, υ_1의 상태로 충격화시킨 후에 P_0, υ_0의 상태로 팽창시켜 보자. 릴리프파의 비내부에너지의 변화는 P_1에서 P_0까지의 위고니오선 아래의 총면적이 된다. 충격과 해제의 과정에서, 최종 비내부에너지는 증가되며, 그 에너지의 크기는 레일리선 아래의 면적과 위고니오선 아래의 면적의 차이이다. 이 차이는 이들 두선 사이의 면적이 된다.

이 내부에너지의 차이는 온도의 차이를 의미한다. 그러므로 물질의 온도가 증가되고 뜨거워진다. 만약 화약류가 폭발하여 날아온 금속 조각을 만져 본다면 금속 조각은 뜨겁다는 알 수 있다. 만약 어떤 물질에 충분히 높은 압력으로 충격을 주면, 어떤 물질들은 위고니오선과 레일리선 사이의 면적이 상당히 커서 내부에너지의 변화가 그 물질을 녹이고 기화시킬 수 있을 정도로 크다. 여러 물질에 대한 초기 용융(물질을 융점까지 올림) 완전 용융 및 기화시키는데 필요한 충격압력이 <표 29.5>에 열거되어있다.

〈표 29.5〉 충격 가열 효과

물질	융점(℃)	기화점(℃)	초기용융압력(Mbar)	완전용융압력(Mbar)	기화압력(Mbar)
Aluminum	600	2057	0.6	0.9	–
Cadmium	321	767	0.4	0.46	0.8
Copper	1083	2336	1.4	>0.8	–
Gold	1063	2600	1.5	1.6	–
Iron	1535	3000	–	2.0	–
Lead	327	1620	0.3	0.35	1.0
Magnesium	651	1107	–	–	–
Nickel	1455	2900	>1.5	–	–
Titanium	1800	3000	>1.0	–	–

이제 우리는 P-υ 조합으로부터 다음과 같은 것을 알 수 있다.

① 초기 및 최종의 P-υ 상태가 정해지면, 충격파속도의 계산

② 초기 상태 및 충격파속도가 정해지면, 최종 P-υ 상태의 계산

③ 만약 최종 P-v 상태 또는 충격파속도 중의 하나가 정해지면, 최종 상태의 비운동에너지와 비내부에너지의 계산

④ 릴리프파 에너지 변화의 계산

⑤ 상기의 프로세스와 탄성-소성 영역에서의 두 가지 속도 거동 및 저압에서의 충격파면의 감쇠 프로세스의 시각화

29.3.3 *P*–*u* 위고니오 방정식(*P*–*u* 조합)

P-*u* 조합의 위고니오 방정식은 충격파 상호문제를 다루는데 매우 유용하며, 이 식을 유도해 보기로 한다.

운동량보존법칙의 방정식과 *U*-*u* 위고니오 방정식으로부터, *U*를 소거하고 *P*-*u*를 남긴다. $P_0 = 0$, $u_0 = 0$ 라고 하면,

- 운동량보존의 법칙: $P_1 = \rho_0 u_1 U$
- *U*-*u* 위고니오 방정식: $U = C_0 + su$
- 두식의 조합: $P_1 = \rho_0 u_1 (C_0 + su_1) = \rho_0 C_0 u_1 + \rho_0 s u_1^2$

[그림 29.9]은 *P*-*u* 좌표 상에 그려진 *P*-*u* 위고니오를 보여준다.

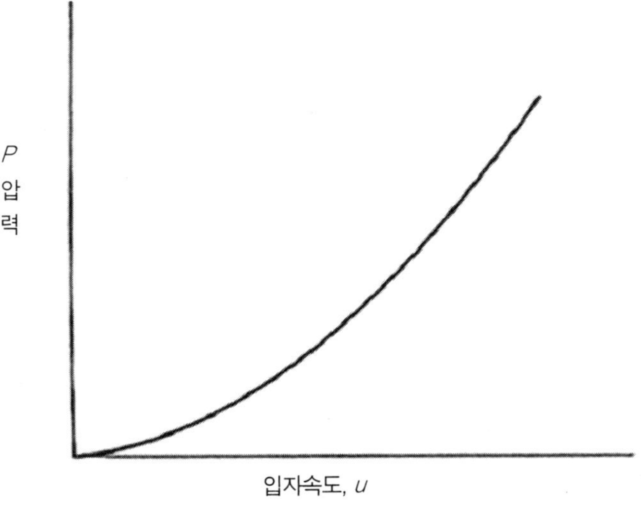

[그림 29.9] u_0=0일 때의 *P*–*u* 위고니오

이제 추가 인자를 넣어 보자. 지금까지 항상 $u_0=0$으로 놓고 P-υ위고니오 상에서 계산하는 것을 살펴보았다. 사실 이것은 라그랑지 좌표에서 물질에 관해 충격파를 보는 것을 의미하였다. 이제 충격파가 도착하기 전에 물질이 운동 상태($u_0 \neq 0$)에 있다고 한다면, 입자속도에 대해서 u_1(라그랑지 좌표)는 u_1-u_0(오일러 좌표)로 변환된다.

$$P_1 = \rho_0 C_0 u_1 + \rho_0 s u_1^2 \text{(라그랑지 좌표)는}$$
$$P_1 = \rho_0 C_0 (u_1 - u_0) + \rho_0 s (u_1 - u_0)^2 \text{(오일러 좌표)가 된다.} \quad (29.10)$$

[그림 29.10]과 같이 여러 가지 u_0 에 대해서 P-u 위고니오를 그릴 수 있으며 이 위고니오 그래프들은 u축을 따라 가면서 u_0에 따라 거의 평행선을 이룬다.

P_0,u_0에서 P_1,u_1으로 점프하는 이들 평행 위고니오 상에서 단일 충격파는 P-υ 플레인 상에서와 같이 이 두 상태를 연결하는 직선이 되며, 이 선의 기울기는 $\Delta P/\Delta u$가 된다.

$$(\Delta P/\Delta u) = \text{점프의 기울기}$$
$$= (P_1 - P_0)/(u_1 - u_0) = \rho_0 (U - u_0)$$

P-u 그래프에서 점프 조건의 기울기가 또한 충격파속도의 함수라는 것을 알 수 있다. 주목해야 할 사항은 이 방정식에서 U는 오일러좌표 상의 충격파속도라는 것이다. $(U-u_0)$는 라그랑지 좌표 상의 충격파 속도이다. 그래서 P-u 플레인 상의 점프 조건에 대해 다음과 같이 정리할

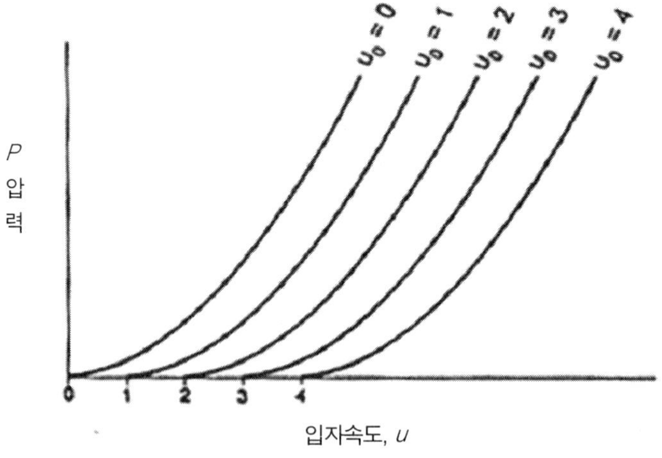

[그림 29.10] 변수 u_0 값에 따른 P-u 위고니오

수 있다.

(점프의 기울기)/ρ_0 + u_0 = U_{LAB}(실험실 또는 오일러 좌표)

(점프의 기울기)/ρ_0 = U_{MAT}(물질 또는 라그랑지 좌표)

주목해야 할 다음 사항은 우리가 일축상의 속도를 다루고 있으므로 속도는 방향성이 있는 벡터량이라는 것이다. 앞에서 설명하고 [그림 29.9]와 [그림 29.10] 그리고 및 식(29.10)에서 유추했던 것이 충격파가 좌측에서 우측으로 진행하는 물질에 대해서 위고니오 그래프를 그린 것이었다. 충격파가 우측에서 좌측으로 진행할 때, 약정에 의해서 입자속도는 $-(u_1-u_0)$가 될 것이다. 이 경우에 식(29.10)의 오른쪽 방향의 위고니오와는 다른 것이다. 왼쪽 방향의 위고니오를 찾기 위해 (u_1-u_0)를 $-(u_1-u_0)$ 또는 (u_0-u_1)으로 바꿔보면 다음과 같다.

- 오른쪽 방향 : $P_R = \rho_0 C_0(u_1-u_0) + \rho_0 s(u_1-u_0)^2$ (29.11)
- 왼쪽 방향 : $P_L = \rho_0 C_0(u_0-u_1) + \rho_0 s(u_0-u_1)^2$ (29.12)

왼쪽 방향의 위고니오는 오른쪽 방향의 위고니오의 거울 상이며, 이것 또는 u축을 따라서 u_0 값에 따라서 평행선을 이룬다. 충격 전후의 두 상태를 연결하는 기울기는 $-\rho_0(u-u_0)$가 되며, 여기에서 마이너스의 의미는 충격파가 왼쪽으로 이동하는 것을 의미한다.

왜 우리는 라그랑지 기울기와 u축을 따라가는 벡터성분과 같은 특정의 특정치들을 필요로 하는가? 그 답은 충격파의 상호작용에 대한 해법을 찾기 위해서이다. 근본적으로 충격파 상호작용을 다룰 때 세 가지의 점프 관계식과 함께 2개의 다른 P-u 위고니오(오른쪽 방향과 왼쪽방향의 P-u 위고니오)를 사용할 것이다. 그리고 5가지 변수에 대한 5개의 방정식을 필요로 할 것이며 오직 초기상태만을 규정함으로써 충격파 문제를 풀 수 있다.

참고문헌

1. Paul W. Cooper(1996), "Explosives Engineering", VCH Publishers, Inc., New York

제30장

충격파의 상호작용[1]

충격파의 상호작용의 형태는 다음의 세 가지가 있다.

① 서로 다른 두 물질의 충돌

② 다음과 같은 물질 계면에서의 충격파 거동

가. 물질A의 임피던스가 물질B보다 낮은 경우

나. 물질A의 임피던스가 물질B보다 높은 경우

③ 충돌하는 두 충격파의 상호작용

충격파가 상호작용 전, 중, 후에 어떻게 될 것인지에 대한 내용들을 알아보기로 한다. 수반되는 물질들은 계속 이동하기 때문에 물질의 위치 그리고 충격파의 위치는 시간과 공간을 따라 변할 것이다. 이들 문제를 다루기 위해서는 두 가지 이상의 다이아그램이 필요하다. 첫 번째는 P-x 다이아그램으로 하나 이상의 불연속 시간에서의 충격파의 스냅사진이고, 두 번째는 x-t 다이아그램으로 시간에 따른 충격파와 물질의 상대적인 위치를 나타내는 표시방법이다. 이러한 상호작용의 문제는 각 케이스 별로 예제를 풀면서 설명하기로 한다.

30.1 두 판의 충돌

<예제30.1> 2024Al합금판(A)이 공기 중을 1.8km/sec의 속도로 날아가 멈추어 있는 SUS304판(B)을 타격하였다고 가정했을 때, 충돌면에서의 양 물질의 입자속도는 얼마인가? 충격파 압력은 얼마인가? 각 물질로의 충격파 속도는 얼마인가?

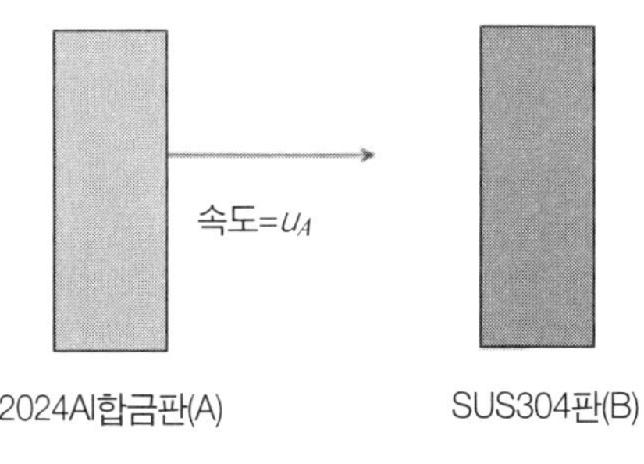

[그림 30.1] 두 판의 충돌

(풀이) 충돌이 일어날 때, 충격파가 생성된다. 판 A는 압력을 유지하면서 계속해서 판 B에 압력을 가한다. 충격파는 오른쪽 방향의 B로 이동하며 또한 왼쪽 방향의 A로도 이동한다. 두 판이 접촉해 있는 한, 접촉면의 양 사이드에 대한 압력과 입자속도는 동일하여야 한다. 이것에 대한 *x-t* 다이아그램이 [그림 30.2]이다.

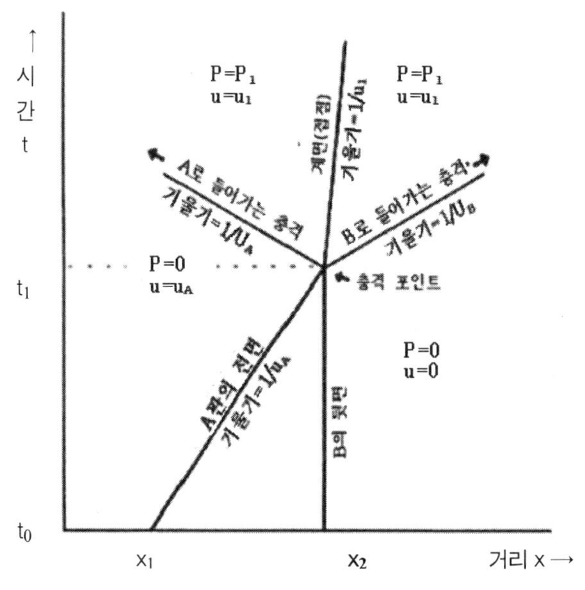

[그림 30.2] 두 판 충돌의 x-t 다이아그램

[그림 30.2]의 x-t 다이아그램에서 시간이 제로일 때, 판 A의 전면은 x_1의 위치에 있고, 판B의 후면은 x_2의 위치에 있다. 판 B는 계속 고정상태에 있으므로, 시간이 진행됨에 따라 그 위치는 변하지 않으며 수직으로 나타낸다. 시간이 진행됨에 따라 판 A는 오른쪽으로 이동하며, (x_1,t_0)에서 (x_2,t_1)까지의 기울기를 갖는 직선으로 나타낸다. 이 선의 기울기 $\Delta t/\Delta x$는 속도의 역수가 된다.

x-t 다이아그램 상에서 이 선의 기울기가 속도의 역수이므로, 기울기가 클수록 속도가 느리고, 작을수록 속도가 빠르다. 또한 x-t 다이아그램은 실험실 좌표에서의 현상을 나타내며, 이들 기울기들에 의해서 나타내어지는 충격파속도는 실험실 또는 오일러 좌표상의 속도이다.

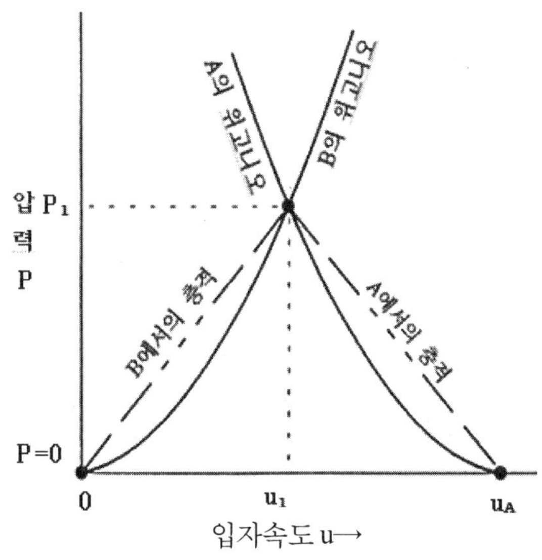

[그림 30.3] 두판이 충돌시의 P-u 위고니오의 해

A가 B에 충돌했을 때, B로 들어가는 충격파와 A로 반사되는 충격파가 발생하며, 접촉면에서의 조건은 보존의 법칙을 유지해야만 하므로 A와 B에 생기는 압력(P_1)과 입자속도(u_1)는 동일해야 한다. 이것이 바로 해법의 열쇠다. 만약 압력과 입자속도가 양 물질에 대해서 같다면, 각각에 대해서 위고니오 식을 같게 놓을 수 있고, 충돌 후 양쪽의 최종압력과 입자속도를 구할 수 있다.

B로 입사되는 충격파와 A로 반사되는 충격파의 P-u 위고니오를 그래프로 나타내면, [그림 30.3]과 같다.

① 입자속도 구하기

<표 29.1>로부터 두 물질에 대한 U-u위고니오의 데이터를 얻을 수 있다.

2024Al: ρ_0=2.785g/㎤, C_0=5.328km/sec, s=1.338

SUS304: ρ_0=7.896g/㎤, C_0=4.569km/sec, s=1.490

충돌에 의해서 생기는 SUS304의 우측 충격파의 P-u 위고니오 식은 (29.11)식으로 부터 다음과 같다.

$$P = \rho_0 C_0(u-u_0) + \rho_0 s(u-u_0)^2$$
$$= (7.896)(4.569)u + (7.896)(1.490)u^2$$
$$= 36.077u + 11.765u^2$$

2024Al합금의 좌측 충격파의 P-u 위고니오 식은 (29.12)식으로부터 다음과 같다.

$$P = \rho_0 C_0(u_0-u) + \rho_0 s(u_0-u)^2$$
$$= (2.785)(5.328)(1.8-u) + (2.785)(1.338)(1.8-u)^2$$
$$= 38.782 - 28.253u + 3.726u^2$$

보존법칙으로부터 접촉면에서의 충돌 압력과 입자속도는 같아야 하므로 이 두 개의 위고니오 식을 같게 놓으면 입자속도에 대한 이차방정식을 얻으며, 이것을 풀면 다음과 같다.

$$u^2 + 8.002u - 4.824 = 0$$
$$u = 0.563\text{km/sec}$$

② 충격압력 구하기

이 u값을 상기의 P-u 위고니오 식 중의 하나에 대입해서 P값을 계산하면 다음과 같다.

$$P = 36.077u + 11.765u^2$$
$$= 36.077 \text{ x } 0.56324 + 11.765 \text{ x } 0.563^2$$
$$= 24 \text{ GPa}$$

③ 충격파 속도 구하기

SUS304판으로의 충격파속도는 상기의 SUS304의 U-u 위고니오를 이용해서 구할 수 있으

며 다음과 같다.($U = C_0+su$ 로부터)

$$U_{SUS} = (C_0+su)_{SUS}$$
$$= 4.569 + 1.490 \times 0.563$$
$$= 5.41 \text{ km/sec}(\text{우측 충격파속도})$$

또한 2024Al합금판으로의 좌측 충격파 속도는 동일한 입자속도와 U-u 위고니오 방정식으로부터 구할 수 있으며 다음과 같다.

$$U_{Al} = (C_0+su)_{Al}$$
$$= 5.328 + 1.338 \times 0.563$$
$$= 6.08 \text{ km/sec}(\text{좌측 충격파속도})$$

30.2 접촉된 두 판을 지나는 충격파($Z_A \langle Z_B$)

<예제30.2> 다음 [그림 30.4]와 같이 921-T Al합금판(A)와 구리판(B)가 접촉해 있다고 가정해 보자. 알루미늄을 통과해서 진행하는 충격파가 계면에서 만나게 된다. 알루미늄에서의 초기 충격압력은 25GPa이라고 한다면 충격파가 계면에서 상호작용할 때, 이것은 압력을 어떻게 변화시키는가?

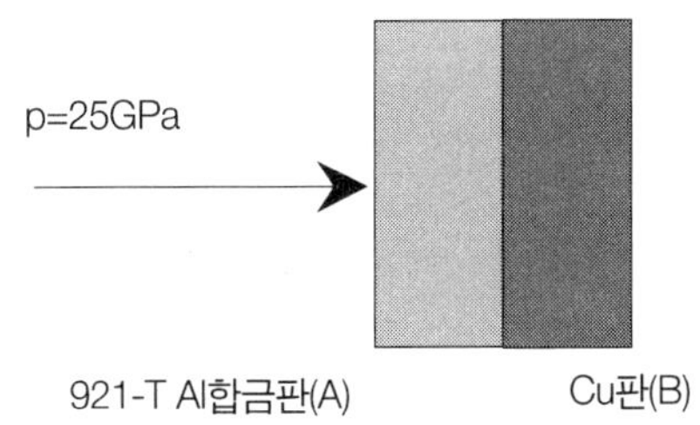

[그림 30.4] 접촉된 두 판을 지나는 충격파($Z_A \langle Z_B$)

(풀이) 충격파 임피던스란 $Z=\rho_0 U$ 로 나타내는 충격파의 특성치이다. ρ_0는 상수이지만, 충격파속도 U는 압력에 따라 증가하기 때문에 상수가 아니다. 따라서 충격파 임피던스 $Z=\rho_0 U$도 상수가 아니며, 압력에 따라 아주 서서히 증가하는 특성치이지만, 우리가 취급하는 범위 내에서는 어느 정도는 상수로 생각할 수 있다. 저임피던스 물질과 고임피던스 물질을 구별하는데

충분할 정도로 상수의 값을 갖는다. 충격파가 저임피던스에서 고임피던스로 물질의 계면을 지나갈 때, 충격파 압력은 증가되며, 그 반대일 경우에는 충격파 압력이 감소된다. 여기에서는 구리의 임피던스가 알루미늄보다 크므로 $Z_A<Z_B$ 인 경우가 되며, 충돌 전, 충돌 시 및 충돌 후의 P-x 스냅사진과 x-t 다이아그램을 그리면 [그림 30.5]과 [그림 30.6]과 같다.

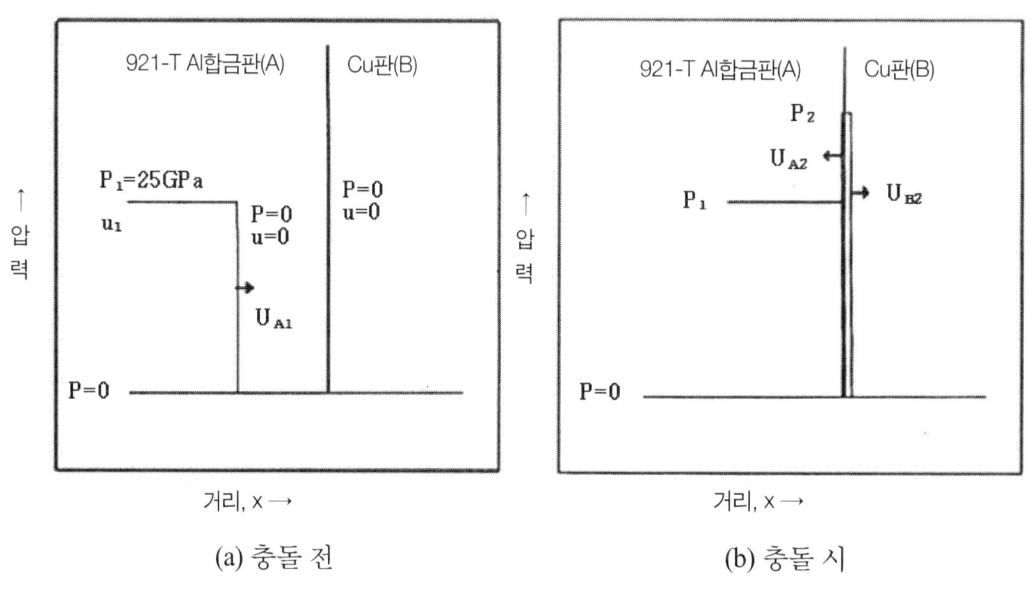

(a) 충돌 전　　(b) 충돌 시

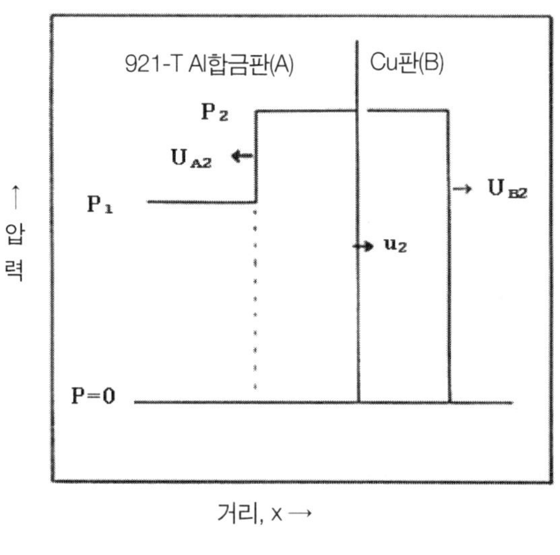

(c) 충돌 후

[그림 30.5] 충돌전, 충돌시 및 충돌후의 P-x 스냅 사진(Z_A〈Z_B)

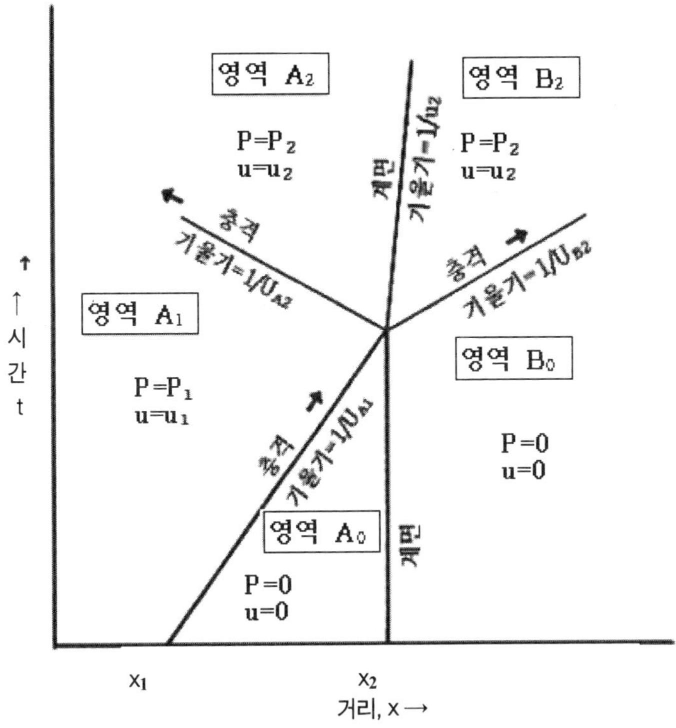

[그림 30.6] 물질 계면을 지나는 충격파 다이아그램

① 921-T Al합금판(A) 상에서의 우측방향 입자속도(u_1) 구하기

<표 29.1>로부터 두 물질에 대한 *U-u* 위고니오의 데이터를 찾는다.

921-T Al합금판(A) : ρ_0=2.833 g/㎤, C_0=5.041 km/s, s=1.420

구리(B) : ρ_0=8.930 g/㎤, C_0=3.940 km/s, s=1.489

P-u 위고니오식 $P = \rho_0 C_0 u + \rho_0 s u^2$식에 P_1=25GPa, ρ_0=2.833 g/㎤, C_0=5.041 km/s, s=1.420을 대입하면 u_1이 계산된다.

$$P = \rho_0 C_0 u_1 + \rho_0 s u_1^2$$

$$25 = (2.833)(5.041)u_1 + (2.833)(1.420)u_1^2$$

$$u_1 = 1.285 \text{ km/sec}$$

② 921-T Al합금판(A)과 구리판(B) 계면에서의 입자속도(u_2) 구하기

u=0의 물질A에 대한 우측 방향의 위고니오는 [그림 30.7]에서 보듯이 계면에 도달하기 전, 물질A가 받을 수 있는 충격상태에 대한 것이다. A에서의 충격상태가 P_1, u_1이므로(이것이 경계조건으로 됨) 좌측 충격파 위고니오는 이 포인트를 통과하지 않으면 안 된다. 그래서 좌측 방향의 위고니오를 구하기 위해 이 포인트에서 위고니오를 단순히 반사시킬 수 있다. 반사된 위고니오는 대칭이어야 하므로, 반사 포인트에서의 속도보다 2배의 속도로 u축 상에 위치하지 않으면 안 된다. 그러므로 A에 대한 반사된 위고니오는 다음과 같다.

$$P = \rho_{OA} C_{OA} (2u_i - u) + \rho_{OA} S_A (2u_1 - u)^2$$

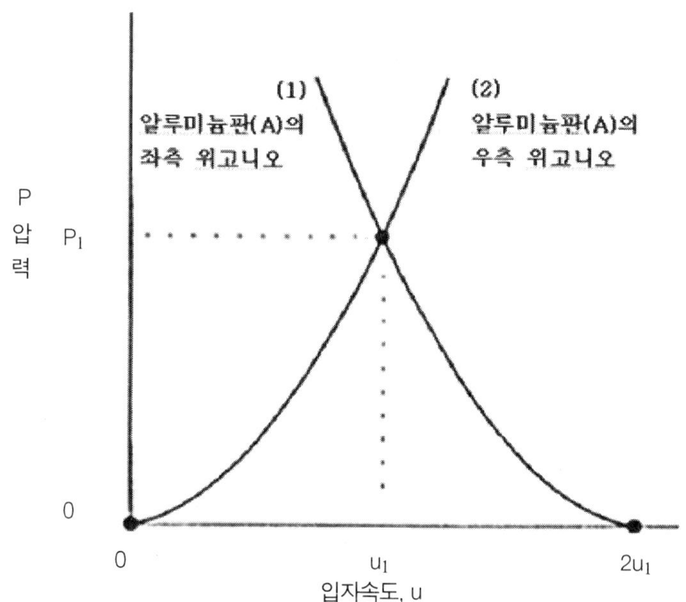

[그림 30.7] P_1. u_1으로부터 생긴 921-T Al합금판의 좌측 위고니오

[그림 30.8]에서는 이것을 지나는 B에 대한 우측 충격파의 위고니오가 구성된 것을 볼 수 있다. <예제30.1>에서의 해는 두 곡선의 만나는 점이며, 이 경우는 P_2,u_2 이다. B로 인입되는 충격파 속도는 (0,0)에서 (P_2,u_2)를 연결하는 선의 기울기로부터 구할 수 있으며, A로 뒤돌아가는 충격파 속도는 (P_1,u_1)에서 P_2,u_2를 연결하는 선의 기울기로부터 구할 수 있다.

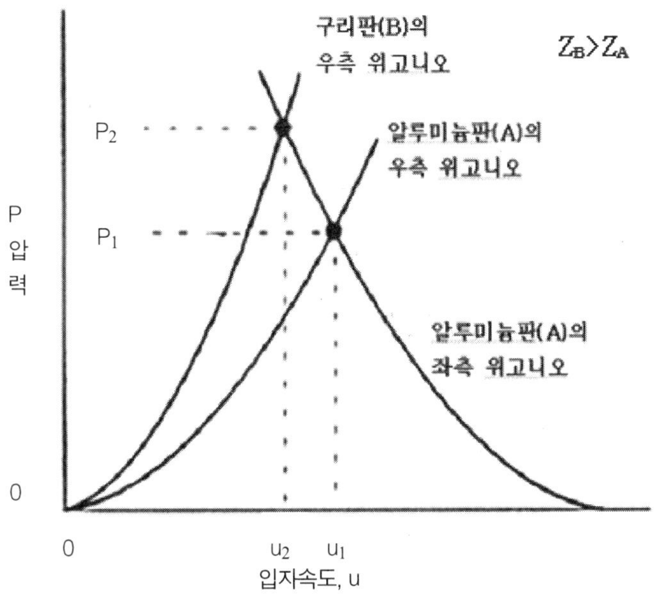

[그림 30.8] 구리판(B)의 우측 위고니오를 추가한 P-u 위고니오

알루미늄에서 좌측 방향의 충격파 위고니오에 대한 값을 구할 수 있다.

$$P = \rho_0 C_0(u_0 - u_2) + \rho_0 s(u_0 - u_2)^2$$
$$= \rho_{0A} C_{0A}(2u_1 - u_2) + \rho_{0A} s_A(2u_1 - u_2)^2$$
$$= (2.833)(5.041)(2\mathrm{x}1.285 - u_2) + (2.833)(1.420)(2\mathrm{x}1.285 - u_2)^2$$

상호작용 후에 구리에서의 충격파에 대한 우측방향의 충격파 위고니오는 다음과 같다.

$$P = \rho_{0B} C_{0B} u_2 + \rho_0 s_B u_2^2$$
$$= (8.93)(3.94)\mathrm{u}_2 + (8.93)(1.489)\mathrm{u}_2^2$$

두 물질의 충격파 압력과 입자속도는 상호작용시에 계면에서 동일하므로 이 두식을 같게 놓으면 u_2에 대한 2차 방정식을 풀 수 있으며, 그 결과는 다음과 같다.

$$u_2 = 0.814 \text{ km/sec}$$

③ 알루미늄판(A)과 구리판(B) 계면에서의 변화된 충격압력(P_2) 구하기

좌측 및 우측 충격파 위고니오 방정식 중의 하나에 상기 u_2값을 넣어서 P_2를 구하면 다음과 같다.

$$P_2 = 37.5 \text{ GPa}$$

30.3 접촉된 두 판을 지나는 충격파(Z_A〉Z_B)

<예제30.3> 앞의 예와는 반대로 구리판이 앞에 위치하고 921-T Al합금판이 뒤에 위치해 있다고 하자. 구리를 통해서 우측방행으로 진행하는 25GPa의 충격파가 계면에서 921-T Al합금과 만났을 때 압력의 변화는 어떻게 되는가?

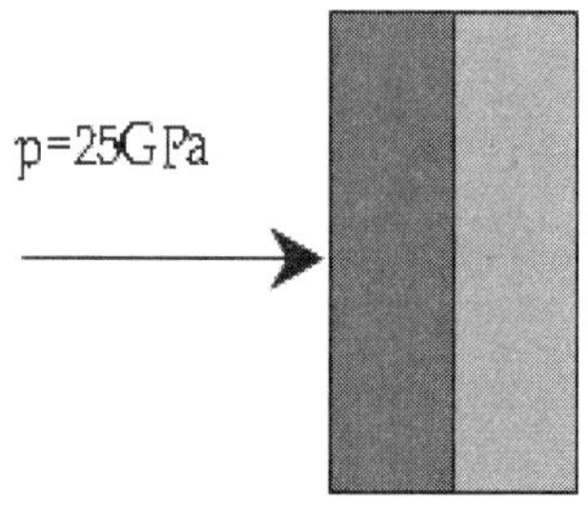

Cu판(A)　　921-T Al합금판(B)

[그림 30.9] 접촉된 두 판을 지나는 충격파(Z_A〉Z_B)

(풀이) 충격파가 고임피던스에서 저임피던스로 물질의 계면을 지나갈 때, 충격파 압력은 감소된다. 여기에서는 $Z_A > Z_B$ 인 경우가 되며, 충돌 전, 충돌 시 및 충돌 후의 P-x 스냅 사진과 P-u 위고니아는 [그림 30.10]과 [그림 30.11]과 같으며 x-t 다이아그램은 <예제 30.2>와 동일하다.

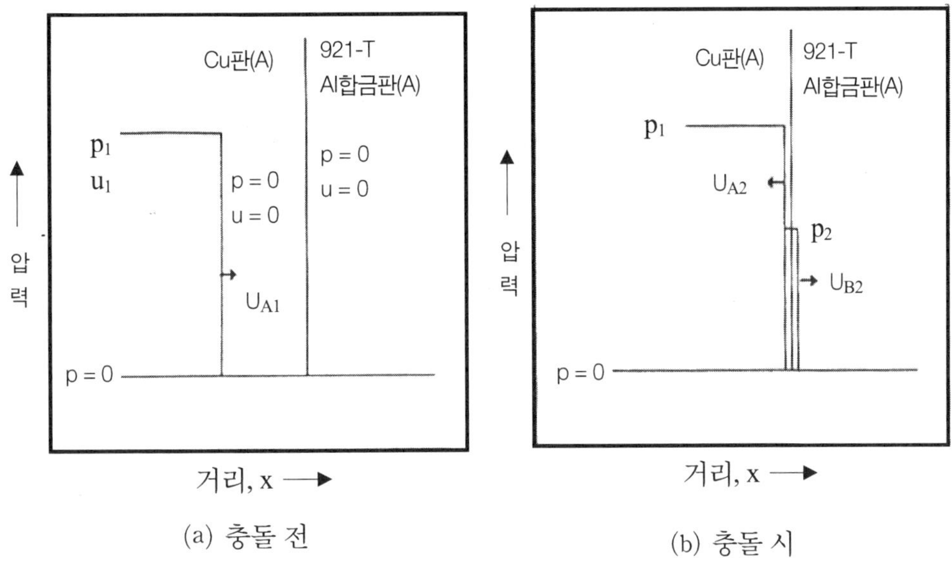

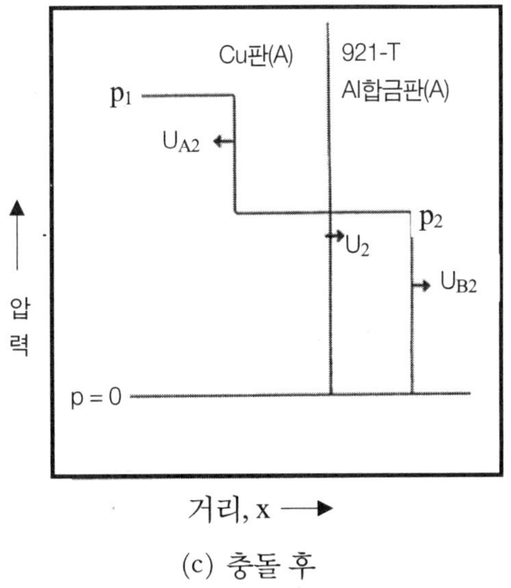

[그림 30.10] 충돌전, 충돌시 및 충돌후의 P-x 스냅 사진(Z_A>Z_B)

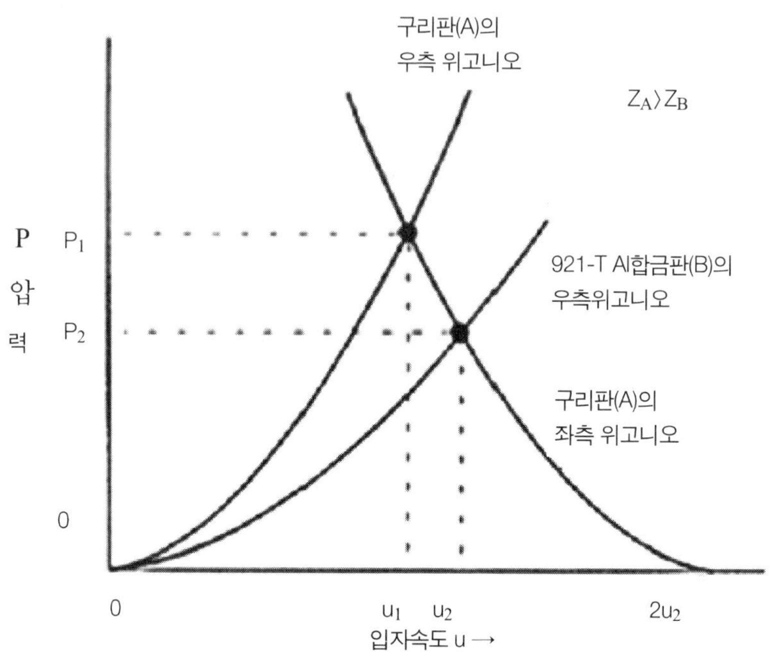

[그림 30.11] 921-T Al합금판(B)의 우측 위고니오를 추가한 P-u위고니오

① Cu판(A) 상에서의 우측방향 입자속도(u_1) 구하기

<표 29.1>로부터 두 물질에 대한 *U-u*위고니오의 데이터를 찾는다.

구리(A) : ρ_0=8.930 g/㎤, C_0=3.940 km/s, s=1.489

921-T Al합금(B) : ρ_0=2.833 g/㎤, C_0=5.041 km/s, s=1.420

P-u 위고니오식 $P = \rho_0 C_0 u + \rho_0 s u^2$식에 P_1=25GPa, ρ_0=8.930 g/㎤, C_0=3.940 km/s, s=1.489를 대입하면 u_1이 계산된다.

$$P = \rho_0 C_0 u_1 + \rho_0 s u_1^2$$

$$25 = (8.93)(3.94)u_1 + (8.93)(1.489)u_1^2$$

이 이차방정식을 풀면, 입자속도 u_1값은 다음과 같다.

$u_1 = 0.582\ km/sec$

② Cu판(A)과 921-T Al합금판(B) 계면에서의 입자속도(u_2) 구하기

구리판(A)에서의 좌측 충격파의 초기속도는 $2u_1$이 된다는 것을 이미 설명하였다. [그림 30.11]에서는 이것을 지나는 B에 대한 우측 충격파의 위고니오가 구성된 것을 볼 수 있다. <예제30.1>에서의 해는 두 곡선의 만나는 점이며, 이 경우는 P_2, u_2 이다. B로 인입되는 충격파 속도는 (0,0)에서 (P_2, u_2)를 연결하는 선의 기울기로부터 구할 수 있으며, A로 뒤돌아가는 충격파 속도는 (P_1, u_1)에서 P_2, u_2를 연결하는 선의 기울기로부터 구할 수 있다.

구리에서 좌측 방향의 충격파 위고니오에 대한 값을 구할 수 있다

$$
\begin{aligned}
P &= \rho_0 C_0(u_0-u_2) + \rho_0 s(u_0-u_2)^2 \\
&= \rho_0 C_{0A}(2u_1-u_2) + \rho_0 s_A(2u_1-u_2)^2 \\
&= (8.93)(3.94)(2x0.582-u_2) + (8.93)(1.489)(2x0.582-u_2)^2
\end{aligned}
$$

상호작용 후에 알루미늄에서의 충격파에 대한 우측방향의 충격파 위고니오는 다음과 같다.

$$
\begin{aligned}
P &= \rho_0 C_0 u_2 + \rho_0 s u_2^2 \\
&= (2.833)(5.041)u_2 + (2.833)(1.42)u_2^2
\end{aligned}
$$

두 물질의 충격파 압력과 입자속도는 상호작용 시에 계면에서 동일하므로, 이 두식을 같게 놓으면 u_2에 대한 2차 방정식을 풀 수 있으며, 그 결과는 다음과 같다.

$u_2 = 0.809\ km/sec$

③ Cu판(A)과 921-T Al합금판(B) 계면에서의 변화된 충격압력(P_2) 구하기

좌측 및 우측 충격파 위고니오 방정식 중의 하나에 상기 u_2값을 넣어서 P_2를 구하면 다음과 같다.

$P = 14.2GPa$

30.4 두 충격파의 충돌

<예제30.4> 황동판 상에서 12GPa의 우측 충격파와 18GPa의 좌측 충격파가 정면으로 충돌한다고 가정하자. 두 충격파가 충돌했을 때 발생된 입자속도와 충격압력은?

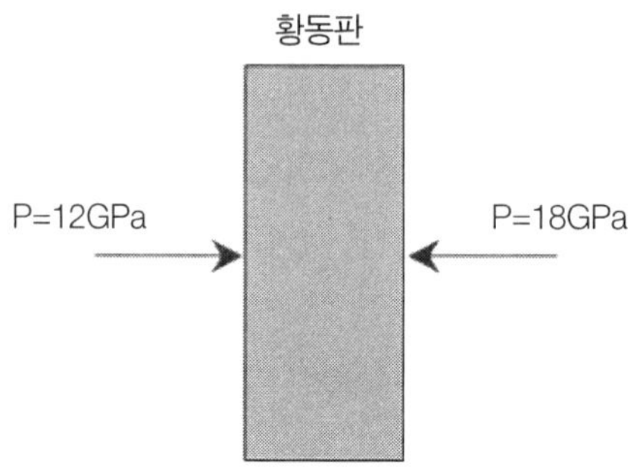

[그림 30.12] 황동판 상에서의 두 충격파의 충돌

(풀이) 두 충격파가 충돌했을 때 서로 반사하는 아주 높은 압력의 충격파를 발생시킨다. 생성된 최종 충격 압력은 초기의 두 충격파 압력의 합 보다도 더 크게 된다. 두 충격파의 충돌에 대한 과정이 [그림 30.13]의 *P-x* 스냅 사진과 [그림 30.14]의 *x-t* 다이아그램으로 표시되고 있다. 또한 두 충격파의 충돌 전 *P-u* 다이아그램과 충돌 후의 *P-u* 다이아그램이 [그림 30.15]에서 [그림 30.17]에 나타나 있다.

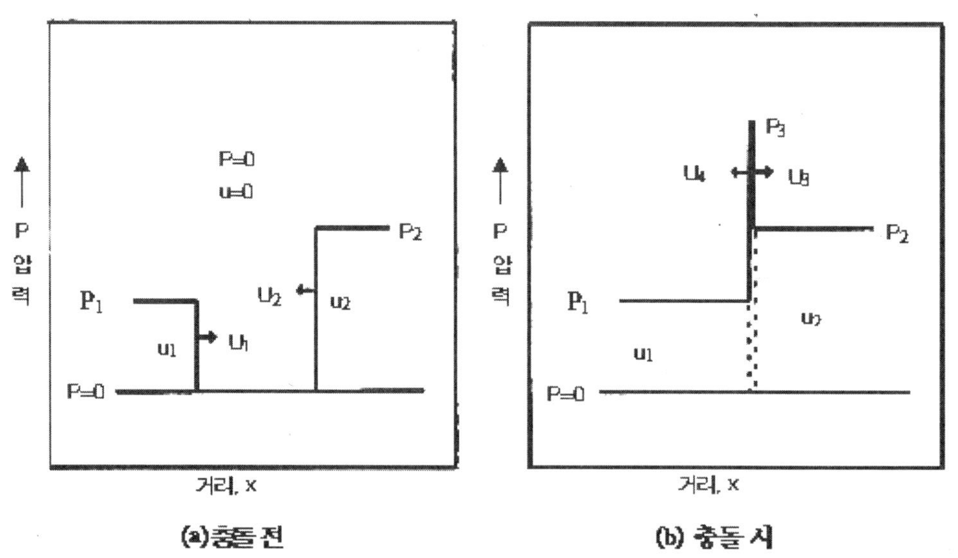

(a)충돌 전 (b) 충돌 시

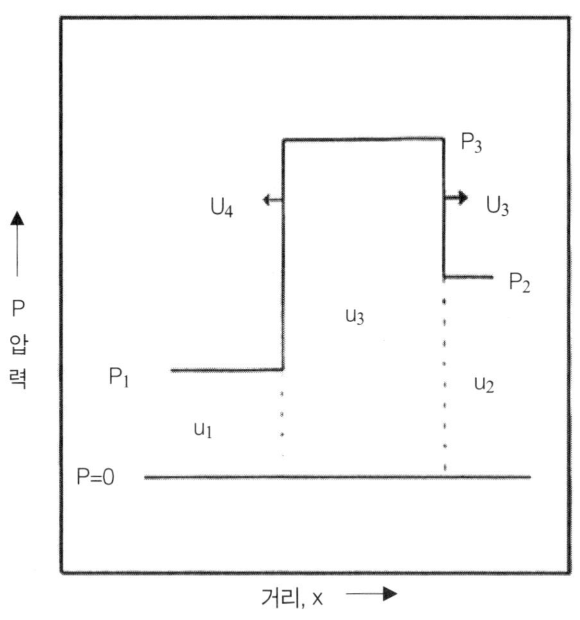

(c) 충돌 후

[그림 30.13] 두 충격파의 충돌 전, 충돌 시 및 충돌 후의 P-x 스냅 사진

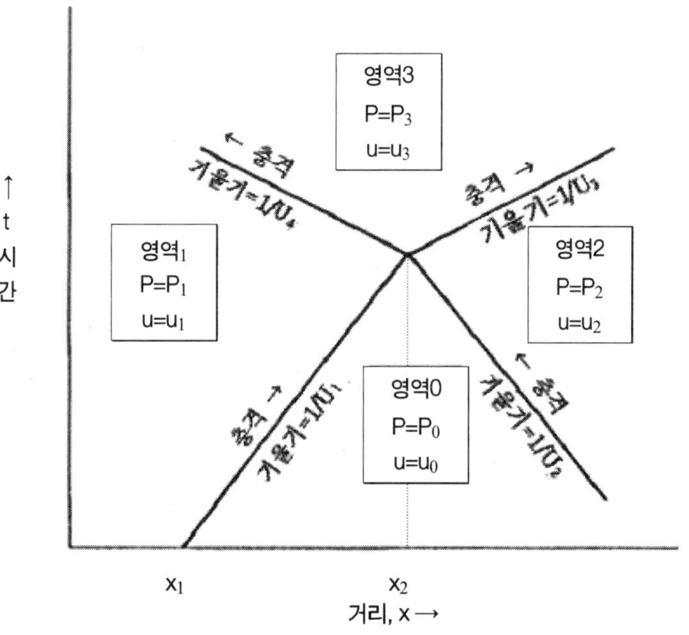

[그림 30.14] 충돌하는 충격파의 X-t 다이아그램

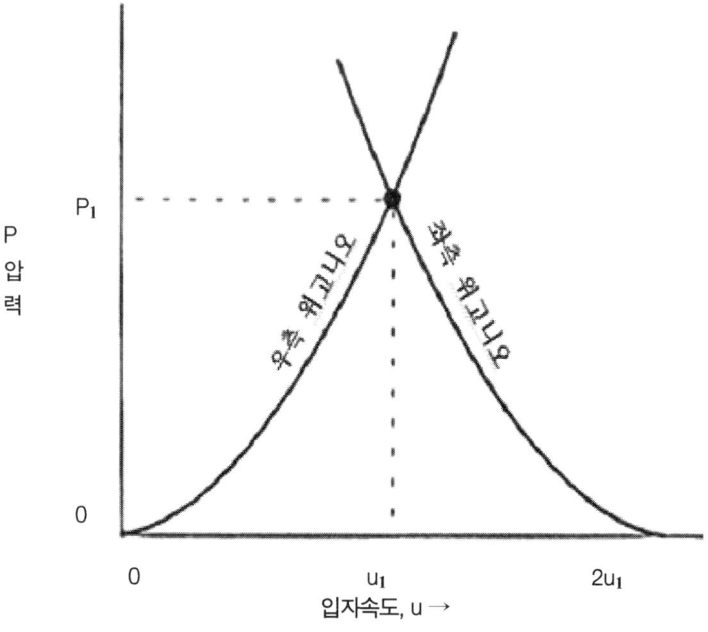

[그림 30.15] P_1, u_1으로부터 생긴 우측과 좌측 위고니오

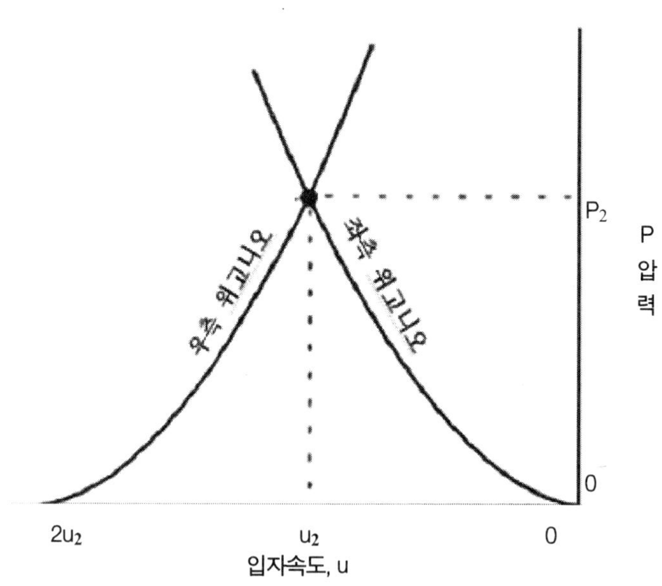

[그림 30.16] P_2, u_2으로부터 생긴 좌측 및 우측 위고니오

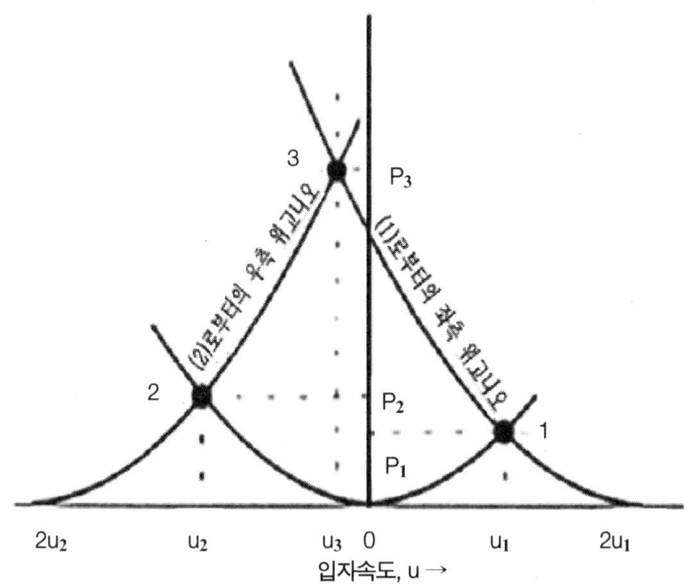

[그림 30.17] P_1, u_1과 P_2, u_2 의 충격에 의해 생긴 좌우측 위고니오

① 12GPa의 우측 충격파의 입자속도 구하기

<표 29.1>로부터 황동에 대한 *U-u* 위고니오 값은 다음과 같다.

$$\rho_0 = 8.45 \text{ g/㎤}, C_0 = 3.726 \text{ km/s}, s = 1.434$$

우측방향의 *P-u* 위고니오 방정식에 상기값을 넣어 u_1의 값을 구한다.

$$P_1 = \rho_0 C_0 u_1 + \rho_0 s u_1^2$$

$$12 = (8.45)(3.726)u_1 + (8.45)(1.434)u_1^2$$

$$u_1 = 0.337 \text{ km/s}$$

② P_1, u_1으로부터 생긴 좌측 위고니오([그림 30.15]의 좌측 위고니오)

$P = \rho_0 C_0(2u_1-u) + \rho_0 s(2u_1-u)^2$

$= (8.45)(3.726)(2x0.337-u) + (8.45)(1.434)(2x0.337-u)^2$

③ 18GPa의 좌측 충격파의 입자속도 구하기

좌측방향의 P-u 위고니오 방정식에 상기값을 넣어 u_2의 값을 구한다.

$P = \rho_0 C_0(u_0-u_2) + \rho_0 s(u_0-u_2)$, 여기에서 $u_0 = 0$ 이므로

$18 = (8.45)(3.726)(-u_2) + (8.45)(1.434)(-u_2)^2$

$u_2 = -0.482$ km/s

④ P_2, u_2으로부터 생긴 우측 위고니오([그림 5.16]의 우측 위고니오)

$P = \rho_0 C_0(u-2u_2) + \rho_0 s(u-2u_2)^2$

$= (8.45)(3.726)(u + 2x0.482) + (8.45)(1.434)(u + 2x0.482)^2$

⑤ 12GPa의 우측 충격파와 18GPa의 좌측 충격파의 충돌 후의 입자속도 구하기

P_1, u_1으로부터 생긴 좌측 위고니오와 P_2, u_2으로부터 생긴 우측 위고니오의 충돌에 의해서 생긴 압력은 동일하므로 이 두식을 같게 놓아서 충돌후의 입자속도 u_3를 구할 수 있다.

$(8.45)(3.726)(2x0.337-u) + (8.45)(1.434)(2x0.337-u)^2$

$= (8.45)(3.726)(u + 2x0.482) + (8.45)(1.434)(u + 2x0.482)^2$

상기 식을 풀면 다음과 같이 u_3의 값이 나온다.

$u_3 = -0.245$ km/s

⑥ 충돌후의 압력 P_3 구하기

P_1, u_1으로부터 생긴 좌측 위고니오와 P_2, u_2으로부터 생긴 우측 위고니오 식 중의 하나에 u_3 값을 넣어 풀면 다음과 같다.

$$P_3 = 33.9\ GPa$$

앞에서 언급했듯이 P_3는 원래의 두 충격파 압력의 합보다도 훨씬 크다는 것을 알 수 있다.

참고문헌

1. Paul W. Cooper(1996), "Explosives Engineering", VCH Publishers, Inc., New York

제31장

희박파[1]

31.1 희박파의 생성

희박파(릴리프파라고도 함)는 점프조건의 불연속 충격파와는 달리 연속적이고 경로함수를 따른다. 물질이 충격을 받았을 때 증가된 내부에너지는 랭킨-위고니오 점프 방정식으로부터 $(e_1-e_0)=\frac{1}{2}(P_1+P_0)(\upsilon_0-\upsilon_1)$의 에너지방정식으로 나타낸다. 이러한 충격물질은 희박파의 방출에 의해서 희박화가 되는데 이것에 의해서 응력이 해제되고 물질을 대기압 상태로 가게 한다. 이 과정은 너무 빨라서 주변으로의 열의 손실이 없는 것으로 가정할 수 있다. 이것을 단열과정이라고 하며$(dQ=0)$ 열역학적으로 다음과 같은 식으로 나타낼 수 있다.

$$dE = dQ + dW = TdS - Pd\upsilon \tag{31.1}$$

에너지 변화는 열변화와 행해진 일의 합이다. 열변화는 $dQ=TdS$이고 행해진 일은 $dW=-Pd\upsilon$(팽창)이다. 단열과정이라고 했으므로 $dQ=TdS=0$ 이다.

dQ가 제로일 때 TdS도 제로가 되어야 하며 그리고 절대온도 T는 절대로 0이 될 수 없으므로 dS가 제로가 되어야 한다. 이것은 이 과정에서 엔트로피가 일정하게 유지되어야 한다는 것을 의미한다. 이것을 정엔트로피 과정이라고 한다. 그러므로 상태변수 P, υ에서 변화 경로는 정엔트로피 과정을 따라가야 하며 식(31.1)은 다음과 같이 되어야 한다.

$$dE = -Pd\upsilon \text{ 또는 } E = f(P, \upsilon)$$

이 모든 변수들을 풀기 위해서는 E를 소거하고 $P=f(\upsilon)$로 만드는 상태방정식이 필요하다. 상태방정식이 없으므로 다시 위고니오 방정식에 의존한다. 상기 $E=f(P,\upsilon)$식과 랭킨-위고니오의 에너지방정식으로부터 e를 소거하여 $P=f(\upsilon)$의 상태방정식을 만든다. 그래서 희박화는 정엔트로피적으로 이루어지고 정엔트로피 과정은 위고니오를 따라가는 값과 같다고 가정한다. 이 프로세스를 P-υ 좌표 상에서 살펴보기로 한다. 우선 [그림 31.1]의 P-x 스냅 사진은 장방형의 충격파를 나타낸다.

이제부터 희박파를 충격파인 것처럼 다루어보기로 한다. 즉 고압상태의 물질을 저압상태로 점프시키는 점프방정식을 적용한다. 또한 이 점프가 두 단계로 일어나는 것으로 한다. 첫 번째 단계는 물질을 P_1, υ_1(충격압력)에서 P_2, υ_2(대기압까지의 1/2)으로 희박화하는 것이며, 두 번째 단계는 P_2에서 P_3(대기압 또는 P_0)로 희박화하는 것이다. 이 두 단계는 [그림 31.2]의 P-υ 좌표 상에서 볼 수 있다. 첫 번째는 P_1에서 P_2로 점프하며 두 번째에서는 P_2에서 P_3로 점프한다. 이들 각 점프에 대한 레일리선(Raleigh line)를 살펴보자. P-υ 위고니오에서 레일리선의 기울기가 $-(U^2/\upsilon_0^2)$이었으므로 첫 번째 파의 기울기는 충격파 보다 더 크며 충격파보다도 더 빨리 진행된다. 두 번째 파의 레일리선은 충격파 보다 낮으며 충격파보다도 더 느리게 진행된다. [그림 31.1]의 충격파의 희박화 진행 상태를 [그림 31.3]의 스냅사진으로 볼 수 있다.

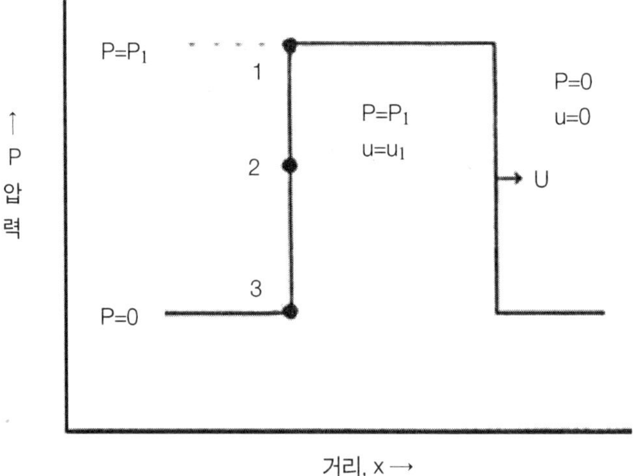

[그림 31.1] 장방형 충격파의 P-x 다이아그램

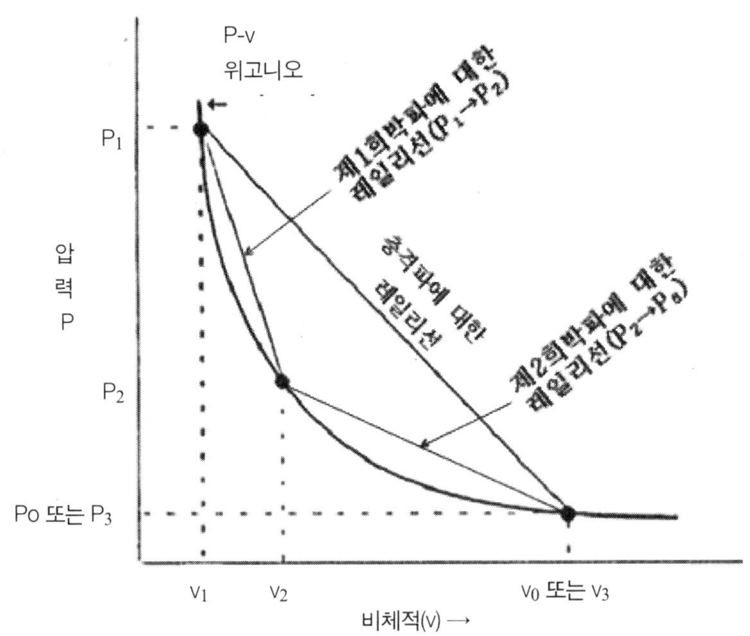

[그림 31.2] 위고니오의 아래로 점프하는 두 개의 희박파형의 P-v 다이아그램

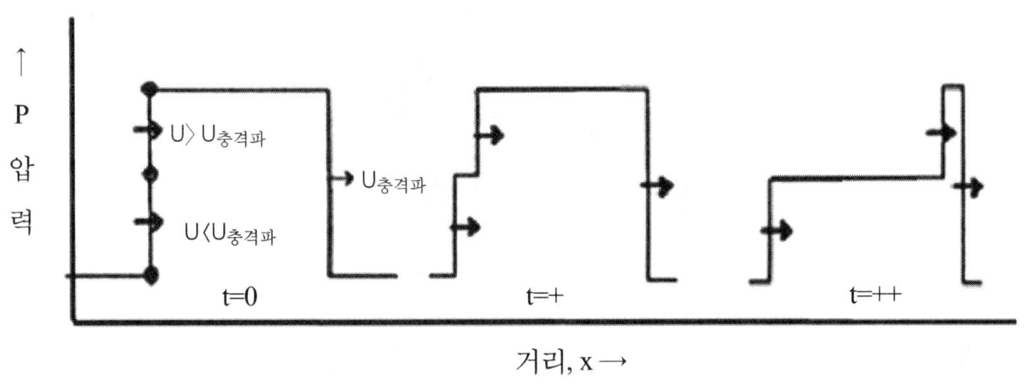

[그림 31.3] 충격파와 두 개의 희박파형의 진행 *P-x* 스냅 사진

이제 다시 같은 과정을 반복해 보자. 그러나 이번에는 2단계가 아닌 10단계로 충격압력을 희박화시켜 본다. [그림 31.4]는 연속적인 P-x 스냅사진을 나타내며, [그림 31.5]는 P-v 상에서 동일한 파형을 나타낸다. 10단계의 희박화는 거의 위고니오를 따르는 것처럼 보인다. 만약 단계들이 점점 더 작아져서 제로에 근접하면 그때는 정말로 희박화는 위고니오를 따라서 이루어진다. 이 때에는 본질적으로 컴퓨터 코드가 이용되어야 한다. 충격파면의 상호작용 문제에

서 단지 두 개의 충격파와 두 개의 물질을 취급하는 것만으로도 얼마나 번거로웠던가를 기억해 보면 각 단계에서 서로 다른 모든 변수(U, u, P, υ)로, 10개의 각 희박파를 다룬다는 것이 얼마나 골치 아픈 일인지 상상할 수 있을 것이다.

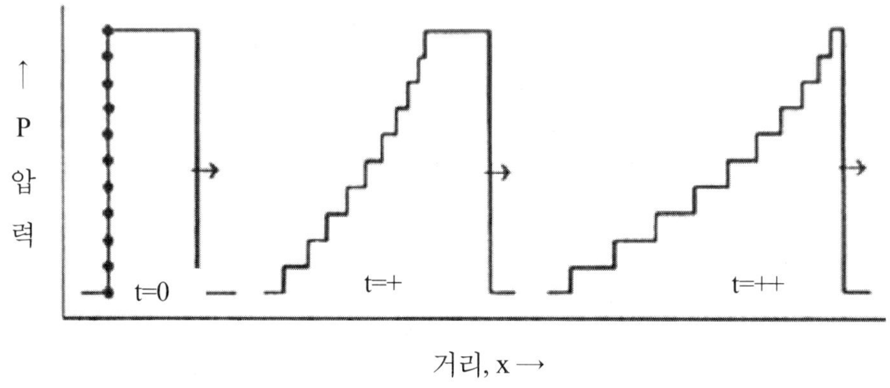

[그림 31.4] 충격파를 10개의 파형으로 희박화하는 P-x 스냅 사진

그렇다면 그래픽 또는 대수적인 간단한 상호작용 문제에 있어서, 희박화 문제를 어떻게 다루어야 하는가? 다시 [그림 31.5]를 참조해서 보면, 가장 높은 압력의 희박파가 가장 빠르고 그리고 가장 낮은 압력의 희박파가 가장 느리다는 것을 알 수 있다.

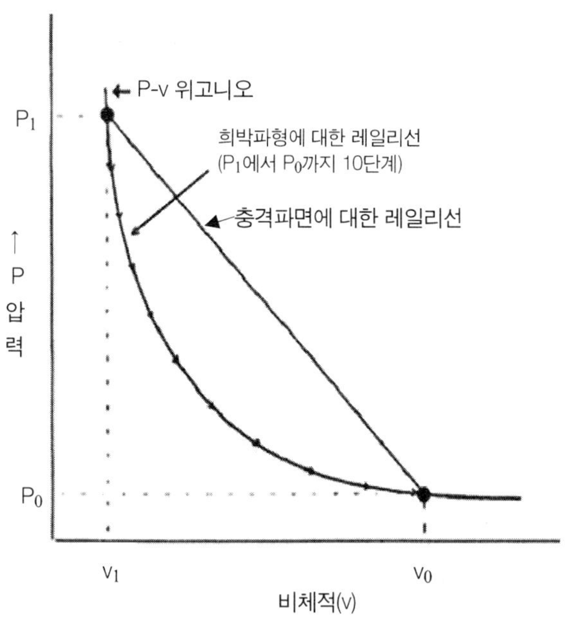

[그림 31.5] P-v 위고니오를 따라 충격을 희박화하는 10개 파형

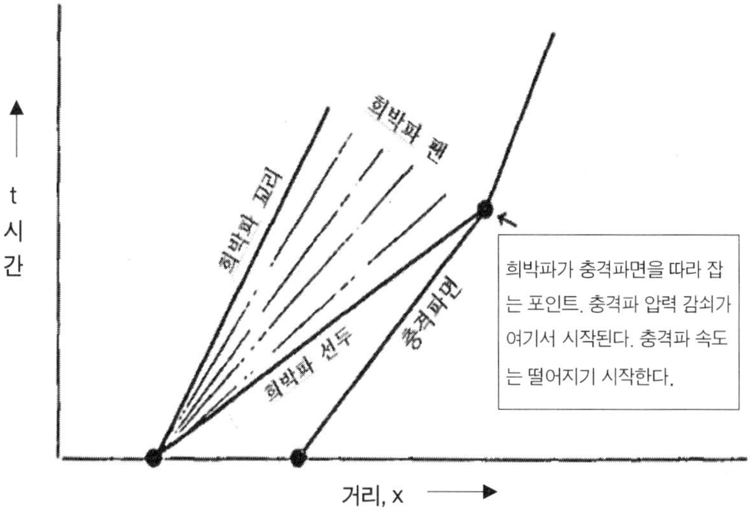

[그림 31.6] x-t 좌표 상의 희박파 팬

그래서 [그림 31.6]의 x-t 다이아그램을 보면 오직 희박파의 선두와 후미 만을 볼 수 있다. 희박화의 문제를 풀기 위해서는 속도들을 알아야 할 것이다. 여기에서의 문제는 선두 희박파의 속도가 무엇인가 하는 것이다. 만약 우리가 희박파를 일련의 파형들로 다루게 되면 스텝 사이즈가 계산 속도에 영향을 미칠 것이라는 것은 분명하다. 우리가 해야 할 것은 위고니오 자체에서 기울기를 취하여(스텝 사이즈가 제로로 접근함에 따른 한계) 그것으로부터 희박파의 속도를 계산하는 것이다. 그래프의 기울기는 희박화되는 특정 압력에서의 *dP/dυ* 값이다. *dP/dυ*를 구하기 위해서 *P-υ* 위고니오 방정식이 필요하다. 앞의 29장에서 다음의 식이 유도되었다.

$$P = \frac{C_o^2(v_o - v)}{[v_o - s(v_o - v)]^2}$$

이 *P-υ* 위고니오 방정식의 미분값은 접선의 기울기이고 이 위고니오의 기울기는 29장에서 $-U^2/v_0^2$ 이었으므로 정리하면 다음과 같다.

$$dp/dv = \frac{C_o^2}{[v_o + s(v_o - v)]^2[v_o - s(v_o - v)]^3} = -U^2/v_o^2$$

이것은 대수적으로 다루기가 힘들므로 좀더 간단하게 하기 위해서 *P-u* 위고니오 상에서 희박화되는 조건으로 생각해 본다.

29장에서 유도된 *P-u* 위고니오 방정식은 다음과 같다.

$$P = \rho_0 C_0(u-u_0) + \rho_0 s(u-u_0)^2$$

P-u 위고니오 상에서 두 상태를 연결하는 선의 기울기는 랭킨-위고니오 방정식 $P=\rho_0 uU$ 로부터 $\rho_0 U$이므로 이것을 *P-u* 위고니오의 미분 dP/du와 동일하게 놓으면 물질에 대한 희박파 속도를 얻을 수 있다.

$$dP/du = \rho_0 C_0 + 2\rho_0 s(u-u_0) = \rho_0 U$$

이것을 U에 대해서 풀면 다음과 같다.

$$U_{우측희박파,라그랑지} = C_0+2s(u-u_0) \quad (31.2)$$

그리고 좌측 희박파는 다음과 같다.

$$U_{좌측희박파,라그랑지} = -C_0-2s(u_0-u) \quad (31.3)$$

식(31.2)와 식(31.3)에서 u_0는 희박파가 들어가고 있는 물질의 u가 아니라 단순히 위고니오의 u축 절편의 값과 같은 상수이다. 희박파 선두에 대해 계산된 U는 라그랑지 좌표이며 그것은 희박파가 들어가고 있는 물질에 상대적인 희박파 속도이다. 그러므로 *x-t* 좌표 상에서 이 속도를 플로팅할 때 그것은 희박파가 들어가는 앞의 물질의 추가적인 입자속도에 대해서 보정되어야 한다. *x-t* 좌표 상에서 기울기는 오일러 속도의 역수를 나타낸다.

종파의 음속은 희박화의 후미 부분이라고 하는 것이 적절하다. 만약 이 속도에 대한 값을 모른다면 C_L은 유사상태의 집단에 있는 유사 물질에 대한 값을 사용하여 얻을 수 있다. 실제 팽창 등엔트로피선은 알려져 있지 않기 때문에 희박파의 선두 및 후미 끝부분에 대해서 사용되는 이 값들은 근사치들이다.

x-t 다이아그램 상에서 선두 및 후미 끝단의 속도를 볼 수 있으며, 때때로 이들 사이의 여러 값들의 희박파가 그려진다. 이 *x-t*상의 희박파들에 대한 표현을 희박파팬(Rarefaction fan)이라고 한다. [그림 31.6]는 [그림 31.4]에서 앞서 보았던 장방형 펄스에 따른 예로서 이 희박파팬을 나타낸다.

31.2 희박파를 포함하는 상호작용

희박파들이 형성되거나 상호작용할 때, 결과를 알아보기 위해 희박파를 포함하는 네 가지의 기본 상호작용을 검토해 보기로 한다.

① 자유면 충격 상호작용 ; 이것이 어떻게 희박파를 발생시키는지 알아본다.

② 두꺼운 목표물에 비행체의 충돌 ; 비행체의 두께와 비행체와 목표물의 상대적인 충격 임피던스가 생성된 목표물 충격의 지속시간과 모양에 어떻게 영향을 주는지 알아본다.

③ 두 희박화의 충돌 ; 이것이 물질의 장력을 어떻게 발생시키는지 그리고 스팔링(Spalling) 형태의 물질 파괴를 어떻게 일으키는지 알아본다.

④ 자유면을 가진 비장방형의 충격 펄스의 상호작용 ; 이것이 다수의 스팔링 및 스캐빙(Scabbing)을 어떻게 일으키는지 알아본다.

앞서 학습한 충격 전면 상호작용에서와 같이 *P-x* 스냅사진 *x-t* 좌표를 사용할 것이며 그리고 *P-u* 좌표 상에서의 상호작용 문제를 푼다.

31.2.1 자유면 충격 상호작용

철판에 부착되어 있는 스폰지를 손으로 압착한 후 손을 떼면 스폰지가 바로 팽창한다. 갑자기 압착하는 힘이 제거되면 스폰지는 압착된 곳으로부터 가속화되어 나온다. 이것이 정확하게 희박파를 의미하는 것으로 설명할 수 있다. 이 희박파는 앞으로 진행하는 충격파와 입자 속도에 정확하게 반대방향이다. [그림 31.7]은 시간 별로 상호작용시의 *P-x* 스냅사진과 충격파의 자유면 충돌 결과를 보여준다.

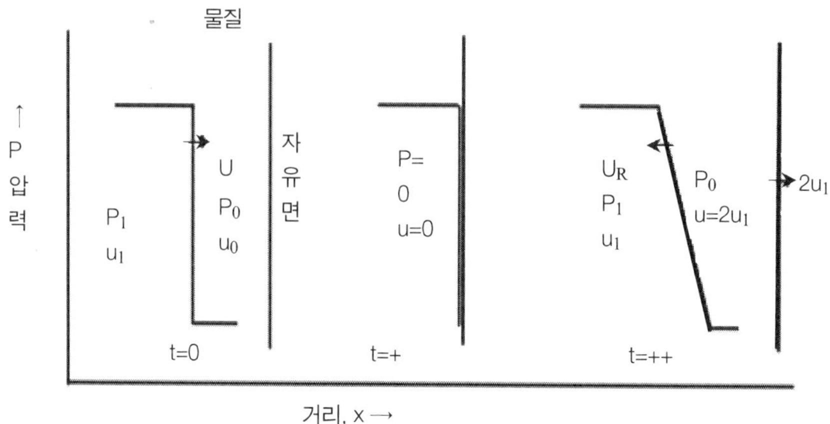

[그림 31.7] 시간별로 자유면에 충돌하는 충격파의 P-x 스냅 사진

충격파가 자유면에 도착할 때 자유면에서 물질은 고도로 압축되고 이 압축을 완화시키거나 충격압력을 제로로 떨어뜨리기 위해서 멀리 점프하려고 한다. 이렇게 해서 생성된 희박파 뒤의 입자는 충격 영역에 있는 입자속도의 2배로 가속화된다. [그림 31.8]의 x-t 다이아그램에서 이것을 좀 더 명확하게 볼 수 있으며 [그림 31.9]의 P-u 다이아그램 상에서도 볼 수 있다.

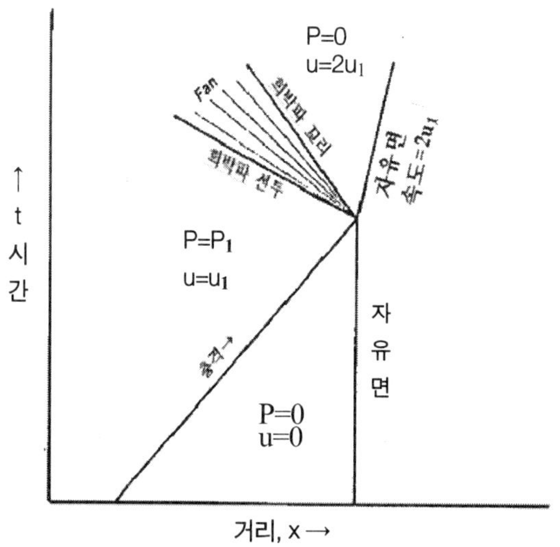

[그림 31.8] 자유면에서의 충격파의 *x-t* 다이아그램

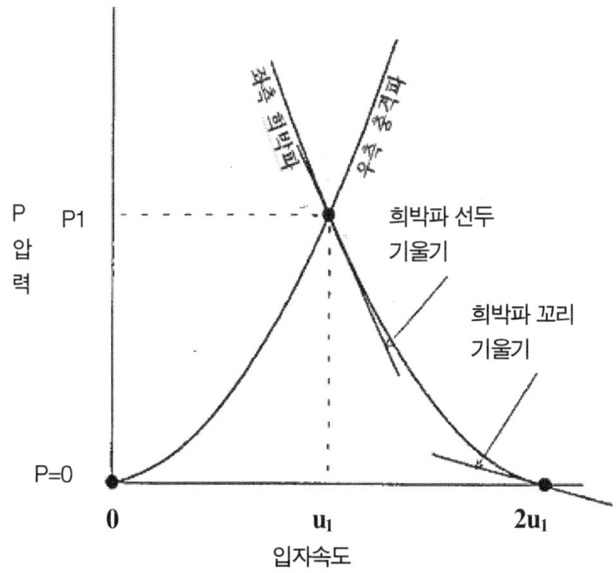

[그림 31.9] 자유면에서의 충격파의 상호작용의 P-u 다이아그램

우측 충격파는 $P=0$에서 P_1으로의 점프하는 조건이다. 희박파가 좌측 방향이고 P_1에서 0로 점프하는 물질이므로 우측 충격파가 P_1,u_1에서 상호작용하는 좌측 위고니오를 따르지 않으면 안 된다. 이것은 동일 물질에서 일어나고 있으므로 두 위고니오는 서로 정확하게 거울 이미지의 대칭이다. 그러므로 좌측 위고니오는 $2u_1$에서 u축을 교차하지 않으면 안 된다.

선두 희박파 속도는 P_1,u_1에서의 탄젠트인 dP/du 이며 꼬리 희박파 속도는 $P=0$, $u=2u_1$에서의 탄젠트임을 P-u 다이아그램에서 볼 수 있다. 희박파의 속도는 음의 부호이지만 희박파 뒤의 물질은 $+2u_1$의 입자속도를 갖는다는 것을 유의하여야 한다.

<예제31.1> 일정한 압력의 충격파가 오른쪽의 두꺼운 폴리스티렌 판 내에서 오른쪽으로 진행하고 있다. 충격 압력은 6.5GPa이다.

① 충격파의 입자속도는?

② 충격파 속도는?

③ 충격이 자유면에서 부딪친다. 이 충돌 후의 입자속도는?

④ 희박파 선두의 라그랑지 속도는?(진행하고 있는 물질에 상대적인)

⑤ 오일러 속도는?

(풀이)

① 충격파의 입자속도 구하기

<표 29.1>로부터 폴리스티렌의 U-u 위고니오 값을 찾아보면 다음과 같다.

$$\rho_0 = 1.044\ \text{g/cm}^3,\ C_0 = 2.746\ \text{km/s},\ s = 1.319$$

자유면과 충돌하기 전의 충격파는 오른쪽 방향으로 제로의 입자속도를 가진 물질로 들어가고 있다 ; 그러므로 그것의 P-u 위고니오는 다음과 같다.

$$P_1 = \rho_0 C_0 u_1 + \rho_0 s u_1^2$$

$$6.5 = (1.044)(2.746)u_1 + (1.044)(1.319)u_1^2$$

$$u_1 = 1.37\ \text{km/s}$$

② 충격파속도 구하기

충격파 속도는 입자속도로부터 알 수 있으며 U-u 위고니오는 다음과 같다.

$$\begin{aligned} U_1 &= C_0 + s u_1 \\ &= 2.746 + (1.319)(1.37) \\ &= 4.55\ \text{km/s} \end{aligned}$$

③ 충돌 후의 입자속도 구하기

충돌은 좌측 방향의 파가 물질 속으로 되돌아 오도록 한다. 이 파의 P-u 위고니오는 P_1, u_1으로 들어오는 위고니오의 반사이며 그리고 반사 후에 입자속도는 u_1의 2배 이므로 다음과 같다.

$$u_2 = (2)(1.37) = 2.74\ \text{km/s}$$

④ 희박파 선두의 라그랑지 속도 구하기

희박파 선단의 라그랑지 속도는 P_1, u_1에서의 P-u위고니오의 기울기를 ρ_0로 나눈 값이다. 그러므로 좌측 충격파 위고니오의 미분값을 찾아야 하며 그리고 그것을 P_1, u_1에서 계산되어야 한다.

$P = \rho_0 C_0(2u_1\text{-}u) + \rho_0 s(2u_1\text{-}u)^2$

$dP/du = 2\rho_0 su - (\rho_0 C_0 + 4\rho_0 su_1)$

$u = u_1$에서 계산하면,

$U_{좌측희박파,\ 라그랑지} = (dP/du)/\rho_0 = -C_0 - 2su_1$

$= -(2.746) - (2)(1.319)(1.37)$

$= -6.36$ km/s

⑤ 오일러속도 구하기

오일러 희박파는 라그랑지에 희박파가 진입하는 물질의 입자속도를 더한 것이므로.

$U_{좌측희박파,\ 오일러} = -6.64 + 1.37 = -5.27$ km/s

31.2.2 두꺼운 목표물에 비행체의 충돌

두 물질의 계면에서의 충격을 수반하는 문제에서와 같이 목표물과 비행체의 충격 임피던스의 상대적인 값이 서로 바뀔 때 다른 거동이 일어나게 된다. 세 가지의 경우로 나누어 생각할 수 있다.

31.2.2.1 $Z_f < Z_t$인 경우

[그림 31.10]의 x-t 다이아그램의 포인트①에서 비행체는 목표물과의 충격에 의해서 목표물로의 우측 충격파와 비행체로 반사되는 좌측 충격파가 생성된다.

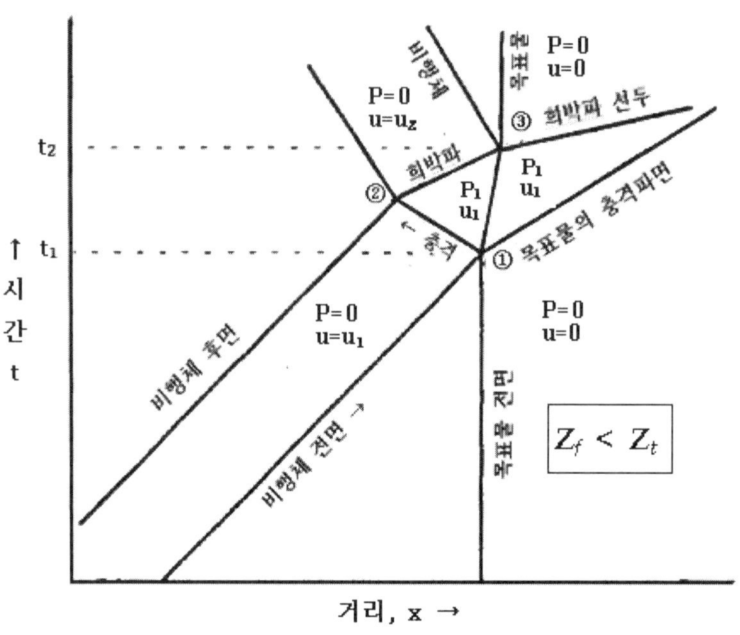

[그림 31.10] 두꺼운 목표물에 충돌하는 비행체, $Z_f < Z_t$

이 상호작용은 [그림 31.11]의 *P-u* 다이아그램에 표시되어 있으며 충격 후의 양쪽의 상태는 P_l, u_l이다.

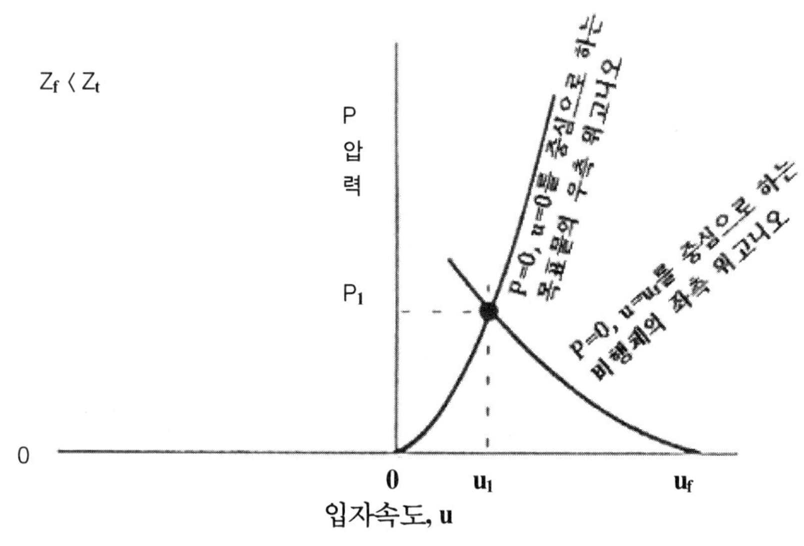

[그림 31.11] 포인트①에서의 상호작용([그림 31.10] 참조)

비행체에서의 좌측 충격파에 이어서 일어나는 다음의 상호작용이 비행체 뒤의 자유면에서의 충격이다([그림 31.10]의 x-t 다이아그램의 포인트 ②). 이 상호작용은 [그림 31.12]의 *P-u* 다이아그램 상에 나타나있다.

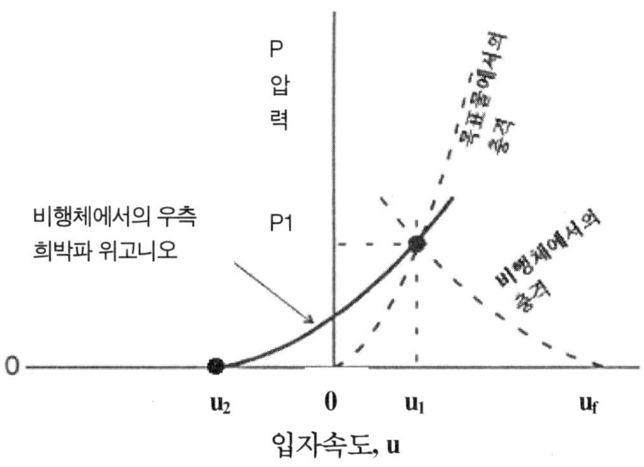

[그림 31.12] [그림 31.10]의 ②에서의 상호작용

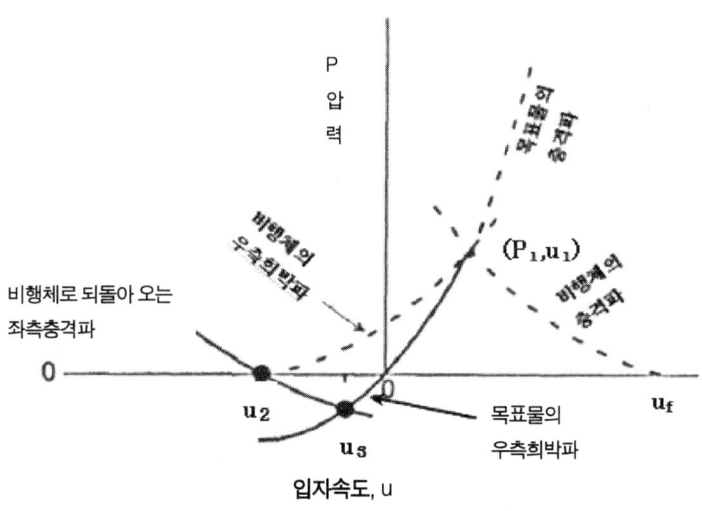

[그림 31.13] [그림 31.10]의 ③에서의 상호작용

좌측 충격파가 비행체 뒤의 자유면과 상호작용할 때, 우측 희박파가 형성된다. 이 희박파는 물질을 P_1,u_1에서 P_0로 완화시키므로 P_1,u_1을 통과해서 비행체의 우측 위고니오를 따라간다. P_0=0일 때 u축과의 이 위고니오니오의 교차점은 $u=u_2$(음수)이다. 대칭성 때문에 $u_2=2u_1-u_f$라는 것을 쉽게 알 수 있다. 이 우측 희박파가 목표물과 비행체의 계면에서 만나 상호작용을 일으켜 비행체가 목표물에 대해서 뒤로 밀린다. 이 상호작용이 [그림 31.13]의 P-u 플레인 상에 나타나 있으며 [그림 31.10]의 x-t 플레인 상의 포인트③이다.

우측 희박파가 비행체와 목표물의 계면에서 상호작용을 일으켜 비행체로의 좌측희박파와 목표물로의 우측 희박파가 형성되어야 하는데 비행체의 좌측희박파는 P_2=0, $u=u_2$로부터 오며 목표물의 우측희박파는 P_1,u_1으로부터 와서 이들이 교차되는 지점이 [그림 31.13]의 P_3,u_3이다. 음의 압력은 장력이다. 장력은 주어진 평면 또는 단면에서 물질이 양편에서 서로 반대 방향의 입자속도를 갖는 장소에서 일어난다. 그 평면에서의 물질은 반대 방향으로 서로 잡아당기고 있다. 만약 물질이 어느 정도의 인장강도를 가진다면 그것은 서로 계속 붙어 있을 것이며, 압축응력 보다는 인장응력 하에 놓이게 될 것이다.

인장 영역에서의 위고니오를 따르는 값에 대한 좋은 데이터가 없다. 그러므로 위고니오는 기울기가 ρ_0C_L 또는 -ρ_0C_L인 직선이라고 가정한다.

여기에서는 두 물질이 서로 누르고 있기 때문에 [그림 31.10]의 포인트③의 계면에서의 상호작용은 인장강도를 갖지 않아 계면이 분리된다. 비행체는 이 지점에서 목표물로부터 튀어 나가며(속도 u_3) 더 이상 관심의 영역이 아니다. P_1,u_1에 있었던 목표물의 면은 이제는 자유면이며 우측 방향의 희박파가 충격화된 지역으로 진행한다. 이 희박파는 P_1,u_1의 상태를 P=0, u=0로 떨어뜨린다.

지금까지 비행체의 충돌에 의해서 목표물에 장방형의 펄스를 형성하는 전 프로세스에 대해 알아 보았다. 펄스는 [그림 31.10]의 t_1에서 시작하며 [그림 31.10]의 t_2에서 끝난다. 그리고 초기의 충격 펄스의 일정 압력 시간이 t_2-t_1의 지속시간을 가진다.

<예제31.2> 두께 5mm의 폴리에틸렌 비행체가 2.5 km/s의 속도로 날아가서 두꺼운 판상의 PBX9404-03 폭약에 충격을 가한다고 생각해 보자. 폭약에서 어떤 압력의 충격파가 생기는가? 그리고 그것의 초기 지속시간을 얼마인가?

(풀이)

① 폭약에서의 충격파 압력 구하기

우선 <표 29.1>과 <표 29.2>로부터 이 두 물질에 대한 U-u 위고니오 값을 찾으면 다음과 같다.

폴리에틸렌 ρ_0 = 0.915 g/㎤, C_0 = 2.901 km/s, s = 1.481

PBX9404-03 ρ_0 = 1.840 g/㎤, C_0 = 2.450 km/s, s = 2.480

[그림 31.10]으로부터 목표물에 비행체가 충돌할 때, 목표물로 진행하는 우측 충격파와 비행체로 반사하는 좌측 충격파의 압력과 입자속도가 같으므로, 충격 계면([그림 31.10]의 ①지점)에서의 P_1을 찾기 위해 비행체의 좌측충격파 위고니오와 목표물의 우측충격파의 위고니오를 같게 놓는다.

비행체(좌측) : $P = \rho_0 C_0(u_0-u_1) + \rho_0 s(u_0-u_1)^2$

$= (0.915)(2.901)(2.5-u_1) + (0.915)(1.481)(2.5-u_1)^2$

목표물(우측) : $P = \rho_0 C_0 u_1 + \rho_0 s u_1^2$

$= (1.84)(2.45)u_1 + (1.84)(2.48)u_1^2$

상기 두 식을 같게 놓고 u_1에 대해서 풀면 u_1 = 0.898 km/s가 된다.

u_1의 값을 위의 두식 중에 어느 하나에 대입하여 P값을 구하면 다음과 같다.

P_1 = 7.73 GPa

② 충격파 압력 지속시간 구하기

이 압력이 폭약면에 가해지는 시간은 비행체의 충격이 비행체의 뒷면([그림 31.10]의 ②지점)에 도달하고 그 결과의 희박파가 비행체를 통해서 비행체와 폭약의 계면([그림 31.10]의 ③지점)으로 되돌아오는데 걸리는 시간과 같다. 그래서 먼저 비행체의 좌측 충격파의 U를 구해본다. [그림 31.11]에서 이 충격파는 P=0, u=2.5로부터 P=7.73, u=0.898로 점프하며 그리고 충격파 속도는 P-u 위고니오 상의 점프의 기울기를 초기 밀도로 나눈 것이므로 다음과 같이 구할 수 있다.

$P = \rho_0 uU$

$dP/du = \rho_0 U$

$$
\begin{aligned}
U_{\text{비행체 좌측충격파}} &= (dP/du)/\rho_0 \\
&= 7.73/(0.898-2.5)/0.915 \\
&= -5.27\ \text{km/s(mm/}\mu\text{s)}
\end{aligned}
$$

비행체의 두께가 5.0mm 이므로 충격파가 비행체의 뒷면에 도착하는 시간은 (5)/(5.27)= 0.95μs가 된다.

이제는 비행체를 통해서 되돌아 오는 선두 희박파 속도를 구해 본다. [그림 31.12]를 참조하여 P_1, u_1에서 반사된 비행체 위고니오의 기울기는 좌측 비행체 위고니오의 기울기의 음의 값이므로 P_1, u_1에서의 위고니오의 기울기의 음의 값은 다음과 같다.

$P = \rho_0 C_0(u_0-u_1) + \rho_0 s(u_0-u_1)^2$

$dP/du = 2\rho_0 su - \rho_0 C_0 - 2\rho_0 su_0$

$u_1 = 0.898,\ u_0 = 2.5$를 대입하여 구하면

$dP/du = (2)(0.915)(1.481)(0.898)-(0.915)(2.901)- (2)(0.915)(1.481)(2.5) = -8.996$

$(dP/du)/\rho_0 = -7.65\text{km/s}$

희박파 속도는 이 값의 음수이므로 $U_{\text{비행체 우측 선두 희박파}} = 7.65$ km/s

비행체를 지나가는데 (5)/(7.65) = 0.65 μs가 걸린다. 충격 시작으로부터 릴리프파가 계면에 도달할 때까지의 총시간은 0.95(충격파) + 0.65(희박파)이다.

$\Delta t(t_2-t_1) = 1.60\mu s$

31.2.2.2 $Z_f = Z_t$ 인 경우

이 경우의 x-t 다이아그림이 [그림 31.14]이다. 이 경우 P-u 다이아그램을 생각해 볼 때 상호작용은 양 물질의 임피던스(즉 같은 물질)가 같다는 것 외에는 앞의 경우에서와 똑같으므로 정확한 거울 이미지로 작업할 수 있으며 그리고 앞의 경우의 속도 u_2와 u_3가 이제 모두 제로라는

것을 알 수 있다. 또한 앞 경우에서 인장압력이었던 P_3가 이제는 제로라는 것을 알 수 있다. 그래서 비행체와 목표물은 압력도 없고 인장도 없이 계속 접촉해 있을 것이다. 양자가 모두 u=0의 최종 입자속도를 갖기 때문에 단순히 함께 머무른다. P-u 플레인 상에서 이들 상호작용은 [그림 31.15]와 같다.

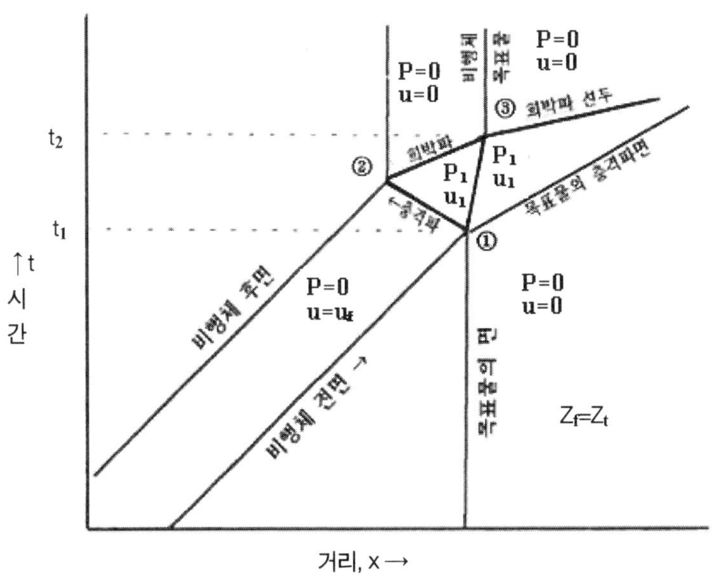

[그림 31.14] 두꺼운 목표물에 충돌하는 비행체, Z_t=Z_f

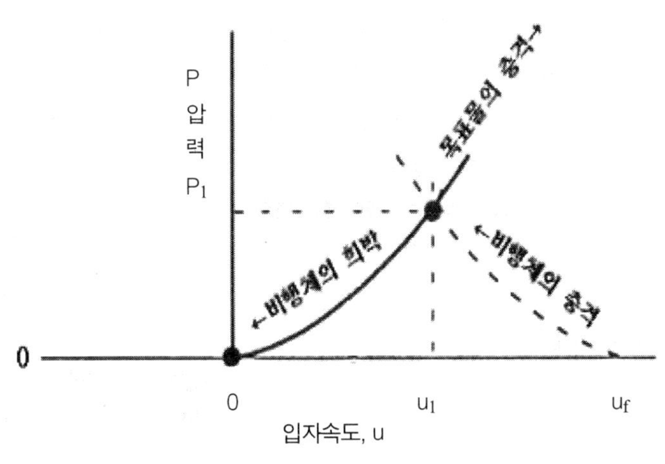

[그림 31.15] [그림 6.14]의 ②,③에서의 상호작용

31.2.2.3 $Z_f > Z_t$ 인 경우

이 경우의 *x-t* 다이아그램이 [그림 31.16]이며, 목표물과 비행체 모두 제로의 최종 입자속도가 되기 때문에 함께 남아있게 되며 방형파는 얻어지지 않는다는 것을 알 수 있다. 대신에 앞부분은 사각형 뒷부분은 계단식인 펄스가 얻어진다.

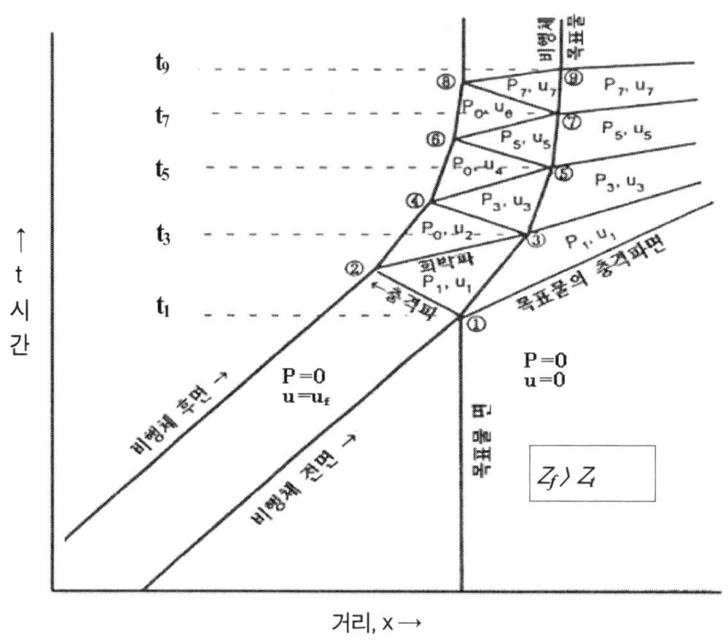

[그림 31.16] 두꺼운 목표물에 충돌하는 비행체 $Z_f > Z_t$

①지점에서, 비행체는 최초로 목표물과 충돌한다. 이것은 [그림 31.17]의 *P-u* 다이아그램 상에 표시된다. 비행체가 목표물에 충돌하여, 목표물에는 우측 충격파가 생성되고 비행체에는 좌측 충격파가 생성된다. 이 충격 후의 양쪽은 P_1, u_1의 상태가 된다. 비행체의 충격파는 ②지점에서 비행체의 뒤의 자유면에서 만나며 여기에서 상호작용을 하여 압력을 P_1에서 제로로 떨어뜨리는 우측 희박파가 생성된다. 이것은 [그림 31.18]의 *P-u* 다이아그램 상에 표시된다.

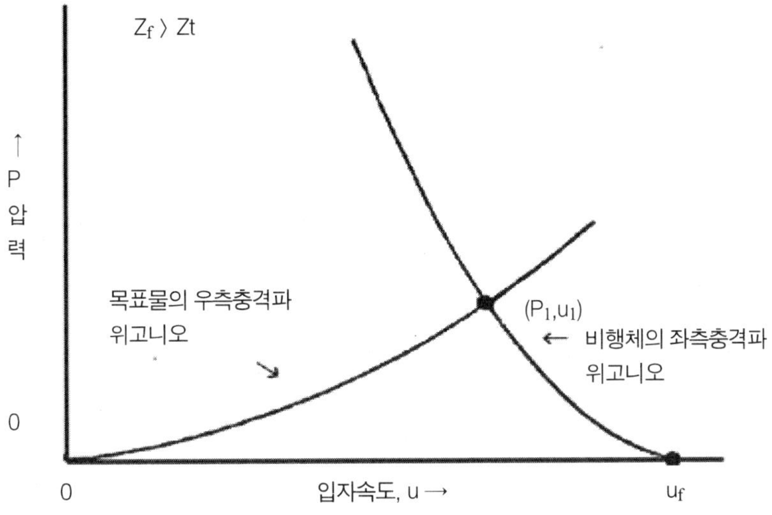

[그림 31.17] [그림 31.16]의 ①지점에서의 상호작용

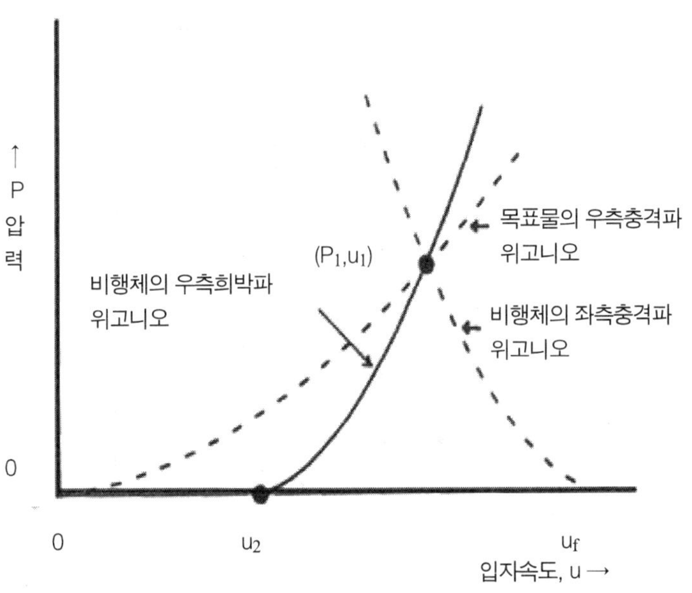

[그림 31.18] [그림 31.16]의 ②지점에서의 상호작용

비행체 뒤에서 생긴 희박파는 P_1에서 제로로 떨어지며 그리고 우측으로 진행하여 비행체와 목표물의 경계면에서 만난다. 이것이 [그림 31.16]의 *x-t* 다이아그램 상의 ③지점이며 [그림 31.19]의 *P-u* 다이아그램 상에서 표시된다.

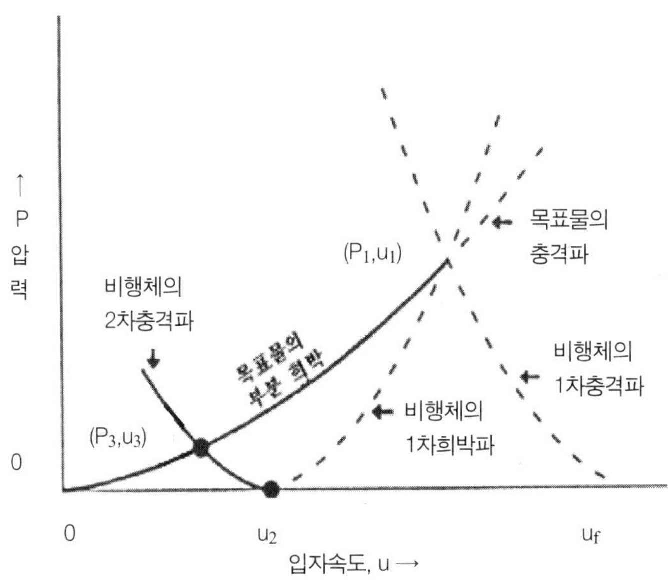

[그림 31.19] [그림 31.16]의 ③지점에서의 상호작용

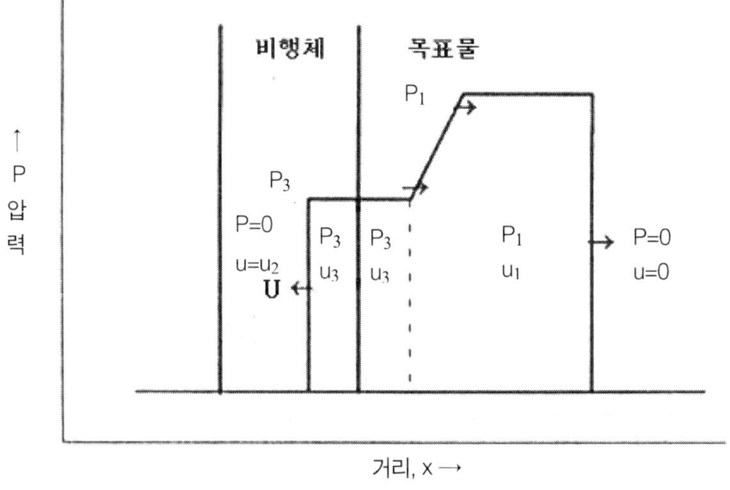

[그림 31.20] [그림 31.16]의 ③지점에서의 상호작용 직후의 P-x다이아그램

③에서의 상호작용은 P=0, u_2로부터 오는 비행체의 좌측 충격파와 P_1, u_1으로부터 오는 목표물의 우측 충격파를 생성한다. 이 두 파의 위고니오는 P_3, u_3에서 교차한다. 그래서 0에서 P_3로 가는 충격파가 비행체의 좌측으로 생성되며 그리고 P_1에서 P_3로 떨어지는 부분 희박파가 목표물의 우측으로 생성된다. 이 상호작용 후의 P-x 스냅사진이 [그림 31.20]에 표시된다.

이제 비행체로 돌아가는 두 번째 충격파는 ④지점에서 비행체 뒤의 자유면에서 만난다. 이 상호작용의 P-u 다이아그램이 [그림 31.21]에 표시된다.

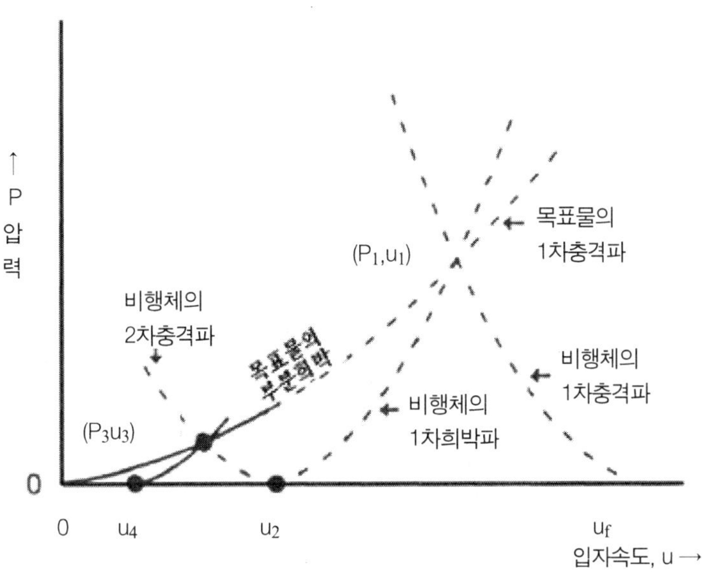

[그림 31.21] [그림 31.16]의 ④지점에서의 상호작용

두 번째 충격파가 ④지점인 비행체 뒷의 자유면에서 만날 때, P_3에서 제로로 떨어뜨리고 입자속도를 u_4로 감소시키는 우측 희박파를 생성한다. 비행체의 이 두 번째 희박파는 계면 쪽으로 향하고 지점⑤에서 상호작용하여 비행체 쪽으로 되돌아가는 좌측 충격파와 목표물로 가는 우측 희박파를 생성한다. 이 상호작용이 [그림 31.22]의 P-u 다이아그램 상에 표시된다. 계면에서 P=0, u_4로부터 오는 희박파와 충격파 P_3, u_3의 상호작용은 비행체로 되돌아가는 좌측 충격파와 그리고 목표물로 들어가는 또다른 부분 희박파를 형성한다. 이들 뒤의 상태는 P_5, u_5이다.

이 상호작용 후 즉시 취한 P-x 스냅사진이 [그림 31.23]에 표시된다. [그림 31.22]의 이 프로세스를 따라감으로써 비행체-목표물의 최종 상태가 P=0, u=0로 되며 그리고 비행체는 목표물과 접촉해 있게 된다는 것을 알 수 있다. 또한 목표물의 충격파 뒤에 생성된 스텝의 수와 크기는 비행체 두께와 비행체와 타켓의 충격파 임피던스 Z의 상대값에 따른다는 것을 추측할 수 있다.

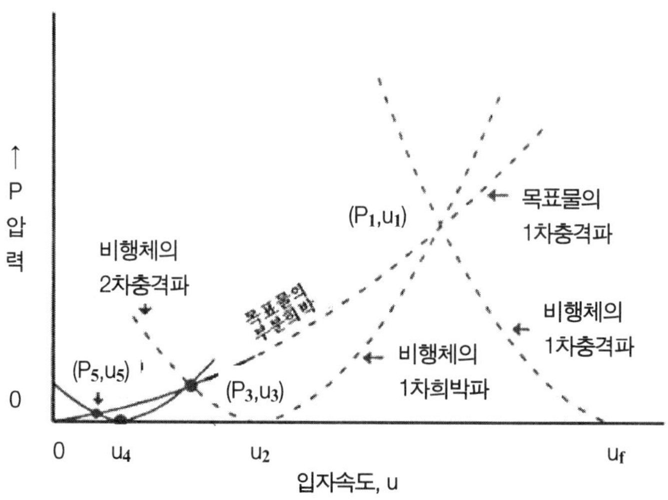

[그림31.22] [그림31.16]의 ⑤지점에서의 상호작용

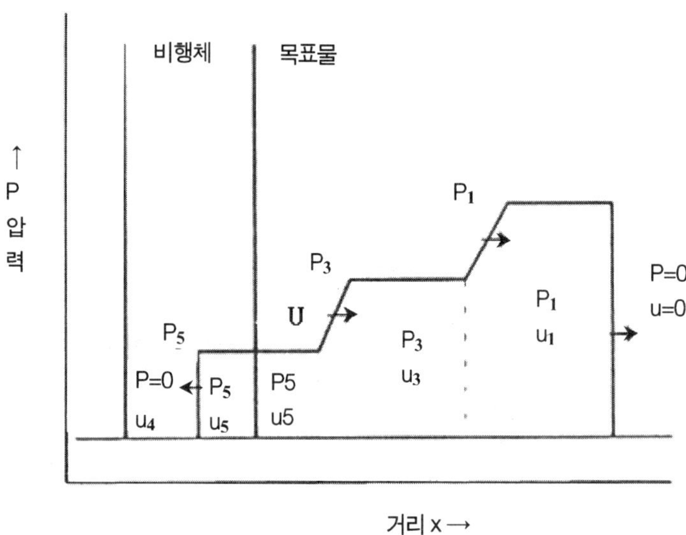

[그림 31.23] [그림 31.16]의 ⑤지점에서의 상호작용 직후 *P-x* 다이아그램

31.2.3 두 희박파의 정면 충돌

31.2.2.1에서 물질이 장력상태가 되는 조건에 대해서 알아보았다. 이 파트에서는 그러한 현상에 대해서 좀 더 살펴보기로 한다. 서로 접근하는 두 개의 희박파에 대해서 생각해 보기로 한다. 이 조건은 물질이 충격압력하에 있고 그리고 동시에 양쪽으로부터 완화되고 있는 조건으로 여러 가지 방법으로 만들어질 수 있다.

하나의 예가 물질 속을 진행하다가 자유면에 부딪히는 방형파 충격이 될 수 있다. 자유면에서의 상호작용은 충격 속으로 반사하여 되돌아가는 희박파를 생성한다. 이 희박파는 충격의 뒤쪽으로부터 오는 희박파와의 충돌하는 과정상에 있게 된다. 만약 충격의 중심에서 물질에 대한 라그랑지 좌표(물질 좌표) 상에서 이 충격을 관찰한다면 충격은 계속 정지 상태에 있을 것이며, 두 희박파는 양 쪽으로부터 충격을 잠식하는 것이 될 것이다. 이 경우의 상황을 [그림 31.24]의 *P-x* 다이아그램에서 볼 수 있다.

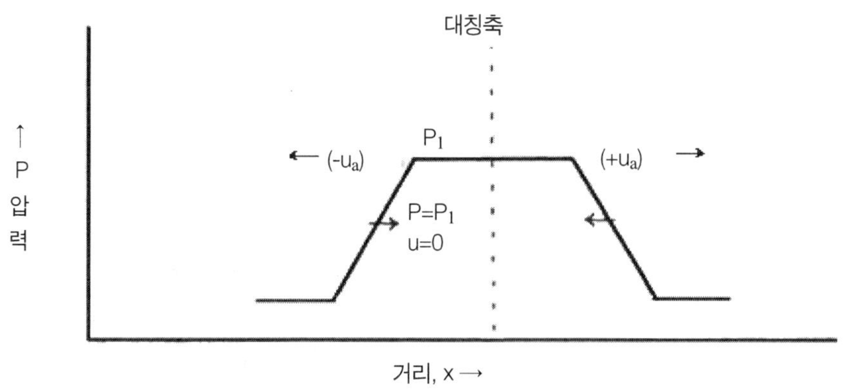

[그림 31.24] 충돌 과정에 있는 두 희박파의 *P-x* 다이아그램

두 희박파는 충격압을 P_1에서 제로로 완화시키고 있으며 희박화는 희박파 속도 벡타의 반대 방향으로 입자들을 가속화시키므로, 물질들은 속도 크기 u_a로 양방향으로 충격화된 영역으로부터 멀리 떠나간다. 상호작용은 [그림 31.25]의 *x-t* 다이아그램과 [그림 31.26]의 *P-u* 다이아그램 상에 표시된다.

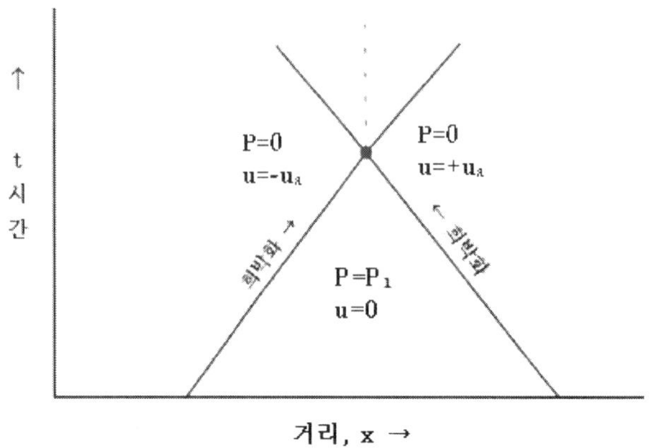

[그림 31.25] 두 희박파 충돌의 *x-t* 다이아그램

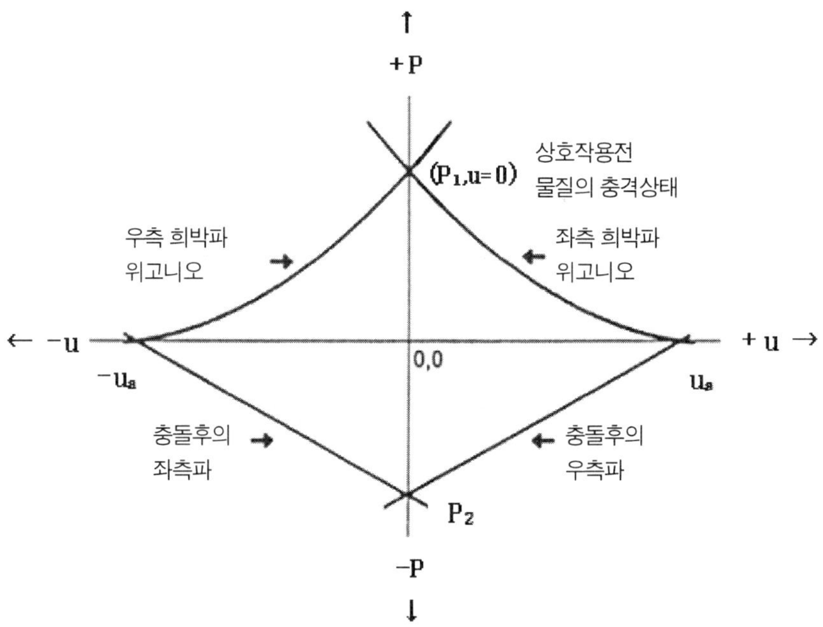

[그림 31.26] 두 희박파 상호작용의 *P-u* 다이아그램

P-u 플레인에서 장력은 대칭의 중심에서 형성된다는 것을 알 수 있다. 만약 장력이 물질의 동적 인장강도(스팔 강도, spall strength)를 초과한다면 그 때 물질은 파괴되어 판에서 떨어져 나갈 것이다. 이것을 스팔링(spalling)이라고 한다. 두 희박파가 상호작용하기 전에 충격파 압력을 P_1에서 제로로 떨어뜨리고 있다. 이 두 희박파의 위고니오는 양의 압력을 가진 위고니오들이다.

희박파가 상호작용했을 때 그들은 P=0, u_a 로부터 오는 우측 충격파와 P=0, $-u_a$ 로부터 오는 좌측 충격파를 생성하지 않으면 안 된다. 앞서 설명한 바와 같이 이들 위고니오는 기울기 $\rho_0 C_L$ 또는 $-\rho_0 C_L$인 직선이다. 항상 그랬듯이 그들의 교차점은 상호작용 후의 물질의 상태를 말하며, $P=P_2$(장력)와 u=0이다.

만약 장력 P_2가 물질을 스팔링시키는데 충분치 않으면 장력파는 왼쪽과 오른쪽의 양방향으로 진행한다. 만약 장력이 물질을 스팔링하는데 충분하면, 그 때 물질은 파괴되어 떨어져 나오며 압력을 P=0로 떨어뜨리며 입자속도의 크기 u_a로 각 방향으로 날아가는 두 개의 자유면을 형성한다.

여러 물질에 대한 충분한 스팔링 강도 데이터가 없다. 데이터를 가지고 있다 하더라도 특정 물질의 형성된 조건과 내역이 상당히 중요한 역할을 한다. <표 31.1>에는 일반적으로 우리가 다루고 있는 여러 가지 물질의 스팔 거동에 대해 예상되는 근사값들이 나와 있다. <표 31.1>의 스팔 강도의 값들은 이들 동일 물질에 대한 정적 인장강도 보다도 높으며 2.5에서 10배 정도의 범위에 있다.

〈표 31.1〉 여러 물질들에 대한 스팔 강도치

물질	조건	스팔 강도(Spall strength)	
		(GPa Tensile)	(psi)
Al(pure)	Annealed	−1.3	189,000
Al(1100)	Annealed	−1.3	189,000
Al(2024)	−0	−1.3	189,000
Al(2024)	−T4	−1.6	232,000
Al(2024)	−T6	−2.0	290,000
Cu(pure)	Annealed	−2.4	348,000
Be/Cu	Full hard	−3.7	537,000
Brass(60/40)	Annealed	−2.1	305,000
Steel	Annealed	−1.6	323,000
Steel	(unknown)	−3.8, −2.1, −2.3	336,000
Steel(4340)	Annealed	−3.0	435,000
Ag(pure)	?	−2.1	305,000
Pb(pure)	?	−0.9	131,000

※ http://www.technonet.co.kr 에 의하면, 열처리 알루미늄 합금의 제조 상태는 0, F, W, T1～T10의 14세 가지가 있으며, 이 중에서 0와 T4 및 T6의 조건은 다음과 같다.

○ 0: 낮은 강도로 인해 인성이 좋고, 형상의 안정성이 우수하다.(Annealed)

○ T4: 고용화 열처리 이후에 냉각하면서 자연스럽게 시효처리한다. 냉각 가공으로 경화시키거나 냉간 가공에 의한 경화가 기계적 특성치의 한계를 넘지 않는 곳에 사용한다.(Solution treated and naturally aged to a substantially stable condition)

○ T6: 고용화 열처리 이후에 냉간 가공을 하지 않거나 냉간 가공에 의한 경화가 기계적 특성에서 고려되지 않는 곳에 사용한다.(Solution heat treated and stabilized)

<예제31.3> 두꺼운 스텐레스에 판상의 비행체가 충돌하였다. 충격은 스텐레스에 방형파의 충격 펄스를 만들었으며 이것은 반대편의 자유면으로 진행하였다. 자유면에서 충격 펄스의 상호작용은 방형파의 충격 펄스로 되돌아 오는 희박파를 만들었다. 충격 압력이 7.5GPa이다. 희박파들이 만날 때 그들은 장력을 형성할 것이다. 이 지점에서 스텐레스의 스팔(spall)이 일어날 것인가?

(풀이) 이 문제에서 스텐레스에 대한 종방향의 음속과 *U-u* 위고니오에 대한 값이 필요하다. <표 29.1>로부터 SUS304에 대한 *U-u* 위고니오 값은 다음과 같다.

ρ_0 = 7.896 g/㎤, C_0 = 4.569 km/s, s = 1.49

그리고 <표 29.3>으로부터 SUS304에 대한 C_L의 값은 없으나 스텐레스 종류별로 음속이 그다지 크게 변하지 않으므로 SUS347에 대한 값을 사용하기로 한다.

C_L = 5.79 km/s

① u축 상에서 만나는 입자속도 구하기

[그림 31.26]를 참조하여 *P-u* 위고니오의 *u*축상에서 만나는 입자속도를 찾아보자. 우측 희박파는 충격 상태를 P=7.5, u=0로부터 P=0, $u=u_a$로 떨어뜨린다. 그러므로 *P-u* 위고니오는 다음과 같다.

$$P = \rho_0 C_0(u-u_0) + \rho_0 s(u-u_0)^2$$

여기서 u=0 및 $u_0=u_a$이므로

$$7.5 = (7.896)(4.569)(0-u_a) + (7.896)(1.49)(0-u_a)^2$$

$$u_a = -0.195 \text{ km/s}$$

② 인장력(P_2) 구하기

대칭론에 의해, 좌측 희박파는 쇼크 상태를 P=7.5, u=0로부터 P=0, u=+0.195로 떨어뜨린다.

이들 두 희박파의 상호작용은 P=0, u=-0.195와 P=0, u=+0.195 의 서로 반사되는 우측 및 좌측 충격파를 형성할 것이다. 다시 [그림 31.26]을 참조하면, 이들 충격파는 인장할 것이며 각각 $-\rho_0 C_L$과 $+\rho_0 C_L$의 기울기를 가질 것이다.

다시 대칭론에 의해서 이들 후자의 두 위고니오는 어떤 시점인 $P=P_2$와 u=0에서 만날 것이다. 그래서 둘 중 하나로부터 P_2의 값을 구할 수 있다.

$$\Delta P / \Delta u = \rho_0 L$$

$$\Delta P = \rho_0 C_L \Delta u$$

$$= (7.896)(5.79)(-0.195)$$

$$= -8.9\text{GPa}(\text{인장})$$

<표 31.1>로부터 가장 강한 스틸이 3GPa의 스팔 강도를 갖는다. 그러므로 예제의 스텐레스 판은 스팔된다.

31.2.4 자유면에서 비방형파의 상호작용

방형파의 충격 펄스는 사각형으로 계속 유지되지 않는다. 충격의 뒤쪽은 사각형의 면이 형성되자마자 즉시 희박파에 인해 앞으로 뾰족하게 기울어진다. 또한 인접 화약의 폭굉으로부터 물질에 충격이 유도되었을 때와 같이 뒷면이 충분히 경사진 상태로 시작하는 충격파가 형성될 수 있다. [그림 31.27] 톱니형 파의 P-x 다이아그램을 보여준다. 이것은 부분적으로 감쇠된 충격 펄스의 이상적인 형태로 인접한 폭굉으로부터 받은 충격펄스와 동일하다.

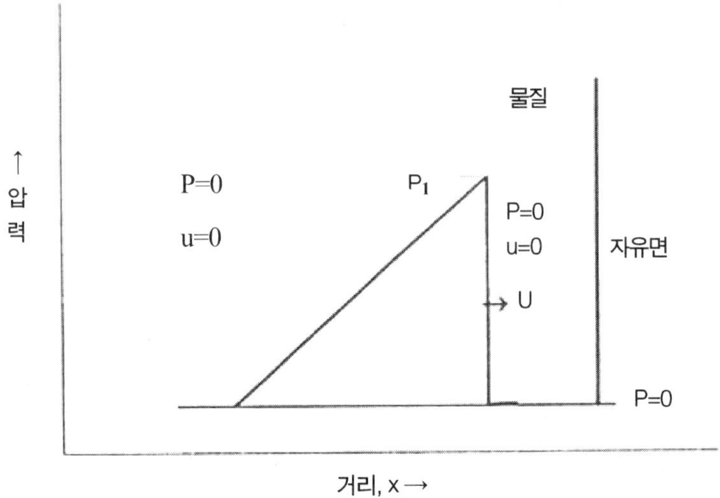

[그림 31.27] 톱니형 충격 펄스의 P-x 다이아그램

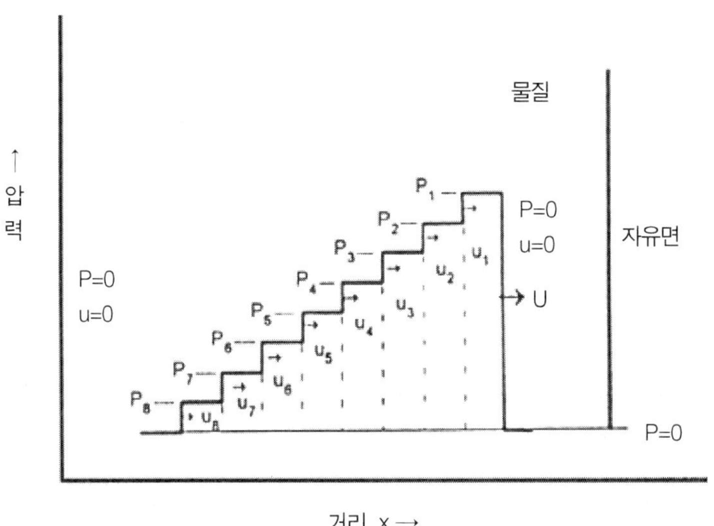

[그림 31.28] 톱니형 파의 여러 개의 희박파형 모델

이 펄스를 *P-u* 플레인 상에서 도표로 다루기 위해 [그림 31.28]에 표시된 바와 같이 펄스의 뒷 부분에서 희박화를 여러 개의 작은 파형으로 분할할 것이다. *x-t* 플레인 상에서 여러 개의 희박파 상호작용이 [그림 31.29]에서 표시된다.

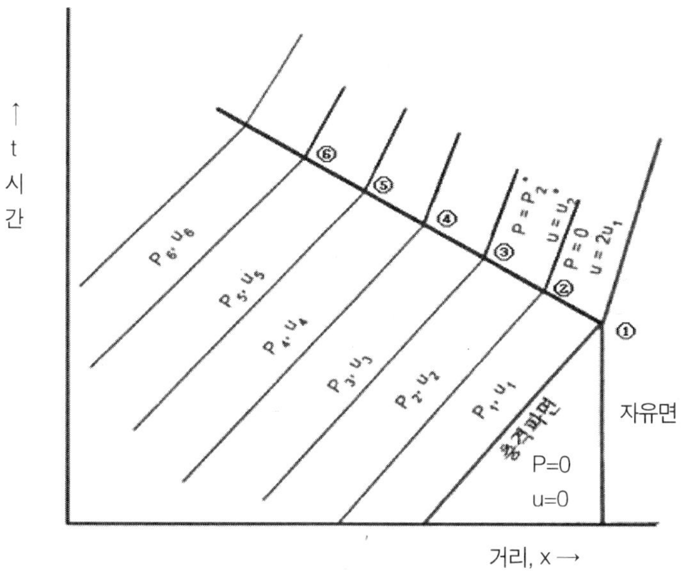

[그림 31.29] 자유면에서 파형들(톱니형 모델)의 상호작용

첫 번째로 생각해야 할 상호작용이 자유면에서 상호작용하는 P_1, u_1의 충격파이다[그림 31.30]. 이 상호작용은 P_1을 제로로 떨어뜨리는 좌측 희박파를 만들어야 한다. ①로부터 오는 희박파는 첫 번째 파형(P_2, u_2)과 상호작용하여 $P=0$, $2u_1$으로부터 오는 우측파와 P_2, u_2로부터 오는 좌측파를 형성한다.

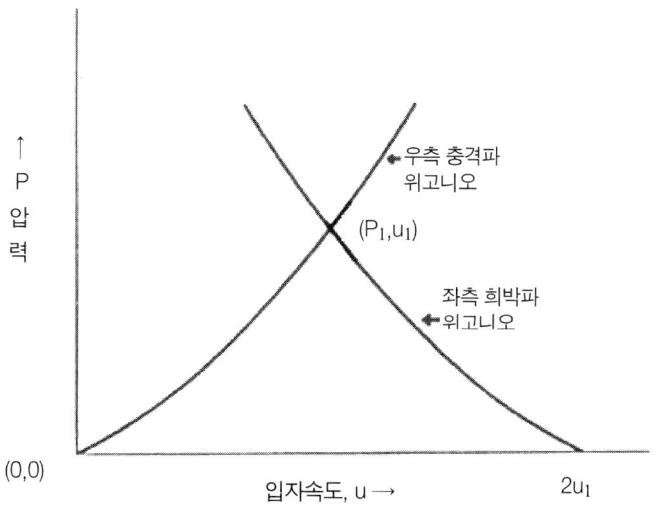

[그림 31.30] 그림 31.29의 ①에서의 상호작용

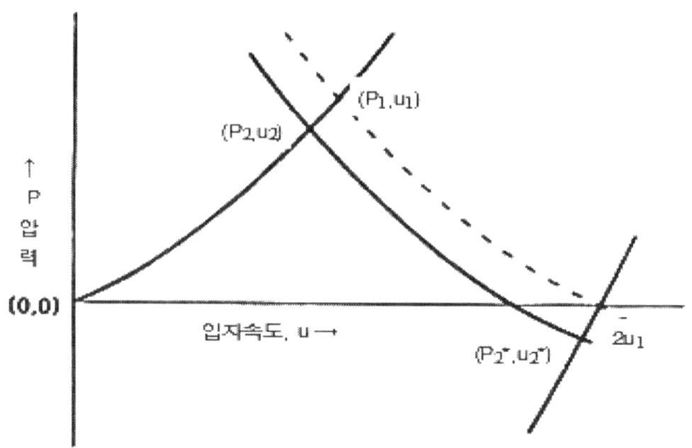

[그림 31.31]　[그림 31.29]의 ②에서의 상호작용

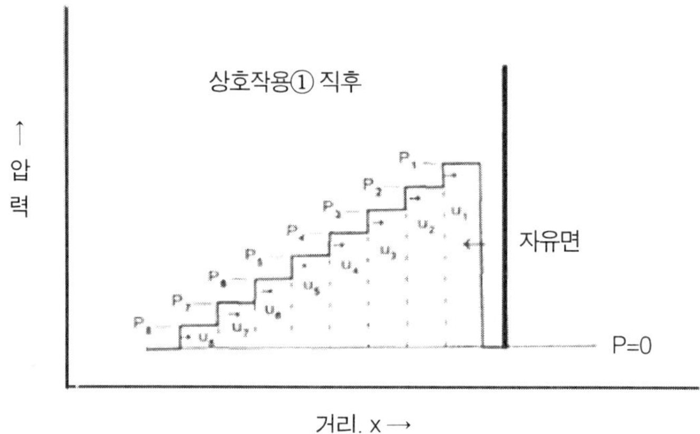

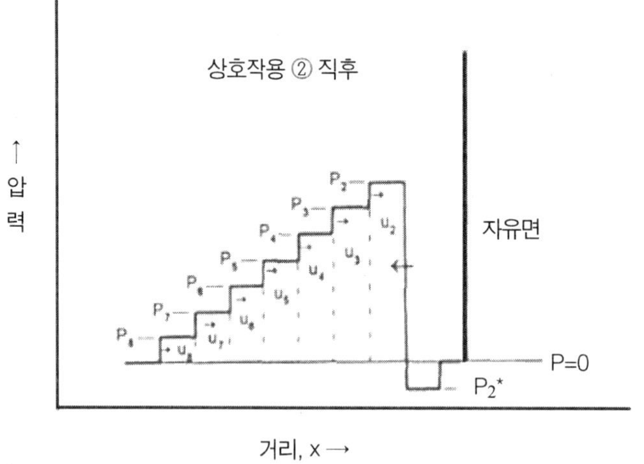

[그림 31.32] ①과 ②의 상호작용 후의 *P-x* 다이아그램

[그림 31.31]을 보면 얻어진 상태가 장력 P_2^* 와 입자속도 u_2^* 라는 것을 볼 수 있다. 상호작용 ①과 ② 직후의 *P-x* 다이아그램은 흥미를 유발시키며 [그림 31.32]에서 볼 수 있다.

이제 ③에서 ②로부터 오는 좌측 희박파는 두 번째 파형(P_3,u_3)과 상호작용하여 P_2^*,u_2^*로부터 나오는 우측파와 P_3,u_3로부터 나오는 좌측파를 형성한다. [그림 31.33]을 보면, 얻어진 상태가 P_3^*,u_3^*로 이 포인트에서 보다 큰 장력을 생성하였다는 것을 알 수 있다. 이와 같은 동일한 과정이 P_4,u_4, P_5,u_5 등으로 뒤로 가면서 반복된다. 이때에 생성된 P-x 스냅사진의 시리즈는 [그림 31.34]와 같다. 희박파가 왼쪽으로 계속되면서 충격의 뒷부분에서는 더 경사진 희박파와 상호작용하여 장력이 계속해서 증가한다. 만약 스팔이 어떤 중간 포인트에서 일어나면, 물질은 새로운 자유면을 만들면서 파괴, 분리되며 새로운 자유면은 [그림 31.34]의 마지막 다이아그램과 같이 그것에 접근하는 톱니형의 충격파를 계속 갖는다. 그리고 전체의 과정이 다시 시작된다. 만약 초기 충격압력이 상당히 높으면, 첫 번째 스팔의 자유면의 뒤에서 그 과정이 일어날 때 두 번째의 스팔은 일어날 수 있으며 심지어는 세 번째, 네 번째도 일어날 수 있다. 이러한 다수의 스팔링을 스캐빙(*scabbing*)이라고 한다.

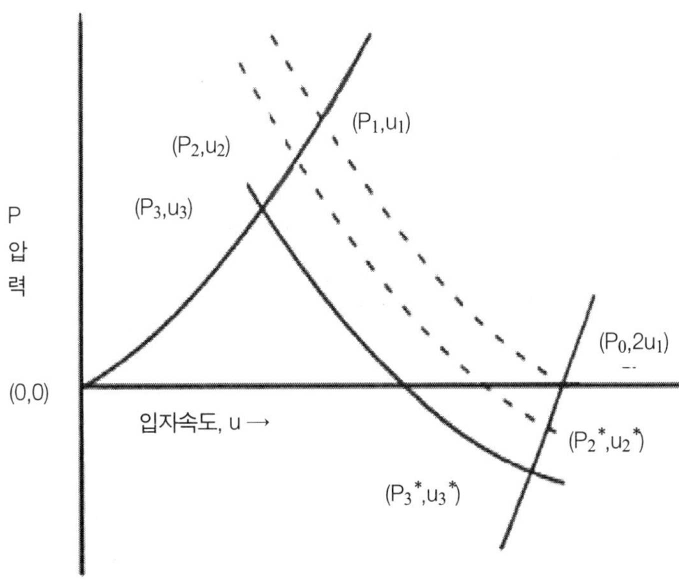

[그림 31.33] [그림 31.29]의 ③에서의 상호작용

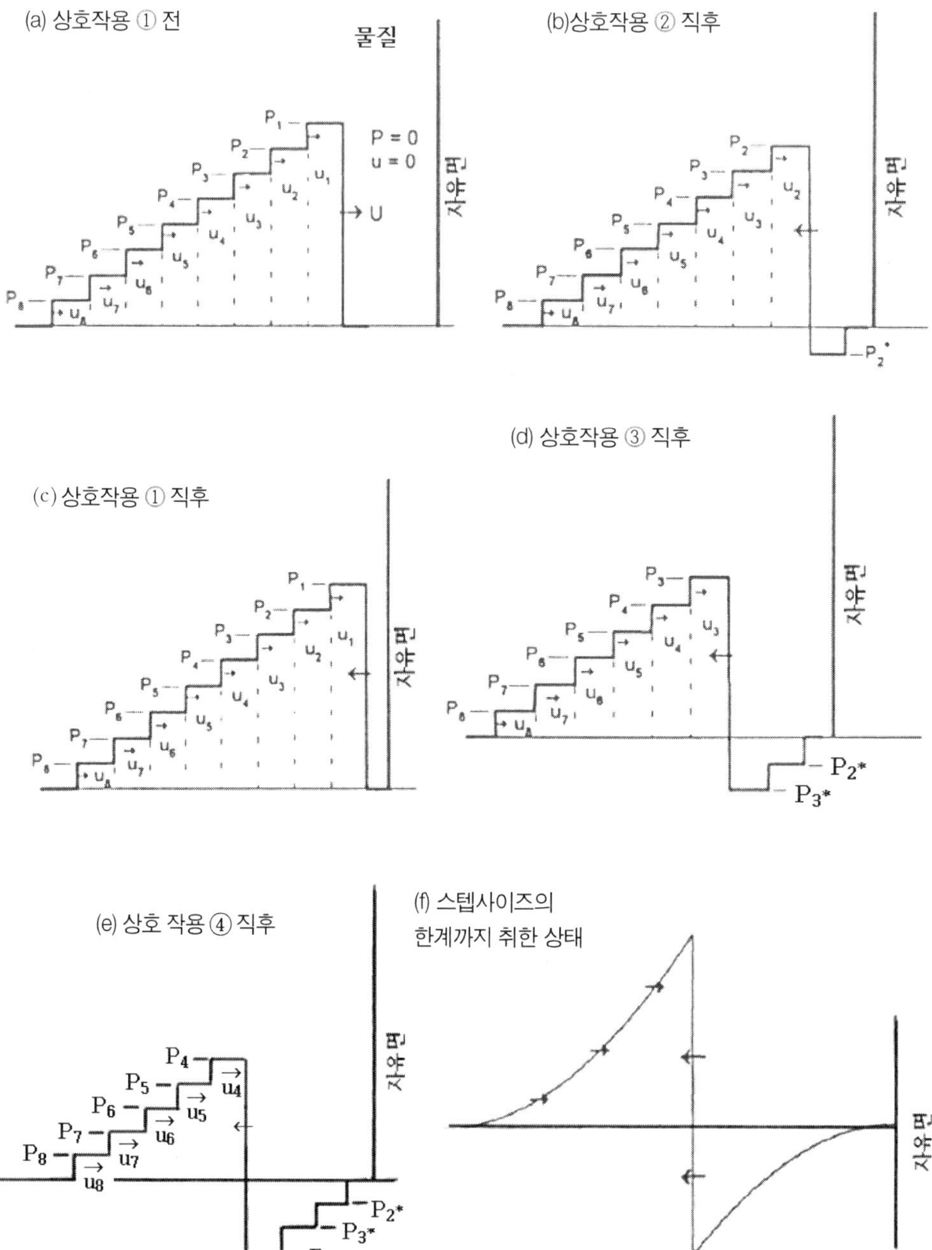
(a) 상호작용 ① 전
물질
P = 0
u = 0
U
자유면
(b)상호작용 ② 직후
자유면
(c) 상호작용 ① 직후
자유면
(d) 상호작용 ③ 직후
자유면
P2*
P3*
(e) 상호 작용 ④ 직후
자유면
P4
P5
P6
P7
P8
u4
u5
u6
u7
u8
P2*
P3*
P4*
(f) 스텝사이즈의
한계까지 취한 상태
자유면

(a) 자유면과 상호직전의 톱니파형의 P-x 다이아그램

(b) 자유면과 상호작용 직후의 톱니형파의 P-x 다이아그램

(c) 상호작용② 직후의 톱니형파의 P-x 다이아그램

(d) 상호작용③ 직후의 톱니형파의 P-x 다이아그램

(e) 상호작용④ 직후의 톱니형파의 P-x 다이아그램

(f) 자유면과의 상호작용 후 한계까지 취한 스텝 사이즈의 톱니형파 P-x 다이아그램

참고문헌

1. Paul W. Cooper(1996), "Explosives Engineering", VCH Publishers, Inc., New York

제32장

폭굉[1]

폭굉은 빠른 화학 발열반응을 수반하는 충격파이다. 폭굉 과정을 조사해 보면 모든 폭약에 적용될 수 있는 어떤 기본 현상을 찾을 수 있다. 그 첫째가 폭약이 폭굉했을 때 앞으로 진행하는 파의 속도는 일정하다는 것이다. 즉 충격파 속도는 폭약이 기폭된 후에는 속도가 증가되거나 감소되지 않는다. 두 번째로 실린더형 폭약에서 폭굉파 속도는 속도가 더 이상 증가되지 않는 한계직경에 도달될 때까지 직경 증가에 따라 증가한다는 것이다. 그리고 또한 폭굉파 속도가 더 이상 증가하지 않는 이 한계직경은 각 폭약마다 다르다는 것이다. 이러한 현상에 근거할 때 폭굉 현상은 이상적 폭굉과 비이상적 폭굉의 두 가지로 나누어 질 수 있다. 이상적 폭굉에서는 폭약의 단면적이 너무 커서 직경의 영향이 없으며 그리고 비이상적 폭굉에서는 폭약의 크기가 폭굉 특성에 영향을 미친다. 대부분 합성폭약을 사용하는 군용폭약에서는 특히 그들의 최대밀도에 가까이 있는 폭약에 있어서는 한계직경이 약 1 밀리미터에서 수십 밀리미터에 이루기까지 아주 작다. 그러나 혼합폭약인 대부분의 산업용 폭약에 있어서는 이 직경이 수 센티미터의 범위에 있으며 블라스팅에이전트(Blasting agent)에 있어서는 수 미터 또는 그 이상이다.

32.1 폭굉 이론

여기에서는 이상적 폭굉에 대해서만 다룬다. 비이상적인 경우에 비해서 분석하기가 더 쉽긴 하지만 결코 단순하지가 않다. 폭굉을 수학적으로 단순하고도 충분하게 표현하기 위해서는 화학반응의 열역학과 동력학을 정량화해야 할 것이다. 즉 충격 유체역학뿐만이 아니라 폭굉 뒤에 팽창하는 가스의 흐름에 관한 유체역학을 다루어야 할 것이다. 수학적으로 다루기 쉬운 총량 조건으로 이상적인 폭굉을 모델화할 수 있으며 그리고 미반응 충격에서 배웠던 동일 수준의 수학적 기법으로 1차 공학 문제를 풀 수 있다. 이 모델은 1940년대 초 젤도비크(Zeldovich), 폰 노이만 (Von Neumann) 그리고 디어링(Deering)에 의해서 각각 독립적으로 개발되었으며 그 이후에 단순이론 또는 ZND 모델이라고 불렀다.

이 단순이론에는 위에서 언급한 총량적으로 보는 것과 일치하는 여러 가지 가정들이 있으며 다음과 같다.

① 1차원의 흐름이며 미반응 충격파를 다룰 때 만들었던 일축 가정과 동일하다.

② 폭굉 파면은 점프의 불연속성이므로 우리가 미반응의 충격파에서 사용했던 것과 같은 방법으로 취급될 수 있다.

③ 폭굉 파면에서 나오는 반응생성물인 가스는 화학적 및 열역학적 평형상태에 있으며 화학반응은 완전히 끝나게 된다.

④ 화학 반응대의 길이는 제로이다.

⑤ 폭굉 속도는 일정하다. 즉 정상 상태의 프로세스이다. 그리고 폭굉에서 나오는 생성물은 시간과는 관계없이 동일한 상태로 남는다.

⑥ 가스 반응 생성물은 폭굉 파면에서 나온 후 시간 의존성일 수 있으며 주변 시스템 또는 경계 조건에 의해서 영향을 받는다.

이러한 가정에 의해서 폭굉은 폭약을 통해서 진행하는 충격파처럼 보인다. 충격파면은 폭약을 압축하고 가열하여 화학반응을 일으킨다. 발열반응은 순간적으로 끝난다. 반응에 의해서 발생된 에너지는 충격파면에 공급되어 그것을 앞쪽으로 밀어준다. 동시에 이 충격파 뒤의 가스 생성물이 팽창하고 있고 희박파가 충격 속으로 전진한다. 충격파면, 화학반응 그리고 희박파의 선두는 모두 평형상태에 있다. 그래서 그들은 모두 동일한 속도로 이동하며 우리는 그것을 폭굉 속도라고 부른다. 그러므로 충격파면은 시간에 따라 모양이 변하지 않으며(압력 일정) 그리고 폭굉 속도도 시간에 따라 변하지 않는다.

[그림 32.1]에서 P-υ 좌표 상의 폭굉 점프 조건을 살펴보기로 하자. 그림에서 보듯이 폭굉

점프 조건에서 미반응 폭약과 완전히 반응한 가스 상의 폭굉 생성물의 두 가지의 물질을 다루고 있다. 하나의 물리적 상태로부터 다른 상태로 점프하고 있을 뿐만이 아니라 새로운 화학적 상태로도 점프하고 있다. 이 그림에서 포인트 A는 미반응 폭약의 초기 상태이며 포인트 C는 미반응 폭약이 완전히 충격화된 점프 조건이며 그리고 또 다른 위고니오 상의 B는 반응생성물의 상태이다.

반응생성물의 상태는 레일리선이 생성물의 위고니오에 접선 포인트에 있다는 것을 알 수 있을 것이다. 이 포인트는 Chapman-Jouguet(CJ) 포인트라고 불린다. 체프먼(Chapman)과 주게어(Jouguet)는 이것을 정상 상태의 폭굉 조건으로 가정하였고 CJ 포인트라고 이름을 붙였다. 만약 레일리선이 반응 생성물의 위고니오 아래에 놓인다면 점프는 이들 생성물을 포함하지 않을 것이다. 왜냐하면 가스생성물은 폭굉에서 형성된다는 것을 알고 있고 그리고 반응은 폭굉 속도 D로 진행하고 있고 그리고 생성물의 위고니오는 레일리선의 어디에선가 만나지 않으면 안 된다는 것을 앞서 규정하였기 때문이다. 만약 레일리선이 접선 보다 더 큰 기울기에서 생성물의 위고니오를 만난다면 그 때는 [그림 32.2]와 같이 반응생성물과 레일리선이 만나는 두 개의 상태가 가능하게 된다.

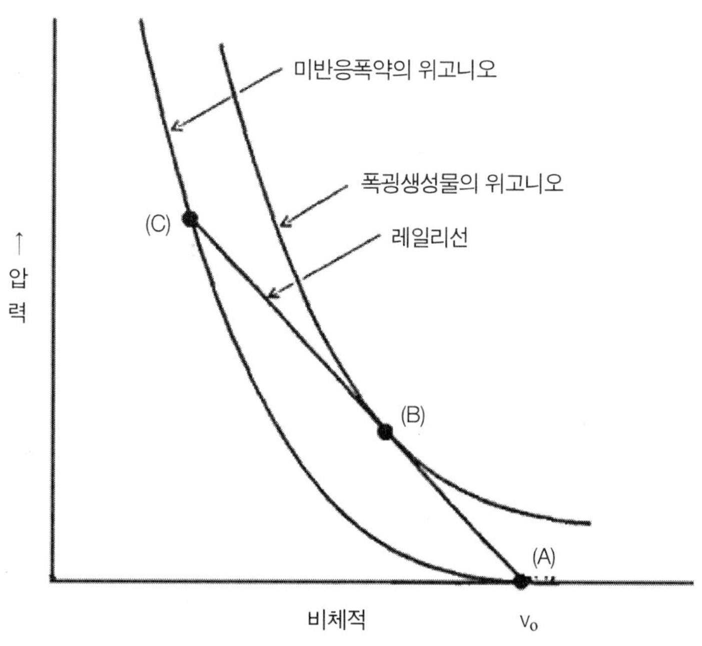

[그림 32.1] P-v 좌표 상의 폭굉

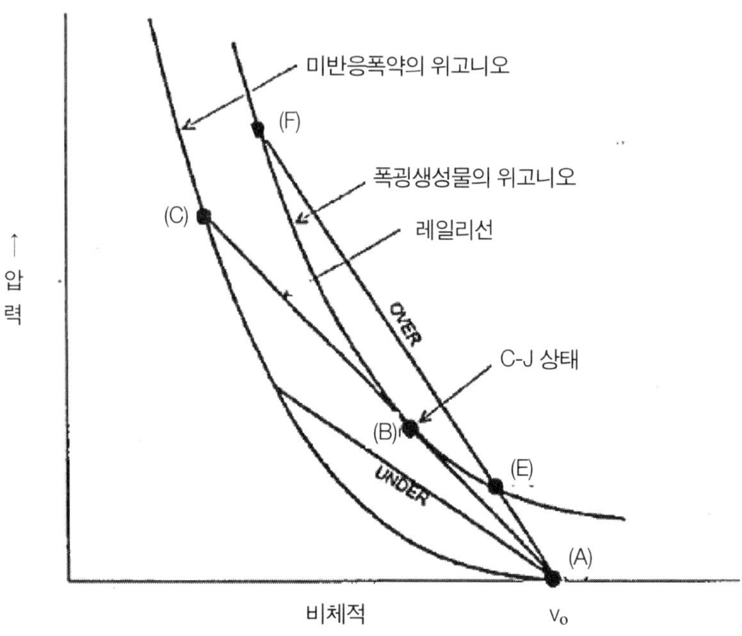

[그림 32.2] 여러 가지 가능한 레일리선

[그림 32.2]의 상태 F에서 희박파 속도 $(dP/d\upsilon)^{1/2}$ 는 점프 레일리 선의 기울기보다도 크며 그리고 반응대와 희박파는 충격파면을 추월하게 될 것이며 그리하여 이들이 모두 같은 속도라는 상기의 가정을 위반하게 되며 그래서 이 상태는 가능하지 않다.

E포인트에서 위고니오의 기울기, 즉 희박파 속도는 레일리선보다도 낮다. 그러므로 희박파는 충격파면보다도 느리며 시간에 따라 반응대를 계속 넓혀갈 것이다. 가정에 따르면 이것은 가능하지 않다. 생성물의 위고니오 상에서 위고니오의 기울기와 레일리 선의 기울기가 같고 반응대, 희박화면 및 충격파면이 모두 같은 속도에 있는 단 하나의 장소는 접선 포인트인 CJ 상태뿐이다. 그래서 CJ 포인트는 폭굉파면 뒤의 생성물의 상태이다. [그림 32.1]의 C 포인트인 미반응 폭약과 레일리 선이 만나는 점은 무엇을 의미하는가?

이것을 반응을 일으키는 충격 상태로 생각해 보자. 그러나 반응대가 너무 짧고 너무 빨라 이 압력 스파이크에 포함된 에너지는 완전히 반응한 생성물의 에너지에 비해서 무시할 정도이다. 이 포인트를 폰 노이만 스파이크(Von Neumann spike)라고 하며 [그림 32.3] 의 *P-x* 좌표에서 폭굉파를 보면 더 명확하다.

단순 모델에서는 폰 노이만 스파이크가 무시되고 반응대 두께는 제로로 가정한다. CJ 포인트 뒤의 가스 팽창 또는 희박파는 폭약의 고정된 특성이 아니다. 이 파는 테일러가 이것을 기술하는 상태방정식을 개발한 이후에 명명되었다. 만약 폭약의 후면과 측면이 상당히 밀폐되어 있다면 가스들은 밀폐된 가스와 같이 자유롭게 팽창하지 못한다. 그래서 테일러 파는 [그림 32.4]와 같이 더 높고 더 길다. 폭약이 폭굉축을 따라서 매우 두꺼울 때 테일러파는 더 높다. 폭약이 매우 얇고 그리고 후면과 측면이 잘 밀폐되어 있지 않으면 테일러파는 더 낮다. 테일러파의 실제 형상은 폭굉가스 팽창의 등엔트로피, 폭약의 크기 그리고 밀폐도의 조합에 의해서 좌우된다.

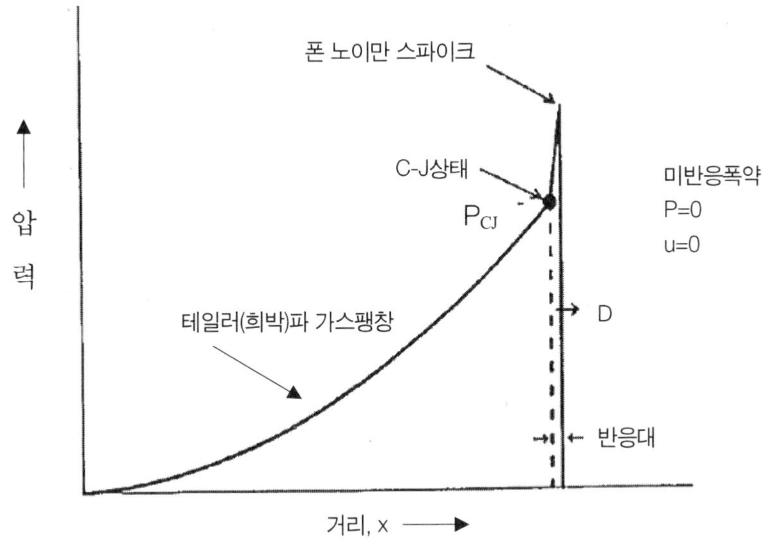

[그림 32.3] 폭굉파의 *P-x* 다이아그램

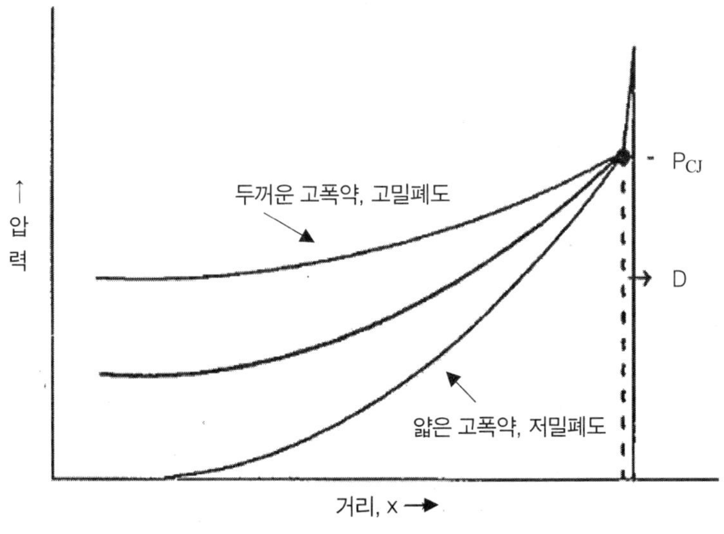

[그림 32.4] 테일러파

32.2 폭굉 매개변수 구하기

폭약의 설계 계산 또는 분석을 하려면 어떤 특별한 데이터가 필요하다. 특히 CJ 상태에서의 매개변수의 값(P_{CJ}, D, u_{CJ}, ρ_{CJ})을 구할 수 있어야 하며 P-u 플레인 상에서 폭굉 생성가스의 위고니오 방정식을 알 필요가 있다.

CJ-상태의 데이터는 많이 있으나 우리가 취급하는 밀도에서는 거의 없다. 또한 데이터의 많은 부분이 실제로 계산되거나 구해졌지만 그 방법들이 얼마나 정확한지 알지 못한다. 그러므로 평가 기술의 툴킷(tool kit)의 정확도와 한계를 이해하고 알고 있어야 한다.

먼저 일부 실제 데이터로 시작할 것이다. <표 32.1>에는 많은 화약류에 대해서 실험적으로 유도된 데이터가 나와 있으며 밀도, 폭굉 속도 및 폭굉 압력 모두가 동일한 실험에서 독립적으로 측정되었다.

〈표 32.1〉 CJ 상태에서 폭굉변수의 실험 데이터

화약류		ρ_0 (g/㎤)	폭굉 속도 (km/s)	P_{CJ} (GPa)	ρ_{CJ} (g/㎤)
CHNO 고체화약류	ANFO(연료유 5.8%)	0.82	4.55	5.5	1.213
	ANFO(연료유 5.8%)	0.84	4.74	6.14	1.245
	AN/ADNT(2/1 몰비)	1.64	7.892	26.1	2.203
	AN/ADNT/EDD(3/1/1 몰비)	1.607	7.664	24.2	2.161
	AN/ADNT/NQ((1.38/1/1.83 몰비)	1.654	8.16	25.5	2.152
	AN/ADNT/RDX(1.38/1/1.5 몰비)	1.717	8.455	31.7	2.315
	AN/ADNT/RDX(5/1/1 몰비)	1.699	7.712	24	2.228
	AN/ADNT/TATB(2/1/1.3 몰비)	1.765	7.845	28.3	2.387
	AN/TNT(50/50)	1.53	5.795	12.6	2.027
	AN/TNT(50/50)	1.58	5.975	14.67	2.135
	BH-1	1.673	8.26	28.7	2.235
	$C_{20}H_{18}N_{20}O_{40}$	1.47	7.39	21.5	2.008
	$C_{3.3}H_{6.2}N_{5.6}$	1.748	8.436	31.6	2.343
	Comp-B	1.67	7.868	27.2	2.266
	Comp-B	1.671	7.69	25.65	2.257
	Comp-B	1.674	7.89	26.7	2.251
	Comp-B	1.692	7.84	26.75	2.278
	Comp-B	1.7	7.85	28.3	2.329
	Comp-B	1.703	7.75	27.2	2.320
	Comp-B	1.712	8.022	29.3	2.332
	Comp-B	1.729	7.98	29.77	2.370
	Comp-B	1.73	7.95	26.3	2.278
	Comp-B	1.73	7.886	27.5	2.324

	Comp-B	1.733	8	30	2.376
	Comp-B,Grade A	1.717	7.985	29.04	2.337
	Comp-B(64/36)	1.715	8.02	29.2	2.332
	Cyclotol	1.743	8.252	31.3	2.367
	Cyclotol	1.757	8.3	32.33	2.397
	Cyclotol	1.76	8.3	31.6	2.380
	Cyclotol	1.752	8.274	31.58	2.378
	Cyclotol	1.755	8.29	31.3	2.370
	DATB	1.79	7.585	25.7	2.385
	EA	1.592	7.34	23	2.175
	EAR	1.607	7.51	25	2.219
	EDD	1.563	7.45	21	2.062
	HMX	1.89	9.11	39	2.515
	HMX/EDNP[71/29]	1.66	7.77	27	2.272
	HMX/inert(94/6)	1.835	8.778	37.5	2.497
	HMX/inert(95/5)	1.776	8.76	33	2.343
	HMX/inert(95/5)	1.783	8.73	33.5	2.366
	HMX/PB(86/14)	1.66	8.29	27.5	2.187
	HMX/polyurethane(95/5)	1.787	8.76	36	2.423
	HMX/TNT/inert(68/30/2)	1.776	8.213	31.15	2.400
	HNB	1.973	9.335	40	2.571
	LX-04-01	1.858	8.46	35.13	2.525
	LX-04-01	1.867	8.48	34.5	2.513
	LX-07	1.85	8.59	37.73	2.557
	LX-09	1.861	8.82	36.63	2.491
	LX-10	1.841	8.81	37.2	2.489
	Nitroguanidine	0.195	2.7	0.63	0.350
	Octol(75/25)	1.8	8.55	30.65	2.347
	Octol(77.6/22.4)	1.821	8.494	34.18	2.461
	PBX-9404	1.84	8.8	37	2.485
	PBX-9404	1.84	8.72	34.7	2.447
	PBX-9404	1.844	8.81	37.2	2.492
	PBX-9404	1.845	8.835	33.4	2.402
	PBX-9404	1.846	8.82	37.5	2.498
	PBX-9404	1.846	8.776	35.6	2.463
	PBX-9502	1.895	7.706	28.9	2.550
	Pentolite(50/50)	1.644	7.52	25.2	2.255
	Pentolite(50/50)	1.644	7.52	25.63	2.270
	Pentolite(50/50)	1.66	7.448	24.1	2.248
	PETN/(superfine)/suspended in air	2.03E-03	1.410	1.92E-03	3.88E-03
	PETN(regular)/air	2.13E-03	1.450	2.36E-03	4.50E-03
	PETN(superfine)/air	2.33E-03	1.510	2.30E-03	4.11E-03
	PETN(superfine)/air	2.80E-03	1.92	4.67E-03	5.12E-03
	PETN	0.2	1.2	0.06	0.253

	PETN	0.24	0.93	0.051	0.318
	PETN	0.25	2.83	0.7	0.384
	PETN	0.287	2.95	1.1	0.513
	PETN	0.48	3.6	2.4	0.782
	PETN	0.885	5.08	6.95	1.272
	PETN	0.93	5.26	7.33	1.300
	PETN	0.95	5.33	8.5	1.387
	PETN	0.99	5.48	8.7	1.400
	PETN	1.23	6.368	13.87	1.704
	PETN	1.38	6.91	17.3	1.871
	PETN	1.45	7.18	20.17	1.986
	PETN	1.53	7.49	22.5	2.074
	PETN	1.597	7.737	26.37	2.205
	PETN	1.703	8.802	30.75	2.354
	PETN	1.762	8.27	33.7	2.446
	PETN	1.77	8.27	33.5	2.447
	RDX	0.56	4.05	3.16	0.854
	RDX	0.7	4.65	4.72	1.017
	RDX	0.95	5.8	9.46	1.349
	RDX	1.07	6.26	11.6	1.479
	RDX	1.1	6.115	11.27	1.515
	RDX	1.1	6.18	12	1.540
	RDX	1.13	6.62	13.25	1.543
	RDX	1.173	6.648	13.44	1.584
	RDX	1.216	6.609	14.89	1.690
	RDX	1.29	7	16.4	1.742
	RDX	1.46	7.6	20.8	1.938
	RDX	1.6	8.13	26	2.122
	RDX	1.72	8.46	30.85	2.295
	RDX	1.762	8.622	32.5	2.343
	RDX	1.8	8.754	34.1	2.391
	RDX	1.8	8.754	34.7	2.405
	RDX	1.8	8.59	34.1	2.422
	RDX/TNT(65/35)	1.715	8.036	28.9	2.321
	RDX/TNT(78/22)	1.755	8.036	31.7	2.377
	TNT	0.624	3.82	2.62	0.876
	TNT	0.81	4.4	4.213	1.108
	TNT	0.866	4.444	5.889	1.321
	TNT	0.91	4.555	5.384	1.273
	TNT	0.96	4.243	5.74	1.437
	TNT	1.001	4.673	7.096	1.482
	TNT	1.58	6.88	18.4	2.096
	TNT	1.58	6.88	17.7	2.070
	TNT	1.583	6.79	18.3	2.113

	TNT	1.595	6.7	18.9	2.167
	TNT	1.63	6.94	21	2.225
	TNT	1.63	6.86	19.44	2.183
	TNT	1.632	6.94	19	2.152
	TNT	1.636	6.932	18.84	2.152
	TNT	1.638	6.92	19.8	2.191
	TNT	1.64	6.95	19	2.157
	TNT	1.64	6.95	17.7	2.330
CHNO 액체	NM	1.128	6.29	13.3	1.607
	NM	1.13	6.37	12.5	1.554
	NM	1.133	6.299	13.4	1.614
	NM(23(C)	1.1354	6.35	13.4	1.605
	NM(4(C)	1.162	6.42	14.2	1.652
	NM/TNM(1/0.071 몰비)	1.197	6.57	13.8	1.633
	NM/TNM(1/0.25 몰비)	1.31	6.88	15.6	1.750
	TNM	1.638	6.36	15.9	2.155
	TNT(용융)	1.447	6.58	17	1.986
CHNO 가스	Etylene/air(stoichiometric)	1.28E-03	1079	1.97E-03	2.46E-03
CHNO/Al 고체	ALEX-20	1.801	7.53	23	2.325
	ALEX-32	1.88	7.3	21.5	2.394
	AN/ADNT/Al(2/1/2.66몰비)	1.734	7.844	26.3	2.301
	AN/ADNT/RDX/Al(5/1/1/3.3몰비)	1.752	7.739	25	2.300
	EARL-1	1.595	7.2	23	2.210
	EARL-1	1.665	7.27	24	2.289
	EARL-2	1.709	7.13	23	2.324
	HBX-1	1.712	7.307	22.04	2.256
	HBX-1	1.75	7.16	20.86	2.280
CHNO/B 고체	$B_{2.159}H_{11.0226}C_{46.177}N_8O_8$	1.665	8	27.5	2.244
CHNO/B 액체	$B_{10}H_{18}C_{5.75}N_{15}O_{30}$	1.4	6.74	17.2	1.919
	$B_{10}H_{18}C_{6.45}N_{17.8}O_{35.6}$	1.427	6.82	16.7	1.907
	ET	1.4	6.74	17.2	1.919
CHNO/Ba 고체	Baratol(65/35)	2.35	5.15	13.49	2.999
	Baratol(72/28)	2.452	5	15.37	3.273
CHNO/B/F 액체	$B_{10}H_{18}C_{17}F_{30}O_{30}N_{15}$	1.467	6.91	20.6	2.078
CHNO/Cl 고체	HMX/AP/EDNP(51/20/29)	1.67	7.19	23	2.276
	HMX/AP/PB(57/29/14)	1.67	7.76	26	2.252
	HMX/AP/PB(69/17/14)	1.67	8.05	27.5	2.239
	HMX/AP/PB(80.3/5.9/13.8)	1.67	8.19	27.5	2.204
CHNO/Cl/K 고체	HMX/KP($KClO_4$)	1.876	6.25	18.93	2.529
	HMX/KP/EDNP(31/45/24)	1.87	6.66	23.5	2.609
	HMX/KP/PB(33.4/53.4/13.2)	1.88	6.18	17.25	2.474
	HMX/KP/PB(51/35/14)	1.78	7.15	22	2.348

	HMX/KP/PB52.6/34.7/12.7)	1.82	7.13	25	2.494
	HMX/KP/PE(52/43/5)	1.985	7.63	32.5	2.762
	HMX/KP/PE(52/43/5)	1.992	7.54	30.5	2.726
	HMX/KP/PE(52/43/5)	1.994	7.76	35	2.814
CHNO /Cl/Na 고체	RDX/NaCl(80/20)	1.3	6.062	12.69	1.770
CHNO/F 고체	HMX/Viton(85/15)	1.866	8.47	35	2.527
	RDX/TFNA	1.754	8.22	32.4	2.414
	TFNA	1.692	7.4	24.9	2.314
CHNO/F 액체	TFENA	1.523	6.65	17.4	2.054
CHNO/Pb 고체	HMX/Exon/Pb(60/10/30 부피비)	4.6	5	24.8	5.865
CHNO/Si 액체	NM/PMMA/GMb(87.3/2.7/10 중량%)	7.80E-01	4.140	4.30E+00	1.15E+00
	NM/PMMA/GMb(87.3/2.7/10)	7.80E-01	4.140	3.74E+00	1.08E+00
	NM/PMMA/GMb(82.5/2.5/15)	6.77E-01	3.550	2.45E+00	9.50E-01
	NM/PMMA/GMb(82.5/2.5/15)	6.77E-01	3.550	2.60E+00	9.74E-01
	NM/PMMA/GMb(77.6/2.4/20)	5.75E-01	3.000	1.50E+00	8.10E-01
	NM/PMMA/GMb(67.9/2.1/30)	3.90E-01	2.080	6.00E-01	6.05E-01
	NM/PMMA/GMb(58.2/1.8/40)	2.58E-01	1.500	4.00E-01	8.30E-01
CHNO/W 고체	HMX/W/binder(13.22/85.48/1.3)	7.41	4.64	29.7	9.105
	HMX/W/binder(13.22/85.48/1.3)	7.47	4.54	29.7	9.255
HO 기체	Hydrogen/oxygen(8/1 몰비)	2.39E-04	3.532	1.44E-03	4.62E-04
	Hydrogen/oxygen(8/1)	2.39E-04	3.532	1.30E-03	4.23E-04
	Hydrogen/oxygen(4/1)	3.57E-04	3.273	1.75E-03	6.58E-04
	Hydrogen/oxygen(4/1)	3.57E-04	3.273	1.76E-03	6.66E-04
	Hydrogen/oxygen(2/1)	5.36E-04	2.820	1.77E-03	9.18E-04
	Hydrogen/oxygen(2/1)	5.36E-04	2.820	1.83E-03	9.39E-04
	Hydrogen/oxygen(2/1)	5.36E-04	2.820	1.83E-03	9.40E-04
	Hydrogen/oxygen(1/1)	7.59E-04	2.314	1.76E-03	1.34E-04
	Hydrogen/oxygen(1/1)	7.59E-04	2.314	1.73E-03	1.32E-04
	Hydrogen/oxygen(1/2)	8.42E-04	1.922	1.55E-03	1.68E-04
	Hydrogen/oxygen(1/2)	8.42E-04	1.922	1.55E-03	1.68E-04
	Hydrogen/oxygen(1/3)	1.13E-04	1.707	1.46E-03	2.03E-04
	Hydrogen/oxygen(1/3)	1.13E-04	1.707	1.43E-03	2.00E-04
	Hydrogen/oxygen(1/3)	1.13E-04	1.707	1.40E-03	1.97E-04
	H2/O_2(ER=1.00, IT=300, IP=86)	4.00E-04	2.819	1.66E-03	8.37E-04
	H2/O_2(ER=1.00, IT=100, IP=101)	1.50E-03	3.175	5.10E-03	2.26E-03
	H2/O_2(ER=1.00, IT=100, IP=188)	2.60E-03	3.115	9.50E-03	4.17E-03
	H2/O_2(ER=0.33, IT=100, IP=405)	9.80E-03	2.028	2.16E-03	2.11E-03
	H_2/O_2(ER=0.75, IT=100, IP=405)	6.80E-03	3.018	2.28E-03	1.08E-03
	H_2/O_2(ER=1.00, IT=100, IP=405)	5.80E-03	3.008	2.40E-03	1.07E-03
	H_2/O_2(ER=2.00, IT=100, IP=405)	3.90E-03	3.636	1.92E-03	6.21E-03
	H_2/O_2(ER=3.07, IT=100, IP=405)	3.00E-03	3.688	1.87E-03	5.54E-03

NO 액체	NO	1.294	5.62	10	1.713
N Pb 고체	Lead azide	3.18	4.03	12.4	4.185
	Lead azide	3.23	4.06	12.6	4.231
	Lead azide	3.66	4.42	15.5	4.673
	Lead azide	3.7	4.48	15.8	4.700

※ Exon-461: A fluorinated thermoplastic resin, a chlorotrifluoroethylene/tetrafluoroethylene/ vinylidene fluoride copolymer

※ PMMA: polymethylmethacrylates

※ ER=Equivalence ratio ; IT = Initial Temperature(K), IP=Initial Pressure(kPa)

32.2.1 초기 밀도와 CJ 밀도와의 관계

<표 32.1>의 모든 폭약에 대해서 미반응 폭약의 초기밀도와 CJ 상태에서의 밀도의 관계를 그려보면, 데이터는 [그림 32.5]와 같이 로그-로그 그래프 상에서 직선이 되며, 이 라인의 방정식은 다음과 같다.

$$\rho_{CJ} = 1.386\rho_0^{0.96}$$

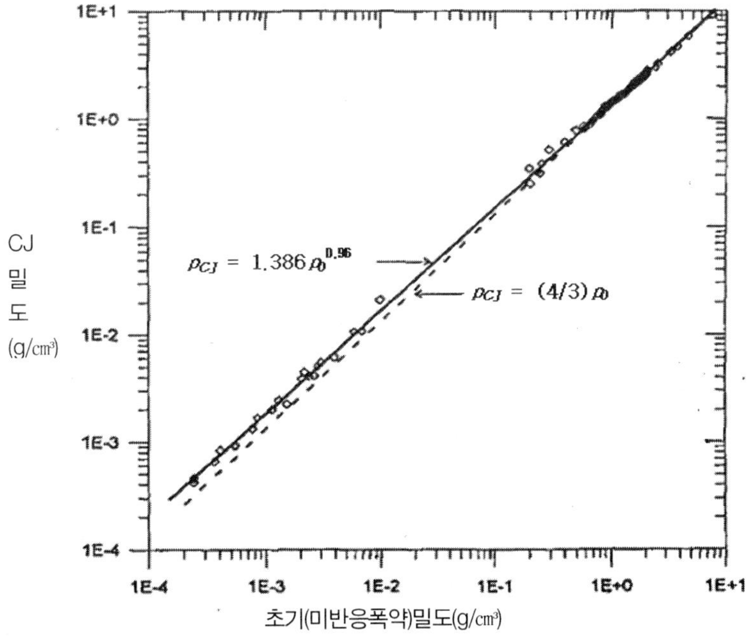

[그림 32.5] 초기 미반응폭약의 밀도와 CJ 밀도와 관계 그래프

이 관계식은 평가 도구로서 매우 유용할 것이다. 앞에서 $P_{CJ} = ¼\rho_0 D^2$이었으므로 이것을 물질보존의 법칙과 운동량보존의 법칙으로부터 다음식이 만들어질 수 있다.

질량보존의 법칙 : $\dfrac{\rho_1}{\rho_o} = \dfrac{U}{U - u_1}$

운동량보존의 법칙 : $P_1 - P_o = \rho_o u_1 U$

CJ의 압력 : $P_{CJ} = \dfrac{1}{4}\rho_o D^2$

물질보존의 법칙으로부터

$$u_1 = \frac{\rho_1 - \rho_o}{\rho_1} U$$

이것을 운동량보존법칙에 대입하면(P_0=0)

$$P = \frac{\rho_0(\rho_1 - \rho_0)}{\rho_1} U^2$$

$P = P_{CJ}$, $\rho_1 = \rho_{CJ}$, U=D라고 하고 윗식을 P_{CJ}와 같게 놓으면

$$1/4\rho_0 D^2 = \frac{\rho_0(\rho_{CJ} - \rho_0)}{\rho_{CJ}} D^2$$

위 식을 정리하면 다음의 식이 얻어진다.

$$\rho_{CJ} = (4/3)\rho_0$$

이 식을 동일한 그래프 상에 플롯했을 때 [그림32.5]의 점선이 되며 실험식과 거의 유사하며 단지 낮은 밀도에서는 ρ_{CJ}가 낮은 값을 나타낸다.

32.2.2 ρ_0와 D로부터 CJ압력 구하기

미반응폭약에서 CJ상태로 점프하는 물질보존의 법칙과 운동량보존의 법칙으로부터 다음식을 만들 수 있다.

$$\frac{\rho_{CJ}}{\rho_o} = \frac{D}{D - u_{CJ}}$$

$$P_{CJ} = \rho_o u_{CJ} D$$

상기 두식으로부터 u_{CJ}를 소거하면 다음식이 얻어진다.

$$P_{CJ} = \rho_o D^2 (1 - \frac{\rho_0}{\rho_{CJ}})$$

<표 32.1>의 데이터로부터 얻은 식 $\rho_{CJ} = 1.386\rho_0^{0.96}$를 위 식에 대입해서 정리하면 다음의 식이 얻어진다.

$$P_{CJ} = \rho_0 D^2 (1 - 0.7125\rho_0^{0.04})$$

이 식으로부터 어떤 폭약에 대해서 ρ_0 와 D만을 알면 실험적으로 측정된 값의 5% 이내에서 P_{CJ}를 계산할 수 있다.

<예제32.1> 아직은 잘 알려지지 않은 새로운 폭약이 있다고 하자. 시료의 밀도를 측정한 결과 1.43g/㎤이었다. 이 밀도에서 폭발속도가 6.95km/s 로 측정되었다. 이 폭약의 CJ 압력을 구하시오.

(풀이) $P_{CJ} = \rho_0 D^2(1\text{-}0.7125\rho_0^{0.04})$

$= (1.43)(6.95)^2(1\text{-}(0.7125)(1.43)^{0.04})$

$= 19.15$ GPa

32.2.3 폭굉생성물의 $P-u$ 위고니오

비활성 물질 사이에서의 충격파 상호작용에서 살펴본 것처럼 폭약이 다른 물질과 접촉한 상태에서 폭굉했을 때 만들어지는 충격상태에서의 폭굉반응 생성물의 특성을 알아야만 한다. 만약 접촉 물질이 CJ 상태에서의 폭굉반응 생성물의 충격임피던스 보다 크면 계면에서 나타나는 압력은 CJ 압력보다도 크게 된다. 이 압력은 폭굉반응 생성물의 충격 단열곡선을 따라 놓이게 된다(CJ 상태로부터 단열적으로 충격화된 상태). 반대로 접촉 물질이 CJ 상태에서의 폭굉반응 생성물의 충격임피던스보다 작으면 계면에서 나타나는 압력은 CJ압력 보다 낮게 된다. 이 압력은 폭굉반응 생성물의 팽창 등엔트로피선을 따라 놓이게 된다. 엄격히 말해 단열곡선 만이 보통 위고니오라고 부르지만 여기서는 목적상 위고니오는 CJ 상태에서 만나는 이 두 가지 체제의 조합이며 연속체이다.

이 위고니오는 가스에 대해서 비선형의 실험적인 상태방정식을 따라서 계산된 생성물의 조성 평형을 이용하는 컴퓨터 코드에 의해서 구해질 수 있다. 이 코드는 위고니오를 따라가는 값을 계산하는데에는 아주 좋지만 대부분의 공학자들이 쉽게 이용할 수 없으며 또한 작업에 필요한 큰 컴퓨터를 쉽게 이용할 수도 없다.

공개된 문헌의 일부 실험 데이터를 이용할 수는 있으나 비교적 적은 수의 폭약과 그리고 대부분 이러한 폭약류의 초기밀도에만 국한되어 있다. 그러므로 쉽게 얻어지거나 계산되는 매개변수에만 근거해서 모든 폭약과 그리고 모든 밀도에 대해서 위고니오를 따르는 값을 계산하는 간단한 수단이 필요하다.

주어진 폭약에 대해서 낮은 충격임피던스로부터 높은 충격임피던스의 범위에 이르는 다양한 범위의 목표물로 실험했을 때 어떤 특정 폭약의 폭굉반응 생성물의 위고니오가 구성될 수 있다. 그러한 위고니오의 하나가 [그림 32.6]의 TATB(triaminotrinitrobenzene)와 바인더로 된 플라스틱폭약(Plastic-bonded explosive)이다. 이 실험에서 사용된 목표물은 5～705 bar의 범위의 여러 가지 초기 압력에서의 구리, 알미늄, 마그네슘, 트란스아크릴(폴리머), 물 및 아르곤 가스이다.

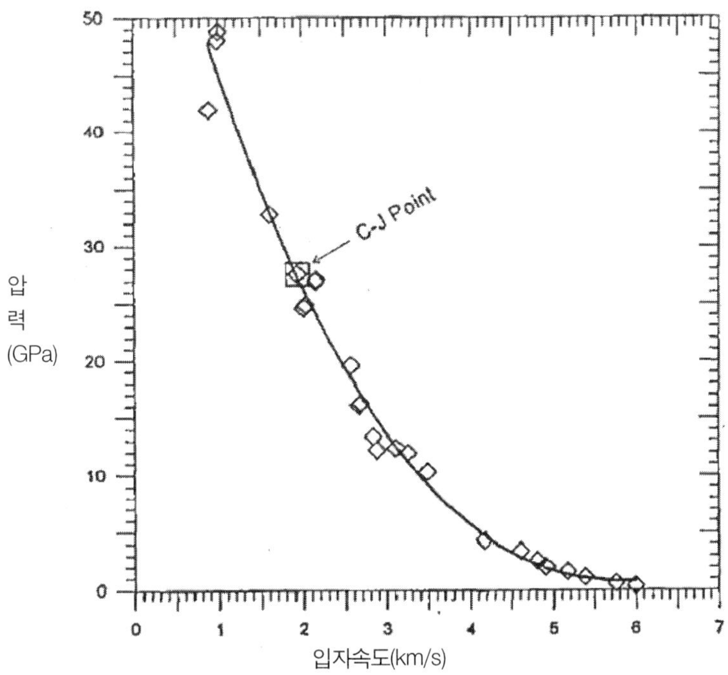

[그림 32.6] 실험 데이터로부터 만들어진 TATB/T2 폭굉반응 생성물의 좌측 충격파 *P*–*u* 위고니오

[그림 32.6]과 비슷한 실험데이타가 그 밖의 많은 폭약에 대해서 조사되었으며 이들은 환산형태인 P/P_{CJ}와 u/u_{CJ}에 대해서 로그-로그 그래프로 그려졌다. 이 두 매개변수에 대해서 그래프를 그렸을 때 [그림 32.7]과 같이 거의 하나의 단순 관계로 추정할 수 있는 그래프가 그려진다.

그려진 데이터는 두 가지의 영역으로 떨어지는데 0.08 이상의 환산압력에 대해서 데이터는 다음의 상관관계를 가진다.(상관계수 = 0.987)

$$\frac{P}{P_{CJ}} = 2.412 - 1.7315\left(\frac{u}{u_{CJ}}\right) + 0.3195\left(\frac{u}{u_{CJ}}\right)^2$$

또는

$$P = (2.412P_{CJ}) - \left(\frac{1.7315P_{CJ}}{u_{CJ}}\right)u + \left(\frac{0.3195P_{CJ}}{u_{CJ}^2}\right)u^2$$

0.08 이하의 환산압력에 대해서 데이터는 다음의 상관관계를 가진다.(상관계수=0.898)

$$\frac{P}{P_{CJ}} = 235\left(\frac{u}{u_{CJ}}\right)^{-8.71}$$

또는

$$P = (235 P_{CJ} u_{CJ}^{8.71}) u^{-8.71}$$

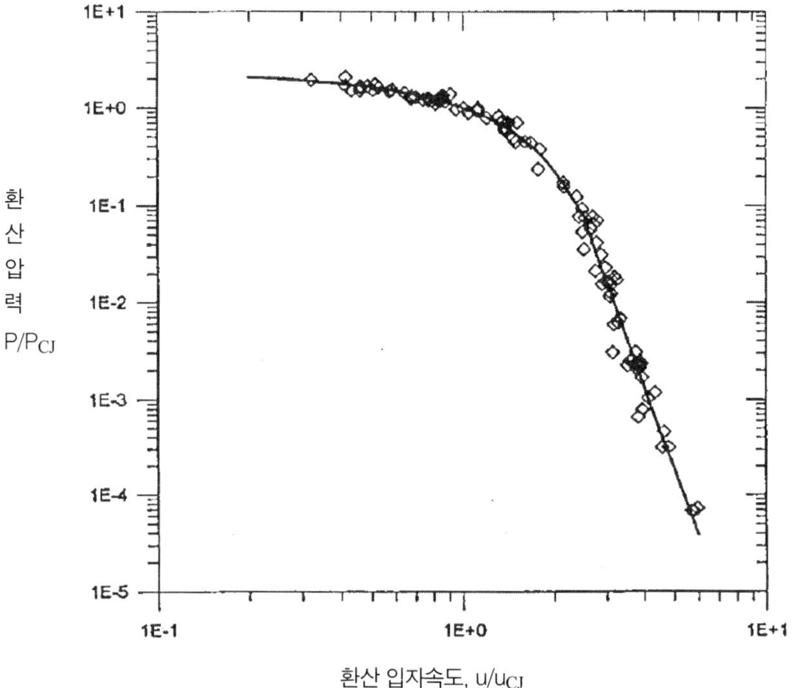

[그림 32.7] 〈표 32.1〉의 실험데이타에 대한 환산압력 vs. 입자속도 그래프

<예제32.2> 예제32.1에서 가상 폭약의 CJ 상태에서의 특성치는 ρ_0=1.43g/㎤, D=6.95km/s 및 P_{CJ}=19.15GPa이었다. 폭굉반응 생성물의 좌측 충격파 P-u 위고니오식은?

(풀이) 먼저 CJ 입자속도를 구하면 운동량보존의 법칙으로부터

$$u_{CJ} = P_{CJ}/\rho_0 D$$

$$= (19.15)/[(1.43)(6.95)] = 1.93 \text{ km/s}$$

폭굉생성물의 위고니오식은 다음과 같다.

$$P = (2.412 P_{CJ}) - (\frac{1.7315 P_{CJ}}{u_{CJ}}) u + (\frac{0.3195 P_{CJ}}{u_{CJ}^{2}}) u^2$$

$$= (2.412)(19.15) - [(1.7315)(19.15)/1.93)] u + [(0.3195)(19.15)/(1.93)^2] u^2$$

$$= 46.2 - 17.2u + 1.64u^2$$

32.3 폭굉 상호작용

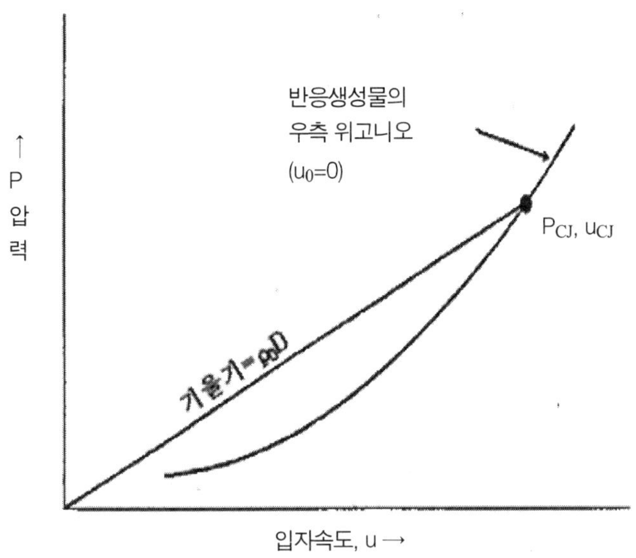

[그림 32.8] 반응생성물의 P-u 위고니오

미반응의 충격파에서와 같이 폭굉은 점프 프로세스이며 P-u 좌표 상에서 충격파와 같이 취급된다. 미반응물질의 상태로부터 CJ 상태로의 폭굉 점프 조건은 이들 두 상태를 연결하는 직선이다. 여기에서 차이는 제로 상태가 고체상의 고폭약이고 CJ 상태가 생성물 위고니오 상이라는 것이다. 만약 u_0=0라고 가정한다면 초기 미반응상태는 P-u 좌표 상에서 P=0, u=0이다. [그림 32.8]은 폭굉 점프 조건을 나타낸다. 미반응 충격에 대한 점프선의 기울기는 $\rho_0 U$이고 폭굉 점프선의 기울기는 $\rho_0 D$이다.

폭약에서 다루는 주요 상호작용은 폭약이 다른 물질과 접촉하고 접촉면에서 폭굉파가 상호작용하는 경우이다. 미반응충격에서와 같이 물질과 폭약반응생성물의 상대적인 충격임피던스를 아는 것이 중요하다. 반응생성물의 충격임피던스는 $Z_{det}=\rho_0 D$ 이다.

32.3.1 $Z_{물질}$〉Z_{det}인 경우

이 경우는 CJ 상태에서의 폭굉생성물의 임피던스 보다도 높은 인접 물질로 충격을 일으키는 폭굉을 다룬다. [그림 32.9]와 [그림 32.10]은 이 상호작용의 *P-x* 다이아그램과 *x-t* 다이아그램을 나타낸다.

상호작용은 *P*=0, *u*=0로부터 오는 물질 B의 우측방향 충격파를 생성하며 P_{CJ}, u_{CJ}로부터 오는 폭굉생성가스로 되돌아오는 좌측충격파를 생성한다. 이들 두 파로부터의 위고니오의 교차는 상호작용 문제에 대한 해가 된다. 생성물의 좌측충격파 위고니오는 CJ 상태를 회전시키는 위고니오의 거울 이미지이다. [그림 32.11]에서와 같이 상호작용은 폭약의 CJ 압력보다 더 높은 B에서의 충격압력을 생성시킨다.

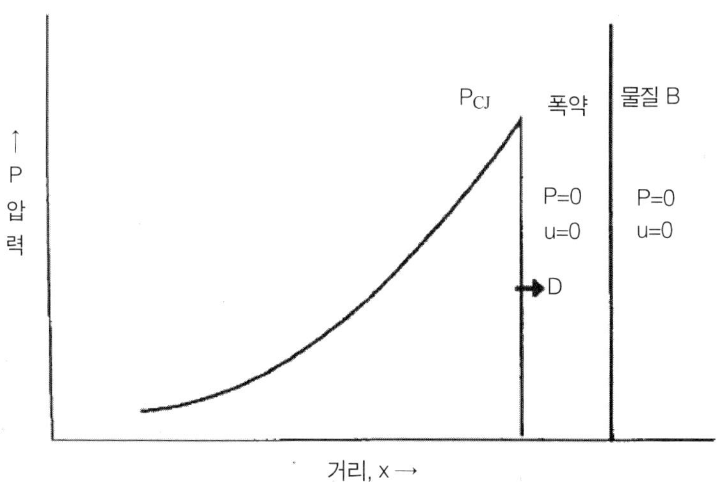

[그림 32.9] 물질 B에 접근하는 폭굉파, *P-x* 다이아그램

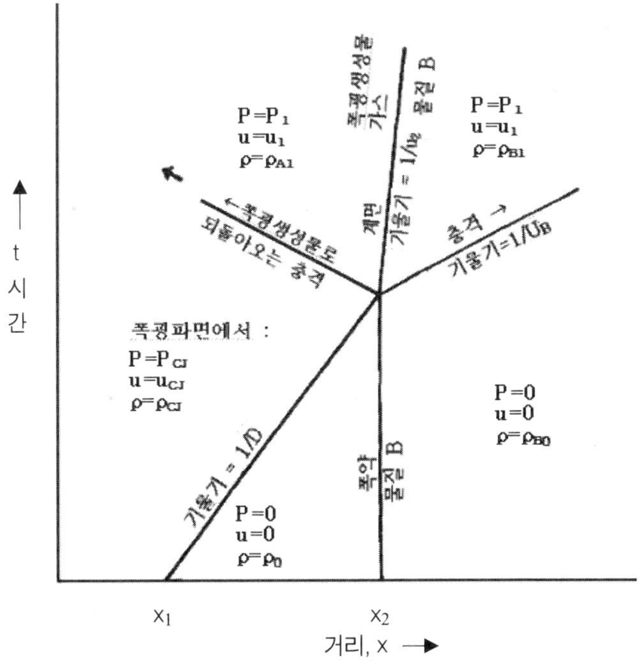

[그림 32.10] 상호작용의 *x*-*t* 다이아그램

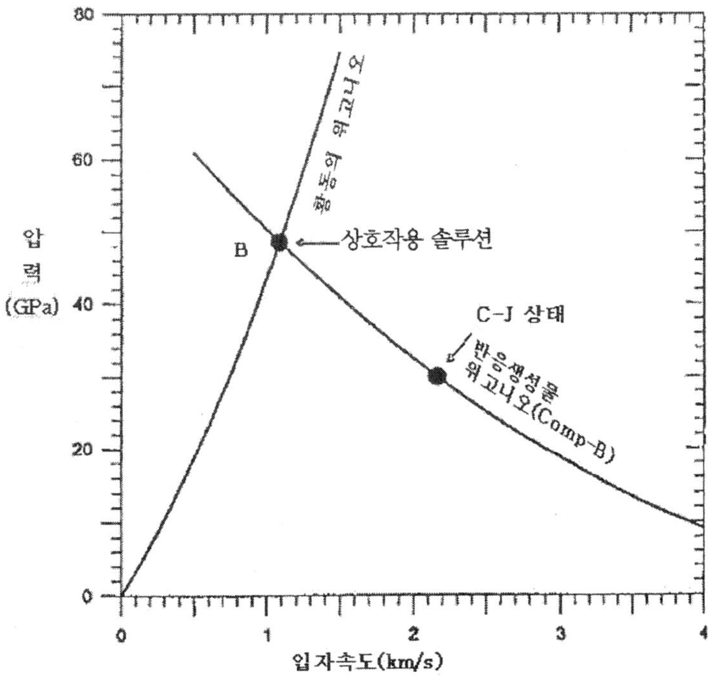

[그림 32.11] $Z_B > Z_{det}$인 경우 *P*-*u* 좌표상의 상호작용

<예제32.3> 황동판과 접촉해있는 판상의 Comp-B(ρ_0=1.733)가 있다. Comp-B가 폭굉했을 때 황동판 표면에서의 충격압력은 얼마인가?

(풀이) 우선 황동의 *U-u* 위고니오 값들과 Comp-B의 CJ 상태 매개변수들이 필요하다. <표 29.1>과 <표 32.1>로부터 찾은 값들은 다음과 같다.

황동 ρ_0 = 8.45 g/㎤, C_0 = 3.726 km/s, s = 1.434

Comp-B ρ_0 = 1.733 g/㎤, P_{CJ} = 30 GPa, D = 8.0 km/s

$u_{CJ} = P_{CJ}/\rho_0 D = 30/1.733/8 = 2.16$ km/s

이들 데이터로부터 충격후의 황동으로의 우측충격파 위고니오와 폭굉생성물의 좌측 충격파 위고니오를 구성할 수 있다.

[그림 32.11] Z_B〉Z_{det}인 경우 *P-u* 좌표상의 상호작용

황동 : $P = \rho_0 C_0 u + \rho_0 s u^2$

$= (8.45)(3.726)u + (8.45)(1.434)u^2$

$$\text{Comp-B} : P = (2.412P_{CJ}) - (\frac{1.7315P_{CJ}}{u_{CJ}})u + (\frac{0.3195P_{CJ}}{u_{CJ}})u^2$$

$$= (2.412)(30) - [(1.7315)(30)/2.16]u + [(0.3195)(30)/(2.16)^2]u^2$$

상기 두식을 같게 놓고 u에 대해서 풀면 u = 1.09 km/s가 되며 두 위고니오 중 하나에 대입하면 P = 48.6 GPa가 얻어진다.

32.3.2 $Z_{물질}$〈Z_{det}인 경우

목표 물질 B가 폭굉생성물의 CJ 상태의 임피던스 보다 낮은 것을 제외하고는 앞의 예와 동일하며 [그림 32.12]에서 볼 수 있다. 계면에서의 충격 압력은 P_{CJ} 보다 낮으며 압축된 반응생성가스 속으로 반사되는 부분희박파가 있다.

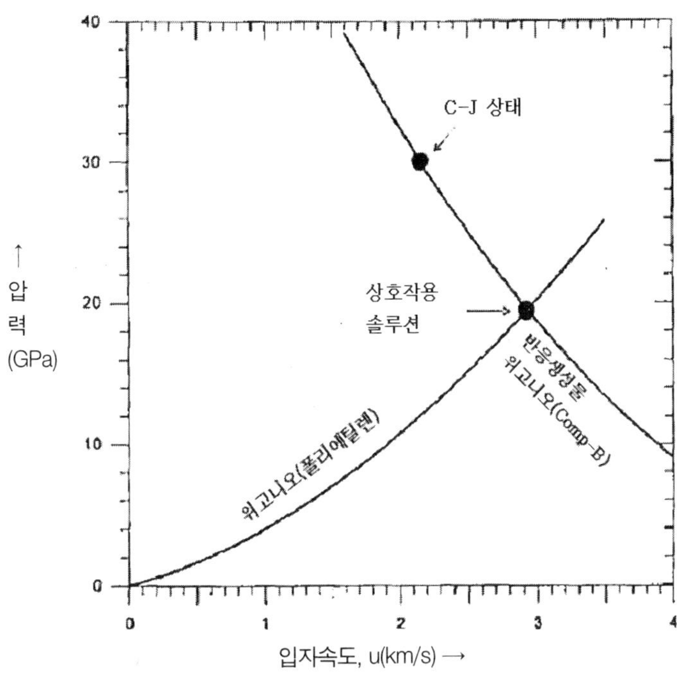

[그림 32.12] $Z_B < Z_{det}$인 경우 $P-u$ 좌표상의 상호작용

<예제7.4> 미반응 상태의 밀도가 1.638인 Cast TNT가 판상의 폴리에틸렌과 접해있다. 폭굉시에 계면에서의 폭굉 압력은?

(풀이) <표 29.1>과 <표 32.1>로부터 다음 데이터를 얻는다.

폴리에틸렌 : $\rho_0 = 0.915$ g/㎤, $C_0 = 2.901$ km/s, $s = 1.481$

TNT $\rho_0 = 1.638$ g/㎤, $P_{CJ} = 19.8$ GPa, $D = 6.92$ km/s

$u_{CJ} = P_{CJ}/\rho_0 D = 19.8/1.638/6.92 = 1.75$ km/s

이 상호작용은 폴리에틸렌의 우측파와 폭굉생성물의 좌측파를 형성할 것이다. 이 두 파에 대한 P-u 위고니오는 다음과 같다.

폴리에틸렌 : $P = \rho_0 C_0 u + \rho_0 s u^2$

$= (0.915)(2.901)u + (0.915)(1.481)u^2$

$= (2.412)(19.8)-[(1.7315)(19.8)/1.75)]u+ [(0.3195)(19.8)/(1.75)^2]u^2$

TNT : $$P = (2.412P_{CJ}) - (\frac{1.7315P_{CJ}}{u_{CJ}})u + (\frac{0.3195P_{CJ}}{u_{CJ}})u^2$$

$$= (2.412)(19.8)-[(1.7315)(19.8)/1.75)]u+ [(0.3195)(19.8)/(1.75)^2]u^2$$

상기 두 식을 같게 놓고 u에 대해서 풀면 u 값은 다음과 같다.

$u = 2.32\ GPa$

상기 두식 중의 어느 하나에 이 값을 대입하여 P를 구하면 다음과 같다.

$P = 13.4\ GPa$

참고문헌

1. Paul W. Cooper(1996), "Explosives Engineering", VCH Publishers, Inc., New York

제33장

폭약 성능 영향 인자[1]

지금까지 폭굉파와 미반응 충격파에 대해서 주변 효과가 없는 일차원의 단축(單軸) 현상과 폭약의 이상적인 폭굉 조건에서와 같은 특정의 이상 조건들을 검토하였다. 이 장에서는 이러한 제한 조건을 넘어서 존재하는 현상에 대해서 검토할 것이다. 이 현상들은 물리적인 크기와 온도의 영향으로 아주 복잡해서 오직 실험적인 수준에서만 취급할 것이다. 또한 가능하다면 이 영향들을 계산하거나 측정하는 방법에 대해 살펴볼 것이다.

33.1 반응대(反應帶)

단순폭굉모델에서는 반응대를 마치 그것이 존재하지 않는 것처럼 제로의 길이를 갖는 것으로 취급하였다. 물론 이것이 실제로 그렇지 않다는 것을 우리는 잘 알고 있다. [그림 33.1]은 이상적인 폭굉파를 나타내며 반응대의 구조와 크기가 나타나 있다. 비록 유한하지만 그것의 길이는 테일러파의 반응대와 비교할 때 정말로 작다. 반응대의 길이는 밀도가 감소함에 따라 증가되는 것으로 나타나며[그림 33.2] 그리고 폭약의 초기 주변 온도의 증가에 따라 감소한다.

반응대의 길이는 쉽게 바로 측정될 수 없다. 그들의 크기는 매우 얇은 포일 비행체의 초기 자유면 속도와 같은 다른 매개변수에 미치는 영향으로부터 추론된다. 반응대의 길이는 고밀도 고폭약의 수백 밀리미터로 부터 액상 블라스팅 에이전트의 수 센티미터까지 다양하다. <표 33.1>에는 반응대의 길이 데이터가 나와 있다.

반응대의 길이는 비이상 폭굉 영역에서 폭굉 속도를 조절하는 아주 중요한 변수이기 때문에, 반응대의 길이는 관심의 대상이 된다. 두꺼운 반응대의 폭약은 얇은 반응대의 폭약에 비해서 폭굉 속도/직경 및 불발 직경에 미치는 영향이 크다.

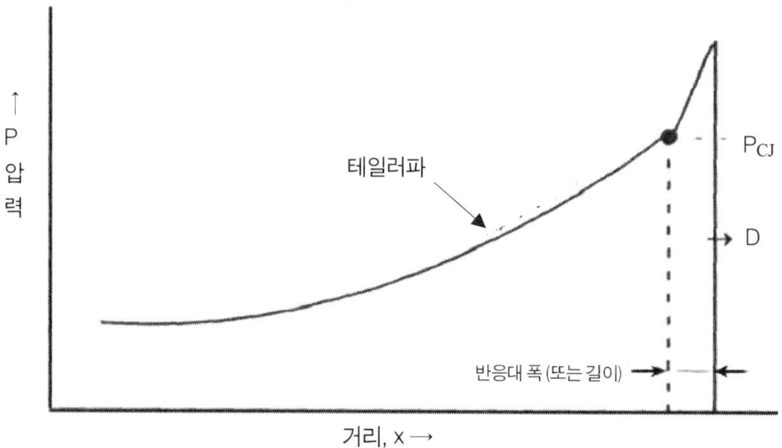

[그림 33.1] 이상적인 폭굉파의 *P*–*x* 다이아그램

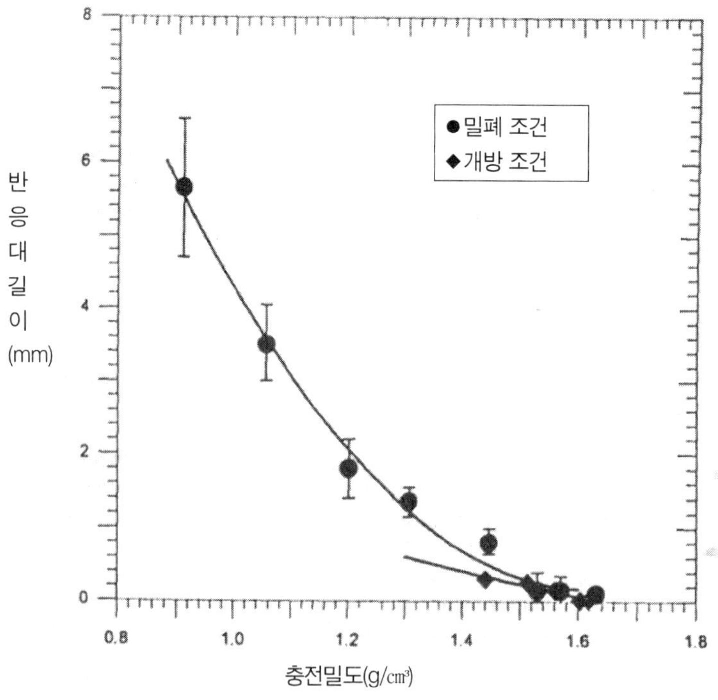

[그림 33.2] TNT의 충전밀도에 따른 폭굉 반응대 길이

〈표 33.1〉 여러 가지폭약의 반응대 길이

폭약	밀도(g/㎤)	근사치 길이(mm)	조건
Amatol 80/20	1.67	4	
AP(10m)	1.00	6.3	길이 203 mm
	1.10	6.7	〃
	1.20	8.0	〃
	1.26	10.0	〃
Comp-B	1.67	0.13	Al판 140x140x76mm
HBX-1	1.60	0.198	
NG		0.21	
NM	1.128	0.3-0.6	0.25mm 두께의 종이 튜브
	1.128	0.03	Pyrex cylinder
		0.08 at -5℃	25.4mm 외경의 황동 튜브
		0.27 at 33℃	〃
NM/aceton(75/25)		0.21	
	1.05	0.80	직경 55mm
PBX-9502	1.895	3.3	직경 200mm
Picric acid		2.2	유리 실린더
RDX		0.826	
microporous	1.30	1.82	
single crystal	1.80	2.90	
TNT		0.36	스틸 실린더
	1.00	0.32	(Mg plate) 40x90mmm 길이
	1.55	0.18	(Al plate) 40x90mm 길이
		0.13	(Cu plate) 40x90mm 길이
		0.21	(Mg plate) 40x90mmm 길이
	1.59	0.70	50mm 길이
pressed	1.63	0.3	90mm 길이
cast	1.615	0.42 at 291K	
	1.70	0.55 at 77.4K	
	1.71	0.62 at 20.4K	종이 실린더
liquid		0.91 at 100℃	유리 실린더
		1.1 at 100℃	Cural 실린더

33.2 직경의 영향

실린더형 폭약을 폭굉시켜 폭굉 속도를 측정할 때 폭약의 직경을 변화시키면 폭발속도가 변한다. 폭발속도는 폭약의 직경이 감소함에 따라 감소한다. 폭약의 측면으로 에너지가 손실되기 때문이다. 직경이 크면 에너지 손실이 충격파면에서 생성된 에너지에 비해 적지만 직경이 작으면 에너지 손실이 충격파면에서 생성된 에너지에 비해 크다. 속도의 감소는 직경의 감소에 따라 계속되다가 에너지 손실이 에너지 생성보다 크게 되는 직경에 이르게 되면 폭굉 중단이 된다. 지금부터는 이 변화들이 무엇인지 그리고 이 변화들이 서로 또는 폭약의 다른 특성과 어떤 관계를 갖는지에 대해 정량적으로 검토해 보기로 한다.

33.2.1 직경이 폭굉 속도에 미치는 영향

이 영향을 측정하는 것은 상당히 쉽다. 다양한 직경의 긴 실린더형 폭약을 취해서 한 쪽 끝에서 폭굉시킨다. 그리고 다양한 측정기술을 이용해서 실린더의 길이를 따라 폭굉 속도를 측정한다. 그리고 직경에 따른 폭속 데이터를 모아 편집해서 그래프를 그린다. <표 33.2>는 Composition B의 직경에 따라 측정된 폭속 시험 데이터를 나타낸다.

비록 이 타입의 실험이 실행하기 상당히 쉽지만, 비용과 시간이 상당히 많이 든다. 그러므로 폭약에 이용할 수 있는 양의 데이터만을 구한다. <표 33.2>의 데이터를 그래프로 나타내면 [그림 33.3]과 같다.

〈표 33.2〉 Composition B의 직경에 따른 폭굉 속도

직경 (mm)	폭굉 속도 (mm/μs)	밀도 (g/cm^3)	길이/직경	직경 (mm)	폭굉 속도 (mm/μs)	밀도 (g/cm^3)	길이/직경
25.5	7.868	1.706	2	7.96	7.746	1.704	6.4
25.5	7.887	1.706	2	6.36	7.648	1.703	10.4
24.8	7.869	1.704	5.2	6.35	7.650	1.700	8
24.8	7.864	1.702	5.2	5.61	7.572	1.706	
24.8	7.847	1.698	5.2	5.61	7.561	1.706	
12.7	7.816	1.704	4	5.10	7.476	1.705	9.2
12.7	7.819	1.703	4	5.08	7.476	1.705	9.9
10.0	7.787	1.703	5	4.64	7.326	1.703	10.9
10.0	7.792	1.701	5	4.60	7.308	1.706	11.0
10.0	7.755	1.701	5	4.45	7.092	1.701	11.4
8.48	7.738	1.704	6.3	4.43	7.066	1.703	11.5
8.47	7.742	1.708	6	4.28	6.709	1.704	7.9
7.95	7.738	1.704	6.4	4.27	Failed	1.700	11.8
7.95	7.725	1.704	6.4				

이러한 형태의 그래프는 흥미롭기는 하지만, 특정폭약에 있어서 또는 다른 폭약들 사이에 있어서 상대적인 영향에 대해서 우리에게 아무것도 말해주지 않는다. 그러나 폭굉 속도는 직경이 커짐에 따라 점근적으로 어떤 상수값에 도달하고 있음을 알 수 있다. 만약 동일한 이 데이터를 폭굉 속도 대 직경의 역수 1/d의 관계로 그래프를 그려보면 직경이 증가함에 따라(1/d이 제로에 접근함에 따라) 관계식은 1/d에 직선적으로 변함을 알 수 있다. 이것이 [그림 33.4]에 나와 있다.

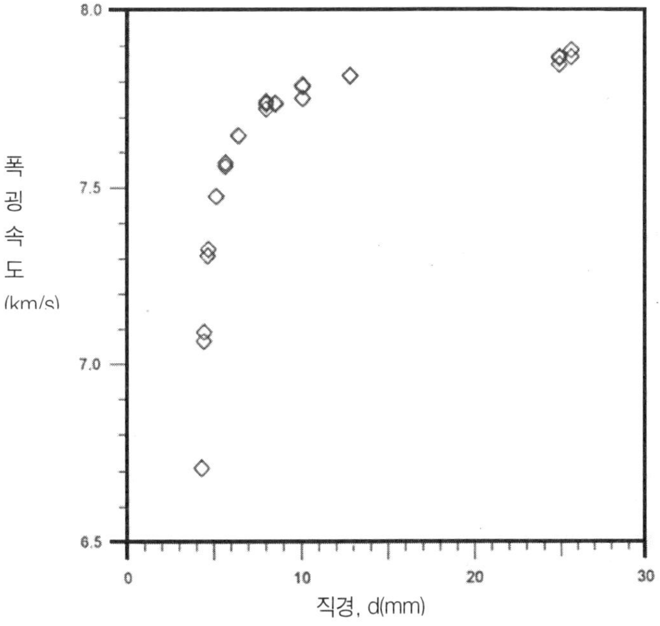

[그림 33.3] Comp-B의 직경에 따른 폭굉 속도 그래프

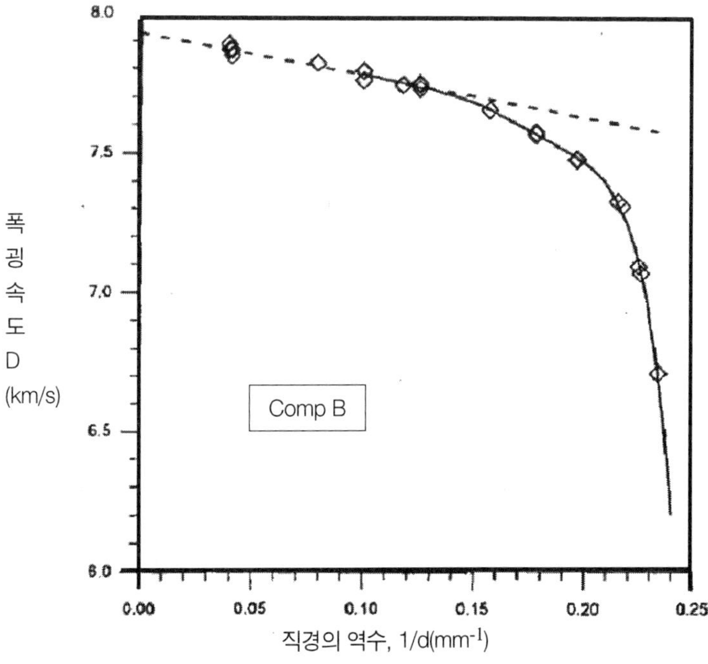

[그림 33.4] Comp-B의 폭굉 속도 vs. 직경의 역수 그래프

이 관계식의 직선 부분을 1/d=0까지 확장했을 때, 무한 직경에 대한 폭굉 속도의 값을 구할 수 있다. 이 폭굉 속도를 이상적인 폭굉 속도 또는 무한직경의 폭굉 속도라고 하며, D_i 또는 D_∞로 나타낸다. D_i를 알면, 동일한 데이터를 환산형태인 D/D_i 대 1/d 의 관계로 [그림 33.5]와 같이 그릴 수 있다.

이 관계의 선형 부분은 다음과 같이 나타낸다.

$$\frac{D}{Di} = 1 - a\frac{1}{d}$$

a 항은 직선부분의 기울기로 상수이며 폭약에 따라 다르고 같은 폭약이라도 초기 조건에 따라 다르며 이 초기 조건은 밀도, 온도 및 입자크기를 포함한다. 비록 많은 데이터가 있진 않지만 상수 a는 반응대 길이에 비례하는 것으로 나타난다.

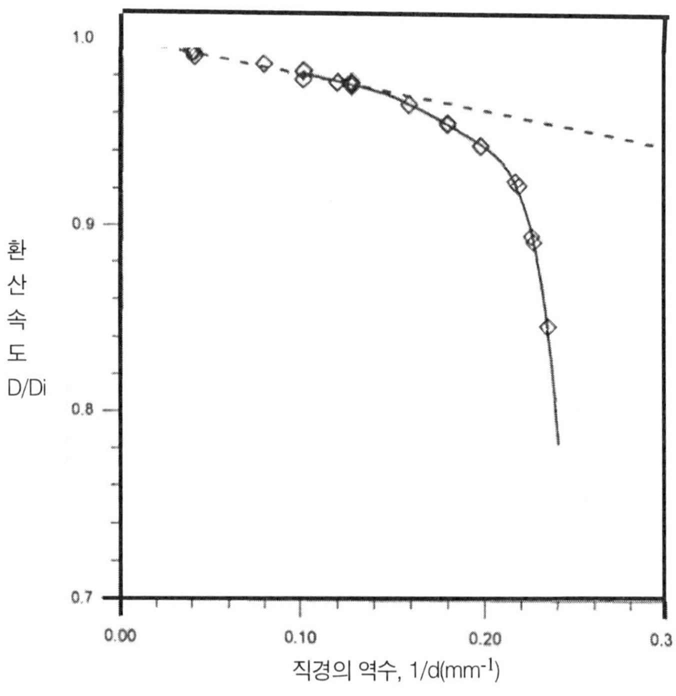

[그림 33.5] Comp-B의 D/Di vs. 1/d의 그래프

<표 33.3>은 여러 가지 폭약에 대한 이러한 데이터를 보여주고 있으며, 특히 사이클로톨(60/40)에 대해서는 밀도의 변화에 대한 데이터를 보여주고 있다.

〈표 33.3〉 실린더형 장약에 있어서 직경이 폭굉 속도에 주는 영향

폭약	밀도(g/㎤)	D_∞	a(mm)
Baratol(73/27)	~2.6	4.96	1.83
Comp B(Grade A)	1.715	7.99	0.819
Cyclotol(75/25)	1.755	8.298	0.139
Cyclotol(60/40)	0.50	4.26	3.19
	0.74	5.10	1.96
	0.90	5.60	1.55
	1.10	6.20	1.02
	1.40	7.15	0.49
DATB	1.788	7.52	0.14
LX-02	1.44	7.44	0.116
LX-04	1.86	8.46	0.0568
Octol(75/25)	1.814	8.48	0.153
PBX-9010	1.781	8.371	0.0243
PBX-9404	1.84	8.80	0.0548
TATB	1.876	7.79	0.0431
XTX-8003	1.53	7.26	0.00832

또한 약간의 변형된 다른 처리 방식으로서 다음과 같은 관계식도 있다.

$$\frac{D}{Di} = 1 - A\frac{1}{R - R_c}$$

여기에서 R은 폭약의 반경이고 A와 Rc는 고정 상수이다. 여러 폭약에 대한 A와 R_c의 값이 <표 33.4>에 나와 있다.

〈표 33.4〉 직경-영향 그래프의 파라미터들

폭약	Data Points /Dia.[b]	밀도/TMD[a] (g/㎤)	D∞ (km/s)	Rc (mm)	A (mm)	불발반경 실험치 (mm)[c]
Nitromethane(액체)	9/5	1.128/1.128	6.213	-0.4	0.26	1.42
Amatex 80/20	4/4	1.613/1.710	7.030	4.4	5.9	8.5
Baratol(76/24)	3/3	2.619/2.63	4.874	4.36	10.2	21.6
Comp. A	5/5	1.687/1.704	8.274	1.2	0.139	〈1.1
Comp. B	26/12	1.700/1.742	7.859	1.94	0.284	2.14
Cyclotol(77/23)	8/8	1.740/1.755	8.210	2.44	0.489	3.0
Dextex	7/4	1.696/1.722	6.816	0.0	5.94	14.3
Octol	8/6	1.814/1.843	8.481	1.34	0.69	〈3.2
PBX 9404	15/13	1.846/1.865	8.773	0.553	0.089	0.59
PBX 9501	7/5	1.832/1.855	8.802	0.48	0.19	〈0.76
X-0219(ATB/Kel-F=90/10)	8/6	1.915/1.946	7.627	0.0	2.69	7.5
X-0290	5/5	1.895/1.942	7.706	0.0	1.94	4.5
XTX 8003	162/4	1.53/1.556	7.264	0.113	0.0018	0.18

a. TMD, 이론최대밀도

b. 정상파로 전폭된 발파회수/측정이 이루어진 각 직경의 수

c. R은 두 개의 go/no go 발파로부터 얻은 직경의 평균값(모든 발파는 NM은 제외하고는 공기중에서 기폭, NM은 3.18의 벽두께의 황동 튜브에서 실시)

<예제33.1>

Cyclotol(60/40)이 1/4인치의 내경을 갖는 긴 종이 튜브에 1.10 g/㎤의 밀도로 충전되었다. 이 조건에서 폭굉 속도는 얼마인가?

(풀이) <표 33.3>으로부터 $Di = 6.2$km/s, $a = 1.02$mm이다. 직경 $d = 0.25$ in 또는 6.35mm이므로 폭굉 속도는 다음과 같이 계산된다.

$$\frac{D}{Di} = 1 - a\frac{1}{d}$$

$$\begin{aligned} D &= D_{i} - aD_{i}/d \\ &= (6.2) - (1.02)(6.2)/(6.35) \\ &= 5.2\text{km/s} \end{aligned}$$

폭약을 금속 슬리브로 씌우는 것과 같이 폭약의 밀폐도를 추가하면 폭굉 속도를 증가시키는데 도움을 주며 또는 이상적인 성능에 가까워진다. 스틸 슬리브에 충전한 폭약에 대해서는 다음의 관계식이 얻어졌다.

$$\frac{D}{Di} = 1 - 8.7\left(\frac{W_e}{W_c}\right)\left(\frac{a}{d}\right)^2$$

여기에서 (W_e/W_c)는 단위 길이 당 폭약과 케이싱의 무게 비이다. 이 관계식을 뒷받침해 주는 데이터가 [그림 33.6]에 나와 있다

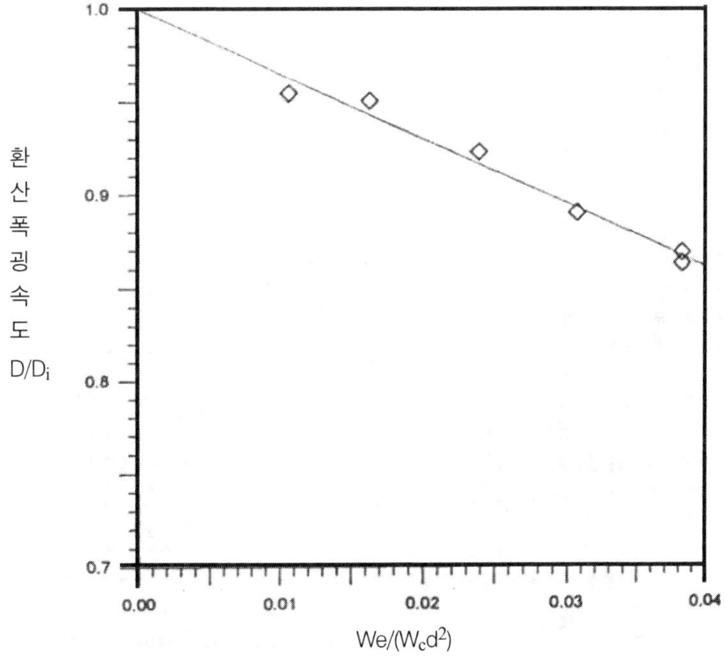

[그림 33.6] P_o=1.5g/㎤ TNT/AN(60/40)의 $(W_e/W_c/d^2)$에 따른 스틸관 내의 폭굉 속도

<예제33.2> 예제33.1의 Cyclotol이 종이 튜브 대신에 스틸 튜브에 충전되었을 때 만약 벽의 두께가 1/8인치라면 폭굉 속도는 얼마인가?

(풀이) 폭약과 케이싱의 무게비는 물질의 부피와 밀도로부터 단위 길이에 대해서 쉽게 찾을 수 있다. 이 경우에는 (W_e/W_c)=0.0465로 계산된다.

그리고 폭굉 속도는 다음과 같이 계산된다.

$$\frac{D}{Di}=1-8.7(\frac{W_c}{W_c})(\frac{a}{d})^2$$

$$D=D_i[1-8.7(W_c/W_c)(a/d)^2]=[(6.2)(1-(8.7)(0.0465)(1.02/6.35)^2]=6.14\mathrm{km/s}$$

33.2.2 불폭 직경

비이상적인 영역에서 정상상태의 폭속을 감소시키는 측면 손실은 직경이 감소함에 따라 더욱 심해져 정상상태의 폭속이 유지될 수 없는 지점까지 도달된다. 이 지점에서 불폭이 발생되며 이때 폭속이 음속 이하로 갑자기 느려지거나 또는 완전히 멈추게 된다. 이 지점을 불폭 직경(D_f)라고 하며 임계직경($D_{critical}$)이라고도 한다. 불폭 직경은 밀폐도, 입자크기, 초기밀도 및 미반응폭약의 주변온도에 상당히 영향을 받는다. [그림 33.7]에서와 같이 불폭 직경은 33.2.1의 폭속-직경 상수 a와 어느 정도 상관관계가 있다.

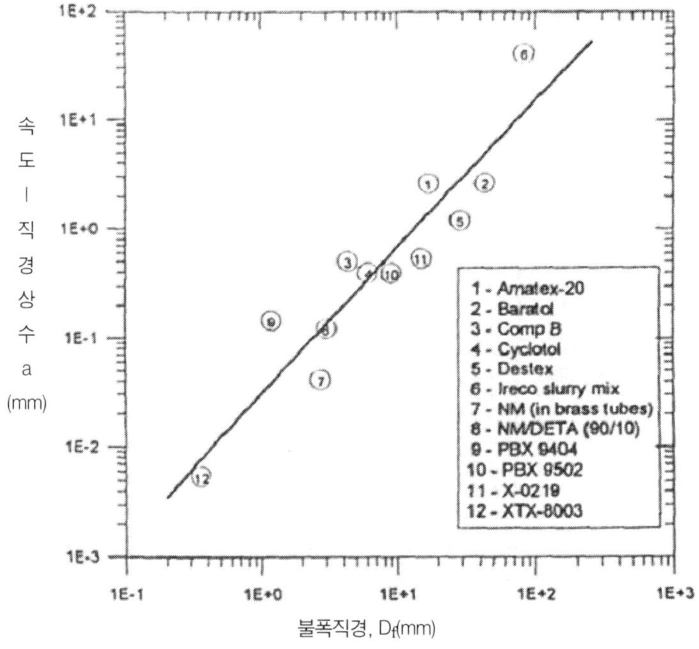

[그림 33.7] 상수 a와 불폭직경의 관계그래프

온도의 영향은 [그림 33.8]에 나와 있으며, 여기에서 폭약의 초기 또는 주변 온도를 증가시키면 D_f는 감소되며 이 영향은 모든 시험 폭약에서 같은 경향을 보인다.

입자크기가 감소하면 또한 D_f가 감소된다. 이 영향은 [그림 33.9]와 [그림 33.10]에 모두 나타나있다. D_f에 관한 초기밀도의 영향은 모든 폭약에 있어서 동일하지 않으며 또한 모든 밀도에서도 동일하지가 않다. RDX, HMX, TNE 등과 같은 분자 고폭약에 있어서 밀도가 증가함에 따라 D_f가 감소한다. 이 추세는 최대이론밀도(TMD) 또는 결정 밀도에 도달될 때까지 계속된다. TMD 또는 그 근처에서 용해하려는 경향이 있는 이 그룹의 폭약에 있어서는 D_f가 갑자기 상당히 높은 값으로 점프한다. 이 현상은 [그림 33.9]의 데이터에 의해서 표시되며 여기에서 TNT의 두가지 다른 입자 조건에 대한 D_f와 ρ_0의 관계를 볼 수 있다.

또한 [그림 33.9]로부터 캐스팅 기술이 D_f에 영향을 준다는 것을 알 수 있다. 최종 물질을 공극이 거의 없거나 아주 미세하게 만드는 주조기술(완벽한 주조)은 불폭직경 D_f를 가장 크게 할 수 있으며 반면에 아주 많은 미세한 버블을 넣은 주조기술(크림과 분말)은 D_f를 가장 작게 한다. D_f의 갑작스런 변화는 아마도 공극에 의해서 영향을 받는 기폭 메카니즘에 있어서의 갑작스러운 치우침 때문일 것이다. 두 번째 그룹의 화약류는 주로 다량의 질산암모늄(AN) 또는 과염소산암모늄(AP)를 함유하는 폭약들로 밀도에 있어서 아주 반대로 거동한다. 이들 폭약에서는 D_f가 밀도 증가에 따라 증가한다. 이것은 [그림 33.10]과 [그림 33.11]에서 볼 수 있다. [그림 33.10]에서 입자크기가 감소됨에 따른 D_f의 감소 추세는 여전히 모든 폭약에 있어서 동일하다.

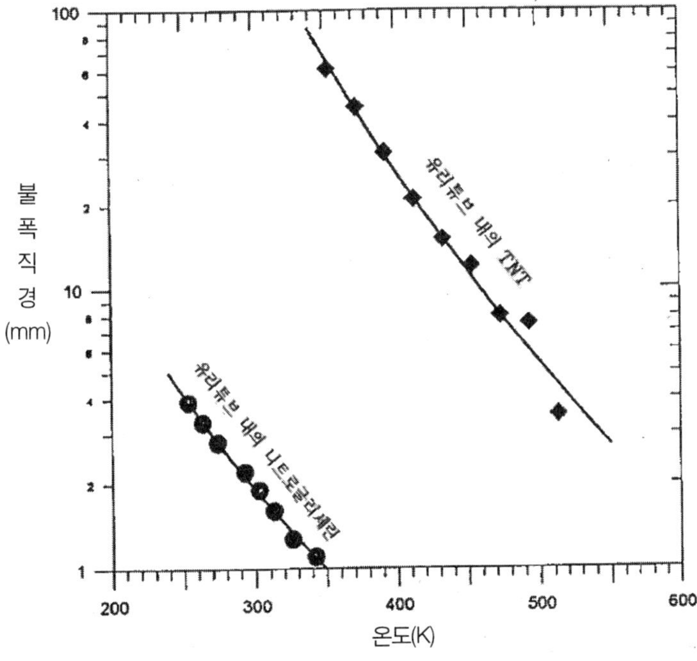

[그림 33.8] 온도함수로서의 니트로글리세린과 액체 TNT의 불폭 직경

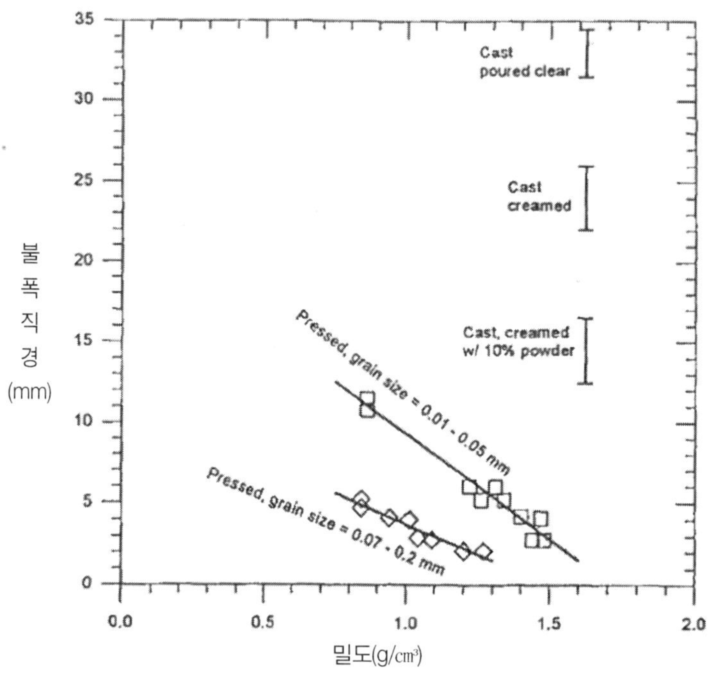

[그림 33.9] 초기밀도 함수로서의 TNT의 불폭직경

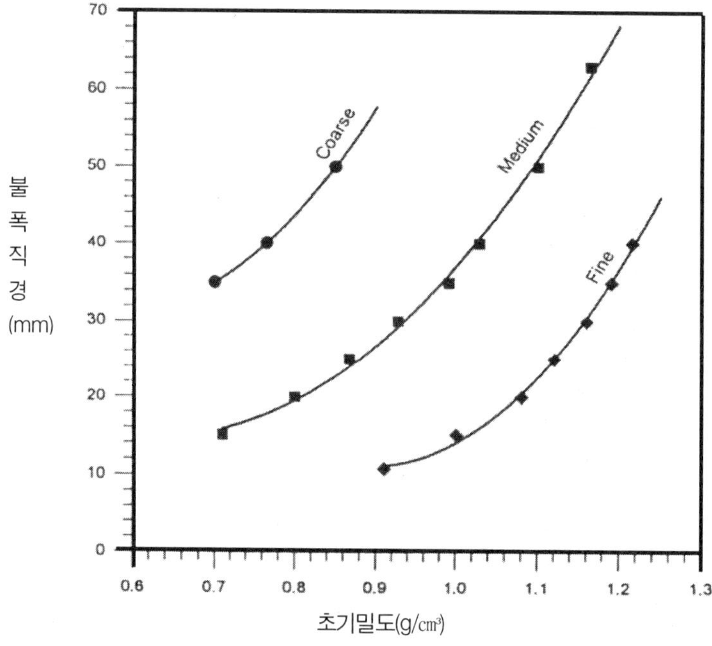

[그림 33.10] 입자크기에 따른 AN/연료(토탄) 폭약의 초기밀도와 불폭직경 관계

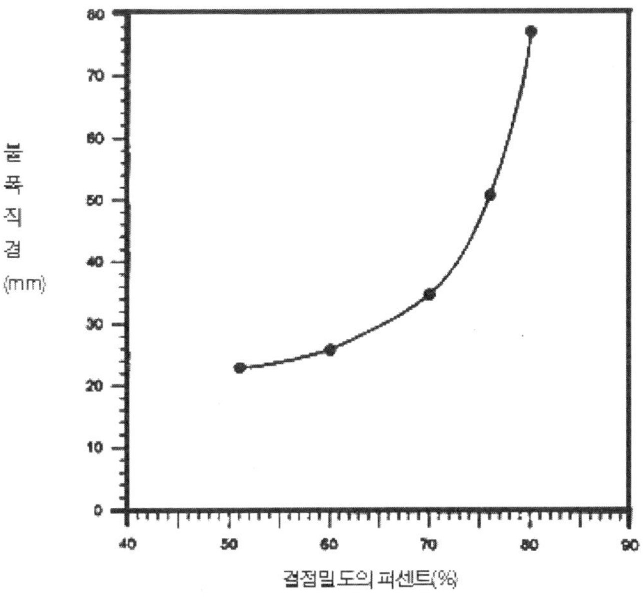

[그림 33.11] 초기밀도 함수로서의 AP의 불폭직경
(평균입자크기, 10㎛)

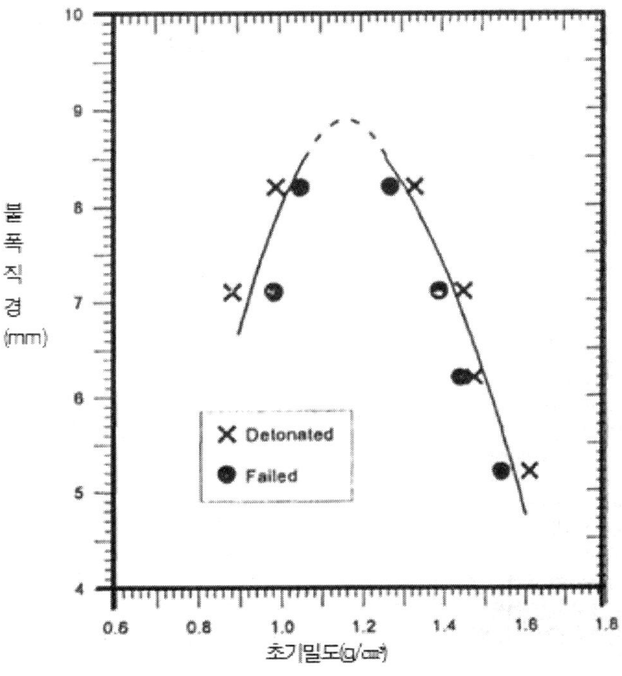

[그림 33.12] TNT/AN=50/50의 불폭직경 대 초기밀도

아주 흥미로운 데이터를 [그림 33.12]에서 볼 수 있는데 여기에서 각 그룹으로 부터의 폭약은 동일한 양으로 혼합된다. 여기에서는 TNT/AN=50/50에 대해서 나타냈고 밀도 증가에 따라 D_f가 증가되는 두 번째 그룹(AN과 AP)에 대한 밀도의 영향은 저밀도 영역에서 영향이 두드러진다. 밀도 증가에 따라 D_f가 감소되는 첫번째 그룹(분자 폭약)의 밀도의 영향은 보다 높은 밀도 영역에서 우세하다.

두 그룹의 폭약에 대한 데이터를 <표 33.5>에 나타냈으며, 이것은 데이터가 취해진 특정 밀폐조건 및/또는 온도조건을 설명하는 주석을 포함한다. 일부 불발 직경들은 <표 33.4>에서 볼 수 있다.

〈표 33.5〉 임계직경(D_c)

폭약	밀도 ρ(g/㎤)	임계직경(D_c), mm	조건
Amatol 80/20(캐스트)	-	80	-
AN	low-densi	~100	스틸튜브 밀폐
AN	ty	~12.7	종이튜브 케이싱, 재현성 없음.
AN, pressed	~0.95	불폭	장약경 100mm로 유리튜브에 밀폐
AN, pressed	1.4	불폭	장약경 36.5mm로 11t의 스틸튜브에 밀폐
	1.61		
AP(5㎛)	0.8-1.0	14	
AP(5㎛)	1.1	23 @20℃	충전길이 직경의 8-10배
AP(5㎛)	1.1	12 @200℃	충전길이 직경의 8-10배
AP(5㎛)	1.2	~28 @20℃	셀로판튜브
AP(200㎛), poured	1.29	〉76.2	203mm의 길이에 충전
AP(10㎛), pressed	1.56	76.2	203mm의 길이에 충전
Baratol(cast)	2.619	43.2	개방
Black powder(저밀도)		~100	스틸튜브 밀폐
Comp. A-3(pressed)	1.63	2.2	-
Comp. B 36/63/1(cast)	1.70	4.28	개방
Comp. B-3		3.73-4.24	개방
Comp. B-3 cast		~3.18	Plexiglas tube 케이싱
Comp. B-3 cast		~2.54	스틸 튜브 밀폐
Comp. C-4	1.53-1.56	3.81〈Dc〈5.08	밀폐
Cyclotol 77/23(cast)	1.740	6.0	개방
DATB	1.800	5.3	개방
Explosive D	1.65	〈25.4	개방
FEFO		〈3.43	3.18mm 두께 102mm 길이 스틸튜브 밀폐
HXB-1, pressed	1.72	6.35	개방
HXB-1, cast	1.72	〉6.35	
HMX/Wax 90/10	1.10	6.0〈Dc〈7.0	-
HMX/Wax 78/22	1.28	7.0〈Dc〈8.0	-
HMX/Wax 70/30	1.42	8.0〈Dc〈9.0	-
Lead azide	3.14	0.4-0.6	-

NM	1.128	2.86	3.18mm 두께의 황동튜브에 케이싱
NM	1.127	〈3	12.7mm 직경 6.4mm길이의 펠렛 케이싱
NM	1.127	〉11.76	~25℃에서 개방
NM	1.128	16.2	24.5℃, 22mm 내경 Pyrex 튜브 케이싱
NM	1.128	36	24.5℃, 16.3mm 내경 글라스튜브 케이싱
NM	1.128	28	-8℃, 16.3mm 내경 글라스튜브 케이싱
NM	1.128	20	12℃, 16.3mm 내경 글라스튜브 케이싱
NM	1.128	14	34℃, 16.3mm 내경 글라스튜브 케이싱
NM	1.128	27	18-22℃, 0.25mm 두께 종이튜브 케이싱
NQ	1.52	1.27<Dc<1.43	-
Octol 75/25(cast)	1.814	<6.4	개방
PBX-9404	–	~1.02	Plexiglas 또는 스틸튜브에 케이싱
PBX-9404	1.846	~1.18	개방
PBX-9501	1.832	<1.52	개방
PBX-9502	1.893	10<Dc<12	−55℃에서
PBX-9502	1.894	8<Dc<10	24℃에서
PBX-9502	1.895	9	개방
PBX	1.897	4<Dc<6	–
Pentolite 50/50(cast)	–	6.7	개방
PETN, 분말	0.4−0.7	>0.3	두께 0.05mm의 셀로판으로 케이싱
PETN, single crystal	–	>8.38	6.4x11.1mm 막대 형태
Picric acid	0.9	5.20	–
RDX	0.9	5.20	–
RDX/TNT 100/0		3	–
RDX/TNT 90/10	1.0	3.5	–
RDX/TNT 80/20	1.0	3.75	–
RDX/TNT 70/30	1.0	4.25	–
RDX/TNT 50/50	1.0	5.25	–
RDX/TNT 40/60	1.0	5.75	–
RDX/TNT 20/80	1.0	7.0	–
RDX/TNT 10/90	1.0	7.5	–
RDX/TNT 0/100	1.0	7.5	–
RDX/Wax 95/5	1.05	4.0<Dc<5.0	D/L=1/>10인 셀로판튜브에 케이싱
RDX/Wax 90/10	1.10	4.0<Dc<5.0	
RDX/Wax 80/20	1.25	3.8<Dc<5.0	
RDX/Wax 72/28	1.39	3.8<Dc<5.0	
TACOT	1.45	3	개방
TATB	1.7	6.35	
TNT,cast	1.70	9	77.4K에서 0.2mm 종이에 케이싱
TNT,cast	1.71	11	20.4K에서 0.2mm 종이에 케이싱
TNT,cast	1.61	7	290K에서 0.2mm 종이에 케이싱
TNT,powder	0.5−0.8	7.5	0.05mm 두께 셀로판 케이스에 케이싱
TNT,powder	1.0	6	20℃에서 유리튜브에 케이싱
TNT, 84% 0.5mm, 16% 0.1mm	0.95	22.52	
TNT, cast	1.6	27.43	

TNT, cast, poured cloudy	1.615	22.0<Dc<25.4	개방
TNT, cast, creamed	1.615	12.6<Dc<16.6	개방
TNT, cast	1.62	14.5	개방
TNT, cast	1.615	15	291K, 0.2mm 두께의 종이에 케이싱
TNT, cast, poured	1.625	<3.7	개방
TNT, clear liquid	1.443	62.6	2.54mm 두께 유리튜브에 케이싱
TNT, clear liquid		30<Dc<32.5	100℃, Φ70 x 길이 510mm Pyrex튜브 케이싱
XTX-8003	1.53	0.36	2mm 직경 폴리카보네이트에 케이싱
XTX-8003	~1.53	<0.39	
XTX-8004	~1.53	~1.4	2mm 직경 폴리카보네이트에 케이싱
XTX-8004	1.553	>1.78	

판상의 폭약에 대해서는 D_f와 비슷하게 측정할 수 있고 측정된 불폭 두께가 있다. 이 실험들은 불폭 두께를 결정하기 위해서 실시하며 쐐기 모양의 경사진 폭약에서 두꺼운 쪽을 기폭시킴으로써 이루어진다. 이 실험들은 불발인지 아닌지를 알 수 있도록 황동 표지판을 사용함으로써 이루어진다. 황동은 폭약의 한 측면에 밀폐도에 상당한 영향을 미치고 그리고 스틸 바들도 측면을 밀폐시키므로 측정된 불폭 두께는 대부분 밀폐되지 않은 폭약 쐐기에 대해서 보다 작게 나온다. [그림 33.13]은 시험장치를 보여주며 <표 33.6>은 여러 가지 폭약의 시험 결과들이다.

D_f와 불발 두께의 측정은 잠재적인 폭굉 신뢰성 문제를 찾아내는데 있어서 설계자 또는 분석가에게는 상당히 중요하며, 여기에서 폭약량 또는 시스템은 크기와 무게에서 최소화하지 않으면 안 된다.

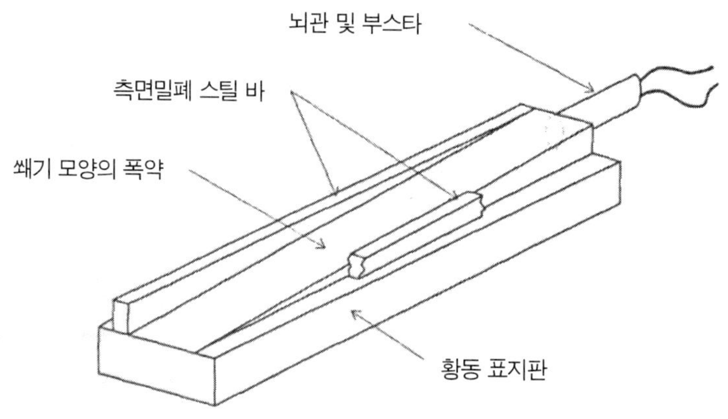

[그림 33.13] 최소 불폭두께 시험 장치

〈표 33.6〉 불폭 두께

화약류 구분	이름	밀도(g/㎤)	불폭 두께(mm)
합성폭약류	Ammonium picrate	1.64	3.29
	TNT	1.61	1.91
Castable mixtures	Comp. A-3	1.63	0.57
	Comp. B-3	1.72	0.94
	Cyclotol 75/25	1.75	1.51
	Octol 75/25	1.79	1.43
	Pentolite	1.70	1.39
HMX-based	PBX-9011	1.77	0.61
	PBX-9404	1.83	0.46
	X-0204	1.922	0.41
RDX-based Plastic-bonded explosives	PBX 9010	1.78	0.52
	PBX 9205	1.69	0.57
	PBX 9407	1.77	0.30

33.3 밀도의 영향

이상적인 폭굉에서 폭굉 압력(P_{CJ}) 및 폭굉 속도(D)는 모두 미반응폭약의 초기밀도에 연관된다는 것을 알았다. CJ 포인트에서 반응생성물의 위고니오는 레일리선에 접선이며, 레일리선은 CJ 포인트와 미반응폭약의 비부피, υ_0를 연결시킨다. 그러므로 CJ 포인트에서 반응생성물의 위고니오의 기울기는 레일리선의 기울기와 같다고 할 수 있다. 또한 레일리선의 기울기는 $-(D/\upsilon_0)^2$ 또는 $-D^2\rho_0^2$이라는 것을 알고 있다. 그래서 CJ 포인트에서는 다음과 같은 식이 성립한다.

$$\left(\frac{dp}{dv}\right)_{CJ} = -D^2\rho_o^{\ 2}$$

그리고 위고니오 방정식은 $P=f(v)$로 나타낼 수 있었으므로 CJ포인트에서는 다음과 같이 나타낼 수 있다.

$$P_{CJ} = f_1(v_{CJ})$$

그리고 CJ 조건에서의 위고니오의 기울기는 다음과 같다.

$$(dP/d\upsilon)_{CJ} = f_1'(\upsilon_{CJ})$$

$\upsilon = 1/\rho$ 이므로 위의 식을 다음과 같이 다시 쓸 수 있다.

$$(dP/d\upsilon)_{CJ} = f_2'(\rho_{CJ})$$

그리고 $\rho_{CJ} = a\rho_0^b$ 이므로 위 식은 다음과 같이 쓸 수 있다.

$$(dP/d\upsilon)_{CJ} = f_3'(\rho_0)$$

그래서 위고니오와 레일리선 둘의 기울기를 같게 놓을 수 있으며 다음과 같다.

$$-D^2\rho_0^{\ 2} = f'_3(\rho_0)$$

$$D = (\frac{f'_3(\rho_o)}{\rho_o^2})^{1/2}$$

D와 ρ_0의 그래프가 직선이 될 수 있는 단 하나의 방법은 위고니오가 $(1/\upsilon_{CJ})$의 완전한 1차식을 만드는 것이다. 그러나 그것은 분명 쉽지가 않은 일이다. 그러나 이러한 시도를 약간만이라도 해보는 전반적인 목적은 만약 어떤 주어진 폭약에 대해서 D와 ρ_0의 관계 그래프를 그렸을 때 직선을 기대하지 말아야한다는 것을 보여주기 위한 것이다. [그림 33.14]의 HBX(RDX, TNT 및 Al의 혼합물)의 데이터는 이것을 증명한다.

그러나 정상 범위의 밀도에 있는 대부분의 폭약에서는 [그림 33.15]의 PETN과 TNT에서와 같이 D와 ρ_0의 관계는 직선에 근접한다. 이것을 모든 폭약에서 찾으려고 한다면 오산이다. 만약 밀도 데이터가 전혀 없다면 해당 폭약에 대해서 어느 정도 알고 있는 D, ρ_0 조건을 외삽하기 위해서 이 관계가 직선이라고 가정하지 않으면 안될 것이다. 만약 이렇게 한다면 또한 직선 관계의 기울기는 많은 폭약에 있어서 좁은 밀도 범위에 걸쳐 잘 맞는 평균치인 3이라고 가정할 수 있거나 또는 Urizer 값을 사용할 수 있다. Urizer 값은 또한 [그림 33.15]와 동일한 폭약에 대해서 나와 있다. <표 33.7>은 여러 폭약에 대해서 D와 ρ_0의 관계를 보여준다.

$D = j + k\rho_0$, (*기에서 D는 km/s*, ρ_0*는 g/cm³*)

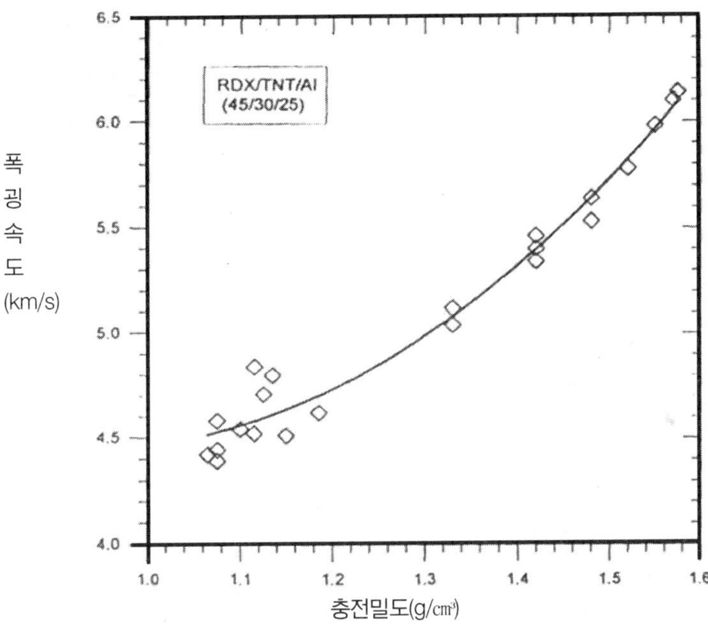

[그림 33.14] HBX(RDX/TNT/Al=45/30/25)의 초기밀도에 따른 폭굉 속도 그래프

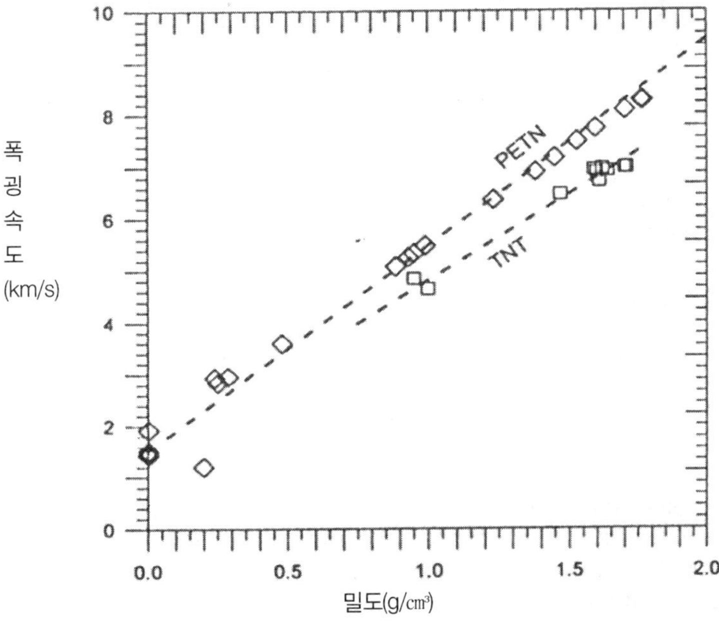

[그림 33.15] PETN과 TNT의 초기밀도에 따른 폭굉 속도 그래프

〈표 33.7〉 폭굉 속도의 초기밀도 영향

폭약	상수 j	상수 k	적용 범위
Ammonium perchlorate	1.146	2.276	$0.55<\rho<1.0$
	-0.45	4.19	$1.00<\rho<1.26$
BTF	4.265	2.27	
DATB	2.495	2.834	
HBX-1	0.063	4.305	
LX-04-01	1.733	3.62	
Nitroquanidine	1.44	4.015	$0.4<\rho<1.63$
PBX-9010	2.843	3.1	
PBX-9404	2.176	3.6	
PETN	2.14	2.84	$\rho<0.37$
PETN	1.82	3.7	$0.37<\rho<1.65$
PETN	2.89	3.05	$1.65<\rho$
Picric acid	2.21	3.045	
RDX	2.56	3.47	$1.0<\rho$
TATB	0.343	3.94	$1.2<\rho$
TNT	1.67	3.342	

33.4 온도의 영향

만약 폭약의 초기 온도를 올리면 폭속과 폭굉 압력이 올라갈 것이라고 기대할 것이다. 실제로는 반대도 상당히 많다. 이것이 어떻게 가능한가? 온도를 올리면 폭약은 팽창하고 그것에 의해서 밀도가 낮아진다. 밀도가 낮아지게 되면 P_{CJ}와 그리고 또한 D가 낮아지게 된다.

비록 그 영향은 적지만 폭약의 초기온도를 증가시키면 폭굉 속도가 감소되며 그 반대로 감소시키면 증가된다. 일부 폭약의 데이터가 측정되었으며 <표 33.8>에 나와 있다. 많은 폭약에 대해서 점프방정식과 간단한 열물리학을 이용해서 온도의 영향을 계산하기 위한 C_p, σ(선형온도팽창계수), $\triangle H_d^\rho$(폭굉열), ρ_0, P, D와 같은 특성에 관한 데이터는 충분히 있다. 일반적으로 단위온도변화당 폭굉 속도의 변화인 $(\triangle D/\triangle T)$는 $-0.4\text{x}10^{-3} \sim -4\text{x}10^{-3}$(mm/$\mu$s)/(℃)의 범위에 있다.

〈표 33.8〉 폭굉 속도의 온도영향

폭약	$\triangle D/\triangle T$, (km/s)/(℃)	온도범위,(℃)
Comp.B(Grade A)	$-0.5x10^{-3}$	
LX-01-0	$-3.8x10^{-3}$	
LX-04-1	$-1.55x10^{-3}$	-54～+74
LX-07	$-1.55x10^{-3}$	-54～+74
LX-08	$-3.56x10^{-3}$	-36～+23
LX-09	$-3.31x10^{-3}$	-54～+74
Nitromethane	$-3.7x10^{-3}$	-20～+74
PBX 9404	$-1.165x10^{-3}$	-54～+74
Pentolite(50/50)	$-0.4x10^{-3}$	
XTX 8003(LX-13)	$-2.34x10^{-3}$	-54～+74

33.5 기하학적 구조의 영향

만약 실린더형 폭약의 한쪽 끝 중심에 뇌관을 꽂아 기폭시키면 이 포인트로부터 폭굉이 구형으로 번져나갈 것이라고 기대할 것이다. 참으로 처음에는 그렇게 생각했다. 그러나 어떤 일정 거리를 진행 후에 폭굉이 구형으로 번져나가는 것을 멈추고 폭굉파면에서 일정 반경의 곡율을 유지한다. 만약 폭약이 더 커지면 이 포인트는 더 멀리 나아간다. 그러나 폭약에 대한 곡률 반경의 비는 일정하게 유지한다. 이 비율의 값은 폭약에 따라 변한다(아마도 각각은 반응대 길이의 함수이기 때문일 것이다). [그림 33.16]은 여러 가지 폭약에 대한 이러한 영향을 보여준다. 이 그림에서 R은 충격파면의 곡률반경이고 d는 폭약의 직경 그리고 L은 폭약의 길이이다.

이 영향의 현상의 하나는 폭약의 끝에서 압력에 의해서 행해진 일은 압력뿐만이 아니라 폭약의 L/d의 함수라는 것이다. 만약 일부 일의 함수를 δ(이것은 표시판의 덴트의 깊이 선형폭약에서 제트의 특성에서도 인접물질의 분쇄정도를 말한다.)로 정의하면 L이 증가함에 따라 δ또한 증가하는데 어떤 최대 L까지만 증가한다. 이 L을 L_{max}라고 하며 ; 이것을 넘어가면 δ는 길이가 아무리 길어져도 상수가 된다. 그리고 이 L_{max}에서 δ_{max} 또는 δ_0를 갖는다. 만약 (δ/δ_0)와 (L/d)를 그래프로 그리면 이들 파라미터들은 참으로 비례한다는 것을 알 수 있다. [그림 33.17]은 폭발적으로 추진되는 비행체판, 납 블럭의 압축, 및 스틸 표시판의 덴트 깊이에 대한 이 끝 영향 또는 길이 영향을 보여준다.

이 그림에서 δ/δ_0는 $L/d>2$의 값에 대해서 상수로 접근하고 있는 것을 보여준다.

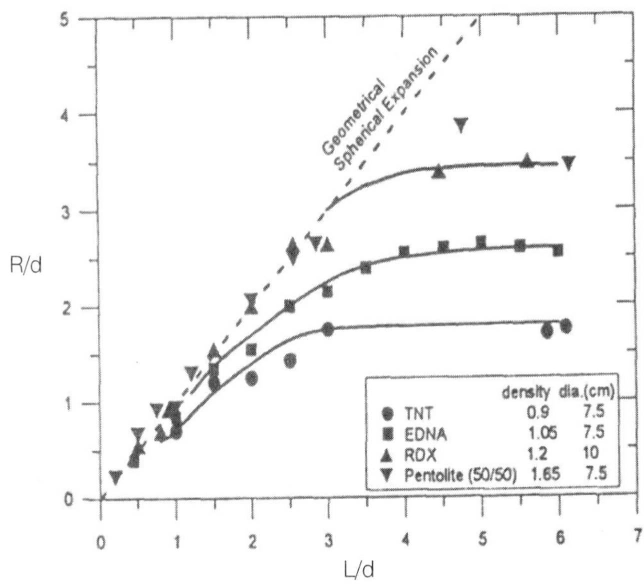

[그림 33.16] 이상적인 폭굉에서 장약 길이에 따른 파형의 변화

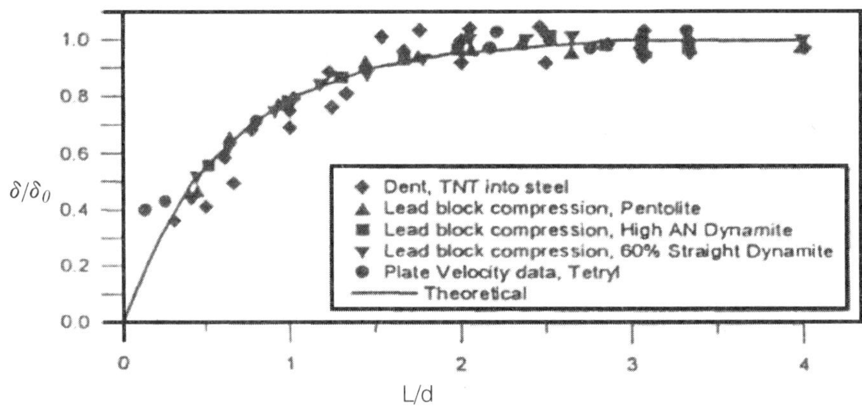

[그림 33.17] 장약 길이에 따른 말단 효과의 변화

참고문헌

1. Paul W. Cooper(1996), "Explosives Engineering", VCH Publishers, Inc., New York

제8편

화약류의 폭발 외부 거동

이 부문에서는 화약류가 폭발했을 때 주변에 어떻게 일을 하는지에 대해 살펴 볼 것이다. 금속의 가속, 금속실린더의 파쇄, 파쇄된 파편의 비행 또는 탄도학(Ballistics), 에어블라스트파(Airblast wave), 수중에서의 충격, 충격파에 대한 생리적 반응 및 크레이터링(Createring)에 대해서 알아볼 것이다. 또한 성형폭약(Shaped charges)과 폭발압접(Explosive welding) 등에서 일어나는 금속의 제트 거동을 포함하는 일부 특수 분야에 대해서는 간단하게 살펴볼 것이다.

제34장

파편의 거동[1]

이 장에서는 금속 용기와 장약의 기하학적 구조에 따라서 화약류가 얼마나 빨리 금속 파편을 비산시키는지 실린더가 폭발적으로 팽창할 때 어떻게 파괴되는지 그러한 파괴로부터 생겨난 파편의 크기를 계산하는데 어떤 방법들을 사용되는지 그리고 마지막으로 금속 파편의 속도가 공기를 통과하면서 어떤 영향을 받는지에 대해 알아볼 것이다.

34.1 파편의 초기속도 계산

1940년대 초, 거니(R.W.Gurney)는 금속 실린더에 충전된 장약의 폭굉 팽창 모델을 개발하였다. 이 모델은 팽창하는 실린더 파편의 초기 속도를 면밀히 예측하게 해 준다. 그의 모델은 금속 실린더와 이것을 밀어내는 가스 사이에 폭발에너지의 분할을 필요로 한다. 팽창하는 가스의 속도가 선형으로 변화한다고 가정하였다. 그의 모델에서는 금속파편의 최종속도, 폭발에너지 그리고 충전 장약량에 대한 금속 파편 질량의 비율 사이의 관계를 아주 단순한 관계식으로 만들어냈다.

[그림 34.1]과 같이 금속 실린더에 충전된 화약류에 대한 거니의 방정식은 다음과 같다.

$$\frac{V}{\sqrt{2E}}=\left(\frac{M}{C}+\frac{1}{2}\right)^{-1/2} \tag{34.1}$$

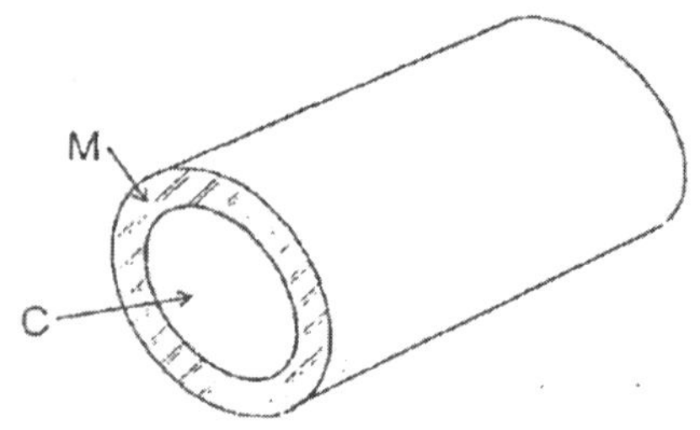

[그림 34.1] 금속실린더의 구조

V는 금속 파편의 속도 ; M은 금속 파편의 질량 ; C는 장약량 ; 그리고 $\sqrt{2E}$ 는 상수로 거니 속도계수이며 이것은 각 폭약마다 다르다.

금속 구에 충전된 화약류에 동일한 분석이 적용되었을 때 그 관계식은 아주 조금 밖에 변하지 않는다. 중심에서 기폭되는 구형 장약에 대한 방정식은 다음과 같다.

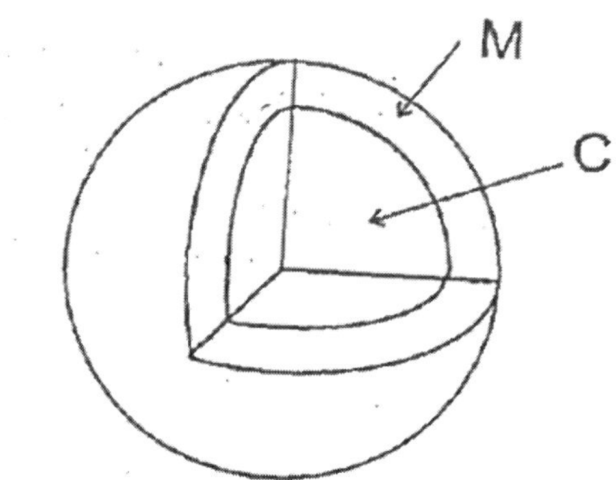

[그림 34.2] 구형 구조

$$\frac{V}{\sqrt{2E}} = \left(2\frac{M}{C} + \frac{3}{5}\right)^{-1/2} \tag{34.2}$$

분석이 적용되는 세 번째의 대칭 기하구조[그림 34.3]가 "대칭 샌드위치"이며 다음식이 적용된다.

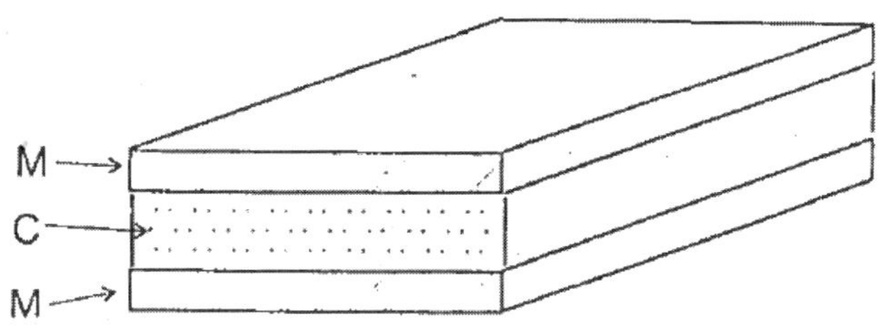

[그림 34.3] 대칭 샌드위치 구조

$$\frac{V}{\sqrt{2E}} = \left(2\frac{M}{C} + \frac{1}{3}\right)^{-1/2} \tag{34.3}$$

E 또는 $\sqrt{2E}$ 의 값은 각 화약류마다 실험적으로 정해진다. 또한 그것은 각각의 화약류 또는 폭굉 특성과 관련이 있다. 다음은 현존하는 관계식 중의 하나다.

$$\sqrt{2E} = 0.6 + 0.54(1.44\Phi\rho_0)^{1/2} \tag{34.4}$$

이 식을 케네디-하데스티(Kennedy-Hardesty)식이라고 하며 여기에서 Φ는 캠릿-제이콥스(Kamlet-Jacobs) 특성치이며 ρ_0는 미반응 화약류의 밀도이다.

이들 동일 변수를 사용하는 또 다른 관계식이 캠릿과 핑거(Finger)의 식이다.

$$\sqrt{2E} = 0.887\Phi^{1/2} + \rho_0^{0.4} \tag{34.5}$$

보다 단순하고 또한 보다 정확한 관계식이 다음의 식이다.

$$\sqrt{2E} = D/2.97 \tag{34.6}$$

여기에서 D는 폭약의 폭굉 속도이며 관계식은 <표 34.1>의 데이터로부터 유도된 것이다.

〈표 34.1〉 폭굉 속도에 대한 $\sqrt{2E}$의 상관 관계

폭약	ρ_0 (g/㎤)	D (mm/ms)	$\sqrt{2E}$ (mm/ms)	$D/\sqrt{2E}$ (mm/ms)
Composition A-3	1.59	8.14	2.63	3.095
Composition B	1.71	7.89	2.70	2.92
Composition B	1.717	1.91	2.79	2.84
Composition B	1.717	7.91	2.71	2.92
Composition B	1.72	7.92	2.68	2.96
Composition B	1.72	7.92	2.70	2.93
Composition B	1.72	7.92	2.71	2.92
Composition B	1.72	7.92	2.77	2.86
Composition C-3	1.60	7.73	2.68	2.85
Cyclotol(75/25)	1.754	8.25	2.79	2.96
H-6	1.76	7.90	2.58	3.06
HMX	1.835	8.83	2.80	3.15
LX-14	1.89	9.11	2.97	3.07
Octol(75/25)	1.81	8.48	2.80	3.03
Octol	1.821	8.51	2.83	3.01
PBX9404	1.84	8.80	2.90	3.03
PBX9502	1.885	7.67	2.377	3.23
PETN	1.76	8.26	2.93	2.82
RDX	1.77	8.70	2.83	2.97
Tacot	1.61	6.53	2.12	3.08
Tetryl	1.62	7.57	2.50	3.03
TNT	1.63	6.86	2.37	3.89
TNT	1.63	6.86	2.44	2.81
TNT	1.63	6.86	2.46	2.79
Tritronal(80/20)	1.72	6.70	2.32	2.89
				mean=2.97

<표 34.1>의 $\sqrt{2E}$에 대한 값과 상관 관계는 실린더와 구에서 수반된 금속들이 매우 높은 궁극적인 변형을 갖는 경우에 대한 것이다. 즉 폭발 가스는 가스 팽창의 대부분이 금속을 날리거나 일을 하는데 사용된다. 그러나 이것은 항상 그렇지는 않다. 깨지기 쉽거나 낮은 궁극적인 변형을 갖는 금속들은 보다 작은 팽창율에서 부숴 질 것이다. 그때 폭굉 가스는 파편 주변으로 흐르거나 우회하며 가속도 프로세스는 거기에서 멈춘다. 이것의 대표적인 예가 다양한 주철 합금과 같은 금속 탄두이며 여기서 파편의 최종속도는 거니모델에 의해서 예측된 것 보다는 낮다. 일반적으로 깨지지 쉬운 금속으로 된 구나 실린더가 폭발하는 파편속도는 예측치의 80%이다.

금속 파편이 형성되지 않을 때 이 관계는 적용되지 않는다. 다양한 샌드위치 배치가 이 경우들이다. 비대칭 샌드위치의 경우 거니모델은 에너지평형과 모멘텀평형의 포함 그리고 폭굉가스의 이상적인 상태방정식의 가정에 의해서 수정된다.

<예제34.1> 두 개의 대형 1/4 인치 두께 철판(밀도 7.87g/㎤)이 있다고 가정하자. 그 사이에 두께 1/2 인치의 Datasheet™ 폭약층이 있다고 하자.(Datasheet™의 폭굉 속도는 7.0km/s이며 밀도는 1.54g/㎤이다). 폭굉시 두 철판에 부과되는 속도는 얼마인가?

(풀이) 이것은 대칭 샌드위치 배치이며 M/C의 값은 다음과 같다.

$$M/C = (0.25)(7.87)/(0.5)(1.54) = 2.555$$

거니속도상수의 값은 다음과 같다.

$$\sqrt{2E} = D/2.97 = (7.0)/(2.97) = 2.357 \text{ km/s}$$

그러므로 각 판의 속도는 다음과 같다.

$$V = \sqrt{2E}\,(2M/C + 1/3)^{-1/2} = (2.357)[(2)(2.555) + (1/3)]^{-1/2} = 1.01 \text{ km/s}$$

[그림 34.4]와 같이 일반적인 비대칭 샌드위치 모델은 대칭 모델보다 약간 더 복잡하지만 여전히 다루기 쉬우며 다음식이 적용된다.

$$A = \frac{1+2M/C}{1+2N/C} \quad (34.7)$$

$$\frac{V}{\sqrt{2E}} = [\frac{1+A^3}{3(1+A)} + \frac{N}{C}A^2 + \frac{M}{C}]^{-1/2} \quad (34.8)$$

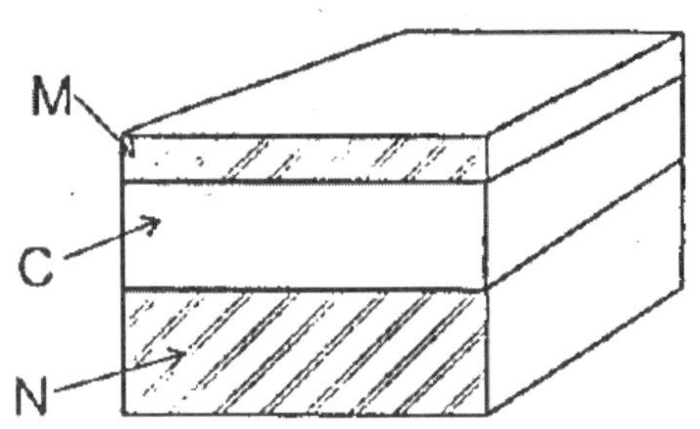

[그림 34.4] 비대칭 샌드위치 배치(예제34.2)

<예제34.2> 철판 하나가 1인치 두께라는 것을 제외하고는 예제34.1과 동일하다고 하자. 1/4 인치 두께의 비행체 판의 속도는 얼마인가?

(풀이) 이것이 비대칭 샌드위치 배치의 한 예이다.

$M/C = (0.25)(7.87)/(0.5)(1.54) = 2.555$

$N/C = (1)(7.87)/(0.5)/1.54) = 10.22$

$A \;\; = [(1+2(2.555)]/[(1+2(10.22)] = 0.2845$

$V \;\; = (2.357)[(1+0.2845^3)/\{3(1+0.2845)\}+(10.22)(0.2845)^2+2.555]^{-1/2}$

$= 1.234$ km/s

N의 두께를 4배로 증가시켜도 속도는 22% 밖에 증가되지 않는다는 것에 유의하라.

또한 비대칭 샌드위치에 대한 두 가지의 극한 사례를 유도할 수 있는데 첫째가 N이 무한대로 접근할 때이다. N→∞일 때 A→0로 접근하며 다음식이 성립된다.

$$\frac{V}{\sqrt{2E}} = [\frac{M}{C} + \frac{1}{3}]^{-1/2} \tag{34.9}$$

<예제34.3> 앞의 두 예제에 이어서 탬퍼(N)가 땅에 설치된 콘크리트 판 위에 놓여있는 다른 철판 위에 놓여있다고 가정해 보자. 이제 탬퍼(N)은 무한대로 된 상태이다. 이러한 조건에서 비행체 판의 초기속도는 얼마가 될 것인가?

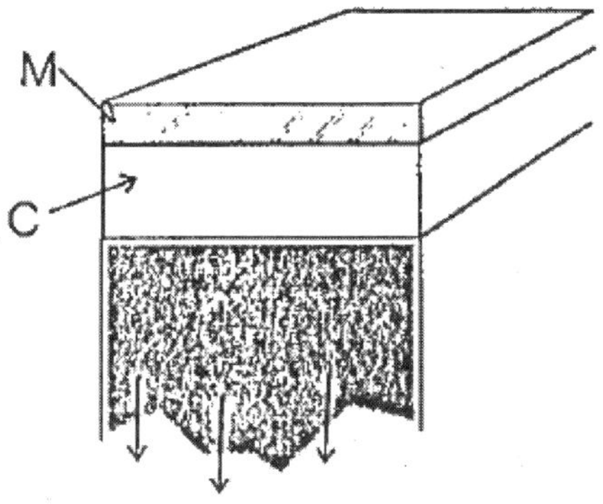

[그림 34.5] N→∞인 비대칭 샌드위치 배치

(풀이) *M/C*는 2.555이고 비행체 판의 속도는 다음과 같이 될 것이다.

$$V = (2.357)(2.555+1/3)^{-1/2}$$
$$= 1.387 \text{ km/s}$$

이것은 이 장약이 이 판을 날려버릴 수 있는 최대 속도이다.
그리고 둘째가 *N=0*인 아주 일반적인 경우이며 개방 자유면 샌드위치라고도 부른다.
*N=0*일 때 *A* = 1+2*(M/C)*이며 다음식이 적용된다.

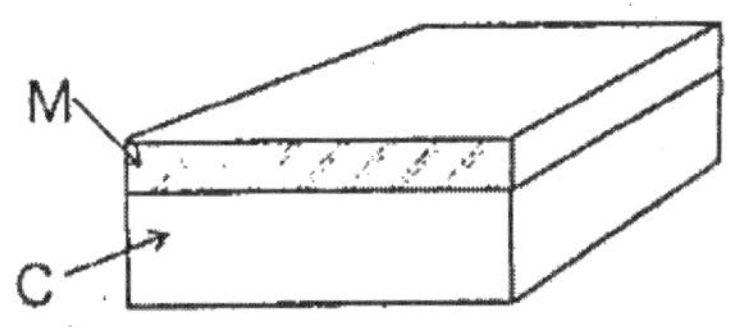

[그림 34.6] N→0인 경우의 비대칭
샌드위치 배치

$$\frac{V}{\sqrt{2E}} = \left[\frac{1+(1+2\frac{M}{C})^3}{6(1+\frac{M}{C})} + \frac{M}{C}\right]^{-1/2} \tag{34.10}$$

<예제34.4> 앞의 세 예제에 이어서 이번에는 폭약의 뒤에서 전혀 탬핑이 없다고 하면

(N=0) 초기 속도는 얼마가 될 것인가?

(풀이) M/C는 2.555이고 그리고 이 개방 샌드위치 배치에서 다음과 같이 계산될 수 있다.

$$V = (2.357)[\{1+(1+(2)(2.555)^3\}/\{(6)(1+2.555)\}+2.555]^{-1/2}$$
$$= 0.65\ \text{km/s}$$

이것은 이 화약류가 샌드위치 배치에서 주어진 비행체 판을 날리는 최소 속도이다. 이들 여러 가지 배치의 비교가 [그림 34.7]에 나와 있다.

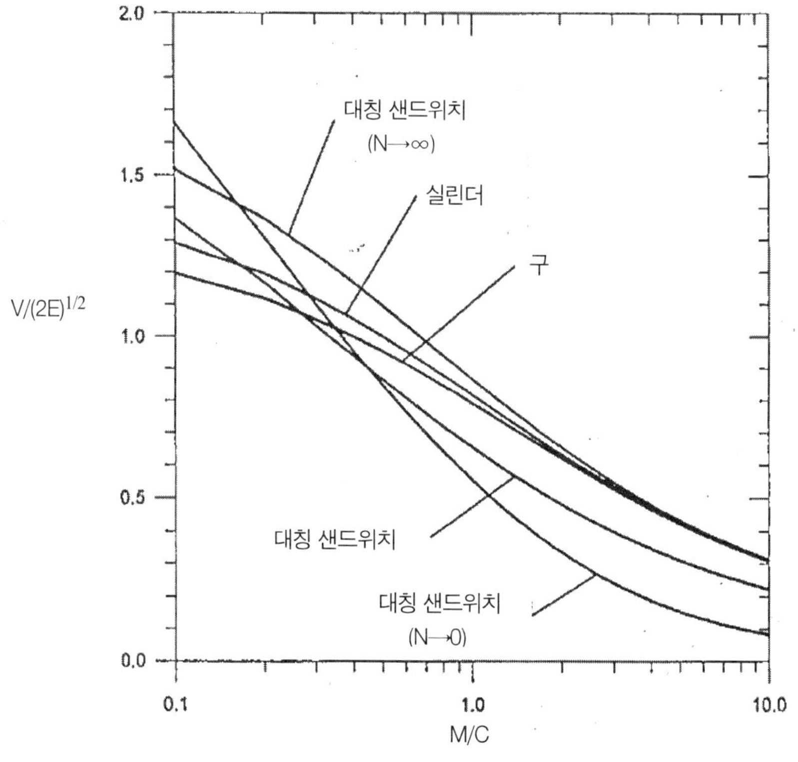

[그림 34.7] 여러 가지 거니모델 배치의 비교

한 면이 개방된 샌드위치 구조는 상당한 손실이 있을 것이다. 이것은 판과 평행한 방향으로 가스 팽창에 대한 밀폐가 없기 때문이다. [그림 34.8]과 같이 판이 실린더형 화약류의 끝에 놓여있는 경우를 살펴보자.

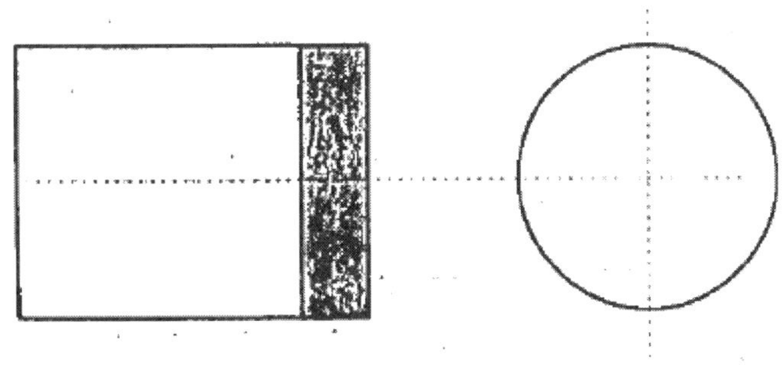

뒷쪽으로 팽창하는 가스는 판 상에 어떠한 압력의 영향도 미치지 않으므로 그 에너지는 손실이 된다. 이것은 화약류의 질량을 실질적으로 감소시키는 것으로 생각할 수 있다. 유효 장약량 C_e는 60° 밑각을 가진 콘 내부로 포함되며 밑 직경은 충전폭약의 직경과 같다는 것이 수많은 실험 관찰로부터 밝혀졌으며 [그림 34.9]에 나타나 있다.

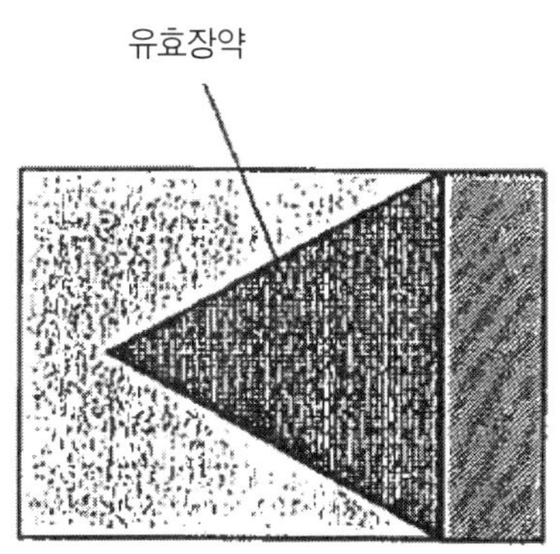

[그림 34.9] 유효 장약 부피

콘 외부의 폭약은 모두 모델의 계산에 관한한 "손실"이 된다. 모델의 M/C항에서 C는 콘 내부의 폭약질량 C_e가 되어야 한다. [그림 34.10]에서 보는 바와 같이 콘의 꼭대기 높이가 짧은 장약에서는 유효 중량이 원뿔의 잘린 형태의 내부 질량이다.

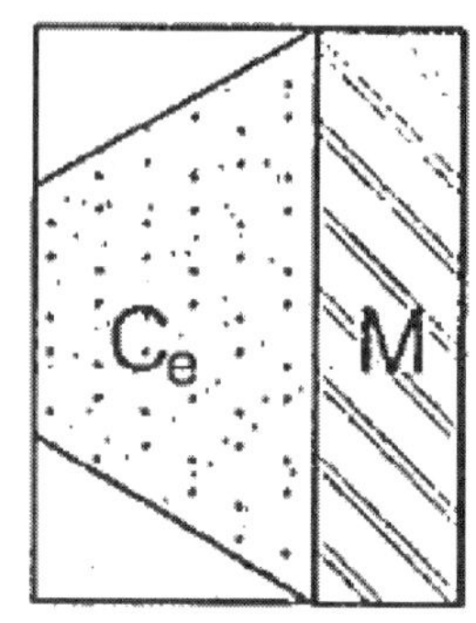

[그림 34.10] 짧은 실린더 장약에
대한 유효 장약

<예제34.5> 1/4인치 두께의 비행체 판을 1인치 두께의 Detasheet™ 장약으로 폭발시켜 보자. 판과 장약은 직경 1인치의 실린더 형태를 갖는다. 장약은 비행체의 반대편에서 기폭된다고 하자. 비행체의 속도는 얼마가 될 것인가?

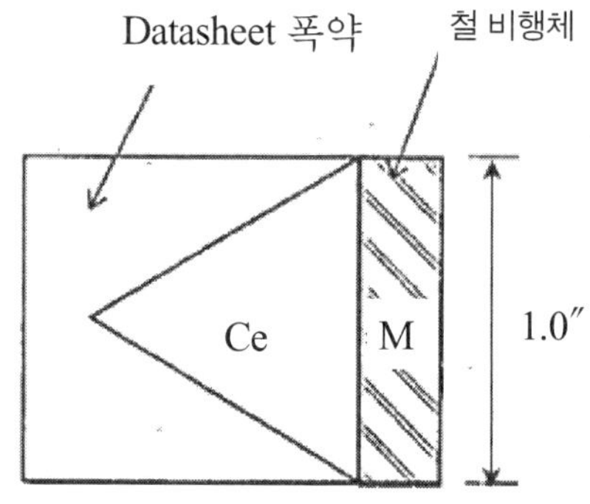

(풀이) 이 경우는 시스템의 측면 손실을 감안해야만 하는 경우이다. 밀폐되지 않은 실린더이므로 폭약의 60°밑각의 콘의 외부는 모두 손실이다. 이 콘의 높이는 장약길이 보다 짧다.

그러므로 콘 전체가 사용된다. 콘의 부피는 $(\pi/3)r^2h$이며 여기서 r는 밑반지름이고 h는 밑에서부터 꼭대기까지의 수직 높이이다.

높이 $h = r \tan\theta$이며 여기서 θ는 콘의 밑각이다. 그러므로 부피는 다음과 같이 계산된다.

$V = (\pi/3)r^3\tan\theta$

$= (\pi/3)(0.5\text{in.})^3\tan(60^\circ)$

$= 0.227\ \text{in.}^3 = 3.72\text{cm}^3$

그리고 <예제34.1>에서 Detasheet^{TM}의 밀도가 1.54g/㎤이고 유효폭약 중량 C_e는

$W = (3.72)(1.54) = 5.73\text{g}$

비행체의 중량은 $\rho_f \pi d^2 t/4 = 25.3\text{g}$ 그리고 $M/C_e = (25.3)/(5.73) = 4.415$

비행체 속도는 개방-자유면-샌드위치 배치식으로부터 계산된다.

$$\frac{V}{\sqrt{2E}} = [\frac{1+(1+2\frac{M}{C})^3}{6(1+\frac{M}{C})} + \frac{M}{C}]^{-1/2}$$

$V = (2.357)[\{1+(1+(2)(4.415))^3\}/\{6(1+4.415)\}+4.415]^{-1/2}$

$= 0.406\ \text{km/s}$

만약 [그림 34.11]과 같이 금속으로 측면을 밀폐시키면 측면으로의 가스 속도는 측면 밀폐 금속 실린더의 팽창율의 속도로 제한된다.

벤함(Benham)은 Gurney 모델에 이러한 인자를 포함시켰다. 60°콘의 밑각이 이 모델에서 $\boldsymbol{\theta}$로 대체된다. 밀폐 실린더의 질량은 $\boldsymbol{\Psi}$이다.

$$\Theta = 90 - \frac{30}{(2\Psi/C+1)^{1/2}} \tag{34.11}$$

여기에서 C는 장약 전체의 질량이고 콘 가정으로 보정된 것이 아니다.

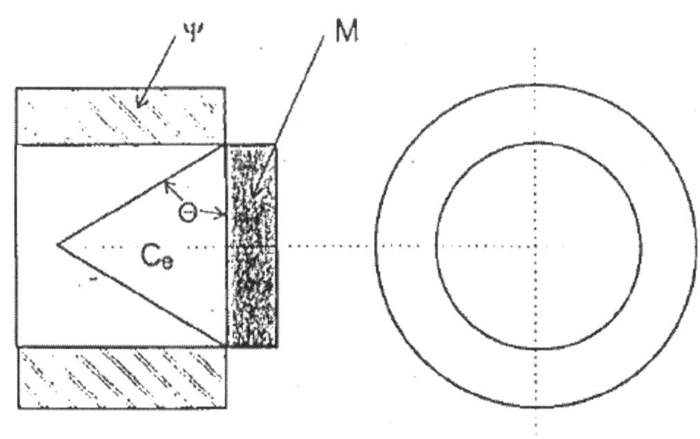

[그림 34.11] 측면이 용기로 밀폐된 장약

<예제34.6> 앞의 예제와 같이 동일한 비행체와 장약을 사용하며 1/4인치 벽두께의 철 실린더를 사용한다고 하자. 비행체의 속도는 얼마가 될 것인가?

(풀이) M/C_e를 계산하기 전에 먼저 $\boldsymbol{\Theta}$를 계산하고 나서 C_e를 계산해야 한다. 탬핑 실린더의 질량은 $\Psi = \pi(r_o^{\ 2} - r_i^{\ 2})L\rho\psi$ 그리고 폭약의 총 충전량은 $C = \pi_1^{\ 2}L\rho_{HE}$이다. 그러므로 $\boldsymbol{\Psi}$/C는 (7.87)(0.75²-0.5²)/(1.54)(0.5)² = 6.39. 그러므로 유효 콘의 밑각은 식(34.11)로부터 다음과 같이 계산된다.

$$\Theta = 90 - \frac{30}{(2\Psi/C+1)^{1/2}}$$

$$\Theta = 90 - \frac{30}{(2\text{x}6.39+1)^{1/2}}$$

$$= 81.9$$

유효콘의 높이 r $\tan\theta$=0.5xtan(81.9)=3.51인치 그리고 부피는 $(\pi/3)(0.5)^2(3.51)$=0.9189 in³ 이다.

원뿔대의 부피를 결정하기 위해서 콘의 전체 부피에서 콘의 바깥 부분을 뺀다. 그것의 밑반경은 (0.5)(3.51-1)/(3.51)=0.35755 그리고 그것의 부피는 $(\pi/3)(0.35755)^2(3.51-1)$=0.336 in³ 이다. 그래서 원뿔대의 부피 유효 충전화약은 (0.9189-0.336)=0.583 in³ 이고 그것의 질량은 14.7g

이다. 그래서 M/C_e는 (25.3)/(14.7)=1.72이며 그리고 플라이어 판의 속도는 다음과 같다.

$$V = (2.357)[1+(2)(1.72)]^3/[6(1+1.72)]+1.72]^{-1/2}$$
$$= 0.886 \text{ km/s}$$

여기에서 배럴의 밀폐가 비행체 판의 속도를 2배로 올릴 수 있음을 볼 수 있다.

34.2 실린더 파편

거니 모델을 사용하면, 실린더형 케이스에 충전된 화약류의 폭발에 의해서 생성된 파편의 초기속도를 예측할 수 있다. 그러한 파편의 수와 크기 분포를 예측하거나 추정할 수 있는 것은 탄두 설계뿐만이 아니라 안전 분석과 관련하여 상당히 중요하다. 파편이 어떻게 형성이 되고 그리고 그것들이 얼마나 크고 작은지에 대한 여러 가지 이론이 있다. 가장 먼저 나온 이론이 모트(N.F. Mott)의 이론이다. 모트는 파편의 크기를 실린더 주변으로의 인장 릴리프파의 속도와 실린더 팽창속도의 비교 함수로서 설명하였다. [그림 34.12]를 보자.

실린더가 팽창함에 따라 보다 큰 후프 응력에 놓이게 된다고 가정한다. 결국 어떤 지점에서 파열이 일어날 것이다. 파열로 인하여 자유면이 생기게 되며 릴리프파가 자유면으로부터 방출될 수 있다.

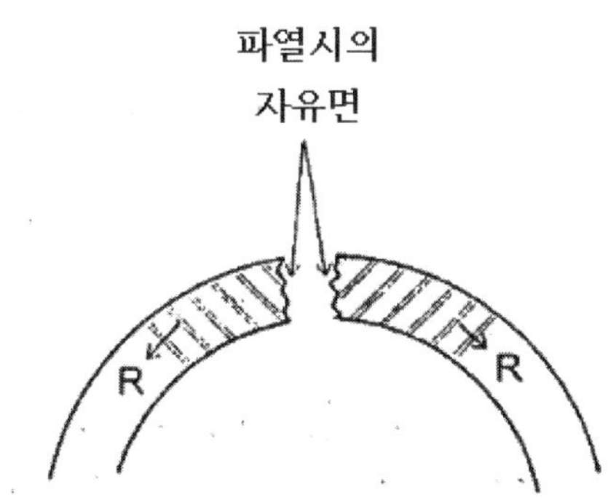

[그림 34.12] 파열을 남기는 응력-릴리프파

응력이 완화된 영역에서는 더 이상 파열은 일어나지 않으나 ([그림 34.12]의 그림자 부분) 인장 응력과 플라스틱 흐름이 비완화 영역에서 계속 성장하며 여기에서 새로운 파열이 자유롭게 형성된다. 그리고 파편들의 크기는 증가하는 스트레인의 속도와 릴리프파의 속도 사이의 밸런스에 의해서 결정된다.

파편의 크기의 다른 이론들이 있으나 모트는 다른 이론들에 비해서 1차 공학에 적합한 보다 다루기 쉬운 수학적 처리 방법을 제시한다. 모트의 방정식은 다음과 같다.

$$N(m) = \frac{M_o}{2M_k^{\ 2}} e^{-(\frac{m^{1/2}}{M_k})} \tag{34.12}$$

여기서 N(m)은 질량 m 보다 큰 파편의 수이고 ; m은 파편의 질량(lb) ; M_0는 금속실린더의 질량(lb) ; 그리고 M_k는 분배인자($lb^{1/2}$)이다.

$$M_k = Bt^{5/16} d^{1/3} (1 + \frac{t}{d}) \tag{34.13}$$

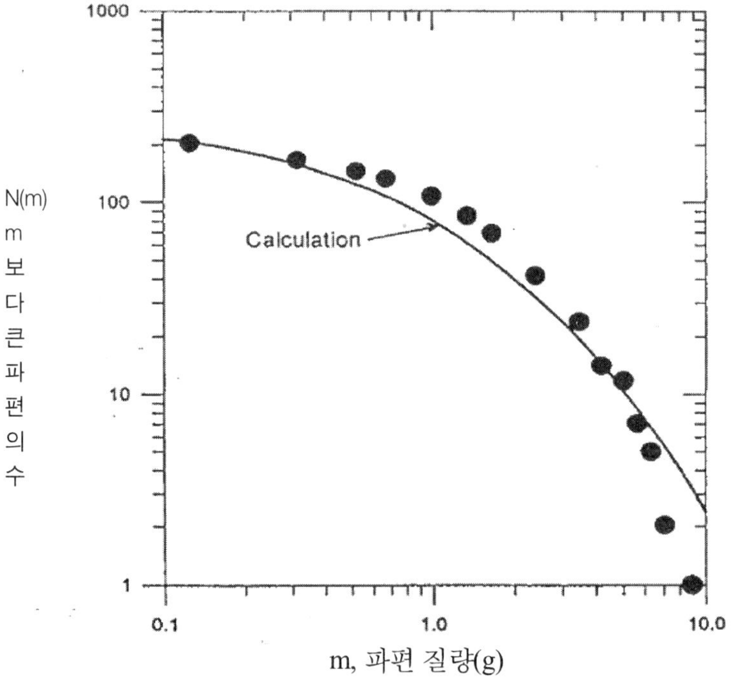

[그림 34.13] 주철 공중투하폭탄의 실험데이타와 모트의 계산치

여기서 B는 주어진 폭약-금속 쌍에 대해서 정해지는 상수이고 t는 벽 두께(in) ; 그리고 d는 실린더의 내경(in)이다.

실험적인 데이터와 함께 모트 공식에 의해서 예측된 사이즈 분포의 예가 [그림 34.13]이다.

이 그림으로부터 볼 수 있듯이 모트 공식은 큰 사이즈의 파편들을 과평가하는 경향이 있다. 이것은 일반적이며 보통 1차 공학 목적으로 수용될 수 있다.

모트 연구의 가장 큰 문제는 다양한 금속과 폭약에 대해서 B에 대한 값을 찾는 것이다. <표 34.2>는 연강과 여러 가지 폭약에 대한 값이다. 물론 그 시스템에 대한 B 값을 찾기 위해서 대상 시스템의 작은 모델 상에서 시험이 진행될 수 있다.

상당히 한정된 그룹의 폭약들에 대하여 B값과 밀접하게 연관된 단 하나의 변수가 CJ 압력이기 때문에 각 폭약에 대하여 CJ 압력 값이 포함된다. 그러한 관계가 [그림 34.14]에 나와 있다. 이것은 가끔 생성될 가장 큰 파편을 찾거나 예측하는데 사용된다. 이것을 하기 위해서 N(m)=1이라고 단순하게 세팅하고 식 34.12를 m에 대해서 푼다.

$$m_1 = \left[M_k 1n(\frac{M_o}{2M_k^2}) \right]^2 \qquad (34.14)$$

〈표 34.2〉 연강실린더에 대한 모트 계수치, B

화약류	B($lb^{1/2}$ $in^{-7/16}$)	P_{CJ}(kbar)
Baratol	0.128	137
Composition B	0.0554	265
Cyclotol(75/25)	0.0493	316
H-6	0.0690	227
HBX-1	0.0639	227
HBX-3	0.0808	219
Pentolite(50/50)	0.0620	255
PTX-1	0.0554	249
PTX-2	0.0568	284
TNT	0.0779	190
Composition A-3	0.0549	305
RDX/Wax(95/5)	0.0531	279
Tetryl	0.0681	226

<예제11.7> 앞 예제에서 배럴에 사용했던 스틸 실린더를 살펴보자. 그것은 길이가 1인치, 내경이 1인치 그리고 벽두께가 1/4인치이다. 그리고 Detasheet^{TM}이 충전되어 있으며 이것은

ρ_0=1.54g/㎤, D=7.0km/s, P_{CJ}=20.0GPa이다. 장약이 폭굉했을 때 케이싱이 부숴질 것으로 예상할 수 있다. 10, 7.5, 5, 1 및 0.1g 보다 큰 파편들이 얼마나 나올 것인가? 또한 가장 큰 파편의 무게는 얼마가 될 것인가? 그 파편은 무엇처럼 될 것인가?

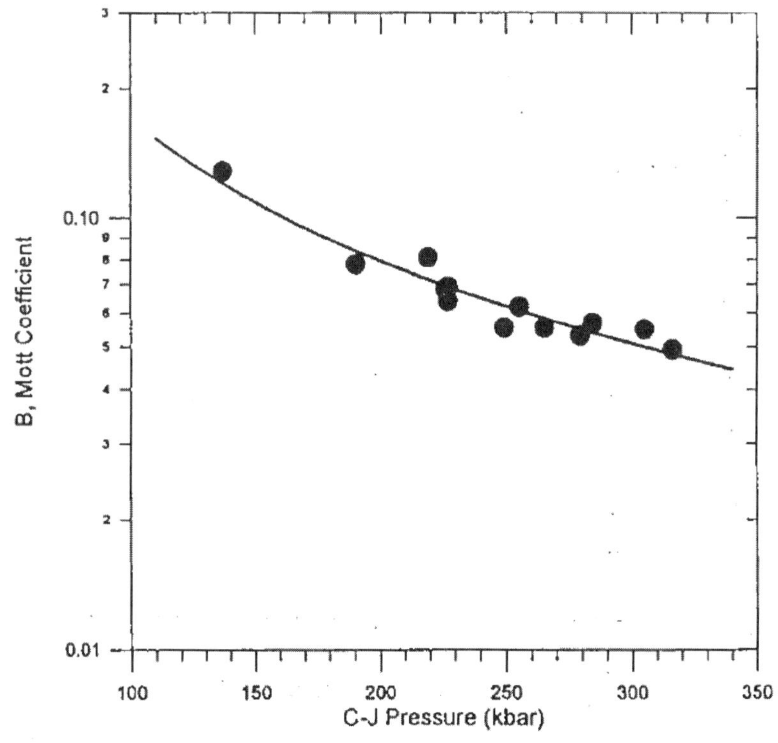

[그림 34.14] CJ 압력과 모트 계수, B의 관계(연철 실린더)

(풀이) 우선 B와 Mk의 값을 찾아야 할 것이다. [그림 34.14]로부터 이 폭약에 대한 P_{CJ}의 값을 알고 있으므로 B값을 알아낼 수 있다. B=8x10^{-2}이고 이 값을 식(34.13)에 넣어 M_k를 구할 수 있다.

$$M_k = B_t^{5/16} d^{1/3} (1 + \frac{t}{d}) = (8 \times 10^{-2})(0.25)^{5/16} (1)^{1/3} (1 + 0.25/1) = 0.0315$$

이제 M_0를 찾는다. 이것은 파열되기 전 실린더의 무게이므로

$V = (\pi/4)(OD^2 - ID^2)L$

$= (\pi/4)(1.5^2-1^2)(1) = 0.982\ in^3$

$M_0 = \rho V = (0.982\ in^3)(0.284\ lb/in^3) = 0.279\ lb$

무게가 10g(10g=0.022lb) 이상인 파편의 수는 식(34.12)로부터

$$N(m) = \frac{M_o}{2M_k^2} e^{-(\frac{m^{1/2}}{M_k})}$$

$$N(10) = \frac{0.279}{2(0.0315)^2} e^{-(\frac{0.022^{1/2}}{0.0315})}$$

$$= 1.27 \text{ 또는 } 1$$

10g 이상의 파편이 한 개다. 무게가 7.5g 이상인 파편의 개수는

$$N(7.5) = \frac{0.279}{2(0.0315)^2} e - (\frac{0.0165^{1/2}}{0.0315})$$

$$= 2.38 \text{ 또는 } 2$$

이와 같은 방법으로 다른 크기의 파편의 개수를 계산하면 다음 <표 34.3>과 같다.

〈표 34.3〉 각 무게에 따른 파편의 갯수

무게(g)	갯수	무게(g)	갯수
10	1	2.5	13
7.5	2	1	31
5	5	0.1	87

그리고 가장 큰 파편의 무게는 다음과 같이 계산된다.

$$m_1 = [M_k \ln(\frac{M_o}{2M_k^2})]^2$$

$$m_1 = [0.9315 \ln(\frac{0,279}{2(0.0315)^2})]^2$$

$$= 0.0243\,1b(11g)$$

이 파편의 부피는

$V = (0.0243 \text{ lb})/(0.284 \text{ lb/in}^3)$

$= 0.0856 \text{ in}^3$

원래 실린더의 벽두께는 0.25 인치 ; 만약 벽이 심하게 압축되지 않는다면 측면 0.585 인치, 두께 0.25 인치의 정방형 또는 직경 0.66인치, 두께 0.25인치의 파편이 될 것이다. 앞의 것이 더 비슷하다.

34.3 파편의 비행

이제 파편의 크기와 초기속도를 알아낼 수 있다. 파편이 공기 중을 진행함에 따라 그들은 서서히 속도가 감속된다. 주로 두 개의 힘이 감속에 영향을 미친다. 동적인 압력에 기인한 "페이스 드래그(face drag)" 그리고 파편 뒤에 생기는 난기류에 기인한 "베이스 드래그(base drag)"이다. 이들 힘의 크기는 파편의 투사면적, 파편이 이동하는 공기의 밀도, 파편의 속도 및 드래그 계수로서 나타내는 형상 인자의 함수이다.

$$F = C_D A_f \rho_a V_f^2 / 2 \tag{34.15}$$

F는 힘, C_D는 총 드래그계수, A_f는 파편의 투사면적, ρ_a는 공기밀도, V_f는 파편속도이다.

베이스드래그계수보다 큰 페이스드래그계수는 저속도에서 일반적으로 비교적 상수이며 속도가 마하1에 접근함에 따라 증가하며 그리고 속도가 더 증가되면 더 높은 상수 값으로 간다. 베이스드래그계수의 크기는 반대로 속도가 증가함에 따라 감소한다. 이들 두 계수의 합을 총 드래그계수, C_D라고 하고 탄도 계산에 사용된다.

[그림 34.15]에서 [그림 34.18]까지는 5가지의 기본 기하학적 구조인 막대기(측면), 구, 정육면체(앞면과 코너), 실린더(앞면) 그리고 디스크(앞면)에 대한 마하수에 따른 드래그 계수의 데이터를 보여준다. 이들 기하학적 구조는 가장 일반적으로 발견되는 이상적인 파편의 모양을 나타낸다.

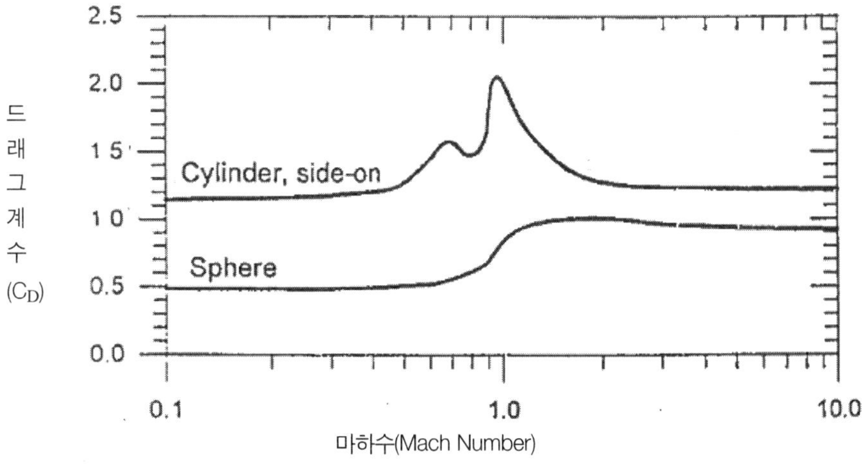

[그림 34.15] 측면 실린더와 구

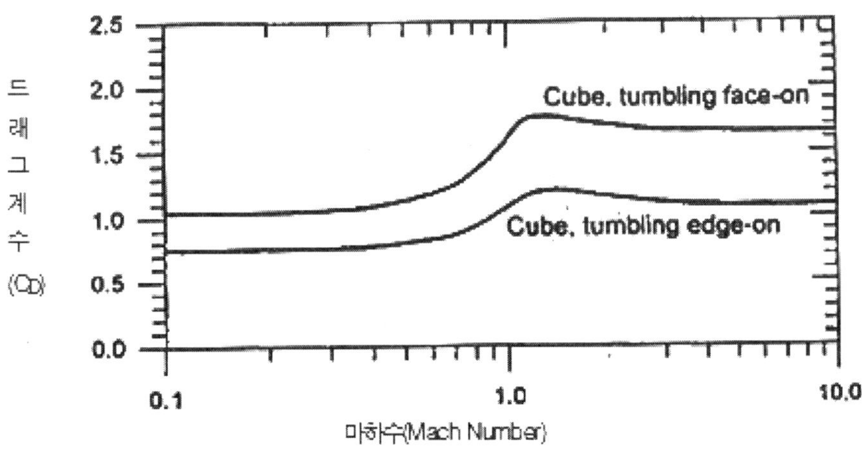

[그림 34.16] 정육면체의 굴러가는 앞면과 코너

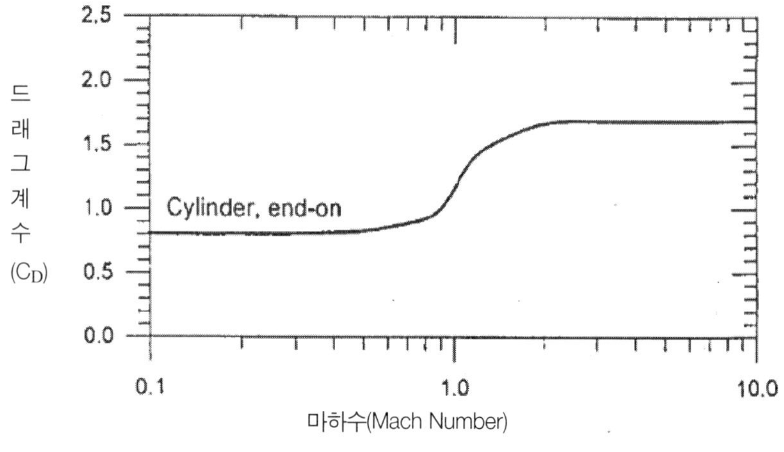

[그림 34.17] 실린더의 단면

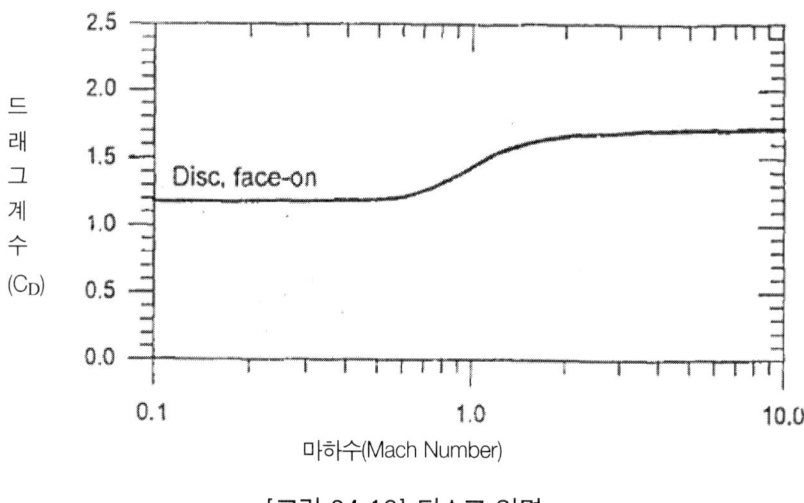

[그림 34.18] 디스크 앞면

힘은 질량과 가속도의 곱이며 다음 식으로 나타낸다.

$$F = ma \tag{34.16}$$

파편에 대한 드래그 힘은 속도를 늦추거나 또는 음으로 가속을 시킨다. 그러므로 이 경우의 식(34.16)은 다음과 같이 쓸 수 있다.

$$a = -F/m \tag{34.17}$$

식(34.17)의 힘 F에 식(34.15)의 그래그 힘을 대입하면 다음과 같이 된다.

$$a = \frac{C_D A_f \rho_a V_f^{\,2}}{2m} \tag{34.18}$$

가속도와 속도의 기본 정의로부터 $a = dV/dt$ 그리고 $V = dx/dt$이고 여기서 t는 시간 그리고 x는 거리이다.

$$VdV = adx \tag{34.19}$$

식(34.19)에 식(34.18)를 합치면 다음이 얻어진다.

$$\frac{1}{V} dV = \frac{C_D A_f \rho_a}{2m} dx \tag{34.20}$$

그리고 이것을 V_0, x_0와 V, x 사이를 적분하면 다음과 같다, 여기서 $x_0=0$이다.

$$\ln \frac{V}{V_o} = \frac{C_D A_f \rho_a x}{2m} \tag{34.21}$$

이것이 탄도궤적을 따라가는 파편에 의해서 날아가는 거리의 함수로서 드래그에 기인한 속도손실이다. 물론 이것은 발사각과 그 결과의 경사거리를 감안하지 않는다. 중력가속도에 기인한 낙하에 따라서 그러한 인자들을 넣는 것은 일련의 비선형의 방정식을 발생시킴으로써 복잡하게 만든다. 위의 식(34.21)은 짧은 범위에 대해서 사용될 수 있다. 완전한 궤도의 계산에는 그래프적인 계산 또는 유한차이 계산법(Finite-difference calculation)이 포함되어야 한다.

<예제34.8> 마지막 예제에서 1/4인치 스틸 실린더가 1/4인치 두께의 0.342in^{2}의 면적을 갖는 파편을 형성하였다. 실린더는 1인치의 내경으로 Detasheet^{TM}로 채워진다. 이 파편의 초기속

도는? 속도가 드래그힘으로 50% 손실되었을 때 얼마나 멀리 날아가는가?

(풀이) 초기속도는 실린더에 대해서 거니 방정식으로부터 알아낸다.

M/C는 $\rho_{STL}(OD^2\text{-}ID^2)/\rho_{HE}ID^2 = 6.39$이고 그리고 속도는 다음과 같다.

$$V = \sqrt{2E}\left(\frac{M}{C} + \frac{1}{2}\right)^{-1/2}$$

$$= (2.357)(6.39 + 0.5)^{-1/2}$$

$$= 0.898\text{km/s}$$

공기중의 음속은 약 0.335km/s이므로, 파편의 마하수는 초기에 (0.898)/(0.335)=2.7이다. 속도가 반으로 줄어드는 점에서는 마하수가 1.35이다. [그림 34.16]과 [그림 34.18]로부터 이 속도 범위에서 드래그 계수는 약 1.6이라는 것을 찾을 수 있다. 그러므로 식(34.21)로부터 초기 속도가 반으로 되는 거리를 찾을 수 있다.

$$x = 2m \ln(V/V_0)/(C_D A_f \rho_a)$$

여기서 m=0.0243lb(11g), V/V_0=0.5, C_D=1.6, A_f=0.342, ρ_a=4.645x10-^{5} lb/in^3 (1.287x10^{-3} g/㎤) 이므로 x를 계산하면 x=1.325 in(110ft)가 된다.

흥미있는 분석이 안전평가를 위해서 비숍(Bishop)에 의해서 이루어졌다. 그의 분석은 총 이동거리와 궤도가 감안되었고 그리고 폭발로부터 가장 나쁜 경우의 파편의 가장 먼 경로를 계산하였다. 그의 결과가 [그림 34.19]에 나와 있다. 그들은 폭약시험범위에 대한 보수적인 안전 가이드로 추천된다.

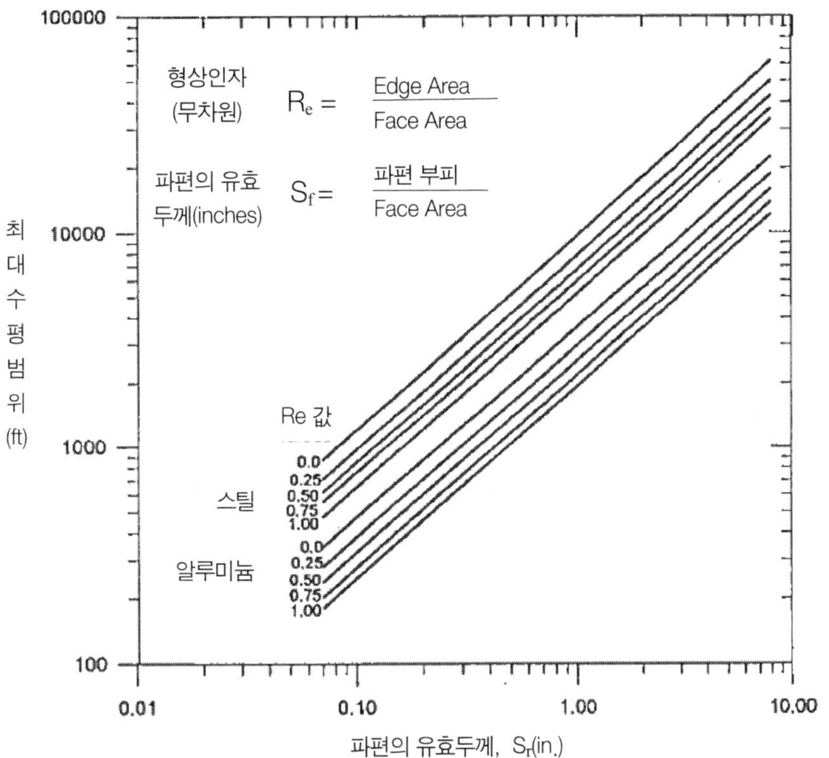

[그림 34.19] 10,000ft/s의 초기 속도를 가진 파편의 최대 범위

참고문헌

1. Paul W. Cooper(1996), "Explosives Engineering", VCH Publishers, Inc., New York

제35장

공기, 물 및 인체의 폭발 영향[1]

이 장에서는 공기와 물속에서의 폭발 충격파를 살펴볼 것이며 그리고 폭발의 크기(화약류의 중량)와 폭발로부터의 거리의 함수로서 폭발 충격파의 거동을 예측하는 방법을 알아볼 것이다. 또한 폭발이 인체의 청각, 폐 및 생명 자체에 주는 손상에 대해서 살펴볼 것이다.

35.1 공기 중 충격 계산

비록 공기 충격파는 가끔 장약의 크기에 대해서 측정되지만 종종 TNT중량 등가로 매겨진다. TNT등가는 여러 가지 방법으로 얻어진 폭발에너지를 가지고 계산된다. 선호하는 방법이 유체역학 또는 열역학적인 일함수 중의 하나로 계산하는 것이다. TNT중량 등가는 다음과 같다.

$$wt(\text{TNT 등가}) = wt(HE) \times E_{EXP}(HE)/E_{EXP}(TNT) \qquad (35.1)$$

TNT등가를 계산하는 다른 방법들은 상관관계 또는 실증시험 중의 하나를 바탕으로 한다. 상관관계 테크닉의 가장 오래된 중의 하나가 19세기 말 폭굉이론의 선구자의 한 사람이었던 베르텔로(M. Berthelot)에 의해서 개발된 것이다. 베르텔로는 실제로 TNT를 가지고 작업하지 않았으며 기체상의 폭굉을 니트로글리세린 폭굉과 연관시키는 방법을 개발하였다. 나중에 그의 연구를 TNT로 변환시키는 작업이 20세기 초 다른 사람들에 의해서 이루어졌다.

$$\%(\text{TNT 등가}) = 840 \times \triangle n(-\triangle H_R^0)/(FM)^2 \tag{35.2}$$

여기에서 $\triangle n$ 은 폭약 몰당 생성가스의 몰수이고(물도 가스로서 포함) $\triangle H_R^0$는 몰당 폭굉열(Kj/mole) 그리고 FM은 주어진 폭약의 분자량이다. 베르텔로 계산은 폭굉 조건이나 파이어볼(Fireball) 조건에서 계산될 수 있다.

비교 목적을 위해서 열역학적인 일함수로부터 계산된 TNT의 폭굉에서 나온 총 유효에너지는 1160cal/g이다. $(½)P_{CJ}/\rho_{CJ}$를 사용하는 유체역학적 일함수로부터의 계산 결과는 1080 cal/g이다. TNT를 사용하는 수많은 에어블라스트 실험에 따라 계산된 폭발에너지는 1120cal/g이다.

CJ 상태에서 $½P\upsilon$의 유체역학적 계산을 이용하고 또한 $P_{CJ} = \rho_0 D^2/4$라고 가정하면 TNT 등가에 대한 간단한 계산 방법을 유도해 낼 수 있다.

$\upsilon = 1/\rho$이므로 $½(P\upsilon)_{CJ} = P_{CJ}/2\rho_{CJ}$

그리고 CJ 상태에서 $P_{CJ} = \rho_0 D^2/4$이고 $\rho_{CJ} = (4/3)\rho_0$

이들을 조합하면 $½(P\upsilon)_{CJ} = 3D^2/32$

$$\text{TNT 등가} = ½(P\upsilon)_{CJ}(\text{HE})/½(P\upsilon)_{CJ}(\text{TNT}) = D^2(\text{HE})/D^2(\text{TNT})$$

만약 비교 표준으로 ρ=1.64g/㎤의 TNT를 사용한다면 D(TNT)=6.95km/s이고 TNT등가 = D^2(HE)/48.3이다.

<표 35.1>은 여러 가지 폭약에 대한 TNT등가와 등가를 구하는 여러 가지 방법에 대한 TNT 등가를 나타내며 여기서 충분한 비교 데이타를 얻을 수 있다.

〈표 35.1〉 TNT등가 계산치와 시험 데이터와의 비교

	Ammonium Picrate	HBX-3	Military Dynamite (MVD)	Pentolite (50/50)	Torpex	Tritonal
Density(g/㎤)	1.55	1.81-1.84	1.1-1.3	1.66	1.81	1.72
Detonation velocity(km/s)	6.85	6.92-7.01	6.6-7.2	7.465	7.6	6.475-6.70
TNT equivalent						
by D2/48.3	0.97	0.99-1.02	0.9-1.07	1.15	1.20	0.87-0.93
by Berthelot method	0.87	1.10	-	1.56	1.18	0.89
Air-blast tests	0.85	1.16	1.05	1.16(1)	1.23	1.07
Ballistic mortar tests	0.99	1.11	1.22	1.26	1.38	1.24
Plate dent tests	0.91	-	-	1.21	1.20	0.93
Sand crush tests	0.82	0.94	-	1.16	1.24	-
Trauzl tests	-	-	1.10	1.22	1.64	1.25

상기로부터 우리는 화약류로부터 이용 가능한 에너지 데이터를 얻을 수 있다. 이 에너지를 항상 100% 회수할 수는 없다. 그러나 화약류로 부터 이용할 수 있는 에너지는 에어 쇼크(Air shock)와 동시에 폭약이 하고 있는 기타의 일로 나뉘어질 수 있다. 이것의 한 예가 케이스에 담겨진 장약이다. 강철 내에 담겨진 실린더 형의 TNT가 있고 M/C=1이라고 하자.(이것은 전형적인 파편성 폭탄이다.) 폭약이 폭굉할 때 팽창하며 강철 케이스가 산산조각으로 부숴진다. 에너지는 변형과 파괴, 충격가열, 및 파편의 운동에너지의 세가지 방식으로 스틸에 전달된다. 강철과 폭굉의 상호작용은 약 32GPa의 충격압력을 발생시킬 것이다. 이것은 강철을 약 300℃로 가열시킬 것이다. 이것은 강철의 그램당 35칼로리를 차지한다. 스트레인 에너지(각 합금에 따르지만)는 어디에서나 강철에 대해서 25~150 cal/g이다. 파편은(거니 계산식으로부터) 약 1.87mm/ms의 속도로 발사될 것이며 그리고 그들의 운동에너지는 약 415cal/g이 될 것이다. M/C=1이므로, TNT 1g당 스틸의 무게는 1g이다. TNT의 유효에너지는 1159cal/g이며, 스틸로 총 약 500cal가 없어지며 에어블라스트파의 형태로 공기중으로 약 660cal/g가 일에 사용된다. 이 경우에서 에너지의 거의 50%는 에어 쇼크 전에 사라진다. 에너지가 손실되는 다른 수단으로는 지면의 상부, 내부 및 근접 상에서 폭굉에 대한 크레이터가 형성될 것이다.

지면발파에서 크레이터 형성과 분출 운동에너지로 에너지가 일부 없어지지만 지표면으로부터 충격파의 반사 때문에 지면발파의 유효수율은 증가된다. 크레이터가 생성되지 않고 지면이 완벽한 반사체라면 지면폭발의 유효 에어블라스트 수율은 자유 대기상에서 동일한 양이 폭발되는 것의 2배가 될 것이다. 일반적으로 지반 상에서 폭굉시 유효 수율은 약 160-180%

이다.

이상으로부터 우리는 기껏해야 에어블라스트 형성에 이용되는 에너지를 대충으로 밖에 계산할 수 밖에 없다. 다행히도 곧 알게 되겠지만 에어블라스트의 매개변수는 유효에너지의 3제곱근으로 계산된다. 그래서 에어블라스트 매개변수를 예측할 때 에너지 계산에 커다란 오류가 상당히 제거된다.

이제 차원 분석을 이용해서 에어블라스트 압력을 계산하는 것을 살펴보기로 하자. [그림 35.1]을 보자. 폭발 장약의 질량을 W라고 하자. 후에 TNT 중량 등가로 이 질량을 정의할 것이므로 장약의 질량에 대해서 계산할 것이다. 장약의 중심으로부터 거리 R에서 최대압력(Peak overpressure) P^0를 측정할 것이다. 이 압력과 관계가 있거나 또는 이 압력에 영향을 미치는 다른 매개변수들에는 주변압력 P_a와 주변 공기밀도 ρ_a가 있다.

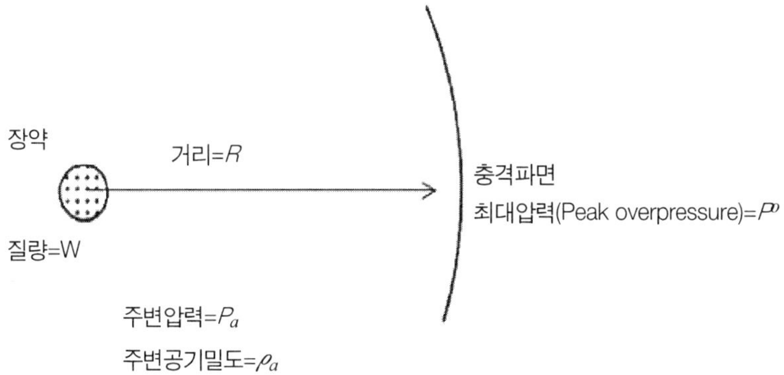

이 문제에서 W, R, ρ_a, P_a 및 P^0의 5개의 변수가 있다. 각각의 차원은 FT^2/L, L, FT^2/L^4, F/L^2 및 F/L^2이다. F, T, L의 3개 차원만이 있으므로 두 개의 무차원식을 만들 수 있으며 이들은 다음과 같다.

$$\frac{P^o}{P_a} \quad \text{와} \quad \frac{R^3\rho_a}{W}$$

이제 각 시험 조건에 대해서 ρ_a의 값을 계산하기 보다는 이상기체 상태방정식으로부터 $\rho_a = KP_a/T_a$이므로, ρ_a를 (P_a/T_a)로 대체해 보자. 그런데 T_a는 절대 주변온도이다. 척도 매개변수들은 다음과 같다.

$$\frac{P^o}{P_a} \text{ 와 } \frac{R^3 P_a}{WT_a}$$

두 번째 항의 세제곱근을 사용하는 것이 관례적이며 그래서 다음과 같은 형태의 척도 그래프가 만들어진다.

$$(\frac{P^o}{P_a}) = \mathrm{f}\left[R/(\frac{WT_a}{P_a})^{1/3}\right]$$

이것이 [그림 35.2]에 나타나 있다.

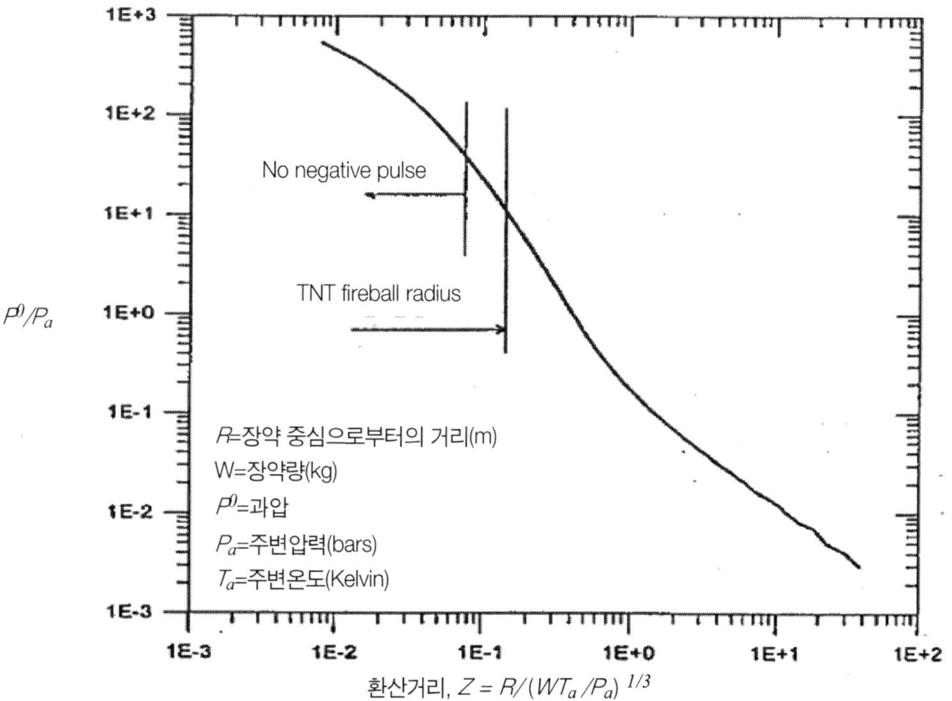

[그림 35.2] 환산거리, Z에 따른 최대압력비율(P^0/Pa)

<예제35.1> 우리가 고도 5300ft, 온도 75F°에 놓여있다고 가정한다. 사이클로톨(Cyclotol, RDX/TNT=77/23)(ρ_a=1.755g/㎤) 20kg의 장약을 폭굉시킬 것이다. 장약의 중심으로부터 10m 거리에서의 최대 압력은 얼마인가?

(풀이) 5300ft의 고도에서의 주변압력은 0.834 bar이고 그리고 75°F의 켈빈온도는 297°K이다. 만약 [그림 35.2]에 따라서 환산한다면 다음의 환산거리 Z의 값이 필요하다.

그리고 TNT등가의 W가 필요하다. <표 32.1>부터 사이클로톨 77/23의 ρ_a=1.755에서의 폭속이 8.29km/s이며 TNT등가를 계산하면 다음과 같다.

$$\text{TNT 등가} = D^2/48.3 = (8.29)^2/48.3 = 1.42$$

그리고 Z의 값은 다음과 같다.

$$Z = 10/(20 x 1.42 x 297/0.834)^{1/3} = 0.46$$

[그림 35.2]로부터 Z=0.46일 때의 P^0/P_a값을 찾으면 0.8이 된다. 그러므로

$$P^0 = 0.8 x P_a = 0.8 x 0.834 = 0.67\text{bar}(9.7\text{psi})$$

충격파의 도착시간과 충격펄스 지속시간을 구하기 위해 키니(Kinney)와 그레이엄(Graham)에 의해서 사용된 순서는 우선 압력으로부터 구해진 환산거리 Z를 이용하여 [그림 35.3]과 [그림 35.5]에서 환산시간을 찾는 것이다. 그리고 구해진 환산시간은 폭약 중량, 주변온도 및 주변압력에 대해서 보정된다.

$$\text{시간} = (\text{환산시간}) \text{ x } W^{1/3}/[(P_a/P_0)^{1/3}(T_a/T_0)^{1/6}]$$

여기서 P_a와 T_a는 실제 주변 조건이고 P_0와 T_0는 표준 조건(1.01325bar과 288K)이다. 도착시간은 밀리세컨드이며 그리고 P_a와 T_a는 각각 bar와 Kelvin이다. 에어블라스트파는 [그림

35.4]에 표시된 것과 유사한 압력-시간의 그래프를 갖는다.

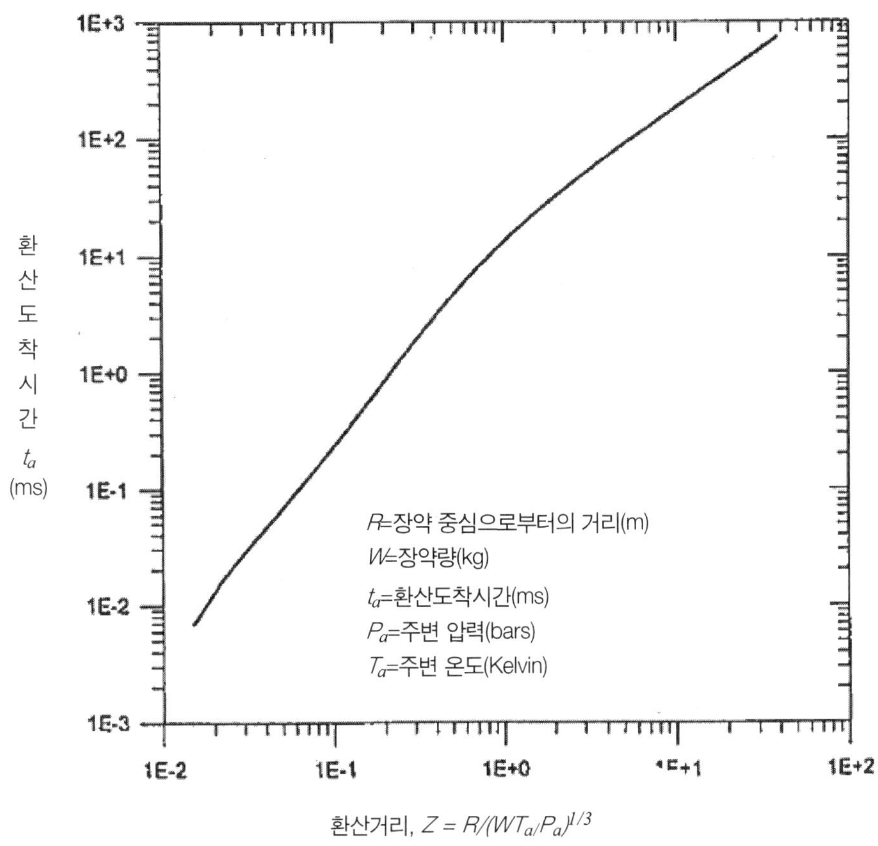

[그림 35.3] 환산거리에 따른 환산도착시간

[그림 35.4]의 그래프는 장약으로부터 어느 정도 떨어진 거리에 대해서 일반적으로 나타나는 형태이다. 파의 마이너스의 부분은 발파의 방향으로 가속화된 공기의 관성에 의해 생겨난 것이다. 플러스의 단계가 지나갔을 때, 이 공기 질량은 그것의 뒤에 있는 공기에 의해서 후퇴된다. 장약의 아주 가까이에는 마이너스의 단계가 없다. 마이너스의 단계가 시작될 수 있는 환산거리는 여러 가지 환산그래프 상에서 표시된다. 그 그래프들은 또한 TNT 파이어볼의 환산반경을 나타낸다.

플러스의 펄스 지속시간은 도착시간과 동일한 방식으로 환산되며 그리고 [그림 35.5]에 표시되어 있다. 펄스 지속시간의 아래로 내려간 부분은 앞서 언급했던 마이너스의 펄스가 형성할 수 있는 현상에 기인한다. 플러스의 최소 펄스지속시간은 이 지점에서 나타난다는 것을 알아야 한다.

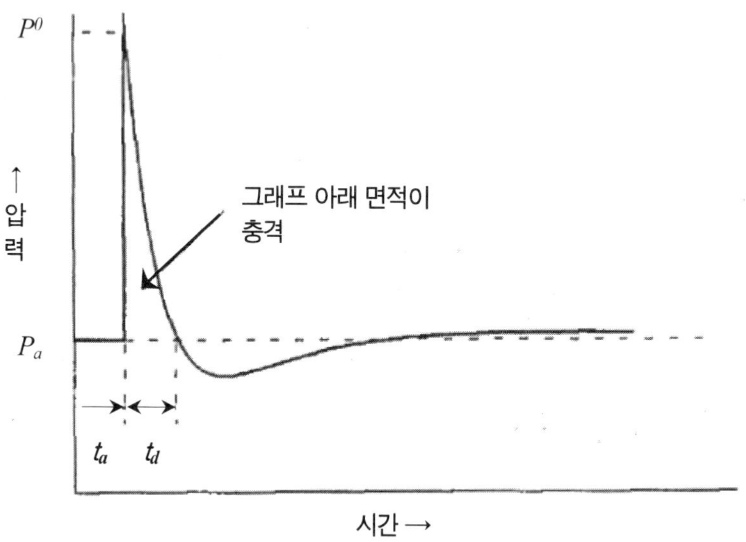

[그림 35.4] 일반적인 에어블라스트파의 형태

<예제28.2> 앞의 예제에서와 같이 동일한 충전화약과 조건에 대해서 충격파가 폭굉시간으로부터 거리 10m에 도착하는데 얼마나 걸리겠는가?

(풀이)

[그림 35.3]을 이용해서 도착시간을 찾을 수 있다. 예제35.1에서 Z=0.46이고 이 Z값에 대해서 [그림 35.3]으로부터 환산시간 = 4.0ms을 구할 수 있다. 그러므로 실제 도착시간은 다음과 같다.

$$시간 = (환산시간) \times W^{1/3}/[(P_a/P_0)^{1/3}(T_a/T_0)^{1/6}]$$

$$= (4.0)(20 \times 1.42)^{1/3}/[(0.834/1.01325)^{1/3}(297/288)^{1/6}]$$

$$= 11.5 \text{ ms}$$

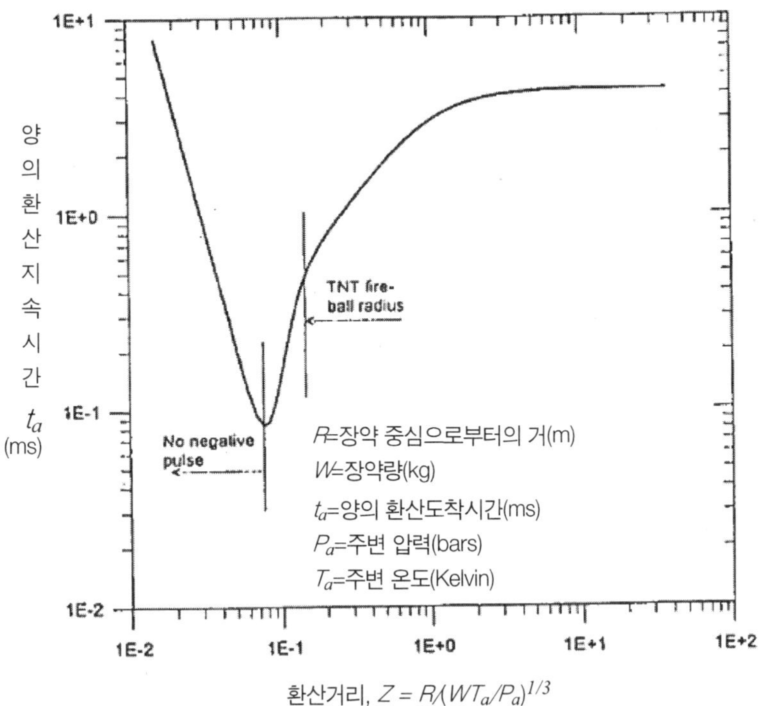

[그림 35.5] 환산거리에 따른 양의 환산펄스지속시간

35.2 수중 충격의 계산

물은 비교적 비압축성이므로 계산에서 주변압력 또는 밀도 항목을 고려하지 않는다. 또한 물은 파편을 그의 원래의 상태에 가깝게 감속시키기 때문에 대부분의 운동에너지와 케이싱에 전해진 열이 회수된다. 또한 회수된 것은 대부분 가스의 열에너지로 압력을 생성시키는 버블상의 스팀을 형성하는데 도움을 준다. 아주 단순한 실험적인 계산법이 압력을 계산하는데 사용된다.

$$P^o = K(\frac{W^{1/3}}{R-R_o})^a \tag{35.3}$$

여기에서 P^0는 최대압력(psi) K는 각 화약류에 따른 상수이며 W는 장약량(lb)이고 R는 장약의 중심으로부터의 거리(inch), R_0는 장약의 반경(inch) 그리고 α는 각 화약류에 따른 상수이다. 여러 가지 화약류에 대한 K와 α의 값이 <표 35.2>에 나와 있다.

[그림 35.6]에서 보는 바와 같이 K와 $\triangle H^{\circ}_{exp}$ 간에는 괜찮은 상관관계가 있는 것으로 보인다.

〈표 35.2〉 여러 가지 폭약에 대한 K 와 a 의 값

화약류	K	a	$\triangle H^{0}_{exp}$(kcal/g)
TNT	3.6x105	1.13	1.41
Composition A-3	3.9x105	1.13	1.58
Tetryl	3.75x105	1.15	1.51
PETN	3.85x105	1.13	1.65
Pentolite(50/50)	3.74x105	1.13	1.53
HBX-1	4.34x105	1.15	1.84
HBX-3	4.55x105	1.14	2.11

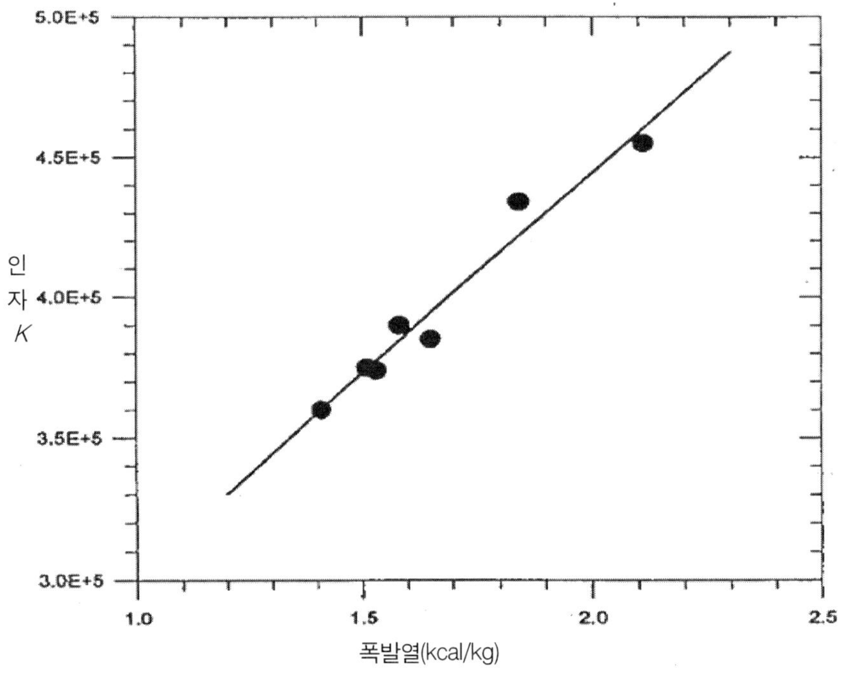

[그림 35.6] K 와 폭발열의 상관관계

<예제11.3> 물속에 8 파운드의 구형의 주조 TNT가 있다고 가정하자. 폭굉되었을 때 폭원으로부터 12피트 떨어진 폭에 생성되는 피크압력은 얼마인가?

(풀이) TNT는 주조형이므로 밀도가 1.64g/㎤이라고 생각할 수 있다. 중량과 밀도로부터

TNT의 반경을 구할 수 있다.(부피를 알수 있다.)

부피 = $(4/3)\pi R_0^3$

R_0 = 3.18inch라는 것을 구할 수 있다. <표 35.2>로부터 TNT는 K=3.6x10^{5}이고 a = 1.13이므로 다음과 같이 압력을 구할 수 있다.

$$P^o = K(\frac{W^{1/3}}{R - R_o})^a$$

$$= 2940 \text{ psi}$$

무게 W를 밀도와 부피로 치환함으로써 식(35.3)의 형태를 바꿀 수 있다. 화약류가 구형이라고 가정하면

$$W = (4/3)\pi R_0^3 \rho_0$$

식(35.3)에 W를 치환하면 다음의 식이 만들어진다.

$$P^o = K(\frac{(4\pi\rho_o/3)^{1/3} R_o}{R - R_o})^a$$

다음에 이것은 다음과 같이 환산 형태로 만들어질 수 있다.

$$P^o = K(\frac{4\pi\rho_o/3)^{1/3}}{(R - R_o) - 1})^a$$

식 35.3을 이용하는데 있어서의 단 하나의 심각한 문제점은 장약에 아주 근접한 압력을 평가하는 것에 대한 것이다. R이 R_0에 접근함에 따라 $(R\text{-}R_0)$가 제로에 접근하므로 압력은 무한대에 접근한다. 이것은 R/R_0이 1.6 이하일 때 뚜렷하다. 장약의 표면과 R/R_0≒1.6 사이의 영역에

서는 또 다른 평가가 이루어질 수 있다.

장약과 물의 계면에서의 압력은 폭약의 폭굉생성물의 P-u 등엔트로피와 물의 P-u 위고니오 사이의 충격파 상호작용의 문제를 풀면 구해질 수 있다.(TNT에 대해서는 약 120kbar이다) 이 포인트(R/R_0=1에서)는 멱승법(로그-로그 그래프 상의 직선 라인)을 이용해서 $P=f(R/R_0)$의 식(35.3)의 뒤로 외삽 추정될 수 있다. 이 라인은 P와 R/R_0의 그래프에 탄젠트가 되어야 한다. 물속에서의 TNT에 대한 P와 R/R_0에 대한 그래프가 [그림 35.7]에 나와 있다.

수중 충격량(Impulse)의 계산은 다음의 또 다른 간단한 상관관계에 의해서 이루어질 수 있다.

$$I = BW^{1/3}\left(\frac{12\,W^{1/3}}{R-R_o}\right)^F \qquad (35.4)$$

여기서 I는 임펄스(lb·s/in²), W는 폭약 중량(lb), R, R_0는 인치 그리고 B,F는 각 폭약의 특성을 나타내는 상수이다. 이 관계식의 문제는 여러 화약류에 대한 데이터가 상당히 부족하다는 것이다. <표 35.3>은 세 가지의 화약류에 대한 B와 F의 값에 대한 것이다.

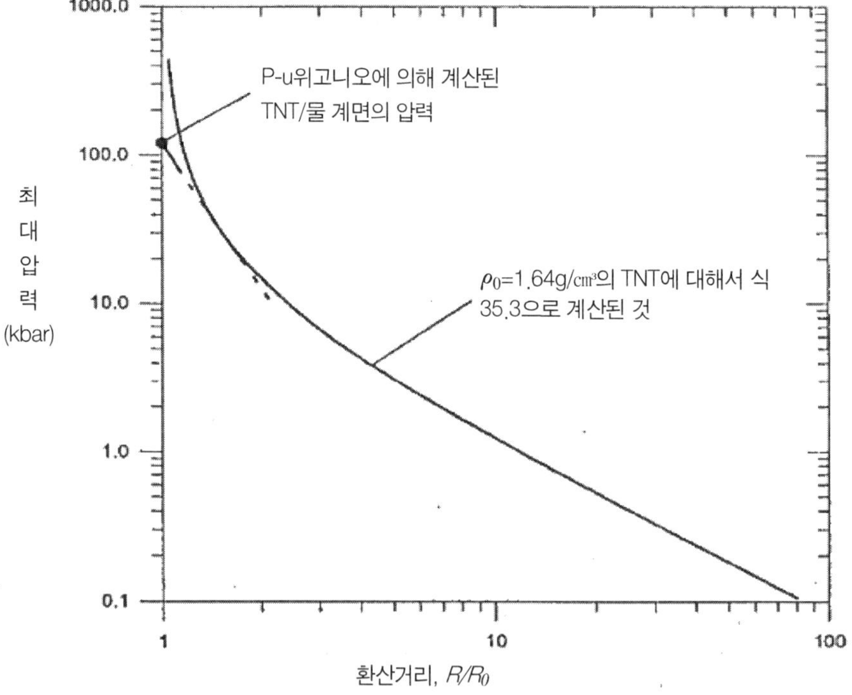

[그림 35.7] 수중의 TNT로부터 발생한 쇼크에 대한 환산거리에 따른 피크압력

〈표 35.3〉 수중폭발 임펄스 척도에 대한 *B* 와 *F* 인자의 값

화약류	*B*	*F*
TNT	1.46	0.89
Tetryl	1.73	0.98
Pentolite	2.18	1.05

<예제35.6> 앞의 문제에서와 같이 동일한 화약류와 장소에 있어서 12ft의 거리에서 충격량은 얼마인가?

(풀이) 충격량의 계산식은 식(35.4)에 주어지며 그리고 *B*와 *F*의 값은 <표 35.3>으로부터 구해진다. TNT에 대해서 *B*=1.46. *F*=0.89이다. 그러므로

$$I = BW^{1/3}\left(\frac{12\,W^{1/3)}}{R-R_o}\right)^F$$

$$I = (1.46)(8)^{1/3}\left(\frac{(12)(8)^{1/3}}{144-3.18}\right)^{0.89}$$

$$= 0.6\ 1\text{b}\cdot\text{s/in}^2$$

2～3kb 이하에서는 파의 속도가 거의 표준 음속에 접근하기 때문에(～1500m/s) 도착시간은 쉽게 계산될 수 있다. 짧은 시간에서 속도는 물에 대한 *P-u*와 *U-u* 위고니오 또는 라이스-월시(Rice-Walsh)의 상태방정식으로부터 구해진다.

$$U_S = C_0 + 10.99\ \text{In}(1+u_p/51.9) \qquad (35.5)$$

여기서 U_S는 충격파속도(km/s), C_0는 물에서의 음속(1.483 km/s), u_p는 입자속도(km/s)이다. 낮은 압력에서(<1000kbar>) 직선식 $Us = 2 + 1.4u_p$에 근접한다.

35.3 공기 충격파에 대한 생리적 반응

귀와 폐는 공기 또는 다른 가스를 함유하고 있기 때문에 우리 신체 기관 중에서 충격파에 가장 민감한 기관이다. 손상은 가스-조직 경계 상에서 이루어지며 스팔링과 파열이 일어날 수 있다. 충격파에 대한 반응시험을, 사람에 대하여 할 경우 상당히 어려울 것이며 특히 좋은 통계적인 샘플을 얻기는 더욱 그러할 것이다. 여기에서 생물학적인 반응에 대한 척도가 만들어질 수가 있다. 충격파 상해 치사율에 있어서는 폐가 한 종으로부터 다른 종으로 환산될 수 있다는 것이 발견되었다. 통계적인 샘플링을 통해서 최대 압력과 펄스지속시간의 함수로서 50%의 치사율과 시그마가 구해질 수 있는 시험이 이루어졌다. 폐의 밀도가 높으면 높을수록 특정 포유류는 충격파에 더욱더 취약해 질 것이다. 또한 폐의 비부피가 적으면 적을수록(폐 부피/신체 질량), 그 종들은 충격에 더 취약하다. 50% 치사율의 압력 수준 vs. 폐 밀도와 부피의 관계식이 [그림 35.8]과 같이 로그-로그 그래프 상에서 직선의 형태를 보인다. 이러한 형태의 척도 데이터를 사용해서 작은 종에 대한 실험이 진행되었고 충격파에 대한 인간의 반응을 결정하는데 사용되었다. 귀와 폐의 반응 모두가 압력뿐만이 아니라 충격량 그리고 신체의 방향에 따른다는 것이 밝혀졌다. 펄스의 폭이 짧으면 짧을수록 신체가 수용할 수 있는 압력은 더 높다.

50% 치사율의 압력 수준 vs. 폐의 밀도 및 부피에 대한 이러한 관계식이 로그-로그 그래프 상에서 [그림 35.8]과 같이 직선으로 나타난다. 이러한 형태의 척도 데이터를 이용해서 작은 종에 대해서 실험이 이루어졌고 이것을 외삽, 추론하여 쇼크에 대한 인간의 반응을 결정하였다.

[그림 35.8]에서 P_{SW} 항은 50%생존율의 방형파 압력이고 ρ 는 폐의 평균밀도 V/m 은 신체 질량당 폐의 평균 가스상의 부피이다.

[그림 35.9], [그림 35.10] 및 [그림 35.11]은 인간에 대한 이러한 관계를 보여준다. 값은 들어오는 충격파에 비례하고 신체 방향에 따라 다르다.

[그림 35.12]는 세 가지 수준의 귀 상해에 대한 압력과 펄스지속시간과 관련하여, 1% 및 50% 확률의 귀의 이상반응을 나타낸다. 수준1은 미미한 손상 및/또는 치유될 수 있는 고막의 작은 찢어짐 또는 파열, 수준2는 영원히 들을 수 없는 청각 손실을 주는 고막의 파열 그리고 수준3은 귀 내부의 손상으로 고막의 심각한 파열을 나타낸다.

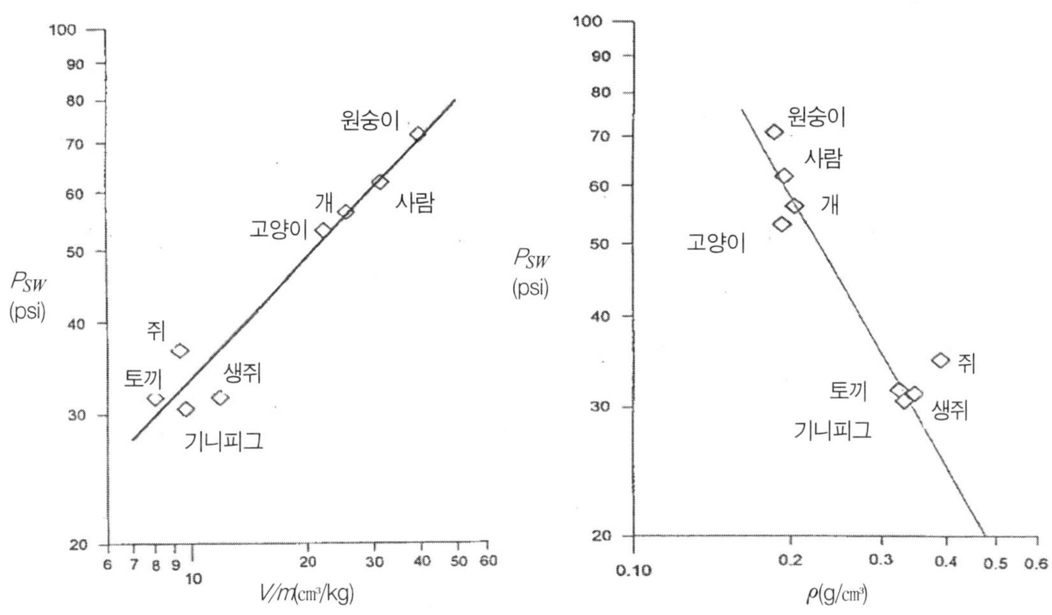

[그림 35.8] 8종의 포유동물에 대한 평균 폐밀도와 신체 질량당 평균 폐부피의 함수로서 50%의 생존율을 나타내는 방형파 압력

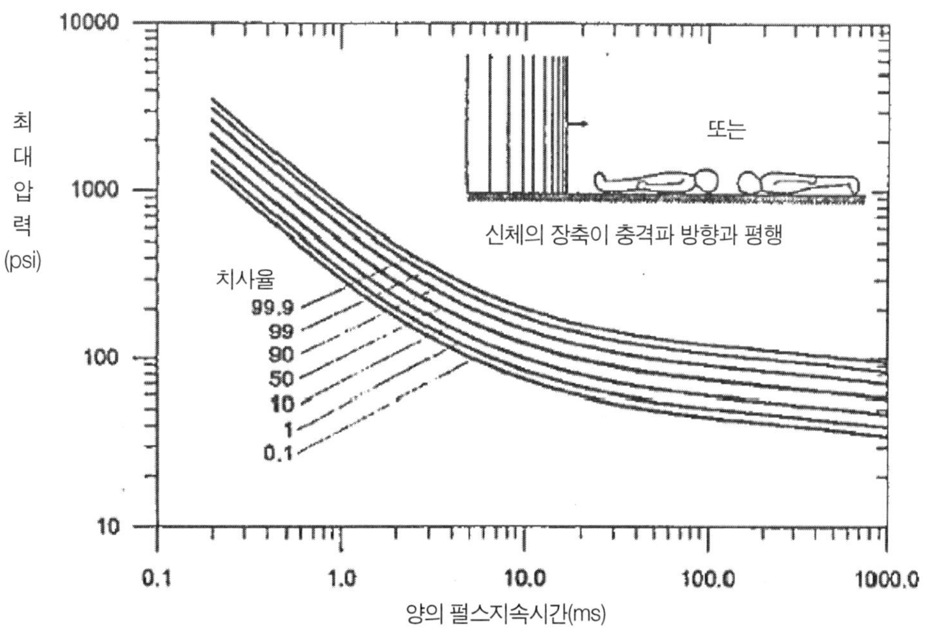

[그림 35.9] 신체의 장축이 충격파의 전파방향에 평행인 자유흐름 상태에 적용할 수 있는 70㎏의 사람에 대해 예측된 사망그래프

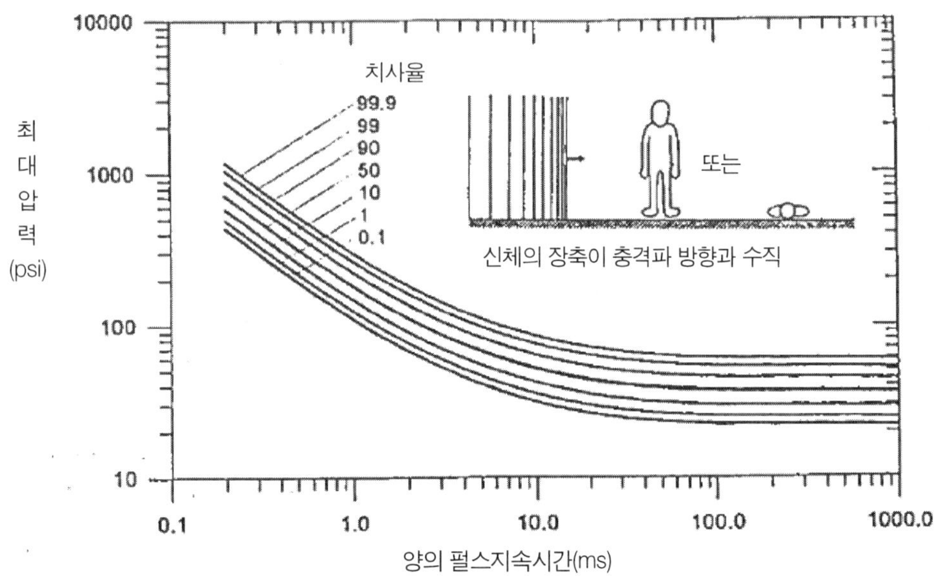

[그림 35.10] 신체의 장축이 충격파의 전파방향에 수직인 자유흐름 상태에 적용할 수 있는 70㎏의 사람에 대해 예측된 사망그래프

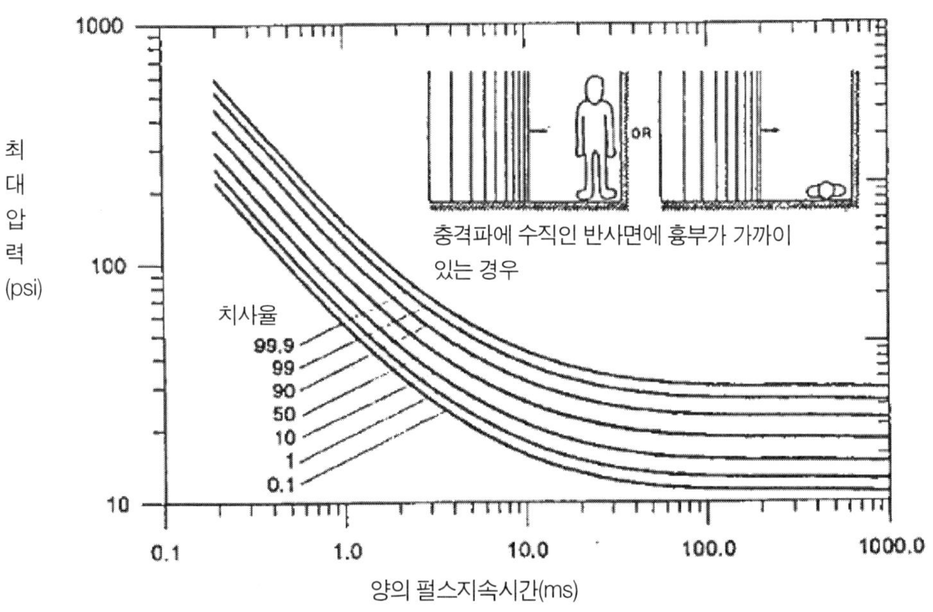

[그림 35.11] 충격파가 직각으로 반사하는 표면 가까이에 흉부가 있는 발파 상황에 적용될 수 있는 70㎏의 사람에 대해 예측된 사망그래프

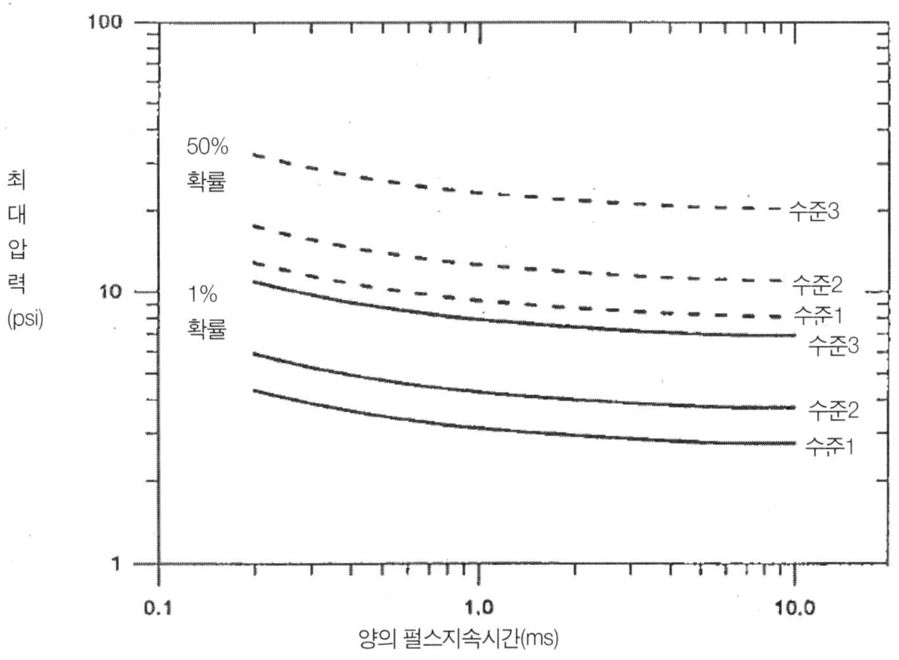

[그림 35.12] 싱글 압력 펄스에 대한 귀의 반응

앞의 모든 사항들은 싱글-펄스 반응에 대한 것이다. 이것은 전형적인 옥외 폭발파이다. 실내에서 폭발이 일어났을 때, 폭발파는 벽, 천정 및 마루에서 반사가 되며 일련의 압력 펄스들을 형성한다. 반사 펄스의 크기는 가끔 동일한 거리에서의 공기중 폭발 펄스의 크기를 초과한다. 이것의 한 예가 [그림 35.13]에 나타나 있다. 반복되는 펄스에 대한 귀와 폐의 반응은 최대 압력이 매우 긴 펄스에서 온 것처럼 거동한다. 소형폭발장치로 실내 안전성을 분석할 때 이 효과가 감안되어야 한다.

귀의 손상 에너지를 취급할 때, 압력은 가끔 다음과 같이 데시벨 소음 수준로 표현된다. 이것은 압력의 로그 변환 형태이다. 변환형태는 다음과 같다.

$$db = 180 + 21\log_{10}\left(\frac{P}{2.900755}\right)$$

여기에서 P는 최대압력(psi)이다.

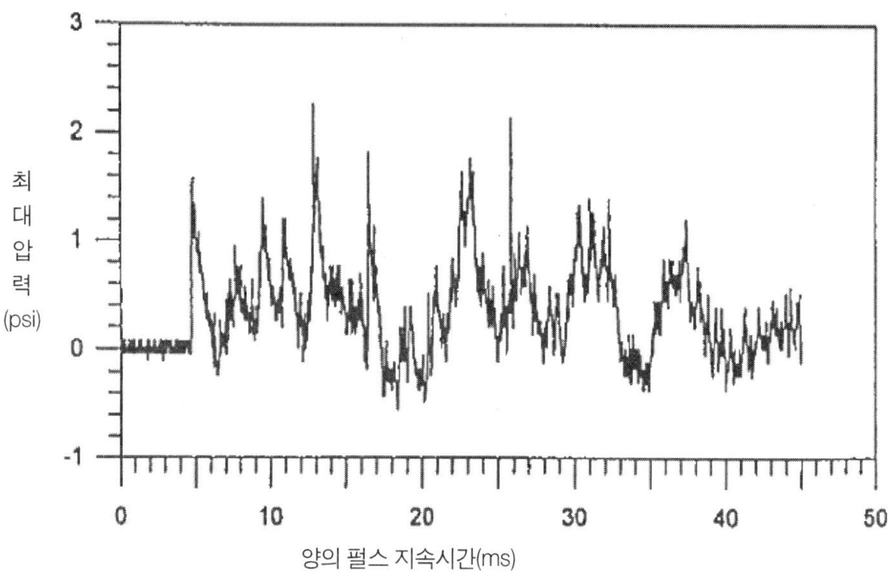

[그림 35.13] 밀폐된 방에서 하나의 장약을 폭발시켰을 때, 생성된 복잡한 압력 신호

참 고 문 헌

1. Paul W. Cooper(1996), "Explosives Engineering", VCH Publishers, Inc., New York

제36장

크레이터[1]

화약류가 지표면, 지하 또는 지표면 가까이에서 폭발했을 때 구멍을 만든다. 이렇게 폭발에 의해서 형성된 구멍을 크레이터라고 부른다. 크레이터 형성 중에 일어나는 메카니즘을 설명하기 위해 우리는 먼저 크레이터 형성하기 전의 조건을 지상폭발과 지하폭발의 두가지로 나누어 생각하지 않으면 안 된다. 이 두 가지의 메카니즘이 다르기 때문이다.

이 장에서는 지표면 폭발, 지표면 위 폭발 및 지하 폭발로부터 형성된 크레이터를 검토할 것이다. 현존하는 데이터로부터 계산하는 방법을 알아볼 것이며 화약류의 종류 뿐만이 아니라 땅 매체의 종류에 대해서 보정할 수 있는 방법을 알아볼 것이다.

36.1 크레이터 형성 메카니즘

지표면 폭발은 제로의 폭발높이(HOB=height of burst) 에서 이루어지며 장약의 중심은 지표면이거나 좀더 높은 위치에 있다. 높이는 가끔 장약 반경으로 나타내며, 여기에서 장약은 구형 또는 구형 등가로 가정한다. 장약이 폭발되었을 때 충격파가 땅속으로 들어간다. 이 충격은 지반 매체를 파쇄시키며 지반을 침식시키고 폭굉 가스를 불어 넣는다. 이 가스는 팽창하여 지반 매체의 많은 부분을 공기 중으로 분출시키는데 이것을 “분출물”(ejecta)이라고 부른다. 압축되고 소성흐름에 있는 지반은 압축된 영역을 따라가는 희박파를 가지게 되는데 이것은 입자속도의 반대 방향으로 작용하여 더 많은 양의 분출물을 스팔링시킨다. 분출물의 일부는 구멍 안으로 떨어지며 이로 인하여 크레이터가 만들어진다.

또한 낙하 물질은 상부 벽과 모서리 부분을 벗겨낸 침하물질을 포함한다. 전형적인 크레이터가 [그림 36.1]에 나와 있다.

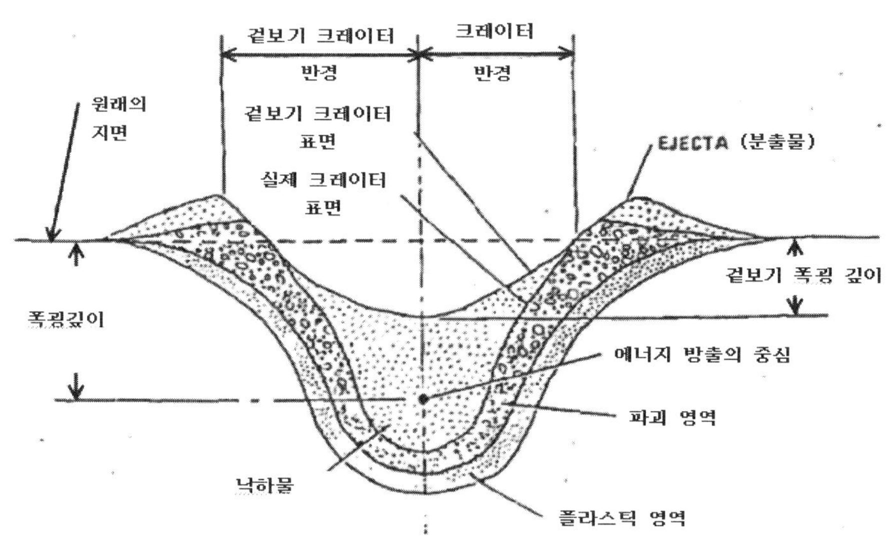

[그림 36.1] 전형적인 폭발 크레이터

지하 폭발도 충격파를 지반에 진입시켜 다짐, 소성흐름 및 파쇄를 일으킨다. 이것이 일어나는 동안 폭굉생성물은 고압의 공동을 형성한다. 충격파가 표면에 도착할 때 땅속으로 돌아가는 릴리프파가 형성된다. 파쇄된 땅은 자유면에서 공기중으로 그리고 릴리프파의 뒤쪽으로 스팔된다. 릴리프파가 압력화된 캐비티에 도달할 때 가스들은 헐거워진 흙을 공기 중의 스팔된 흙 뒤로 들어 올린다.(중력에 대하여 일함) 최종적으로 낙하물질이 가라앉고 크레이터가 형성된다. 이 과정이 [그림 36.2]에 나와 있다.

만약 폭약이 너무 깊이 묻혀있다면 과중한 무게를 들어올릴 만한 충분한 에너지가 없어 크레이터가 형성되지 않는다. 공 깊이가 증가함에 따라 크레이터 크기는 최대에 도달될 때까지 증가된다. 이것보다 공 깊이가 깊으면 깊을수록 크레이터가 형성되지 않는 지점에 도착할 때까지 점점 작아진다. [그림 36.3]은 여러 공깊이(DOB, depths of burial)에 따른 전형적인 크레이터를 나타낸다.

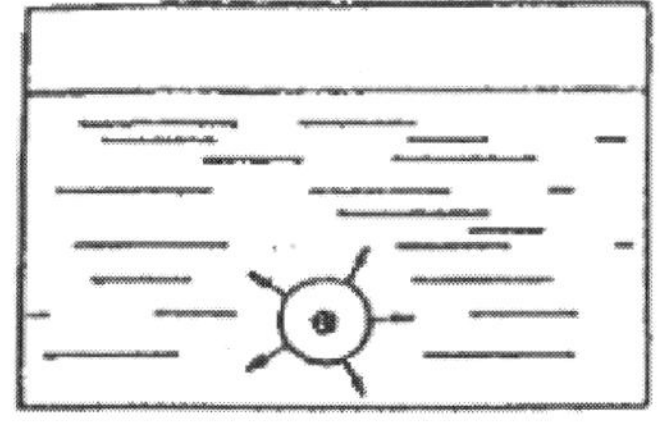

(a) 장치의 폭굉, 충격파가 주변매체를 발산 및 누그러뜨린다

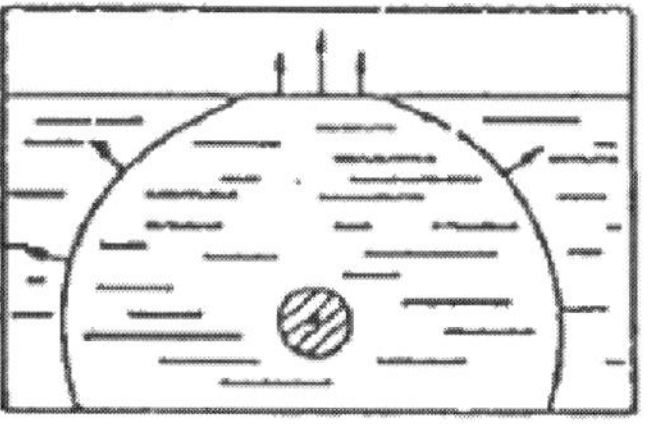

(b) 스팔링을 일으키는 충격파가 표면에 도착; 동시에 구형의 캐비티 성장

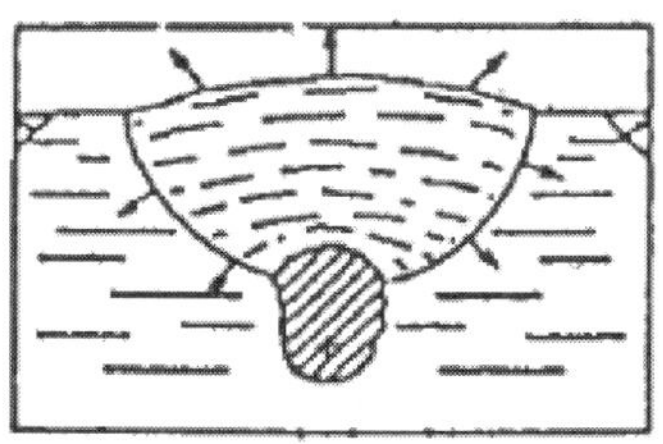

(c) 표면에서 반사된 희박파가 캐비티에 도착하고 표면 쪽으로 대칭적 성장 시작

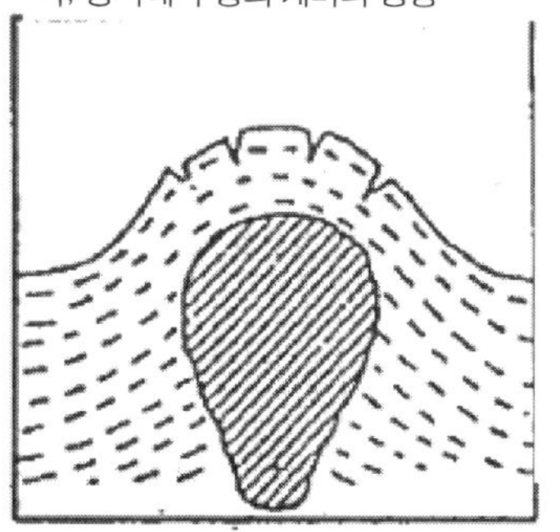

(d) 흙더미가 성장하고 부서진 물질을 통해서 분리 및 발산하기 시작

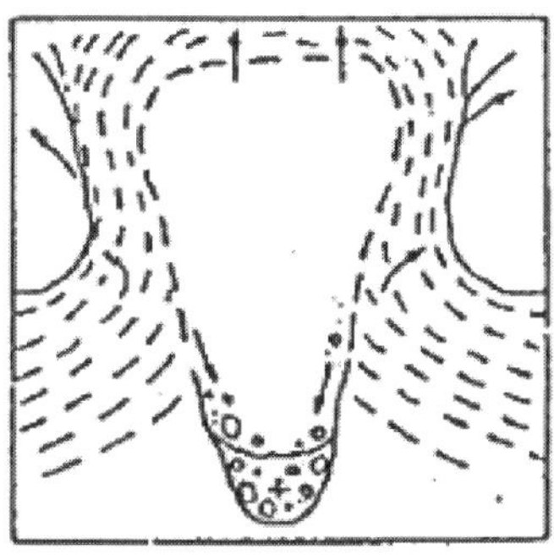

(e) 흙더미의 최대 성장, 대부분 방출시키면서 일부 물질은 캐비티 벽으로부터 내려앉음.

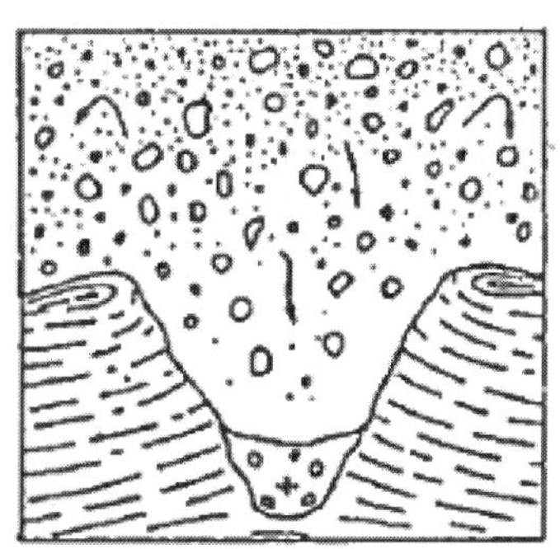

흙더미의 분리가 완성되고, 외관상의 크레이터를 형성하는 물지의 방출과 낙하

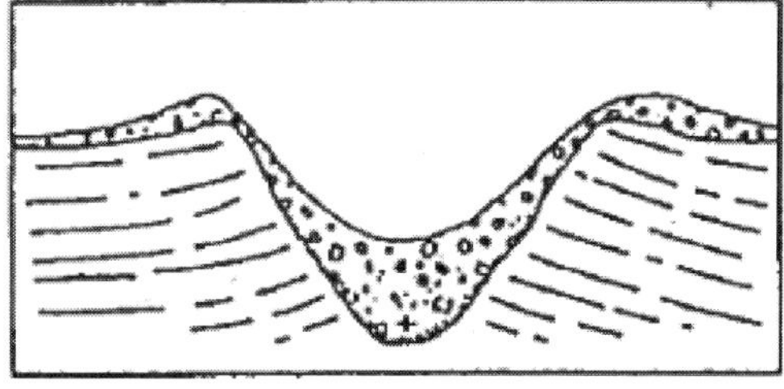

(g) 최종 크레이터의 형상

[그림 36.2] 매설 폭발의 순차적인 크레이터 형성 단계

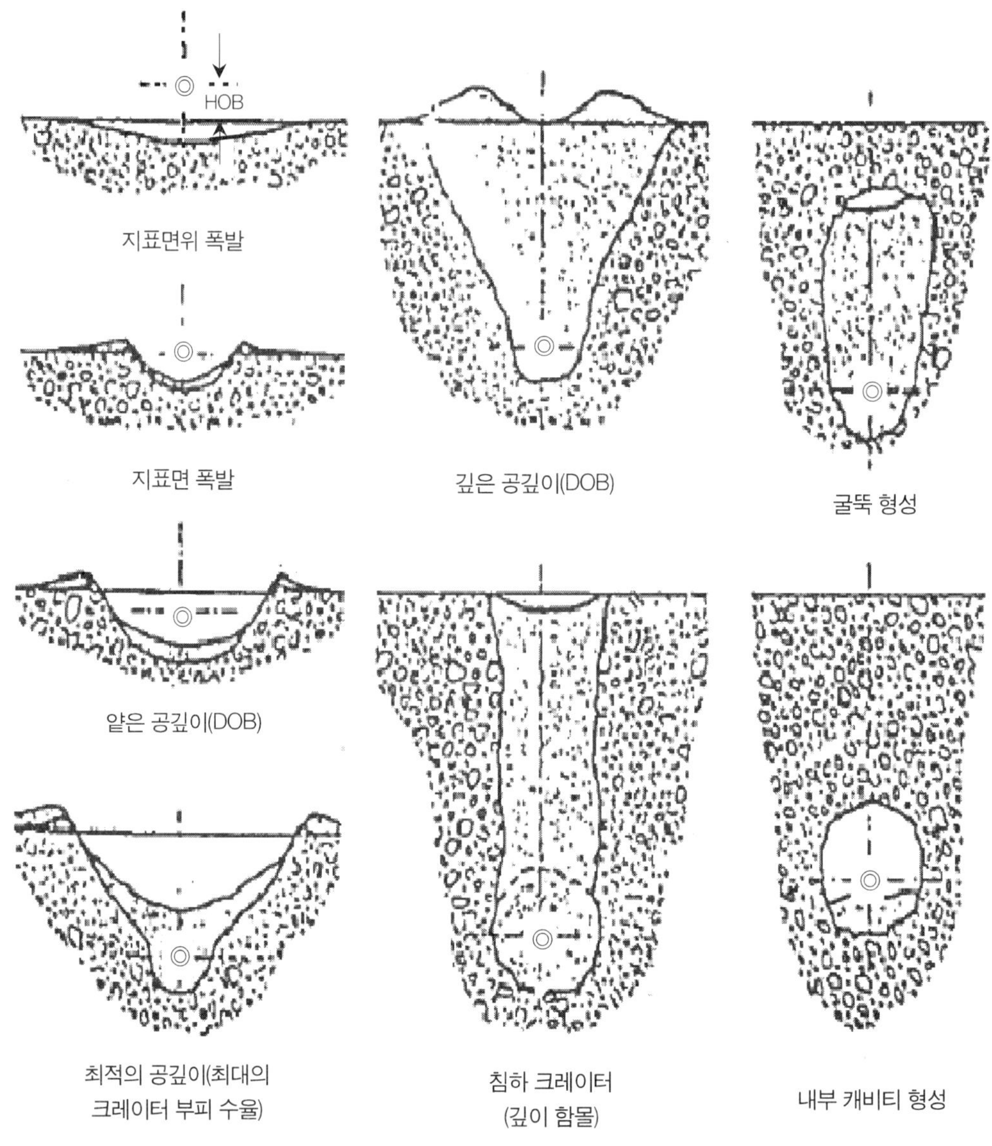

[그림 36.3] 여러 가지 폭발 위치에 따라 얻어진 크레이터의 주요 형태

36.2 지표면 폭발

우리는 다양한 토양의 상태와 종류, 모두를 분류하고 제어할 수 없기 때문에(흙, 자갈 등) 크레이터 형성 과정의 정확한 분석적인 모델을 만들 수 없으며 그래서 우리는 차원 분석에 의존한다. 지표면 발파에서 중요하다고 보이는 변수들 또는 매개변수들은 다음과 같다.

E는 화약류의 에너지(FL) ;

P_{CJ}는 화약류의 폭굉 압력(F/L²) ;

Y는 지반매체의 강도(F/L²) ;

R_a는 크레이터 겉보기반경(L)이며 예측하려는 종속변수 또는 크레이터 매개변수이다.

이것은 두 개의 기본 차원을 갖는 4개의 변수이므로 다음과 같이 두 개의 무차원식을 만들 수 있다.

$$\frac{R_a^3 Y}{E} \text{ 또는 } R_a\left(\frac{Y}{E}\right)^{1/3} \text{ 그리고 } \left(\frac{P_{CJ}}{Y}\right) \tag{36.1}$$

두 번째 식은 오직 지반과 화약류 특성의 비율 함수이다. 만약 우리가 지반과 화약류를 상수로 한다면, 그때 우리는 항상 일정한 상수값인 오직 한 개의 무차원식을 가질 수 있다.

$$Ra\left(\frac{Y}{E}\right)^{1/3} = \text{상수, 또는 } R_a = KE^{1/3} \tag{36.2}$$

여기서 K는 지반특성상수 Y와 화약류의 특성 P_{CJ}를 함유한다. 다르게 말하면 고정된 지반과 동일한 화약류에 대해서 크레이터 반경은 폭발에너지의 3승근에 비례한다. 이것을 확인하기 위해 [그림 36.4]에 (겉보기 크레이터 반경) vs. (1g 이하로부터 10메가톤 이상까지의 변화하는 장약 에너지)의 관계 데이터가 나와 있다.

확실히 R_a는 $E^{1/3}$에 비례해서 변한다는 것을 알 수 있다. 차원분석을 할 때 흙의 점도와 밀도 그리고 음속 또는 충격파속도를 감안하지 않았다. 이들 변수들이 감안되었다면 더 많은 무차원식이 추가되었을 것이다. 만약 지표면 발파 크레이터의 메카니즘에서 이들 변수들이 중요하였다면 이러한 변수들의 기타 생성물들의 모두를 상수로 잡을 수 없기 때문에 (R_a) 대 $(E^{1/3})$의 관계는 광범위한 범위에 걸쳐 비례하지 않았을 것이다. 그러나 (R_a) 대 $(E^{1/3})$의 관계가 비례하기 때문에 이들 기타 변수들을 무시하는 것은 정당하다고 할 수 있다.

비록 [그림 36.4]의 추세가 3제곱근의 척도이긴 하지만 상당히 심각한 분산이 있다는 것을 알아야 한다. 이것은 이들 데이터가 여러 종류의 화약류뿐만이 아니라 여러 종류의 흙에 대한 데이터이기 때문일 것이다.

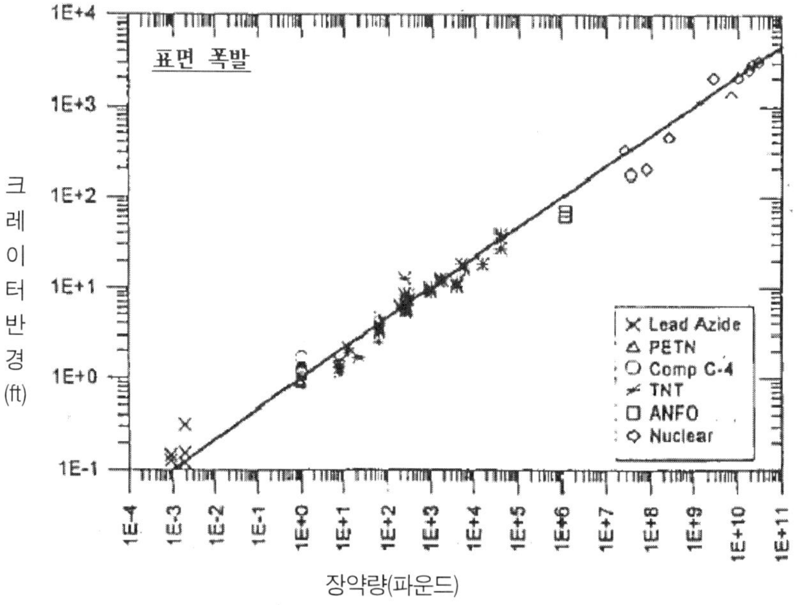

[그림 36.4] 여러가지 화약류의 중량에 따른 크레이터 반경 그래프

먼저 흙의 형태의 영향을 검토해보자. 많은 화약류의 시험뿐만이 아니라 표면에 아주 근접한 일련의 핵폭탄 발파가 아주 다른 형태의 지질상에서 이루어졌다. 이들 시험으로부터 크레이터 효율, E_{CR}에 대한 통계치가 지질형태의 함수로서 결정되었다. 효율, E_{CR}은 크레이터 부피와 관련이 있다. 이 동일한 넘버가 $E_{CR}^{1/3}$의 형태로 반경뿐만이 아니라 깊이에 관하여 사용될 수 있다. 왜냐하면 크레이터의 부피는 대략 그것의 길이의 3제곱에 비례하기 때문이다. <표 36.1>은 여러 가지 지질에 대한 E_{CR}값을 보여준다.

〈표 36.1〉 제로 높이 폭발에서의 여러 지질에 대한 고폭약의 크레이터 효율

매질	시험지역	크레이터 효율 E_{CR}(ft^3/ton)
산호 모래(포화)	Eniwetok Atoll(Pace)	2.00
점토/셰일(포화)	SE Colorado(Middle Gust)	2.00
점도/셰일 점토암	Montana(Diamond Ore)	0.95
빙하토	Alberta, Canada(DRES)	0.75
점토 실트암	Louisiana(Essex)	0.60
점토/셰일	SE Colorado(Middle Gust)	0.55
충적토	Nevada(NTS)	0.50
사질 점토	New Mexico(CERF)	0.475
플라야(Playa)	Nevada, New Mexico(NTS,PLEX)	0.45
흙/사암	W. Colorado(Mixed Company)	0.25
현무암-화강암	Washington, Utah(Mice, Mine Shaft)	0.20

우리가 이것을 크레이터 크기 예측에 이용할 수 있는 방법은 알고 있는 물질의 E_{CR}에 대한 알고자 하는 물질의 E_{CR}의 비율을 사용하는 것이다. 다음의 예를 들어 보자.

NTS 충적토에서의 TNT 발파에 대한 K값(식 36.2)이 0.97ft/lb$^{1/3}$이다. 몬태나 점토에서 TNT에 대한 R_a와 E의 관계는 어떻게 될 것인가?

$$R_a = 0.97E^{1/3}(\frac{E_{CR1}}{E_{CR2}})^{1/3} \tag{36,3}$$

여기에서 E_{CR1}은 몬태나 점토에서 부피 크레이터 효율이고, E_{CR2}는 NTS 충적토에 대한 부피 크레이터 효율이다. 단순하다. [그림 36.5]는 상대 평가 방식으로 그려진 이들의 동일한 효율 데이타를 보여준다.

만약 우리가 표준 지반 매체로 NTS 충적토를 사용한다면, 일반적인 계산식은 다음과 같이 쓸 수 있다.

$$\begin{aligned} R_a &= K_{NTS}(\frac{E_{CR}E}{0.5})^{1/3} \\ &= K_{NTS}(2E_{CR}E)^{1/3} \end{aligned} \tag{36.4}$$

여기서 E는 이제 TNT등가에너지가 된다. 폭발에너지가 화약류 중량에 비례하므로 비례의 원칙이 K에 포함되는 한 E를 무게로서 표현할 수 있다.

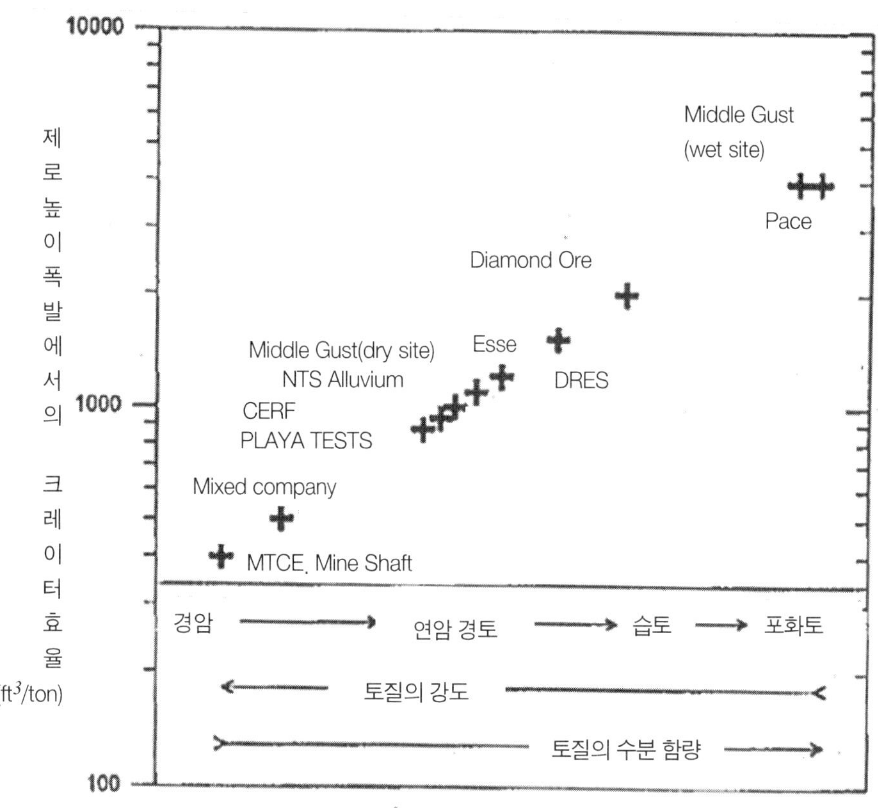

[그림 36.5] 고폭약의 크레이터 효율에 관한 지질 효과

이제 화약류 종류에 따른 영향을 조사해 보자. 이들 데이터는 TNT, Composition C-4, PETN(프리마코드 내의) 및 ANFO의 네 가지의 화약류에 대한 것이다. 모든 데이터를 NTS 충적토의 등가 크레이터로 교정했을 때 그때 K가 각 포인트에 대해서 계산되었다.[식(36.2)] 각 화약류에 대한 K의 평균값은 그 화약류의 CJ압력에 대해서 플로트되었다. 그 결과는 [그림 36.6]과 같았으며 다음과 같은 직선의 관계식이 나왔다.

$$K = 0.46 + 0.027P_{CJ} \tag{36.5}$$

여기서 K는 ft/lb$^{1/3}$이고 P_{CJ}는 Kbar이다. 그리고 이것을 식(36.4)에 치환시키면 다음과 같다.

$$R_a = (0.46+0.0027P_{CJ})(2E_{CR}W)^{1/3} \tag{36.6}$$

여기에서 W는 TNT 등가이고, 파운드이다. 이것은 이제 (반경) vs. (에너지$^{1/3}$)에 대한 NTS 충적토 척도로 사용될 수 있다.

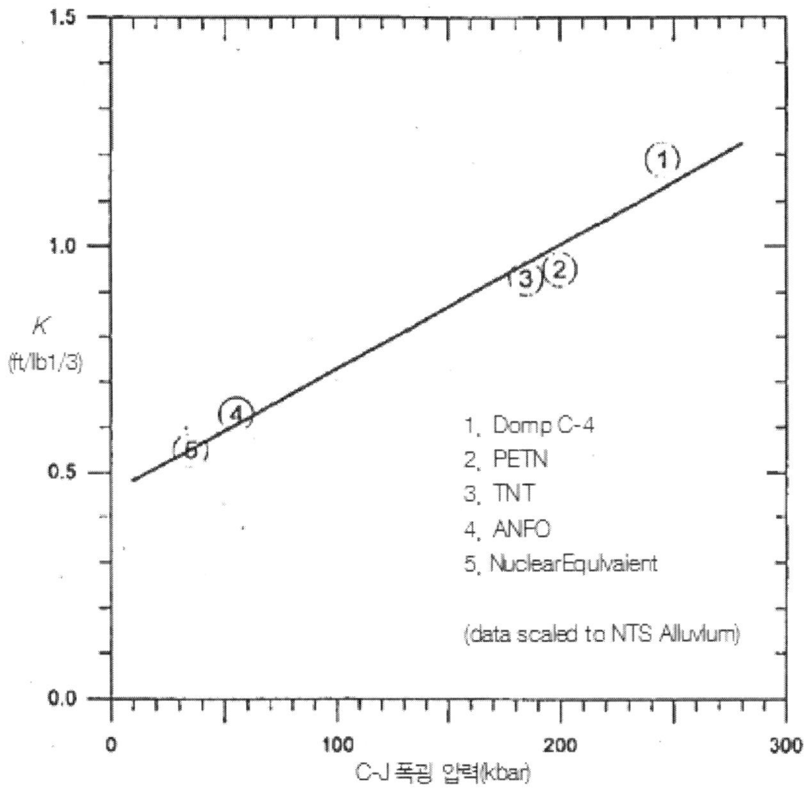

[그림 36.6] C-J 폭굉압력(Kbar)에 따른 K(ft/1b$^{1/3}$)의 관계 그래프

<예제36.1> 215파운드의 피크린산이 들어있는 30갤론의 운반드럼이 빙하토에 1/2이 묻혀 있다. 이 물질을 이동하기 보다는 그 장소에서 폭굉시키기로 결정하였다. 얼마만한 크기의 크레이터가 생성되겠는가?

(풀이) 먼저 피크린산의 특성을 알아야 한다. 폭굉 속도와 P_{CJ}를 찾기 위해서 먼저 피크린산의 밀도를 재야한다. 드럼에 파우더를 패킹할 때 약 15%의 여유 부피를 갖는 것이 정상이므로 피크린산의 부피를 약 26갤론 또는 약 98리터라고 가정한다. 그러면 피크린산의 밀도는 약 (215x0.454/98) ≒ 1g/㎤이 된다. 이 밀도에서 폭굉 속도는 $D = j + k\rho$로부터 구할 수 있으며 j와

k의 값은 제33장의 <표 33.7>로부터 구할 수 있다.

$$D = 2.21 + (3.045)(1) = 5.255$$

CJ압력은 제32장으로부터 $P_{CJ}=\rho_0 D^2(1-0.7125\rho_0^{0.04})$=7.94GPa로 계산될 수 있다.

TNT등가중량은 $W_{TNT} = W_{HE}(D^2/48.3) = 123$파운드로 계산될 수 있다.

<표 36.1>로부터 크레이터 효율은 0.75이며 그리고 이제 크레이터 반경은 다음과 같이 계산될 수 있다.

$$R = (0.46 + 0.027P_{CJ})(2E_{CR}W_{TNT})^{1/3}$$
$$= (0.46 + 0.027x7.94)(2x0.75x123)^{1/3} = 3.8ft$$

36.3 지표면 위 폭발

장약이 지표면 위로 올라갔을 때 장약과 땅 사이의 공기는 쿠션 역할을 하며 지면에 도달하는 압력을 감소시킨다. 작은 높이라하더라도 아주 상당한 영향을 준다. 크레이터 형성의 메카니즘은 지반에 가해지는 에너지가 낮다는 것을 제외하고는 지표면발파와 동일하다.

표면 즉 HOB(폭발높이)=0에서 폭발에너지의 33%가 지반으로 가해져 크레이터를 형성한다. HOB=2.5x장약반경에서 폭약의 약 1%만이 지반으로 연결된다. [그림 36.7]은 이러한 지반으로 가해지는 에너지 효율을 나타내며 HOB에 따른 지반 전달 에너지%의 그래프이다.

지상폭발에 대한 크레이터 크기를 추정하는데 지면폭발 계산 데이타를 사용한다. 이 데이터를 지반 매체와 화약류의 종류에 대해서 보정하고 또한 33%(폭발높이, HOB=0에서 전달된 E%)에 대해 폭발 높이에서 지반으로 연결되는 에너지 %의 비율로 폭약 등가 중량을 보정한다. [그림 36.6]에 표시된 식과 결합되면 다음과 같이 된다.

$$R_0 = (0.46 + 0.027P_{CJ})(2E_{CR}We^{-1.457HOB})^{1/3} \tag{36.7}$$

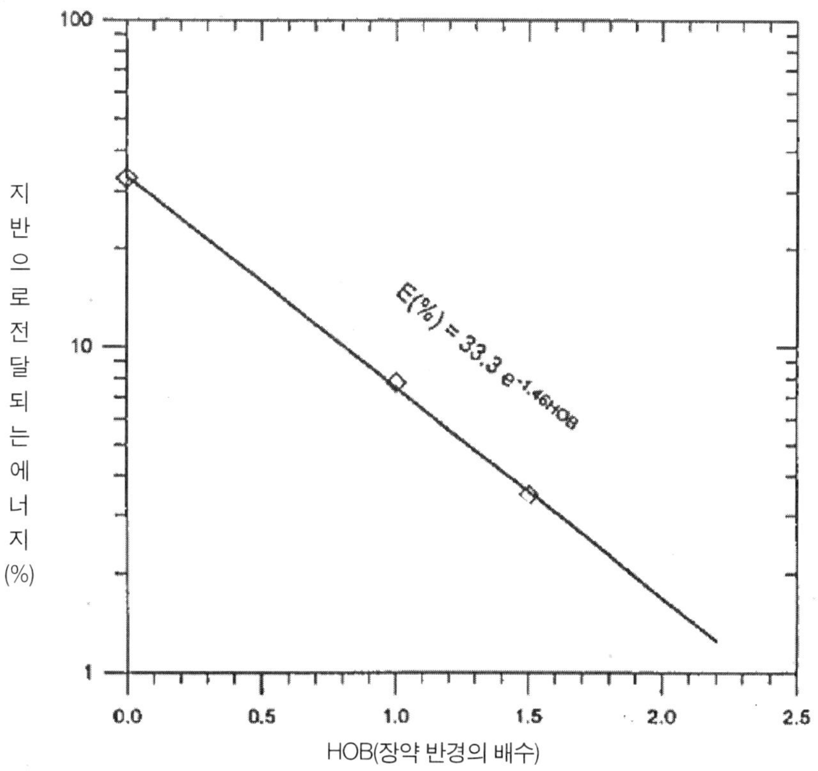

[그림 36.7] 폭발 높이의 함수로서 지반에 전달되는 에너지 퍼센트

<예제36.2> 만약 예제36.1의 피크린산의 드럼이 테이블 위에 놓여 있었다면(30인치 높이) 폭굉할 때, 얼마나 큰 크레이터가 만들어지겠는가?

(풀이) 드럼이 원형이고 그것의 등가 반경이 다음과 같다.

$$R_{charge} = (3V/4\pi)^{1/3}$$

피크린산의 부피가 약 98리터 또는 5980 in^3이라고 했으므로 장약 반경은 11.25in이다. 장약의 중심은 (11.25+30) in이고 장약 반경의 HOB는 3.67이다.

이 HOB 보정으로 크레이터 반경에 대한 식(36.7)를 풀면 0.65ft의 반경이 나온다. 크레이터 깊이는 반경의 약 1/2이라는 대략적인 기본 룰에 따르면 이 크레이터는 깊이가 4in.가 된다.

36.4 지하 폭발

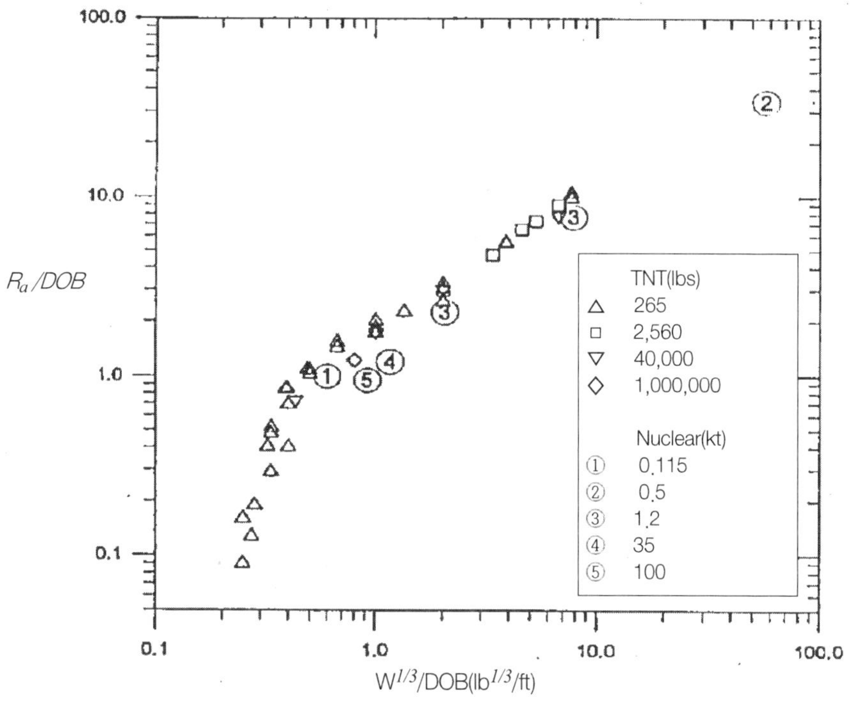

[그림 36.8] 3제곱근의 척도로 그려진 매설 장약으로부터의 실험 데이터

추정 매개변수로서 화약류의 중량 또는 에너지의 3제곱근을 이용하여 지하 폭발에 대한 크레이터 데이터를 상관시키거나 추정하려고 시도할 때 데이터가 잘 상관되지 않기 때문에 문제에 봉착한다. [그림 36.8]은 (크레이터 반경/매설 깊이=*R/DOB*) 대 (TNT등가중량$^{1/3}$/매설 깊이=$W^{1/3}$/DOB)의 관계 그래프를 보여준다. 이들 데이터는 이러한 척도 매개변수로 잘 상관되지 않는다.

데이터들을 잘 상관시켜 보려고 하는 실험적인 척도 매개변수들이 개발되어 왔다. 이 중에서 (TNT등가중량1/3.4)로 척도하는 것이 으뜸이다. [그림 36.8]의 동일한 데이터를 (*R/DOB*) 대 ($W^{1/3.4}$/DOB)의 그래프로 다시 그려보면 [그림 36.9]와 같다.

왜 (1/3.4)제곱 척도가 데이터를 상관시켜 주는가? 크레이터 형성 메카니즘을 보면 매설 폭발은 과중한 부하를 들어 올려야 하기 때문이다. 메카니즘의 이 차이는 아주 엄청나다. 왜 (1/3.4)제곱의 척도로 하는지에 대해서는 여러 가지 이론들이 있다. 그 중의 하나인 베식(Vesic)의 이론은 땅 매체의 압축성으로 인하여 깊이가 증가함에 따라 강도가 증가하고 그래서 캐비티에서 발달된 압력이 깊이에 따라 증가한다고 가정한다. 베식은 크레이터 척도 차이가 캐비티 압력의 영향으로 본다. 그의 척도 인자는 실제 깊이에 따라 변한다. 또 다른 이론인 샤베(Chabai)이론은 차원분석이 매설 크레이터 크기가 깊이에 따라 (1/4)~(1/3)제곱의 척도로 예측할 수 있다는 것을 보여준다.

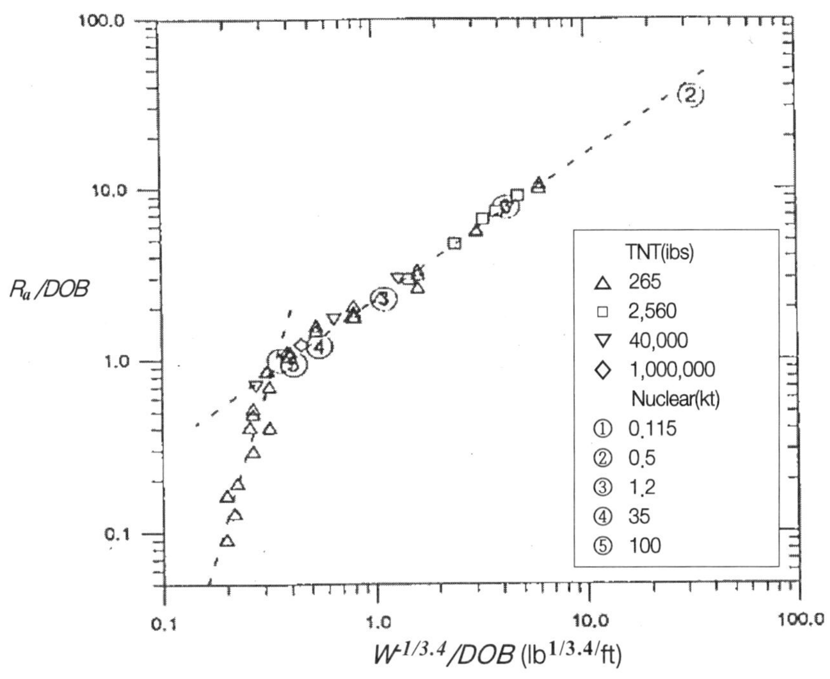

[그림 36.9] (1/3.4) 척도로 그려진 매설 장약으로부터의 실험데이터

베이커(Baker)등도 (1/3)과 (1/4)제곱 항을 모두 갖는 차원분석으로부터 척도를 사용하여, 이들 항을 포함하는 무차원그룹의 식이 (1/3.4) 제곱의 상관성으로 된다는 것을 보여주었다. 다음의 예를 보기로 한다.

우리가 구했던 표면발파에서 이용할 수 있는 매개변수에 추가해서 이제 과부하의 리프팅과 봉쇄 효과에 영향을 주는 것들을 추가해야 한다. 이 매개변수들은 매설깊이와 깊이에 따른 흙의 압력 구배(선형이라고 가정)를 포함하며 다음과 같다.

E, 화약류의 에너지(FL)

DOB, 매설 깊이(L)

Y, 흙의 강도(F/L^2)

K, 흙의 압력 구배(F/L^3)

R_a, 겉보기 크레이터 반경(L)

샤베도 베이커도 그 중요 변수들 중에 폭약 CJ 압력을 포함하지 않았다. 여기에서의 일은 리프팅, PV work 이기 때문에 이것은 바람직하다고 볼수 있다. 표면발파 크레이터의 형성에서 중요한 역할을 하는 표면 스팔링과 결합된 비산과 충격파는 여기에서는 주요 영향 인자들이 아니다.

5개의 변수와 두 개의 차원을 가지므로 3개의 무차원그룹을 필요로 하며 다음과 같다.

$$\frac{R_a}{DOB}$$

$$\frac{W}{Y \times DOB^3}$$

$$\frac{W}{K \times DOB^4} \text{ 또는 } \frac{R_a}{DOB}$$

$$\frac{W^{1/3}}{Y^{1/3} \times DOB}$$

$$\frac{W^{1/4}}{K^{1/4} \times DOB}$$

그러므로 척도 관계식은 다음과 같은 식을 취해야 한다.

$$\left(\frac{R_a}{DOB}\right) = f\left(\frac{W^{1/3}}{Y^{1/3} \times DOB}, \frac{W^{1/4}}{K^{1/4} \times DOB}\right)$$

베이커 등은 Y와 K는 변수이지만 실제의 대상범위 즉 우리가 폭약을 매설한 흙에 대해서는 거의 상수라는 것을 보여주었다. 그들은 또한 이들 두 개의 독립변수의 각 관계식이, 3차원으로 실험 데이터를 그렸을 때 직각 쌍곡선을 형성하였고 그리고 다음과 같이 식이 만들어진다는 것을 보여주었다.

$$(\frac{R_a}{DOB}) = f(\frac{W^{1/3}}{Y^{1/3} \times DOB} \times \frac{W^{1/4}}{K^{1/4} \times DOB})$$

위식은 다음의 식으로 다시 만들어질 수 있다.

$$(\frac{R_a}{DOB}) = \mathrm{f}(\frac{W^{1/24}}{Y^{1/6}K^{1/3} \times DOB})$$

그리고 7/24 ≒ 1/3.4이다. 그래서 순수하게 실험적인 상관인자로 나타난 것이 합리적인 차원분석의 산출물로 밝혀져 왔다.

[그림 36.8]에 대해서 추가의 흥미를 끄는 해석이 일부 있다. $W^{7/24}/DOB \fallingdotseq 0.3$ 의 점이 당해 화약류 중량에 대해 최대 크레이터 반경을 만드는 깊이를 나타낸다. 또한 그 반경은 거의 매설 깊이의 0.8배가 될 것이라는 것이다. 또다른 흥미를 끄는 점은 그 포인트에서 척도 관계식의 기울기가 갑자기 변한다는 것이며 이것은 우리에게 메카니즘이 변하고 있다는 것을 말해준다. 주어진 화약중량 대해서, 매립이 점점 깊어지면 $W^{7/24}/DOB$가 약 0.16에서 0.18의 값으로 접근함에 따라 $R_a/DOB=0$에 접근하며 이것은 완전한 폐쇄(발파가 표면에 더 이상 도달하지 않는)를 제공하는 화약류의 특정무게에 대한 깊이를 나타낸다.

<예제36.3> 만약 폭약이 흙 속에 완전하게 함몰된 상태의 마지막 예로부터 피크린산 용기를 기폭시키고 싶다면 그것은 어떠한 깊이에 묻어야 하는가?

(풀이) $W^{7/24}/DOB$가 0.16에서 0.18에 접근하는 매립에서 크레이터 크기가 제로에 도착하는 것을 바로 알았으므로 그러므로 완전한 폐쇄에 대해서 다음과 같이 계산된다.

$$\begin{aligned} DOB &= W^{7/24}/0.16 \\ &= (215)^{7/24}/0.16 \\ &= 30 \text{ ft} \end{aligned}$$

참고문헌

1. Paul W. Cooper(1996), "Explosives Engineering", VCH Publishers, Inc., New York

제37장

제트, 성형장약 및 폭발압접[1]

두 면이 어떤 각도를 가지고 고속으로 부딪칠 때 제트가 형성된다. 제트는 충돌면에서 고압에 의해 소성흐름으로 스트레스화된 물질로 만들어진다. 그렇게 형성된 제트는 폭발 절단과 폭발압접의 두 가지 화약류 응용분야에서 중요한 요소가 된다.

37.1 성형장약

37.1.1 성형장약의 형태

성형장약은 일반적으로 [그림 37.1]과 같이 원추형이다. 라이너 재질은 보통 구리, 알루미늄 또는 연강을 사용하지만 또한 유리도 때때로 사용한다. 화약류는 보통 압착이나 주조로 만들어진다. 장약은 라이너를 폭발적으로 붕괴시킴으로써 일을 하며 고속의 제트 라이너 물질을 형성한다. 제트의 형성은 수학적으로 모델링을 하기가 상당히 복잡하므로 정성적으로만 현상을 살펴보기로 한다.

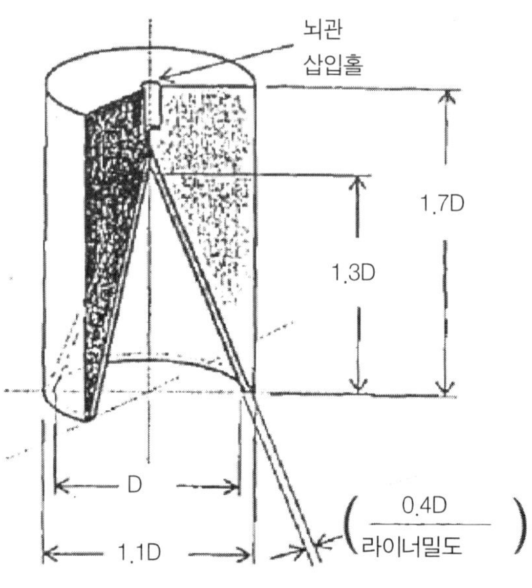

[그림 37.1] 원추형의 성형장약

37.1.2 원추형 성형장약의 정성적 검토

37.1.2.1 제트 형성

폭굉파가 라이너를 통과할 때 [그림 37.2]와 같이 라이너는 화약류와 라이너 계면에 대해서 작은 각도로 가속화된다. 원추의 정점에 가까울수록 M/C비는 더 작으며 라이너의 속도는 더 높아진다.

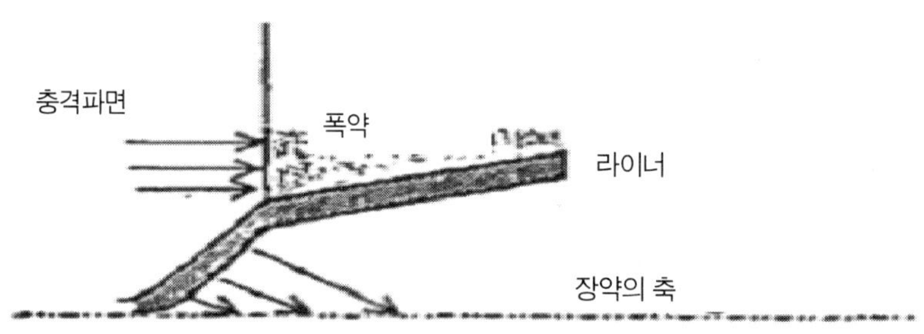

[그림 37.2] 폭굉파가 지나면서 생기는 라이너의 가속

[그림 37.3]과 같이 라이너 물질이 장약의 중심선(또는 축)에서 모일 때 표면물질은 고속으로 압출되며 이 압출 물질이 제트를 형성한다. 축에 가장 가까이 있는 물질이 보다 높은 속도에 있으므로 그 지역으로부터 나오는 제트의 부분이 또한 가장 높은 속도를 갖는다. 그러므로 속도 구배를 갖는 제트가 만들어지고 선두 끝(Leading tip)은 후미보다 더 빨리 이동한다. 이 구배는 선형적일 것으로 추정된다. 벌크 상의 라이너 물질인 잔여 물질은 [그림 37.4]와 같이 상당히 낮은 속도로 제트를 뒤따르는 묵직한 "슬러그(Slug)"를 형성한다.

제트를 따라서 속도 구배가 있으므로 더 진행함에 따라서 제트는 더 길어진다. 폭약과 라이너의 작은 불균일성 때문에 제트를 형성하는 입자들의 많은 부분이 비행 방향이 약간 다르다. 수배의 장약 직경을 진행한 후에 제트는 파괴되기 시작한다.

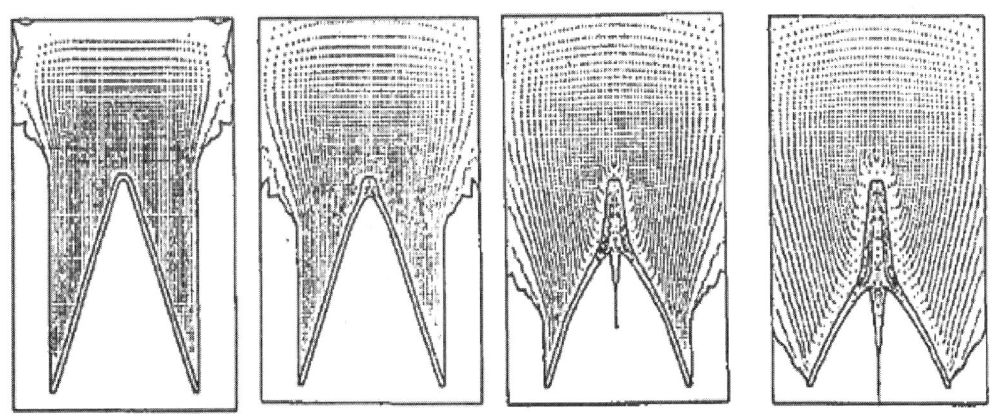

[그림 37.3] 폭약의 축에서의 라이너의 집중 과정

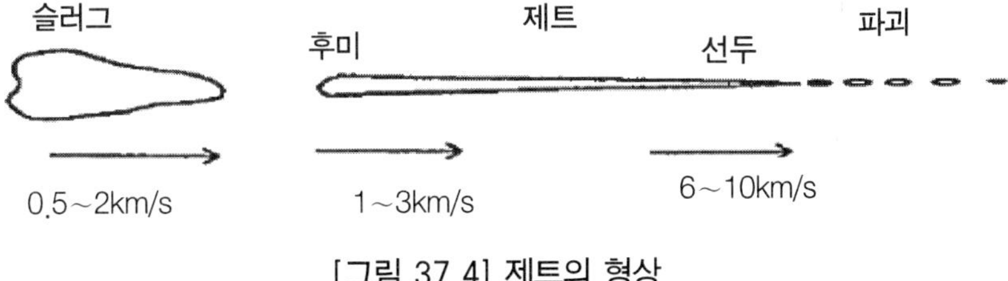

[그림 37.4] 제트의 형상

37.1.2.2 목표물에 대한 영향

[그림 37.5]와 같이 제트의 침투에 의한 목표물의 침식은 호스에서 물줄기를 흙 속으로 쏠 때 일어나는 것과 아주 유사하다. 홀의 가장 깊은 부분에서 제거되는 물질이 진흙으로 바뀌며 구멍의 벽을 따라서 뒤로 빠져 나온다.

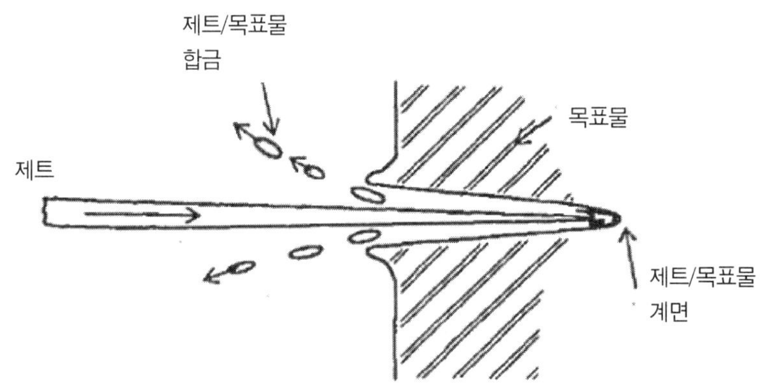

[그림 37.5] 목표물을 통과하는 제트의 침식

성형폭약의 제트 공격 하에 있는 금속 목표물은 유체처럼 거동하는데 왜냐하면 제트의 충격 속도에서 계면의 제트와 목표물은 수 메가바의 압력에서 대부분의 모든 물질에 대해서 플라스틱 영역으로 잘 들어가기 때문이다. 이러한 침식 과정은 모든 제트가 사용될 때까지 또는 목표물이 구멍이 뚫릴 때까지 지속된다.

37.1.2.3 스탠드오프의 효과

스탠드오프(Standoff)란 목표물로 부터의 폭약의 지면까지의 거리를 말한다. 이것은 보통 [그림 37.6]과 같이 폭약 직경으로서 표현된다.

매우 짧은 스탠드오프에서 제트도 아주 짧다. 제트가 형성되거나 성장할 시간이 없다. 그러므로 목표물로의 침투는 최적조건보다는 미흡하다. [그림 37.7]과 같이 아주 긴 스탠드오프에서는 제트가 파괴되며 그리고 각 입자는 중심으로부터 더 떨어진 부분을 때리며 그리고 목표물의 중심에서 침투에 기여하지 못한다. 그리고 [그림 37.8]으로부터 최적의 스탠드오프가 있다는 것을 알 수 있다.

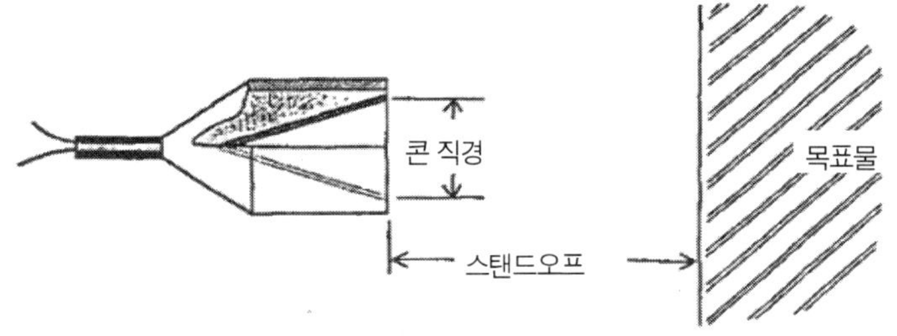

[그림 37.6] 목표물로부터의 스탠드오프

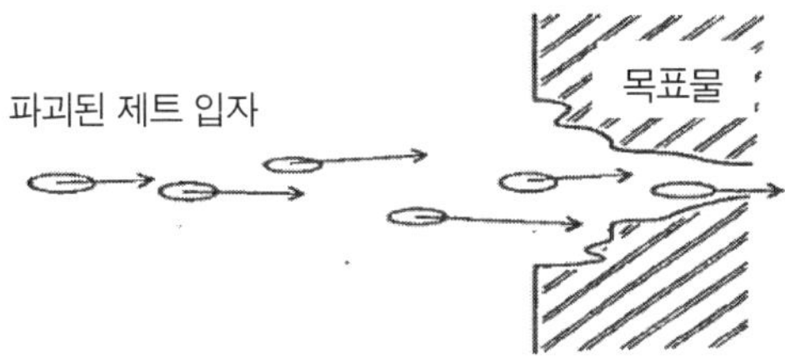

[그림 37.7] 최적의 스탠드오프 보다 긴 예

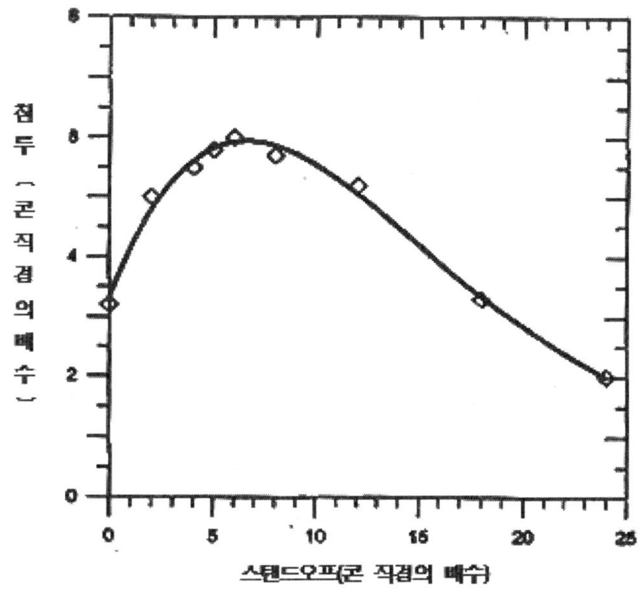

[그림 37.8] 스탠드오프에 따른 침투효과

37.1.2.4 일반적 관측 결과

① 가장 깊은 침투는 약 42°의 원추 각도에서 얻어진다.

② 최적의 스탠드오프는 폭약 직경의 2와 6배 사이에 있다.

③ 침투 깊이는 보통 4에서 6배직경이고 11 또는 12배 이상 높게 갈 수 있다.

④ 최적의 라이너 두께는 부드러운 구리일 경우 원추 베이스 직경의 약 3%이다. 이 경우를 기준으로 중량을 일정하게 유지함으로써 밀도의 변화가 있을 때 계산될 수 있다. 즉 라이너의 밀도가 낮을수록 더 두꺼워져야 한다.

37.1.3 침투 모델

성형폭약이 무엇인지 그리고 어떻게 일을 하는지에 대해서 간략하고 정성적으로 살펴보았다. 이제는 이것의 일부를 정량화하는데 도움을 주는 간단한 모델을 생각해 보기로 한다. 이 모델에서는 제트와 목표물 모두 이상적인 액체상태라고 가정한다. 즉 이들은 점성(점도=0)이 없다고 가정한다. 계면에서의 제트와 목표물의 충격 압력에서(수백 키로바) 대부분의 금속은 소성영역으로 들어가며 실제로 액체처럼 거동하기 때문에 이 가정은 괜찮다고 할 수 있다.

다음으로는 제트는 일정하고 균일한 속도로 진행하고 있다고 가정하는 것이다. 이것은 사실이 아니라는 것을 알고 있으나, 이러한 과장되게 단순화한 가정으로도 모델이 잘 유지된다는 것은 놀랄 일이다.

마지막으로 액체상태의 제트는 막대기 형상을 하고 있다고 가정하는 것이다. [그림 37.9]는 목표물에 제트가 침투하고 있는 것을 보여주고 있다. 이것은 뒤쪽 홀 밖으로 흘러 나오는 제트 또는 목표물질을 나타내고 있지 않으며 제트와 홀의 진행만을 보여주고 있다.

베르누이의 이론으로부터 제트와 목표물의 계면에서 제트의 압력은 다음과 같다.

$$P = \frac{1}{2}\rho_j V_R^2 \qquad (37.1)$$

여기서 V_R은 제트와 홀끝의 상대 속도(홀끝은 침투속도 V_P로 제트로부터 물러나고 있다.)이며 다음식과 같다.

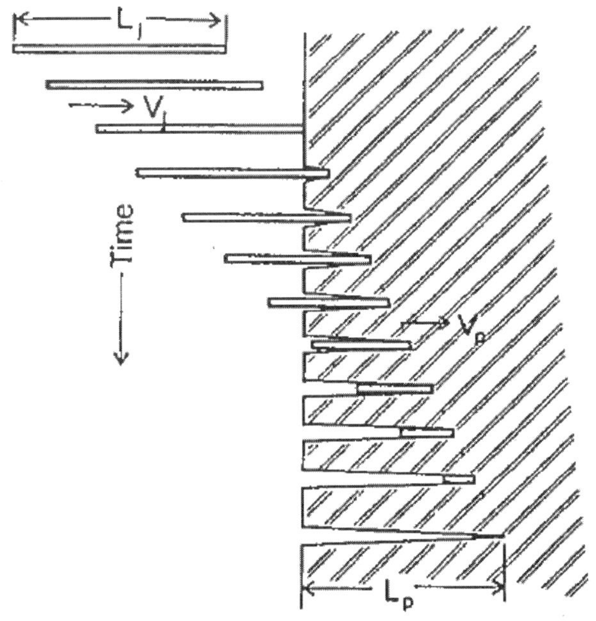

[그림 37.9] 목표물의 제트 침투

$$V_R = V_j - V_P \tag{37.2}$$

식(37.1)은 다음과 같이 된다.

$$P = \frac{1}{2}\rho_j(V_j - V_P)^2 \tag{37.3}$$

물론 이 동일한 계면에서의 목표물의 압력은 동일하며 다음과 같다.

$$P = \frac{1}{2}\rho_T V_P^2 \tag{37.4}$$

침투가 완성되는데 걸리는 시간은 침투속도와 침투깊이로부터 구해진다.

$$t = L_P/V_P \tag{37.5}$$

이 시간은 제트를 "다 사용하는데" 요구되는 시간 또는 판의 앞면을 지나 제트의 뒷부분이 완전히 진행하는데 걸리는 시간과 같다.

$$t = \frac{L_j + L_p}{V_j} \tag{37.6}$$

식(37.3)과 (37.4)를 조합해 보자.

$\rho_j(V_j\text{-}V_P)^2 = \rho_T V_P^2$ 그리고 이것을 정리하면 다음과 같다.

$$(\frac{\rho_j}{\rho_T})^{1/2} = \frac{V_p}{V_j - V_p} \tag{37.7}$$

이제 식(37.5)와 (37.6)을 조합하면 다음식과 같다.

$$\frac{L_p}{V_p} = \frac{L_j + L_p}{V_j}$$

$$L_p = L_j(\frac{V_p}{V_j - V_p}) \tag{37.8}$$

이제 식(37.7)과 (37.8)을 결합하면 다음 식을 얻는다.

$$L_p = L_j(\frac{\rho_j}{\rho_T})^{1/2} \tag{37.9}$$

이것이 이상화된 침투 방정식이다. 이것은 여러 가지 목표물에서 침투 성능을 예측할 수 있게 해주며 성형장약 설계를 분석하는데 도움을 준다.

이 식은 침투깊이 L_P는 제트의 속도에 의존하지 않으며 오로지 제트의 길이와 목표물에 대한 제트의 상대밀도에만 의존된다는 것을 의미함을 주목하라. 실험에 의하면 이것은 잘 맞으며 3km/s 이상의 제트 속도에 대해서는 상당히 잘 들어 맞는다는 것을 알 수 있다.

37.1.4 기성품

많은 성형장약은 산업용으로나 군사용으로 모두 기성품으로 이용될 수 있다. 어떤 것들은 침투 깊이가 상당히 효율적이다. 이렇게 침투 효율이 다양한 이유는 설계가 부실하기 때문이 아니며 각각의 장약이 특정 용도로 설계되었기 때문이며 그리고 모든 것이 침투만으로 최적화 되는 것은 아니기 때문이다. [그림 37.10]은 수백가지의 여러 성형장약에 대한 성능을 나타내며 기성품 외의 제품에 대하여 장약량에 따른 침투 깊이를 예상할 수 있는 범위를 나타낸다.

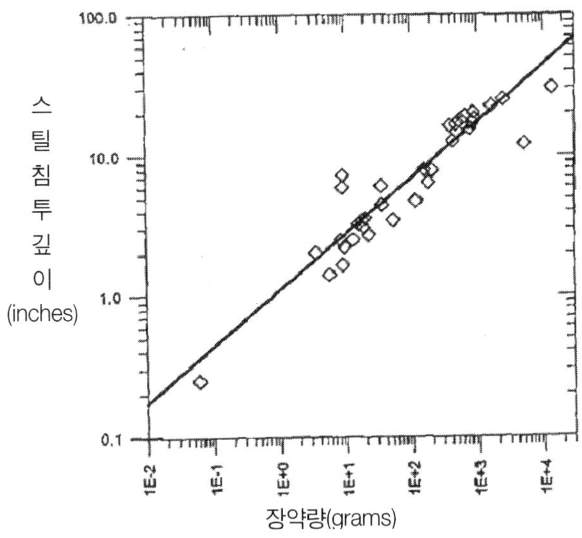

[그림 37.10] 여러 가지 성형장약의 중량에 따른 철의 침투 깊이

37.1.5 제트 매개변수와 메카니즘

이제 제트가 어떻게 형성되는지 알아보자. 이것을 하기 위해서 [그림 37.11]은 폭굉파가 콘의 축 길이로 약 절반 정도 진행한 시간에서의 상태이다. 그림에서 보는 바와 같이 폭굉은 A지점까지 진행한다. 폭굉은 콘을 V_P의 속도로 안쪽으로 가속화시킨다. 속도 $\vec{V}_p$는 콘의 밀도, 콘의 두께, 폭약 매개변수(폭굉 속도, 또는 거니에너지 그리고 폭약의 중량) 및 방사방향 또는 콘 각도의 함수이다.

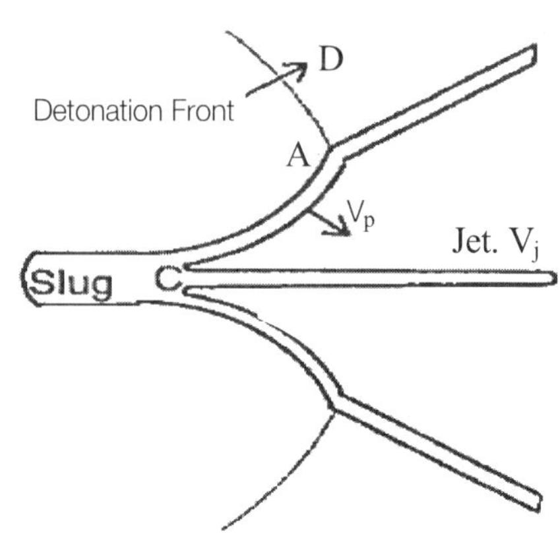

그림 37.11] 붕괴 중인 콘 형태의 성형폭약

충돌포인트 C는 속도 V_c로 오른쪽으로 이동한다. [그림 37.12]에서 충돌영역에 대해서 좀 더 자세히 볼 수 있다.

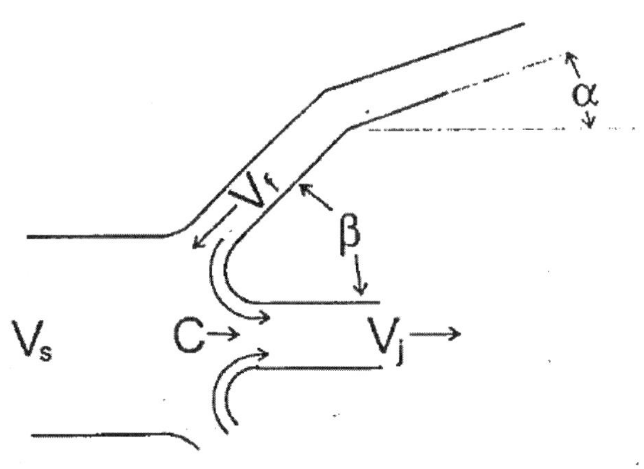

[그림 37.12] 충돌 포인트 근처에서의 제트 형성

$\overrightarrow{V_p}$로 진행하는 라이너의 입자는 실제적으로 $\overrightarrow{V_f}$로 충돌포인트로 진행하고 있다. 각도 β 또는 붕괴각도는 라이너 질량과 폭약 질량 및 폭굉 특성의 함수이며 또한 원래 콘 각도 α 에 대한 폭굉방향의 함수이다. 충돌포인트에서 압력은 상당히 커서 금속을 소성상태로 만든다. 라이너 일부는 압출되어 제트로 나오며 그 속도는 $\overrightarrow{V_c}+\overrightarrow{V_f}=\overrightarrow{V_j}$이고 일부는 함께 압출되어 슬러그를 형성하며 이것의 속도는$\overrightarrow{V_c}+\overrightarrow{V_f}=\overrightarrow{V_s}$ 이다.

각도 β와 속도 V_f는 중요한 설계 매개변수이다. V_f는 그것이 흘러들어가는 소성물질에 대해서 음속이하가 되어야 한다. 각도 β는 라이너물질의 함수로 어떤 최소각 이상이어야 하며 일반적으로 $\beta_{min} \fallingdotseq 5° \sim 10°$ 이상이어야 한다. 이 낮은 β에서는 물질이 제트를 형성할 수는 있지만 일관성이 없으며 입자들의 분산만이 형성될 뿐이다. 보다 높은 β값(25-50°)에서는 일관적인 막대 모양의 제트가 나온다. 이것은 대부분의 목적에 맞는 바람직한 제트이다. 더 높은 각도에서는 입자의 퍼짐이 다시 생기며 결국 어떤 값 β_{max} 이상에서는 제트가 형성되지 않는다. 아주 높은 β에서는 넓은 원뿔이 바뀌어 공기 역학적인 슬러그를 형성할 수 있으나 그것은 또 다른 이야기다. V_P는 로칼 M/C 값이 변함에 따라 변하므로 제트는 첨두에서 뒤에 이르기까지 구배를 갖는다. 보통 M/C 값은 입구 또는 원추의 베이스 방향으로 갈수록 증가한다. 이것은 또한 β의 변화를 일으킨다.

37.2 폭발압접

만약 표면이 아주 깨끗한 두 금속을 취해서 진공환경 하에서 그들을 서로 압착하면 두 금속은 서로 용접될 것이다. 이것은 고온이 아니더라고 일어날 것이다. 중요한 인자는 두 금속의 표면의 깨끗한 정도가 될 것이다.

37.2.1 계면의 구조

폭발압접 기술은 아주 간단하게 보이지만 메카니즘 상으로는 아주 복잡하다. [그림 37.13]은 폭발압접에 대한 두 가지의 일반적인 용접 방식의 배치를 나타낸 것이다.

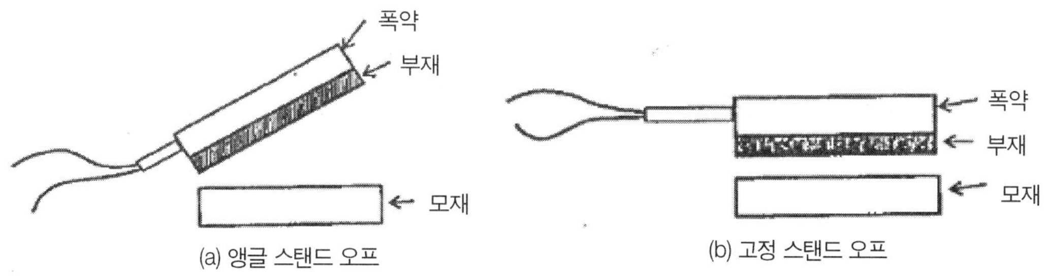

[그림 37.13] 두 가지의 폭발압접 방식

배치형태 A를 “앵글 스탠드오프”라고 부르며 B를 ”고정 스탠드오프”라고 부른다. 이 두 경우에 있어서 부재는 장약에 의해서 모종의 각도로 모재로 가속화된다. 충돌 각도는 부재의 스탠드오프 각도와 장약/부재의 특성에 의해 결정된다. 충돌각도는 원뿔형의 성형장약에 대한 충돌각도와 유사하며 [그림 37.14]와 같이 적절한 각도에서 제트를 형성하며 충돌포인트에서의 상세 내용은 [그림 37.15]에 나와 있다.

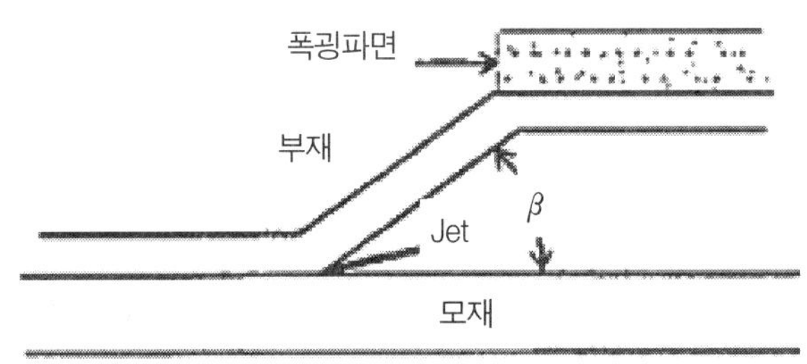

[그림 37.14] β 각도에서의 부재의 충돌이 제트를 형성

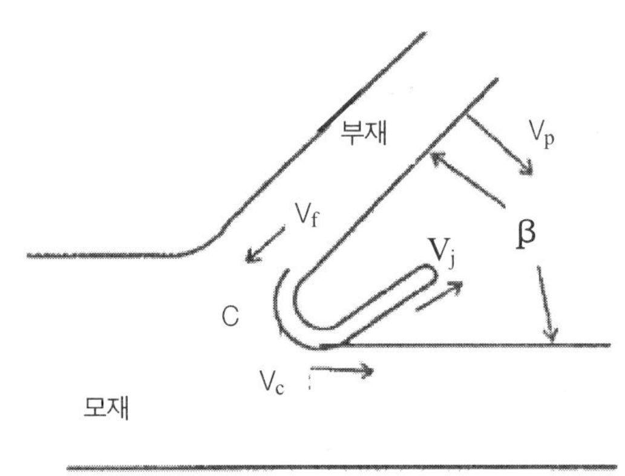

[그림 37.15] 충돌과 흐름

동일한 거동과 기준이 성형장약에서와 같이 관찰된다. 어떤 임계각도 β 이상에서 제트가 형성된다. 부재는 표층의 껍질이 벗겨지면서 용접계면이 깨끗이 청소된다. 모재도 또한 표면이 벗겨지면서 용접 계면이 깨끗이 청소된다. β가 아주 적당할 때 흐름진동은 충격포인트에서 만들어지며 그리고 물결모양의 용접면이 만들어진다. 이 물결모양의 특성은 그것이 추가적인 접촉표면을 주기 때문에 아마도 용접강도를 증가시킬 것이다. 이것은 [그림 37.16]에서[그림 37.18]까지의 그림에 나타나있다.

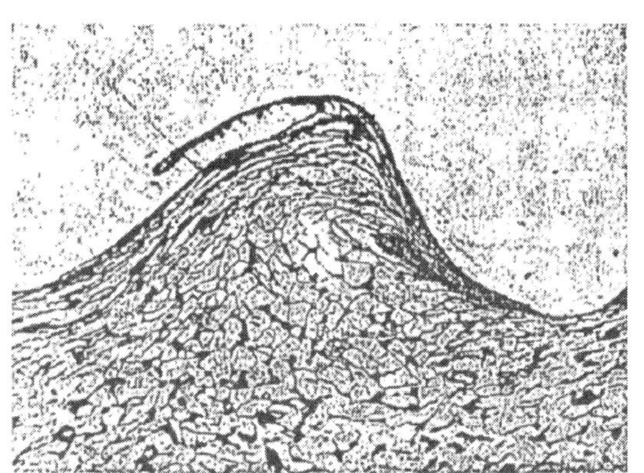

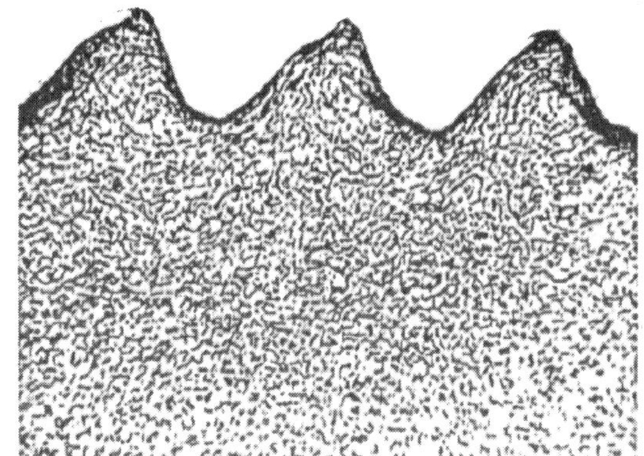

[그림 37.16] 연강 모재와 구리 부재 폭발압접 형태

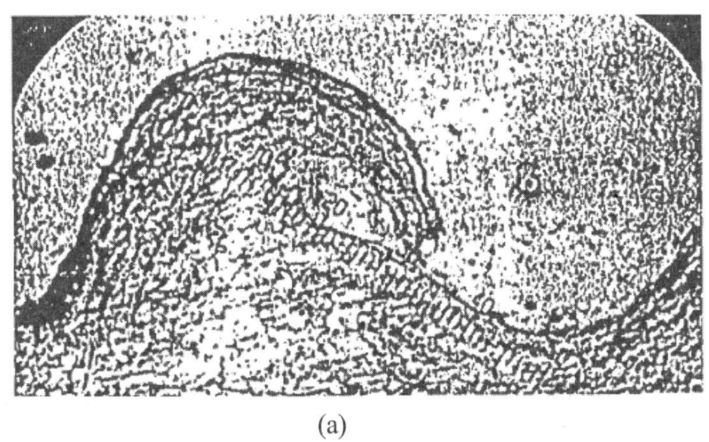

(a)

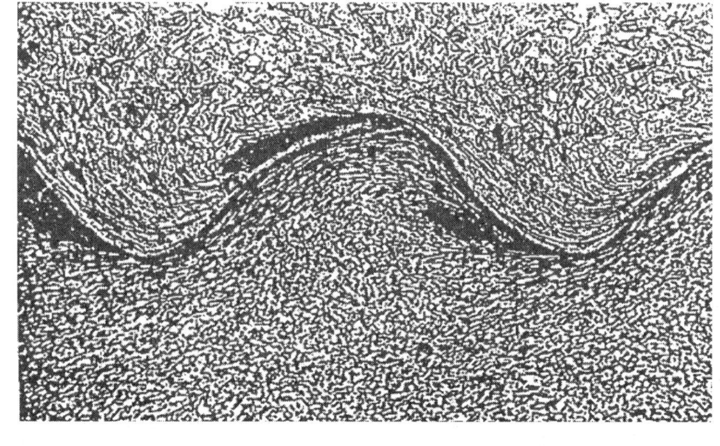

(b)

[그림 37.17] (a) 카본스틸(SA-516-70) 모재와 스텐레스스틸(304L) 부재의 폭발압접 현미경 사진 (b) 연강 모재와 연강 부재의 폭발압접 계면의 현미경 사진

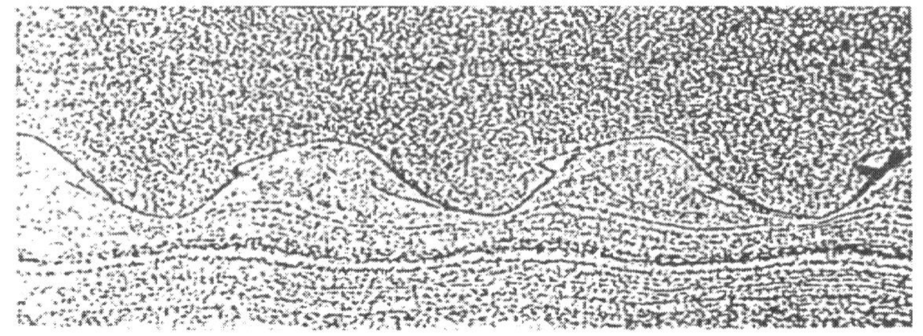

(a) 4130 스틸 모재와 4130스틸 부재의 폭발압접

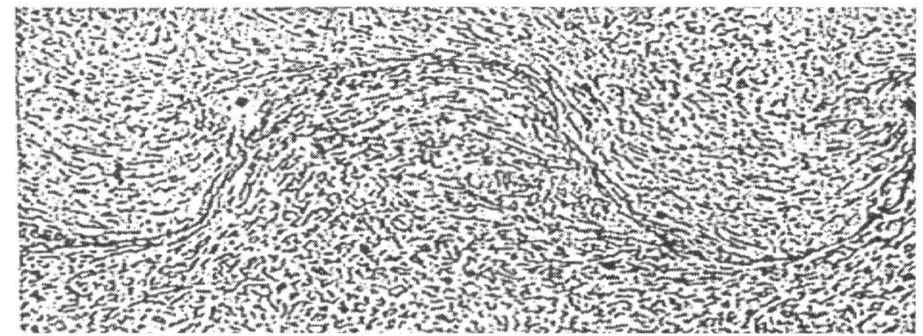

(b) 1018 스틸 모재와 1018스틸 부재의 폭발압접

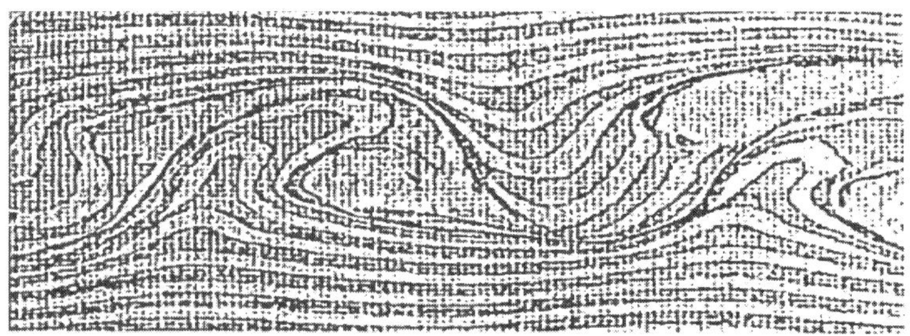

(c) Cu와 Ni 전기도금 샘플의 폭발압접 계면

(d) Co 모재와 Ni 부재의 폭발압접

[그림 37.18] 여러 가지 모재/부재 조합의 폭발압접

물결모양을 형성하는 메카니즘이 [그림 37.19]에 일련의 그림으로 나와 있다. (a)에서 충격 또는 충돌이 s 포인트에서 정체되는 것으로 보이며 그리고 오른쪽으로 진행하는 제트는 그것과 함께 모재를 끌어올린다. (b)에서는 제트에 의해서 끌어올려진 모재는 제트를 부재 속으로 방향을 바꾸게 하는 댐을 형성한다. (c)에서는 충돌포인트 쪽으로 가는 부재의 흐름이 모재의 댐을 넘어가면서 제트를 뒤쪽으로 끌고 간다. (d)에서는 댐에 의해서 형성된 혹이 이제는 그림 (e)의 댐의 앞에서 정체되는 새로운 제트의 형태로 부재를 아래쪽으로 방향 전환시키며 이제 그 프로세스는 스스로 반복한다. 이러한 동일한 거동은 다른 속도 벡타로 이동하고 충돌하는 어떠한 두 유체 흐름의 전단 계면에서 일반적인 현상이다.

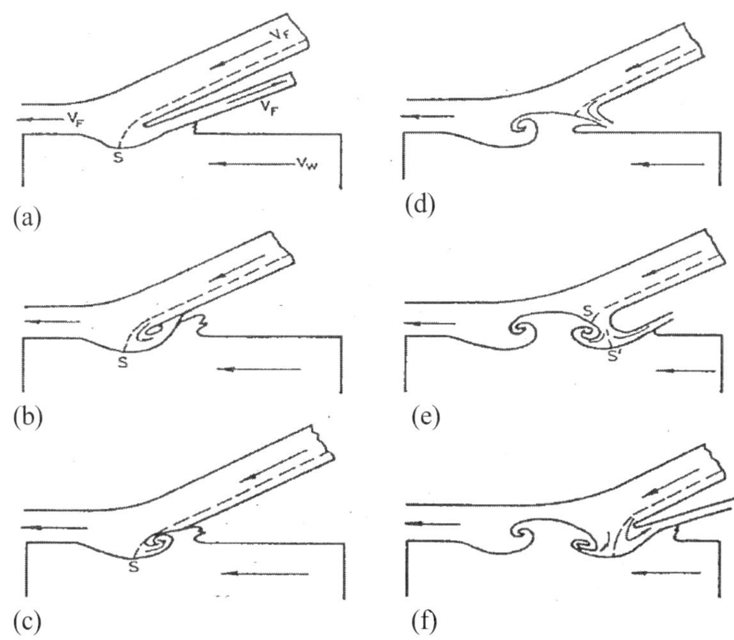

[그림 14.19] 바라미(Bhrami) 등의 이론에 따른 웽브의 형성 과정

37.2.2 폭발압접의 주요 매개변수

성형장약에서와 같이, 최적의 제트가 임계 범위의 각도 β에서 일어나며 그리고 유속 V_f와 V_c는 충돌포인트 압력에서 음속 이하이어야 한다. 설계 목적을 위해서 이것은 정상적인 각 금속에 대한 종방향의 음속으로 취해진다. [그림 37.20]은 임계치 β의 값과 충돌포인트 속도 V_c의

관계 그래프를 보여준다. 이 진동 거동은 아마도 원추형 성형폭약 제트에서 만들어지는 스트레스 진동의 강조된 경우일 것이라는 것을 알아야 한다.

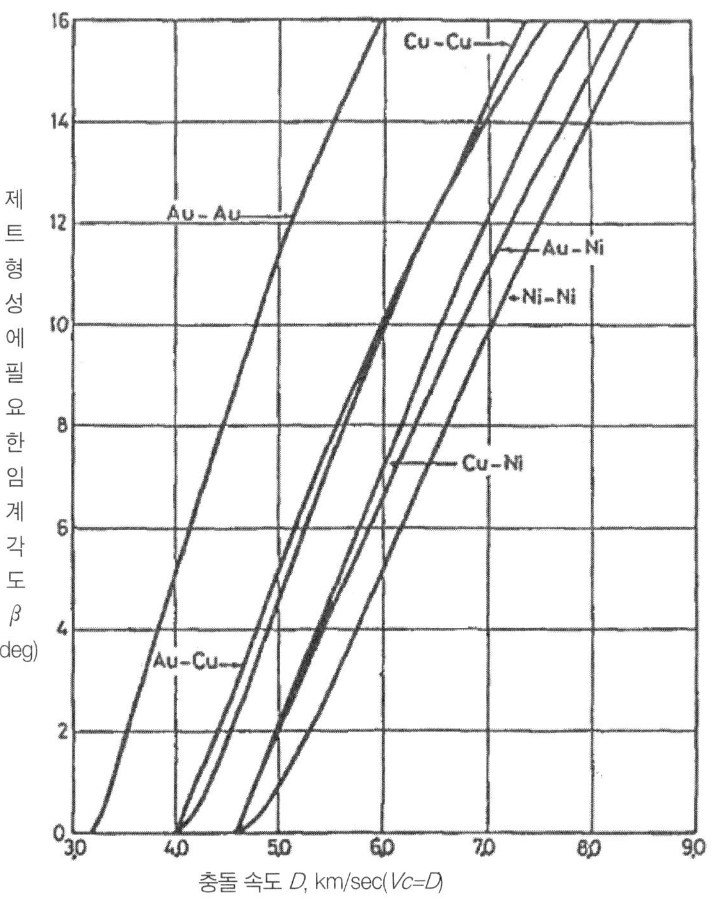

[그림 37.20] 계산된 β 의 값과 충돌 포인트 속도의 관계 그래프(평행 배치 구조)

참고문헌

1. Paul W. Cooper(1996), "Explosives Engineering", VCH Publishers, Inc., New York

제9편

화약류의 시험

이 부문에서는 화약류가 판매용 또는 개발용으로 제조되었을 때, 3가지 측면에서 평가가 이루어져야 한다. 이 3가지는 안전성, 안정성 및 위력이며, 이들을 평가했을 때 어떤 기준치 이상이 되어야 해당 제품의 요건을 갖출 수 있다. 안전성이나 안정성 등의 기준들은 대부분 법적인 절대적 기준에 따르며, 위력은 법적인 기준 보다는 제조사의 상대적 기준에 따르며 이것은 주로 제조사의 기술적인 능력을 나타내기도 한다.

제38장

안정도 시험

화약류의 안정도라는 것은 저장중의 변질에 대한 저항성이다. 화합물 자체의 안정도와 분해 촉진물이 함께 존재할 가능성이 있는 화약제품의 안정도를 구별하여 생각할 필요가 있다. 또한 그 변질로 의해 폭발에 이르는 위험성이 있던가 혹은 화약류로서의 성질을 잃어버리던가 구별하여 대책을 생각하는 것도 필요하다.

예를 들어 에멀젼폭약은 조성의 일부에 있는 에멀젼 기제가 본질적으로 붕괴하므로 저장중의 위험성이 증대되지는 않는다. 또한 흑색화약은 흡습되지만 않으면, 수십 년 이상 변질열화가 없이 안정하다. 이와는 반대로 질산에스테르의 안정도는 상당히 중요하다. 니트로글리세린 등의 질산에스테르는 화학구조적으로 가수분해를 피할 수 없으므로, 분해가 폭발에 이르게 된다.

그래서 협의의 안정도는 질산에스테르와 같이 발열 분해로부터 발화에 이르는 위험성이 있는 변질의 것을 지칭하며 여기에서는 질산에스테르의 안정도에 대하여 설명한다.

38.1 질산에스테르의 자연분해 메카니즘[1, 2, 3]

질산에스테르는 화합화약류 중에서도 자연분해를 일으키기 쉽다. 질산에스테르의 자연

분해는 다음의 2가지의 반응에 의해 시작되는 것으로 알려져 있다. 흡습에 의한 가수분해 반응과 열분해 반응이다.

(가수분해 반응) $RONO_2 + H_2O \rightarrow ROH + HNO_3$

질산에스테르가 가수분해하여 질산이 생성된다. 질산은 산촉매작용에 의해 가수분해가 더욱더 촉진된다. 이와 같이 반응생성물이 촉진작용을 나타내는 경우의 작용을 자기촉매작용이라고 하며 반응을 자기촉매반응이라고 한다.

(분해열 반응) $RONO_2 \rightarrow RO + NO_2$

이 반응에서 생성된 NO_2는 질산에스테르의 산화를 일으키고 그 결과 질산, 아질산, NO_2, NO, 물 등을 생성한다. 질산, 아질산, NO는 한층 더 산화반응을 일으키는 NO_2를 생성하기 때문에 산화반응을 동반하고 NO_2가 축적되어 산화반응은 자기촉매적으로 진행한다.

질산에스테르는 이와 같이 자기촉매적으로 반응을 진행하여 반응열이 축적되어 온도가 상승하여 자연발화를 일으킨다.

질산에스테르의 자연분해 반응은 특히 화약 중에 존재하는 미량의 산분에 매우 영향을 받는다. 따라서 자연분해를 방지하기 위해서는 질산에스테르의 정제도를 높이는 것이 필요하다. 또한 질산에스테르를 사용하는 무연화약 등에서는 디페닐아민, 센트라라이트 등의 안정제를 넣어서 초기 분해에 의해 발생한 NO_2를 꽉 잡아 자연분해를 억제한다.

안정도는 화약류의 자연분해에 대한 저항성을 말한다. 보통은 질산에스테르의 자연분해에 대한 저항성을 안정도라고 부르는 경우가 많으며 질산에스테르의 안정도를 문제로 하고 있으나 니트로화합물에서도 세정이 불충분하면 제조 중에 사용한 산 등이 잔존하고 자연분해를 일으킬 수 있다. 자연분해에 의한 폭발 사고를 방지하기 위해서는 안정제를 넣어서 안정성을 높이는 조치를 취함과 동시에 정기적으로 안정도시험을 실시하는 것이 필요하다. 안정도시험은 총포·도검·화약류 등 단속법에서도 의무로 되어 있다.

38.2 안정도 시험의 원리[3]

화약류의 안정도 시험은 자연분해에 대한 저항성을 조사하는 것이 목적이므로 상온에서 시험을 실시하는 것이 이상적이다. 그러나 상온에서는 시간이 많이 걸리기 때문에 고온에서 가속시험을 실시하여 상온에서의 경향을 추정하게 된다. 단 그 시험온도에서 상온과 다른 형태의 반응이 일어나게 되면 그 시험 결과로 상온의 안정성을 평가하기는 곤란하다.

고온 시험의 결과로부터 상온을 추정할 때 보통 다음의 아레니우스 식을 사용한다.

$$k = A_e^{-E/RT}$$

여기서 k는 반응속도, A는 각 화약류의 상수, E는 활성화에너지, R은 기체 상수, T는 절대온도이다. 양쪽에 로그를 취하면 ln(k) = ln(A) -*E/RT* 가 되며 ln(*A*)와 *E/R*은 상수이므로 ln(*A*)와 1/T의 그래프를 그리면 절편 ln(*A*), 기울기 -*E/RT*인 직선이 얻어진다. 그러므로 이 그래프로부터 고온에서의 시험데이타로 상온에서의 반응속도를 추정할 수 있다.

안정도 시험은 일반적으로 적정의 온도로 가열하여 분해 생성가스 또는 유리산분의 생성속도를 조사하는 방법과 발사약에서 유효안정제를 정량하는 방법이 있다. 또 안정도시험은 제조 시 또는 제조직후에 행하는 제조후 시험과 저장 중 화약류에 대하여 분해 변질상태를 검사하는 저장중 시험이 있으며 합격 기준은 제조 후 시험 쪽이 중요하다.

우리나라의 법령에서 지정되고 있는 안정도시험에는 유리산시험, 내열시험, 및 가열시험이 있고 이것의 실시에 관해서는 총포 · 도검 · 화약류 등 단속법에 규정되어있다. 당해 법에는 다음 <표 38.1>과 같은 기준으로 안정도시험을 하도록 되어 있다.

법정 안정도시험을 실시하는 화약류로는 질산에스테르, 질산에스테르를 함유하는 화약 또는 폭약, 질산에스테르를 함유하지 않은 폭약 등 3종류이다. 질산에스테르를 함유하지 않은 화약은 여기에 포함되지 않기 때문에 안정도시험을 할 필요가 없다. 질산에스테르를 함유하지 않은 화약에는 흑색화약, 콤포지트추진제, 콘크리트파쇄약 등이 있다.

화약류를 수입한 자도 지체 없이 안정도시험을 실시하는데 질산에스테르 및 이 성분이 들어있는 화약 또는 폭약은 유리산시험 또는 내열시험, 질산에스테르 성분이 들어있지 않은 폭약은 유리산시험 또는 가열시험을 하도록 되어있다.

질산에스테르를 함유하는 화약 또는 폭약(질산암모늄을 함유하는 것은 제외) 중 제조 시에 유리산시험용 청색리트머스 시험지를 약알 또는 약포와 함께 용기에 넣고 3개월마다 그 청색리트머스 시험지를 교환하는 경우에 그 시험지가 전면 적색으로 변화한 때에는 내열시험을 한다.

〈표38.1〉 법적 안정도 시험 기준

화약류의 종류	제조경과기간	실시 구분
질산에스테르 및 그 성분이 들어있는 화약 또는 폭약	제조일로부터 1년 이상이 지난 것	유리산시험 또는 내열시험
	제조일로부터 2년 이상이 된 것 제조일이 분명하지 아니한 것을 소지하게 된 때	그때와 그때로부터 3개월마다 내열시험
질산에스테르의 성분이 들어있지 아니한 폭약	3년이 된 것과 제조일이 분명하지 아니한 것을 소지하게 된 때	그때와 그때로부터 매년 유리산시험을 하며 이 경우 4시간 이내에 청색리트머스 시험지가 전면 적색으로 변하는 것은 가열시험 실시

38.3 법적 안정도 시험 방법

38.3.1 유리산시험[1, 2, 3, 4]

상온에 있어서 청색리트머스 시험지의 변색 시간을 측정하는 방법으로 법정 안정도시험의 하나이다. [그림 38.1]과 같이 내경 40mm, 길이 165mm의 원통 유리 용기에 약포지를 제거한 화약류 시료를 그 용적의 3/5까지 채운다. 청색리트머스 시험지를 고무마개에 매달고 밀폐시키고 방치한다. 시험지 전면에 걸쳐서 변색될 때까지의 시간을 측정하여 유리산시험 시간으로 한다. 시험지는 폭 10mm, 길이 40mm로 그 하단에 시료의 상방 약 10mm에 있도록 한다.

합격 기준은 다음과 같다.

① 질산에스테르 및 이것을 함유한 화약 : 6시간 이상

② 질산에스테르를 함유한 폭약 : 4시간 이상

③ 질산에스테르를 함유하지 않은 폭약이 이 시험에서 4시간 이내에 청색리트머스 시험지가 붉은색으로 변색할 경우에는 그것만으로 불량으로 판정하지 말고 다시 가열시험을 행하여 그 결과로 합·부를 판정한다.

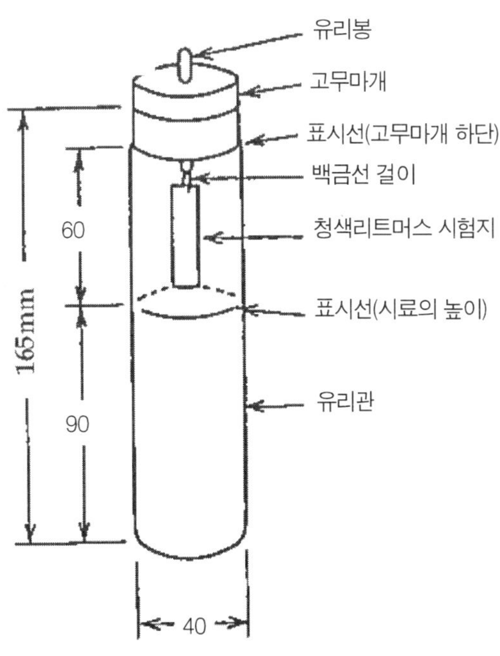

[그림 38.1] 유리산 시험장치

38.3.2 내열시험[1, 2, 3, 4]

아벨의 창안에 기초한 시험법으로 그 원리는 질산에스테르가 분해했을 때 발생되는 NO_2를 요오드화갈륨 전분지로 검출하는 것이다.

교질다이너마이트의 경우는 3.5g을 유리판위에서 쌀알 크기로 잘게 잘라 막자사발에 넣고 정제 활석분 7g을 가한 다음 막자로 온건하게 완전히 혼합한 것을 시험 시료로 한다. 그 외의 다이너마이트 및 질산에스테르를 함유하는 기타의 폭약의 경우는 건조한 것은 그대로, 흡습된 것은 45℃에서 약 5시간 건조한 것 3.5g을 시료로 한다. 니트로셀룰로오스는 건조한 것은 그대로, 흡습한 것은 상온에서 진공건조기 등에 의해 충분히 건조한 것을 시험관 높이의 1/3에 해당하는 양을 시료로 한다. 질산에스테르를 함유하는 화약은 입상의 것은 그대로, 그 외의 것은 얇은 판상으로 자른 것을 시험관 높이의 1/3에 해당되는 양을 시험시료로 한다.

내열시험 장치는 [그림 38.2]와 같다. 시료를 시험관에 넣고 요오드화칼륨전분지의 상부를 유리봉으로 증류수와 글리세린의 1:1 혼합액을 묻히고 이것을 고무마개에 붙은 백금선 걸이에 매달고 고무마개로 시험관의 상부의 개구부를 밀봉시킨다. 요오드화칼륨전분지의 하단이 시료의 약간 위에 있도록 한다.

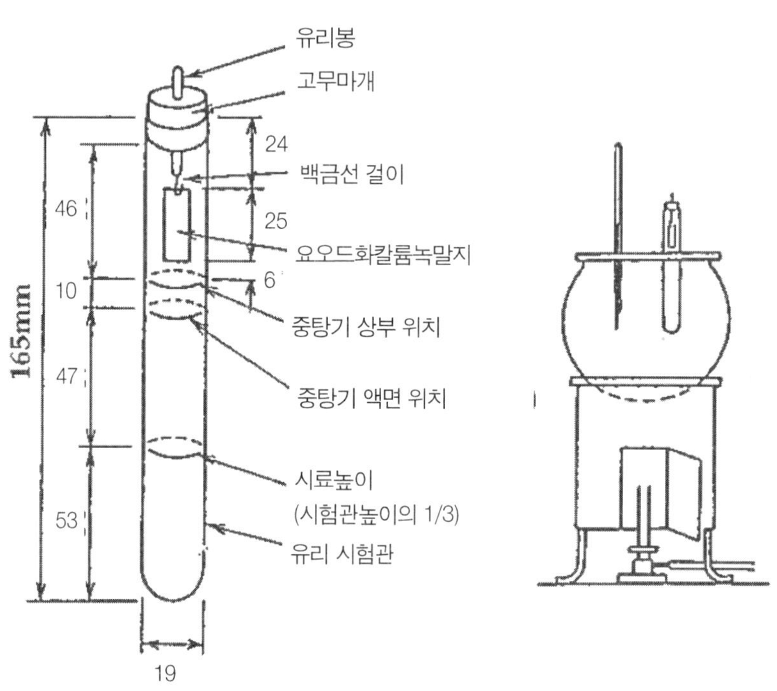

[그림 38.2] 내열시험 장치

시험관을 65℃로 유지한 온탕에 소정의 표시부 깊이까지 넣을 때 그 위의 표시부가 중탕의 뚜껑 위치에 오도록 중탕 내의 매질의 양을 조절하고 시험관을 넣을 때 온도계도 시험관과 동일한 높이로 삽입한다. 이때부터 요요드화칼륨 전분지의 건습 경계부가 표준색지와 동일한 농도로 변할 때까지의 시간을 측정하여 그 시간을 내열시험 시간으로 한다. 내열시험 시간이 8분 이상의 것을 합격으로 한다.

정제활석분, 요오드화칼륨 전분지 및 표준색지는 공인품을 사용한다. 요오드화칼륨 전분지는 130～150x10^{-6}mg의 NO_2가스를 흡수하면 표준색과 동등한 색으로 변해야 한다. 따라서 이 시험지는 대단히 민감하다. 단 내열시험은 요오드화칼륨의 분해를 촉진하는 NO_2 이외의 산화성이 강한 물질의 흔적 또는 분해를 방해하는 물질 예를 들면 초산에틸, 알코올, 염화제2수은 등의 흔적이 있으면 신뢰성이 있는 결과를 기대할 수 없다.

38.3.3 가열시험[1, 2, 3, 4]

직경 35mm, 높이 50mm의 원통형 칭량병에 건조시료 약 10g을 정확히 계량한다. 75℃로 유지되는 건조기 내에 이 칭량병을 넣어 48시간을 방치한 후에 꺼낸다. 정확히 무게를 측정하여 가열 감량을 구한다. 감량이 1/100 이하이면 합격으로 한다.

38.4 기타 안정도 시험 방법

38.4.1 메틸바이올렛시험(Methyl violet test)[1, 2, 3, 4]

시료 2.5g을 상온에서 12시간 건조하여 시험관(내경 15mm, 길이 29mm, 두께 3mm)에 넣는다. 메틸바이올렛시험지(70x20mm)를 시료 약 10mm 위에 시험관 벽에 압착시켜 고정시킨다. 시험관에 직경 약 4mm의 구멍을 뚫은 코르크 마개를 붙여 135℃ 또는 120℃의 욕조 또는 가열장치 내에 시험관의 상부 6～7mm만 표면에 나오도록 넣는다. 135℃ 또는 120℃의 온도에서 매우 불안정한 물질 혹은 좀 더 낮은 온도에서의 안정도 데이터를 필요로 하는 경우에는 100℃에서 시험하기도 한다. 가열된 욕조 내에 시험관을 넣어 20분 경과한 후 5분마다 시험관을 그 길이의 반 정도만 꺼내어 관측하고 바로 원래 상태로 위치시킨다.

니트로셀룰로오스 또는 싱글베이스 및 버블베이스 발사약에 대해서는 135±0.5℃에서 시험한다. 합격 기준은 다음과 같다.

① 메틸바이올렛시험지가 30분 이내에 밝은 등홍색으로 변색하지 않을 것
② 45분 이내에 NO_2가스가 발생하지 않을 것
③ 5시간까지 시험을 계속하여 그 사이에 폭발이 일어나지 않을 것.

트리플베이스의 발사약은 120℃에서 같은 방법으로 시험하고 합격 기준은 니트로셀룰로오스나 싱글베이스발사약 등의 경우와 같다. 100℃에서 시험하는 경우에는 내경 10mm, 깊이 75mm의 파이렉스 시험관에 0.5g의 시료와 메틸바이올렛시험지(10mmx35mm)를 넣어 시험한다.

38.4.2 서베일런스 시험(Surveillance test)[1,2,3,4]

미국에서 최초로 싱글베이스 발사약에 대해서 채용되었다. 현재도 주로 발사약에 이용되고 있는데 일반적인 화약류에도 사용될 수 있다.

45g의 시료를 입구가 넓은 병에 취하여 65.5±1.0℃로 유지되는 가열 욕조 또는 가열시험기 내에 저장하여 NO_2의 붉은 연기가 나타날 때까지의 일수를 관측한다. 화약의 입자 크기에 의해서 허용최소일의 한계는 다른데 적어도 60일 이상 견디지 않으면 안 된다. 15일 이내에 붉은 연기가 발생하게 되며 매우 불안정하다고 할 수 있다. 또한 80℃에서 시험하는 경우도 있다. [그림 38.3]은 당해 시험장치를 나타낸 것이다.

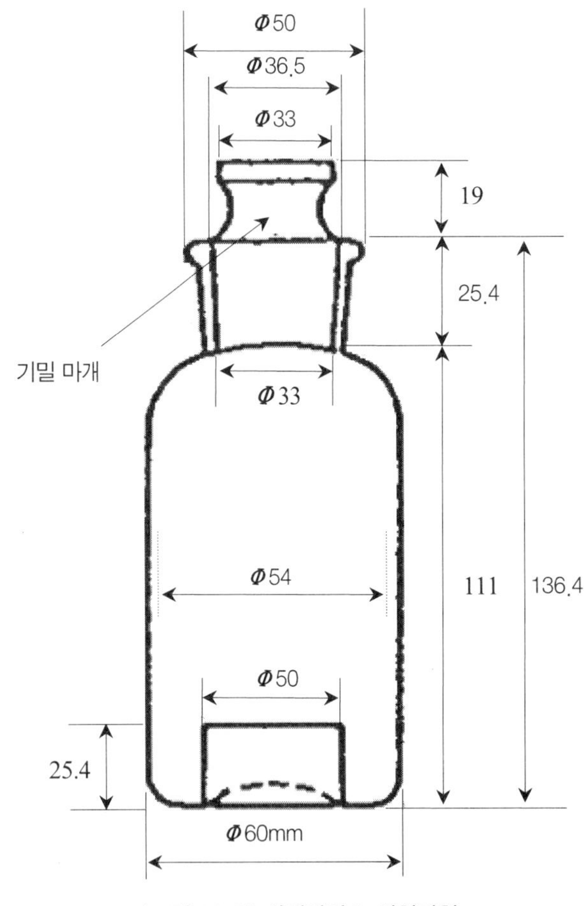

[그림 38.3] 서베일런스 시험장치

38.4.3 VTS(Vacuum thermal stability)[5]

초음속 비행기와 미사일의 개발 그리고 우주탐험은 새로운 내열성의 화약류를 필요로 한다. 해군병기소에서 발견되는 대부분의 이러한 화약류는 고온에서 안정한 것으로 알려졌다. 새로운 열안정성 프로그램에서는 표준 시험 방법이 적합하지 않기 때문에 200～350℃에서 이러한 화약류를 효율적으로 시험하기 위해서 새로운 장비가 설계되었는데 바로 진공열안정도 시험기이다.

진공열안정도 시험은 시간과 온도가 변수이며 여러 가지의 시험 온도가 가능하나 새로운 내열성화약류의 거르기 위한 온도로 260℃ 테스트가 사용된다.

샘플 0.2g을 정확하게 계량해서 샘플 튜브에 넣은 후 밀폐시키고 수은주 1mm 이하의 진공 상태로 만든다. 일반적으로 시험 장치는 시스템의 누출을 확인하기 위해서 상온에서 밤새도록 선반에 방치시킨다.

대기 온도와 압력을 기록 후 시료를 260℃ 챔버에 넣는다. 시험 20분 후 온도와 압력을 기폭하고 추가로 2시간 동안 시험을 계속한다. 시험 140분 후(20분+2시간) 최종 압력을 기록한다. 비교 목적을 위해서 그리고 각 샘플이 시스템의 한계까지 분해하는데 얼마나 걸리는지 결정하기 위해서 가끔 시료들을 챔버 내에 방치하는 시험을 하기도 한다. 2시간 이상 방치 시험으로부터 얻는 추가의 정보는 품질관리 업무에 도움이 된다.

시험의 처음 20분간은 버려지며 계산되지 않는다. 왜냐하면 시스템 내의 공기의 팽창과 다른 요인들이 이러한 초기의 서지(Surge)에 영향을 주며 실제의 분해를 나타내지 않기 때문이다. 또한 0.2g의 샘플이 상온에서 260℃까지 올리는데 11분 걸린다.

260℃ 테스트에 대한 안정도 값은 시험의 초기 20분 후에 2시간 동안을 근거로 한다. 이 기간 동안 열분해로부터 발생된 가스의 부피는 260℃에서 *ml* of gas/gram of explosives/hr로 나타내며 다음과 같이 계산된다.

$$V = \frac{(X)(Y)(Z)}{(W)(t)}$$

여기서 V = 260℃에서 가스발생량(㎖ of gas/gram of explosives/hr)

X = Hot zone의 부피(*ml*)

Y = 환산계수 = (273)/(533x760)

Z = 보정된 압력[2시간 동안 방출된 가스량(㎖)]

W = 샘플 중량(gram)

t = 가열 시간

사용 중 공력가열(Aerodynamic heating)에 견디지 않으면 안 되는 내열성폭약은 개발 단계 중에 260℃ 안정성 시험을 받는다. 초과하지 말아야 할 안정도 값은 2.0*ml* gas/g/hr 또는 그 이하이다. 시험을 해 보면 이 값은 그렇게 높지 않다는 알 수 있다. 오늘날 화약류들은 더 낮은 열안정도 한계치를 갖는다. 예를 들어 폭약 HNS II WS 5003은 2시간 동안 0.6*ml*/g/hr의 최대 안정성 한계를 갖는다. 이러한 낮은 한계가 정해져야 고순도의 폭약이라고 확신할 것이다. 진공안정도 시험은 장기저장안정성의 좋은 지표가 된다.

지뢰와 어뢰 그리고 해군의 PBX(Plastic-bonded explosives) 또한 대부분의 적합성 테스트에 사용되는 수중폭약을 포함하는 표준 군용 폭약은 일반적으로 100℃에서 수행된다. 시험 온도는 특정 군수품이 사용되는 폭약의 환경에 의해서 정해진다. 100℃ 테스트에서 2.0*ml* gas/gram이 49시간 가열 시간 동안 정해진 한계이다.

기타 PBX 시료들은 150℃에서 시험되며 이것의 하나가 실험실에서 개발된 NASA의 ALSEP 폭약이며, 또 다른 것으로 액체 폭약이 있다.

전투기의 공대공 미사일에 사용되는 폭약들은 200℃에서 시험된다.

현재는 150℃에서 진공안정도 시험 방법 및 장비에 의해서 액체폭약을 시험하는 것이 가능하다. 과거에는 Taliani type test만이 저온에서 사용되었다. 두 개의 히터로 설계된 시험 챔버는 가열되며 뜨거운 영역의 마노미터 부분은 샘플 튜브보다 약간 높다. 이 설계는 샘플튜브의 열손실을 감소시켜준다. 또한 질소 부분압은 대부분의 액체를 과거에 했던 것 보다 더 높은 온도에서 시험이 가능하게 해 준다.

특정의 취급 기술이 점도 있는 액체와 끈적끈적한 샘플을 취급할 수 있도록 개발되었다. 현재 이 물질들은 약 0.65*ml*의 부피를 갖는 작은 calibrated vial에 계량된다. 샘플을 포함하는 이 vials는 쉽게 샘플 튜브로 삽입되고 튜브의 바닥으로 미끄러져 내려가 안착되며, 정확한 시험온도가 유지된다.

만약 폭약이 100℃ 안정도 테스트를 통과하면 사용 및 저장 중에 안정하고 아무 문제가 없다고 기대될 수 있다. 이 시험은 직접적으로 해군의 surveillance tests와 관련이 있다.

참 고 문 헌

1. 사단법인 화약학회 발파전문부회(2001), 현장기술자를 위한 발파공학 핸드북, 공립출판주식회사, 동경(일본)
2. 공업화약협회(1980), 공업화약핸드북, 공립출판주식회사. 동경(일본)
3. 사단법인 화약학회편집, 에너지물질 핸드북 제2편(2010), 공립출판, 동경(일본)
4. 김술환(1996), 화약학, 동문복사, 인천(대한민국)
5. Herbert T. Simmons, Sr.(1970), "The vacuum stability test for explosives", NOL(Naval ordnance laboratory, white oak, silver spring, Maryland

제39장

감도 시험

화약류의 감도라고 하는 것은 외부의 자극에 대한 반응성의 척도이다. 반응의 결과로는 연소 또는 폭연과 폭굉이 있다. 일반적으로 화약류의 반응 결과는 화약류에 가해지는 에너지의 크기에 따라 연소, 폭연 및 폭굉의 형태로 나타난다. DDNP, LA 등의 기폭약류는 작은 에너지에 의해서도 바로 폭굉이 되지만 다이너마이트 및 TNT와 같은 2차폭약류 및 ANFO와 같은 3차폭약류는 연소 밖에 일어나지 않는다. 그러나 주변 환경에 의해서 압력과 온도가 상승되는 조건이라면 연소 및 폭연에서 폭굉으로 전환되는 DDT(Deflagration to detonation transition)가 발생되기도 한다. 또한 작은 에너지에 의해서 연소 및 폭연이 되는 화약류도 뇌관의 폭발과 같은 강한 충격에 의해서 바로 폭굉되기도 한다.

화약류를 반응시키는 외부 자극 에너지로는 충격, 마찰, 열, 화염, 불꽃 등 여러 가지 종류가 있다. 이러한 자극에 대한 화약류의 감도는 화약류의 종류 또는 성분 조성만이 아니고 온도, 습도, 압력 등의 외부 조건, 입도, 수분, 작은 기폭의 유무, 장전밀도 등의 내적 조건에 의해서도 변화된다. 동일한 화약류에 대해서 감도는 항상 비례하지 않는다. 예를 들어 마찰이나 충격에는 민감하여도 화염에 둔감한 것이 있는가 하면 화염에는 민감하여도 마찰 및 충격에는 둔감한 것도 있다. 또한 마찰에 민감하다고 해서 반드시 충격에 민감하지는 않다. 이들 시험에 대한 상호관계는 아직 밝혀진 것이 없다. 그러므로 화약류의 감도를 평가할 때 모든 감도시험을 실시하여 전모를 파악하여야 한다. 화약류에 대한 감도를 파악함으로써 그에 따른 용도를 정할 수가 있고 동시에 제조, 취급, 저장 등에 관한 중요한 지식을 얻을 수 있다. 또한 해당 화약류와 관련된 설비, 공구, 치구 및 용기 등을 설계할 때 지침이 될 수 있다.

39.1 충격감도

39.1.1 낙추감도시험[1, 2, 3, 4]

낙추를 시료 화약류 위로 낙하시켜 폭발 여부를 조사하여 낙고와의 관계로 충격감도를 구하는 시험법이다. 낙추의 중량은 100g～100kg으로 여러 가지가 있는데 가장 표준적이고 KS 규격으로 정해져 있는 것이 5kg이다. 시험장치는 [그림 39.1]과 같으며 5kg의 추를 시료 위에 떨어트려 폭발하는지의 여부를 조사하여 1/6폭점의 낙하 높이를 구한다.

시료는 흡습되지 않는 화약을 사용한다. 교질상의 시료는 두께 0.7mm, 직경 11mm의 원판상의 것으로 한다. 반교질상 또는 분상의 시료는 0.10～0.12*ml*의 숟가락 가득히 취하여 직경 20 mm의 원형 주석박(80～120g/m²)을 압형으로 오목 들어가게 하여 직경 12mm의 접시모양으로 한 것을 사용한다. 이것을 강철 엔빌 위에 직경과 높이가 12mm인 2개의 강철 원통 사이에 끼워넣고 가스 구멍이 있는 카바를 덮는다. 낙추를 원통 위에 떨어트린다. 폭발, 불폭의 판정은 다음 기준으로 한다.

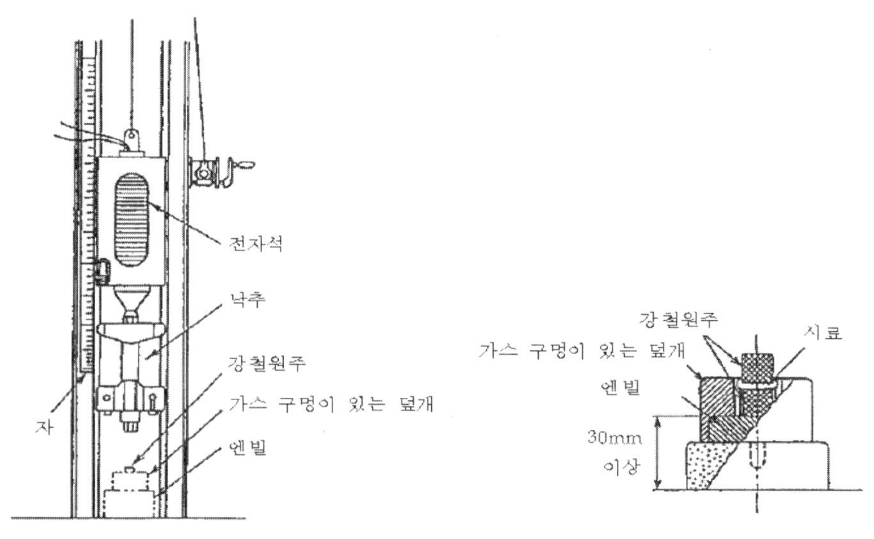

[그림 39.1] 낙추감도 시험장치

① 완폭 : 폭발음을 내고 시료는 완전히 없어진다. 시험후 원통면에 폭흔이 남으며 천으로 가볍게 닦아도 닦아지지 않는다.

② 반폭 : 폭음과 연기를 내며 시료는 다소 남는다. 시험후 원통내면에 폭흔이 남으며 천으로 가볍게 닦아도 닦아지지 않는다.

③ 분해 : 대체로 폭발음과 연기를 발생하지 않고 시료는 거의 남는다. 시험후 상측의 원통내면에 검은 선상의 폭흔이 희미하게 남으며 천으로 가볍게 문질러도 닦아지지 않는다.

④ 불폭 : 폭음도 연기도 발생하지 않고 시료의 변화를 알 수 없다. 원통내면에 검은 선상의 폭흔과 같은 것이 남는 일도 있는데 천으로 가볍게 문지르면 닦인다.

이상의 ①~③은 모두 폭발로 하고 ④는 불폭으로 한다. 동일 약고에서 6회 시험을 하여 1회만 폭발하는 높이를 구하여 이를 1/6폭점으로 한다. 1/6폭점을 <표39.1> 에 나타낸 낙고의 범위로 하여 구한다. 등급의 숫자는 작을수록 민감하다.

〈표39.1〉 낙추감도의 표시

낙추감도(등급)	1/6폭점(cm)	낙추감도(등급)	1/6폭점(cm)
1	5미만	5	20이상 30미만
2	5이상 10미만	6	30이상 40미만
3	10이상 15미만	7	40이상 50미만
4	15이상 20미만	8	50이상

39.1.2 충격감도시험[3, 4]

시료에 황동 재질의 평두탄으로 충격을 가하여 폭발 여부를 조사하는 시험법이다. 첨두탄을 사용하면 충격감도와 마찰감도가 조합된 시험이지만 평두탄의 경우 선단의 평면 시료에 충격을 가하므로 거의 순수한 충격감도시험이라고 할 수 있다. 시험장치는 [그림 39.2]와 같다.

시료는 직경 40mm, 길이 50mm 이상으로 약포를 절단한 형상의 것으로 하고 종이 또는 플라스틱 재료로 피복한다. 양단면은 노출한 그대로 하던가 또는 0.2mm 이하의 종이 또는 플라스틱 필름으로 한다. 시료는 제작 시의 가비중, 수분 등의 상태를 유지하도록 하고 또 소정의 온도로 조정한다. 내면이 평활한 총에서 직경 15mm, 길이 15mm의 황동제의 평활탄을 시료에 쌍방의 면이 평행으로 충격하도록 발사한다. 탄속은 광전장치로 측정하는데 탄속 평균치 편차가 5% 이내에 있는 것을 확인하고 그 범위 내에서 시험을 한다. 단 매회 탄속측정을 하는 경우에는 이 제한은 없다.

시료는 동일 탄속으로 3회 실시한다. 탄속은 15% 간격으로 변화시킨다. 대체로 다음의 <표39.2>와 같도록 한다.

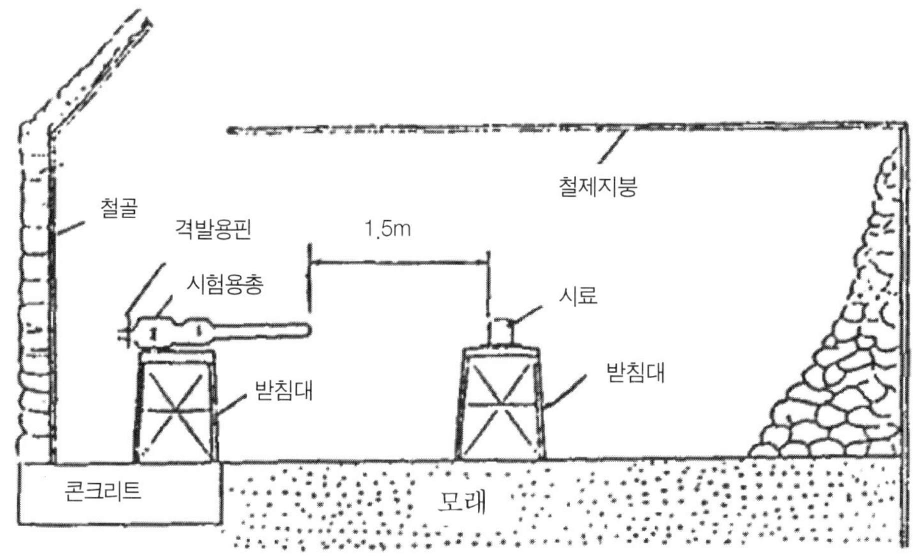

[그림 39.2] 총격감도 시험장치의 예

〈표39.2〉 총격감도시험의 탄속

탄 속(m/sec)	시험간격(m/sec)
100 이하	10～15
100～200	15～30
200～300	30～45
300 이상	50

폭발, 불폭의 판정은 블라스트미터에 의하거나 또는 시료의 뒤쪽에 도폭선을 달아 판정한다. 소정의 탄속으로 3회 모두 불폭될 경우를 불폭으로 하고 3회 모두 폭발하는 경우를 폭발로 한다. 시험의 기록은 불폭의 탄속을 분자, 폭발의 탄속을 분모로 표시한다. 또 시료의 가비중을 함께 기록한다.

39.1.3 카드갭시험[1, 2, 3, 4]

카드갭시험은 제1약포와 제2약포 사이에 메타크릴수지판을 넣어 순폭되는지의 여부를 확인하는 시험으로 최대 순폭거리를 구하는 시험이다. 이 시험에서는 제1약포에서의 고온가스나 고체투사물은 메타크릴판으로 차단되기 때문에 제2약포에서는 충격력만이 작용한다. 따라서 제2약포를 기폭시키는 최저충격압력을 구할 수 있다. 시험장치는 [그림 39.3]과 같다.

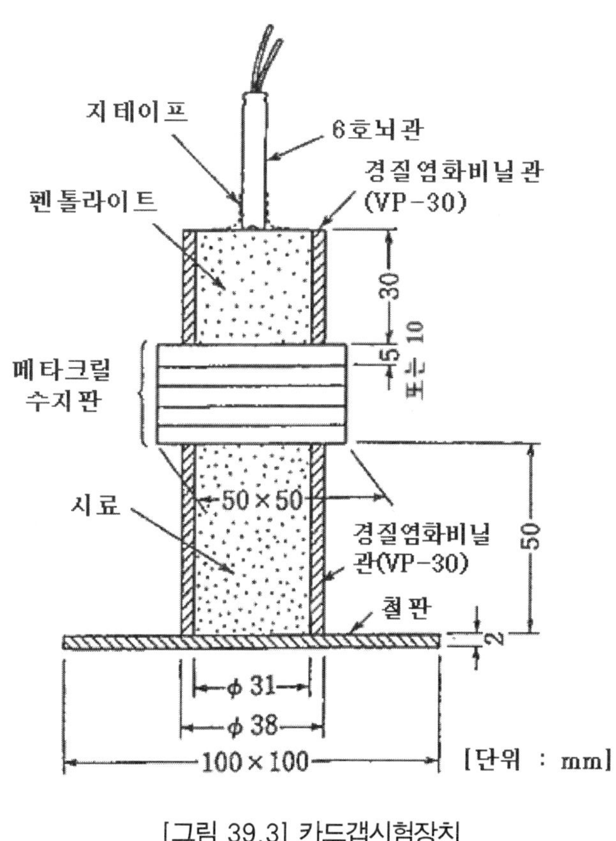

[그림 39.3] 카드갭시험장치

100mm 사각의 철판 위에 외경 38mm, 내경 31mm, 길이 50mm의 경질염화비닐관에 시료를 보통의 가비중으로 장전하여 세운다. 그 위에 50mm 사각의 1급 메타크릴수지판을 필요에 맞도록 조합한다. 수지판은 보통 두께 5mm와 10mm의 것이 사용되고 있는데 판의 두께는 규제가 없다. 판 사이에 공기포가 들어가지 않도록 접착하는 등의 조치가 필요하다. 갭의 길이는 버어니어캘리퍼스로 측정한다. 제1약포는 펜톨라이트(PETN/TNT=50/50)를 사용한다. 외경

38mm, 내경 31mm, 길이 30mm의 경질염화비닐관에 이것을 용융하는데 비중은 1.60을 표준으로 한다. 기폭에는 6호 뇌관 또는 8호 뇌관을 사용한다. 시료의 폭발 및 불폭은 철판의 손상 상황에 의해서 판정한다. 보통 폭발의 경우 구멍이 뚫리며 불폭은 그렇지 않다. 동일갭 길이에서 3회 반복 시험하여 3회 모두 폭발하지 않는 최대갭 길이를 임계갭 길이로 한다.

39.1.4 순폭감도시험[1, 2, 3, 4]

순폭이란 폭약이 공기 또는 물 등의 매체를 통하여 다른 폭약의 폭굉에 감응하여 폭굉하는 현상을 말한다. 순폭은 발파, 제조, 운반, 취급 및 저장 등 안전상 중요한 성능이다. 순폭은 처음 기폭하는 폭약(제1약포)과 감응하는 제2약포의 성능에 우선 의존한다. KS에서는 모래 위의 순폭시험(사상순폭시험)을 규정하고 있다. 심하게 습하지 않은 모래 위에 직경 30mm의 반원형의 홈을 만든다. 각각 직경이 30mm, 약량 100g의 동일 종류의 폭약 2개를 홈 가운데에 일직선상으로 배열한다. 약포 간의 거리는 30mm 단위로 한다. 제1약포를 6호 뇌관 또는 8호 뇌관으로 기폭하여 제2약포가 3회 연속하여 순폭하는 최대거리 l 를 구한다. l 를 약포 d로 나눈 값, 즉 n= l /d를 순폭도라고 한다. [그림 39.4]는 순폭시험를 나타낸 것이다.

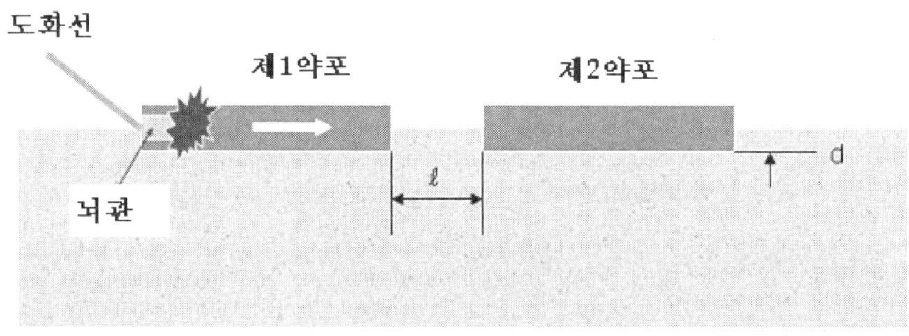

[그림 39.4] 순폭시험

순폭감도에 영향을 주는 요인으로는 다음과 같은 것들이 있다.

① 매체 : 수중순폭에서는 모래 위 순폭보다 순폭도가 좋다. 충격 압력의 감소가 수중에서는 공기보다는 적기 때문이다.

② 밀폐도 : 철관 내 순폭 등 밀폐도를 올리면 순폭거리는 커지게 된다.

③ 약경 : 약경이 크게되면 순폭도는 올라간다.

④ 고체투사물 : 파라핀 크라프트지로 포장한 약포의 경우에는 수중보다 공기 중의 순폭도가 크게 되는 일이 있다. 파라핀 입자의 비산 때문이라 생각된다. 그러나 약포와 약포 사이에 암분 등이 있으면 순폭이 나빠지게 된다.

⑤ 제1약포의 약량 : 순폭거리 s와 제1약포의 약량 w 사이에는 $s=kW^n$의 관계가 있다. k, n은 상수인데 n은 1/2～1/3으로 한다.

39.1.5 뇌관기폭감도시험[1, 2, 3, 4]

화약류 중에는 일반적으로 마찰 및 낙추감도시험에서는 측정할 수 없는 것도 많아 다른 시험법이 필요하다. 또한 ANFO는 6호 뇌관(또는 8호 뇌관)에 의해 기폭되어서는 안 된다는 규정도 있다. 뇌관기폭감도시험법은 이와 같은 상황에서 할 수 있는 시험법이다. 많은 시험법이 있는데 그 중에 비교적 중요한 것에 대해서 알아보기로 한다.

39.1.5.1 일본식 통산성식 강관시험[1, 2, 3, 4]

이 시험법은 자동차용신호염관 및 콘크리트파쇄기에 대응할 수 있는 시험법으로 시험장치는 [그림 39.5]와 같다.

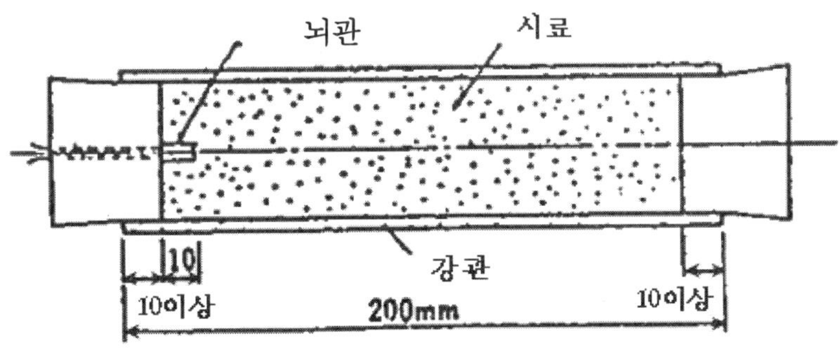

[그림 39.5] 통산성식 강관시험장치

강관은 JIS G 3452(배관용 탄소용 강관)의 SGP 25A 강관(외경 34.0mm, 내경 27.6mm, 두께 3.2mm)으로 길이 200mm의 것을 사용한다. 한쪽 끝은 10호 코르크 또는 고무마개를 10mm 이상 넣어 마개를 하고 시료를 충전한다. 다른 끝에는 6호 뇌관 또는 8호 뇌관을 중앙부 내측에

뇌관 하부가 10mm 나오도록 붙인 10호 코르크 또는 고무마개를 10mm 눌러 넣는다.

시료를 충전한 강관을 흙 또는 모래 위에 두고 강관 내부의 시료 중에 붙인 뇌관을 기폭한다. 그리고 강관의 파열상태를 보고 폭발 및 불폭 여부를 판정한다.

39.1.5.2 염화비닐관 시험[1, 2, 3, 4]

KSM4804(산업 폭약)에 규정되어 있는 ANFO의 기폭감도시험법으로 기폭감도시험 A법이라고 한다. 시료의 용기는 KSM3801에 규정하는 호칭 60(바깥지름 60±2.0mm)에서 길이 130±20mm의 경질염화비닐 빗물 홈통(이하 관이라 부른다)으로 하고, 그 한 끝의 관 입구를 크라프트지로 막고 점착테이프 등으로 관에 접착시킨 것을 사용한다. 시험 장치는 [그림 39.6]과 같으며 시험 방법은 다음과 같다.

① 관의 입구 끝에서 시료를 넣고 가볍게 3～4회 두드려 관의 상단까지 채워 관 입구를 크라프트지로 막고 점착테이프 등으로 관에 접착시킨다.

② 관의 한 끝 중심에서 KSM4803 또는 KSM4807에서 규정하는 전기뇌관 또는 공업뇌관을 그 뇌관체의 상단이 관의 단면과 동일면이 될 때까지 삽입한다.

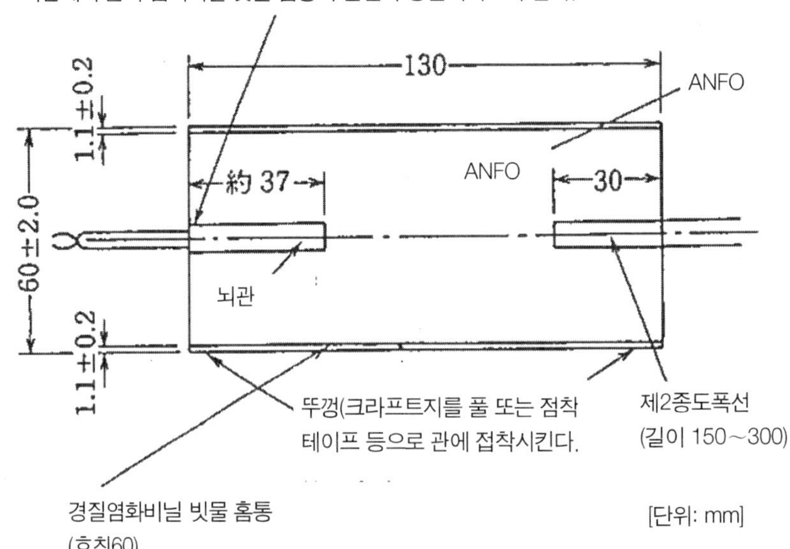

[그림 39.6] 염화비닐관 시험장치

③ 관의 다른 한 끝의 중심에 KSM4811에서 규정하는 길이 150∼300mm의 도폭선을 관의 끝에서 30mm 삽입한다.

④ 흙 또는 모래 위에 가로로 두고 뇌관을 폭발시켜 도폭선의 폭발 여부를 확인한다. 3회 시험을 하여 3회 모두 폭발하지 않는 경우를 합격으로 한다.

39.1.5.3 카톤시험[1, 2, 3, 4]

KSM4804(산업 폭약)에 규정되어 있는 ANFO의 또다른 기폭감도시험법으로 기폭감도시험 B법이라고 한다. 시료의 용기는 부피 약 950*ml*, 안지름 85mm의 뚜껑 부착 카턴지통으로 한다. 뚜껑 부착 카턴지통의 재질은 컵 원지로 하고 구조는 다음과 같다.

① 몸체 : 깊이 약 165mm, 내경 약 85mm, 측면 두께 약 0.4mm의 랭스톤 이중 말이, 밑두께 약 0.7mm의 지통으로 한다.

② 뚜껑 : 깊이 약 15mm, 내경은 뚜껑을 할 때, 본체와 밀착하도록 한다. 측면은 두께 약 0.32mm의 랭스톤 이중으로 감고 윗면의 두께는 0.45mm로 한다.

③ 마무리 : 몸체, 뚜껑 모두 전면 플라스틱 코팅 마무리로 한다.

이 용기에 ANFO를 통상의 포장 상태와 같은 비중으로 상단까지 채운다. 뇌관을 삽입하여 뚜껑을 덮고 부드러운 흙 또는 모래 위에 직립시켜 뇌관을 폭발시킨다. 시험은 3회 실시한다. ANFO의 경우 3회 모두 폭발 후 흙 또는 모래 위에 누두공이 생기기 않는 것을 합격으로 한다.

39.1.5.4 약뇌관시험[1, 2, 3, 4]

이 시험법은 뇌관기폭성의 비교적 감도가 높은 화약류에 대하여 당해 화약류를 기폭시킬 수 있는 임계 기폭력을 찾기위한 시험법이다. 약뇌관으로서는 펜톨라이트(PETN/TNT=50/50)를 첨장약으로 하여 0∼0.4g 사이에서 단계적으로 기폭력에 차이가 있도록 한 것이다. 기폭약은 DDNP 0.2g을 사용하며 <표39.3>에는 이러한 급수에 따른 약량이 나와 있다.

약경 30mm, 길이 120mm 이상의 보통의 얇은 지통 또는 100㎛ 이하의 플라스틱 필름통으로 포장하여 양끝을 실링한다. 약포를 규정 온도에 20시간 이상 방치하고 시험 직전에 꺼내어 뇌관 전체가 들어가는 깊이까지 약포 끝의 중심에 뇌관을 삽입한 후 바로 폭발판정용 연판 위에서 기폭한다. 연판의 폭흔에 의해 완폭, 반폭 및 불폭을 판정한다. 이 시험을 3회 실시하여 3/3(완폭) 및 0/3(불폭)을 나타내는 약뇌관의 등급을 찾는다.

〈표39.3〉 약뇌관의 등급에 따른 약량

등급	첨장약량(g)	기폭약량(g)	약량합계9g)
0	0	0.2	0.2
0.5	0.05	0.2	0.25
1	0.1	0.2	0.3
2	0.2	0,2	0.4
3	0.3	0.2	0.5
4	0.4	0.2	0.6

39.2 마찰감도 시험

39.2.1 BAM식 마찰감도 시험[1, 2, 3, 4]

독일 재료시험소에서 1955년에 개발한 방법으로 우리나라에서는KS에 규정되어 있다. 시험장치는 다음의 [그림 39.7]와 같다.

규정의 경도(쇼어 경도 HS90～110)와 표면거칠기(10점 평균 15㎛)를 가진 25x25x5mm의 자기마찰판과 경 10mm, 높이 15mm의 자기마찰봉을 사용한다. 건조한 시료 약 0.01㎖를 [그림 39.7]의 (B)와 같이 마찰판과 봉의 접촉점에 대하여 전후 1:2 비율이 되도록 끼운다. 폭약용에는 0.5～36kgf, 기폭약용에는 0.01～1kgf의 적당한 하중을 가한다. 하중은 추의 종류와 추를 매다는 위치에 따라서 변하게 할 수 있다. 다음에 모터에 의해 판을 수평으로 1회 1cm 왕복시켜(속도는 7cm/s) 시료의 폭발 및 불폭 여부를 확인한다. 시료의 판정은 다음과 같이 한다.

① 폭음 : 폭음을 발생한다.

② 발화, 발연 : 폭음은 인지되지 않지만 화염 또는 연기가 인지된다.

③ 부분변화 : 시료가 용융 또는 변색되는데 폭음, 불꽃 연기 등은 인지되지 않는다.

④ 무반응 : 폭음, 화염 및 연기를 발생하지 않고 시료의 변화가 없다.

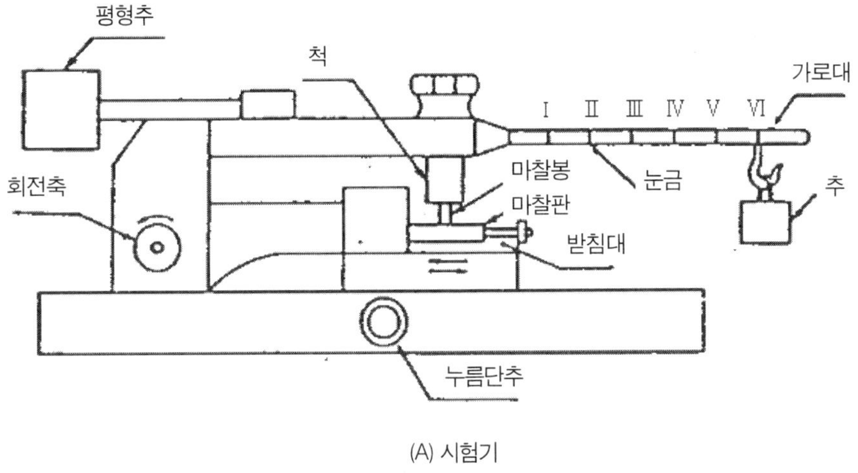

(A) 시험기

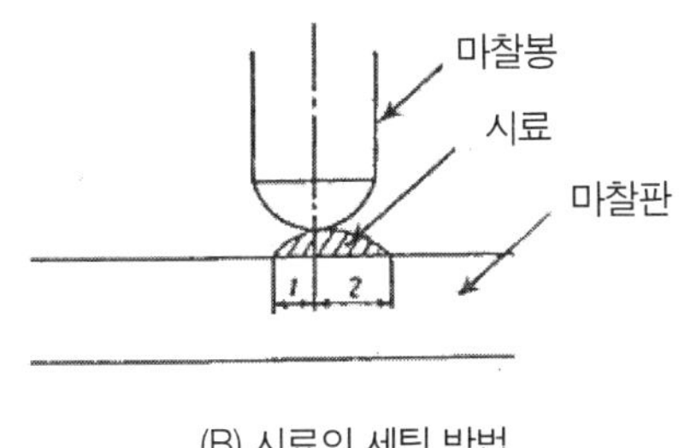

(B) 시료의 세팅 방법

[그림 39.7] BAM식 마찰감도 시험기

이상의 4가지 중 ①과 ②를 폭발로 하고 ③과 ④를 불폭으로 한다. 마찰판은 장소를 바꾸어 수회, 마찰봉은 상하 각 1회 사용한다. 동일 하중에서 연속 6회 시험하여 1회만 폭발하는 하중을 구하여 1/6폭점으로 한다. 화약에 대한 감도의 표시는 <표 39.4>와 같이 등급을 붙인다.

〈표 39.4〉 BAM식 마찰감도시험의 등급

마찰감도(등급)	1/6폭점(㎏f)
1급	1미만
2급	1이상 2미만
3급	2이상 4미만
4급	4이상 8미만
5급	8이상 16미만
6급	16이상 136미만
7급	36이상

39.2.2 야마다식 마찰감도 시험[1, 2, 3, 4]

일본의 야마다 박사가 고안한 시험법으로 원리는 BAM식 마찰감도 시험과 비슷하다. 상하 마찰편 사이에 시료를 넣어 가압하여 상부 마찰편을 수평으로 직선 운동시켜 폭발 및 불폭 여부를 확인한다.

상부마찰편은 직경 5mm, 높이 7mm의 원주상이고 하부마찰편은 8x8x20mm의 육면체이다. 시료는 하부마찰편 위에 직경 약 3mm, 두께 약 0.3mm로 깔고 가압핸들로 양 마찰편 사이에 압력을 가한다. 최대 200kgf까지 하중이 가해질 수 있다. 이 상태에서 반경 400mm, 중량 5kg의 진자를 수평 위치에서 낙하시키면 상부마찰편이 하부마찰판 위를 등속 직선운동에 가까운 운동을 하여 100mm만 이동하여 마찰이 행해진다. 하중을 바꾸어 시험을 하고 하중과 발화율과의 관계를 구하여 거리에 따라서 각종 화약류의 마찰감도를 비교한다.

39.2.3 진자 마찰감도 시험[1, 2, 3, 4]

시료를 틈이 있는 강철제 앤빌 위에 놓고 진자를 자유 낙하시켜 진자 끝에 붙은 가죽으로 마찰시켜 시료의 발화 여부를 확인하는 시험이다. 이 시험법에서는 마찰과 충격의 양작용이 시료에 가해지는데 실제적인 경우를 예상하여 정한 시험 방법이라고 말할 수 있다.

미국 광산국에서 개발한 시험기로는 진자 길이 2m로 진자에 붙은 분동은 1～300kg, 진자의 낙고는 0.5～2.5m 범위로 조절 가능하다. 시료는 7g 이하의 일정량을 엔빌 위에 놓는다. 가죽과 엔빌 사이의 마찰 상태는 시료가 없을 때 18회 운동 후에 진자가 정지하도록 조절한다. 이외에도 진자의 크기와 하중이 다른 비슷한 모양의 시험기가 있다.

39.3 열감도 시험

화약류를 사용하는 경우에는 가열, 불꽃, 작열 물체와의 접촉, 화염 등에 의해 발화되는 일이 많다. 이 때문에 화약류의 제조, 취급, 사용 시 외부에서 열에너지를 받은 경우의 열분해에 대한 저항성이 안전상 중요한 문제가 된다. 열감도는 이와 같이 가열에 대한 감수성의 척도이며 발화점 시험, 내화감도 시험, 밀폐가열 시험 등의 시험법에 의해 판정된다.

39.3.1 발화점 시험[1, 2, 3, 4]

화약류를 가열하면 발화하는데 열분해 속도는 온도가 높게 되면 점차 빨라지게 되며 분해에 의한 발열량도 많게 된다. 다른 한편 온도가 높게 되면 전도되어 나가는 열량도 많게 된다. 발열량과 열손실의 균형이 파괴되고 자기 가열에 의해 분해가 급속도로 진행하면 열손실보다는 발열량이 더 많아 화약류는 발화하게 된다. 이 임계온도를 발화점이라고 한다. 발화점은 물질 고유의 수치는 아니며 시료의 상태나 가열 방법 등에 따라서 변하는 값이다. 그러나 시험 방법을 일정하게 하면 열감도의 비교치로서 의미는 있다. 발화점 시험 방법에는 정속가열법과 정온가열법의 2가지 방법이 있다.

39.3.1.1 정속가열 발화 시험[1, 2, 3, 4]

일정 속도로 시료를 가열할 때 시료의 발화 온도를 측정하는 방법으로 [그림 39.8]과 같은 장치를 이용한다. 시료 약 0.1g을 내경 15mm, 길이 125mm, 두께 9.5mm의 알루미늄 또는 동제의 시험관에 넣어 코르크 마개를 한다. 100℃의 기름중탕에 이 시험관을 약 45mm 담근다. 온도계도 시료와 같은 형의 빈 시험관에 넣어 같은 깊이로 담근다. 온도를 매분 5℃로 상승시켜 시료가 발화할 때의 온도를 읽는다. 발화할 때에는 폭음을 내고 코르크 마개가 날아가므로 확실하게 알 수 있다.

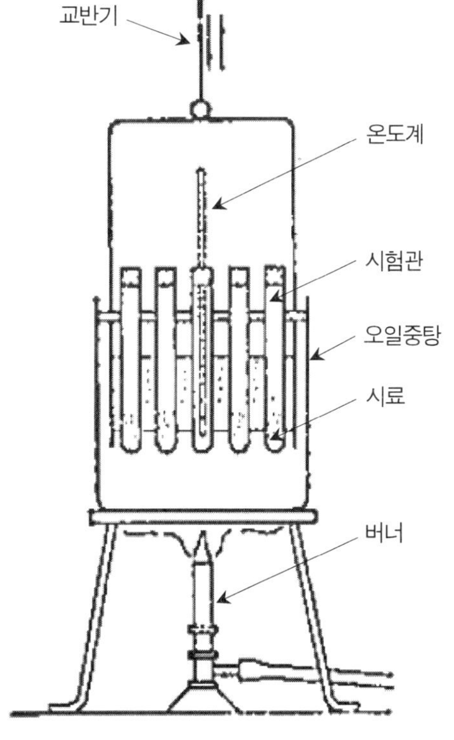

[그림 39.8] 정속가열 발화 시험 장치

39.3.1.2 정온가열 발화 시험[1, 2, 3, 4]

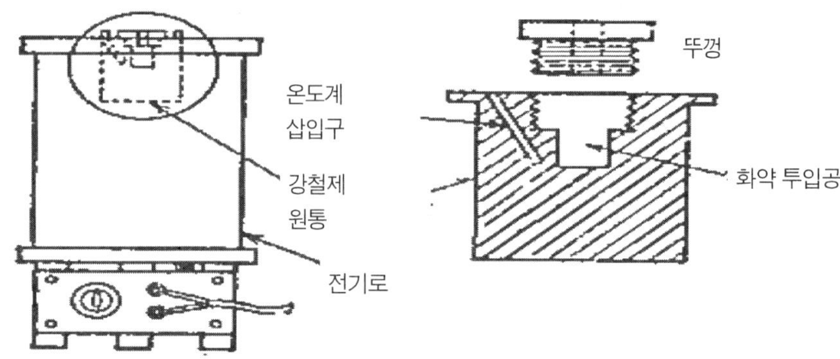

[그림 39.9] 정온가열 발화시험 장치

소량의 시료를 일정 온도로 가열하여 시료의 투입에서 발화까지의 시간을 측정한다. 발화 대기시간이 4초일 때의 온도가 정속가열법의 발화점과 잘 일치하는데 이 온도를 발화점으로 한다. [그림 39.9]에서 보는 바와 같이 강철제 원통은 직경 높이가 80mm 이고 온도계 또는 열전대를 삽입하는 공과 직경 약 20mm, 깊이 약 35mm의 화약 투입공이 있다. 강철제 원통을 전기로에서 250~400℃의 적당한 온도까지 가열한 후 온도강하속도가 2℃/min 이하가 되도록 조절한다. 시료 약 20mg을 계량컵으로 한 번에 화약투입공에 투입하여 투입 순간부터 발화까지의 시간을 측정한다. 이하 5℃ 강하로 이 조작을 반복하여 발화시간이 1분 이상이 되면 시험을 종료한다. 시험중 발화 후에 강철제원통의 화약투입공 내에 금속성 파이프 등으로 공기 또는 바람을 불어넣어 연소한 가스 및 고체 잔류물을 불어 날려 보낸다.

발화시간을 t(s)이고 온도를 절대온도 T라고 할 때 log(t)와 1/T의 관계를 그래프로 그리면 직선이 그려지며 t=4초일 때의 발화온도 T를 구한다. 혹자는 발화 시간을 5초로 하기도 한다. <표 39.5>은 여러 가지 화약류의 정온가열 발화 시험에 의해서 측정된 발화점을 열거한 것이다.

〈표 39.5〉 여러 가지 화약류의 정온가열 발화 시험에 의한 발화점

화약류	발화점(℃)	화약류	발화점(℃)	화약류	발화점(℃)
PETN	225	NC(N=13.3%)	230	구상BP	310~350
RDX	260	NG	222	로단연점화약	203
HMX	335	아지화연	345	A1A착화약	250
TNT	475	DDNP	180	Pb_3O_4/Si=7/3	370

39.3.1.3 시차주사열량계(Differential scanning calorimetry) 시험

시차주사열량계(Differential scanning calorimetry)는 고분자들이 가열될 때 어떤 변화가 일어나는 지에 대한 연구를 위해 사용하는 기기이다. 고분자의 열전이(Thermal transitions)라 불리는 것에 대해서 연구하기 위해 시차주사열량계를 사용한다. 그러면 열전이란 무엇일까? 열전이는 폴리머를 가열할 때 일어나는 변화이다. 결정 고분자의 녹임이 하나의 본보기라고 할 수 있다. 유리전이(Glass transition) 또한 열전이이다.

고자분자 물질을 가열했을 때 일어나는 변화를 관찰하기 위해서는 고분자의 완전한 가열이 필요하며 그 역할을 하는 것이 시차주사열량계이며 [그림 39.10]과 같다.

두 개의 접시가 있으며 하나에는 샘플을 놓고 다른 하나에는 아무것도 없는 기준이 되는 접시가 된다. 그리고나서 각각의 접시를 히터 위에 올려 놓는다. 컴퓨터를 통해서 일정한 속도로 두 개의 접시를 가열하여(예: 10℃/min) 실험 전반에 걸쳐서 정확히 가열 속도를 유지한다. 여기에서 가장 중요한 것은 두 개의 분리된 히터를 가진 두 개의 접시가 서로 똑 같은 속도로 가열해야 된다는 것이다. 그러나 두 접시는 똑 같은 속도로 가열되지 않는다. 샘플 접시에는 고분자 샘플이 들어있고 그렇기 때문에 기준이 되는 팬과 같은 속도로 온도를 증가시키기 위해서는 샘플 접시의 온도를 좀더 높게 유지해야 한다는 것을 의미한다. 즉 기준이 되는 팬 밑에 있는 히터보다는 샘플 팬 밑에 있는 히터가 좀 더 많은 열을 가해야 한다. 그래서 샘플 접시 밑에 있는 히터가 기준이 되는 접시의 히터보다 얼마나 많은 열을 내놓아야 하는 가를 측정하는

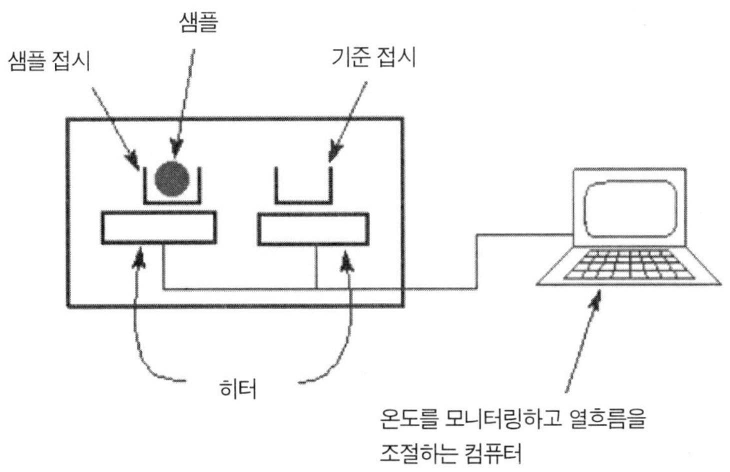

[그림 39.10] 시차주사열량계 시험 장치

것이 바로 DSC실험에서 측정하려고 하는 것이다. 이것으로부터 온도 증가에 따른 그래프를 만들 수 있다. 즉 x축에는 온도를 표시하고 y축에는 주어진 온도에서 두 히터가 내 놓는 열의 차이를 표시할 수 있다.

(1) 유리전이온도

유리전이온도는 고분자 물질이 온도에 의해 분자들이 활성을 가지며 움직이기 시작하는 시점의 온도를 말한다. 일반적으로 저분자 물질은 열을 가하면 고체상에서 액체로 상변화를 시작한다. 하지만 고분자의 경우에는 이런 상변화를 거치기 전에 또다른 변화를 보이는 시점이 있는데 이 시점의 온도가 바로 유리전이온도이다. 유리전이온도에서 DSC는 [그림 39.11]과 같이 나타난다.

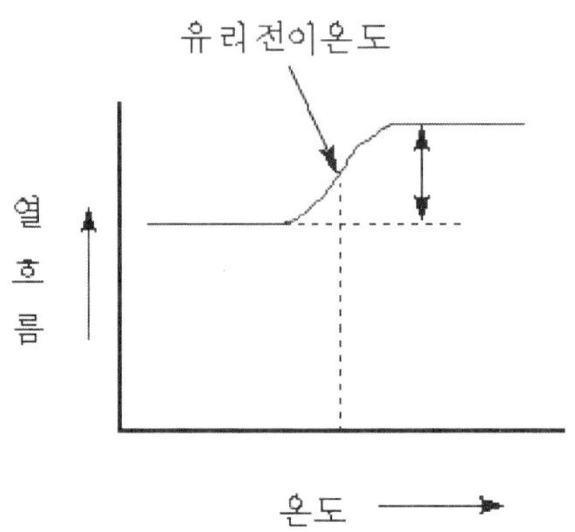

[그림 39.11] 유리전이온도에서 DSC 그래프

이것은 좀 더 열 흐름을 얻었다는 것을 의미한다. 또한 고분자의 열용량의 증가를 얻고 있다는 것을 의미한다. 이것은 고분자가 유리전이를 겪을 때 일어나는 것이다. 고분자는 유리전이온도를 기준으로 해서 유리전이온도 이상에서 더 높은 열 용량을 가진다. 유리전이에서 일어나는 이러한 열용량의 변화 때문에 우리는 고분자의 유리전이온도를 측정하기 위해서 DSC를 사용한다. 유리전이온도는 정해진 온도가 있는 것이 아니라 범위를 가지기 때문에 보통 그 범위의 중간 온도를 유리전이온도로 잡는 경향이 있다.

(2) 용융

만약 고분자가 Tc(결정화온도)이상으로 가열되면 용융이라고 불리는 열 전이에 도달하게 된다. 이 때 용융 잠열의 형태로 열이 흡수되기 시작한다. 즉 고분자 결정이 녹기 위해서는 열을 흡수해야 한다는 것이다. 용융은 1차 전이이며 이것이 의미하는 것은 녹는 온도에 도달할 때 고분자의 온도는 모든 결정이 녹을 때까지는 상승하지 않는 다는 것이다. 따라서 이것은 샘플 팬 아래의 히터는 결정을 녹이기 위해 그리고 기준이 되는 팬과의 똑 같은 온도 상승속도를 유지하기 위해서 고분자로 많은 열을 공급해야 한다는 것을 의미한다. 용융 동안의 이런 특별한 열의 흐름은 DSC 그래프상에서 [그림 39.12]와 같이 큰 봉오리로 나타난다. 이러한 DSC로부터 고분자 물질의 융점을 구할 수 있다.

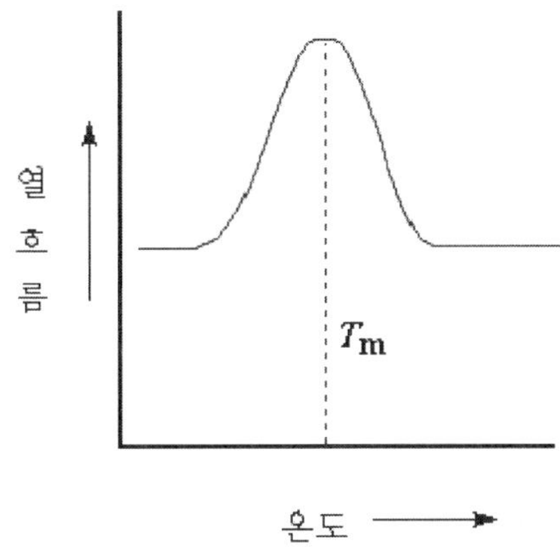

[그림 39.12] 융점에서 DSC 그래프

(3) 연소

용융점을 지나 계속해서 가열을 하게 되면 고분자 물질은 분해하기 시작하며 열이 발생하기 시작한다. 따라서 샘플 팬 아래의 히터는 기준이 되는 팬과의 똑 같은 온도 상승속도를 유지하기 위해서 고분자로의 열 공급을 줄여야 한다는 것을 의미한다. 연소 동안의 이런 특별한 열의 흐름은 DSC 그래프상에서 [그림 39.13]의 오른쪽과 같이 아래쪽으로 큰 봉오리로 나타난다. 이러한 DSC로부터 고분자 물질의 발화점을 구할 수 있다.

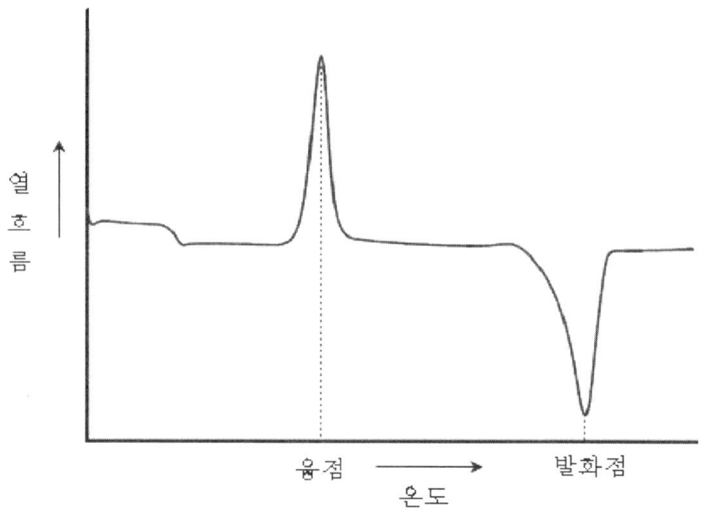

[그림 39.13] 발화점에서 DSC 그래프

39.3.2 착화 시험(내화감도 시험)[1, 2, 3, 4]

착화시험은 화염, 적열체 등에 접촉에 의해서 화약류가 착화하는지의 여부 그리고 착화한 경우에는 점화원을 제거하여도 연소를 지속하는지의 여부를 조사하는 시험법이다. 발화점시험과는 방법이 다를뿐 아니라 발화점이 낮아도 반드시 착화성이 좋다고는 말할 수 없다. 또 흑색화약과 같이 발화점이 비교적 높지만 착화하기 쉬운 화약류도 있다. 착화 시험에는 다음과 같은 것들이 있다.

39.3.2.1 도화선 시험

길이 125mm, 내경 15mm, 두께 0.5mm의 시험관에 시료를 약 3g 넣는다. 시료의 양이 너무 적은 경우에는 시험관 양의 1/3에 상당하는 양을 취한다. 가볍게 두드려 표면을 평평하게 한 시료면 위에 길이 약 10cm의 도화선을 한 쪽 끝에 접하도록 설치한다. 도화선의 점화에 의해서 방출되는 불꽃에 의해 시료가 착화되는지의 여부를 조사한다. 이 시험을 5회 반복하여 착화, 연소가 지속되지 않는 착화 및 불착화 중에 어느 것에 속하는지 판정한다.

39.3.2.2 세륨철 불꽃 시험

피스톨형 가스 라이터의 세륨철 불꽃을 5mm의 거리에서 약 3g의 시료에 붙인다. 5회 시험을 반복하며 결과의 판정은 도화선 시험과 동일하다.

39.3.2.3 작은 가스 불꽃 시험

분젠버너(Bunsen burner)의 길이 20mm, 폭 5mm의 도시가스 또는 프로판 가스의 불꽃의 끝을 약 3g의 시료에 10초 이내 접촉시켜 착하하는지 여부를 확인한다. 5회 시험을 반복하며 판정은 도화선 시험과 같은 방법으로 한다.

39.3.2.4 적열 철봉 시험

직경 15mm, 길이 약 120mm의 철봉을 밝은 적색으로 가열(약 900℃)하여 약 100g의 시료에 10초 이내 접촉시켜 착화 유무를 본다. 5회 반복하여 착화 연소, 철봉을 제거한 경우 연소의 지속성 및 폭발의 유무를 판정한다. 대개 시료들은 착화하는데 기폭약 이외에는 폭발하지 않는다. 시료의 양이 많기 때문에 수 m 떨어져 보호판을 하고 조작하여야 한다.

39.3.2.5 적열 철솥 시험

직경 120mm, 두께 약 1mm의 반구상 철솥을 버너로 가열하여 700～900℃로 만든다. 시료 0.5g을 투입하여 폭발하는지 어떤지를 조사한다. 폭발하지 않으면, 0.5g씩 약량을 증가하여 5g까지 시험을 계속한다. 이 시험을 5회 반복한다. 폭발의 유무 외에 착화지연, 연소지속시간, 연소경과, 잔분의 유무 등을 기록한다. 이 시험에서는 화약류는 전부 착화하는데 기폭약 이외는 거의 폭발하지 않는다. 안전상 수 m 떨어져 보호판을 하고 조작하여야 한다.

39.3.3 압력용기시험(Könen시험)[3]

반밀폐용기 중의 시료를 외부로부터 가열하여 시료의 열분해의 격렬함을 측정하는 시험이다. [그림 39.14]와 같이 강철용기에 높이 60mm까지 시료를 충전하고 밑에서 칼라를 연결한 다음 상부에 오리피스판을 삽입하여 나사로 체결한다. 4개의 프로판가스버너로 가열하여 폭발여부를 관찰한다. 용기가 3개 이상의 파편으로 파쇄된 경우를 폭발로 본다. 오리피스 공경은 1mm로부터 20mm까지 여러 가지가 있으며, 이것을 단계적으로 적용하여 폭발이 일어나는 최대공경을 구하여 비교한다.

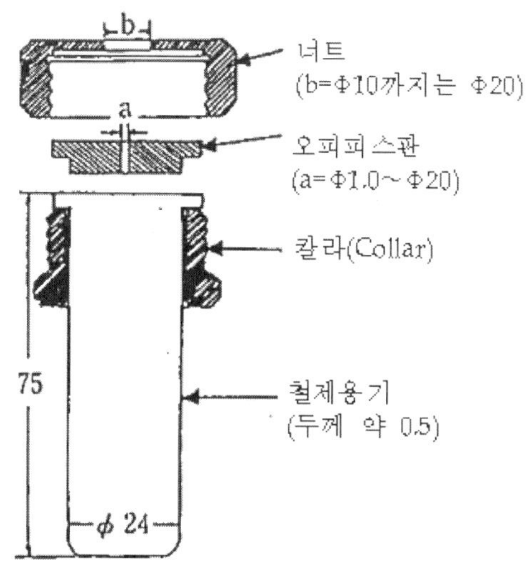

[그림 39.14] Könen 시험장치

39.3.4 DDT(Deflagration to detonation transition)[3]

화약류가 폭연으로부터 폭굉으로 전이되는 경향성을 보기 위한 시험이다. 화약류 시험 샘플을 강관에 넣고 한쪽에는 3000 pound의 나선형의 단조강관 캡으로 막음한 후 다른 쪽에는 13cm x 13cm x 8mm(t)의 연강판으로 용접하여 부착한다. 이 연강판은 폭굉 여부를 확인하는 판으로 사용된다. 5.0g의 흑색화약 점화제가 용기의 중앙에 넣어지도록 하고 흑색화약 내에 니크롬 발열선을 설치하여 피복비닐동선에 연결하고 밖으로 빼낸다. 이 피복비닐동선은 파이프에 작은 구멍을 통해서 공급되고 에폭시수지로 실링처리한다. 강관 튜브를 수직으로 세우고 15암페어의 전류로 점화시킨다. DDT가 일어나지 않으면 3회까지 실시한다. 하부의 연강판이 구멍이 뚫리면 DDT가 일어난 것으로 판단한다. [그림 39.15]은 DDT 시험장치이다.

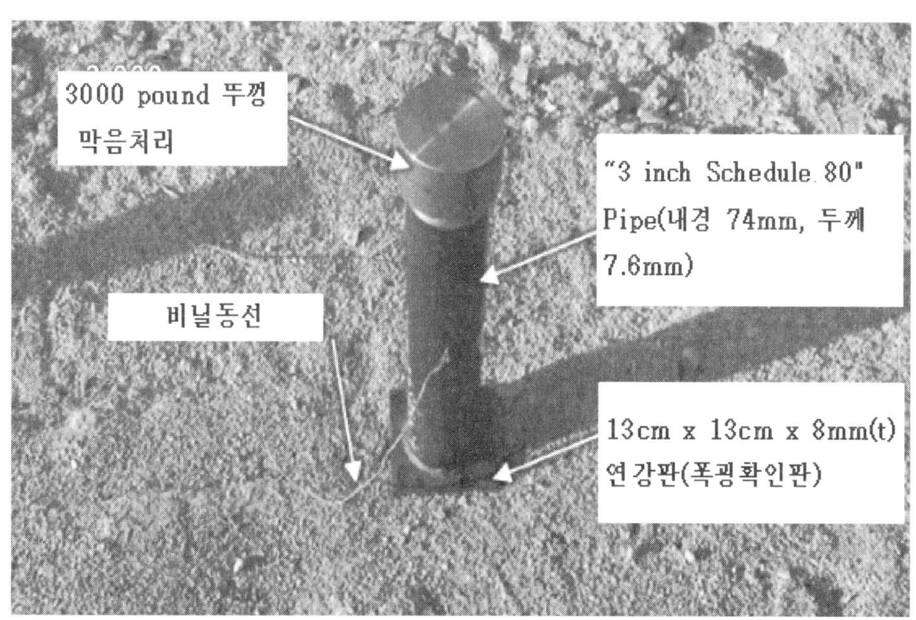

[그림 39.15] DDT 시험장치

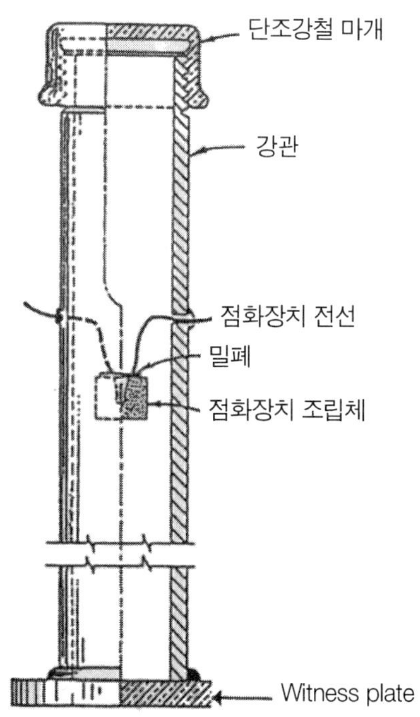

참고문헌

1. 사단법인 화약학회 발파전문부회(2001), 현장기술자를 위한 발파공학 핸드북, 공립출판주식회사, 동경(일본)
2. 공업화약협회(1980), 공업화약핸드북, 공립출판주식회사. 동경(일본)
3. 사단법인 화약학회편집, 에너지물질 핸드북 제2편(2010), 공립출판, 동경(일본)
4. 김술환(1996), 화약학, 동문복사, 인천(대한민국)
5. 허진(1987), "신화약발파학(2판)", 기전연구사

제40장

위력 시험

화약류가 폭발했을 때 그 위력을 나타내는 척도는 보통 동적 위력과 정적 위력의 2가지가 있다. 동적인 위력은 폭발했을 때 발생하는 충격파 압력과 관련된 파괴 효과를 말하며, 정적인 위력은 가스의 압력과 온도에 의해서 행해지는 일효과를 말한다. 보통 화약류가 폭발할 때 정적인 위력이 약 85%, 동적인 위력이 약 15% 정도 발생한다고 한다. 실제로 수중폭발시험에 의해서 측정해 보면 정적에너지가 80～90%, 동적에너지가 10～20%의 범위에서 측정된다.

40.1 정적 위력 시험

정적효과로서는 폭발에 의해 생성된 가스의 단열팽창에 의한 일을 의미하며, 폭력이라고도 한다. 정적효과는 폭발생성가스의 팽창에 의한 일효과이며 그 기준의 하나로 다음의 식으로 표현되는 화약력, 즉 f 값이 사용되고 있다.

$$f = \frac{P_o V_o T}{273}$$

여기에서 P_0는 대기압, V_0는 1kg의 화약류가 폭발했을 때에 발생하는 가스의 표준상태에서의 부피, T(절대온도)는 폭발온도이다. 보다 정확하게는 다음식의 단열팽창의 유효에너지

F_a가 이용된다.[1]

$$F_a = \frac{f}{\gamma - 1}\left\{1 - \left(\frac{1}{R}\right)^{\gamma - 1}\right\}$$

여기서 R은 폭발생성가스의 팽창비이고 γ는 비열비이다. R이 무한대로 γ가 일정하면 F_a는 f에 비례한다.

정적효과를 측정하는 시험으로서는 연주시험(트라우즐시험), 탄동진자시험, 탄동구포시험이 오래전부터 이루어져 왔으며 최근에는 압력용기시험(Könen 시험)이나 동적효과도 동시에 구할 수 있는 수중폭발시험이 실시되고 있다.

40.1.1 연주시험(트라우즐시험)[1, 2, 3, 4, 5]

시료 10g을 주석박지로 싸고 뇌관을 붙여서 [그림 40.1]과 같이 연주 내에 장전한 다음 석영사로 메지를 하여 폭발시킨다. 폭발에 의해서 확대된 연주의 공에 물을 주입하여 내용적을 측정하고 발파전후의 용적의 차이를 연주의 확대치로서 일효과의 비교치로 한다.

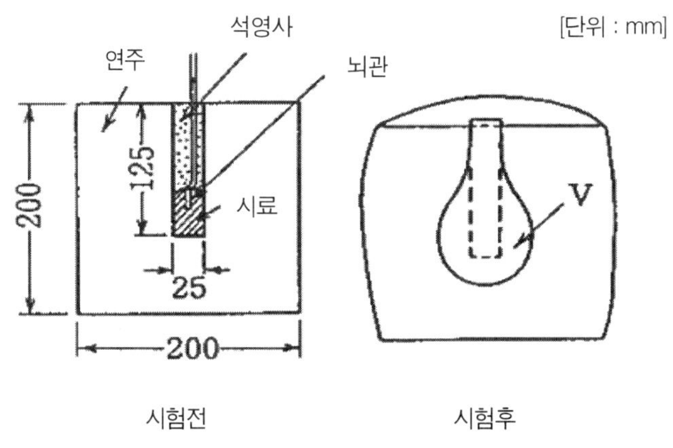

[그림 40.1] 트라우즐 연주시험

높이 직경 공히 200mm의 연주의 중심축에 직경 25mm, 깊이 125mm의 구멍을 낸다. 시료 10g을 직경 24.5mm의 원주형으로 성형하고 주석박(80～100g/m²)으로 싸고 중앙에 뇌관을 삽입한다. 이것을 연주 구멍 안에 넣고 건조 석영분을 구멍 입구까지 채운 뒤 폭발시킨다. 확대한 구멍에 물을 넣어 용적 V ml를 측정한다. 처음 구멍의 용적은 61 ml 이므로 역주확대치는 $(V\text{-}61)ml$이다. 이 값에 의해 화약류의 일효과를 비교한다. 단지 용적을 물로 측정하기 때문에 15℃를 표준 온도로 하여 시험 온도가 t℃일 때에는 수정확대용적 V_t를 계산하여 구한다.

$$V_t = (V\text{-}61)[1+0.0025(15\text{-}t)]$$

중요한 화약류에 대하여 TNT를 100으로 한 연주확대치를 <표 40.1>에 나타내었다.

〈표 40.1〉 화약류의 연주확대치(TNT를 100으로 했을 때 비교치)

화약류	연주확대치	화약류	연주확대치
질산암모늄	59～75	테트릴	129
NC(N=13.3%)	130～142	RDX	164～170
NG	185	HMX	153
Ng	187～205	DDNP	110
PETN	170～181	트리시네이트	42
피크린산	103～111	아지화연	40

※ TNT의 실제확대치는 약 300ml 정도이다.

이 시험은 확대치 300ml 전후의 경우에는 비교적 좋은 결과를 보이는데 폭력이 약한 화약류는 기대치보다도 적은 확대치로 되며 강력한 폭약에서는 예상 이상의 확대치를 보인다. 예를 들면 흑색화약의 확대치는 약 30ml에 지나지 않는다. 또 ANFO는 전폭약을 사용하기 때문에 전폭약의 영향이 크다. 또 동종의 화약류에 대하여 약량과 확대치가 비례하지 않고 약량의 증가율보다도 확대치의 증가율이 큰 경향이 있다.

40.1.2 탄동진자시험[1, 2, 3, 4]

탄동진자는 구멍이 있는 중량 5톤의 진자이며 이 구멍으로 구포로부터 폭약의 폭발생성물이 투입되었을 때 생성된 진폭으로부터 이 폭약의 위력을 측정하는 방법으로 장치는 [그림 40.2]와 같다.

시료를 경 30mm, 중량 100g의 약포로 하여 이것을 구포에 장전하고 모래 및 점토로 메지하고, 구포를 진자에 접촉시킨 후 뇌관으로 기폭시킨다. 이 폭발에 의해 생성물의 방출되는 힘으로 진자를 흔들리게 한다. 진자의 흔들린 진폭을 측정한다.

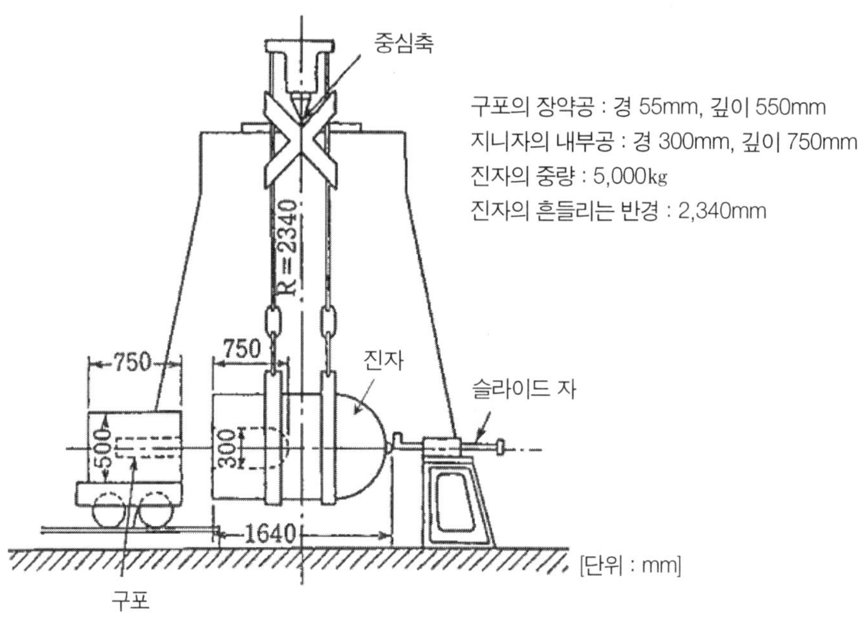

[그림 40.2] 탄동진자시험기

동시에 시험을 실시한 표준폭약의 진폭을 비교, 수정하여 시료폭약의 탄동진자값으로 한다. 표준폭약으로서 60% 앵다이너마이트가 사용된다. 성분은 NG 60%, NC 2.3%, 목분 8.5%, 질산칼륨 29.2%이다. 표준폭약의 표준 진폭은 78.8mm로 정해져 있으며 시료를 시험했을 때의 진폭을 D_m, 표준폭약의 시험후의 진폭을 S_m이라고 하면 시료의 표준 진폭 D는 다음과 같이 구해진다.

$$D = 78.8\left(\frac{D_m}{S_m}\right)$$

40.1.3 탄동구포시험[1,2,3,4]

탄동구포시험은 구포(중량 약 450kg, 진자 중심의 지점으로부터 거리가 약 3m이다) 자체가 진자로 되어 있으며 여기에 시료 화약류와 원통탄환(중량 17kg)을 장전하여 기폭한다. 탄환은 발사되어 전방의 모래 중에 돌입하고 구포 진자는 그 반대 방향으로 흔들린다. 이 흔들림 각도에 의해서 일효과를 측정한다. 시험장치는 [그림 40.3]과 같다.

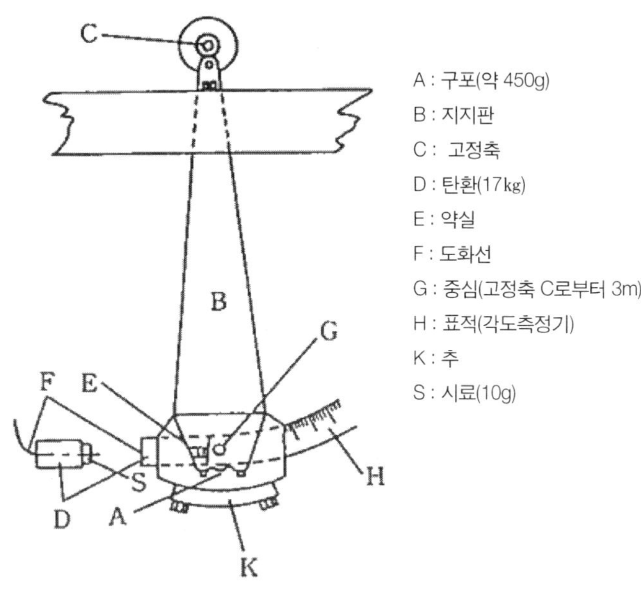

[그림 40.3] 탄동구포시험장치

시료는 내경 24mm, 약량 10.0g으로 하여 주석박(80～100g/m²)에 싸고 도화선이 연결된 공업뇌관을 연결한다. 원통의 탄환의 중심축에는 약 6mm의 구멍이 뚫려 있어 도화선을 끼울 수 있도록 되어있다. 탄환에 이 구멍을 통해서 도화선이 외부쪽으로 나오도록 하여 시료를 탄환에 설치한다. 구포약실(직경 약 50mm, 깊이 약 140mm)의 중심에 시료가 위치하도록 시료가 붙은 탄환을 구포의 포공안까지 삽입한다. 표척의 영점에 지침을 맞추고 점화하여 구포진자의 흔들림 각도 θ를 구한다. 기준약인 TNT에 대해서 같은 시험을 실시하며 이 때 얻어진 각도를 θ_0라고 하면 시료 화약류의 탄동구포치는 다음과 같이 계산된다.

$$\text{탄동구포치}(\%) = \frac{1 - \cos\theta}{1 - \cos\theta_0} \times 100$$

초기에는 기준화약으로 블라스팅젤라틴(NG/NC=92/8)을 사용하였으며 RWS(Relative weight strength)라고 불렀으나 TNT를 기준화약으로 변경하면서 이와 구분하기 위해 탄동구포치라고 부른다.

40.2 동적 위력 시험

폭약의 폭굉현상은 정적인 일효과 외에 동적인 파괴효과가 있다. 이것은 폭발시 주변으로 방출되는 충격파에 의한 파괴나 변형을 의미하며 폭약의 에너지의 양 외에 그 에너지를 방출하는 속도에 큰 영향을 받는다. 맹도라고도 부르며 폭굉압에 의해 나타낸다. 폭굉반응을 수반하지 않는 화약에는 동적효과라고 하는 위력이 없고 정적효과만을 갖는다.

파괴효과를 평가하기 위해서는 폭굉압력을 측정하면 좋지만 폭굉압력을 직접 측정하는 것은 쉽지가 않다. 그렇기 때문에 충격파에 의한 금속의 압축량으로부터 맹도를 구하는 헤스맹도시험, 가스트맹도시험이 예로부터 실시되어왔다. 또한 폭굉이론에 의하면 폭굉압력 P는 폭굉속도 D 및 폭약의 초기밀도 ρ_0를 이용하여 다음과 같이 계산될 수 있다.

$$P = \frac{1}{4}\rho_0 D^2$$

그렇기 때문에 파괴효과(동적효과)를 평가하는 시험으로서 폭굉속도를 구하는 폭속시험이 이루어지고 있다.

40.2.1 폭속시험

폭발속도(폭속)를 측정하여 폭굉압력을 추산하고 폭약의 동적효과를 평가하는 시험이다. 폭속은 약포의 직경, 비중, 포장용기의 종류에 따른 밀폐도 등에 따라서 변한다. 이에 대한 예가 <표 40.2-40.4>에 나와 있다.

〈표 40.2〉 약경에 따른 폭속의 변화의 예

강관약경 (mm)	다이너마이트			ANFO				
	20	30	40	25.4	35.0	50.8	76.2	101.6
폭발속도 (m/s)	6,130	6,250	6,510	2,550	2,980	3,170	3,240	3,250

※ ANFO의 장전밀도는 0.95g/㎤

〈표 40.3〉 장전밀도에 따른 폭속의 변화의 예

장전밀도(g/㎤)	1.0	1.2	1.4
PETN	5,810	6,710	7,410
피크린산	5,220	5,670	6,870
TNT	4,930	5,680	6,370
테트릴	5,740	6,540	7,200

〈표 40.4〉 용기의 종류에 따른 폭속의 변화의 예

용기의 종류	강관	PVC파이프	유리관	종이관
다이너마이트	5,520	4,590	3,890	3,210

40.2.1.1 이온갭식 폭속시험[1, 2, 3, 4, 5]

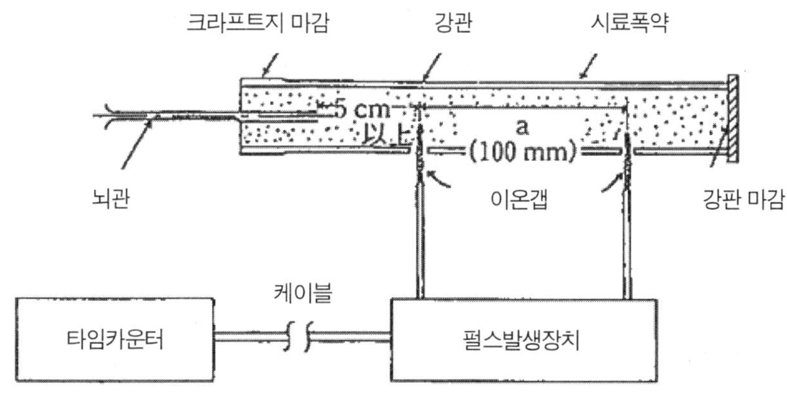

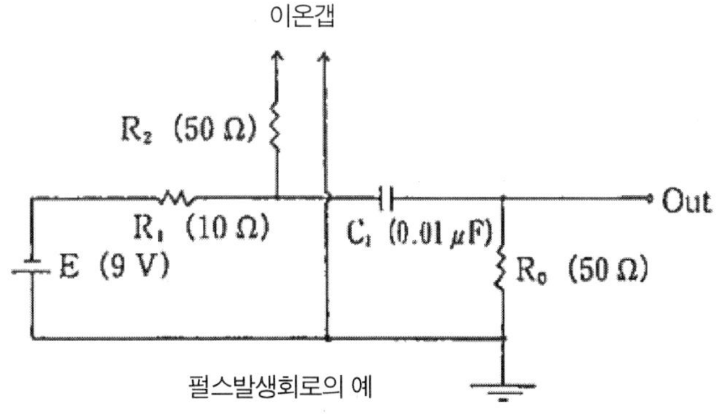

[그림 40.4] 이온갭 폭속측정법

에나멜선 피복동선 2가닥을 합쳐서 꼬고 끝부분을 절단한 것을 이온갭으로 한다. 이 이온갭이 단락(합선)되었을 때에 하나의 펄스를 발생하는 전기회로에 접속한다. 2개 또는 2개 이상의 이온갭을 시료 폭약에 삽입하고, 그 간격을 사전에 측정하여 두어 폭발시험 시에 발생된 펄스의 시간간격을 타임카운터 혹은 오실로스코우프 등으로 측정한다. 시험 방법은 [그림 40.4]와 같다.

40.2.1.2 광화이버식 폭속시험[1, 2, 3, 4, 5]

유리계열의 화이버 또는 플라스틱계열의 화이버를 사용하여 폭굉파면의 광을 광전소자에 의해 검지한다. 사전에 측정하여 둔 2가닥의 화이버 간의 거리와 측정된 시간으로부터 폭속을 구한다. 시험 방법은 [그림 40.5]와 같다.

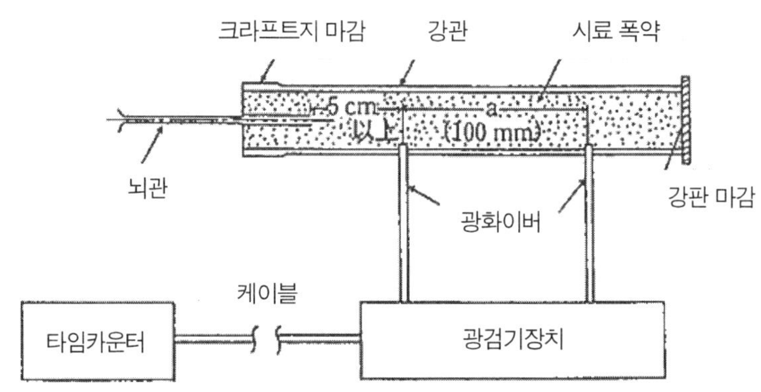

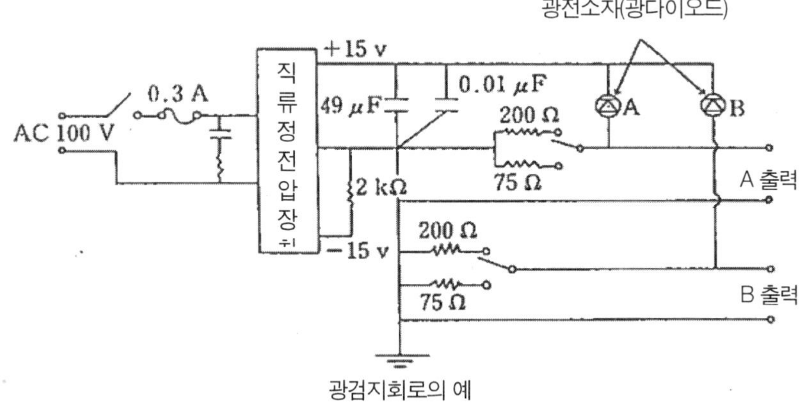

광검지회로의 예

[그림 40.5] 광화이버 폭속측정법

40.2.1.3 도트리치식 폭속시험[1, 2, 3, 4, 5]

시료폭약을 강관에 장전하고 뇌관으로 기폭시킨다. 강관의 2점에 꽂아 넣은 도폭선이 충돌하는 곳에서 연판상의 폭흔을 관찰한다. 시험 방법은 [그림 40.6]과 같다. 그림에 표시된 기호에 의해 시료폭약의 폭속은 다음과 같이 구해진다.

$$D = \frac{Vl}{2X}$$

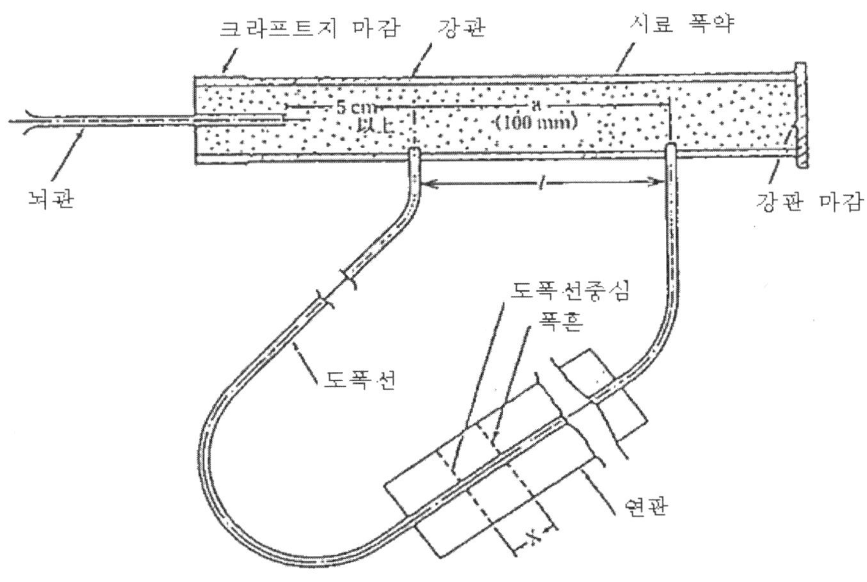

[그림 40.6] 도트리치 폭속측정법

여기서 D는 시료폭약의 폭속, V는 도폭선의 폭속, l 은 삽입한 두 도폭선의 간격, X는 도폭선의 중심으로부터 폭흔까지의 거리이다.

40.2.1.4 사진법[1, 3, 4]

고속으로 회전하는 드럼의 내측에 필름을 펴둔다. 혹은 필름은 움직이지 않고 거울을 고속으로 회전시킨다. 폭굉파는 필름의 이동 방향 또는 거울에 의한 상의 이동 방향과는 직각 방향으로 진행하도록 배치하여 둔다. 그러면 폭굉에 의한 발광 현상으로 필름 상에 경사진 상을 얻는다. 그 각도에서 폭속을 계산할 수 있다.

40.2.1.5 저항선 프로우브법

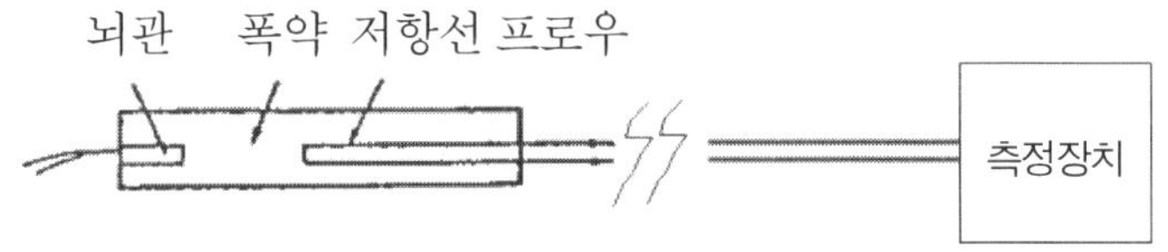

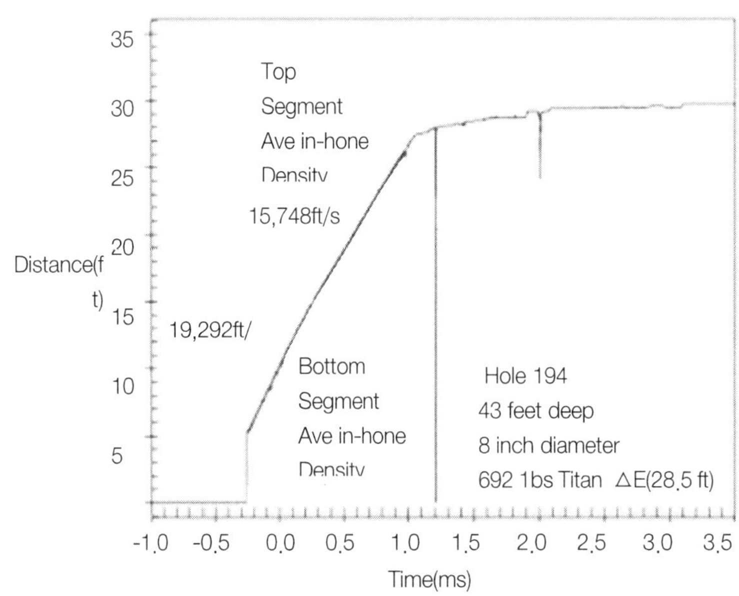

[그림 40.7] 저항선프로우브 폭속측정법

폭속을 연속적으로 측정하는 방법이다. 저항선 프로우브를 폭약의 길이를 따라 중심에 삽입한다. 저항선 프로우브는 피복으로 절연된 니크롬선 등을 금속관에 삽입하거나, 혹은 금속봉 등에 감아 붙이고, 끝에서 단락한다. 폭약이 폭발되면 저항선 프로우브가 파괴되면서, 금속관 또는 니크롬선이 단락하여 저항이 변한다. 저전류장치에 의해 저항이 변화하여도 일정한 전류를 흘려주도록 해두면, 전압을 관측하는 것에 의해 폭속을 구할 수 있다. 다른 방법과 비교하여, 실제의 발파현장의 장약공에 장전된 폭약의 폭속 및 그 변화상태를 알 수 있다. 시중에 판매하는 측정장비로는 MREL사의 HANDITRAP가 있다. [그림 40.7]은 폭약에 저항선프로우브를 설치한 그림과 폭발 시 프로우브의 저항 변화에 따른 폭속측정 그래프의 예이다.

40.2.2 맹도시험

40.2.2.1 헤스맹도시험[1,3,4]

폭약의 동적효과를 연주의 압축량에 의해 평가하는 시험이다. 시료폭약 50g을 [그림 40.8]과 같이 설치하여 폭발시키면 연주가 압축변형된다. 2단으로 쌓은 연주의 아래 연주는 폭발생성가스의 영향을 받으며 위의 연주의 압축량이 헤스맹도이다.

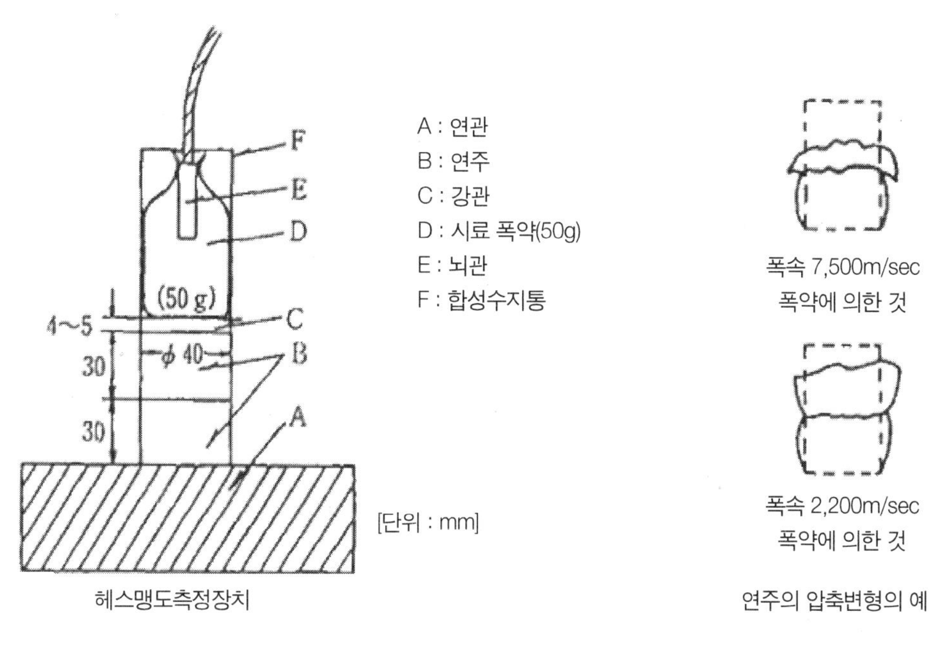

[그림 40.8] 헤스맹도시험장치

40.2.2.2 카스트맹도시험[1, 3, 4]

폭약의 동적효과를 동주의 압축량에 의해 평가하는 방법이다. 시료폭약 15g을 [그림 40.9]와 같이 설치하여 폭굉시키면 동주가 압축변형된다. 동주의 압축량으로 카스트맹도치를 나타낼 수 있다. 사전에 정수압으로 교정한 동주의 압축량과 비교함으로써 압력의 단위로 나타낸다. 그러나 폭약과 동주의 사이에 연판, 및 강판이 존재하여 동주는 간접적인 압력을 받기 때문에 일효과를 가미한 수치로 간주된다.

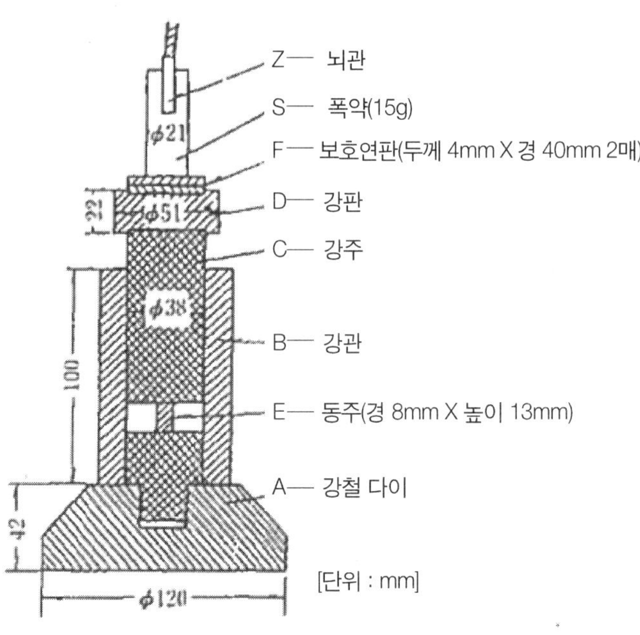

[그림 40.9] 카스트맹도측정장치

40.2.2.3 강판시험[1,3,4]

화약류를 강판 위에서 폭발시켜 강판 위에 생긴 오목하게 파인 깊이를 맹도의 비교값으로 한다. 시료 20g과 테트릴 펠렛 5g을 [그림 40.10]과 같이 설치하여 폭굉시키면 오목하게 파인다. 강판 위에 파인 깊이를 0.02～0.05mm의 정밀도로 측정하여 맹도값으로 한다. <표40.5>는 여러 가지 화약류의 강판시험 데이터이다.

〈표40.5〉 여러 가지 화약류의 강판시험 데이터

화약류	TNT	PETN	테트릴	RDX	니트로구아니딘
밀도(g/㎤)	1.60	1.60	1.60	1.60	1.50
파인깊이(mm)	5.18	6.55	6.02	6.81	2.97

40.2.2.4 모래시험[1, 3, 4]

모래시험은 화약류 0.4g에 의해 분쇄되는 모래의 양을 측정하여 그 맹도를 비교하는 방법이다. 시료화약류 0.4g을 뇌관의 공관체에 넣는다. 시료가 화염에 의해 직접 기폭되는 것이면 내관을 삽입하고 200kgf/㎠의 압력으로 약 3～4초간 압착한다. 화염으로 기폭되지 않는 경우는 0.3g의 아지화연을 그 위에 넣고 내관을 삽입하여 같은 방법으로 압착한다. 매우 둔감한 시료의 경우에는 시료 위에 0.1g의 테트릴을 첨가하여 압착하고 다시 0.2g의 아지화연과 내관을 넣고 같은 방법으로 압착한다.

모래는 미국표준망 20~30 메쉬 사이의 입도 200g을 사용한다. 봄베에 먼저 모래 80g을 넣고 상부를 평탄하게 만든다. 모래면의 중앙에 시료 화약류를 채운 관체를 바로 세우고 남은 120g의 모래를 뇌관의 주위에 넣는다. 봄베를 폐쇄하고 시료화약류를 채운 관체를 폭발시킨다. 폭발 후의 모래를 30 메쉬의 체로 사분하여 분쇄된 모래의 양을 칭량한다. 아지화연, 테트릴을 사용한 경우에는 이것에 의해 분쇄된 모래의 양을 별도로 구하고 앞의 분쇄된 모래의 양에서 차이를 빼서 보정해 준다. 5회 시험하여 그 평균값을 가지고 맹도의 비교값으로 한다. [그림 40.10]은 모래시험장치를 나타낸 것이며, 이 모래시험에 의해서 측정된 여러 가지 화약류의 모래시험 데이터는 <표 40.6>과 같다.

〈표 40.6〉 화약류의 모래시험 분쇄량과 폭속

화약류	폭속(km/s)	모래분쇄량(g)	화약류	폭속(km/s)	모래분쇄량(g)
NG	7.7	58.7	콤포지션 B	7.8	53.0
PETN	8.3	61.2	콤포지션 C-4	8.04	55.7
TNT	6.9	47.5	DDNP	6.9	45.6
테트릴	7.85	54.0	아지화연	5.1	16.7
RDX	8.35	59.0	트리시네이트	5.2	10.5

40.2.2.5 파편시험[1, 3, 4]

탄환을 폭발시켜 회수하여 맹도의 비교값으로 하는 방법이다. 이 시험을 모래에서 행하는 방법과 수중에서 하는 방법이 있다. 폭발 후에 파편을 4메쉬 망으로 회수하고 예를 들면 0~5g, 5~10g, 10~50g, 50~160g, 160g 이상의 중량군으로 나눈다. 이것을 표준폭약 TNT와 비교한다. 혹은 회수한 전파편수 또는 어떤 크기 이상의 파편수를 세어 TNT와 비교하여 맹도(%)로 한다.

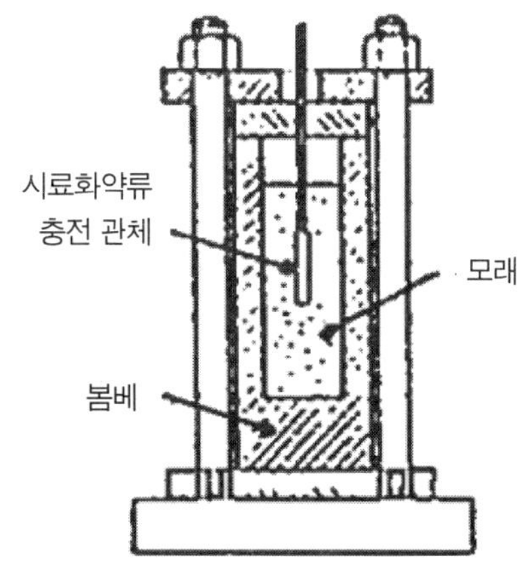

[그림 40.10] 모래시험장치

40.3 수중폭발에너지 측정 시험[3]

수중폭발에너지 측정 기술의 기본 이론은 1948년 Cole에 의해서 이루어졌으며 이에 관한 연구는 Satyavratan과 Vedam, Bjarnholt와 Holmberg, Bjarnholt, Paterson과 Begg, Yancik, Sadwin 등의 연구가들에 의해서 계속적으로 진행되어 왔다.

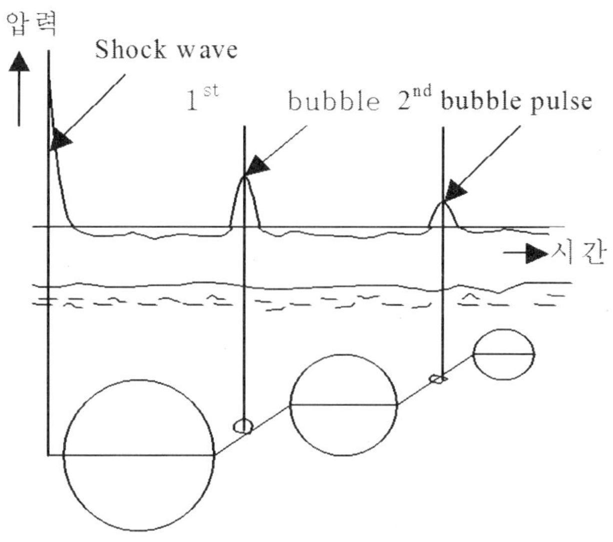

[그림 40.11] 수중 폭발 후의 버블(Bubble)의 거동과 압력 변화

수중폭발에너지의 측정 기술은 물속에서 폭약이 폭발할 때 발생하는 충격파와 고온 고압의 가스가 물에 미치는 영향을 에너지로 측정하는 기술이며 시간에 따른 압력의 변화를 나타낸 것이 [그림 40.11]이다. 이것은 수중의 폭원으로부터 일정 거리에 압력센서(Piezo sensor)를 설치하여 압력의 변화를 오실로스코우프로 측정한 결과이며 피크(Peak)는 동적에너지를 나타내는 충격압력파(Shock pulse)이며 두 번째 및 세 번째 피크는 정적에너지를 나타내는 가스압력파(Bubble pulse)이다. 폭발 즉시 발생되는 압력은 약 1ms 동안 지속되는 순간적인 충격압력(Transient shock pressure)이며 1차 가스압력파는 충격 압력 발생후 발생된 가스가 팽창하여 최대 반경에 이른 후 다시 수축되는 파이다. 이러한 버블의 팽창-수축 과정은 소멸될 때까지 계속적으로 진행되며 이에 따라 가스압력파가 계속적으로 발생한다. 폭발 가스는 거의 구형으로 팽창되며 이 팽창의 정도는 폭약이 폭굉하는 위치의 유체정력학의 압력과 가스생성물의

에너지에 의해 지배된다. 이 팽창은 밖으로 나가는 물의 운동에너지 때문에 가스 압력이 물이 덮고 있는 압력보다 낮을 때까지 계속된다. 이 에너지가 다 사용되었을 때 가스 버블은 붕괴되기 시작하며 수축되는데 이때 충격파를 발생시킨다. 이 과정을 그림으로 나타낸 것이 [그림 40.11]이다. 수중폭발에너지 측정법에 의해서 산출된 충격에너지와 가스에너지는 절대량의 에너지로 계산되며 그 측정 이론은 다음과 같다.

40.3.1 충격에너지(Shock energy)

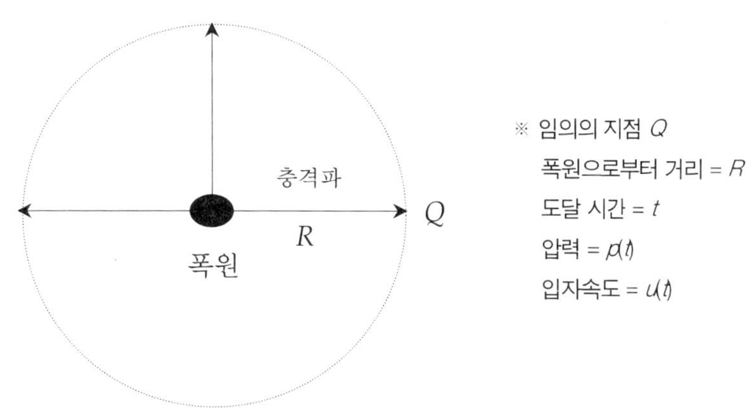

[그림 40.12] 충격에너지의 발생도

폭굉에 의해서 발생한 충격압력파는 불연속적인 압력 상승을 갖는 파동이며 이 압력파는 외계에 대해서 일을 하게 된다. [그림 40.12]에서와 같이 폭원을 중심으로 구면 압력파가 외부로 전파된다고 가정하면 반경 R의 표면에서 행하는 일량 $E_{SW}(R)$은 다음 식으로 나타낼 수 있다.

$$E_{SW}(R) = 4\int \{r^2 p(t) u(t)\} dt \tag{40.1}$$

여기에서 R은 폭원으로부터 임의의 거리, $p(t)$는 거리 R에서의 충격파 압력, $u(t)$는 매질의 입자속도이다.

한편 [그림 40.13]으로부터 1차원 충격파의 기본식을 유도할 수 있다.

$$P_1 - P_o = \rho_o U u \tag{40.2}$$

여기서 P_0, ρ_0, u_0는 충격파 전면의 압력, 밀도, 입자속도이며 P_1, ρ_1, u_1은 충격파 통과 후의 압력, 밀도, 입자속도이다. (40.2)로부터 입자속도 u는

$u = \dfrac{P - P_o}{\rho_o D}$ 이므로

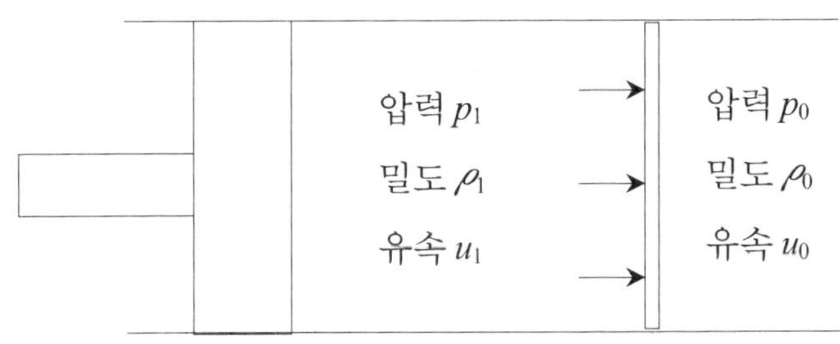

[그림 40.13] 튜브 내의 충격파

매질의 입자속도를 u라고 하고 물속에서의 충격파속도를 C_0라고 하면

$u = \dfrac{P - P_o}{\rho_o C_o}$ 가 된다.

여기에서 초기 압력 P_0는 폭발 후의 압력 P_1에 비해 무시할 정도로 매우 작으므로 P_0의 값을 0으로 놓으면

$$u = \frac{P}{\rho_o C_o} \tag{40.3}$$

(40.3)식을 (40.1)에 대입하여 정리하면 다음식이 얻어진다.

$$E_s = \frac{4\pi R^2}{\rho_o C_o} \int p^2(t)\,dt \tag{40.4}$$

폭약을 수중에서 폭발시켜 일정 거리 R에 압력 센서를 설치하여 충격파 압력파형을 오실로스코우프로 기록한 다음 압력의 제곱값을 시간에 대하여 적분하여 $4\pi R^2/(\rho_0 C_0)$를 곱해주면 충격파에너지 E_s의 값이 얻어진다. 여기에서 R은 폭원과 센서와의 거리(m), ρ_0는 물의 밀도로 1000kg/㎤, C_0는 수중의 음속으로 1500m/sec, p는 폭발압력으로 단위는 pascal(N/㎡), t는 충격지속시간으로 sec이다.

40.3.2 가스에너지(Bubble energy)

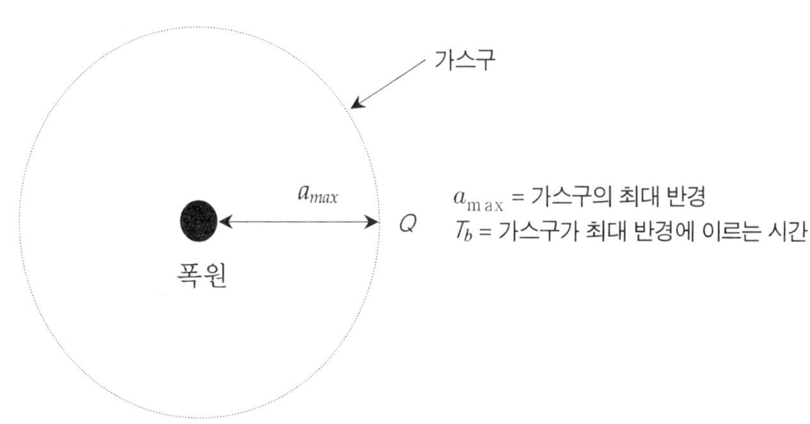

[그림 40.14] 가스에너지의 발생도

충격압력파가 발생 후, 즉시 발생된 가스는 물의 외계로 일을 하게 된다. 이 가스구가 최대반경에 이를 때 최대 가스에너지가 되며 이를 폭약의 가스에너지(Bubble energy)라고 한다. 충격압력파와 1차 가스압력파(Bubble pulse) 사이의 시간 간격을 T_b라고 하면 가스구의 최대 반반경은 a_{max}는 다음 식이 된다.

$$a_{max} = (3/2)\sqrt{(2p_o/3\rho_w)} \cdot T_b/\beta \tag{40.5}$$

여기에서 p_0는 정수압, ρ_w는 물의 밀도, β=2.2405이다.

가스에너지는 압력과 부피의 곱으로 나타내어지며 가스에너지 E_b는 다음식과 같이 계산된다.

$$E_b = p_0 V_m \tag{40.6}$$

$$V_m = (4/3)\pi a_{max}^3 \quad (40.7)$$

식(40.5)를 식(40.7)에 그리고 이것을 식(40.6)에 대입하여 정리하면 다음 식이 얻어진다.

$$E_b = 6.84 \times 10^7 \times p_0^{5/2} T_b^3 \quad (40.8)$$

여기서 p_0(정수압)의 단위는 bar, T_b(맥동주기)의 단위은 sec, E_b(Bubble energy)의 단위는 Joule이 된다.

40.3.3 총 에너지

폭약의 총 폭발에너지는 E_s와 E_b의 합으로 얻어진다. 그러나 일반적으로 E_s와 E_b의 단순한 합은 폭발에너지의 실제 총 에너지보다도 작다. 이것은 물의 온도 상승을 가져오게 하는 충격파의 에너지 손실이나 시료의 형상에 따른 맥동 주기로의 영향을 무시하고 있기 때문이다. 이것의 손실분을 고려하여 수중폭력시험에서의 폭발에너지의 총합은 다음 식으로 나타낸다.

$$E = K(E_b + \mu E_s) \quad (40.9)$$

여기에서 K는 시료의 형상계수이고, 구상의 경우는 1.0이고 가늘고 긴 경우는 1.1 정도까지 커지게 된다. μ는 충격파의 에너지 손실의 보정계수이고, 손실량이 E_s에 비례하는 것으로 실험적으로 구할 수 있다. 문헌의 실험치로부터 근사식을 구하면 다음 식과 같이 된다.

$$\mu = 1 + 0.13328p - 0.0065775p^2 + 0.00012594p^3 \quad (40.10)$$

단 p(Gpa)는 시료 폭약의 밀도와 폭속으로부터 $p=(1/4)\rho_0 D^2$으로부터 구한 폭굉압이다. 이와 같이 하여 구한 폭발에너지의 총합은 시료의 폭발열과 잘 일치하는 것으로 보고되고 있다.

수중폭발시험의 이점은 동적효과와 정적효과를 동시에 이용하여 정량적으로 측정할 수가 있으며 특히 특징적인 것은 시료량에 제한되지 않는다는 것이며 질산암모늄을 주제로 하는 폭약이나 많은 에너지물질과 같이 대량이 아니어도 완전히 반응이 되지 않는 물질에 대해서도 유효하다. 단 결점으로서 수중폭발 시에 발생한 지반진동이 큰 것이며 대약량의 실험이 가능한 실험장은 국내에서는 아직 없다.

40.4 위력계수[5]

폭약의 위력계수는 블라스팅젤라틴(NG/NC=92/8) 또는 TNT를 기준으로 하여 다른 폭약의 위력을 동적위력(예를들면, 폭속이든가 맹도로 표시된다)과 정적위력(예를 들면 탄동진자값이라든가 연주확대치)의 양면으로 비교하여 표준장약에 대한 비교치를 나타낸 것이다. 이 경우 위력계수가 1보다 작은 것은 표준장약보다 위력이 큰 것을 의미한다. 이들의 데이터를 기초로 하여 국내의 산업용폭약에 대해서 폭약위력계수를 구한 것이 <표40.7>이다.

<표40.7>에서 비에너지 $f = P_1V_1 = nRT_1$으로 계산되는 값으로 화약류 1㎏당 발생되는 화약류의 힘 또는 비에너지라고 한다. 화약이 폭발해서 표준상태 1기압, 0℃(273K)로 팽창되었을 때, P_0=1atm, T_0=273K, V_0=팽창부피라고 했을 때 $P_0V_0=nRT_0$이므로 $nR=V_0/273$이 된다. 그러므로 $f=nRT_1=V_0T_1/273$이 된다. 에너지계산프로그램으로부터 폭발온도 T_1과 생성가스의 양을 계산하여 비에너지를 구할 수 있다.

동적위력인 맹도는 비에너지, 밀도 및 폭발속도에 비례하는 값으로 절대치는 아니지만 비교하는 값으로 사용할 수 있다.

정적위력인 폭발압력은 비에너지와 밀도에 비례하는 값으로 절대치는 아니지만 비교하는 값으로 사용할 수 있다.

위력계수는 동적위력과 정적위력을 모두 감안한 계수이다. Langerforce에 의하면 폭약이 폭발할 때 정적위력과 동적위력의 비율은 약 85:15라고 한다. 실제로 수중폭발에너지 측정 방법에 의해 구해보면 75～90 : 10～25 정도가 된다. 표40.7의 위력계수는 85:15의 비율로 계산한 값이다. 이것은 TNT를 기준폭약으로 했을 때 상대적인 위력을 나타내며, TNT 1㎏을 폭발시켰을 때와 동일한 효과를 나타내는 화약류의 양이라고 생각하면 된다. 예를 들어, NewMITE I을 사용하던 현장에 MegaMEX로 바꾸려고 할 때, 장약량=0.91/1.19=0.765㎏로 줄일 수 있다.

표40.7 산업용폭약의 위력 계수

종류	비중 (ρ) g/cc	폭속 (D) m/sec	비에너지 (f) atm • l	동적위력		정적위력				위력 계수 (e)
				맹도x 10^3 fxρxD	비율의 역수	폭발 압력 fxρ	비율의 역수	탄동 구포치	비율의 역수	
TNT	1.60	6.9	6.962	76.86	1.00	11.14	1.00	100	1.00	1.00
MegaMITE I	1.32	6.1	9.280	74.72	1.03	12.25	0.91	165	0.61	0.80
MegaMEX	1.20	5.4	8.790	56.96	1.35	10.55	1.06	162	0.62	0.91
NewMITE I	1.20	5.8	6.600	45.94	1.67	7.92	1.41	125	0.80	1.19
NewMITE II	1.20	5.8	7.720	53.73	1.43	9.26	1.20	130	0.77	1.05
NewVEX	1.08	5.0	6.260	33.80	2.27	6.76	1.65	90	1.11	1.51
ANFO	0.80	3.2	8.760	22.43	3.43	7.01	1.59	149	0.67	1.47
HiMEX700	1.20	5.0	6.670	40.02	1.92	8.00	1.39	122	0.82	1.23
HiMEX1000	1.20	5.9	6.500	46.02	1.67	7.80	1.43	125	0.80	1.20
NewFINEX	1.00	4.4	6.570	28.91	2.66	6.57	1.70	85	1.18	1.62
LoVEX	0.78	3.4	6.100	16.18	4.75	4.76	2.34	75	1.33	2.27

참 고 문 헌

1. 사단법인 화약학회 발파전문부회(2001), 현장기술자를 위한 발파공학 핸드북, 공립출판주식회사, 동경(일본)
2. 공업화약협회(1980), 공업화약핸드북, 공립출판주식회사. 동경(일본)
3. 사단법인 화약학회편집, 에너지물질 핸드북 제2편(2010), 공립출판, 동경(일본)
4. 김술환(1996), 화약학, 동문복사, 인천(대한민국)
5. 허진(1982), 신화약발파학해설, 보진재, 서울

제41장

기타 시험

41.1 화공품의 성능시험

41.1.1 전기뇌관의 성능시험

(1) 연판시험

가로x세로x두께=40x40x4mm의 연판을 직경 25mm, 높이 30mm의 철관 위에 올려놓고, 뇌관을 연판의 중앙에 수직으로 세워서 기폭시킨다. 연판에 생긴 조흔(줄자국) 및 천공에 따라 뇌관의 성능을 판단한다. 조흔은 방사상으로 명확히 나타나며, 중심이 완전히 뚫린 천공이 생기지 않으면 안 된다. 시험장치는 [그림 41.1]과 같다.

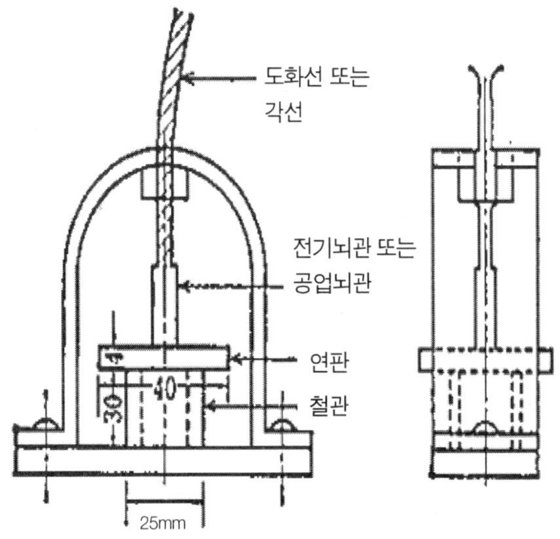

[그림 41.1] 연판시험장치

(2) 둔성폭약시험(Haid법)

6호 뇌관은 분상TNT와 분상탈크의 70:30혼합물을, 8호 뇌관은 60:40의 혼합물을 98.1MPa로 압착하여 그 중앙에 시료뇌관을 수직으로 삽입한다. 이것을 가로 x 세로 x 두께 = 70 x 70 x 30mm의 연판 위에서 기폭시켜 폭흔으로부터 시험체가 폭발하였는지의 여부를 확인한다. 폭발하면 합격으로 한다. 시험장치는 [그림 41.2]와 같다.

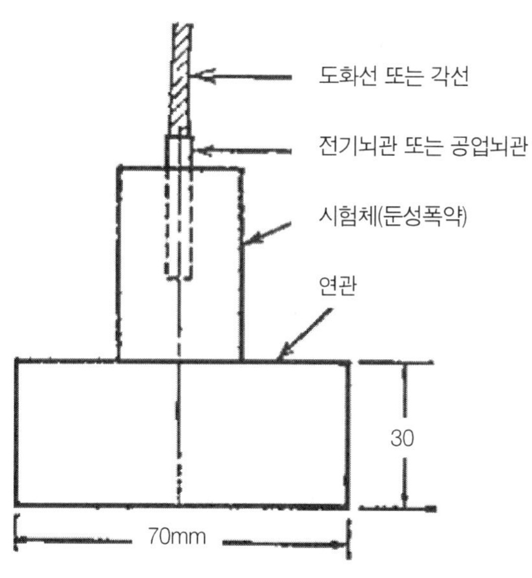

[그림 41.2] 둔성폭약시험장치

(3) 점화전류시험

0.25A의 직류전류를 30초간 통전 시 기폭되지 않아야 한다. 또한 1.0A의 직류전류를 10ms 통전했을 때 즉시 기폭되어야 한다.

상기 기준은 한국과 일본에서 사용하는 상용 전기뇌관에 관한 기준이다. 그러나 유럽에서는 내정전성에 따라 Class I~Class IV의 네 가지 등급의 제품이 있으며 Class I이 한국과 일본의 상용 전기뇌관에 해당된다. 따라서 유럽의 점화전류는 각 Class마다 미기폭/기폭 전류의 기준이 다르게 설정되어야 할 것이다.

(4) 내수성시험

수압 98.1kPa에서 1시간 이상 침수 후 연판시험을 실시하여 연판을 관통하여야 한다.

(5) 내정전기시험

2000pF의 전기용량을 갖는 콘덴서에서 8kV의 전위차를 만들어 준비한 다음 단락된 각선과 관체 사이로 방전했을 때 뇌관의 발화 여부를 조사한다. 발화하지 않는 것을 합격으로 한다. 내정전기시험기의 회로도는 [그림 22.12]를 참조한다.

41.1.2 도화선의 성능시험

(1) 연소초시시험

약 1.1m의 도화선을 직선상으로 펴고, 끝으로부터 약 5cm의 장소에 도화선에 직각으로 침으로 구멍을 뚫는다. 이곳으로부터 정확하게 1m의 장소에 동일하게 구멍을 뚫는다. 한쪽 끝에서 점화하여 제1의 구멍으로부터 불꽃이 분출된 후 제2의 구멍으로부터 불꽃이 분출될 때까지의 시간을 스톱워치로 측정한다.

(2) 점화력시험

길이 약 20cm의 시료도화선의 한쪽 끝을 내경 약 6mm의 유리관 내에 삽입하고 그 도화선 끝으로부터 50mm 이격하여 길이 약 10cm의 제2도화선을 동일 유리관 내에 삽입한다. 시료도화선의 바깥쪽 끝에서 점화하여 마지막 끝단에서 방출하는 불꽃이 제2도화선을 점화시키는지의 여부를 조사한다.

(3) 내수성시험

시료도화선 약 1.3m를 수심 1m의 장소에 2시간 이상 침지한 후 꺼내서, 양단의 각각으로부터 약 15cm를 절단하여 제거하고 중간부분에 대하여 연소시험을 실시한다. 연소중단되는지의 여부를 조사한다.

41.1.3 도폭선의 성능시험

(1) 폭속시험

시료 약 1.5m를 절단하여 이온갭법, 오실로스코우프법 등의 정밀측정법에 의해 측정한다. 폭속은 5500～7000m/sec이다.

(2) 내수성시험

시료 약 1.5m를 수압 29.4Pa의 수중에서 3시간 이상 침지한 후 중앙에서 절단하여 2개로 나눈다. 1개는 절단한 곳을 6호 뇌관으로 기폭시켜 전폭여부를 조사한다. 다른 1개는 새로운 도폭선으로부터의 전폭성을 조사한다. 또한 심수용의 것은 수압 490Pa로 시험한다.

41.1.4 시그널튜브의 성능시험

(1) 폭속시험

시료 약 1.5m를 절단하여 이온갭법, 오실로스코우프법 등의 정밀측정법에 의해 측정한다. 폭속은 2000±200m/sec이다.

(2) 약량시험

시료를 정확하게 1m를 절단하여 무게를 측정한다. 시그널튜브 전용 스파크점화기로 기폭시키고 튜브 내의 잔사물을 압축공기로 깨끗하게 제거한 후 무게를 측정한다. 기폭 전후의 무게 차이가 시그널튜브의 1m당 약량이다. 기준은 각사마다 약간 다르지만 보통은 약 20±5mg/m이다.

41.2 검정화약류의 안전도시험[1]

지하 석탄광산 내에는 가연성 가스 및 석탄 분진들이 존재한다. 일본의 석탄광산안전규칙에 따르면, 갱내에서 사용하는 화약류는 검정시험에 합격한 검정폭약 및 검정화공품을 사용해야 한다고 규정되어 있으며 미국, 영국 등에서도 탄광용에 사용되는 화약류는 Permissible explosives라는 이름으로 규정되어 있다.

갱내에 가연성가스 또는 탄진이 존재하는 탄광에서 안전하게 정상적으로 사용할 수 있는 폭약을 검정폭약, 뇌관을 검정뇌관이라고 한다. 검정폭약의 종류로는 400g검정폭약, 600g검정폭약, EqS-I 및 EqS-II폭약이 있다. 검정폭약 및 검정뇌관은 그 종류에 따라서 적용되는 안전도시험의 종류가 <표 39.4>와 같이 정해져 있다.

〈표 39.4〉 검정폭약 및 검정뇌관의 종류와 안전도시험의 종류

폭약・뇌관의 종류	시험의 종류						
	가스시험				탄진시험		
	A법	B법	C법	D법	A법	B법	C법
400g검정폭약	○				○		
600g검정폭약	○				○		
Eqs-Ⅰ검정폭약		○				○	
Eqs-Ⅱ검정폭약		○	○			○	○
검정뇌관				○			

41.2.1 가스시험

탄광에서 발생하는 가연성가스에 대한 안전성을 검정하는 시험이다. 폭약의 경우에는 [그림 41.3]과 같이 갱도와 유사하게 만든 폭발실에 9±0.3%의 농도의 메탄가스를 충전하고 발파공과 유사하게 만든 구포 내에 시료폭약을 장전하고 이것을 기폭시켰을 때 가스가 인화되는지의 여부를 확인한다. 뇌관의 경우에는 폭발실에 9±0.3%의 농도의 메탄가스를 충전하고 시료뇌관을 기폭한다. 검정폭약은 10회, 검정뇌관은 30회 반복하여 인화되지 않아야 한다.

41.2.1.1 가스시험 A법

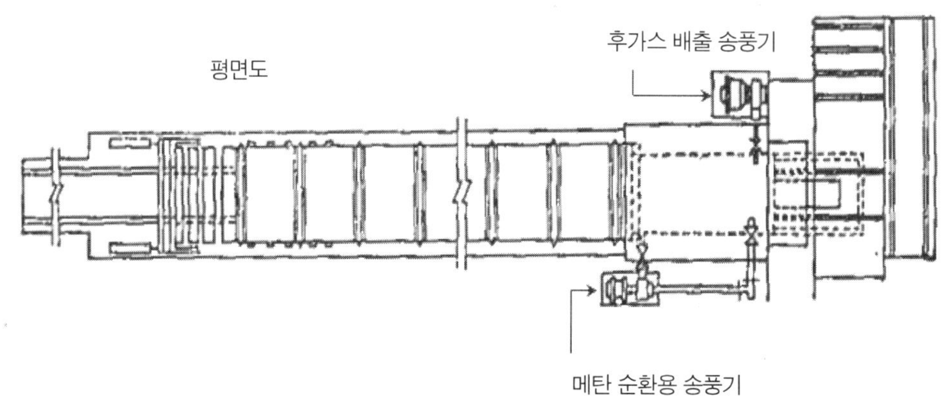

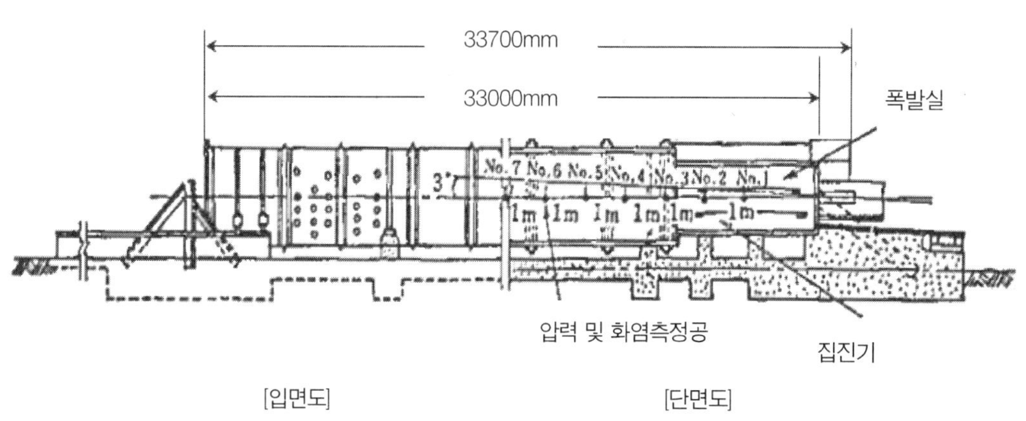

[그림 41.3] 폭발시험 갱도

400g검정폭약 및 600g검정폭약시험에 적용한다. 시료폭약은 1개당 100g의 것으로 400g, 또는 600g을 구포에 장전공에 장전한다. 뇌관은 정기폭으로 설치하고 메지는 하지 않는다.

41.2.1.2 가스시험 B법

EqS-I폭약 및 EqS-II폭약의 시험에 적용한다. 시료폭약은 1개당 100g의 것으로 400g을 구포의 장전공에 장전한다. 뇌관은 역기폭으로 설치하고 메지는 하지 않는다.

41.2.1.3 가스시험 C법

EqS-II폭약의 시험에 적용한다. 시료폭약은 1개당 100g의 것으로 300g을 구절구포 위에 설치하고 뇌관을 공구에 가장 가까운 약포에 정기폭의 형태로 장착한다.

41.2.1.4 가스시험 D법

검정뇌관의 시험에 적용한다.

41.2.2 탄진시험

41.2.2.1 탄진시험 A법

400g검정폭약 및 600g검정폭약의 시험에 적용한다. 갱도와 유사하게 만든 폭발실에 1500g의 탄진을 4개의 선반에 대략적으로 균등하게 분배하고 발파공과 유사하게 만든 구포로부터 기폭하여 탄진으로의 착화 여부를 확인한다. 시료폭약은 1개당 100g의 것으로 400g 또는 600g을 구포의 장전공에 장전한다. 뇌관을 정기폭으로 하고 메지는 하지 않는다.

41.2.2.2 탄진시험 B법

EqS-I 및 EqS-II폭약의 시험에 적용한다. 시료폭약은 1개당 100g의 것으로 400g을 구포의 장전공에 장전한다. 뇌관은 역기폭으로 하고 메지는 하지 않는다.

폭발실 중앙 바닥면에 강철제의 앵글을 설치하고 그 바닥에 도폭선을 설치한 다음 그 위에 1.5㎏의 탄진을 깔고 도폭선을 기폭하여 탄진을 부유시키고 0.3초후에 시험폭약을 기폭한다.

41.2.2.3 탄진시험 C법

EqS-II 폭약의 시험에 적용한다. 시표폭약은 1개당 100g의 것으로 300g을 구절구포 위에 설치하고 뇌관은 정기폭으로 한다. 구절구포의 양측의 지지대에 강철제 앵글을 설치하고 그

바닥에 도폭선을 설치한 다음 그 위에 2kg의 탄진을 깔고 도폭선을 기폭하여 탄진을 부유시킨 후 0.3초 후에 시험폭약을 기폭한다. 구절구포는 [그림 41.4]와 같다.

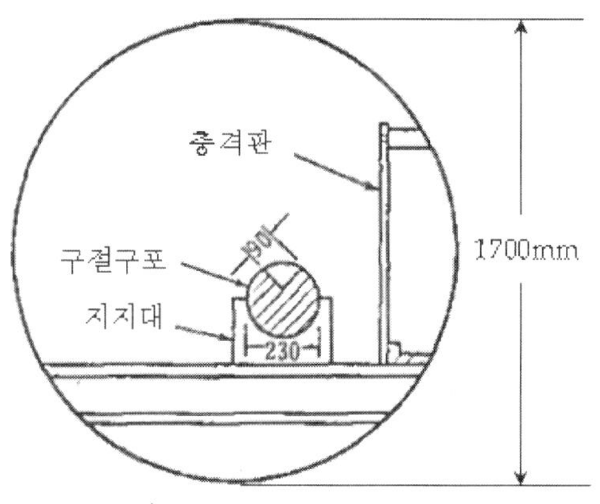

[그림 41.4] 구절구포시험갱도 개략도

41.3 내충격시험

산업용화약류의 발파는 효율 증대 및 소음 진동의 감소를 위해서 단발발파를 실시한다. 따라서 먼저 기폭된 공에서 발생된 충격파는 아직 기폭되지 않은 인접공의 폭약에 영향을 미칠 수 있다. 특히 슬러리폭약이나 에멀젼폭약과 같이 GMB, Perlite 등의 물리적예감제를 사용하는 경우에는 이러한 충격에 의해서 물리적예감제들이 파괴되어 가스가 빠져 나가고 비중이 높아져 감도가 저하되며 심하면 불폭에 이르게 된다. 이러한 충격에 의한 감도는 대부분 물리적예감제의 내압강도에 따라서 좌우되며 각 제품에 대한 이러한 내충격성을 사전에 측정해 둠으로써 발파현장에서 공간격을 설정하는데 기준이 된다.

내충격시험은 일반적으로 수중에서 실시하는데 수중은 암반 조건보다 동등 이상의 악조건을 제공함으로 수중 내충격성 결과를 그대로 사용하면 된다.

내충격성은 상대 비교치이므로 도너(Doner)는 항상 동일한 약을 사용하며 일반적으로는 다이너마이트(MegaMITE Ⅰ) 28mm, 125g 1개를 사용한다. 수중 2m 깊이에 도너를 설치하고 각선을 다단발파기에 연결한다. 시료폭약도 수중 2m 깊이에 일정한 거리를 띄워서 설치하고 각선을 다단발파기에 연결한다. 또한 시료폭약에는 폭속측정장치를 연결하여 폭속을 측정하거나 도폭선을 달아서 기폭여부를 확인한다. 거리를 감소 또는 증가시켜가면서 3회시험하여 3회 모두 완폭되는 거리를 찾아낸다.

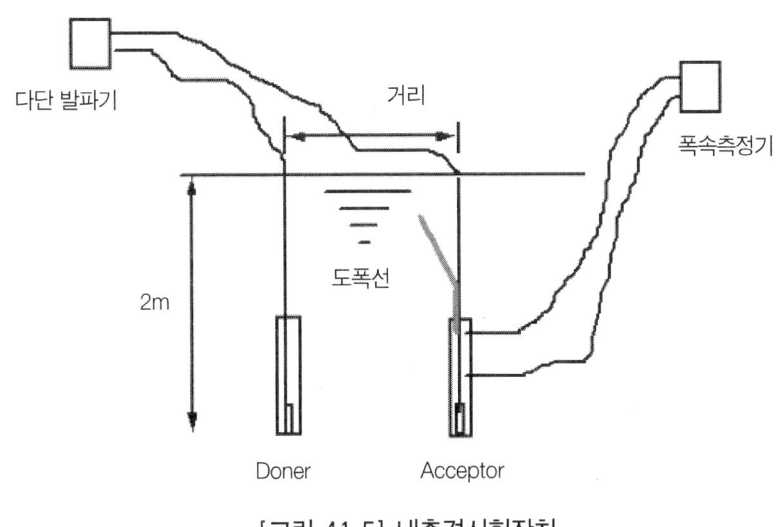

[그림 41.5] 내충격시험장치

41.4 MBP(Minimum burning pressure) 시험

일반적으로 에멀젼폭약의 대부분은 상온에서 지속적인 연소가 이루어지지 않는다. MBP는 고압 조건 하에서 밀폐된 용기에서 열선에 의해 점화된 에멀젼폭약의 최소연소압력을 결정하는데 사용된다. 에멀젼폭약이 펌핑, 제조 및 수송 중에 일어나는 대부분의 사고는 물질이 고압 및 고온에 있을 때 일어나는 것으로 밝혀졌다. 따라서 최소연소압력의 결정은 에멀젼폭약의 가장 중요한 안전특성의 하나가 되었다. 개발 및 생산하고 있는 에멀젼폭약의 최소연소압력을 결정함으로써 펌핑, 제조 및 수송 중에 처할 수 있는 압력을 MBP 이하로 제한할 수 있도록 설계하여 비상상황에도 에멀젼폭약이 연소 나아가서는 폭굉에 이르지 않도록 하기 위함이다.

[그림 41.6]과 같이 시료를 세팅하고 Pressure regulator를 시험하고자 하는 압력으로 조정한다. 히터로 가열 및 N_2가스를 주입하여 시험온도와 시험압력으로 조정한다. 12V 차량용배터리를 이용하여 에멀젼폭약 시료 내에 삽입되어 있는 점화플러그를 가열시켜 에멀젼폭약을

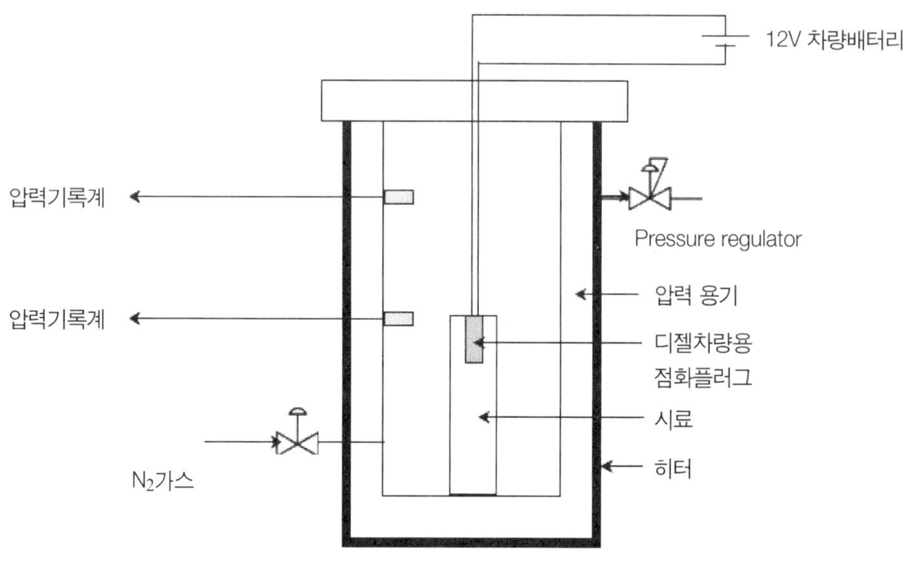

[그림 41.6] MBP 시험장치

연소시킨다. 에멀젼폭약이 연소되면 가스가 발생하여 압력이 상승되는데, 이 상승 압력은 세팅해 놓은 Pressure regulator에 의해 일정 압력으로 유지된다. 이 압력과 온도는 기록계에 기록이 된다. 유지되는 시험 압력에서 시료가 타다가 중단되면 시험 압력을 높여가면서 완전히 연소되는 압력이 나타날 때까지 시험을 계속한다. 모든 시료가 다 연소되는 압력이 나오면 시험을 중단하고 이 압력을 시료 에멀젼폭약의 MBP로 결정한다.

41.5 화약류 위험물 분류 절차에 따른 시험[2]

UN Number는 IMDG Code(International Maritime Dangerous Goods Code) 1장에 따르면, 가장 통상적으로 운송되고 있는 위험성, 유해성 등을 갖는 물질 또는 재료 등을 지정하는 4단위로 만들어진 숫자를 의미한다. Class란 IMDG Code의 목적에 따라 위험물을 다양한 급(Class) 또는 등급(Division)에 해당하는 물질, 재료 및 제품의 특성과 성질을 정의하고 설명할 필요성에 따라 만들어졌다. 이 중에 화약류는 Class1에 해당되며 [그림 5.1]과 같은 흐름도에 따라 등급이 1.1서 1.6까지 UN Number가 정해지며 이들을 분류하기 위한 여러 가지 시험들이 규정되어 있다.

5.1. 위험성 분류 시험 규약

a. 개요

이 장에서는 운송을 목적으로 49 CFR(App A, Ref 3)에 의해서 요구되고 그리고 저장 위험성 분류를 수립하기 위한 STANAG 4123(App A, Ref 2)과 DoD 6055.0-STD(App A, Ref 1)에 의해서 요구되는 시험을 규정한다. 기술된 시험 요구사항은 UN 위험물 운송 전문가 위원회가 권고하는 시험에 부합해야 하며, 이 내용은 위험물 운송 시험 및 기준의 권고사항에 문서화되어 있다. 시험은 다음의 일곱 가지 시리즈로 나누어진다.

(1) UN Series 1 - 신물질에 대한 폭굉성 시험

(2) UN Series 2 - 신물질에 대한 둔감도 시험

(3) UN Series 3 - 신물질의 취급 및 운송에 대한 위험성 시험

(4) UN Series 4 - 새로운 제품, 포장 제품 및 포장 물질의 취급 및 운송에 대한 위험성 시험

(5) UN Series 5 - Hazard Division 1.5 시험(아주 둔감한 폭발성 물질[다량의 폭발 위험성])

(6) UN Series 6 - Hazard Classification 시험(Hazard Divisions 1.1, 1.2, 1.3 및 1.4)

(7) UN Series 7 - Hazard Division 1.6 시험(극도로 둔감한 폭굉물질[EIDS]를 함유하는 극도로 둔감한 폭발성 제품)

※ CFR = United States Code of Federal Regulations
※ STANAG = NATO Standardization Agreement
※ DoD = Department of Defense ammumition

b. 시험 규약

폭발성 물질과 제품의 위험성을 분류하는 일반적인 체계는 [그림 5.1]과 같다. 시험 옵션은 DoD 및 DOT 시험 규약에 대한 UN의 권고로부터 선정된다. 이 문서에서 언급된 모든 위험성 분류 시험은 Test 1 (a) (iii)과 같은 UN지정(번호부여시스템)에 의해 참조된다. UN 규약에서 선택적으로 시험을 할 수 있다. 검사에 대한 음성은 통과를 나타내지만 양성은 불합격을 나타낸다.

※ DOT = Department of Transportation
※ UN = United nation

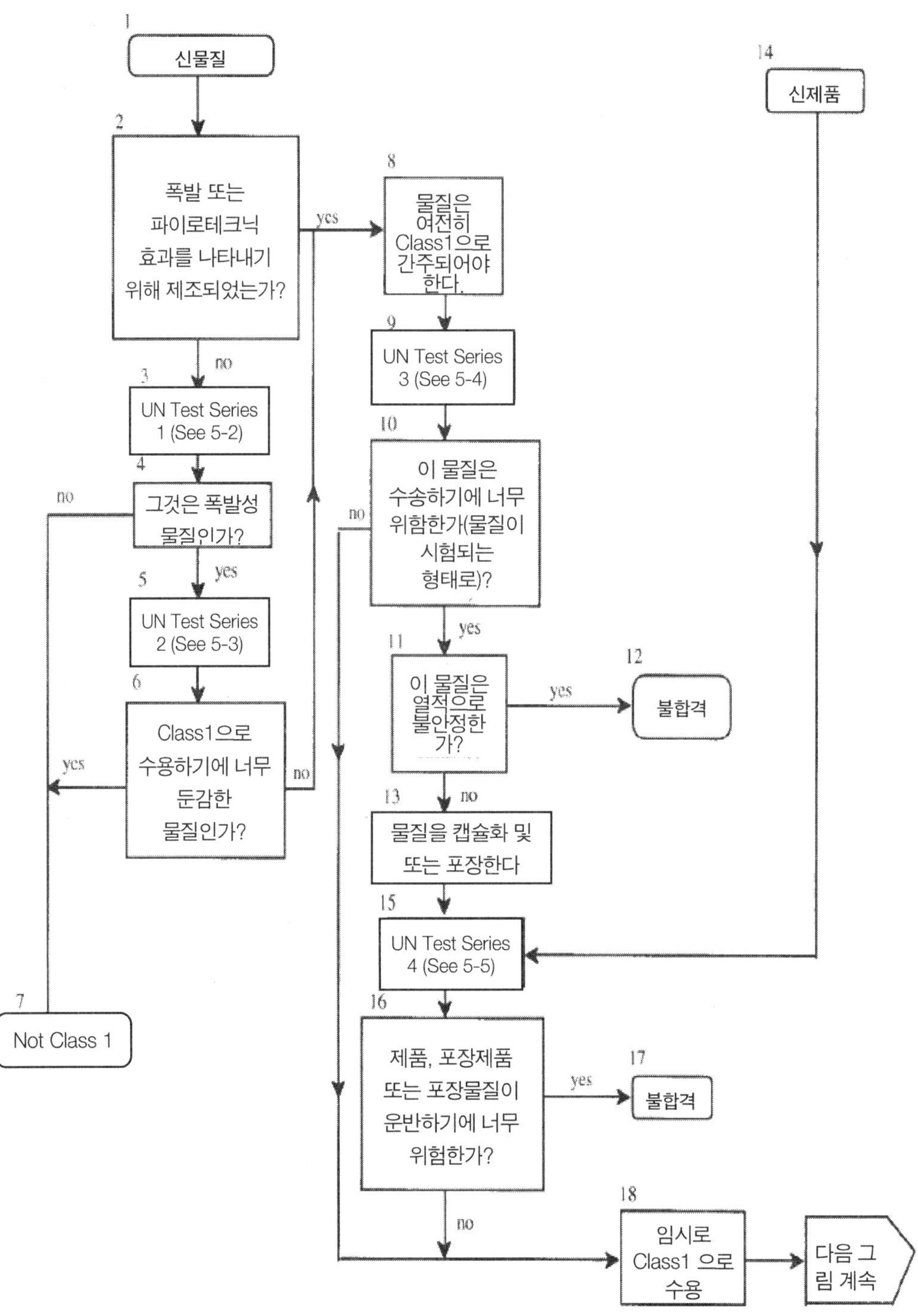
1
신물질
2
폭발 또는 파이로테크닉 효과를 나타내기 위해 제조되었는가?
yes
no
3
UN Test Series 1 (See 5-2)
4
그것은 폭발성 물질인가?
no
yes
5
UN Test Series 2 (See 5-3)
6
Class1으로 수용하기에 너무 둔감한 물질인가?
yes
no
7
Not Class 1
8
물질은 여전히 Class1으로 간주되어야 한다.
9
UN Test Series 3 (See 5-4)
10
이 물질은 수송하기에 너무 위험한가(물질이 시험되는 형태로)?
no
yes
11
이 물질은 열적으로 불안정한가?
yes
12
불합격
13
no
물질을 캡슐화 및 또는 포장한다
14
신제품
15
UN Test Series 4 (See 5-5)
16
제품, 포장제품 또는 포장물질이 운반하기에 너무 위험한가?
yes
17
불합격
no
18
임시로 Class1 으로 수용
다음 그림 계속

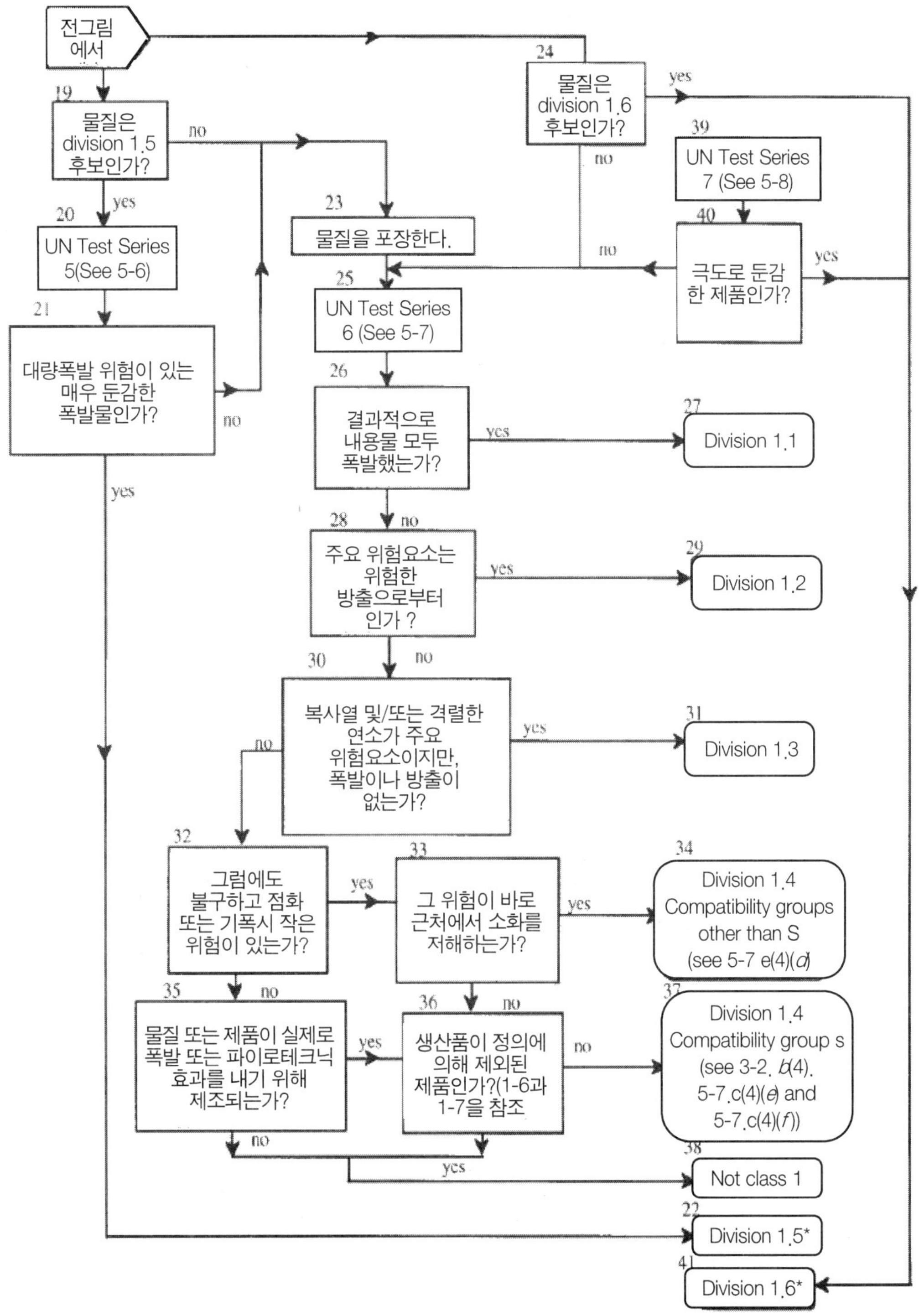

[그림 5.1] 화약류의 1등급 구분을 위한 시험 절차

(1) 선택적 물질 시험

아래의 열거된 UN Series 1과 Series 2 시험은 실제로 폭발성의 불꽃 효과를 일으키기 위해 제조된 DoD 물질에는 필요하지 않다([그림 5.1]의 Box2를 참조)

(a) Test 1(a)(iii)—-Gap Test for Solids and Liquids(5–2a).
(b) Test 1(b)(ii)—-Internal Ignition Test(5–2b).
(c) Test 1(b)(iii)—-Slow Cookoff Bomb(SCB) Test(5–2c).
(d) Test 2(a)(iii)—-Gap Test for Solids and Liquids(5–3a).
(e) Test 2(b)(ii)—-Internal Ignition Test(5–3b).
(f) Test 2(b)(iv)—-Slow Cookoff Bomb (SCB)(5–3c).

(2) 필수 물질 시험

폭발 효과를 발휘하도록 설계된 물질에 대한 수락 절차는 UN Test Series 3의 적용에서 시작된다. Test Series 1과 2는 폭발 효과가 있는 물질에는 필요하지 않음을 유의하라. 다음 검사 중 하나를 사용하여 양성을 얻은 경우 물질의 운반은 금지된다.

(a) Test 3(a) (i)—Bureau of Explosives Impact Machine Test(5–4a).
(b) Test 3(b) (iii)—ABL Friction Test(5–4b).
(c) Test 3(c)—Thermal Stability Test at 75°C(5–4c).
(d) Test 3(d) (i)—Small-Scale Burning Test(5–4d).

(3) 포장 또는 비포장의 폭약 제품, 또는 포장된 폭약 물질 시험

(a) Test 3(c)(열안정성)에 불합격한 물질은 금지된다. 이러한 이유로 우선적으로 Test 3(c) 시험의 실시가 추천된다. Test 3(a)(i)(impact), Test 3(b)(iii)(friction), 및/또는 Test 3(d)(i)(small scale burn)에 불합격된 제품은 Class 1에 합격할 수 있는지 확인하기 위해 캡슐화되고/되거나 포장되어([그림 5.1]의 Box13) Test 4(b)(ii)(12meter drop test)를 실시해야 한다.

(b) 신 제품은 적절한 경우 Class 1에 합격할 수 있는지를 보기 위해서 Test Series 4를 실시해야 한다. 적절한 Series 4 tests(아래에 열거)가 수행되지 않거나, 또는 양성의 시험 반응이 얻어지면, 그 제품은 운송이 금지된다.

※ Note. 완제품에 사용된 물질이 Test 3(c)를 통과하지 못한 경우, 완제품 또는 포장된 완제품에 관해 4(a)를 수행하여야 한다. 품목의 물질이 Tests 3(a)(i), 3(b)(iii) 및 3(d)(i) 또는 동등한 시험을 통과하지 못한 경우, 완제품, 포장된 완제품 또는 포장 물질에 대해 Test 4(b)(i)(for liquids) 또는 4(b)(ii)(for solids)를 수행하여야 한다.

1. Test 4(a) - 완제품 및 포장 제품의 열안정성 시험(5-5a)은 포장 물질에는 적용되지 않는다. 새로운 제품에 Test 3(c)의 적용을 받지 않은 물질이 포함되어 있거나, 폭발성 물질과 접촉하는 물질의 화학적 적합성이 입증되지 않은 경우, 완제품 또는 포장 제품의 열안정성 시험은 적절하다.

2. Test 4(b)(i) - 액체에 대한 Steel Drop Test(5-5b)

3. Test 4(b)(ii) - 제품 및 고체 물질에 대한 12m Drop Test(5-5c)

(4) Hazard Division 1.5 explosives tests

시리즈 3의 시험 및 시리즈 5의 시험 중에서 어느 하나에서도 양성 반응이 얻어지면, 물질은 Hazard Division 1.5로 분류되지 않는다.

(a) Test 5(a) - 뇌관 감도 시험(5-6a)

(b) Test 5(b)(ii) - DDT 시험(5-6b)

(c) Test 5(c) - Hazard Division 1.5에 대한 External Fire Test(5-6c)

(d) Test 5(d) - Princess Incendiary Spak Test(5-6d)

(5) Hazard Divisions 1.1, 1.2, 1.3, 및 1.4 tests

포장 또는 비포장의 폭약 제품, 또는 포장된 폭약 물질은 5-7항에서 설명된 Test Series 6에서의 반응에 따라 Hazard Division 1.1, 1.2, 1.3 및 1.4로 분류된다. 시리즈6의 시험들은 다음과 같다.

(a) Test 6(a) - Single Package Test(5-7a)

(b) Test 6(b) - Stack Test(5-7b)

(c) Test 6(c) - External Fire(Bonfire) Test(5-7c)

(d) Hazard Division 1.2 및 고체로켓모터 분류에 대한 승인된 대체 시험 절차는 각각 6-6b 및 6-6c항에 제공된다. 또한 에어블라스트 데이터 수집, 에어블라스트 위험성 평가와 해석, 파편 수집, 파편 위험성 평가와 해석, 및 열효과 데이터 수집, 평가와 해석에 관한 지침이 6장(참고문헌4 참조)에 제시되어 있다.

(e) 액체 폭발물의 DoD 저장에 대한 위험성 분류의 목적을 위해 요구되는 추가 시험: 인화점 테스트(5-9). 95℃이하의 인화점을 갖는 액체 폭발물(양성 반응)은 저장이 금지된다.

(6) Hazard Division 1.6 tests

(a) Hazard division 1.6 제품의 폭약 충전물로서 사용하기 위한 물질은 Test Series 3(상기에서 열거) 또는 Test Series 7의 물질 시험 중의 어느 하나에서도 양성 반응이 나타나지 않을 수도 있으며 이러한 물질은 매우 둔감한 폭발 물질(EIDS)로 분류된다. UN, DOT, 및 DoD는 다량의 EIDS를 Hazard Division 1.5 물질로 간주한다.

※ Note. 만약 EIDS가 Hazard Division 1.5로 별도로 보관 또는 운송되는 경우, EIDS는 Test Series 5를 통과해야 한다. 포장된 EIDS "제품"에 대해서는 아래의 설명을 참조한다. Series 7 물질 시험은 다음과 같다.(Friability Test는 Susan Impact Test와 EIDS Bullet Impact Test 모두에 대해 승인된 대체 시험임을 유의한다.)

1. Test 7(a)—EIDS Cap Test(5–8a).
2. Test 7(b)—EIDS Gap Test(5–8b).
3. Test 7(c) (i)—Susan Impact Test(5–8c); 또는,
4. Test 7(c) (ii)—Friability Test(5–8d).
5. Test 7(d) (i)—EIDS Bullet Impact Test(5–8e)) 또는,
6. Test 7(d) (ii)—Friability Test(5–8d).
7. Test 7(e)—EIDS External Fire Test(5–8f).
8. Test 7(f)—EIDS Slow Cookoff Test(5–8g).

(b) Hazard Division 1.6 제품으로 만들어진 제품은 EIDS만을 포함해야 하며 Test Series 7 제품 시험의 어느 것에서도 양성 반응이 나오지 말아야 할 것이다. 이와 같은 동일한 기준을 만족하는 포장된 벌크 EIDS는 저장을 위한 Hazard Division 1.6 제품으로 분류된다는 것을 유의

한다. Series 7 제품 시험은 아래와 같다.

1. Test 7(g)—1.6 Article External Fire Test(5-8h).
2. Test 7(h)—1.6 Article Slow Cookoff Test(5-8i).
3. Test 7(j)—1.6 Article Bullet Impact Test(5-8j).
4. Test 7(k)—1.6 Article Propagation Test(5-8k).

5.2 UN Test Series 1(선택적)

a. Gap test for solid and liquid[UN Test 1(a)(iii)]

(1) 개요

이 시험은 액체 또는 고체 물질이 안정정인 폭발을 유지하는지 여부를 결정하고, 만약 그렇다면 충격 감도를 측정하도록 설계되었다. 샘플은 특정 치수의 강관에 충전되고 펜톨라이트 부스터의 폭굉으로 발생된 충격파를 받는다.

(2) 장치 및 재료

[그림 5.2, 5.3] 및 [5.4] 참조

(3) 시험절차

샘플이 강관 상부에서 충전된다. 액체 샘플은 약간 덜 채워도 된다. 고체 샘플은 더 이상 다져지지 않을 때까지 가볍게 두드려서 채운다. 샘플은 상온(25±2℃)에서 시험이 이루어지며 165g의 펜톨라이트(50/50) 펠렛의 폭굉으로부터 얻어진 충격파를 받는다. 펜톨라이트 펠렛은 샘플의 바닥과 밀착시키고 [그림 5.4]와 같은 8호 뇌관으로 기폭된다. 뇌관은 코르크 뇌관 홀더로 지지된다. 각 샘플에 대해서 3회 시험이 수행된다.

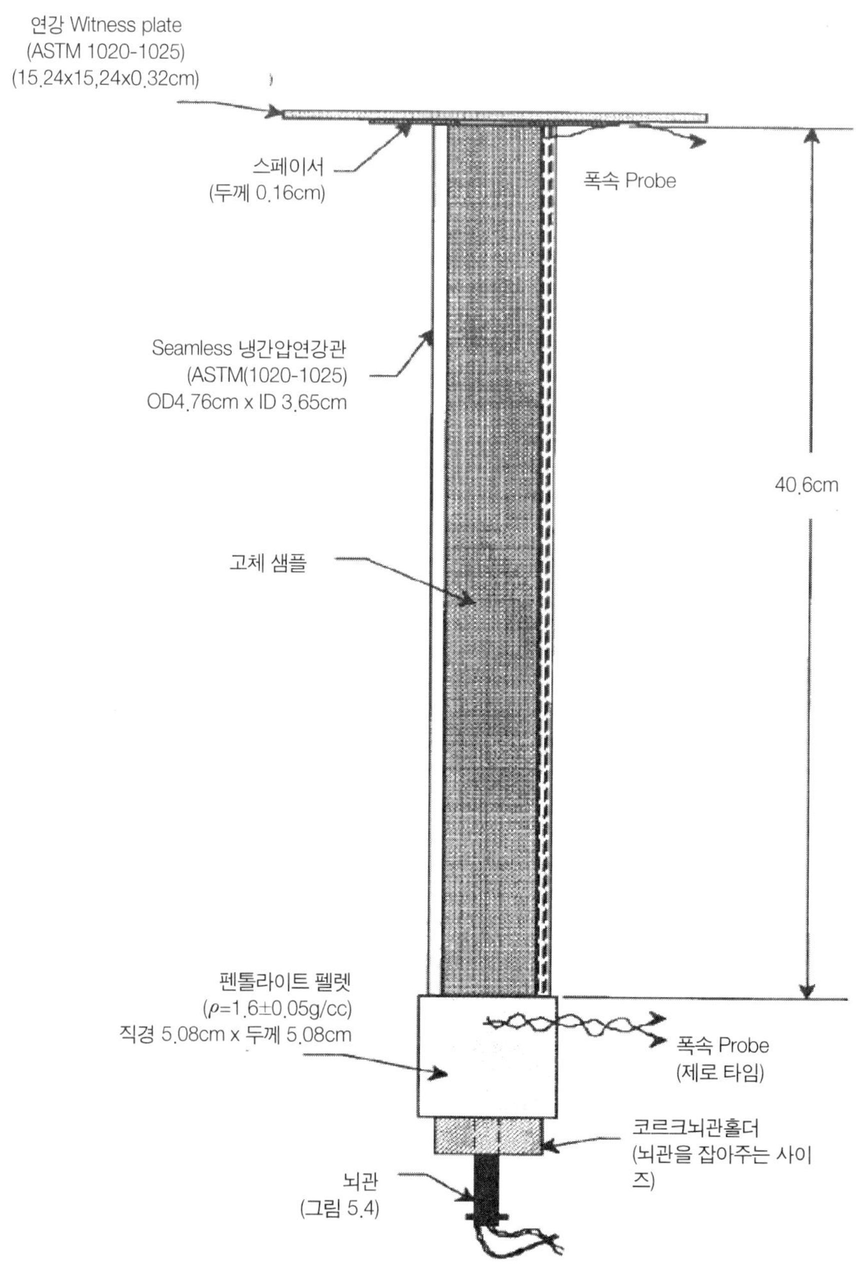

[그림 5.2] Gap test configuration for solid substance – UN Test 1(a)(iii)

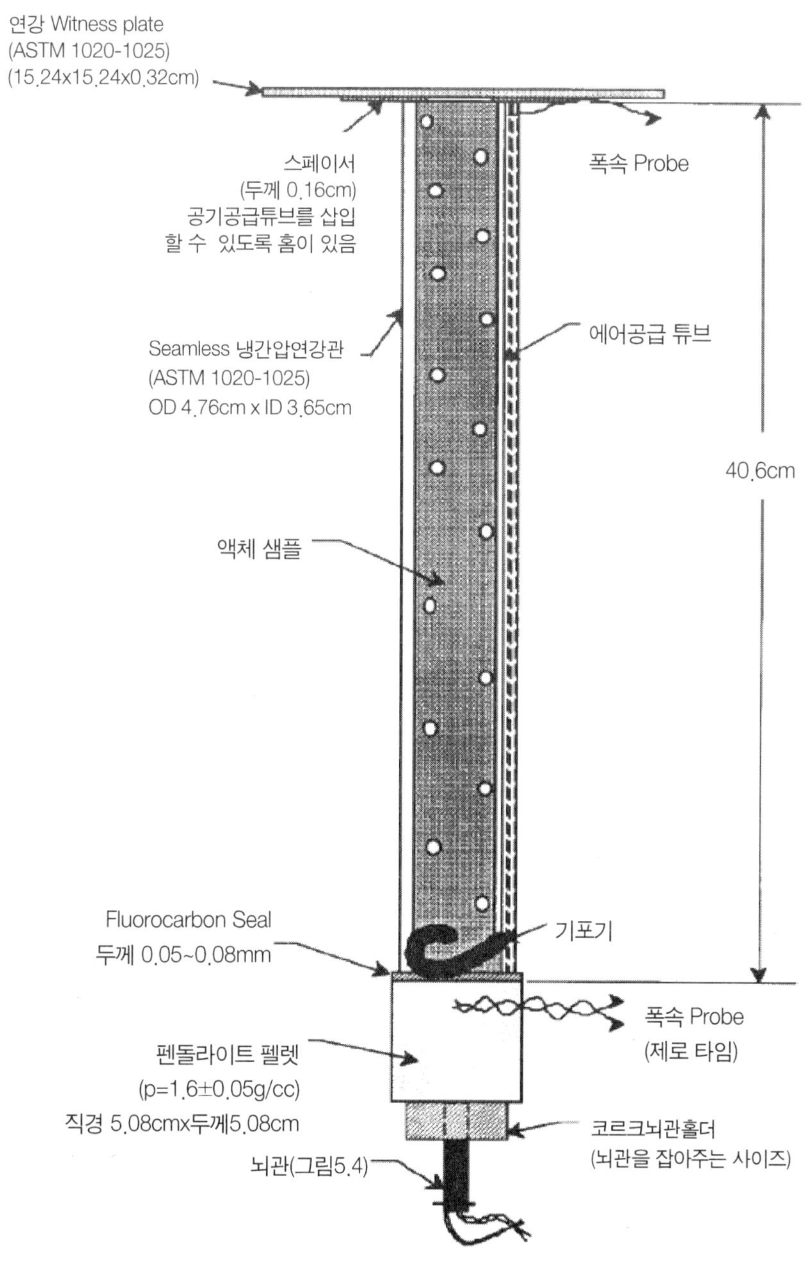

[그림 5.3] Gap test configuraion for liquid substance - UN Test 1(a) (iii)

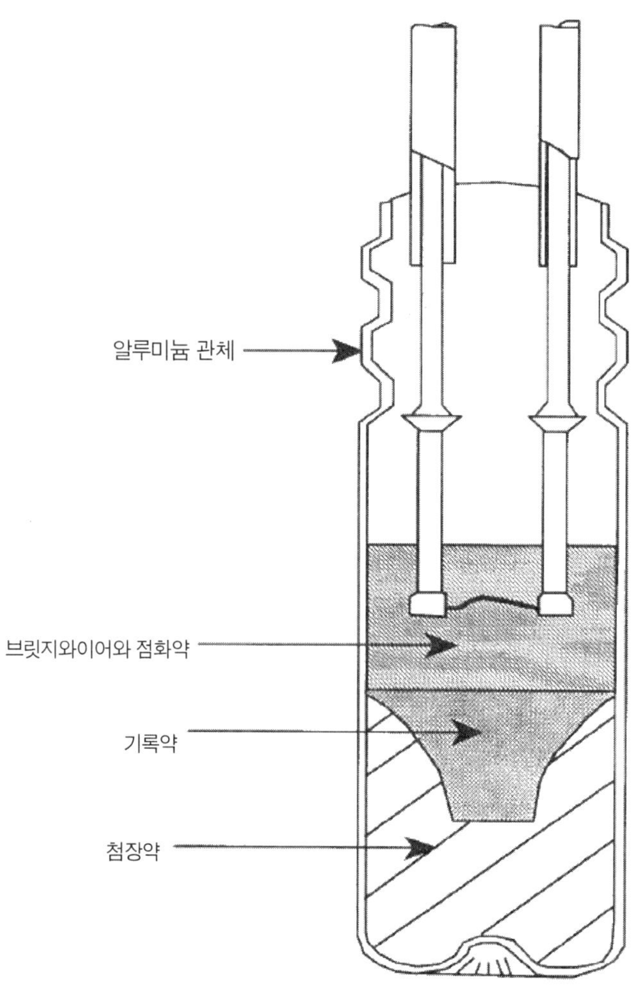

〈뇌관 규격〉
관체
재질 : 5052 알루미늄 합금
길이 : 31.8mm
직경 : 7.06mm
벽두께 : 0.19mm
기폭약 : 0.195g의 LA
첨장약 : 0.447±0.019 PETN(29MPa(280bars)로 압착

[그림 5.4] Number eight(USA) detonator

(4) 결과의 평가 기준 및 방법

(a) 전폭 기준
가. 물질의 음속보다 훨씬 큰 안정적인 속도
나. Witness plate에 구멍이 생김
다. 샘플 강관의 길이 전체에서 파편 발생

(b) 상기 3개의 기준 중 2개 이상 충족되면 양성으로 판정

b. Internal ignition test[UN Test 1(b)(ii)]

(1) 개요

이 시험은 급속히 상승하는 온도와 압력에 대한 물질의 반응을 결정하기 위해 설계되었다.

(2) 장치 및 재료

[그림 5.5]참조

(3) 시험절차

샘플이 강관에 230mm 높이까지 충전된다. 20g의 점화약이 파이프의 중앙에 삽입되고 전선이 구멍을 통해서 밖으로 당겨지고 에폭시수지로 실링된다. 나머지 샘플이 충전되고 나사식 뚜껑이 체결된다. 점화약은 20V, 15A의 전류에 의해서 점화된다. 각 시료에 대해서 3회 시험이 수행된다.

(4) 결과의 평가 기준 및 방법

(a) 파이프나 뚜껑의 하나가 적어도 2개의 파편 조각으로 파이프로부터 분리되면 양성이다.

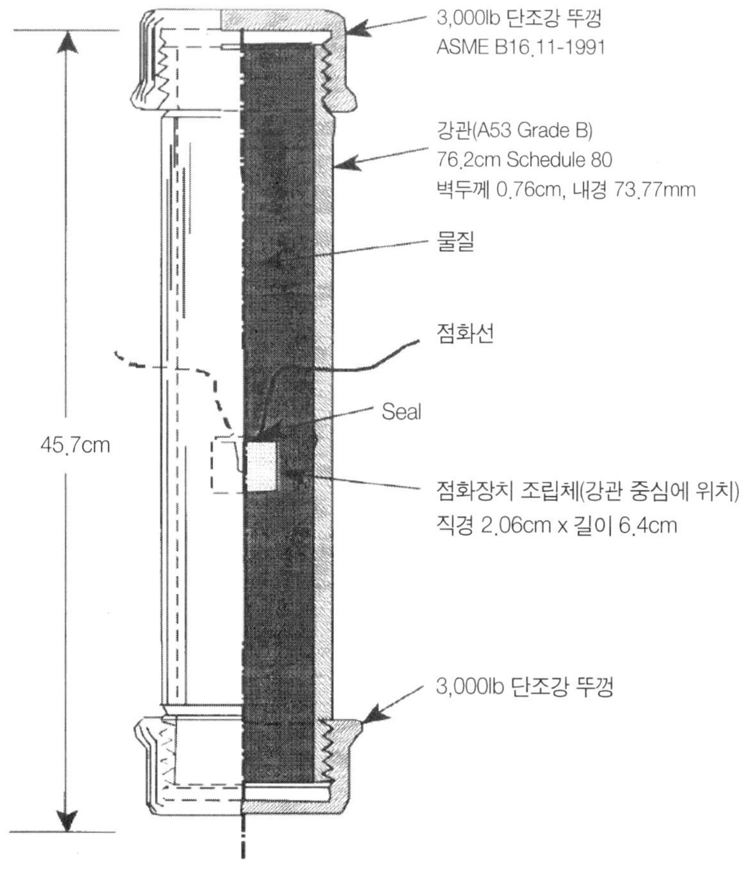

[그림 5.5] Internal ignition test – UN Tests 1(b) and 2(b)(ii)

(b) 파편이 단순히 쪼개지기만 하거나 뚜껑이 변형되기만 했을 때 음성이다.

c. Slow cookoff bomb(SCB) test[UN Test 1(b)(iii)]

(1) 개요

이 시험은 물질을 외부의 느린 가열에 노출시킬 수 있는 운송 및 저장 상황을 모의 실험한다.

(2) 장치 및 재료

[그림 5.6] 참조

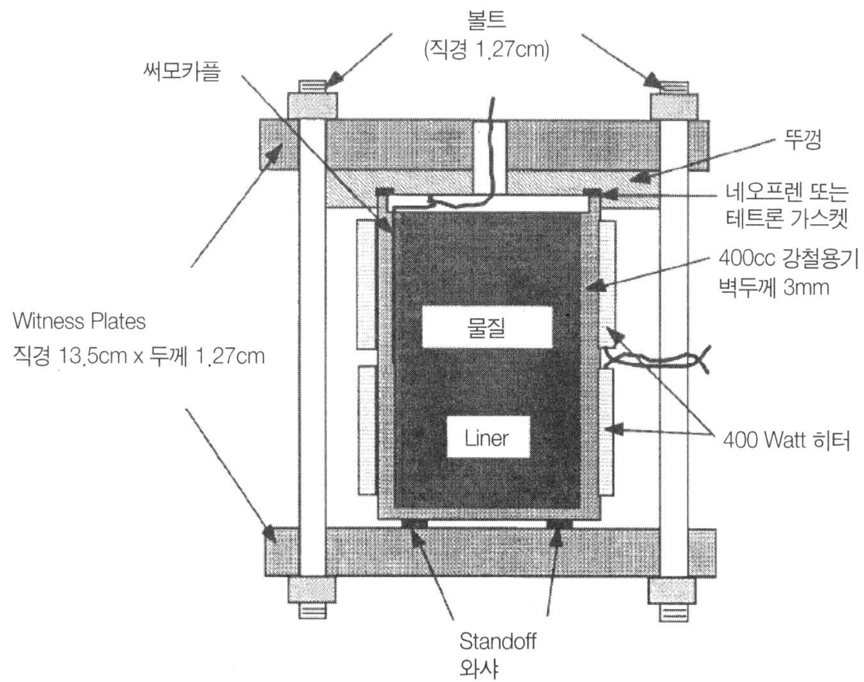

[그림 5.6] Slow cookoff bomb(SCB) test device – UN Tests 1(b) and 2(b)(iv)

(3) 시험절차

고체, 액체, 슬리리 또는 분말 형태의 시료가 SCB 장치의 강철 용기의 용량으로 충전한다. 400℃에서 액화되어 넘치지 않을 정도로 채운다. SCB장치가 조립되고 안전한 시험 구역에 위치시킨다, 2개의 400와트 히터를 120VAC 또는 120VDC에 연결됨으로써 가열된다. SCB장치의 온도와 폭발시간을 기록하는데 Strip-chart recorder가 사용된다. 가열속도는 3℃/min로 유지한다. 시험은 25±3℃에서 시작하고 반응이 일어날 때까지 또는 400℃에 도달할 때까지 계속한다.

(4) 결과의 평가 기준 및 방법

물질의 반응 시간 및 온도가 챠트 기록으로부터 얻어지고 반응의 심각도가 용기파편의 수와 상태 및 Witness plate의 상태로부터 얻어진다. 반응의 수준은 다음과 같이 정의된다.

가. SCB가 파열되거나 파편화되지 않고 witness plate가 변형되거나 구멍이 나지 않으면 음

성으로 판단한다.

나. 다음 중 어느 하나라도 발생하면 양성으로 간주한다.

1. SCB장치의 파손

2. SCB의 파편화

3. Witness plate의 변형

4. Witness plate의 구멍 형성

5.3 UN Test Series 2(선택적)

a. Gap test for solids and liquids

(1) 개요

이 시험은 고체 또는 액체 물질의 충격 민감성과 폭굉 전파성을 측정하여 물질이 Class1으로 판정하기에 너무 둔감하지 않은지의 여부를 결정하도록 설계되었다. 샘플을 특정 치수의 강관에 충전하고 부스타와 시료 샘플 사이에 5.05cm Cast PMMA(polymethyl methacrylate)판(Plexiglass 또는 동등물)을 삽입하여 펜톨라이트의 부스타의 충격파를 받는다.

(2) 시험장치 및 재료

[그림 5.8] 참조

(3) 시험절차

시료와 펜톨라이트 사이에 두께 5.08mm의 PMMA(Polymethyl methqacrylate)가 설치되는 것을 제외하고는 5-2a(3)과 동일하다.

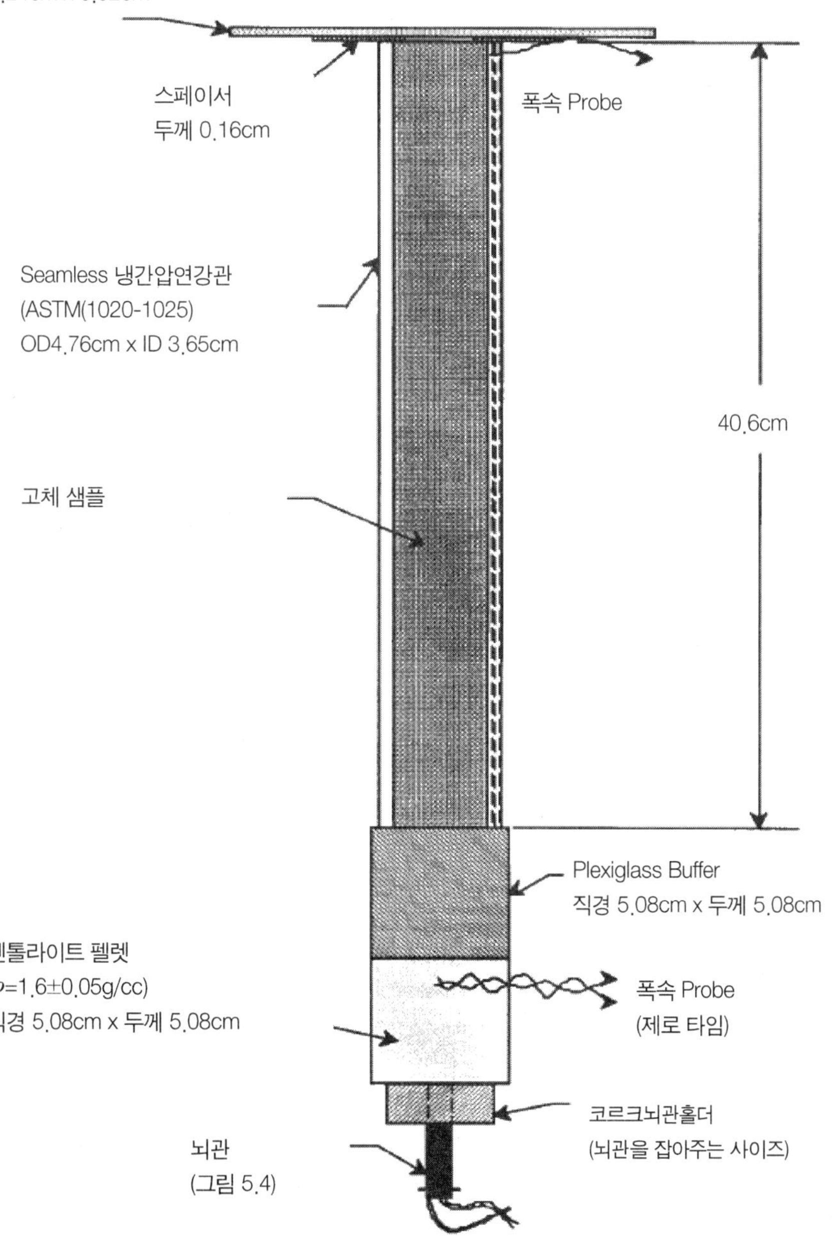

[그림 5.7] Gap test configuration for solid substance – UN Test 2(a)(iii)

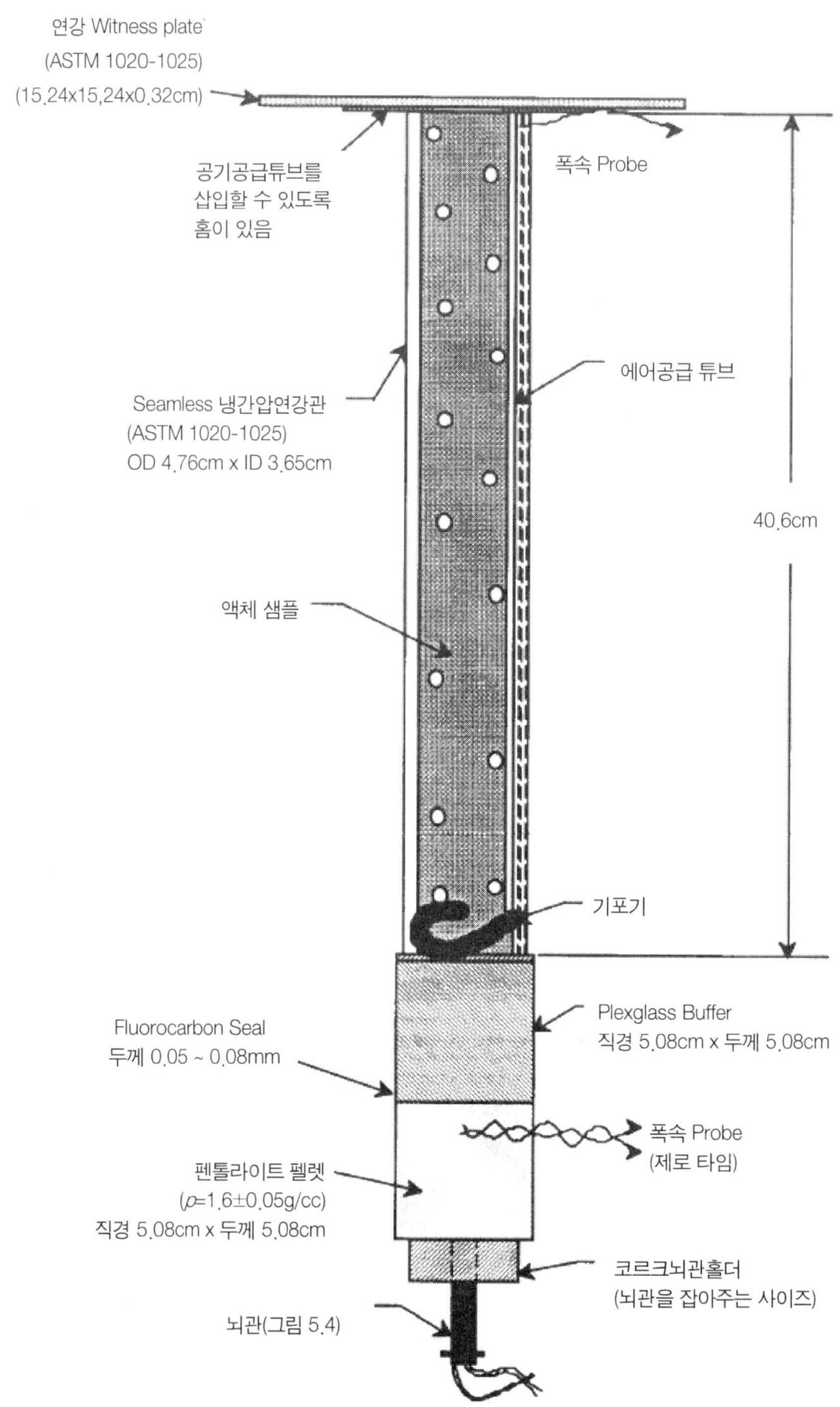

[그림 5.8] Gap test configuration for liquid substance – UN Test 2(a)(iii)

(4) 결과의 평가 기준 및 방법

(a) 전폭 기준
 가. 물질의 음속보다 일정한 속도
 나. Witness plate에 구멍이 생김
 다. 강관 길이 전체에서 파편 발생
(b) 상기 3개의 기준 중 2개 이상 충족되면 양성으로 판정

b. Internal ignition test[UN Test 2(b)(ⅱ)]

(1) 개요

이 시험은 20g의 흑색화약 점화제를 10g의 흑색화약 점화제로 대체하는 것을 제외하고는 Test 1(b)(ⅱ)와 동일한 장비를 사용한다.

(2) 장치 및 재료

[그림 5.5] 참조

(3) 시험절차

5.2b(3)과 동일

(4) 결과의 평가 기준 및 방법

(a) 파이프나 뚜껑의 하나가 적어도 2개의 파편 조각으로 파이프로부터 분리되면 양성이다.
(b) 파편이 단순히 쪼개지기만 하거나 뚜껑이 변형되기만 했을 때 음성이다.

c. Slow cookoff bomb(SCB)[UN Test 2(b)(ⅳ)]

(1) 개요: SCB 실험 장치는 [그림 5.6]과 같다.

(2) 장치 및 재료: [그림 5.6] 참조

(3) 시험절차: 5.2c(3)와 동일

(4) 결과의 평가 기준 및 방법

물질 반응(Cookoff)의 시간과 온도는 챠트 기록으로부터 얻어지며 반응 심각도의 평가는 용기 파편의 수와 상태 및 Witness plate의 상태로부터 이루어진다. 확인해야할 반응의 수준은 다음과 같다.

(a) SCB 장치가 1 조각이면 시험의 결과는 음성으로 간주한다. 장치는 파손될 수 있으나 Witness plate는 변형되거나 구멍이 나지 않는다.

(b) 다음 중 어느 하나라도 발생하면 양성으로 간주한다.

1. SCB 장치의 파편화
2. Witness plate의 파손
3. Witness plate의 구멍

5.4 Test Series 3(필수)

a. Bureau of explosives impact machine [UN Test 3(a)(ⅰ)]

(1) 개요: 이 시험은 정상 충격을 포함한 기계적 자극에 대한 물질의 감도를 측정하여 물질이 운송하기에 너무 위험한지 여부를 결정하기 위해 설계되었다. 두 개의 서로 다른 샘플 어셈블리를 사용하여 고체 및 액체 물질에 적용 가능하다.

(2) 장치 및 재료: [그림 5.9, 5.10] 및 [그림 5.11] 참조

(3) 시험절차

(a) 고체: 10mg의 시료가 다이에 충전된다. 앤빌과 다이가 샘플 하우징에 설치되고 그 위에 나사 케이싱이 채워진다. 그리고나서 플러그와 플런저가 샘플의 상단에 삽입

된다. 추가 원하는 높이까지 올려진 다음에 낙하된다. 각 샘플에 대해서 정해진 높이에서 10회 실시된다. 각 샘플에 대해서 시험 결과를 평가할 때 RDX나 HMX를 기준으로 한다. 샘플 테스트 결과와 함께 RDX 또는 HMX 보정 결과를 기록한다.

(b) 액체: 리바운드 슬리브, 중간 핀 및 스트라이커는 스트라이커 하우징에 조립된다. 구리 컵이 컵 포지셔닝 블록에 놓여지고 한 방울의 액체 물질이 컵에 담겨진다. 하우징과 구성품들이 컵 포지셔닝 블록 위에 놓여진다. 스트라이커의 끝이 컵 안으로 미끄러져 들어가지만 컵 위치 결정 블록이 실제로 컵의 액체에 닿지 않도록 한다. 스트라이커 하우징이 위치 결정 불록에서 들어 올려지면 컵은 마찰로 스트라이커의 끝에 고정된다. 스트라이커 하우징이 앤빌 하우징으로 나사로 조여지며 치수는 스트라이커 하우징이 나사로 조여질 때 구리 컵의 바닥이 앤빌에 닿은 정도로 한다. 전체의 장치는 낙하시험기에 놓여진다. 액체에서는 단 한번의 낙추 높이로 시험되며 이 높이는 25.4cm이다. 또한 구리 컵 내에 있는 필터 페이퍼 조각에 흡수된 액체로 시험이 이루어진다. 각 샘플에 대해서 10회의 측정이 이루어진다.

(4) 결과의 평가 기준 및 방법

(a) 고체 : 가청의 폭음 또는 화염이 관측되면 양성으로 간주한다. 화염 또는 소리가 적어도 50% 이상 관측되면 그 높이를 충격 감도로 간주된다. 충격 감도가 10.16cm 이하이면 운송하기에 상당히 예민한 물질로 간주한다.

(b) 액체 : 가청의 폭음과 연기가 10번 중 한번이라도 관측되면 양성으로 간주한다. 25.4cm 이하의 높이에서 양성으로 관측되면 운송하기에 상당히 예민한 물질로 간주한다.

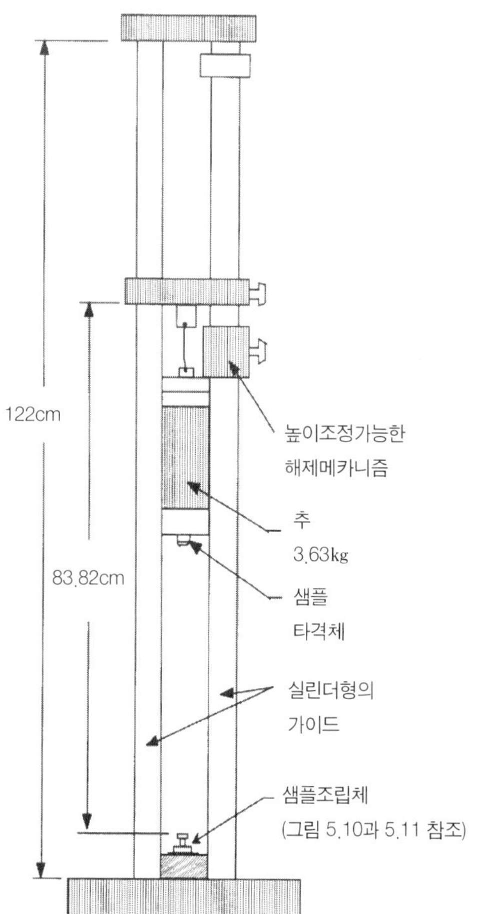

[그림 5.9] Bureau of explosives impact machine - UN Test 3(a)(i)

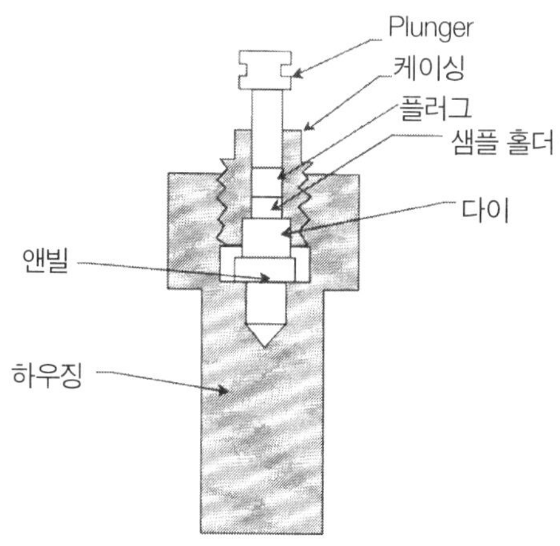

[그림 5.10] Bureau of explosives impact machine sample(고체) - UN Test 3(a)(i)

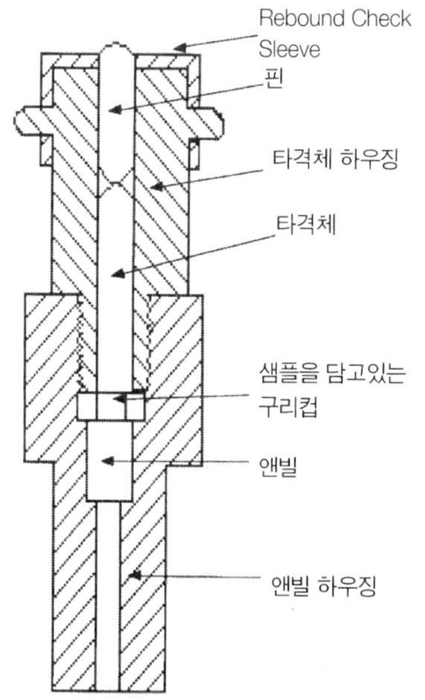

[그림 5.11] Bureau of explosives impact machine sample assembly (액체) - UN Test 3(a)(i)

b. ABL friction test[UN Test 3(b)(iii)]

(1) 개요: 이 시험은 마찰에 대한 물질의 감도를 결정한다. 시험 물질은 비회전 바퀴 아래에서 수직 압축력을 받는 한편 물질은 슬라이딩 앤빌 위에서 수평 방향으로 움직인다. 이 시험은 액체 및 고체 물질 모두에 적용된다.

(2) 장치 및 재료: [그림 5.12] 참조

(3) 시험절차

0.64cm의 너비 그리고 슬라이딩 접촉면을 따라서 2.54cm까지 연장될 수 있는 바퀴 아래에 있는 앤빌 위에 25℃의 샘플을 얇게 균일하게(굵은 입자는 하나의 입자 두께로) 깐다. 바퀴가 샘플 위에 놓여지고 힘이 가해진다. 초기의 힘은 4450N(1000 lb)로 하는 것이 일반적이다. 실제로 이 힘은 점차 증가되며 낮은 값은 높은 값의 75%이다. 최고 8000N(1,800 lb) 및 최소 44N(10 lb)의 값이 사용된다. 0.3m/sec의 간격으로 증가 또는 감소가는 속도가 추가의 비교를 위해서 사용될 수 있지만 일반적으로는 0.9m/sec의 속도가 사용된다. 속도는 추가 놓여지는 수직 높이로 부터의 진자 각도를 조정함으로써 변화된다.(30도일 때 약 0.9m/sec이다) 매회 새로운 샘플이 사용되고, 앤빌도 깨끗이 세척된다. 반복되는 절차가 20회의 시험에서 반응이 일어나지 않은 가장 높은 압축력을 결정하는데 사용된다. 이 값은 반응의 임계값으로 간주한다. 시험 결과를 평가하는데 건상의 PETN이 기준으로 사용된다. 이 샘플의 결과와 함께 PETN의 시험결과를 기록한다.

(4) 결과의 평가 기준 및 방법

(a) 다음의 다섯 가지 중에 하나라도 얻어지면 반응한 것으로 판단한다.

1. 눈에 보이는 스파크
2. 눈에 보이는 불꽃
3. 소리를 감지할 수 있는 폭발
4. 커다란 부서지는 소리
5. 가스 분석기에 의한 반응생성물의 검출

(b) 샘플 홀더의 변색, crepitation(즉, 샘플의 붕괴로 인한 균열)

(c) 건조한 PETN보다 같거나 큰 마찰감도 즉 낮은 압축력을 가진 물질을 양성으로 간주하고 운반하기에 매우 예민하다고 판단한다. PETN은 0.9m/sec에서 184N의 초기 반응온도를 갖는다.

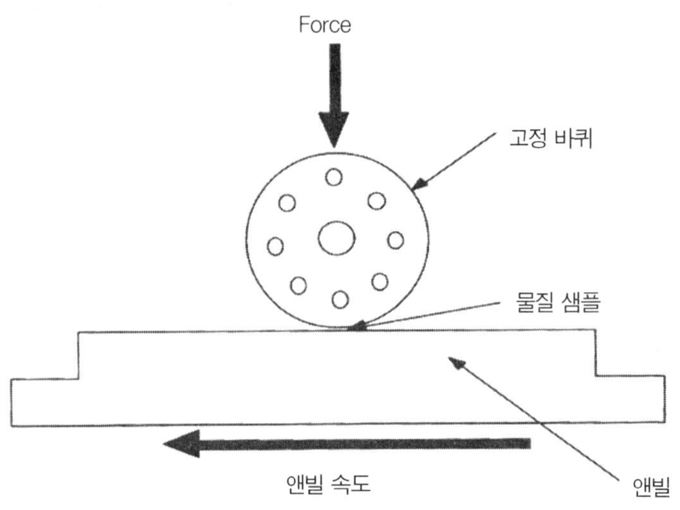

[그림 5.12] ABL friction test configuration - UN Test 3(b)(iii)

c. Thermal stability test at 75℃[UN Test 3(c)]

(1) 개요: 이 시험은 물질이 시험된 상태에서 운반하기에 아주 위험한지의 여부를 결정하기 위해 고온의 열 조건에 노출시켜 물질의 안정성을 측정하도록 설계되었다.

(2) 장치 및 재료: [그림 5.13] 참조

(3) 시험절차

이 시험은 두 부분으로 나누어진다. 첫 번째 부분은 반응을 나타내는 점화, 폭발, 심한 변색의 육안 확인 또는 중량 감소에 의해서 명확한 샘플의 열 불안정성을 보여주는지 여부를 결정하는데 사용된다. 두 번째 부분은 첫 번째 부분이 명확한 결론을 제공하지 않은 경우에 사용된다. 샘플의 자기 가열이 있는지의 여부를 관찰하는데 써모카플와 기록장치가 사용된다.

(a) 열 불안정성

최대 50g의 샘플을 비이커에 옮기고 무게를 잰다. 뚜껑이 있는 비이커를 75℃ 오븐에서 48시간동안 가열한다. 시료에서 점화 또는 폭발이 일어나지 않고 시험이 종료되면, 가열시간이 지난 후, 비이커를 꺼내 식힌 다음 계량한다. 휘발분이 계산된다. 예상되는 수분의 양보다 손실이 더 크면 불안정성의 증거로 간주되어야 하며, 불안정성의 심각도의 측정이 필요하다. 미지의 물질을 다룰 때, 물질의 거동을 이해하기 위해 50g보다 훨씬 적은 샘플 크기로 스크리닝하는 여러 가지 방법이 수행된다.

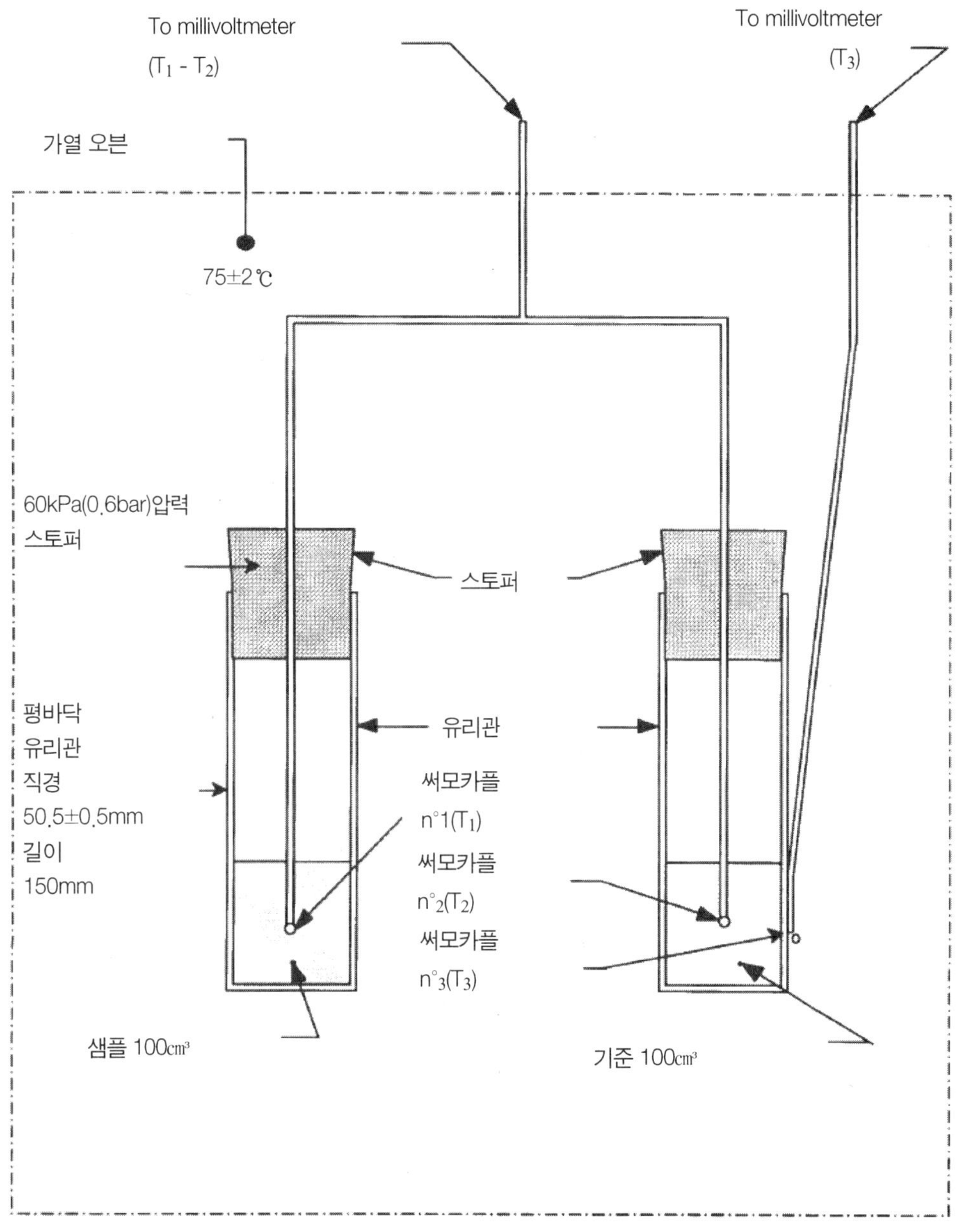

[그림 5.13] Thermal stability test configuration - UN Test 3(c)

(b) 불안정성의 심각도

하나의 튜브에 100g의 샘플을 넣고, 다른 튜브 안에는 동일한 양의 표준 물질을 넣는다. 써모카플 T_1과 T_2를 시료의 중간 높이에 삽입한다. 써모카플이 검사 대상 물질과 기준 물질 모두에 대해 불활성이 아니면 불활성인 덮개로 싸져야 한다. 써모카플 T_3와 피복 튜브는 [그림 5.13]과 같이 오븐 내에 넣는다. 시료 및 기준 물질이 75℃에 도달된 후 48시간 동안 시료 샘플과 표준 사이의 온도차가 측정된다. 점화 또는 폭발이 일어나지 않으면 샘플 튜브를 꺼내어 데시케이터 내에서 냉각되고 칭량된다. 샘플의 분해의 증거가 기록된다.

(4) 결과의 평가 기준 및 방법

(a) 열 불안정성 : 점화 및 폭발이 일어나면 양성으로 간주하고 분해가 일어나지 않으면 음성으로 간주한다. 산화에 의한 사소한 표면 변색 이외의 분해가 일어나면 두 번째 부분의 시험이 수행되어야 한다.

(b) 불안정성의 심각도 : 최소 10초 동안 자가 발열에 의해서 +3℃의 온도차가 기록되면 열적으로 불안정하다고 간주된다. 만약 3℃이상의 자가발열의 점화 또는 폭발이 없거나 3℃ 이하의 자가발열이 기록되면 열 안정성을 결정하기 위해 추가 시험 및/또는 평가가 필요할 수도 있다.

d. Small-scale burning test[UN Test 3(d)(i)]

(1) 개요: 이 시험은 소량의 물질이 밀폐되지 않았을 때 DDT가 일어나는지의 여부를 결정하기 위해 사용된다.

(2) 장치 및 재료: [그림 5.14] 참조

(3) 시험절차

125g의 시료(액체 또는 고체)를 호환성의 200㎤의 플라스틱 비이커에 넣는다. 이 샘플을 케로센으로 침적시킨 톱밥 층에 두고, 톱밥을 전기점화장치로 점화시킨다. 3회 실시한다.

(4) 결과의 평가 기준 및 방법

만약 폭발 또는 폭굉이 일어나면 양성으로 간주한다. 양성으로 나타나면, 이 물질은 시험된 형태로 운반하기에 상당히 위험한 것으로 판단된다.

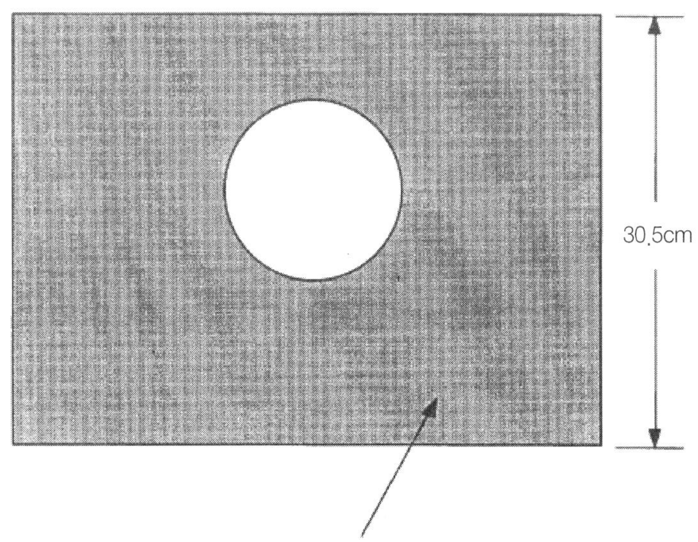

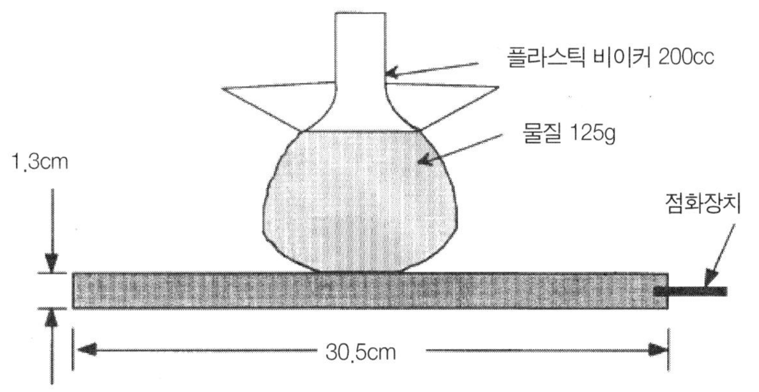

[그림 5.14] Small scale burning test configuration – UN Test 3(d)(i)

5.5 UN Test Series 4(적절한 경우 필수 항목)

a. Thermal stability test for articles and packaged articles[UN Test 4(a)]

(1) 개요: 이 시험은 시험 단위가 운송하기에 아주 위험한지의 여부를 결정하기 위해 고온의 열 조건에 놓였을 때 제품 및 포장 제품의 열안정성을 평가하기 위해 설계되었다. 시험의 결과를 평가하는데 몇 가지의 기준이 사용된다. 이 시험은 포장된 물질에는 적용되지 않는다. 이

시험에 수용될 수 있는 최소 크기는 가장 작은 포장 단위이다.

(2) 장치 및 재료: [그림 5.15] 참조

(3) 시험절차

시험 장치에 따라서 써모카플을 포장되지 않은 제품의 외부 케이스 또는 포장의 중심 근처에 위치한 물품의 외부 케이스에 놓는다. 써포카플은 온도기록계에 부착된다. 시험장치는(써모카플과 함께) 75℃의 오븐에 넣고 48시간 유지한다. 그리고 난 다음에 장치를 오븐에서 꺼내어 냉각되고 검사된다. 미지의 제품을 다룰 때에는 시료를 운반할 때 적절한 주의를 기울여야 한다. 온도가 기록되고 육안검사가 기록된다.

(4) 결과의 평가 기준 및 방법

(a) 다음 중 어느 하나라도 발생하면 양성으로 간주한다.

가. 폭발

나. 발화

다. 착색된 연기 또는 냄새의 발생

라. 3℃ 이상의 온도 상승

마. 제품의 외부 케이스 또는 외부 포장의 손상

(b) 시험결과가 양성인 제품 및 포장 제품은 운반에 매우 위험하다고 판단된다.

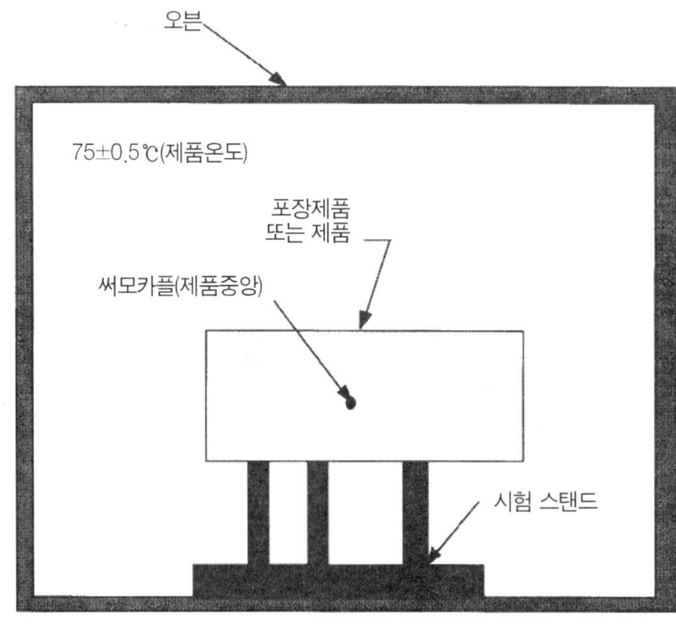

[그림 5.15] Thermal stability test for articles – UN Test 4(a)

b. Steel tube drop test for liquid[UN Test 4(b)(i)]

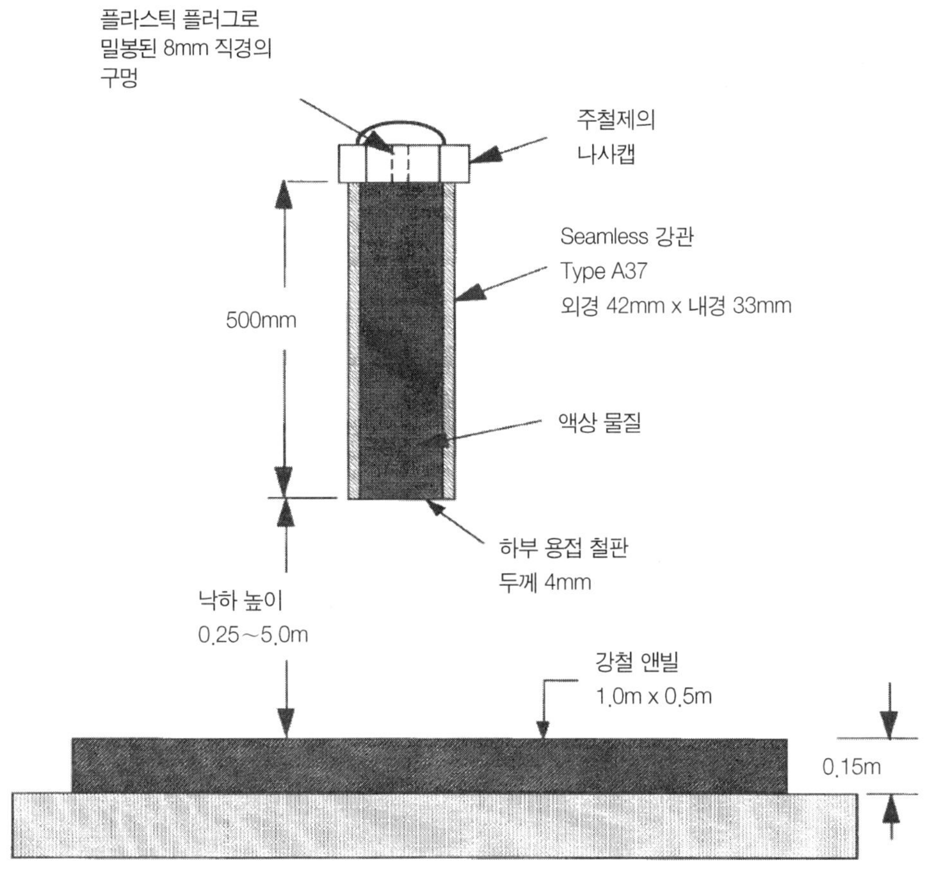

[그림 5.16] Steel tube drop test for liquid - UN Test 4(b)(i)

(1) 개요: 이 시험은 액체 물질의 낙하 민감도를 결정한다. 시험 액체 물질은 강관에 봉입해서 강관에 충격을 가한다. 목표는 폭굉이 일어나지 않는 최대 낙하 높이를 결정하는 것이다.

(2) 장치 및 재료: [그림 5.16] 참조

(3) 시험 방법

액상 물질은 낙하 전에 10초간 교반되어야 한다. 교반 후 시험할 때까지 적어도 1시간 이상 경과해야 한다. 액상 물질은 수직으로 스틸판 위로 낙하된다. 낙하높이는 최대 5m까지 0.25m 간격으로 변경되어야 한다. 낙하 높이는 액체 물질이 폭발하거나 최대 높이에 도달할 때까지 증가된다. 다음의 정보가 기록된다.

(a) 액상 샘플의 이름

(b) 액상 샘플의 밀도

(c) 액상 샘플의 온도

(d) 폭굉이 일어나지 않는 최대 낙하 높이

(4) 결과의 평가 기준 및 방법

(a) 관찰된 현상은 다음과 같이 분류되어야 한다.

1. 파편을 동반한 폭굉

2. 튜브가 파열된 반응

3. 튜브에 손상이 거의 없는 무반응

(b) 5m 낙하 높이 이하에서 폭굉이 일어나면 액상 제품은 양성으로 간주되며 어떠한 형태로 포장하든 간에 운송 부적합하다고 간주된다.

(c) 최대 낙하 높이 5m에서 반응이 없으면 이 제품은 음성으로 간주하며 이 액상 제품은 금속 (또는 다른 물질) 용기 운반에 적합한 것으로 간주된다.

(d) 수송에 대한 적합성이 DoD Hazard Classifiers와 DOT의 만족한 결과로 증명되지 않으면 5m의 높이에서 폭굉없이 국소 반응이 있는 경우, 금속용기로 액상물질을 운반하는 것은 금지되어야 한다.

c. 12m drop test for articles and solid substances[UN Test 4(b)(ii)]

(1) 개요: 이 시험은 시험 단위(포장된 물질 또는 제품)가 화재나 폭발 위험없이 자유낙하 충격에 견딜 수 있는지 여부를 결정한다. 포장이 충격에 견딜지의 여부를 평가하기 위한 시험은 아니다.

(2) 장치 및 재료: [그림 5.17] 참조

(3) 시험절차

시험장치는 시험장치의 가장 낮은 지점에서 충격 표면까지 12m의 높이에서 떨어뜨린다. 충격시 육안에 의한 기폭 또는 점화가 일어나지 않는 경우라도 시험기관이 지정한 충격 후 안전한 대기 시간을 준수해야 한다. 시험장치는 점화 또는 기폭이 일어났는지의 여부를 판단하기 위해서 추가로 시험이 이루어져야 한다. 데이터는 아래에 명시된 패키지 설명 및 관찰이 포함되어야 한다. 기록 결과에는 점화개시 발생시간(있는 경우) 및 대량 폭발 또는 폭연과 같은 결과의 심각도 표시에 대한 사진 및 기록된 시각 및 청각 증거가 포함되어야 한다. 충격시 시험장치의 자세가 기록되어야 한다. 포장의 파열은 기록될 수 있지만 결론에는 영향을 미치지 않는다. 포장된 물질 또는 완제품에 대해 3회 낙하시험이 이루어진다. 그러나 각 시험장치는 단 한번 낙하된다.

(4) 결과의 평가 기준 및 방법

충격으로부터 발화 또는 폭발이 생기면 양성으로 간주한다. 포장의 파열이 양성 결과로 간주하지 않는다.

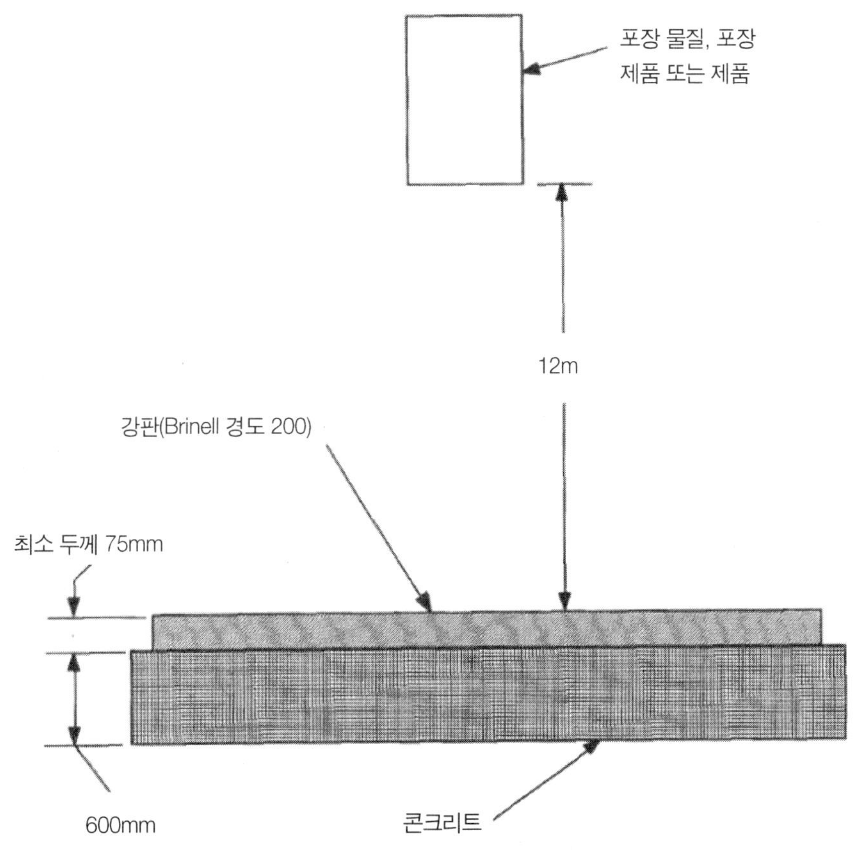

[그림 5.17] 12m drop test configuration – UN Test 4(b)(ii)

5.6 UN Test Series 5(Hazard Division 1.5에 대한 필수 항목)

a. Cap sensitivity test[UN Test 5(a)]

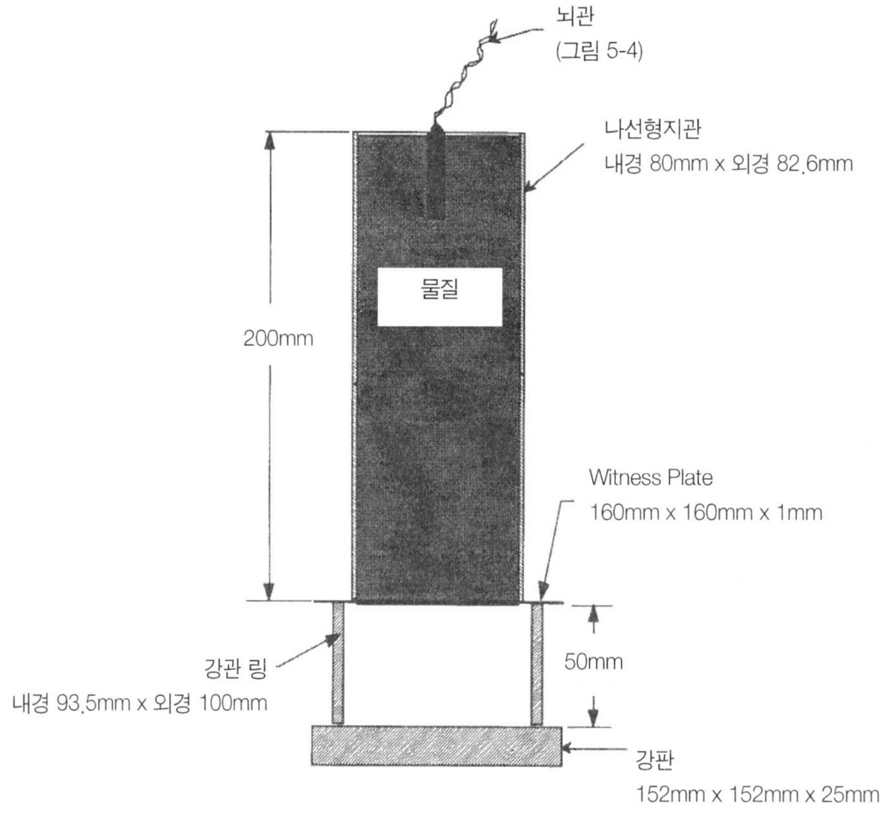

[그림 5.18] Cap sensitivity test configuration - UN Tests 5(a) and 7(a)

(1) 개요: 이 시험은 표준 뇌관에서 발생한 충격에 대한 물질의 감도를 결정하기 위해 설계되었다. 이 시험은 정량적이며 모호하지 않은 결과를 산출하며 Hazard Division 1.5에서 매우 둔감한 폭발성 물질을 분류하기 위해 Test Series 5의 기준 중의 하나로 사용될 수 있다.

(2) 장치 및 재료: [그림 5.18] 참조

(3) 시험절차

시험 물질은 3개의 동일한 양으로 튜브 내에 채워진다. 유동성이 좋은 입상 물질의 경우 튜브는 각 양을 채우고 나서 50mm 높이에서 떨어뜨린다. 겔 타입의 물질은 솜털을 제거하기 위해 신중하게 손으로 포장된다. 모두 경우에 있어서 튜브 내의 화약류의 최종 밀도는 선적 밀도와 같거나 그보다 작아야 한다. 특수 고밀도 카트리지 화약류의 경우 손으로 채운 대신 원래 카트리지가 사용된다. 원본 카트리지가 시험하기에 커서 불편한 경우 길이 160mm 이하로 절단하여 사용될 수 있다. 그러한 경우에 물질이 카트리지 절단 작용에 의해서 영향 받지 않은 단면 쪽에 삽입된다. 뚜껑의 감도가 온도에 영향을 줄 수 있는 그러한 화약류는 시험 전에 28~30℃의 온도에서 최소 30 시간 동안 저장되어야 한다. 프릴질산암모늄을 함유하는 화약류는, 주위의 온도가 높은 지역에서 선적해야 하는 온도는 시험 전에 25℃-40℃-25℃-40℃25℃와 같이 온도 순환되어야 한다. 튜브는 Witness 및 철제 베이스 판에 놓고 표준 뇌관이 폭약의 꼭대기에서 축방향으로 삽입된다. 안전한 장소로부터 뇌관이 기폭되고 Witness plate가 검사된다. 시험은 각 샘플에 대해서 또는 폭굉이 일어날 때까지 3회 실시된다.

(4) 결과의 평가 기준 및 방법

적어도 1회 다음 사항이 발생하면 양성으로 간주된다.

(a) 납 실린더가 초기 길이에서 3.18mm 이상 압축되거나

(b) Witness plate가 완전 관통(움폭 들어감, 균열 또는 래핑은 뇌관 기폭이라고 보지 않음)

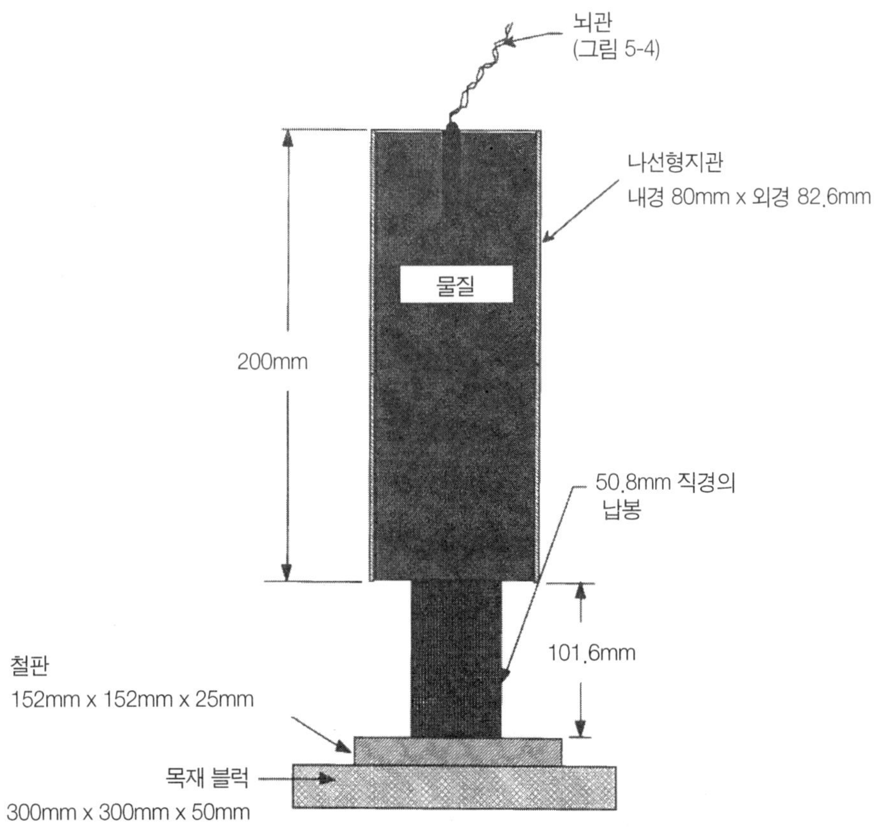

[그림 5.19] alternate cap sensitivity test configuration – UN Tests 5(a) and 7(a)

b. DDT test[UN Test 5(b)(ⅱ)]

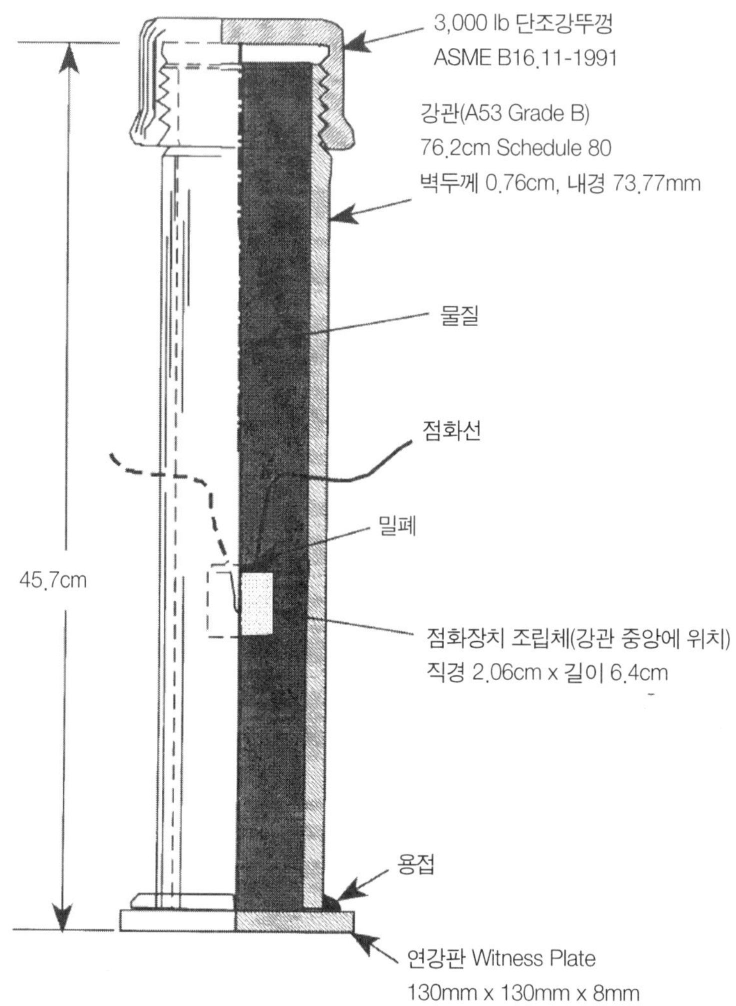

[그림 5.20] Deflagration to detonation test configuration - UN Test 4(b)(ⅱ)

(1) 개요: 이 시험은 밀폐 시, 물질이 폭연에서 폭발로 쉽게 전화되는지 여부를 결정하기 위해 수행된다. 이 시험은 5g의 점화제를 사용하고 Witness plate를 사용하여 폭깅의 발생을 기록하는 것을 제외하고는 Internal Ignition Tests[Test 1(b)(ⅱ) 및 Test 2(b)(ⅱ)]와 유사하다.

(2) 장치 및 재료: [그림 5.20] 참조

(3) 시험절차

샘플이 25℃에서 파이프에 230mm까지 충전된 후, 점화제(파이프 벽의 작은 구멍을 통해

전선이 삽입된 상태로)가 파이프 중앙에 삽입되고 전선이 팽팽하게 당겨져 에폭시수지로 밀봉된다. 샘플의 나머지가 충전되고 상단 캡이 나사로 고정된다. 젤라틴 샘플의 경우 물질은 정상적인 운송 밀도로 포장된다. 입자상의 샘플의 경우는, 물질이 단단한 표면에 파이프를 반복적인 태핑에 의해서 얻어진 밀도로 충전된다. 점화제는 20볼트의 변압기로부터 얻은 15암페어의 전류에 의해서 점화된다. 각 샘플에 대해서 3회 실시되며 3개의 샘플이 시험된다.

(4) 결과의 평가 기준 및 방법

이 시험의 해석에 사용된 기준은 양성 결과의 경우 Witness plate를 통해서 구멍나야 한다.

c. External fire test for Hazard Division 1.5[UN Test 5(c)]

(1) 개요: 이 시험은 물질을 포장 상태로 External fire test를 실시하여 Division 1.5 물질로 분류될 수 있는지의 여부를 결정하기 위해 수행된다.

(2) 장치 및 재료: [그림 5.21] 참조

(3) 시험절차

(a) 이 시험은 수송시에 제공되는 상태와 형태의 폭약 물질의 포장에 대해 적용한다. 시험할 포장의 총 부피는 0.15m³ 보다 작아야 하며 질량은 200kg을 초과할 필요가 없다. 포장은 불연소성의 지지대(금속 그리드와 같은)에 놓여지고 포장의 바닥을 삼킬만큼의 큰 외부의 화염에 노출된다. 화염은 적어도 포장의 모든 면의 절반 이상에 도달해야 한다. 필요한 경우 포장은 시험 중에 강철 스트립으로 둘러싸여 포장을 지탱할 수도 있다. 가열 속도는 수송 중 사고에서 일어날 수도 있는 것과 연관되어 이루어져야 하지만 현실적인 화재의 모든 조건을 정확하게 재현할 필요는 없다. 적절한 방법으로는 빗목을 사용하는 bonefire, 나무껍질의 격자를 사용하는 crib fire, 액체 연료 불, 프로판 버너 및 화로를 포함한다. 시험을 불명확하게 만드는 너무 많은 연기를 피할 수 있고, 충분한 강도와 지속 시간으로 연소시켜 많은 종류의 포장된 화약류를 10분에서 30분 이내에 반응을 가져오게 할 수 있는 균형적으로 공기/연료 비율을 가진 불을 만드는 바람직한 방법이 [그림 5.21]에 나와 있으며 다음과 같다.

1. 지지 그리드 아래에 격자 형태로 고인 건조된 나무를 쌓는다.
2. 나무로 포장을 둘러싼다. [그림 5.21]는 격자 배열을 보여준다. 다른 배치도 허용된다.
3. 적절한 액상 연료로 나무를 포화시킨다.

4. 파일을 두면에서 동시에 발화시킨다.

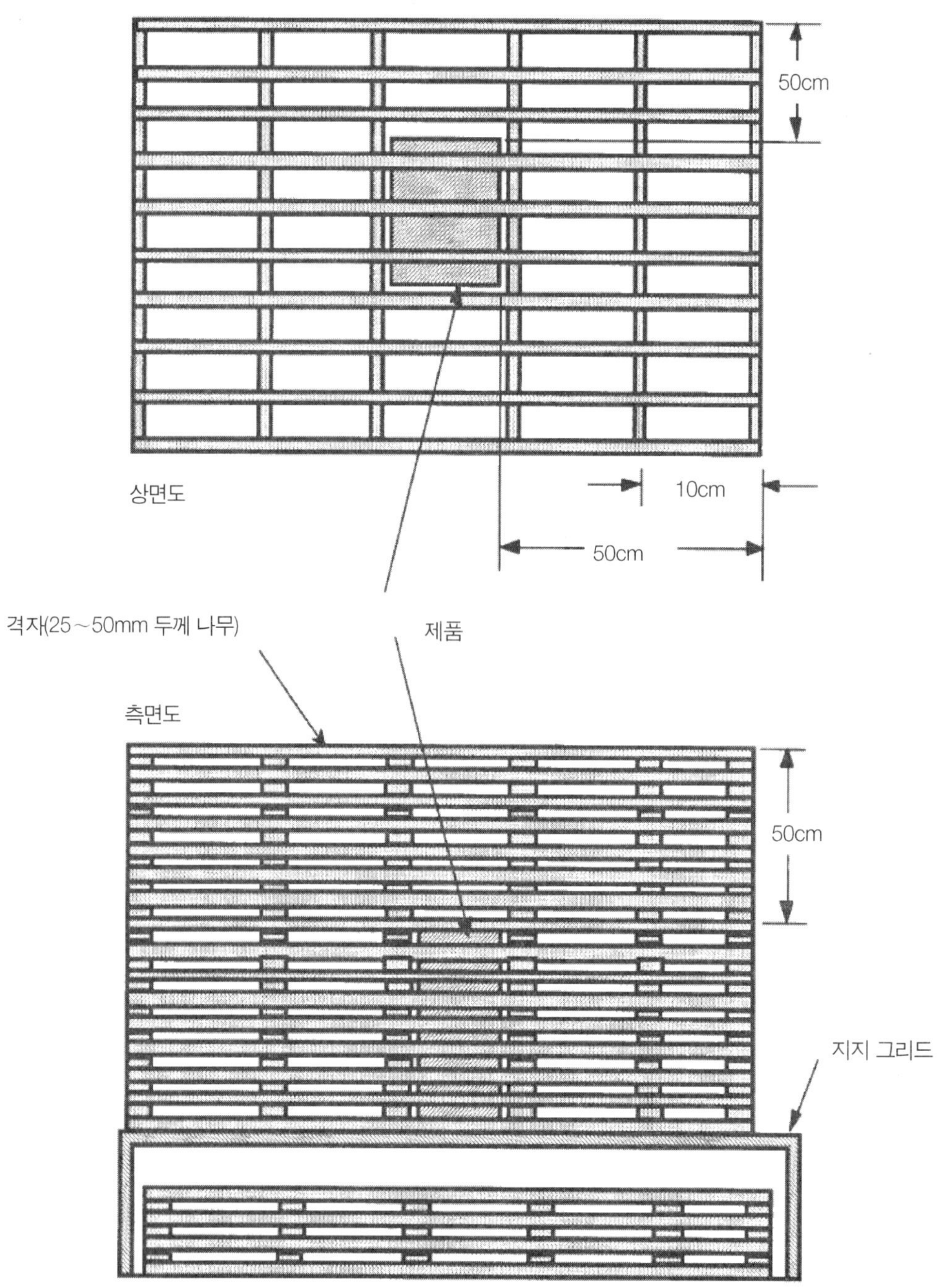

[그림 5.21] Typical wood fuel arragnement for external fire test for Hazard Division 1.5 – UN Test 5(c)

(b) 액체 연료 또는 목재와 액체 연료의 혼합물로 채워진 용기가 지지 그리드 아래 및 주변에 쌓은 목재의 대안으로서 사용될 수도 있다. 연료로 적합한 물질의 표면적은 지지대 그리드 상의 목재 층의 것 보다 커야한다. 그리드 플랫폼과 적합물질 간의 거리는 약 0.5m가 되어야 한다. 이 방법을 사용하기 전에 화약류와 연료 사이에 의문의 여지가 있는 어떠한 급냉 작용 또는 역행하는 상호작용이 일어날 수 있는지 고려해야 한다.

(4) 결과의 평가 기준 및 방법

이 시험에서 폭발하는(양성 결과) 물질은 Hazard Division 1.5로 분류되지 않을 수도 있다. 폭발은 화재 지역으로 부터의 큰 소리 및/또는 파편과 같은 사건의 관찰에 의해서 나타낼 수 있다.

d. Princess incendiary spark test[UN Test 5(d)]

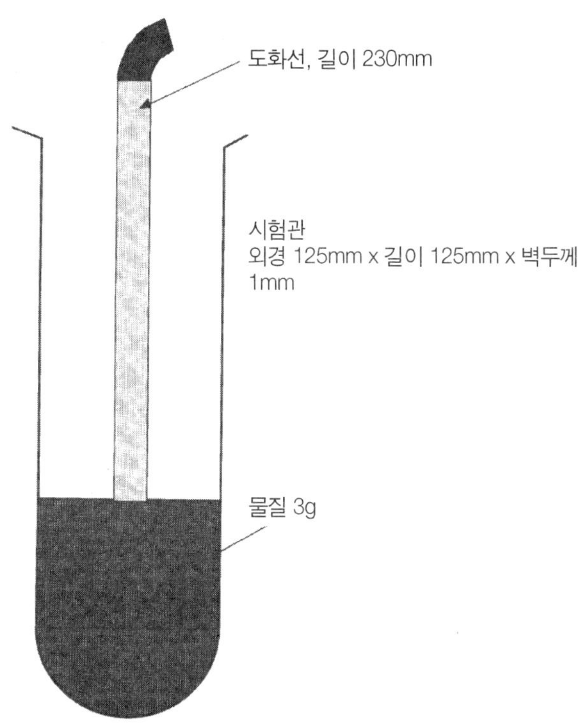

[그림 5.22] Prince nicendiary spark test arrangement - UN Test 5(d)

(1) 개요 : 이 시험은 일정 길이의 도화선에 의해서 제공되는 불꽃에 의해서 폭발성 물질이 쉽게 점화되는지의 여부를 결정하는데 사용된다. 물질이 이 시험에서 점화되며 아주 둔감한 폭발성 물질이 아니라고 추정해야 한다.

(2) 장치 및 물질 : [그림 5.22] 참조

(3) 시험절차

물질은 보통 분말 형태로 시험이 이루어진다. 필요하다면 분쇄되어 850mm 망을 통과시켜 사용할 수도 있다. 추진제는 분쇄되어 1mm의 타공망을 통과하거나 고체로부터 지름 4mm, 두께 2mm의 디스크로 절단된다. 물질 3g이 계량되어 튜브에 넣고 부드럽게 두드려 내용물의 표면이 평탄하게 한다. 절단된 도화선 면을 시료 표면의 중앙에 놓는다. 다른 끝은 적절한 수단에 의해 점화된다. 현상이 육안으로 관찰되고 결과가 기록된다.

(4) 결과의 평가 기준 및 방법

물질이 각 시험에 대해서 서로 다른 샘플을 사용하여 5회 연속 시험에서 점화에 실패하면 음성으로 판정한다. 물질이 점화 및 연소(온건하거나 격렬하게)되거나 폭발하면 어떤 경우라도 양성으로 판정한다.

5.7 UN Test Series 6(Hazard Division 1.1, 1.2, 1.3 및 1.4에 대해 필수)

a. Single package test[UN Test 6(a)]

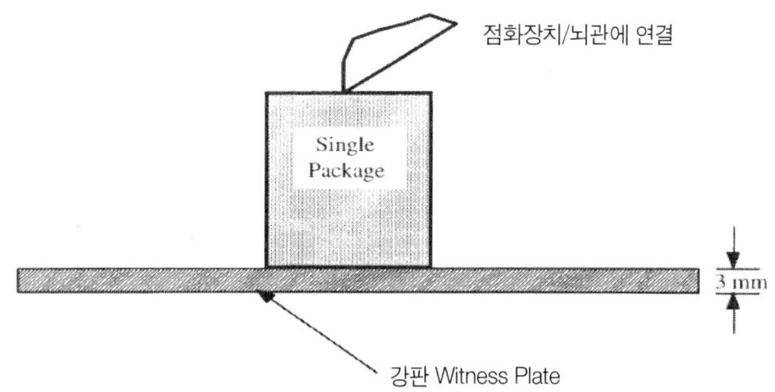

[그림 5.23] Single package test arrangement – UN Test 6(a)

(1) 개요: 이 시험은 다음을 결정하기 위해서 단일 포장으로 3회 수행된다.

(a) 포장에서 기폭 또는 점화가 연소 또는 폭발을 일으키는 지 또는 연소 또는 폭발이 포장 내에서 전파가 되는지의 여부

(b) 이러한 효과에 의해서 주변 환경이 어떻게 위태로워질 수 있는지

※ Note. 반응 영향이 포장의 외부로 전파될 것으로 예상하는 경우, 이 실험은 필요없다. 이 경우 Stack Tests[Test 6(b)]를 바로 진행한다.

(2) 장치 및 재료: [그림 5.23] 참조

(3) 시험절차

(a) 포장된 물질의 경우

1. 물질이 폭굉에 의해서 기능이 발휘되는 것으로 의도되었다면 그것은 표준 뇌관에 의해시험이 이루어진다.

2. 물질이 폭연에 의해서 기능이 발휘되는 것으로 의도되었다면 먼저 표준뇌관으로 시험하고, 만약 폭굉되지 않으면 30g의 흑색화약 또는 폭연 기능을 얻기 위한 추진 장약에서 물질을 점화시키기 위해 설계된 점화기 물질의 동일한 형태와 중량으로 시험을 수행하며 어느 것이나 포장 내 물질의 점화를 보장한다.

3. 폭발물 사용으로 의도되지 않았으나 Class 1에 수용된 물질은 먼저 표준뇌관으로 시험하고 폭발이 일어나지 않으면 상기 (1)나의 점화장치 테스트를 수행한다.

(b) 포장된 제품의 경우

1. 자체 기폭 및 점화 수단을 갖춘 제품 : 포장의 중앙 부근의 완제품의 기능은 제품 자체의 기폭 및 점화 수단에 의해서 활성화된다. 이것이 실용적이지 않은 경우, 제품 자체의 기폭 또는 점화수단이 비슷한 입력 자극을 제공하는 다른 형태의 장치에 의해서 대체된다.

2. 자체 기폭 또는 점화 수단이 없는 제품

- 포장의 중앙 근처의 제품이 설계 모드에서 작동하게 하거나,
- 포장의 중앙 근처의 제품이 동일한 효과로 작동할 수 있는 다른 제품으로 대체된다.

※ Note. * 다만, 0.2g 이하의 기폭약이 폭발을 일으키는, 매우 적은 양의 물질(A) 만이 함유된 제품의 경우 충분한 양의 이들 또는 이와 동등한 물질이 동시에 점화된다.

(c) 포장이 바닥의 강철 witness plate 위에 놓여진다. 바람직한 밀폐 방법은 시험 포장과

모양과 크기가 비슷한 용기로 하고 흙이나 모래로 완전하게 채운 다음 0.15m³를 초과하지 않는 포장에 대해서는 0.5m, 0.15m³을 초과하는 포장에 대해서는 1m의 모든 방향에서 최소 밀폐두께로 시험 포장 주위에 가능한 가깝께 배치한다.

(d) 포장의 모든 내용물의 열효과, 폭굉, 폭연 또는 폭발이 되었는지 여부를 관찰한다.

(4) 결과의 평가 기준 및 방법

(a) 전체 내용물의 폭발은 Hazard Division 1.1의 후보를 나타낸다. 그러한 증거의 표시는 다음과 같다.

1. 시장 장소의 크레이터 생성
2. 포장 바닥에 있는 witness plate의 파손
3. 폭발의 측정
4. 대부분의 밀폐 물질의 파괴 및 비산

(b) 제품이 Harzard Division 1.1에 해당되고 파편 위험 범위가 기본값 381m를 초과하지 않는 경우나 위험하지 않다고 판단되면 추가 시험이 필요하지 않으며 그렇지 않으면 Test 6(b)의 시험을 진행한다.

(c) 반응 효과가 포장 내에 포함된 경우에는 아래의 Stack test[Test 6(b)]가 필요 없다. 이 경우 External fire(bonfire) test[UN Test 6(c)])를 진행한다.

b. Stack test[UN Test 6(b)]

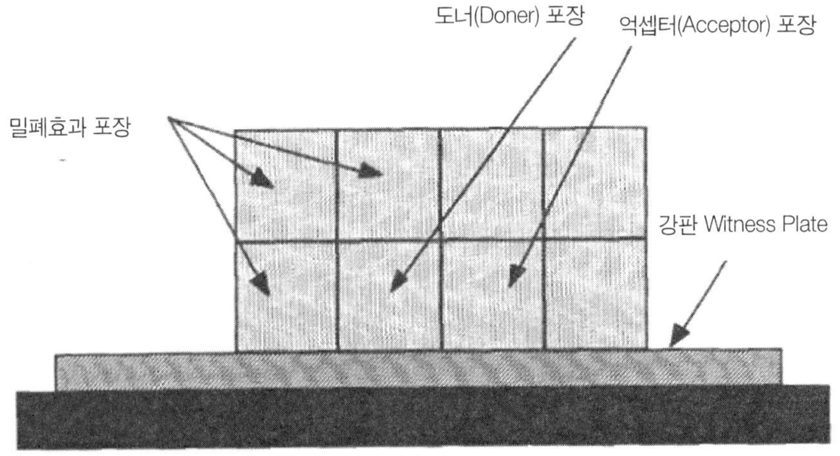

[그림 5.24] Typical stack test arrangement - UN Test 6(b)

(1) 개요

(a) 이 시험은 다음과 같은 사항을 결정하기 위해 적재된 폭발성 제품 포장품과 포장되지 않은 완제품에 대해서 3회 시험이 실시된다.

1. 적재품의 연소 또는 폭발이 한 포장품에서 다른 포장품으로 또는 한 비포장 완제품으로부터 다른 비포장 완제품으로 전파되는지의 여부

2. 이 사건으로 주변 환경이 어떤 식으로 위험에 처할 수 있는지

(b) 적재 시험의 변형은 Hazard Division 1.1 탄약에 대한 파편 위험성을 특성화하기 위해 3가지 시험 중의 하나를 대체할 수 있다. 방법1[6-3d(1)]는 선호하는 대체 시험 시리즈이다. 방법1은 지상에 세워진 적재물로 실시하는 2가지의 시험으로 구성되어 있으며 여기에서는 리커쉐트 바리케이트와 철재 Witness panels(파편 속도/밀도) 그리고 수집 번들(파편 수집)을 사용한다는 것을 유의하라.

(2) 장치 및 재료: [그림 5.24] 참조

(3) 시험절차

(a) 이 시험은 폭발물 또는 포장되지 않은 제품의 적층물이 운송을 위해 제공되는 상태와 형태로 적용이 된다. 총부피가 0.15m^{3}인 충분한 포장 또는 제품이 지상의 철재 Witness plate에 쌓여진다. 개별포장(또는 포장되지 않은 완제품)의 부피가 0.15m^{3}을 초과하는 경우 시험은 개개의 제품 간에 소통이 가장 잘 되는 위치에 있는 최소한 하나의 패키지 또는 완제품(Acceptor)으로 수행된다. 이 위치가 알려지지 않은 경우 여러 개의 패키지 또는 완제품(Acceptor)이 사용된다. 바람직한 밀폐 방법은 흙 또는 모래로 꽉 채워진 시험 패키지와 모양과 크기가 비슷하고 그리고 1m의 모든 방향으로 최대 두께를 만드는 시험 패키지 주변에 가능한 가깝게 배치하는 용기들로 구성되어 있다. 밀폐의 또 다른 방법으로는 더미 주위에 흙이나 모래로 채워진 박스 또는 봉지를 사용하거나 헐거운 모래를 사용한다. 헐거운 모래가 밀폐에 사용되는 경우 적층물은 인접 패키지 또는 포장되지 않은 제품 사이에 모래가 들어가지 않도록 덮거나 보호해야 한다. 포장되지 않고 운반된 물품은 포장된 제품에 사용하는 것과 유사한 방식으로 밀폐된다.

(b) 기폭 자극 또는 점화 자극 중 어떤 것을 사용하느냐 하는 것은 다음 사항을 고려하여 결정한다.

1. 포장된 물질의 경우

- 물질이 폭굉에 의해서 작동되도록 만들어졌다면 뇌관[그림 5.4]으로 시험한다.
- 물질이 폭연에 의해서 작동되도록 만들어지고 Test 6(a) 시리즈가 포장된 물질로 수행되지 않는 경우, 우선은 표준 뇌관[그림 5.4]으로 시험한다. 기폭되지 않으면 후술하는 바와 같이 두 가지의 시험이 점화장치로 수행된다. 만약 물질이 폭연에 의해서 작동되도록 만들어지고 Test 6(a) 시리즈가 포장된 물질로 시행되면, 하나의 단독 포장내의 물질을 확실히 점화시키기 위해 충분한 양의 점화제로 시험한다.(폭연 기능을 달성하기 위한 추진장약의 물질을 점화시키도록 설계된 30g 이상의 흑색화약 또는 동일 형태와 중량의 점화약)
- 폭약으로 사용하지 않고 잠정적으로 Class1로 수용된 물질은 먼저 상기와 같은 뇌관으로 시험하고 폭발이 발생하지 않는 경우 상기와 같이 점화제로 시험을 한다.

2. 포장된 제품 및 포장되지 않은 제품의 경우*

- 자체적인 기폭 또는 점화 기능을 구비한 제품 : 적층물의 중심 부근에 있는 포장의 중심 가까이에 있는 제품의 기능은 제품 자체의 기폭 또는 점화 수단에 의해서 자극을 받는다. 이것이 불가능한 곳에서는 제품의 자체 기폭 및 점화수단은 필요한 효과를 갖는 또 다른 형태의 자극으로 대체된다.
- 자체 기폭 및 점화 수단이 구비되는 않은 제품 :

  - 적층물의 중심 부근에 있는 포장의 중심 가까이에 있는 제품이 설계 모드에서 작동되도록 한다.

  - 적층물의 중심 부근에 있는 포장의 중심 가까이에 있는 제품은 동일한 효과를 발휘하도록 할 수 있는 다른 제품으로 대체된다.
- 점화 또는 기폭점은 적층물의 중앙 근처에 있는 포장에 위치한다. 포장없이 운반된 제품은 포장 제품에 사용된 것과 유사한 방식으로 시험된다.
- 다음과 같은 사항에 대해서 관찰이 이루어진다 : 포장의 모든 내용물의 열효과, 폭굉 및 폭연 또는 폭발의 여부

Note. * 아주 적은 양의 적합성 그룹 A만을 함유하는 제품의 경우, 충분한 수의 이들 또는 동등의 제품이 0.2g 이상의 1차폭약에 의해서 동시에 기폭되는 조건부이다.

(4) 결과의 평가 기준 및 방법

만약 Test 6(b)에서 사실상 전체 내용물의 폭발이 순간적으로 일어나면 제품은 Hazard Division 1.1로 배정된다. 그러한 발생 결과의 증거는 다음과 같다.

(a) 단일 포장에 의해 나타난 것 보다 더 큰 시험 사이트에서의 분화구

(b) 단일 포장보다 더 큰 적층물 밑의 witness plate의 파손

(c) 단독 포장을 능가하는 폭파의 측정 결과

(d) 대부준의 밀폐 물질의 격렬한 파괴 및 비산. 만약 제품이 Hazard Division 1.1로 수용되고 파편의 위험범위가 기본 값인 381m[6-5a(3)(a)]를 초과하지 않는 경우 추가 시험은 필요하지 않다. 그렇지 않으면 Test 6(c)을 진행한다.

Note. 만약 2개 이하의 Acceptor 포장들이 4개의 Acceptor 포장으로 제한된 적층 시험에서 폭굉하면 포장된 제품은 Hazard Division 1.2로 분류되고 그렇지 않으면 Harzard Division으로 분류된다.

c. External fire(bonfire) test(UN Test 6(c))

(1) 개요 : 이것은 다음을 결정할 목적으로 폭발성 제품의 포장 또는 완제품의 적재물(운송 및 보관위해 적재된 상태)에 대한 시험이다.

(a) 외부 화재에 연루되었을 때 적재되어 있는 포장 제품 또는 비포장의 완제품은 어떻게 거동하는가?

(b) 주변이 폭발파, 열효과 및/또는 파편 방사에 의해 주변이 어떤 방식으로 위험에 처하게 되는지

(2) 장치 및 재료 : [그림 5.25] 참조

(3) 시험절차

(a) 이 시험은 운반시 제공되는 조건과 형태로 쌓여진 폭발물 포장 또는 제품에 대해서 적용된다. 폭발물을 비포장으로 운반해야 하는 경우 이 시험은 포장되지 않은 제품에 적용된다.

(b) 포장된 총 부피가 0.15m³ 이상이거나 최소한 3개의 포장물이 그리드 위에 쌓여져서 포장 또는 제품 안에 들어 있는 폭발성 물질이 반응되도록 충분한 강도 시간 동안 외부 가열에 노출된다.

(c) 운송 중 사고로 일어날 수 있는 것과 관련하여 가열 속도가 신뢰할 수 있어야 하지만 현실적으로 화재의 모든 조건을 정확하게 재현할 필요는 없다. 적절한 방법으로는 빗목을 사용하는 bonfire, 나무 껍질의 격자를 사용하는 wood fire, liquid fuel fire, propane burner 및 brazier를 포함한다.

(d) 너무 많은 연기 발생을 피하고 10～30분 내에 여러 종류의 포장된 폭발물을 반응시

키도록 하는 충분한 강도와 시간으로 연소하는 균형있는 공기/연료 비율을 가진 wood fire를 생성하는 검증된 방법 : 공기 건조된 목재 조각(25～50mm 이하)를 그리드 밑과 포장 적재물 주위에 최소 50cm의 폭으로 격자를 형성하여 쌓는다. 라스(lath) 사이의 가로 거리는 약 10cm가 되어야 한다. 전체가 적절한 액체 연료로 흠뻑 젖어야 하며 적재물은 양면에서 동시에 점화되어야 한다. [그림5.25]는 격자 배열을 보여준다. 다른 배열도 허용된다. 30분 이상 또는 필요하다고 생각되는 시간 동안 화재가 계속되는데 충분한 연료를 사용해야 한다.

(e) 이 시험은 정상적으로 1회 수행된다. 그러나 사용된 목재 또는 기타 연료가 모두 소진되어 소진되지 않은 폭발물이 상당히 남게 되면 이 시험은 불의 강도와 지속시간을 증가시킬 수 있는 더 많은 양의 연료와 다른 방법을 사용하여 수행되어야 한다.

(f) 적재물은 시험 중에 이 배치를 유지하기 위해서 강철 스트랩으로 지지되어야 한다. 일반적으로 포장 적재물을 금속 그리드 또는 발판 튜브 위에 0.5～1m의 높이로 설치하여 아래에서 충분히 가열할 수 있도록 해야 한다. 연료가 그리드 아래에 놓여 불이 포장물을 휩싸이도록 한다. 열의 소실을 피하기 위해서 측면 바람에 대한 주의를 기울여야 한다. 풍속이 6m/s를 초과할 때 이 시험은 수행되어서는 안 된다.

(g) 적절한 액체 연료 또는 목재와 액체 연료의 조합으로 채워진 용기가 그리드 아래 및 주변에 설치하는 나무 더미의 대안으로 사용될 수 있다. 액체 연료가 사용될 때 용기의 표면적은 그리드 위에 있는 나무 적재물의 것보다 커야 한다. 그리드 플랫폼과 용기 사이의 거리는 약 0.5m이다. 이 방법을 사용하기 전에 폭발물과 연료 사이에 문제가 될 수 있는 어떠한 급냉작용 또는 역상호작용이 있을지의 여부를 고려해야한다.

(h) 지상의 적절한 기둥에 부착된 알루미늄 시트 200x200x0.2cm 또는 이와 비슷한 것을 포함하는 수직의 witness screen이 적재물의 가장자리로부터 4m 거리의 3분면에 각각 세워져 있다. 중심이 1m 이상인 경우 스크린의 중심이 포장의 중심과 수평이 되도록 올려야 한다. 하향 사분면은 화염에 장시간 노출되면 알루미늄 판의 저항성이 없어질 수 있기 때문에 스크린용으로 사용되지 않는다.

(i) 다음 사항에 대한 관찰이 이루어진다 :

1. 포장물 또는 비포장 제품의 모든 내용물의 폭굉, 폭연 및 폭발의 여부
2. 잠재적으로 위험한 방출
3. 열 효과(예: fireball)

(4) 결과의 평가 기준 및 방법

Test Series 6의 결과에 기초하여 Hazard Division을 할당하는데 사용된 방법론은 [그림 5.1]에 나와 있다. 다음 sections에서는 할당에 대해 설명한다.

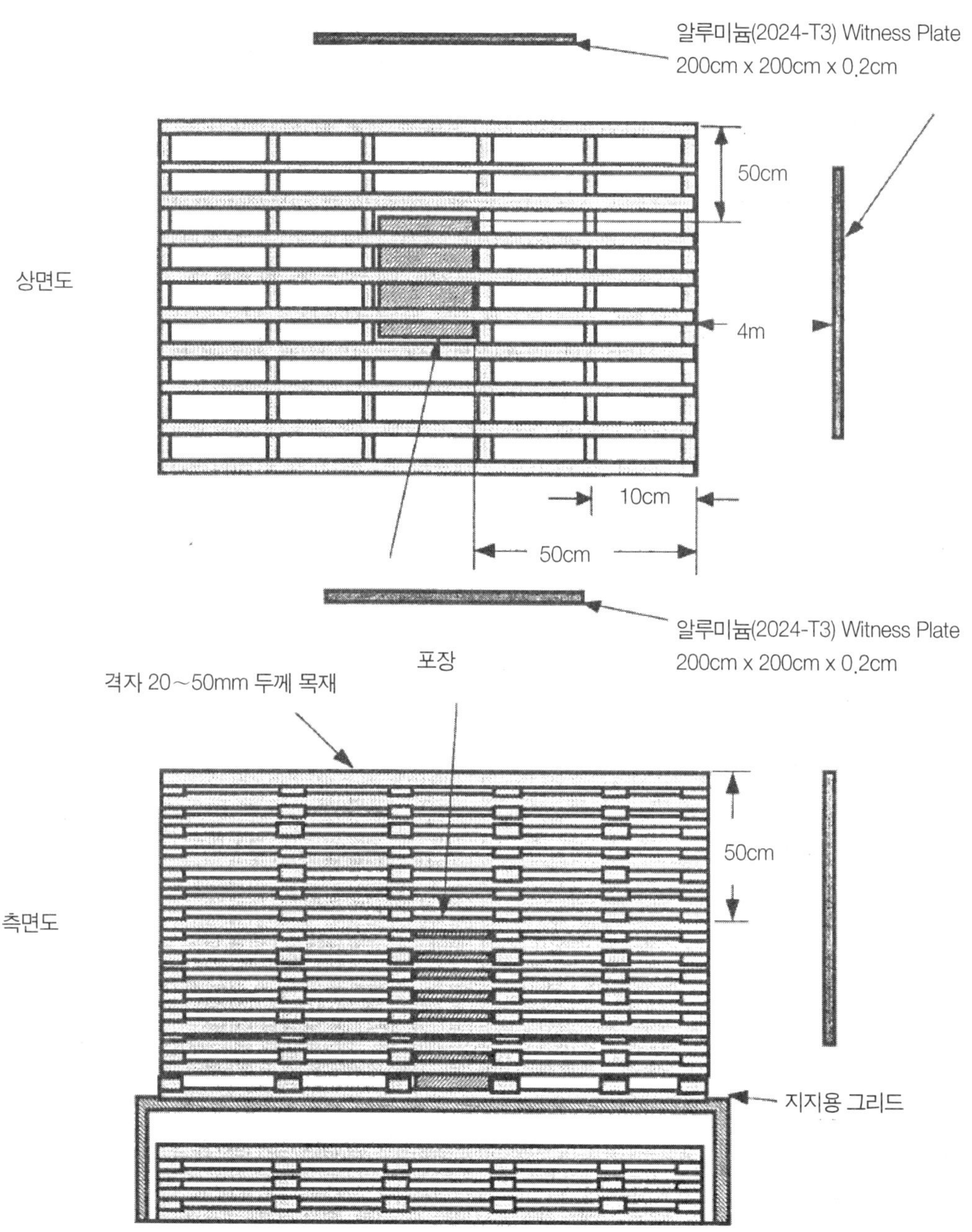

[그림 5.25] Typical wood fuel arrangement for external fire(bonfire) test – UN Test 6(c)

(a) 만약 내용물 모두가 순간적으로 폭발이 발생하면 Hazard Division 1.1로 분류한다.

(b) 폭발반응이 다음 중 하나 이상일 경우 Hazard Division 1.2로 분류한다.

Note. 만약 2개 이하의 Acceptor 포장물이 4개 이상의 Acceptor 포장물과 함께 밀폐 적재물 테스트에서 폭굉되면, 포장된 제품은 Hazard Division 1.2로 분류하며, 그렇지 않으면 Hazard Division 1.1로 분류한다.

1. 시험의 잔해가 세 개의 알루미늄 Witness plates를 관통한다.
2. 질량이 25g을 초과하는 10개 이상의 금속 발사체가 적재물의 가장자리로부터 50m 이상 날아간다.
3. 150g을 초과하는 금속 발사체가 적재물의 가장자리로부터 15m 이상 날아간다.

(c) 포장된 제품은 Hazard Divisions 1.1 또는 1.2에 해당하는 시험 결과가 나타나지 않을 경우 Hazard Division 1.3에 배정되며 다음중 하나에 해당된다.

1. 3개의 witness screens 중의 어느 하나를 넘어가는 불덩어리(fireball)
2. 불의 화염으로부터 3m 이상 연장되는 화염의 분출
3. 연소 생성물의 방사 조도가 적재물의 가장자리로부터 15m 떨어진 지점에서 불의 조도를 4kw/m² 이상 초과한다. 조도는 최대 출력 기간 동안 5초에 걸쳐 측정된다. 물질의 경우 이 값은 100kg의 순 폭약량의 질량에 해당하도록 보정된다.
4. 제품에서 나오는 불타는 방출물은 적재물의 가장자리로부터 15m 이상 날아간다.

(d) 포장된 제품은 Hazard Divisions 1.1, 1,2 또는 1.3에 해당하는 제품의 시험 결과가 나오지 않거나 다음 중의 하나가 나오는 경우 Division 1.4와 Compatibility Group S 이외의 Compatibility group에 할당된다.

1. 세 개의 witness screen의 어느 하나라도 자국이 생김
2. 포장물의 바로 근처(즉 5m)에서 소방 또는 기타의 비상 사태 대응 노력을 현저히 저하하는 발사물, 열 효과 또는 폭발 효과

(e) 포장된 제품은 Hazard Division 1.1, 1.2, 또는 1.3 또는 Hazard Division 1.4 및 기타 호환성 그룹에 제품을 배정해야 하는 시험 결과가 발생하지 않으면 Hazard Division 1.4 및 Compatibility Group S에 배정된다. 호환성 그룹 S보다 작지만 근처에서(즉 5m) 화재 진압 또는 기타 비상사태 대응을 크게 저해하지 않는 발사물, 열효과 또는 폭발 효과가 발생한다.

(f) 만약 폭발 위험이 전혀 없다면 폭발물은 Class 1 으로부터 제외시키는 것을 고려해야 한다. 그러나 위험성에 대한 평가는 계속적으로 적용된다.

1. 제품이 실제 폭발성 또는 파이로테크닉 효과를 나타내기 위해 제조된 제품의 경우

- 장치 자체에 대한 외부 영향(발사물, 화재, 연기, 열 또는 소음)이 있는 경우 장치는 Class1에서 제외되지 않고 포장된 제품은 Division 1.4와 Compatibility Group S에 배정된다.
- 장치 자체에 대한 외부 영향(발사물, 화재, 연기, 열 또는 소음)이 없는 경우, 포장되지 않은 장치는 Class1에서 제외된다.

Note. UN 권고안의 Paragraph 1.11의 위험물 운송은 포장물 보다는 장치를 명시적으로 언급하고 있으므로 포장 또는 밀폐시키지 않고 수행된 Test 6(a)의 변형에 근거하여 평가를 실시할 필요가 있다. 때로는 명시된 효과가 Test 6(c)에서 관찰되는 경우, 이 제 품은 추가 시험없이 1.4S로 분류된다.

2. 실제 폭발성 또는 파이로테크닉 효과가 있는 것으로 제조되지 않은 제품은 Class 1에서 제외된다.

5.8 UN Test Series 7(Hazard Division 1.6에 대한 필수사항)

a. EIDS cap test(UN Test 7(a))

(1) 개요: 이 시험은 뇌관으로부터 발생하는 충격에 대한 EIDS 후보의 감도를 결정하기 위해 설계되었다. 이 시험을 통해 양적 및 모호하지 않은 결과가 산출된다.

(2) 장치 및 재료: Test 5(a)와 동일([그림 5.18]과 [그림 5.19] 참조)

(3) 시험절차: 실험 순서는 Test5(a){5.6a(3)}와 동일하다.

(4) 결과의 평가 기준 및 방법 : 폭굉하는 폭발 물질은 너무 예민해서 EIDS로 분류하고 그 결과는 양성으로 기록된다.

b. EIDS gap test(UN Test 7(b))

(1) 개요 : 이 시험은 특정의 충격 수준 즉 특정의 Doner 장약과 간격에 대한 EIDS 후보의 감도를 측정하는데 사용된다.

(2) 장치 및 재료 : [그림 5.26]참조

(3) 시험절차

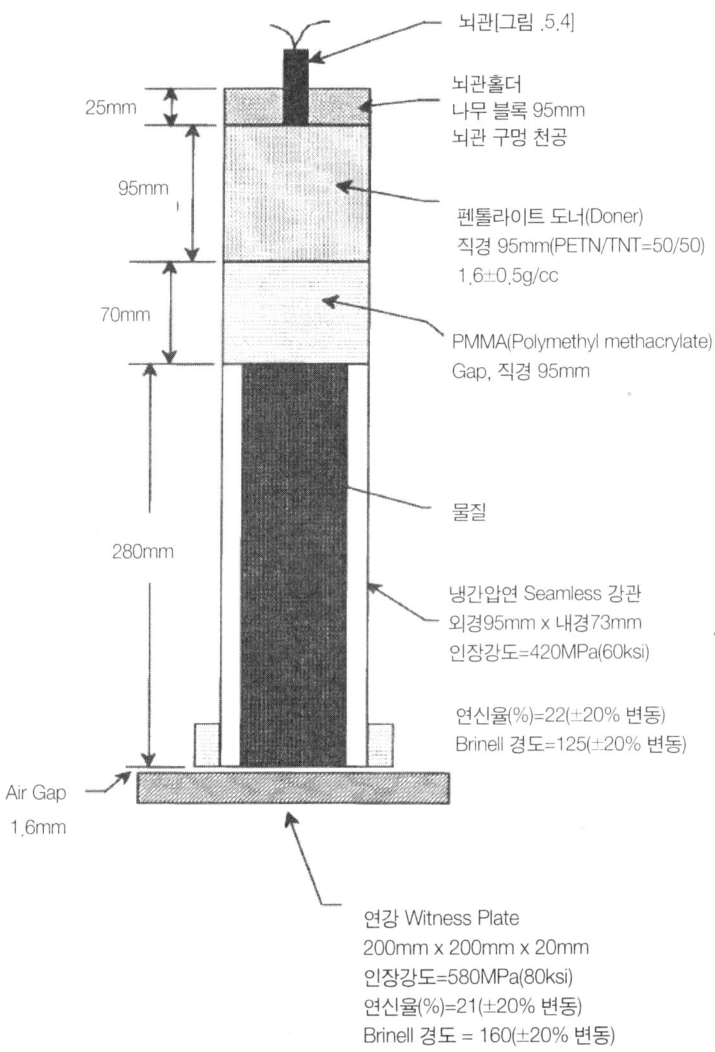

[그림 5.26] EIDS gap test configuration – UN Test 7(b)

(a) 표준뇌관, Doner, Gap 및 Acceptor 장약은 Witness plate의 중앙 위에 동일한 축상으로 정렬된다. Acceptor 장약의 자유면과 Accepter 장약과 겹치지 않는 적절한 스페이서가 있는 Witness plate 사이에 1.6mm의 Air gap이 유지된다. 뇌관과 Doner, Doner와 Gap 그리고 Gap과 Acceptor 사이에 접촉이 잘 되도록 주의한다. 시험 시료와 부스터는 시험시 25±5°C의 온도로 유지되어야 한다.

(b) Witness plate의 잔류물 수집을 돕기 위해, 조립체 전체는 물의 표면과 두 개의 가장자리만을 따라 지지되어야 하는 Witness plate의 바닥 표면 사이에 적어도 100mm의 Air gap를 갖는 물의 용기 위에 장착될 수 있다.

(c) 대체 수집 방법들이 사용될 수 있지만 판의 구멍을 막지 않도록 Witness plate 아래에 충분한 공간을 두는 것이 중요하다. 시험은 3회 반복된다.

(4) 결과의 평가 기준 및 방법

Witness plate를 깨끗하게 관통하는 구멍은 샘플에서 폭굉이 일어났다는 것을 나타낸다. 어떠한 시도에서도 폭굉되는 물질은 EIDS가 아니며 그 결과는 양성으로 기록된다.

c. Susan impact test[UN Test 7(c)(i)]

(1) 개요 : 이 시험은 고속의 충돌 조건 하에서 폭발 반응의 정도를 평가하기 위해 설계되었다. 이 시험은 표준화된 발사체에 폭발물을 충전하고 지정된 속도로 대상에 발사하여 수행된다.

(2) 장치 및 재료 : [그림 5.27] 참조

(3) 시험절차

(a) 총의 추진장약은 +10%, -0%의 범위 내에서 333m/sec의 발사체 속도를 생성하도록 조정되어야 한다. 발사체가 발사되고 충격에 대한 반응의 결과로 생성된 충격속도와 Airblast가 기록된다. 만약 333m/sec의 속도가 얻어지지 못하면 추진제 양을 조정하고 시험을 반복한다.

(b) 333m/sec의 충격속도가 얻어지면 적어도 5번의 각 발사로부터 정확한 압력-시간의 기록이 얻어질 때까지 시험을 반복한다. 이 정확한 발사의 각각에 대해서 충격속도는 333m/sec가 되어야 한다.

(4) 결과의 평가 기준 및 방법

각각의 Airblast로부터 정해진 최대 Airblast 최대압력이 기록된다. 타당한 평균값을 얻기 위해서는 최소 10개의 기록이 필요하다. 얻어진 최대의 압력의 평균이 기록된다. 만약 이러한 절차에 의해서 얻어진 최대압력의 평균이 27kPa 이상이면(즉 동등의 주조 TNT 질량이 333m/sec로 발사되었을 때의 폭발 최대압력) 물질은 EIDS 폭발물이 아니며 그 결과는 양성으로 표시된다.

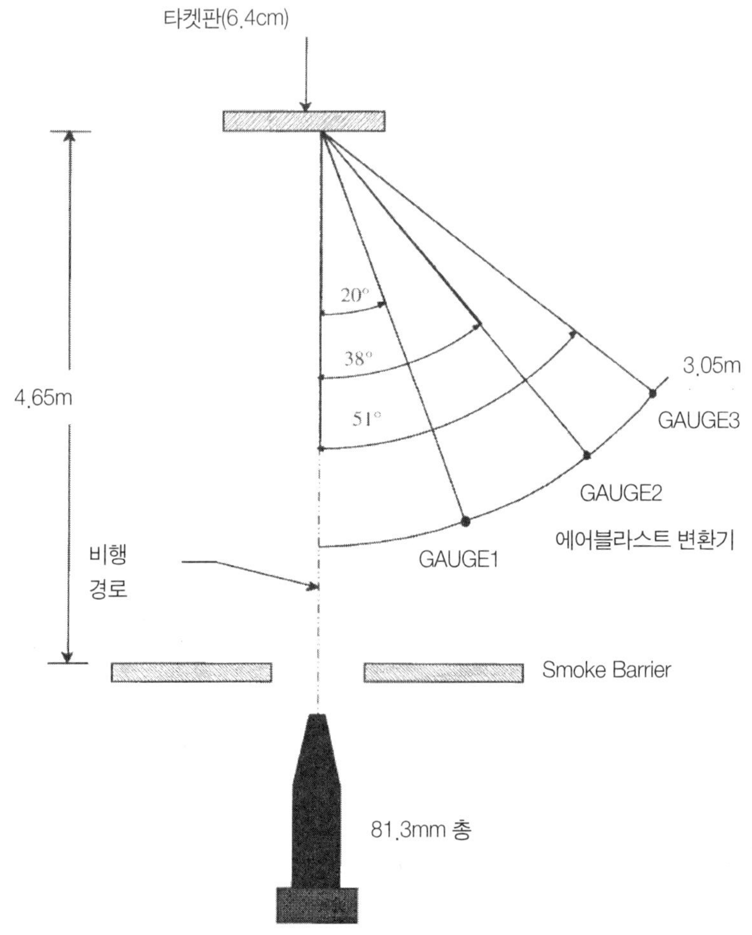

[그림 5.27] Susan impact test arrangement - UN Test 7(c)(i)

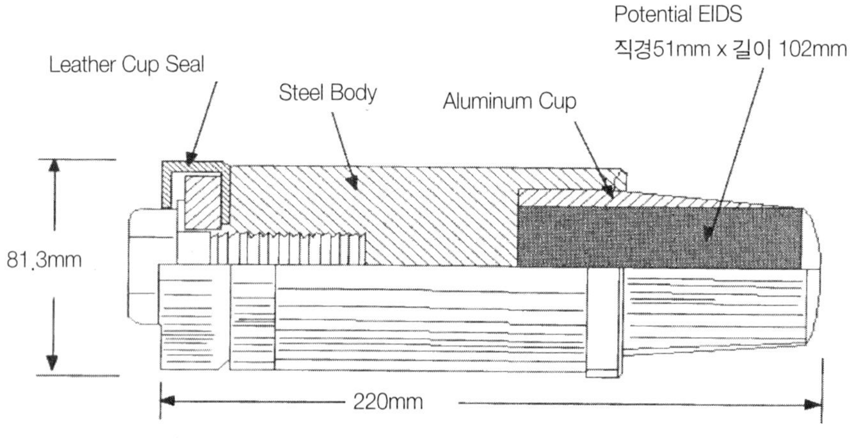

[그림 5.28] Susan projectile - UN Test 7(c) (i)

d. Friability test[UN Tests 7(c)(ⅱ) 및 7(d)(ⅱ)]

(1) 개요: 이 시험은 충격의 영향으로 컴팩트한 EIDS 후보가 위험하게 악화되는 경향을 확인하는데 사용된다.

(2) 장치 및 재료: [그림 5.29~5.31] 참조

(3) 시험절차

벌크 샘플(약 9g)의 충격 물질이 강판에 대하여 150m/sec의 속도로 발사된다. 강판에 충돌하여 생성된 물질의 조각(최소 8.9g)이 수집된다. 이들 수집된 파편들을 20℃의 밀폐 용기(Closed bomb)에 넣고 0.5g의 흑색화약(직경 0.75mm)을 함유하는 캡슐을 사용하여 점화한다. 연소 물질에 의해서 생성된 시간의 함수로서의 압력은 적절한 압력기록장치를 사용해서 기록된다. 압력의 함수로서 dp/dt를 그릴 수 있도록 데이터가 분석된다. 3회 시험이 수행된다.

(4) 결과의 평가 기준 및 방법

평균값 최대 dp/dt가 15MPa/ms 이상(양성)이면 물질은 EIDS가 아니다.

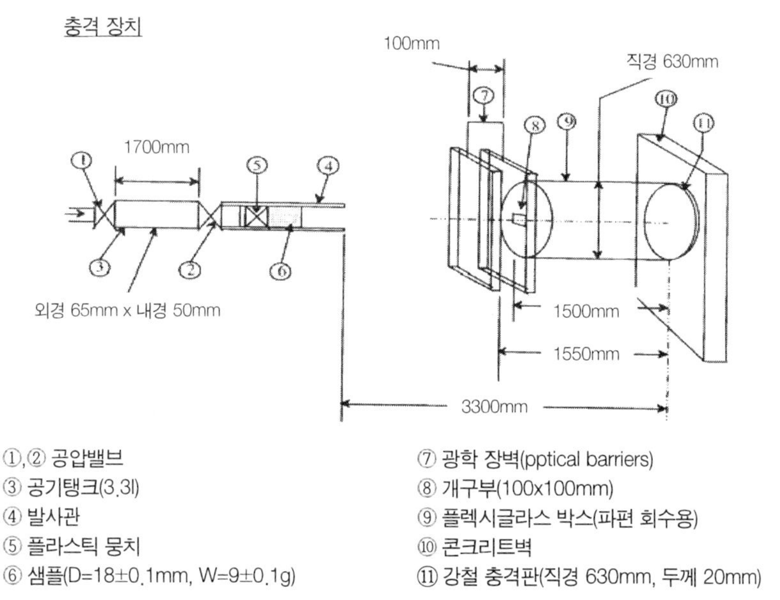

[그림 5.29] Friability test configuration – UN Tests 7(c)(ⅱ) 및 7(d)(ⅱ)

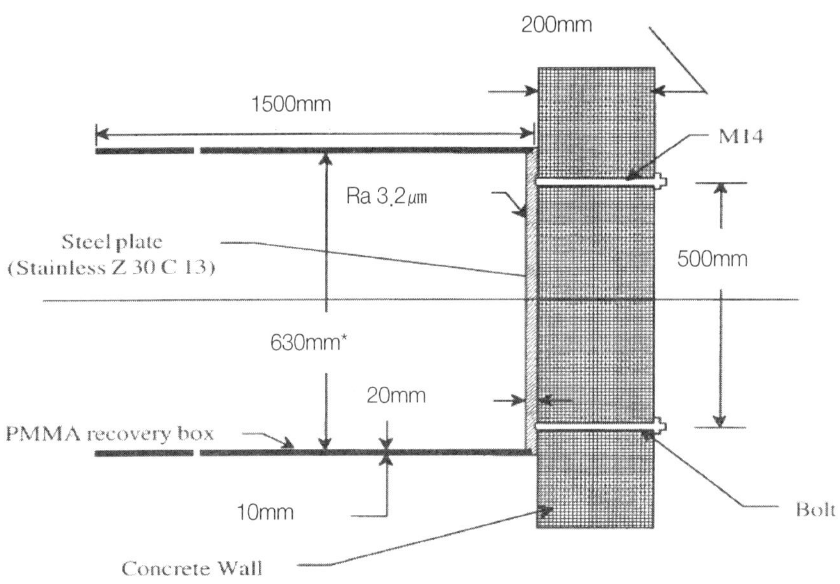

[그림 5.30] Steel plate and recovery box setup for friability test-UN Tests 7(c)(ⅱ)와 7(d)(ⅱ)

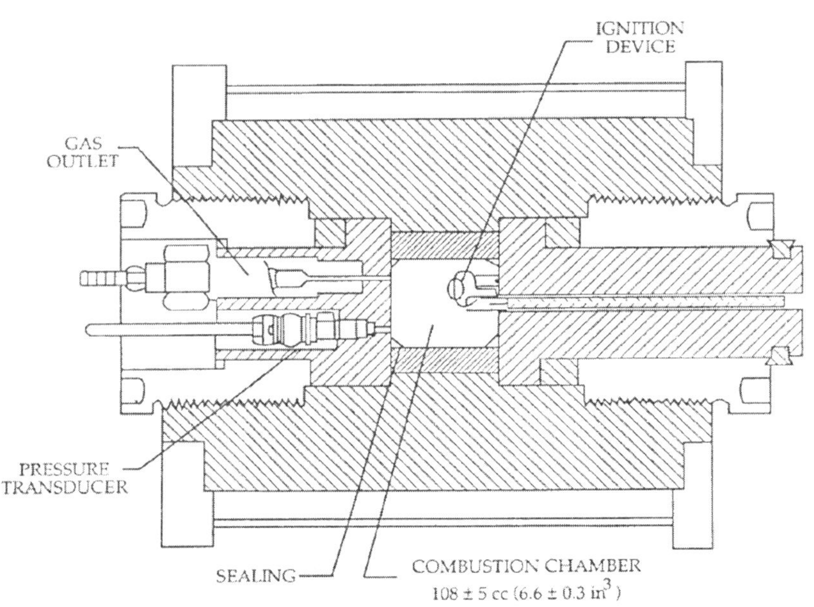

[그림 5.31] Closed vessel for Friability test – UN Tests 7(c)(ⅱ) 및 7(d)(ⅱ)

e. EIDS bullet impact test[UN Test 7(d)(i)]

(1) 개요: 이 시험은 주어진 에너지(특정 속도로 진행하는 12.7mm 발사체)의 충격과 침투의 운동에너지에 대한 EIDS 폭발성 물질의 반응을 평가하는데 사용된다.

(2) 장치 및 재료 : [그림 5.32, 5.33] 참조

(3) 시험절차

(a) 시험을 위해 최소한 6개의 시험 제품(뚜껑이 채워진 스틸 파이프 내의 폭발성물질)이 가공되어야 한다.

(b) 각 시험 제품은 총의 주둥이로부터 편리한 거리에 있는 적절한 받침대에 놓여진다. 각각의 시험 제품은 그 받침대 상의 고장 장치에 고정된다. 이 장치는 총알에 의한 탈락을 막을 수 있어야 한다.

(c) 시험은 각 시험 제품에 하나의 발사체의 점화로 구성된다. 시험 제품의 긴축이 비행 라인에 수직이 되도록(파이프의 측면으로 충격) 한 시험 제품으로 적어도 3회 실시되어야 한다. 시험편의 긴 축이 비행 라인과 평행이 되도록(시험편이 뚜껑 쪽으로 충격) 한 시험 제품으로 적어도 3회 실시되어야 한다.

(d) 시험 용기의 잔류물이 수집된다. 용기의 완전한 파편화는 폭발 또는 폭굉을 나타낸다.

(4) 결과의 평가 기준 및 방법

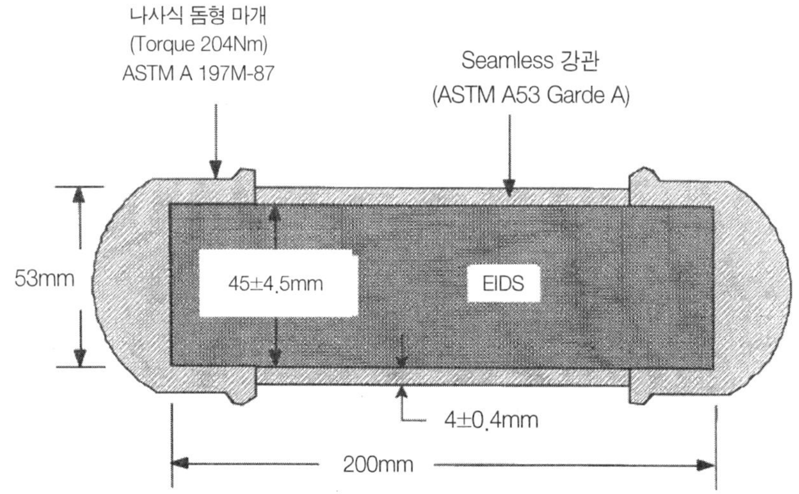

[그림 5.32] Steel pipe used for EIDS bullet impact, EIDS external fire test 및 EIDS slow cookoff test - UN Tests 7(d)(i), 7(e) 및 7(f)

어떠한 횟수에서도 폭발 또는 폭굉하는 물질은 EIDS 폭발물이 아니며 그 결과는 양성으로 표기된다.

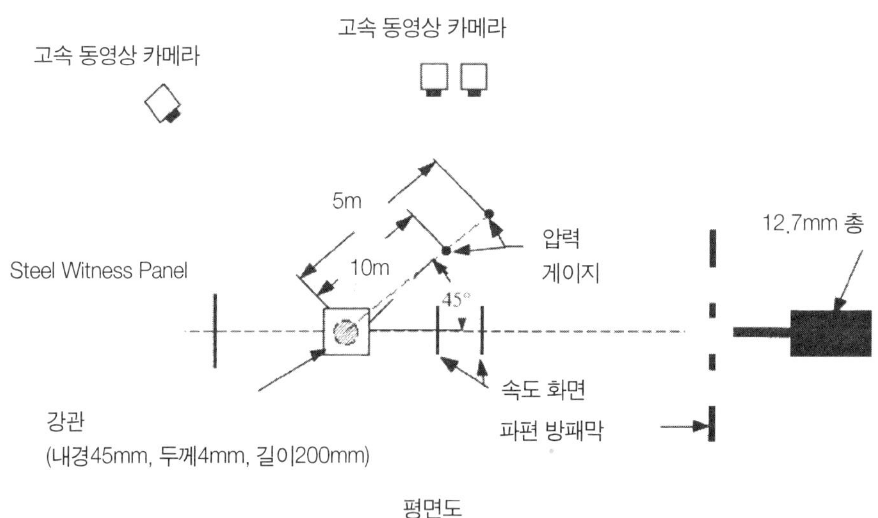

평면도

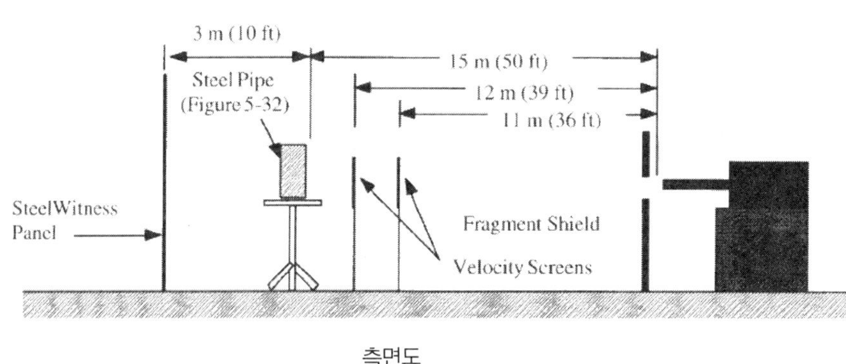

측면도

[그림 5.33] EIDS bullet impact test arrangement - UN Test 7(d)(i)

f. EIDS external fire test[UN Test 7(e)]

(1) 개요: 이 시험은 밀폐되었을 때 외부 화재에 대한 EIDS 후보 폭발물의 반응을 결정하는 데 사용된다.

(2) 장치 및 재료: [그림 5.32], [그림 5.25] 참조

(3) 시험절차

(a) 실험순서는 아래의 (b) 사항을 제외하고는 Test 6(c)와 동일하다.

(b) 물질의 경우 이 시험은 최소 5개의 밀폐된 시료가 수평으로 적재되고 밴드로 묶여 있어야 한다. 시험은 하나의 불에 15개의 시료 또는 3개의 각 불당 5개의 샘플로 시험이 수행된다. 각 시험 후에 샘플의 상태를 기록하기 위해 컬러 사진을 찍는다. 분화구와 밀폐 파이프의 크기와 위치는 반응 정도를 나타내는 지표로 기록된다.

(4) 결과의 평가 기준 및 방법

1g을 초과하는 질량의 파편과 15m 이상의 범위에서 폭굉하거나 격렬하게 반응하는 폭발성 물질은 EIDS 폭발성 물질이 아니며 그 결과는 양성으로 표시된다.

g. EIDS slow cookoff test[UN Test 7(f)]

(1) 개요: 이것은 가능한 EIDS 폭발물에 대한 시험이다. 이것은 점진적으로 증가하는 열 환경과 그러한 반응이 일어나는 온도에 대한 반응을 결정하는데 사용된다.

(2) 장치 및 재료: [그림 5.32, 5..34] 참조

(3) 시험 방법

(a) 시험 제품은 반응이 일어날 때까지 시간당 3.3℃의 선형 속도로 점차적으로 증가하는 공기 온도에 노출된다. 온도와 경과된 시험 시간이 측정되고 기록된다.

(b) 시험 전 후의 장치 및 시험 장비의 상태를 기록하기 위해 컬러로 사진을 찍는다. 분화구와 파편의 크기와 위치는 반응 정도를 나타내는 지표로 기록된다.

(c) 시험은 각 후보 물질에 대해서 3회 실시된다.

(4) 결과의 평가 기준 및 방법

각 시험이 완료된 후, 파이프 또는 파이프 파편이 시험 영역에 회수되고 격렬한 폭발 반응의 여부를 확인한다. 그러한 증거로, 폭발물 또는 파이프의 회수된 파편의 수와 크기, 또한 그들이 날아간 거리에 관한 데이터가 포함된다. 폭굉하거나 또는 격렬하게 반응하는 물질(하나 또는 두 개의 뚜껑의 파편 또는 5개 이상의 조각난 파편)은 EIDS로 간주되지 않으며 그 결과는 양성으로 표시된다.

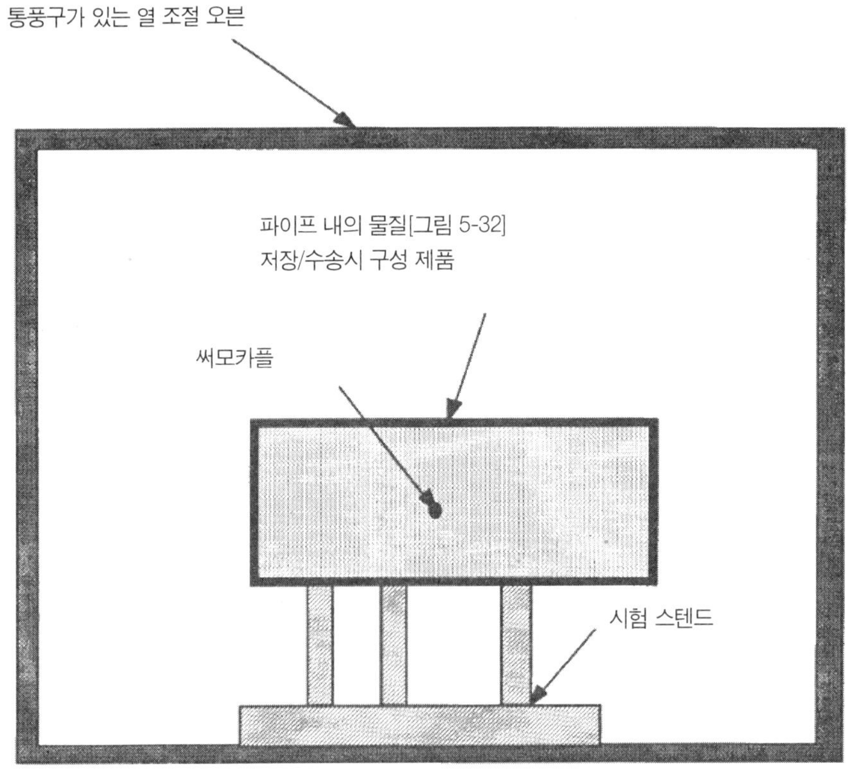

[그림 5.34] EID slow cookoff test-UN Test 7(f) and 1.6 article slow cookoff test-UN Test(h)

h. 1.6 article external fire test[UN Test 7(g)]

(1) 개요: 이 시험은 운송을 위해 제시된 외부 화재에 대한 가능한 Hazard Division 1.6 제품의 반응을 결정하는데 사용된다.

(2) 장치 및 재료: Test 6(c)와 동일(5-7c(2)와 [그림 5.25] 참조)

(3) 시험절차

이 시험의 실험 순서는 Test 6(c)와 동일하다.(5-7c(3) 참조)

(4) 결과의 평가 기준 및 방법

평가 결과는 Test 6(c)의 결과의 평가 기준 및 방법의 (b)와 (d)의 기준을 사용한다. 만약 제품이 Hazard Divisions 1.1, 1.2 또는 1.3에 국한되어야 하는 실험 결과가 발생하지 않는다면 제품은 Division 1.6 제품으로 간주되며 그 결과는 음성으로 표시된다.

I. 1.6 article slow cookoff test[UN Test 7(h)]

(1) 개요: 이 시험은 가능성이 있는 Hazard Division 1.6 제품에 대한 시험이다. 이것은 점진적으로 증하하는 열 환경과 그러한 반응이 일어나는 온도에 대한 반응을 결정하는데 사용된다.

(2) 장치 및 재료: [그림 5.34] 참조

(3) 시험절차

(a) 시험 제품은 반응이 일어날 때까지 시간당 3.3℃의 선형 속도로 점차적으로 증가하는 공기 온도에 노출된다. 온도와 경과된 시험시간이 측정되고 기록된다.

(b) 시험 전후의 장치와 시험장비의 상태를 기록하기 위해 칼라 사진을 찍는다. 분화구와 파편의 크기는 반응의 정도의 표시로서 기록된다. 이 시험은 운송을 위해 제시된 두 개의 개별 품목에 대해 수행된다.

(4) 결과의 평가 기준 및 방법

만약 연소보다 더 심각한 반응이 있는 경우 결과는 양성으로 표시되며 그 제품은 Hazard Division 1.6으로 분류되지 않는다. 에너지물질은 점화되고 연소할 수 있으며, 경우에 따라서 연소 가스가 완만하게 방출되도록 충분히 녹거나 약화될 수 있다. 연소는 내부 압력에 의해 이탈되어 15미터를 넘지 않는 케이스의 폐쇄를 제외하고는 케이스 파편 및 포장 요소가 시험 영역에 머물러 있어야 한다.

j. 1.6 article bullet impact test[UN Test 7(j)]

(1) 개요: 이 시험은 주어진 에너지에 의한 충격과 침투의 운동에너지에 대한 가능한 Hazard Division 1.6 제품의 반응을 평가하는데 사용된다.

(2) 장치 및 재료: [그림 5.35] 참조

(3) 시험 방법

이 시험은 완전한 EIDS로 충전된 제품을 분당 600±50발의 발사로 856±9m/sec의 속도로 발사되고 직경 50mm의 원형 타킷 지역에 충돌하는 three-round burst에 적용하는 것으로 구성된다. 발사들은 동일한 구멍을 통과하지 않도록 조준된다. 시험은 3개의 다른 방향으로 반복된다. 적절한 방향에서 다중 충격에 대한 시험 제품 상의 타격점은 충돌하는 발사가 장벽 또는 기타 안전장치에 의해서 주폭발물로부터 분리되지 않도록 가장 예민한 물질을 통과하도록 선정된다. 반응의 정도는 시험 필름 및 하드웨어의 시험후 조사에 의해서 결정된다.

(4) 결과의 평가 기준 및 방법

Hazard Division 1.6 제품으로 간주되는 품목의 경우, 어떠한 시험에서도 폭굉이 없다. 반응, 연소 또는 폭연이 없는 것으로 확인된 제품의 반응은 음의 결과로 간주된다.

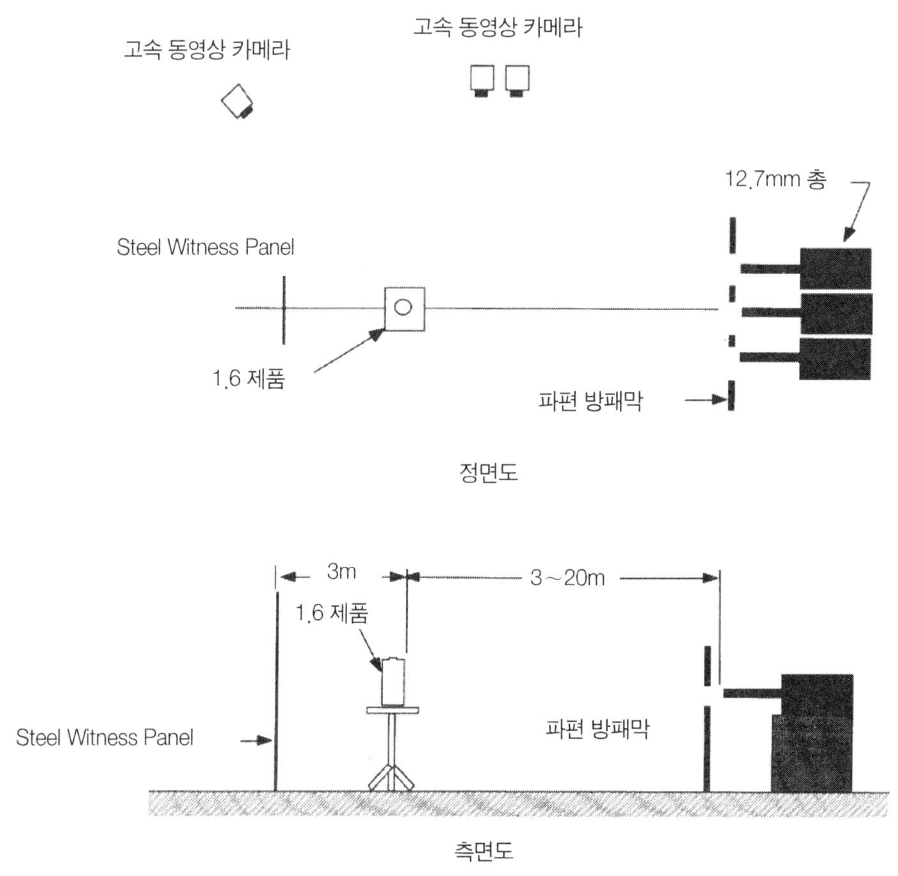

[그림 5.35] EID multiple bullet impact test arrangement - UN Test 7(j)

k. 1.6 article propagation test[UN Test 7(k)]

(1) 개요 : 이 시험은 가능한 Hazard Division 1.6 제품이 운송 또는 보관을 위해 제시된 조건에서 인접한 유사 품목을 기폭시킬 수 있을지의 여부를 결정하는데 사용한다.

(2) 장치 및 재료

시험할 두 개 이상의 제품이 필요하며 그 중 하나에는 정상적인 기폭 수단이 제공된다. 제품이 자체의 기폭 수단이 없거나 또는 자체의 기폭 수단이 실제로 기능을 할 수 없는 경우 유사한 동력의 자극이 제공되어야 한다. 비디오 또는 시네 장비를 이용해서 시각적으로 시험을 기록해야 한다. 폭발 측정 장치 또는 재료가 사용될 수 있지만 다른 특정 장치 또는 재료는 필요하지 않다.

(3) 시험 방법

(a) 이 시험은 운송 및 보관을 위해 제공되는 조건 및 형태의 제품 배치에 적용된다. 폭발물을 포장하지 않고 운반해야 하는 경우 시험은 포장되지 않은 제품에 적용된다. 시험은 제품들 사이에 쉽게 소통될 수 있는 위치에 있는 적어도 하나의 Acceptor로 수행된다. 이 위치가 알려지지 않은 경우 여러 개의 Acceptor가 사용된다.

(b) 제품이 자체의 기폭 수단이 있다면 Doner제품은 자체의 기폭 시스템에 의해서 작동되어야 한다. 이것이 시행 불가능할 경우 제품 자체의 기폭 수단은 필요한 효과를 갖는 다른 형태의 자극으로 대체된다. 만약 제품에 자체 기폭 수단이 없으면 설계 모드에서 작동되어야 한다.

(c) Acceptor의 폭굉이 일찍 발생하지 않는 한 시험은 최소 3회 실시되어야 한다. 첫 번째 시험은 밀폐없이 수행되며 다음의 두 시험은 Test 6(b)와 같이 밀폐상태로 수행된다. 절차에 대한 추가의 논의 및 일반적인 시험 배치에 대해서는 각각 5-7b(3)과 [그림 5.24]를 참조하시오. 밀폐되지 않은 시험은 밀폐 효과를 감쇠시키지 않고 에어블라스트/파편 데이터의 수집을 허용하지만 제한된 시험은 Acceptor를 좀 더 심각한 환경에 놓여지게 한다. 각 시험에 의해서 생성된 파편의 크기와 위치를 기록한다.

(4) 결과의 평가 기준 및 방법

파편 데이터(Acceptor 제품 파편의 크기와 수)와 분화구 크기(및/또는 witness plate 손상)는 Acceptor가 기폭되었는 지의 여부를 결정하는데 사용된다. 각 시험의 폭발 데이터와 비디오 또는 시네 기록은 이 결정을 보충하는데 사용될 수 있다. Hazard Division 1.6 제품으로 간주되는 제품에 대해서는 이 시험의 결과로 전폭(Acceptor의 폭굉)이 없다는 것이 증명되어야 한다. 반응, 연소 또는 폭연이 없는 것으로 확인된 Acceptor 제품의 반응은 음성의 결과로 간주된다. 파편 수집, 에어블라스트의 평가 및 해석, 열 및 파편 데이터에 관한 지침은 Chapter 6을 참조한다.

5.9 추가시험

a. 인화점 시험(ASTM D56-87)

(1) 개요: 액체 물질의 인화점을 결정하기 위해 ASTM test의 요약이 사용된다. 인화점은 통제된 실험실 조건 하에서 물질이 공기와 인화성의 혼합물을 형성하는 경향을 측정한다. 이 시험은 폭발 가능성이 있는 물질에 대해 원격으로 실행되어야 한다. 이 시험 방법의 변형은 시험 물질의 증기 가연성 특성과 개방 컵에서의 시험을 포함하는 폭발 위험성을 결정하기 위해 시험되어야 한다.

※ 참조: ASTM D56-87, "Standard Test Method for Flash Point by Tag Closed Tester," American Society for Testing and Materials, Philadelphia, PA (latest revision) Phone: 215-299-5400.

(2) 장치 및 재료: [그림 5.36] 참조

(3) 시험절차

물질 샘플을 27±5℃ 또는 예상되는 인화점보다 11℃ 낮은 온도로 조절한다. 인화점이 60℃이하인 물질에 대해서는 1℃/min 또는 인화점이 60℃를 넘는 물질에 대해서는 3℃/min으로 샘플 가열기를 이용해서 물질을 가열한다. 샘플이 예상되는 인화점보다 5℃ 아래에 있을 때 부드러운 움직임으로 1초 동안 장치 증기 공간에 시험 불꽃을 주입한다. 증기 공간에서 뚜렷한 인화가 있거나 폭발이 일어날 때까지 샘플 온도가 1℃ 상승할 때마다 시험 불꽃의 주입을 반복한다. 실제의 인화 바로 전에 적용 중 때때로 시험 불꽃을 둘러싸고 있는 푸른 빛의 후광과 혼동하지 않도록 한다.

(4) 결과의 평가 기준 및 방법

시험 장치 증기 공간에서 실제 플래시가 발생하는 온도(95℃ 이하)는 물질의 인화점으로 기록된다. 95℃ 이하의 인화점은 양성(실패)으로 간주된다.

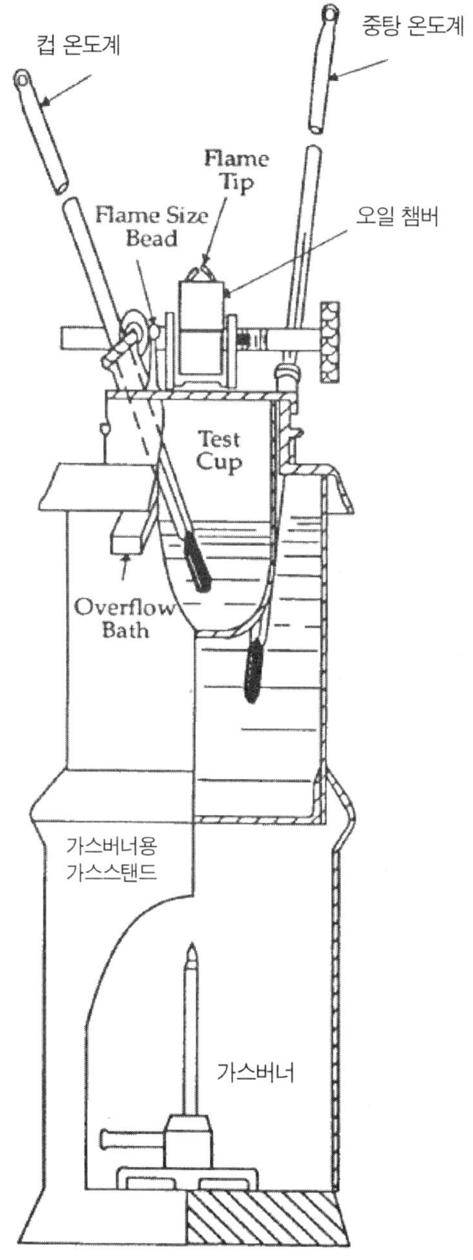

[그림 5.36] Tag closed vessel

참고문헌

1. ㈜화약학회 발전전문부회(2001), "발파공학핸드북", 공립출판주식회사, 일본 동경시.
2. Departments of the Army, the Navy, the Air Force and Defence Logistics Agency Washington, DC(5 January 1998), "Department of defence ammunition and explosives hazard classification procedures."

찾아보기

찾아보기(가나다순)

나

다

라

마

바

사

아

자

차

카

타

파

하

A

B

C

D

E

F

G

Q

R

S

T

U

V

W

X

Z

숫자